AC-I-35
Verw. SC

DGF-Freizeit-Lexikon

Bearbeitet von
SIGURD AGRICOLA
unter Mitwirkung von
Uwe V. Karst und Alexander Schmale

Wir danken dem Bundesminister für Jugend, Familie und Gesundheit für seine Unterstützung.

Für ihre Mitarbeit danken wir folgenden Autoren:

Sigurd AGRICOLA, Essen (Referate ohne Namenszeichen)
Professor Dr. Peter AXT, Petersberg
Erich BIRKELBACH, Oberstudienrat, Mayen
Deutscher Hotel- und Gaststättenverband (DEHOGA), Düsseldorf
Deutscher Saunabund, Bielefeld
Ulrich FREUND, Bad Orb
Dr. Wolfram HELMER, Frankfurt
Antje von der HEYDE, Dipl.-Ing., Bonn
Professor Dr. Uwe V. KARST, Lage
Gertraud KLOHA, Dipl.-Päd., Bonn
Pf. Wolfhart KÖPPEN, Stuttgart
Hildegard KÜHNE-SCHOLAND, Marl
Professor Dr. Hartmut LÜDTKE, Marburg
Hubert MEINERS, Dipl.-Ing., Bonn
Dr. Ina MAURITZ, Hannover
Dr. Peter NEVEN, Bonn
Dr. Herbert OBERSTE-LEHN, Emlichheim
Professor Dr. Horst W. OPASCHOWSKI, Hamburg
Bernhard OSTERWIND, Pädagoge und Psychologe, Erkrath
Hans Oskar ROTH, Frankfurt
Alexander SCHMALE, Bielefeld
Dr. Heinz Rico SCHERRIEB, Würzburg
Professor Dr. Reinhard SCHMITZ-SCHERZER, Kassel
Bärbel SCHÖTTLER, Köln
Dr. Walter TOKARSKI, Kassel
Professor Dr. Friedhelm VAHSEN, Hildesheim
Professor Dr. Klaus WOLF, Frankfurt
Dr. Max ZUREK, Bonn

Das Freizeit-Lexikon wird als Nr. 059 der Schriftenreihe der Deutschen Gesellschaft für Freizeit geführt.

Deutsche Gesellschaft für Freizeit

FREIZEIT-LEXIKON

Fink-Kümmerly + Frey

Impressum:

Herausgeber
Deutsche Gesellschaft für Freizeit

© 1986 Fink-Kümmerly + Frey
　　　 Zeppelinstraße 29–31, 7302 Ostfildern 4

Printed in Western Germany

ISBN 3-7718-0556-2

Vorwort

Wer von sich sagt, daß er mit Freizeit berufsmäßig zu tun hat, kann damit rechnen, einen Heiterkeitserfolg zu erreichen. Denn Freizeit ist Nichtarbeiten. Es gibt aber auch den Spruch: Wer mit Freizeit zu tun hat, hat keine Freizeit. Oder: Freizeit ist Konsumzeit. Dagegen: Freizeit ist der Bereich der Selbstverwirklichung; der Staat muß sich aus Freizeit heraushalten.

Dieses Phänomen Freizeit hat also sehr schillernde Seiten: Man kann mit ihr Geld verdienen oder letzte menschliche Tiefen ausloten. Wie dem auch immer sei: Freizeit ist eine neue Seite menschlichen Lebens, gemessen an der langen Tradition der Arbeit. Sie ist aber – das wird leicht vergessen – Ergebnis von Arbeit. Der Arbeit jedes einzelnen, aber auch der Gesellschaft und vieler Berufsgruppen. Andererseits ist Freizeitentwicklung eingebettet in einen gesellschaftlichen Wandel, der zu weniger Vorgaben und größerer Vielfalt führt. Entsprechend kann, was mit Freizeit zusammenhängt, kaum noch überblickt werden. Das muß zu falschen Urteilen über dieses Gebilde führen. Auch, wenn man der Freizeit und ihren Ausprägungen kritisch gegenübersteht, muß man erst einmal wissen, was es damit auf sich hat.

Das hiermit vorgelegte Freizeit-Lexikon ist der Versuch, durch Zusammentragen von Begriffen, deren Definition und Erläuterung, die Vielfalt und den Umfang von Freizeit darzustellen. Es soll aber auch eine Brücke sein zwischen den verschiedenen Fachdisziplinen, die mit Freizeit befaßt sind, und die je eine andere Fachsprache verwenden. Das Freizeit-Lexikon ist ein praxisorientiertes Angebot der Deutschen Gesellschaft für Freizeit (DGF), das aber auch interessierten Wissenschaftlern dienen soll und kann.

Der DGF als Dachverband der im Freizeitbereich engagierten Dach- und Spitzenverbände und Fachberater der Bundesregierung über das Bundesministerium für Jugend, Familie und Gesundheit ist es natürlich auch ein Anliegen, mit dem Freizeit-Lexikon die gesellschaftliche Bedeutung von Freizeit zu skizzieren, die weiterhin wächst. Bei aller Sorgfalt ist die erste Auflage eines Lexikons über ein neues, in Entwicklung begriffenes Sachgebiet ein Experiment. Deshalb geht mein Wunsch nicht nur auf eine gute Verbreitung des Werkes, sondern auf möglichst viele Anregungen und Verbesserungen durch die Nutzer.

Schließlich danke ich den Autoren, die sich unter erheblichem Zeitdruck an die Arbeit gemacht haben; den Mitarbeitern aus den DGF-Mitgliedsverbänden und befreundeten Verbänden, die durch Hinweise, Tips und schriftliche Stellungnahmen zum Gelingen beitrugen; an die Mitarbeiter der DGF-Geschäftsstelle, die die schwierige Arbeit des Manuskriptschreibens gemeistert haben, und schließlich an den Verlag Fink, Kümmerly + Frey für seine freundliche Unterstützung.

Dr. Joseph-Theodor Blank MdB
Präsident der Deutschen Gesellschaft
für Freizeit

Einleitung

Dieses Freizeitlexikon ist die Verwirklichung einer schon vor Jahren entstandenen Idee, die aus dem ständigen Suchen nach Begriffen des so vielfältigen Freizeitbereichs erwuchs. Diese Jahre waren nicht nur für die Sammlung von Material, sondern auch für die Zusammenstellung von Stichwortlisten und deren Bewertung (»Thesaurus«) notwendig. Allerdings setzte sich diese Arbeit bis zur Fertigstellung des Lexikons fort, da bei der oft – zumindest unter dem Freizeitaspekt – erstmaligen Bearbeitung neue Gesichtspunkte auftraten. Auf diese Weise konnten auch aktuelle Begriffe berücksichtigt werden. Geplant war zunächst die sehr karge Form des Fachwörterbuchs. Es zeigte sich bei allgemein gebräuchlichen Begriffen, daß deren Freizeitrelevanz beschrieben werden mußte. Daraus ergab sich die nunmehr vorliegende Zwischenform von Schlagwort- und Artikellexikon. Soweit als möglich soll der Umfang der Beschreibung – teils in einem Referat, teils verteilt auf verschiedene zu einem Themenkreis gehörende Stichwortreferate – auch der Bedeutung des hinter dem jeweiligen Stichwort stehenden Sachgebietes gerecht werden.

Bilder, Grafiken und Tabellen geben oft anschaulicher als das geschriebene Wort eine Bedeutung wieder. Deshalb wurden zahlreiche Artikel durch sie ergänzt. Jedes Referat enthält am Beginn eine Kurzdefinition des Schlagwortes, gefolgt von einem erläuternden Text, Verweisen auf andere Schlagworte und – wenn vorhanden oder zur Ergänzung nützlich – Literaturhinweisen. Mehrere voneinander abweichende Bedeutungen sind durch arabische Ziffern gekennzeichnet, Aufzählungen von Teilbedeutungen durch kleine Buchstaben des Alphabets. Verweise wurden durch das Zeichen → gekennzeichnet.

Ein Lexikon der vorliegenden Art ist nur denkbar aus dem Mut zur Lücke. Dieser Mut veranlaßte oftmals den Verzicht auf Darstellung von allzuvielen abweichenden und gegensätzlichen Standpunkten. Viele Begriffe werden sehr unterschiedlich verwendet. Hier wurde der überwiegend gebräuchlichen, auch der fachlichen, berufsständischen oder gesetzlichen Bedeutung der Vorrang eingeräumt, soweit es nicht sachlich unumgänglich war, die abweichenden Bedeutungen darzustellen. In Fällen der Überschneidung mit anderen Fachgebieten wurden Vergleiche mit einschlägigen Fachlexika (z.B. Sportwissenschaftliches Lexikon, Fachlexikon der Sozialen Arbeit, Handwörterbuch der Massenkommunikation und Medienforschung, Management Enzyklopädie) vorgenommen. Wesentlich war jedoch immer der Blickwinkel »Freizeit«, der viele Begriffe in neuem Licht erscheinen läßt.

Sigurd Agricola

A

Abenteuerspielplatz
auch Bauspielplatz, Robinsonspielplatz, *Spieleinrichtung* → zum freien, kreativen, handwerklichen Umgang von Kindern und Jugendlichen mit Naturmaterialien (Erde, Wasser, Holz, Stein), aber auch vielfältigen künstlichen Materialien – u.a. Abfälle aus Betrieben – beim Bau von Hütten und Anlegen von Gärten.
A. ermöglichen aber auch Tierhaltung und Gemeinschaftsaktivitäten vielerlei Art.
Die pädagogische Idee des A. ist einerseits, den Mangel an Brachflächen in den modernen Städten auszugleichen, zum anderen Selbstbetätigung und -bestimmung für Kinder zwischen 6 und 14 Jahren zu erleichtern.
Der A. steht unter der berufsmäßigen Aufsicht von Erwachsenen und umfaßt ein Gebäude mit Spiel- und Arbeitsraum, Material- und Werkzeuglager, Leiterbüro, Toiletten; Freiflächen zum Buddeln und Bauen; Baumateriallager; Ställen, Spielplätzen; Feuerplatz; Gartenflächen; Dorfplatz.
Spiel →, *Kinderspiel* →, *Spielplatz* →

Lit.: Bengtson »Ein Platz für Robinson!« Wiesbaden/Berlin 1972; Agricola/Baumgartner/Gramowski »Bauspielplatz« Essen 1979

Activarium
Freizeitbad →

Adventure-Game
Computerspiel →

Älterer Mensch
Ganz allgemein definiert als der Mensch in einem »gewissen« *Alter* →, jedenfalls nicht mehr im »jüngeren Alter«. Stellt zumeist auch ein Etikett für den »alten Menschen« dar. Die Formulierung beruht auf einer negativen Benutzung des Begriffes Alter. Aus diesem Grunde wurden in den letzten 20 Jahren zahlreiche Etikettenwechsel vorgenommen: statt der alte Mensch: »Senior«; statt Altenarbeit: »Seniorenarbeit«; statt alte Frau: »Seniorin«; und schließlich statt alter Mensch: »älterer Mensch« (der ja genau gesehen älter ist als der alte Mensch). Willkürliche Grenzen bestimmen im allgemeinen über die Zugehörigkeit zu dieser Altersgruppe, z.B. 65 Jahre u.ä.

Schmitz-Scherzer/Tokarski

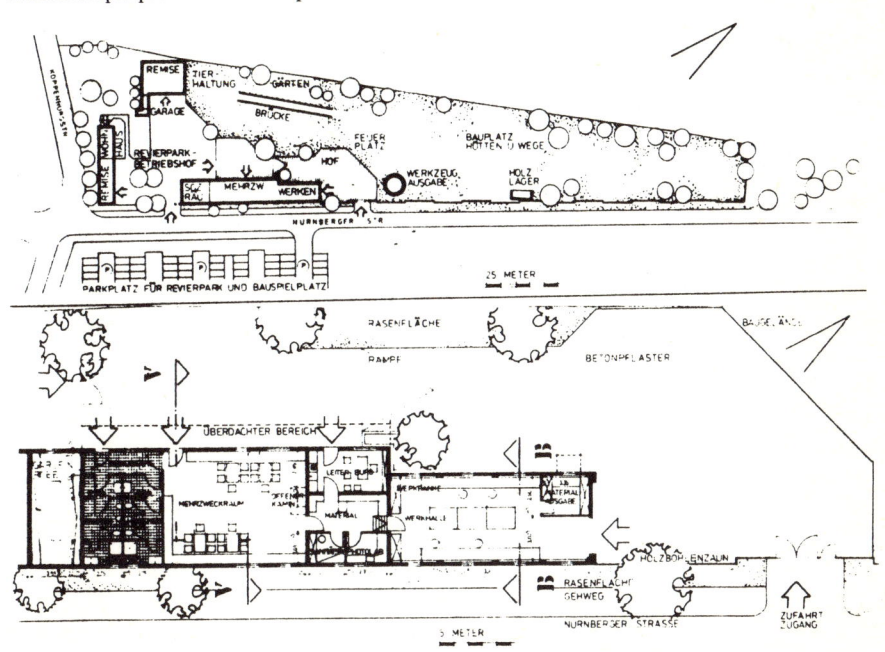

Abb. Bauspielplatz beim Revierpark Vonderort

Aerobic

(griechisch: »aerios« = Luft und »bios« = Leben) Ausdauertraining, in Form einer nach Musik ausgeführten *Gymnastik* →, bei dem der Körper keine »Sauerstoffschuld« eingeht. Diese Art der Körperschulung beinhaltet zum größten Teil Elemente aus *Jazztanz* →, Ballett, *Jogging* →, *Bodybuilding* →, *Joga* → und *Gymnastik* →, wird aber als eigenständige Sportart gesehen.

Von aeroben Belastungen spricht man, wenn die Sauerstoffmenge, die beim Einatmen dem Körper zugeführt wird, genau so groß ist wie die Sauerstoffmenge, die für die Energiegewinnung (z.B. bei Muskelanspannung) benötigt wird. Bei aeroben Belastungen braucht der Körper also nicht seine Energiereserven anzugreifen und kann deshalb auch eine Stunde und länger Arbeit verrichten, bzw. ein rhythmisches Gymnastiktraining durchführen.

Typische aerobe Belastungen sind vor allem bei Dauerleistungen (Jogging, Radfahren usw.) vorzufinden.

Das Wesentliche bei A. ist die Kombination der Übungen mit moderner Musik. Musik motiviert die Übenden, lenkt von der Belastungsintensität ab und läßt Übungen, die sonst schwerer fallen, leichter erscheinen. Sie wirkt wie ein Dopingmittel und birgt daher auch die Gefahr, die Grenzen der individuellen Belastbarkeit zu überschreiten. Nicht zuletzt übt auch die Gruppe einen entscheidenden Einfluß auf den einzelnen aus. In positivem Sinne kann sie motivieren zum Durchhalten der Übungen. Negativ kann sich der Gruppenzwang zur Überschreitung der individuellen Leistungsfähigkeit auswirken.

Aerobic-dance ist im Herbst 1982 im Rahmen der Trimming 130-Aktion des DSB aus den USA in die Bundesrepublik gekommen. In den USA hauptsächlich von der Schauspielerin Jane Fonda populär gemacht und als erste von Sydne Rome in der Bundesrepublik geschickt vermarktet, erlebte A. in den Jahren 1983/84 einen regelrechten Boom, von dem vor allem junge Mädchen und Frauen erfaßt wurden. Durch Aerobic wurde nicht nur die Industrie angeregt, mit Kleidung, Schallplatten, Büchern etc. Geschäfte zu machen, sondern auch private Unternehmer. Überall entstanden Aerobic-Studios, und Aerobic-Kurse wurden in allen verfügbaren Räumen abgehalten. Die Modewelle wurde nicht nur von bereits bestehenden *Vereinen* → und Fitnesszentren, sondern auch von *Tanzschulen* → aufgegriffen.

Trimm-Aktion →, *Fitnessbewegung* →, *Freizeitsport* →

Lit.: Hollmann/Hettinger: Sportmedizinische Arbeits- und Trainingsgrundlagen, Stuttgart/New York 1980^2; Meyer-Andersen: Aerobic, München 1983

Schöttler

Aerosport

sportliche Tätigkeit mit dem Medium Luft und verschiedenen Geräten. A. umfaßt ziemlich neue *Sportarten* → wie Ballonfahren, Segelflug, Motorflug, Drachenflug und Fallschirmspringen.

Da diese Sportarten immer einen gewissen Aufwand an Gerät, Vorbereitung, Hilfskräften, besonderen Umweltbedingungen verlangen, ist einerseits eine besondere Ausbildung (zum Teil mit staatlichen Lizenzen), zum anderen ein hoher Mitteleinsatz erforderlich, der in der Regel über Organisationen (Vereine, Unternehmen) aufzubringen ist. Außerdem ist der Luftraum über der Bundesrepublik Deutschland recht begrenzt. Trotzdem hat der A. viele Freunde und Anhänger und ist auch als Zuschauersport zum Teil recht attraktiv. Dachverband ist der Deutsche Aero-Club.

Ästhetik

1. Lehre von der sinnlichen Wahrnehmung, Anschauung, Erkenntnis, Erfahrung;
2. Lehre vom Schönen und dem Schönheitserlebnis in Natur und Kunst sowie vom Beurteilen von Kunst (»Geschmack«).
3. Umgangssprachlich: Künstlerische Gestaltung, Ausdruck von Schönem (»Ästhetik der Bewegung des Tänzers«).

Schönheitsvorstellungen prägen viele Handlungen des Menschen, u.a. sind viele Ordnungsregelungen aus dem »Schönheitsgefühl« entsprungen.

Indirekt bestehen zahlreiche Verbindungen des Freizeitbereichs zur Ä.; jedoch wurde noch keine »Freizeit-Ä.« entwickelt.

Von besonderer Bedeutung für eine Freizeit-Ä. dürften die Informations-Ä. und die ästhetische Erziehung sein. In der Informations-Ä. wird jedes Kunstwerk als Botschaft eines Individuums an ein anderes zur Bewertung bzw. zum ästhetischen Vergnügen durch dieses betrachtet.

Die ästhetischen Gehalte der Botschaft werden mit dem soziokulturellen Besitz des Empfängers in Verbindung gebracht. Damit werden Lebensbedingungen und Alltag in die Betrachtungen einbezogen.

Die ästhetische Erziehung zielt auf die Förderung der sinnlichen Wahrnehmung des Einzelnen ebenso wie auf Wahrnehmung der Lebensumwelt, den durch diese geprägten Alltag und dessen Ä.

Dazu werden künstlerische Gestaltungs- und Werktechniken in Projekten eingesetzt (Stadtteilerkundung, Stadtteilgeschichtsforschung; Spielaktionen und -feste; Ausstellungen zu aktuellen Themen; Viertelzeitungen –, Videos, -reportagen).

Für zahlreiche Freizeittätigkeiten – bestehen

durch Ä. beeinflußte Regeln (*Kunst* →, *Theater* →, *Tanz* →, *Musik* →, *Medien* →, versch. Sportarten).
Inwieweit Freizeitverhalten Auswirkungen auf Ä. hat, ist nur in Ansätzen bekannt (z.B.: »*Freizeitarchitektur*« →, »*Festarchitektur*«.)

Lit.: Moles »Soziodynamik der Kultur« 1976; Schweikhardt »Ästhetik des Fernsehens« 1980; Mayrhofer/Zacharias »Ästhetische Erziehung« Reinbeck 1976; dies. »Projektbuch ästhetisches Lernen« Reinbeck 1977

Agentur
Unternehmen, das 1. *Künstler* →, Fachleute, *Attraktionen* →, *Equipment* →, Service; 2. Informationen und Nachrichten und 3. Handelsgeschäfte vermittelt.
Für die *Programmgestaltung* →, die Presse- und *Öffentlichkeitsarbeit* → sowie die Beschaffung von Arbeitsmitteln sind A. gerade im *Freizeitbereich* → wichtig, da wegen der Vielseitigkeit von Angebot und Nachfrage verbunden mit geringen Rationalisierungsmöglichkeiten meist eigene Agenten nicht unterhalten werden können.

Agogische Arbeit
Fachbegriff aus dem niederländischen Sprachraum. Bezeichnet die durch oder unter Leitung von Fachleuten ausgeführte Tätigkeit zur Förderung des persönlichen, sozialen, gesamtgesellschaftlichen und kulturellen Wohlbefindens oder auch das fachkundige Anstreben von Verbesserungen des bestehenden Zustands oder einer Veränderung in eine für wünschenswert gehaltene Richtung.
Zur A. werden gerechnet soziale Wohlbefindensvorsorge (welzijnszorg), *Sozialarbeit* →, *Entwicklungsplanung* →, Erziehungsarbeit, Bildungsarbeit und *Gemeinwesenarbeit* →.
Diese Arbeitsformen werden immer gerichtet auf die Erhöhung des Wohlbefindens von bestimmten Personen, Gruppen und Gemeinschaften und dies in physischer, psychischer, sozialer und/oder kultureller Beziehung mit dem Ziel, die *Selbsthilfe* →, das Einwirkungsvermögen, die Selbsttätigkeit und Eigenkreativität von einzelnen, Gruppen oder größeren Gemeinschaften zu fördern.
Agoge ist Sammelbegriff für die Personen, die Veränderungsprozesse fachkundig begleiten.
Die Zielgruppe des Pädagogen sind Kinder und Jugendliche, des Andragogen Erwachsene, des Gerontagogen (deutsch: Geragoge →, Gerontologie) alte Menschen.
Verwandt werden auch die Begriffe ex-agogische Arbeit für die Hilfe in Notsituationen, anagogische Arbeit für die Entwicklung von Möglichkeiten (z.B. Bildungsarbeit), Di-agogie nach Aristoteles für Anregung zur *Freizeitgestaltung* → und Kreativitätsentwicklung. *Erwachsenenbildung* →, sozialkulturelle Arbeit, *soziokulturelle Arbeit* →, *freizeitkulturelle Arbeit* →, kommunikative Animation.

Aktivitäten
Freizeittätigkeit →

Alkoholkonsum
Drogen →

Alleinerziehende Mütter und Väter
Mütter von nichtehelichen Kindern sowie Mütter und Väter, die nach Tod des Ehegatten oder nach Scheidung die Kinder versorgen.
A. müssen in der Regel ihrem Beruf nachgehen.
Sie sind durch die Versorgung von Haushalt und Kindern neben ihrer Berufstätigkeit so beansprucht, daß ihnen kaum Freizeit bleibt (Benachteiligte *Gruppen* →, *Freizeitbudget* →,)
Außerdem sind sie oft durch Unterhalts- und Erziehungsprobleme zusätzlich belastet.
Zur Erleichterung ihrer Probleme haben sich viele A. zu *Selbsthilfegruppen* → zusammengeschlossen. *Familie* →

Allwetterzoo
Tierschauanlagen →

Alpinismus
Bergsport →

Altenfreizeitstätte
Alteneinrichtungen →

Altenheim
Alteneinrichtungen →

Alteneinrichtungen
Sammelbegriff für unterschiedliche Einrichtungen der Hilfe für ältere Menschen.
Ausgangsgedanke war zunächst die im Bundessozialhilfegesetz (BSHG) niedergelegte Aufgabenstellung: Altenhilfe soll dazu beitragen, Schwierigkeiten, die durch das Alter entstehen, zu verhüten, zu überwinden und alten Menschen die Möglichkeit zu erhalten, am Leben in der Gemeinschaft teilzunehmen.
Die Maßnahmen der Altenhilfe beziehen sich überwiegend auf die gesundheitliche, wirtschaftliche und wohnungsmäßige Versorgung älterer Menschen.
Sozio-kulturelle (Freizeit-) Angebote sind noch wenig entwickelt.
Das mag auch die Ursache in dem Wunsch älterer Menschen haben, am Freizeitleben der Gesamtbevölkerung teilzunehmen.
Freizeitangebote → für ältere Menschen finden einerseits in Altenwohneinrichtungen, andererseits in besonderen *Freizeiteinrichtungen* → für ältere Menschen ihren Platz. Daneben werden Veranstaltungen, Kurse, Fahrten, Ferien-

maßnahmen in Nicht-A. angeboten und durch besondere Dienste unterstützt.
Zur ersten Gruppe gehören:
a) das Altenheim, welches alten Menschen ohne eigenen Haushalt Unterkunft, Verpflegung und Betreuung gewährt;
b) das Altenkrankenheim/Altenpflegeheim zur Pflege, Betreuung und Versorgung chronisch kranker und pflegebedürftiger alter Menschen;
c) das Altenwohnheim als Zusammenfassung in sich abgeschlossener altengerechter Wohnungen, nur im Bedarfsfall werden Verpflegung, Versorgung und Betreuung gewährt. In die zweite Gruppe sind zu rechnen:
a) die Altentagesstätte, welche den Bedürfnissen alter Menschen nach Kommunikation, Information, Bildung und Freizeitgestaltung dient, auch Seniorentagesstätte, Seniorenzentrum genannt;
b) Altenwerkstätten mit Hobbyangeboten (im Unterschied zu Altenwerkstätten mit betriebswirtschaftlicher Organisation).
Der dritte Bereich umfaßt Selbsthilfeunternehmungen und Dienstleistungen von Altenhilfe (*Sozialamt* →, *Freie Träger* →), *Kirchen* →, *Erwachsenenbildungseinrichtungen* →, und Freizeiteinrichtungen.
Die häufigste Form der *Selbsthilfe* → ist der Altenclub als Zusammenschluß alter Menschen mit gleichen Interessen und Neigungen; er dient den Bedürfnissen alter Menschen nach Kommunikation, Information, Bildung und Freizeitgestaltung.
Eine weitere Form ist die Alteninitiative, die sich die Verbesserung der Situation älterer Menschen als (politische) Aufgabe stellt (z.B. »Lebensabendbewegung«, »Graue Panther«).
Dienstleistungen werden als freies Angebot, aber auch in Form von »Altendiensten« als teilstationäre und ambulante, mobile Dienste gegeben. Bei den letzteren geht es neben der Versorgung vor allem um Kontakte.
Diese Dienste sind ein weites Feld für ehrenamtliche *Mitarbeit* → auch älterer Menschen.
Gerontologie, soziale →

Lit.: Deutscher Verein für öffentliche und private Fürsorge »Nomenklatur der Veranstaltungen, Dienste und Einrichtungen der Altenhilfe«, Frankfurt a.M. 1979

Altenhilfe
Alteneinrichtungen →

Altenclub
Alteneinrichtungen →

Altenplan
Fachplan innerhalb der Sozialplanung, der die Belange älterer Menschen innerhalb der Gemeinden sicherstellen soll.

A. sollen dafür sorgen, daß alte Menschen möglichst lang selbständig bleiben können.
A. enthalten Maßnahmenkataloge für die Ausstattung mit *Alteneinrichtungen* → sowie für Dienstleistungs- und Veranstaltungsangebote.
Gerontologie, soziale →

Altensport
Teil des Erwachsenensports, der den »Sport für Ältere/für den älteren Menschen« (ab 40 Jahre) sowie den »Seniorensport/Altensport/ Sport für Betagte« (ab 60/65 Jahre) umfaßt.
A. findet außer in *Sportvereinen* → in *Alteneinrichtungen* →, im Rahmen von *Freizeitangeboten* →, in der *Erwachsenenbildung* → und bei Gesundheitsdiensten statt.
A. muß als Teilform des *Freizeitsports* → verstanden werden, wenn weitere Teile der Zielgruppe erfaßt werden sollen. Dabei wird durchaus das Ziel »Gesunderhaltung älterer Menschen« nicht nur Beachtung finden, sondern besser erreicht werden können. (*Trimm-Aktion* →, »Trimming 130«).
Gerontologie, soziale →; *Lifetimesport* →

Lit.: Singer (Hrsg.) »Altensport«, Scharndorf 1981

Altentagesstätte
Alteneinrichtungen →

Alter
1. *Zeit* → nach Entstehung von etwas, Summe von Zeitabschnitten, Summe von Entwicklungsschritten bzw. Veränderungen. A. läßt sich unterschiedlich bestimmen und ist nicht immer eindeutig festzustellen. Beim Menschen unterscheidet man verschiedene A.-bestimmungen: a) Kalendarisches oder chronologisches A. (Lebenszeit nach der Geburt, gemessen nach dem jeweils gültigen Kalender); es liegt einer Anzahl von Konventionen zugrunde, z.B.: Geburtstagsfeiern; Reife- und Mündigkeitszeitpunkte (Schulreife, Religionsmündigkeit, Ehemündigkeit, Volljährigkeit), Altersgrenzen (*Ruhestand* →, *Vorruhestand* →). b) Biologisches A. (Zeitpunkt innerhalb des Alterungsprozesses; Altern = lebenslanger nicht umkehrbarer Wandel des Organismus); da der Alterungsprozeß individuell unterschiedlich verläuft, kann das biologische A. vom kalendarischen abweichen. Das biologische A. wird zunächst durch das körperliche Wachstum, die sexuelle und psychische Reifung verdeutlicht, später durch allmählichen – krankheitsbedingt auch schnelleren – Abbau (der Muskelkraft, Elastizität, Sinneskraft usw.): Säugling, Kleinkind, Schulkind, Jugendlicher, Heranwachsender, Erwachsener.
In den letzten 100 Jahren ist eine Altersverschiebung eingetreten. Die durchschnittliche

Alter

Lebenserwartung hat sich für Männer von 36 auf 70 Jahre, für Frauen von 38 auf 74 Jahre erhöht (Gründe dafür sind im wesentlichen: Absinken der Säuglingssterblichkeit; Abschwächung der Kinderkrankheiten; Rückgang der Infektionskrankheiten und Epidemien; Asepsis). Frauen haben eine längere Lebenserwartung. Das biologische A. kann durch lebenslange Aktivität (Beruf, Haushalt, Verpflichtung, *Mobilität* →, *Hobby* →, *Freizeittätigkeiten* →, *Verein* →, *Sport* →, *Lifetimesport* →) in Balance mit Ruhe verlängert werden. c) Psychologisches A. (Stand der psychischen Reife; individuelles Altersbewußtsein). Psychische Reifung, in der Wachstumszeit feststellbar, ist durch zunehmende Individualisierung bei normalen Erwachsenen kaum mehr auszumachen. Erst im letzten Lebensabschnitt kommt das psychologische A., wenn auch sehr differenziert, wieder deutlicher hervor. In der dritten Bedeutung umschreibt der Begriff einerseits das Bild vom A., das jemand hat, wie auch das Bewußtsein vom eigenen A. (»wie alt man sich fühlt« oder »wie jung man sich fühlt«). Das Leistungsalter eines Menschen ist nicht nur von seinem biologischen A., sondern auch von seinem psychologischen abhängig. Der Mensch macht im Lauf des Lebens erhebliche psychische Wandlungen durch, die nicht zuletzt durch seine Lebensgeschichte bedingt sind. d) Gesellschaftlich bestimmtes A. Den verschiedenen Lebensphasen sind verschiedene Rollen zugeordnet. Allerdings sind in der modernen Gesellschaft die Übergänge fließend, wodurch Rollenunsicherheiten entstehen, die im Jugenda. und der älteren Generation besonders deutlich sind. Auch die Generationenabfolge ist nicht mehr deutlich. Darüber hinaus ist das herrschende Gesellschaftsbild von A. das der *Jugend* → und Jugendlichkeit. Dem stehen die Verzögerung des Berufseintritts (= späte Verantwortungsübernahme) und die allgemein längere Lebensdauer (zahlenmäßige Überlegenheit der älteren *Generation* →, *Altersaufbau* →) gegenüber. Die zur Existenzsicherung notwendige Aktivitätsphase (Berufszeit) wird kürzer. Neue Modelle der Lebenseinteilung müssen entwickelt werden (*Lebenszeit* →). Die heutige Gesellschaft steht erst am Beginn der »Neuordnung« der gesellschaftlichen Regelungen für A. e) Biografisches A. (Summe der Lebenserfahrungen), macht die Identität des einzelnen aus; es macht eine stetige Weiterentwicklung mit und steht insoweit im Gegensatz zum biologischen Alter, das eine Abnahme beinhaltet. Das biografische A. kann auf keinen statistischen Durchschnitt bezogen werden und dürfte daher im Ansatz für Neubewertung des A. sein (z.B.: Seniorenkorps, Geschichtsschreibung durch Berichte von Zeitzeugen).

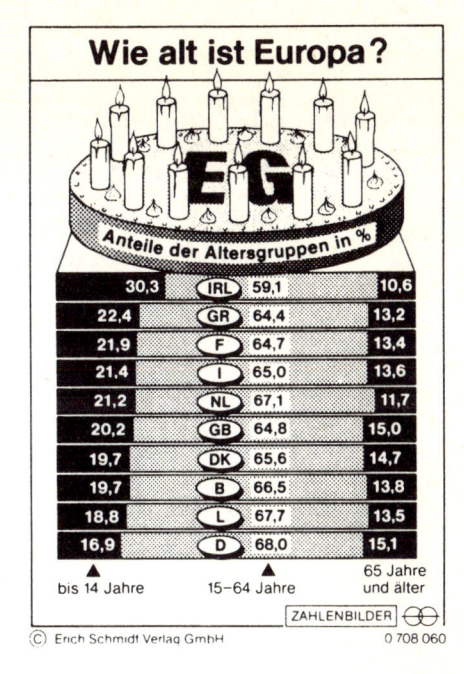

Wie alt ist Europa?

Anteile der Altersgruppen in %

bis 14 Jahre		15–64 Jahre	65 Jahre und älter
30,3	IRL	59,1	10,6
22,4	GR	64,4	13,2
21,9	F	64,7	13,4
21,4	I	65,0	13,6
21,2	NL	67,1	11,7
20,2	GB	64,8	15,0
19,7	DK	65,6	14,7
19,7	B	66,5	13,8
18,8	L	67,7	13,5
16,9	D	68,0	15,1

ZAHLENBILDER
© Erich Schmidt Verlag GmbH 0 708 060

Freizeitgestaltung → ist einerseits vom jeweiligen A. abhängig, andererseits von der »Freizeitkarriere«, die bislang absolviert wurde, und der Fähigkeit zu *lernen* →. Je mehr Freizeit gesellschaftlich anerkannt und integriert wird, desto »normaler« gehen die Menschen mit ihr um. Der heute *ältere Mensch* → hat es damit schwerer als der heute junge im Alter. 2. Letzter Lebensabschnitt des Menschen (Seniorena., Greisena.) oft gleichgesetzt mit der A.-stufe über 60 bis 65 Jahre, was jedoch nur willkürlich ist. Altersforscher unterscheiden inzwischen zwei Stufen: a) nachberufliche bzw. nachfamiliäre Phase; b) A.-phase. Die körperliche und geistige Leistungsfähigkeit ist insbesondere in der ersten Phase noch recht hoch. Daher ist der Wunsch nach sinnerfüllter Betätigung groß. Die Fortsetzung von *Feierabend* → -beschäftigung ist keineswegs ausreichend. Hobbies und gewohnte *Freizeittätigkeiten* → sind nur insoweit nutzbar als sie zu ernsthafter Betätigung ausgebaut werden können. Daneben werden arbeitsähnliche Beschäftigungen gesucht (Zweitberuf »Handwerkerkompanie«; *Selbsthilfegruppen* →, *Eigenarbeit/Do it yourself* →, *Nachbarschaftshilfe* →, Expertenservice/Seniorenkorps; Seniorenuniversität; ehrenamtliche und freiwillige *Mitarbeit* → in Vereinigungen und Einrichtungen; *Schwarzarbeit* →). Freizeittätigkeiten können vertieft werden, weil mehr Zeit dafür aufgewandt werden kann. Vielfach behindert eine

DGF-Freizeit-Lexikon 11

Alter

gewisse Trägheit die Umsetzung der oft geäußerten Wünsche (Opaschowski/Naubauer 1984). Heute stellen die *Medien* → für viele ältere Menschen die einzige oder doch wesentliche Verbindung zur Außenwelt dar. Menschen, die in jüngeren Jahren kontaktfreudig waren, haben es leichter; doch ist nach den heutigen Erkenntnissen der alte Mensch nicht nur auf sein Ferngedächtnis und früher erlernte Verhaltensweisen angewiesen. Wer gefordert wird, wird auch gefördert. Negative Bewertungen der Altersrolle und ein negatives *Image* → vom A. fördern die Passivität, Immobilität und Inkompetenz. Selbstbewußtsein hilft gegen Hilflosigkeit. Diesen Leitsätzen müssen auch soziokulturelle Angebote für alte Menschen gerecht werden. Wenn solche Gruppen künstlich alt (= nicht mehr leistungsfähig) gemacht werden, werden Angebote sie in Zukunft nicht erreichen. Anderseits muß das Angebot das biologische A. durchaus berücksichtigen (insbesondere beim Essen, Trinken, Sport usw.).
Zeit →, *Gerontologie* →, *Arbeitszeit* →, *Alteneinrichtungen* →

Lit.: Lehr »Psychologie des Alters«, 4. Auflage, Heidelberg 1979; Opaschowski/Neubauer »Freizeit im Ruhestand«, Hamburg 1984; Thomac »Altersstile und Altersschicksale. Ein Beitrag zur Differentiellen Gerontologie«, Bern/Stuttgart/Wien 1983

Alternativprojekte

aus der Alternativkultur, -szene, -bewegung entstandene selbstorganisierte Landkommunen, Handwerkskollektive, Läden, Kneipen, therapeutische und künstlerische Gruppen.

Ihr wirtschaftliches Ziel ist in der Regel die Kostendeckung, nicht die Profitmaximierung, was in der Bezeichnung A. ebenfalls ausgedrückt ist.
Alternative Projekte stehen zum Teil auf der Grenze zwischen Arbeit und Freizeit.
Nach G. Huber teilen sie sich wie folgt auf:
Professionelle Projekte 25%
Duale Projekte 35%
Freizeitprojekte 40%
Duale Projekte sind teilweise markt-, teilweise eigenverbrauchsorientiert. Die Mitglieder/Mitarbeiter ziehen Verdienst aus dem Projekt, andere arbeiten umsonst; sie arbeiten teils regelmäßig, teils nur gelegentlich mit.
Dualwirtschaft →

Altersaufbau

richtiger: A. der *Bevölkerung* →, die zahlenmäßige Größe der Altersgruppen (Geburtenjahrgänge, Fünfjahresaltersgruppen) einer Bevölkerung; Aufteilung in der Regel nach Geschlechtern.
Bei graphischer Darstellung entsteht die »Alterspyramide«.
Der A. wird aufgrund der Bevölkerungsfortschreibung jährlich errechnet.
Die Alterspyramide verändert sich in der Bundesrepublik auf eine Urnenform hin, da die Größe der jüngeren Altersgruppen ständig abnimmt.
Dem A. wird auch in der *Freizeitforschung* → besondere Aufmerksamkeit geschenkt (*Freizeittrend* →).

Abb. Lebensalter

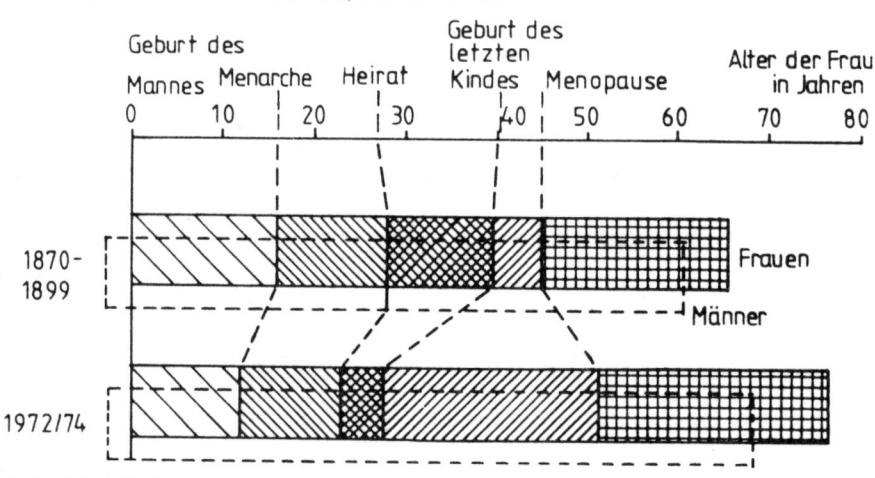

Vergleich typischer Lebensverläufe von Ehepaaren um 1880 und 1970

Quelle: A. Imhoff »Die gewonnenen Jahre« (1981)

Tab. Alternativprojekte

"Produktion" 12%	"Handarbeit" ("Hardware" "Labour") 29%	Landwirtsch. Produktion 4%	4 %	Landbau, Gartenbau, Tierhaltung
		Verarbeitendes Gewerbe 8%	1 %	Druckereien, Setzereien
			5 %	Prod. u. Reparaturhandwerk (z.B. Bäcker, Tischler, Bodenleger, Färber, Wollspinner)
			0,5 %	Alternativtechnologische Betriebe (Fahrräder, Altwarenverwertung, Kraftheizung)
			1,5 %	Kunsthandwerk
Dienstleistungen 70%		Zirkulation 9%	1,5 %	Verkehr (Taxi-, Entrümpelungskollektive, Umzüge, Wegereinigung)
			4,5 %	Handel (Lebensmittelläden, Koops, Trödel, Reiseladen, Kioske)
			3 %	Buchläden (einschl. Buchauslieferungen, -versand, -vertrieb)
		Freizeit-Infrastruktur 9%	4 %	Kneipen, Cafes, Restaurants
			4 %	Tagungs- und Ferienhäuser, Kommunikationszentren
			1 %	Kinos, Galerien
	"Kopfarbeit" ("Software" Labour") 71%	Information, Öffentlichkeitsarbeit 17%	3 %	Medien (z.B. Film, Video)
			1 %	Graphik, Fotos (einschl. Schreibarbeiten)
			9 %	Zeitschriften u.a. Publikationen (einschl. Kalender, Tagungen, Kongresse)
			4 %	Verlage
		(Selbst-)Verwaltungsdienste 5%	5 %	Koordinations- und Organisationsprojekte (einschl. Beratung, Auskünfte, Verbände, Networking)
		Sozialberufliche Dienste 22%	7 %	Kinder (Kinderläden, Eltern-Kind-Gruppen, -Tagesstätten)
			3 %	Schulen (einschl. Erwachsenenbildung, freie VHs, Unis)
			1 %	Medizinische Gruppen (einschl. z.B. Physio- und Atemtherapie)
			11 %	Therapeutische, sozialpädagogische und Jugendsozialhilfeprojekte
		Kultur 8%	8 %	Kunst, Sport, Wissenschaft (Theater, Zirkus, Musik, Tanz, Aikido, Karate)
Politische Arbeit 18%		Politische Arbeit 18%	9 %	Bürgerinitiativen (einschl. Stadtteilprojekte, Community, Development)
			8 %	Bürgerkomitees (z.B. Berufsverbote-, Mieter-, Ausländerkomitees, Knastgruppen)
			1 %	Parteiartige Gruppen (Grüne, Bunte, Wählerlisten, gewerkschaftliche und kirchliche Gruppen mit alternativem Selbstverständnis)

Quelle: J. Huber »Wer soll das alles ändern. Die Alternativen der Alternativbewegung« (1980).

Amateur
(frz.: Liebhaber, Dilettant)
1. Jemand, der aus Liebhaberei – ohne berufliche Absicht – einer künstlerischen Beschäftigung nachgeht.
2. Nichtfachmann; seltener abwertend (häufiger bei »Dilettant«): Nichtkönner, Pfuscher.
Viele Freizeittätigkeiten erfordern den A., einige werden im Zusammenhang mit A. gekennzeichnet (A.-film →, A.-Theater →); jedoch spricht man von »Liebhaberaufführungen«, »Liebhaberorchester« und »Liebhaberei« (Hobby →).
Im Sport hat der Begriff A. durch Bestimmungen insbesondere für die Teilnahme an den Olympischen Spielen eine herausgehobene Bedeutung gewonnen (»Amateurismus«). Allerdings zeigt sich dabei, daß die Übergänge zwischen der Liebhaberei und der Profession (*Professionalisierung* →) fließend und nur schwer festzulegen sind.
Das gilt entsprechend in anderen Betätigungsfeldern (z.B.: Musikausübung, *Kunst* →, *Kunsthandwerk* →, *Sammeln* →), in denen für bestimmte Leistungen auch Entlohnung gegeben wird.

Amateurfilm
Sammelbegriff für die Produktion und Darbietung von Filmen aus Liebhaberei.

Amateurfilm

Die Inhalte reichen von der Dokumentation von Familienereignissen und Reisen über Dokumentarfilme, Trickfilme bis zum Spielfilm. Benutzt werden in der Regel Schmalfilmkameras. Anleitungen werden in *Clubs* →, durch *Erwachsenenbildung* → und Schule gegeben. Amateurfilmen wird zunehmend durch Videofilmen abgelöst.
Dachverband ist der Bund Deutscher Film- und Video-Amateure.
Amateur →, *Film* →, *Video* →.

Amateurfunk

Funkverkehr (Übermittlung von Nachrichten auf drahtlosem Weg) aus persönlichem technischen und kommunikativen Interesse, aus Liebhaberei auf Kurzwelle. A. bedarf der Genehmigung durch die Bundespost (Funklizenz), die aufgrund einer besonderen Prüfung (Funkerprüfung) erteilt wird, zusammen mit einem internationalen Rufzeichen. Die Zahl der A.-stationen beträgt in der Bundesrepublik mehr als 12 000, in der Welt an die 400 000.
Die Funkamateure sind im Deutschen Amateur-Radio-Club (DARC) zusammengeschlossen. Dieser betreibt mit seinen örtlichen Vereinigungen die Ausbildung für die A.lizenz. Viele Amateurfunker sind überdies Elektronik-Bastler und stellen sich ihre Geräte im Eigenbau her. Dabei wird auch experimentiert und werden Funkanlagen technisch weiterentwickelt.

Amateurtheater

auch Liebhabertheater, Laienbühne, Laienspiel; Theaterspiel mit Nichtberufsschauspielern (*Amateur* →, *Laien* →).
A. ist ein inzwischen sehr differenzierter Bereich mit Kinder- und Jugendtheatergruppen, Laienspielgruppen aus der Tradition der *Jugendbewegung* →, Volkstheatern, Theatervereinen, Kabaretts, *Freilichtbühnen* →.
Die gespielte Literatur reicht von eigens für das Amateurtheater geschriebenen Stücken bis zur Weltliteratur, umfaßt aber auch eigene Erfindungen, Improvisationen und Pantomimen.
Viele A.-gruppen und -vereine sind im Bund Deutscher Amateurtheater (B.D.A.T.) mit seinen Landesverbänden zusammengeschlossen. Dieser sorgt für Erfahrungsaustausch, fachliche Förderung und organisiert A.-treffen. Die im B.D.A.T. vereinten A. zählen im Jahr (1984) etwa 2,2 Mio. Zuschauer, was für die Attraktivität dieses Freizeitangebotes spricht.

Angebot

1. Bereiterklärung zur Erbringung einer Leistung in bestimmter Form, an einem bestimmten Ort, zu bestimmter Zeit und u.U. zu bestimmten Gegenleistungen (z.B.: Kauf- oder Dienstleistungsangebot).
2. Nachweis von Informationen, Möglichkeiten, Gelegenheiten oder Aktivitäten (z.B.: Informations-A., *Freizeit-A.* →, Arbeits-A.).
3. Gesamtheit der Einzel-A. eines Anbieters, einer Gruppe von Anbietern oder des Marktes.

Angeln

auch Angelfischerei; Fischfang mittels Köder, Haken, Schnur und Rute.
Beliebte *Freizeittätigkeit* → einerseits zur Entspannung, zum anderen als Sport und im Wettkampf mit insgesamt mehr als 800 000 Aktiven.
A. wird in unseren Breiten überwiegend in Binnengewässern (Flüsse, Seen, Kiesseen) betrieben. Dazu ist ein A.-schein erforderlich. In *Ferienorten* → werden Ferien-A.scheine angeboten.
Hochsee-A., insbesondere auf Großfische, ist eine Freizeit- und Urlaubstätigkeit in südlichen Breiten, die allerdings einigen Aufwand erfordert.
Neuerdings wird auch das Flugangelweitwerfen als Sport ausgeübt.
Dachverband ist der Verband Deutscher Sportfischer.

Animateur

Animator →

Animation

1. Belebung; filmtechnisches Verfahren, unbelebten Objekten (z.B.: gezeichneten Figuren) im Trickfilm Bewegung zu verleihen. Entsprechend auch bei *Attraktionen* → verwandt.
2. Anregung, Aufforderung, Ermunterung, Ermutigung zu einem – vergnüglichen – Tun. In diesem Sinne ein Teil des menschlichen Handelns, der allgemeinen *Kommunikation* →. Animativ ist überdies das Zusammentreffen mit Menschen und bestimmten Situationen. Zur Verstärkung dieser Wirkung wurden zuerst in *Ferienclubs* → Animateure (*Animator* →) eingesetzt. Zwei Formen der A. dieser Art sind zu unterscheiden: a) Indirekte A. durch Situationsschaffung und anregendes Vormachen, durch Darbietungen; b) Direkte A. durch persönliche Kontaktaufnahme, durch Angebote usw. Die letztere Form führte zur A.
3. Ziel- und Methodensystem zur Verbesserung der Kommunikation und Förderung eigenverantwortlichen Handelns von einzelnen und Gruppen, um diese zur *Partizipation* → an soziokulturellen Angeboten, zum bewußten Erleben von eigenen Fähigkeiten, Gruppen, Gruppenleistungen, der Umwelt, zur Selbsttätigkeit und zur Findung von Identität (*Lokale*

Identität →) anzuregen und zu ermutigen. In ihrer Intention ist A. eine Arbeitsweise besonders des *Freizeitbereichs* →. Wie folgende Aufgabengebiete der A. in Frankreich (des Herkunftslandes von Begriff und Konzept) zeigen, geht A. darüber hinaus und überlappt sich mit anderen Konzepten (*Gemeinwesenarbeit* →, *soziokulturelle Arbeit* →, soziokulturelle Bildung, *Erwachsenenbildung* →, *Agogische Arbeit* →): a) Kulturelle A., Anregung zur aktiven Teilnahme an der Kultur sowie Hilfen für kulturelle Arbeiten, die sich mit sozialen oder politisch aktuellen Fragen befassen; b) Soziokulturelle A., *Lernen* → durch gemeinsames kulturelles Handeln (*Kunst* →, *Kunsthandwerk* →, *Spiel* →, *Sport* →) in Häusern der Jugend und Kultur, *Nachbarschaftshäusern* →, *Verbänden* → und *Vereinen* →. c) Sozialpolitische A., gesellschaftspolitische Entwicklung, Vereinsförderung, ländliche Entwicklung, Förderung der Zusammenarbeit in Stadtteil, Stadt und Bezirk durch soziokulturelle A. zur wirtschaftlichen und touristischen Entwicklung; d) Sozialpädagogische A., Zielgruppenarbeit z.B. mit Kindern, jungen Arbeitnehmern, älteren Menschen in entsprechenden Einrichtungen; e) Sozialarbeit, Unterstützung der Sozialarbeiter durch Informationsarbeit bis hin zu sozialtherapeutischer Arbeit.

In ähnlicher Weise differierend sind die Auffassungen von A. in der Bundesrepublik Deutschland und anderen Nachbarländern (besonders: Schweiz, Niederlande); z.B. wird das deutlich im Hinzufügen wie kommunikativ, freizeit-kulturell (Opaschowski), soziokulturell (Helmer).

Als Methodensystem ist A. noch wenig einheitlich und lehnt sich oft an vorhandene Methoden der *Sozialpädagogik* →, *Erwachsenenbildung* →, *Freizeitpädagogik* → (»Animative Didaktik«) und der Sozialarbeit (*Gruppenarbeit* →, Gemeinwesenarbeit) an.

Animator

jemand, der *Animation* → betreibt; auch häufig in der französischen Form »Animateur« verwandt. Manchmal wird der Begriff A. zu Animateur abgegrenzt, indem dem letzteren lediglich die Ferienanimation zugeordnet wird, was der Verwendung des Begriffs in Frankreich nicht entspricht.

Im Prinzip ist jeder im *Freizeitbereich* → und verwandten Bereichen freiwillig, ehrenamtlich oder berufsmäßig in der Arbeit mit/für Menschen und in Medien kommunikativ Tätige ein A. Der bewußt tätige und der professionelle A. muß sein (Opaschowski 1985): a) fachlich eine Mischung aus Pädagoge, Sozialarbeiter, Therapeut und Fachmann für freizeitkulturelles Gestalten (z.B. *Künstler* →) und b) methodisch eine Mischung aus Ansprechpartner, Motivierungshelfer und Interessenberater. Die Aufgabe des A. ist es (Opaschowski 1985) a) auf Menschen zuzugehen, sie anzusprechen, Kontaktängste abzubauen und soziale Beziehungen zu ermöglichen; b) Menschen zu ermutigen, selbst aktiv und kreativ zu werden, ihre Ausdrucksfähigkeit zu entwickeln und Begeisterung dafür zu wecken, eigene Fähigkeiten und Möglichkeiten, die latent vorhanden sind, zu entdecken und zur Entfaltung zu bringen; c) emotionale Gruppenerlebnisse zu fördern, das Zusammengehörigkeitsgefühl zu stärken und soziale Geborgenheit und Sicherheit zu vermitteln; d) Menschen die Anonymität der Umwelt zu nehmen, Organisationsbarrieren und Schwellenängste abzubauen und Möglichkeiten für Eigeninitiative und soziale Selbstdarstellung bereitzustellen und ihre aktive und bewußte Teilnahme und Mitwirkung am kulturellen Leben zu erleichtern.

Es gibt zwar keine Ausbildung zum A. in der Bundesrepublik Deutschland, doch können verschiedene Ausbildungsgänge dafür gelten: *Jugendgruppenleiter* →, *Übungsleiter* →, *Freizeithelfer* →, *Freizeitpädagoge* → (Fachschule); *Sozialpädagoge* →, Erzieher (Fachschule); Sozialpädagoge/Sozialarbeiter (Fachhochschule); *Sportlehrer* → (verschiedene Ausbildungsgänge); *Kulturpädagoge* →. Darüber hinaus werden verschiedene zur Animation befähigende Weiterbildungsgänge angeboten durch Erwachsenenbildungsinstitute (u.a. auch: Akademie Remscheid für musische Bildung und Medienerziehung).

Anonyme Alkoholiker

Selbsthilfegruppe → von Alkoholabhängigen oder früher Alkoholabhängigen, die sich nur dem Vornamen nach kennen.
Sie helfen sich durch Erfahrungsaustausch in Gruppen, stehen aber auch telefonisch in Verbindung, wenn es um die Kontrolle der Abstinenz und um damit verbundenen Depressionen geht.
Gruppen gibt es in allen größeren Gemeinden. *Drogen* →

Anonyme Spieler

Selbsthilfegruppe → von Spielern nach dem Muster der *Anonymen Alkoholiker* → (*Spielsucht* →, *Glücksspiel* →)
Bislang entsprechend der geringeren Zahl der abhängigen Spieler und des kurzen Bestehens der A.S. nur wenige Gruppen.

Anthropologie

Lehre vom Menschen; je nach Schwerpunktsetzung eine mehr naturwissenschaftlich, philosophisch, pädagogisch oder wissenschaftsintegrativ ausgerichtete Wissenschaft.

Anthropologie

Jede bewußte auf den Menschen und dessen Handeln gerichtete Tätigkeit benötigt Wissen über den Menschen. Dadurch werden das Menschenbild, Normen, *Werte* → und Handlungsweisen bestimmt. Insoweit ist jeder bewußt Handelnde genötigt, anthropologisches Wissen zu sammeln und anzuwenden. Das geschieht jedoch in der Regel unsystematisch, eher im Sinne eines Begleitprozesses. Je komplexer eine Aufgabenstellung ist, desto eher wird A. als Wissenschaft benötigt. Daher ist es folgerichtig, wenn Philosophie und Pädagogik sich eigene anthropologische Ansätze schufen. Sozial- und Kultura. sind ebenfalls aus der Notwendigkeit eines Gesamtbildes für die Erkenntnis gesellschaftlicher und kultureller Entwicklungen entstanden. Psychologische und medizinische Wissenschaftstätigkeit fordert A. meist als biologisch-historische Wissenschaft vom Menschen.

Mehr als andere Felder benötigt der *Freizeitbereich* → als ganzheitliches Betätigungsfeld des Menschen auch eine ganzheitliche Wissensgrundlage. Eine A. der *Freizeit* → wurde bislang nicht vorgelegt. Doch entwickeln sich Forschungen der Grundlagenwissenschaften (Soziologie, Psychologie, Geographie, Pädagogik, *Freizeitwissenschaft* →) mehr und mehr zu interdisziplinären Projekten, wenn sie sich mit dem komplexen Verhalten der Menschen in der Freizeit, mit den dieses bedingenden *Lebensstilen* → und *Werten* → sowie deren Wandlungen und Verschiebungen befassen (*Wertwandel* →, *Kultur* →, *Sozialisation* →).

A. vermag auf Fragen wie diejenige nach der Auswirkung von Geschichte (*Brauchtum* →) und Umfeld (*Heimat* →, *Lokale Identität* →) auf die Menschen eher Antwort zu geben als die Einzelwissenschaften. Ebenso kann der Sinn von *Freizeitgestaltung* → nicht aus den Erkenntnissen einer Einzelwissenschaft allein bestimmt werden. Insoweit geraten Stellungnahmen von Einzelwissenschaften zur „sinnvollen" Freizeitgestaltung in der Regel zu anthropologischen Darstellungen. Der Freizeitbereich ist zunächst an einer die Humanwissenschaften integrierenden A. interessiert. Je nach Aufgabenstellung werden auch Ergebnisse der philosophischen und pädagogischen A. abgefragt; diese besonders dann, wenn die Vertretbarkeit von Programmen und Einflußnahmen zu prüfen ist.

Arbeit

spezifisch menschliche Form der Umweltveränderung und -kontrolle mit zielgerichtetem und planmäßigem Charakter. A. kennzeichnet den derzeit noch immer wichtigsten, weil existenzsichernden Lebensbereich des Menschen. Zum Verhältnis von A. und *Freizeit* →, dem anderen elementaren Lebensbereich, existieren inzwischen zahlreiche wissenschafts-

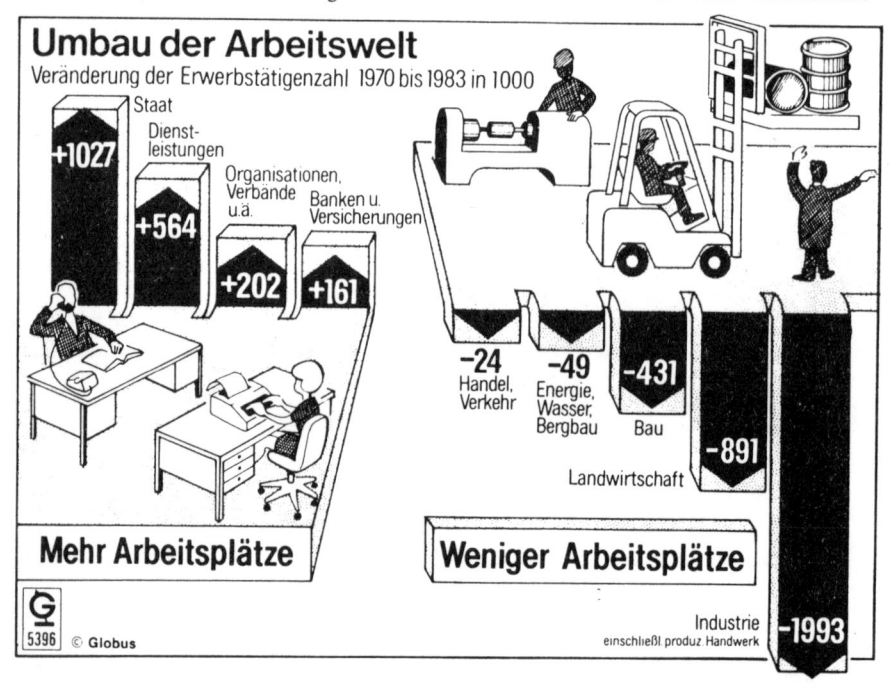

Umbau der Arbeitswelt
Veränderung der Erwerbstätigenzahl 1970 bis 1983 in 1000

Staat +1027
Dienstleistungen +564
Organisationen, Verbände u.ä. +202
Banken u. Versicherungen +161

−24 Handel, Verkehr
−49 Energie, Wasser, Bergbau
−431 Bau
−891 Landwirtschaft
−1993 Industrie einschließl. produz. Handwerk

Mehr Arbeitsplätze | **Weniger Arbeitsplätze**

5396 © Globus

theoretische Auffassungen und Beiträge; eine eindeutige oder verbindliche Klärung dieser Problematik ist bislang nicht erkennbar.
Grundlegende Funktionen bzw. Aspekte von A. sind: Existenzsicherung (materiell-ökonomischer Aspekt), Verwirklichung menschlicher Anlagen und Fähigkeiten (biologischer Aspekt), Sinngebung u. -erfüllung (ideell-psychologischer Aspekt), Dienst an der Gemeinschaft (christlich-ethischer Aspekt).
Im allg. Sprachgebrauch definiert A. eine meist produktive, d.h., auf die Erzeugung, Herstellung oder Veränderung gerichtete Tätigkeit i.S. von i.d.R. unselbständig zu leistender, gesellschaftlich verpflichteter Lohna. A. bildet die Grundlage für gesellschaftlichen Reichtum und individuellen Wohlstand (*Lebensbedingungen* →, *Lebensstandard* →). Sie ist zugleich Garant des Fortschritts.
Historische Kategorien der A. sind (in zeitl. Abfolge): Manuelle Produktion, Mechanisierung und Automatisierung. Mit fortschreitender Industrialisierung und Technologisierung findet zunehmend eine Verlagerung der Inhalte von der ursprünglich schwerpunktmäßig auf Produktion ausgerichteten A. hin zu vermehrten *Dienstleistungen* → statt. Diese Entwicklung geht einher mit einem kontinuierlichen Abbau des Anteils von erwerbstätigen Menschen an der Gesamtbevölkerung. Derzeit sind in unserem Land nur noch etwa 38% der Bundesbürger in einem Arbeitsverhältnis beschäftigt bzw. üben einen Beruf aus. Zugleich steigt der Anteil der von *A-losigkeit* → bedrohten oder direkt betroffenen Personen. Immer mehr Menschen wird der – insbesondere seit der Reformation zum primären Sinn des Lebens erwachsene und gesellschaftlichen Status verleihende – gesellschaftlich wichtigste Lebensinhalt, die A., entzogen (*Werte* →, *Lebensstil* →). Die so neu gewonnene Freizeit wird vielfach als nur unzureichender Ersatz oder – fälschlicherweise – gar negativer Gegensatz empfunden und zum *Freizeitproblem* →. Wenn auch die inzwischen in ihrem Umfang (nicht zu verwechseln mit Bedeutung!) zurückgegangene A. andere Felder (*Freizeit* →, *Sozialzeit* →) neben sich dulden muß, nimmt sie doch in ihren Ausprägungen und Auswirkungen wesentlich Einfluß auf die Gesellschaft und deren Entwicklung. In den von organisierter A. frei werdenden Feldern entstehen arbeitsverwandte Betätigungen (*Eigenarbeit* →, *Do-it-yourself* →, *Selbsthilfe* →), die sich nur in der weitgehenderen Unabhängigkeit vom Existenzsicherungszwang von A. unterscheiden. Im Bereich der A. ist eine zunehmende Differenzierung zu beobachten. Das gilt für die A.-

Pluspunkte bei der Arbeit

Von je 100 Arbeitnehmern hatten tariflichen Anspruch auf:

40-Stunden-Woche: 1974: 87, 1984: 99
Vermögenswirksame Leistungen: 1974: 77, 1984: 95
Urlaubsgeld: 1974: 79, 1984: 94
Gratifikationen: 1974: 61, 1984: 91
5 Wochen Urlaub und mehr: 1974: 25, 1984: 91

© Globus 5499

Arbeit

bedingungen (Art und Inhalt der A.; A.-platzgestaltung; *Arbeitszeit* →) ebenso wie für den Status des Arbeitenden (Arbeiter, ungelernt, angelernt, gelernt; Handwerker; Angestellter, Manager, Leitende Angestellte, Kaufmännische Angestellte, Technische Angestellte; Beamte; *Künstler* → im Engagement; Selbständige, Landwirte, Freiberufler, alternative Unternehmer; Genossenschaftler; Unternehmer). Noch stärker allerdings machte sich die Auffächerung bei den Berufen bemerkbar, die die zunehmende Vielfalt der A.-anforderungen widerspiegeln. Bislang gültige *Rollen* →, und Klassenzuweisungen sind immer weniger möglich. Der Charakter der A. kann bei dem einen sehr von der A.-teiligkeit bestimmt und entfremdend, bei dem anderen weitgehend selbstbestimmt sein. Für die erste Gruppe gilt die Tendenz der abnehmenden A.-zeit, während die zweite Gruppe die A. in ihren Gesamtlebensablauf integriert. Das gilt als die höher bewertete Lösung, kann aber immer nur für einen kleineren Teil der Arbeitenden erreicht werden. Durch diese Entwicklung und Formen der Mitbestimmung (= *Partizipation* →) hat sich auch das Verhältnis A.-geber zu A.-nehmer ebenfalls aufgefächert. Dabei bildet die Größe des Betriebes und die Aufgabenstellung (*Produktion* →, Handel, *Verwaltung* →, Dienstleistung) eine wichtige Grundbedingung. Die Weiterentwicklung der Mitbestimmung und die Humanisierung der A. werden auch als Inhalte für die Verteilung der durch A.-zeitverkürzung gewonnenen freien Zeit genannt. Die Humanisierung der A. drückte sich besonders im A.-schutz aus, der den A.-nehmern ausreichende Freizeit und einen vernünftigen A.-rhythmus gewährleisten sollte (Regelung der Höchstarbeitsdauer; Zeitrahmen für die tägliche A.; Regelung der Nacht-, Sonntags- und Feiertagsa.; Festlegung von A.-pausen).

Nur ein geringer Teil der die A. betreffenden Regelungen entstand durch die Gesetzgebung, der größere ist Angelegenheit der Sozialpartner (Arbeitgeberverbände; *Gewerkschaften* →) und durch Tarifverträge ausgehandelt. Darüberhinaus erbringen viele Arbeitgeber freiwillige Leistungen, die den A.-bereich überschreiten (*Betriebliche Freizeitangebote* →). Mit Fragen der Arbeit befassen sich u.a. Ministerien, die Wissenschaft, Berufsverbände, die *Erwachsenenbildung* → (*Fortbildung* →, *Bildungsurlaub* →), zahlreiche Verbände (z.B.: Kolpingwerk, Kath. Arbeiterbewegung, Christliche Arbeiterjugend, Sozialistische Deutsche Arbeiterjugend) sowie Institutionen der Kirchen.

Abb. Arbeitsschutz

Arbeitsschutz

Technischer Arbeitsschutz		Sozialer Arbeitsschutz	
Sicherheitstechnik Unfallverhütung	Maschinenschutz Brand- u. Explosionsschutz Gesundheitsschutz Allgem. Gefahrenschutz	**Arbeitszeitschutz**	Arbeitszeit Ruhepausen Nachtruhe Sonntagsruhe
Arbeitshygiene	Raumgestaltung Klima und Lüftung Licht und Farbe Lärm Verkehrswege u. Fluchtwege	**Schutz für besondere Personengruppen**	Kinder, Jugendliche Frauen, Mütter Schwerbeschädigte Heimarbeiter
Arbeitsphysiologie	Arbeitsgestaltung	**Vertragsschutz**	Kündigung Entlohnung

Quelle: F. Schweiger, in: Management Enzyklopädie, Bd. 9 (1985)

A. in ihrer modernen, industriellen Form war Anlaß für Freizeit. Daher werden beide Bereiche immer noch in einer Wechselbeziehung und Bedingtheit gesehen. Das ist in bestimmten Bereichen zutreffend (zeitlich genau geregelte, sehr arbeitsteilige Produktions- und Dienstleistungsformen), in anderen verwischen sich die Konturen. Darüberhinaus haben die durch Freizeit gewonnenen Inhalte Eigenwert gewonnen und werden auch von den nicht A. (im engeren Sinne) leistenden anerkannt.

Schmale/Agricola

Arbeitsbedingungen
Arbeit →

Arbeitsgesellschaft
Freizeitgesellschaft →

Arbeitslosigkeit
Folge des Verlusts von Arbeits- oder Ausbildungsplatz sowie nach Abschluß der Ausbildung.
A. ist eine Störung des Wirtschaftsgeschehens, die auf ein Ursachenbündel zurückzuführen ist: Abgesehen von individuellen Gründen wie z.B. freiwilliger Arbeitsplatzwechsel, Unfähigkeit, Unlust, Arbeitsscheu etc., die nur eine geringe Bedeutung für das Gesamtausmaß der A. besitzen, sind vor allem konjunkturelle (periodisch-zyklische Schwankungen der Wirtschaft), strukturelle (Veränderungen innerhalb der Arbeitsbereiche) und saisonale (jahreszeitlich, witterungsbedingte) Ursachen prägend. Zu den weiteren, den Arbeitsmarkt beeinflussenden Faktoren zählen Abweichungen in der demographischen Entwicklung, Aspekte der Bildungsplanung, sowie Einflüsse der Weltwirtschaft.

Von A. besonders betroffene gesellschaftliche Gruppen (»Problemgruppen«) sind: unqualifizierte Arbeitnehmer, Jugendliche, Frauen, ältere Arbeitnehmer, Ausländer und Behinderte. Das quantitative Ausmaß der A. wird in der Bundesrepublik Deutschland von der Bundesanstalt für Arbeit statistisch registriert (*Abb.* →). Aufgrund der besonderen Erfassungskriterien wird jedoch ein Teil der tatsächlich Arbeitslosen amtlich nicht erfaßt, die sog. »stille Reserve«. Im Rahmen der besorgniserregenden allgemeinen A. ist gegenwärtig die Jugend-a. von besonderer Bedeutung.

Neben weitreichenden gesamtgesellschaftlichen Auswirkungen beeinträchtigen insbesondere die materiellen (fehlendes Geld), sozialen (Verlust der gesellschaftlichen Position, Isolation) und die psychologischen (Verlust des Zeit- u. des Selbstwertgefühls, psychosomatisch bedingte Krankheiten) Folgen von A. die Existenz des Einzelnen in z.T. lebensbedrohlicher Weise (*Arbeit* →). Drohende Suchtabhängigkeit (Alkohol, Drogen etc.) und evtl. Abgleiten in die Kriminalität können den Betroffenen ins gesellschaftliche Abseits führen. Die vielfach unkritisch vorgenommene Gleichsetzung von A. und *Freizeit* → erscheint angesichts der primär negativen Wirkung von A. sehr problematisch und kaum sinnvoll. Aus der Sicht Betroffener kann A. allenfalls als »erzwungene« *Freizeit* → angesehen werden. In zahlreichen Maßnahmen, Projekten und Programmen wird derzeit versucht, der A. zumindest partiell zu begegnen und das Schicksal der Arbeitslosen zu lindern. Hierbei spielt neben dem schulischen insbesondere der *Freizeitbereich* → als Handlungsfeld eine bedeutende Rolle.

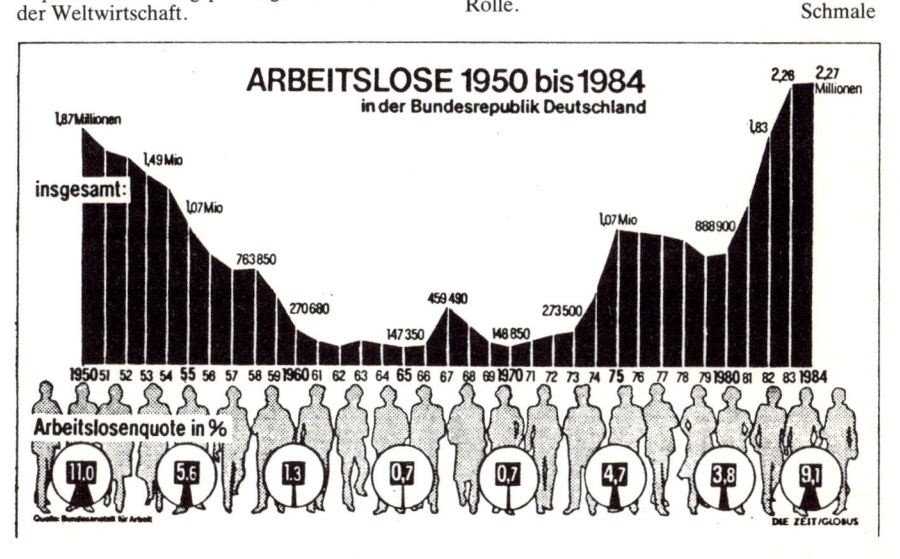

Schmale

ARBEITSLOSE 1950 bis 1984
in der Bundesrepublik Deutschland

insgesamt: 1,87 Millionen; 1,49 Mio; 1,07 Mio; 763 850; 270 680; 147 350; 459 490; 148 850; 273 500; 1,07 Mio; 888 900; 1,83; 2,26; 2,27 Millionen

1950 51 52 53 54 55 56 57 58 59 1960 61 62 63 64 65 66 67 68 69 1970 71 72 73 74 75 76 77 78 79 1980 81 82 83 1984

Arbeitslosenquote in %: 11,0 — 5,6 — 1,3 — 0,7 — 0,7 — 4,7 — 3,8 — 9,1

Quelle: Bundesanstalt für Arbeit / DIE ZEIT/GLOBUS

Arbeitspädagogik

Die Arbeitsplatz-Lücke Angaben in Millionen – ab 1987 Modellrechnung

	BIS HEUTE					IN ZUKUNFT			
	1972	1975	1978	1981	1984	1987	1990	1995	2000
So viele Arbeitsplätze werden gebraucht	27,0	27,2	27,2	28,0	28,7	28,5	28,9	28,8	28,0
So viele Arbeitsplätze gibt es tatsächlich	26,7	25,7	25,6	26,0	25,1	25,1	25,1	25,3	25,3
ARBEITSUCHENDE:									
Stille Reserve	0,1	1,1	1,0	1,3	2,3	2,1	2,4	2,2	1,7
Registrierte Arbeitslose	0,2	0,4	0,6	0,7	1,3	1,3	1,4	1,3	1,0

© Globus 5 597

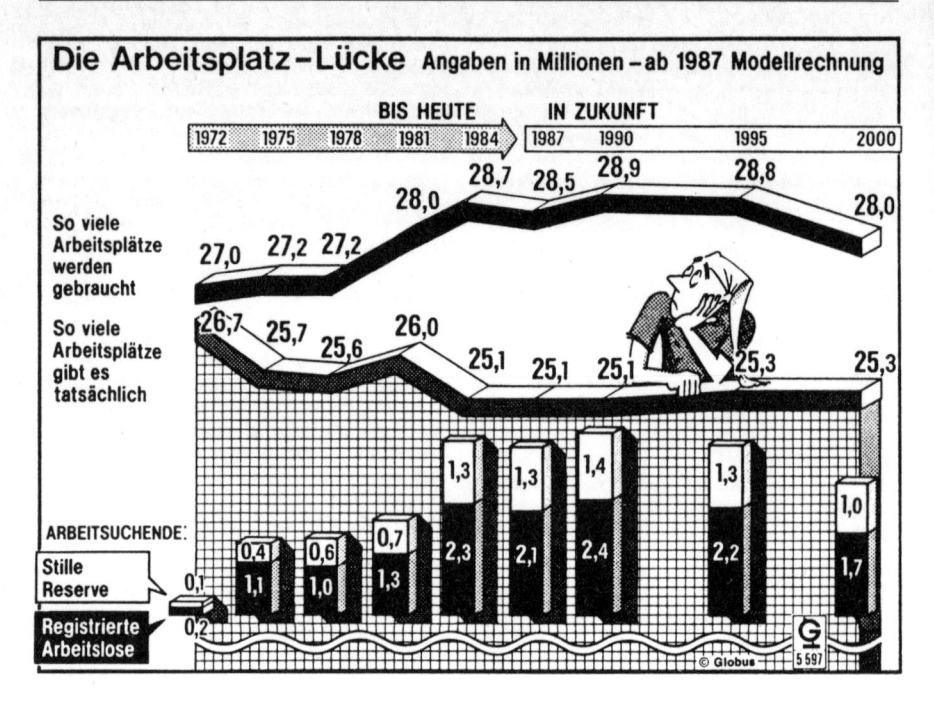

Arbeitspädagogik

traditionell eine Disziplin, die den Menschen in Schule und Betrieb auf die Anforderungen der Arbeitswelt vorzubereiten hat (Arbeitslehre in der Schule, Berufsschulunterricht, betriebliche Unterweisung). Daneben bemüht sie sich aber auch um praktische Hilfen am Arbeitsplatz. Hierzu gehören: Erhöhung der Arbeitszufriedenheit, Motivierung, Personalführung usw. (*Arbeit* →). Die *Freizeitpädagogik* → hat als Hauptaufgaben: Betreuung von *Freizeitstätten* →, Vorbereitung des Menschen auf Freizeitsituationen, *Animation* → usw. Ziel ist primär, die Erhöhung der Freizeitzufriedenheit insbesondere durch sinnvolle Nutzung der nicht durch Arbeit verbrauchten Zeit zu bewirken.

Arbeitslosigkeit →, Arbeitsunlust, *Schwarzarbeit* →, *Arbeitszeitverkürzung* → und ein verändertes Zusammenwirken von Arbeits- und *Freizeitverhalten* → skizzieren einen Wandel sozioökonomischer Bedingungen im Spannungsfeld und im Grenzbereich von Arbeit und Freizeit. A. und Freizeitpädagogik stehen in Theorie und Praxis somit vor neuen und besonders vor gemeinsamen Aufgaben.

Wegen der sehr strengen Abgrenzung von A. und Freizeitpädagogik übersehen deren Vertreter bisweilen die Probleme aus dem Grenz-/Mischbereich von Arbeit und Freizeit. Phänomene, die sich aus der Interdependenz der beiden Lebensbereiche ergeben, werden isoliert untersucht. Die pädagogische Betreuung des Menschen findet dadurch in polarisierter Form statt und entspricht nicht den tatsächlichen Anforderungen des Alltags. So wird die Arbeitswelt als geschlossenes System betrachtet, und Maßnahmen zur Erhöhung der Arbeitszufriedenheit setzen ausschließlich am Arbeitsplatz an. Phänomene wie Fehlzeiten, Arbeitsunlust oder mutwillige Zerstörung von Arbeitsmaterial können wegen dieser reduzierten Betrachtung nicht in ihrer gesamten Komplexität erfaßt werden.

Auf der anderen Seite sind Maßnahmen zur Erhöhung der Freizeitzufriedenheit nicht in der Lage, die gesamte Lebenslage des Menschen zu verbessern, wenn sie die Freizeitwelt als geschlossenes System betrachten und dabei die positive Bedeutung der Arbeit im Leben des Menschen unberücksichtigt lassen.

Für A. und Freizeitpädagogik stellen sich in Anbetracht der vernachlässigten Aufgaben gemeinsame Ziele, die es in Hochschule, Schule, Betrieb und Freizeitstätten zu realisieren gilt. Diese Ziele streben eine Qualifizierung des Menschen an, die aufgezeigten Problemsituationen im Spannungsfeld von Arbeit und Freizeit selbständig zu bewältigen. Wichtige Qualifikationen sind dabei die Befähigung des Menschen zum autonomen Handeln; zur souveränen Zeiteinteilung; zur ökonomischen, kul-

turellen und ökologischen *Partizipation* →; zum bewußten Erlebnis einer sinnvollen Selbstverwirklichung in Arbeits- und Freizeitsituationen.
Die Realisierung dieser arbeits- und freizeitpädagogischen Zielsetzungen setzt voraus, daß die Vertreter der entsprechenden erziehungswissenschaftlichen Theorie und Praxis für das Ineinanderwirken der Lebens- und Erlebnisbereiche Arbeit und Freizeit sensibilisiert werden und bereit sind, fachübergreifende Fragen auch interdisziplinär zu beantworten.

Lit.: Neven »Arbeits- und Freizeitpädagogik. Eine intra- und interdisziplinäre Konzeptualisierung erziehungswissenschaftlicher Teildisziplinen«, Düsseldorf 1982

Neven

Arbeit und Leben
Vereinigung auf dem Gebiet der *Erwachsenenbildungsarbeit* → zwischen *Gewerkschaften* → und *Volkshochschulen* → zur Förderung insbesondere der Information über das Arbeitsleben und der Arbeiterbildung.

Arbeitszeit
vom Beginn bis zum Ende mit beruflicher Tätigkeit verbrachte *Zeit* → (*Arbeit* →).
Gerechnet werden die Zahl der Stunden am Tag, in der Woche, manchmal auch im Monat, aus statistischen Gründen im Jahr ohne die Arbeitspausen und – bei Jahreszählung – ohne Urlaub.
Für das *Freizeitbudget* → ist allerdings die Anwesenheit am Arbeitsplatz und die Fahrtzeiten zum Arbeitsplatz, also die durch Arbeit gebundene Gesamtzeit von Belang.
Durch gesetzliche Bestimmungen und Tarifverträge liegt (1984) die allgemeine Regelwochen-A. zwischen 38 und 40 Stunden, der Jahresurlaub beträgt 30 Tage. Die Jahres-A. beträgt 1764 Stunden, denen die durch Arbeit gebundene Zeit zugezählt werden muß.
Die längsten A. haben Landwirte und Selbständige (66–55 Stunden).
Je nach Art der Arbeit und des Betriebes verteilt sich die A. unterschiedlich auf die Tagesstunden und die Wochentage.
Von Schichtarbeit spricht man, wenn die Belegschaft in Gruppen aufgeteilt in aufeinanderfolgenden Zeitblöcken arbeitet: Frühschicht (z.B. 6–14 Uhr) Nachmittagsschicht (14–22 Uhr), Spät- oder Nachtschicht (22–6 Uhr).
Meist werden die Schichten nach einer Woche getauscht (»Wechselschicht«).
Unregelmäßige A. entstehen insbesondere in Verkehrsbetrieben, da dort Arbeitsbeginn und -dauer nach dem Arbeitsanfall wechseln.
Die weitere Humanisierung der Arbeit, die Notwendigkeit, die im Umfang abnehmende

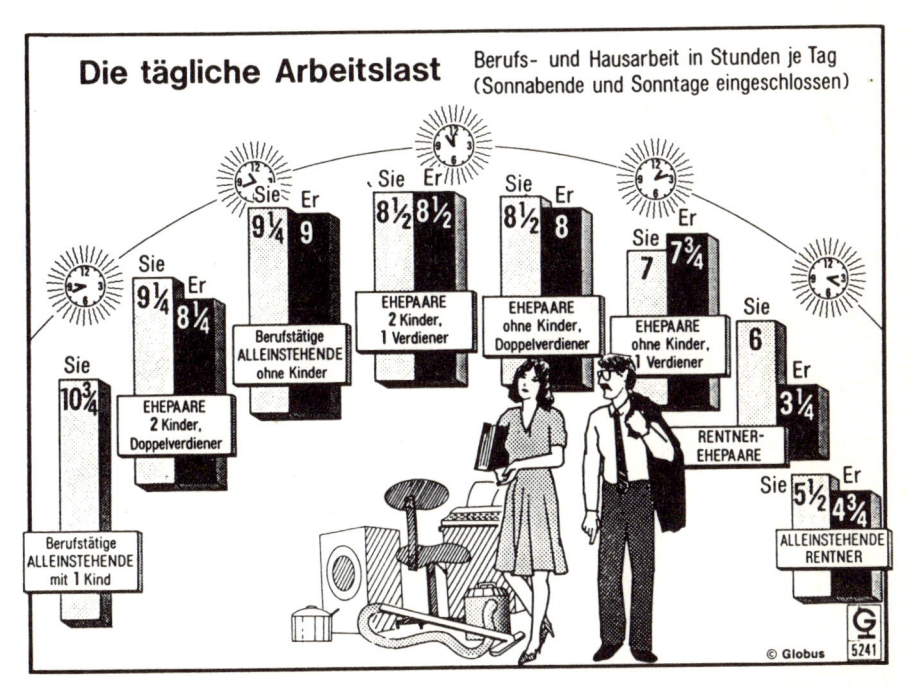

Die tägliche Arbeitslast — Berufs- und Hausarbeit in Stunden je Tag (Sonnabende und Sonntage eingeschlossen)

Gruppe	Sie	Er
Berufstätige ALLEINSTEHENDE mit 1 Kind	10¾	
EHEPAARE 2 Kinder, Doppelverdiener	9¼	8¼
Berufstätige ALLEINSTEHENDE ohne Kinder	9¼	9
EHEPAARE 2 Kinder, 1 Verdiener	8½	8½
EHEPAARE ohne Kinder, Doppelverdiener	8½	8
EHEPAARE ohne Kinder, 1 Verdiener	7	7¾
RENTNER-EHEPAARE	6	3¼
ALLEINSTEHENDE RENTNER	5½	4¾

© Globus 5241

Statistisches Landesamt Baden-Württemberg

Arbeitszeit

Arbeitszeit und Arbeitsmarkt in der Bundesrepublik

Effektive jährl. Arbeitszeit je Erwerbstätigen in Std.	Erwerbstätige (Mill)	Erwerbspersonen potential (Mill)	Arbeitslose einschließlich stille Reserve (Mill)
1950: 2372*	20,0		
1960: 2133*	26,2	26,4	0,2
1960: 2154**			
1970: 1969**	26,6	26,7	0,1
1978: 1797**	25,2	26,7	1,5
1985: 1680	24,8	27,8	3,0
2000: 1512	23,1	25,0	1,9

*Ifo. **IAB

Arbeit zu verteilen sowie der Wunsch nach größerer Freiheit führten zu Formen und Modellen der A.-Flexibilisierung, (der Aufhebung starrer A.).

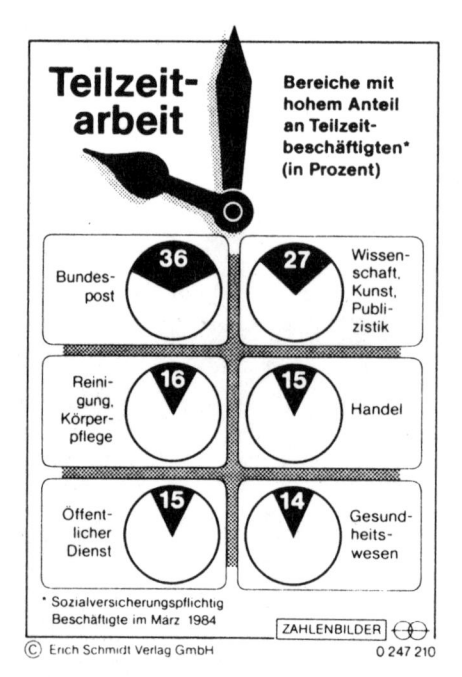

Diese kann in der Verfügung über die Lage der Regel-A. am Tag (gleitende A. oder auch kurz Gleitzeit) oder in verschiedenen Formen der A.-Verkürzung bestehen.
Die gebräuchlichste Form ist die Halbtags- bzw. Teilzeitarbeit.
Als besondere Form der Teilzeitarbeit kann das Job-Sharing angesehen werden, bei dem sich zwei Mitarbeiter einen Arbeitsplatz teilen. In der Diskussion, zum Teil im Experimentalstadium, sind zahlreiche Möglichkeiten der A.-Flexibilisierung. Zum Beispiel: Wahl zwischen Zusatzgehältern und Freizeit; Verteilung der Regelarbeitszeit auf 4 statt 5 Tage; Aufsparen von A.-Verkürzungen für verlängerte Wochenenden bzw. Mehrurlaub; Recht auf Langzeiturlaub im Fünf- oder Siebenjahresabstand (Sabbatical, *Sabbatjahr* →).
Auf die Lebens-A. bezieht sich die flexible Altersgrenze, bei der der Zeitpunkt innerhalb eines festgelegten Rahmens bestimmt werden kann. Davon wird, wenn auch oft aus Gesundheits- und Wirtschaftsgründen, häufig Gebrauch gemacht (*Frührentner* →).
Zeit →, Alter →, Lebenszeit →, Ruhestand →, Überstunden →.

Arbeitszeitflexibilisierung
Arbeitszeit →

Arbeitszeitverkürzung
Arbeitszeit →

Artothek
Bibliothek →

Attitüde
Neigung oder erworbene Einstellung, in bestimmter Weise gegenüber Personen, Gruppen, Institutionen, Ideen, Gegenständen, Problemen, Situationen zu handeln.
A. haben eine Gefühlskomponente (positive oder negative Beziehungen), eine Erkenntniskomponente (Ansichten, Urteile, Überzeugungen) und eine Handlungskomponente (Bereitschaft zu einem bestimmten Verhalten).
A. drücken sich aus in Gesten, in der Art und Weise des Denkens und der Festlegung von Handeln sowie in Gruppen durch Verhaltensnormen.
A. helfen dem Menschen, die Umwelt überschaubarer zu machen, Personen und Ereignisse einzuordnen sowie bei der Bewältigung unbekannter Situationen.
Die extreme Form ist das Vorurteil.
Eine A. ist ein recht dauerhaftes Gefüge von Meinungen, die eine Handlung zu beschreiben, zu bewerten und zu befürworten haben. Sie ist insoweit eine Prädisposition für bestimmte Reaktionen gegenüber Anreizen durch *Medien →*, aber auch durch *Animation →*, *Agogik →*, Pädagogik (*Freizeitverhalten →*).
Diese tragen sowohl zur Entstehung als auch zur Wandlung von A. bei.

Lit.: Wenninger »Medienpsychologie« 1982

Attraktion
Anziehungspunkt, Sehenswürdigkeit, Glanznummer, Zugnummer.
Häufig gebrauchter Ausdruck im Bereich der *Freizeitangebote →* und *Freizeiteinrichtungen →*, insbesondere im *Entertainment →*, in den *Freizeit- und Erlebnisparks →*, in der *Schaustellerei →*, aber auch im *Fremdenverkehr →* und *Tourismus →*, für gelungene *Angebote →*. *Veranstaltungen →*, Geräte und Bauten.

Audiovision
Sammelbegriff für Verfahren und technische Mittel zur gleichzeitigen Aufnahme, Wiedergabe und Vorbereitung von Bild und Ton.
Audiovisuelle Medien bezeichnen allgemein solche Informationsträger, die auf Gehör und Gesichtssinn des Menschen einwirken; im engeren Sinn sind damit jedoch technische Medien gemeint.
A. im Freizeitbereich wird in der *Öffentlichkeitsarbeit →*, der *Freizeitpädagogik →* und in der Unterweisung für bestimmte *Freizeittätigkeiten →* eingesetzt.
Audiovisuelle Medien werden im Handel, durch Verleihfirmen sowie durch die *Landes-, Kreis- und Stadtbildstellen →* angeboten.

Eine Sonderform des Einsatzes audiovisueller Medien ist der Medienverbund, der – im engeren Sinne – eine Zusammenarbeit der Medien tragenden Institutionen bezeichnet, z.B.: Fernstudium im Medienverbund durch Rundfunk, Fernsehen und *Volkshochschul →* -verbände.
Medien →

Aufsichtspflicht
Rechtspflicht aufgrund von Gesetz oder Rechtsgeschäft zur Bewahrung der zu beaufsichtigenden Person – minderjährig, entmündigt oder der Aufsicht bedürftiger Volljähriger, unter Pflegschaft stehend – vor Schaden bzw. Schädigung Dritter.
A. obliegt Eltern, Lehrern, Schulleitern, Lehrherren, Pflegern, Babysittern, Leitern von Kinder- und Jugendgruppen, von Kinder- u. Jugendeinrichtungen und Freizeitmaßnahmen, Übungsleitern u.a.m.
Schuldhafte (vorsätzliche oder fahrlässige) Verletzung der A., die ursächlich Schadensgrund wurde, verpflichtet zivilrechtlich zum Schadensersatz (Positive Forderungsverletzung, unerlaubte Handlung, §§ 823 ff. BGB, § 832 BGB; Amtspflichtverletzung § 839 BGB, Art. 34 GG, gesetzl. Unfallversicherung für Schüler, Studenten, Kindergartenkinder §§ 636 ff. RVO.)
Mittel der Aufsichtsführung sind Vorkehrungen, (z.B. Erste-Hilfe-Fähigkeiten, Kenntnis örtlicher Verhältnisse, ausreichende Personalstärke), Verdeutlichen von Gefahren, Hinweis, Warnung, Ermahnung, Gebot, Verbot, Stichprobe, permanente Überprüfung.
Jedoch orientieren sich die Anforderungen an den Aufsichtspflichtigen am praktisch Möglichen.
Die Wahl der Mittel muß den zu Beaufsichtigenden und dem Gefährlichkeitsgrad der Tätigkeit angemessen sein.
Zu beachten sind insbesondere Schutzvorschriften aufgrund von Gesetzen und behördlichen Anweisungen (z.B. für *Sport →*, *Schwimmen →*, *Wanderungen →*, Fahrten).

Lit.: Seipp, »Rechts-ABC für den Jugendgruppenleiter« Neuwied/Darmstadt

Ausbildung
Freizeitberufe →

Ausflug
Naherholung →

Ausflugsgaststätten
Gastronomie →

Ausflugsverkehr
Naherholung →

Auslastung
Effizienz →

Ausländer
Ethnische Minderheiten →

Außenbereich
Freiraumplanung →

Außerschulische Jugendbildung
alle Bildungsmaßnahmen für Jugendliche außerhalb der Schule, im engeren Sinne: die Tätigkeit von Jugendbildungsstätten, aber auch von Jugendverbänden und -gruppen.
Es werden auch Begriffe wie *Kulturelle Jugendarbeit →*, *Jugendbildung →* oder nur *Jugendarbeit →* verwandt.

Ausstellungen
1. *Veranstaltungen →* zum Zeigen und Anbieten von Erzeugnissen und Dienstleistungen mit dem Ziel des Verkaufs.
Die häufigste Form von A. ist diejenige im Schaufenster oder in Vitrinen. Der Schaufensterbummel wird vielfach als *Freizeittätigkeit →* betrachtet, was zum Teil auch für den Einkaufsbummel gilt. Viele *Einzelhandels →* -geschäfte haben ihre Warenlager als Ausstellungsräume gestaltet. Daneben veranstaltet der Einzelhandel auch Sonder-A. in Hallen, Zelten und im Freien. Eine besondere Form ist auch der *Basar →*.
Die größten Wirtschafts-A. sind Messen und Fach-A. Ein Drittel der Werbeausgaben der deutschen Wirtschaft (ca. 3,5 Mrd. DM) wird Jahr für Jahr für A. ausgegeben. Riesige Areale wurden für A. eingerichtet, die meist mit Versammlungsmöglichkeiten verbunden sind (allein 1,68 Millionen qm Hallenfläche).
Messen sind mit dem Freizeitbereich auf doppelte Weise verbunden. Sie sind, soweit für *Publikum →* zugänglich, als Freizeitveranstaltungen sehr beliebt. Zum anderen gibt es zahlreiche Messen und Fach-A., die für den Freizeitbereich oder Teile von ihm konzipiert sind. Die wichtigsten sind: Musikmesse, Buchmesse; ITB (Internationale Tourismusbörse); Spoga-ISPO (Sportartikelmessen); Hoga (Hotel- und Gaststättenmesse); Internationale Funk-A. (*Unterhaltungselektronik →*; *Medien →*); boot (Internationale Boots-A.); Internationale Spielwaren-A.; Camping-Touristic, Caravan-Salon; Internationale Eisenwarenmesse (Heimwerkerbedarf); photokina (Photo, *Film →*, *Video →*, Audiovision); Equitana (Internationale Fach-A. für Pferdesport, Freizeitreiten, Pferdehaltung); CREATIVA (Ausstellung für kreative Techniken, Materialien, Zubehör, Objekte); S+B (Internationale Ausstellung für Sport-, Bäder- und Freizeitanlagen); Interbad (Internationale Fachausstellung für Schwimmbäder – Medizinische Bäder – Sauna – Bädertechnik); INTERMONTEC (Einrichtungen für Sport, Freizeit und Tourismus im Gebirge), Showtec (Messe für Veranstaltungswesen und -technik).
Daneben gibt es eine beträchtliche Zahl von regionalen publikumsoffenen Fach-A. für Freizeit, Touristik, Mode, Garten, Camping, Elektronik, Musik, Wassersport usw. Die Koordinierung des Messewesens hat der Ausstellungs- und Messeausschuß der Deutschen Wirtschaft (AUMA) übernommen.
2. Veranstaltungen zum Zeigen von künstlerischen und wissenschaftlich bedeutsamen Gegenständen und Informationen sowie von Menagerien (*Tierschauanlagen →*), Pretiosen, Kuriositäten, Andenken u.a.
Die wichtigsten Einrichtungen für A. sind die Museen und Galerien. In der Bundesrepublik Deutschland gibt es etwa 1500 größere Museen, die jährlich etwa 50 Millionen Besucher anziehen (*Museum →*). Daneben gibt es zahllose A. und Aussteller an ebenso vielen verschiedenen Ausstellungsorten. Die hauptsächliche Form des Mäzenatentums sind A. (*Sponsor →*).

Abb. Messen und Ausstellungen

Stand Februar 1985
Quelle: AUMA

Auto

Die meisten A. sind einmalig. Ein Teil wird an wechselnden Orten gezeigt (Wander-A.). In Ausstellungseinrichtungen unterscheidet man Dauer-A. und Wechsel-A., wobei letztere auch Wander-A. sein können.
Der Besuch von A. ist eine meist unterschätzte Freizeittätigkeit. Aber auch die Vorbereitung von A. ist als Freizeitbeschäftigung wesentlich häufiger als aus Statistiken abzulesen ist, ob als Hobbyausstellung, heimatkundliche Ausstellung, Information über Alltagsangelegenheiten oder als Darstellung der eigenen Sammlung.
Die Gestaltung von A. ist Gegenstand verschiedener Berufszweige: Ausstellungsarchitekt, -designer, Dekorateur. Als Kommunikationsform erfordern A. bestimmte Methoden und Techniken, die insgesamt als Ausstellungsdidaktik bezeichnet werden.

Auto

Automobil, Kraftfahrzeug; im engeren Sinne: Personenkraftwagen (Pkw) oder Lastkraftwagen (Lkw), Fahrzeuge mit Eigenantrieb und Eigenlenkung für den Individual- und den Güterverkehr (*Verkehr* →).

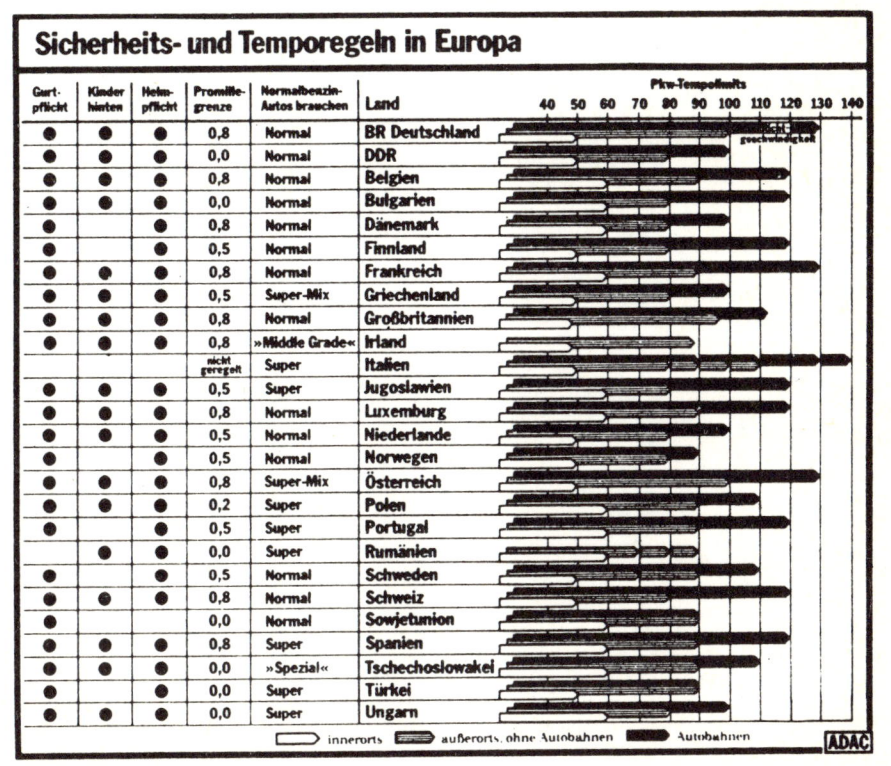

AUTO-KOSTEN

Kfz-Kosten-Anstieg 1980–1984 in Prozent

- Reparaturen, Inspektion: +34%
- Pkw-Anschaffung: +25%
- Autokosten insgesamt: +20%
- Kraftstoffe: +17%
- Teile, Zubehör: +14%
- Versicherung: +14%

Quelle: Statistisches Bundesamt

ZAHLENBILDER 0 293 770

Sicherheits- und Temporegeln in Europa

Gurtpflicht	Kinder hinten	Helmpflicht	Promillegrenze	Normalbenzin-Autos brauchen	Land	Pkw-Tempolimits 40 50 60 70 80 90 100 110 120 130 140
●	●	●	0,8	Normal	BR Deutschland	
●	●	●	0,0	Normal	DDR	
●	●	●	0,8	Normal	Belgien	
●	●	●	0,0	Normal	Bulgarien	
●	●	●	0,8	Normal	Dänemark	
●		●	0,5	Normal	Finnland	
●	●	●	0,8	Normal	Frankreich	
●		●	0,5	Super-Mix	Griechenland	
●	●	●	0,8	Normal	Großbritannien	
●	●	●	0,8	»Middle Grade«	Irland	
●		●	nicht geregelt	Super	Italien	
●		●	0,5	Super	Jugoslawien	
●	●	●	0,8	Normal	Luxemburg	
●		●	0,5	Normal	Niederlande	
●		●	0,5	Normal	Norwegen	
●	●	●	0,8	Super-Mix	Österreich	
●		●	0,2	Super	Polen	
●		●	0,5	Super	Portugal	
	●	●	0,0	Super	Rumänien	
●		●	0,5	Normal	Schweden	
●		●	0,8	Normal	Schweiz	
●		●	0,0	Normal	Sowjetunion	
●		●	0,8	Super	Spanien	
●		●	0,0	»Spezial«	Tschechoslowakei	
●		●	0,0	Super	Türkei	
●		●	0,0	Super	Ungarn	

innerorts — außerorts, ohne Autobahnen — Autobahnen

ADAC

Auto

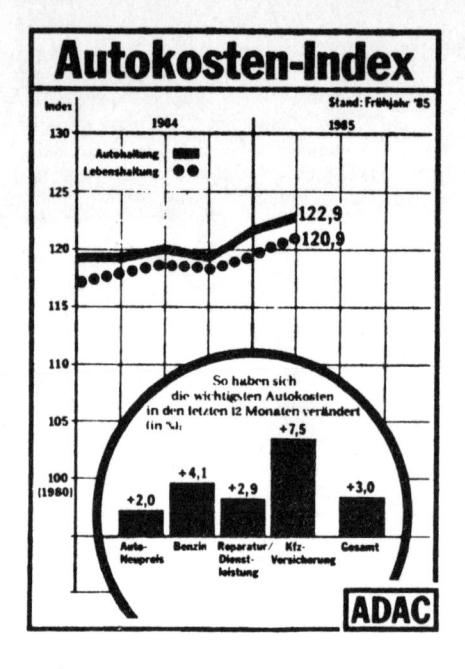

Autokosten-Index

Stand: Frühjahr '85

	1984	1985
Autohaltung	■	■
Lebenshaltung	●	●

122,9
120,9

So haben sich die wichtigsten Autokosten in den letzten 12 Monaten verändert (in %):
- Auto-Neupreis: +2,0
- Benzin: +4,1
- Reparatur/Dienstleistung: +2,9
- Kfz-Versicherung: +7,5
- Gesamt: +3,0

ADAC

Das A. hat dem Verkehrswesen neue Dimensionen gegeben. Im Personenverkehr hat der Pkw einen Anteil von 80%, im Güterverkehr von mehr als 50%. Auf je 1000 Einwohner entfallen fast 400 Pkw (von je 100 Haushalten haben 65 ein A.); Vorteil des A. ist seine bessere Verfügbarkeit und die Wahlfreiheit bei der Zielsuche. Voraussetzung dafür ist einerseits persönlicher Wohlstand (*Lebensstandard* →) und eine gute Infrastruktur (»Öffentlicher Wohlstand«: Straßen). Das A. ist entsprechend auch das meist genutzte Verkehrsmittel für die *Freizeit* →: *Urlaub* →: fast 60% (Studienkreis für Tourismus); *Naherholung* →: 80% (div. Untersuchungen); auch innerstädtische Freizeitziele werden häufig mit dem Pkw angefahren. Daneben dient das A. auch als Freizeitgerät bei *Rennen* →, Geschicklichkeitsfahrten und Sternfahrten. Jedoch steht das A. auch im Widerspruch zu *Freizeittätigkeiten* → (Platzanspruch, Verkehrsaufkommen, Lärm, Abgase) und *Umwelt* →. Daher werden von seiten vieler Freizeitverbände und -fachleute (auch den A.-mobilverbänden) Maßnahmen des *Umweltschutzes* → und der *Verkehrsberuhigung* → unterstützt.
Um das A. und die damit verbundenen Probleme kümmern sich aus der Sicht der A.-fahrer die A.-mobilclubs = Allgemeiner Deutscher Automobilclub (ADAC); Automobilclub von Deutschland (AvD); Automobilclub Europa (ACE); und weitere kleinere Vereinigungen mit unterschiedlich gefächerten Serviceeinrichtungen (*Freizeitservice* →).
Die Verkehrssicherheit beschäftigt einerseits die öffentliche Verwaltung (Ministerien, Polizei, Straßenverkehrs- und Ordnungsämter), andererseits die A.-mobilclubs und die Deutsche Verkehrswacht, welche auch intensiv Verkehrserziehung betreibt.
Das A. stellt einen bedeutenden Wirtschaftsfaktor (Produktion, Kraftstoffbedarf, Technische Unterhaltung) dar. Für das A. werden jährlich etwa 30 Milliarden DM ausgegeben; vom A. leben in der Bundesrepublik Deutschland mehr als eine Millionen Menschen. Allerdings benötigen weitaus mehr als diese das Auto als Hilfsmittel für den Beruf.

Autobahnraststätte
Gastronomiebetrieb mit Standort direkt an einer der Bundesautobahnen. Das Angebot reicht vom kleinen Imbiß bei Selbstbedienung bis hin zu anspruchsvollen Speisen und Getränken. Die Dienstbereitschaft erstreckt sich über 24 Stunden. (Besonderheit: Verbot von alkoholischem Ausschank von 24.00 bis 7.00 Uhr morgens).
Gastronomie →

Autogenes Training
Methode der Selbstanspannung durch Konzentration über den Weg der Autosuggestion und der körperlich-psychischen Entspannung. Dabei wird in entspanntem Zustand der Vorsatz für künftiges Handeln gefaßt.
Im Unterschied zur Hypnose ist A. an die Selbständigkeit und Selbstverantwortlichkeit des Patienten gebunden.
A. findet Anwendung im Freizeitbereich in Kur- und *Erholungs* → -maßnahmen und in der *Rehabilitation* →.

Automat
nach einem vorgegebenen Programm selbsttätig arbeitende Vorrichtung.
A. werden im Freizeitbereich zur Erledigung verschiedener Aufgaben eingesetzt:
1. Münzautomaten zur Ausgabe von Waren (Genuß- und Lebensmittel, Getränke, Souvenirs, Zubehör); zur Abgabe von Leistungen (Musik, Videofilme, Münzwechsel, Informationen, Beleuchtung und in Bewegung setzen von Ausstellungsstücken und Geräten); zum Einlaß in Freizeiteinrichtungen.
2. Steuerungsautomaten (*Spielgeräte* →, *Sportgeräte* → usw.) für Geräte, Figuren, Demonstrationsobjekte, Raumbeleuchtung u.ä., Objektsicherung.
Spielautomaten →, *Computer* →, *Spielcomputer* →

B

Bad

1. Körperreinigung. Das B. als Mittel zur Reinigung mittels Badewanne, Dusche, Sauna, Dampfbad hat eine lange Tradition. Aber erst moderne Technik und öffentliche Wasser- und Energieversorgung ermöglichen zumindest Wannen- und Duschbäder in den privaten Haushalten. Mit dem Reinigungsbad verbunden sind überdies angenehme, anregende, auch erfrischende Empfindungen, die zur Wiederholung anreizen, auch ohne Reinigungsabsicht.
2. Orte und Heilquellen, Heilklima, Seeklima mit besonderen Therapieangeboten (*Kurort* →, *Erholungsort* →). Bäder haben zunehmend nach einer Zeit überwiegender Gesundheitspflege und Therapietätigkeit Bedeutung für die Freizeitgestaltung gewonnen; hier insbesondere für *Naherholung* →, *Kurzurlaub* → und Ferienverbringungen (*Kurlaub* →, *Urlaub* →).
3. Ober- und Sammelbegriff für öffentliche und private Einrichtungen mit Möglichkeiten zur Körperreinigung, zum Schwimmen, zur Gesundheitspflege, zum Spiel mit und am Wasser (Abweichung: Luftbad).

Bäder gibt es in verschiedenen Ausprägungen, Größen und Ausstattungen.
Die wichtigsten Bädertypen sind:
a) Naturbad, auch Strandbad. Abgegrenzter bzw. besonders ausgewiesener Bereich an Flüssen, Bachläufen, *Seen* →, Stau- und Baggerteichen, am Meer; jedoch auch Bezeichnung für solche Badegelegenheiten, die »wild«, d.h. ohne besondere Ausweisung genutzt werden. Naturbäder erfreuen sich wachsender Beliebtheit, was besonders beim »wilden Baden« zu erheblichen Umweltgefährdungen und -belastungen, aber auch Auseinandersetzungen mit Anglern und Wassersportlern führt.
b) Freibad, zum Baden errichtete Anlage mit künstlichem Wasserbecken und Zusatzausstattungen (Umkleiden, Kleideraufbewahrung, Toiletten, Gastronomie, Liege- und Spielwiesen, Spielgeräte, Parkplätze usw.)
c) Hallenbad, Badeanlage unter Dach in verschiedenen Größen und Ausstattungen; Beckengröße und -zahl sowie Verkehrs- und Aufenthaltsflächen meist kleiner als in Freibädern. Die Nebenangebote richten sich nach der Funktion des Hallenbades (Sportbad, Schulbad, Hotelbad, *Freizeitbad* →).
d) Kombibad, Badeeinrichtung bestehend aus Badegelegenheiten im Freien und unter Dach. Hier sind zwei Lösungen gebräuchlich. Hallenbad in Verbindung mit einem Natur- oder Freibad; Hallenbad mit Öffnungsmöglichkeiten nach außen (Wände zu Liegewiesen oder Dach). Hier sind diverse Modelle verwirklicht worden.

Frei- und Hallenbäder sind mit mehreren verschiedenen Becken ausgestattet. Planschbecken für Kleinkinder, Mutter und Kind, Wasserspiel, Wassergewöhnung (bis 0,50 m tief); Nichtschwimmerbecken für Kinder, Nichtschwimmer, Schwimmunterricht, Familienbaden, Lebensrettungsübungen, Behinderte bis 1,35 m tief; Schwimmerbecken für Baden, Schwimmen, Training, Lebensrettungsübungen, Sportveranstaltungen (16,66 x 25 m oder 50 m; 21 x 50 m) 1,80 m und tiefer; Springerbecken für Wasserspringen von Brett und Plattform 4,50 m tief; Wellenbecken (mindestens 33 m lang, bis 2,0 m tief); Variobecken fassen die Funktion von Schwimmer-, Nichtschwimmer- und Springerbecken zusammen durch verstellbare Zwischenböden.
Die Bauplanung erfolgt im Rahmen der Sportstättenplanung. Ziel war ein flächendeckendes Angebot durch Zentral- und Stadtteilbad. Der Ausstattungsstandard war insbesondere bei den Hallenbädern durch die schwimmsportliche Nutzung bestimmt. Daneben besteht ein Bedarf an Bädern zur geselligen und spielerischen Nutzung, dem man durch zusätzliche Einbauten, Angebote und Umgestaltung sowie animative Programme gerecht zu werden versucht.

Baggersee
See →

Bahnhofsrestaurant
Gastronomischer Betrieb, der sich in Bahnhofsgebäuden bzw. in unmittelbarer Nachbarschaft von Bahnhöfen befindet. Die B. bieten vorwiegend den Bahnreisenden ein meist bürgerlich-regionales Angebot, das auch von Ortsansässigen in Anspruch genommen wird.
Gastronomie →

Bahnhofsmission
Betreuungseinrichtung des Deutschen Caritasverbands und der Inneren Mission für Reisende und andere Hilfesuchende auf Bahnhöfen.
Die B. ist besonders für Kinder, Mütter mit Kindern, behinderte und ältere Menschen und andere unsichere Bahnbenutzer eine wichtige Dienstleistung.
Reisen →

Band
engl.: Musikgruppe jeder Größe; in Deutschland: Ensembles in der Tanzmusik, im *Jazz* →, in *Rock-* → und Popmusik, die nicht sehr groß sind. Man spricht sonst von Bigband (Jazz) oder Orchester (Tanz-, Unterhaltungsorchester).
In der Regel bilden B. feste Gruppen; Ausnahme: Studio-B., kurzfristig für Aufnahmen im Studio zusammengestellte B.
Die Besetzung von B. ist stark von der gespielten *Musik* → abhängig, jedoch verfügen die meisten B. über eine Rhythmusgruppe mit Gitarre, Baß, Schlagzeug.
Ebenso gehört heute ein umfangreiches *Equipment* → an elektronischer Ausrüstung (Synthesizer, *Keyboards* →, Verstärker, Lautsprecher) zum Besitz von B.
Viele B. werden von einem Manager (»Coach«) betreut und benötigen einen Elektroakkustikspezialisten. Der musikalische Leiter der B. ist der B.-leader.

Bande
hierarchisch strukturierte Gruppe von Menschen, deren Normen meist von denen der umgebenden Gesellschaft abweichen (*Subkultur* →).
B. werden häufig von Jugendlichen und Jungerwachsenen gebildet, die in der B. eine in der Gesellschaft nicht gefundene Sicherheit suchen.
In der Regel lösen sich Jugendliche mit zunehmendem Alter und größerer Selbständigkeit von der B.
B., deren Normen stark von den gesellschaftlichen abweichen (z.B. Rocker, Punker), werden meist auffällig, manchmal auch kriminell.
In der Sozialarbeit werden besondere Methoden zur Arbeit mit B. praktiziert (*Streetwork* →, *Gemeinwesenarbeit* →).

Ballspiele
Spiele →

Ballungsgebiet
Siedlung →

Basar
eigentlich: Markt, Marktstraße, Kaufhaus; hier: Verkauf von gespendeten Gegenständen zu Wohltätigkeitszwecken. B. finden besonders zur Weihnachtszeit (Geschenke!) statt.
Die dort verkauften Gegenstände werden inzwischen überwiegend von den Spendern in ihrer Freizeit selbst hergestellt (*Handarbeiten* →, *Kunsthandwerk* →). Der B.-besuch kann durchaus ebenfalls unter die Freizeittätigkeiten gerechnet werden. Träger von B. sind die Kirchen, Wohlfahrtsverbände, Vereine und Einrichtungen.
Spenden →

Basteln
Werken →

Batik
Kunsthandwerk →

Bauernmalerei
Kunsthandwerk →, *Volkskunst* →

Bauleitplanung
planvolle Entwicklung des Gemeindegebietes durch geordnete Nutzung der Grundstücke im Gemeindegebiet.
Die B. ist im Bundesbaugesetz geregelt und erfolgt in zwei Stufen.
Flächennutzungsplan (vorbereitender Bauleitplan) und Bebauungsplan (verbindlicher Bauleitplan). Die Gemeinden sind gehalten, ihre B. den Zielen der *Raumordnung* → und der *Landesplanung* → anzupassen (Vorlage bei der zuständigen Bezirksplanungsstelle).
Die Flächennutzung legt die künftige Bodennutzung fest, weist also u.a. auch Flächen für die Freizeitnutzung (Jugendförderung, *Sport* →, *Erholung* →, *Stadtgrün* →, *Landschaft* → usw.) aus.
Im Bebauungsplan werden nach den Rahmenvorgaben des Flächennutzungsplanes die rechtsverbindliche Nutzung von Bauland, die Bauweise, überbaubare und nicht überbaubare Grundstücksflächen, Stellung der baulichen Anlagen, Verkehrsflächen, Versorgungsflächen, Flächen für Aufschüttungen, Abgrabungen, Abfallbeseitigung, Grünflächen, Flächen für Gemeinschaftsanlagen (auch *Freizeitstätten* → und *-anlagen* →) usw. festgesetzt.

Bauplanung
als Vorbereitung der Erstellung eines Bauwerks ein komplexer Vorgang (»Prozeß«) mit verschiedenen Beteiligten je nach Art und Größe des Vorhabens.
Bauten bilden den Rahmen für außerordentlich viele *Freizeittätigkeiten* →. Damit ist der *Freizeitbereich* → Bauherr und direkt bzw. indirekt Auftraggeber für B. Jedoch wurde und wird diese Aufgabe vielfach nicht in ihrer Bedeutung wahrgenommen und dem Architekten überlassen, der ein Spezialist für die Gestaltung und Bauausführung ist. Das ändert sich bei den Bauwerken, deren Gestaltung besonders eng mit dem Angebot verbunden ist (z.B. *Freizeitparks* →, *Spielhallen* →, *Freizeitbäder* →). B. muß zumindest bei größeren Bauvorhaben Ergebnis der Zusammenarbeit von Bauherrn, späterem Betreiber, Architek-

Bauplanung

ten, Landschaftsarchitekten, Innenarchitekten, Fachingenieuren und weiteren Spezialisten sein (dabei ist heute der Architekt ebenfalls schon spezialisiert). Wichtig ist die genaue Formulierung der Planungsaufgabe (heute in vielen Fällen kein Neubau, sondern *Umwidmung* → und Umbau, Weiterbau), die Erstellung des Kostenrahmens und die Vorgabe von Terminen. B. ist häufig zunächst *Standortuntersuchung* → (Lage im Raum, Bodenbeschaffenheit, Topografie, vorhandene Bausubstanz, Erschließung, Grünflächen, Nachbarschaft, Baubeschränkungen durch Baurecht, insbesondere *Bauleitplanung* →). Je nach

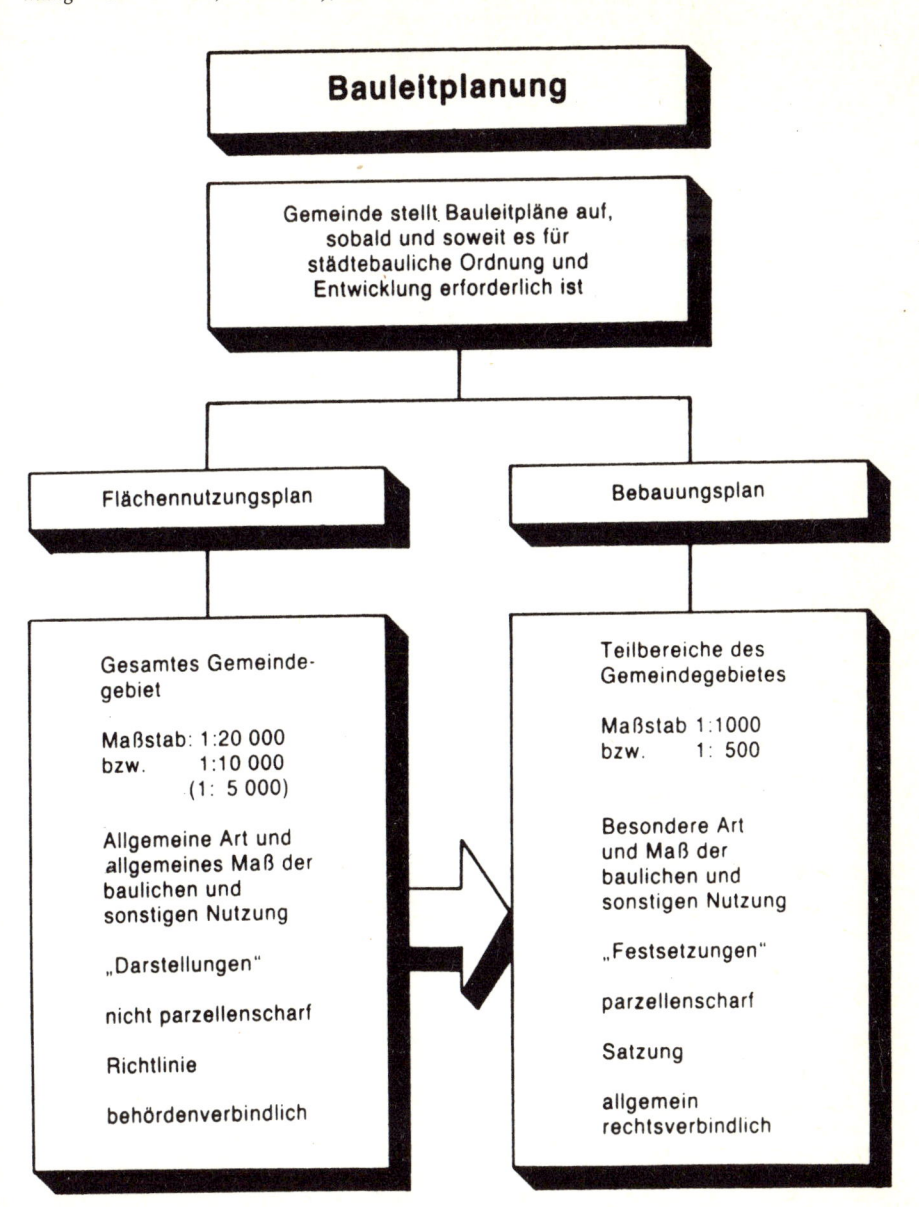

Bauleitplanung

Gemeinde stellt Bauleitpläne auf, sobald und soweit es für städtebauliche Ordnung und Entwicklung erforderlich ist

Flächennutzungsplan

Gesamtes Gemeindegebiet

Maßstab: 1:20 000
bzw.   1:10 000
         (1: 5 000)

Allgemeine Art und allgemeines Maß der baulichen und sonstigen Nutzung

„Darstellungen"

nicht parzellenscharf

Richtlinie

behördenverbindlich

Bebauungsplan

Teilbereiche des Gemeindegebietes

Maßstab 1:1000
bzw.   1: 500

Besondere Art und Maß der baulichen und sonstigen Nutzung

„Festsetzungen"

parzellenscharf

Satzung

allgemein rechtsverbindlich

Quelle: Supe in »KPV/NW – Geschulte Verantwortung« (1979)

Abb. Bauantrag

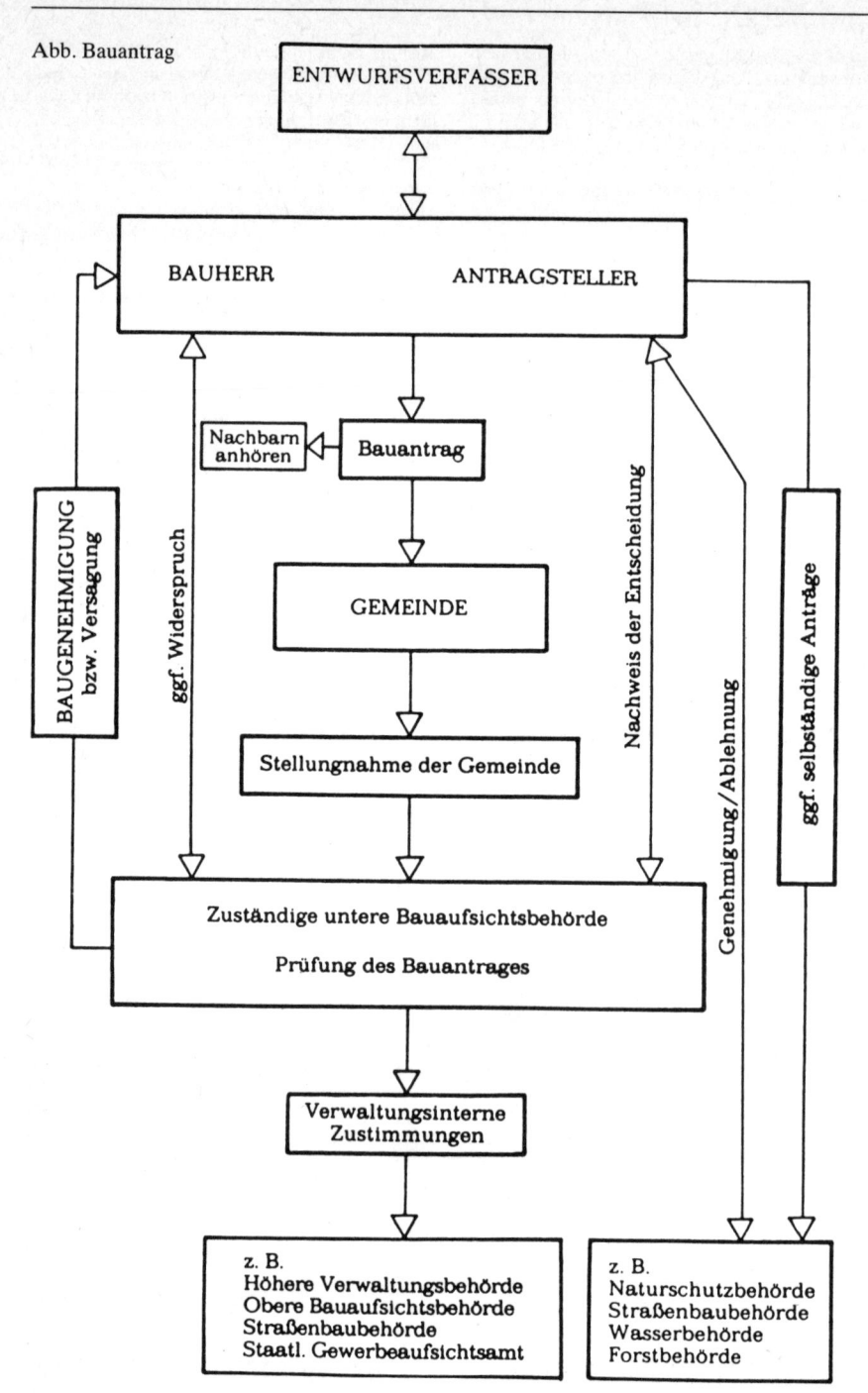

```
                    ENTWURFSVERFASSER
                            ↑
    ┌──────────────────────────────────────────────────┐
    │    BAUHERR              ANTRAGSTELLER            │
    └──────────────────────────────────────────────────┘
         ↑         ↑              ↓           ↑         ↑
         │    ┌─────────┐    ┌──────────┐    │         │
    BAU- │    │Nachbarn │←───│ Bauantrag│    │         │ ggf.
    GENEH│    │anhören  │    └──────────┘    Nach-     │ selbständige
    MIGUNG│   └─────────┘         ↓          weis      │ Anträge
    bzw. │ ggf.              ┌──────────┐    der       │
    Ver- │ Wider-            │ GEMEINDE │    Ent-      │ Genehmigung/
    sagung│spruch            └──────────┘    schei-    │ Ablehnung
         │                        ↓          dung      │
         │                  ┌──────────────┐           │
         │                  │Stellungnahme │           │
         │                  │der Gemeinde  │           │
         │                  └──────────────┘           │
         │                        ↓                    │
         │    ┌──────────────────────────────┐         │
         └────│Zuständige untere             │         │
              │Bauaufsichtsbehörde           │         │
              │Prüfung des Bauantrages       │         │
              └──────────────────────────────┘         │
                            ↓                          │
                    ┌───────────────┐                  │
                    │Verwaltungs-   │                  │
                    │interne        │                  │
                    │Zustimmungen   │                  │
                    └───────────────┘                  │
                       ↓              ↓                │
              ┌─────────────────┐  ┌─────────────────┐
              │ z. B.           │  │ z. B.           │
              │ Höhere Verwal-  │  │ Naturschutz-    │
              │ tungsbehörde    │  │ behörde         │
              │ Obere Bauauf-   │  │ Straßenbau-     │
              │ sichtsbehörde   │  │ behörde         │
              │ Straßenbaube-   │  │ Wasserbehörde   │
              │ hörde           │  │ Forstbehörde    │
              │ Staatl. Gewer-  │  │                 │
              │ beaufsichtsamt  │  │                 │
              └─────────────────┘  └─────────────────┘
```

Quelle: ADAC »Der Campingplatz« (1984)

Größe des Vorhabens werden ein Gesamtplan und mehrere Einzelpläne benötigt. Für größere Baumaßnahmen muß auch eine städtebauliche Planung erstellt werden. B. wird im zweiten Schritt zu einem Prozeß kritischer Entscheidungsfindung (wozu insbesondere die Wahl der Planer gehört), der in die Entwicklung immer detaillierterer Pläne mündet. Die wesentlichen Schritte der B. sind: a) Grundlagenermittlung (Zustands- und Bedarfsanalyse, Zielerarbeitung, Bestimmung von Planungsablauf und Planungsgremien); b) Vorplanung (Bebauungsplan; Funktionspläne; *Raumprogramm →*, Kosten- und Zeitrahmen; Entwurfskonzept; hier kann auch ein Entwurfswettbewerb eingeschaltet werden); c) Entwurfsplanung (durchgearbeiteter Plan mit Varianten, Kostenschätzung und Terminplan); d) Genehmigungsplan (*Abb. Bauantrag →*); e) Ausführungsplanung (Detailplan, Massenberechnungen, Leistungsverzeichnisse, Kostenberechnung, Ausschreibung/Vergabevorbereitung).

Die Bauarbeiten können an Einzelfirmen oder an einen Generalunternehmer vergeben werden. Die erstere Vergabeart erfordert einen großen Koordinationsaufwand, die zweite ist zumindest durch den Aufschlag des Generalunternehmers (der in der Regel weitere Unternehmer, Subunternehmer, beauftragt) teuer; günstiger kann die schlüsselfertige Bauleistung werden, wenn der Generalunternehmer Planungsleistungen und Rationalisierungssysteme mit einbringt. Wichtig in der Vergabephase ist die Vertragsgestaltung, insbesondere die Regelung der Gewährleistung (= Haftung für Baumängel). Im Bereich der öffentlichen Hand und von ihr subventionierter Bauherrn gelten die Vergabeordnungen Bau (VOB) und Landschaftsgärtnerische Arbeiten (VOL); für die Architekten, die Fachingenieure und andere Fachleute gibt es Gebührenordnungen (HOA = Honorarordnung für Architekten und Ingenieure).

Bauspielplatz
Abenteuerspielplatz →

Bebauungsplan
Bauleitplanung →

Bedarfsermittlung
die für die Feststellung der zur Deckung von *Bedürfnissen →* notwendigen Ressourcen (z.B.: Waren, Flächen, Infrastruktur, Geldmittel, Mitarbeiter; auch Nachfrage am Markt) notwendige Erhebung in einem besonderen Fall. B. kann sich der *Bedarfsforschung →* bedienen, aber auch in speziellen Fällen die vorhandene Nachfrage zugrunde legen. Notwendig ist in jedem Fall die Feststellung eines Defizits sowie dessen Analyse und Bewertung, um zu dessen genauer Gestalt zu kommen. Das Problem für B. in *Freizeit- →* ist wie in anderen Sozial- und Dienstleistungsbereichen der Maßstab zur Bewertung des Bedarfs. Zwar können Orientierungs- und Richtwerte hilfreich sein, doch sind diese im Einzelfall zu ungenau. Insbesondere gibt es einen Zusammenhang zwischen Qualität und Quantität (oder auch: Ausstattung und Größe, Zustand und Umfang ...), der nur schwer zu erfassen ist. In der Regel bleibt auch die B. eine *Bedarfsprognose →*.

Bedarfsforschung
eine Forschung, deren Ergebnisse die Abschätzung des Bedarfs, hier: Freizeitbedarf (*Freizeitforschung →*), bestimmter Bevölkerungsteile, Gebiete, Gemeinden, Organisationen ermöglichen oder erleichtern sollen oder die Spezifizierung von Bedingungen der Sicherung entsprechender Angebote und bedarfsdeckender Leistungen dient. Orientiert sie sich an genau definierten Nachfrager- und Nutzergruppen, so entspricht sie der Zielgruppenforschung (*Zielgruppen →*). Wichtiges Instrument der B. ist die Erhebung und fortschreibende Beobachtung sozialer Indikatoren (Merkmale und Kennziffern der Freizeitqualität) mittels statistischer Erhebungen, systematischer Beobachtung, Expertenschätzungen oder repräsentativer Umfragen, die zu subjektiven (Wünsche, Einstellungen, Zufriedenheitsindizes) und objektiven Indikatoren (z.B. Zeitbudgetmerkmale, Einwohner pro Parkfläche oder Schwimmbad, Einzugsgebiete von Einrichtungen, Radwege in Prozent der Straßenlänge) oder auch Szenarien mit Verknüpfung zahlreicher Merkmale führen sollen. Die empirische Spezifikation von Freizeitbedarf ist ein komplexer, sowohl theoretische wie normativ-politische Modelle gesteuerter und daher meist mehrdeutiger Prozeß. Uneindeutig und nur auf indirekte Weise möglich ist auch die Ableitung von Bedarf aus den Bedürfnissen gegebener Gruppen, die sich angesichts ihrer psychologischen Diffusion und Dynamik sowie ihrer Abhängigkeit von gesellschaftlichen und situativen Randbedingungen einer präzisen und konstanten Beschreibung weitgehend entziehen.

Lit.: Behrer »Funktionsausweitung zielgruppenspezifischer Freizeit- und Erholungsangebote«, Stuttgart 1978; Dierkes (Hrsg.) »Soziale Daten und politische Planung«, Frankfurt/New York 1975; Emnid »Freizeitbedingungen und Freizeitentwicklungen. 3. Trenderhebung der Emnid-Freizeitforschung«, Bielefeld 1982; Kuelp »Alternative Verwendungsmöglichkeiten wachsender Freizeit«, Göttingen 1973; Lenz/Romeiss, Middeke u.a. »Freizeit in unseren Wohnquartieren. Im Auftrag des BMBau«, Bonn 1977; Logon-Institut »Zusammenschau und kritische Bewertung der Analysen und Prognosen zum Freizeitverhalten unter besonderer Berücksichtigung der Entwicklung in der Urlaubsfreizeit und in der Wochenendfreizeit. Im Auftrag des BMBau«, München 1975; Pfaff/Gehrmann (Hrsg.) »Informations- und Steuerungsinstrumente zur Schaffung einer höheren Lebensqualität in Städten«, Göttingen 1976; Prognos »Bestand und Verteilung der materiellen Freizeitinfrastruktur in der Bundesrepublik Deutschland. Im Auftag des BMJFG«, Basel 1975; Werner »Soziale Indikatoren und politische Planung«, Reinbek 1975

Lüdtke

Bedarfsprognose

die Vorhersage eines künftigen Bedarfs aus der Kenntnis vergleichbarer vergangener Entwicklungen bzw. der Fortschreibung eines Trends. Eine B. ist um so genauer, je zuverlässiger das Wissen von den allgemeinen Regelmäßigkeiten (Gesetz) und besonderen Bedingungen der Bedarfsentstehung und je stabiler die Struktur dieser Bedingungen bzw. je konstanter das Verhalten der Klienten. Die wissenschaftlich fundierte B. ist im Unterschied zur spekulativen Prophezeiung oder Utopie Grundlage jeder kontrollierten Planung. B. im sozialen und wirtschaftlichen Bereich haben oft eine aktive Wirkung, d.h. sie beeinflussen die Bedarfsentwicklung, im Extremfall als sich selbst erfüllende oder widerlegende Prophezeiung. Je nach der Zeitperspektive unterscheidet man ultrakurzfristige, kurzfristige (1 bis 3 Jahre), mittel- und langfristige (mehr als 5 Jahre) Prognosen. Spezifischer Freizeitbedarf entzieht sich angesichts der Komplexität seiner Randbedingungen, seiner Substituierbarkeit und der Äquivalenz konkurrierender Güter und Tätigkeiten bisher weitgehend zuverlässigen mittel- und langfristigen Prognosen.

Lit.: Albert »Marktsoziologie und Entscheidungslogik«, Neuwied/Berlin 1967; Kragh »Konjunkturforschung in der Praxis«, Reinbek 1969; Opp »Methodologie der Sozialwissenschaften.« Neu bearb. u. erw. Ausg. Reinbek 1976

Lüdtke

Bedürfnis

Erlebnis eines Spannungszustandes, der auf einen organischen (primäres B.) und sozialen oder sonstigen Mangel (sekundäres B.) zurückgeht.
B. werden bestimmt durch Triebe, Motive und Motivationen.
Während primäre B. (Luft, Nahrung, Schlaf, Schutz, Sexualität) recht eindeutig zu bestimmen sind, fällt das bei sekundären B., die gesellschaftlich vermittelt werden (Kommunikation, Prestige, kulturelle Teilhabe, Genußmittel, Besitzwunsch, Ausstattungs-/Luxusvorstellungen usw.) recht schwer.
Über zahlreiche B. wird gesellschaftliche Übereinstimmung herbeigeführt (öffentliche B.) z.B. soziale Sicherheit, Verkehr, Ausbildung, Umweltschutz, um sie durch gesellschaftliche und politische Institutionen zu befriedigen.
B. werden als Ursprung des wirtschaftlichen Handelns angesehen.
B. und Kaufkraft ergeben im Markt einen Bedarf.
Bei ungleicher Erfüllungsmöglichkeit für B. entstehen soziale Abstufungen, Hierarchien, Schichten, Klassen (*Benachteiligte Gruppen* →, *Randgruppen* →).
Im *Freizeitbereich* → spielen sowohl primäre als auch sekundäre B. eine Rolle. Es dürfte jedoch nach den bisherigen Erfahrungen nicht leicht sein, aus den B. eigentliche Freizeit-B. abzuleiten, die in einem öffentlichen Konsens anerkannt werden.
Weitgehend bestätigt ist das über den Schlaf hinausgehende Erholungsbedürfnis (*Arbeitszeit* →, *Wochenende* →, *Urlaub* →).
Noch stark im Fluß ist die Meinungsbildung über die kulturelle Teilhabe außerhalb der Ausbildung (*Soziokultur* →), während das Bewegungsbedürfnis gesellschaftlich anerkannt wird und dafür entsprechende Institutionen geschaffen wurden (*Sport* →, *Sportvereine* →, *Sportverbände* →, *Trimmaktion* →).
Besonders stark ist die Übereinstimmung beim Kommunikationsbedürfnis (*Medien* →), die ihren Niederschlag in einem ausgebauten Kommunikationssystem und zunehmender Mediennutzung findet.

Begegnungsstätte

Sammelbegriff für Einrichtungen, insbesondere *Freizeitstätten* →, die durch ihre inhaltliche und bauliche Konzeption den Einwohnern eines bestimmten Gebietes oder den Mitgliedern einer oder mehrerer Gruppen die Möglichkeit zu gemeinsamen Treffen und/oder Aktivitäten bieten. Dazu gehört beispielsweise das *Bürgerhaus* →, das *Gemeindezentrum* →, das Gemeinschaftshaus, das *Kommunikationszentrum* →, das *Kulturzentrum* →, das *Nachbarschaftsheim* →, die *Jugendfreizeitstätte* →, das *Freizeithaus* →, das Vereinsheim, aber auch Ferienheime und Erwachsenenbildungsstätten.

Beherbergungsgewerbe

Sammelbegriff für alle Betriebe, die Beherbergungsangebote, d.h. Angebote einer vorübergehenden (höchstens 2 Monate) Unterkunftsgewährung gegen Entgelt (Gesetz über die Statistik der Beherbergung im Reiseverkehr 1980) machen; Teil des *Gastgewerbes* →.
Zu den traditionellen B. gehören: Hotels →, Hotels garni, Gasthöfe, Pensionen und Fremdenheime. Zur eigentlichen Hotellerie können weiter gerechnet werden: Motels, Apartho-

tels, Kurhotels. Diese Betriebsarten sind streng erwerbsorientiert, d.h. die Unternehmer streben nach Gewinn. Die Leistungen dieser Häuser können gegen Entgelt von jedermann in Anspruch genommen werden. Als Parahotellerie werden bezeichnet: a) Privatzimmer; b) Erholungs- und Ferienheime, Kinderheime; Heilstätten und Sanatorien. Das sind Einrichtungen, die aus sozialen, religiösen, politischen und gemeinnützigen Gründen von Institutionen und Körperschaften betrieben werden. Die Gewinnerzielungsabsicht steht nicht im Vordergrund. c) Ferienwohnungen, -häuser, Bungalows, Appartementhäuser haben Zweitwohnungscharakter und werden meist nur zeitweise vermietet bzw. vom Eigentümer selbst genutzt. d) Wohnwagen- und Zeltplätze (*Camping* → und Caravaning) bieten dem Gast u.a. nur eine Teilleistung, denn er muß Zelt oder Wohnwagen bzw. Wohnmobil »normalerweise« selbst mitbringen. e) *Jugendherbergen* → stehen nur Mitgliedern zur Verfügung und arbeiten nicht gewinnorientiert. Ähnliches gilt für Berg- und Skihütten, Naturfreundehäuser, Ferien- und Vereinsheime. Dachverband für das B. ist der Deutsche Hotel- und Gaststättenverband (DEHOGA).

Lit.: Betriebsberatung Gastgewerbe GmbH »Angebots- und Nachfrageveränderungen im Gastgewerbe« Düsseldorf 1984

Behindertenclub

Vereinigung für oder von *Behinderten* →.
Es sind zu unterscheiden:
1. Jugend- und Freizeitclubs von Elternvereinigungen;
2. B. der Kriegsopferverbände;
3. kirchliche B.;
4. Vereine B. und Nicht-B.;
5. *Selbsthilfegruppen* →.
Die meisten B. sind auf Landes- und Bundesebene zusammengeschlossen.

Behindertenfreizeit

Erholungsmaßnahmen für *Behinderte* →.
Wochenend- und Ferienfahrten sind für Behinderte durch zahlreiche Hindernisse erschwert; die allgemeinen Ferien- und Erholungsangebote sind in der Regel auf Behinderte nicht eingestellt.
Als besondere Form der Wochenend- und Ferienerholung für Behinderte haben sich besonders gestaltete Freizeiten, insbesondere zusammen mit Nichtbehinderten bewährt, die von Jugendgruppen, Kirchen, Verbänden angeboten werden.
Von Ferienfreizeit wird gesprochen, wenn eine Gruppe von Behinderten und Nichtbehinderten an einem Urlaubsort über mehrere Wochen gemeinsam die Ferien verbringt.

Ein anderer Typus ist die *Familienfreizeit* →, eine mehrtägige bzw. mehrwöchige Freizeit für Familien mit behinderten und nichtbehinderten Kindern, Jugendlichen und Erwachsenen.

Lit.: Bundesvereinigung »Lebenshilfe für geistig Behinderte«, »Freizeit für geistig Behinderte«, Marburg 1983; Hoberg »Behinderte Menschen und Freizeit«, Düsseldorf 1984

Behindertensport

sportliche Betätigung von *Behinderten* → und Sportangebot für Behinderte.
B. kann sein: 1. Teil der Therapie (Heilmaßnahme), 2. Breiten- und Freizeitsport, B.-Leistungs- und Wettkampfsport; dabei machen besondere Kategorien, den Behinderungen entsprechend, einen Leistungsvergleich möglich.
B. wird außerhalb des Therapiebereichs in Behindertensportvereinen (zusammengeschlossen im Deutschen Behindertensportverband DBS) und in Abteilungen allgemeiner *Sportvereine* → durchgeführt.
Im Rahmen des B. werden zahlreiche Sportarten betrieben, u.a.: Basketball, Bogenschießen, Bosseln, Faustball, Fechten, Flugball, Fußballtennis, Gymnastik, Kegeln, Leichtathletik, Prellball, Reiten, Rollball, Rudern, Schwimmen, Segeln, Sitzball, Sitzvolleyball, Skilauf, Sportschießen, Tanzen, Tischtennis, Torball, Turnen, Volleyball, Wandern, Wasserball sowie Abarten verschiedener Sportarten für Rollstuhlfahrer.

Behinderter

in seiner körperlichen, geistig-seelischen und/oder sozialen Betätigung durch körperlichen Schaden und Krankheiten, Störungen der Sinnesorgane, Intelligenzschädigungen und/oder psychische Gefährdungen und Krankheiten beeinträchtigte Person.
Die Beeinträchtigung kann zeitlich begrenzt oder dauerhaft und von unterschiedlicher Stärke wie Auswirkung auf die Aktivität des B. sein.
Für das *Freizeitverhalten* → B. spielen neben der Art und Auswirkung der Behinderung auch individuelle (Alter, Geschlecht, Schulbildung), situative (Wohnung, Wohnort, Arbeit, Einkommen) und soziale (*Familie* →, *Nachbarschaft* →, *Verein* →, *Club* →) eine wichtige Rolle.
Freizeitprobleme B. entstehen aus subjektiven Gründen (Langeweile, Unzufriedenheit, Resignation, Furcht vor Vorurteilen); aus Gründen der Behinderung (zuviel Freizeit; zu starke zeitl. Belastung durch Therapie, Immobilität, Bindung an Hilfsmittel, z.B.: Rollstuhl, Gehgeräte u.a.; Kommunikationsschwierigkeiten, z.B.: Sprachschwierigkeiten, Schädigung der

Behinderter

Sinnesorgane) und aus in der Umwelt liegenden Gründen (fehlende Freizeitangebote, architektorische Probleme, z.B. Transportmittel, fehlende Helfer, Finanzierungsprobleme, Vorurteile, mangelndes Eingehen auf B.). Freizeitförderung für B. muß sich jeweils auf die Behebung dieser Gründe beziehen. Dazu gehören z.b. die behindertengerechte bauliche Gestaltung von *Freizeiteinrichtungen* →, die Freizeitangebote von Behindertenwerkstätten und Zugangserleichterungen zu *Freizeitangeboten* → durch den Behindertenausweis. Unerläßlich ist aber die solidarische Hilfe der Nichtbehinderten.
Behindertenclubs →, *Behindertensport* →, *Behindertenfreizeiten* →

Lit.: Holberg »Behinderte Menschen und Freizeit«, Düsseldorf 1984

Benachteiligte Gruppen

unbestimmt große Bevölkerungsteile, die durch bestimmte Umstände (Herkunft, Einkommen, Eigenschaften, Behinderungen, Krankheit, *Alter* →, *Bildung* →, Beruf, soziale Verpflichtung, *Lebensbedingungen* →, Wohnort, Straffälligkeit u.a.) gegenüber der übrigen Bevölkerung einen Mangel aufweisen. In der Regel besteht dieser Mangel in einer Form der Unbeweglichkeit und eingeschränkter Handlungs- bzw. *Wahlfreiheit* →. Die Forderung nach *Chancengerechtigkeit* → bezieht sich überwiegend auf die Behebung des die Benachteiligung begründenden Mangels. Zwar ist diese Forderung ethisch und politisch begründet, doch führt die praktische Ausführung zu einer »Bevorzugung« der B.G., was von den übrigen Gruppen der Bevölkerung als ungerecht, übertrieben angesehen werden kann. Dieser Effekt kann nur vermieden werden, wenn an den »Hilfsmaßnahmen« für B.G. die nichtbenachteiligten einbezogen werden (z.B. *Ehrenamt* →, *Nachbarschaftshilfe* →) und wenn die Eigenleistungen der Mitglieder B.G. deutlich werden (z.B. *Selbsthilfegruppen* →, Initiativen). Gerade der Ausgleich von Benachteiligungen im *Freizeitbereich* → etwa durch Regelungen der *Freizeitpolitik* → und Sozialpolitik kann als meist nicht existenzsichernde Tätigkeit (Ausnahme: *Erholung* →) auf Kritik stoßen. Allerdings ist die Benachteiligung vieler Gruppen nicht durch politische Maßnahmen zu beheben, da sie gesellschaftlich (z.B. mangelnde Mithilfe des Mannes im Haushalt; Abwehr gegen Ausländer; Ablehnung *Behinderter* →) oder durch die selbstgewählte Lebenssituation (Beruf) bedingt sind. Hier kann nur Informations- und Bildungsarbeit Fortschritte bringen.
Familie →, *Alleinerziehende Mütter und Väter* →, *Ethnische Minderheiten* →, *Freizeitprobleme* →, *Deprivation* →.

Die Verteilung von »Freizeitchancen« kann nicht ausschließlich aus den zeitlichen, inhaltlichen, verhaltensmäßigen und ökonomischen Bedingungen hergeleitet werden, die direkt oder indirekt von der Arbeit und deren inhaltlicher Struktur herrühren.
Zur »Messung« von Freizeitchancen kann das folgende Raster dienen (H. Kohl 1974 nach AVfAS 1973 und EMNID 1973): a) Freizeitumfang; b) Freizeitverteilung; c) Urlaub (zeitliche Ausdehnung und Flexibilität bei der Wahrnehmung; d) Freizeitinfrastruktur (Freizeitflächen, Erholungsgebiete für Bildung, Kultur und Vergnügen, Verkehrsanbindungen etc.); e) Freizeitangebote (Veranstaltungen, Fort- und Weiterbildungsmöglichkeiten etc.); f) Möglichkeiten der Angebotswahrnehmung im Bereich des Sports und der individuellen Gesundheitsvorsorge; g) Informations- und Kommunikationsmöglichkeiten; h) Möglichkeiten zur politischen Beteiligung und Mitwirkung. Weitere Faktoren sind z.B.: Bildungsstand, Einkommensverhältnisse, Wohnsituation, *Wohnumfeld* →, Wohnregion. Aufgrund eines solchen Rasters lassen sich nicht nur in der Freizeit B.G. bestimmen, es sind u.a. Hausfrauen mit kleineren Kindern, Schichtarbeiter bzw. Arbeitnehmer mit wechselnden Arbeitszeiten, Landwirte und deren mithelfende Familienangehörige, Rentner und Vorruheständler, ausländische Arbeitnehmer und deren Familien, doppelt Belastete durch Haushalt und Beruf, Alleinstehende und nicht zuletzt der weite Bereich der Selbständigen und Unternehmer.
Alle diese vorgenannten Defizitgruppen im Freizeitbereich sind im wesentlichen durch drei Hauptmerkmale gekennzeichnet: a) Einseitige zeitliche und körperliche Belastung durch die Art der Berufsausübung; b) Doppel- und Mehrfachrolle in Beruf und Familie; c) Desintegration aus der oder noch nicht vollständige Integration in die Leistungsgesellschaft.
Das Zusammenwirken der aktuellen beruflichen Situation und der Einkommensverteilung zusammen mit mangelnder oder fehlender Berufsausbildung, Ausbildungs- und Bildungsproblemen führt traditionell zu besonders schwerwiegenden Chancenungleichheiten in der Freizeit.
Benachteiligungen bei der Freizeitgestaltung entstehen besonders durch: a) ungenügend ausgestattete Wohnungen und umweltgefährdetes oder vernachlässigtes Wohnumfeld; b) weite Anfahrtswege zur Arbeitsstätte und zu Naherholungsbereichen sowie Verkehrsprobleme im öffentlichen Nahverkehr; c) fehlende Angebote für Gesundheitsfürsorge,

Vorsorge, Erholung, *Sport* →, *Weiterbildung* →, *Geselligkeit* → und *Kultur* →; d) Einkommensprobleme hinsichtlich der Wahrnehmung verschiedener Angebote einschließlich der Finanzierung von Urlaubsreisen und Tagesausflügen.
Benachteiligung in der Freizeit bedeutet in der Regel auch Benachteiligung im gesamten Lebensbereich.

Karst/Agricola

Benutzer
Nutzer →

Benutzeranalysen
Nutzeranalysen →

Beratung
Freizeitberatung →

Bergsteigen
Bergsport →

Bergsport
sportliche Betätigung vom Bergwandern bis zum Bergsteigen (Klettern, Alpinismus, *Trekking* →).
Für den B. ist eine besondere Ausrüstung notwendig, je nach Ziel, Betätigungsart und -schwierigkeit. Für Kletterfahrten wurden spezielle Geräte entwickelt (Schutzhelm, Biwakzeug, Seile, Mauer- und Eishaken, Karabiner, Kletterhammer, Eisbeil, Eispickel) und sind besondere Kenntnisse erforderlich.
Aus Amerika kommen die Formen des Kletterns ohne Hilfsmittel, Frei- oder Reibungsklettern, das daraus entwickelte »Rotpunktklettern« (die Kletterroute ist durch rote Punkte gekennzeichnet), sowie das Parterreklettern (»Bouldern«), Klettern bis zum höchsten Schwierigkeitsgrad wenige Meter über dem Erdboden.
Für Klettergebiete werden Schwierigkeitsgrade vergeben (1: unschwierig, 2: mäßig schwierig, 3: schwierig, 4: sehr schwierig, 5: besonders schwierig, 6: äußerst schwierig).
Der B. hat viele Freunde gefunden, die ihn besonders an *Wochenenden* → und in den *Ferien* → betreiben.
Viele von ihnen haben sich in den Alpenvereinen, die es nicht nur im Alpenraum gibt, zusammengeschlossen. Um in Not befindliche B.-ler kümmert sich die Bergwacht des Bayerischen Roten Kreuzes.

Beruf
Arbeit →

Berufsverbände
Freizeitberufe →

Bestseller
Buch, das in kurzer Zeit großen Erfolg (Popularität, hohe Auflage, hohe Verkaufszahlen) erreicht.
Die Gründe für das Entstehen von B. sind nicht festlegbar.
B. sind starker Bestandteil der Freizeittätigkeit *Lesen* →.

Besucher
Nutzer →

Betrieb
1. örtlich zusammengefaßte Wirtschaftseinheit.
Zur Erzeugung von Waren oder der Erstellung von Dienstleistungen. In diesem Sinne sind auch *Freizeiteinrichtungen* → B. bzw. Teilbetriebe.
Sie unterliegen insoweit denselben Gesetzmäßigkeiten wie andere B.
Allerdings ist in den meisten Freizeiteinrichtungen das betriebswirtschaftliche Denken gegenüber den Programm-Überlegungen unterentwickelt. Jedoch gibt es seit längerem nicht nur in privatwirtschaftlich geführten B. einen Bedarf für starke Berücksichtigung der Betriebswirtschaft (*Effizienz* →, *Management* →, *Organisation* →).
2. Organisieren (»Betreiben«; vgl. auch »Unterrichtsbetrieb«) eines Freizeitangebotes oder einer Freizeiteinrichtung. Die Besonderheiten des Freizeitbereiches erfordern nach Charakter und Zielsetzung des jeweiligen Angebotes unterschiedliche Betriebsformen, die die Organisation – die Stellung der *Mitarbeiter* → und der *Nutzer* → beeinflussen.
Hier drei Hauptformen:
a) Intendantur (Angebot – Nachfragespiel)
Die Mitarbeiter (manchmal auch Träger) entscheiden über das Angebot. Die Nutzer entscheiden als »Gäste«/»Kunden« durch ihr Kommen. (»Entscheidung mit den Füßen«).
b) Vermietung
Zeitlich begrenzt werden Räume, manchmal auch unbegrenzt oder nur für bestimmte Zeiten pro Tag/pro Woche, gegen Entgelt oder unentgeltlich meist mit einer vertraglichen Festlegung an Interessenten abgegeben. Diese Übergabe kann grundsätzlich geregelt sein, auch zu welchen Tätigkeiten die Räume genutzt werden dürfen. Darüber hinaus werden Programminhalte selten beeinflußt, die Entscheidung darüber bleibt beim Mieter.
d) *Partizipation* →
Beteiligung, Mitbestimmung, Selbstverwaltung bei Planung und Betrieb des Kulturangebotes durch die Nutzer, Interessenten, Umwohner. Die Mitarbeiter haben die Funktion

von Animatoren und Beratern. Der Träger gibt die Entscheidungsbereiche an die Nutzer ab.

Betriebliche Freizeitangebote

Angebote und Förderungsmaßnahmen innerhalb von Unternehmen (*Betrieben* →) für die Arbeitnehmer, deren Angehörige und die verbleibende Öffentlichkeit in den Bereichen Sport (»*Betriebssport*« →) und Kultur sowie Urlaub und Erholung.
B. können Maßnahmen der Betriebe oder innerhalb der Betriebe organisiert sein. Die Betriebe steuern Nutzungs-, Sach-, Geld- und/oder Dienstleitungen bei.
Je nach Betriebsgröße und Aktivität der Initiatoren fallen die B. recht unterschiedlich aus.
Etwa ¾ der Unternehmen geben Freizeithilfen; die Kontinuität ist meist erst in Betrieben mit über 20 Arbeitnehmern für Sport und über 50–100 Arbeitnehmern für Sport und Kultur gegeben.
Der Breiten- und Ausgleichssport und darin der Fußball sind führend innerhalb der B. (Betriebssportgemeinschaften).
Kulturelle Freizeitangebote bestehen im wesentlichen in der Vermittlung von kulturellen Veranstaltungen, der Förderung von Werksvereinen sowie von betrieblichen Kultur- und Hobbygruppen (z.B. Werkschor, Werksorchester, Bastelgruppen, Laienkünstler).
Die Unternehmen besorgen auch die notwendigen Räumlichkeiten und Plätze für das B., sind aber überwiegend nicht Eigentümer derselben.
Es werden jedoch auch vorhandene Sozialräume zur Verfügung gestellt.
Einzelne Großunternehmen haben allerdings Freizeitanlagen und -zentren geschaffen.
Das B. unterliegt zumindest teilweise der Mitbestimmung durch Betriebs- bzw. Personalrat.
Hauptamtliche Fachleute werden im Unterschied zu anderen Ländern nur vereinzelt eingesetzt.
Zu B. führen:
a) die individuelle Einstellung des Entscheiders;
b) Mängel im örtlichen Freizeitangebot;
c) Nachfrage der Mitarbeiter (dabei wichtig: Zahl, Mitarbeiterstruktur);
d) Arbeitsbelastung, Arbeitsbedingungen;
e) Arbeitszeitgestaltung, innerbetriebliche Kommunikation.
Arbeit →, *Arbeitgeber* →

Lit.: Streich »Freizeitangebot, betriebliches« in Management Enzyklopädie, 2. Auflage, Landsberg 1982

Betriebsformen
Betrieb →

Betriebssport

sportliche Betätigung von Betriebs- (Firmen-, Behörden-, Universitäts-, Kliniks-) Angehörigen in ungebundener Form und in B.-gemeinschaften während und nach der Arbeitszeit.
B. wird im Rahmen des *Betrieblichen Freizeitangebotes* → gefördert.
Sport →, *Freizeitsport* →

Bevölkerung

Gesamtheit der Einwohner eines politischen oder geographisch abgegrenzten Gebietes.
Nach der Zahl der B. im Verhältnis zur Fläche (km^2) bestimmt sich die B.-dichte.
Die B.-entwicklung wird bestimmt durch die Häufigkeit von Geburten und Sterbefällen (*Altersaufbau* →) sowie durch Wanderungsbewegungen.
Die B. in den westeuropäischen Ländern stagniert und wird aufgrund sinkender Geburtenzahlen zurückgehen.
Darauf hat sich wie andere Bereiche auch der Freizeitbereich einzustellen.
Die Verbesserung des Freizeitangebotes (*Freizeitwert* →) wird auch als b.-politische Maßnahme eingesetzt, um Abwanderungen weniger oder Zuwanderungen mehr attraktiv zu machen, dürfte aber nur im Rahmen von Maßnahmenbündeln wirksam werden.

Abb. Bildungsstrukturwandel in Abhängigkeit vom wirtschaftlichen Wachstum (nach Kneschaurek, St. Gallen)

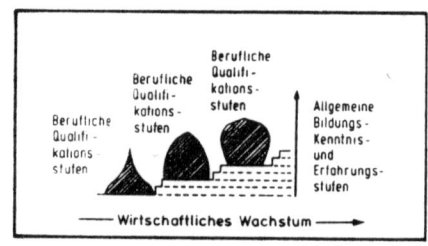

Quelle: C. Heidack, in: Management Enzyklopädie Bd. 7 (1984)

Bewegungsspiele

als Bewegungsspiele werden Spiele bezeichnet, die motorische Grundtechniken wie Laufen, Werfen, Springen und weitere Bewegungsarten einfacher Struktur zum Inhalt haben und (im Gegensatz zu den Sportspielen) nach Bedarf veränderliche Spielregeln und geringe organisatorische Voraussetzungen ermöglichen. Spontaneität und Selbstkontrolle des Spielverlaufs durch die Spielenden ist nicht nur möglich, sondern vielmals erforderlich.
Die B.lassen sich nach den Grundformen der körperlichen Bewegung zu sechs Gruppen zusammenfassen (Abb. S. 38).

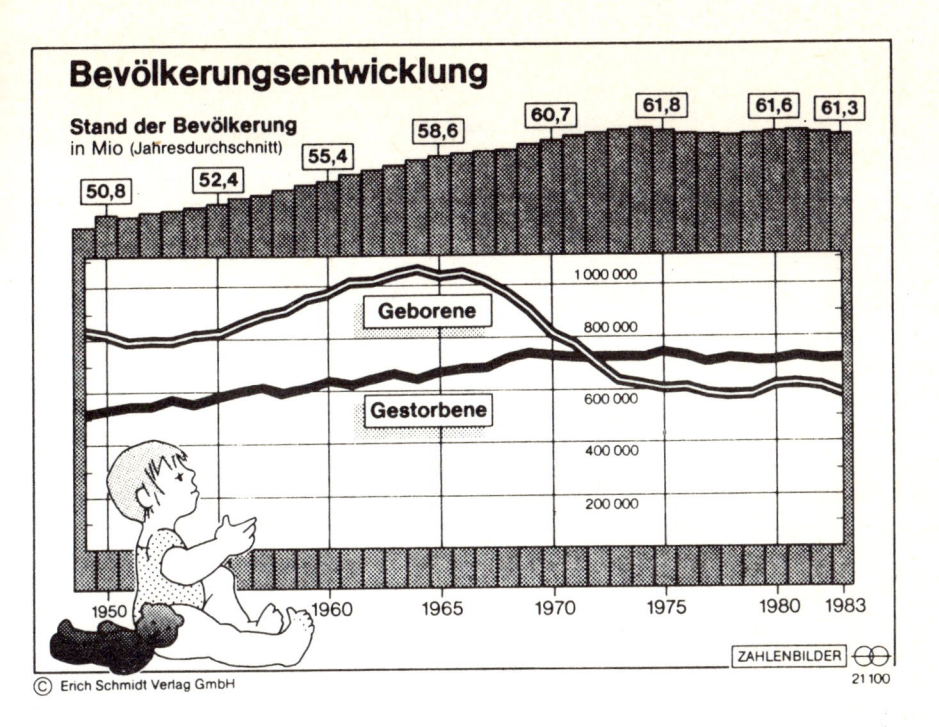

Bevölkerungsentwicklung

Stand der Bevölkerung in Mio (Jahresdurchschnitt)

50,8 | 52,4 | 55,4 | 58,6 | 60,7 | 61,8 | 61,6 | 61,3

Geborene — Gestorbene

1 000 000 / 800 000 / 600 000 / 400 000 / 200 000

1950 — 1960 — 1965 — 1970 — 1975 — 1980 — 1983

© Erich Schmidt Verlag GmbH   ZAHLENBILDER 21 100

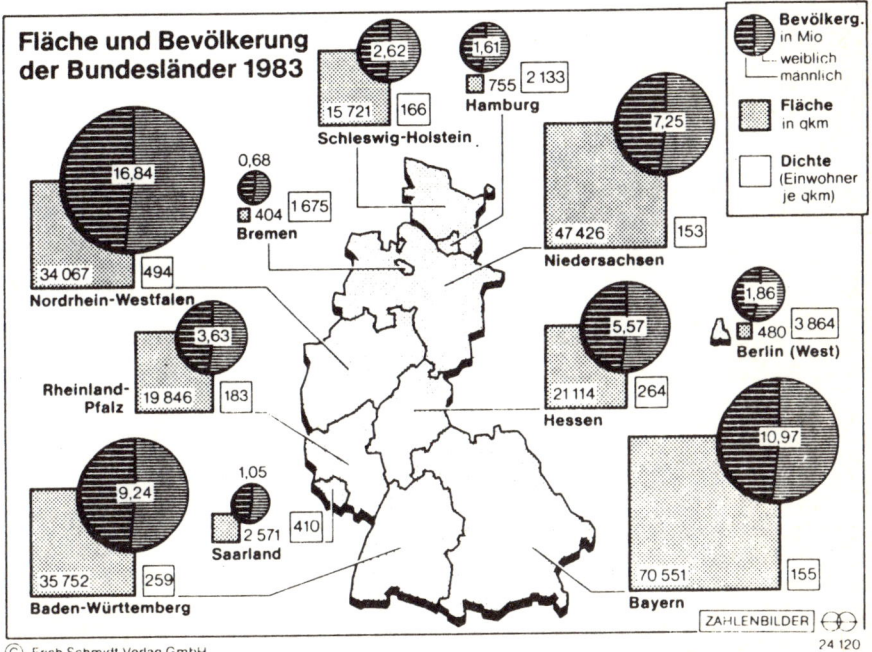

Fläche und Bevölkerung der Bundesländer 1983

Legende:
- Bevölkerg. in Mio (weiblich / männlich)
- Fläche in qkm
- Dichte (Einwohner je qkm)

Schleswig-Holstein: 2,62 Mio — 15 721 qkm — 166
Hamburg: 1,61 Mio — 755 qkm — 2 133
Bremen: 0,68 Mio — 404 qkm — 1 675
Niedersachsen: 7,25 Mio — 47 426 qkm — 153
Nordrhein-Westfalen: 16,84 Mio — 34 067 qkm — 494
Berlin (West): 1,86 Mio — 480 qkm — 3 864
Rheinland-Pfalz: 3,63 Mio — 19 846 qkm — 183
Hessen: 5,57 Mio — 21 114 qkm — 264
Saarland: 1,05 Mio — 2 571 qkm — 410
Baden-Württemberg: 9,24 Mio — 35 752 qkm — 259
Bayern: 10,97 Mio — 70 551 qkm — 155

© Erich Schmidt Verlag GmbH   ZAHLENBILDER 24 120

DGF-Freizeit-Lexikon 37

Bewegungsspiele

Abb. Die Gliederung der Bewegungsspiele nach den Grundformen der körperlichen Bewegung und der Art der Spieltätigkeit

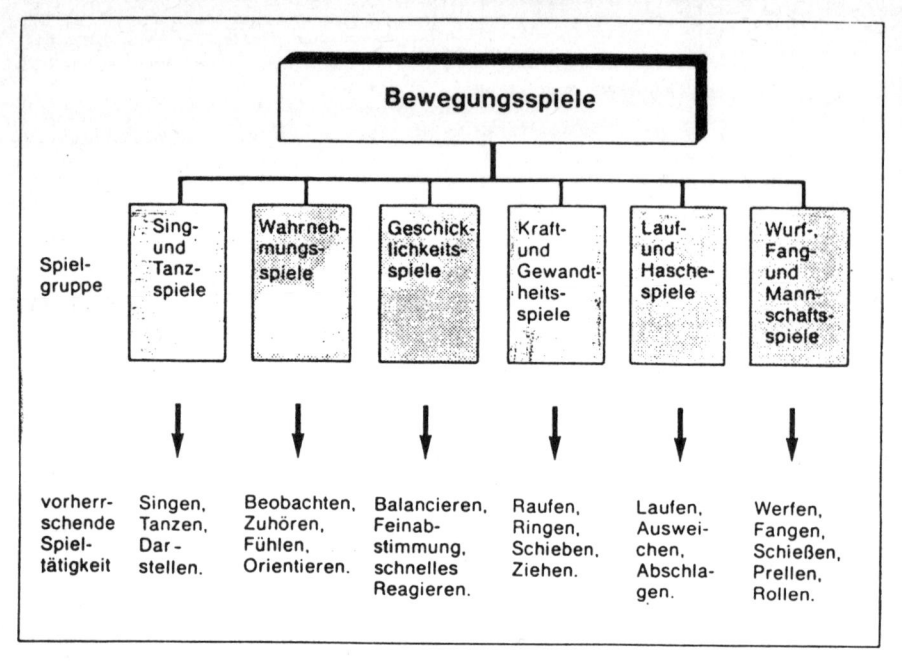

Spielgruppe	Sing- und Tanzspiele	Wahrnehmungsspiele	Geschicklichkeitsspiele	Kraft- und Gewandtheitsspiele	Lauf- und Haschespiele	Wurf-, Fang- und Mannschaftsspiele
vorherrschende Spieltätigkeit	Singen, Tanzen, Darstellen.	Beobachten, Zuhören, Fühlen, Orientieren.	Balancieren, Feinabstimmung, schnelles Reagieren.	Raufen, Ringen, Schieben, Ziehen.	Laufen, Ausweichen, Abschlagen.	Werfen, Fangen, Schießen, Prellen, Rollen.

Abb. aus: Stemper/Schöttler/Lagerström, Erlangen 1983
Kleine Spiele →, *Freizeitspiele* →, *Spiel* →

Lit.: Brinkmann/Treeß »Bewegungsspiele«, Reinbek 1980; Döbler »Kleine Spiele«, Berlin-Ost 1972; Elstner »Spiel mit«, Dortmund 1979; Stemper/Schöttler/Lagerström »Fit durch Bewegungsspiele«, Erlangen 1923

Bewußtseinsindustrie

ein von Hans Magnus Enzensberger 1962 aufgenommener Begriff, der die Situation, Meinungen, Urteile, Vorurteile und Bewußtseinsinhalte aller Art unter die Menschen zu bringen, beschreibt. Nicht Güter, sondern auch immaterielle Produkte unterliegen industriellen Produktionsweisen und Vermarktungsstrategien. Das Bewußtsein wird induziert, um es ausbeuten zu können. Das findet parallel zur materiellen Ausbeutung statt, die im Immateriellen dann ihre Entsprechung findet. Nicht nur die Arbeitskraft wird weggenommen, sondern auch die Fähigkeit zu beurteilen und sich zu entscheiden. Daß gesellschaftliche Mißstände kollektiv einfach hingenommen oder gar freiwillig getragen werden, ist eine der großen Leistungen der B. In unserer heutigen Gesellschaft ist nicht die Ausbeutung verschwunden, sondern das Bewußtsein darüber. Die B. ist eine Schlüsselinstanz der Gesellschaft geworden, die permanent der kritischen Auseinandersetzung bedarf.

Lit.: Enzensberger »Einzelheiten I, Bewußtseinsindustrie«, Frankfurt/M. 1967; Zoll (Hrsg.) »Manipulation der Meinungsbildung, zum Problem hergestellter Öffentlichkeit«, Opladen 1971

Oberste-Lehn

Bibliothek

Bücher- und Mediensammlung, die von verschiedenen Trägern (Bund, Land, Gemeinden, Kirchengemeinden, Schulen, Universitäten, Instituten, Fachorganisationen, Betrieben) unterhalten werden.
Für die *Freizeittätigkeit* → *Lesen* → sind die Öffentlichen B. (Bücherhalle, Volksbücherei, Volksbibliothek, Öffentliche Bücherei) von besonderer Bedeutung.
Sie werden insbesondere von Städten, Gemeinden und Kirchengemeinden betrieben und weisen recht unterschiedliche Größen und Medienbestände auf.
Neben den Bibliotheksgebäuden gibt es Fahr-B. (Bücherbus), die Außenbezirke der Städte und ländliche Gebiete versorgen.
Öffentliche B. halten u.a. vorrätig:
Bilderbücher, Kinder- und Jugendliteratur, Comics, *Spiele* →, Romane und Erzählungen, fremdsprachliche Literatur, Sach- und Fach-

bücher, *Zeitungen* → und *Zeitschriften* →, *Schallplatten* → und Musikcassetten (»*Diskothek*« →), Bildbänder und Bildplatten (»Videothek«) sowie Kunstwerke (»Artothek«).
Die Ausleihe erfolgt in der Regel kostenlos oder gegen geringe Gebühren bzw. gegen Pfandhinterlegung.
Wesentlicher Bestandteil öffentlicher B. ist der durch fachlich ausgebildete Bibliothekare hauptamtlich, seltener neben- oder ehrenamtlich durchgeführte Beratungs- und Auskunftsdienst.
Zahlreiche B. bieten darüber hinaus kulturelle Veranstaltungen und Aktionen (Lesungen, Konzerte, Theater-/Puppenspielvorführungen, Spielaktionen) an.
Diese Angebote, eine verstärkte Öffentlichkeitsarbeit sowie die Integration neuer B. in *Kommunikationszentren* → und in Einkaufszentren sollen die immer noch vorhandene Hemmschwelle herabsetzen.
Ähnlich wie in der *Breitenkulturarbeit* → müssen zusätzliche Mittel eingesetzt werden, wenn öffentliche B. schwerpunktmäßig freizeitorientierte Arbeit machen wollen.
Soziokultur

Lit.: Raschka »Möglichkeiten und Grenzen freizeitkultureller Bildungsarbeit in öffentlichen Bibliotheken«, Hamburg 1984

Biergarten
die vor allem in Süddeutschland (Bayern, Baden-Württemberg) weitverbreitete Form der Bier-Gastronomie. Im Schatten alter, großer Bäume (deshalb Garten) werden Biere und dazu passende Speisen im Sommer im Freien angeboten.
Gastronomie →

Bildschirmtext
ein sich auf das Telefonnetz der Post stützendes Telefoninformations- und Kommunikationssystem (*Medien, Neue* →) mit Texten und Grafiken, die von Datenbanken an eine zentrale Informationsbank gegeben, von dort abgerufen und auf ein handelsübliches Fernsehgerät überspielt werden können. Ein Dialog ist nur über *Computer* → möglich. Bildschirmtext im Freizeitbereich ist interessant für das Angebot von *Fremdenverkehrsgebieten* →, *Reiseveranstaltern* →, *Freizeitparks* → und für Gesamtübersichten von *Freizeitinfrastruktur* → und *Freizeitprogrammen* →. Allerdings ist B. abhängig von der Verfügbarkeit einer eigenen Infrastruktur, die sich noch im Aufbau befindet.

Öffentliche Bibliotheken in der Bundesrepublik 1984

Bibliotheken: **Medienbestand:**

1981	–	54 405 768
1982	2 718	56 728 565 (+ 4,26 %)
1983	2 715	58 913 218 (+ 3,85 %)
1984	2 750	60 369 047 (+ 2,9 %)

Ausleihen:

1981	159 476 343
1982	162 705 654 (+ 2,02 %)
1983	163 983 066 (+ 0,7 %)
1984	164 117 908 (+ 0,4 %)

Ausgaben insgesamt (DM): **Davon für Erwerbung:**

1981	617 250 479	83 668 128
1982	632 076 556 (+ 2,4 %)	75 331 966 (− 9,96 %)
1983	633 302 978 (+ 0,19 %)	72 921 295 (− 3,2 %)
1984	660 993 755 (+ 4,8 %)	76 206 463 (+ 5 %)

Quelle: Deutsches Bibliotheksinstitut (1985)

Bildstelle

auf Stadt-, Kreis-, Landes- und Bundesebene eingerichtete Produktions-, Sammel- und Verbleibstelle für audiovisuelle Materialien (*Audiovision* →); daneben örtliche *Medien* → -zentren in Schulzentren, Bildungszentren, *Jugendbildungsstätten* →.
B. versorgen insbesondere Schulen, außerschulische Bildungseinrichtungen, *Vereine* → und *Verbände* →. (*Erwachsenenbildung* →)

Bildung

zunächst: Formung, Gestaltung, Entstehung, Erzeugung; jeder Vorgang bzw. jede Handlung, die in einem bestimmten Zustand ihren Abschluß findet; im übertragenen Sinne: Entwicklung der natürlichen, besonders der geistigen Anlagen und Fähigkeiten der Begabung des Menschen; schließlich auch: Planvolle Begegnung und Auseinandersetzung mit solchen Sachverhalten, die dem Menschen ein angemessenes Seinsverhältnis erschließen.
Das Wort ist wie der Ausdruck *Kultur* → ein Schlüsselbegriff in unserer Gesellschaft. Mit den beiden sich bedingenden Vorstellungen sind in unserer Sprache durch Hinzufügung weiterer Bezeichnungen eine Vielzahl von Begriffen entstanden, die in ihrer Aussage und Funktion unklar bleiben, wenn sie nicht in Zusammenhang mit der Absicht des Benutzers definiert werden. Begriffe im Zusammenhang mit Bildung:
B.-Fernsehen, B.-Konsum, Freizeit-B., Kulturelle B., B.-Politik, *B-Urlaub* →, B.-Reise, B.-Einrichtung, B.-Gesetz, B.-Betrieb, B.-Wille, b.-fähig, B.-Beratung, B.-Anleiter, B.-Hilfe, Weiter-B., *Jugend-B.* →, *Erwachsenen-B.* →, Menschen-B., B.-Abschluß, B.-Sprache, B.-Statistik, B.-Stufen, B.-Technologien, B.-Prozeß, B.-Rat, B.-Roman, B.-Zentrum, B.-Angebot, Berufs-B., B.-Wesen.
Im 18. Jahrhundert rückte der B.-Begriff in den Mittelpunkt des pädagogischen Interesses. Erziehung und Lernen hatten die Aufgabe, den Menschen an das bestehende Bildungs- und Erziehungsideal anzugleichen. Er sollte auf die höhere Ebene der absoluten zweckfreien Werte gleichsam »hinaufgezogen« werden. »Der Mensch hat moralische Bildung, wenn Sittlichkeit ihm zur Gesinnung geworden ist . . .«, dies bedeutet eine Anerkennung und Unterwerfung unter die »Sittengesetze und beruht auf dem Grundsatz der Pflichtmäßigkeit«. (Vgl. Wilhelm von Humboldt: »Sprache und Bildung«, Paderborn, 1959, S. 72).
Humboldt, der sich an dem antiken Vorbild einer harmonischen und universellen Humanität orientierte, ging es um die Anpassung des Menschen an einen bestehenden Normenkodex. Bedenkt man weiterhin, daß im 18. und 19. Jahrhundert in allen Staaten die höheren B.-Einrichtungen nur der sozialen Oberschicht offenstanden, so wird erkennbar, welche B.-Werte hier festgelegt wurden. Es war daher nicht verwunderlich, wenn Mitglieder aus den »unteren Sozialschichten« mit diesen ihnen fremden B.-Werten wenig anfangen konnten. Gelernt wurde das, was andere für wichtig und lebensnotwendig hielten. (Vgl. W. v. Humboldt, ebd. S. 20 ff.).
Was jeder lernen muß, um lebenspraktische Grundqualifikationen zu erlangen (Alltagshandeln), d.h., um im Leben ein Stück seiner Identität verwirklichen zu können, muß jeder selbst entscheiden dürfen.
Kein Erziehungswissenschaftler oder Pädagoge kann die Kompetenz über Entscheidungen besitzen, die besonders in der Weiterbildung ähnlich einem Gesetz festlegen, wohin jemand durch die B. »erzogen« (Erziehung) werden soll. Trotzdem ist auch heute noch der Zentralbegriff der B.-Politik »Erziehung«. Erzogen wird immer noch auf vorgegebene Ziele und Normen hin (»Heilige Werte der B.-Einrichtungen« vgl. A. Miller: Am Anfang war Erziehung, Frankfurt 1980, S. 82).
Für unsere heutige Zeit kann B. in gleicher Weise als Produkt der jeweiligen Gesellschaft wie auch als eine Kraft, diese zu gestalten, gesehen werden. B. verlangt und befähigt, die Dinge und Entwicklungen mit den Augen des anderen zu sehen.
freizeitkulturelle Bildung →

Lit.: Becker »Qualität und Quantität, Grundfragen der Bildung«, Freiburg 1968; Max Planck Institut für Bildungsforschung (Hrsg.) »Bildung in der Bundesrepublik Deutschland«, Hamburg 1980

Helmer

Bildungspolitik

integrierter Teil der staatlichen Kultur-, Wirtschafts- und Sozialpolitik, die der Erhaltung und der Weiterentwicklung des nationalen und internationalen Bildungswesens dient. Sie wird durch Gesetze und Verordnungen legitimiert und durch Verwaltungen umgesetzt.
B. hat die Aufgabe, die quantitative und qualitative Entwicklung und die äußeren Strukturen für Bildungs- und Weiterbildungseinrichtungen an sich ständig ändernde Verhältnisse und Bedürfnisse in der Gesellschaft kontinuierlich und vorausschauend anzupassen. Hierfür gibt es in der Bundesrepublik Deutschland verschiedene Zusammenschlüsse von Kulturpolitikern, Pädagogen und Verwaltungsmitarbeitern (z.B.: Deutscher Bildungsrat, Ständige Konferenz der Kultusminister, Bund-Länder-Kommission für Bildungsplanung, Einrichtungen der UNESCO).
Bildungswesen →

Helmer

Überblick über die Struktur des Bildungswesens in der Bundesrepublik Deutschland

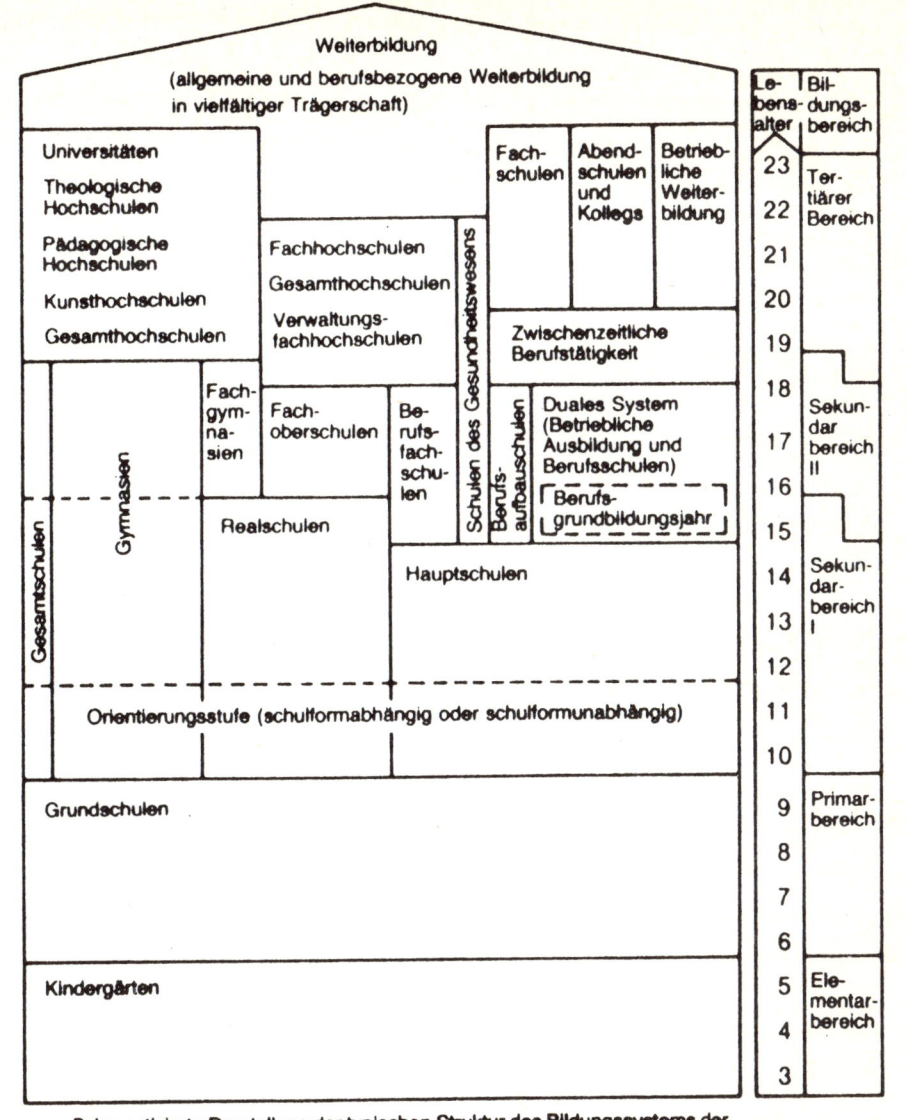

Bildungsbereich	Lebensalter	Einrichtungen
		Weiterbildung (allgemeine und berufsbezogene Weiterbildung in vielfältiger Trägerschaft)
Tertiärer Bereich	23, 22, 21, 20, 19	Universitäten, Theologische Hochschulen, Pädagogische Hochschulen, Kunsthochschulen, Gesamthochschulen / Fachhochschulen, Gesamthochschulen, Verwaltungsfachhochschulen / Fachschulen, Abendschulen und Kollegs, Betriebliche Weiterbildung / Zwischenzeitliche Berufstätigkeit
Sekundarbereich II	18, 17, 16, 15	Gesamtschulen / Gymnasien / Fachgymnasien / Fachoberschulen / Berufsfachschulen / Schulen des Gesundheitswesens / Berufsaufbauschulen / Duales System (Betriebliche Ausbildung und Berufsschulen) / Berufsgrundbildungsjahr
Sekundarbereich I	14, 13, 12, 11	Gesamtschulen / Gymnasien / Realschulen / Hauptschulen / Orientierungsstufe (schulformabhängig oder schulformunabhängig)
Primarbereich	10, 9, 8, 7, 6	Grundschulen
Elementarbereich	5, 4, 3	Kindergärten

- Schematisierte Darstellung der typischen Struktur des Bildungssystems der Bundesrepublik Deutschland. In den einzelnen Bundesländern bestehen Abweichungen.
- Die Zurechnung des Lebensalters zu den Bildungseinrichtungen gilt für den jeweils frühestmöglichen typischen Eintritt und bei ununterbrochenem Gang durch das Bildungssystem.
- Die Größe der Rechtecke ist nicht proportional zu den Besuchszahlen.

Quelle: BMBW, Grund und Strukturdaten. 1983/84.

Bildungsurlaub
bezahlte Freistellung von der Arbeit. B. dient der politischen *Bildung* → und oder der beruflichen Weiterbildung.
Bei Beschäftigten in der Ausbildung dient der B. allein der politischen Bildung.
Eine bundesgesetzliche Regelung besteht noch nicht. B.-Gesetze gibt es in Berlin, Bremen, Hessen, Hamburg und Niedersachsen. Als Träger von B.-Maßnahmen sind anerkannt: die *Volkshochschulen* →, die Gewerkschaften, *Bildungswerke der Kirchen* → und der Wirtschaft, die Bundeszentrale und die Landeszentrale für politische Bildung, die Stiftungen der großen Parteien sowie Einrichtungen der *Wohlfahrtsverbände* →. Weitere Träger von Bildungsmaßnahmen können bei den Sozialministerien der Landesregierungen erfragt werden. Auf B. besteht ein Rechtsanspruch, er kann nur abgelehnt werden, wenn der Freistellung dringende betriebliche Erfordernisse entgegenstehen.
Dies gilt nicht für Auszubildende. B. wird in der Regel für 5 Werktage gewährt. Es gibt jedoch auch andere Regelungen wie z.B. im Öffentlichen Dienst (bei der Stadt Ffm 10 Tage). Einzelheiten sind bei den Veranstaltungen von B.-Angeboten zu erfragen, die auch über langfristig geplante Angebote informieren.

Helmer

Bildungswesen
Zusammenfassende Bezeichnung für alle Bildungseinrichtungen (Schulen, Hochschulen, Berufsausbildung, Weiterbildung).
Schule →, *Erwachsenenbildung* →, *Volkshochschule* →
Struktur des B. siehe Grafik S. 41

Billard
Kugelspiel auf Spezialtischen mit einem Stock (Queue), mit dem die Kugeln angestoßen werden.
Das europäische Billardspiel wird mit drei Kugeln ausgeführt. B. ist auch Sportart, dabei gibt es verschiedene Spielformen.
Im Freizeitbereich, insbesondere in *Freizeiteinrichtungen* → und *Spielhallen* → setzt sich die amerikanische Form des Pool- (Loch-) B. stark durch.
Dabei müssen 15 Kugeln, die jedem der beiden Spieler/Parteien zugeordnet sind, mit einer weiteren in Löcher an den Tischecken und in der Mitte der Tischlängsseiten (»Taschen«) gestoßen werden.
Pool-B. steht an dritter Stelle der Beliebtheit der *Spielgeräte* → in *Spielhallen* →.
Bei den dort eingesetzten Geräten werden die Bälle durch Münzeinwurf freigegeben.

Binnensee
See →

Bistro
Café →

Bodybuilding
engl., wörtlich: Körperaufbau.
Sonderform des *Fitness-*→-trainings und des Krafttrainings, bei dem durch ständige Wiederholung bestimmter Belastungsübungen ausgewählte Muskelpartien geübt und ausgebildet werden.
Erzielt werden sollen nicht in erster Linie Kraft und Ausdauer, sondern ein kräftiges, muskulöses Aussehen.
Dieses wird durch besondere Bewegungsabläufe auch in Wettbewerben dargestellt.
B. findet in der Regel unter Anleitung in B.-Studios und Fitnesszentren statt.
Für das B.-Training wurden besondere Geräte (Hanteln) und Maschinen entwickelt (Bein-Preß-Geräte, Kraftmaschinen, Zuggeräte, Schrägbänke und -bretter u.a.m.).
Außerdem gibt es eigens zusammengestellte Kraftnahrung.

Bolzplatz
Kleinfeld-Fußballplatz; in der Regel im Zusammenhang mit einem *Spielplatz* →. Der B. ist meist mit einem Drahtkäfig umgeben, um den Ballflug zu bremsen.

Boot
kleines Wasserfahrzeug für spezielle Arbeits-, Freizeit- und militärische Zwecke (Rettungs-, Lotsen-, Feuerlösch-, Fischer-, Sport-, Haus-, Bei-, Schnell-, U-Boot). Unterscheidungskriterien sind Material (Kunststoff-, Holzboot ...), Bauart (Kiel-, Doppelrumpf-, Falt-, Schlauchboot ...) oder Antriebsart (Segel-, Ruder-, Paddel-, Motorboot). Die Steuerung erfolgt aufgrund veränderbarer Ruderlage (z.B. Segelboot) oder Antriebsrichtung (z.B. Außenbordmotor). Zu Vergleichszwecken werden im wettkampfmäßigen Bootssport normierte Bootsklassen unterschieden. Je nach *Gewässer* →, Fahrzeugkategorie, Antriebsform und -stärke fordern Sportgesetzgeber und Wassersportverbände vom verantwortlichen Bootsführer den Besitz eines entsprechenden Bootsführerscheins. Zunehmend preiswerte Herstellung und bequeme Handhabung machen vor allem leichte Boote zu begehrten Freizeitartikeln, wie sich auf Bootsmessen erkennen läßt. Auch der Selbstbau von Booten erfreut sich wachsender Beliebtheit.

Lit.: Delius Klasing & Co. (Hrsg.) »Klasings Bootsmarkt international«, Bielefeld; Reinke/Lütjen/Muhs »Yachtbau«, Bielefeld 1976; Eichler »Vom Bug zum Heck, Seemännisches Hand- und Wörterbuch«, Bielefeld 1964

Birkelbach

Botanischer Garten
parkähnliche Pflanzensammlung mit Freianlagen und Pflanzenhäusern. B.G. enthalten meist systematisch geordnete Pflanzbereiche nach der Ordnung der Pflanzen, nach geographischen Schwerpunkten, nach Pflanzengemeinschaften, nach den Beziehungen der Pflanzen zur Umwelt, zur Demonstration von Zier- und Nutzpflanzen, Arznei- und Gewürzpflanzen, Sumpf- und Wasserpflanzen, Exotischen Pflanzen usw. Der B.G. steht hauptsächlich als öffentliche Grünfläche zur Verfügung, kleinere Teile sind wissenschaftlichen Versuchen vorbehalten.
Park →

Bowling
amerikanische Abart des *Kegelns →* mit 10 Kegeln und Kugeln mit drei Fingerlöchern.
B. wird in B.-Centern betrieben, die meist eine größere Zahl von B.-Bahnen enthalten.
B. ist nicht nur geselliges Spiel, sondern auch Wettkampfsportart.
Anders als beim deutschen Kegeln, wo Kugeln unterschiedlicher Größe benutzt werden, kegeln B.-Anhänger gern mit individuell ausgesuchten eigenen Kugeln gleicher Größe.

Brainstorming
Methode zur Gewinnung von Ideen (*Innovationen →*) zu einem bestimmten Problem mit vier Grundregeln:
a) Keine Kritik während der Ideensuche;
b) ungezwungenes Aussprechen von allen Einfällen;
c) Sammlung von möglichst vielen Einfällen, aus denen
d) neue Ideen und Verbesserungsvorschläge entwickelt werden können.
Je unbefangener die B.-Gruppenmitglieder sind, desto innovativere Ergebnisse können erwartet werden.
Der Auftraggeber sichtet und beurteilt die gefundenen Ideen erst nach der B.-Phase.
Eine weitere Phase kann danach angeschlossen werden.

Brauchtum
Summe überlieferter Verhaltensregeln, im engeren Sinne die Tradition von Volkskultur und *Volksfesten →*.
Brauchtum war im wesentlichen an die bäuerliche Bevölkerung gebunden, doch entwickelte es sich abgeschwächt auch in den Städten. Bewußte Kenntnisnahme und Pflege wurde dem Brauchtum zuerst in der 2. Hälfte des 18. und

Abb. Brauchtum und Tourismus

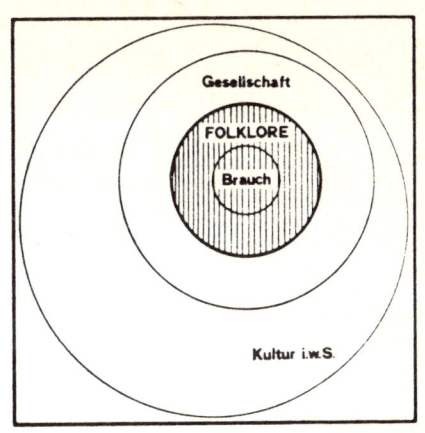

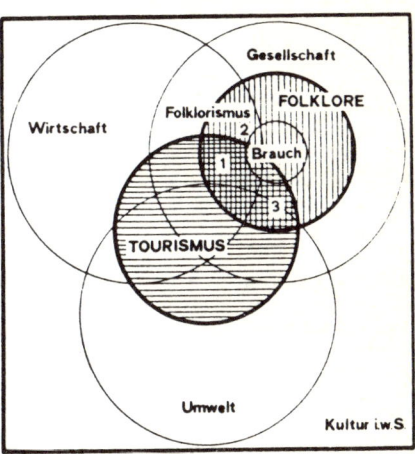

Quelle: H. Müller, »Folklore und Tourismus – Kultur oder Kommerz?« (1984)

im 19. Jahrhunderts zuteil (Sammeln von *Volksliedern →* und *Märchen →*, Mundart- und Sprachforschung). Es entstanden Vereinigungen zur Heimat- und Brauchtumspflege. Erneuerungsbewegungen dieses Jahrhunderts (u.a. Jugendbewegung, Nostalgiewelle) nahmen neben den vorhandenen Vereinigungen Brauchtum wieder auf bzw. förderten es, wo es noch lebendig war. Auch neue Formen wurden auf traditionelle fußend aufgenommen (z.B. *Stadtteilfeste →*, Jahr- und Flohmärkte, *Volkskunst →*, *Volksmusik →*, *Volkstheater →*).
Die Wurzeln einiger noch heute gepflegter Bräuche reichen weit zurück (Fastnacht, Ostereier, -feuer, *Volksfeste →*, Sonnwendfeiern).

Brauchtum

Die Brauchtumspflege umfaßt diejenige von Mundarten, Volkserzählungen (Märchen, Sagen, Balladen), Volksdichtung, Volkstheater, Volkslied, Volksmusik, *Volkstanz* →, Volkstrachten, Volkskunst, aber auch von überlieferten Speisen und Getränken, Gerät und Bauten.
Man spricht im Zusammenhang mit den großen Volksfesten von Sommer-Brauchtum. (*Schützenfest* →, Kirmes, Erntedankfest) und Winter-Brauchtum (Fastnacht, Fasching, *Karneval* →, Perchtenlauf u.ä.). Neben diesen großen Festen haben sich auch andere Jahreszeitenfeste erhalten (Sonnwendfeuer, Osterfeuer, Weinfeste) und spielen die religiösen Feste (insbesondere Weihnachten, aber auch Taufe, Beschneidung, Kommunion, Konfirmation sowie die entsprechenden jüdischen und islamischen Riten in unserem Land eine wichtige Rolle.
Die Brauchtumspflege liegt im wesentlichen in den Händen von Gemeinschaften und Vereinigungen (*Heimatvereine* →, Trachtenvereine, Kulturvereine, Fremdenverkehrsvereine) sowie der Gemeinden.
Nicht ohne Bedeutung sind Brauchtumsforschung, *Heimatkunde* → und heimatkundliche Sammlungen (*Heimatmuseen* →).

Breitenkulturarbeit

relativ neuer Begriff für 1. eine Absicht oder einen Vorgang mit dem Ziel, viele Menschen durch verschiedene *Kultureinrichtungen* → und Initiativen zu einem hohen Maß an Beteiligung und Mitwirkung zu ermutigen und zu befähigen.
Als Beispiele seien genannt: die Beteiligung an einem flächendeckenden Angebot zur *Weiterbildung* →, *Stadtteilarbeit* → und die Zusammenarbeit verschiedener sozialkultureller Einrichtungen in einem Gemeinwesen, (freizeitkulturelle *Bildungsarbeit* →, *soziokulturelle Arbeit* →);
2. alle Maßnahmen zur Erweiterung der Zielgruppe für *Kulturarbeit* → auf möglichst viele Einwohner eines Gebietes, sowie die Aufnahme neuer Tätigkeitsfelder und -inhalte. Oft wird B. mit Maßnahmen von Dekonzentration der traditionellen Kulturarbeit verbunden (*Organisation* →).

Helmer

Breitensport

der von der überwiegenden Zahl der Sporttreibenden meist leistungsorientiert, regelgerecht und regelmäßig ausgeübte *Sport* →. B. umfaßt die Sporterziehung ebenso wie den *Lifetimesport* →, nach einigen Definitionen auch den *Freizeitsport* →, obwohl dieser auch sportfremde Elemente enthält.

B. ist einerseits die Basis für den Spitzensport, hat aber andererseits eigenständige Ausprägungen, die besonders aus der DSB-Aktion »Zweiter Weg des Sports« und des Aktionsprogramms des Deutschen Turnerbundes »Jedermannsport« erwachsen ist. Die Aktionen führten zu einem enormen Mitgliederzuwuchs in den *Turn- und Sportvereinen* →. Aus dem Vereinsbereich heraus traten die *Trimm-Aktion* → und die Bildungsprogramme der Sportvereine, die sich besonders an Nichtvereinsmitglieder wenden. Die Trimm-Aktion führte darüber hinaus Bewegungsübungen ein, die im üblichen Sportbetrieb nicht bekannt waren (z.B. New *Games* →).
Der B. kann Wettkampfsport sein, aber auch die Leistungsmessung vernachlässigend und findet nicht nur in der Freizeit statt, weil zu ihm auch die beruflichen und schulischen Sporttätigkeiten gerechnet werden müssen. Fast alle *Sportarten* → können Inhalt des B. sein. Die Anleitung im B. erfolgt durch *Übungsleiter* → (*Training* →).
Entgegen mancher Meinungen ist B. keineswegs dem Freizeitsport gleichzusetzen. Zwar wird auch der B. vorrangig in der Freizeit der Teilnehmer ausgeübt und auch nicht »professionell« im Sinne der Ganztagsbeschäftigung und/oder des Gelderwerbs betrieben; er genügt jedoch anderen Prinzipien als der Freizeitsport.

a) Hauptkennzeichen des B. ist zwar nicht zuerst die Erlangung der sportartenspezifischen Perfektion, sondern das gemeinsame regelgerechte Ausüben mit der Zielrichtung des DSB: »Anfänger – Kenner – Könner«. Dabei sollen durchaus sportliche Leistungen erbracht werden. Die Teilnahme an sportlichen Wettkämpfen oder in Punkt- und Ligasystemen gehört dazu, ist aber in aller Regel nicht das beherrschende Kriterium. b) B. wird grundsätzlich auf den für die gewählte Sportart vorgesehenen und entsprechend der DOG-Normen normierten Flächen mit Standardmaßen und Standardausrüstung ausgeübt. Die Zahl der Teilnehmer ist durch das Regelwerk festgelegt. Zum B. gehört in aller Regel das gemeinsame Üben bzw. Trainieren. c) In der Durchführung der B.-Angebote wird in aller Regel auf eine spezielle Sportart zurückgegriffen. Ein Mehrfachangebot sportlich-spielerischer Art kann im Rahmen von Übungsstunden oder des Trainings verwirklicht sein.
B.-Angebote werden außer von den Sportvereinen von zahlreichen Anbietern wie *Volkshochschulen* →, *freien Trägern* →, gesellschaftlichen und politischen Gruppierungen und *Organisationen* →, *Kirchen* → und deren Gliederungen etc. vornehmlich in den traditionellen B.-Arten für einen seit Jahren festen

und nur geringfügig erweiterbaren (Karst 1983) Personenkreis offeriert.

Karst/Agricola

Brettspiele
Spiele, die auf je verschieden gestalteten Brettern und zumeist auf dem Tisch mit Steinen und Figuren zum Teil mit Würfeln gespielt werden. Es sind zum Teil alte Spiele (*Schach* →, Mühle, Dame, Backgammon, Halma, Go, Domino, Lotto, Roulette), aber auch neuere wie »Mensch ärgere Dich nicht«, »Monopoly« und viele andere, die ständig neu entwickelt werden. *Spiel* →

Lit.: Grunfeld (Hrsg.) »Spiele der Welt«, Frankfurt/M 1976

BTX
Bildschirmtext →

Bubbleblast
Spielgeräte →

Buch
Lesen →

Buchgemeinschaft
Unternehmen, das Bücher aber auch Schallplatten, Phonocassetten, Spiele im Rahmen einer Abonnements-Vereinbarung direkt an Mitglieder der B. liefert. B. halten ein durch Katalog bekanntgemachtes Sortiment vor, aus dem ausgewählt werden kann, machen aber auch für bestimmte Zeiträume Abnahmevorschläge. Durch einen weitgehend feststehenden Abnehmerkreis und hohe Mitgliederzahl können B. ihr Angebot preisgünstig machen. B. erleichtern den Erwerb von Büchern und tragen dadurch zur Förderung der Freizeittätigkeit *Lesen* → bei; ihre Sortiments enthalten meist auch eine Sparte auf *Freizeittätigkeiten* → bezogene Druckwerke (*Freizeitinformationsdienste* →).

Buchhandlung
Einzelhandel →
Freizeitinformationsdienste →

Bücherei
Bibliothek →

Bürgerbeteiligung
Partizipation →

Bürgerinitiative
Freiwilliger Zusammenschluß von Bürgern zum Schutz ihrer Interessen oder derjenigen von Menschen, die sich nicht selbst vertreten können, mit dem Ziel der Einflußnahme auf die politische Willensbildung. Bürgerinitiativen arbeiten einerseits gegen Entscheidungen, Maßnahmen und Planungen von Behörden und anderen Bürgergruppen, andererseits für die Lösung bestimmter Probleme. Sie können die Form von *Pressure Groups* → oder von *Selbsthilfegruppen* → annehmen. Bürgerinitiativen versuchen durch bessere Information, Ausschöpfung der gesetzlichen Möglichkeiten, Öffentlichkeitsarbeit, Aktionen (z.B. Flugblätter, Zeitungen, Plakate, Aufkleber, Info-Stände, Demonstrationen, Straßentheater, Straßenmusik, Mahnwachen, *Volksfeste* →, *Eigenarbeit* →) Problemlösungen herbeizuführen. Bürgerinitiativen bilden sich für zahlreiche Aufgabenstellungen, auch zur Verbesserung der Freizeitsituation (*Spielanlagen* →, Grün, *Wohnumfeldverbesserung* →, *Bürgerhäuser* →, *Jugendzentren* →, Kulturzentren und -angebote, *Kommunikationszentren* →, Beratungsstellen, Informationsarbeit). Bürgerinitiativen arbeiten als offene Gruppen, aber auch als eingetragene *Vereine* →.

Lit.: Mayer-Tasch »Die Bürgerinitiativbewegung«, Reinbeck 1976; Müller »Bürgerinitiativen in der politischen Willensbildung« In: Aus Politik und Zeitgeschichte, Beilage zur Wochenzeitschrift »Das Parlament« 19. März 1983, Bonn

Bürgerhaus
auch Bürgerzentrum, Gemeinschaftshaus, Dorfgemeinschaftshaus, zur *Mehrfachnutzung* → oder *Mehrzwecknutzung* → für die Einwohner eines bestimmten Gebietes (Stadt, Stadtteile, Dorf). Es lassen sich zwei Typen von Bürgerhaus unterscheiden: a) *Infrastruktur* →kombination; dabei werden verschiedene Infrastruktureinrichtungen für das Einzugsgebiet unter demselben Dach vereint (z.B. Saal, Gesellschaftsräume, *Gastronomie* →, Kindergarten →, *Jugendfreizeithaus* →, Seniorenclub, Verwaltungsstelle, Mütterberatung); b) *Kommunikationszentrum* → für kulturelle, gesellige, sportliche Veranstaltungen; Gruppen- und Vereinstreffpunkt; Angebote für alle Altersstufen. Die *Betriebsform* → ist entsprechend unterschiedlich, ebenso die Ausstattung mit Personal. B. gibt es in vielen Gemeinden mit einer besonderen Konzentration in Hessen, wo bald nach dem Krieg durch Landesförderung ein Netz von B. aufgebaut wurde, und in Niedersachsen. Das *Raumprogramm* → und die Größe von B. variiert stark, je nach Zweck und Einzugsbereich. B. können sich in *Trägerschaft* → der Gemeinden oder von Vereinen befinden.

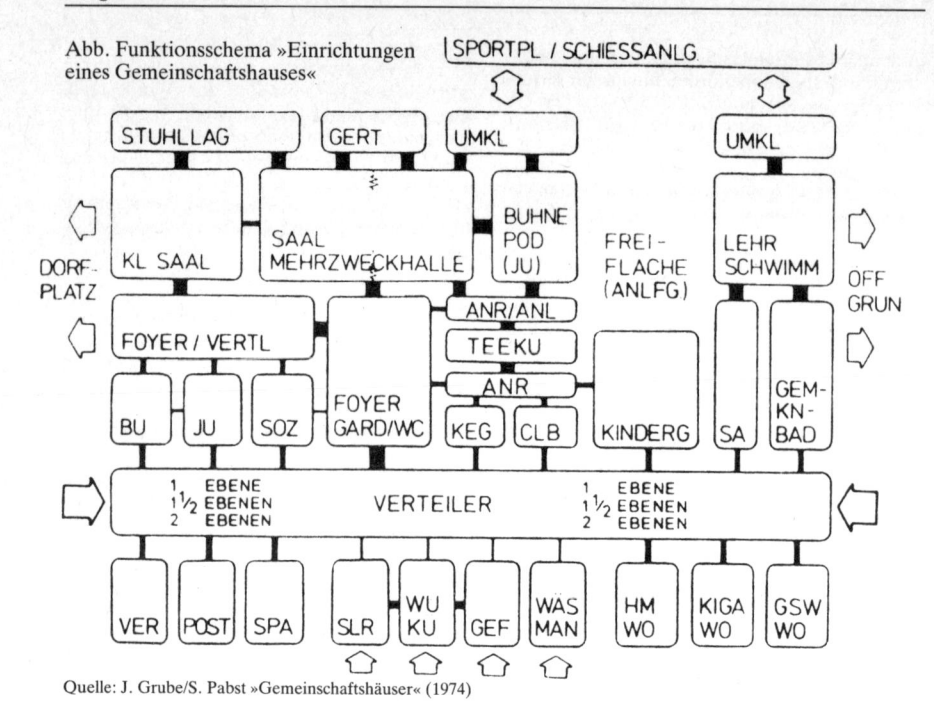

Bürgernähe

Abb. Funktionsschema »Einrichtungen eines Gemeinschaftshauses«

[Funktionsschema-Diagramm mit folgenden beschrifteten Feldern:]

SPORTPL / SCHIESSANLG

STUHLLAG — GERT — UMKL — UMKL

DORFPLATZ — KL SAAL — SAAL MEHRZWECKHALLE — BUHNE POD (JU) — FREIFLACHE (ANLFG) — LEHR SCHWIMM — OFF GRUN

FOYER / VERTL — ANR/ANL — TEEKU

BU — JU — SOZ — FOYER GARD/WC — ANR — KEG — CLB — KINDERG — SA — GEM-KN-BAD

1 EBENE / 1½ EBENEN / 2 EBENEN — VERTEILER — 1 EBENE / 1½ EBENEN / 2 EBENEN

VER — POST — SPA — SLR — WU KU — GEF — WAS MAN — HM WO — KIGA WO — GSW WO

Quelle: J. Grube/S. Pabst »Gemeinschaftshäuser« (1974)

Bürgernähe

angestrebtes Verhältnis von öffentlichen Verwaltungen zum Bürger durch a) Informationsmaßnahmen, Schulung von Mitarbeitern, Verbesserung des Briefstils, Verkürzung der Wege zur Behörde, einladendere Gestaltung von Dienstgebäuden und -räumen; b) durch Beteiligung der Bürger an Entscheidungsprozessen z.b. Mitgliedschaft von sachkundigen Bürgern in Ratsausschüssen, Planungsbeteiligung nach dem *Bundesbaugesetz* → sowie im Rahmen von *Partizipations* → modellen.
Eine *Freizeitpolitik* → ohne B. ist zum Scheitern verurteilt. Allerdings erleichtert die »Behörden«-Struktur der gemeindlichen Verwaltung die B. im *Freizeitbereich* → nicht. Darüber hinaus verleitet auch die Formel von der nicht zu verwaltenden oder organisierenden *Freizeit* → des Bürgers zu Berührungsängsten.

Lit.: Kommunale Gemeinschaftsstelle für Verwaltungsvereinfachung »Bürger und Verwaltung« I/1979, II/1981 und III/1984, Köln

Bürgerzentrum
Bürgerhaus →

Bundesbaugesetz

rechtliche Grundlage für die *Bauleitplanung* → in den *Gemeinden* →. Das B. umfaßt Vorschriften zum Bauleitplan (Flächennutzungsplan, Bebauungsplan), zur Sicherung der Bauleitplanung (Veränderungssperre, Bodenverkehr, Vorkaufsrechte der Gemeinden), zur Regelung der baulichen und sonstigen Nutzung (Zulässigkeit von Vorhaben, Entschädigung), zur Bodenordnung (Umlegung, Grenzregelung), zur Enteignung (Zulässigkeit, Entschädigung, Verfahren); zur Erschließung (einschl. Erschließungsbeitrag); zur Ermittlung von Grundstückswerten. Das Städtebauförderungsgesetz ergänzt das B. durch die Regelung des Mitteleinsatzes für städtebauliche Erneuerungs- und Entwicklungsmaßnahmen (z.B. *Sanierung* →). Die Besonderheit von B. und Städtebauförderung ist die Verankerung der Bürgerbeteiligung durch Offenlegung der Pläne, Anhörungen, Befragungen, Informationsveranstaltungen u.ä. (*Partizipation* →). Die jeweilige Beteiligungsstrategie wird durch die Gemeinde festgelegt.

Bundesgartenschau
Gartenschau →

Bundesjugendplan

ein von der Bundesregierung im Jahre 1950 ins Leben gerufenes Programm zur Förderung der Jugendhilfe.
Durch den alljährlich neu im Haushaltsplan ausgewiesenen B. werden Aktionen und Aktivitäten auf dem Gebiet der Jugendhilfe unterstützt, sofern sie über die Verpflichtungen der

Jugendämter, Landesjugendämter und obersten Landesjugendbehörden hinaus zur Erfüllung der im Jugendwohlfahrtsgesetz (JWG) definierten Aufgaben bedeutsam sind und eindeutig überregionalen Charakter haben. Die Förderung erfolgt generell nur als Teilfinanzierung zur Abdeckung eines Fehlbedarfs für die Arbeit eines öffentlichen oder freien *Trägers* → der Jugendhilfe. Die Mittelvergabe geschieht entweder im Direktverfahren (unmittelbarer Antrag an das Bundesministerium für Jugend, Familie und Gesundheit) oder im Zentralstellenverfahren über die zuständige Zentralstelle des jeweiligen Jugend- bzw. Wohlfahrtsverbandes oder im Länderverfahren über die oberste Landesjugendbehörde. Zuwendungen können nur Förderungsempfänger erhalten, die in ihren Zielen am Grundgesetz orientiert sind und eine sachgerechte, zweckgebundene und wirtschaftliche Mittelverwendung gewährleisten.

Der B. setzt sich zusammen aus den Allgemeinen Richtlinien vom 3.11.1970 (Gemeinsames Ministerialblatt S. 614), den jährlichen Durchführungserlassen sowie den zu den jährlichen Mittelzuweisungen gehörenden Erläuterungen und Planungsbeträgen für die einzelnen Förderungsprogramme.

Schwerpunkte des B. sind:
der sog. Garantiefonds (individuelle Hilfe zur Eingliederung jugendlicher Zuwanderer), *Politische Bildung* →, *Internationale Jugendarbeit* →, *kulturelle Jugendbildung* →, sportliche Jugendbildung und Bundesjugendspiele, soziale Bildung, Förderung der zentralen Jugend- und Studentenverbände, Ausgleich sozialer Benachteiligungen, Zentrale Fachorganisationen der Jugendverbände, Wirkungsanalysen und Weiterentwicklung der Jugendarbeit, Bau und Errichtung von Stätten der Jugendarbeit.

Lit.: Bundesjugendplan, BMJFG Schmale

Bundeswehr

Verteidigungsorganisation der Bundesrepublik Deutschland, erfaßt neben Berufs- und Zeitsoldaten auch Wehrpflichtige und unterwirft diese besonderen Belastungen und Diensteigentümlichkeiten (Dienstzeiten, Bereitschaftsdienst, Wachdienst, Mehrbettstuben in den Kasernen, häufiger Standortwechsel u.a.). Für die Freizeit der Soldaten gibt es verschiedene Einrichtungen: Mannschafts-, Unteroffiziers-, Offiziersheime (in der Regel in Selbstverwaltung), Sporteinrichtungen, Kegelbahnen, Lese- und Besuchszimmer, Pflegehallen für private Kraftfahrzeuge der Soldaten, Saunaanlagen; außerhalb der Kasernen: Soldatenheime (Träger: Kirchen, Vereine). Soldaten können auch die Einrichtungen und Angebote des Standortes der Kaserne nutzen. Jedoch zeigt sich in der Praxis ein ähnliches Bild wie außerhalb der Bundeswehr: *Freizeiteinrichtungen* → und -angebote sind nicht bekannt, zum Teil konkurrieren die Institutionen. Die Soldaten nutzen die Möglichkeiten nicht, langweilen sich oder vertreiben sich durch Kartenspiel, Radiohören o.ä. die Zeit. Zur Abhilfe wurden Freizeitbüros eingerichtet. Diese werden durch Wehrpflichtige, im Marinebereich auch durch Berufssoldaten betrieben. Sie informieren über *Freizeitangebote* →, vermitteln Eintrittskarten, organisieren Fahrten und Veranstaltungen und auch eigene Programme. Der Deutsche Bundeswehrverband unterstützt darüber hinaus auch die Einführung von *Freizeitpässen* → für Soldaten durch die Gemeindeverwaltungen der Standorte.

Grundproblem des Freizeitangebotes für Wehrpflichtige ist deren Abwesenheit vom Standort, besonders an den Wochenenden (ab Freitag nachmittag).

Café

gastronomische Einrichtung, bei der Kaffee der Hauptumsatzträger ist. Ursprünglich umfaßte das Angebot nur Heißgetränke (Kaffee, Tee, Schokolade) und dazu Kuchen, Torten, Gebäck. Die meisten Betriebe bieten heute bereits eine Vielzahl heißer und kalter Getränke und teilweise auch Speisen an (Zwischenmahlzeiten).
Französische Variante des Cafés bzw. Schankbetriebes ist das Bistro. Kaffee, Capuccino, Espresso, heiße Schokolade und französische Weine im offenen Ausschank charakterisieren das Hauptangebot. Das Speisenangebot umfaßt wenige Gerichte aus der französischen Küche. Charakteristisch sind die kleinen runden Tische und die leichten Stühle, die wenn möglich, im Freien aufgestellt werden. Möbel und sonstige Einrichtungsgegenstände sind meist in hellen, freundlichen Farben gehalten. *Gastronomie* →

Camping

1. Form des *Freizeitwohnens* → mit zeitlich begrenztem Aufenthalt in einer mobilen Unterkunft (Zelt, *Caravan* →).
Inzwischen haben sich unterschiedliche Formen des C. herausgebildet:
a) Touristisches C. (»Reisecamping«) als zeitweiliger Aufenthalt in einer transportablen und vom Benutzer für die Zeit seines Aufenthaltes mitgeführten Unterkunft; b) C. (»Naherholungs-C.«) als Nutzung einer beweglichen Unterkunft, die für längere Zeiträume (= mind. 3 Monate) auf einem wohnsitzfernen Stellplatz abgestellt ist, zumeist in der *Wochenendfreizeit* →.

Entsprechend werden auch die Campingplätze als öffentliche oder private Betriebe, die für jedermann Standplätze zum Aufenthalt in Zelten und Freizeitfahrzeugen anbieten, unterschieden in Touristikcampingplätze und Dauer- oder Naherholungscampingplätze. Die letzteren werden ganzjährig oder saisonal vermietet. Beide Formen kommen in der Regel gemischt vor.
Nutzungsdauer und Unterkunftsart (Zelt, Fahrzeug) beeinflussen unterschiedlich das Landschaftsbild, stellen also auch je andere Anforderungen an die Gestaltung.
Aus wirtschaftlichen Gründen wuchs die Betriebsgröße, etwa die Hälfte aller Plätze hat bis zu 200 Standplätze.
Als neue Form mit bis zu 5 Standplätzen wird C. auf dem Bauernhof angeboten.
2. Form des *Reisens* → und der *Urlaubs-* → bzw. *Freizeitgestaltung* → und Ausgang der C.-Bewegung. C. ist zu einer der wichtigsten Formen mobiler Freizeitgestaltung geworden. Das wird in den Ausgabenzahlen deutlich (Deutscher Camping-Club, 1985): 1984 gaben die deutschen C.-Freunde für Reisen 4,4 Milliarden DM und für *Caravans* →, *Zelte* →, Zubehör, Boote, *Freizeitkleidung* → 4,3 Milliarden DM aus.
Die Zahl der C.-Familien wird auf 3,7 Millionen, die der Caravans auf 640 000, die der Motorcaravans auf 250 000, die der Zelte auf 6 Millionen geschätzt. Die 2 340 C.-Plätze und -parks und die 6 100 kleineren Plätze (C. auf dem Bauernhof, Plätze an Raststätten, Gaststätten und Hotels) konnten 1984 eine Übernachtungszahl von 84 Millionen verzeichnen; Auslandsübernachtungen 121,5 Millionen. C.-Tourismus ist stark mit dem Auto verbunden,

Offizielle Hinweisschilder für Campingplätze

Zeltplatz | Wohnwagenplatz | Zelt - u. Wohnwagenplatz

Abb. Campingplatz

Einteilung und Gestaltung eines Campingplatzes unter landschaftsgerechten und funktionellen Gesichtspunkten

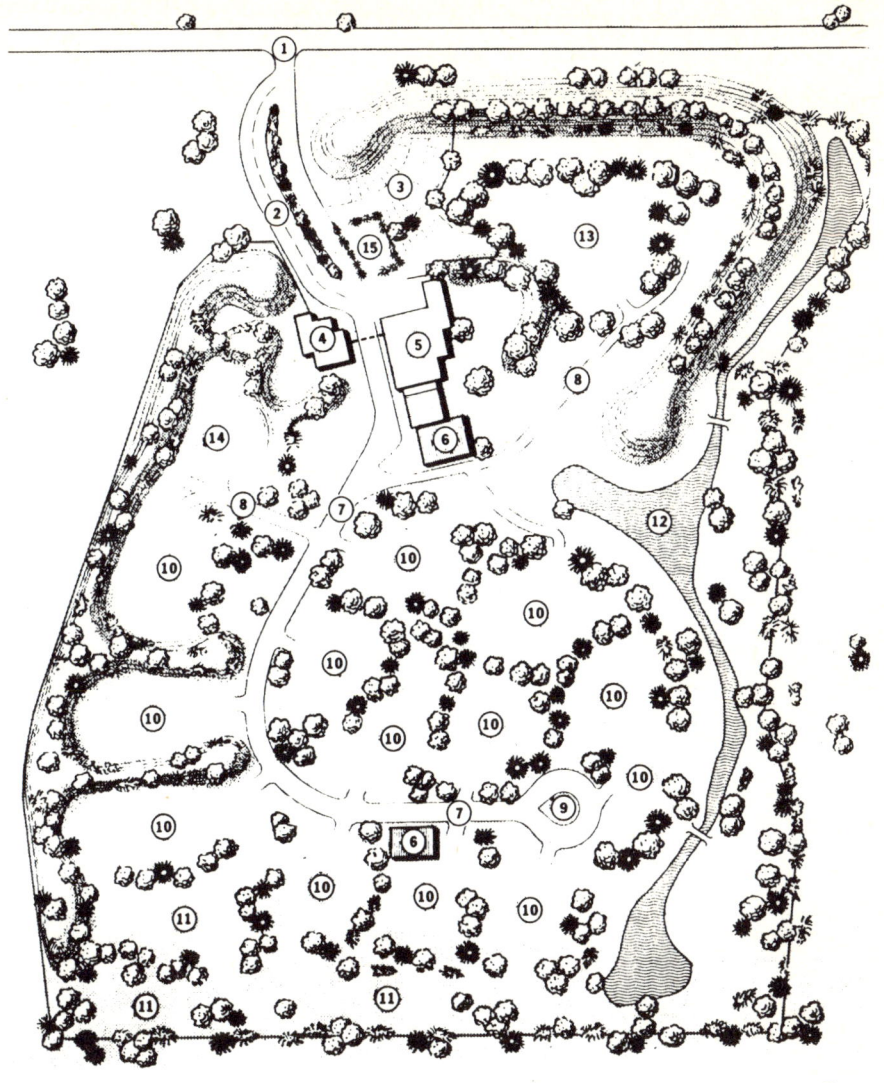

1 Einfahrt
2 Anfahrts- bzw. Wartezone
3 Parkplätze
4 Anmeldung / Verwaltung
　Verwalterwohnung
5 Restaurant / Aufenthaltsraum
6 Sanitärgebäude
7 Hauptweg
8 Nebenwege
9 Umkehrplatz
10 Caravanstandplätze
11 Zeltstandplätze
12 Badesee
13 Spielzone
14 Plätze für Durchgangsgäste
15 Service Station

Quelle: ADAC »Der Campingplatz« 2. Aufl. (1984)

DGF-Freizeit-Lexikon 49

Camping

wenn auch die Wurzeln im *Wandern* → zu finden sind. Als Reaktion auf die Technisierung kann man neuerdings den Trend zu weniger luxuriös ausgestatteten C.-Plätzen (»Natur-Camps«) und eine Zunahme der Zeltwanderer feststellen. C. hat einerseits als Reise- und Urlaubsart eine besondere Qualität, die viele Menschen anspricht; es erlaubt zum anderen *Freizeitwohnen* → und Reisen zu günstigeren Preisen als andere Formen. Das wird deutlich an dem hohen Anteil der Mehrfachreisenden unter den Campern (Deutscher Camping-Club 1985): 47% unternehmen zwei Haupturlaubsreisen; 36% machen zwei Hauptulaubsreisen (Sommer/Winter) sowie einen achttägigen *Kurzurlaub* → (über *Feiertage* →); 17% machen zwei Hauptulaube und zwei Kurzulaube.

Lit.: ADAC »Der Campingplatz«, München 1979; Deutscher Fremdenverkehrsverband »Die wirtschaftlichen Auswirkungen des Campingplatzes«, Frankfurt/M. 1980; ders. »Hinweise und Empfehlungen für das Campingwesen«, Frankfurt/M. 1982; ADAC »Geeignete Standorte für Campingplätze«, München 1984

Campingplatz
Camping →

Campingseelsorge

die kirchliche Arbeit auf Urlauber- und Dauercampingplätzen (*Kirche* →). Der Begriff »Seelsorge« bezeichnet in diesem Zusammenhang – ähnlich wie bei der Urlauber-*Seelsorge* → oder *Kurseelsorge* → nicht nur die seelsorgerliche Beratung im engeren Sinn bzw. das seelsorgerliche Gespräch, sondern die Gesamtheit eines zielgruppen- und situationsbezogenen kirchlichen Angebots auf Campingplätzen (*Camping* →). Dieses umfaßt neben seelsorgerlichen Einzel- und Gruppengesprächen eine Fülle von Arbeitsformen wie (Familien-)Gottesdienst, Spiel- und Bastelstunden für Kinder, Jugendclub, Gute-Nacht-Geschichte, Gesprächsabende, Ausflüge, Nachtwanderungen, Grillabende, Feste und vieles andere mehr. Teilweise ist für die Arbeit auch die Bezeichnung »Campingkirche« in Gebrauch. Im evang. Bereich ist die C. unter dem Namen »Kirche Unterwegs« organisiert. Dieser Name steht zugleich für ein Programm: Die Kirche läßt sich mit ihrem Angebot auf die Bedingungen der Freizeitmobilität ein, sie überschreitet die Grenzen der häufig als Bestandteil der Alltagswelt erfahrenen örtlichen Kirchengemeinde und sucht die Menschen dort anzusprechen, wo sie ihr Wochenende oder ihren Urlaub verbringen.

Die C. nahm ihren Anfang mit einem Experiment: 1953 begann das Volksmissionarische Amt der Evang. Kirche von Westfalen, mobile Einsatzgruppen auf Campingplätze an den großen Talsperren im Sauerland zu entsenden. Daraus entwickelte sich ein eigener Zweig kirchlicher Freizeitarbeit auf 130 bis 150 Campingplätzen nicht nur in der Bundesrepublik, sondern auch im nahen Ausland (Dänemark, Niederlande, Österreich, Italien, Jugoslawien). Die Arbeit ist im allgemeinen übergemeindlich, d.h. als gesamtkirchlicher Dienst auf der Ebene einer Landeskirche bzw. Diözese, allenfalls eines Dekanats bzw. Kirchenbezirks organisiert. Versuche, örtliche *Kirchengemeinden* → in Naherholungs- und Urlaubsgebieten in die Verantwortung für in ihrem Bereich gelegene Campingplätze einzubeziehen, sind nur in Ausnahmefällen gelungen. Die Gründe liegen nicht nur in der Überlastung kirchlicher Mitarbeiter, sondern sie spiegeln auch ein strukturelles und psychologisches Problem: Neben- oder ehrenamtliches Engagement (*Ehrenamt* →, *Mitarbeiter* →) für die Freizeit anderer kollidiert mit den eigenen Freizeitinteressen, wird daher in aller Regel nicht in räumlicher Nachbarschaft des eigenen Arbeits- und Wohnorts realisiert. So wenig Camper im allgemeinen dem Gottesdienst- und Veranstaltungsangebot nahegelegener Kirchengemeinden folgen, so selten finden sich kirchliche Mitarbeiter zum Einsatz auf Campingplätzen im geographischen Nahbereich bereit.

Zwischen den großen Konfessionen gibt es im Bereich der C. wenig Unterschiede; man kann allenfalls von Akzenten sprechen. So liegt für die katholische Kirche der Schwerpunkt eher im Bereich des sonntäglichen Gottesdienstes, während dieser bei der evangelischen Kirche Unterwegs in ein breites Animations- und Freizeitangebot eingebettet ist. Auf großen Campingplätzen gibt es gelegentlich Kooperation zwischen einem evang. und einem kath. Team, andernorts eine regional verabredete Arbeitsteilung.

C. kann sich nicht – wie die durchschnittliche Kirchengemeinde – damit begnügen, Veranstaltungen vorzubereiten und dazu einzuladen. C. geschieht daher grundsätzlich durch Teams, die je nach der Größe des Platzes und der Breite des kirchlichen Angebots zwischen 2 und 6 Pesonen umfassen. Diese wohnen und arbeiten auf dem Platz nach dem Leitmodell eines gemeinsamen Lebens als Camper unter Campern. Kirche erscheint damit nicht als Sonderwelt, sondern von vornherein als personal vermittelter Bestandteil der *Freizeit* → bzw. des *Urlaubs* →. Die Einsatzteams bestehen so gut wie ausnahmslos aus ehrenamtlichen Mitarbeitern auf Zeit, überwiegend Schülern und Studenten, aber auch Berufstätige und Hausfrauen, die meist durch zwei bis drei Schulungswochenenden auf ihre Aufgabe

vorbereitet werden. Auch die Teamleiter sind (zumindest im evangelischen Bereich) selten Theologen oder theologisch vorgebildete kirchliche Mitarbeiter. Dadurch werden Schwellenängste abgebaut und Identifikation erleichtert.
Probleme ergeben sich aus der unterschiedlichen Struktur der Campingplätze bzw. der Camper. So geschieht C. zum einen als kirchliche Präsenz im Bereich des *Wochenend-* bzw. *Freizeitwohnens* → auf Dauercampingplätzen, zum anderen erscheint sie als Angebot für Urlauber und damit als Sonderform der Urlauberseelsorge. Da die Erwartungen an das Wochenende und an den Urlaub und dementsprechend die sich herausbildenden Kommunikationsformen unterschiedlich sind, ist es unmöglich, auf Plätzen, die gleichzeitig Wochenendwohner und Urlauber beherbergen, beide Zielgruppen gemeinsam anzusprechen. Da sich zudem auf Dauercampingplätzen wohnort- und ortsgemeindeähnliche Kontaktformen und Sozialstrukturen (soziale Kontrolle!) entwickeln, geschieht C. in der Praxis überwiegend als Urlauberseelsorge auf Urlaubercampingplätzen. Kirchliche Arbeit auf den großen Dauercampingplätzen mit Wochenendwohnern aus den industriellen Ballungsräumen gehört zu den wichtigen Gestaltungsaufgaben kirchlicher Freizeit- und Gemeindearbeit in der Zukunft.

Lit.: Bleistein (Hrsg.) »Tourismus-Pastoral. Situationen – Probleme.« Würzburg: Echter, 1973; Leitlinien für die Arbeit der »Kirche Unterwegs«, hg. von der Arbeitsgemeinschaft Missionarische Dienste, Stuttgart 1978; Koeppen (Hrsg.) »Kirche im Tourismus. Beispiele aus der Arbeit der Evangelischen Kirche.« Starnberg: Studienkreis für Tourismus e.V., 1985

Koeppen

Caravan
Sammelbezeichnung für mobile Unterkünfte, die entweder von Automobilen gezogen werden oder selbst über einen Motor verfügen.
Man unterscheidet:
1. die eigentlichen C.: Wohnanhänger unterschiedlicher Bauweise, Größe und Ausstattung mit Wohn-, Koch- und Schlafeinrichtungen.
2. Reisemobile, auch Campingbus oder Motor-C. mit fest eingebauter oder herausnehmbarer Wohn-, Koch- und Schlafeinrichtung; Kfz.-Gewicht von 2,4 Tonnen aufwärts.
3. Mobilheime, deren Beweglichkeit aufgrund ihrer Größe allerdings erheblich eingeschränkt ist.
Während C. und Motor-C. dem *Camping* → dienen und die Campingplätze nutzen, sind Mobilheime eher Wochenendhäusern zu vergleichen, mit eigenen Standplatzbedingungen (»Mobilheimplatz«, »Wochenendplatz«). *Freizeitwohnen* →

Lit.: Schwerdtmann »Tourismus mit dem MotorCaravan«, Verband Deutscher Wohnwagenhersteller 1984
Weitere Lit.: *Camping* →

Cassette
Tonträger in Form eines Kleintonbandes, das in einem Kunststoffgehäuse aufbewahrt wird. Abspielgerät ist der C.-Recorder. C. werden ähnlich den Schallplatten mit Musik, Sprache oder Geräuschen bespielt verkauft. Wie andere Tonbänder gibt es aber auch unbespielte C., die für eigene Einspielungen oder aber für Überspielungen genutzt werden können.
Die Produktion von Hörwerken mittels C. ist preiswerter, weil weniger aufwendig als diejenige von Schallplatten. So können auch schon kleinere Auflagen wirtschaftlich hergestellt werden. Daher hat sich neben der industriell bearbeiteten C.-Szene eine andere der sog. C.-Täter mit Auflagen zwischen 10 und 200 C. gebildet. Es werden für den Massengeschmack weniger interessante oder auch avantgardistische Projekte verwirklicht. C. eignen sich auch wegen ihrer geringen Ausmaße für Medienpakete mit Schrift, Fotos, Bildnerischer Gestaltung, Literaturhinweisen usw. C. von C.-Tätern werden über »Cassetten-Fanzine« (Fan-Magazine; Auswahl von C. auf einer C.) bekannt gemacht. Neuerdings werden C. auch zur Vorstellung von Kultur-Gruppen in bestimmten geographischen Bereichen verwandt (FEIERWERK in München stellt einen C.-Sampler mit Gruppen aus verschiedenen Münchner Stadtteilen her), so wie bisher die C. schon zur Kurzvorstellung bestimmter Gruppen diente.

Catering
Gastronomie →, die Speisen und Getränke zu einem bestimmten Zeitpunkt in einem bestimmten Umfang an einen bestimmten Ort liefert.

Chancengleichheit
Chancengerechtigkeit →, *Freizeitpolitik* →

Chancengerechtigkeit
Modifikation des Begriffs Chancengleichheit, der auf der Gleichheitsforderung der Menschenrechte fußt und gleiche Ausgangs- und Entwicklungsmöglichkeiten für den einzelnen postuliert. Die Praxis lehrt, daß gleiche Chancen nur durch ungleiche Maßnahmen erreicht werden können, daß die Startgerechtigkeit nicht genügt, daß aber ausschließlich kollektive Ansätze die ungleiche Ausgangslage und Veranlagung des einzelnen nicht auszugleichen vermögen. Nur die Bündelung verschiedener Konzepte und Maßnahmen kann die individuelle und gesellschaftliche Ungleichheit der Chancen ausgleichen helfen. Der Begriff

Chancengerechtigkeit

C. beinhaltet die Einsicht, daß menschliche Gesellschaften immer in dem Spannungsfeld zwischen Ungleichheit und Gleichheit stehen und daß der Ausgleich zwar mit gesellschaftlicher Hilfe nur im einzelnen stattfinden kann, wenn Gleichheit nicht zur Unfreiheit werden soll. Die Forderungen nach C. beziehen sich insbesondere auf Gruppen, die durch Ungleichheit besonders betroffen sind: bildungsmäßig und kulturell Benachteiligte; Angehörige niedriger Einkommensgruppen; Frauen; ethnische *Minderheiten* →; *Behinderte* →; Bewohner ländlicher Gebiete (*benachteiligte Gruppen* →). Staatliche Maßnahmen zur Erreichung von C. sind solche zur Verbesserung der Infrastruktur, der Wirtschaftsförderung sowie agogische und pädagogische Programme (Reform des Bildungssystems: Durchgängigkeit, *Ganztagsschule* →, Gesamtschule, Zweiter Bildungsweg; Vorschulerziehung, Ausbildungsförderung, Behindertenhilfe, *Erwachsenenbildung* →, außerschulische *Jugendbildung* →, *Gesundheitshilfe und -erziehung* →, *Gemeinwesenarbeit* →).
C. ist keine ausbildungsorientierte Norm, sie bezieht sich auf den ganzen Menschen, auch auf dessen *Freizeitgestaltung* →. Sie ist daher eine zentrale Begründung für *Freizeitpolitik* →. Aus der Forderung nach C. wird diejenige nach *Wahlfreiheit* →, der Erleichterung des Zugangs zu *Freizeitangeboten* → und der Befähigung zu Freizeitgestaltung und zu *Freizeittätigkeit* → abgeleitet.

Charta von Athen

durch Le Corbusier redigierte Verlautbarung des 4. Internationalen Kongresses für Neues Bauen 1933. Die Charta von Athen verlangt für *Stadtplanung* → den Maßstab des Menschlichen und beschreibt als Grundlage jeder Städteplanung die vier Funktionen: *Wohnen* →, *Erholung* →, *Arbeit* → und *Verkehr* →. Die täglichen Funktionen Wohnen, Arbeiten, Erholen sollen nach Maßgabe sorgsamster Zeitersparnis geregelt werden, wodurch der Verkehr möglichst eingedämmt werden sollte. Wenn auch die Forderungen der Charta von Athen kaum verwirklicht werden konnten, wird durch sie doch zum ersten Mal die *Freizeit* → als Faktor für Stadtplanung weltweit bekannt.
Städtebau →

Chips

1. Spielmarke, Spielmünze (*Glücksspiel* →, *Automat* →);
2. im Fett gebratene Kartoffelscheiben (beliebtes Party- und Fernsehknabberzeug);
3. *Computer* → bausteine.

Chor
Laienmusik →

Cinemathek

auch Filmothek,
Archiv zur Sammlung, Erhaltung und Erfassung von Filmen, Programmschriften, Fotos, Plakaten, Geräten zur Vorführung und Filmforschung. Cinematheken unterstützen *Filmclubs* → und Programmkinos bei *Revivals* →.

Citypark

Neue Betriebsform der *Freizeitparks* →; sie unterscheiden sich von *Erlebnisparks* → in der Regel durch ihren Standort im Zentrum von Wohngebieten oder Geschäftsvierteln. C. können aber auch in Gebäuden, ehemaligen Fabrikgeländen etc. untergebracht sein. Die Betriebsformen des C. sind *Computerland* →, *Kid's Place* →, *Kid's Street* →. C. können aber auch durch die Kombination einer Vielzahl von Freizeitaktivitätsmöglichkeiten und Unterhaltungseinrichtungen spezifische, einmalige Einrichtungen enthalten. Der bekannteste C. ist derzeit das »Pueblo« in Frankfurt, das sich jedoch noch in der Experimentierphase befindet. Ein bestimmtes Standardangebot, das bei allen C. zu finden wäre, existiert noch nicht.

Scherrieb

Club

engl., auch: Klub; Vereinigung zur Pflege der *Geselligkeit* → oder von *Interessen* →. Im Deutschen meist näher bezeichnet durch Art der Mitglieder oder Aufgabenstellung; z.B. Altenclub, Automobilclub, Fußballclub.

Computer

Datenverarbeitungsanlage auf der Grundlage elektronischer Elemente (Prozessoren, Micro-Prozessoren, *Chips* →, Microchips).
Die Art der Datenverarbeitung wird vom Menschen durch Anweisungen (Programme) bestimmt; ohne diese Anweisungen vermag ein C. nichts.
Die Vorteile des C. sind Schnelligkeit der Verarbeitung, Genauigkeit und Zuverlässigkeit sowie die Möglichkeit, viele Daten zu speichern.
Das C.-Gerät wird als Hardware, die Gesamtheit der das Gerät steuernden Programme als Software bezeichnet. Eingaben und Zugriff zum C. und seinen Daten erfolgen heute in der Regel über Eingabetabletts, Drucker und Bildschirm.
Größere C.-Anlagen haben Bildschirm-, oder Kassetterminals, die Einzelarbeitsplätzen zugeordnet sind.
Die Entwicklung der Microprozessorentech-

nik ermöglicht heute Kleincomputeranlagen wie Heim(Home-)Computer und P.C. (Personalcomputer).
Diese Geräte finden eine zunehmende Verbreitung in den privaten Haushalten und in kleineren Betrieben. Neue Kommunikationssysteme wie *Bildschirmtext* → (BTX) werden unter Einbeziehung dieser Entwicklung eingeführt.
C. können auch zur Steuerung von Fertigungsprozessen und zur Verkürzung von Kommunikationsprozessen eingesetzt werden.
Das führt in beiden Fällen zu einer wachsenden Rationalisierung und Steigerung der Produktivität (= Ertrag je Arbeiter). Die Folge ist – zumindest in den Arbeitsfeldern, in denen diese neue Technik angewandt wird – die Einsparung von Arbeitsplätzen.
Dadurch verschiebt sich die Verteilung Produktion zu *Dienstleistungen* → immer mehr zugunsten der letzteren.
Zwar läßt sich auch Dienstleistung mit Hilfe der Datenverarbeitung rationalisieren, doch kann etwa das persönliche (Beratungs-)Gespräch nicht durch den C. ersetzt werden.
Die Produktivitätssteigerung ermöglichte maßgeblich die *Arbeitszeitverkürzung* → der letzten zwanzig Jahre.
Im Freizeitbereich gewinnen Computer ebenfalls an Bedeutung. Sie werden in der Organisation von *Freizeiteinrichtungen* → und *Freizeitunternehmern* → ähnlich anderen Verwaltungs- und Wirtschaftszweigen eingesetzt: Rechnungswesen, Kassenführung, Buchhaltung, Gäste- und Nutzerstatistik, Auskunftssysteme, Textverarbeitung, Platzreservierungen, Adressdateiführung usw.
In der Freizeitwissenschaft werden C. zur Auswertung von Erhebungen eingesetzt.
C. steuern zahlreiche Vorgänge in Freizeiteinrichtungen und -angeboten, z.B.: Spiel- und Schaugeräte, Fahrgeschäfte, Einlaßkontrollen, Beleuchtung, Beschallung, Gästeinformationssysteme, Münzautomaten, Musikproduktion. Für die Konstruktion vieler Freizeitgeräte werden C.-Berechnungen benötigt.
C. dienen darüber hinaus selbst als *Freizeitangebote* → und geben Anlaß zu solchen.
Computerspiele → gewinnen immer mehr Freunde und dienen zur spielerischen Aneignung der C.-Technik. Kurse, Einführungslehrgänge und C.-Camps werden angeboten.
Inwieweit der C. in Verbindung mit den neuen Kommunikationssystemen auch das *Freizeitangebot* → und den *Freizeitinformationsdienst* → verändern wird, ist noch nicht abzusehen.
Die Prognosen lassen beides zu: Nachlassen der Mobilität und Rückzug auf die Wohnung und Wohnbereich; verstärkte Informationsmöglichkeit führt zu besserer Nutzung von Freizeitangeboten.

Boom für Heim-Computer
Bestand an Heim-Computern* in der BR Deutschland jeweils am Jahresanfang in 1000

1983: 197
1984: 707
1985: 1260
1986: 1850 (Diebold-Prognose)

*Preisklasse bis DM 1500,-

© Globus 5527

Das Eindringen von C. in alle Lebensbereiche wirkt keineswegs nur positiv auf die Menschen.
Viele sind wegen der Fremdheit und zum Teil starken Anforderung an das Abstraktionsvermögen verunsichert. Der Einsatz von C. an den Arbeitsplätzen fordert völlig neue Verhaltensweisen von den Arbeitnehmern und wirkt dadurch auf deren *Freizeitverhalten* →.
Über die Auswirkungen im einzelnen liegen noch kaum Untersuchungsergebnisse vor. Ebenso kann ein Trend festgestellt werden, neue Arbeitszeitregelungen (Schichtdienst etc.) einzuführen, um die C.-Anlagen besser auszulasten.
Ob durch C. mehr Heimarbeitsplätze entstehen werden, wird kontrovers diskutiert. Die Entwicklung wird hier nicht so sprunghaft verlaufen wie zunächst vermutet.
Automat →, *Freizeitmanagement* →, *Geschicklichkeitsspiel* →, *Lebensbedingungen* →, *Lebensstil* →, *Organisation* →.

Computerpark
auch Computerland;
Sonderform des *Citypark* →.
Computerland ist ein warenzeichenrechtlich geschützter Begriff für ein *Franchising* →-Unternehmen, das sich auf den Vertrieb von Home- und Business-*Computern* → verschiedenster Fabrikate spezialisiert hat.
Neben dieser Handelskette haben sich in der Vergangenheit auch spezielle Betriebsformen des Cityparks als C. entwickelt. Diese C. befinden sich noch in der Entstehungsphase, wer-

Computerpark

den aber folgende Standardeinrichtungen enthalten:
a) Informationsabteilungen über das Hardware-Angebot verschiedener Computerhersteller einschließlich der Peripheriegeräte; b) Computershop; c) Computer-Spieleland, in dem die verschiedenen Spielprogramme, die für einzelne Home- und Business-Computer angeboten werden, gegen Gebühr beliebig häufig benutzbar sind (*Computerspiele* →, *Spielecomputer* →); d) Software-Experimentierabteilungen für Demonstration von Software-Programmen, Eigenentwicklungen etc.
C. werden künftig noch weit stärker spielerische Angebote offerieren und den Besuchern die Entwicklung der Mikrocomputer veranschaulichen (z.B. Demonstration von Steuerungselementen bestimmter Vorgänge im Haus- und Hobbybereich, programmierbare kleine Roboter etc.). Es wird daher erwartet, daß C. in den kommenden Jahren vor allem auch als selbständige Abteilungen in Verbrauchermärkten, Kaufhäusern und Spielotheken eingerichtet und betrieben werden, da das Spielen mit Computern und Robotern auch für den Zuschauer reizvoll ist und den Benutzer mit der EDV-Technik vertraut macht und somit ein künftiges Kundenverhältnis anbahnt.

Computerspiel

mit Hilfe des *Computers* → als *Spielgerät* → und -mittel ausgeübtes *Spiel* →.
Der Computer kann verschiedenste Spielformen je nach Programmeingabe ermöglichen, beispielsweise die Simulation traditioneller Spiele (Schach, Poker, Skat ...), aber auch von *Videospielen* →.
Das eigentliche C. geht darüber hinaus.
Der Computer kann so programmiert werden, daß nicht nur komplexe Situationen simuliert werden können, sondern die nach einer Problemlösung entstehende Situation fortgeschrieben wird (»Adventure Game«). Zwei Typen sind dabei zu unterscheiden:
1. Das Problem hat jeweils nur eine Lösung (»Einweg«).
2. Die Problemlösung führt zu einer neuen Situation, aus der durch Zufallsgeneratoren eine neue Problemstellung ausgewählt wird.
Dadurch ist das Spiel nie gleich.
Es gibt auch Kombinationen von Videospielen (»Schießen«) und Adventure Game.
Adventure Games stellen hohe Anforderungen an Intelligenz und Kombinationsfähigkeit der Spieler, können diese aber auch völlig in Beschlag nehmen.
C. sind inzwischen Sammelgegenstand, aber auch Untersuchungsobjekt von C.-Interessenten.
Beliebt ist die Erfindung neuer Spiele und die Erarbeitung der dafür erforderlichen Programme.
Hierbei werden die schöpferischen Fähigkeiten des Computerspielers angesprochen.
Allerdings ist Voraussetzung die Beherrschung der Programmiersprachen und -techniken.

Copyright

Urheberrecht →

D

Dealer
engl. Händler; in der Drogenszene: Rauschgifthändler oder unterste Stufe des Drogenhandelsystems. Dealer erhalten ihre Ware von Zwischenhändlern, welche wiederum die *Drogen* → über – meist ausländische – Geschäftspartner und Syndikate beziehen.

Delphi-Methode
Weg zu *Innovation* → und *Planungs* → -grundlagen durch Expertenbefragung, die nach Auswertung mehrfach wiederholt wird. Ziel ist eine weitgehend übereinstimmende Bewertung von Programmen, Projekten, Entwicklungen.

Denkmalpflege
Maßnahmen zur Erhaltung künstlerischer und kulturgeschichtlicher Denkmäler (Bauten, Bauensembles, Innenstadtbereiche, Kunstwerke, *Kunsthandwerk* →, aber auch von Resten solcher). Denkmalpflege erfolgt in drei Stufen: Denkmalerforschung (»Denkmälerliste«), Denkmalschutz, Denkmalpflege. Problematisch ist einerseits die Absicherung der Denkmäler als solche, andererseits die Finanzierung von Denkmalschutz und Denkmalpflege.

Denkmäler haben als Ziel und Ambiente für *Freizeittätigkeiten* → eine nicht zu unterschätzende Bedeutung. Zunehmend werden Baudenkmäler um ihrer Erhaltung willen als *Freizeiteinrichtungen* → genutzt.

Deprivation
lat.: »Beraubung«; Benachteiligung, Mangelzustand, Armut von einzelnen oder Gruppen. Deprivation ist eine relative Größe und wird im psychologischen (z.B. Mangel an Zuwendung, Reizmangel = Sensorische Deprivation) und sozialen Sinne (Fehlen von Gütern, Dienstleistungen, Beziehungen zur Umwelt) gebraucht.
Deprivation ist eine wesentliche Begründung für *Freizeitpolitik* → und öffentliches *Freizeitangebot* →. Auch die *Freizeitwirtschaft* → wird beeinträchtigt, wenn Deprivationserscheinungen eine größere Zahl der Bevölkerung (»Neue Armut«) ergreifen.

Dezentralisierung
Kulturarbeit →, *Verwaltung* →

Dienstleistungen
wirtschaftliche, zum Absatz bestimmte, immaterielle (daher nicht technologisierte), waren-

Auf dem Weg zur Dienstleistungsgesellschaft

Anteil des Dienstleistungssektors an der Gesamtzahl der Erwerbstätigen (ohne Militär) in %

Quelle: OECD

1970	1983	Land
61,1	68,5	USA
54,9	66,3*	Niederlande
53,5	64,7	Schweden
52,1	64,7*	Belgien
52,0	63,7	Großbritannien
46,4	58,0	Frankreich
46,9	56,0	Japan
45,5	55,4	Schweiz
42,9	52,4	BR Deutschland
43,2	51,8	Österreich
40,3	51,6	Italien
37,4	48,4	Spanien

*1982

bezogene oder warenunabhängige, an Zielkonstellationen orientierte, von Menschen erbrachte und vom Empfänger nicht speicherbare Tätigkeiten.
Das statistische Bundesamt rechnet zum Dienstleistungsbereich: a) Handel; b) Verkehr und Nachrichtenübermittlung; c) Kreditinstitute; d) D. von Unternehmen und freien Berufen (u.a.: *Gaststätten*- → und *Beherbergungsgewerbe*; Wissenschaft, *Bildung* →, *Erziehung* →, *Sport* →, *Kunst* →, *Theater* →, *Film* →, Rundfunk, Fernsehen; Verlags-, Literatur- und Pressewesen; Gesundheitswesen; Architektur; Wirtschaftswerbung); e) Organisationen ohne Erwerbscharakter (*Verbände* →, *Vereine* →); f) Gebietskörperschaften, Sozialversicherung.
Innerhalb von 100 Jahren wuchs der Anteil der in Dienstleistungsberufen Tätigen an der Gesamtzahl der Berufstätigen von 10% auf 45%; in den USA sind es bereits 65%. Andererseits stieg der Beitrag des Dienstleistungsbereichs zum Bruttoinlandsprodukt zwar stetig, sein relativer Anteil zum Gesamt-Bruttoinlandsprodukt veränderte sich kaum: D. sind weniger leicht zu rationalisieren.
Das *Freizeitangebot* → beruht im wesentlichen auf D. Entsprechend der Zunahme von Freizeit und verfügbaren Mitteln (*Freizeitausgaben* →) stiegen die Freizeit-D. insbesondere in den letzten zwanzig Jahren. Allerdings macht der Querschnittscharakter von Freizeit-D. statistische Erhebungen schwer, so daß keine Zahlen vorliegen. Zudem spielt sich ein beträchtlicher Teil der D. des *Freizeitbereichs* → in »Organisationen ohne Erwerbscharakter« ab; dort kann die Wertschöpfung nicht einmal geschätzt werden. Auch die öffentlichen D. sind in ihrem Umfang nicht berechnet. Wenn die Ausgaben für Freizeit etwa ein Zehntel des Bruttosozialproduktes ausmachen, dürfte davon ein größerer Teil auf D. entfallen.

DIN

Abkürzung: Deutsche Industrienorm, durch das Deutsche Institut für Normung (freiwillige Arbeitsgemeinschaft von Erzeugern, Handel, Verbrauchern, Wissenschaft, Behörden) vorgenommene Vereinheitlichung von Begriffsbestimmungen, Formelzeichen, Abmessungen, Formen, Konstruktionsdetails. Die Anweisungen werden in DIN-Normblättern festgelegt und durch DIN-Nummern gekennzeichnet.
Auch im *Freizeitbereich* → kommen DIN-Bestimmungen zur Geltung, insbesondere bei *Freizeiteinrichtungen* →. Neben den für Bauten und Geräte allgemein geltenden Normen gibt es besondere Regelungen z.B. für *Kinderspielplätze* → (DIN 7926), *Sportstätten* → (DIN 18032, DIN 18035), *Spielplätze* → (DIN 18 034).

Diskjockey

amerikanisch: Person, die in der *Diskothek* →, im Rundfunk und Fernehen Schallplatten durch verbindende Ansagen vorstellt.
D. können auch den Plattenumsatz beeinflussen, Musiker und Sänger aufbauen.
Medien →, *Unterhaltung* →.

Diskothek

1. Schallplattensammlung. Das Sammeln von Schallplatten – meist zu besonderen Themenstellungen – ist eine verbreitete, aber oft unbeachtete Freizeittätigkeit.
2. Freizeiteinrichtung, in der die Vorführung von Rock-, Pop- und/oder Schlager-Musik durch Schallplatten – manchmal auch Bänder – Mittelpunkt des Angebotes ist (Kurzwort »DISCO«). Wichtigster Mitarbeiter ist der *Diskjockey* →. Zur Musik kann getanzt werden; oft wird die Musik nur angehört. In vielen D. sind Sitzecken zur Unterhaltung angeboten. Alle D. werden gastronomisch versorgt. Die Ausstattung von D. ist zwar durch ihren Zweck bestimmt, kann aber außerordentlich unterschiedlich sein in Gestaltung und technischer Raffinesse. D. unterliegen starken *Innovations* →-anforderungen. D. sind zusammengeschlossen im Bundesverband Deutscher Diskotheken und Tanzbetriebe.
3. In der *Jugendarbeit* → eine Veranstaltung, die sich an die Angebotsform der Freizeiteinrichtung D. anlehnt; zum Teil mit Diskjockey (*Amateur* →), zum Teil legen die Besucher selbst Platten auf und kommentieren sie. D. werden in Jugendheimen und Gemeindezentren durchgeführt.

Disneypark

in Europa Synonym für *Erlebnisparks* → und vor allem für *Themenparks* → benutzt. Sicherlich sind die in Europa ansässigen Erlebnisparks, vor allem aber die Themenparks, von der Disneyschen Freizeitparkphilosophie maßgeblich beeinflußt worden; ihre Geschichte, ihre Gestaltungsformen und Traditionen weisen diese Anlagen aber nicht als reine Duplikate der D. aus.
Parallel ist der Grundgedanke der existierenden Freizeitthemenparks und Erlebnisparks mit der Freizeitparkphilosophie von Walt Disney. Dieser äußerte schon zu Beginn seiner Karriere sein Mißfallen an den traditionellen amerikanischen Vergnügungsparks mit ihrer Rummelplatzatmosphäre, ihrem unfreundlichen Personal und der schmutzigen Darbietung. So kam er schon recht früh auf die Idee, mit den Gestaltungselementen der von ihm ge-

schaffenen Comic-Figuren eine eigene Welt zu bauen, die für Kinder als auch für Erwachsene gleichermaßen attraktiv sein müsse. Als wichtigste Zielgruppe hatte er die Familien, die auch Leser seiner Comic-Hefte waren und zu den Anhängern seiner Filme gehörten, im Auge. Da durch seine Comic-Welt und durch seine Filme bereits der »illusionäre Hintergrund« geschaffen war, sollte auch sein erster Freizeitpark, den er 1955 bei Los Angeles eröffnete, diese Disneywelt, die sich von der wirklichen Welt deutlich unterscheidet, zeigen. Die Thematik der Disneyländer war dabei neben Spaß und Unterhaltung durchaus ein patriotisches Anliegen. Auf der bei der Eröffnung angebrachten Plakette ist zu lesen: »Hier erlebt das Alter aufs neue teure Erinnerungen der Vergangenheit . . . und hier bekommt die Jugend einen Geschmack auf die Herausforderung und das Versprechen der Zukunft, Disneyland ist gewidmet den Idealen, den Träumen und den harten Tatsachen, die Amerika geschaffen haben . . . mit der Hoffnung, daß es ein Quell der Freude und Inspiration für die ganze Welt sein wird«. Diese patriotischen Gedanken waren auch Grundlage für die weiteren Disneyparks, das Disneyworld in Florida und der Disneypark der »zweiten Generation« EPCOT, bei dem der Vertreter der Disney-Unternehmensgruppe zum Ausdruck brachte, hier sollen Amerikaner wieder lernen, stolz auf Amerika zu sein und stolz darauf zu sein, Amerikaner zu sein.

Die D. haben bis ins letzte Detail gestaltete Themenbereiche mit hohem finanziellen Aufwand geschaffen, wobei amerikanische Firmen gleichzeitig, im Gegensatz zu den Freizeit- und Erlebnisparks in Europa, die Gelegenheit haben, eine Sponsorship zu übernehmen und sich zu präsentieren. Disney konnte durch seine finanziellen Zuwendungen, aber auch durch hohe Eigeninvestitionen die perfekte Illusion nicht nur auf der Basis seiner Comic-Figuren schaffen, sondern war auch in der Lage, Ur-Gestaltungselemente wie das Wasser in seiner gesamten Palette der Nutzbarkeit (Befahren mit Booten, Flüsse, Wasserattraktionen) einzubeziehen. Kernstück des Disneylands in Los Angeles, seines Gegenstücks in Tokio und des Disneyworlds in Florida ist das Magic-Kingdom, das in sich wieder in sechs Freizeitthemenbereiche aufgegliedert ist, die aufgrund ihrer Ausdehnung und Attraktionsfülle schon beinahe einen eigenständigen Freizeit-The-

Abb. Disney-Park

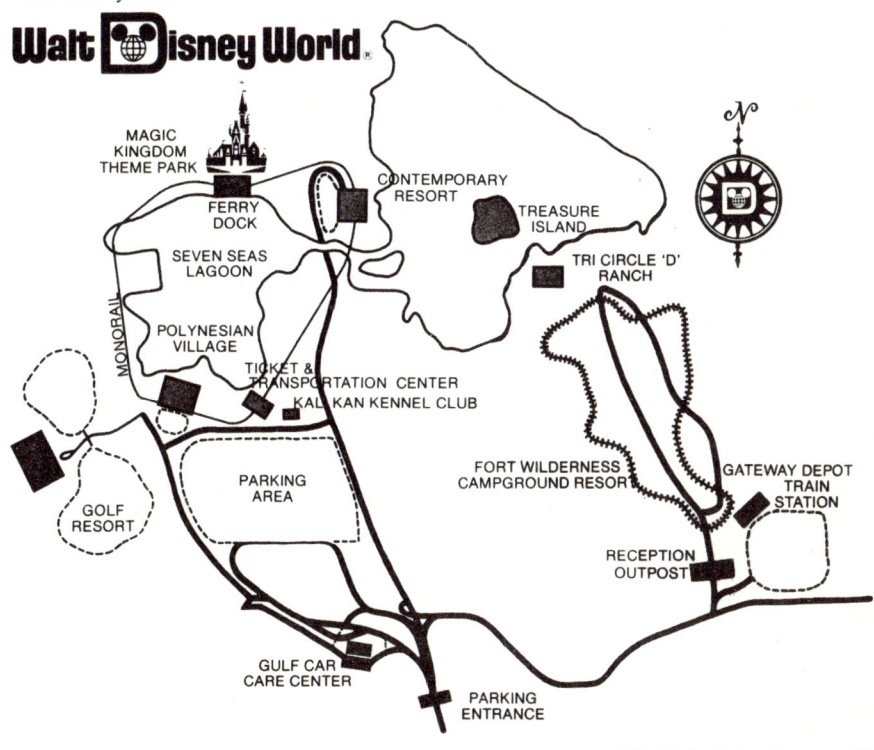

menpark in Europa abgeben würden. Neben einer nach dem Stil der Gründerzeit gestalteten »Mainstreet« existieren dort das Abenteuerland, die Karibische Stadt, eine Westernstadt, ein Märchenland und »Die Welt von morgen«. Dem Magic Kingdom angegliedert sind meist umfangreiche Erholungseinrichtungen, die im Walt Disney World in Florida die größte Ausdehnung haben. Im Laufe der Zeit haben sich die D. in den USA zu den Touristikzentren entwickelt, die nicht mehr im Naherholungsradius von Ballungszentren liegen, sondern allein aufgrund der für die Besichtigung und Nutzung der Attraktionen notwendigen Zeit einen Mehrtagesausflug benötigen. Daher wurden den D. Hotels mit Kapazitäten von mehreren tausend Gästebetten angegliedert, die mittlerweile zu den bestausgelasteten der Welt zählen.

Die Fortentwicklung der D. »EPCOT« der Experimental Prototype of the Community of Tomorrow, zeigt in mustergültig gestalteten Themenbereichen, wie museale Präsentation verbunden mit attraktiven Fahrgeschäften, Themen-Dunkelfahrten, Showvorführungen, Aktiv-Museen, Erlebnisgastronomie erfolgen kann. Sicherlich ist der dabei betriebene Aufwand auf europäische Verhältnisse nicht immer übertragbar. Die Unbefangenheit, auch »Kulturgüter« mit Showeffekten aufzubereiten und in einen Erlebnispark einzugliedern, kann aber durchaus Leitlinie für die bisher wenig attraktive museale Darstellung unserer Ausstellungen sein.

Scherrieb

Do-it-yourself

auch Heimwerken; Sammelbezeichnung für alle handwerklichen Arbeiten, die in der Freizeit ausgeführt werden, um Haus, Wohnung und Inneneinrichtung auszubauen, zu reparieren oder zu verschönern. D. nahm seit den 60er Jahren seinen Aufschwung und emanzipierte sich vom Basteln (*Werken* →). Heute geben fast zwei Drittel der erwachsenen Bundesbürger an, ab und zu in der Freizeit handwerklich zu arbeiten. Ein Drittel davon wird zu den aktiven Heimwerkern gerechnet (Institut für Freizeitwirtschaft 1983), die regelmäßig in Haus und Wohnung arbeiten. Die Einzeltätigkeiten sind sehr unterschiedlich (Bedarf, Schwierigkeitsgrad) verbreitet; an der Spitze steht das Tapezieren. Der Grund für die Verbreitung des D. liegt einerseits im Wunsch und in der Notwendigkeit des Geldsparens (Stagnation der privaten Einkommen; höhere Belastung durch laufende Kosten; steigende Handwerkerpreise; größere Wohnungen/ mehr Unterhaltungsaufwand; Festhalten an bestimmtem Lebensstandard), andererseits in mehr *Freizeit* →, auch erzwungener *Freizeit* →

Der Heimwerker-Boom
in der Bundesrepublik Deutschland

Zahl der Bau- und Heimwerkermärkte
435 (1978)
1082 (1984)

Jahresumsätze in Mrd DM
1,2
5,5 (1983)

Quelle: Nielsen © Globus

(Arbeitslosigkeit, Frührente u.ä.), sowie dem Wunsch und Bedürfnis nach *Eigenarbeit* →, um nichtentfremdet produzieren, kreativ sein zu können (»etwas zu schaffen«).
Der Gesamtumsatz des *Einzelhandels* → im D.-Bereich beträgt ca. 28 Mrd. DM jährlich. Die Produktpalette der Heimwerkermärkte ist durch immer größere Professionalität gekennzeichnet, wobei die angebotenen Materialien und Maschinen das handwerkliche Können des Nachfragers gelegentlich übersteigen. Hier liegen u.a. Wurzeln der *Schattenwirtschaft* → (*Schwarzarbeit* →), denn bei sinkender Arbeitszeit sind ausgebildete Handwerker bereit, in ihrer Freizeit dem Heimwerker mit Rat und Tat zur Seite zu stehen, wobei nicht immer unentgeltliche Hilfestellungen gewährt werden.
Für den Handwerksunternehmer, der sich auch als Berater versteht, besteht allerdings die Chance, mit Hilfe sogenannter Kooperationsverträge dem Bauherrn eine Möglichkeit zur *Selbsthilfe* → einzuräumen und so zumindest mit Teildienstleistungen am Markt zu bleiben.
Im Zusammenhang mit der D.-Bewegung muß das umfangreiche Angebot an Bastelkursen (z.B. Töpfern) gesehen werden. Ist aus sozialkultureller Sicht das eigene Gestalten und Werken als sinnvolle Tätigkeit zu begrüßen, so muß auch beachtet werden, daß auf Floh- und Trödelmärkten Hobbykünstler ihre handwerklichen Produkte zu Preisen anbieten können, die der eingetragene Handwerksbetrieb aufgrund der Steuern und Sozialgaben nicht offerieren kann. Hierdurch haben *Kunsthand-*

werk → und Kunstgewerbe erhebliche Einbußen.
Trotz der damit verbundenen Probleme wird D. vermutlich noch weitere Verbreitung finden. *Dualwirtschaft* →

Lit.: Spiegel-Verlag »Märkte im Wandel. Band 11: Freizeitverhalten«, Hamburg 1983   Neven/Agriola

Drogen
Mittel – natürlich oder synthetisch gewonnen –, die künstlich Wohlbefinden oder Rauschzustände hervorrufen. Manche Drogen werden, gesellschaftlich anerkannt, als Genußmittel verwandt (Alkohol, Nikotin, Koffein, Teein). Darüber hinaus gibt es zahlreiche

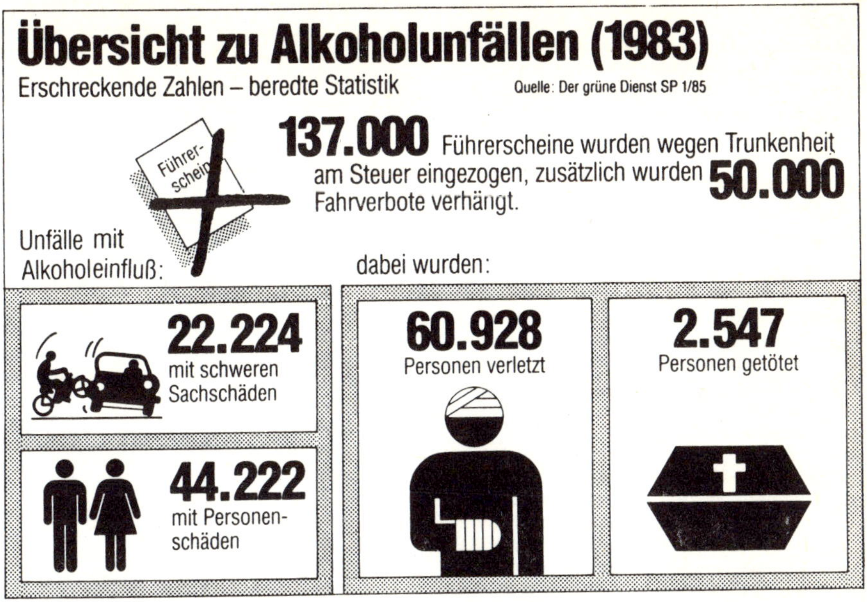

Übersicht zu Alkoholunfällen (1983)
Erschreckende Zahlen – beredte Statistik   Quelle: Der grüne Dienst SP 1/85

137.000 Führerscheine wurden wegen Trunkenheit am Steuer eingezogen, zusätzlich wurden **50.000** Fahrverbote verhängt.

Unfälle mit Alkoholeinfluß:

dabei wurden:

- **22.224** mit schweren Sachschäden
- **44.222** mit Personenschäden
- **60.928** Personen verletzt
- **2.547** Personen getötet

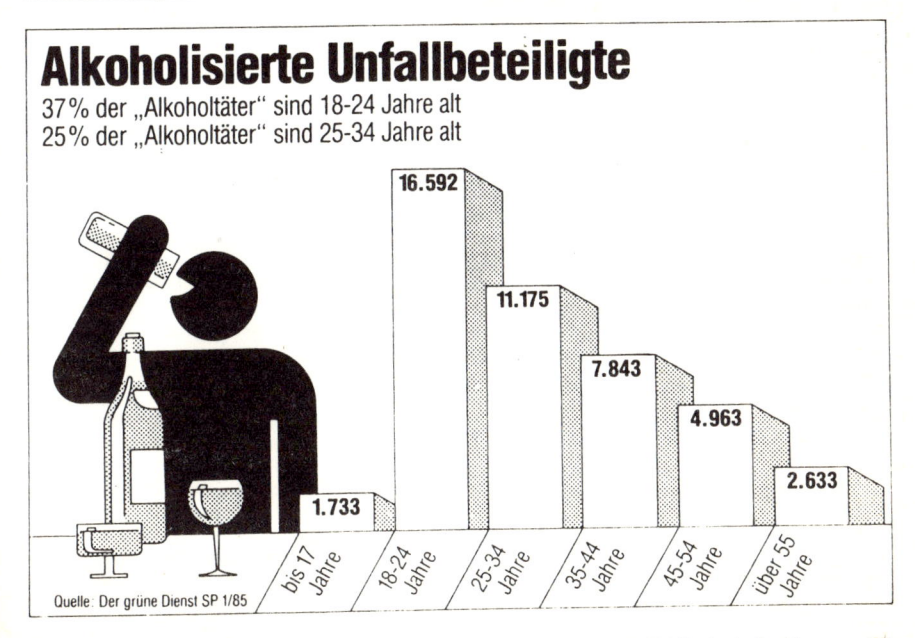

Alkoholisierte Unfallbeteiligte
37% der „Alkoholtäter" sind 18-24 Jahre alt
25% der „Alkoholtäter" sind 25-34 Jahre alt

- bis 17 Jahre: 1.733
- 18-24 Jahre: 16.592
- 25-34 Jahre: 11.175
- 35-44 Jahre: 7.843
- 45-54 Jahre: 4.963
- über 55 Jahre: 2.633

Quelle: Der grüne Dienst SP 1/85

Drogen

Drogen, die als Rauschmittel genommen werden, die den Konsumenten psychisch und physisch verändern; er wird abhängig von der Droge. Abhängigkeit drückt sich im Verlangen nach wiederholtem Genuß der Droge aus. Im Unterschied dazu versetzt die *Sucht* → den Konsumenten unter Zwang zum fortgesetzten Genuß der Droge, die Dosis wird gesteigert, bei Unterbrechung Entzugserscheinungen, Schädigung des Süchtigen (Suchtkrankheit, *Freizeitprobleme* →).
Drogen sind vielfach mit dem *Freizeitbereich* → verbunden. Viele *Freizeittätigkeiten* → werden mit Drogenkonsum ausgeführt, insbesondere mit Alkohol. Verhaltensregeln sind schwer aufzustellen, da die Menschen unterschiedlich auf Drogen reagieren.
Der freie Vertrieb zahlreicher Drogen ist untersagt (Haschisch, LSD, Weckamine, Heroin, Kokain usw.). Mit dem Drogenhandel (*Dealer* →) sind daher oft kriminelle Machenschaften verbunden. Für *Freizeiteinrichtungen* → können sich im Zusammenhang mit Drogenkonsum und Drogenhandel nicht zu unterschätzende Probleme ergeben.
Drogenberatung →

Drogenberatung
Stelle und Maßnahmen zur Hilfe für *Drogen* →-abhängige, Drogengefährdete und deren Angehörige. D. wird mit Hilfe von besonderen Einrichtungen, aber auch anonym in der Drogenszene geleistet.
Mit D. befassen sich D.-Stellen verschiedener Träger (Jugend-, Gesundheits-, Schul- und Sozialämter, *Freie Wohlfahrtsverbände* →, *Selbsthilfegruppen* →), Erziehungs- und Familienberatungsstellen, Psychiatrische Krankenhäuser und Kliniken, aber auch die Telefonseelsorge, sowie Freundes- und Elternkreise und Selbsthilfegruppen (z.B. *Anonyme Alkoholiker* →).

Dualwirtschaft
Zweigleisigkeit des Wirtschaftssystems
1. Institutioneller (herkömmlicher, evtl. weiterentwickelter) Wirtschaftsbereich, in dem registrierte *Arbeit* → als Erwerbstätigkeit geleistet wird.
2. Formeller (eigenwirtschaftlicher) Bereich, in dem gemeinschaftliche und individuelle, in der Regel nicht bezahlte *Eigenarbeit* → geleistet wird, z.B.: Hausarbeit, Nachbarschaftshilfe, Freizeitarbeit, *Do-it-yourself* → wird auch »Schattenwirtschaft« genannt.
Man spricht von »balancierter Dualwirtschaft«, wenn das gemeinsame Ziel die »Wiedereinbettung der Technosysteme in das soziale Leben« ist. Die Balance stellt sich in einer gegenseitigen Ergänzung der beiden Faktoren dar: zwischen Lohnarbeit und Eigenarbeit; zwischen professioneller Fremdarbeit des Marktes und persönlichen Eigenleistungen der Lebensgemeinschaften.
D. ist ein Indiz für die Verwischung der Grenzen zwischen Arbeit und Freizeit; die Grafik (*Abb.* →) verdeutlicht das.
Lit.: Huber »Anders arbeiten – anders wirtschaften«, Frankfurt 1979; Dostal »Arbeit im Übergang zur nachindustriellen Gesellschaft.« in: Materialien zur politischen Bildung, Heft 3, Leverkusen 1983

Abb. Grauzone Arbeit – Freizeit

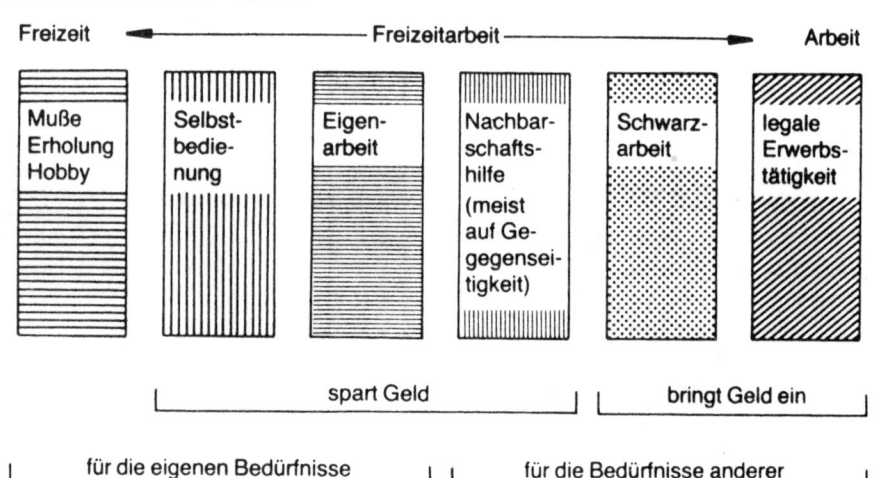

Freizeit ←			Freizeitarbeit		→ Arbeit
Muße Erholung Hobby	Selbstbedienung	Eigenarbeit	Nachbarschaftshilfe (meist auf Gegenseitigkeit)	Schwarzarbeit	legale Erwerbstätigkeit
	spart Geld			bringt Geld ein	
	für die eigenen Bedürfnisse			für die Bedürfnisse anderer	

Quelle: Management-Enzyklopädie Bd. 9, S. 483 (1985)

E

Effektivität

Leistungsfähigkeit, Durchsetzungsfähigkeit als Verhältnis des gewünschten Zieles (Output) zum erreichten.
E. ist im Bereich von öffentlichen und gemeinnützigen *Freizeiteinrichtungen* → als Kontrollverfahren eher zu empfehlen als die Messung von *Effizienz* →. Davon unbenommen sind durch die Wirschaftlichkeit vorgegebene Handlungsprinzipien. Im Unterschied zur Effizienz kann E. nur durch ein Bündel von Indikatoren und Verfahren beschrieben werden. Da vieles davon nicht quantifizierbar ist, bleiben jedoch immer für die qualitative Wertung offene Fragen. Hier einige Indikatoren, die durch Befragung, Zählung, Beobachtung, Dokumenten- und Inhaltsanalysen erhoben werden können:
a) Zahl der Nutzer von Einrichtungen und Angeboten; b) Zahl der Akteure (Einzelne oder Gruppen); c) Zahl und Art der verschiedenen Angebote und Aktivitäten; d) Kontinuität des Angebotes und der Aktivitäten; e) Auslastung der vorhandenen Räume, Materialverbrauch, Inventarabnutzung; f) *Zeitbudget* → der verschiedenen Angebote und Aktivitäten; g) Organisationsgrad im Einzugsbereich; h) Partizipationsbereitschaft (z.B. auch Spendenwilligkeit), Stadtteilbewußtsein, Vernetzungsgrad der Aktivitäten, Stadtteilbezogenheit der Freizeitaktivitäten, soziales Klima im Einzugsbereich.
Betrieb →, *Organisation* →

Lit.: *Effizienz* →

Effizienz

Wirksamkeit, Wirkungsgrad als Verhältnis von Aufwand (Input) zu Ertrag (Output) unter einer bestimmten Zielsetzung. Eine Sonderform der E. ist die Wirtschaftlichkeit: Erzielen eines bestimmten Ertrages mit dem relativ geringsten Einsatz (»Minimalprinzip«) bzw. Erzielen eines größtmöglichen Ertrages mit einem vorbestimmten Einsatz (»Maximalprinzip«). Der in diesem Zusammenhang auch gebrauchte Begriff Rentabilität bezeichnet den Gewinn (Überschuß) im Verhältnis zum Kapital, auch zur Arbeitsleistung.
E. ist im *Freizeitbereich* → nur bei privatwirtschaftlich betriebenen Unternehmen zu erreichen. In öffentlichen und gemeinnützigen Unternehmen ist der Einsatz an Finanz- und Sachmitteln (Material, Räume) sowie an Arbeitskräften und Arbeitszeit nicht auf das meist immaterielle Ergebnis umrechenbar; ebensowenig kann man die nicht auf wirtschaftlichen Ertrag zielende Motivation erfassen (*Effektivität* →).

Lit.: Akademie für Organisation »Handlexikon Organisation«, Frankfurt/M. 1971; Badelt »Sozioökonomie der Selbstorganisation, Beispiele zur Bürgerselbsthilfe und ihrer wirtschaftlichen Bedeutung«, Frankfurt/New York 1980; Agricola/Strang »Soziokulturelle Arbeit im Stadtteil auf dem Prüfstand«, Düsseldorf 1984

Ehrenamt

1. im öffentlichen Auftrag ausgeführte unentgeltliche Tätigkeit z.B. Stadtverordneter, Wahlhelfer, Schöffe, Vormund, Pfleger. Diese Tätigkeit kann nur aus einem wichtigen Grund abgelehnt werden (daher die Bezeichnung »Amt«).
2. freiwillige, unentgeltliche und gemeinnützige Tätigkeit bei öffentlichen Körperschaften, *Kirchen* →, *Vereinen* →, *Bürgerinitiativen* →, Selbstorganisationen und *Selbsthilfegruppen* →, in Einrichtungen, Aktionen, Veranstaltungen, (*Mitarbeit* →).
Durch diese Verwendung wird der Begriff E. weniger genau, es wird überdies der Eindruck erweckt, als seien alle Formen ehrenamtlicher Tätigkeit gleich. Auch der Austausch des Begriffs »Ehrenamtlicher« durch »Freiwilliger Helfer oder Mitarbeiter« trägt nicht zur Klärung bei. Ehrenamtliche Mitarbeiter sind nach verschiedenen Merkmalen zu unterscheiden.
Nach der Qualifikation: a) ehrenamtliche Fachkraft; b) präqualifizierter ehrenamtlicher Mitarbeiter; c) nicht spezialisierter Mitarbeiter; oder nach der Tätigkeitsebene: a) die Ebene der Leitung und Führung; b) die Ebene der Administration, der Verwaltung; c) die Ebene des direkten persönlichen Dienstes; oder nach der Stellung in der Organisationsstruktur: a) unbezahlte Arbeitnehmer; b) verantwortliche freiwillige Mitarbeiter: Interessenvertreter, Mitglieder von Selbsthilfegruppen, unbezahlte Unternehmer und *Entertainer* →; c) verantwortliche leitende freiwillige/ehrenamtliche Mitarbeiter, Mandatsträger, Vorstände; d) Vereinsmitglieder, Mitglieder von Initiativen, Projekten; e) Förderer, *Sponsoren* →; f) spontane Helfer außerhalb der Organisation.
Der Freizeitbereich ist ohne E. nicht vorstellbar.
Trotzdem steht wegen des Wachstums dieses Sektors und der zunehmenden *Professionalisierung* → eine Neuorientierung bevor. Die Zahl der *Freizeitvereine* → und anderer Vereine nimmt zu, der Bedarf an Mitarbeitern wächst; diese fehlen aber, da die Bereitschaft zur längerfristigen Bindung offensichtlich eher

zurückgeht. Ungeachtet dessen ist die Zahl der im E. Tätigen hoch, man rechnet mit etwa 3 Millionen Ehrenamtlichen im Freizeitbereich.

Lit.: Kosmale »Bereiche ehrenamtlicher Mitarbeit in der sozialen Arbeit und Kategorien ehrenamtlicher Mitarbeit« in: Die Aufgaben und die Ausbildung ehrenamtlicher Mitarbeiter in der Sozialarbeit, Frankfurt/M. 1967; Agricola »Möglichkeiten und Grenzen freiwilliger Mitarbeit in der Sozialarbeit«. In: Soziale Arbeit, Mai 1968; Führungs- und Verwaltungsakademie Berlin des DSB (Areg.) »Akademiegespräch. Das Ehrenamt im Sport – Last ohne Ehren?« Berlin 1981; Pluskwa »Qualifizierung freiwilliger Mitarbeiter in der Jugendarbeit« Dissertation, Hamburg 1983

Eigenarbeit

Arbeit →, deren Ergebnisse direkt dem Arbeitenden, dessen Hausgemeinschaft und persönlichen Bekannten (Freunden, Nachbarn) zugute kommt. Die bedeutsamsten Formen der Eigenarbeit sind die Hausarbeit, die Führung des (Familien-) Haushaltes sowie *Do-it-yourself* → und *Dienstleistungen* → für andere (z.B. Krankenpflege, *Nachbarschaftshilfe* →). Geringer werdende »Fremdarbeit« und Kostensteigerungen im Dienstleistungsbereich bewirken ein stetiges Ansteigen der Eigenarbeit. *Dualwirtschaft* →, *Schwarzarbeit* →

Eigenheim
Wohnen →

Eigeninitiative

aus eigenem Entschluß etwas für sich selbst unternehmen; ähnlich: Privatinitiative – eigenverantwortlich etwas für andere unternehmen. E. und Privatinitiative sind Grundbedingungen der *Selbstbestimmung* → und *Partizipation* →. Ohne E. ist *Freizeitgestaltung* → nicht vorstellbar. Somit gehören E. und Privatinitiative zu den Forderungen und Zielen von *Freizeitpolitik* → und *Freizeitpädagogik* →. Sie münden in die Prinzipien der *Subsidiarität* → und *Emanzipation* → ein. Die Fähigkeit zur E. wird im *Sozialisations* → -prozeß entwickelt oder verschüttet. Die Bereitschaft zur Privatinitiative ist in der sog. Mittelschichten besonders ausgebildet und drückt sich u.a. in der größeren Bereitschaft aus, *Vereinen* → beizutreten und dort Verantwortung zu übernehmen.

Einkaufszentrum
Einzelhandel →

Einkommen
Lebensstandard →

Einrichtung
Freizeiteinrichtung →

Abb. Eigenarbeit – Ökosystem Haushalt

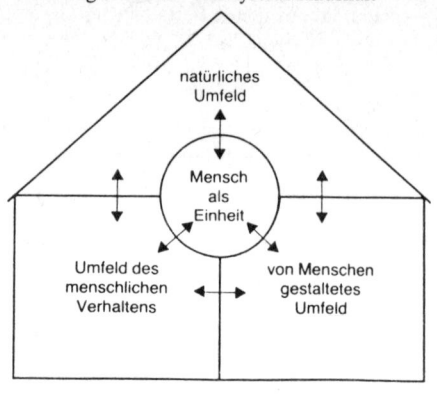

Das menschliche Ökosystem, ein Wirkungsgefüge z.B. aus[13]

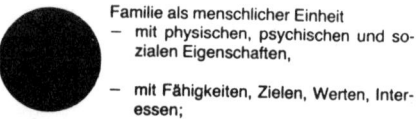

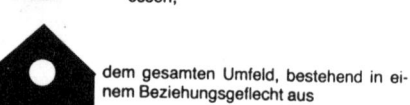

Familie als menschlicher Einheit
- mit physischen, psychischen und sozialen Eigenschaften,
- mit Fähigkeiten, Zielen, Werten, Interessen;

dem gesamten Umfeld, bestehend in einem Beziehungsgeflecht aus

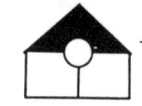

- natürlichem Umfeld:
 Raum, Zeit, organische und anorganische Stoffe und Systeme;

von Menschen gestaltetem Umfeld: 
- wie Haus, Wohnungseinrichtung, Haushaltsmaschinen, Kunstgegenständen usw.
- wie Garten, Balkonpflanzen, kultiviertes Land, Nahrung usw.
- wie Technologien, Sprachen, Gesetze, Normen, ästhetische Standards usw.

Umfeld menschlichen Verhaltens innerhalb und außerhalb der Einheiten Kind, Familie, Nachbarschaft usw.
- physisch, psychisch, sozial.

Quelle: G. Dorsch ›Haushalt als menschliches Ökosystem‹ Mitteilungsdienst der VZ/NRW 1 (1984)

Einzelhandel

Teil des Handels, der verwendungsfähige Waren an den Endverbraucher abgibt; übt auch für den *Freizeitbereich* → wichtige Dienstleistungsfunktionen aus.

1. E. ist zunächst Teil der *Freizeitinfrastruktur* → und trägt mit seinen Betrieben zur Gestaltung und Belebung von Siedlungen bei (*Lebensstandard* →). Der Einkaufs- und Stadtschaufensterbummel, der Besuch von Märkten und Messen gilt vielen Menschen als *Freizeittätigkeit* →.
Entsprechend stellt sich der E. durch animative Gestaltung seiner Geschäftslokale, Angebote, Rahmenprogramme und Werbung auf die wachsende Bedeutung der Freizeitorientierung seiner Kundschaft ein. Das geht bis dahin, daß in Einkaufszentren auch Freizeiteinrichtungen eingegliedert werden, um ihre Attraktivität zu erhöhen.
Daneben wurde die traditionelle Form der Messe weiterentwickelt: Endverbraucheroffene Messen und Themenausstellungen ziehen immer mehr Menschen an (*Ausstellung* →). Ein *Freizeitangebot* → (wenn auch umstritten) sind für nicht wenige die sog. Kaffee- und Butterfahrten; Ausflüge und Schiffskurzreisen, die mit Verkaufsangeboten und -möglichkeiten verknüpft sind.

2. Der E. übt in allen Organisationsformen (Ladenhandel, ambulanter Handel, Versandhandel) mit Fachgeschäften, Kaufhäusern (z.B. *Sport* →, *Medien* →), Einkaufszentren, Kiosken, Verkaufsständen, Märkten auch die Funktion des Fachhandels für Freizeit aus.
Es werden in geringem Maße auch Erzeugnisse aus *Freizeittätigkeiten* → vertrieben (*Schattenwirtschaft* →). Erheblich zugenommen hat der »Amateurhandel« auf Flohmärkten. Einzelhandelsähnliche Funktionen haben auch Sammler- und Tauschbörsen.
Entsprechend der Vielfalt von *Freizeittätigkeiten* → sind auch zahlreiche Branchen des E. am Angebot beteiligt z.B. Sportartikel, Automobile, Motorräder, Fahrräder, Textilien (»Freizeitkleidung, Sportkleidung«), Elektro(nik)geräte, *Bücher*, *Zeitschriften* →, Musikalien, Musikinstrumente, Spielwaren, *Handarbeiten* →, Heimwerker- und Bastelbedarf, *Pflanzenzucht* → und Gartenbedarf, *Tiere* →, Tierhaltung, Sammlerbedarf, *Fotografie* →, Film, Andenken, Sexshops, Körperpflege, Lebensmittel (Spezialitäten, *Feste* →, Feiern, Hobby-Kochen), *Kunstgewerbe* →, *Kunst* →, Floristik.
Inzwischen werden von vielen Einzelhandelsbetrieben auch Freizeitangebote gemacht, wie beispielsweise Beratung und Vermittlung für/von Reisen und Ausflügen, Informationen über Freizeittätigkeiten, *Konzerte* →, *Folklore* → -vorführungen, Lesungen, *Kunst* → -ausstellungen, *Video-* → und *Computer-* → kurse, *Musik* → -kurse, *Sport* → -aktionen, *Spiel* → -aktionen, *Feste* →, *Volksfeste* →.
Auto →, *Unterhaltungselektronik* →, *Freizeit*-ausgaben →, *Freizeitwirtschaft* →, *Lesen* →, *Do-it-yourself* →, *Garten* →, *Pflanzenzucht* →, *Sammeln* →, *Sexualität* →.

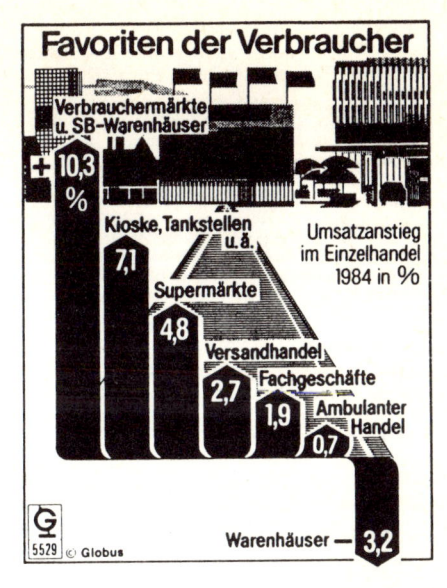

Einzelpreissystem

Zahlungsweise je Leistung bzw. *Dienstleistung* →. Das E. wird vor allem in Freizeitanlagen praktiziert, die aufgrund ihrer Dezentralisierung eine Umzäunung nicht oder nur unter erschwerten Bedingungen zulassen. Das E. war das Standardpreissystem in den *Erlebnisparks* → in der Bundesrepublik der fünfziger und zu Beginn der sechziger Jahre. In Großbritannien, in den asiatischen Ländern und Teilen von Skandinavien ist das E. nach wie vor weit verbreitet. Bei Freizeitanlagen mit E. bezahlt der Gast am Eingang zur Freizeitanlage eine Eintrittsgebühr. Zusätzlich entrichtet er für alle Einrichtungen, die er benutzen möchte, eine weitere Gebühr. Die Eintrittsgebühr für das Betreten der Gesamtanlage fällt in der Regel bei dezentralisierten Anlagen nicht oder für jeden Bereich einzeln an. In seltenen Fällen (z.B. bei stationären oder temporären Rummelplätzen) werden nur Benutzungspreise erhoben.
Pauschalpreissystem →

Scherrieb

Einzugsbereich

geographisch abgrenzbares Gebiet, aus dem die Besucher bzw. *Nutzer* → einer *Einrichtung* → kommen.
Der E. ist abhängig von *Angebot* →, Ausstattung, Attraktivität, Bekanntheitsgrad, Lage

Einzugsbereich

und Verkehrsanbindung, sowie der *Mobilität* → der *Zielgruppe* → und der Konkurrenzsituation. Bei in Betrieb befindlichen Einrichtungen kann der E. durch Besucherbefragungen, bei Einrichtungen mit großem E. auch durch Autokennzeichenerhebung festgestellt werden. In die Umgebungskarte der Einrichtung kann der E. durch Zirkelschlag oder durch Auftrag der Grenzlinien der Herkunftsbezirke der Besucher eingezeichnet werden.
Bei der hypothetischen Bestimmung von E. geplanter Einrichtungen kann neben der durch Zirkelschlag oder Straßenlänge zu bestimmenden geographischen Entfernung auch die zur Erreichung der Einrichtung notwendige Verkehrszeit zugrunde gelegt werden. Je nach benutztem Verkehrsmittel entstehen unterschiedliche E.-felder. Grundsätzlich gilt, daß aus dem kleineren nahegelegenen Umfeld einer Einrichtung mehr Besucher kommen als aus dem größeren, entfernteren. Bei großen in der Landschaft liegenden Einrichtungen und Angeboten kann oft von einem E. als einem geschlossenen Gebilde nicht mehr gesprochen werden. Man spricht dann eher von *Quellgebieten* →, da die Besucher nicht gleichmäßig aus dem gesamten Umkreis, sondern aus bestimmten Sektoren dieses Feldes kommen. Als Regel kann gelten: Je näher eine Einrichtung zu den Wohnungen der Zielgruppe gelegen ist, desto geschlossener stellt sich der E. dar.
Die Bestimmung des E. ist wesentlicher Bestandteil der *Standortuntersuchung* →.

Eisdiele
Gastronomischer Betrieb, der hauptsächlich Speiseeiszubereitungen und Getränke anbietet. Der Verzehr findet entweder vor Ort statt oder das Eis wird in Waffeln oder Bechern außer Haus verkauft.
Milchbar →, *Gastronomie* →

Eislaufen
Gleiten auf dem Eis mit Schlittschuhen, seit Jahrhunderten beliebte Winterfreizeittätigkeit in Gegenden mit entsprechenden Wasserflächen. Durch den Bau von Eislaufhallen wird E. vielerorts erleichtert und von zahlreichen Menschen, besonders Kindern und Jugendlichen betrieben.
Eislaufhallen mit Kunsteisflächen verkaufen sog. Laufzeiten, die zwischen die Pausen zur Eisaufbereitung (»Eishobel«), eingeschoben werden. Beliebt bei Jugendlichen ist die Eisdisco (*Diskothek* →). Eislaufhallen werden aus Energieeinsparungsgründen auch mit Bädern und anderen *Freizeiteinrichtungen* → zusammen errichtet.

Eisrevue
Unterhaltungs → -veranstaltung bzw. -unternehmen auf einer meist künstlichen Eisfläche mit Tanz-, Musik-, Akrobatik-, Slapstick-Darbietungen. Eisrevueunternehmen machen Tourneen und führen das Eisbereitungsgerät mit. Wegen des Aufwandes kommen nur Spielstätten größeren Ausmaßes (z.B. Messehallen) in Frage.

Eissport
Sammelbezeichnung für Sporttätigkeiten auf natürlichen oder künstlichen Eisflächen, z.B.: Eisschnellauf, Eiskunstlauf, Eistanzen, Eishockey, Eisstockschießen, Eissegeln. Alle Eissportarten sind auch beliebte Zuschauersportarten. Für Eissportveranstaltungen wurden neben den Freiluftanlagen zunehmend wetter- und z.T. jahresunabhängige Eissportanlagen, -hallen geschaffen, die meist auch der Freizeit-(sport)nutzung gegen Entgelt offenstehen (*Eislaufen* →).

Eltern
Familie →

Eltern-Kind-Gruppe
Selbsthilfegruppen → von Eltern zur gemeinsamen Behebung eines Mangels oder Erfüllung bestimmter Wünsche für die Kinder. Dabei werden auch Bedürfnisse der Eltern befriedigt (*Kommunikation* →, Aktivität), indem gemeinsam geplant und gearbeitet wird. Die Eltern übernehmen nach Fähigkeiten und Möglichkeiten Aufgaben im Rahmen des Projekts. Eltern-Kind-Gruppen haben bereits Rückwirkung auf die methodische Elternarbeit von *Kindergärten* → und *Freizeiteinrichtungen* → gehabt.

Elternverband
Selbsthilfegruppe →

Emanzipation
lat.: Entlassung des Sohnes in die Mündigkeit; 1. rechtliche, politische, wirtschaftliche und soziale Gleichstellung von nicht privilegierten Gruppen, Klassen und Gesellschaften (*Benachteiligte Gruppen* →, *Ethnische Minderheiten* →, *Frauenbewegung* →).
2. Selbständigwerden des einzelnen in bezug auf rationales und gesellschaftliches Handeln einschränkende Bedingungen.
In der Freizeittheoriediskussion wird E. unter zwei Aspekten gesehen:
a) Die *Muße* → wird von privilegierten Schichten gelöst und demokratisiert (»E. der Muße«); b) freiverfügbare Zeit ist »E.-szeit«. Entsprechend wird der *Freizeitpädagogik* →

die Aufgabe zugewiesen, darauf vorzubereiten, die E. also zum freizeitpädagogischen Ziel erklärt: »Freizeit als gesellschaftspolitisches E.-sinstrument« (Nahrstedt); »bewußte und aktive Teilnahme und Teilhabe an der Demokratisierung und Humanisierung aller Lebensbereiche« (Opaschowski). *Partizipation* →.

Lit.: Karst »Freizeit und Schule« Dissertation, Bielefeld; Vahsen (Hrsg.) »Beiträge zur Theorie und Praxis der Freizeitpädagogik«, Hildesheim 1983

Engagement
1. Verhalten besonderer Anteilnahme oder Einsatzbereitschaft. E. wird als Kann-Verhalten (*Rolle* →) positiv bewertet und trägt zum Gelingen vieler Unternehmungen bei. Entwicklungsgeschichtlich kommt der Begriff E. aus dem Französischen und bedeutet Verpflichtung. Diese Verpflichtung wurde später als Selbstverpflichtung begriffen und dann zur Bezeichnung des eigenen Standpunktes benutzt. Häufig wurde E. im Sinne des Sich-für-die-Gesellschaft-Einsetzen gebraucht; z.B. für oder gegen ein bestehendes System. Man engagierte sich z.B. für oder gegen den Vietnamkrieg. Im Freizeitbereich gibt es Parteien, Verbände, Vereine und Organisationen, die Möglichkeiten zum E. bieten. Allerdings wurden diese Möglichkeiten im Laufe der Zeit durch Professionalisierung immer mehr eingeschränkt. In der Folge entwickelten engagierte Menschen basisdemokratische Aktivitäten um der Entwicklung von Entfremdung durch Profis entgegenzuwirken (*Partizipation* →). Das E. bedeutet immer Parteilichkeit und stößt je nach Auffassung auf Ablehnung oder Zustimmung. So wird z.B. das E. für den Staat begrüßt. Geschieht es außerhalb etablierter Organisationen, wird es von den »Trägern« des Staates abgelehnt.
2. Anstellung von *Künstlern* → für *Veranstaltungen* → oder auf Dauer, aufgrund eines besonderen Vertrages.

Lit.: Wissmann »Jugendprotest im demokratischen Staat«; Hauck (Hrsg.) »Enquete-Kommission des deutschen Bundestages«, Stuttgart 1983; Negt/Kluge »Öffentlichkeit und Erfahrung. Zur Organisationsanalyse von bürgerlicher und proletarischer Öffentlichkeit«, Frankfurt 1972

Oberste-Lehn

Enkulturation
Übernahme der *Kultur* → durch *Lernen* →, wobei kulturgebundene Grundverhaltensweisen und deren Regulative internalisiert werden (Sprache, Gesten, Mimik, Maßstäbe, Symbole), um innerhalb der die Kultur prägenden Gesellschaft als Person und Gruppenmitglied existieren zu können.
Eine der Zielfunktionen freier Zeit (Opaschowski 1976): Kulturelle Selbstentfaltung und Kreativität, z.B. Teilnahme an der Gegenwartskultur, Kultivierung eigener Möglichkeiten in *Spiel* →, *Sport* →, *Kunst* →, Wohnkultur (*Wohnen* →), Erlernen kulturtechnischer Fertigkeiten, schöpferische Tätigkeit.

Entertainment
engl.: Versorgung, *Unterhaltung* → mit/durch Spaß und Vorführungen (z.B.: *Zirkus* →, *Varieté* →, Revue, Slapstick, *Unterhaltungsmusik* →, *Show* →, *Diskothek* →, Rundfunk- und Fernsehsendungen). Der Entertainer ist ein Unterhaltungskünstler, von dem Leistungen nicht nur auf einem bestimmten Gebiet der Unterhaltung (Gesang, *Tanz* →, Conference, Schauspiel usw.), sondern auf mehreren, in einem persönlichen, jedoch das *Publikum* → ansprechenden Stil erwartet werden. In den Vereinigten Staaten werden Entertainer gezielt ausgebildet.

Entfremdung
1. Gesellschaftlicher Prozeß und dessen Ergebnis, die in einem Gegensatz zum einzelnen stehen, der sich ihnen nicht anpassen kann und daher nicht in der Lage ist, seine Fähigkeiten und Interessen zu entfalten. Nach Marx entsteht Entfremdung durch Behandlung der Arbeitskraft als Ware. Es besteht durch Arbeitstätigkeit und marktorientierte Produktion keine innere Beziehung zum Produkt mehr. Die Abwehr von Entfremdung kann in der Beseitigung der Ursachen (Revolution, aber auch Humanisierung der Arbeitswelt) oder in Alternativen zur entfremdenden Arbeit (*Freizeittätigkeit* →, *Hobby* →, *Ehrenamt* →) gefunden werden.
2. Psychischer Prozeß, hervorgerufen durch mangelnde Anpassung des einzelnen an gesellschaftliche Bedingungen (»Sinnlosigkeit«, »Null-Bock-Haltung«). Psychische Entfremdung kann als bedeutsames *Freizeitproblem* → angesehen werden (*Streß* →, *Langeweile* →). Ihre Behebung läßt sich zwar im Freizeitbereich beginnen, muß aber die gesamte Lebensführung erfassen.

Entwicklungsplanung
Aufgabenplanung von Bund, Ländern, Kreisen, *Gemeinden* → zur Erfassung und Steuerung der Gesamtheit aller Verwaltungsmaßnahmen. E. berücksichtigt alle vorhandenen (Fach-)*Planungen* →, die das Planungsgebiet betreffen und ordnet sie nach bestimmten Zielkatalogen und Zeithorizonten. Am weitesten fortgeschritten sind die Städte (*Stadt-E.* →). Von Bedeutung für die E. der Kreise und Gemeinden ist die jeweilige Landes- und Gebiets-

Entwicklungsplanung

E. Meist geht der Landes-E. ein Landesentwicklungsprogramm voraus. Dieses enthält in der Regel: Grundsätze und allgemeine Ziele der *Raumordnung* → und Landesplanung, Ziele für raumbedeutsame Planungen und Maßnahmen, einschließlich der dafür notwendigen Investitionen. Landes-E. hat besonders für die Ausweisung von *Erholungsgebieten* → und für den *Fremdenverkehr* → große Bedeutung.

Raumbedeutsame Planungen öffentlicher Gebietskörperschaften

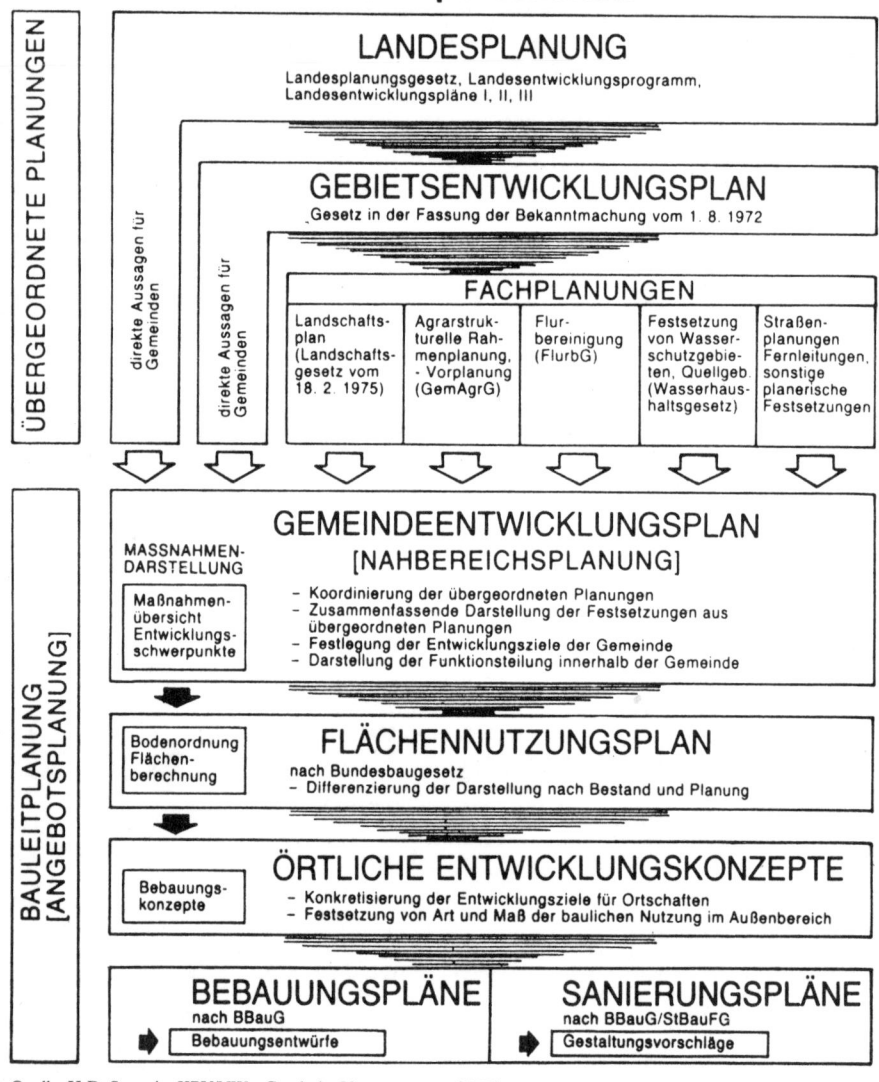

ÜBERGEORDNETE PLANUNGEN

LANDESPLANUNG
Landesplanungsgesetz, Landesentwicklungsprogramm, Landesentwicklungspläne I, II, III

direkte Aussagen für Gemeinden

GEBIETSENTWICKLUNGSPLAN
Gesetz in der Fassung der Bekanntmachung vom 1. 8. 1972

direkte Aussagen für Gemeinden

FACHPLANUNGEN

Landschaftsplan (Landschaftsgesetz vom 18. 2. 1975)	Agrarstrukturelle Rahmenplanung, - Vorplanung (GemAgrG)	Flurbereinigung (FlurbG)	Festsetzung von Wasserschutzgebieten, Quellgeb. (Wasserhaushaltsgesetz)	Straßenplanungen Fernleitungen, sonstige planerische Festsetzungen

BAULEITPLANUNG [ANGEBOTSPLANUNG]

MASSNAHMEN-DARSTELLUNG
Maßnahmenübersicht Entwicklungsschwerpunkte

GEMEINDEENTWICKLUNGSPLAN
[NAHBEREICHSPLANUNG]
- Koordinierung der übergeordneten Planungen
- Zusammenfassende Darstellung der Festsetzungen aus übergeordneten Planungen
- Festlegung der Entwicklungsziele der Gemeinde
- Darstellung der Funktionsteilung innerhalb der Gemeinde

Bodenordnung Flächenberechnung

FLÄCHENNUTZUNGSPLAN
nach Bundesbaugesetz
- Differenzierung der Darstellung nach Bestand und Planung

Bebauungskonzepte

ÖRTLICHE ENTWICKLUNGSKONZEPTE
- Konkretisierung der Entwicklungsziele für Ortschaften
- Festsetzung von Art und Maß der baulichen Nutzung im Außenbereich

BEBAUUNGSPLÄNE nach BBauG — Bebauungsentwürfe	**SANIERUNGSPLÄNE** nach BBauG/StBauFG — Gestaltungsvorschläge

Quelle: H.D. Supe, in: KPV/NW – Geschulte Verantwortung (1979)

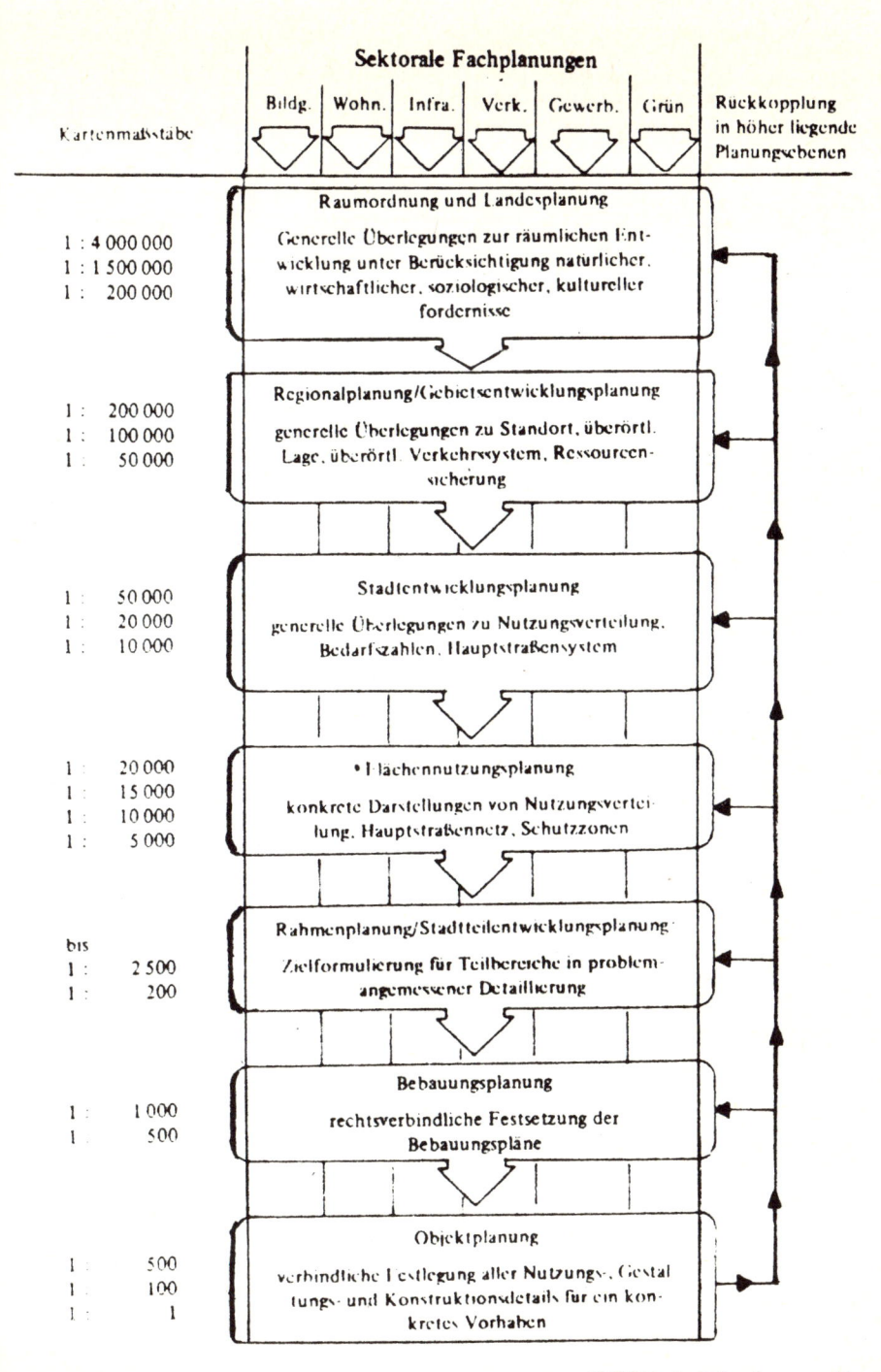

Kartenmaßstabe	Sektorale Fachplanungen	Rückkopplung in höher liegende Planungsebenen
	Bildg. | Wohn. | Infra. | Verk. | Gewerb. | Grün	
1 : 4 000 000 1 : 1 500 000 1 : 200 000	**Raumordnung und Landesplanung** Generelle Überlegungen zur räumlichen Entwicklung unter Berücksichtigung natürlicher, wirtschaftlicher, soziologischer, kultureller Forfordernisse	←
1 : 200 000 1 : 100 000 1 : 50 000	**Regionalplanung/Gebietsentwicklungsplanung** generelle Überlegungen zu Standort, überörtl. Lage, überörtl. Verkehrssystem, Ressourcensicherung	←
1 : 50 000 1 : 20 000 1 : 10 000	**Stadtentwicklungsplanung** generelle Überlegungen zu Nutzungsverteilung, Bedarfszahlen, Hauptstraßensystem	←
1 : 20 000 1 : 15 000 1 : 10 000 1 : 5 000	**Flächennutzungsplanung** konkrete Darstellungen von Nutzungsverteilung, Hauptstraßennetz, Schutzzonen	←
bis 1 : 2 500 1 : 200	**Rahmenplanung/Stadtteilentwicklungsplanung** Zielformulierung für Teilbereiche in problemangemessener Detaillierung	←
1 : 1 000 1 : 500	**Bebauungsplanung** rechtsverbindliche Festsetzung der Bebauungspläne	←
1 : 500 1 : 100 1 : 1	**Objektplanung** verbindliche Festlegung aller Nutzungs-, Gestaltungs- und Konstruktionsdetails für ein konkretes Vorhaben	←

DGF-Freizeit-Lexikon

Equipment

engl.: Ausstattung, Ausrüstung; benutzt auch für das Gerät und Instrumentarium von Musikgruppen und *Bands* →. Die *Popmusik* →, verbunden mit großen Räumen, verlangt starke Verstärker- und Lautsprecheranlagen, an die die Instrumente z.T. direkt geschlossen oder von Mikrofonen aufgenommen werden, die letzteren dienen auch zur Gesangsverstärkung. Notwendig ist weiterhin ein Mischpult zur Aussteuerung. Jede Gruppe stellt sich entsprechend ihrem Stil und Instrumentarium ihr E. zusammen und transportiert es meist mit Kleintransportern. Zur Belieferung mit E. haben sich Einzelhändler (Bandausstatter) spezialisiert (*Einzelhandel* →).

Erholung

1. Vorgang der Wiederherstellung der körperlichen, geistigen und seelischen Leistungsfähigkeit nach entsprechender Belastung. E. ist ein Bedürfnis, das sich zunächst im Schlaf- und Ruhewunsch ausdrückt. Man unterscheidet verschiedene Phasen innerhalb von E. (Entmüdung, Entspannung, E.) und bezieht diese etwa auf den Feierabend, das Wochenende und auf den Urlaub oder die Kur. Diese Bezeichnungen verdeutlichen den Doppelcharakter von E.: physische und psychische Regeneration. Daher spielen bei E. auch bestimmte Formen der Betätigung eine Rolle, die das »Abklingen« und »Abschalten« erleichtern: Etwas anderes tun als das, was zur Belastung führte (z.B. *Bad* →, *Sauna* →, *Freizeittätigkeit* →, *Hobby* →). E. ist ein Verhalten zur Erhaltung und Förderung der *Gesundheit* →, nicht zur Heilung von Krankheiten. Der Ortswechsel (*Tourismus* →) kann hilfreich sein, muß es aber nicht. Es gilt, die jeweils richtige Form und das rechte Maß zu finden.
2. Gesamtheit des Handelns, das zur E. führt; es sind dies insbesondere: a) E.-techniken, z.B. *Autogenes Training* →, *Yoga* →; Massage; Bäder; auch *Spaziergang* →, Aufenthalt im Grünen, Atemübungen, Singen, *Gymnastik* →; b) E.-verhalten, z.B. *Lesen* →, *Rundfunk* →, Fernsehteilnahme, Musikhören, Unterhaltung, Bummeln, Essen, Trinken; c) E.-Maßnahmen, z.B. Urlaubsfahrt; Wochenendausflug; Wanderung; Ausgleichssport; Aufenthalt in E.-einrichtungen; *Freizeittherapie* →; d) E.-Angebote, z.B.: Stadterholung →; Ferienaktionen →, E.-kuren für Kinder, Jugendliche, Alte und Mütter (*Mütter* →); *Familienfreizeiten* →; Träger von E.-angeboten sind meist *öffentliche Träger* → (*Jugendamt* →, Sozialamt), *freie Träger* → (*Wohlfahrtsverbände* →, *Freizeitvereine* →, *Jugendverbände* →); *Kirchen* →, Sozialversicherungsanstalten und – vereinzelt – Privatunternehmen; e) *E.-einrichtungen* →.

Erholungsanlagen

Kombination von baulichen Einzelangeboten (z.B.: Spielflächen, *Wanderwege* →, *Grünflächen* →, Wasserflächen) zur *Erholung* → in bestimmter Weise. E. in diesem Sinne sind alle *Parks* →, Bäder, *Tierschauanlagen* →, *Botanische Gärten* →, *Kleingartenanlagen* →. Sind mehrere E. auf engem Raum zusammengefaßt, spricht man auch von Erholungsschwerpunkten.

Erholungsarten nach Hittmair (1965)

Erholungsart	Tageserholung	Wochenenderholung	Urlaubserholung
durchschnittlich längste Dauer	4 Stunden	1 1/2 Tage	3 Wochen
Regenerationsform	Entmüdung	Entspannung	Erholung
Erholungsform	Spazierengehen Gartenarbeit Lesen Fernsehen Werken	Schwimmen Wandern Besuche von Bekannten Wochenendhaus	Camping Urlaubsfahrt Reisen Ferienzentren
Entfernungslage	bis 15 Minuten ca. 1 km	bis 1 Stunde ca. 50 km	Tagesreise 500 km und mehr
Erholungsanlagen	Wohnung nahe Grünflächen Stadtpark	Naherholungsgebiete Freizeitzentren Naturparke	Feriengebiete In- und Ausland
räumliche Planungsebene	Bauleitplanung	Regionalplanung, Bauleitplanung	Landesplanung

Quelle: H.-J. Schulz »Naherholungsgebiete« (1978)

Freiraumplanung →, Innerstädtische Erholung →, Stadtgrün →.

Erholungseinrichtung

Sammelbegriff für Erholungsheime, Ferienlager, Tageserholungsstätten, Sanatorien und Kurkliniken, Einrichtungen, die insbesondere der vorbeugenden und nachgehenden Gesundheitshilfe dienen. Besondere E. gibt es für Kinder, Jugendliche, Mütter und Senioren. Neben den Maßnahmen zur Gesundheitspflege haben E. eine starke Freizeitausrichtung (*Wandern →, Gymnastik →, Freizeitsport →, Spiel →, Werken →, Musik →,* künstlerische Tätigkeiten) oft verbunden mit Beratung (*Freizeitberatung →*) und Anleitung.
Träger von E. sind öffentliche *Träger →* und *freie Träger →* der Sozial- und Jugendhilfe, Sozialversicherungsanstalten, *Kirchen →* und private *Untenehmer →.*
Müttererholung →, Schullandheim →, Jugendherberge →

Erholungsgebiet

Landschaftsraum, der durch seine natürlichen Gegebenheiten, Erschließung und Ausstattung zur *Erholung →* besonders geeignet ist (*Landschaft →*). E. sind insbesondere die *Erholungswälder →, Naturparks →, Nationalparks →, Landschaft →, Landschaftsschutzgebiete →, Freiraumplanung →, Raumordnung →, Natur →, Naturschutz →, Umwelt →, Umweltschutz →.*

Erholungslandschaft

zur *Erholung →* anregende *Landschaft →* aufgrund der Landschaftsgestaltung, des Klimas und der in ihr enthaltenen *Erholungseinrichtungen →* und *Erholungsanlagen →.* Besonders geeignete Landschaften sind die Meeresküsten und die Mittelgebirge, während die Hochgebirge durch ihre starken Kontraste eher Aktivität und Abenteuerlust auslösen (was nur in bestimmten Fällen zur Erholung führt). E. sind meist auch *Feriengebiete →.* Probleme für E. sind die Ausstattung, *Freizeitinfrastruktur →* und Belastung durch *Nutzer →.* Hier muß im Rahmen der *Raumordnung →,* des *Landschaftsschutzes →* und des *Umweltschutzes →* ein Ausgleich zwischen Umweltbelastung und Erholungsbedürfnis der Menschen gefunden werden.

Erholungsort

klimatisch und landschaftlich bevorzugte Gebiete (Orte oder Ortsteile), die vorwiegend der *Erholung →* dienen und einen artgemäßen Ortscharakter aufweisen. Neben einwandfreien Unterbringungsmöglichkeiten werden vom E. ein markiertes, gut begehbares Wegenetz mit Ruhebänken, Lese- und Aufenthaltsräume, Sport- und Spieleinrichtungen sowie für die Erholung erschlossene *Freiflächen →,* Gästeunterhaltung in der Hauptreisezeit, eine zentrale Auskunftsstelle erwartet.

Lit.: Deutscher Bäderverband/Deutscher Fremdenverkehrsverband »Begriffsbestimmungen für Kurorte, Erholungsorte und Heilbrunnen«, Bonn/Frankfurt/M. 1979

Erholungsurlaub
Urlaub →

Erholungswälder

Wald → -gebiete insbesondere innerhalb und in der Nähe von Ballungsgebieten. Von besonderem Erholungswert sind Laubmischwälder in verschiedenen Aufwachsstadien mit Lichtungen und Verdichtungen, die möglichst von Zeit zu Zeit den Ausblick auf die freie *Landschaft →* erlauben. Eine künstliche Form des Erholungswaldes ist der Englische Garten (Landschaftsgarten). Ohne E. sind *Naturschutz →* -gebiete in Stadtnähe kaum zu erhalten, da der Druck auf die geschützten Bereiche zu stark würde (*Natur →, Landschaftsschutz →, Umwelt →, Umweltschutz →*).

Erlebnis

gefühlsbetontes und unmittelbares Ergriffenwerden anläßlich eines Ereignisses, der Begegnung mit Menschen, äußeren Gegebenheiten und Informationen. Das E. kann nur vom einzelnen selbst beobachtet und als solches beschrieben werden.
Ein E. haben zu wollen, ist ein starkes Motiv für die Teilnahme an *Freizeitangeboten →* und für die Ausübung vieler Freizeittätigkeiten. Dieser Wunsch wird auch als Indikation für eine Veränderung des *Freizeitverhaltens →* im Zusammenhang mit einer Wertverschiebung gesehen.

Erlebnispädagogik

Konzept der veranstalteten Erziehung, das tätiges Handeln und Erleben von Handeln erfordernde Situationen zur Grundlage des Erziehungsprozesses macht. Die E. geht auf einen reformpädagogischen Entwurf von Kurt Hahn zurück, der die ganzheitlichen Ansätze von *Jugendbewegung →,* Landeserziehungsheimbewegung, der *musischen Bildung →,* der *Leibeserziehung →* sowie der Idee des »Learning by Doing« aufgreift und auf vier Elementen aufbaut: a) Körperliches Training (Förderung von Vitalität, Kondition, Mut, Entschlußkraft) einschließlich kooperativen Verhaltens (z.B. Mannschaftssport); b) geistige Tätigkeit im Rahmen und mit Hilfe von Projektarbeit (Zielsetzungserarbeitung, Überwindung von – konkreten – Problemen und Hindernissen)

als individuelle Arbeit, aber auch in der Gruppe; c) »Expeditionen« (z.B.: Berg-, Ski-, Seetouren) als Durchführung eines vorbereiteten Plans; d) Rettungsdienst (See-, Bergrettung, Feuerwehr) als Weckung und Förderung der Hilfsbereitschaft.
Verbunden war mit dem Konzept der E. die Zielsetzung, mit dem praktischen Handeln auch sittliche Normen (insbesondere: Eigeninitiative, aber nicht Eigennutz, Selbstüberwindung und Selbstdisziplin, Sorgsamkeit und Sorgfalt) zu vermitteln, die zur Entfaltung der Persönlichkeit führen. Als Symbole für die Zielsetzung wird in der E. der englische Begriff »Outward Bound« (zum Auslaufen für große Fahrt ausgerüstetes Schiff) gewählt. E. sieht heute ihre Aufgabe, ein Gegengewicht gegen einseitig kognitive oder spezialisierende Lernprozesse in Schule bzw. Berufsausbildung zu bilden. Sie benutzt Formen der Selbstorganisation, Jugendgruppenleitersysteme (»Mitgestaltung statt Konsum«), der realen Anforderungen verbunden mit unmittelbarer Berührung (»Erlebnis statt Medium«) sowie bewußt herbeigeführte Situationen, in denen junge Menschen Wissen und Entscheidungen in Handeln umsetzen und authentische, nicht mediale Erfahrungen sammeln können, wozu gehört, daß man den Situationen nicht ausweichen kann. Für den Pädagogen bedeutet E. Einsatz seiner gesamten Person etwa im Zusammenleben und gemeinsamen Bewältigen von Problemen. E. zielt im Unterschied zu faschistischen Erziehungsmodellen nicht auf Wettbewerbe, Mutproben, Kampf u.ä.
Aus der E. abgleitete pädagogische Arbeitsformen liegen zugrunde: den *Kurzschulen* →, *Abenteuerspielplätzen* → sowie zahlreichen Projekten und Formen der außerschulischen *Jugenarbeit* → (Fahrt; Lager; Kanu-, Schlauchboottouren; Kletter- und Orientierungstouren, Wanderungen; Abenteuerfahrten; Segeltörns; aber auch Stadtspiele, Stadtrallyes; Erlebnissport/Überlebenstraining) sowie der sog. Martinspaß der Deutschen Familienstiftung (eine Art Erlebnistagebuch). E. erlebt angestoßen durch Rationalisierung und Umweltdiskussion eine neue Blüte.

Lit.: Bauer »Erlebnis und Abenteuerpädagogik. Eine Literaturstudie«, Großhessenlohe (1984); Klawe u.a. »Wieder mal was losmachen«, in: deutsche jugend 5/85, S. 212; Ohmann u.a. »Schlauchbootfahren am Wochenende«, in: deutsche jugend 5/85, S. 217; Brenner »Erlebnispädagogik«, in: deutsche jugend 5/85, S. 227

Erlebnispark

alle unter freiem Himmel fest installierten Anlagen, die umzäunt sind und bei deren Betreten ein Entgelt zu entrichten ist. Auf diesem Gelände werden Spieleinrichtungen, Großmodelle, Tiere, und technische Einrichtungen sowie Fahrgelegenheiten entweder zusammen oder Teile davon zur Schau gestellt oder zur Benutzung überlassen. Einzelne Einrichtungen können dabei auch in festen Gebäuden untergebracht sein. Gastronomiebetriebe und Verkaufseinrichtungen sind in E. in der Regel eingegliedert. Eintrittspreise können im Rahmen eines *Pauschalpreissystems* →, *Einzelpreissystems* → oder *Ticketpreissystems* → erhoben werden. E. sind eine spezielle Betriebsart der *Freizeitparks* →. Gestaltungsformen der E. sind *Themenparks* →, *Tier-Technikparks* →, *Märchenparks* →, *Gartenparks* →; Safariländer und Vogelparks (*Tierschauanlagen* →).

Der Begriff Erlebnispark wurde geprägt, als immer mehr Freizeitunternehmen begannen, sich als Freizeitparks zu bezeichnen, ohne die Betriebscharakteristiken zu erfüllen. Die Einführung der Betriebsbezeichnung Erlebnispark sollte den »ursprünglichen Freizeitparks« ermöglichen, sich von der »Inflation« der Verwendung des Begriffs »Freizeitpark«, insbesondere bei kommunalen Anlagen und Sporteinrichtungen, abzugrenzen und durch den warenzeichenrechtlichen Schutz dieses Begriffes einen Markencharakter zu entwickeln.

Der historische Ursprung der E. geht nicht allein auf *Disneyparks* → zurück. Die vergnügliche Entspannung in Parks beruht auf einer alten Tradition in Europa, die bis in die Römerzeit zurückreicht und in höfischen, meist adelig-herrschaftlichen Park- und Gartenanlagen, die in späterer Zeit der allgemeinen Öffentlichkeit zugänglich gemacht wurden, ihre Fortsetzung fanden. Auch die Schützen- und Festwiesen (*Schützenverein* →, *Volksfest* →) im städtischen Umland sind Komponenten dieser Entwicklung. E. wurden oft als bewußtes Gegenstück zu den herrschaftlichen Anlagen durch die Initiative des Adels und des Bürgertums gegründet. 1661 eröffnete der Londoner Vauxhall Gardens. Ihm folgten eine Reihe von Duplikaten in Großbritannien und auf dem Kontinent. In einer weiteren »Evolutionsstufe« wurden eine Reihe von »Pleasure Gardens« in Betrieb genommen. Der berühmteste, der Tivolipark in Kopenhagen, nannte sich noch in Anlehnung an den Urvater der Freizeitparks (Londoner Vauxhall Gardens) Tivoli-Vauxhall. Sein durchschlagender Erfolg, der bis heute anhält (mehr als 5 Mio. Besucher jährlich) hat Kommunen und Privatinitiatoren überall in der Welt angeregt, weitere »Tivolis« zu schaffen. Die deutsche Ausprägung dieses Vergnügungsparks war der einst in Berlin existierende »Lunapark«, der von 1904 bis 1934 bestand.

Nach dem Zweiten Weltkrieg fand in der Bundesrepublik Deutschland und auf dem übrigen

Gebiet des ehemaligen Deutschen Reiches keine Wiederbelebung der Vergnügungsparks wie des »Lunaparks« statt. Vielmehr konnten im Zuge der Motorisierung Ausflugsgaststätten mit Vogelvolieren, Tiergarten und später Märchenfiguren das Publikumsinteresse wecken. Die ehemals als »Beiwerk« zur Gastronomie gedachten Einrichtungen wurden durch konsequenten Ausbau bald zum Hauptangebot, die Gastronomie zur Seviceleistung. In der Bundesrepublik gibt es relativ wenig »Neugründungen« von E. Lediglich der Europapark in Rust, der Heide-Park in Soltau, das Hansaland und der Eulenspiegelpark Sottrum sind ohne »Vorläufer« entstanden. Die anderen Erlebnisparks gehen auf die genannten historischen Ursprünge zurück. Eine Ausnahme bilden dabei die Safariparks, deren konzeptionelle Idee aus Großbritannien kam und die aufgrund ihres enormen Geländebedarfes, unabhängig von gastronomischen Einrichtungen, nach den frei zur Verfügung stehenden Flächen geplant werden mußten. Innerstädtische Erlebnisparks wie sie in Großbritannien und Skandinavien zu finden sind, existieren in der Bundesrepublik Deutschland nicht. E. in der Bundesrepublik müssen in der Regel mit dem PKW angesteuert werden. Die E. sind im Verband Deutscher Freizeitunternehmen zusammengeschlossen.

Scherrieb

Erwachsenenbildung

organisierte Lernprozesse, in denen Erwachsenen die Möglichkeit geboten wird, sich sowohl in beruflicher Hinsicht als auch im Rahmen von allgemeiner Persönlichkeitsentwicklung weiterzubilden. (Weiterbildung, *Bildung* →). E. bezieht sich auf die ganze Persönlichkeit eines Menschen. Neben der Stoff- und Wissensvermittlung will E. die Kommunikations-, Kritik-, Kreativitätsfähigkeit von Erwachsenen in (vorwiegend) gemeinschaftlichen Lernprozessen fördern. E. umfaßt daher alle Maßnahmen und Angebote, die den Menschen zur bewußten Teilhabe und Mitwirkung an den Entwicklungs- und Umformungsprozessen aller Lebensbereiche zu befähigen. Es sind dies: berufliche Aus- und Weiterbildung, *politische* → und allgemeine Bildung, *kulturelle Bildung* →, *soziokulturelle Arbeit* → (*Agogik* →), *freizeitkulturelle Bildung* →.
Das Tempo des durch Wissenschaft und Technik hervorgerufenen Wandels in der Gesellschaft wird immer mehr beschleunigt. Schulische Bildung kann heute nur Grundlagenwissen vermitteln und darüber hinaus die Fähigkeit und Bereitschaft zum Weiterlernen fördern. Erwachsene müssen, um den heutigen Anforderungen und den zukünftigen Entwicklung gerecht werden zu können, ihr Wissen und ihre Fähigkeiten und Fertigkeiten ständig weiterbilden: Lebenslanges *Lernen* →.
Die E. greift diese Notwendigkeit des lebenslangen Lernens in ihrer wissenschaftlichen Theorie und ihrer praktischen Arbeit auf.
In der Bundesrepublik Deutschland wurden entsprechende Gesetze verabschiedet (z.B. Gesetze zur Förderung von beruflicher Bildung, Umschulung, Wiedereingliederung; Ländergesetze zur Förderung von E.) und an den Hochschulen Lehrstühle und Diplom-Studiengänge für E. eingerichtet. E. richtet sich grundsätzlich an alle Erwachsenen, an jene, die die erste (schulische) Bildungsphase beendet (nicht unbedingt abgeschlossen) haben. Bildung soll nicht mehr nur einer kleinen privilegierten Bevölkerungsschicht vorbehalten sein. E. wird von sog. *freien Trägern* → (z.B. Kirchen, Gewerkschaften, Vereinen) wie auch von *öffentlichen Trägern* → (von Ländern und Kommunen) angeboten und getragen. Man spricht von einer Pluralität der Träger. Neben dieser »offenen« Form von E. gibt es auch eine betriebs- bzw. verbandsinterne E. als »geschlossene« Form. Nach dem Ersten Weltkrieg entstanden die kommunal getragenen *Volkshochschulen* →. Öffentlich-rechtliche Träger sollen ein flächendeckendes Mindestangebot gewährleisten. Aber auch die freien Träger mit ihren Einrichtungen bemühen sich um reichhaltige Bildungsangebote. Eine Anerkennung als förderungswürdiger Träger erfolgt nur aufgrund bestimmter Mindestanforderungen (Kursangebot, Anstellung hauptberuflicher pädagogischer Mitarbeiter). Darüber hinaus beteiligen sich auch die *Medien* → in starkem Maß an der E.
Die Veranstaltungsformen reichen von der Einzelveranstaltung (z.B. Vortrag) bis zum mehrmonatigen Vollzeitkurs in der Heimvolkshochschule oder im Rahmen einer beruflichen Fortbildung. Daneben gibt es: Vortragsreihen, Arbeitsgemeinschaften, Seminarkurse, Wochenendkurse, *Bildungsurlaub* →, Studienfahrten, Tagungen u.a.m.
Der Medienverbund gibt neuerdings Möglichkeiten der arbeitsteiligen Kooperation zwischen Funk bzw. Fernsehen und Erwachsenenbildungseinrichtungen (z.B. Funkkollegs). In Selbstlernzentren oder im Rahmen eines Fernstudiums können sich Erwachsene weitgehend allein und eigeninitiativ weiterbilden.
Das Stoffangebot bezieht sich auf alle Lebensbereiche des Menschen: a) berufliche Fortbildung; b) Nachholen von Schulabschlüssen (2. Bildungsweg, Zulassung zur Hochschule; c) Sprachen; d) Mathematik – Naturwissenschaften; e) Zielgruppenarbeit (Arbeit mit bestimmten, meist benachteiligten *Gruppen* → wie z.B. *Behinderten* →, alten Menschen, Arbeitslosen); f) gesellschaftlich-politische Bil-

Bildungsbedürfnisse Erwachsener in den 50er und 60er Jahren

Die berufsbezogenen Motivationen dominieren

Mehrfachnennungen   Durchschnittswert in %

A) Persönlichkeitsbezogene Bildungsbedürfnisse   24
Hilfe in schwierigen Lebenslagen durch eine erfahrene Persönlichkeit (27 %)
Beschäftigung mit der Frage nach dem Sinn des Lebens (21 %)
Beschäftigung mit politischen und sozialen Fragen (24 %)

B) Freizeitbezogene Bildungsbedürfnisse   14
Anregendes geselliges Beisammensein mit anderen Menschen (16 %)
Begegnung mit suchenden Menschen (7 %)
Bereicherung durch künstlerisches Erleben (14 %)

C) Berufsbezogene Bildungsbedürfnisse   48
Kurse für Berufsfortbildung (60 %)
Planmäßiges Studium einzelner Fachgebiete (51 %)
Um etwas aus Forschung und Wissenschaft zu erfahren (34 %)

N – 1367

Quelle: Eigene Zusammenstellung nach Daten von DIVO (Repräsentative Bevölkerungsumfrage bei 1367 Personen zwischen 16 und 79 Jahren in der Bundesrepublik einschl. West-Berlin 1958). Veröffentlicht in W. Strzelewicz (u. a.): Bildung und gesellschaftliches Bewußtsein, Stuttgart 1966, S. 145.

Frage: „Ganz allgemein betrachtet: Was meinen Sie, wozu die Volkshochschulen oder das Volksbildungswerk in der Hauptsache da sein sollten? Wählen Sie bitte auf dieser Karte drei Punkte aus, die Ihnen am wichtigsten erscheinen"

Bildungsbedürfnisse Erwachsener in den 80er Jahren

Im Spannungsfeld von Personlichkeitsentwicklung, Freizeitorientierung und beruflicher Verwertungsabsicht

In % (insgesamt)

A) Persönlichkeitsbezogene Bildungsbedürfnisse   23,2
Zur persönlichen Entwicklung. Entfaltung personlichen Weiterbildung / Um Selbstvertrauen zu gewinnen (10,5 %)
Zur Allgemeinbildung / Nachholen von Schulen (7,2 %)
Um allgemein auf dem laufenden zu sein (5,3 %)

B) Freizeitbezogene Bildungsbedürfnisse   32,7
Zur Freizeitgestaltung, als Hobby / Als Vorbereitung auf freizeit- / ferienbezogene Aktivitäten (12 %)
Zur Unterhaltung, zum Vergnügen / Als Ablenkung vom Alltag / Als Ausgleich zur beruflichen Tätigkeit (10,7 %)
Um unter Leute zu kommen, Leute kennenzulernen und weniger allein zu sein (10,0 %)

C) Berufsbezogene Bildungsbedürfnisse   39,9
Berufliche Weiterbildung (30,8 %)
Um im Beruf weiterzukommen / Als Vorbereitung auf berufliche Veränderung (8,3 %)
Andere berufsbezogene Gründe (0,8 %)
Andere Gründe / Keine Antwort (4,2 %)   4,2

N – 1000   100

Quelle: Eigene Zusammenstellung nach Daten von IPSO MIGROS (Repräsentative Bevölkerungsumfrage bei 1000 Personen zwischen 15 und 74 Jahren in der deutschen und französischen Schweiz), Zürich 1983

Frage: „Es gibt ja Erwachsene, die irgendwelche Kurse, Klubs oder Schulen besuchen, um etwas zu lernen, sich eine Fertigkeit erwerben oder einfach, um etwas zu tun. Das umfaßt also alles, von der Schule über den Sprachkurs bis zum Kochkurs oder Malkurs. Was meinen Sie, warum machen Erwachsene so etwas?"

ANIMATION Juli August 1984

dung; g) kulturelle Bildung/freizeitbezogene Weiterbildung/kreatives Gestalten; h) personenbezogene Bildung (Selbsterfahrung, *Kommunikation* →). Für die E. ergeben sich stets neue Aufgabenbereiche aus dem gesellschaftlichen, wirtschaftlichen und technischen Wandel. Die verschiedenen Angebote sind stets im Zusammenhang des ganzheitlichen Bildungsprozesses zu sehen. Die E. hat sich von allem Anfang an bemüht, eine für ihre Aktivitäten angemessene Didaktik und Methodik zu entwickeln, das heißt ein erwachsenengemäßes Lehren und Lernen anzustreben. Der erwachsene Teilnehmer wird nicht als Objekt einer Bildungsveranstaltung, sondern als aktiv Beteiligter an einem gemeinsamen Lernprozeß angesehen. Er soll weitgehend Einfluß nehmen können auf die Ziele, Inhalte und Methoden einer Veranstaltung (*Gruppenarbeit* →).

Die Teilnahme an Angeboten der E. hängt allein von der freien Entscheidung der Erwachsenen ab (Ausnahme: betriebliche Fortbildung). Das geschieht meist außerhalb der beruflichen und sonstigen Verpflichtungen in der arbeitsfreien Zeit. Man kann davon ausgehen, daß an E.-veranstaltungen vorwiegend motivierte Personen teilnehmen. Allerdings gilt es bisher nur für einen geringen Teil der Bevölkerung, Lernen bzw. Weiterbildung als wichtigen Bestandteil ihrer *Freizeit* → anzusehen. Untersuchungen haben gezeigt, daß vor allem Frauen, Angestellte, jüngere Menschen und Absolventen höherer Schulen an E. als Freizeitbeschäftigung interessiert sind. Dennoch hat die Bereitschaft Erwachsener, sich weiterzubilden, während der letzten Jahre deutlich zugenommen, und man nimmt an, daß sie in den nächsten Jahren noch weiter ansteigen wird. Angesichts hoher Arbeitslosenzahlen und veränderter beruflicher Strukturen kann die E. mit ihren Angeboten einen wichtigen Beitrag dazu leisten, dem einzelnen Anregungen und Hilfen im Umgang mit zunehmend freier Zeit zu geben. Interessen und Fähigkeiten können entwickelt und ausgebaut, bisher verdeckte Begabungen (z.b. im kreativen Bereich) gefördert werden. Auch ökologische und politische Bildung sowie Fortbildungsmaßnahmen zur beruflichen Umschulung oder Qualifizierung gewinnen an Bedeutung (*Fortbildung* →). Durch die Teilnahme an Veranstaltungen kann der Erwachsene mit anderen Menschen in Kontakt treten und dadurch einer möglichen Vereinzelung und Vereinsamung entgegenwirken.

Neben der Bereitstellung herkömmlicher Lernangebote wird es aber in Zukunft auch nötig sein, veränderte *Lebensbedingungen* → und Werteinstellungen Erwachsener zu untersuchen und neue Bildungsbedürfnisse durch ein erweitertes Angebot zu berücksichtigen. So müssen »Freizeit« und »Freizeitlernen« von der E. als wichtige Themen aufgegriffen werden. Veränderte Bildungsbedürfnisse sind zu berücksichtigen (*Abb.* →). Alternative Bildungsangebote sind zu entwickeln, in denen freizeitbezogene Bildungsarbeit im Mittelpunkt steht. *Zielgruppen* → wie die sogenannten »Vorruheständler«, Frauen in der »Lebensmitte« ohne Möglichkeit zur Wiedereingliederung in einen Beruf, junge Arbeitslose müssen neu bzw. vermehrt angesprochen werden. Durch die Eröffnung neuer Lernorte und -stätten, die sich im Wohnumfeld der möglichen Teilnehmer befinden und weniger Pflicht- und Ernstcharakter ausstrahlen als klassische Bildungsstätten, könnten bisher wenig an Bildung Interessierte zum Weiterlernen motiviert werden. So spielt E. im Freizeitbereich nicht nur bei Vermittlung von Kenntnissen und Fertigkeiten für Freizeittätigkeiten eine Rolle, sondern auch bei der Anleitung von ehrenamtlichen und freiwilligen *Mitarbeitern* →, der *Vereine* →, Verbände und Einrichtungen, von *Bürgerinitiativen* → und *Selbsthilfegruppen* → sowie in *Partizipations* → -modellen eine wichtige Rolle. Nicht zuletzt kann sich Erwachsenenbildung dafür einsetzen, daß Freizeit nicht nur als individuelles Problem, sondern im sozialen und gesellschaftspolitischen Zusammenhang gesehen wird. Angesichts der Wichtigkeit von Weiterbildung in einer modernen, hochtechnisierten Industriegesellschaft ist eine verstärkte finanzielle und bildungspolitische Anerkennung und Förderung von Erwachsenenbildung notwendig.

Lit.: Deutscher Ausschuß für das Erziehungs- und Bildungswesen »Zur Situation und Aufgabe der Erwachsenenbildung«, in: Empfehlungen und Gutachten des Deutschen Ausschusses für das Erziehungs- und Bildungswesen, Folge 4, Stuttgart 1960; Deutscher Bildungsrat »Strukturplan für das Bildungswesen«, Stuttgart 1970; Haefner »Die neue Bildungskrise«, Basel/Boston/Stuttgart 1982; Opaschowski »Freizeit auf dem Stundenplan? Zur Arbeit erzogen – Freizeit lernen? Thesen für eine Neuorientierung der Bildungspolitik«, in: Animation, Juli/August 1984, Seite 176 ff.; Schmitz/Tietgens (Hrsg.) »Erwachsenenbildung« (Band 11 der Enzyklopädie Erziehungswissenschaft), Stuttgart 1984; Siebert »Erwachsenenbildung als Bildungshilfe«, Bad Heilbrunn 1983

Mauritz

Erwachsenensport
Sport →

Erziehung
alle absichtlichen (intentionalen) und unabsichtlichen (funktionalen) Einwirkungen insbesondere durch Erwachsene auf den Heranwachsenden.

Eine wesentlich weitergehende Definition sieht in E. alle aus der Entwicklung des Menschen resultierenden Reaktionen der Gesellschaft. Danach bezieht sich E. auf alle Menschen jeden Alters. Der darin liegende Totalitätsanspruch wird von vielen abgelehnt (»Edukationismus«), ohne daß die Tatsache des lebenslangen Lernens und dafür notwendiger Einrichtungen und Angebote geleugnet wird. Am weitesten geht dabei die Antipädagogik, die eine E.-bedürftigkeit des Kindes verneint und vielmehr eine autonome Lernlust des Kindes für die Handlungen der Erwachsenen als bindend ansieht. Ungeachtet der gegensätzlichen Definitionen von E. findet diese im wesentlichen bei Heranwachsenden statt und steht im Rahmen der gesellschaftlichen Normen und Bedingungen, aber auch im Rahmen der besonderen Voraussetzungen der Umwelt des Heranwachsenden.

Im Laufe der Zeit hat sich das E.-system ausdifferenziert und wurden neben der Familie zahlreiche E.-träger und E.-institutionen geschaffen, doch bleibt die in der frühen Kindheit gegebene E. weitgehend prägend. Das gilt gerade für das *Freizeitverhalten* →, für das die Beispiele und Einstellungen in der Familie lange nachwirken, zumal Träger freizeitpädagogischer Intentionen (*Freizeitpädagogik* →) erst verhältnismäßig spät in den E.-prozeß eintreten.

Lernen →

Erziehungsheim
Einrichtung, in der Kinder und Jugendliche im Rahmen der Freiwilligen Erziehungshilfe (wenn die leibliche, geistige oder seelische Entwicklung gefährdet oder geschädigt ist) oder der Fürsorgeerziehung (aufgrund richterlicher Entscheidung durchgeführte Erzie-

hung in behördlicher Verantwortung, *Jugendamt* →) untergebracht sind.
E. bieten Schul- und Berufsausbildung, müssen aber auch für die *Freizeitgestaltung* → ihrer Einwohner vorsorgen. Das ist eine nicht leichte Aufgabe, da sich der in der Regel unfreiwillige Aufenthalt im E. nur schwer mit der Freiwilligkeit eines *Freizeitangebotes* → vereinbaren läßt. Überdies haben viele Kinder und Jugendliche Erfahrungen mit einer nicht wünschenswerten Freizeitwelt. Für die freizeitpädagogische Arbeit im E. werden daher Erzieher besonders ausgebildet.
(*Sozialpädagogik* →, *Sozialpädagoge* →)

Erziehungswissenschaft
Freizeitpädagogik →

Eßkultur
Art und Weise des Umgangs mit dem Grundbedürfnis der Nahrungsaufnahme.
Zur E. gehört das, was gegessen wird, ebenso wie die Gestaltung des Essen und das Ambiente (Raumgestaltung, Mobiliar, Tischgestaltung, Geschirre, Bestecke). E. wird stark vom *Erlebnis* → getragen. Sie hat zwar eine durchgehende Komponente (tägliche Mahlzeiten), gewinnt aber ihre Ausprägung durch Besonderheiten, z.B. festliche Mahlzeiten, Besuch von Gaststätten, insbesondere von Spezialitätenrestaurants (*Gastronomie* →), Gestaltung von Speisen.
Die Bezeichung E. ist auch im Hinblick auf den immateriellen Gehalt von *Kultur* → richtig.
Auch E. stellt eine Auseinandersetzung mit der *Umwelt* → dar, wenn auch oftmals keine bewußte. In Hungerzeiten entstehen originelle Speisenrezepte. Doch war die Reaktion auf den Hunger bei wiedererlangter Fülle eine Freßwelle, was wiederum zu einer Herabsetzung der Kontrolle über die Speisenmengen, kurz zum Dickwerden, führte: »Übergewicht«. Daraufhin entstand die Gegenbewegung »Schlankheitsdiät«/»Gesunde Ernährung« zur Erlangung von »Ideal- und Normalgewicht« mit entsprechenden Auswüchsen, aber auch bestimmten Schönheitsidealen (*Ästhetik* →).
Ähnlich wie andere Kulturbereiche (*Musik* →) ist die E. heute gekennzeichnet durch die Verfügbarkeit; nicht nur durch ein vielseitiges Lebensmittelangebot, sondern durch Information und Erfahrungen über Zubereitungsarten und Gestaltungsmöglichkeiten. Kochbücher, Breviere, Anleitungen in *Zeitschriften* → und *Zeitungen* → sowie in den *Medien* → (»Fernsehkoch«) tragen nicht unwesentlich dazu bei.
So weiß man interessante Diäten ebenso abwechslungsreich und ansprechend herzustellen wie Speisen aus fernen Ländern. Die heutige E. erlaubt in ihrer Vielfalt auch die Gestaltung eines eigenen Eßstils (*Lebensstil* →), sowohl die Spezialisierung auf eine »Lieblingsküche« als auch die Verwirklichung einer bestimmten Ideologie von gesunder Ernährung.
So hat sich das Kochen auch zu einem *Hobby* →, zu einer *Freizeittätigkeit* →, entwickelt. Man rechnet nach Umfragen (Institut für Freizeitwirtschaft 1983) mit etwa fünf Millionen aktiven (100× pro Jahr) und 13 Millionen gelegentlichen (16× pro Jahr) Hobbyköchen. Wie bei anderen Hobbies steht auch hinter dem Hobbykochen der Wunsch, etwas selber zu machen und zu gestalten. Da allein essen nicht besonders anregend ist, macht Hobbykochen erst richtig Spaß, wenn man für andere kocht. Das führte zu neuen Anstößen für häusliche *Geselligkeit* →. Selbstverständlich besteht ein enger Zusammenhang zur Nachfrage nach Lebensmitteln, zum Teil auch nach besonderen Qualitäten (Bio-Nahrung) sowie nach dem Zubehör für das Kochen (Küchen, Küchengerät). Kochkurse werden von vielen Einrichtungen der *Erwachsenenbildung* → sowie von Energie- und Verbraucherberatungsstellen angeboten. Außerdem gibt es Kochclubs, die auch Wettbewerbe und Meisterschaften für Hobbykochkünstler durchführen. Mit Fragen des richtigen Essens befaßt sich die Deutsche Gesellschaft für Ernährung.
E. ist bedeutsam für den Gastronomiebereich, welcher an ihrer Gestaltung zugleich mitwirkt, aber auch auf Wandlungen reagieren muß. So wird die Gastronomie an dem Wunsch nach gesunder Ernährung (einschl. Bio-Kost und Vollwertkost) nicht vorbeisehen können.
E. prägt viele *Veranstaltungen* →, auch wenn sie selbst nicht deren Gegenstand ist. Sie erleichtert die Kommunikation und hilft Schwellen zu überwinden. Verschiedene Formen haben sich ausgebildet: Diner, Kaltes Buffet, Party, Arbeitsessen u.ä.

Ethnische Minderheiten
einer sprachlich und kulturell einheitlichen Volksgruppe angehörende Gruppierung innerhalb einer dominierenden fremden Kultur.
Der Begriff ist in den Vereinigten Staaten von Amerika entstanden, weil sich die bislang üblichen Bezeichnungen (Gastarbeiter, Ausländer, Angehörige fremder Rassen) als unzureichend und unzutreffend erwiesen.
Dieses Problem gilt letztlich auch für die Bundesrepublik Deutschland. Gerade im *Freizeitbereich* → entstehen die meisten Probleme z.B. für Türken, Umsiedler und Asylanten nicht so sehr durch ihre Staatsangehörigkeit, ihr Arbeitsverhältnis u.ä., sondern durch ihre Herkunft aus einem fremden Sprach- und Kulturkreis.

Erst die Kenntnis der ethnischen Unterschiede gibt den Ansatz für Gemeinsamkeit und – soweit gewünscht – *Integration* →.

Exerzitien

lat.: Übungen. Geistliche Übungen nach der Anleitung des hl. Ignatius, die *Meditation* →, Gespräch, Lesen religiöser Texte, Unterweisung und Gebet vereinen. Charakteristikum der E. ist der Rückzug aus dem *Alltag* →. Ähnlich ist der Aufenthalt im Kloster und Teilnahme am klösterlichen Leben während des *Urlaubs* →, was jedoch weniger gerichtet auf religiöse Übungen und Unterweisungen zielt, als auf Ruhefindung innerhalb einer klaren, vom *Alltag* → unabhängigen Ordnung.

Existenzgründung

Schaffung einer Einnahmequelle für den Lebensunterhalt durch eine selbständige Tätigkeit (*Unternehmen* →, freiberufliche Tätigkeit). Da die Möglichkeiten abhängiger Arbeit nicht ausreichen, aber Bedarf vorhanden ist, streben immer mehr Menschen die Selbständigkeit auch im *Freizeitbereich* → an. Wichtig dafür ist, wie für jedes andere Geschäft, einerseits ein brauchbares Angebot, zum anderen die Wahl der richtigen Form. Das erstere kann aus der Vielfalt der Möglichkeiten ausgewählt sein, die im Freizeitbereich möglich sind: *Dienstleistungen* →, Handel, Produktion von Geräten. Für das zweite ist die Auswahl gering: a) Unternehmen herkömmlicher Art (»Profitmaximierung«; Rechtsform: Einzelkaufmann; Personengesellschaften OHG, KG; Kapitalgesellschaften GmbH, AG usw.); b) Alternativunternehmen (Kostendeckungsprinzip; Rechtsform: Einzelkaufmann; GmbH; Genossenschaft; *Verein* →); c) freiberufliche Tätigkeit (Abschluß von Werks- und Honorarverträgen). Das Hauptproblem jeder E. sind die Beschaffung des Anfangskapitals, das bei den im Freizeitbereich möglichen Unternehmungen meist auch Risikokapital ist und die Beratung über Gegenstand und Form. Hier sind einerseits die Industrie- und Handelskammern und Banken, andererseits Wirtschaftsförderungsämter, Unternehmensberater und Netzwerke (Zusammenschlüsse von *Alternativprojekten* →, Bürgschaftsbanken) als Partner anzusprechen. Allerdings sind die Erfahrungen über E. im Freizeitbereich noch sehr jung und noch wenig ausgewertet, so daß über die Chancen im einzelnen nur wenig gesagt werden kann. Jedoch gibt es schon eine größere Zahl von Existenzen. Ihre Gründung wird, wenn die jeweiligen Voraussetzungen gegeben sind, aus Mitteln der Wirtschaftsförderung subventioniert. Für gemeinnützige Vereinigungen können auch Projektförderungsmittel der öffentlichen Hand (Jugend, Kultur, Soziales) beantragt werden. In einigen Bundesländern werden auch *Alternativprojekte* → besonders gefördert.

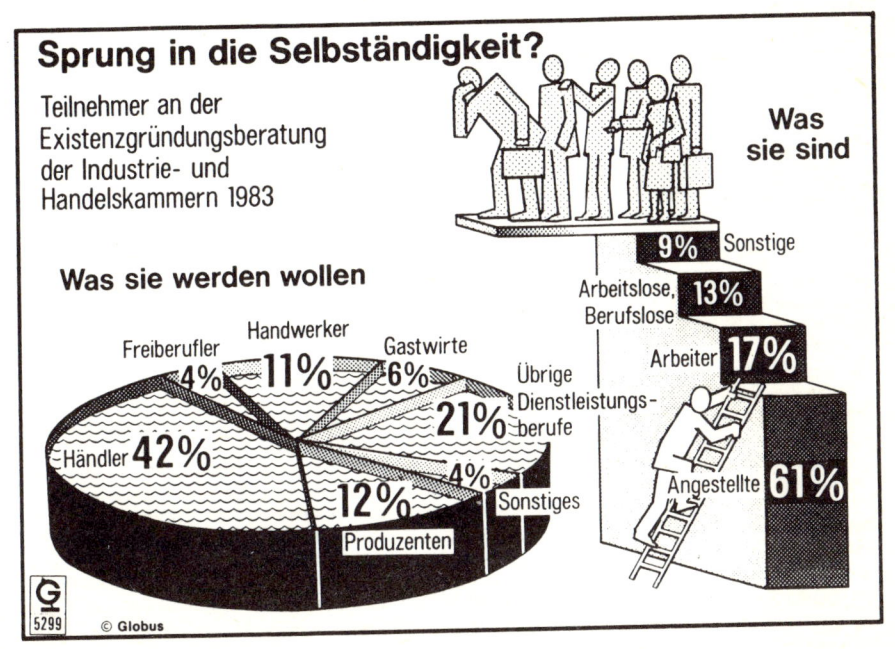

Agricola

Sprung in die Selbständigkeit?

Teilnehmer an der Existenzgründungsberatung der Industrie- und Handelskammern 1983

Was sie werden wollen
- Freiberufler 4%
- Handwerker 11%
- Gastwirte 6%
- Übrige Dienstleistungsberufe 21%
- Sonstiges 4%
- Produzenten 12%
- Händler 42%

Was sie sind
- Sonstige 9%
- Arbeitslose, Berufslose 13%
- Arbeiter 17%
- Angestellte 61%

DGF-Freizeit-Lexikon

An einigen Hochschulen (z.B. Universität Hamburg) finden E.-seminare für Pädagogen statt, die der Etablierung einer freiberuflichen Tätigkeit dienen. Neben der persönlichen und beruflichen Situationsanalyse ist es vor allem die Betrachtung des Marktes, die für die Annahme pädagogischer Interventionen relevant ist. Denn mit der E. begibt sich der Pädagoge in den differenzierten Markt pädagogischer Hilfen und deren Dienstleistungsperipherie. In diesem Markt ist er Wettbewerber, steht in einer Wettbewerbshierarchie und wird damit zugleich als Marktteilnehmer eingeschätzt. Wird dieses so nicht akzeptiert, ist es besser, auf die Gründung einer selbständigen Existenz in unserer derzeitigen Gesellschaftsformation zu verzichten.

Der Pädagoge muß lernen, daß er seine Leistungen in ein Wirtschaftssystem einbringt, das als Transmissionswert die Kaufkraft anerkennt.
Der Versuch, pädagogische Leistungen finanziell zu gewichten, muß daher am Preisgefüge des Marktes für pädagogische Hilfen orientiert werden. Umsatz und Kosten, Markterschließung und Expansion sind Vokabeln, deren zentrale Bedeutung anerkannt und gelernt werden müssen, bevor eine Existenz begründet und wenn eine Existenz konsolidiert werden soll.

Lit.: Oberste-Lehn »Lübecker Studienbriefe, Existenzbegründungsberatung für Pädagogen«, Lübeck 1984; Henninger/Linder (Hrsg.) »Das Umsteigerbuch für arbeitslose Hochschulabgänger«, Königstein/Taunus 1983
Oberste-Lehn

F

Fabrik
Freizeiteinrichtung →, Umwidmung →

Fachplan
Planung für ein bestimmtes Ressort der Öffentlichen Verwaltung auf den verschiedenen Planungsebenen (Bund, Länder, Gemeinden). F. werden für den *Freizeitbereich →* kaum aufgestellt (*Freizeitplan →*).
Planungen hierfür sind in zahlreichen Einzelplänen zu finden: Jugendhilfeplan, Altenhilfeplan, Behindertenplan, Sportentwicklungsplan, Kulturentwicklungsplan, Spielplatzplan, Grünplan, Fremdenverkehrsplan.
Durch die Sektorierung wird ein umfassendes, integriertes *Freizeitangebot →* und eine effektive (*Effektivität →*) Nutzung der vorhandenen *Freizeitinfrastruktur →* erschwert.

Fahrrad
Radfahren →

Familie
die Gemeinschaft von Eheleuten mit ihren Kindern (»vollständige« F., »Kernf.«) oder Elternteile mit Kindern (»unvollständige« F.; *Alleinerziehende Mütter und Väter →*); darüberhinaus auch deren Verwandtschaft. In Wohngemeinschaften mit Verwandten und/oder Bekannten lebt etwa ein Zehntel der F. (daher gilt als Norm die »Kleinfamilie«). Allerdings wohnen Verwandte gern nah beieinander, bestehen starke Beziehungen der meisten F. zur Verwandtschaft (auch in Form von Hilfeleistungen). Wichtigste Aufgaben der F. sind die Kindererziehung und die Versorgung der F.-mitglieder (Haushaltsführung). Beides liegt überwiegend in den Händen der Mütter, auch wenn Partnerschaftsmodelle propagiert und praktiziert werden. Für berufstätige Mütter entsteht daher meist eine höhere Belastung als für die Väter. Das drückt sich in wesentlich geringerer Freizeit aus (*Freizeitprobleme →, Benachteiligte Gruppen →*).
Trotz finanzieller Begünstigungen (Steuerfreibeträge) und Förderung (Kindergeld), verfügen viele F. über vergleichsweise weniger Mittel als kinderlose Ehepaare. Das steigert sich mit der Kinderzahl und durch Ereignisse wie Krankheit, Arbeitslosigkeit. Die Mehrheit der F. verfügt zwar über ausreichend Wohnraum im Sinne der Unterkunft, nicht aber über ausreichenden Platz für *Spiel →, Hobby →* und Alleinsein. Deshalb sind besonders in den Ballungsräumen preisgünstige größere Wohnungen gesucht. F. sind zumeist auch Anwärter auf Kleingartenparzellen und Träger von Initiativen zur Schaffung von Spiel- und Aktivitätsmöglichkeiten im *Wohnumfeld →*. Für *Freizeitverhalten →* und *Freizeitgestaltung →* ist die F. prägend. Einerseits werden innerhalb der F. Möglichkeiten der Zeitumverteilung praktiziert, andererseits legt die F. fest, was Freizeit ist und was nicht (B. Nandi, 1985).
Die Freizeit der F. spielt sich im wesentlichen in der Wohnung ab. Bei F.-feiern reicht der Raum oft nicht aus, man weicht dann in Gaststätten und *Kommunikationszentren →* aus, für die insbesondere in dicht besiedelten Wohngebieten mit sozialem Wohnungsbau ein

Bedarf besteht. In einigen Baumaßnahmen wurden *Gemeinschaftsräume* → für Mieter eingerichtet.
Die wichtigste F.-freizeittätigkeit ist das gemeinsame *Spiel* → in allen Formen. Im übrigen ist das Freizeitverhalten von F. nicht ohne weiteres zu typisieren, weshalb auch die Entscheidung, welches Freizeitangebot familiengerecht ist, sehr schwer fällt. Das F.-freizeitverhalten ist abhängig von den Interessen der F.-mitglieder, deren Alter und Altersunterschieden, der F.-größe und dem *Lebensstil* → der F. Am einheitlichsten ist das Freizeitverhalten von F. mit kleinen Kindern. Je älter die Kinder werden, desto mehr differenzieren sich die Freizeitwünsche und -tätigkeiten der F.-angehörigen. F.-freizeit beschränkt sich dann zunehmend auf gemeinsame Unternehmungen (Ausflug, Ferienreise, *Naherholung* →, *Familienerholung* →, *Familienfreizeit* →). Den unterschiedlichen Freizeitbedürfnissen der F.-mitglieder kommen am ehesten Einrichtungen und Veranstaltungen mit einem Bündel unterschiedlicher Möglichkeiten entgegen (*Spielanlagen* →, *Nachbarschaftshäuser* → und *Bürgerhäuser* →, *Freizeitpark* →, *Erlebnispark* →, *Freilichtmuseum* →, *Erholungsorte* →, *Naturpark* →, *Bad* →, *Flohmarkt* →, *Jahrmarkt* →, *Volksfest* →, *Nachbarschaftsfest* →, *Straßenfest* →, *Stadtteilfest* →, *Brauchtums* → -pflege, bestimmte kulturelle Veranstaltungen, *Trimm-Aktion* →, *Spielfest* →, *Sportfest* →, usw.).
Wichtigster Partner für F.-freizeit sind die *Medien* →, hier besonders das Fernsehen und davon abgeleitete Formen (*Video* →). Hier bestehen für *F.-bildung* → und *Medienerziehung* → wichtige Aufgaben.
Mit der Verbesserung der Situation der F. auch im Freizeitbereich befassen sich in besonderer Weise die Familienverbände.

Familienbildung

auf die gesamte *Familie* → und deren Belange bezogene *Bildungs* → -arbeit. F. vermittelt Informationen für die Erziehung der Kinder, die gesellschaftlichen Bedingungen der Familie, die Rolle und Funktion der Familienmitglieder, Probleme der Familie sowie praktische Handreichungen für das Familienleben. Träger der F. sind u.a. *Kirchen* →, Familienverbände, *Wohlfahrtsverbände* →, *Eltern-Kind-Gruppen* →, Familienbildungsstätten, Familienberatungsstellen, *Familienferienstätten* →, Kindergärten → sowie die *Medien* →. Besondere Formen der F. sind Elternbriefe, Familienzeitschriften, Familien-Gruppenarbeit, *Familienfreizeit* →, *Familienferien* →. F. spielt sich in der *Freizeit* → der Familien ab und befaßt sich vielfach mit Freizeitfragen der Familien. Es werden auch Arbeitsformen des Freizeitbereichs verwandt (*Animation* →).

Familienerholung

gemeinsame Unternehmung der Familie in *Naherholung* → und *Urlaub* →, sowie darauf abzielende Angebote. Absicht der F.-angebote ist die Ermöglichung gemeinsamer *Erlebnisse* → der Eltern und Kinder bei Wanderungen, *Spiel* →, *Sport* →, Gespräch, *Bildung* → zu tragbaren Kosten. Für F. werden bestimmte Einrichtungen betrieben: *Familienferienstätten* →, Familienferiendörfer. Darüber hinaus bieten *Jugendherbergen* →, aber auch *Ferienorte* →, *Erholungsorte* → und *Kurorte* → sowie *Ferienclubs* → Gelegenheit zur F. und für *Familienfreizeiten* →.
Bei Hilfsbedürftigkeit werden (unterschiedlich nach Bundesländern) auch Zuschüsse von den Trägern der Sozial- und Jugendhilfe gegeben. Träger von F.-stätten sind meist die *Wohlfahrtsverbände* →, Familienverbände und die öffentliche Hand.

Familienferien

gemeinsame Verbringung der *Ferien* → von Eltern und Kindern. Soweit Familien überhaupt in *Urlaub* → fahren können, bevorzugen sie die F., wenn die Kinder im Vorschul- und Schulalter sind. Später verselbständigen sich die Kinder und fahren immer seltener mit den Eltern zusammen. In ähnlicher Weise werden die Ferien zu Hause verbracht. Um Familien mit mehreren Kindern, solchen mit behinderten Eltern und hilfsbedürftigen Familien einen Ferienaufenthalt außerhalb der Wohnung zu erleichtern, werden *Erholungs* → -maßnahmen und *F.-stätten* → angeboten. Zur Entlastung der nicht verreisenden Eltern veranstalten viele Gemeinden und Verbände *Ferienaktionen* → und *Stadtranderholung* →. Für Familien ist es nicht einfach, familiengerechte Unterkünfte zu finden. Deshalb gibt der Allgemeine Deutsche Automobilclub im Auftrag des Bundesfamilienministeriums ein Verzeichnis familiengerechter Ferienorte innerhalb seines *Freizeitservices* → heraus. Besonders beliebt bei Familien sind der *Camping* → -urlaub, *Ferienclubs* → und *Ferien auf dem Bauernhof* →.
F. erlauben vielen Familien eine andere Form des Zusammenlebens und des Umgangs miteinander. Doch können durch die oft größere Enge der Ferienunterkünfte auch Probleme entstehen, wenn keine Rückzugsmöglichkeit für den einzelnen besteht. Viele Familien suchen daher auch *Ferienhäuser* → oder manche machen *Wohnungstausch* → mit ausländischen Familien.
F.-stätten, Ferienclubs, manche *Feriendörfer* →, Campingplätze haben *Sozialpädagogen* →, *Animateure* → oder Ferienhelfer, die für die einzelnen Familienmitglieder Angebote machen. Die *Kirchen* → führen im Rahmen

der Urlaubs- und *Campingseelsorge* → Programme durch, an denen Familien oder Familienmitglieder am Urlaubsort bzw. dem Campingplatz teilnehmen können.

Familienferienstätten
Einrichtungen, die besonders auf die *Familienferien* → und die Durchführung von Familienerholungsmaßnahmen ausgerichtet sind (Ferienheime, *Feriendörfer* →). In der Bundesrepublik gibt es zur Zeit etwa 200 gemeinnützige F. In der Schulferienzeit nehmen F. vordringlich Familien mit mehreren schulpflichtigen Kindern, *alleinerziehende Mütter und Väter* → sowie Eltern mit einem behinderten Kind auf. F. liegen in *Erholungsgebieten* → und *Feriengebieten* →. Ferienheime bieten in der Regel Vollpension, während man sich in Feriendörfern selbst versorgt, aber oft auch an einer Gemeinschaftsverpflegung teilnehmen kann. Viele F. bieten Kinderbetreuung und Freizeitprogramme an. Oft ist aber auch die Umgebung nicht nur landschaftlich schön, sondern auch mit *Freizeiteinrichtungen* → (*Bad* →, Spiel-, Sportmöglichkeiten; Wasser-, Wintersport usw.) versehen.
Träger der F. sind gemeinnützige Organisationen, die in drei Arbeitskreisen zusammengeschlossen sind: Evangelischer Arbeitskreis für Familienerholung; Katholischer Arbeitskreis für Familienerholung; Paritätischer Arbeitskreis für Familienerholung. Die F. werden, wenn auch unterschiedlich, subventioniert. Kinderreiche Familien mit niedrigen Einkommen können in den meisten Bundesländern einen Zuschuß zu den Aufenthaltskosten bekommen (*Wohlfahrtsverbände* →, Familienverbände, *Jugendamt* →), wenn die Trägerorganisation in dem betreffenden Bundesland ansässig ist.

Familienfreizeit
1. wenig gebräuchlicher Begriff für Freizeitbelange der Familie.
2. Veranstaltung für Familien über mehrere Tage, meist am Wochenende. Begriff ist traditionell im Bereich der evang. *Kirche* →, wird aber inzwischen auch von anderen Gruppen gebraucht (*Behindertenfreizeit* →).

Familiensport
Teil des Freizeitsports, der ohne Berücksichtigung der Alters-, Leistungs- und Geschlechtsunterschiede Leibesübungen für Familienmitglieder beinhaltet (Mutter-und-Kind-Turnen, Ehepaar-Turnen, Eltern-Kinder-Sport). Häufigste F.-arten sind: *Schwimmen* →, *Gymnastik* →, *Wandern* →, *Spiele* →, *Wassersport* →, *Eislaufen* →, *Skilaufen* →. F. wird von Vereinen, Sportämtern, Bildungsstätten, Kaufhäusern, Sportgeschäften, aber auch Elterninitiativen und Familienverbänden getragen. Besondere F.-ereignisse sind *Spielfeste* → und *Sportfeste* →.

Fan
engl. Abk. von fanatic = Fanatiker (Eiferer), begeisterter Anhänger von Stars, Gruppen (bes.: Musikgruppen, *Bands* →), Sportvereinen (hier bes.: *Fußball* → -clubs) und *Freizeittätigkeiten* →. F. scheinen auf der Suche nach Identifikationsobjekten zu sein (auch »Auto-F.«, »Eisenbahn-F.«). Es ist daher folgerichtig, daß sich gleichgesinnte F. zu F.-Clubs zusammenschließen. In den fünfziger Jahren waren das zunächst Schlager-F.-Clubs in den siebziger Jahren entstanden Fußball-F.-Clubs. Während sich die ersten von Zeitschriften, Anhören von Platten, Rundfunksendungen und Teilnahme an Veranstaltungen wesentlich häufiger intensiv mit ihren Idolen befassen können und nur zeitweilig in größerer Zahl zusammenkommen, treffen sich die Fußball-F.-Clubs wöchentlich auf dem Fußballplatz und finden dort nicht nur Gleichgesinnte sondern auch »Gegner« vor. Dadurch kommt es eher zu Auseinandersetzungen, nicht nur während des Spiels, sondern auch vor und besonders nachher. An den Unruhen (»Randalismus«) beteiligen sich nicht nur F.-Clubs, sondern auch nichtorganisierte F., wobei die große Zahl, aber auch Alkohol verstärkend wirkt. Ordner und Polizei/Bahnpolizei haben besondere Verhaltensweisen entwickelt, um der Fußball-F. Herr werden zu können.
Freizeitprobleme →

Fasching
Karneval →

Fast-Food
amer.: Schnelle Verpflegung
F.-F.-Betriebe sind Gaststättenbetriebe, die im wesentlichen Kernprodukt – Convience – in mehreren Varianten anbieten. Sie gehören des öfteren einem der großen F.-F.-Unternehmen (McDonalds, Burger King etc.) an, d.h., sie werden zentral geführt.
Gastronomie →

Federball
Sportspiele →

Feierabend
Freizeit → am *Werktag* → bzw. Arbeitstag; neben Sonntagen und *Feiertagen* → die *Freizeit* → der vorindustriellen Zeit (*Tagesfreizeit* →). Während heute der F. von den Arbeitszeitregelungen abhängig ist, waren in der vorindustriellen Zeit natürlicher Tagesablauf,

Arbeitsablauf und die jeweils zu leistende Arbeit für den Eintritt des F. maßgeblich.

Feiertag
arbeitsfreier Tag, meist aufgrund eines staatlichen (»staatlicher F.«) oder religiösen (»kirchlicher F., jüdischer F., islamischer F.«) Gebotes neben den Sonntagen bzw. Wochenenden. Die kirchlichen F. sind durch das Kirchenjahr bestimmt, liegen teilweise auf demselben Kalendertag fest (unbewegliche F.) und sind teilweise beweglich auf Ostern bezogen auf demselben Wochentag. Staatliche F. haben ein festes Datum (z.B. 1. Mai »Maifeiertag«, 17. Juni »Tag der deutschen Einheit«). F. sind vielfach Anlaß für *Feste* →, insbesondere auch örtliche Gedenkfeiern (z.B. Kirmes), Jahreszeiten- und *Brauchtums* → -feiern sowie für Familienfeste (Namenstag, Geburtstag, aber auch mit z.T. religiösen F. verbundene persönliche Feiern z.B.: Kommunion, Konfirmation).

Ferien
schulfreie Zeit, auch als Synonym für *Urlaub* → gebraucht. In letzter Zeit haben sich drei Haupt-F.-zeiten herausgebildet: Frühjahr (Ostern), Sommer, Winter (Weihnachten). Durch die größere Länge sind die Sommer-F. immer noch die bedeutsamsten. Die meisten Bundesländer haben eine Regelung vereinbart, nach der einerseits der Ferienbeginn länderweise unterschiedlich ist, andererseits sich von Jahr zu Jahr in bestimmtem Turnus verschiebt. Das soll den Reiseverkehr »entzerren« und für eine bessere Auslastung der *Feriengebiete* → sorgen.

Ferienaktionen
Maßnahmen für in den *Ferien* → zu Hause gebliebene Schulkinder, aber auch für Jugendliche und Erwachsene. F. werden meist von den Gemeinden koordiniert, zum Teil auch durchgeführt, liegen aber sonst in den Händen *freier Träger* → (»Ferienprogramm«, »Ferienangebot für zu Hause gebliebene« u.a.). Eine besondere Form der F. ist die *Stadtranderholung* →. Zum Besuch von Veranstaltungen und zur Teilnahme an Fahrten, Besichtigungen usw. werden *Ferienpässe* → als Ausweise ausgegeben, die einerseits den Zugang regeln, zum anderen durch Verkauf einen Kostenbeitrag vermitteln.

Ferienanlagen
Sammelbegriff für komplexe Einrichtungen des *Freizeitwohnens* → in den *Ferien* → und im *Urlaub* → mit eigener Verwaltung. Das Feriendorf → als einheitlich gestaltete F. mit meist einzeln stehenden, auf Familien und Kleingruppen (*Familienferienstätten* →) abgestimmten (wohnfertig eingerichteten) Pavillons, Bungalows, Blockhäusern u.ä. mit Wohn- und Schlafräumen, Küche oder Kochnische; mit einem Dorfzentrum (Gemeinschaftsräume, Verwaltung, Service, Gastronomie, Einkaufsmöglichkeiten) und je nach Größe anderen Einrichtungen für die *Freizeitgestaltung* → (*Bad* →, *Tischtennis* →, Minigolf, *Tennis* → -platz, Trimmpfad, *Spielplätze* → u.ä.). Unter Ferienpark wird eine einheitlich gestaltete, überschaubare F. verstanden, die verschiedene Wohnformen (freistehende Ferienhäuser, Reihenhäuser, Appartmentgebäude, Hotels) mit einer meist reichhaltigen Infrastruktur vereinigt. Als Ferienzentrum werden eher städtisch gestaltete F. bezeichnet, bei denen mehrstöckige Appartementhäuser, Ferienwohnhäuser und Hotelbauten dominieren, um kurze Wege zur komplexen Infrastruktur (Strand, *Bad* →, Kureinrichtungen, Ladenzeile, *Gaststätten* →, Kneipen, Cafés, Theatersaal, *Kino* →, *Diskothek* →, Marina, sonstige Sportanlagen) zu ermöglichen.

Lit.: Wagner »Ferienarchitektur«, Starnberg 1984

Ferien auf dem Bauernhof
Sammelbezeichnung für ein spezielles Urlaubsangebot bestimmter, in touristisch attraktiven Regionen gelegener, landwirtschaftlicher Betriebe (Kost und Logis bzw. Ferienwohnungen).
F. entstanden nach dem 2. Weltkrieg aus der Notwendigkeit
a) kleinbäuerlichen Betrieben mit meist nur mäßigen agrarischen Produktionsbedingungen und in industriefernen aber landschaftlich reizvollen Standorten Zusatzeinkommen zu erschließen; b) speziellen Urlaubsansprüchen bestimmter Bevölkerungsgruppen (*Familien* → mit Kindern, Städtern, einkommensschwachen Schichten) gerecht zu werden.
Es gibt heute in der Bundesrepublik Deutschland rund 20 000 landwirtschaftliche Betriebe, die F. anbieten, meist verbunden mit der Möglichkeit eines Aktivurlaubs (*Reiten* →, *Angeln* → usw.). Fachministerien, Bauernverbände und die DLG (Deutsche Landwirtschaftsgesellschaft) bemühen sich darum, diesen landwirtschaftlichen Betriebszweig zu fördern. Das Marketing für F. kann jedoch noch wesentlich verbessert werden. Z.Zt. erscheinen eine Reihe von Katalogen, die von den Landesbauernverbänden, dem Landschriftenverlag, der DLG, dem Deutschen Sparkassen und Giroverband herausgegeben werden und detaillierte Angaben für die einzelnen angebotenen Objekte enthalten. Die Zukunft dieses Zweiges der *Freizeitwirtschaft* → in den einzelnen Regionen der Bundesrepublik

Ferien auf dem Bauernhof

Deutschland wird jedoch sehr stark von der Entwicklung in der jeweiligen Region selbst abhängen. Viele Ansprüche der Urlauber sind allein von einzelnen Ferienhöfen nicht zu erfüllen, sondern können nur im Rahmen eines Gesamtkonzeptes der wirtschaftlichen und touristischen Entwicklung eines bestimmten ländlichen Gebietes befriedigt werden.
Fremdenverkehr →, *Fremdenverkehrsgebiete* →

Zurek

Ferienclub
verhältnismäßig junges Ferienangebot, das Ferienwohnmöglichkeiten mit einer vielseitigen *Freizeitinfrastruktur* →, Freizeitprogrammen (*Animation* →) sowie *Geselligkeit* → und Gemeinschaft verbindet. F. verfügen in der Regel über abgeschlossene, in *Feriengebieten* → liegende Areale, auf denen sie zumeist Dörfer mit kleinen Häusern, einem Dorfzentrum, sowie vielseitigen *Ferienanlagen* → errichten. Mittelpunkt ist oft ein Schwimmbecken. Je nach Lage sind die Betätigungsmöglichkeiten mehr auf Wassersport oder mehr kulturell bezogen. Viel Wert wird auf gemeinsame Unternehmungen, eine bestimmte *Eßkultur* → und *Feste* → gelegt.

Feriendorf
Ferienanlagen →

Feriengebiet
Zielregion für *Ferien* → - und *Urlaubsreisen* →, die aufgrund ihrer landschaftlichen Voraussetzungen, ihrer Infrastruktur und anderer Maßnahmen für den *Fremdenverkehr* → und Ferienaufenthalt erschlossen ist. In F. stellt der *Fremdenverkehr* → einen wesentlichen Bestandteil des volkswirtschaftlichen Einkommens (*Fremdenverkehrsgebiet* →).

Ferienhaus
zum *Ferien-* → bzw. *Urlaubs* → -aufenthalt bestimmtes, meist freistehendes, Haus, das wohnfertig eingerichtet ist. F. können einzeln, in Gruppen oder Feriendörfern und -parks (*Ferienanlagen* →) angeordnet sein. Sie werden vom Besitzer, über *Agentur* → oder *Reisebüro* → vermietet.

Ferienpark
Ferienanlagen →

Ferienpaß
Ferienaktion →

Ferienverkehr
Urlaubsverkehr →

Ferienwohnung
zum *Ferien* → - bzw. *Urlaubs* → -aufenthalt bestimmte Wohnung, die wohnfertig eingerichtet ist. F. können in normalen Wohnhäusern untergebracht sein. Meist spricht man dann – besonders bei größerer Konzentration von F. – nicht mehr von F., sondern von Ferienappartements und Appartementhäusern (*Ferienanlagen* →).

Fernsehen
Medien →, *Rundfunk* →

Fest
1. aus dem alltäglichen Leben herausgehobene Zeit der Feier eines gegenwärtigen oder vorangegangenen Ereignisses (*Feiertag* →);
2. Bezeichnung der Veranstaltungen anläßlich der Feier zu 1. (*Volksfest* →, *Schützenfest* →, Familienfest);
3. neuerdings auch Bezeichnung für Anlaß und Veranstaltung einer Feier (Stadtfest, *Stadtteilfest* →, *Straßenfest* →).
F. sind die älteste Form der *Freizeit* → und der damit verbundenen Veranstaltungen, Ursprung der heutigen *Freizeitangebote* →. Sie sind zunächst religiöse F. gewesen; daneben entwickelten die weltlichen Formen (z.B. Märkte, Gauklervorstellungen, Tanz) und bildeten sich auch weltliche F. heraus (Staatsfeiertag, Vergnügungsfeiern).

Festspiel
auch Festival; meist in regelmäßigen Abständen wiederkehrende, kulturelle Großveranstaltung außerhalb des gewöhnlichen Kulturbetriebs.
Die überwiegende Zahl der F., welche in den letzten Jahren sprunghaft anwuchs (»Festivalitis«, »Festspielmanie«, »Festivalismus«), ist der Musik gewidmet, eine kleinere Zahl dem Theater, dem Tanz, dem Film und anderen Künsten. Viele F. sind Verbindungen mit dem *Fremdenverkehr* → eingegangen bzw. durch diesen begründet worden. Entsprechend liegen die F.-orte meist in *Feriengebieten* →. Anders als die Teilnahme an den üblichen Kulturveranstaltungen, die in der Feierabend- und Wochenendfreizeit liegen, erfordert die Teilnahme an F. Urlaubszeit, findet also unter weniger *Streß* → statt. Viele F. sind nicht nur Vorführungen gewidmet, sondern auch der Kommunikation von *Künstlern* → und kunstinteressierten Laien sowie dem gemeinsamen künstlerischen Tun.
F. bedienen sich der am F.-ort vorhandenen Infrastruktur. Im Freien stattfindende F. werden auch als Open-Air-Festival bezeichnet.

Festival
Festspiele →

Film

1. nach dem dünnen, lichtempfindlichen Häutchen der Beschichtung benanntes Material zur Aufnahme und zum Kopieren von Bildern. Der F. dient als Rohmaterial zur Belichtung mit Kameras für die *Fotografie* → und Kinematografie.

2. Sammelbegriff für das Lichtspielwesen: a) F. als Produkt umfaßt heute neben dem Bild auch literarische, musikalische, dramaturgische und informatorische Elemente. Er stellt sich je nach Herstellungsart und Inhalt in vielen Formen vor: Stumm-F., Farb-F., Ton-F., Schwarz-Weiß-F., Normal-F., Breitwand-F., Superbreitwand-F., 3-D-F.; Spiel-F., Unterhaltungs-F., Dokumentar-F., Kultur-F., Lehr-F., Werbe-F., Experimentar-F., Propaganda-F., Wochenschau, wissenschaftlicher F., Kurz-F., abendfüllender F., Kinder-F., Jugend-F., Zeichen-F., Trick-F., Abenteuer-F., Heimat-F., Horror-F., Kriegs-F., Kriminal-F., Liebes-F., Musik-F., Porno-F., Revue-F., Untergrund-F., Western-F.

Die überwiegende Zahl der F. sind als Ware gedacht, d.h. sie sollen gegen Entgelt angeboten werden (*Kino* →; Verkauf). Der F. steht darin in einem ähnlichen Verhältnis zum Konsumenten wie andere *Medien* → (z.B. die Zeitung). Er muß einerseits möglichst viele Menschen ansprechen, und er ist außerdem eine *Dienstleistung* → mit deren Vergänglichkeit. Das finanzielle Risiko ist daher verhältnismäßig hoch. b) Die Produktion des F. umfaßt in der Regel verschiedene Schritte: Drehbuch nach einem Handlungsabriß (Exposés, Treatments) oder auf eine Absicht, Dokumentation, einen Inhalt bezogen; Engagement von Herstellungsteams (Produzent, Regisseur, Aufnahmeleiter, Kameraleute, Tonmeister, Szenenbildner, Beleuchter, Kostümbildner, Maskenbildner, Trickspezialisten sowie Assistenten), von künstlerischen Mitarbeitern (Dramaturg, Ballettmeister, Komponist, Dirigent, Musiker), von Fachleuten (Wissenschaftler, Spezialisten bestimmter Sachgebiete, für Spezialeffekte usw.) und von Schauspielern, Stuntmen oder Gesprächspartnern, Moderatoren; Aufstellung von Dreh- und Finanzierungsplänen; Auswahl von Drehorten (Filmatelier/Studio; Originalschauplätze); Beschaffung von Drehgenehmigungen, von Gerät und Requisiten, Erstellung von Bauten und Dekorationen; Dreharbeiten; Filmentwicklung, Einspielung der Musik und Aufnahme von Geräusch und Sprache; Schnitt, Synchronisation/Zusammenführen von Bild und Ton; Herstellung von Kopien für Verleih, Verkauf, Verteilung, Weiterverwertung.

Das Verfahren der F.-produktion ist außerordentlich komplex und verlangt einerseits hervorragendes *Management* →, andererseits hochqualifizierte Mitarbeiter. Die Anforderungen an die Qualität sind ständig gestiegen, neue technische Verfahren in Bild und Ton wurden entwickelt, so daß sowohl der personelle wie der technische und damit der finanzielle Aufwand stetig wuchs. Daneben gibt es immer wieder Versuche, F. mit einfachen Mitteln herzustellen. c) Der F. hat einen eigenen Wirtschaftszweig hervorgebracht, der außer der F.-produktion auch die Herstellung von Roh-F. und Geräten, den F.-verleih sowie die F.-vorführung einschließlich der dafür notwendigen Einrichtungen umfaßt. Wie in anderen Wirtschaftszweigen haben sich die Unternehmen der F.-wirtschaft (F.-hersteller, F.-theaterbesitzer, filmtechnische Betriebe) zu Verbänden zusammengeschlossen, welche wiederum die Spitzenorganisation der Filmwirtschaft bilden.

Die größte Bedrohung erwuchs der F.-wirtschaft im Fernsehen, was sich von Beginn der 60er Jahre in einem stetigen Rückgang der Besucherzahlen in den Kinos äußerte, der erst nach zwanzig Jahren zum Stillstand kam. Zum Ausgleich dieses wirtschaftlichen Einbruchs wurde von den Fernsehanstalten der F.-förderungsanstalt (Bundesanstalt des öffentlichen Rechts) ein Abkommen zur Zusammenarbeit zwischen F. und Fernsehen geschlossen. Die in diesem Rahmen ausgegebenen Mittel betrugen für den Zeitraum von 1979–1983 79 Mio. DM. Daneben gibt es Koproduktionen und Förderungsbeiträge durch die Fernsehanstalten. d) Es ist unbestritten, daß der F. Teil kultureller Aktivität unserer Gesellschaft ist, wenn auch die künstlerische Qualität der einzelnen F. unterschiedlich und umstritten ist. Entsprechend wurde der F. Gegenstand öffentlicher und halböffentlicher Förderung. Die F.-förderung drückt sich in unterschiedlichsten Maßnahmen aus: F.-bewertung der F.-bewertungsstelle Wiesbaden (F. mit Prädikat »Wertvoll«/»Besonders wertvoll« erhalten steuerlichen Nachlaß); Stipendien für Drehbücher und Zuschüsse zur F.-herstellung durch das Bundesministerium; der »Deutsche Filmpreis« für Spielfilme (»Filmband« in Gold oder Silber), Prämien für F. ohne Spielhandlung und Kurzfilme; die Nachwuchsförderung hat das »Kuratorium Junger Deutscher Film« (Ländereinrichtung) übernommen; F.-förderung einzelner Bundesländer durch Staatspreise, Kreditgewährung, Einrichtung und Unterstützung von »Filmbüros«, »Filmhäusern« und »Filmwerkstätten« (Träger und Mitglieder sind Filmemacher); gemeindliche Förderung durch kommunales *Kino* →, F.-arbeit der *Volkshochschulen* → und *Jugendämter* →; Unterrichts-, Kultur- und Wissenschafts-F.-herstellung wird durch das von Bund und Ländern gemeinsam getragene »Institut für Film

Film

Tab. Filmfestspiele in Deutschland

Ort	Bezeichnung
Berlin (West)	Internationale Filmfestspiele
Biberach	Filmfestspiele
Bielefeld	Kultur- und Filmfest
Duisburg	Filmwoche
Frankfurt a. M.	Kinderfilmfestival
Friedberg	Internationale Tage des religiösen Films
Göttingen	Filmfest
Hamburg	Kinotage
Hof	Filmtage
Lübeck	Nordische Filmtage
Mannheim	Internationale Filmwoche
München	Festival des phantastischen Films
Oberhausen	Westdeutsche Kurzfilmtage
Osnabrück	Experimentalfilm-Workshop
Selb	Grenzlandfilmtage
Stuttgart	Internationale Trickfilmtage

und Bild« und die Landes-, Kreis- und Stadtbildstellen gefördert; eine besondere halböffentliche Förderung des F. stellt die Arbeit der *Filmclubs* → und *Cinematheken* → dar; auch F.-festspiele (meist in öffentlicher oder halböffentlicher Trägerschaft) sind eine Form der F.-förderung. e) Der F. ist als Massenkommunikationsmittel und kulturelles Ausdrucksmittel Gegenstand von Kritik, Wirkungsbeobachtung und pädagogischen Aktivitäten.
Die F.-kritik hat ihren Platz insbesondere in den Tageszeitungen erworben; daneben befassen sich Rundfunk, Fernsehen, Fach- und Spezialzeitschriften mit der Erläuterung und Beurteilung von F.; die »Arbeitsgemeinschaft der Filmjournalisten« gibt ein »Jahrbuch der Filmkritik« heraus. Da F. in der Regel zur öffentlichen Aufführung bestimmt sind, stellen sich Fragen über Wirkung auf Kinder und Jugendliche und des Schutzes dieser Gruppen vor für sie nicht geeigneten Inhalten und Wirkungen. Einerseits wurden durch den Bund entsprechende Bestimmungen für den Jugendschutz sowie eine Bundesprüfstelle für jugendgefährdende Schriften (Medien), andererseits durch die F.-wirtschaft die Freiwillige Selbstkontrolle (FSK) eingerichtet. Den Umgang mit dem Medium F. will die F.-erziehung, auch F.-kunde, vermitteln, die in *Schulen* →, Volkshochschulen, F.-clubs, *Jugendverbänden* →, *Jugendpflege* →, *Jugendbildungsstätten* → und im Rahmen der Amateurfilmarbeit stattfindet.
Die F.-erziehung will Verständnis für die Kommunikationsform F., deren Gestaltung und Wirkung sowie kritische Würdigung des F.-inhalts und des F.-erlebnisses bewirken. Hintergrundmaterialien dazu veröffentlicht das Deutsche Institut für Filmkunde. f) Daß der F. ein wichtiger Gegenstand für *Freizeitge-*

staltung → bleibt, wird durch den Rückgang etwa der Kinobesucherzahlen nicht geschmälert. So gehören zu den beliebtesten Fernsehsendungen die Übertragungen von Spielfilmen. Auch die aktive Beschäftigung mit dem F. hat zahlreiche Freunde (*Amateurfilm* →), obwohl das neue Medium Video dort zunehmend eindringt. Die Arbeits- und Wirkungsprinzipien sind jedoch ähnlich.

Filmclub

auch: Filmforum, Ciné-Club
Vereinigung zur Förderung und Verbreitung bedeutender, wenig oder nur in zensierter Fassung bekannter Filme der Filmgeschichte durch nichtkommerzielle Vorführung und Diskussion. F. sind im Verband der deutschen Filmclubs zusammengeschlossen.
Fernsehen, *Cinematheken* →, *Kommunales Kino* →, Programmkinos haben die Bedeutung der F. wesentlich geschmälert.

Fitnessbewegung

Entwicklung und Aktion zur Förderung der Leistungsfähigkeit der Menschen, insbesondere der körperlichen.
Die F. bewirkte eine allgemeine Verstärkung von Bewegungsaktivitäten und *Sport* → (Fitnesstraining). Sie wird von den *Sportverbänden* → (in der Bundesrepublik: Deutscher Sportbund, *Trimm-Aktion*« →, »*Zweiter Weg des Sports*« →), Erwachsenenbildungs → -einrichtungen, von privaten Unternehmern, informellen Gruppierungen getragen und von den *Medien* → unterstützt.
Im Zusammenhang mit der F. entstanden zahlreiche Fitnesseinrichtungen, zu denen im weiteren Sinne alle *Freizeitsportanlagen* →, im engeren Sinne die *Bodybuilding-* →, *Kraftsport-* →, Sport- und Gymnastikschulen, Gesundheitsparks, Bäder mit Trainingsangeboten u. ä. Einrichtungen zählen.

Flächennutzungsplan

Bauleitplanung →

Flipper

Kugelspiel mit elektrischen Kontaktstiften, -hindernissen, bei dem die Metallkugel mittels Schleuderhebeln möglichst lange im geneigt stehenden Spielfeld gehalten werden muß (Pinball).
Die Berührung der Kugel mit den Kontaktstiften wird am senkrecht stehenden (sehr bunten) Oberteil bepunktet.
Am F. lassen sich dadurch auch Wettspiele durchführen (bis zu 4 Personen).
F.-Spielgeräte werden zumeist in *Gaststätten* → und *Spielhallen* → aufgestellt.

Durch Münzeinwurf wird das Spiel freigegeben. Flippern erfordert eine hohe Reaktionsfähigkeit.
Geschicklichkeitsspiel →, Spielgeräte →

Flohmarkt
Veranstaltung für die Zusammenkunft der Käufer und Verkäufer von Trödel (auch: Trödelmarkt). Die meisten F. werden von nichtberufsmäßigen Verkäufern und von Käufern und Schaulustigen mehr aus Spaß als wegen eines Kaufvorsatzes besucht. F. sind meist mit Darbietungen verbunden oder werden im Rahmen von Stadt- oder *Stadtteilfesten →* abgehalten; sie sind also weitgehend als Freizeitveranstaltungen anzusehen. (*Volksfest →*)
Träger von F. können die *Gemeinden →, Freizeiteinrichtungen →*, Kirchengemeinden, Vereine, Nachbarschaftsgruppen und private *Unternehmer →* sein. In der Regel zahlen die Verkäufer ein Standgeld und behalten den Erlös für sich (im Unterschied zum *Basar →*).

Förderer
Sponsor →

Förderung, öffentl.
Freizeitpolitik →, Subvention →

Folgekosten
die Aufwendungen, die durch eine Anschaffung oder Investition ausgelöst werden. Man rechnet zu den F. folgende Kostenarten: Kalkulatorische Kosten (Abschreibung und Verzinsung des für die Investition benötigten Kapitals); Kapitaldienst (Zins und Tilgung für Kredite); Unterhaltungskosten (Instandsetzungen, Reparaturen, Bauerneuerung, Neubeschaffung von Inventar); Bewirtschaftungskosten (Steuern, Versicherungen, Ver- und Entsorgung: Strom, Gas, Wasser, Heizung, Abwasser, Müll, Reinigung); Personalkosten (hauptamtliche und Teilzeitmitarbeiter); Honorarkosten (nebenamtliche Mitarbeiter); Veranstaltungs- und Programmkosten. Die F. von *Freizeitanlagen →* und *Freizeiteinrichtungen →* liegen angesichts knapper werdender Kassen heute stärker im Blickfeld. Sie werden auch jetzt noch stark unterschätzt. *Freizeiteinrichtungen →* sind Dienstleistungsbetriebe und erfordern daher verstärkten Personaleinsatz; meist werden weniger Mitarbeiter vorgesehen als benötigt. *Freizeiteinrichtungen →* mit bedeutender technischer Ausstattung (*Bad →, Eislaufanlage →*) erfordern großen Pflegeaufwand. Werden die F. öffentlich und privat betriebener *Freizeiteinrichtungen →* verglichen, wird leicht übersehen, daß die Gemeinden und andere öffentliche Betreiber die kalkulatorischen Kosten und den Kapitaldienst im ordentlichen Haushalt nicht aufführen und daß auch Gemeinkosten (z.B. Verwaltungskosten) nicht berücksichtigt werden. F. von *Freizeiteinrichtungen →* sind nicht nur von den Investitionsaufwendungen, sondern oft in gleicher Weise von der *Betriebs →* -konzeption abhängig.

Folk
Kurzwort für Folksong (*Volkslied →*), bezeichnet eine im wesentlichen von der nordamerikanischen *Volksmusik →* (Western-, Hill-billy-Country-Musik, Blues) beeinflußte Form der *Unterhaltungsmusik →*. In Europa nahm der F. auch Elemente der irischen, französischen und deutschen Volksmusik zusätzlich auf. Außerdem werden Volkslieder und Volksmusik vieler Länder im F.-stil und mit dem F.-instrumentarium (Geige, Westerngitarre, Banjo, Steelguitar, Mundharmonika) aufgeführt.

Folklore
international gebräuchlicher Begriff für *Brauchtum →*.
Durch die Übertragung und Weiterentwicklung folkloristischer Elemente besonders in die *Unterhaltungsmusik →* hat sich ein internationaler F.-Stil herausgebildet (*Folk →*).
Man spricht auch im Zusammenhang mit populärer Musik und populären Tänzen von einer modernen F. Doch ist der historische Abstand vermutlich zu gering, um das beurteilen zu können.
Volkskunst →, -kultur, *Volkslied →*, *Volksmusik →*, *Volkstanz →*, *Volkstracht →*

Forstlehrpfad
Lehrpfad →

Fortbildung
1. häufig als synonym für Weiterbildung (*Erwachsenenbildung →*);
2. im Sinne von beruflicher Weiterbildung; Erhaltung und Erweiterung der vorhandenen beruflichen Kenntnisse und Fertigkeiten, deren Anpassung an die technische Entwicklung (»Anpassungs«-F.), sowie Beitrag zum beruflichen Aufstieg (»Aufstiegs«-F.). Im Unterschied dazu: Berufliche Umschulung (Berufsbildungsgesetz 1969) als Teilnahme an Bildungsmaßnahmen mit dem Ziel, den Übergang in eine andere geeignete berufliche Tätigkeit zu ermöglichen (*Rehabilitation →*). Berufliche Fortbildung setzt eine abgeschlossene Berufsausbildung oder eine geeignete Berufserfahrung voraus. Entsprechende Bildungsmaßnahmen knüpfen an bereits vorhandene Kenntnisse, Fertigkeiten und Erfahrungen des Teilnehmers an (*Abb. →; Erwachsenenbildung →*).

Fortbildung

Maßnahmen zur beruflichen F. werden von einer kaum überschaubaren Vielzahl von Trägern betrieblich oder außerbetrieblich angeboten. Statistische Ergebnisse besagen, daß knapp die Hälfte aller beruflichen F.-maßnahmen vom Arbeitgeber durchgeführt werden. Allerdings wird in diesen Daten nicht nach F. und Umschulung differenziert, sondern die gesamte berufliche Weiterbildung einbezogen (*Abb.* →).

Die Förderung der beruflichen Bildung Erwachsener gehört zu den zentralen Aufgaben, die der Bundesanstalt für Arbeit durch das Arbeitsförderungsgesetz übertragen sind. Sie soll garantieren, daß *Arbeitslosigkeit* → verhindert bzw. abgebaut wird, daß kein Mangel an Arbeitskräften eintritt, die berufliche Beweglichkeit der Erwerbstätigen gesichert und verbessert wird und nachhaltige negative Folgen, die sich aus der technischen Entwicklung oder aus wirtschaftlichen Strukturwandlungen ergeben können, vermieden, ausgeglichen und beseitigt werden. Um dieses Ziel zu erreichen, sieht das Arbeitsförderungsgesetz eine intensive Arbeits- und F.-beratung sowie eine Vielzahl finanzieller Förderungsmöglichkeiten vor.

An beruflicher F. nahmen 1982 insgesamt 12% der Bevölkerung im Alter von 19 bis 65 Jahren teil (*Abb.* →).

Berufliche Lerninteressen lassen sich in zwei Bereiche gliedern: 1. Ein starkes Interesse an der Anpassung und Erweiterung vorhandener Kenntnisse, 2. ein geringeres Interesse am Nachholen von Abschlüssen und an Umschulung.

Die Teilnahme an beruflicher F. ist vielfach

Weiterbildungsteilnahme 1979 und 1982 im Überblick
(Weiterbildungsteilnahme nach Weiterbildungsbereichen in Prozent der Bevölkerung im Alter von 19 bis unter 65 Jahren)

Weiterbildungsbereiche	Teilnahme an Weiterbildung im letzten Jahr	
	1979 (in %)	1982 (in %)
Berufliche Weiterbildung insgesamt und zwar:	10	12
Lehrgänge/Kurse zur Umschulung auf einen anderen Beruf	1	1
Lehrgänge/Kurse für den betrieblichen Aufstieg (z. B. zum Meister, Techniker, Betriebswirt)	2	2
Besondere Lehrgänge/Kurse im Betrieb zur Einarbeitung in eine neue Arbeit	3	4
Sonstige Lehrgänge/Kurse im Beruf	6	8
Allgemeine Weiterbildung insgesamt und zwar:	12	14
Besuch von Kursen, Lehrgängen oder Vorträgen zu den Themenschwerpunkten Fragen der Gesundheit und der gesundheitsgerechten Lebensführung	3	3
Versicherungs-, Renten-, Steuer- und sonstige Rechtsfragen	2	2
Wie man einen Haushalt führt	1	0
Wie man Kinder versorgt und erzieht oder ihnen in der Schule hilft	1	1
Wie man mit persönlichen oder familiären Problemen fertig wird	1	1
Sprachkenntnisse	3	4
Praktische Kenntnisse, die man manchmal braucht, z. B. erste Hilfe, Reparaturen im Haus, am Auto usw.	3	3
Naturwissenschaften und Technik	2	1
Wie man aktiv seine Freizeit gestalten kann, z. B. basteln, ein Musikinstrument spielen, Tierhaltung, Gartenpflege und andere Hobbys	2	3
Wissen auf Gebieten, wie z. B. Kunst, Literatur, Religion, Geschichte oder Länderkunde	2	2
Politische Weiterbildung Besuch von Kursen, Lehrgängen oder Vorträgen zum Themenbereich: Rechte und Pflichten des Staatsbürgers, Wissen über Politik	2	2
An mindestens einem der genannten Bereiche (berufliche, allgemeine und politische Weiterbildung) teilgenommen	18	22
Wiederaufgenommene Ausbildung	2	4
Sonstige Weiterbildung	3	5
Gesamtteilnahmequote	23	29

Quelle: Berichtssystem Weiterbildungsverhalten 1982. Repräsentative Untersuchung des Weiterbildungsverhaltens von Deutschen im Alter von 19 bis unter 65 Jahren, München 1983, S. 6

mit einer erheblichen zeitlichen Belastung verbunden. Um sich außerbetrieblich fortzubilden, müssen F.-veranstaltungen vorwiegend in der *Freizeit* → (am *Feierabend* →, am *Wochenende* →) besucht werden. Zwar wird Arbeitslosigkeit nicht durch mangelnde Qualifikation verursacht, doch haben qualifiziertere Arbeitslose bessere Chancen, neue Stellen zu finden.
Die Bedeutung beruflicher F.-maßnahmen ist jedoch nicht nur an einem ökonomischen Nutzen oder einem arbeitsmarktpolitischen Effekt zu messen. Berufliche F. ist in unserer Zeit, in der vielfältige neue Aufgaben zu bewältigen sind, eine bildungs- und sozialpolitische Notwendigkeit. So muß berufliche Bildung heute verstärkt sozial- und arbeitsethische Fragen, (z.B. Zukunft der *Arbeit* →, Kooperation am Arbeitsplatz, Arbeit und Freizeit) einschließen. Nicht nur die Vermittlung von fachlichen Qualifikationen, sondern auch die Reflexion identitäts- und gesellschaftsbezogener Themen gewinnen in einer sich wandelnden Gesellschaft an Bedeutung. Sogenannte »Schlüsselqualifikationen« wie z.B. die Fähigkeit zum abstrakten Denken, Kommunikations- und Teamfähigkeit, die Fähigkeit, erworbenes Wissen auf unbekannte neue Situationen und Probleme anzuwenden, werden ebenso benötigt wie Kenntnisse in der Informationstechnik, der Mikroelektronik und anderen modernen Technologien. Dies muß auch in einer verstärkten F. der in sozialen, pädagogischen, psychologischen Berufen Tätigen wie auch in einer ständigen »F. der Fortbilder« berücksichtigt werden.

In einem neuen Berufsfeld wie dem *Freizeitbereich* → kommt der F. eine besondere Bedeutung zu, da einerseits viele »Freizeitberufler« aus nicht auf Freizeit zugeschnittenen Ausbildungsgängen kommen, zum anderen die freizeitrelevanten Berufsgänge entweder nicht auf die Praxis ausgerichtet sind oder dieser noch nicht angepaßt werden konnten. Außerdem ist die Entwicklung des Freizeitbereichs besonders schnell und erfordert entsprechend ständige Auffrischung und Ergänzung beruflichen Wissens. F. für *Freizeitberufe* → wird von zahlreichen Verbänden und F.-stätten angeboten (hier besonders: Deutsche Gesellschaft für Freizeit; Bundesverband für pädagogische Freizeitberufe; Akademie Remscheid für Musische Bildung und Medien).

Struktur der Teilnehmer

Vergleich der Gesamtteilnahmequote ausgewählter Gruppen 1979 und 1982	Gesamtteilnahmequote im letzten Jahr 1979 (in %)	1982 (in %)
Gesamt	23	29
Nach dem Geschlecht:		
Männer	27	32
davon: berufstätig	27	33
nicht berufstätig	25	28
Frauen	19	25
davon: berufstätig	25	34
nicht berufstätig	14	17
Nach beruflicher Qualifikation:		
Noch in beruflicher Ausbildung	43	42
Keine Berufsausbildung	12	11
Lehre/Berufsfachschule	21	27
Meister, andere Fachschule	32	36
Hochschule	45	58
Nach beruflicher Stellung:		
Einfache Arbeiter	9	9
Facharbeiter	20	23
Ausführende Angestellte	23	29
Qualifizierte Angestellte	33	42
Leitende Angestellte	39	43
Beamte (einfacher, mittl., gehob. Dienst)	44	45
Beamte (höherer Dienst)	51	67
Selbständige	21	32
Arbeiter insgesamt	15	17
Angestellte insgesamt	31	39
Beamte insgesamt	45	50
Nach dem Alter:		
unter 35 Jahre	34	38
35 bis unter 50 Jahre	21	31
50 bis unter 65 Jahre	11	14

Quelle: Berichtssystem Weiterbildungsverhalten 1982. Repräsentative Untersuchung des Weiterbildungsverhaltens von Deutschen im Alter von 19 bis unter 65 Jahren. München 1983, S. 8

Die wichtigsten Träger von Weiterbildung

Träger beruflicher Weiterbildung	
Basis: Angaben von Deutschen zwischen 19 und 65 Jahren über den zuletzt besuchten Lehrgang/Kurs im letzten Jahr hochgerechnet rd. 4.0 Mio. Teilnehmer	
Arbeitgeber, Betriebe	47%
Berufsverbände, sonstige Verbände	11%
Akademien, wissenschaftliche Gesellschaften	8%
Private Institute und Schulen	7%
Kammern	5%
Sonstige Träger*)	22%

*) Sonstige Träger sind z. B. die Volkshochschulen, kirchliche Stellen, Berufsgenossenschaften, Gewerkschaften, Hochschulen usw.

Träger allgemeiner und politischer Weiterbildung	
Basis: Angaben von Deutschen im Alter von 19 bis unter 65 Jahre über den zuletzt besuchten Kurs, Lehrgang oder Vortrag zur allgemeinen und politischen Weiterbildung im letzten Jahr hochgerechnet rd. 4.9 Mio. Teilnehmer	
Volkshochschulen	29%
Arbeitgeber, Betriebe	13%
Berufsverbände, sonstige Verbände	8%
Kirchliche Stellen	8%
Private Institute und Schulen	8%
Sonstige Träger*)	34%

*) Sonstige Träger sind z.B. Hochschulen, Akademien und wissenschaftliche Gesellschaften, Kammern, Parteien, Gewerkschaften usw.

Quelle: Berichtssystem Weiterbildungsverhalten 1982. Repräsentative Untersuchung des Weiterbildungsverhaltens von Deutschen im Alter von 19 bis unter 65 Jahren. München 1983, S. 101 f.

Lit.: Berichtssystem Weiterbildungsverhalten 1982, (Hrsg.) vom Bundesminister für Bildung und Wissenschaft, in: Bildung – Wissenschaft aktuell, 1/1984; Schultz (Hrsg.) »Krise der Arbeitsgesellschaft – Zukunft der Weiterbildung«, Frankfurt/M 1985; Weiterbildung: Herausforderung und Chance, Bericht der Kommission »Weiterbildung«, erstellt im Auftrag der Landesregierung von Baden-Württemberg, Stuttgart 1984; Zukunftsaufgabe Weiterbildung, (Hrsg.) von L. Beinke u.a., Weil der Stadt 1980

Mauritz

Fotoclub
Fotografie →

Fotografie
1. Technik zur Herstellung von Bildern auf licht-chemische Weise mittels Fotoapparat und Film oder Platte.
2. Fotografisches Bild (kurz: Foto).
3. Herstellung von fotografischen Bildern.
Man unterscheidet drei Hauptformen der F.:
a) Dokumentation (Erinnerungen, geschichtliche Ereignisse, Umwelt, Wissenschaft);
b) Kunstwerk (Portrait, Stimmung, Stilleben);
c) Mitteilung (Bericht, Meinungsäußerung, Assoziationen, Interpretationen).
Die F. war zunächst professionelle Domäne und wurde erst durch viele technische Verbesserungen für den Laien (*Amateur* → -fotograf) zugänglich. Heute ist die F. einerseits ein beliebtes *Hobby* →, andererseits Begleittätigkeit von Freizeittätigkeiten (besonders: *Reisen* →).
Ein Teil des *Freizeitbudgets* → wird für F. (Kamera, Objektive, Film, -entwicklung, Diarahmung, Projektor, Blitzlicht, Dunkelkammerzubehör, Leinwand) ausgegeben.
Anleitung für F. geben die Schulen, Fotoclubs, Jugendverbände, Erwachsenenbildungsstätten, Fotofachgeschäfte und Anleitungsbücher.

Franchising
Vertriebs- und Dienstleistungsform, bei der Produkte (*Einzelhandel* →) bzw. *Dienstleistungen* → in Lizenz angeboten werden. Der Begriff F. stammt in dieser Bedeutung aus Amerika und wird dort für verschiedene Formen vertrieblicher Zusammenarbeit benutzt, von denen nur eine in Europa eine Entsprechung findet (H. Boehm 1982): »Product Licence Franchising« bzw. »Business Format Franchising« als straffer Vertragsvertrieb mit verbindlichem Marketing-Konzept, mit Markennutzungslizenz, mit Verhaltensregeln, mit Unterstützung, mit Kontrolle; d.h.: der Franchise-Geber überläßt dem Franchise-Nehmer im Rahmen eines Weisungs- und Kontrollsystems das Konzept und das Instrumentarium für einen kompletten Geschäftsbetrieb und unterstützt ihn bei Aufbau und Durchführung.

Charakteristikum eines Franchise-Systems ist die rechtliche Selbständigkeit des Franchise-Nehmers und das bei diesem verbleibende unternehmerische Risiko auf der einen Seite, sowie das Leistungsprogramm des Franchise-Gebers (Beschaffungs-, Absatz- und Organisationskonzept, Schutzrechte, Ausbildung, Unterstützung durch Kapital-, Arbeits- und Informationseinsatz). F. wird zur Gründung wie zur Umstrukturierung von Betrieben eingesetzt.
Im *Freizeitbereich* → finden sich Franchise-Systeme insbesondere im *Gastgewerbe* →, außerdem im Angebotsbereich von Spielgeräten (*Spielhallen* →, *Computerpark* →), bei der Vermietung von Autos, *Caravans* →, Ferienhäusern sowie in der *Do-it-yourself* → -Branche; auch *Reisebüro* → -ketten haben teilweise F.-charakter (»Quasi-Franchise-Systeme«).

Lit.: Boehm »Franchising« in: Management Enzyklopädie, Landsberg, 1982

Frauenbewegung
Sammelbegriff für politische und soziale Bestrebungen und Vereinigungen zur *Emanzipation* → und Beseitigung von Benachteiligungen der Frauen in allen Lebensbereichen (*Benachteiligte Gruppen* →). An der Einführung des Frauenwahlrechts, aber auch an der Gestaltung der modernen sozialen und pädagogischen Berufe ist die F. maßgeblich beteiligt.
Die heutige F. zeigt zwei Ausprägungen:
a) Frauenverbände, die im Deutschen Frauenrat zusammengeschlossen sind; b) »Neue F.«, Gruppen unterschiedlicher Weltanschauungen von Feministinnen, die z.B. Frauenzentren und Frauenhäuser unterhalten, Gewalt gegen Frauen und die sexuelle Unterdrückung der Frau anprangern.
Der *Selbsthilfe* → -gedanke ist beiden Zweigen der F. gemeinsam und manifestiert sich in entsprechenden Aktionen (Lebens-, Rechts- und Verbraucherberatung, *Nachbarschaftshilfe* →).

Freak
engl.: außergewöhnlich bis unnormale Idee, Person, Tatsache. An einer Sache, *Freizeittätigkeit* →, *Organisation* → außerordentlich interessiert Person; ähnlich: der *Fan* → als »Anhänger« von Personen, Personengruppen, bestimmten Freizeittätigkeiten.

Freibad
Bad →

Freie Mitarbeiter
Mitarbeiter →

Freie Träger
selbstverantwortliche Organisationen im Bereich der Freizeit, der Sozialarbeit und der Bil-

Abb. Freilichtbühnen

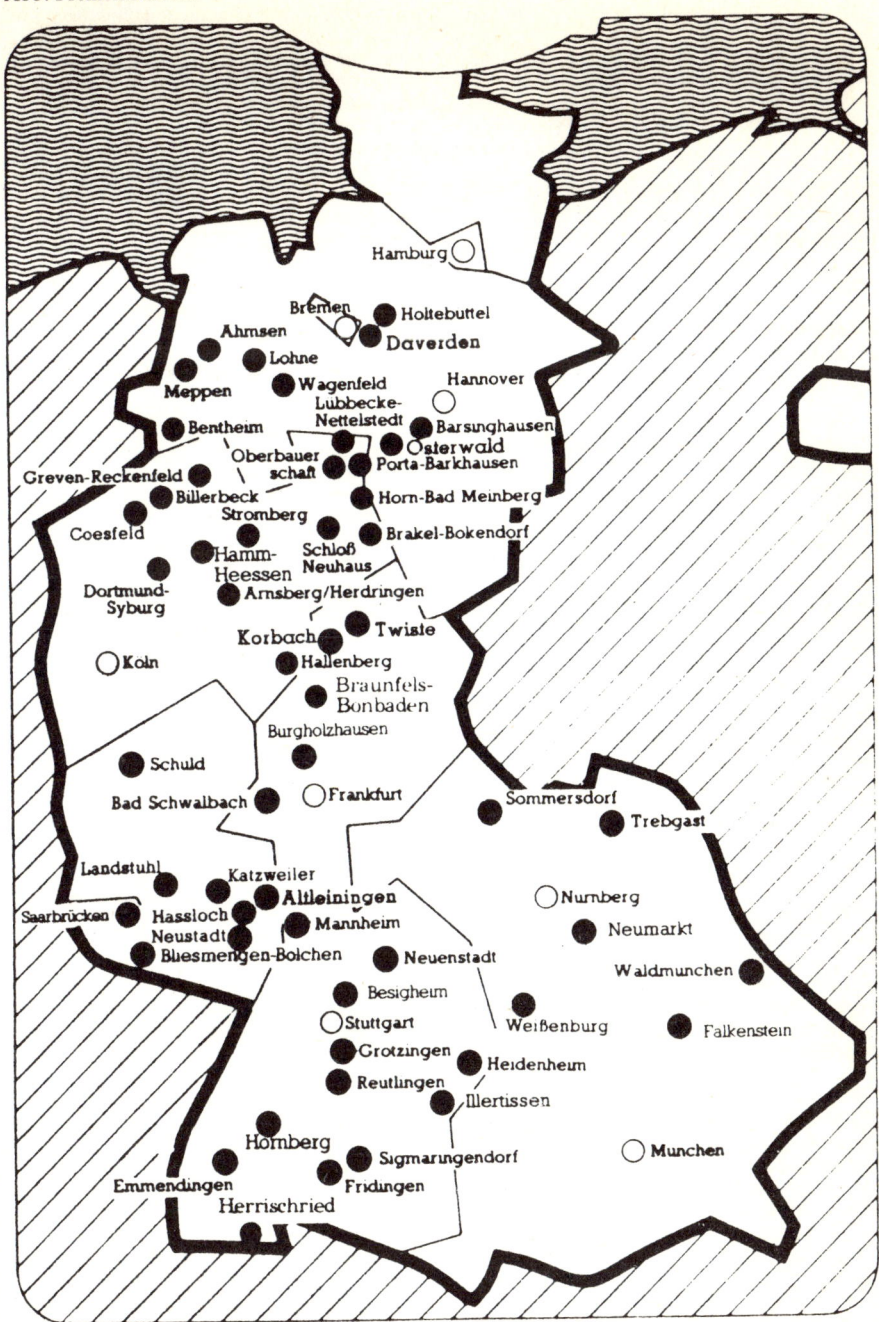

Quelle: Verband Deutscher Freilichtbühnen (1985)

dungsarbeit, die (im Unterschied zu öffentlichen/behördlichen Trägern) die Rechtsform des Vereins, der Stiftung oder gemeinnützigen GmbH tragen und steuerrechtlich (im Unterschied zu privatwirtschaftlichen Trägern) als gemeinnützig anerkannt sind.

Aufgrund des *Subsidiaritäts* → -prinzips entstand in der Bundesrepublik Deutschland eine große Zahl von Einrichtungen und Diensten in F.T.-schaft. Das bedeutet jedoch, daß hierzu große Summen aus den öffentlich-rechtlichen Haushalten gegeben wurden. Die geldgebenden Körperschaften versuchen über Förderungsrichtlinien und -kontrollen Einfluß auf die F.T. zu nehmen (Mitsprache bei der Gestaltung des Angebotes; Prüfung der Wirtschaftsführung; Vergabe von Stellenplänen, Mitentscheidung bei Einstellung von Mitarbeitern, Vertretung in den Trägerorganen). Diese Problematik ist in der *Sozialen Arbeit* → und der *Bildungs* → -arbeit stärker als im *Freizeitbereich* →. F.T. im *Freizeitbereich* → fußen eher auf der Beteiligung ihrer Mitglieder bzw. Nutzer und können das besser, da sie in der Regel nicht karitativ tätig sind. Je stärker sie aber an den Bereich sozialer Hilfen heranrücken (z.B. *Familienferien* → maßnahmen, Jugendfreizeitprogramme, Freizeitmaßnahmen für Senioren und Behinderte, Freizeitprogramme für *Benachteiligte Gruppen* →), geraten sie in den Zwang, zusätzliche Mittel von der öffentlichen Hand besorgen zu müssen. Gerade unter dem Grundsatz der *Freizeitpolitik* →, daß der einzelne über seine Freizeit selbst entscheiden soll, muß die Unabhängigkeit der F.T. im Freizeitbereich erhalten und gestärkt werden. Dazu sind neue Formen unbürokratischer Abwicklung von Förderungsmaßnahmen für F.T. notwendig.

Freikörperkultur

FKK, auch Nacktkultur, Naturismus; Form des Freiluftlebens mit unbekleidetem Körper ohne Einschränkung durch Geschlechts- und Altersvorgaben. F. wurde begründet von F.-vereinigungen im Sinne eines naturnahen Lebens und wird auch heute nach strengen Regeln in eigenen Einrichtungen betrieben. Dachverband ist der Verband für F.
Daneben hat F. viele Freunde gefunden, die sie nur sporadisch (*Urlaub* →, *Sauna* →, FKK-Badezeiten) wahrnehmen. An den Badestränden gibt es besondere F.-bereiche. Hallenbäder, Freizeitbäder bieten immer häufiger »FKK-Zeiten« an, das Saunieren erfreut sich großer Beliebtheit. Es gibt allerdings auch »wildes« FKK-Baden und Sonnen in nicht für F. vorgesehenen Bereichen, was zu Auseinandersetzungen mit Andersdenkenden führt, sowohl im In- als auch im Ausland.

Freilichtbühne

Theater → im Freien, in der Landschaft, auf Plätzen, in Schloßhöfen, in Ruinen. Die F. ist die älteste Form des Theaters; der Bau von festen Theatern erfolgte recht spät (selbst dann waren viele Theater F.). In der Bundesrepublik Deutschland gibt es F. über das ganze Land verbreitet, sehr unterschiedlich in Gestaltung und Programmangebot. Die meisten F. werden von *Amateurtheatern* → bespielt, die oft für die Hauptrollen Berufsschauspieler engagieren. Ein Problem für die F. ist ihre Wetterabhängigkeit. Einige Bühnen haben deshalb die Zuschauertribünen überdacht.

Freilichtmuseum

Sonderform des *Museums* →, das unter freiem Himmel ausstellt. F. dienen einerseits dazu, archäologische Funde in natürlicher Umgebung sowie Rekonstruktionen von Bauten und Großgerät, andererseits volkskundliche, agrar-, handwerks- und industriegeschichtliche Bauten in ihrer zugehörigen Umgebung zu zeigen. Die häufigste Form des F. ist das Museumsdorf. Das Bestreben der F. geht dahin, neben dem Äußeren auch das Innere von Bauten entsprechend der früheren Situation zu gestalten. Dem Besucher wird dadurch das Erleben des Geschichtlichen ermöglicht und erleichtert. F. sind ein beliebtes Ausflugsziel (*Naherholung* →) besonders von *Familien* →. *Heimatmuseum* →

Freiluftsport

im weiteren Sinne alle im Freien ausgeführten Sportarten; im engeren Sinne in Anlehnung an den schwedischen Sprachgebrauch sportliche Betätigung in natürlicher Umgebung unter deren Einbeziehung, z.B. Orientierungslauf (Waldlauf mit besonderen Aufgaben: Kartenlesen, Bestimmung von Pflanzen etc.); Querfeldeinlauf; Skilanglauf; *Schwimmen* → in Naturgewässern (*See* →).

Freiräume

überwiegend unbebaute Flächen im Siedlungsbereich, die grün, begrünt oder befestigt sein können.
Freizeitrelevante F. sind: a) öffentliche *Grünflächen* → (*Parks* →, Grünanlagen, *Kleingartenanlagen* →, Friedhöfe, Sportanlagen); b) Waldflächen; c) Landwirtschaftliche Nutzflächen (vor allem im Zusammenhang mit Waldflächen, Natur- und Baudenkmälern); d) Wasserflächen (*Seen* →, *Gewässer* →, Flüsse, Bäche); e) Verkehrsflächen (*Straßen* →, Wege, Plätze, *Fußgängerzonen* →).
F. sind wesentlicher Bestandteil der materiellen *Freizeitinfrastruktur* →. Sie umfassen mehr als nur das *Stadtgrün* →, sind aber wie dieses

Abb. Freiräume für Freizeitgestaltung

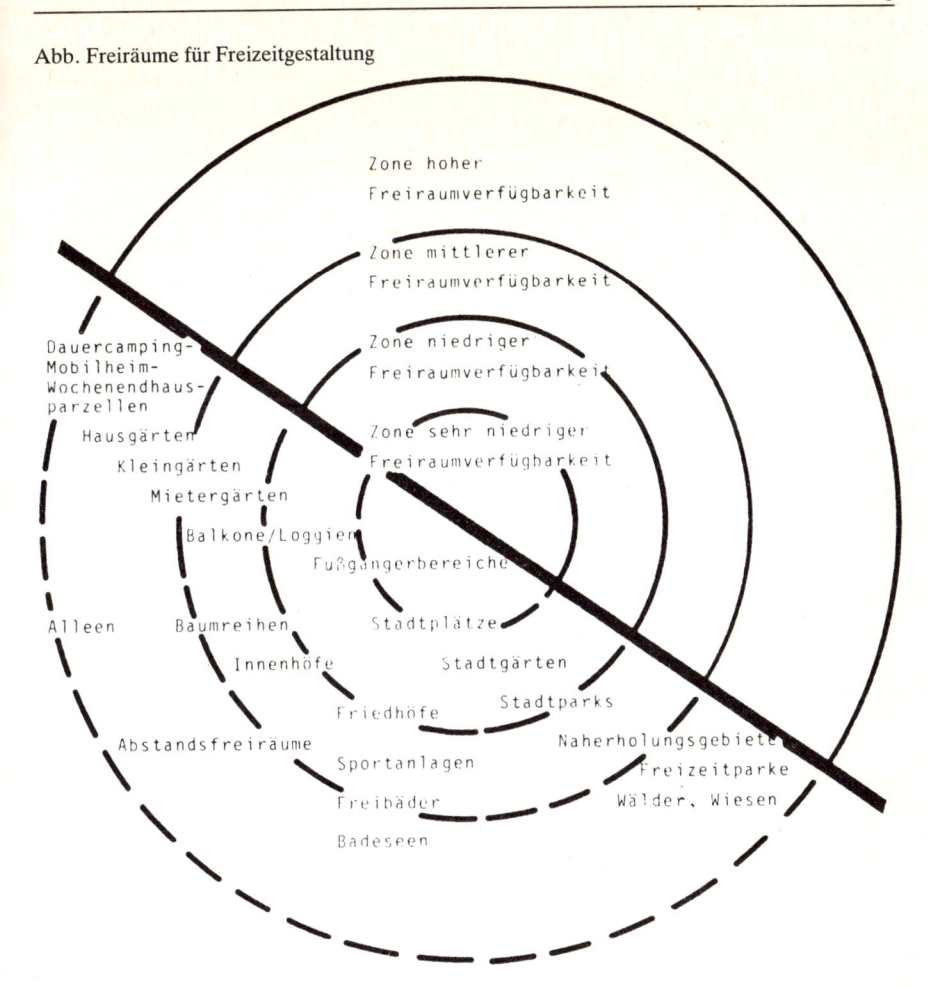

Zone hoher Freiraumverfügbarkeit
Zone mittlerer Freiraumverfügbarkeit
Zone niedriger Freiraumverfügbarkeit
Zone sehr niedriger Freiraumverfügbarkeit

Dauercamping-Mobilheim-Wochenendhausparzellen
Hausgärten
Kleingärten
Mietergärten
Balkone/Loggien
Fußgängerbereiche
Alleen
Baumreihen
Stadtplätze
Innenhöfe
Stadtgärten
Friedhöfe
Stadtparks
Abstandsfreiräume
Naherholungsgebiete
Sportanlagen
Freizeitparke
Freibäder
Wälder, Wiesen
Badeseen

Quelle: G. Göring In: Handlungsfeld Freizeit (ILS 1984)

sozial bezogen, haben gesellschaftliche Bedeutung. Daher sind sie Gegenstand der öffentlichen Planung (*Freiraumplanung* →, Verkehrsplanung).

Freiraumentwicklung
Freiraumplanung →

Freiraumplanung
gezielte Erhaltung und Entwicklung von nicht überbauten oder für Verkehr genutzten Flächen in *Siedlungen* → und in Ballungsgebieten sowie deren Umgebung.
Die F. strebt die Entwicklung von Freiraumsystemen an, die die Städte gliedern und mit der sie umgebenden *Landschaft* → verbinden. Dabei werden die historisch gewachsenen Freiräume ebenso aufgenommen wie die landschaftlichen Freiräume. Neben der stadtgestalterischen Aufgabe kommt den Freiräumen eine stadtökologische zu (u.a. Luftaustausch, Kaltluftschneisen, Luftverbesserung durch Grün). Für die Schaffung von *Freizeitanlagen* → im Freien ist die F. eine wesentliche Voraussetzung. Denn innerhalb der Freiflächensysteme liegen bis in den Wohnbereich hinein die *Spielplätze* → und -anlagen →, *Kleingärten* →, Wasserflächen, *Parks* →, Liegewiesen, *Sportanlagen* → usw.

Lit.: Richter »Handbuch Stadtgrün. Landschaftsarchitektur im städtischen Freiraum«, München/Wien/Zürich 1981

ABB. AKTIVITÄTSSPEKTRUM UNTERSCHIEDLICHER FREIRAUMTYPEN

FREIRAUMTYP	GEBIETSCHARAKTERISTISCHE AKTIVITÄTEN	GE – ANDERE MENSCHEN BEOBACHTEN	GE – MIT ANDEREN MENSCHEN INTERAGIEREN	GE – SPIELEN	GE – GRILLEN/PICKNICKEN	BE – SCHWIMMEN	BE – SPORTTREIBEN	BE – RADFAHREN	BE – RUDERN/PADDELN	BE – WANDERN	BE – SPAZIERENGEHEN	R – SONNEN	N – NATUR BEOBACHTEN	P – GÄRTNERN
FÜR DIE ERHOLUNG ALLGEMEIN ÖRTLICH UND ZEITLICH UNEINGESCHRÄNKT NUTZBAR														
PARKANLAGE		●	●	●	○		○	●			●	●	●	
STADTGRÜNPLATZ		●	●	●								○	○	
FUSSGÄNGERZONE		●	●	○								○	○	
KINDERSPIELPLATZ		●	●	●										
SIEDLUNGSGRÜN		○	○	○				○			○			
WALD		○	○	●	○		●	●		●	●		●	
WALDRAND		○	○	●	●			●		●	●	●	●	
GEWÄSSER		○	●	●		●	●		●					
GEWÄSSERRAND		●	●	●			●	●		●	●	●	●	
SIEDLUNGSNAHE ERHOLUNGSFLÄCHEN		○	●	●	●		○	●		●	●	●	●	
FÜR DIE ERHOLUNG ÜBERWIEGEND ÖRTLICH UND ZEITLICH EINGESCHRÄNKT NUTZBAR														
KLEINGARTEN		○	●	●	●						●	●	●	●
SPORTPLATZ		○	●				●							
FREIZEITPARK		●	●	●	○		○		○			●	●	●
FRIEDHOF		○										●		○

EIGNUNG

● ÜBERWIEGEND GUT GEEIGNET (GEWICHTUNGSFAKTOR 2)

○ GEEIGNET (GEWICHTUNGSFAKTOR 1)

FREIRAUMBESUCHSMOTIVATIONEN

GE FAKTOR GESELLIGKEIT

BE FAKTOR BEWEGUNG, SPIEL, SPORT

R FAKTOR RUHE, ENTSPANNUNG, KONTEMPLATION

N FAKTOR NATURERLEBNIS (Z.B. JAHRESZEITLICHE VERÄNDERUNGEN BEOBACHTEN, VISUELLE EINDRÜCKE GEWINNEN)

P FAKTOR PRAGMATISCHE BESUCHSGRÜNDE)

Quelle: H. F. Werkmeister u.a. Landschaftsplan Dortmund (1982)

Freisetzung

Abb. Freiräume und große Freizeiteinrichtungen in einem Ballungsgebiet

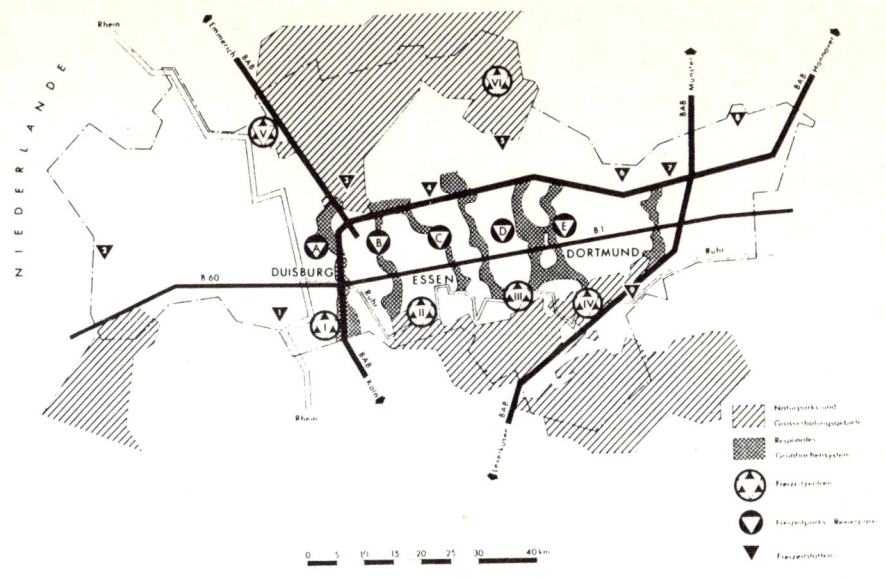

Quelle: Siedlungsverband Ruhrkohlenbezirk/(Kommunalverband Ruhrgebiet (1970)

Freisetzung
Entlassung insbesondere älterer Arbeitnehmer (»Personalentsorgung«) im Rahmen von Betriebsumsetzungen und Rationalisierung (*Sozialplan* →). F. führt nicht selten zu einer besonderen Form von Arbeitslosigkeit als Vorstufe des *Vorruhestandes* → und *Ruhestandes* → (*Frührente* →).

Freiwillige Mitarbeit
Mitarbeit →

Freizeit
im weiteren Sinne die Zeit außerhalb der *Arbeitszeit*→; im engeren Sinne das Zeitquantum außerhalb der Arbeitszeit, über das der einzelne selbst (frei) entscheiden kann, um es für Nichtstun und für kulturelle, wirtschaftliche, kommunikative, soziale, religiöse und politische Tätigkeiten allein oder mit anderen zu verwenden. Unter Betrachtung der *Lebenszeit* → lassen sich vier »Zeittypen« unterscheiden: a) fremdbestimmte, von anderen abhängige und festgelegte Zeit; b) Verpflichtungszeit, die auf bestimmte Zwecke gerichtet ist; c) Ruhe-, Schlafzeit; d) frei verfügbare Zeit. Die Verpflichtungszeit wird wegen ihres Mischcharakters auch Halbfreizeit sowie *Sozialzeit* → (*Sozialpflichtigkeit* →) genannt.

Man unterscheidet *Tagesfreizeit* → (Feierabend, Rest des Tages), *Wochenfreizeit* → (Wochenende, arbeitsfreie Wochentage), *Jahresfreizeit* → (Urlaub, Ferien), Freizeit der Lebensphase (Freisemester, *Sabbatjahr* →, *Mutterschaftsurlaub* →), Altersfreizeit (Rentenzeit, *Ruhestand* →), Zwangsfreizeit (Invalidität, Kurzarbeit, Arbeitslosigkeit) (*Freizeit, erzwungene* →).

Der tatsächliche Umfang der F. ist aufgrund der subjektiven Bindung kaum festzulegen. Er wandelt sich je nach Lebensalter, Lebenssituation, und vielen wechselnden Einflüssen. Die meisten Menschen bestimmen F. durch in dieser Zeit ausgeübte Tätigkeiten. Aber auch dieser Ausgangspunkt ist für intersubjektive Definitionen recht unsicher. Durchschnittsrechnungen kamen zu folgenden Ergebnissen: 4 Stunden an Werktagen; 6–8 Stunden am Samstag und Sonntag. Anders als die Begriffe *Muße* → (loisire, leisure) und Erholung (recreation) ist der im deutschen Sprachraum entstandene Begriff F. stark mit der *Pädagogik* → verbunden. Er enthält schon durch seine Teilbegriffe »Frei« und »Zeit« philosophische Bewertungsansätze (»Freiheit wozu?«). Diese wurden von Theologen, Pädagogen und in deren Gefolge von Politikern normativ ausgedeutet. F. wird denn auch regelmäßig auf ihren Sinn untersucht (»sinnvolle Freizeitgestaltung«). Ein anderes Problem des Begriffs ist die aus »Frei«

DGF-Freizeit-Lexikon

abgeleitete Argumentationskette: Frei – freie Verfügung des einzelnen; Intimbereich – keine öffentliche Aufgabenstellung, wodurch auf F. bezogene Politik (*Freizeitpolitik* →) bislang weitgehend unterdrückt wurde. Es besteht somit ein Widerspruch bzgl. F. in der Gesellschaft zwischen der geforderten Norm und der Ablehnung politischer Verpflichtung (*Freizeitbewußtsein* →, *Freizeitideologie* →). Dessen ungeachtet ist F. als wichtiger Lebensbereich Anlaß für eine Vielfalt von Aktivitäten in der Gesellschaft und der Umwelt (*Freizeitbereich* →, *Freizeitwesen* →).

Lit.: Nahrstedt »Die Entstehung der Freizeit. Ein Beitrag zur Strukturgeschichte und zur strukturgeschichtlichen Grundlegung der Freizeitpädagogik«, Göttingen 1972; Opaschowski »Pädagogik der Freizeitgrundlegung für Wissenschaft und Praxis«, Bad Heilbrunn 1976; Agricola »Freizeit Kurzdarstellung«, Düsseldorf 1982

Freizeit, erzwungene

auch Zwangsfreizeit; arbeitsfreie Zeit durch Ruhestand (besonders: *Vorruhestands* → -regelung), Invalidität, Kurzarbeit, *Arbeitslosigkeit* →. Bei Wegfall von Verpflichtungen treten oftmals Probleme mit der Zeitstrukturierung (-einteilung, -verwendung) auf, das um so mehr, je weniger über den Beruf hinausgehende Interessen gepflegt wurden. Es entstehen psychische Schäden – auch körperliche nachziehend – aufgrund des Gefühls, nicht mehr gebraucht zu werden (Sinnlosigkeit, *Langeweile* →). *Freizeitprobleme* →

Lit.: Kruppa (Hrsg.) »Erzwungene Freizeit, Freizeitpolitik für Arbeitslose?«, Frankfurt/M. 1984

Freizeitaktivität
Freizeittätigkeit →

Freizeitamt

Amt für Freizeit, auch Amt für Sport und Freizeit, Amt für Kultur und Freizeit. Fachdienststelle innerhalb der Gemeindeverwaltung, welche die an die öffentliche Verwaltung gelangenden Aufgaben im Zusammenhang mit Freizeittätigkeiten der Einwohner sowie die freizeitpolitischen Maßnahmen und Konzeptionen der Beschlußgremien bearbeitet.
Freizeitämter wurden bislang nur in wenigen Gemeinden gebildet.
Gründe dafür sind:
a) Freizeitbelange werden von zahlreichen Dienststellen der Verwaltung wahrgenommen (*Zuständigkeit* →); eine Zusammenführung ist meist kaum möglich; b) noch mehr als andere Verwaltungsbereiche entfernt sich das F. von der traditionellen »behördlichen« Aufgabenstellung kommunaler Verwaltung. Modell für

Freizeitassoziationen im Trend 1969 – 1984

Es denken an:	1969 %	1971 %	1976 %	1982 %	1984 %
die Wohnung	22	25	25	19	29
die Urlaubsreise, Camping	22	25	34	33	42
die Natur	24	22	27	35	36
nette Gesellschaft	16	21	33	26	46
den Garten	18	17	24	28	33
Theater, Kino, Amüsement	10	13	20	14	24
Autofahrt	13	10	18	13	15
Sportplatz	5	7	9	12	13
Verschiedenes	10	6	4	3	10

Quelle: EMNID 1984

Abb. Soziale Einflußfaktoren für Freizeit

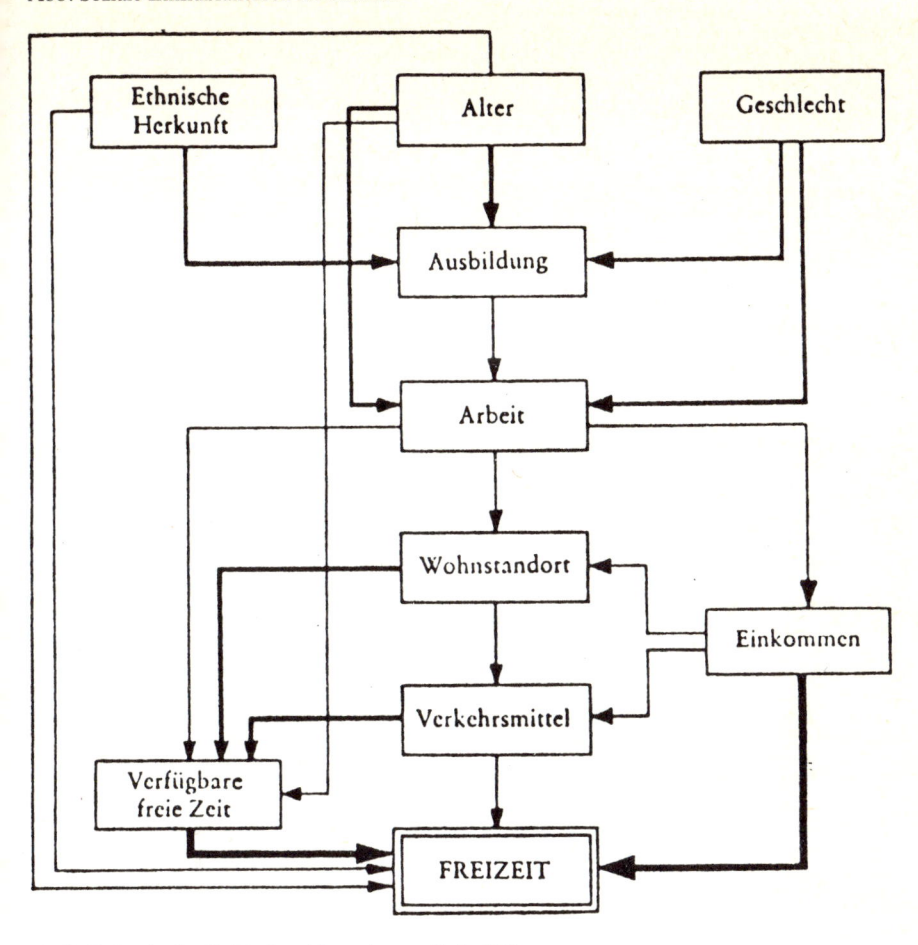

```
     ┌─────────────┐      ┌──────┐      ┌────────────┐
     │  Ethnische  │      │ Alter│      │ Geschlecht │
     │  Herkunft   │      └──┬───┘      └────────────┘
     └─────────────┘         │
                             ▼
                     ┌──────────────┐
                     │  Ausbildung  │
                     └──────┬───────┘
                            ▼
                     ┌──────────────┐
                     │    Arbeit    │
                     └──────┬───────┘
                            ▼
                     ┌──────────────┐
                     │ Wohnstandort │
                     └──────┬───────┘
                            │       ┌────────────┐
                            │       │ Einkommen  │
                            ▼       └────────────┘
                     ┌──────────────┐
                     │ Verkehrsmittel│
                     └──────────────┘
     ┌─────────────┐
     │  Verfügbare │
     │  freie Zeit │
     └─────────────┘
                     ┌──────────────┐
                     │   FREIZEIT   │
                     └──────────────┘
```

Quelle: P. Atteslander »Soziologie und Raumplanung« Berlin 1976

ein F. ist das Amt für Freizeit in Erlangen. Ihm sind folgende Grundaufgaben gestellt: a) Planung und Durchführung eigener Programme und Schaffung von Einrichtungen, wenn die Möglichkeiten der Bürger dazu selbst nicht ausreichen, möglichst aber im Zusammenwirken mit diesen; b) Beratung, Förderung und Gründung von Vereinen oder Interessengemeinschaften, die sich um Freizeitgestaltung bemühen, sowie Überlassung geeigneter Räume und Plätze; c) Informationen über die breite Palette lokaler Freizeitangebote und Aktivitäten.
Seine auf Bürgermitwirkung ausgerichtete Organisationsstruktur ergibt sich aus dem Organigramm (Abb. S. 94).
Freizeitinfrastruktur →, *Freizeitmanagement* →, *Freizeitpolitik* →, *Partizipation* →, *Stadtentwicklungsplanung* →, *Trägerschaft* →

Lit.: Agricola »Verwaltete Freizeit?« – Ansätze zur Neuorientierung kommunaler Kulturarbeit und zur Partizipation der Bevölkerung. In: Archiv für Kommunalwissenschaften, 12. Jahrg. II. Halbjahresbd. 1973; drs. mit Graf v. Schmettow »Planung und Verwirklichung von Freizeitangeboten«. Karer, Basel/München/Paris (London/New York/Sydney 1976); Stadt Erlangen »Amt für Freizeit«. Dokumentation zum 10-jährigen Bestehen. Erlangen 1981; Agricola: »Kulturzentren in der Bundesrepublik Deutschland«, DGF-Informationen 4/82, Düsseldorf

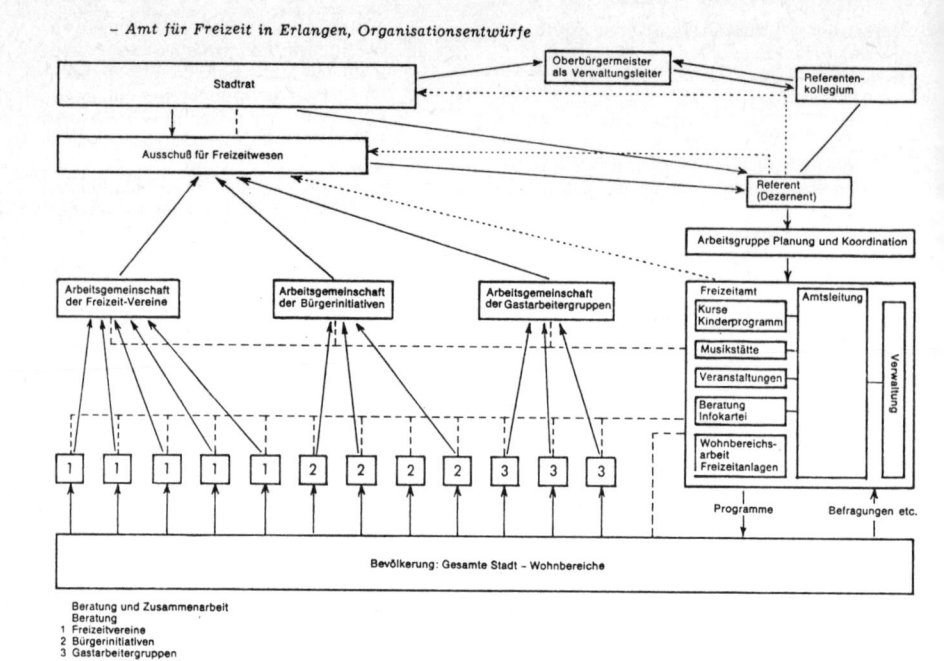

Freizeitangebot

– Amt für Freizeit in Erlangen, Organisationsentwürfe

[Organigramm: Stadtrat – Oberbürgermeister als Verwaltungsleiter – Referentenkollegium – Ausschuß für Freizeitwesen – Referent (Dezernent) – Arbeitsgruppe Planung und Koordination – Arbeitsgemeinschaft der Freizeit-Vereine – Arbeitsgemeinschaft der Bürgerinitiativen – Arbeitsgemeinschaft der Gastarbeitergruppen – Freizeitamt (Kurse Kinderprogramm, Musikstätte, Veranstaltungen, Beratung Infokartei, Wohnbereichsarbeit Freizeitanlagen) – Amtsleitung – Verwaltung – Programme – Befragungen etc. – Bevölkerung: Gesamte Stadt – Wohnbereiche]

Beratung und Zusammenarbeit
Beratung
1 Freizeitvereine
2 Bürgerinitiativen
3 Gastarbeitergruppen

Freizeitangebot

1. Nachweis von *Freizeitinformationsdiensten* →, *Freizeiteinrichtungen* →, Freizeitprogrammen oder Möglichkeiten für *Freizeittätigkeiten* → durch einzelne Anbieter oder eine Gruppe von Anbietern (*Öffentlicher Träger* →, *Freie Träger* →, *Unternehmen* →).
2. Gesamtheit der F. in einem bestimmten geographisch oder politisch begrenzten Bereich. *Freizeitinfrastruktur* →, *Freizeitpolitik* →, *Freizeitwirtschaft* →, *Freizeitbewußtsein* →

Freizeitanlage

Sammelbegriff für ein kombiniertes Raum- und Flächenangebot nicht großer Ausdehnung zur gleichzeitigen und aufeinanderfolgenden Ausübung verschiedenartiger *Freizeittätigkeiten* → (*Mehrfachnutzung* →, *Mehrzwecknutzung* →) überwiegend unter freiem Himmel, im Unterschied zu *Freizeitstätten* →. Jedoch können auch Einrichtungen, die ein den Freiflächen ähnliches Angebot unter Dach vorweisen (z.B. *Freibad* →) als F. bezeichnet werden. F. unterscheiden sich in ihrer Ausstattung je nach Lage, Aufgabenstellung und Einzugsbereich bzw. *Zielgruppe* → sowie in ihrer Gestaltung erheblich voneinander. Ebenso sind *Betriebs* → -form und *Trägerschaft* → unterschiedlich geregelt. Überwiegend stehen F. in öffentlicher Trägerschaft (*Öffentlicher Träger* →) und werden kostenlos oder gegen geringes Entgelt zur Verfügung gestellt. F. können aber auch mit Wohnsiedlungen und Landschaftsbereichen (Forsten, *Naturparks* →, *Fremdenverkehrsgebieten* →) verbunden sein.
Die bauliche Gestaltung von F. liegt wegen ihrer Charakteristik im wesentlichen in der Hand von Garten- und Landschaftsarchitekten. Hier haben sich in den letzten Jahren gestalterische und technische Standards herausgebildet, um F. sowohl einladend zu gestalten als auch der Mehrfach- und Mehrzwecknutzung gerecht werden zu können (*Freiraumplanung* →, *Landschaftsbau* →, *Freizeitarchitektur* →). *Freizeitpark* →, *Grünflächen* →, *Park* →

Freizeitarchitektur

Gestaltungsgrundsätze für freizeitrelevante Freiräume und Bauten und deren Umsetzung. F. ist die Forderung, aus der Andersartigkeit des Verhaltens und Erlebens von *Freizeit* → gegenüber *Arbeit* →, *Alltag* → und *Wohnen* → einen Baustil und Bauregeln abzuleiten. So soll F. *Kommunikation* →, Entspannung, Heiterkeit, *Animation* → erleichtern oder enthalten. Architektur schafft Formen für Funktionen; auch Freizeittätigkeiten stellen besondere Anforderungen an Bauten, wodurch auch gestalterisch Einfluß genommen wird. Doch wird dadurch noch kein eigener »Freizeitstil« hervorgebracht. Auch die aus dem ganzheitlichen

Ansatz der Freizeit abzuleitenden Forderungen *Multifunktionalität* →, *Mehrfach-* →, *Mehrzwecknutzung* → sind nicht stilbildend, erfordern aber eigene architektonische Lösungen. Je mehr eine Freizeittätigkeit von anderen Lebensbereichen entfernt ist, desto eher wird sich auch die Architektur dafür von anderen unterscheiden. Der extremste Fall ist die Festarchitektur, eine Form zeitlich begrenzter Architektur mit entsprechender Gestaltung der Bauwerke (*Zelt*→, Leichtbauten, fahrbare Bauten, Spielgerät, Dekorationen, Raumbegrenzungen, Lichtarchitektur, Pflanzen). Verwandt damit ist die Theaterarchitektur (Straßentheater, *Freilichttheater* →, *Zirkus* →, Festes Haus) und die im *Theater* → verwendete Architektur (Bühnen- und Szenenbildnerei) sowie die *Ausstellungen* → -architektur (Museum, Messen etc.). In ähnlicher Weise sind auch *Park* → -anlagen und in besonderer Weise *Freizeitparks* → Exponenten der F. Ähnlich wie die schon genannten Beispiele haben auch Räume für *Feste* →, *Feiern* → und *Tanz* → eine lange Tradition: Ballsäle, Redouten, Wirtschaftssäle, Tanzböden und -dielen. Für Feste waren auch die Plätze in den *Siedlungen* → vorbereitet, dienten aber dem damit oft verbundenen und ähnlichen Markt (»Freyzeyt«, Kirmes). Die neuen Anforderungen an F. durch vermehrte *Freizeittätigkeiten* → und größere Zahl von Menschen, die diesen nachgehen, erforderten nicht unbedingt eine neue F. Denn die bisherigen Kenntnisse können entsprechend angewandt werden, jedoch sind die Techniken fortentwickelt worden (was nicht ohne Einfluß auf die Gestaltung blieb). Ob nun ein für *Sport* → geeigneter Platz mit Zuschauerplätzen oder ein *Freizeithaus* → zu gestalten sind, die Probleme waren schon einmal, wenn auch unter anderer Bezeichnung, gelöst. Noch eher gilt das für die verschiedenen Formen des *Freizeitwohnens* → wie Wochenendhäuser, *Ferienhäuser* →, *Hotels* →, Gasthäuser, *Camping* → ähnlich auch *Kleingärten* →. Hier sind zwar Abweichungen im Detail erforderlich, im Ganzen wird bei der »Ferienarchitektur« ebenso die Frage der *Zersiedelung* → und Einpassung in die *Landschaft* →, vorhandene Baubereiche und Siedlungsgestalt diskutiert wie in der »Alltagsarchitektur«. Insoweit ist F. ebenso mit der Gesamtarchitektur verflochten wie Freizeit mit dem gesamten Leben.

F. beinhaltet auch Forderungen, Siedlungen und Wohnungen (*Wohnen* →) freizeitgerechter zu gestalten und auszustatten. Damit ver-

Tabelle 1:

Freizeitaufwendungen im langfristigen Trend
- Monatliche Ausgaben je Haushalt in DM -

Jahr	Haushaltstyp I		Haushaltstyp II		Haushaltstyp III	
	Urlaub	Freizeit insgesamt	Urlaub	Freizeit insgesamt	Urlaub	Freizeit insgesamt
1965	3,56	21,07	23,15	94,05	71,30	233,51
1966	4,32	26,94	25,62	104,53	79,31	252,71
1967	3,75	25,03	17,76	97,77	70,48	243,78
1968	4,74	24,31	22,90	102,84	69,85	241,30
1969	4,96	28,09	26,64	114,85	81,41	260,85
1970	7,31	35,12	33,18	134,42	100,65	301,52
1971	7,31	36,38	43,59	163,12	109,89	340,06
1972	8,91	41,51	48,57	181,07	119,32	364,87
1973	12,09	44,86	60,28	209,47	138,33	409,22
1974	12,39	52,96	69,68	239,73	154,03	463,04
1975	20,27	63,95	84,11	283,08	163,19	502,61
1976	20,36	72,76	94,58	323,99	188,40	562,80
1977	21,08	75,08	101,23	329,07	207,05	597,80
1978	22,57	84,05	113,04	347,76	205,86	625,74
1979	25,77	93,13	114,19	369,49	236,40	682,76
1980	31,94	106,86	130,13	405,66	260,97	737,33
1981	31,62	112,00	130,08	422,89	267,67	756,70
1982	35,39	122,53	123,28	428,48	270,77	765,20
1983	47,00	141,00	115,00	438,00	281,00	807,00
Zunahme im Jahresdurchschnitt 1983/65 in Prozent	+15,4	+ 11,1	+ 9,3	+ 8,9	+ 7,9	+ 7,1

Quelle: Statistisches Bundesamt; IW-Berechnungen

Abb. Freizeitausgaben nach Haushaltseinkommen

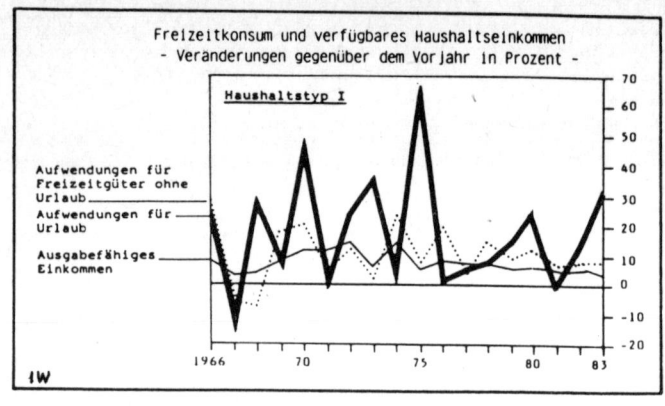

Festlegungen der Haushaltstypen durch das Statistische Bundesamt:

Typ I: 2-Personen-Haushalt mit monatl. Einkommen von höchstens 900 DM (Renten- und Sozialhilfeempfänger).

Typ II: 4-Personen-Haushalt (Ehepaar mit 2 Kindern) mit mittlerem Einkommen (Brutto monatl. 2600–3950 DM).

Typ III: 4-Personen-Haushalt mit höherem Einkommen (Brutto monatl. 5000–6850 DM; Hauptverdiener mindest. 4700 DM).

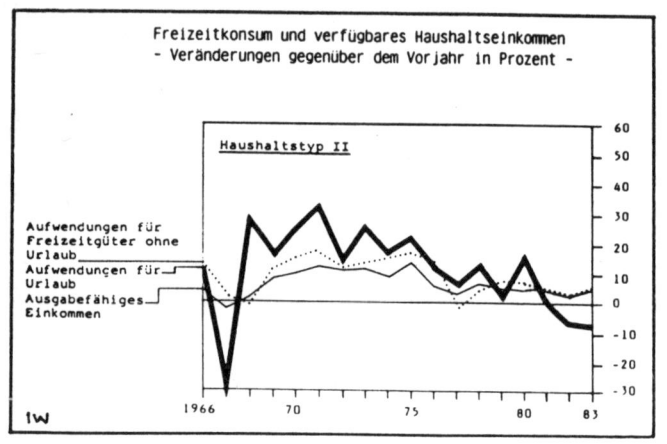

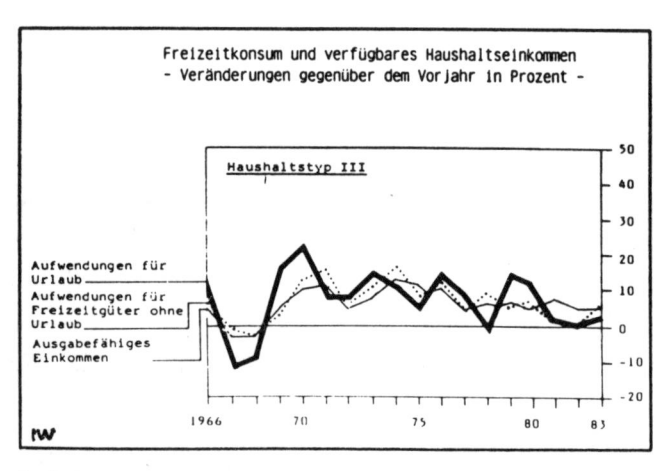

Quelle: Institut der deutschen Wirtschaft (1984)

bunden ist die Übertragung auch spielerischer Elemente in diese Bereiche der Architektur, aber auch solche öffentlicher Bauwerke und Stadtgestaltung (»Lokale Öffentlichkeit«). Architektur, insbesondere F. bleibt immer überwiegend intersubjektiv (von einer Öffentlichkeit, von den *Nutzern* → abhängig); wenn dazu funktionale Anforderungen der Flexibilität kommen, sind für eine individuelle, ausgefallene Gestaltung Grenzen gesetzt. Damit werden große Teile der F. im Gestaltungsrahmen (Stil) der Gesamtarchitektur bleiben, wenn auch mit etwas größerer Freiheit.

Freizeitatlas
Bestandsaufnahme der *Sozialstruktur* → und der für Freizeit relevanten Infrastruktur eines bestimmten geographischen Gebietes. F. wurden bisher kaum erstellt, obwohl sie für die *Freizeitplanung* → ebenso notwendig sind wie für den *Betrieb* → von *Freizeiteinrichtungen* →, für die die Kenntnis der *Freizeitinfrastruktur* → im Verhältnis zur *Bevölkerung* → und zum Umfeld unabdingbar ist.

Freizeitausgaben
Mit zunehmendem zeitlichen *Freizeitbudget* → hat sich auch der Anteil erhöht, der vom Einkommen für *Freizeit* → aufgewendet wird. Je kürzer die *Arbeitszeit* →, je länger der *Urlaub* → und je höher der Verdienst, desto größer werden die Ausgaben für Urlaub, *Unterhaltung* →, *Hobby* →, *Sport* → und *Spiel* → (*Freizeitbudget* →).
In den letzten zehn Jahren haben sich die Jahresausgaben mittlerer Arbeitnehmerhaushalte mehr als verdoppelt. Im Vergleich zu 1963 sind sie sogar um fast das Fünffache gestiegen. Im Jahre 1983 gab ein 4-Personen-Haushalt insgesamt 5259 DM für Freizeit aus. Den Löwenanteil von mehr als einem Viertel der Summe machten dabei die Ausgaben für Urlaub und Reisen aus. Selbst in den Jahren wirtschaftlicher Stagnation zwischen 1980 und 1983 erhöhten sich nach Angaben des Statistischen Bundesamtes die Aufwendungen mittlerer Arbeitnehmerhaushalte für Freizeitzwecke (ohne Urlaub) insgesamt real um 1,7%, bei den Rentnerhaushalten sogar um 9,6%, während im gleichen Zeitraum das bundesdeutsche Bruttosozialprodukt um insgesamt 0,2% abnahm. Dies läßt die Bedeutsamkeit des Freizeitbereichs als Wachstumbrache erkennen.

Schmale

Freizeitausschuß
Fachgremium einer Körperschaft zur Behandlung von freizeitrelevanten Fragen sowie zur Beschlußfassung bzw. Vorbereitung einer Beschlußfassung dazu. F. gibt es meist in Verbindung mit einem anderen Fachgebiet (*Kultur-* → u. F.; *Sport-* → u. F.) in Gemeinden (*Freizeitamt* →), Kommunalverbänden, Parteien, Verbänden und in den *Kirchen* →.

Freizeitbad
kombinierte *Bad* → -anlage mit einem nicht wassersportorientierten Angebot (Spaßbad, »Activarium«, ». . . therme«, ». . . mare«). Das Freizeitbad ist eine in den letzten 15 Jahren entwickelte Sonderform des Bades, die auf die Erfahrungen mit Naturbädern, aber auch mit historischen Bädern sowie Bädern aus anderen Ländern zurückgreift. Die Gestaltung und Ausstattung von Freizeitbädern vermeidet Normen und Sterilität (»Erholungslandschaft«). Der Anteil von Aufenthalts-, Neben- und Verkehrsflächen ist auch unter Dach wesentlich größer als derjenige für die Wasserflächen.
Der Freizeitgedanke drückt sich vor allem in der Wahlmöglichkeit nicht nur unter verschiedenen Wassernutzungsmöglichkeiten, sondern zahlreichen weiteren Angeboten aus. Dieser Ansatz spricht vor allem Familien und Gruppen mit Mitgliedern unterschiedlichen Interesses an.
Sind schon bei den herkömmlichen Bädern große Unterschiede feststellbar, trifft das in besonderer Weise auf Freizeitbäder zu.
Freizeitbäder können ausgestattet sein mit Wellenbecken, unregelmäßig geformten Schwimmbecken, Innen- und Außenbecken (auch die letzteren ganzjährig durch Schwimmkanal verbunden), Thermalbecken, Thermalsprudelbecken (»Hot Whirl Pool«), Solebecken; mit Heißluft- und Dampfbädern (*Sauna* →, Türkisches Dampfbad, Kräuterdampfbad, irisch-römisches Dampfbad) in unterschiedlichen Ausführungen (bes. Sauna:

Tabelle 2:

Anteil der Freizeitausgaben am ausgabefähigen Einkommen

- in Prozent -

	Haushaltstyp		
	I	II	III
1965	5,2	9,5	11,9
1970	6,2	10,7	12,7
1975	6,9	12,9	13,2
1980	7,9	13,6	14,8
1983	8,9	12,6	13,6

Quelle: Statistisches Bundesamt; IW-Berechnungen

Damensauna, Herrensauna, Gemeinschaftssauna, eingebaut oder freistehend als Blockhaussauna); mit Wassergärten, *Wasserspielplätzen* →, Wasserrutschen. Die Becken können nicht nur mit Unterwasserbeleuchtung, sondern auch mit Unterwassermusik versehen sein. Neben den Aufenthaltsflächen, die mit Bekleidung genutzt werden, werden auch solche für *Freikörperkultur* → oder FKK-Tage angeboten. Vielfältig ist das Zusatzangebot von Freizeitbädern mit *Solarien* →, Fitnesseinrichtungen →, Sportstudio (*Gymnastik* →), Tischtennis, Squash-Court, *Spielhalle* →, *Gastronomie* → verschiedener Prägung, Fernsehraum, Leseraum, Ruheräume, sogar Großbildleinwand und Bühnen für *Unterhaltungs*→ -angebote.
Ähnlich den *Erlebnisparks* → bieten Freizeitbäder die Nutzung gegen Inklusivpreis an; es gibt jedoch auch Systeme mit Grundpreis und Zusatzentgelten für Sonderleistungen (meist Solariennutzung, Spiel- und Sporteinrichtungen). *Spaßbad* →

Freizeitbedürfnis
Bedürfnis →

Freizeitberater
Freizeitberufe →

Freizeitberatung
Form der persönlichen *Kommunikation* → mit dem Ziel des Ausgleichs eines Wissens- und Einsichtsunterschiedes, auch verbunden mit der Absicht der Verhaltensänderung des zu Beratenden. Gegenstand von F. ist a) die Information über das *Freizeitangebot* →, *Freizeitinfrastruktur* → und *Freizeittätigkeiten* → sowie damit zusammenhängende Fragen und Handlungsmöglichkeiten; b) in besonderen Lebenslagen Hilfe zur Findung bzw. Neufindung einer geeigneten und entsprechenden Freizeitgestaltung (»Lebensstilberatung«); c) Unterstützung bei der Bewältigung von *Freizeitproblemen* →.
F. findet in der Regel nicht institutionalisiert, sondern im Rahmen des *Freizeitangebotes* →, in *Freizeiteinrichtungen* → sowie anderer Beratungstätigkeit statt. Der höchste Institutionalisierungsgrad ist in der *Kurgastbetreuung* → erreicht. Die Methodik der F. ist zweigleisig: a) offene Beratungssituation als *informative Beratung* →; b) persönliche, psychosoziale Beratung in Anlehnung an Beratungsmethoden der Sozialarbeit und *Sozialpädagogik* →; dieser Zweig der F. grenzt an Sozial- und Psychotherapie (*Freizeittherapie* →).

Freizeitbereich
auch Freizeitsektor, der mit *Freizeit*→ verbundene Teil gesellschaftlicher Aktivität.
Der F. gewann neben dem Arbeitsbereich zunehmend an Bedeutung innerhalb der Gesellschaft (*Freizeitgesellschaft* →) und wird international (OECD) zu Bewertung des *Lebensstandards* → und der Lebensqualität herangezogen. Prognosen, die dem F. eine größere Bedeutung als dem Arbeits- und Produktionsbereich einräumen, dürften nicht recht behalten. Das gesellschaftliche Leben muß ebenso wie das Leben des einzelnen ganzheitlich gesehen werden. Die Entwicklung wird sich eher auf eine Veränderung der gesamten Lebensführung hin bewegen (*Lebensstil* →), wobei die Grenzen der verschiedenen Lebensbereiche fließender werden (»Lebensgesellschaft«).

Freizeitberufe
Sammelbezeichnung für zahlreiche Formen beruflicher Tätigkeit im *Freizeitbereich* →.
1. Zu den F. im engeren Sinne werden gezählt: a) Berufe mit der Aufgabenstellung, Menschen in ihrer *Freizeit* → beratend, vermittelnd, betreuend und anleitend zur Verfügung zu stehen. Das sind u.a.: *Freizeitberater* →, *Animatoren* →, *Freizeitpädagogen* →, *Sozialpädagogen* →, Pädagogen, Sozialarbeiter, Erzieher; Diakone, Theologen; *Sportlehrer* →, Musiklehrer, Kunsterzieher, Fachlehrer für *Werken* →, *Künstler* →, Tanzlehrer, Schauspiellehrer; *Schwimmeister*→; Reisebürokaufleute, Reiseleiter, Gästebetreuer, Ärzte, Freizeittherapeuten; Freizeit- und Reisejournalisten; Spiel-, Hobby- und Do-it-yourself-Fachberater (im *Einzelhandel* →), Kaufleute; b) Veranstalter und *Entertainer* →, *Künstler* →. Das sind insbesondere Regisseure, Schauspieler, Moderatoren, *Diskjockeys* →, Artisten; *Schausteller* →, Agenten; *Bands* →, Bandmanager; Sänger, deren Manager usw.; c) Leitende Tätigkeit im Freizeitbereich (*Freizeitmanagement*→) z.B.: Leitung von Freizeiteinrichtungen, *-unternehmen* →, *-ämtern* →, *-diensten* →; Geschäftsführung von *Freizeitvereinen* → und *Verbänden* →. Für die leitenden F. können sich Angehörige der vorgenannten Berufe ebenso qualifizieren wie Betriebswirte, (Touristik-, Freizeit-), Volkswirte, Juristen, Sozialwissenschaftler, Psychologen, Verwaltungsfachleute; d) Freizeitforscher, Ausbildung für F. *Freizeitforschung* → betreiben insbesondere Soziologen, Pädagogen, Geographen, Wirtschaftswissenschaftler, Kommunikationswissenschaftler, Sportwissenschaftler und Psychologen.
Ausbildende Berufe sind alle genannten für ihren Bereich in unterschiedlichen Ausbildungs-

stätten, auf verschiedenen Ebenen und mit je abweichender Legitimation (Ausbilder, Lehrer, Hochschullehrer, Praxisanleiter).

Die Ausbildungsanforderungen sind außerordentlich unterschiedlich. Sie reichen vom Abschluß einer (kaufmännischen) Lehre bis zum Hochschuldiplom. Dasselbe gilt für die inhaltliche Ausrichtung: hier sind folgende Schwerpunktbereiche zu unterscheiden: Verkauf, Beratung, *Animation* →, *Freizeitpädagogik* →, Betriebswirtschaft, Verwaltung, Management, Freizeitmarketing, *Freizeitwissenschaft* →. Notwendig sind darüber hinaus gründliche Kenntnisse und teilweise auch Fertigkeiten des jeweiligen Freizeitsektors.

Der *Professionalisierungs* → -grad in den verschiedenen Zweigen des *Freizeitwesens* → ist sehr unterschiedlich.

Von anderen Berufsfeldern unterscheidet sich der Freizeitbereich durch die Eigenart von Freizeit als einer bewußt offenen Situation. Das bedeutet einerseits, daß Freizeit als Tätigkeitsfeld offen bleibt für Nichtprofessionelle (*Ehrenamt* →, *Amateur* →, *Laie* →), andererseits gibt es viele nicht zu systematisierende Zugänge zur Berufsarbeit, die insbesondere über das praktische Tun führen (»Einsickern in die Szene«; Agricola 1984).

Existenzgründung →, *Alternative Projekte* →

2. Im weiteren Sinn können als F. Berufe mit Freizeitbezug bezeichnet werden. Das sind:
a) Berufe und Güter für den *Freizeitmarkt* → produzieren und verteilen (besonders: Designer, Konstrukteure, Manager, Fachhändler);
b) Planer und Konstrukteure von Freizeitinfrastruktur, Geräten und *Attraktionen* → sowie Berufe der technischen *Unterhaltung* → solcher Angebote (Architekten, Landschaftsarchitekten, Innenarchitekten, Ausstellungsarchitekten, Ingenieure, Techniker, Designer, Handwerker usw.); c) Freizeitdienstleistungsberufe (Berufe des *Gastgewerbes* →, des *Tourismus* →, des Verkehrsgewerbes; Werbe- und Marketingfachleute; Medienfachleute u.a.);
d) Berufe in kulturellen Einrichtungen und der *Kulturarbeit* → (Theaterfachleute, Künstler, Museumsfachleute, Musiker; Erwachsenenbildner, Archivare, Archäologen usw.); e) Berufe der Raumplanung, Landschaftspflege, Stadtplanung und Ökologie (Raumplaner, Ökologen, Landschaftsarchitekten, Landwirte, Forstwirte, Förster, Botaniker, Zoologen, Vogelkundler, Naturschutzbeauftragte, Stadtplaner, Stadtentwicklungsplaner, Geographen). Angehörige von F. im weiteren Sinn sind entweder nicht ständig im Freizeitbereich tätig oder könnten mit derselben Ausbildung und Arbeitsweise auch nicht die Freizeit betreffende Aufgaben erledigen. Sie müssen jedoch über gründliche Branchenkenntnisse des Freizeitteilbereichs verfügen, in dem oder für den sie tätig sind.

Die Angehörigen von F. sind in berufsständischen Organisationen (z.B. *Künstlerorganisationen* →; Deutscher Schaustellerbund; Verband Deutscher Freizeitunternehmen; Architektenkammern), in Berufsfachverbänden und -vereinigungen (z.B. Deutscher Sportlehrerverband; Deutscher Sporttherapeutenverband; Bundesarbeitsgemeinschaft für Freizeitforschung; Bundesverband für pädagogische Freizeitberufe), in Gewerkschaften sowie ähnlichen Organisationen (Öffentliche Dienste und Verkehr; Erziehung und Wissenschaft; Deutsche Angestelltengewerkschaft; Deutscher Beamtenbund; Deutscher Bundeswehrverband) zusammengeschlossen.

Freizeitbeschäftigung
Freizeittätigkeit →

Freizeitbetreuung
Sorge für *Freizeitgestaltung* → und die dafür notwendigen Voraussetzungen in geschlossenen Gruppen, Organisationen und Einrichtungen; z.B. Behinderte, Kranke, Kinder- und Jugendgruppen, im Krankenhaus, in der Justizvollzugsanstalt, im *Erziehungsheim* →, im *Wohnheim* →, in der *Bundeswehr* →.

F. wird notwendig in der Regel dann, wenn für den einzelnen die Möglichkeiten zur eigenverantwortlichen Freizeitgestaltung eingeschränkt sind.

Freizeitbewußtsein
das Wissen und Erkennen der Freizeitchancen und *Freizeitprobleme* → in ihrer persönlichen und gesellschaftlichen Bedeutung und Auswirkung. Zum freizeitbewußten Handeln gehört immer auch die bewußte Auseinandersetzung mit den unterschiedlichen Möglichkeiten individueller Freizeitgestaltung und gesellschaftlicher Freizeitentwicklung.

Kennzeichen eines mangelnden F. ist hingegen die einseitige Sichtweise der *Freizeit* → als einer »rundum schönen Sache« und die gleichzeitige Verdrängung von Problemen und Konflikten (z.B. *Langeweile* →, Einsamkeit). Ebensowenig F. beweisen beispielsweise Politiker, die Freizeit mit Freiheit und Selbstbestimmung gleichsetzen und lediglich das Private, das Zweckfreie und Spielerische der Freizeit betonen und die öffentliche Dimension, die ökonomische Nutzung oder den sozialen Verpflichtungscharakter der Freizeit verschweigen. Zum Charakter der Freizeit gehört immer beides: Privates und Öffentliches, Zweckfreies und Nützliches, Lebenswertes und Lebensproblematisches. Dieses dialektische Problembewußtsein von Freizeit ist bisher kaum verbreitet.

Offensichtliche Wissens- und Problemdefizite im F. der Bevölkerung sind längst bekannt (Opaschowski 1971):
Klare Vorstellungen über die Begriffe der »freien Zeit« und der »Freizeit« sind in der Mehrheit der Bevölkerung nicht vorhanden. So rational sie auch den beruflichen Teil ihres Lebens bewältigt – die Freizeit, die der eigenen Disposition und Wahlfreiheit unterliegen sollte, verläuft nur halb bewußt. Der hohe Wert der Entscheidungsfreiheit wird in aller Regel nicht genutzt, um so mehr wird die Freizeit von außen gesteuert. Ob die Verantwortlichen der *Freizeitindustrie* → oder die Planer der Infrastruktur der Freizeit es wollen oder nicht – indem sie den Menschen Angebote machen, steuern sie ihr *Freizeitverhalten* →.

Das F. der Bevölkerung hat nicht mit dem Stand der Freizeitentwicklung Schritt gehalten. Die Freizeit »läuft dem Bundesbürger zwischen den Händen davon«. Mangels Reflexion über die Freizeit gehen die meisten Menschen an ihren Möglichkeiten vorbei: Wenn überhaupt, so nutzen sie »simple« und »vorindustrielle« *Freizeitangebote* → und praktizieren in ihrer Freizeit erstarrte, an der Entwicklung gemessen »veraltete« Verhaltensformen.

Die große Masse der Bevölkerung ist nicht in der Lage, mit den vielfältigen Freizeitangeboten adäquat umzugehen und sie für sich individuell zu nutzen. Für die meisten ist das Fernsehen einstweilen das »absolut überragende Freizeitangebot«. Sie lassen ihr Freizeitleben von dem einen Medium »erdrücken«. Lediglich ein Teil jugendlicher und höher gebildeter Bevölkerungsgruppen praktiziert ein freizeitbewußtes Verhalten. Sich freizeitbewußt verhalten heißt, darüber entscheiden zu können, was man innerhalb eines vorgegebenen Systems von Freizeitbedingungen (gesellschaftliche Normen, Gesetzgebung, Wertsystem, Kultursystem, Herrschaftssystem, Einflußfeld der Produktion, Ideologien verschiedener Art, ökonomische Bedingungen und Grenzen, denen der einzelne unterliegt, und anderes) für sich in der Freizeit tun will und zu tun in der Lage ist.

An dem defizitären F. hat sich in den letzten 15 Jahren nicht viel geändert, weil insbesondere Politik, Massenmedien und Bildungswesen einem weitgehend naiven Freizeitverständnis anhängen, wonach Freizeit dem freien Spiel der Kräfte überlassen werden könne, weil doch Freizeit »Privatsache« sei und »Freiheit bleiben« müsse. Infolgedessen wird bis heute das F. mehr von *Konsum* →, *Werbung* → und *Freizeitindustrie* → als von Information, Aufklärung oder *Bildung* → geprägt. Hauptmerkmale eines freizeitindustriell geprägten Bewußtseins sind:

a) Freizeit soll Freude machen. Vermittelt wird eine schöne Welt des Scheins, die der einzelne ebenso fasziniert wie distanziert betrachtet; es wird eine Traum- und Katalogwelt- »Freizeit« aufgebaut, in der Freiheit, Freude und Lebensgenuß dominieren sollen; positiv überzogene Werbeklischees wecken kaum einlösbare persönliche Sehnsüchte und Wünsche und treiben die Erwartungen von Freiheit und Glück in illusionäre Höhen. Die Kluft zwischen suggeriertem Klischee und selbsterlebter Wirklichkeit wird immer größer, die Enttäuschung über entgangene Freizeitfreude auch.

b) Freizeit-Probleme darf es nicht geben. Freizeit wird als hochgradig positiv eingestuft. Persönliche Probleme und Konflikte in der Freizeit widersprechen dem öffentlichen Freizeitklischee, sie werden verdrängt und tabuisiert. Darüber darf nicht gesprochen werden. Zur Einhaltung des Tabu-Gebots wird die Freizeit zur unantastbaren und unverletzlichen Privatsphäre erklärt. Wer dennoch gegen das Tabu verstößt (z.B. durch das Eingeständnis empfundener Langeweile am Wochenende), stellt sich öffentlich ein Armutszeugnis aus.

Der einzelne bleibt mit diesen gesellschaftlichen Wertkonflikten, die individuell belastend und verhaltensverunsichernd wirken, allein. Unter der gesellschaftlichen Verpflichtung leidend, Freizeit »sinnvoll gestalten« zu müssen, werden überaktive Freizeitbeschäftigungen (Betriebsamkeit, Aktionismus, *Freizeitstreß* →) entwickelt, die von der eigenen Unzulänglichkeit ablenken sollen.

Freizeitideologie →, *Freizeitpolitik* →

Lit: Opaschowski »Freizeitberater« – Plädoyer für ein neues Berufsbild, in: Deutsche Jugend, Heft 11 (1971) S. 521–529; Opaschowski »Freizeit im gesellschaftlichen Wertkonflikt« in: ders., Arbeit, Freizeit, Lebenssinn? Opladen 1983, S. 51–52

Opaschowski

Freizeitbudget

Budget (altfrz.: bougette) = Geldbeutel; die Gesamtheit des für Freizeitzwecke zur Verfügung stehenden Etats an a) Zeit und b) Finanzen.

Das zeitliche Volumen des F. ist in den letzten zwei Jahrzehnten deutlich gewachsen. Während bei einer jährlichen Gesamtzahl von 8750 Stunden der Anteil der Freizeitstunden im Jahre 1965 pro Arbeitnehmer noch bei 2634 Stunden lag, betrug sie im Jahre 1983 knapp 3000 Stunden.

Parallel hierzu ist ein deutlicher Anstieg des finanziellen Freizeitetats zu verzeichnen, wie die Entwicklung der *Freizeitausgaben* → zeigt.

Schmale

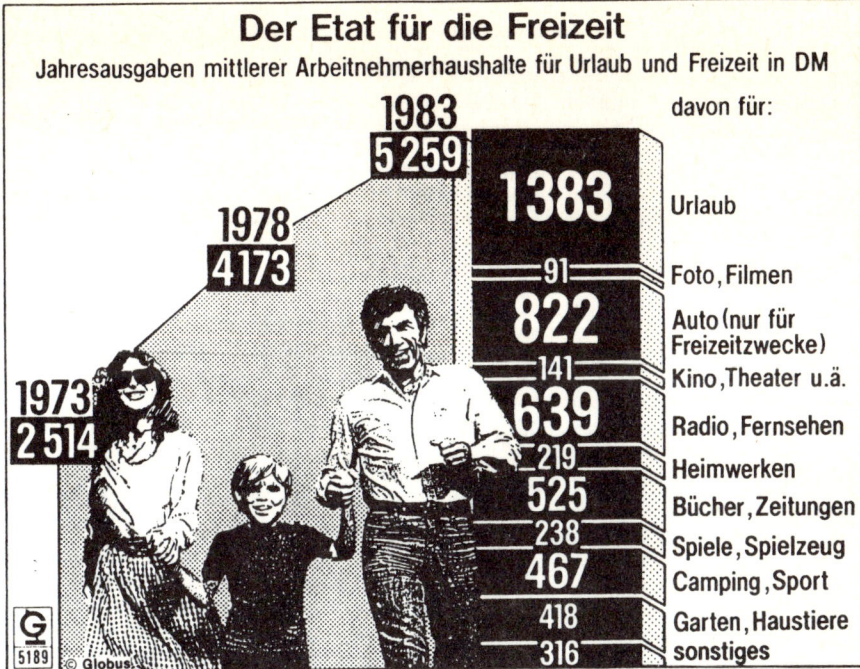

Der Etat für die Freizeit
Jahresausgaben mittlerer Arbeitnehmerhaushalte für Urlaub und Freizeit in DM

1973: 2 514
1978: 4 173
1983: 5 259

davon für:
- 1383 Urlaub
- 91 Foto, Filmen
- 822 Auto (nur für Freizeitzwecke)
- 141 Kino, Theater u.ä.
- 639 Radio, Fernsehen
- 219 Heimwerken
- 525 Bücher, Zeitungen
- 238 Spiele, Spielzeug
- 467 Camping, Sport
- 418 Garten, Haustiere
- 316 sonstiges

© Globus 5189

Freizeitbüro
Bundeswehr →

Freizeitdidaktik
Lehre von den Inhalten des Lehrens, Lernens und den Formen der Vermittlung in bezug auf *Freizeit →* und *Freizeitgestaltung →* sowie den Lehr- und Lernmöglichkeiten innerhalb des *Freizeitbereichs →*. Eine einheitliche F. wurde bislang nicht entwickelt wie auch verschiedene Ansätze für eine *Freizeitpädagogik →* bzw. Pädagogik der Freizeit vorliegen.
Eine besondere Richtung ist die *Animation →*, die die Bedingungen der Tätigkeit im Freizeitbereich (*freizeitkulturelle Bildung →, Freizeitsport →, sozialkulturelle Arbeit →, Agogik →*) berücksichtigt, die insbesondere in der Freiwilligkeit der Teilnehmer und deren Freiheit in Zeiteinteilung, Wahl der Tätigkeit und im Ergreifen von Initiativen (*Informative Beratung →, Kommunikative Animation →, Animator →*) bestehen.
Inwieweit sich eine auf die schulische Situation ausgerichtete F. mit der im außerschulischen Bereich geforderten verbinden läßt, ist weitgehend offen. *Schule →*

Freizeitdienste
Gesamtheit der Dienstleistungen für den *Freizeitbereich →*: *Freizeitservice →, Freizeitinfor-* *mationsdienst →, freizeitkulturelle Bildungsarbeit →, Freizeitmanagement →, Freizeitberatung →, Freizeitbetreuung →, Freizeitmarktforschung →, Freizeitplanung →, Reiseveranstalter →, Reisebüro →, Freizeitunternehmen →, Freizeitvereine →* (teilweise), kommunale Ämter (*Freizeitamt →, Jugendamt →, Kulturamt →, Sportamt →*).

Freizeiteinrichtungen
1. Sammelbezeichnung für Betriebe des *Freizeitwesens →* zum Angebot von Räumen, Flächen für *Freizeittätigkeiten →* sowie *Freizeitprogrammen →*. F. befinden sich in öffentlich-rechtlicher, gemeinnütziger und privatwirtschaftlicher *Trägerschaft →* (*Öffentliche Träger →, Freie Träger →, Freizeitunternehmen →*).
F. bilden einen bedeutsamen Teil der *Freizeitinfrastruktur →* mit einem unter Dach befindlichen *Raumprogramm →* sowie Außenanlagen unterschiedlichster Größenordnungen und Ausstattungen: *Freizeitstätten →, Freizeitanlagen →, Freizeitzentren →*. Das Kennzeichen von F. ist die *Mehrzwecknutzung →*, oft auch die *Mehrfachnutzung →* der Räume und Flächen, die Kombination von Angeboten und Vorhaltungen von Möglichkeiten für sehr typische Freizeittätigkeiten. Entsprechend sind Gestaltung (*Freizeitarchitektur →*) und technische *Ausstattung →*.

DGF-Freizeit-Lexikon 101

Abb. Bedingungsfaktoren für eine Freizeiteinrichtung

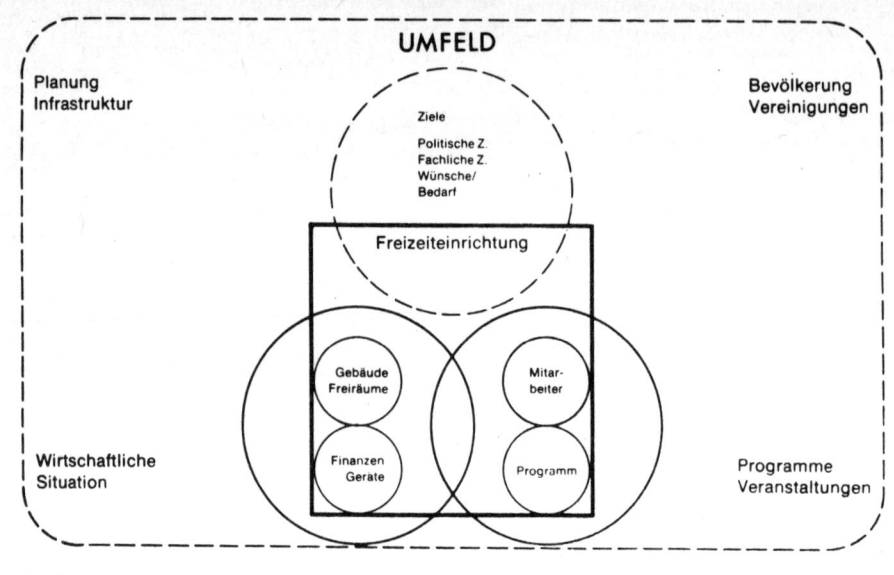

```
                            UMFELD
  Planung                                              Bevölkerung
  Infrastruktur          Ziele                         Vereinigungen
                         Politische Z.
                         Fachliche Z.
                         Wünsche/
                         Bedarf

                      Freizeiteinrichtung

                   Gebäude        Mitar-
                   Freiräume      beiter

                   Finanzen       Programm
                   Geräte

  Wirtschaftliche                                      Programme
  Situation                                            Veranstaltungen
```

Quelle: S. Agricola in: Freizeit '74 (1974)

F. sind Dienstleistungsbetriebe mit darauf ausgerichteter Organisationsstruktur und entsprechend ausgewähltem Personal. Allerdings gibt es in nur wenigen F. eine längere professionelle Tradition, so daß *Management* →, Arbeitsmethodik, Professionalität noch nicht genügend ausgebildet sind. F. müssen je nach Aufgabenstellung oft sehr schnell auf neue Entwicklungen reagieren, was bei einer offenen Verwaltungsform leichter möglich ist. Das verleitet allerdings leicht dazu, die Improvisation zum Grundprinzip der Arbeit zu machen, was immer wieder zu Problemen führt.
F. arbeiten nicht nur mit unterschiedlicher inhaltlicher Zielsetzung, sondern für verschiedene *Zielgruppen* → und -gebiete, z.B. *Nachbarschaft* →, Stadtviertel, Dorf, Ortsteil, gesamte Stadt, Region, für alle Einwohner, für *Familien* →, Kinder, Jugendliche, Senioren, ethnische Minderheiten →, an bestimmten Freizeittätigkeiten interessierte Einwohner und Gruppen (*Betrieb* →, *Partizipation* →).
2. Auch im weiteren Sinne gebraucht: Jeder Bestandteil der *Freizeitinfrastruktur* → (»Einrichtungen für die Freizeit« = Vorkehrungen für die Freizeit).

Freizeiten
im Bereich der Evangelischen Kirche entstandene Bezeichnung für mehrtägige Veranstaltungen von Gruppen (zunächst Jugendlicher)

außerhalb ihrer Wohnumgebung mit dem Ziel der Förderung des Gemeinschaftslebens und der Vertiefung von Lebensfragen (»Rüstzeiten«). Der Begriff F. wurde und wird mit unterschiedlichsten Inhalten und Aufgabenstellungen verbunden: Singe-F., Wander-F., Gymnastikgr., Erholungs-F., *Familien-F.* →, Behinderten-F., *Alten-F.* → /Senioren-F. Die F. werden meist von ehrenamtlichen/freiwilligen *Mitarbeitern* → vorbereitet und durchgeführt, unter Beratung und Anleitung hauptamtlicher *Freizeithelfer* →.

Freizeiterziehung
Freizeitpädagogik →

Freizeitforschung
die Tätigkeiten, ihre Organisation und Ergebnisse im Bemühen der Wissenschaften, auf dem Gebiet der Freizeitphänomene zu neuen nachprüfbaren Erkenntnissen zu gelangen. Der Spezifität dieses Gebiets entsprechend sind an der F. vor allem die Sozial- (z.B. *Freizeitverhalten* →, *Freizeiteinrichtungen* →), Wirtschafts- (*Freizeitausgaben* →, *Infrastruktur* →, *Freizeitmärkte* →), Erziehungs- (*Freizeitpädagogik* → in der *Schule* →, *Animation* →, *Erwachsenenbildung* →, *Jugendarbeit* →), Medien- (Inhalte und Nutzung der *Massenkommunikations* → -mittel), Planungs- und Ingenieurwissenschaften (*Planung* → und Kon-

struktion von Freizeiteinrichtungen, Freizeit in Wohngebieten, *Landschaftspflege* →) sowie Geographie (*Sozialgeographie* →), Regional- und Verkehrswissenschaften (*Verkehr* →, *Tourismus* →, Veränderung der Siedlungsstruktur), künftig auch Umweltwissenschaften (Landschaftsverbrauch, Umweltbelastungen, Sicherung von *Naherholungs* → -gebieten) beteiligt. F. findet weit überwiegend als angewandte Forschung stark unterschiedlicher Reichweite, Methodik, Repräsentativität, Zuverlässigkeit und Validität statt, mit geringer Traditionsbildung, aber zunehmender Interdisziplinarität. Wenig entwickelt ist eine eigenständige Freizeit-Grundlagenforschung, wohl auch wegen der nicht eindeutigen Ausgrenzbarkeit des Gegenstands. Zu ihr gehören noch am ehesten Studien über Zeitverwendungs- und Ausgabearten, Einzugsgebiete und Infrastrukturnutzungen, Aktivitätenmuster der Freizeit und ihre Dimensionen, Beobachtung bestimmter Bevölkerungsgruppen hinsichtlich ihrer Freizeitausstattung und -verwendung. Bisher fehlen experimentelle Ansätze; es dominieren explorative; noch sehr selten sind vergleichende, prozeßanalysierende und hypothesentestende Untersuchungen. Der bisher geringen Fähigkeit der F., theoretisch durchgearbeitete und empirisch fundierte Erkenntnisse als Prognose-, Planungs- und Evaluationsgrundlagen bereitzustellen, entspricht der Mangel an Organisation und Instrumenten der planmäßigen Förderung, Kommunikation, zentralen Dokumentation und des Verbunds in der Forschung.

Lit.: Batelle-Institut, im Auftrag des Siedlungsverbandes Ruhrkohlenbezirk, »Arbeit und Freizeit.« 2 Studien. Essen 1979; Bodenstein »Die materielle Freizeitinfrastruktur in der BRD«, Stuttgart 1976; Christiansen »Chancenungleichheit in der Freizeit. Eine Sekundäranalyse zu Umfragedaten«, Stuttgart; Danz/Ruhl/Schemel, »Belastete Fremdenverkehrsgebiete.« Im Auftrag des BMBau. Bonn 1978; EMNID-Institut 1982: »Freizeitbedingungen und Freizeitentwicklungen.« 3. Trenderhebung, Bielefeld 1982; Diegler »Dimension und Determinanten der Freizeit«, Opladen 1982; LOGON-Institut »Zusammenschau und kritische Bewertung der Analysen und Prognosen zum Freizeitverhalten unter besonderer Berücksichtigung der Entwicklung in der Urlaubsfreizeit und in der Wochenendfreizeit.« Im Auftrag des BMBau, München 1975; Lüdtke »Jugendliche in organisierter Freizeit«, Weinheim/Basel 1972; PROGNOS »Bestand und Verteilung der materiellen Freizeitinfrastruktur in der Bundesrepublik Deutschland.« Im Auftrag des BMJFG. Basel 1975; Rosenbladt »Freizeitmöglichkeiten für Familien mit kleinen Kindern«, Stuttgart 1978; Schmitz-Scherzer (Hrsg.) »Aktuelle Beiträge zur Freizeitforschung«, Darmstadt 1977; Szalai (Hrsg.) »The Use of Time.« The Hague, Paris 1972

Lüdtke

Freizeitfunktion
Nutzbarkeit bzw. Bedeutung einer Organisation, der Infrastruktur oder Teilen von ihr, Räumen, Flächen, Geräten für die *Freizeitgestaltung* → und den *Freizeitbereich* →.

Freizeitgeographie
Sozialgeographie →

Freizeitgesellschaft
überwiegend von *Freizeit* → geprägte Gesellschaft, wobei letztere als Summe von zwischenmenschlichen Beziehungen, Institutionen und *Kultur* → einer territorial abgegrenzten Gesamtheit von Menschen verstanden wird.
Die F. sollte nach Vorstellungen der Futurologen und Freizeitforscher die »Arbeitsgesellschaft« (geprägt durch die *Arbeit* → als obersten Wert und Bestimmerin der gesellschaftlichen Strukturen), die »Industriegesellschaft« (durch die industrielle Produktionsweise, Arbeitsteiligkeit bestimmte Gesellschaft), die »Konsumgesellschaft« (güterverbrauchsorientierte Gesellschaft) die »Leistungsgesellschaft« (*Leistung* → als überwiegend ausschlaggebendes Element der Gesellschaft) und die »Wohlstandsgesellschaft« (durch Verfügbarkeit über Güter geprägt, auch »Überflußgesellschaft«) ablösen. Die F. ist bestimmt von *Werten* → wie Lebensfreude, Lust, Heiterkeit, Kontaktfähigkeit.
Inzwischen zeigt sich, daß die »postindustrielle, pluralistische Gesellschaft« (durch *Dienstleistungen* → und soziokulturelle Vielfalt gekennzeichnet) nicht nur wesentliche Aspekte der vorhergehenden »Gesellschaften«, sondern auch neue aufnehmen wird: »Informationsgesellschaft« (durch Medien und Mediennutzung wesentlich beeinflußt); »Dienstleistungsgesellschaft« (als wirtschaftlicher Bestimmungsfaktor dominiert in der Gesellschaft der Tertiäre Sektor); »Postmaterialistische Gesellschaft« (Wohlstand als prägendes Merkmal der Gesellschaft wird aufgegeben; Ausrichtung auf immaterielle Güter; z.B. Frieden, Glück, Liebe).
Der Abbau der *Arbeit* → bedeutet weder deren Verschwinden noch die Möglichkeit des Verzichts auch auf arbeitsähnliche Tätigkeiten. Ebensowenig kann es Entspannung geben, wenn es vorher nicht Spannung gab. Selbst wenn die *Produktion* → voll automatisiert abläuft, hat die künftige Gesellschaft viele arbeitsähnliche Aufgaben für ihre Mitglieder und nicht nur *Freizeitgestaltung* →. Insoweit ist der Begriff F. nur Beschreibung eines gesellschaftlichen Teilaspekts.

Freizeitgestaltung
Entscheidung des einzelnen über die Verbringung seiner frei verfügbaren Zeit. Die F. unterliegt zahlreichen Einflüssen, etwa der Me-

dien, Werbung, Mode, Ideologien, Politik, Pädagogik, aber auch persönlichen Veranlagungen und Neigungen. Sie ist abhängig von materiellen und immateriellen Mitteln (Infrastruktur, Information, Kommunikationsmöglichkeiten). *Attitüde* →, *Freizeit* →, *Freizeitbewußtsein* →, *Freizeittätigkeit* →, *Freizeitverhalten* →.

Der Begriff F. wird im deutschsprachigen, auch im angrenzenden niederländischsprachigen Raum nur selten ohne den Zusatz »sinnvoll« gebraucht. Die Offenheit und die mögliche freie Entscheidung in der Freizeit ist mit einer Verstärkung auch der persönlichen Unsicherheit (»Freiheitsrisiko«) verbunden. Das überträgt sich auch auf die Gesellschaft und deren Exponenten (Politiker in Staat und Wirtschaft, Pädagogen, Philosophen, Theologen, Wissenschaftler, Journalisten), zumal wenn diese eine bestimmte Tradition von Arbeitsethik pflegt (*Freizeitideologie* →).

Sinn beschreibt einerseits eine tiefere Bedeutung und einen einsehbaren Zusammenhang, zum anderen einen Zweck und einen *Wert* →. Tiefere Bedeutung und einsehbarer Zusammenhang können aber auch einen Zweck bestimmen und einen Wert darstellen. In der Bevölkerung der Bundesrepublik Deutschland wird Sinn sehr operational definiert: Sinnvoll ist, etwas Nützliches zu tun, Werte zu schaffen oder sich lernend, erholend, denkend, planend darauf vorzubereiten. Insofern widerspricht die Forderung nach sinnvoller F. dem Freiheitsanspruch von Freizeit. Andererseits könnte Sinn viel umfassender gesehen werden und auch den Freiheitsraum begründen. Dazu bedarf es aber eines starken *Wertewandels* →.

Freizeitgewerbe
auf den *Freizeitbereich* → übertragene Bezeichnung Gewerbe in ihrem weiteren Sinne als auf Erwerb gerichtete Tätigkeit. Da der Begriff Gewerbe normalerweise auf verarbeitende und produzierende Tätigkeiten beschränkt wird, entstehen Unsicherheiten in der Ausdeutung und Zuordnung. Daher sollte der Begriff vermieden werden.
Freizeitwirtschaft →, *Freizeitmarkt* →, *Freizeitunternehmen* →

Freizeitgewohnheiten
Freizeitverhalten →

Freizeithaus
mehrfach nutzbare *Freizeitstätte* → zur Ermöglichung von *Freizeittätigkeiten* → und zur Durchführung von *Freizeitprogrammen* →. Soweit F. nicht Teil eines *Freizeitparks* → oder einer noch größeren *Freizeiteinrichtung* → sind, haben sie dieselbe Funktion wie ein *Kommunikationszentrum* →, ein *Bürgerhaus* →, ein *Gemeinschaftshaus* →, ein *Kulturzentrum* →.

Freizeithelfer
freiwilliger Mitarbeiter bei *Freizeiten* → sowie bei Ferienangeboten und der *Urlaubsseelsorge* → der Evangelischen Kirche. Ihre Aufgabenstellung entspricht derjenigen von *Animateuren* →. F. werden vor ihrem Einsatz in Maßnahmen und Ferienorten geschult.

Freizeitideologie
System von Anschauungen, Ideen, Theorien über *Freizeit* → sowie davon abgeleitete Stellungnahmen, Entscheidungen, Bewertungen, Regeln und Normen für Verhaltensweisen in der Freizeit (*Freizeitbewußtsein* →). Der deutsche Begriff »Freizeit« war immer mit Ideologie versehen. Im Mittelalter als »frey zeyt«, Friedenspflicht auf Zeit während Märkten, in den folgenden Zeiten als arbeitsfreie Zeit, galt Freizeit als gefährdend (»Müßiggang ist aller Laster Anfang«), weil dem Ernst des Lebens widersprechend. Seit der Industrialisierung gesteht man der Freizeit die Möglichkeit zu, sinnvoll zu sein, wenn sie »neben die Mußezeit auch Zeit für höhere Tätigkeit« (Marx) ist. In dieser Tradition leben auch die heutigen F. Freizeit wird weiterhin als Zeit für etwas gesehen, als Chance zur *Emanzipation* →, als gesellschaftlich verpflichtete Zeit (*Sozialpflichtigkeit* →), auch kritisch als Zeitraum der Entfremdung durch Konsum (»Freizeit als Konsumzeit«, »Freizeit und Konsum als Kompensation der Arbeit«, »Konsumzwang«, »Konsumterror«), aber auch Freizeit als Freiheitsraum (»Wahlfreiheit«, »Freizeit ist Privatangelegenheit«), als die Gesellschaft prägender Teilbereich (»Freizeitgesellschaft«), als Identitäts- und Kulturentwicklungszeitraum (»Erweiterter Kulturbegriff«, »*Soziokultur*« →). Dem stehen F. gegenüber, die von Unternehmern ihrer Geschäftspolitik zugrunde gelegt werden (Freizeit als Zeit der Freude, des Lebensgenusses, des Glücks, der Problemlosigkeit, Hedonismus als wachsende Lebenseinstellung).

Unterschiedlich sind die Auswirkungen der heutigen F.: Während die erste Gruppe wenig Taten, aber viele Diskussionen unter Wissenschaftlern, Pädagogen und einigen Praktikern, kritische Medienverlautbarungen sowie politische Enthaltsamkeit im Wort hervorruft, bewirkt die zweite Aktivitäten (auch durch die *Freizeitpolitik* →) in Form von Waren, Dienstleistungen und Einrichtungen mit jährlichen Umsätzen in Höhe von 200 Milliarden DM.

Freizeitindustrie

der Teil der Industrie, der Güter zur Verwendung für *Freizeittätigkeiten* → herstellt. In der Volkswirtschaft versteht man unter Industrie die betriebliche (nicht hauswirtschaftliche) Produktion von Gütern mit Hilfe kapitalintensiver Technologien (mechanischen, nicht handwerklichen Mitteln).

Da die Festlegung dessen, was *Freizeittätigkeiten* → sind, nicht eindeutig erfolgen kann, muß auch offen bleiben, was freizeitbezogene Güter insgesamt sind. Überdies sind viele Güter (z.B. Radio-, Fernseh-, Platten- und Kassettenwiedergabegeräte, Computer, Foto- und Filmgeräte, Bücher, Reiseausrüstungen, Möbel, Kraftfahrzeuge, *Do-it-yourself* → -Artikel) sowohl für die *Freizeittätigkeit* → als auch Erwerbsarbeit und soziale Verpflichtung einzusetzen. Nahrungs- und Genußmittel, Kleidung sind ebenso schwer zuzuordnen, um so mehr als sich »Freizeitkleidung« immer mehr zur allgemeinen Mode entwickelt.

Es bleiben die Güter, die eindeutig bestimmten *Freizeittätigkeiten* → zugeordnet werden können: Spiel-, Sport- und Campinggeräte, Hobby-, Bastler- und Sammlerbedarf, einschl. Fachliteratur und Handbüchern. Es muß festgestellt werden, daß auch in diesem Bereich sich die industrielle Fertigung auf sehr verschiedene Branchen aufteilt, die miteinander nicht in Verbindung stehen.

Eine einheitliche F. (Vergleich: die Schwerindustrie) gibt es nicht. Das sagt nichts über die volkswirtschaftliche Bedeutung von Freizeit und Freizeittätigkeiten aus; diese entwickelt sich erst auf der Dienstleistungsebene (*Dienstleistungssektor* →), im Falle der F.-produkte im Handel.

Der in der Freizeitdiskussion gebrauchte Begriff F. ist ein ideologischer (*Freizeitideologie* →). Ähnlich dem (nur im übertragenen Sinne als Symbol für die wirtschaftliche Bedeutung für eine Region und die Volkswirtschaft vertretbaren) Begriff »Weiße Industrie« = *Fremdenverkehr* → wird F. als Symbol für das gesamte privatwirtschaftliche Freizeitangebot verwandt, insbesondere um eine Dialektik zwischen dem einzelnen und einem einheitlichen Gebilde herstellen zu können. Eine solche verkürzte Betrachtung der Realität wird den tatsächlichen Bedingungen und Problemen der *Freizeitwirtschaft* → nicht gerecht.

Freizeitinformationsdienste

das Angebot an Informationen und Informationsmöglichkeiten sowie Informationsstellen für *Freizeittätigkeiten* →.

F. werden übernommen durch Tageszeitungen und deren Beilagen; durch Zeitschriften, *Rundfunk* → und Fernsehzeitschriften, Fach- und Hobbyzeitschriften; durch Reiseführer, Reiseberater, Städteführer und Landschaftsbücher; Wanderkarten, *Freizeitkarten* →; Naturführer; Kunstführer; Taschenbücher für Urlaub und Hobby; Hobbybücher und -ratgeber (z.B. für Film und Foto, Gartenpflege, Tierpflege, *Do-it-yourself* →). Freizeit-Bücher werden angeboten durch Sortimentsbuchhandlungen, *Buchgemeinschaften* →, Versandbuchhandlungen, Warenhäuser, Bahnhofs- und Taschenbuchhandlungen (*Einzelhandel* →). Zu den F. sind weiterhin zu rechnen die über *Freizeitangebote* → und -tätigkeiten → unterrichtenden Sendungen der Rundfunk- und Fernsehanstalten; Programme von Einrichtungen; Freizeit-, Kultur-, Sport-, Jugend-, Senioren-Veranstaltungsführer in den Gemeinden; Bürgerberatungsstellen sowie Fachdienststellen der Gemeinden; *Freizeiteinrichtungen* →, *Erwachsenenbildungsstätten* →; Beratungsdienste von Verbänden (u.a. auch Verbraucherberatung), Vereinigungen und Unternehmen (z.B. *Reisebüro* →, Fachabteilungen in Warenhäusern, Fachgeschäfte).

Vom einzelnen her gesehen stellen die F. eine unüberschaubare Vielfalt dar. Die Folge ist eine weitgehende Uninformiertheit vor allem derjenigen, die die Informationen am nötigsten hätten. (*Freizeitbewußtsein* →). Weiterhin dominieren die wesentlich professioneller und mit größerem Aufwand gemachten Informations- und Werbemedien der Privatwirtschaft. Die kommunalen F. sind mit Ausnahme der Fremdenverkehrsbüros unterentwickelt. Hier liegt eine der wichtigsten Aufgaben gemeindlicher *Freizeitpolitik* → der Zukunft (*Informative Beratung* →).

Freizeitinfrastruktur

Ausstattung eines bestimmten geographischen oder politisch bestimmten Gebietes mit baulichen und flächenmäßigen Vorkehrungen, Gerät sowie Vorkehrungen zu deren Nutzung für *Freizeittätigkeiten* →. Danach lassen sich zwei F.-sektoren unterscheiden:
a) materielle Infrastruktur; b) immaterielle Infrastruktur (Karst 1974). »Materiell« steht für alles gebaute, gegenständliche und für Freizeit nutzbare (z.B. *Freizeiteinrichtungen* →, Verkehrswege, Freiräume); »immateriell« für alles kommunikative, organisatorische, die Nutzung betreffende (*Freizeitprogramme* →, *Informationsdienste* →, *Partizipations* → -möglichkeiten, Vereinigungen, *Medien* →).

F.-planung ist am Gemeinbedarf (das sind F.-maßnahmen, die eine angemessene Versorgung und Befriedigung der Bevölkerung für die Freizeitgestaltung gewährleisten) orientiert und findet meist im Rahmen verschiede-

Freizeitinfrastruktur

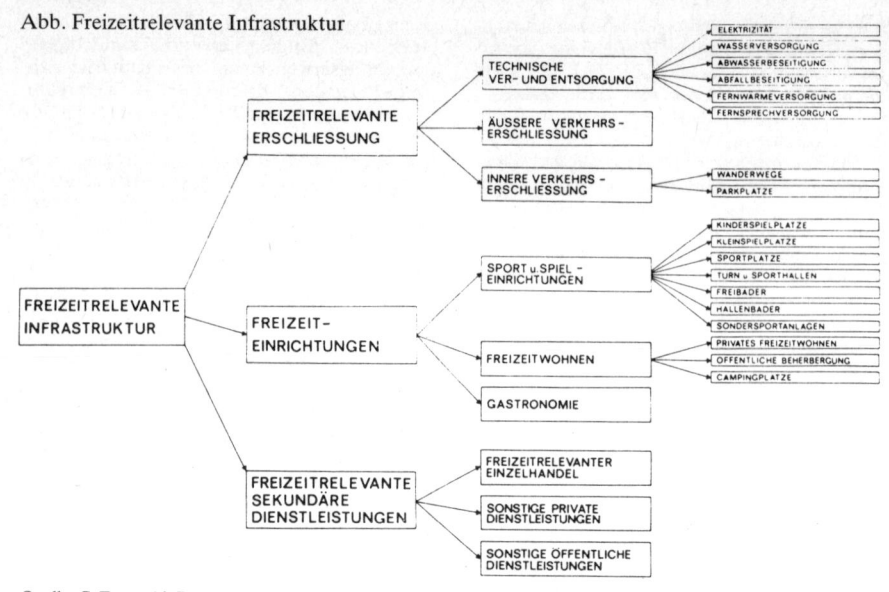

Abb. Freizeitrelevante Infrastruktur

```
FREIZEITRELEVANTE            FREIZEITRELEVANTE          TECHNISCHE VER- UND ENTSORGUNG ── ELEKTRIZITÄT
INFRASTRUKTUR                ERSCHLIESSUNG                                                WASSERVERSORGUNG
                                                                                          ABWASSERBESEITIGUNG
                                                                                          ABFALLBESEITIGUNG
                                                                                          FERNWÄRMEVERSORGUNG
                                                                                          FERNSPRECHVERSORGUNG
                                                        AUSSERE VERKEHRS-ERSCHLIESSUNG
                                                        INNERE VERKEHRS-ERSCHLIESSUNG ── WANDERWEGE
                                                                                          PARKPLÄTZE
                             FREIZEIT-                  SPORT u. SPIEL-EINRICHTUNGEN ── KINDERSPIELPLÄTZE
                             EINRICHTUNGEN                                                KLEINSPIELPLÄTZE
                                                                                          SPORTPLÄTZE
                                                                                          TURN u. SPORTHALLEN
                                                                                          FREIBÄDER
                                                                                          HALLENBÄDER
                                                                                          SONDERSPORTANLAGEN
                                                        FREIZEITWOHNEN ────────────── PRIVATES FREIZEITWOHNEN
                                                                                          ÖFFENTLICHE BEHERBERGUNG
                                                                                          CAMPINGPLÄTZE
                                                        GASTRONOMIE
                             FREIZEITRELEVANTE          FREIZEITRELEVANTER EINZELHANDEL
                             SEKUNDÄRE                  SONSTIGE PRIVATE DIENSTLEISTUNGEN
                             DIENSTLEISTUNGEN           SONSTIGE ÖFFENTLICHE DIENSTLEISTUNGEN
```

Quelle: C. Turowski ›Bewertung und Auswahl von Freizeitregionen‹ (1972)

ner anderer Infrastrukturplanungen statt (z.B. Sport, Kultur, Jugend, *Fremdenverkehr* →, *Freiraumplanung* →, *Landschaftsplanung* →). Die für F. notwendige Bedarfsanalyse findet selten statt. Daher sind Überschneidungen und Überkapazitäten nicht auszuschließen. Aufgrund der langen Tradition der Gemeinden, bürgerlicher, kirchlicher und staatlicher Institutionen gibt es schon jetzt in der Bundesrepublik ein dichtes Netz von Infrastruktur für Freizeittätigkeiten und Angebote, das im materiellen Bereich nur sehr behutsam erweitert werden sollte, während der immaterielle des weiteren Ausbaus bedarf.

Freizeitinteresse
Freizeitbedürfnisse →

Freizeitkarte
Plan eines geographisch oder politisch bestimmten Gebietes, in den die *Freizeiteinrichtungen* →, Sehenswürdigkeiten, Wander- und Radwege, auch Reitwege, eingetragen sind; meist ergänzt durch Kurzdarstellungen und Adressen (*Freizeitinformationsdienste* →).

Freizeitkleidung
1. für bestimmte *Freizeittätigkeiten* → erforderliche Kleidung (z.B. Wanderkleidung, Badeanzug);
2. für den Zeitraum außerhalb der Arbeit, Berufstätigkeit (Arbeitsschutzkleidung, Berufskleidung, Tracht) gedachte legere Bekleidung (Hausanzug, Jeans, Freizeithemd, -jacke usw.)

Freizeitkompetenz
1. die grundsätzliche Fähigkeit, mit *Freizeit* → umgehen zu können;
2. die besonderen Fähigkeiten, Kenntnisse und Fertigkeiten zur *Freizeitgestaltung* → und für *Freizeittätigkeiten* →;
3. selten: Zuständigkeit von Dienststellen für das *Freizeitwesen* →. *Kompetenz* →, *Freizeitpolitik* →, *Verwaltung* →

Freizeitkonsum
1. Verbrauch von *Freizeit* →, meist im Sinne des unreflektierten, nicht sinnvollen Vertuns von freier Zeit benutzt. F. ist wesentlicher Bestandteil kulturkritischer *Freizeitideologien* →.
2. Verbrauch in der Freizeit (»Freizeit als Konsumzeit«). Auch in dieser Bedeutung wird F. überwiegend abwertend gebraucht. Die kritische Benutzung des Begriffs verkennt in einer Überbewertung des Produktiven und der Produktion (»Aktive« oder »Passive« *Freizeitgestaltung* →) die gegenseitige Abhängigkeit von Produktion und *Reproduktion* → bzw. *Konsum* →. In der Realität pendeln sich beide Bereiche aus, was allerdings ohne Konflikte und Benachteiligungen einzelner und von Gruppen der Gesellschaft nicht abgeht. Es hat der kritische Ansatz dann seine Berechtigung, wenn *Reproduktion* → und Konsum die Fähigkeit und Möglichkeiten zu selbstbewußter und selbstverantwortlicher Lebensgestal-

tung verdrängen oder zu persönlichkeitsverändernden Abhängigkeiten (*Drogen* →, *Glücksspiel* →) führen. Das betrifft jedoch Gruppen, die nicht pauschal bezeichnet werden können. Inwieweit Freizeit als »Konsumzeit« im Sinne des Erwerbs und Verbrauchs von Gütern bezeichnet werden kann, hängt von der Definition ab. Arbeitsfreie Zeit enthält auch Konsumzeit; Freizeit im engeren Sinn kann sie enthalten, was aber von der subjektiven Einstellung des einzelnen abhängig ist. Eindeutig ist, daß Konsum die »sinnvolle« Freizeitgestaltung auch fördern kann; viele Freizeittätigkeiten sind ohne entsprechende Konsumgüter nicht ausführbar. Ebenso kann durch Konsumgüter nicht nur Freizeit verbraucht, sondern auch gewonnen werden (z.B. Haushaltsgeräte). F. bleibt damit ein ambivalent wirkendes Phänomen unserer Gesellschaft.
Freizeitwirtschaft →, *Freizeitbudget* →, *Lebensstandard* →

Freizeitkulturelle Bildung

freizeitorientierte, vorrangig die Kreativität, die Kommunikation und die *Partizipation* → fördernde *Bildung* →, die über die *Freizeit* → hinaus für das gesamte Leben bedeutsam ist. (Opaschowski 1976).
Die F. ergänzt und erweitert die in der schulischen und berufsbezogenen Bildung vermittelten Fachkompetenzen, die zumeist einseitig auf kognitive Leistungen und instrumentale oder funktionale Fertigkeiten ausgerichtet sind. F. tritt als fünfter Sektor neben die vier klassischen Bildungssektoren mit eigener organisatorischer und curricularer Verankerung (siehe auch die Grafik S. 108).
F. trägt zur Kompetenzerweiterung bei: »Sie entwickelt und fördert menschliche Fähigkeiten und Begabungen, die beim Erwerb einer beruflichen Qualifikation in der Regel keine hinreichende Berücksichtigung finden, jedoch für das Leben des einzelnen in Arbeit und Freizeit unerläßlich sind und auch auf die Gestaltung der Arbeitswelt zurückwirken.«
Der Begriff F. ist seinerzeit auch in der gesellschafts- und bildungspolitischen Absicht eingeführt worden, a) Freizeit vom Schein des Unernsten und Banalen – »Spielwiese« und »Hobbyecke« –, b) Kultur vom Nimbus des Abgehobenen und Exklusiven (*Theater* → und *Oper* →), c) Bildung vom Image des Anspruchsvollen und Intellektuellen (Buchwissen und Gelehrsamkeit) zu befreien. Mit der terminologischen Verklammerung sollte zugleich eine bewußtseinsmäßige Verbindung des ohnehin vorhandenen Lebenszusammenhangs angestrebt und gefördert werden. Die Einheit von Freizeit, *Kultur* → und Bildung läßt eine Bedeutungsaufwertung des Freizeitbegriffs (Freizeit als Lernfeld, als Chance für erlebnisbezogenes Bildungslernen/Erlebnislernen); Bedeutungserweiterung des Kulturbegriffs (freizeitbezogene *Kulturarbeit* → auf breiter Ebene/Freizeitkulturelle Breitenarbeit); Bedeutungsbereicherung des Bildungsbegriffs (Lernen durch Ermutigung, Anregung und Förderung/Animationslernen; »Bildungsfreizeiten«; *Bildungsurlaub* →) erhoffen. Die Festlegung auf den Freizeitbereich erklärt sich durch das Vorhandensein größerer Dispositions- und Handlungsspielräume, die in Schule, Ausbildung und Beruf in aller Regel gar nicht oder kaum (»Nischen«) gegeben sind, weil diese unter Erfolgs- und Leistungszwängen stehen. Die frei verfügbaren Zeitabschnitte innerhalb der Zeit, die nicht unter dem dauernden Druck der Lern- und Arbeitspflicht stehen, bieten sich als wirksamer Ausgangspunkt (nicht Angelpunkt) für den Zugang breiter Bevölkerungsschichten zu Kultur und Bildung an.
Vorrangige Ziele sind: a) Die Förderung der *Kreativität* → (Entwicklung von Spontaneität und Phantasie; Fähigkeit, sich gegenüber neuen Entwicklungen aufgeschlossen zu verhalten und selbst solche mit anzuregen; Fähigkeit, Probleme zu erkennen und einer entsprechenden Lösung zuzuführen); b) die Förderung von *Kommunikation* → (Fähigkeit, soziale Kontakte aufzunehmen und zu verstärken, Fähigkeit, sich mitzuteilen, Verständnis für andere zu gewinnen und zu vermitteln; Fähigkeit und Bereitschaft, mit anderen zusammenzuarbeiten); c) die Förderung von *Partizipation* → (Fähigkeit, Konfliktsituationen zu erkennen und daraus entstehende Probleme angemessen zu bewältigen; Fähigkeit, Kritik zu üben und zu ertragen; Fähigkeit und Bereitschaft, verantwortlich mit anderen zu handeln, um damit an der Neugestaltung sozialer und kultureller Lebensbedingungen mitzuwirken) (*Freizeitkulturelle Bildungsarbeit* →).
Das Konzept der F. wird mittlerweile auch von allen gesellschaftlich bedeutsamen Gruppen in der Bundesrepublik getragen. In der Erklärung »Freizeit-Kulturelle-Bildung« (DGF 1978) wird u.a. gefordert, Freizeit nicht formal zu verstehen, sondern inhaltlich zu begreifen als Raum menschlicher Entfaltung auf allen Lebensgebieten und mehr Kreativität, Kommunikation und Partizipation zu entwickeln und zu fördern.
Mit der Integration neuer Formen F. und traditioneller Kultur- und Bildungsangebote ist eine erhebliche Bedeutungszunahme des Zusammenhangs *Freizeit* →, *Kultur* →, *Bildung* → im Lebensalltag der Bevölkerung verbunden. Somit sind kulturelle Aktivitäten ein wesentlicher Bestandteil der Freizeit. Notwendige Bedingung ist die Erweiterung der tradi-

Freizeitkulturelle Bildung

Die fünf Sektoren des Bildungswesens

(Kreisdiagramm: Weiterbildung, Vorschulische Bildung, Freizeitkulturelle Bildung, Schulische Bildung, Berufsbezogene Bildung)

tionellen Formen von Kultur und Bildung zu einer freizeitkulturellen Bildung für alle. Mit der Realisierung der F. als grundsätzlich gleichwertigem Bildungssektor besteht die Chance, Bildung nicht mehr nur an Leistungsforderungen und Arbeitsmarkterfordernisse zu binden. Vom Zwang zur beruflichen Verwertbarkeit befreit kann F. ein bildungspolitisches Innovationspotenial werden – für die gesellschaftliche Weiterentwicklung ebenso wie für die Persönlichkeitsbildung des einzelnen.
Freizeitkulturelle Bildungsarbeit →, *Animation* →, *Kommunikative Animation* →, *Soziokultur* →, *Soziokulturelle Arbeit* →

Lit.: BLK (Bund-Länder-Kommission für Bildungsplanung und Forschungsförderung): »Musisch-kulturelle Bildung.« Ergänzungsplan zum Bildungsgesamtplan, Stuttgart 1977; DGF (Deutsche Gesellschaft für Freizeit): »Freizeit-Kulturelle Bildung.« Entschließung, Recklinghausen/Düsseldorf 1978; Opaschowski »Freizeitkulturelle Bildung, Rahmenkonzept zur Begründung eines neuen Bildungssektors.« In: Recht der Jugend und des Bildungswesens, 24/5 (1976); Opaschowski »Zur Arbeit erzogen – Freizeit lernen? Thesen für eine Neuorientierung der Bildungspolitik«, Heft 4 (1984)

Opaschowski

Freizeitkulturelle Bildungsarbeit
berufsmäßige oder ehrenamtliche Tätigkeit im Bereich der *Freizeitkulturellen Bildung* →.
Sie findet ihre Arbeitsfelder in Kultur und Kommunikation im Nahbereich der Bürger, im Wohnquartier, in den Innenstädten, in Stadtteilen, in Regionen; z.B. *Spiele* →, *Feste* →, Feiern, Schaffung von Spielstraßen, Demonstrationen der *Brauchtumspflege* → (Fastnacht, Kirmes, Schützenfest), Kinder-, Haus-, Nachbarschafts-, Straßen-, Stadtteil-, Altstadt-, Stadtpark-, Pfarr-, Garten-, Siedlungsfeste, *Kommunales Kino* →, Stadtteilfernsehen, Videoanimation, Stadtteilzeitung, Mediathek, Aktionen und *Animation* → in Theatern →, Museen → (*Museumspädagogik* →), Bibliotheken →, Kommunikationszentren →, Volkshochschulen →, Literarische Werkstatt, Minipressen, Tontechnik, *Amateurfunk* →, *Werken* → mit verschiedenen Materialien, *Malen* →, *Tanz* →, Puppentheater, Mitspieltheater, *Straßentheater* →, Literaturkneipe, *Folklore* →, Straßenmusik, offenes Singen, Musikwerkstatt, Sommerakademie, *Ferienaktion* →.
Offene Veranstaltungen wie Straßenaktionen, Bilder-, Kultur-, Kunstbasare im Freien, Frühschoppen, Polit-Matinee, Tag der offenen Tür in Behörden und Betrieben, Auto-Korso, Fahrrad-Rallye, Sternfahrten, Orientierungs- und Volksläufe, Lauf-Treff, Trimmspiele, kritische Stadtwanderungen, Exkursionen. Besonderes Augenmerk ist dabei der Kooperation bei der Verknüpfung kultureller Angebote mit *Sport* →, *Schule* →, *Marktplatz* →, Einrichtungen der *Erwachsenenbildung* → usw. zu widmen. Mehrfachnutzung von Schulen, Verwaltungsgebäuden, leerstehenden Fabriken, Kooperation mit Cafés, Kneipen, Buchhandlungen usw. ist anzustreben.
Animation →, *Kommunikative Animation* →, *Freizeitpädagogik* →, *Soziokultur* →, *Soziokulturelle Arbeit* →

Opaschowski

Freizeitlärm
mit der Ausübung von *Freizeittätigkeiten* → verbundene, als (von Nichtbeteiligten) unangenehm empfundene Geräuscherzeugung. F. ist meist kein gesundheitsschädigender Schall (Ausnahme: sehr laute Musik), sondern eine psychische Belästigung, d.h., man fühlt sich eigentlich durch die Freizeittätigkeit des anderen gestört, insbesondere wenn sie mit sehr eintönigen, plötzlich auftretenden und unterbleibenden Geräuschen verbunden ist (z.B. *Tischtennis* →, Beifallsschreie). Die Bewertung von F.-belästigung kann sich auf den Betrieb von *Freizeiteinrichtungen* → und *Freizeitanlagen* → durchaus einschränkend bis zur Schließung auswirken. Die rechtliche Diskussion um F. ist noch nicht abgeschlossen.

Freizeitlehrer
1. Qualifizierte Bezugspersonen, die im *Freizeitbereich* → der Schule pädagogisch tätig sind und *Freizeitpädagogik* → als animative Didaktik praktizieren (was schul- und sozialpädagogische Funktionen zwar nicht ausschließt, mit ihnen aber auch nicht identisch ist). Dabei ist es von sekundärer Bedeutung, ob es sich bei dem *Animateur* → um einen Stufenlehrer mit

UMWELTGIFT LÄRM* Vergleichsschall		Lautstärke in Dezibel	Musiksprache**
Flugzeug (3 m entfernt)		120	
Kesselschmiede		110	
Motorräder		100	
Preßlufthammer		90	
Lautes Rufen		80	ff
Straßenbahn (3–15 m entfernt)		70	f
Staubsauger		60	
Umgangssprache		50	mf
Leiser Rundfunk		40	p
Straße ohne Verkehr		30	pp
Uhrticken		20	
Blätterrauschen		10	
Hörschwelle		0	

** pp = pianissimo, p = piano, mf = mezzo forte, f = forte, ff = fortissimo
* Quelle Fördergemeinschaft Gutes Hören (FGH)

einer Zusatzausbildung in Freizeitpädagogik, einen Diplom-Pädagogen mit freizeitpädagogischem Schwerpunktstudium, einen graduierten *Sozialpädagogen* → mit freizeitpädagogischer Fortbildung oder um einen freizeitpädagogisch qualifizierten Erzieher handelt. Wesentlicher ist seine Befähigung zur *Erziehung* →, Beratung, *Animation* →, *Planung* → und *Innovation* → sowie zur *Teamarbeit* → mit nebenamtlichen Freizeitkursleitern (Opaschowski 1977, S. 140).

2. Die Bezeichnung geht auf das Bundesfamilienministerium zurück und wird auch im Wechsel mit »Lehrer im Freizeitbereich«, »Freizeitpädagoge«, »Freizeit-Animateur« oder »Animateur« gebraucht (Opaschowski 1977). Die Bezeichnung »Freizeit-Lehrer« deutet auf den noch vorhandenen Dualismus Unterricht/Freizeit hin, während die Bezeichnung »Animateur« mehr antizipatorisch die Integration vorwegnimmt.

3. In der Bundesrepublik Deutschland gibt es bis heute keine institutionalisierte und staatlich anerkannte Ausbildung zum F.

Lit.: Beirat für die Studienreform des Landes Nordrhein-Westfalen (Hrsg.): »Zwischenbericht zur Studienreform«, Düsseldorf 1973; Opaschowski »Im Blickpunkt: Der Freizeitberater«, Düsseldorf 1973; Opaschowski »Freizeitpädagogik in der Schule«, Bad Heilbrunn 1977

Opaschowski

Freizeitleiter

in Anlehnung an die schwedische Bezeichnung »Fritidsledare« verwendet. In Schweden gibt es über 4000 hauptamtliche F., die im pädagogischen, soziokulturellen, administrativ-planerischen und Public-Relations-Bereich tätig sind. Sie nehmen Kontakt-, Verwaltungs- und Planungsfunktionen in Sport- und Jugendverbänden, in kommunalen Freizeitämtern und in Betrieben wahr.

In der Bundesrepublik wird seit 1972 über F. diskutiert. Im Rahmen eines freizeitbezogenen Konzeptes von Forschung, Lehre und Praxis (Planung / Beratung / Leitung / Assistenz) wurde seinerzeit der Funktionsbereich Freizeitleitung mit Organisation, Durchführung und Leitung von *Freizeiteinrichtungen* →, *-anlagen* →, *-programmen* → umschrieben (Opaschowski).

Der Begriff F. hat sich nicht durchgesetzt und wird heute meist in Analogie zu ehren- und nebenamtlichen Tätigkeiten (z.B. Übungsleiter, Jugendgruppenleiter) gebraucht. Verbreiteter sind Bezeichnungen wie Freizeitberater (Fulda), Freizeiterzieher (Köln), Freizeitsportleiter (Trier) oder ganz allgemein *Animateur / Animator* →

Lit.: Opaschowski »Überlegungen zur Konzeption der Freizeitberatung«. In: Ders. (Hrsg.) »Freizeitpädagogik in der Leistungsgesellschaft«, 2. Aufl., Bad Heilbrunn 1972, S. 108–118

Freizeitmanagement

leitende, organisierende und verwaltende Tätigkeit im *Freizeitbereich* → in Körperschaften öffentlichen Rechts, Vereinigungen, Stiftungen, Unternehmen (gewinnorientiert oder gemeinnützig).

F. ist Teil jeder Angebots-, Informations-, Förderungs- und Planungsarbeit.

Wegen der Ablehnung *organisierter Freizeit* → wird F. in seiner Bedeutung meist unterschätzt.

Und doch müssen auch im Freizeitbereich die Felder Personal- und Finanzwesen sowie Verwaltung geregelt sein.

F. erfordert darüber hinaus in besonderer Weise die Beherrschung von Methoden der *Kommunikation* → und *Partizipation* →, da die Nutzung von *Freizeitangeboten* → wesentlich der freien Entscheidung des einzelnen unterworfen ist, sowie der Durchführung von *Veranstaltungen* →.

Wandlungen des *Lebensstils* →, weltanschauliche Neubewertungen und Modetrends werden schnell und nachhaltig wirksam und erfordern Anpassung der *Organisation* → und *Innovation* →.

Im übrigen gelten die im *Management* → anderer *Betriebe* → und Organisationen gewohnten Regeln.

Management ist die Summe der Funktionen: Analysieren, Entscheiden, Kommunizieren,

Freizeitmanagement

Zielsetzung/Vereinbarung, Planen, Organisieren, Führen/Fördern und Kontrollieren. *Freizeitorganisationen* → und *Freizeitunternehmen* → werden in der Regel ein kooperatives Managementsystem wählen. Hierbei erhalten die Mitarbeiter den für ihre Tätigkeit notwendigen Freiheitsraum; sie arbeiten zur Erreichung des Gesamtziels zusammen. Der Manager schafft einerseits die Betätigungsräume und sorgt andererseits für die Kooperation.
Betrieb →, *Freizeitwirtschaft* →, *Freizeitplanung* →, *Mitarbeiter* →

Lit.: Handbuch »Arbeitsmaterialien für Manager im Freizeitbereich« Beratergruppe 2 der Europäischen Gesellschaft für Freizeit, Besazio, 1983/84; Hesse »Management-System«, in: Management Enzyklopädie, Bd. 6, 2. Auflage 1984

Freizeitmarkt

ökonomischer Ort des Tausches, des Aufeinandertreffens von Angebot und Nachfrage im *Freizeitbereich* →. Im F. werden Güter (*Freizeitindustrie* →) und *Dienstleistungen* → ausgetauscht. Ähnlich wie der Produktionsbereich kann auch der F. nicht als einheitliches Gebilde verstanden werden, deshalb gilt die These von den »Freizeitmärkten«, also einer Anzahl von selbständigen Märkten mit unterschiedlichen Angeboten.
Da viele Güter nicht eindeutig freizeitorientiert sind, muß sogar davon ausgegangen werden, daß zahlreiche F. Teilmärkte anderer Märkte sind. Somit ist der F. als Bezeichnung für die gesamten durch Freizeit angestoßenen Angebote und Nachfragen ein eher theoretisches Gebilde, das zur Verdeutlichung der wirtschaftlichen Bedeutung des Freizeitbereiches dienen kann, ebenso die für den F. aufgestellten Umsatzberechnungen (170–200 Mrd. DM/Jahr).
Freizeitwirtschaft →, *Freizeitausgaben* →

Freizeitmarktforschung

systematisch und methodisch gesicherte Ermittlung, Analyse und Bewertung von Informationen über *Freizeitmarkt* → -segmente dergestalt, daß marktabhängige Entscheidungen getroffen werden können. Zwar benötigt man für die Freizeitkonsumgüterherstellung und deren Verkauf auch Daten des Freizeitbereichs, doch besteht ein geringerer Bedarf, eigene F. dafür zu betreiben, als für *Dienstleistungen* → und die dazu notwendigen *Investitionen* →. Denn Dienstleistungen nehmen einen erheblichen und noch wenig abgesteckten Raum innerhalb des Freizeitmarktes ein, was durch die mit Dienstleistungen verbundene Unsicherheit (der Nichtspeicherungsfähigkeit) verstärkt wird. F. umfaßt ein Bündel von Erhebungen: a) Beschreibung des Angebotes – soweit schon vorhanden – (Leistungen, Umfang, Kapazität, Qualität); b) Feststellen von Bedürfnissen und deren zeitlichen Auftreten; *Bedarfsermittlung* → (allgemeine Daten des *Freizeitverhaltens* → und dessen Entwicklung; besondere Daten des für das jeweilige Angebot wichtigen Freizeitverhaltens); c) Zielgruppenuntersuchung bzw. Kundenanalyse (Struktur, Verhalten, Meinungen, Statistik: Frequenz – Tag/Woche/Monat/Jahr; Umschlag/Nutzerwechsel, *Verweildauer* →, Parkverhalten; Methoden: Befragung, Beobachtung, Zählung); d) *Standortuntersuchung* →: Zielgebiet/Quellgebiet (Einzugsbereich; Aktionsradius der Kunden/Nutzer); Standortfaktoren (*Bedarf* →, Konkurrenz, *Verkehrs* → -verhältnisse; Bedingungen durch das eigene Angebot); Bevölkerungsstruktur (Zahl der Haushalte, Mitgliederzahl der Haushalte, durchschnittliches und gesamtes Einkommen der Haushalte, Altersstruktur der Haushaltsmitglieder, Anzahl der Kraftfahrzeuge usw.).
Auf F. haben sich inzwischen zahlreiche Marktforschungsinstitute spezialisiert, eine kleinere Zahl betreibt ausschließlich F.

Freizeitmedizin
Gesundheit →

Freizeitökonomie
Freizeitwirtschaft →

Freizeitorganisationen

Sammelbegriff für die im *Freizeitbereich* → wirkenden Verbände. F. sind zum einen solche gesellschaftlichen Gruppen, die sich ausschließlich mit der Förderung von *Freizeitgestaltung* → oder bestimmter *Freizeittätigkeiten* → bzw. mit *Freizeitpolitik* → oder *Freizeitwirtschaft* → befassen, zum anderen solche, die das im Rahmen ihrer Gesamtaufgabenstellung tun. Die F. sind in der Bundesrepublik Deutschland in der Deutschen Gesellschaft für Freizeit zusammengeschlossen.

Freizeitpädagoge

Sammelbegriff für erzieherisch im *Freizeitbereich* → tätige Fachkräfte (Pädagogische Freizeitberufe). Ein einheitliches Berufsbild gibt es nicht, zumal die Ausbildung auf verschiedenen Ebenen erfolgt: Privatschule (*Freizeitberater* →, *Animateur* →); Fachschule (F., Freizeitsportleiter, Freizeitberater); Fachhochschule (*Sozialpädagoge* →, Sozialarbeiter mit Studienschwerpunkt *Freizeitpädagogik* →); Hochschule (Dipl.-F.; Dipl.-Pädagoge mit Wahlpflichtfach, Studienrichtung bzw. Vertiefungsmöglichkeit; Dipl.-Sportlehrer mit Studienschwerpunkt Freizeitstudien/Breitensport; Lehrer mit Vertiefung Freizeitpädagogik; *Freizeitlehrer* → an *Ganztagsschulen* →).

Die Uneinheitlichkeit des Berufsbildes entspricht auch der beruflichen Situation und den Berufsfeldern.
Aus der recht schnellen Zunahme von Freizeit → wurde schon früh der Schluß gezogen, es bedürfe zur Meisterung der dadurch entstehenden Probleme der Hilfe durch F. Richtig an der Prognose war, daß ein Maß an Freizeitpädagogik benötigt wurde; Stellen für F. hingegen wurden noch selten eingerichtet. Selbst wenn inhaltlich eine Freizeitpädagogenstelle besteht (z.B.: im Jugendfreizeitbereich) wird diese nicht so aufgefaßt; hier haben Sozialpädagogen die älteren Rechte. In anderem Zusammenhang werden eher *Kulturpädagogen* → eingestellt als F., wenn es um *Stadtteilkulturarbeit* → u.ä. geht (obwohl auch hier wenig Stellen angeboten sind). Eher Chancen haben Absolventen von Fachschulen und Fachhochschulen im Bereich der Heimerziehung (*Wohnheime* →, Erziehungsheime, *Jugenddörfer* →), der Berufsbildungswerke und in Ferienstätten. Die Chancen für F. mit Universitätsausbildung sind gering. Möglichkeiten bestehen derzeit nur in *Alternativprojekten* → und in Selbständigkeit (*Existenzgründung* →).
Aus den Praxiserfahrungen kann gesagt werden, daß *Freizeitpädagogik* → und *Freizeitwissenschaft* → als Fächer durchaus auf Bedarf stoßen, jedoch nur im Zusammenhang mit anderen Fächern (insbesondere Betriebswirtschaft, künstlerische Medien); die Mehrfachqualifikation in Verbindung mit Praxiskenntnis ist übliche Voraussetzung für den Einstieg (*Freizeitberufe* →).
Da eine Untersuchung des möglichen Arbeitsplatz- und Arbeitsfelderangebotes nicht vorliegt, kann über die künftige Entwicklung nichts gesagt werden.

Freizeitpädagogik

Teilbereich der Pädagogik, der seinen Aufgabenbereich aus dem Handlungs- und Problemfeld *Freizeit* → ableitet.
Trotz früher Ansätze der Integration von Freizeit in die pädagogische Aufgabenstellung (z.B. Fröbel 1821), läßt sich die Entstehung eines eindeutigen Begriffs »Freizeitpädagogik« exakt auf das Jahr 1927 festlegen (Fritz Klatt »Pädagogisierung der Freizeit«). Damals wurde beschrieben, was arbeitslose Jungarbeiter in ihrer immensen »Nicht-Arbeitszeit« anfangen sollten: Möglichkeiten zur weiteren beruflichen Qualifikation wahrnehmen, um damit ihre Chancen auf dem Arbeitsmarkt zu erhöhen.
Die weitere Entwicklung der F. wurde zunächst in den Jahren 1933–1949 unterbrochen (*Kraft durch Freude* →). Auch in den ersten zehn Jahren nach Gründung der Bundesrepublik wurde, bedingt durch die äußeren Umstände des Wiederaufbaus, Freizeit nicht als Problem von Wissenschaft und Pädagogik gesehen.
1958 weckte Jürgen Habermas (Aufsatz: »Soziologische Notizen zum Verhältnis von Arbeit und Freizeit«) erneut die Diskussion um dieses Problemfeld. Etwas später begründete Erich Weber (»Das Freizeitproblem. Eine pädagogisch-anthropologische Untersuchung« 1963) die Notwendigkeit einer neuen Beschäftigung der Pädagogik mit der Freizeit. Ihm folgten viele Pädagogen vor allem aus dem schulischen Bereich. Sie versuchten über den in den Richtlinien und Lehrplänen skizzierten Vermittlungsauftrag der *Schule* → hinaus, Freizeit für Schüler in den traditionellen Fächerkanon der Schulen zu integrieren.
Gegen Ende der 60er und zu Beginn der 70er Jahre beschäftigten sich Wissenschaftler aller möglichen Fachdisziplinen, Soziologen, Ökonomen, Historiker, Psychologen und auch Pädagogen mit dem Problem.
Seit Mitte der 70er Jahre hat F. auf Betreiben einer kleineren Gruppe von Pädagogen (besonders: Nahrstedt, Opaschowski, Pöggeler und von Hentig) als eigenständige Wissenschaftsdisziplin (eingebunden in die allgemeine Pädagogik) einen unumstrittenen Platz gefunden.
Forschung und Wissenschaftstheorie zeigen derzeit die Notwendigkeit zur Zusammenarbeit der F. mit anderen Wissenschaftsdisziplinen auf, die sich mit Lebensumwelt und Lebensgestaltung befassen, um aus neuer Sicht am Problem der Freizeit zu arbeiten.
F. versteht sich nach dem derzeitigen Stand der Diskussion mehr als Teil einer übergreifenden *Freizeitwissenschaft* → denn nur noch als Teil der allgemeinen Erziehungswissenschaft.
F. ist jedoch auch allgemeine Erziehungswissenschaft: a) Sie erarbeitet und betreut methodisch-didaktische Konzepte zur Wahrnehmung der Lehr- und Lernangebote und -prozesse, die von Pädagogen im weitesten Sinne in Maßnahmen und Einrichtungen innerhalb der Freizeit oder für die Freizeit prinzipiell aller Bevölkerungsgruppen angeboten werden. Durch den Erwerb von Kenntnissen und Erkenntnissen, Erwerb und Sicherung von Einstellungen, Meinungen und Verhalten, Entfaltung von Interessen, Erlernen von Fähigkeiten und Fertigkeiten, sollen mittels der F. gesellschaftliche Prozesse des soziokulturellen, kreativ-kommunikativen und ökonomisch-strukturellen Handelns aktiviert werden, um damit ein emanzipatorisches (autonomes) Handeln und Verhalten ebenso wie in der Freizeit auch in allen Abschnitten der Gesamtzeit zu ermöglichen; b) F. wird verstanden als gesellschaftlich bezogene und legitimierte, auf

Freizeitpädagogik

Dauer eingerichtete und institutionell abgesicherte Organisationsform zur Entwicklung von Erziehungszielen zur Bewußtseinsänderung bzw. zu strukturellem Denkvermögen in Alternativen zur Vermittlung von Erziehungsinhalten zur besseren Einrichtung der sozialen und politischen Umwelt; zur Qualifizierung je folgender Generationen in bezug auf Lebens- und Arbeitsprozesse und gesellschaftliche Verkehrsformen.

Grundlagen sind bei der F. wie bei der Erziehungswissenschaft überhaupt a) die Analyse der gesellschaftlichen und materiellen Verhältnisse; b) die Zielsetzung der Befähigung des Individuums zur Wahrnehmung einer relativen Autonomie in der Gesellschaft; c) die Erziehung des einzelnen als Moment der gesellschaftlichen Integration, durch welches er in die Lage versetzt werden soll, seine Verhältnisse, seine Lebensumwelt und sich selbst zu gestalten.

F. ist insoweit eigenständig, als sie durch das ihr aufgegebene Problemfeld eine Vielzahl anderer Wissenschaftsdisziplinen integrieren bzw. sich ihrer Ergebnisse bedienen muß. Sie ist zugleich Querschnittswissenschaft, die in ihren Inhalten zahlreiche auch originär andere Wissenschaftsbereiche berührt. Sie ist schließlich Integrationswissenschaft, deren Arbeitsmaxime das Prinzip der Integration von Fakten, Fragestellungen und Ergebnissen anderer Wissenschaftsbereiche, sowie das der Kooperation und Koordination mit eben diesen Bereichen sein muß. F. vereinigt in sich als übergreifende Disziplin Teilaspekte der Gesellschaftswissenschaften unter Fragestellungen nach ökonomischen, materiellen, soziokulturellen, technologischen und ideologischen Bedingungen für Freizeit und dadurch ausgelösten Verhaltens- und Herrschaftsstrukturen ebenso, wie sie als Handlungswissenschaft Strategien und Methoden zur qualitativen und quantitativen Verbesserung der Lebensbedingungen in sozioökonomischer wie gesellschaftlich-politischer Hinsicht bereitstellt.

Um diesen Aufgabenstellungen gerecht zu werden, hat F. trotz der in ihr vertretenen Vielfalt gesellschaftstheoretischer Positionen und historischer Deutungen eine weitgehende Übereinstimmung über die Ziele und Funktionen der F. herbeigeführt. Das Ergebnis der langandauernden Zieldiskussion für F. wurde im Sinne eines Lernzielsystems formuliert (Opaschowski 1976):

Um im Sinne der Zielprojektion zur bewußten und aktiven Teilhabe und Teilnahme an der Demokratisierung und Humanisierung aller Lebensbereiche bereit und fähig zu werden, muß das Individuum lernen,

a) die Bedingungen, Abhängigkeiten und Zusammenhänge und Widersprüche im Arbeits- und Freizeitsystem zu reflektieren und reaktive Freizeit- und Urlaubsverhaltensweisen als Ausdruck eines in der Arbeit entstandenen Unbehagens zu beurteilen; b) die freie Zeit nicht als isolierte und privatistische »Gegenwelt« zum »Arbeitserleben« zu sehen; c) die freie Zeit als ein Handlungsfeld zu begreifen, in dem die Chance besteht, gesellschaftliche Alternativen zu entwickeln und die Arbeits- und Lebensbedingungen selbst zu planen und zu verbessern; d) an einer humaneren Gestaltung des eigenen Wohn- und Lebensmilieus aktiv mitzubestimmen und mitzuwirken; e) die Sach- und Konsumzwänge im Freizeitsystem zu durchschauen und methodisches Mißtrauen und Widerstandskraft gegenüber Steuerungs-, Täuschungs- und Fremdbestimmungstendenzen in der Freizeit zu entwickeln; f) die gesellschaftliche Bedeutung der Konsumangebote und Freizeitaktivitäten zu reflektieren und Wahlentscheidungen zu rationalisieren; g) die freie Zeit als einen Raum zur bewußten Erweiterung des eigenen Erlebnis- und Erfahrungshorizontes wahrzunehmen und zu Einstellungs-, Bewußtseins- und Verhaltensänderungen bereit zu sein; h) die freie Zeit als Möglichkeit (Innovationspotential) der eigenen Person und der sozialen Umwelt zu erkennen und danach zu handeln.

In dieses Lernzielsystem lassen sich alle anderen Deutungsversuche selbst von Freizeitpädagogen anderer wissenschaftstheoretischer Herkunft ohne Reibungsverluste einbringen.

Ähnliches gilt für die in der F. relevanten Funktionen der Freizeit. Hier lassen sich in Weiterentwicklung freizeitwissenschaftliche Überlegungen (Habermas, Weber, Lüdtke, Scheuch, Nahrstedt, Pöggeler, Opaschowski) Funktionssysteme für Freizeit zuweisen (Karst 1976): a) individuelle Funktion der Freizeit: *Rekreation* →, *Kompensation* →, *Kontemplation* →; b) individuell-gesellschaftliche Funktionen der Freizeit: *Produktion* →, *Kommunikation* →, Edukation; c) gesellschaftliche Funktionen der Freizeit: *Enkulturation* →, *Integration* →, *Partizipation* →.

Mit der Verfügung über diese neun Funktionen der Freizeit liegt zugleich ein Ziel- und Funktionskatalog für F. vor, der gleichermaßen einsetzbar und anwendbar für alle Bevölkerungsgruppen sowohl als Ziel wie auch als Analyseraster zur Verfügung steht.

Die derzeit größte Schwierigkeit der F. besteht denn auch offenbar darin, in Abgrenzung von anderen Wissenschaftsbereichen eigene methodische Instrumente zu entwickeln, anzuwenden und über diese Einigkeit herzustellen. Am ehesten geeignet scheint der folgende Entwurf mit seinen drei grundlegenden Methoden der F. (Opaschowski 1976): a) *Informative Be-*

ratung →; b) *Kommunikative Animation* →; c) *Partizipative Planung* →.
Zur Erreichung und Umsetzung der Methoden der F. sollen die nachfolgend genannten sechs Elemente der freien Zeit dienen, die den notwendigen Handlungsrahmen für die Möglichkeit zur freien Selbstentwicklung sowohl in der Freizeit als auch in der Gesamtlebenszeit kennzeichnen (Opaschowski 1976): a) Zeitvariabilität; b) Freiwilligkeit; c) Zwanglosigkeit; d) Wahlmöglichkeit; e) Entscheidungskompetenz; f) *Eigeninitiative* →.
Vor dem Hintergrund der sich ständig weiterentwickelnden Gesellschaft und daraus resultierender neuer Probleme und Aufgaben ist zu fragen, ob und inwieweit F. ohne die übergreifende Kompetenz einer »Freizeitwissenschaft« künftig gesellschaftlichen und pädagogischen Aufgabenstellungen gerecht zu werden vermag. Die derzeitige Heterogenität im Erscheinungsbild der mit Freizeitwissenschaft befaßten Personen und Positionen läßt aktuell die Vermutung zu, daß eine Ideologisierung im Bereich der Freizeitpädagogik unvermeidbar scheint (*Freizeitideologie* →).

Karst

Freizeitpark

Unternehmen →, das auf einem abgegrenzten oder umzäunten Gelände fest installierte Anlagen unterhält, in denen Spiele und Sporteinrichtungen, Großmodelle, Grünanlagen, technische und kulturelle Einrichtungen entweder zusammen oder Teile davon zur Schau gestellt oder zur Benutzung überlassen werden. Einzelne Einrichtungen können auch in festen Gebäuden untergebracht sein. Charakteristiken von F. sind auch angegliederte Gastronomiebetriebe und Verkaufseinrichtungen in Kioskform. Für das Betreten eines F. oder von Teilen von ihm wird in der Regel ein Eintrittspreis erhoben. Die Nutzung der darin enthaltenen Einrichtungen kann entweder über das *Pauschalpreissystem* →, das *Ticketpreissystem* → oder *Einzelpreissystem* → erfolgen.

Unter der Betriebsart »Freizeitparks« wurden früher nur *Erlebnisparks* → verstanden. Aufgrund der wirtschaftlichen Prosperität dieser Betriebsart begannen daraufhin kommunale Einrichtungen und eine Reihe von Sport- und Spielanlagen sowie zoologische Gärten den Begriff »Freizeitpark« für den eigenen Betrieb zu übernehmen, wodurch sich der Begriff F. zum Sammelbegriff für Anlagen verschiedenster Ausprägungen entwickelt hat (*Abb.* →).

Wie auf keinem anderen Gebiet sind *Freizeittätigkeiten* → und Freizeitbetriebsarten einem ständigen *Mode* → -trend unterworfen. In diese Entwicklung sind auch fest installierte Anlagen wie F. einbezogen. Daher ist die Entstehung neuer Betriebsarten noch nicht abgeschlossen, wobei die Kriterien »unter freiem Himmel«, umzäunte Einrichtung, Eintrittsgeld« unabdingbare Kriterien eines F. darstellen.

Scherrieb

Freizeitpaß

Ausweis für bestimmte Personengruppen (Soldaten, Arbeitslose, Behinderte, Senioren usw.) zum Besuch bestimmter *Freizeiteinrichtungen* → und *Veranstaltungen* →. Eine Sonderform des F. ist der Ferienpaß (*Ferienaktion* →, *Freizeitinformationsdienste* →).

Freizeitplanung

1. Fachplanung im Rahmen der *Entwicklungsplanung* → zur Verbesserung des *Freizeitwertes* → einer Gemeinde oder Region.
2. Die vorausschauende, an den *Bedürfnissen* → der Betroffenen ausgerichtete Wahrung und Neuschaffung von organisatorischen Rahmenbedingungen, Flächen, Umwelten, Einrichtungen und Programmen für die Freizeit

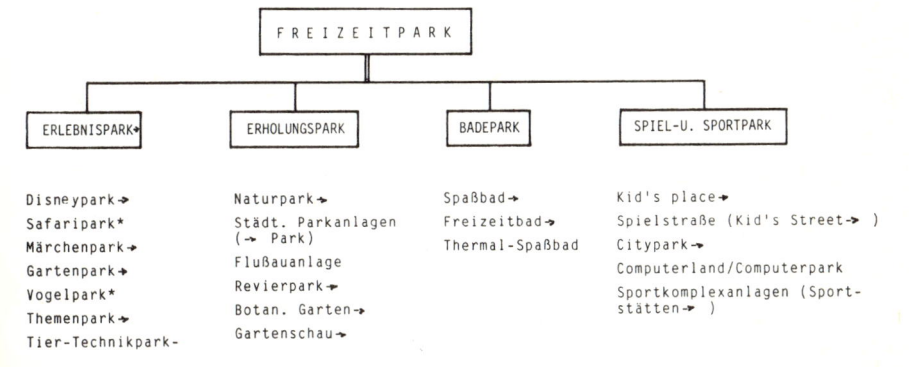

FREIZEITPARK				
ERLEBNISPARK→	ERHOLUNGSPARK	BADEPARK	SPIEL-U. SPORTPARK	
Disneypark→	Naturpark→	Spaßbad→	Kid's place→	
Safaripark*	Städt. Parkanlagen	Freizeitbad→	Spielstraße (Kid's Street→)	
Märchenpark→	(→ Park)	Thermal-Spaßbad→	Citypark→	
Gartenpark→	Flußauanlage		Computerland/Computerpark	
Vogelpark*	Revierpark→		Sportkomplexanlagen (Sportstätten→)	
Themenpark→	Botan. Garten→			
Tier-Technikpark-	Gartenschau→			

*→ Tierschauanlagen

Freizeitplanung

(Romeiß-Stracke 1981; *Freizeitinfrastruktur* →).
F. erfordert *Bedarfs-* → und Bedürfnisorientierung. Daher ist F. auf *Freizeitforschung* → und *Freizeitmarktforschung* → angewiesen. Im Rahmen der F. stellen *Partizipations* → -gebote keine Einschränkung, sondern eine Erweiterung des planerischen Instrumentariums dar.
F. ist weder als Fachplanung noch als planerisches Praxisfeld präsent. Sie findet ihren Platz meist im Rahmen anderer Fachplanungen bzw. Planungsfelder.
Freizeitbewußtsein →, *Freizeitpolitik* →, *Planung* →

Freizeitpolitik

1. Bestandteil (Querschnittsaufgabe) von Sozialpolitik, Wirtschafts- und Arbeitspolitik, Raumordnungspolitik, Bodenpolitik, Umweltpolitik, Verkehrspolitik, Wohnungsbau- und Stadtbaupolitik, Familien- und Jugendpolitik, Medien-, Kultur- und Bildungspolitik, Gesundheitspolitik, Forschungspolitik; insoweit liegt die *Kompetenz* → für F. auf allen staatlichen Ebenen (Bund, Länder, Gemeinden).
2. als Sachgebietspolitik Gesamtheit von Bestrebungen zur Erhaltung und Verbesserung des *Freizeitwesens* →. F. stellt Entscheidungen unter dem Primat selbstbestimmter *Freizeittätigkeit* → und der Nutzung von *Freizeitinfrastruktur* → durch möglichst viele Einwohner (Chancengerechtigkeit in der *Freizeitgestaltung* →). Damit ist F. gezwungen, Ressortgrenzen (siehe 1.) zu überschreiten und unterschiedlichen Bedarf durch Verknüpfung (nicht durch Einzelmaßnahmen) zu decken (z.B. *Mehrzwecknutzung* →, *Mehrfachnutzung* →, *Umwidmung* → von Nutzungen, Kooperation, Dienstleistungsverwaltung, die ihre Organisation fachübergreifend und bedarfsorientiert ausrichtet, *Partizipation* →).
Die *Kompetenz* → für F. liegt hier überwiegend bei den Ländern und Gemeinden. Mit Ausnahme von wenigen Ländern gibt es jedoch auf der Länderebene keinen Ansatz zum Entwurf eines freizeitpolitischen Handlungsrahmens. Auch die Parteien und die Verbände leisteten nur Teilbeiträge zur Findung eines F.-Konzepts. F. bleibt so meist den Gemeinden überlassen. Doch bei den wenigsten Gemeinden Gesamtkonzepte für den Freizeitbereich zu finden, liegt eine Bestandaufnahme der *Freizeitinfrastruktur* → vor, obwohl eine solche mit zum Teil erheblichen *Folgekosten* → geschaffen wurde. Weder den Politikern noch Verwaltung und *Bevölkerung* → ist das tatsächliche *Freizeitangebot* → bekannt (*Freizeitbewußtsein* →). Hier kann eine eigenständige

F. rationalisierend wirken und zu größerer *Effektivität* → und auch teilweise *Effizienz* → führen.
Besondere Aufgaben für gemeindliche F. sind z.B.: Räumliche Erfordernisse und Auswirkungen von Freizeit und Erholung; Freizeit- und Erholungsprobleme im *Wohnumfeld* → und in der Stadt; *Fremdenverkehr* →, Erhöhung des Wohn- und *Freizeitwertes* → in umweltbeeinträchtigten Wohnquartieren; Probleme des Freizeit- und Erholungsverkehrs, Probleme des *Freizeitwohnens* →, Förderung des Breiten- und *Freizeitsports* →, *Kulturarbeit* →, *Jugendpflege* →, Altenarbeit; Förderung des Freizeitvereinswesens, Anlage von *Spielplätzen* →. In Bund und Ländern wird in Zukunft der soziale Aspekt bei der F. mehr Beachtung finden müssen, wenn das Einkommen größerer Bevölkerungsgruppen weiter sinkt bzw. diese Gruppen weiter anwachsen. (Freizeitgestaltung erfordert bekanntlich nicht nur Zeit, sondern auch Mittel). Die öffentliche Förderung, insbesondere durch Landesmittel, von Maßnahmen der F. und *Freizeitplanung* → wird dabei auch neue Wege gehen müssen, wenn Vereinigungen, *Selbsthilfegruppen* → und Modellprojekte (z.B. für neue Berufsfelder im Freizeitbereich) unbürokratisch unterstützt werden sollen.
Freizeitbewußtsein →, *Freizeitideologie* →

Freizeitprobleme

1. persönliche und soziale Schwierigkeiten und Gefährdungen, die ihren Platz besonders in der arbeitsfreien Zeit haben und gegebenenfalls auch durch diese verstärkt oder bewußt werden. Zu den persönlichen F. gehören insbesondere die verschiedenen Formen von Abhängigkeiten und Sucht (Alkohol, *Drogen* →) sowie das Hervortreten von Lebensproblemen (Krankheit, Einsamkeit, *Langeweile* →, Angst, Unsicherheit, Armut, *Arbeitslosigkeit* →, Ruhestand usw.). Die sozialen F. begründen sich in Benachteiligung durch die *Familie* → (Kinderreichtum; Berufstätigkeit der Frau/Überbelastung durch Hausarbeit; Alleinerziehende Mütter und Väter →); Wohnung und Wohnumfeld; Zugehörigkeit zu einer ethnischen *Minderheit* →, zu einer sozialbenachteiligten Bevölkerungsgruppe.
2. Schwierigkeiten im Umgang mit der *Freizeit* →, in der *Freizeitgestaltung* → aufgrund mangelnder *Freizeitkompetenz* →, mangelnder *Freizeitinfrastruktur* → und fehlendem *Freizeitangebot* →, aber auch gesteigerter Anforderungen durch eine allgemein anerkannte *Freizeitideologie* →.
Auch wenn sich viele Bevölkerungsgruppen infolge eines fehlenden oder geringen *Freizeitbewußtseins* → subjektiv gut informiert füh-

len, ist das Freizeitwissen recht gering. Infolge mangelnder Aufklärung fehlen weitgehend auf Reflexion gegründete Einsichten über die individuellen und gesellschaftlichen Möglichkeiten der Freizeit. Freizeit vollzieht sich insofern eher in einem unbewußten »bloßen Verbringen« als in einem bewußten Erleben und bewußtseinsgesteuerten Verhalten. (Opaschowski 1985).

Freizeitinfrastruktur und -angebot sind in Städten und Ballungsgebieten reichlich, zum Teil überreichlich vorhanden, während in ländlichen Gebieten wegen der geringeren Bevölkerungsdichte ein Mangel besteht (*Stadt-Land-Gefälle* →), sogar teilweise Rückgänge verzeichnet werden müssen. Durch die *Massenkommunikation* → wurde der Bedarf auch in ländlichen Gebieten am städtischen Maßstab ausgerichtet, ohne daß er befriedigt werden kann.

Freizeitideologische Forderungen können *Freizeitstreß* → zur Folge haben: Wird Freizeit in der Bevölkerung als Aufgabe und weiterer Anspruch erlebt, so bedeutet dieser neue Leistungszwang nur eine weitere Aufstockung der vorliegenden familiären, schulischen und beruflichen Überlastungssituation und damit die Gefahr kontinuierlicher seelischer Konflikte (Opaschowski 1985).

3. Schwierigkeiten, die durch Freizeitgestaltung und Freizeittätigkeiten ausgelöst werden. F. dieser Art können sein: Interessenkonflikte in der Person des einzelnen (Wahl unter verschiedenen Freizeittätigkeiten), zwischen einzelnen und Gruppen, die verschiedene – einander störende – Freizeittätigkeiten ausüben (*Freizeitlärm* →), Ansprüche auf Räume und Flächen in *Freizeiteinrichtungen* →, auf Förderung u.ä.), aber auch Situationen, in die man durch Freizeitgestaltung gerät (z.B. Urlaubsschlange, Gedränge im Freibad und bei Veranstaltungen).

Freizeitprognose
Freizeittrend →

Freizeitprogramm
1. Speziell auf freizeitbezogene Inhalte abgestimmtes *Programm* →, welches dem Adressaten als Interessenten, Nutzer oder Anwender als Anleitung, Entscheidungshilfe oder Analyseinstrument der behandelten Thematik dient. Je nach Bedürfnislage, Zielvorstellung oder Mentalität ist die individuelle Gestaltung von *Freizeit* → entweder mehr an einem vorgegebenen F. orientiert oder aber eher ungeplant und zufällig.

Hiflosigkeit im Umgang mit freier Zeit aufgrund eines fehlenden F. ist in unseren Tagen ein immer häufiger zu beobachtendes *Freizeit-*

problem →. Hiervon sind besonders Arbeitslose und *ältere Menschen* → im *Ruhestand* → betroffen.

2. Aufstellung von *Freizeitangeboten* → und *Veranstaltungen* →, meist zeitlich und inhaltlich geordnet (»Programmheft«).

Schmale

Freizeitpsychologie
Wissenschaft vom Verhalten und Erleben des Menschen in der Freizeit und den Gesetzmäßigkeiten, die dieses Verhalten und Erleben erklären; sie ist insoweit als angewandte Psychologie zu verstehen (Sozial-, Umwelt-, pädagogische Psychologie). Ihre wesentlichen Aufgaben sind die Untersuchung der milieu-, gruppen- und/oder persönlichkeitsspezifischen Ursachen für *Freizeitverhalten* → und -erleben bestimmter Bevölkerungsgruppen; Feststellungen der Wirkungen von *Freizeittätigkeiten* → auf individueller wie kollektiver Ebene; die Feststellung von Wirkungen in anderen, nicht zum *Freizeitbereich* → gerechneten Lebensbereichen; Theoriebildung über die motivationalen, kognitiven und sozialen Prozesse, die zwischen Ursachen und Wirkung vermitteln. F. gibt es nur in Ansätzen. Daher fehlt es sowohl an Zielen als auch an entsprechenden Methoden. Durch die in letzter Zeit zunehmend durchgeführte *Lebensstil* → -forschung wird auch F. an Bedeutung gewinnen können, ebenso wie bei der Durchführung qualitativer Forschungsvorhaben zum Freizeitverhalten.

Freizeitrisiko
aus *Freizeittätigkeiten* → entstehende Gefährdung für den einzelnen.
Zwar sind *Freizeittätigkeiten* → auch *Restitutionsfaktoren* → zur Erhaltung der Gesundheit, doch bergen sie auch Unfall- und Erkrankungsrisiken in sich.
Thürauf formuliert dazu aus medizinischer Sicht: »Freizeitkrankheiten umfassen akute oder chronische Gesundheitsschäden, die verursacht werden durch die verschiedensten freizeittypischen Tätigkeiten. Meist handelt es sich um die Manifestation von relativ frühzeitig auftretenden Überlastungsschäden an dem betroffenen Organ(teil). Die häufigsten Unfallschäden durch Sturz, Fall usw. verteilen sich auf fast alle Gebiete der Traumatologie.«
Im einzelnen sind zu unterscheiden:
a) Freizeitbedingtes Unfallrisiko; in der Bundesrepublik Deutschland starben 1981 42 000 Menschen durch Unfälle. Der Straßenverkehr forderte 11 000 Tote und 500 000 Verletzte. Es gibt keine Zahlen, wie viele derjenigen, die zu Schaden kamen, sich beruflich unterwegs befanden und wieviele mit dem Auto im Rahmen ihrer Freizeit unterwegs waren. Man darf jedoch vermuten, daß etwa ein Drittel bis die

Hälfte aller Unfälle auf Freizeitfahrer entfallen. Noch wesentlich höher wird der Freizeitanteil bei den 18- bis 25jährigen sein, bei denen ohnehin die Unfallhäufigkeit hoch ist.
Die Statistik zählt im häuslichen Bereich jährlich 8000 Unfalltote und zwei Millionen Verletzte. Auch hier ist nicht erkennbar, wieviele dieser Unfälle auf typische Hausarbeiten entfallen und wieviele auf typische Freizeitaktivitäten.
Sport ist gesund, aber allein auf dem Wege zum Sport starben 1982 236 organisierte Sportler. Wieviele Organisierte während der sportlichen Aktivitäten starben, ist nicht bekannt, jedoch sterben allein beim Kegeln jährlich etwa 200 Menschen. Zahlen über Unfälle bei Nichtorganisierten und Zuschauern gibt es in Deutschland nicht.
Im sportlichen Bereich ist das Risiko insbesondere bei sog. »Sportsüchtigen« erhöht, da diese aufgrund des suchtartigen Verhaltens ständig zur Überforderung neigen.
Vergleicht man die Tatsache, daß in Deutschland von 25 000 Arbeitnehmern jährlich 1 Arbeitnehmer am Arbeitsplatz tödlich verunglückt, so ist erkennbar, daß die Summe aller freizeitspezifischen Toten um ein vielfaches höher liegt. In England kommen allein auf 6000 Fußballer jährlich ein Toter, in Amerika auf 1000 (Freizeit-)Motorradfahrer ein Toter. Der Kauf eines Kleinwagens verkürzt im statistischen Mittel das Leben des Käufers um 7000 Minuten. Ob der Kauf einer Ski-Ausrüstung das Leben des Käufers auch verkürzt, anstatt es, wie wir annehmen, zu verlängern, ist noch nicht bekannt.
b) Freizeitbedingte Erkrankungsrisiken
»Aufgrund ihrer Zahl und Symptomatik sind freizeitbedingte Gesundheitsschäden praktisch und klinisch bedeutsam. Ein Panoramawechsel in der Ätiologie der Überlastungsschäden ist unverkennbar und läßt sich unter anderem nachweisen anhand von Kasuistiken« (Thürauf).
Für solche freizeitbedingten Überlastungskrankheiten zählt Thürauf 66 gängige Diagnosen auf, dabei so bekannte wie der Tennis-Ellenbogen, der durch Überlastung des Arms entsteht, und so häufige wie die Fernsehthrombose (Venenthrombose, die durch mangelnde Bewegung der Beine hervorgerufen wird) sowie allein 7 orthopädische Jogger-Diagnosen.
Neben den Überlastungskrankheiten müssen noch die durch den Ferntourismus verursachten exotischen Krankheiten beachtet werden. Zahlen liegen hier nicht vor.
c) Freizeitbedingte Lebensstilrisiken
Die Intensivierung von Freizeitgewohnheiten brachte ein Anwachsen der klassischen Risikofaktoren im Lebensstil mit sich. So wuchsen die Folgeschäden von Alkohol-, Tabak- und Drogenkonsum, der vorwiegend in der Freizeit stattfindet (Gesundheitserziehung).
Um riskantes Verhalten in Freizeitgruppen zu vermindern, ist es wichtig, das sozialpsychologische Phänomen des risky-shift-effects zu kennen, der besagt, daß Gruppeninteraktionen die individuelle Risikobereitschaft erhöhen. Die Gründe dafür können sein:
a) Das Aufteilen der Verantwortung in der Gruppe,
b) der Gruppenleiter zeigt selbst hohes Risikoverhalten,
c) Gewöhnung an das Risiko fördert unüberlegte Entscheidungen,
d) dem Risiko als solchem wird ein hoher Kulturwert beigemessen (Mutprobe).
Meist kann der Gruppenleiter durch rechtzeitiges Erkennen der Interaktion gegensteuern und so Unfälle und Erkrankungsgefahr dämpfen.

Lit.: Thürauf »Freizeitkrankheiten und freizeittypische Unfälle. Ausmaß und Bedeutung.« Deutsches Ärzteblatt, 82. Jg., S. 588 ff.; Heilmann »Technologischer Fortschritt und Risiko«, Knaur 1985; Kogan/Wallach »Risk Talking«, New York 1967

Freund

Freizeitschwimmbad
Bad →

Freizeitsektor
Freizeitbereich →

Freizeitservice
Dienstleistungen →, die insbesondere von *Verbänden* → für ihre Mitglieder angeboten werden, um ihnen die *Freizeitgestaltung* → zu erleichtern. Der Begriff stammt vom Allgemeinen Deutschen Automobilclub, der sowohl zentrale als auch regionale Formen des F. entwickelt hat; z.B. Informationssysteme für die Naherholung, feste Veranstaltungen (*Volksfeste* →, Musiktage, Theaterspiele); Sehenswürdigkeiten; Handreichungen (*Spielfeste* →, Campingplatzbau; *Verkehrsberuhigung* → und *Wohnumfeldverbesserung* →).
Einige Gewerkschaften haben Freizeit(unfall-)versicherungen (*Freizeitrisiken* →) für ihre Mitglieder abgeschlossen. Als F. können auch die Berichte in Mitgliederzeitschriften und Betriebszeitschriften, sowie das betriebliche *Freizeitangebot* → bezeichnet werden. Im weiteren Sinne sind alle *Freizeitdienste* → und *Freizeitinformationsdienste* → F.

Freizeitsoziologie
die Anwendung von theoretischen Ansätzen, Methoden und Erkenntnissen der allgemeinen *Soziologie* → auf Phänomene der *Freizeit* →, die als typisches Ergebnis moderner Industriegesellschaften verstanden wird. Gemäß der ge-

sellschaftlichen Einbindung der Normen, Verhaltensweisen, Organisationen und Institutionen der Freizeit sind bevorzugte Fragestellungen der F. u.a. die Abhängigkeit der Freizeit von Mechanismen der *Sozialstruktur* → (z.b. der sozialen Schichtung, des *Leistungs* → prinzips, des Konflikts zwischen Gruppen und Ideologien); die Disparitäten zwischen Gruppen und Regionen in der Verfügbarkeit von freier Zeit und *Freizeitangeboten* →, das Verhältnis von *Arbeit* → und Freizeit einschließlich der »Halbfreizeit«, »Konsumarbeit« und freiwilligen Verpflichtungen; die sozialökonomischen Bedingungen und Muster der Zeitverwendung, auch im interkulturellen Vergleich; Organisation, Markt und Funktionsweisen der *Freizeitindustrien* →, der öffentlichen und kommerziellen *Freizeitdienste* →, und entsprechenden *Vereine* →, die Entwicklung und Differenzierung des *Freizeitsektors* → als Indikatoren des Wohlstands und der Entfaltung der Massenkultur. In theoretischer Hinsicht umfaßt der Gegenstand der F. Situationen und Verhaltensweisen, die besonders gekennzeichnet sind durch die Möglichkeit zu persönlichem Ausdruck (Expressivität), Vielfalt der normativen Erwartungen und Handlungsmöglichkeiten (diffuse Rollen), relative *Wahlfreiheit* →, Flexibilität des Zeitaufwands und Vorrang informeller *Gruppen* →. Da diese Merkmale auch in manchen Berufen und Formen selbstbestimmter Arbeit gegeben sind, entscheidet über die Grenzlinien zwischen Arbeit und Freizeit letzten Endes die gesamte Lebenssituation und damit Interpretation des einzelnen und seines Haushalts. Demgemäß thematisiert die F. die Bedingungen und Möglichkeiten der Entstehung persönlicher Präferenzen bei Tätigkeiten und Interaktionen (Partner) und damit der Entstehung und Differenzierung von *Lebensstilen* →. In dieser fortgeschrittenen Perspektive, die auf die früheren, oft noch naiv-empiristischen, spekulativ-volontaristischen, dogmatisch-zivilisationskritischen oder sonstwie verengten Ansätze der F. in den 50er und 60er Jahren folgte, wird die Freizeitdynamik als Teil eines umfassenden gesellschaftlichen Wandels verstanden, der zur Auflösung der extremen Polarisierung von Arbeit und Freizeit für viele Erwerbstätige tendiert und die zentrale institutionelle Bedeutung von Arbeit und Beruf verringert oder teilweise ersetzt. Auf diese Weise kann die F. wichtige Aufschlüsse über die Transformation der Rolle des Privaten sowie die integrative und innovative Bedeutung von *Konsum* →, *Spiel* →, kultureller Teilnahme usw. geben. Inzwischen haben sich verschiedene Teilgebiete der F. bereits verselbständigt oder sind zu Überschneidungsgebieten geworden wie die speziellen Soziologien der *Massenkommunikation* →, des *Tourismus* →, *Sports* →, *Wohnens* →, Konsums usw.
Freizeitforschung →

Lit.: Eichler »Spiel und Arbeit«, Stuttgart-Bad Cannstatt 1979; Giegler »Dimensionen und Determinanten der Freizeit«, Opladen 1982; Huck »Sozialgeschichte der Freizeit«, 2. Aufl. Wuppertal 1982; Lenz-Romeiss »Freizeit und Alltag«, Göttingen 1974; Lüdtke »Freizeit in der Industriegesellschaft«, 2. Aufl. Opladen 1975; Nave-Herz/Nauck »Familie und Freizeit«, München 1978; Prahl »Freizeitsoziologie«, München 1977; Scheuch »Soziologie der Freizeit«, in: Freizeit, Konsum. Handbuch der empirischen Sozialforschung, hrsg. v. König, Bd. 11, 2. v. neu bearb. Aufl., Stuttgart 1977; Wallner/Pohler-Funke (Hrsg.) »Soziologie der Freizeit«, Heidelberg 1978

Lüdtke

Freizeitsport

zwanglos ausgeübte körperliche Betätigung mit sportlich-spielerischem Charakter (*Sport* →).

F. ist grundsätzlich in Abgrenzung zu *Breitensport* →, *Leistungssport* →, Hochleistungssport (Spitzensport) zu sehen. Obwohl er wie andere sportliche Aktivitäten (*Breitensport*→) zumeist in der *Freizeit* → ausgeübt wird, so genügt er doch in dieser Abgrenzung hinsichtlich seiner zeitlichen, organisatorischen, inhaltlichen und zielbedingten Ausgestaltung anderen Prinzipien und Strukturen.

Als mögliche Strukturprinzipien für F. als einer Freizeitsituation lassen sich auflisten: a) Bedingungen der Teilnahme: Erreichbarkeit für jedermann; Offenheit für alle Alters-, Statusgruppen und Geschlechter; Aufforderungscharakter durch Art, Organisation und Inhalt der durchgeführten Spiele; b) Voraussetzungen der Beteiligung: freie Zeiteinteilung der Teilnehmer; Freiwilligkeit im Tun oder Nicht-Tun, im Anfangen und Aufhören, Zwanglosigkeit vor, während und nach der f.-lichen Aktivität; c) Möglichkeiten der Teilnehmer: Wahlmöglichkeit zwischen verschiedenen Spielangeboten bzw. auch zwischen dem Mittun oder Nicht-Mittun; Entscheidungsmöglichkeit individuell über das persönliche Mittun oder organisatorisch über die angebotenen Inhalte; Initiativmöglichkeit der Teilnehmer zur Erweiterung, Verbesserung bzw. Beibehaltung der Spiele allgemein, ihrer Inhalte und organisatorischen Ausgestaltung. Diese Strukturmerkmale für Freizeitsituationen allgemein und insbesondere für f.-liche (»animative«) Angebote führen zu folgender Definition (Karst, 1983): Unter F. sind alle sportlichen Betätigungen, die nicht unbedingt an eine bestimmte Organisationsform, wie z.B. einen Verein, gebunden sind, zu verstehen.

F. wird nicht zu regelmäßigen Zeiten, nicht unbedingt nach festen Regeln bzw. nach verän-

Tab.: Sport – Zeit – Leistung

Handlungsfeld	Zeithaushalt
Hochleistungssport	Arbeitszeit
Leistungssport	freie Zeit
Breitensport	freie Zeit
Freizeitsport	Freizeit

Handlungsfeld	Leistungsbegriff	Wettkampfziel
Hochleistungssport	absolut	Hierarchisierung
Leistungssport	relativ	Hierarchisierung
Breitensport	personal	Hierarchisierung
Freizeitsport	physiologisch	"Selbstzweck"

Quelle: F. Tödtmann »Freizeitsport und Verein« Frankfurt (1982)

Abb. Sportliche Handlungsfelder

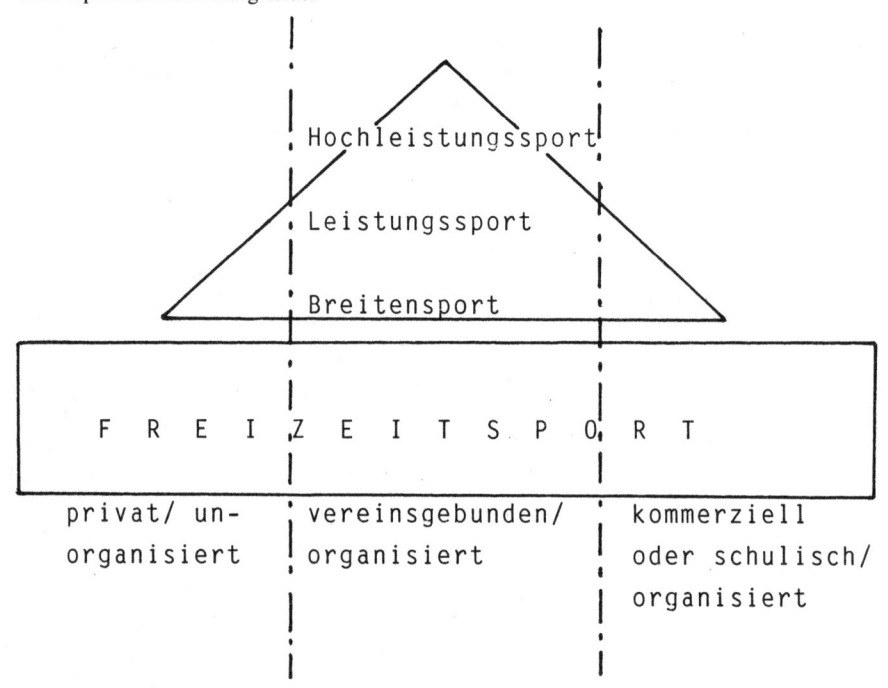

```
              Hochleistungssport
              Leistungssport
              Breitensport
    ┌─────────────────────────────────────┐
    │     F R E I Z E I T S P O R T       │
    └─────────────────────────────────────┘
   privat/ un-    vereinsgebunden/   kommerziell
   organisiert    organisiert        oder schulisch/
                                     organisiert
```

Quelle: F. Tödtmann »Freizeitsport und Verein« Frankfurt (1982)

derbaren Regeln entsprechend der Situation und der Teilnehmer, sondern nach Lust und Laune ausgeübt.
Normierte Sportflächen, Anleitung, ein fester Teilnehmerkreis über einen längeren Zeitraum sind die Ausnahme. Die Teilnahme steht nicht zuerst unter Leistungs- und Erfolgsstreben. Sie ist für den einzelnen Teilnehmer nicht zwanghaft regelmäßig; sie geschieht vielmehr nach eigener Entscheidung.
F. kann durchaus auch mit *Leistung* → verbunden sein, strebt aber nicht nach Perfektion der Beherrschung einer *Sportart* →, sondern nach möglichst breit angelegter, alternativ ausgeübter sportlicher Aktivität in einem eher spielerischen Sinne.
Der F. ist jederzeit abbrechbar und aufnehmbar; er wird betrieben in loser geselliger Form im Sinne des mehr Miteinander als Gegeneinander zur Gewinnung von Spaß, Vergnügen, Freude für sich selbst und mit anderen. Die Motivation zur Teilnahme am F. ist nicht der Erwerb sportartspezifischer Fertigkeiten, sondern die Eröffnung von Möglichkeiten zur *Kommunikation* →, Interaktion und Wiederentdeckung eigener kreativer und spielerischer Fähigkeiten und Fertigkeiten.

Karst

Freizeitsportspiele

Bewegungsspiele, die vorwiegend selbst organisiert als Wochenend-/Urlaubssport betrieben werden.
Eine Abgrenzung zu den *Sportspielen* → geschieht häufig durch die Qualität des Spielens (Ping Pong/Federball = Freizeitspiele, Tischtennis/Badminton = Sportspiele).
Oftmals werden von der Industrie spezielle Freizeitspielgeräte entwickelt, die, der Mode entsprechend, bestimmte Spielbedürfnisse wecken. Ein gutes Freizeitspielgerät sollte folgende Eigenschaften besitzen:
großer Aufforderungscharakter (Farbe/Form); preiswert in der Anschaffung; möglichst vielseitig einsetzbar (viele Muskelgruppen beanspruchen, von alt und jung spielbar sein); ein unkompliziertes Regelwerk oder gar keines nötig machen; nicht »verletzungsträchtig«; keine Bewegungsfertigkeiten oder allenfalls geringe technische Anforderungen voraussetzen.
Wenn überhaupt eine Abgrenzung zu den »Bewegungsspielen« oder »Kleinen Spielen« versucht wird, so sind das Typische für die »Freizeitspiele« die speziell für sie benötigten Geräte, wie z.B. Frisbee, Indiaca, Indiaca-Tennis, Scoop.

Schöttler

Abb. Ausdauertraining als Freizeitsport

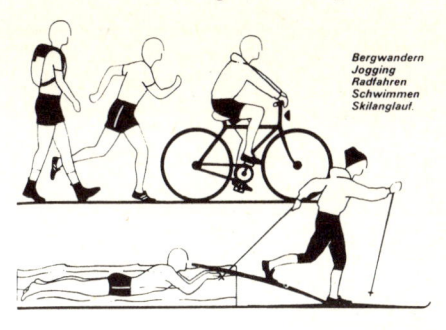

Bergwandern
Jogging
Radfahren
Schwimmen
Skilanglauf.

Quelle: A. v. Heimberger/B. Grünewald, DAK Gesundheitsdienst »Gesund leben und fit bleiben« (1984)

Freizeitsportanlagen

Sporteinrichtungen, die besonders für den *Freizeitsport* → und *Breitensport* → konzipiert sind. F. sollen den wechselnden Bedürfnissen des Freizeitsports entsprechen, also vielseitig nutzbar und variabel sein und nur über eine einfache Ausstattung verfügen. Genormte Spielfelder werden nicht benötigt, so daß F. auch in sonst für Sportanlagen ungünstigen Freiräumen untergebracht werden können. Es gibt zwar Richtgrößen (I: 7×14 m; II: 5×25 m; III: 27×45 m), doch sind in der *DIN* → 18035 nur Freizeitspielfelder, Spielwiesen und Freizeitflächen für besondere Sportaktivitäten ohne Maße genannt. Wichtiger als die Abmessungen sind: Lage zur Wohnung, Zugänglichkeit, Gestaltung und Umgebung von F. mit großem Aufforderungscharakter. Neben Freiflächen besteht ein großer Bedarf an Freizeitsporträumen. Hierfür wird mit eigenen baulichen Entwicklungen (»Spielhaus«, »Freizeitsporthalle«) sowie mit der *Umwidmung* → von bislang anderweitig genutzten Räumen (gewerbliche Räume) experimentiert.

Freizeitsportleiter
Übungsleiter →

Freizeitstätte
Sammelbegriff für ein begrenztes Raum- und Flächenangebot zur gleichzeitigen und aufeinanderfolgenden Ausübung verschiedenartigster *Freizeittätigkeiten* → (*Mehrfachnutzung* →, *Mehrzwecknutzung* →) überwiegend unter Dach (im Unterschied zur *Freizeitanlage* →).
Zu den F. zu rechnen sind das *Gemeinschaftshaus* →, das *Bürgerhaus* →, das *Nachbarschaftsheim* →, das *Jugendzentrum* →, das *Haus der Offenen Tür* → (*Jugend-F.* →), aber auch CVJM, Kolpinghaus, Volksheim und

Freizeitstätte

Tabelle Sportorientierte Freizeitspiele und Kleinspielfelder mit Maßangaben bei genormtem Ausbau und möglichem Spielfeldbelag

Spielfeld/Anlage für Freizeitspiel		Spielfeldgröße in m	Spielfeld mit Sicherheitsabstand in m	Spielfeldbelag: R = Rasen T = Tennenfläche K = Kunststoffbelag A = Asphalt B = Beton P = Platten
Boccia	mind.	3,00 × 24,00	3,00 × 24,00	T
	normal	4,50 × 28,00	4,50 × 28,00	T
Sommer-Stockbahn		3,00 × 28,00	4,20 × 31,00	A
Ball über die Schnur		9,00 × 18,00	13,00 × 22,00	R, T, K
Tischtennis		1,52 × 2,74	6,00 × 12,00	A, K
Indiaca	mind.	4,50 × 10,00		
	normal	5,50 × 13,00	7,50 × 15,00	R, T, K, A
Krocket		20,00 × 40,00	20,00 × 40,00	R, T
Tetherball		⌀ 6,00		A, B
Shuffleboard		3,00 × 17,00	3,00 × 17,00	A, K
Bolzplatz	ca.	20,00 × 40,00	22,00 × 44,00	T, R, K
Hufeisenwerfen		4,00 × 10,00	4,00 × 10,00	R, T, A
Volleyball		9,00 × 18,00	13,00 × 24,00	K, T, R
Ringtennis	Einzel	3,70 × 12,20		
	Doppel	5,50 × 12,20	10,00 × 20,00	K, T
Völkerball		10,00 × 20,00	12,00 × 24,00	R, T, K
Badminton	Einzel	5,18 × 13,40		
	Doppel	6,10 × 13,40	8,60 × 15,90	T, K, R
Schach		4,00 × 4,00	5,00 × 5,00	P
Mühle		4,00 × 4,00	5,00 × 5,00	A, P
Kegelbahn		1,50 × 26,00	1,70 × 28,50	A
Russisch Kegeln		1,50 × 3,00	2,50 × 5,00	T, P
Fußballtennis		10,00 × 20,00	14,00 × 24,00	T, K, R
Tauziehen	ca.	4,00 × 25,00	4,00 × 25,00	R
Brennball	mind.	15,00 × 25,00	19,00 × 29,00	
	max.	25,00 × 45,00	29,00 × 49,00	R, T, K
Radpolo	mind.	9,00 × 12,00		
	max.	11,00 × 14,00	12,00 × 16,00	A, B
Prellball		8,00 × 16,00	12,00 × 24,00	K, T

Quelle: C. Richter »Sportstättenplanung« in: Handbuch Stadtgrün, München 1981

Kommunikationszentrum →, *Freizeithaus* →, *Haus des Gastes* →.
Bei aller Unterschiedlichkeit weisen F. folgende Funktionsgliederungen auf: a) Kommunikationsbereich mit Gastronomie, Gruppen- und Gesellschaftsräume, Aufenthaltsbereich/ Foyer, Flächen für Ausstellung, Lesen, Information, Verwaltung; b) Veranstaltungsbereich mit Mehrzwecksaal/Sälen, -räumen sowie Nebenräumen (Toiletten, Umkleiden/ Garderoben, Abstellräume (Lager); Aktions- und Werkbereich mit Werkstätten, Studios, auch Sporthalle und Bad einschl. Nebenräumen. Die Gestaltung (*Freizeitarchitektur* →), räumliche Gliederung (*Raumprogramm* →) sind ebenso wie *Betriebs* →-form, *Trägerschaft* →, *innere Organisation* →, *Programm* → -angebot außerordentlich vielseitig.
F. können mit größeren Systemen der *Freizeitinfrastruktur* → räumlich, inhaltlich und/oder organisatorisch verbunden sein. Als Träger sind sowohl *Freie Träger* → als auch *Öffentliche Träger* → zu verzeichnen. Die Zahl der F. ist nicht bekannt, dürfte aber mehrere tausend ausmachen. F. stellen den stärksten, aktivsten Teil der *Freizeitinfrastruktur* → dar.

Freizeitstreß
die Anhäufung vergleichsweise kleiner physischer und psychischer Belastungen, die sich ständig wiederholen und auf Dauer *Streß* → verursachen: Aktivitätenstreß beim *Jogging* → oder Langlauf, Kontaktstreß in der Clique oder in Gesellschaft, Lärmstreß bei Feiern oder Massenveranstaltungen. Die Streßbelastungen sind hier subtiler und nicht selten selbst auferlegt.

Streßfaktor Freizeit
Bundesbürger kommen nach der Arbeit nicht zur Ruhe.

STRESS

Typische Streßsituationen in der Freizeit:

Gedränge vieler Menschen, räumliche Enge, Schlangestehen, Warten	65%
Bedürfnis nach Ruhe und Erholung haben, aber von anderen gestört werden	62%
Private Einladungen und Verpflichtungen, denen man nachkommen muß (Pflichtbesuche)	54%
Verkehrsstau bei Wochenendfahrt bzw. Urlaubsreise	48%
Lärmbelästigungen (z. B. am Strand, bei Sportveranstaltungen, Kirmes, Straßenfesten)	46%
Dauerberieselung mit Musik	37%

Repräsentativbefragung von 2000 Personen ab 14 Jahre. Mehrfachnennungen möglich

Quelle: BAT Freizeit-Forschungsinstitut 1984

Freizeit wird zum Streß, weil viele aus der freien Zeit wieder Arbeitszeit machen, Pflichtzeit, Zeit für Programme, für Aktionen und Aktionismus. Was sie tun, tun sie offenbar gründlich: *Sport* → treiben und *Fitness* → erhalten, Geschenke einkaufen, Gäste einladen oder ein Fest organisieren. Aus der *Freizeitbeschäftigung* → wird schnell Geschäftigkeit – vor lauter Angst, nicht rechtzeitig fertig zu werden oder selbstgesetzte Termine oder Ziele nicht zu erfüllen. Viele haben Schwierigkeiten, ökonomisch mit der eigenen Zeit umzugehen, sich selber Grenzen zu setzen und auch mal nichts zu tun.
Je mehr freie Zeit wir zur Verfügung haben, um so vielfältiger werden die *Freizeitangebote* → und gleichzeitig auch die persönlichen *Freizeitwünsche* →. Dadurch entsteht das subjektive Gefühl, eigentlich nicht dazu zu kommen, was man schon immer tun wollte. Dies macht auch verständlich, warum viele Menschen das Gefühl haben, früher hätten sie eigentlich mehr Zeit für sich selbst gehabt. Neuerdings wird in der Fachliteratur neben F. (Opaschowski) auch von »Zeitnot« gesprochen mit der Begründung, daß immer mehr Freizeittätigkeiten »Arbeits«-Charakter

bekämen und so der eigentlichen Freizeit verlorengingen. Nach Müller-Wichmann soll die Zunahme von »Gesundheits«-, »Beziehungs«- und »Sozialisations-Arbeit« die Klagen (insbesondere von Frauen) über »Zeitnot« erklärbar machen.
Freizeitprobleme →, *Langeweile* →

Lit.: Freizeit-Forschunginstitut: Repräsentativumfrage »Freizeitstreß«, Hamburg 1984; Müller-Wichmann »Weniger Arbeit heißt noch lange nicht mehr Freizeit«, in: Psychologie heute 2 (1985), S. 60–64; Opaschowski: »Arbeit. Freizeit. Lebenssinn?« Opladen 1983

Opaschowski

Freizeittätigkeit
auch Freizeitaktivität, Freizeitbeschäftigung; ohne berufliche und/oder arbeitsähnliche Absicht freiwillig ausgeführte Handlungen in der *Freizeit* →.
Im Prinzip kann jede menschliche Handlung zur F. werden, doch bevorzugen gesellschaftli-

Freizeitbeschäftigung im Trend 1975 – 1984			
	1975 Ø	1979 Ø	1984 Ø
Zeitungen, Illustrierte lesen	3,7	3,8	3,6
Bücher lesen	2,6	2,5	2,7
Handwerkliche Tätigkeiten ausüben, reparieren, Gartenarbeit	2,7	2,6	2,8
Zum Kegeln gehen	1,4	1,6	1,6
Einen Gottesdienst besuchen	2,2	2,2	2,3
Einkaufen gehen	3,0	3,1	3,2
Etwas für die Gesundheit tun	2,0	1,9	2,0
Sonstige Tätigkeiten im Haus	1,6	2,4	–
Sonstige Tätigkeiten außer Haus	1,4	1,9	–
Musizieren	–	–	1,4
Video-Filme sehen	–	–	1,5
Besuch von kulturellen Veranstaltungen	2,0	2,1	2,2
Besuch von Restaurants	2,6	2,5	2,4
Sportveranstaltungen besuchen	1,9	2,0	1,9
Schaufensterbummel machen	2,6	2,4	2,5
Mit Nachbarn unterhalten	2,5	2,9	3,0
Sportberichte sehen, hören, lesen	2,5	2,6	2,6
Autoausflüge machen	2,6	2,9	3,2
Besuche haben, Besuche machen	3,5	3,1	3,2
Von der Arbeit erholen	3,3	3,2	3,0
Mit Hobby beschäftigen	2,6	2,9	3,1
Weiterbilden	2,4	1,9	1,9
Sporttreiben außer Haus	1,9	1,9	2,0
Sporttreiben im Haus	1,5	1,4	1,6
Musik hören	3,3	3,3	–
Gar nichts tun	2,4	2,9	2,7
Nebenberuflich arbeiten	1,3	1,4	1,4
Radio hören	3,1	3,5	3,5
Fernsehen	3,9	4,0	3,8
Mit beruflichen Dingen beschäftigen	2,0	2,0	–
Gesellschaftsspiele durchführen	2,1	2,2	2,3
Sich mit der Familie beschäftigen	3,6	3,5	3,4
An privaten Feiern teilnehmen	2,5	2,7	2,7
Mit Freunden zusammensein	3,0	3,2	3,3
Spazierengehen	3,4	3,2	3,1
Besuch von Vereinsveranstaltungen	2,0	2,2	2,5

Quelle: EMNID/amusement-Industrie

Freizeittätigkeit

Persönliche Freizeitbeschäftigungen im Zeitvergleich von 1957 bis 1981
(nach Rangfolge)

1957	1963	1970	1975	1981
1. Zeitung, Illustrierte lesen	1. *Theater, Konzert oder andere kulturelle Veranstaltungen*	1. Nichtstun, Ausspannen	1. Zeitschriften, Zeitungen lesen	1. Lesen, Zeitung lesen
2. Gartenarbeit	2. Sich ausruhen, etwas schlafen	2. Bummeln, Spaziergang	2. Radio hören	2. Handarbeiten (Nähen, Häkeln, Stricken)
3. Einkaufen gehen	3. Besuche machen	3. Ausflug	3. Fernsehen	3. Gartenarbeit
4. *Reparaturen, kleinere Arbeiten im Haus*	4. Fernsehen	4. Unterhalten, Zusammensitzen	4. Sich ausruhen, ohne etwas zu tun	4. Fernsehen
5. Mit Kindern spielen	5. Sich mit der Familie beschäftigen	5. Schwimmbad	5. Sich mit Nachbarn unterhalten	5. Spazierengehen
6. *Aus dem Fenster sehen*	6. Einen Einkaufsbummel machen	6. Reise	6. Hausputz, Saubermachen	6. Schwimmen
7. Gründlich ausschlafen	7. Mit Nachbarn unterhalten	7. Lokal-, Cafébesuch	7. Mittagsschlaf	7. Wandern
8. Bücher lesen	8. Sich am Vereinsleben beteiligen	8. Ausgehen, Tanzen	8. Mit Kindern spielen	8. Tanzen
9. *Ins Kino gehen*	9. *Am kirchlichen Gemeindeleben teilnehmen*	9. Fernsehen	9. Bücher lesen	9. Radfahren
10. *Verwandte oder Bekannte besuchen*	10. *Seine Allgemeinbildung verbessern*	10. Besuche machen	10. Gründlich durchschlafen	10. Sport treiben
ALLENSBACH-INSTITUT	DIVO-INSTITUT	INFAS-INSTITUT	EMNID-INSTITUT	B.A.T FREIZEIT-FORSCHUNGSINSTITUT

Quelle: H.W. Opaschowski, in: Bertelsmann Briefe, April 1983

cher Konsens und persönliche Entscheidung ganz bestimmte Tätigkeiten als F. (ohne daß das Prinzip aufgegeben wird). Da Freizeit praktisch im wesentlichen durch F. definiert wird, F. auch gut erfragt werden können, ist die Erforschung der F. der älteste und fortgeschrittenste Bereich der *Freizeitforschung* →. Allerdings dürfte die Art der Abfrage auf die Antworten nicht unwesentlichen Einfluß nehmen. Zum anderen bedeutet die Häufigkeit einer Tätigkeit noch nicht, daß sie die größte Be-

deutung für den Befragten hat. Niemand übt zudem nur eine F. aus. Langzeituntersuchungen zeigen eine erstaunliche Beständigkeit der bevorzugten F. Jedoch haben sich manche F. weitere Anhänger erworben. So verdoppelten sich innerhalb von 26 Jahren die Geselligkeit sowie die Reise- und Ausflugtätigkeit. Die F. sind zwar als solche gleichgeblieben, doch hat sich ihre Qualität (Inhalt, Art und Weise, Hilfsmittel, Intensität, äußere Form usw.) verändert entsprechend des sozialen Wandels,

Was machen Sie am liebsten in Ihrer Freizeit?

	insgesamt	16–20 Jahre	21–29 Jahre	30–44 Jahre	45–59 Jahre	60 Jahre und älter
Fernsehen	66,9	58,6	63,5	64,5	66,7	75,4
Zeitung lesen	65,7	39,1	60,2	64,1	74,8	74,2
Spazierengehen	56,1	33,5	43,7	53,5	61,2	71,9
Zeitschriften lesen	51,5	50,2	49,8	53,5	52,2	50,6
Freunde, Verwandte besuchen	50,6	58,7	62,0	49,2	49,2	41,9
Radio hören	50,0	64,1	57,9	47,6	46,3	44,3
Musik hören	42,6	74,5	60,6	41,3	32,8	27,1
Bücher lesen	41,1	44,0	44,1	44,9	38,8	36,3
Feste feiern	29,1	54,3	42,1	34,0	20,9	12,0
Reisen	28,0	23,2	31,2	30,7	28,6	24,5
Sport treiben	26,6	53,5	44,1	32,7	15,4	7,5
Gut essen gehen	25,7	19,3	36,0	36,0	24,3	12,5
Wandern	21,3	9,7	13,4	22,5	31,3	21,3
Ins Kino gehen	16,5	53,4	32,5	16,9	4,2	0,5
Fotografieren	16,0	13,1	24,1	21,9	14,5	7,3
Videofilme ansehen	12,1	23,4	22,4	13,8	8,8	1,7
Theater besuchen	11,9	6,6	10,4	14,5	14,1	10,6
Konzerte besuchen	9,0	10,3	10,6	9,4	8,4	7,2
Musizieren, Singen	8,8	13,0	9,8	9,3	6,9	7,6
Malen, Zeichnen	6,9	13,4	6,4	8,9	5,5	3,7

Alle Angaben in Prozent, Mehrfachnennungen waren möglich

Quelle: Stern 1984

technischer Weiterentwicklungen, Mode, neuer wissenschaftlicher Erkenntnisse, Marktangebote u.a.m. Die wesentlichen Gruppen von F. sind Mediennutzung, körperliche Bewegung und *Spiel* →, Entspannung, *Geselligkeit* →, *Hobby* →, Veranstaltungsbesuch, Gartenarbeit, politisches und soziales Engagement (siehe Tabelle).

F. sind sehr nah mit dem *Lebensstil* → des einzelnen verbunden. Sie eignen sich daher auch zur gezielten Veränderung von Gewohnheiten (*Freizeittherapie* →) und zur Behandlung von psychischen und psychosomatischen Krankheiten.

So gibt es inzwischen die verschiedensten Therapieformen: Bibliotherapie (Lesetherapie); Kunsttherapie/Therapie durch künstlerische Betätigung; Musiktherapie (Therapie durch Musikhören bzw. Musizieren); Poesietherapie (Therapie durch Verfassen eigener Texte); Sporttherapie; Tanztherapie. (*Gestalttherapie* →). Allen Therapieformen gemeinsam ist die sorgfältige Auswahl der Medien im Hinblick auf die persönliche Problemstellung von Klienten und Patienten.

Freizeittechnologie

Methodik und Verfahren zur Herstellung, *Betrieb* → und Unterhaltung von besonders für *Freizeiteinrichtungen* → oder in *Freizeitunternehmen* → verwandte Ausstattungen und Geräte (z.B. Wasserrutschbahn; Achterbahn mit Looping; Szenarios mit beweglichen Figuren; Steueranlage für *Attraktionen* →; Kassen- und Zählanlagen; *Hot-Whirl-Pool* →).

Freizeittherapie

Maßnahmen zum korrektiven Umlernen von vorhandenen nutzlosen oder schädlichen Freizeitgewohnheiten (*Freizeitrisiken* →). Im Unterschied dazu: *Freizeitpädagogik* → (»Neulernen von Fähigkeiten zum besseren Genuß von Freizeit«) und *Freizeitrehabilitation* → (»Erwerb von Fähigkeiten in der Freizeit zum Ausgleich eines Mangels«).

Im Sprachgebrauch werden alle drei Begriffe meist unter dem Begriff *Freizeitpädagogik* → subsumiert, jedoch ist es für die Aufstellung spezieller Programme hilfreich, sich dieser Unterschiede bewußt zu sein. Die Medizin hat in der Vergangenheit Therapie als Heilen mit Chemikalien, Messern, Strahlen und Ersatzteilen verstanden. Psychosomatik und Verhaltensmedizin haben hier einen Paradigmawandel eingeleitet. So kann sich F. als Teil der Verhaltensmedizin definieren. Sie wird im wesentlichen die gleichen Methoden wie die Freizeitpädagogik benutzen, jedoch wird die Intention sich unterscheiden. Dies sei an drei Beispielen erläutert: a) Patienten mit koronarer Herzkrankheit haben überwiegend die Tugenden der Arbeitsgesellschaft so ausgeprägt internalisiert, daß sie auch in der *Freizeit* → ständig unter Konkurrenzdruck (*Streß* →) stehen. Der Zwang des immerwährenden Müssens verfolgt sie. F. muß die Fähigkeit des »als ob«, also des Spielens fördern und muß übermitteln, daß auch in einem konkurrenzlosen Klima Freizeit erfüllend und sinngebend sein kann; b) Alkoholiker, Übergewichtige, Stoffwechselgestörte aber auch Infarktpatienten können durch Laufen und andere körperliche Betätigungen den Gesamtstoffwechsel verändern und auf diese Weise zu Gesundheit kommen. F. muß dies erlebbar machen und dazu beitragen, daß sich das Gesundheitsverhalten stabilisiert; c) Angstneurotiker aber auch Depressive können durch Erlebnisurlaub (z.B. Überlebenstraining) in ihrem Selbstwertgefühl gefördert werden und so neue Betätigungserfahrungen machen, die Angstabbau und Erfüllung des Wunsches nach Erlebnisintensität (Peak Experience) bewirken.

In der Vergangenheit dominierten monokausale Krankheiten. Je komplexer die Krankheitsaetiologien werden, um so komplexer muß auch das therapeutische Eingreifen werden.

F. ist somit eine der Möglichkeiten, im breiten Spektrum therapeutischer Methoden an der Änderung des Freizeit-Lebensstils von Patienten mitzuwirken und eine dauerhafte Gesundung zu erreichen (*Gesundheit* →, *Kur* →). *Freizeittätigkeiten* →

Axt/Freund

Freizeittrend

1. Teil des sozialen Wandels, des *Wertewandels* → und der Änderung von *Lebensstilen* →, Änderung des *Freizeitverhaltens* →.
Er wird bestimmt durch die Zunahme freier Zeit, den Wertewandel innerhalb der Bevölkerung mit der Folge eines Bedeutungszuwachses der Freizeit gegenüber der Arbeit, die Vielfalt von Lebensstilen, zunehmende Bildung und größerer (Freizeit-)Informationsstand, die Höherbewertung der Kreativität, die wachsende Bereitschaft zur Kommunikation. Für die Freizeitgestaltung lassen sich in Reaktion auf die immer komplexer werdende Lebensumwelt drei Verhaltenstypen ausmachen: Rückwendung zu einfachen, urmenschlichen, traditionellen und technologiearmen Tätigkeiten; Ausreifen neuer Technologien und Methoden zur Schaffung von überschaubaren (meist medialen) Situationen; Ausweichen in Aggression und Resignation. *Freizeittätigkeit* →, *Freizeitbewußtsein* →

2. Entwicklung des Bedarfs an Freizeitangeboten. Der F. ist zur Planung von *Freizeitinfrastruktur* → und für die Politik von *Freizeitunternehmen* → von Bedeutung (*Freizeitprognose* →). F. kann aber nur durch komplexe Untersuchungen (*Freizeitforschung* →, *Freizeitmarktforschung* →) festgestellt werden, wofür Langzeituntersuchungn unerläßlich sind, die aber durch die Beobachtungen des gesellschaftlichen Wandels und durch Lebensstiluntersuchungen ergänzt werden müssen.

Freizeitunternehmen

einheitlich geleitete, dem Erwerb dienende Wirtschaftseinheit, die Dienstleistungen insbesondere für die Tages- und Wochenendfreizeitgestaltung anbietet (in der Regel in eigens dafür geschaffenen Einrichtungen und Arealen) sowie Lieferanten von *Equipment* → für F.
Freizeitbad →, *Freizeitpark* →, *Freizeittechnologie* →, *Betrieb* →

Freizeitvereine

Sammelbegriff für die im *Freizeitbereich* → tätigen Personenvereinigungen zur *Freizeitgestaltung* →, zur Förderung von *Freizeittätigkeiten* → sowie zur Schaffung von *Freizeiteinrichtungen* →, *Freizeitangeboten* → und *Freizeitinformationsdiensten* →.
Etwa 40 Prozent der bundesdeutschen Bevölkerung sind Mitglied in einem oder mehreren Vereinen. Das sind in der Bundesrepublik Deutschland 24 Mio. Menschen. Die Zahl von Vereinen des Freizeitbereichs dürfte mehr als 150 000 betragen. Für Selbsthilfegruppen und Bürgerinitiativen wird die Zahl von 50 000 geschätzt mit etwa 800 000 Mitgliedern. Damit ist das Vereinswesen das wichtigste Freizeitangebot. F. leben vom *Ehrenamt* → und freiwilliger *Mitarbeit* →, wenn auch zahlreiche F. hauptamtliche Mitarbeiter eingestellt haben. Die wichtigsten F. sind die *Sportvereine* →, die geselligen Vereine (Kegelclub, Karnevalsverein →, *Schützenverein* →), die *Gesangvereine* →, die *Heimatvereine* →, die *Kleingartenvereine* →, die *Hobbyvereine* →. Der *Verein* →, insbesondere auch der F., hat sich als wirksame Form der Problemlösung erwiesen mit einer großen Entwicklungsfähigkeit.
Subsidiarität →.

Einflußgrößen des Freizeitverhaltens

Wohnverhältnisse
- Wohnungsgröße
- Wohnumfeld

Dauer und Verteilung der Freizeit auf
- Werktage
- Wochenende
- Ferien

Arbeitsverhältnisse
- Beschaffenheit der Arbeit (z. B. Monotonie, Konzentration)
- Beschaffenheit des Arbeitsplatzes (z. B. Lärm, Großraumbüro)
- Stellung in der Betriebshierarchie

Soziodemographische Faktoren
- Alter
- Familienstand
- Geschlecht
- Beruf
- Einkommen

Lokales Freizeitpotential
- Natürliche Grundlagen
- Traditionen
- Freizeiteinrichtungen
- Organisation

Normen und Werte
- Rituale
- Bezugsgruppen
- Sinnvorstellungen
- Lebensstile

Freizeitmarkt
- Angebotsumfang
- Angebotsform
- Produktdifferenzierung
- Ausstattungsqualität
- Preis, Werbung, Moden

Quelle: Spiegel »Märkte im Wandel.« Freizeitverhalten (1983)

Freizeitverhalten
Sammelbegriff für *Freizeitgestaltung* →, *Freizeittätigkeiten* → und Freizeitgewohnheiten.
F. ist u.a. abhängig von Alter, Familienstand, Stellung im Lebenszyklus, Geschlecht, Bildungsstand, sozialer Herkunft, Einkommen, Beruf, beruflicher Stellung und Belastung, Wohnung, Wohnort, Lage des Wohnortes, Klima, Wetter, gesamtwirtschaftlicher und politischer Lage.
Das F. ist wesentlicher Teil des *Lebensstils* →.
Attitüde →, *Freizeitbewußtsein* →

Freizeitversicherung
zur Abdeckung von Freizeitunfallschäden angebotene Versicherung. Die bekannteste F. ist die Sportversicherung, welche Schadensersatzansprüche aus Sach- und/oder Personenschäden bei Sportunfällen abdeckt, als Sammelversicherung der *Sportverbände* →.

Freizeitwert
1. Bedeutung der *Freizeit* → für jemanden;
2. Bedeutung insbesondere von geographisch oder politisch begrenzten Gebieten für die

Freizeitwert

Freizeitgestaltung → aufgrund der vorhandenen *Freizeitinfrastruktur* → und sonstigen, die *Freizeittätigkeit* → anregenden, ermöglichenden bzw. erleichternden Gegebenheiten. Der F. wurde inzwischen zum Indikator für die Bemessung der Lebensqualität eines bestimmten Gebietes (*Lebensbedingungen* →).

Freizeitwesen

1. der Mensch als zur *Freizeitgestaltung* → geschaffener und befähigter.
2. Oberbegriff für alles mit *Freizeit* → politisch, wirtschaftlich, organisatorisch, beruflich und infrastrukturell Zusammenhängende.

Freizeitwirtschaft

Anteil der Produktions- und Dienstleistungsunternehmen für Freizeit aus der Gesamtwirtschaft. F. hat bislang einen wachsenden Marktanteil: 1970 – 50 Mrd. DM; 1975 – 95 Mrd. DM; 1978 – 127 Mrd. DM; 1982 – 170 Mrd. DM. Das ist ein Zehntel des Bruttosozialprodukts (*Freizeitkonsum* →).
Die Beschäftigtenzahl liegt bei über 4 Mio. in der Warenproduktion (Spiel, Sportartikelindustrie; Herstellung von Geräten und Werkzeugen, Fortbewegungsgeräten, Büchern und Genußmitteln sowie besonderen Kleidungsstücken) und der Dienstleistung (Handel, Fremdenverkehr, Gaststätten, Beherbergungsbetriebe, Verlage, Sendeanstalten, Wettbüros, kulturelle Einrichtungen, Schaustellerei usw.).

Tourismus, Gaststättengewerbe, Beherbergungs-, Kur- und Badewesen sowie Verkehrsgüterproduktion und -dienstleistungen beschäftigen je ein Drittel der in der F. Tätigen.
Freizeitindustrie →, *Freizeitmarkt* →, *Einzelhandel* →, *Dienstleistungssektor* →, *Freizeitinformationsdienste* →

Freizeitwissenschaft

Gesamtheit jener Erkenntnisse, Erörterungen, Forschungen und Methoden, die nach wissenschaftlichen Grundregeln Probleme und Erscheinungsformen von *Freizeit* →, *Freizeitgestaltung* →, *Freizeittätigkeiten* → sowie von deren Rahmenbedingungen zum Gegenstand haben.
Die F. wird von den Erkenntnissen und Methoden der folgenden Grundwissenschaften getragen:
Philosophie, Psychologie, Soziologie, Anthropologie, Geschichtswissenschaft, Ethnologie, Geographie, Pädagogik, Kommunikationswissenschaft, Sportwissenschaft, Wirtschaftswissenschaft, Medizin, Politikwissenschaft.
F. ist weder ein abgesicherter Wissenschaftsbereich, noch ist ihre Etablierung mehr als in leichten Ansätzen in die Wege geleitet. Jedoch ist wirksame Freizeitentwicklungsarbeit ohne eine wissenschaftliche Grundlage nicht möglich. Darum muß mit Nachdruck am Aufbau der F. gearbeitet werden.
Freizeitpädagogik →, *Freizeitforschung* →, *Freizeitsoziologie* →, *Freizeitpsychologie* →

Abb. Freizeitwohnen – Infrastrukturformen

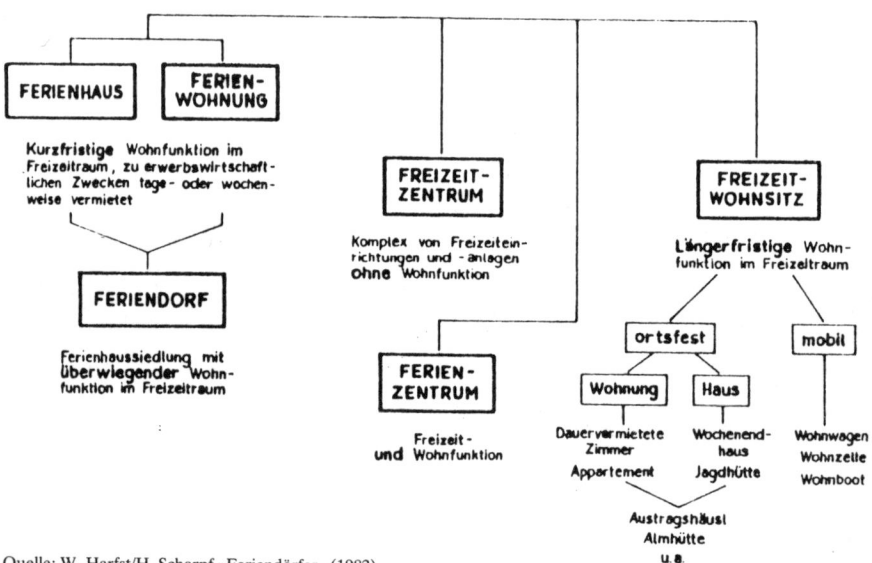

Quelle: W. Harfst/H. Scharpf »Feriendörfer« (1982)

Freizeitwohnen

Freizeitwohnen
Aufenthalt in besonderen Freizeitwohnsitzen und -siedlungen.
Man unterscheidet stationäre und mobile Formen des F. (*Tabelle* →).

Bei Ferien- und Wochenendappartements spricht man auch von Zweitwohnungen.
Wohnen →

Lit.: Gröning/Lang »Entwicklung konzeptioneller Ideen für Formen naturnahen Wohnens«, DGF-Informationen 2/82

Tab. FREIZEITWOHNSITZE und FREIZEITSIEDLUNGEN I
─────────── STATIONÄR ───────────

WOCHENENDHAUS	FERIENHAUS	WOCHENEND-APARTMENT	FERIEN-APARTMENT
Eigentum oder langfristig gepachtet. Bis ca. 50 qm Grundfläche. Bei Vollerschließung zum Dauerwohnen geeignet. I. d. R. in 90-min-Isochrone vom Hauptwohnsitz. Auch umgebaute Kate, Bauernhaus, Bahnhäuschen etc.	Eigentum oder langfristig gepachtet. In beliebiger Größe. I. d. R. zum Dauerwohnen geeignet. Oft in großer Entfernung zum Hauptwohnsitz. Auch umgebaute Kate, Almhütte, Bauernhaus etc.	Eigentum oder langfristig gemietet. Zum Dauerwohnen geeignet. Auch langfristig gemietete Wohnungen in Bauernhäusern o. ä. I. d. R. in 90-min-Isochrone vom Hauptwohnsitz.	Eigentum oder langfristig gemietet. Auch langfristig gemietete Wohnungen in Bauernhäusern o. ä. Oft in großer Entfernung zum Hauptwohnsitz.
Hauptsächlich Wochenenderholung aber auch Ferienerholung.	Hauptsächlich Ferienerholung und Kurzurlaube aber auch Wochenenderholung.	Hauptsächlich Wochenenderholung und Kurzurlaube aber auch Ferienerholung.	Hauptsächlich Ferienerholung und Kurzurlaube aber auch Wochenenderholung.
Nur gelegentlich Urlaubern überlassen oder vermietet.	Oftmals auch Urlaubern überlassen oder vermietet.	Nur gelegentlich Urlaubern überlassen oder vermietet.	Oftmals auch Urlaubern überlassen oder vermietet.
Wochenendaufenthaltstage p. a. übersteigen Ferienaufenthaltstage p. a. um das Dreifache.	Ferienaufenthaltstage p. a. mehr als ⅓ der Wochenendaufenthaltstage.		
WOCHENEND-HAUSGRUPPE	**FERIENHAUS-GRUPPE**	**W. E-APARTMENTHAUS**	**FER.-APARTMENTHAUS**
Mehr als 5 Wochenendhäuser.	Mehr als 5 Ferienhäuser sowie Wochenendhaussiedlung mit großem Anteil an Urlaubern vermieteter Häuser.	Mehrere Apartments gleicher Funktion in einem Haus.	Mehrere Apartments gleicher Funktion in einem Haus sowie Wochenendapartmenthaus mit großem Anteil häufig an Urlauber vermieteter Wohnungen.
FERIENDORF		**FERIENZENTRUM**	
Ferienhaussiedlung von mindestens 25 Einheiten mit integrierten Freizeiteinrichtungen oder Kuranlagen. Gemeinschaftsräume und eventuell eigene Geschäfte oder Dienstleistungseinrichtungen. Eigenständiger Siedlungskörper. Auch kommerziell oder caritativ.		Ferienapartmenthaus oder -Häuser mit integrierten Freizeiteinrichtungen oder Kuranlagen. Eventuell eigene Geschäfte und Dienstleistungseinrichtungen. Oftmals eigenständiger Siedlungskörper. Mischform aus Ferienhaussiedlung und Ferienappartmenthaus ebenfalls Ferienzentrum. Auch kommerziell oder caritativ.	

Entwurf: H.-R. Lang 2/78

Tab. FREIZEITWOHNSITZE und FREIZEITSIEDLUNGEN II

MOBIL				
WOHNBOOT	**ZELT**	**CARAVAN**	**MOBILHEIM**	**GARTENLAUBE**
Eigentum oder langfristig gemietet. Zum Dauerwohnen i. d. R. nicht geeignet. Feierabend-, Wochenend- und Ferienerholung.	Eigentum auf Mietgrundstück zum Dauerwohnen nicht geeignet. Wochenend- und Ferienerholung.	I. d. R. Eigentum auf Mietgrundstück. Zum Dauerwohnen gelegentlich geeignet. Feierabend-, Wochenend- und Ferienerholung.	Eigentum oder langfristig gemietet. Auf Eigentums- oder Mietgrundstück. Dauerwohnen möglich. Feierabend-, Wochenend- und Ferienerholung.	Eigentum oder langfristig gemietet oft auf Pachtgrundstück. Zumeist am Hauptwohnsitz des Benutzers. Zum Dauerwohnen nicht geeignet. Feierabend- und Wochenenderholung.
LIEGEPLATZ	**FER.-CAMP.-PLATZ**	**W. E-CAMP.-PLATZ**	**MOBILHEIM-GRUPPE**	**GARTENHAUS-GRUPPE**
	Campingplatz mit mindestens 10 Standplätzen, die höchstens zur Hälfte mit Wochenenddauercampern belegt sind.	Campingplatz mit mindestens 10 Standplätzen, die zu mehr als 50 % von Wochenenddauercampern belegt sind.	Mindestens 10 Mobilheime.	Mehr als 5 Gartenhäuser.
FER.-CAMPING-DORF		**W. E-CAMP.-DORF**	**MOBILHEIM-DORF**	**LAUBENKOLONIE**
Feriencampingplatz mit mindestens 200 Standplätzen, die höchstens zur Hälfte von Wochenenddauercampern belegt sind. Integrierte Freizeiteinrichtungen, Gemeinschaftsräume, eigene Geschäfte oder Dienstleistungseinrichtungen. Parzellen teilweise ver- und entsorgt. Schon ab 150 Standplätzen bei isolierter Lage. Selbständige Siedlungskörper erkennbar.		Wochenendcampingplätze mit mindestens 200 Standplätzen zu mehr als 50 % von Wochenenddauercampern belegt. Zu weniger als 50 % mit Mobilheimen bestückt. Sowie Kriterien des Fer.-Camp.-Dorfes.	Mobilheimsiedlung von mindestens 50 Einheiten mit Caravananteil von höchstens 50 %. Sowie Kriterien des Feriendorfes.	Gartenhaussiedlung von mindestens 25 Einheiten. Zentrale Organisation durch Schrebergartenvereine o. ä.

Quelle: DGF-Info 2/82

Abb. Freizeitwohngelegenheiten

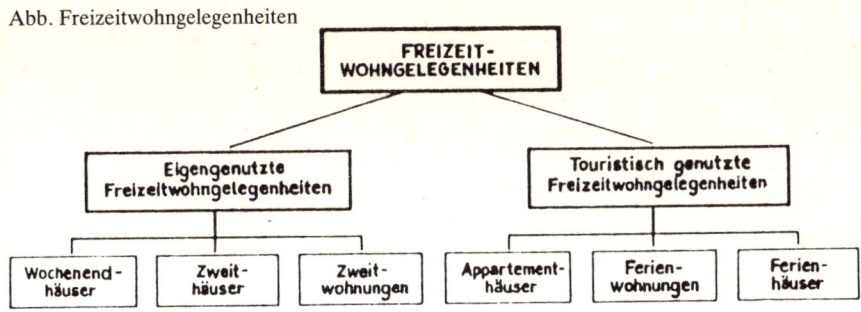

```
                    FREIZEIT-
                WOHNGELEGENHEITEN
         ┌──────────────┴──────────────┐
   Eigengenutzte                  Touristisch genutzte
Freizeitwohngelegenheiten      Freizeitwohngelegenheiten
   ┌──────┼──────┐              ┌──────┼──────┐
Wochenend- Zweit- Zweit-    Appartement- Ferien- Ferien-
 häuser   häuser wohnungen    häuser   wohnungen häuser
```

Quelle: W. Harfst/H. Scharpf »Feriendörfer« (1982)

Freizeitwünsche
Freizeitbedürfnisse →

Freizeitzentrum
1. über *Freizeitstätte* →, *Freizeitanlage* → und *Freizeitpark* → hinausgehende *Freizeiteinrichtung* → mit einer Kombination von Freizeitstätten, Landschaft und Wasser.
2. Name für eine Vielzahl meist privatwirtschaftlicher Freizeiteinrichtungen, unterschiedlich in *Angebot* → und Größe.

Fremdenverkehr
Gesamtheit der Beziehungen aus Reiseverkehr und damit verbundenen Aufenthalten an fremden Orten zum Zwecke der *Erholung* →, Gesundheitspflege, der *Geselligkeit* →, des *Sports* →, politischer, beruflicher und wissenschaftlicher Kontakte (*Tourismus* →). Der F. hat sich zu einem wichtigen Wirtschaftszweig entwickelt. Als *Dienstleistungs* → -sektor mußte der F. ein differenziertes Informations- und Verteilungssystem aufbauen. Dieses stellt sich dar auf Ortsebene (Verkehrsämter, Verkehrsvereine, Kurverwaltungen, Betriebe von Heilbädern; Beherbergungsbetriebe, Vermieter von Ferienwohnungen, von F. abhängige Betriebe; Reisebüros), auf Kreisebene (Kreisverkehrsämter, Kreisverkehrsvereine, Zweckverbände, Fremdenverkehrsgemeinschaften), auf Länderebene (Landesverbände, regionale F.-verbände, regionale Bäderverbände, regionale Hotel- und Gaststättenverbände, Reisebüros und Verkehrsträger mit regionalem Bezug), auf Bundesebene (Deutscher Fremdenverkehrsverband, Bundesfachverbände, Organisationen sowie Institutionen, überregionale Reiseveranstalter und Reisemittler, Verkehrsträger bzw. Unternehmen mit überregionalem Bezug) und auf internationaler Ebene (Internationale F.-Organisationen). Die wirtschaftliche Bedeutung des F. für eine Region wird anhand der Wertschöpfung gemessen. Als Faustregel gilt (A. Koch, DWLF Universität München 1985): 4 Übernachtungen je Einwohner der Region/des Ortes sind ein Beitrag von 1% zum durchschnittlichen Pro-Kopf-Einkommen. Dem entsprechen 20 Ausflüge; die Bedeutung dieser Reiseform darf daher nicht unterschätzt werden: 170 Millionen Übernachtungen stehen mindestens 1 Milliarde Ausflüge jährlich gegenüber.
Der F. wird insbesondere zur wirtschaftlichen Entwicklung bestimmter Regionen, aber auch aus sozialen und pädagogischen Gründen gefördert. Zuständig sind die Länder, soweit es sich um Gemeinschaftsprogramme und die Förderung von Bundesverbänden handelt, auch der Bund. Die Werbung von die Bundesrepublik besuchenden Ausländern wird durch den Bund unterstützt (Deutsche Tourismuszentrale). F.-politik ist als Querschnittspolitik zu verstehen, die verschiedene Ressorts erfaßt: Wirtschafts-, Raumordnungs-, Umweltschutz-, Landschaftsschutz-, Naturschutz-, Jugend-, Sozial-, Kultur-, Sportpolitik u.a.m. (*Fremdenverkehrsentwicklung* →). Eine erfolgreiche F.-politik muß die Interessen der Reisenden mit denen der einheimischen Bevölkerung, die Nachfrage nach Dienstleistungen mit der Fremdenverkehrsinfrastruktur unter dem Aspekt der Erhaltung der *Umwelt* → und den zur Verfügung stehenden und den zu erwartenden Mitteln in Verbindung und Einklang bringen.
Eine Entscheidungsgrundlage für F.-politik ist die F.-statistik, die auf verschiedenen Ebenen geführt wird: Amtliche Statistik (Statistisches Bundesamt), Verbandsstatistik (Landesfremdenverkehrsverbände u.a.), Institutsstatistik (Beherbergungsbetriebe, Gastronomie, Reiseverkehrsunternehmen, Kurbetriebsgesellschaften usw.). Für die Politik der Fremdenverkehrsunternehmen ist neben der F.-statistik die jährliche *Reiseanalyse* → des Studienkreises für Tourismus von Bedeutung.

Lit.: »Tourismusmanagement«, Berlin/New York, 1983

Fremdenverkehrsamt

Abb. Fremdenverkehrspolitik – Bedingungen – Zielbereiche

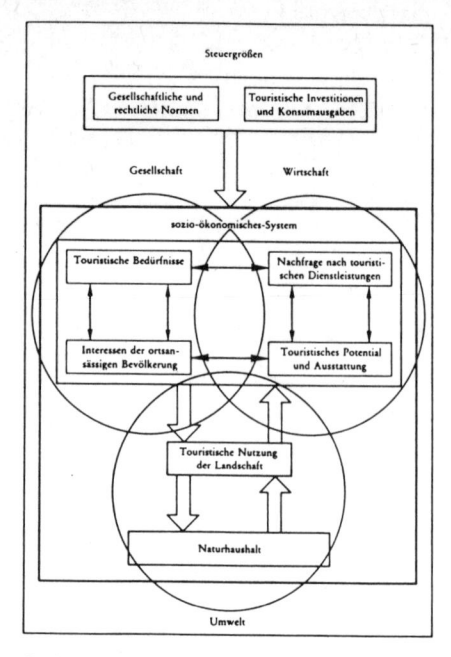

Quelle: C. Kaspar in: »Tourismus Management« (1983)

Abb. Zielsystem der regionalen Fremdenverkehrsplanung

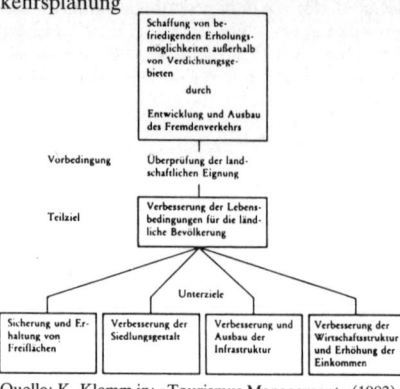

Quelle: K. Klemm in: »Tourismus Management« (1983)

Fremdenverkehrsamt
Fremdenverkehr →

Fremdenverkehrsentwicklung
alle Bemühungen um die Verbesserung des *Fremdenverkehrs →*.
F. bezieht sich sowohl auf die allgemeinen Rahmenbedingungen (z.B. Verbesserung der Möglichkeiten für die Teilnahme breiter Bevölkerungsgruppen am Fremdenverkehr; Verbesserung der gesamtwirtschaftlichen Situation), als auch auf regionale und örtliche Maßnahmen (Sicherung und Erhaltung von Freiflächen; Verbesserung der Siedlungsgestalt, Verbesserung und Ausbau der *Infrastruktur →*, Verbesserung des Serviceangebotes, des Informationswesens, der Gästebetreuung wie z.B. Mitarbeiterschulung, Kursangebote, Veranstaltungsprogramme, *Freizeitberatung →*, Verbesserung der Zusammenarbeit angrenzender Fremdenverkehrsgemeinden). Die F. ist derzeit nicht mehr ausschließlich wirtschaftspolitisch orientiert, wesentliche Bestandteile sind die Erhaltung der kulturellen Eigenarten, der Landschaft und der Natur der Fremdenverkehrsgebiete.

Fremdenverkehrsförderung
Fremdenverkehr →

Fremdenverkehrsgebiet
eine durch *Fremdenverkehr →* geprägte oder für Fremdenverkehr attraktive Landschaft (bzw. der Teil einer Landschaft). Ein F. weist in der Regel eine Konzentration von Fremdenverkehrsorten/-gemeinden, verbunden mit einer solchen von Beherbergungsbetrieben, *Campingplätzen →*, Freizeitwohnmöglichkeiten, *Gastronomie →*-betrieben, Vergnügungsstätten, Kuranlagen, Bädern, *Urlaubs*-sportanlagen, *Wanderwegen →*, Spazierwegen, *Lehrpfaden →*, Grünanlagen, touristischen Verkehrsmitteln (Skilifte, Seilbahnen, Transfertransportmittel) auf.
Zum Teil dominiert die »Ferienarchitektur« so, daß von der ursprünglichen ländlichen oder städtischen Siedlungsform und -gestaltung wenig erhalten ist. Oft wurden auch völlig neue Feriensiedlungen in die *Erholungslandschaft →* gelegt und diese damit erheblich im Charakter verändert.

Fremdenverkehrspolitik
Fremdenverkehr →

Frischluftschneisen
Freiraumplanung →

Frührente
auch Frühpensionierung, Ruhestandsbeginn (weit) vor der allgemeinen Altersruhegrenze. Gründe: Invalidität; Sozialplan bei Betriebsschließung, -verlagerung und -rationalisierung; besondere Lebensarbeitszeitregelung bei Berufssoldaten, Polizisten, körperlich schwer Arbeitenden, z.B. Bergleute, Hüttenwerker.
Vorruhestand →

Frührentner
jemand, der vor dem gesetzlichen Rentenalter im *Ruhestand* → lebt, entweder durch eigenen Entschluß, die Wahrnehmung besonderer gesetzlicher Regelungen (Vorruhestandsgesetz) oder durch gesundheitliche Störungen, Krankheiten, Unfälle etc. gezwungen.

Schmitz-Scherzer/Tokarski

Fußball
zu den *Sportspielen* → gehörendes Spiel, das einerseits eine der wichtigsten *Freizeit-* → und *Breitensport* → -arten, zum anderen die bedeutendste *Zuschauer* → -sportart in der Bundesrepublik Deutschland darstellt. Während F. als Freizeitsport meist in informellen Gruppen (»Theken«-, »Straßen«-Mannschaften) ausgeübt wird, finden im Breiten- und Leistungssportbereich Meisterschaften statt. Der Zuschauersport F. wird im wesentlichen von Berufsspielern getragen. Trotz insgesamt sinkender Zuschauerzahlen bleibt F. an der Spitze der Zuschauersportarten. Neben der Faszination des Kampfspiels hat dafür die Identifikation der Zuschauer mit einer bestimmten Mannschaft, einem Verein, eine wichtige Funktion. Diese Bindung geht bis zur Gründung von *Fan* → -clubs, mit deren Aktivitäten die F.-vereine oft ihre Probleme haben.

Die F.-vereine sind über Landesverbände im Deutschen Fußballbund zusammengeschlossen, einem der größten Sportverbände der Welt.

Fußgänger
trotz der Motorisierung gebliebener Verkehrsteilnehmer mit zunehmender Bedeutung. Entsprechend wurden viele *Innenstadt* → -bereiche und Einkaufszentren mit F.-zonen/-bereichen ausgestattet. Auch die Maßnahmen zur *Verkehrsberuhigung* → und *Wohnumfeldverbesserung* → nehmen besondere Rücksicht auf die Belange der F.

Spaziergang →, *Wandern* →, *Jogging* →

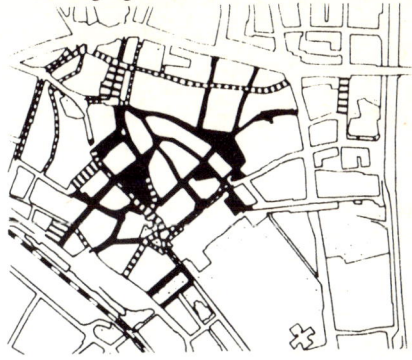

Abb. Fußgängerzone

Fußgängerbereich Bonn 1:20 000

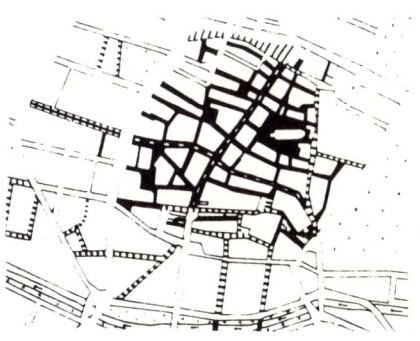

Fußgängerbereich Freiburg 1:20 000

Quelle: R. Monheim »Von der Fußgängerstraße zur Fußgängerstadt« in: ›Fußgängerstadt‹ (1977)

G

Galerie
Museum →

Ganztagsschule
Schule →

Garten
zunächst wohnungsnahes, später auch wohnungsunabhängiges umhegtes Stück Land mit intensiver Bewirtschaftung.
Man unterscheidet Hausgärten, *Kleingärten* →, Dachgärten, öffentliche Gärten (*Park-* → anlagen, Schloßgarten, »Englischer Garten«, »Tiergarten«), Schulgärten, Botanische Gärten, Versuchsgärten, Gärtnereien und Baumschulen.
Je nach Nutzung und Gestaltung spricht man auch von Nutzgarten (Anbau von Obst, Gemüse und Kräutern/»Kräutergarten«), Ziergarten (Rasenflächen, Gehölze, Zierbeete; auch: Rosengarten, Staudengarten, Steingarten), Bauerngarten, »Wohnraum im Freien«, Landschaftsgarten.
Die Gartengestaltung (Gartenplanung) hat große Wandlungen durchgemacht. Neue Entwicklungen werden regelmäßig in *Gartenschauen* → vorgestellt.
Gartenarbeit gehört zu den beliebtesten *Freizeittätigkeiten* →. Jedoch ermöglichen G. auch eine Vielzahl anderer Freizeittätigkeiten je nach Größe und Gestaltung. Damit gehören G. nicht nur zum *Stadtgrün* → (und verbessern das Bioklima der Siedlungen), sondern stellen auch einen Teil der *Freizeitinfrastruktur* → dar. Insbesondere sind Haus- und Kleingärten ein die öffentlichen Finanzen gering belastendes Angebot.
Der G.-bau hat auch besondere Berufe hervorgebracht, Gärtner (Gartenbaugehilfen, Gärtnermeister), Gartenbauingenieure, Landschaftsarchitekten. Wichtige berufsständische Vereinigungen sind der Bund Deutscher Landschaftsarchitekten und der Bundesverband Garten-, Landschafts- und Sportplatzbau. Mit Fragen der Gartengestaltung befassen sich besonders die Deutsche Gesellschaft für Gartenkunst und Landschaftspflege und die Deutsche Gartenbaugesellschaft.

Gartenamt
auch Gartenbauamt, Garten- und Friedhofsamt, Grünflächenamt; Dienststelle kommunaler Verwaltungen zur Planung, Ausführung und Erhaltung öffentlicher Grünflächen (*Freiraum* →) und Grünanlagen; in Großstädten auch unterteilt (z.B. Grünflächenplanung und -bau, Grünflächenpflege, Forstverwaltung).

G. tragen für die Planung und Bereitstellung von Freiflächen für die Freizeitnutzung, also einen wichtigen Teil der *Freizeitinfrastruktur* → die Verantwortung.
Auf Bundesebene sind die G.-sleiter in der ständigen Konferenz der Gartenbauamtsleiter zusammengeschlossen, die sich an den Deutschen Städtetag anlehnt.

Gartenpark
Betriebsform der *Erlebnisparks* →. In beispielhaften und großflächigen Anlagen werden vor allem Blumenbeete, botanische Seltenheiten, ein Aboretum und verschiedene Formen der Gartengestaltung gezeigt. Auch Figuren aus Pflanzen, Lauben etc. sind Gestaltungselemente (*Park* →).
Dabei wird zwischen Gartenparks auf Zeit (Landes- und Bundesgartenschauen, internationale *Gartenausstellung/Gartenschau* →) und Dauer-Gartenparks unterschieden. Gartenparks können auch mit Spezialzoos (z.B. Vogelpark; *Tierschauanlagen* →) kombiniert sein. Die bekanntesten privatwirtschaftlich betriebenen Gartenparks in der Bundesrepublik sind die Insel Mainau, der Vogelpark Walsrode und der Churpfalzpark Loifling.
Den Gartenparks zuzurechnen sind auch die aufwendig gestalteten Anlagen in historischen Schloßgärten, die nur gegen Eintrittsgebühr zu betreten sind. Nicht zu den Gartenparks gehören dagegen *Kurparks* →, die nur Kurkarteninhabern kostenfrei zugänglich gemacht werden, um durch die Preisbarriere den »Kurcharakter« dieser Anlage zu erhalten.

Scherrieb

Gartenschau
Demonstrationsmaßnahme des Gartenbaus und der Gartenplanung (*Garten* →).
G. finden als internationale (Internationale Gartenbau-Ausstellung/IGA), nationale (Bundesg.) und regionale (Landesg.) Veranstaltungen an wechselnden Orten als Gemeinschaftsunternehmung (meist über eine GmbH) der ausstellenden Stadt, der berufsständischen Verbände, von Planern, Ausführungsfirmen, Ausstellern und Veranstaltern mit Förderung des Bundes und/bzw. des jeweiligen Bundeslandes statt. G. sind zunächst gärtnerische Leistungsschauen mit wirtschaftlicher Zielsetzung (Werbung), haben aber auch den Charkter des Freizeitangebotes (Blumenschau, Feste, Veranstaltungen, gastronomische Angebote, Spielanlagen und -möglichkeiten, Ausstellungsbahn). Die G.anlagen werden als Daueranlagen auch nach der eigentlichen Veranstal-

tung weitgehend als *Freizeitanlage* → weitergenutzt. Deshalb stellen G. gleichzeitig auch eine *Freizeitinfrastruktur* → maßnahme und einen Beitrag zur *Freiraumplanung* → dar.

Gastgewerbe
die Gesamtheit der *Gaststätten* → -betriebe und der Beherbergungsbetriebe (*Beherbergungsgewerbe* →, *Gastronomie* →). Das G. umfaßt ca. 205 000 Betriebe, davon 160 000 Gaststättenbetriebe, 45 000 Beherbergungsbetriebe und erwirtschaftet ca. 49 360 Mio DM Umsatz (o. MWSt) (das sind ca. 4% des bundesdeutschen Volkseinkommens; *Tab.* →) mit ca. 200 Mio Übernachtungen jährlich, ca. 166 Mio ausgegebenen warmen Essen pro Monat in Gaststätten- und Beherbergungsbetrieben sowie ca. 100 Mio Essen pro Monat in der Gemeinschaftsverpflegung.

Lit.: Betriebsberatung Gastgewerbe GmbH »Angebots- und Nachfrageveränderungen im Gastgewerbe«, Düsseldorf 1984

Gastronomie
Sammelbegriff für die Gesamtheit der *Gaststätten* → betriebe sowie deren Angebot; Teil des *Gastgewerbes* →. Die G. hat eine traditionell starke Bedeutung für die *Freizeitgestaltung* → und stellt einen wichtigen Bestandteil von Freizeiteinrichtungen, der *Fremdenverkehrs* → -infrastruktur, sowie von *Veranstaltungen* → aller Art dar (*Eßkultur* →).

Man unterscheidet neuerdings zwei Formen der G.: a) Versorgungsg.; gastronomische Betriebe, deren Leistungen hauptsächlich auf die Versorgung der Gäste mit Speisen und Getränken ausgerichtet sind. b) Erlebnisg.; bietet über die reine gastronomische Versorgung hinaus *Unterhaltung* →, Atmosphäre und Ambiente.
Neben der traditionellen G. haben sich neue Formen gebildet: die Ketten- und Systemg., zu der auch der *Fast-Food* → -Bereich gehört. Es sind außerdem die Gaststätten der Kaufhäuser, der großen Verkehrsgesellschaften (Lufthansa, Bahn), Filialbetriebe mit gleichartigem Angebot sowie *Franchising* → -unternehmen (z.B.: Wienerwald, Steakhäuser, Mövenpick, MacDonald.
Gastronomische Betriebe unterliegen zahlreichen einschränkenden Bedingungen: z.B. ungünstige und unregelmäßige Arbeitszeiten; Abhängigkeit von »Stoßzeiten«, Saison, Wochenende, Abend, Mittag, Veranstaltungen, Wetter, (Ausflugsgastronomie), wechselnde Wünsche der Gäste, Hygienenotwendigkeit, Jugendschutzbestimmungen. Andererseits gibt es so große Unterschiede zwischen den Betrieben der G., daß Regeln kaum aufgestellt werden können. Jedoch können Rangreihen für verschiedene Restauranttypen gebildet werden (*Tab. S. 134*).
Wichtig ist die Umgebung, in die G. eingebettet ist: Wohnbereich → (*Kneipe* →, »Stammlokal«, Dorfgasthof, Quartierg.), In-

Abb. Umsatzentwicklung der gastgewerblichen Betriebsarten

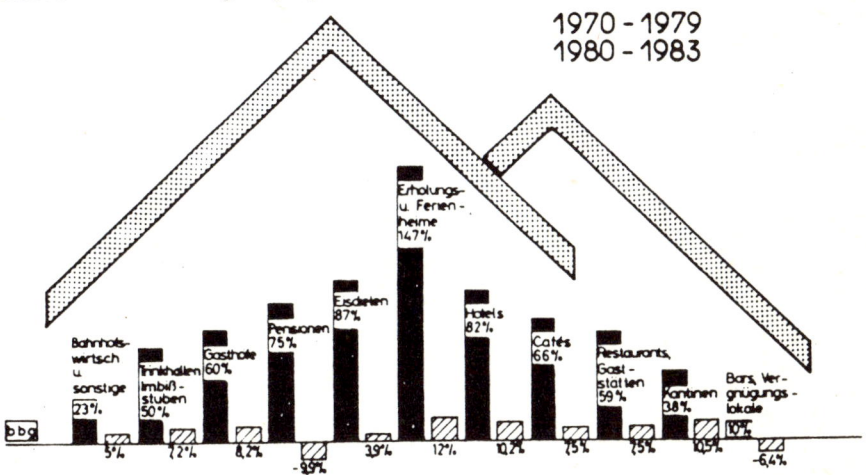

1970 - 1979
1980 - 1983

Erholungs- u. Ferienheime 147%
Eisdielen 87%
Pensionen 75%
Gasthöfe 60%
Hotels 82%
Cafés 66%
Restaurants, Gaststätten 59%
Kantinen 38%
Bahnhofswirtsch. u. sonstige 23%
Trinkhallen, Imbißstuben 50%
Bars, Vergnügungslokale 10%

5% 12% 8.2% 39% 12% 10.2% 7.5% 7.5% 10.5% -6.4%
        -9.9%

Umsatzanstieg der einzelnen Betriebsarten
■ 1970 - 79 Quelle: Statistisches Bundesamt Wiesbaden, Statistisches Jahrbuch 1981
▨ 1980 - 83 Quelle: Statistisches Bundesamt Wiesbaden, Fachserie 6, Reihe 4.1
              Beschäftigte und Umsatz im Gastgewerbe

Quelle: Betriebsberatung Gastgewerbe GmbH (1984)

Gastronomie

nenstadt (Selbstbedienungs- bis Feinschmeckerlokale), Vergnügungsviertel (Tanzcafe, Bar, *Diskothek* →, aber auch Stehbierhalle bis Feinschmeckerlokal), Bahnhof, Bildungs- und Arbeitsstätten (Mensa, Kantine), in *Freizeiteinrichtungen* → (z.B. *Bürgerhaus* →, *Freizeitpark* →, Bowlingcenter, Tennis-, Reit-, Eislaufhalle, *Bad* →, *Freizeitbad* →, *Theater* →, *Konzert* → -halle, *Museum* →), in Einkaufszentren (meist verschiedene Arten von G.) und Kaufhäusern, an Ausflugs-, Naherholungs- und Fremdenverkehrsorten (alle Typen von G.). Für Veranstaltungen jeder Art wird gastronomische Versorgung erwartet, zeitweilige G. versorgen *Volksfeste* → (Zeltg., Stehbierhallen, Stände, Biergärten → u.ä.). Das *Vereins* → -wesen wäre ohne G. mit ihren Gesellschaftsräumen und Sälen nicht vorstellbar. Allerdings haben G. in den letzten Jahren eine »stille Konkurrenz« erhalten. Auf vielen *Festen* → und Feiern von *Bürgerinitiativen* → und Vereinen werden Speisen und Getränke verkauft, um damit einen Teil der Kosten für die Veranstaltung zu verdienen (»schwarze G.«); dagegen wehren sich die Gastwirte, die unter strengeren Auflagen arbeitend in diesem Angebot einen unlauteren Wettbewerb sehen.
Für die Zukunft wird eine Polarisierung von Niedrigpreissektor (schnell-preiswert-problemlos) zu Hochpreissektor (Luxus, Snob-Effekt, Statussymbole) erwartet. Gute Chancen werden neuen Formen (*Pub* →, *Bistro* →, Nostalgieladen, *Kleinkunstkneipe* →) zugesprochen, während die traditionellen Formen Einbrüche erleben werden. Steigerungsraten werden vor allem der System- und Ketteng. (Fast-Food) zugesprochen. Neue (Klein-)Formen im Café- und Eisdielenbereich entstehen (*Stehcafé* →, *Saftläden* →, *Milchbars* →).
Um ein hohes Qualitätsniveau in allen Bereichen der G. und um berufsständische Fragen bemüht sich mit seinen Landesverbänden und Fachgruppen der Deutsche Hotel- und Gaststättenverband (DEHOGA).

Lit.: Betriebsberatung Gastgewerbe GmbH »Angebots- und Nachfrageänderungen im Gastgewerbe«, Düsseldorf 1984

Tab.: Beliebtheit und Häufigkeit des Besuchs von Gaststätten

Rangreihe nach Beliebtheit

1. Ausländisches Restaurant	79%
2. Pizzeria	76%
3. Steakhaus	64%
4. Feine Speiserestaurants	62%
5. Normale Gaststätten	56%
6. Kneipe	40%
7. Schnellimbiß	27%
8. Hamburger Restaurant	22%
9. Hühnerbraterei	22%
10. Selbstbedienungsrestaurant	18%

Lesebeispiel: „Sehr gern" bzw. „gern" gehen 79% in ein ausländisches Restaurant

Rangreihe nach Häufigkeit

1. Pizzeria	55%
2. Ausländisches Restaurant (griechisch, jugoslawisch, chinesisch usw.)	47%
3. Schnellimbiß (z.B. Würstchenstand)	45%
4. Normale bürgerliche Gaststätte	36%
5. Kneipe um die Ecke	33%
6. Hamburger Restaurant (z.B. Mc Donald's, Burger King, Wendy)	29%
7. Steakhaus	24%
8. Selbstbedienungsrestaurant (z.B. Nordsee)	24%
9. Feines Speiserestaurant (z. B. französische oder italienische Küche)	17%
10. Hühnerbraterei (z.B. Wienerwald)	17%

Lesebeispiel: Mindestens einmal im Monat besuchen 55% der Befragten eine Pizzeria

Quelle: AWA, 82

Abb. Ausflugsgaststätte

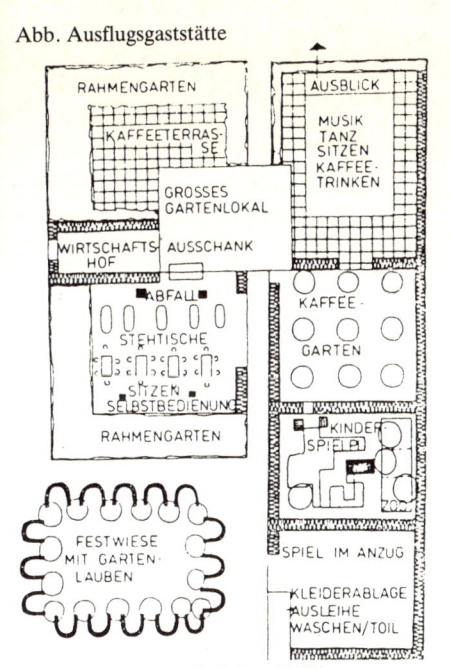

[Diagramm mit Bereichen: RAHMENGARTEN, AUSBLICK, KAFFEETERRASSE, MUSIK TANZ SITZEN KAFFEE TRINKEN, GROSSES GARTENLOKAL, WIRTSCHAFTSHOF, AUSSCHANK, ABFALL, STEHTISCHE SITZEN SELBSTBEDIENUNG, KAFFEE GARTEN, KINDERSPIEL, RAHMENGARTEN, FESTWIESE MIT GARTENLAUBEN, SPIEL IM ANZUG, KLEIDERABLAGE AUSLEIHE WASCHEN/TOIL]

Quelle: Schiller-Bütow »Freizeit und Erholung«

Gastspiel
Vorstellung eines Bühnenkünstlers oder -ensembles in einer fremden Aufführungsstätte; auch Station einer Tournee (G.-reise) von Schauspielern, Sängern, *Entertainern* →, *Bands* →, *Orchestern* → u.a. Ohne G. würden kleinere Orte und Städte kaum ein *Kultur* → und *Unterhaltungs* → -programm anbieten können, da sie keine eigenen Ensembles und Orchester finanzieren können. G. ermöglichen aber auch die Durchführung von Veranstaltungen, für die nur eine bestimmte Besuchergruppe erwartet werden kann bzw. deren Ausstattung nur durch eine Tournee zu finanzieren ist. Wesentlichen Anteil am Zustandekommen von G. haben *Agenturen* →, *Künstler* →.

Gebietsentwicklungsplan
Bestimmung der Ziele von *Raumordnung* → und Landesplanung für die Entwicklung einer politisch bestimmten Region sowie aller raumbedeutsamen Planungen in dieser Region. Soweit G. aufgestellt werden, enthalten diese auch die freizeitrelevanten Planungsvorstellungen. *Entwicklungsplanung* →.

Geldspielgeräte
elektronisch gesteuerte *Spielgeräte* → (*Spielcomputer* →) mit Gewinnmöglichkeit.

Der Einsatz ist durch staatliche Verordnung auf 0,30 DM je Spiel begrenzt.
Die Aufstellung erfolgt durch Unternehmer (Automatenaufsteller) in Gaststätten.
G. werden auch in *Spielhallen* → installiert; in der Beliebtheit bei den Besuchern rangieren sie an dritter Stelle hinter *Videospielen* → und *Billard* →.
Das Angebot von G. unterliegt strengen *Jugendschutz* → -bestimmungen (Verbot der Nutzung durch Jugendliche unter 18 Jahren).

GEMA
Gesellschaft für musikalische Aufführungs- und mechanische Vervielfältigungsrechte. Vereinigung von Komponisten, Textdichtern und Musikverlagen, um ihre aus dem Urheberrecht erwachsenden wirtschaftlichen Rechte zu schützen. Die G. vermittelt Aufführungs-, Vorführungs-, Sende- und Vervielfältigungsrechte; sie vertritt auch die meisten ausländischen Verwertungsgesellschaften und damit fast das ganze Weltmusikrepertoire. Für *Veranstaltungen* → muß die vorherige Genehmigung der G. eingeholt werden (mit Programm). Die Vervielfältigung für den privaten Gebrauch wird pauschal beim Kauf von Geräten und Ton-/Bildträgern abgegolten (Zentralstelle für private Überspielungsrechte ZPÜ, in der G.-geschäftsstelle). Einige Spitzenverbände des Freizeitbereichs haben bezüglich der Gebühren und Modalitäten Sonderverträge abgeschlossen.
Urheberrecht →

Gemeinbedarf
Freizeitinfrastruktur →

Gemeinde
1. Gebietskörperschaft aufgrund von Verfassungsrecht mit gewählter Vertretung und Handlungskompetenz in eigener sachlicher und finanzieller Verantwortung (Selbstverwaltung) zur Regelung aller Angelegenheiten der örtlichen Gemeinschaft (»Allzuständigkeit«). Durch Landesgesetz wurden nicht nur voneinander abweichende G.-ordnungen festgelegt, sondern den G. auch bestimmte Aufgaben zugewiesen (Pflichtaufgaben); ebenso erfüllen die G. Aufgaben aus Bundesgesetzen (z.B. Jugendhilfe, Sozialhilfe) und Landesgesetzen (Auftragsangelegenheiten).
Zu den freiwilligen Selbstverwaltungsaufgaben der G. gehören u.a. die Errichtung und der Betrieb von Freizeit-, Kultur- und Sporteinrichtungen. Jedoch wurden durch Bundes- und Landesgesetz die Freizeit berührenden Aufgaben z.T. auch zu Pflichtaufgaben (Teile der Kulturpflege, der *Erwachsenenbildung* →, *Jugendpflege* →), andere Bereiche erreichten

DGF-Freizeit-Lexikon 135

Abb. Kommunale Selbstverwaltung

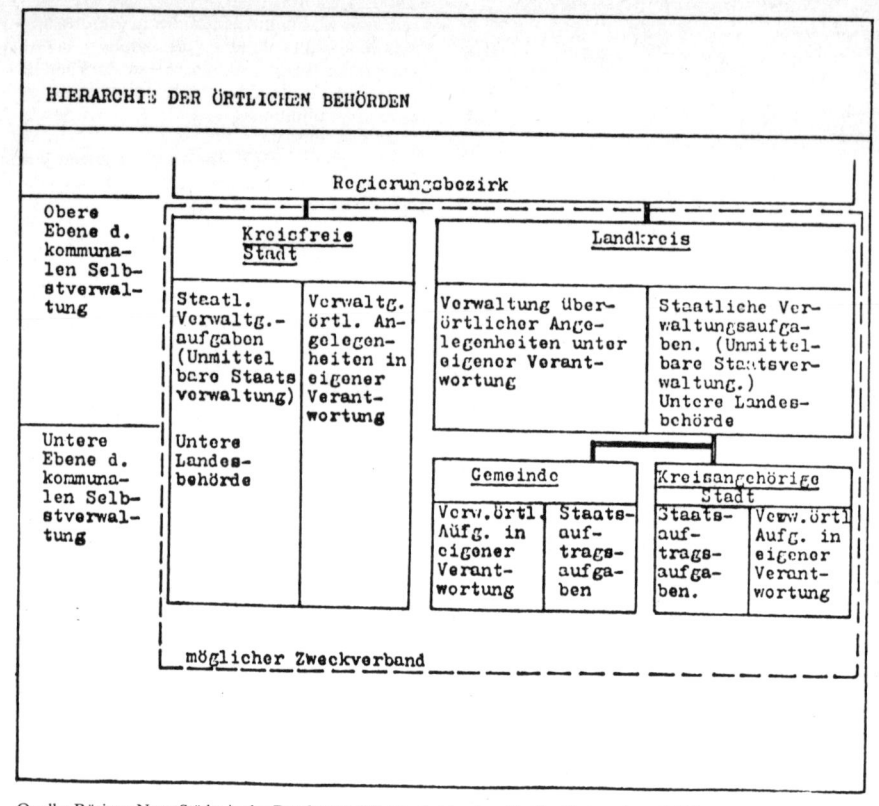

```
HIERARCHIE DER ÖRTLICHEN BEHÖRDEN

                        Regierungsbezirk
Obere
Ebene d.       Kreisfreie              Landkreis
kommuna-       Stadt
len Selb-
stverwal-   Staatl.     Verwaltg.   Verwaltung über-   Staatliche Ver-
tung        Verwaltg.-  örtl. An-   örtlicher Ange-    waltungsaufga-
            aufgaben    gelegen-    legenheiten unter  ben. (Unmittel-
            (Unmittel   heiten in   eigener Verant-    bare Staatsver-
            bare Staats eigener     wortung            waltung.)
            verwaltung) Verant-                        Untere Landes-
                        wortung                        behörde
Untere      Untere
Ebene d.    Landes-
kommuna-    behörde
len Selb-                           Gemeinde          Kreisangehörige
stverwal-                                             Stadt
tung                                Verw.örtl Staats- Staats- Verw.örtl
                                    Aufg. in  auf-    auf-    Aufg. in
                                    eigener   trags-  trags-  eigener
                                    Verant-   aufga-  aufga-  Verant-
                                    wortung   ben     ben.    wortung

        möglicher Zweckverband
```

Quelle: Rösing »Neue Städte in der Bundesrepublik Deutschland und in Großbritannien« (1974)

aufgrund jahrelanger Übung einen ähnlichen Rang (Sportförderung). Pflichtaufgaben werden in der Regel über finanzielle Regelungen neu gebildet (»Goldener Zügel«), was Gegenstand kommunalpolitischer Beobachtung und Vorsicht geworden ist.
Die Aufstellung von *Bauleitplänen* → ist Pflichtaufgabe der G. Insoweit wird zumindest die Ausweisung von Flächen für die Freizeitnutzung Teil der gemeindlichen Pflichtaufgaben und einer planmäßigen Verfolgung (*Freizeitpolitik* →).
2. Kirchengemeinde (*Kirche* →).

Gemeindezentrum
1. Mittelpunkt einer Gemeinde. Das G. ist oft Sitz von *Freizeiteinrichtungen* → sowie Einkaufsmöglichkeiten (*Einzelhandel* →, *Freizeitinfrastruktur* →) sowie von *Freizeitinformationsdiensten* →. Für die gesamte Gemeinde ist

das G. auch Darstellung der besonderen Eigenart und spielt eine gewisse Rolle bei der Gewinnung lokaler *Identität* →.
2. Mehrzweck- und mehrfach nutzbare *Begegnungsstätte* → einer Kirchengemeinde (*Kirche* →). G. dienen u.a. auch der *Freizeitgestaltung* → der G.-mitglieder und anderer Interessenten, sowie als Platz für *Freizeitangebote* → der Kirchengemeinde.

Gemeinnütziger Verein
Verein →

Gemeinnützigkeit
Verfolgung allgemeiner (öffentlicher), sozialer und kultureller Belange unter Vernachlässigung erwerbswirtschaftlicher und eigennütziger Ziele bei einer (wirtschaftlichen) Tätigkeit mit dem Ziel, die Allgemeinheit auf materiellem, geistigem und sittlichem Gebiet selbstlos zu fördern. Für die gemeinnützig ausgeübte

Tätigkeit sowie für *Spenden* → zur Förderung derselben werden Steuerbegünstigungen eingeräumt. Für die Körperschaft sind das: Befreiung von der Körperschaftsteuer, der Gewerbesteuer, der Vermögenssteuer sowie die Ermäßigung des Umsatzsteuersatzes; für den Spender die Möglichkeit des Absetzens von der Lohn- bzw. Einkommensteuer.

Gemeinschaftshaus
Bürgerhaus →

Gemeinschaftsräume
Räume, die den Mitgliedern einer Wohngemeinschaft, den Bewohnern eines Wohnheims oder den Mietern einer Wohnanlage zur gemeinsamen Nutzung oder einzelnen zu bestimmtem Gebrauch zur Verfügung stehen. G. dienen überwiegend der *Freizeitgestaltung* → und stellen eine Ergänzung der – meist kleinen oder für bestimmte *Freizeittätigkeiten* → zu kleinen – Wohnräume dar.

Abb. Gemeinschaftsraum

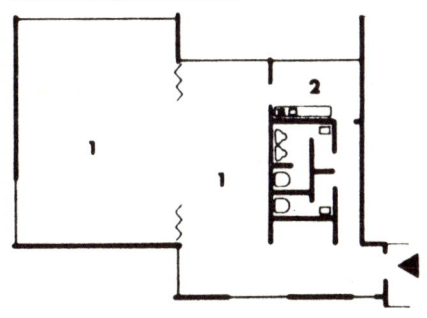

»Ideal«-Hochhaus in Berlin-Buckow-Rudow.
1 Gemeinschaftsraum 84 m²
2 Küche 9 m²

Gemeinwesenarbeit
Ziel- und Methodensystem zur Verbesserung der Strukturen innerhalb der Bevölkerung eines bestimmten Gebietes bzw. innerhalb einer bestimmten Gruppe oder Gemeinschaft.
G. ist außerordentlich abhängig von den politischen Intentionen bzw. vom Auftrag der meist berufsmäßig G. betreibenden Fachleute. Eine Analyse der verschiedenen Konzepte zeigt vier verschiedene Grundtypen von G., die oft unreflektiert miteinander vermischt werden, was vielfach zum Scheitern bzw. zur Unterdrükkung von G. führt: a) Sozialkulturelle Aufbauarbeit zur Förderung des Zusammenlebens durch Stärkung des Bewußtseins für Selbsttätigkeit, indem die vorhandenen Kräfte mobilisiert werden. Der Gemeinwesenarbeiter ist Katalysator in einem Prozeß des gemeinsamen Problematisierens, der Planung und Ausführung von Maßnahmen durch die Beteiligten, freiwillige Mitarbeiter, Vertrauenspersonen (*Agogische Arbeit* →). b) Soziale und kulturelle Planung als Schaffung von Grundlagen für das Zusammenleben, Form von Infrastruktur und organisatorische Strukturen, indem die vorhandenen Hilfsquellen mobilisiert werden. Der Gemeinwesenarbeiter ist in diesem Fall Experte in einem Prozeß der Analyse, Planung und Durchführung mit Betroffenen, Schlüsselpersonen, Fachleuten der Praxis, Vereinigungen, Organisationen und Behörden. c) Soziale und kulturelle Reform zur Beseitigung von Unrecht und von Behinderungen im Zusammenleben durch fest umgrenzte gesellschaftliche Neuordnung, indem durch Konfrontation mit den Mißständen die relevanten inneren und äußeren Kräfte zur Veränderung mobilisiert werden. Der Gemeinwesenarbeiter ist tätig als politisch Handelnder, der die Reform durch Analyse, Aufklärungskampagnen, Aktivieren von *Pressure Groups* →, deren Beratung und Ausübung von Druck auf zuständige Politiker und Behörden vorantreibt. d) Sozialpolitische und kulturpolitische Aktion zur Behebung eines als undemokratisch empfundenen Zustandes durch allgemeine oder sehr weitgehende gesellschaftliche Neuordnung, indem alle relevanten Kräfte mobilisiert werden. Der Gemeinwesenarbeiter ist in diesem Fall politischer Agitator, der durch Gesellschaftskritik, Propaganda, Mobilisierung politischer Aktionsgruppen, deren Beratung und durch Agitation und revolutionäre Aktionen seine Ziele zu erreichen sucht.
Die im Freizeitbereich diskutierten und angewandten Methoden der *Animation* → *freizeitkulturellen Animation* →, *sozialkulturellen Arbeit* →, *soziokulturellen Arbeit* → dürften allenfalls der »sozialkulturellen Aufbauarbeit« zuzurechnen sein. Allen Formen der G. ist gemein die Problemlösung mittels demokratischer Beteiligungsformen (*Partizipation* →) verbunden mit dem Lernen öffentlicher Interessenwahrnehmung und mit gesellschaftlichen Aktionen. Die Aufgabe von Gemeinwesenarbeitern ist die Hilfe zum Handeln. Insoweit besteht zwischen den Arbeitsweisen des öffentlichen Freizeitwesens und der G. eine enge Verwandtschaft.

Gerontologie
Wissenschaft vom *Alter* →. Sie umfaßt als Globalbegriff alle Ansätze einzelner Wissenschaften zur Erforschung des Alterns, z.B. der Biologie, der Medizin, der Psychologie, der Soziologie, der Pädagogik etc. Einzelne Wissenschaften, die in der Erforschung des Alterns

Gerontologie

engagiert sind, bezeichnen dies auch jeweils durch spezifische Nennung, z.B. Gerontopsychiatrie, Gerontagogik, Psychogerontologie. Generell wird innerhalb der Gerontologie unterschieden zwischen Geriatrie (die Lehre von den sog. Alterskrankheiten) und sozialer Gerontologie (die alle anderen Fächer noch ohne kategoriale Ordnung und grundlegende Theorie zusammenfaßt).

Lit.: Lehr »Psychologie des Alterns«. Quelle und Meyer, UTB, 5. Aufl., Heidelberg 1984

Schmitz-Scherzer/Tokarski

Gerontologie, soziale

Teil der *Gerontologie* →. Sie beschreibt und analysiert die sozialen Veränderungen im Rahmen des allgemeinen Alternsprozesses (im weitesten Sinne). Dabei sieht sie den Alternsprozeß als Ergebnis einer Interaktion zwischen dem Individuum und seiner (auch sozialen) Umwelt und umgekehrt. Damit leugnet sie die alleinige Möglichkeit einer Sichtweise des Alterns als endogenem Prozeß und betrachtet zusätzlich auch die exogenen Momente, die individuelles Altern mitbeeinflussen, also die soziale Situation, die ökonomischen Momente, Bildung, Ausbildung, Beruf, Familienstand, Wohnsituation, Anregungsgehalt der Umwelt etc.

Schmitz-Scherzer/Tokarski

Gesangverein
Laienmusik →

Geschicklichkeitsspiel
auf den körperlichen und geistigen Fähigkeiten der Spielteilnehmer beruhendes Spiel. Es erfordert körperliche und/oder geistige Beweglichkeit.
G. können ohne Hilfsmittel auskommen, sich aber der vielfältigen Hilfsmittel bedienen. Danach sind Ball- und andere sportliche Spiele, das Rätsellösen, das *Schach* →, ebenso *Computerspiele* →, *Flippern* →, *Videospiele* →, Dosenwerfen, Blumenschießen, Nagelspiele, das Schaukeln und v.a.m. zu den G. zu rechnen.
Spiel →, *Spielgeräte* →

Geselligkeit
Oberbegriff für zahlreiche Formen des kommunikativen Umgangs von Menschen untereinander, der Begegnung, der Kontaktpflege und Unterhaltung; zum Beispiel: Besuche machen und empfangen, Familienfeiern, Parties, Tanzveranstaltungen, *Feste* →, Gesellschaftsabend, Vereinsabend, Stammtisch, Ausstellungseröffnungen, Gruppenstunde, *Club* →.
G. beschreibt als Teilaspekt die »Freizeitorientierung« vieler Tätigkeiten wie *(Freizeit)Sport* →, (freizeitkulturelle Tätigkeiten) und ist wesentlicher Faktor für *Freizeittätigkeiten* → (*Urlaub* →, *Hobby* →, Vereinstätigkeit, auch *Amateurmusik* →, *Theater* →, *Camping* →, *Freikörperkultur* →, Badbesuch, Saunieren usw.)

Gesellschaftstanz
Tanz →

Gestalttherapie
eine besondere Form der Psychotherapie nach Fritz Perls (1974). Unter Verwendung von Elementen der Psychoanalyse und des Existentialismus versucht der Therapeut, dem Patienten bzw. Klienten durch gezielte Verstärkungen der sinnlichen Wahrnehmungen und des Körpergefühls ein körperlich-seelisches Ganzheitserleben zu vermitteln. Ziel ist u.a. der Abbau innerer Spannungen und die Stärkung des Selbstwertes. Vor dem Hintergrund wachsender zeitlicher Freiräume steigt gegenwärtig die Zahl der Personen, die beispielsweise aufgrund fehlender individueller Möglichkeiten einer sinnfüllenden *Freizeitgestaltung* → unter psychischen Belastungen leiden und sich Hilfe durch eine psychotherapeutische Behandlung z.B. i.S. der G. erhoffen. *Freizeittherapie* →

Schmale

Gestaltungstherapie
(nicht zu verwechseln mit *Gestalttherapie* →) eine spielerische Art, psychotherapeutische Ansätze durch das Arbeiten mit Materialien (meist Ton oder Farbe) nicht nur verbal zu verwirklichen.
Einerseits benutzt die G. freizeitorientierte, lustbetonte Medien, die das Tun als Spiel erscheinen lassen und Regressionen, d.h. die therapeutisch erwünschte Rückkehr zu frühkindlichen Formen des Erlebens ermöglichen. Andererseits ist genau dies der Zustand des Menschen, in dem sich die Zensur des Verstandes lockert, gesellschaftliche Konventionen an Bedeutung verlieren und auf diese Weise sich Phantasie entfaltet, Unterdrücktes spielerisch sich gestalten kann.
Das Freizeiterlebnis »Malen und Modellieren« wird also zur Bewußtmachung unbewußter Konflikte genutzt.
Fußend auf Freud, Jung und Jacobi haben alle Therapieschulen ebenfalls Interventionskonzepte für die Arbeit mit Freizeitmedien entwickelt.
In der psychosomatischen Medizin wird Krankheit als Ausdruck dessen verstanden, was der Mensch nicht anders als durch Krankheit ausdrücken kann.
Die Annahme der Gestaltungstherapie heißt: Wenn der Patient in spielerischem Umgang seinem »Selbst« Ausdruck verleihen kann,

Gesundheit

sein »Selbst« verstehen kann, dann wird er gesunden. Ob die Deutung des Geschehens in ihm bewußt wird, oder ob er Deutungen von außen bekommt, ist dabei unerheblich. Wesentliches Element ist aber immer, daß der Patient die Gestaltungstherapie als *Freizeit* → empfindet. Vor allem aus diesem Grund greifen heute psychosomatische Kliniken auf freizeitorientierte Therapieformen zurück, denn die Patienten sind dann eher motiviert, der Widerstand ist geringer.
Die erste spielerische Therapieform war das von Moreno entwickelte Psychodrama, das Psychoanalyse, Gruppendynamik und Theaterspielen miteinander verbindet.
Freizeittherapie →, *Freizeittätigkeiten* →

Lit.: Jung, »Mandala Bilder aus dem Unbewußten«, Freiburg 1979
Jacobi, »Vom Bilderreich der Seele«, Freiburg 1981
Staguhn, »Expressives Malen«, Weinheim 1968
Adamson, »Art as Healing«, York Beach, Nicolas Hays 1984
Rhyne, »The Gestalt art experience«, Brooks/Cole Monterey 1973

Freund

Gesundheit

nicht nur die Abwesenheit von Krankheit, sondern Zustand vollständigen körperlichen, psychischen und sozialen Wohlbefindens (Weltgesundheitsorganisation, WHO). Diese Definition ist vor allem von Medizinern als Maximalutopie kritisiert worden.
Freizeit- und G.-pädagogik benötigen ebenso wie die Politik positive Leitbilder, also Konzepte, an denen Interventionen orientiert werden können. Als Zielformulierung ist die WHO-Definition durchaus brauchbar. Die weite Fassung wird zudem der Tatsache gerecht, daß G.-störungen in ihrer Kausalität immer komplexer werden. Eine engere Fassung ist (Affemann): G. ist die Fähigkeit, trotz eines gewissen Maßes an Mängeln, Störungen und Schäden leben, arbeiten, genießen und zufrieden sein zu können. Andere Definitionen haben den Begriff G. mehr am Ausmaß der Funktionsfähigkeit in einer gegebenen Rolle definiert. Danach kann der gleiche Zustand für einen Arbeitenden als Krankheit definiert werden, der für einen Rentner G. ist. Dies würde aber auch bedeuten, daß die gleiche Person für die Arbeitszeit krank, für die *Freizeit* → aber gesund ist, weil er in der Freizeit sich auf seine Krankheit hinreichend einstellen kann.
Freizeit ist frei disponierbare Zeit, in der unmittelbare Kontrolle über das eigene Leben erreicht werden kann, soweit nicht die Sachzwänge der Arbeitszeit internalisiert wurden. Wer durch angemessene Bewältigungsstrategien in der Freizeit das Gefühl von Kontrolle

Abb: Aus: Kursbuch Deutschland 85/86

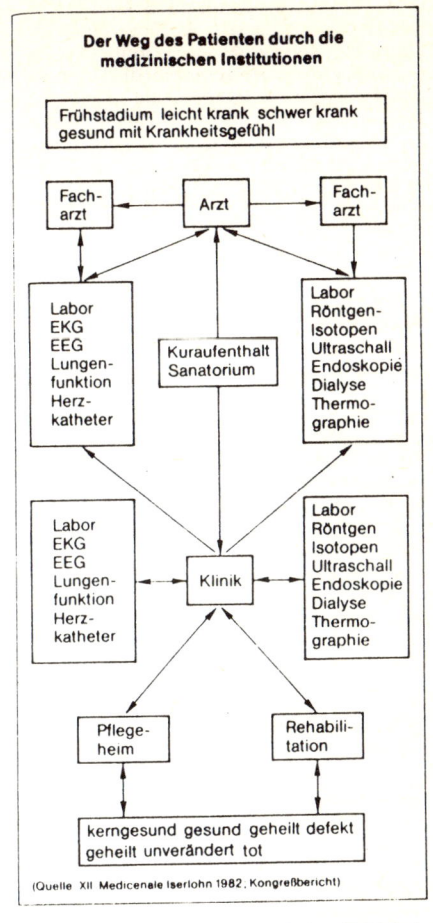

Der Weg des Patienten durch die medizinischen Institutionen

(Quelle XII Medicenale Iserlohn 1982, Kongreßbericht)

über das eigene Leben hat und diese Fähigkeit tendenziell auch noch in die Arbeitszeit übertragen kann, lebt gesünder, schüttet weniger Streßhormone aus und hat ein besser funktionierendes Immunsystem (*Streß* →). Daneben haben viele *Freizeittätigkeiten* → auch einen unmittelbaren Gesundheitswert, z.B. Ausdauersportarten, die die koronare Gesundheit erhalten (Hollmann; *Freizeitsport* →). Andererseits darf nicht übersehen werden, daß auch G.-risiken im Freizeitverhalten (*Freizeitrisiken* →) liegen. Freizeitkulturelle Gebräuche enthalten eine Fülle von gesundheitsschädigenden Gewohnheiten und Leitbildern. Trotzdem muß Freizeiterleben als Ausgleich für Arbeitsbelastung angesehen werden, die vom Individuum meist als absolute Gegebenheit hingenommen wird. Schließlich muß auch für die *Freizeitpädagogik* → die WOH-Definition mo-

DGF-Freizeit-Lexikon 139

difiziert werden. Alle versorgungsstaatlichen Absicherungen können nichts daran ändern, daß Alter und Krankheit neue freizeitpädagogische Selbstregulationen erfordern: Dem Wohlbefinden in der vermehrten Freizeit muß dann eine gewisse Duldungs- und Leidensfähigkeit gegenüberstehen, die auch in Krankheit und Tod noch Sinn zu entdecken in der Lage ist. G. können wir dann auch als Akzeptanz des Unabänderlichen definieren.

So ist körperliches, psychisches und soziales Wohlbefinden (WHO) ein individueller Zustand, der dynamisch die Biographie des Menschen begleitet und dessen Grenzen weitgehend von seinem Freizeitverhalten bestimmt sind.

Freizeittherapie →, *Kur* →

Freund

Gesundheitserziehung

auch Gesundheitsberatung; die institutionalisierte Modifikation menschlichen Verhaltens mit dem Ziel, gesundheitliche Aspekte im *Lebensstil* → stärker zu berücksichtigen, wobei dem Freizeitstil eine entscheidende Bedeutung zukommt. Nach einer Definition der Bundesvereinigung für Gesundheitserziehung: Beeinflussung und Lenkung von Einstellungen und Verhaltensweisen zu einer gesundheitsbewußten Lebensführung. Im Gegensatz zu einem Gesundheitsverhalten, das *Gesundheit* → lediglich als ein von medizinischen Institutionen hergestelltes Fernbleiben von Krankheit versteht und den Menschen als unmündig betrachtet, muß das Gesundheitsverständnis des Freizeitbereiches dynamisch sein. In dynamischer Sicht wird Gesundheitsverhalten als (Freizeit-)*Lebensstil* → erlernbar, d.h. der Mensch hat selbst entscheidenden Einfluß auf die eigene Gesundheit a) durch Ausgleich der Risiken der *Arbeitszeit* → in der Freizeit; b) durch Minderung von freizeitspezifischen Risiken (*Freizeitrisiken* →). Es geht der G. wesentlich um Verbreitung einer allgemeinen Gesundheitsbildung aller Bürger, sowohl durch individuelle als auch durch strukturelle Maßnahmen. Dabei sind die tragenden Säulen: a) Information, b) Motivation, Modifikation. Jede *Bildung* → erfordert belehrende Information als rationale Wissensvermittlung. Motivation wird durch Konnoation emotionaler Inhalte, sozialer Leitbilder und kultureller Werte zum vermittelten Wissen erreicht, und durch die dadurch ausgelöste intrapsychische oder interaktionelle Dynamik kommt es zu einem modifizierten Verhalten (*Rolle* →, *Sozialisation* →).

In der Vergangenheit standen die klassischen Risikofaktoren im Vordergrund der G. Dabei hat *Freizeitpädagogik* → meist im Bereich von *Sport* → und *Spiel* → eine wesentliche Bedeutung gehabt, denn hier konnte der Risikofaktor Bewegungsmangel bekämpft werden. Dadurch konnte es durch verstärkten Stoffwechsel und Ausdauertrainingseffekte zu mehr Gesundheit kommen. Die Wirkung eines sportlichen Freizeit-Lebensstils auf andere Risikofaktoren ist erheblich und wird meist unterschätzt. Wer sportlich lebt, raucht weniger, hat seltener Übergewicht, hat kaum Stoffwechselentgleisungen und meist einen normalen Blutdruck. Insofern kann der freizeitbewußte spielerisch-sportliche Lebensstil als gesundheitshaltender Lebensstil bezeichnet werden. Die freizeitorientierten Ansätze in der G. waren in der Vergangenheit durchaus erfolgreich. Die Gesellschaft möchte das Individuum möglichst lange arbeitsfähig halten, um Kosten zu sparen. Gesundheit kann insofern auch in Geld ausgedrückt werden (im Sozialstaat nicht das Geld des einzelnen, sondern das der Gemeinschaft). Der einzelne kann sein Recht auf Privatleben in Anspruch nehmen, und zwar ohne jede Rücksicht auf Gesundheit. Häufig werden die Risiken der Arbeitswelt durch zusätzliche Gesundheitsrisiken in der Freizeit kompensiert: Essen, Trinken, Rauchen als freizeitorientierter Ausgleich für den täglichen Arbeitsstreß. Jeder Mensch entwickelt einen eigenen Bewältigungsstil beim Aufarbeiten der Zwänge des Arbeitslebens. Wegen dieser Strategien muß G. auf einen veränderten Bewältigungsstil im *Freizeitverhalten* → zielen (Gesundheitsberatung). Krankheit wird immer teurer, die Intensivierung der Vorsorge notwendiger. Motivation für eine rechtzeitige Verbesserung des Gesundheitszustandes kann aus der Intensivierung sinnvoller *Freizeittätigkeiten* → erwachsen. Dies gilt insbesondere, wenn Menschen aus Alters- oder Krankheitsgründen berentet werden (*Ruhestand* →, *Vorruhestand* →). Die plötzliche extreme Vermehrung von Freizeit und der Sinnverlust des Arbeitslebens trifft sie, ohne daß sie G. daraufhin vorbereitet hätte. Riskante Freizeitgewohnheiten insbesondere bei Frührentnern sind die Folge und damit eine zusätzliche Gefährdung, obwohl der Sinn der Berentung war Verminderung der Gefährdung.

In diesem Zusammenhang wird deutlich, daß Lebensstilberatung, Freizeitresourcenberatung und Gesundheitsberatung sich ergänzen und bedingen.

Mit Fragen der G. auch im Freizeitbereich befassen sich die Bundesvereinigung für Gesundheitserziehung mit rund 150 Mitgliedorganisationen und die Bundeszentrale für gesundheitliche Aufklärung sowie die jeweiligen Landesvereinigungen und Landeszentralen.

Freund

Gewässer

Oberbegriff für Wasservorkommen in der *Natur* → und *Landschaft* →.
G. (Meer, Seen, Ströme, Flüsse, Bäche, Tümpel, Teiche, Baggerseen, Stauseen) üben auf Menschen einen besonderen Reiz aus und sind als Bestandteil der *Erholungsgebiete* → und der Ziele für *Naherholung* → und *Urlaub* → sehr beliebt. Auch die Uferbereiche mit ihrem wechselnden Bewuchs und Ausblicken laden zum *Spaziergang* → und Verweilen ein. Darüberhinaus sind G. *Infrastruktur* → für zahlreiche *Freizeittätigkeiten* → (*Wassersport* →, *Schwimmen* →, Spielen am, im und mit Wasser, Ausflugsfahrten, *Angeln* → u.a.m.). Der G.schutz ist wichtiger Bestandteil des *Umweltschutzes* →. Für die Reinhaltung der G. gilt ähnliches wie für die *Landschaft* → insgesamt im Verhältnis zur Freizeitnutzung. Sauberes Wasser erhöht den *Freizeitwert* →, die Freizeitnutzung kann zur Verunreinigung führen. Gleiches gilt entsprechend für die Uferbereiche. G. als Biotope sind besonders wichtig.

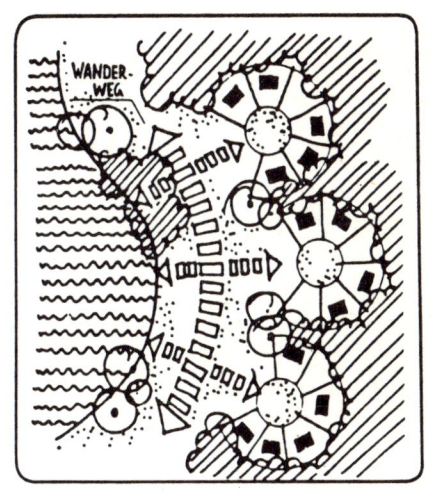

Abb. Freizeit am Wasser

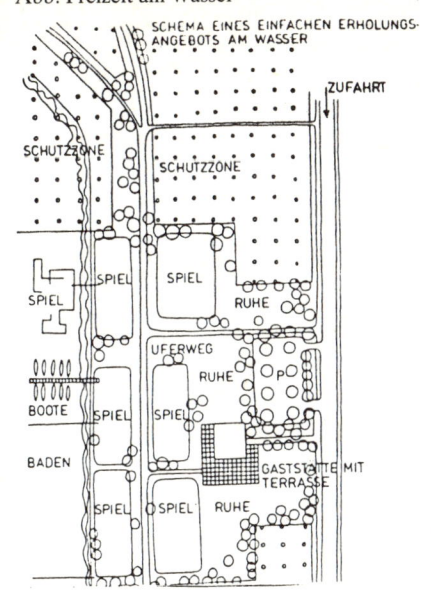

Campingplatz an einem Gewässer – hier wurde im Interesse der Öffentlichkeit eine Uferzone von 50 m freigehalten

Quelle: ADAC »Der Campingplatz« (1984)

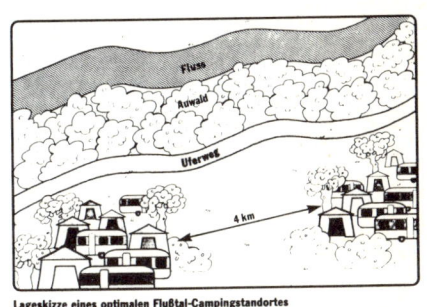

Lageskizze eines optimalen Flußtal-Campingstandortes

Quelle: ADAC »Geeignete Standorte für Campingplätze« (1984)

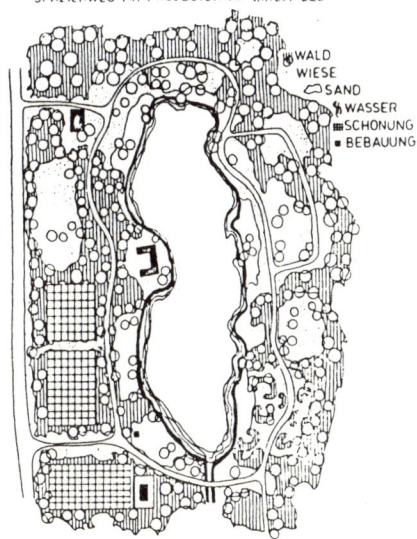

Quelle: Schiller-Bütow »Freizeit und Erholung«

DGF-Freizeit-Lexikon 141

Gewässer

Da aber in der Bundesrepublik Deutschland im Verhältnis zur Bevölkerung nur wenig Wasserflächen zur Verfügung stehen, müssen neben geschützten G. möglichst viele G. für die Freizeitnutzung vorhanden sein, damit die geschützten nicht illegal adaptiert werden. Auf den G. kann es zu Interessenkollisionen zwischen den verschiedenen Nutzern kommen. Daher sind Nutzungsregelungen (auch -beschränkungen) nicht zu umgehen. Sie sollten, wenn immer möglich, mit den Betroffenen ausgehandelt werden.

Gewässerschutz
Umweltschutz →

Gewerkschaften
Als Arbeitnehmervereinigungen mit dem Ziel der Verbesserung der Arbeitsbedingungen haben die G. sich früh für *Arbeitszeit →* -verkürzungen eingesetzt und das bis heute fortgeführt (bei der Forderung der 35-Stundenwoche jedoch erstmalig aus wirtschaftspolitischen Gründen: Schaffung von Arbeitsplätzen). Daneben ging es den G. auch um eine sozialkulturelle Stärkung des einzelnen Arbeiters und der Arbeiterschaft. Das versuchten die G. durch Bildungsarbeit, durch Geselligkeit und kulturelle Angebote ebenso zu initiieren wie durch die Bewußtseinsbildung, durch Agitation und

Der Achtstundentag ist der Hebebaum, durch den der Riese Proletariat auf die Beine gestellt und in den Stand gesetzt wird, von seinen Kräften Gebrauch zu machen.   F. Domela Nieuwenhuis, 1890.

Arbeitnehmerorganisationen in der Bundesrepublik Deutschland

DGB Deutscher Gewerkschaftsbund mit 7,75 Mio Mitgliedern in 17 Einzelgewerkschaften

davon:

Gewerkschaft	Mitglieder
IG Metall	2 536
Gew. Öff. Dienste, Transp. u. Verk.	1 174
IG Chemie-Papier-Keramik	635
IG Bau-Steine-Erden	523
Deutsche Postgewerkschaft	458
Gew. der Eisenbahner Deutschl.	380
IG Bergbau und Energie	366
Gew. Handel, Banken u. Versich.	360
Gew. Textil-Bekleidung	264
Gew. Nahrung-Genuss-Gaststätt.	264
Gew. Erziehung u. Wissenschaft	185
Gew. der Polizei	168
Gew. Holz und Kunststoff	150
IG Druck und Papier	144
Gew. Leder	51
Gew. Kunst	47
Gew. Gartenbau, Land- u. Forstw.	42

DAG Deutsche Angestellten-Gewerkschaft 497

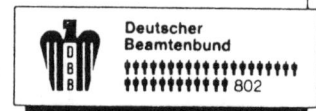

DBB Deutscher Beamtenbund 802

CGB Christlicher Gewerkschaftsbund 299

Deutscher Bundeswehr-Verband 285

Mitglieder in 1 000 – Stand: Ende 1983

ZAHLENBILDER 240 110

© Erich Schmidt Verlag GmbH

Arbeitskämpfe. Insoweit lag in der früheren G.-bewegung auch die *Freizeit* → des Arbeiters im Blickpunkt. Die Folge war bis zur Zerschlagung durch den Nationalsozialismus (»Gleichschaltung«, »Kraft durch Freude«) ein blühendes Arbeitsvereinswesen (Arbeiterturnvereine, Arbeiterchöre, -theatergruppen usw.) sowie über Deutschland verbreitet ein System von Begegnungsstätten (Gewerkschaftsheime, Volksheime, -häuser). Nach der Neugründung der Einheitsgewerkschaften 1946 kam es nicht zu einer breiten Wiederbelebung soziokultureller Tätigkeiten von Arbeitern in eigenen Organisationen. Auch die G. beschränkten ihre Bildungsarbeit weitgehend auf sozialpolitische Gegenstände. Einziges Moment früherer sozialkultureller G.-arbeit sind die Büchergilde Gutenberg (*Buchgemeinschaft* →), die Kulturförderung der Einzelgewerkschaften (wichtigstes Beispiel: Mitarbeit der IG Bergbau in der Vereinigung für kulturelle Bergmannschaftsbetreuung), seit einiger Zeit auch des Deutschen Gewerkschaftsbundes (DGB), welche allerdings innerhalb der Mitgliedschaft der G. kaum wahrgenommen wird, sowie die Ruhrfestspiele Recklinghausen, die zwar neuerdings stärkere Impulse aus den G. erhalten, aber in keiner Weise etwa den Arbeiterfesten der 20er Jahre entsprechen. Der DGB, ebenso die Einzelg. befaßten sich zwar sporadisch mit Fragen der Freizeit (z.B.: 1957 »Probleme der Freizeit« Konferenz in Recklinghausen, wissenschaftliche Untersuchungen, Mitgliedschaft in der Deutschen Gesellschaft für Freizeit bis 1982) jedoch mit abnehmender Tendenz. Ähnliches gilt auch für die Deutsche Angestelltengewerkschaft und die christlichen G. Angesichts der durchlässiger werdenden Grenzen von Arbeit und Freizeit etwa durch Arbeitszeitflexibilisierung aber auch durch »Freizeitarbeit« scheint ein neues Engagement der G. auch für Freizeitfragen an der Zeit. Auch aus gewerkschaftspolitischer Sicht entsteht diese Notwendigkeit: Es gibt zunehmend mehr Arbeitnehmer, die im Freizeitbereich ihr Brot verdienen.

Gewinnspiel

Form des *Spiels* → das sich auf eine unbedeutende Bereicherung richtet. Ein G. kann sowohl ein *Zufallsspiel* → wie *Geschicklichkeitsspiel* → sein. Es ist vom *Glücksspiel* → zu unterscheiden. Das G. kann zu seiner Durchführung Geräte nutzen, etwa *Geldspielgeräte* →. Jedoch können die meisten Zufalls- und Geschicklichkeitsspiele zu Wettkämpfen, also G. erklärt werden. Hier sind besonders Karten- und Brettspiele, auch Würfeln, Knobeln, Rätsellösen (»Preisrätsel«, *Rätsel* →), Kegeln und ähnliches mehr zu nennen.

Glücksspiel

auf nicht ganz unbedeutende Gewinne ausgerichtetes, allein dem Zufall unterworfenes *Spiel* →; d.h. es ist nicht von den Fähigkeiten, Kenntnissen und der Aufmerksamkeit des Spielers abhängig.
Öffentliche G. und regelmäßige G. in Vereinen oder geschlossenen Gesellschaften sind ohne behördliche Erlaubnis in der Bundesrepublik Deutschland nicht erlaubt.
Das gilt auch für Lotterien (festgelegter Geldgewinn) und Ausspielungen (Sachgewinne). Die wichtigsten G. werden von öffentlich kontrollierten Unternehmen durchgeführt. Es sind dies Lotto 6 aus 49, Lotto 7 aus 36, Spiel 77, Fußballtoto, Rennquintett, Klassenlotterie sowie Roulette, Black Jack, Baccara und G.-automaten (»Einarmige Banditen«) in den Spielbanken.
Daneben laufen zahlreiche Lotterien zugunsten sozialer Belange, wie die Fersehlotterien »Der große Preis«, »Platz an der Sonne«, »Glücksspirale« und die Lotterien der Wohlfahrtsverbände. Eine Besonderheit ist das Prämiensparen der Sparkassen.
Außerdem gibt es ständig Preisausschreiben von Zeitschriften, Zeitungen, Firmen, Verbänden.
Private Unternehmen sind die Buchmacher bei den Pferdewetten sowie die Aufsteller von *Geldspielgeräten* → in *Gaststätten* → und *Spielhallen* →.
Den größten Anteil am öffentlichen G.-markt haben die Lotto- und Toto-Unternehmen mit etwa 10 Mrd. DM/Jahr; die Spielbanken erwirtschaften an Bruttospielerlösen etwa 600 Mio. DM, so daß der Umsatz der Kasinos die der anderen G. übertreffen muß. Dagegen liegen die jährlichen Umsätze mit Geldspielgeräten niedriger: 2,5 Mrd. DM.
Gewinnspiel →, *Spielsucht* → *Anonyme Spieler* →

Abb. Wo suchen die Deutschen ihr Glück?
Prozentuale Häufigkeit der Teilnahme am Spiel

	nie	selten	ab und zu	häufig
Lotto 6 aus 49	39,5	12,5	16,2	31,9
Lotto 7 aus 36	66,8	9,7	11,2	12,3
Spiel 77	56,4	10,6	13,3	19,7
Fußballtoto	87,8	6,1	4,3	1,9
RennQuintett	94,4	2,5	0,9	0,3
Klassenlotterie	91,3	5,1	1,8	1,8
PS-Sparen	75,4	4,2	5,4	15,0
Pferdewetten	97,7	1,3	0,8	0,2
Roulette	95,3	3,4	1,0	0,3
Spielautomaten	75,3	14,7	7,5	2,6
Der große Preis	56,0	16,6	16,2	11,3
Platz an der Sonne	60,1	16,6	16,7	6,6
Glücksspirale	64,2	16,0	15,2	4,5
Preisausschreiben	41,9	20,3	27,7	10,0

Anzahl der Befragten: 1.057

Quelle: Lisch »Spielend gewinnen?« (1983), Stiftung Warentest

Goldener Plan

Entwicklungsprogramm der Deutschen Olympischen Gesellschaft für *Sportanlagen* →, *Erholungsanlagen* → und *Spiel* → -anlagen (»G. für Gesundheit, Spiel und Erholung«) parallel zum Zweiten Weg des Sports (*Freizeitsport*→, *Breitensport* →). Der G. – inzwischen auf den Deutschen Sportbund überführt – sah eine flächendeckende Ausstattung der Bundesrepublik mit Freianlagen (*Spielplätze* →), Spiel- und Sportplätzen, Sporthallen, Hallen- und Freibädern sowie speziellen Anlagen für einzelne Sportarten vor. Dazu wurden *Richtwerte* → (»Städtebauliche Orientierungswerte«) ausgearbeitet. Das Programm ist in bezug auf den *Leistungssport* → weitgehend erfüllt. Insgesamt wurden dafür von *Gemeinden* →, Ländern und Bund mehr als 17 Mrd. DM aufgewendet. Die inzwischen veränderten Anforderungen an die *Sportstätten* → durch den gesellschaftlichen Wandel und durch den *Freizeitsport* → sollen in einer Fortschreibung des G. berücksichtigt werden.

Golf

Rasenspiel auf großen dafür vorbereiteten Flächen (Golfplatz), bei dem 2 oder 4 Spieler einen kleinen Ball mittels verschieden geformten Schlägern von einem Abschlagsplatz in das auf einem »Grün« liegende Loch schlagen müssen. G.-plätze verfügen über 18 Löcher und Grüns; ihre Einrichtung einschl. von Gebäuden für Umkleiden, Geselligkeit und ihre Unterhaltung ist sehr aufwendig.
Daher war G. in der Bundesrepublik Deutschland bislang denen vorbehalten, die sich angemessen an den Kosten beteiligen konnten. Nachdem G. in anderen Ländern Volkssportart wurde, experimentiert man auch hierzulande erfolgreich mit offenen G.-plätzen (nicht clubgebunden).
Vom G. abgeleitet wurden das Kleing. und das Mini(atur)g. Das Kleing. verfügt über feste Bahnen, während das Minig. kleinere meist vorgefertigte Bahnen aufweist.
Als *Freizeitangebot* → hat sich überwiegend das Minig. durchgesetzt, das nicht nur als eigene Anlage, sondern auch in *Freizeitparks* → und *Sportstätten* → integriert, sich großer Beliebtheit bei Nutzern verschiedener Altersstufen erfreut. Dachverbände der G.-clubs und -vereine sind der Deutsche Golfverband und der Deutsche Bahnengolfverband.

Großstadt

Siedlung →

Gratispresse

tageszeitungsähnliche Druckerzeugnisse, die kostenlos verteilt und durch Anzeigen finanziert werden (»Anzeigenblatt«). Da sich die G.-erzeugnisse meist auf Stadtteile bzw. Ortsteile/Gemeindebezirke beschränken und über diese in ihrem redaktionellen Teil berichten, haben die Gratiszeitungen eine interessierte Leserschaft gefunden. Die meisten Blätter der G. entwickelten sich zu »Heimatzeitungen« im kleinen. Für den Aufbau von lokaler *Identität* → und als Beitrag zu den *Freizeitinformationsdiensten* → ist die G. nicht zu unterschätzen, da die Konzentration der Tagespresse zur Vernachlässigung des auf den Wohnbereich gerichteten Informationsinteresses geführt hat. Wegen der Konkurrenz bei der Anzeigenwerbung hat sich die Tagespresse entweder selbst in die Erzeugung von G. eingeschaltet und/oder stadtteilbezogene, im Wochenabstand erscheinende Sonderteile eingeführt.
Zeitung →

Groschenheft

auch Heftchenroman, Erzeugnis der Trivialliteratur mit anonymer, pseudonymer oder kollektiver Autorschaft, in periodischer Erscheinungsweise (wöchentlich, monatlich) in hoher Auflage mit niedrigem Verkaufspreis; Vertrieb über Kioske, Zeitschriftenläden, Gemischtwarenläden, Supermärkte, Kaufhäuser, auf bestimmte Themenkreise ausgerichtet (Wildwest, Kriminal, Frauen, Liebe, Ärztemilieu, Heimat, Abenteuer, Grusel, Horror, Science-Fiction).
Die in die Millionen gehenden Auflagen lassen vermuten, daß G. einen bedeutenden Teil der *Freizeittätigkeit* → ausfüllen (*Lesen* →).

Grünflächen

auch Freiraum (*Freiraumplanung* →), Freiflächen, Grünzone; durch Pflanzenwuchs bestimmte, Siedlungsbereichen ein- oder zugeordnete Flächen, die der Erholung, dem Spiel und Sport, der städtebaulichen Gliederung und Stadtgestaltung, hygienischen, verkehrsmäßigen und kulturellen Zwecken, oft miteinander kombiniert, gewidmet sind.
G. sind somit wesentlicher Teil der gemeindlichen *Freizeitinfrastruktur* →.

Grünflächenplanung

Freiraumplanung →

Grünordnungsplan

als dem Landschaftsplan (= Fächennutzungsplan) nachgeordneter Teil der *Bauleitplanung* →, die Flächennutzungs- und Bebauungsplanung für die gemeindlichen *Grünflächen* → / *Freiräume* →. Grünordnung wird als Teilgebiet der Landespflege wie auch der städtebaulichen Ordnung definiert, welche die räumliche und funktionale Ordnung ebenso erstrebt wie die Sicherung aller Grünelemente zueinan-

der und zu den baulichen Anlagen im Zusammenhang mit der städtebaulichen Entwicklung, wie es zum geistigen und körperlichen Wohlbefinden erforderlich ist (W. Landholt, 1970).
Insoweit muß der G. als wichtiger Teil der *Freizeitplanung* → angesehen werden, da er auch die Freizeitnutzung von Grünflächen regelt. *Landschaftsplanung* →

Grundlagenforschung
Freizeitforschung →

Gruppe
Als soziale G. wird eine Mehrzahl von Personen verstanden, deren *Interaktion* → untereinander dichter als die mit der Umwelt ist. Als weitere Merkmale einer G. gelten meist: regelmäßig und zeitlich überdauernde Beziehungen zwischen den Mitgliedern, relativ integrierte Struktur (nach Positionen, Rollen und Status), Zusammengehörigkeitsgefühl (»Wir-Gefühl«, Gruppenbewußtsein), während die bewußte Verfolgung spezifischer Ziele bereits einen Sonderfall darstellt (z.B. Arbeitsgruppen). Von einer sozialen G. zu sprechen scheint sinnvoll, wenn die Interaktionen der Mitglieder relativ direkt sind (face-to-face-Beziehungen). Dies ist typischerweise in Primärgruppen der Fall, die in der frühen *Sozialisation* → des Kindes besonders bedeutsam sind (*Familie* →, Freundschaft, *Nachbarschaft* →), im Gegensatz zur Sekundärgruppe mit relativ unpersönlichen, spezifischen Beziehungen und größerem Umfang (*Organisation* →, *Verein* →, Betrieb). Informelle Gruppen werden solche genannt, die nicht im Rahmen einer formalen Rollenstruktur planvoll, sondern aufgrund spontaner Momente, Sympathie, gemeinsamer Interessen usw. entstanden sind und zur Befriedigung wichtiger psychologischer Bedürfnisse der Mitglieder komplexer Organisationen beitragen. Im Unterschied zur Mitgliedschaftsgruppen bezeichnet man als Bezugsgruppen diejenigen sozialen Einheiten, die, ohne notwendige Zugehörigkeit, für ein Individuum orientierende, vergleichende, identifikative Bedeutungen haben. Im weiteren Sinn wird der Begriff der G. häufig zur bloßen Beschreibung von bestimmten Bevölkerungsteilen verwendet: statistische oder demographische G. (Sozialkategorie). Vorherrschende Akteure im *Freizeitbereich* → sind typischerweise informelle Gruppen und Primärgruppen, allen voran die Familie. Daher entzieht sich das *Freizeitverhalten* → weitgehend einer sozialen Bewertung nach Kriterien des individuellen Erfolgs, anders als das Arbeitsverhalten, für das insbesondere die individuelle *Leistung* → maßgebend ist. *Gruppenarbeit* →, *Lokale Identität* →

Lit.: Hoffstätter 1961: »Gruppendynamik«. Reinbek.
Homans 1978: »Theorie der sozialen Gruppe«. 5. Aufl. Köln/Opladen.
Lüdtke 1972: »Jugendliche in organisierter Freizeit«. Weinheim/Basel.
Mills 1976: »Soziologie der Gruppe«. 5. Aufl. München.
Schilling 1977: »Freizeitverhalten Jugendlicher«. Weinheim/Basel. Schneider 1975: »Kleingruppenforschung«. Stuttgart

Lüdtke

Gruppenarbeit
Arbeitsform, mit deren Hilfe eine größere Anzahl von Teilnehmern (von Lern-, Weiterbildungs-, aber auch Freizeitveranstaltungen) in Untergruppen aufgeteilt wird, in denen gemeinsam an einem Thema oder einer Sache gearbeitet wird.
Eine Aufteilung einer größeren Gruppe in mehrere Untergruppen kann sich in mehrfacher Hinsicht als sinnvoll erweisen: Viele Menschen fühlen sich in einer großen Gruppe unsicher und ängstlich, sie scheuen sich davor, Redebeiträge einzubringen und sich aktiv am dem Gruppengeschehen zu beteiligen.
Allerdings ist manchmal auch eine Abneigung von Teilnehmern gegenüber G. zu beobachten: man kann sich in einer kleineren Gruppe nicht mehr so leicht von den anderen distanzieren, die Anonymität ist weitgehend aufgehoben und einer aktiven Mitarbeit kann man sich kaum mehr entziehen.
Wird G. neu eingeführt, so sollten die Notwendigkeit dieser Arbeitsform begründet, die Vorteile aufgezeigt und einige Hinweise, die das Arbeiten in der Kleingruppe erleichtern können, gegeben werden. Man muß damit rechnen, daß vielen Teilnehmern diese Arbeitsform noch nicht bekannt ist.
G. ist nur möglich bei entsprechenden Rahmenbedingungen wie einer ausreichenden Anzahl von Gruppenräumen und genügend vorhandener Zeit. Die ideale Gruppengröße ergibt sich aus den Zielen und Aufgabenstellungen der G. Häufig werden Großgruppen in mehrere Kleingruppen bis zu maximal 6 Mitgliedern eingeteilt, die entweder alle dieselbe Aufgabe in Angriff nehmen (= arbeitsgleiches Verfahren) oder an je verschiedenen Aufgaben eines Gesamtthemas arbeiten (= arbeitsteiliges Verfahren).
Für das Gelingen der G. ist es wichtig, daß eine klare, am besten eine schriftliche Arbeitsanweisung gegeben wird und daß eine zeitliche Begrenzung vorgesehen ist. Oft erweist es sich als nützlich, einen Gesprächsleiter oder Gruppenleiter für die Dauer der jeweiligen Gruppenarbeit zu wählen. Gerade kleine Gruppen (z.B.: Teams) meinen oft, ohne Leitung auszukommen. Hier besteht die Gefahr, daß die Teilnehmer vom Thema abkommen, die Zeit mit Nebensächlichem verlieren und das Gespräch einigen Redegewandten überlassen.

Gruppenarbeit

Ob und in welcher Form das Arbeitsergebnis in die Großgruppe (das Plenum) eingebracht wird, wird von dem jeweiligen Arbeitsauftrag abhängig sein. Bei der gemeinsamen Erarbeitung gestalterischer Aufgaben (Pantomime, szenische Darstellungen, Gruppenmalen u.a.) wird das Ergebnis für sich sprechen. Für Diskussions- und Gesprächsrunden ist es günstig, einen Berichterstatter zu wählen, der die wichtigsten Ergebnisse vorträgt. Häufig werden solche Gruppenergebnisse »visualisiert«, das heißt für alle sichtbar gemacht, indem der Verlauf der G. oder wichtige Stichworte auf einer Wandzeitung festgehalten werden.

Vielfach wird behauptet, daß G. ein sehr zeitaufwendiges Verfahren ist, das sich in vielen *Veranstaltungen* → nicht lohne. Will man aber die Teilnehmer einer größeren Gruppe zur Selbsttätigkeit motivieren und eine aktive Mitgestaltung möglichst vieler Teilnehmer erreichen, wird sich G. als eine gut geeignete Methode erweisen.

Lit.: Doerry u.a., »Bewegliche Arbeitsformen in der Erwachsenenbildung«, Braunschweig 1981
Rabenstein, »Lernen kann auch Spaß machen – 108 Methoden zum Einstieg, zur Aktivierung bei Müdigkeit und Unlust und zur Auswertung der gemeinsamen Arbeit«, Darmstadt 1980
Weber, »Arbeitskatalog der Übungen und Spiele. Ein Verzeichnis von über 7000 Gruppenübungen und Rollenspielen«, Essen 1981

Mauritz

Gruppenpädagogik

Erziehung → in der und durch die Gruppe sowie darüber gebildete Theorien.
Die G. ist begrifflich und inhaltlich eng verbunden mit *Gruppenarbeit* → bzw. sozialer Gruppenarbeit, wird wie diese abgeleitet von den Ergebnissen der Sozialpsychologie (Kleingruppenforschung), weist ein Ziel- und Grundwertsystem (*Emanzipation* →, Demokratisierung usw.) aus, bezieht sich auf Gruppenprozesse, den durch G. ausgelösten Prozeß und stellt Methoden, Techniken und Medien bereit. Wesentlich für die Unterscheidung sind Anwendungsgebiet und die für G. und Gruppenarbeit gesetzte besondere Aufgabenstellung: Bildungsarbeit (*Jugendarbeit* →, *Jugendbildung* →, freizeitkulturelle *Bildung* →, *Erwachsenenbildung* →, Fort- und *Weiterbildung* → usw.); soziale Gruppenarbeit in der Sozialarbeit und Gruppentherapie.
Die Kenntnis der G. ist für die Arbeit im *Freizeitbereich* → (*Animation* →, *Freizeitpädagogik* →) hilfreich.

Gymnastik

Leibesübung mit dem Ziel, durch Schulung der natürlichen organisatorischen Bewegungen die körperliche Leistungsfähigkeit zu fördern bzw. zu erhalten. G. hat eine breite Entwicklung sowie viele Anwendungsbereiche und -formen gefunden.
Sie ist wesentliches Element der *Fitnessbewegung* → und reicht besonders in Verbindung mit Musik in den Bereich der kreativen *Freizeittätigkeiten* → (Jazzgymnastik, Jazzdance, tänzerische G.). G. unterliegt Modeströmungen; so kommen je nach Schwerpunktbildung neue Formen – auch verbunden mit entsprechender Kleidung – auf den »Markt« (*Aerobic* →, Breakdance, Stretching/Dehnungsg.).
G. dient dem Bewegungsausgleich zur Arbeit (Ausgleichsg.) ebenso wie der Vorbereitung von Freizeittätigkeiten (Skig., Atemg. z.B. für das Singen und Schwimmen).
Als Träger für G.-angebote fungieren die Turn- und *Sportvereine* →, Jugend- und Erwachsenenbildungsstätten, Sportbünde, Sportämter, Unternehmer (G.-studios, G.-schulen, Tanzstudios, Fitnesscenter u.ä.).

H

Haftpflicht
Haftung →

Haftung
Einstehen müssen für eine meist zivilrechtlich begründete Verpflichtung. H.-verhältnisse entstehen im *Freizeitwesen* → auf unterschiedlicher Basis: Vertrag, Mitgliedschaftsverhältnis, Verkehrssicherungspflicht, Fürsorgepflicht, Amtspflicht. Grundsätzlich ist die H. vom Verschulden abhängig mit einigen Ausnahmen (Haftpflicht): Gefährdungsh., Billigkeitsh., Gewährleistung, Amtspflichtverletzung. Verschulden setzt Schuldfähigkeit voraus und kann vorsätzlich oder fahrlässig sein. Vorsatz heißt Wissen und Wollen des rechtswidrigen Erfolgs; Fahrlässigkeit das Außerachtlassen der erforderlichen Sorgfalt (Schadenseintritt muß vorhersehbar und durch entsprechendes Verhalten abwendbar sein). Schadenersatzverpflichtungen für Personen und Sachschäden anderer können außer beim Vorsatz durch entsprechend abgeschlossene Haftpflichtversicherungen gedeckt werden. Gesetzlich zum Abschluß einer Haftpflichtversicherung verpflichtet sind u.a. Kraftfahrzeughalter, Verkehrsunternehmen und Jäger.

Hallenbad
Bad →

Handarbeiten
Sammelbezeichnung für die Herstellung textiler Gegenstände für den (täglichen) Gebrauch in *Eigenarbeit* → sowie für die Erzeugnisse. Die Herstellung von H. wird seit vielen Jahren bei Befragungen als eine der im Vordergrund stehenden *Freizeittätigkeit* → genannt. Nach einem deutlichen Rückgang setzte in den 70er Jahren eine spürbare Zunahme von H. ein. Entsprechend stellten sich Zulieferer und *Einzelhandel* → durch Vermehrung des Angebotes darauf ein.
H. entstehen unter Anwendung verschiedenster zum Teil recht komplizierter, oft schon sehr alter Techniken: Spinnen, Stricken, Häkeln, Klöppeln, Weben, Nähen, Sticken, Applikation, Knüpfen, Flechten. Zum Teil können auch das Färben, der Stoffdruck, Batiken und die Stoffmalerei sowie Lederarbeiten (*Textiles Werken* →, *Kunsthandwerk* →) zu den H. gerechnet werden. Der Beliebtheit von H. entsprechend werden durch zahlreiche Institutionen Kurse und Beratung angeboten. Darüber hinaus gibt es eine kaum übersehbare Fülle von Anleitungsbüchern und »Handarbeitsteilen« in *Zeitungen* → und *Zeitschriften* →.
Hobby, → Kunsthandwerke →, Do-it-yourself →

Haus des Gastes
Begegnungsstätte → in Kurorten →, Erholungsorten → und Ferienorten, die neben Veranstaltungs- und Aufenthaltsmöglichkeiten in der Regel auch die örtliche Informationsstelle (Fremdenverkehrsbüro) enthält.
H. können aufgrund ihrer Mehrzweck- und Mehrfachnutzbarkeit auch für den Bedarf der einheimischen Bevölkerung verwendet werden (*Bürgerhaus* →).

Haus der offenen Tür
Bezeichnung für jedermann zugängliche *Begegnungsstätte* →, insbesondere für *Jugendfreizeitstätten* →.

Hausmusik
gemeinsames Musizieren von *Laien* → im kleinen, privaten Kreis. Neben den halböffentlichen und öffentlichen Formen des Musizierens und dem Alleinmusizieren ist H. eine seit langem (Kammermusik) beliebte *Freizeittätigkeit* →.

Hedonismus
bereits in der Antike begründete Philosophie (Aristipp), deren höchstes ethisches Prinzip das Streben nach Sinneslust und Genuß ist. Die sinnliche und geistige Genußfähigkeit wird als Tugend angesehen, während andere philosophische und religiöse Auffassungen die Askese, verbunden mit sinnlicher Enthaltsamkeit und Vernichtung der Ichbezogenheit, bevorzugen. H. wird heute im Zusammenhang mit der *Freizeit* → -entwicklung neu diskutiert. Es wird der Trend zu einem Persönlichkeitsbild, das durch Lebensfreude, Offenheit, Aufgeschlossenheit, Heiterkeit und Toleranz geprägt ist, beobachtet (Opaschowski 1982, Marplan/Stern 1981). Zumindest besteht der Wunsch, in der freien Zeit den Lebenssinn in der Lebensfreude zu sehen (Opaschowski 1983). Inwieweit eine so komplexe Gesellschaft wie die moderne sich auf H. einlassen kann, bleibt fraglich, wenn auch einige Voraussetzungen geschaffen wurden. Dagegen steht eine ungleichmäßige wirtschaftliche Entwicklung (»Neue Armut«; »Dritte Welt«), die eher neue Anstrengungen (Askese) fordern dürfte. Unbenommen bleibt die zeitweilige Verfolgung hedonistischer Tendenzen.

Heimat
geographischer, sozialer, auch ideeller Bereich, mit dem der einzelne so verbunden ist, daß er daraus Sicherheit in seiner Person und seinem Verhalten sowie Anstöße für die Gestaltung seines Lebens zu gewinnen vermag (Identität).
Der Begriff H. ist durch seine Überbewertung und mißbräuchliche Verwendung ebenso in Verruf gekommen wie durch rationalistische Anschauungen von der Freiheit und Mobilität des Menschen.
Unter anthropologischer Sicht (besonders psychologischer und ethnologischer Sicht) wird deutlich, daß der einzelne seine Entwicklungsanstöße nicht nur aus vereinzelten Bedingungen (Familie, Peergroups, Schule u.ä.) gewinnt, sondern aus einer Gesamtheit der ihn umgebenden landschaftlichen, kulturellen und sozialen Gegebenheiten (hier besonders zu nennen: die Sprache).
H. ist dadurch in vielem ein subjektiver Begriff, kann aber durch ethnologische Kriterien auch intersubjektiv beschreibbar gemacht werden.
Die »Unwirtlichkeit« der Städte und die Probleme ethnischer *Minderheiten* → haben (sicher auch ausgelöst durch die Reaktion auf eine technisierte, gefährdete Umwelt) zu einer neuen Verwendung des H.-begriffes geführt.
Um die immer noch vorhandene Abneigung gegen H. zu vermeiden, wird auch weitgehend synonym von *lokaler Identität* →, regionaler Identität gesprochen. Die Kenntnis des »Systems« ist für denjenigen, der mit *freizeitkultureller Arbeit* →, mit *Stadtteilarbeit* →, mit *Gemeinwesenarbeit* →, mit der Leitung von wohnbereichsorientierten *Freizeiteinrichtungen* → und Freizeitangeboten, mit der Wohnumfeldverbesserung befaßt ist, notwendig, d.h. er muß *Heimatkunde* → lernen.

Heimatkunde
Sammlung von Informationen über einen geographisch begrenzten, ethnisch besonderen Bereich. Zur H. gehören die Geschichte, die Bevölkerungsstruktur und -entwicklung, die Geographie/Geologie, das Klima, Flora und Fauna; kulturelle und soziale Besonderheiten, Religion, *Brauchtum* →, »Mentalität« der Einwohner, besondere Gesellungsformen, Animositäten, Sprache, sprachliche Besonderheiten, Bauwesen, die Politik, das Verbands- und Vereinswesen, die Infrastruktur, die Wirtschaft, die *Kultur* →, das Sozialwesen, *Freizeitangebote* → u.v.m. (*Heimat* →, *Lokale Identität* →).

Heimatmuseum
Einrichtung zur Sammlung von Denkmälern zur *Heimatkunde* →. Das H. gewinnt seit einiger Zeit zunehmend Interessenten, nachdem es lange völlig vernachlässigt worden ist und nur die Sache weniger, in der Regel ehrenamtlich Tätiger, war.
Eine Sonderform des H. ist das *Freilichtmuseum* →.

Heimatverein
Vereinigung von Einzelpersonen und/oder Vereinigungen eines geographisch abgegrenzten Gebietes, die sich insbesondere der Geschichte, dem *Brauchtum* →, der Kulturpflege sowie der Förderung des Zusammenlebens und der *Geselligkeit* → widmet. H. sind teilweise Träger von *Heimatmuseen* →; sie sammeln Beiträge zur *Heimatkunde* → und sind mancherorts auch federführend für den *Fremdenverkehr* →.
H. haben nach der durch Funktionalreform bewirkten »Entleerung« vieler Dörfer neue Bedeutung auch in politischer Hinsicht gewonnen; sie können ein wichtiger Faktor bei der Milderung der *Stadt-Land-Unterschiede* → (*Freizeitprobleme* →) sein.

Heimwerker
Do-it-yourself →

Herzinfarkt
Gesundheit →

Historische Stätten
Baudenkmäler, Ensembles von Baudenkmälern, Ausgrabungsstätten, Orte historischer Ereignisse, Gedächtnisstätten.
H. sind Ziele des *Fremdenverkehrs* → und der *Naherholung* →, können aber auch die Eigenart von Orten und Regionen prägen und damit diese attraktiv machen. In manchen Fällen wird die Erhaltung von H. (*Denkmalschutz* →) mit der Nutzung als *Freizeitstätte* → oder *Freizeitanlage* → (zum Beispiel: Archeologischer Park Xanten des Landschaftsverbandes Rheinland/Amphitheater; Kulturzentren, Bildungsstätten in Schlössern) verbunden.

Hobby
engl.: Steckenpferd, Liebhaberei, *Freizeittätigkeit* → im ganz engen Sinne.
Das H. wird überwiegend allein und zu Hause betrieben. Die Menschen verbinden damit: Freiwilligkeit, schöpferisches Tun, Selbstdarstellungsmöglichkeit, Entspannung, Unterhaltung, Ergänzung, Ausgleich, Gegengewicht zur Arbeit, Verpflichtung und Lebensumwelt, Anlaß zur Begegnung mit anderen Menschen, Ideen, Materialien und zur Umwelt.
Zum H. kann grundsätzlich jede Tätigkeit erklärt werden. Bei Befragungen werden am häufigsten das *Lesen* →, Musikhören, *Handar-*

beiten →, *Garten* → -arbeit, *Tierhaltung* →, und das *Werken* → genannt. Das wohl älteste und ebenfalls sehr verbreitete H. dürfte das *Sammeln* → sein.
Wenn auch das H. eine »einsame« Angelegenheit ist, haben sich doch zahlreiche H.-vereinigungen gebildet, finden H.-Ausstellungen und Wettbewerbe statt. Für die meisten wichtigen H. gibt es Fachliteratur und Unterweisungsmöglichkeiten. Viele treiben jedoch ihr H. aus »Lust am Abenteuer«, um auf diese Weise Neuland zu betreten.

Hobbyraum
Raum in Verbindung mit der Wohnung oder dem Einfamilienhaus, der zur Ausübung von Hobbies genutzt werden kann. Der H. liegt in der Regel im Keller- oder Dachbodenbereich. In Mietwohnungen wird oft ein Zimmer zum H. erklärt und entsprechend eingerichtet. Probleme gibt es in Mietshäusern bei geräuscherzeugenden Hobbies (*Freizeitlärm* →). Daher werden in *Freizeiteinrichtungen* → auch Werkräume angeboten.

Hochleistungssport
auch Spitzensport; Ausübung sportlicher Aktivität mit dem Ziel der Erreichung absoluter Höchstleistung, öffentlicher Anerkennung, Auszeichnung und sozialen Aufstiegs.
Mit H. ist in der Regel eine Vollerwerbsbeschäftigung verbunden; der Lebensunterhalt wird durch den Sport bestritten. H. wird als regelgebundene, eingeschränkte Wettkampfdisziplin ausgeübt.
Aus Gründen der absoluten nationalen und internationalen Vergleichbarkeit der Ergebnisse ist er differenziert nach Alter, Geschlecht und Leistung.
Es existieren starke biologische Einschränkungen auf ein sportartspezifisch begrenztes Leistungsalter. Der Nachwuchs wird durch eine elitäre Talentsuche und Talentförderung bereits in frühester Kindheit sichergestellt.
Grundsätzliches Element des H. ist das *Training* → als Hinordnung auf Leistungsvergleiche, tägliches mehrstündiges Trainieren als Wettkampfvorbereitung. Das Training ist strapaziös, zielgerichtet, planmäßig, zweckmäßig und ökonomisch, also arbeitsähnlich. Zielsetzung des Trainings sind die Automatisierung von Bewegungsabläufen und Spielweisen, formale Trainingsmethoden und Programme, ständig erneuerte Trainingspläne durch Au-

ßenstehende (Trainer, Mediziner, Wissenschaftler) und eine uneingeschränkte autoritäre und die Selbstbestimmung weitgehend ausschließende Unterordnung unter die Anordnungen der Trainingsführung.
Mit H. ist zumeist eine einseitige leistungsfördernde Lebensweise, körperliche und geistige Askese, das Leben in Ghettosituationen und festen Organisationsstrukturen verbunden. Der Hochleistungssportler kann unter Vereinzelung sowie stark belasteten Konkurrenz- und Rivalitätsgefühlen leiden.
Soziale Interaktionen, Kommunikation, Solidarität und Partnerschaft sind im H. lediglich als Faktor der Maximierung der Leistung des einzelnen sinnvoll und erwünscht.
Der H. hat durch die nationale und internationale Vergleichbarkeit der erbrachten Leistungen inzwischen politische Funktionen zur nationalen Repräsentanz und zum Vergleich der Effizienz von Gesellschaftssystemen erlangt. Darüber hinaus dient der H. der Produktion von national und international anerkannten Leistungen als *Zuschauer* → -attraktion (Sportzirkus, Skizirkus, Fernsehsportzirkus, Fußball-Vergleichskämpfe etc.).
Karst

Honorarkräfte
Mitarbeiter →

Hotel
Betrieb zur Beherbergung und Verpflegung von Reisenden und damit Teil der Infrastruktur für den *Fremdenverkehr* →. H. gehören aufgrund ihrer langen Tradition zu den am besten durchdachten Einrichtungen des *Freizeitbereichs* → (im weiteren Sinne).
Die Hotellerie zeichnet sich entsprechend Nachfrage und Bedarf durch große Vielfalt aus, was ihre Größe, Gestaltung, Ausstattung und ihr Angebot angeht. In Feriengebieten, *Ferienanlagen* → und auch sonst geht das Nebenangebot z.T. weit über das für Beherbergung und Verpflegung notwendige hinaus; z.B. Sportanlagen, Badanlagen, Veranstaltungsräume und -programme.
Spitzenorganisation ist der Deutsche Hotel- und Gaststättenverband (DEHOGA).
Gaststätte →, *Gastronomie* →, *Gastgewerbe* →, *Beherbergungsgewerbe* →

Hot-Whirl-Pool
Freizeitbad →

I

Ikebana
Kunsthandwerk →

Image
engl.: Vorstellungsbild; Gesamtheit der Vorstellungen, Erwartungen, Ideen, Gefühle, die mit Personen, Gruppen, Nationen, Organisationen, Tätigkeiten, Gegenständen, Waren verbunden werden.
Das I. ergibt sich einerseits aus dem Erfassen, Erkennen, Wahrnehmen von Gegebenheiten, zum anderen aus *Bedürfnissen* →, *Motivationen* → und Wünschen. Durch die sonst vielfältigen Einflüsse muß keineswegs ein wirklichkeitsgetreues Bild entstehen. Weitgehend ist das I. eine Form des Vorurteils, kann aber auch ein Urteil enthalten.
Positives I. herzustellen, bemüht sich die *Öffentlichkeitsarbeit* →. Angesichts der Eigenschaften des I. ist es sehr schwer, ein vorhandenes negatives I. abzubauen. Will man ein I. etablieren, muß wegen der Komplexität der I.-bildung die notwendige Information eine Beziehung zum *Lebensstil* → haben oder ein Beitrag zu diesem sein.
Das I. von der eigenen Freizeit ist überwiegend positiv, während dasjenige vom Freizeitgestalter (des jeweils anderen) durch Skepsis geprägt ist. Die Tatsache, daß jemand hauptberuflich für Freizeit tätig ist, weckt Belustigung. Forderungen zur Verbesserung des Freizeitangebotes werden mit dem I. der anonymen Instanz verbunden (»... es müßte«, »da muß etwas geschehen«).
Freizeitbewußtsein →, *Freizeitinformationsdienste* →, *Informative Beratung* →

Imbißhalle
Bewirtungsstätte mit begrenztem Speise-Angebot, überwiegend einfach zubereiteten Speisen; es werden überwiegend alkoholfreie Getränke ausgeschänkt. Der Umsatz wird zum Teil durch Verkauf über die Straße erzielt, die Zahl der Sitzgelegenheiten ist gering bzw. wird ohne Sitzgelegenheiten ausgekommen. (Enthält das Getränkeangebot auch alkoholische Getränke, müssen sanitäre Anlagen vorhanden sein.) Ähnlich sind Imbißecken; Einrichtungen in Metzgereien, Bäckereien und Lebensmittelgeschäften, die kleine Speisen zum Verzehr an Ort und Stelle oder zum Mitnehmen anbieten. Meistens handelt es sich um eigene Produkte (Bratwürste etc.), die verzehrfertig zubereitet und durch Pommes frites, Brot etc. ergänzt werden. Sitzgelegenheiten sind nicht vorhanden. Die Betriebe müssen sich an die Ladenschlußzeiten halten.
Gastronomie →

Immission
Einwirkungen auf ein Grundstück, ein Gebiet aus einem anderen Gebiet durch Gase, Dämpfe, Gerüche, Rauch, Ruß, Geräusche, Erschütterungen u.ä. (Verursachung: Emission/Ausstoß schädlicher Gase oder Feststoffe). I. können *Freizeittätigkeiten* → beeinträchtigen, aber auch durch diese oder mit ihnen zusammenhängend hervorgerufen werden (*Freizeitlärm* →, *Naherholungsverkehr* →, *Freizeitprobleme* →). Aus diesem Grund ist der Freizeitbereich an der Lösung der I.-probleme interessiert (*Umweltschutz* →, *Ökologie* →).

Incentive
Anreiz. Gratifikationen, die bewußt und methodisch eingesetzt werden, um Mitarbeiter eines Unternehmens, Betriebes zu höherer als normaler *Leistung* → zu motivieren. Im Unterschied zum Marketing (= Planung, Koordination und Kontrolle) aller auf die aktuellen und potentiellen Märkte ausgerichteten Unternehmungsaktivitäten mit dem Zweck einer dauerhaften Befriedigung der Kundenbedürfnisse einerseits und der Erfüllung der Unternehmensziele andererseits (H. Meffert, 1984) stellt I. ein betriebsinternes Förderungssystem dar, das gewinnmaximierende Ideen und Leistungen provozieren soll. Grundprinzip von I. ist abweichend von den Leistungslohnsystemen nicht die fortwährende Konkurrenz der Mitarbeiter, sondern eine Motivierung auf breiter Basis, die auch jene erfaßt, die (diesmal) nicht gewonnen haben. Insoweit werden Elemente des *Spiels* → (Preisausschreiben, Quiz, *Glücksspiel* →) in den Arbeitsbereich eingeführt. Jedoch gibt es auch andere Formen, indem I. (z.B. Schulung etwa im Bereich der Absatzförderung) mit einem attraktiven Freizeitangebot verbunden wird. Des weiteren sind Freizeitangebote (insbesondere *Reisen* →) Gegenstand der Belohnung (»der Freizeitwert als Stimulus für neue berufliche Leistungen«, Opaschowski, 1984). I.-reisen haben sich inzwischen zu einem interessanten Markt mit spezialisierten Reiseveranstaltern entwickelt. Man rechnet den Umsatz bei I.-reisen um zwanzigmal höher als bei einem »normalen« Touristen. Es gibt eine Arbeitsgemeinschaft I.-Reiseveranstalter und eine I.-Messe.

I.-programme werden von darauf spezialisierten I.-häusern (*Agentur* →) ausgearbeitet und beziehen sich auf die Absatzförderung (Schulung, Werbung, Vertrieb, Verkauf) ebenso wie auf die Produktion (Produkt- und Sortimentsgestaltung, Service, Preisgestaltung). Probleme sehen die »Incentivisten« im Verhalten besonders gewerkschaftlicher Gruppen gegen Leistungsoptimierungen und in den Steuerabzugsbestimmungen, die I.-honorierungen beim Empfänger belasten bzw. dem I.-geber nicht als betriebsnotwendige Ausgaben anerkennen. Da die bisherigen »Anreiz-Strategien« nicht mehr wirksam genung sind, dürften I.-programme in Zukunft noch weiter vorangetrieben werden.

Lit.: Opaschowski »Die Zukunft der Freizeitberufe: Die Macher gehen, die Inspiratoren kommen. . . « In: Fachzeitschrift Freizeit-Animation, 1/1985.
Schirmer »Incentive klar, doch wo bleibts Marketing?« In: Tagungswirtschaft 3/85

Individualtourismus
durch individuelle Gestaltung von Urlaubsreise und -aufenthalt Form des *Tourismus* →. Der Tourist kann dabei die Dienstleistungen von *Reisebüros* → in Anspruch nehmen. Individualreisen nehmen den größten Anteil an allen Reisen (etwa ¾) ein.

Individualverkehr
Verkehr →

Indoor Recreation
aus dem Englischen übernommener Begriff: Erholung unter Dach, Gegensatz zu *outdoor recreation* →; gemeint ist jegliche Tätigkeit bzw. Aktivität zum Zwecke der physischen und/oder psychischen *Erholung* →, die in überdachten Räumen (Zimmer, Haus, Halle o.ä.) ausgeübt wird.

Schmale

Industriegesellschaft
durch Arbeitsteilung und industrielle Produktionsweisen geprägte Form der Gesellschaft.
Der Begriff I. geht auf Freiherr von Stein zurück. Seine heutige Bedeutung gewann er nach 1945 im Rahmen ideologischer Auseinandersetzung zwischen kapitalistischer und sozialistischer Gesellschaftsordnung. Die Nutzung eines scheinbar wertneutralen Begriffs wie den der I. führte dazu, die Gesellschaft über die industrielle Produktionsweise zu charakterisieren, in der besonders Großindustrien vorherrschen. Eine solche Erklärung berücksichtigt nicht die Produktionsverhältnisse als gesellschaftlichen Faktor, sondern erklärt ihre Entwicklung allein auf der Basis technologischen Wandels. In der Folge werden alle Widersprüche und Probleme der Gesellschaft als Ergebnisse der industriellen Entwicklung analysiert. Die Krise der Großindustrie wie z.B. Kohle und Stahl führte bei einigen Wissenschaftlern und Politikern zur Sichtweise »Wir leben schon in der nachindustriellen Gesellschaft« (*Freizeitgesellschaft* →), ohne dabei die Entwicklung neuer Großindustrien zu berücksichtigen. Die Frage muß gestellt werden, wie weit der Erklärung soziale Probleme aus der Technik (Industrie) möglich ist, da diese doch nur durch gesamtgesellschaftliche Problemanalysen erfaßt werden können. So bleibt der Verdacht, daß die I. als Erklärungsmuster ein ideologisches Vehikel zur Festigung von Staatsapparaten und Bürokratien als vorgeblichen Problemlösungsinstanzen ist. Es finden sich Konzeptionen der I. in verschiedenen gesellschaftspolitischen Auffassungen wieder, z.B. in Ludwig Erhards (CDU) »Formierter Gesellschaft« oder in Helmut Schmidts (SPD) »Modell Deutschland«.
Freizeitgesellschaft →

Lit.: Röhrich, »Die verspätete Demokratie, zur politischen Kultur der Bundesrepublik Deutschland«, Köln 1983
IG Metall (Hrsg.) »Krise und Reformen in der Industriegesellschaft«

Oberste-Lehn

Informative Beratung
Teil eines freizeitpädagogischen Handlungskonzepts (kommunikative *Animation* → und partizipative *Planung* →), das dazu dient, das vorhandene *Freizeitangebot* → bekannt zu machen und unterschiedliche Möglichkeiten der Freizeitnutzung zu unterbreiten (Opaschowski 1976) (= Information durch Beratung). I. stellt einen sozialen Service dar, der auf dem Prinzip der Freiwilligkeit basiert und ebenso angenommen wie abgelehnt werden kann. I. beinhaltet die Problematisierung von Freizeit in den persönlichen, gruppenspezifischen und gesellschaftlichen Zusammenhängen. Der einzelne soll seine Freizeitbedürfnisse und die gesellschaftlichen Zusammenhänge, in die seine Bedürfnisbefriedigung gestellt ist, bewußter erkennen und reflektieren lernen sowie sein bisheriges Freizeitverhalten überdenken. Wirksame Veränderungen des *Freizeitverhaltens* → sind umso aussichtsreicher, je mehr individuelle (jedoch an gruppenspezifischen Normen orientierte) Bedürfnisse zum Tragen kommen. Dabei ist an aus dem alltäglichen Sozialbereich stammende Hemmnisse durch Trägheit und Bequemlichkeit sowie an Widerstände aus konkurrierenden Interessen (z.B. Erwerbsstreben, *Schwarzarbeit* →) und andersartige Einflüsse (z.B. der *Freizeitindustrie* →) sowie an den Abbau von Hemmnissen zu denken, die ihre wesentliche Ursache in der

Informative Beratung

Art des *Freizeitangebotes* → selbst haben (Vereinsbeitrittsverpflichtungen, Rücksichtnahme auf Gruppeninteressen und bürokratische Verordnungen).
I. stößt auf eine Zielgruppe, die pädagogischen Intentionen reserviert gegenübersteht und überwiegend einer rationalen Auseinandersetzung mit der eigenen Freizeitsituation aus dem Wege geht und weniger eine bewußte und absichtsvolle Lernbereitschaft als vielmehr starke Bedürfnisse nach Entlastung und Entspannung, nach zweckfreier, spielerischer und genießerischer Freizeitbetätigung zeigt.
I. im Freizeitbereich geschah bisher sehr unvollständig und unsystematisch. Dadurch verfügen z.B. Mitarbeiter in Behörden, Mitglieder von *Organisationen* →, *Verbänden* →, *Vereinen* →, Parteien und *Kirchen* → über einen erheblichen Informationsvorsprung gegenüber organisatorisch nicht engagierten Bevölkerungsgruppen.
I. ist ein Kommunikationsprozeß, keine psychosoziale Beratung. Dazu sind offene und zwangsfreie Beratungssituationen erforderlich. Bei persönlicher oder gruppenbezogener Beratung werden die folgenden effektiven Vorgehensweisen gewählt: Ansprechbar sein / Einfühlungsvermögen zeigen / Neugierig machen / Interesse wecken / Lernanreiz geben / selbst lernfähig sein / infomieren / orientieren / beraten / empfehlen / Beispiele zeigen / sich zurückziehen können.
I. hat das Bestreben, sich überflüssig zu machen. I. im *Freizeitbereich* → kann nur Verhaltensänderungen bewirken, wenn sie gleichzeitig durch Bildungsmaßnahmen unterstützt wird. Insbesondere die Schule muß bessere Voraussetzungen zur effizienten Nutzung von Informationsangeboten schaffen.

Lit.: Gewos e.V.: »Informationsmöglichkeiten im Freizeitbereich«, Stuttgart / Berlin / Köln / Mainz 1976
Opaschowski: »Informative Beratung«. In: Ders. Pädagogik der Freizeit, Bad Heilbrunn 1976, S. 91–95

Opaschowski

Infrastruktur
Freizeitinfrastruktur →

Innenstadt
Stadtzentrum, City; Stadtkern; Stadtbereich mit meist hoher Verdichtung von Bebauung und Infrastruktur (Verkehr, Verkehrsknotenpunkte, Einkaufsmöglichkeiten, Verwaltungszentrum, Freizeit- und Kultureinrichtungen).
Die I. wirkt schon durch ihre Kombination von Architektur, Stadtimage, geschichtlicher Gewachsenheit, dem sich in ihr abspielenden Leben als *Freizeitangebot* →.
Der Stadtbummel (*Spaziergang* →) wird durchaus als *Freizeittätigkeit* → empfunden.

Auch der Einkauf (*Konsum* →) enthält Elemente des *Freizeitverhaltens* →.
Darüber hinaus spielt die *Freizeit* → für die I. eine mehrfache Rolle. *Freizeiteinrichtungen* → beleben die I. auch zu Zeiten, in denen die Geschäfte geschlossen sind.
Fehlende Freizeitmöglichkeiten (*Innerstädtische Erholung* →) zwingen die in der I. wohnenden Menschen zum Verlassen (entweder zeitweilig oder ganz) der I. (*Mobilität* →).
Eine freizeitgerechte Gestaltung (Aufenthaltsmöglichkeiten, Grün, Spielangebote, *Freizeitarchitektur* →) verbessert das Gesamtbild (*Ästhetik* →) der I. und animiert zum Verweilen und zur *Kommunikation* →.
In diesem Zusammenhang ist auch die Schaffung von *Fußgänger* → -bereichen als eine *Freizeitinfrastruktur* → -maßnahme anzusehen.
Die dadurch geschaffenen Flächen und Räume sind im Sinne der *Mehrzwecknutzung* → und *Mehrfachnutzung* → für *Freizeittätigkeit* → und Freizeitangebote vielerlei Art zu verwenden (*Spiele* →, *Feste* →, Aktionen, Wettkämpfe, Straßenmusik, Straßentheater, Straßenmaler, Flohmarkt usw.).

Innerstädtische Erholung
im Unterschied zur *Naherholung* → alle Tätigkeiten und Angebote innerhalb bebauter Ortschaften, die der Wiederherstellung der Arbeitskraft und dem Ausgleich zur Arbeit und Verpflichtung dienen.
I. findet insbesondere in der Wohnung und den wohnungsnahen Freiräumen (*Grünflächen* →) sowie bestimmten *Freizeiteinrichtungen* → (*Bad* →, *Sauna* →, *Sportanlagen* →) statt. Im übertragenen Sinne ist I. *Freizeitgestaltung* → in der (Groß-)Stadt und deren *Freizeitinfrastruktur* → das Angebot für I.

Innerstädtisches Grün
Stadtgrün →

Innovation
Schaffen und Durchsetzen von Veränderungen durch Einführung von neuen Ideen, Verfahren, Produkten, Organisationsstrukturen, Informationssystemen, Medien usw. Es handelt sich also nicht um die normale Fortentwicklung von Bestehendem, sondern um Umwandlungsprozesse.
Der Begriff wird zwar auch im politischen und sozialen Bereich benutzt, ist aber im wesentlichen in der Wirtschaft heimisch, besonders für technologische Neuerungen. Im *Freizeitbereich* → wird I. als ständige Aufgabe in der Erhaltung der Attraktivität von *Freizeitangeboten* →, *Freizeiteinrichtungen* → und *Freizeitanlagen* → gesehen. Gegenstand laufender I. sind Freizeitprogramme. I. sind häufig mit *Investi-*

tionen → verbunden, insbesondere bei *Gaststätten* →, Schaustellerbetrieben, Freizeit- und Erlebnisparks, Ferienorten, Verkehrsunternehmen.
Wichtige I. im nichtinvestiven Bereich des Freizeitwesens sind neue Arbeitsformen wie *Animation* →, *Stadtteilarbeit* →, *Breitenkulturarbeit* →, Organisationsformen (z.B. *Freizeitamt* →, *Alternativprojekte* →) und Ideen (Arbeitszeitflexibilisierung, Lebenszeitplanung, Seniorenkorps, Selbsthilfevereinigungen).

Integration
Herstellung oder Wiederherstellung einer Gesamtheit aus bestimmten Teilen oder Eingliederung von Teilen in eine Gesamtheit. Im gesellschaftlichen Bereich wird der Begriff wesentlich konkreter verstanden. Wenn die Soziologie davon ausgeht, daß die I. eine Hauptforderung für das Überleben eines sozialen Systems (aufgrund von Konsens und sozialer Kontrolle oder im Rahmen von Spannungsverhältnissen) darstellt, fordert die Sozialpolitik die Eingliederung benachteiligter *Gruppen* → oder *ethnischer Minderheiten* → in den Arbeitsprozeß und in das *Freizeitwesen* →. Während die I. am Arbeitsplatz und im Freizeitbereich die Identität von ethnischen Minderheiten nicht anzurühren braucht, wird im Alltagsleben, in der Nachbarschaft eher eine Angleichung gefordert. Andererseits sucht man nicht nur kulturelle, sondern auch lokale *Identität* → (*Heimat* →); das führt zur Bildung von ethnischen Wohnvierteln und Vereinigungen oder zur Akkulturation (Übernahme der umgebenden Kultur). Dem wird das Modell einer »multiethnischen« Gesellschaft gegenübergestellt. Inwieweit grundsätzliche ethnische Unterschiede toleriert werden, ist angesichts der geschichtlichen Erfahrungen zumindest unsicher. Am ehesten kann im Freizeitbereich die Begegnung unterschiedlicher Kulturen arrangiert werden. Intensive gemeinsame *Freizeittätigkeiten* → vermögen I. zumindest zeitweilig zu erreichen; sie wird sich in der Regel auf die Tätigkeit beschränken.

Interessen
Neigungen, Aufmerksamkeit und Absichten gegenüber bestimmten Wissensbereichen und Tätigkeiten. Im Freizeitbereich stellen I. die Grundlage für die Entscheidung dar, nach welcher *Freizeittätigkeit* →, *Hobbies* →, Vereinigungen, *Freizeitprogramme* →, *Freizeitstätten* →, Urlaubsorte, Naherholungsgebiete → usw. ausgewählt werden.
I. werden in Erziehungs- und Sozialisationsprozeß ebenso entwickelt wie die Ablehnung bestimmter Gegebenheiten (»Abneigung«).

Interessengruppen
1. Gruppen einzelner, die gemeinsamen Neigungen nachgehen (Hobby-Gruppen), oft als Untergruppen größerer Vereinigungen oder Institutionen (Schule, Wohnheim, Strafvollzugsanstalt, Krankenhaus, Kurklinik usw.). *Interessen* →
2. Gruppen einzelner und/oder von Vereinigungen zur Durchsetzung bestimmter Absichten, Meinungen und Forderungen gegenüber der Allgemeinheit, einer Verwaltung, Politikern, anderen Gruppen, Dachgruppen usw. (auch Pressure Group genannt).
Gemeinwesenarbeit →, *Partizipation* →, *Bürgerinitiative* →

Internationale Jugendarbeit
Teil der *Jugendarbeit* →, der sich auf Reisen in das Ausland, den Empfang ausländischer Partner, internationale *Freizeiten* → im In- und Ausland, Jugendarbeitslager, Sozialdienste, Schulklassenaustausch, internationale Seminare, Auslandspraktika, jugendpolitische Zusammenarbeit mit Ländern der Dritten Welt sowie Fortbildungsprogramme für Mitarbeiter der I. bezieht.
I. wird im Rahmen des *Bundesjugendplans* → gefördert und überwiegend von Jugendverbänden, Jugendgrppen und Jugendwerken (z.B.: deutsch-französisches Jugendwerk, Deutsche Gesellschaft für europäische Erziehung, Deutsches Jugendherbergswerk) getragen.

Investition
Anlage von Geldmitteln zur Schaffung von Grundlagen zum Wirtschaften (Real- oder Sachinvestitionen; Finanzinvestitionen). Außer bei der Herstellung von Freizeitgütern spielt die I. nicht die Rolle wie bei der Beschaffung von Produktionsmitteln, da es sich beim Wirtschaften im *Freizeitbereich* → meist um *Dienstleistungen* → handelt. Vielmehr werden Hilfsmittel für diese Dienstleistungen geschaffen. Der Ertrag ergibt sich erst aus der Nutzung durch Dritte (direkt oder indirekt). Die Auswirkung von I. ist daher schwer vorauszuberechnen, aber auch in vielen Fällen schwer nachzuweisen (*Wirtschaftlichkeit* →, *Effektivität* →, *Effizienz* →).
Vor I. in *Freizeiteinrichtungen* → muß daher sehr komplexe *Marktforschung* → betrieben werden, die sich nicht nur auf die I., sondern auch auf die Art und Weise, wie diese angeboten und betrieben werden sollte, beziehen muß.
Die Finanzierung von I. in Freizeiteinrichtungen erfolgt über öffentliche Mittel bzw. *Subventionen* → sowie durch privates Kapital je nach *Trägerschaft* →.

J

Jagd
1. das Fangen und Erlegen jagdbarer Tiere;
2. die Bezeichnung des Reviers;
3. mit 1. und 2. verbundene Hege und Pflege von Wild und Revier.
Das J.-recht (Befugnis wildlebende Tiere zu hegen, zu erlegen und sich anzueignen) ist an bestimmte Bezirke (Reviere) mit nach unten und nach oben begrenzter Größe (75 ha–1000 ha) gebunden. Zur Ausübung der J. benötigt man einen J.-schein (Jägerprüfung), der zur Pacht eines Reviers berechtigt (3 Jahre Karenzzeit). Die J.- und Schonzeiten sind genau geregelt. Der J.-schutz ist der Schutz des Wildes vor Wilderern, Raubwild, Futternot, Wildseuchen, wildernden Hunden und Katzen wie auch die Überwachung der J.-Vorschriften. Er obliegt mit polizeilichen Befugnissen versehenen J.-aufsehern. Soweit die J. nicht beruflich ausgeübt wird, muß sie als *Freizeittätigkeit* →, wenn auch zum Teil mit Verpflichtungscharakter (*Freizeit* →) angesehen werden. Sie ist darüber hinaus Brauchtumspflege und mit bestimmten Formen der Geselligkeit verbunden. Die mit J. verbundene Pflicht zur Hege hat dafür gesorgt, daß in den deutschen Wäldern ein großer Wildbestand zu verzeichnen ist, zur Freude von Wanderern und Naturfreunden. Unter Jägern besteht zwar die Furcht, daß die Hege durch die letzteren gestört werden könne. Erfahrungsgemäß bleiben die ungeübten Wanderer und Spaziergänger jedoch den Revieren fern und in der Nähe von Parkplätzen und Ausflugsorten, während die erfahrenen Wanderer wissen, wie sie sich in der Natur zu verhalten haben. Allerdings sollte wie in allen Konfliktbereichen zwischen Natur und Erholung ständig Aufklärungsarbeit betrieben werden. Mit J. verbunden sind zahlreiche Verbände und Institutionen, insbesondere der Deutsche Jagdschutz-Verband mit den Landesjagdverbänden.

Jahrmarkt
Volksfest →

Jazz
aus der Begegnung der Musik amerikanischer schwarzer Musiker mit der europäischen Musik entstandene Musizierform mit verschiedenen zum Teil an der Kunstmusik orientierten Stilen, die überwiegend Improvisationen durch die Spieler zu vorgegebenen Melodien und Rhythmen vorsehen. Der J. wirkte sowohl auf die E.-Musik wie auf die U.-Musik (*Musik* →) zurück.

Außer berufsmäßigen Gruppen (*Band* →) wird J. von zahlreichen Amateurgruppen ausgeübt, die sich meist jeweils auf eine oder mehrere nahe verwandte Stilarten bzw. Aufführungsweisen spezialisiert haben. In J.-Clubs treffen sich die J.-Fans, aber auch zu Konzerten. Die J.-Anhänger sind eine dieser Musikform treue, wenn auch nicht riesige Gruppe. Dachvereinigungen der J.-Clubs ist die Deutsche Jazz-Förderation.

Jahresfreizeit
Gesamtheit der arbeitsfreien Zeit Berufstätiger im Laufe eines Jahres. Die durchschnittliche Jahresfreizeit in der Bundesrepublik Deutschland betrug im Jahr 1984 insgesamt 30 Werktage; häufig wird unter J. im Unterschied zur kürzeren *Tagesfreizeit* → oder *Wochenendfreizeit* → ein längerer, i.d.R. mehrwöchiger Block freier Tage ein- oder auch mehrmals jährlich verstanden, bekannt auch als sog. (Jahres-)*Urlaub* →.

Schmale

Jazzclub
Jazz →

Jazzgymnastik
Gymnastik →

Jedermannsport
Freizeitsport →

Job sharing
Arbeitszeit →

Jogging
amerik.: langsamer, aber stetiger Lauf (Dauerlauf, Trimm-Trab) zur Verbesserung der Fitness und Ausdauer (*Freizeitsport* →, *Trimm-Aktion* →).
Inzwischen kam eine Variante über den Ozean, das Wogging (Walk-Jogging), eine Mischung von Wandern und Trimm-Trab, d.h. schnelles Gehen (schneller als Wandern, langsamer als leichtathletisches Gehen).

Judo
Selbstverteidigungssport →

Jugend
1. Lebensabschnitt von der Geburt bis zur Reife (Mündigkeit, Vollendung der geistig-seelischen Entwicklung, Erreichung des Erwachsenenalters); im Rahmen der Gesamtlebenszeit, derjenige des Wachstums und der schnellen Entwicklung, sowie der erzieheri-

schen Einflußnahme (*Alter* →, *Erziehung* →, *Sozialisation* →). In der J. werden auch das *Freizeitverhalten* → und die Fähigkeit zur *Freizeitgestaltung* → wesentlich grundgelegt.

2. J.-alter, Pubertät, Adoleszenz; Zeitabschnitt zwischen Kindheit (10/12 Jahre) und Erwachsenenalter (21/24 Jahre), in dem die Fortpflanzungsfähigkeit erreicht wird und der Jugendliche, junge Erwachsene, seine Identität (*Rolle* →) gewinnt. In einer Gesellschaft ohne genaue Rituale des Erwachsenwerdens ist die J. eine Phase großer Unsicherheit, bis die persönliche Sicherheit gewonnen ist. Die J.-zeit steht heute unter einer weiteren Spannung: während sich die sexuelle Reifung vorverlegt hat und auch die individuelle Entscheidungsfähigkeit früher genutzt wird und werden kann (Volljährigkeit: 18 Jahre), verlängert sich die Phase wirtschaftlicher Unselbständigkeit durch längere Ausbildungszeit und *Arbeitslosigkeit* →. Auch im Freizeitverhalten nähert sich der junge Mensch demjenigen der Erwachsenen immer mehr an. Das Freizeitverhalten ist zunächst durch die Verselbständigung vom Elternhaus und durch die Suche nach Gruppen Gleichaltriger, später durch Ausbildung, Beruf und Arbeit gekennzeichnet. Der *Freizeitbereich* → ist ein wichtiges Feld der *Sozialisation* →, besonders der Übernahme von gesellschaftlichen Werten, Erfahrungen und Orientierungen. *Freizeit* → wird mit der Möglichkeit der *Selbstbestimmung* → stark identifiziert, was aber die Einstellung vieler Erwachsener ist. Im Prinzip ist auch die Zeiteinteilung des Heranwachsenden derjenigen von Erwachsenen gleich (*Lebenszeit* →).

3. Gruppe der Menschen im J.-alter; eine sehr heterogene Gesamtheit, die die Unterschiede der Gesellschaft widerspiegelt. Insoweit ist auch das Freizeitverhalten der J. demjenigen der Erwachsenen im Grundsatz gleich, mit wenigen Ausnahmen: Musik hören J.-liche mehr als Erwachsene, ebenso sind sie häufiger mit ihren Freunden zusammen (Peer groups). Daneben differenziert sich die Gruppe ebenso wie die Erwachsenengruppe. Dabei bildet der *Sport* → ein besonderes Interessengebiet. Das Freizeitverhalten in der J. ist ebenso wie in der übrigen Gesellschaft vom Status der einzelnen J.-lichen abhängig. Die Bereitschaft zur Mitwirkung (*Partizipation* →) ist in der J. nicht größer und nicht geringer als in der Erwachsenengruppe. Die J. zeigt auch in gleicher Weise eine Distanz zu Angeboten der *Kirche* →, *Volkshochschulen* →, traditioneller *Kulturarbeit* →. Trotzdem wächst die Zahl auch jugendlicher Teilnehmer an religiösen und kulturellen Ereignissen; beteiligen sich J.-liche in neuen Bewegungen und gesellschaftsprägenden *Subkulturen* →.

4. Idealvorstellung, *Image* →: »J.-lichkeit«. Mit Anwachsen der Lebenserwartung und der industriellen Entwicklung verbunden. Erste Zuspitzung erfuhr diese Vorstellung im »J.-stil« und in der »*J.-bewegung*« →. Nach einer Adaption des J.-ideals durch die Politik (»Wer die J. hat, hat die *Zukunft*« →.), wurde die J.-lichkeit zunehmend Leitmotiv für den *Lebensstil* → in unserer Gesellschaft. Das bewirkt zwar einerseits eine Schwächung der gesellschaftlichen Stellung des *Alters* →, andererseits aber auch ein subjektives Empfinden der eigenen J.-lichkeit, was zu erhöhter Leistungsfähigkeit und Aktivität, damit zur besseren Bewältigung des längeren Lebens führt.

Jugendamt

Organisationseinheit und Verwaltungsstelle (Amt) der jeweiligen (Kommunal-)*Verwaltung* →, die Aufgaben der Jugendhilfe wahrnimmt, wie sie im Jugendwohlfahrtsgesetz (JWG) geregelt sind (*Gemeinde* →).

Die Jugendhilfe umfaßt vor allem zwei Bereiche:

1. Hilfe im Einzelfall, sog. jugendfürsorgerische Maßnahmen (u.a. Erziehungshilfe, Jugendgerichtshilfe, Vormundschaftshilfen, Pflegekinderhilfen) und

2. jugendpflegerische Aktivitäten zur Anregung, Förderung und Durchführung von Veranstaltungen, die der allgemeinen Wohlfahrt der Jugend dienen, sowie der Schaffung von Einrichtungen für Jugendliche.

Alle Aufgaben des J. ordnen sich den Zielsetzungen des § 1 JWG unter, das Recht des Kindes auf Erziehung zur leiblichen, seelischen und gesellschaftlichen Tüchtigkeit zu gewährleisten.

Speziell im § 5 des JWG werden die Aufgaben des Jugendamtes im Bereich der Freizeiterziehung betont: u.a. die Förderung von *Jugendverbänden* → und Jugendgemeinschaften (*Freie Träger* → der Jugendhilfe), Freizeithilfen, politische *Bildung* → und internationale Begegnung sowie die Schaffung und den Unterhalt von Jugendheimen und -zentren (*Jugendfreizeitstätten* →). Dies betrifft insbesondere auch die finanzielle Förderung von Jugendgruppen, Jugendveranstaltungen, von kulturellen und bildenden Initiativen und die Planung und Durchführung von Ferienprogrammen (*Ferienaktion* →).

Die Aufgaben des J. im *Freizeitbereich* → wurden historisch gesehen zum ersten Mal im Reichsjugendwohlfahrtsgesetz (RJWG) von 1922 geregelt und bilden einen festen Bestandteil der Tätigkeiten. Als Problem stellt sich in den J. jedoch häufig die Koordination von jugendpflegerischen und jugendfürsorgerischen Arbeitsbereichen dar.

Das J. ist eine zweigliedrige Behörde und besteht aus dem *Jugendwohlfahrtsausschuß* → und der Verwaltung des J. Der Jugendwohlfahrtsausschuß setzt sich aus Mitgliedern der jeweiligen Gebietskörperschaft (Stadtrat-Kreistag), in der *Jugendarbeit* → »erfahrenen und tätigen« Männern und Frauen, Vertretern von Jugend- und Wohlfahrtsverbänden, dem Leiter der Verwaltung bzw. eines Stellvertreters, dem J.-leiter, einem Arzt des Gesundheitsamtes, Kirchenvertretern und einem Vormundschafts- oder Jugendrichter zusammen. Genaueres regelt das jeweilige Landesrecht.
Während die Verwaltung des J. die laufenden Geschäfte führt, soll der Jugendwohlfahrtsausschuß über zentrale Fragen der Jugendpflege und -fürsorge im Rahmen der ihm vom Rat zur Verfügung gestellten Mittel beraten und beschließen. Der JWA hat Antragsrecht an die Gebietskörperschaft und muß in Fragen der Jugendhilfe gehört werden. Vor allem bei der Beratung über den kommunalen Haushaltsplan im Bereich der Jugendhilfe, der Anregung zur Förderung und Einrichtung von Jugendtreffs, Kindertagesstätten und Spielplätzen kommt hier ein zentraler Stellenwert zu.
Die besondere rechtliche Konstruktion des J. als duales System von Verwaltung und außerbehördlichen Fachleuten und Praktikern der Jugendarbeit als stimmberechtigten und/oder beratenden Mitgliedern im Jugendwohlfahrtsausschuß soll zur bedürfnisorientierten und praxisnahen Jugendarbeit beitragen.
Diese Idealkonstruktion des JWG wird in der Realität nur bedingt erreicht, da die Verwaltung des J. häufig größere Bedeutung erhält und die Zusammensetzung des Jugendwohlfahrtsausschusses an politischen und verbandlichen Strukturen orientiert ist.
Für Gruppen und Initiativen empfiehlt es sich auf jeden Fall, mit dem Jugendamt Kontakt aufzunehmen, um Möglichkeiten der ideellen und finanziellen Förderung zu klären. Ein erster Schritt dazu kann die Beantragung der Anerkennung als »freier Träger« der Jugendarbeit sein.

Vahsen

Jugendarbeit

verwaltungs- und berufsmäßige sowie ehrenamtliche jugendbezogene Tätigkeiten in und von *Jugendverbänden* →, *Jugendamt* → (Jugendhilfe, *Jugendpflege* →), anderen *öffentlichen Trägern* → und *Freien Trägern* → sowie Einrichtungen.
Die Angebote der J. umfassen u.a. solche zur Gruppenbildung, *Geselligkeit* →, *Unterhaltung* →, zur *Bildung* → in verschiedenen Bereichen (politische *Bildung* →, sportliche und soziale Bildung, kulturelle *Bildung* →); zu *Selbsthilfe* → und sozialem Engagement; der sozialen, sozialtherapeutischen, sozialpädagogischen und psychologischen Hilfen; zur Freizeit- und Feriengestaltung; der internationalen Begegnung (*Internationale J.* →).
Besondere Formen der J. sind u.a.: Offene Arbeit, Zielgruppenarbeit, *Streetwork* →, Jugendverbandsarbeit; kirchliche J., J. von Fach- und Erwachsenenverbänden sowie Betrieben; *Jugendbildung* → -arbeit; Jugendkulturarbeit; Jugendsozialarbeit; Selbstorganisation von Jugendgruppen, Projektarbeit; mobile Angebote.
Im Rahmen der J. bildeten sich Spezialeinrichtungen heraus wie: Jugendheime, *Jugendfreizeitstätten* → und -zentren, Jugendbildungsstätten, Jugendmusik- und *Jugendkunstschulen* →, *Jugendtheater* →, *Jugendherbergen* → sowie Service- und Schulungseinrichtungen für Mitarbeiter, Träger und Angebotsgestaltung.
Eine besondere Stellung haben die *Jugendverbände* → und das *Jugendamt* →.
Das Spektrum der Mitarbeiter der J. ist außerordentlich breit. Für viele Spezialtätigkeiten wird eine auf J. abgestellte Zusatzqualifikation angeboten: Jugendleiter, *Jugendgruppenleiter* →. Als für J. Ausgebildete können *Sozialpädagogen* →, Sozialarbeiter und Erzieher bezeichnet werden.

Jugendarbeitslosigkeit

Arbeitslosigkeit →, *Jugend* →

Jugendbegegnung

Sammelbegriff für internationale Studien- und Austauschprogramme im Rahmen der Jugendarbeit und Jugendpflege mit dem Ziel, internationale Verständigung, interkulturelles Lernen und Zusammenarbeit zu fördern. Grundlagen für J. schaffen bilaterale Kulturabkommen, Abkommen der Jugendverbände, das Europäische Jugendforum der EG, das Europäische Jugendwerk des Europarates, das Deutsch-Französische Jugendwerk, verschiedene Gemeinschafts-, Friedens- und Entwicklungsdienste, Städtepartnerschaften, private und halböffentliche Gesellschaften zu bestimmten Ländern. J. wird in besonderer Weise durch den Bundesjugendplan und die Landesjugendpläne gefördert. Träger von J. sind insbesondere die *Jugendverbände* →, die *Sportverbände* →, die *Jugendämter* →, der Internationale Jugendaustausch- und Besucherdienst (IJAB), der deutsche Akademische Austauschdienst, der pädagogische Austauschdienst sowie das Jugendherbergswerk (*Jugendherberge* →), Verbände kultureller *Jugendarbeit* →, *Jugendbildungsstätten* →, Jugendferienwerke und -reiseveranstalter.

Jugendbewegung
Sammelbegriff für zahlreiche zum Teil ideologisch sehr unterschiedliche Jugendgruppierungen, die sich um die Jahrhundertwende gegen gesellschaftliche Entwicklung und Institutionen (Familie, Schule, Arbeitsverhältnisse) wandten und Gegenmodelle im Wandern, bei Fahrt und Lager, in der *Brauchtums* → -pflege, in der Entwicklung neuer kultureller Formen (Jugend- und Spielmusik, *Laienspiel* →, Literatur) suchten. In den 20er Jahren prägten die J. Sendungs- und Elitebewußtsein, Volkstum und überzeichnetes Gemeinschaftsbewußtsein.
Kennzeichen für J. war der Versuch, in Gruppen Gleichaltriger zu eigenen Lebensformen zu kommen in Auseinandersetzung oder Gegensatz zu den bestehenden Erziehungsinstitutionen. Obwohl die J. sich als Organisation nicht durchsetzen konnte, hatte sie doch einen bis heute wirksamen Einfluß auf das öffentliche Leben und die Pädagogik. Insbesondere sind deutsche Besonderheiten der J. wie das *Jugendamt* →, der *Bundesjugendplan* → und die Institutionalisierung des Jugendverbandswesens ohne die J. ebensowenig denkbar wie *Jugendmusikschulen* →.

Jugendbildung
im Unterschied zur *Erwachsenenbildung* → jene Maßnahmen der nichtschulischen *Bildung* → und *Erziehung* →, die im Rahmen der *Jugendarbeit* → in besonderer Weise Einsichten und Wissen vermitteln. Die Formen der J. sind Seminare, Fortbildungsveranstaltungen, Kurse, *Workshops* →, *Freizeiten* → oftmals in dafür geschaffenen Einrichtungen (*Jugendbildungsstätten* →).
Inhalt der J. sind u.a. die Bereiche politische und internationale Bildung, musisch-kulturelle *Bildung* →, berufsbezogene Hilfen, allgemeine Bildung (auch Schulung für freiwillige Mitarbeiter in der Jugendarbeit). Die *Jugendverbände* → und viele Fachverbände haben aufgrund der staatlichen Förderung von J.-arbeit J.-referenten eingestellt.

Jugendbildungsstätte
Einrichtung der *Jugendarbeit* →, die in besonderem Maße der Durchführung von Maßnahmen der *Jugendbildung* → dient. J. haben in der Regel Übernachtungsmöglichkeiten neben einem Raumangebot von Saal, Seminar-, Gruppen-, Spiel- und Aufenthaltsräumen und liegen vielfach außerhalb von Städten in landschaftlich reizvoller Lage. Bildungsmaßnahmen werden einerseits von Mitarbeitern der J., andererseits von anderen Trägern der Jugendarbeit angeboten; sie werden entweder offen ausgeschrieben oder richten sich an eine feste Zielgruppe. Die Förderung von J. erfolgt meist durch die Länder. Jede J. hat ihre eigene Atmosphäre, den eigenen Stil. Allen ist der Auftrag gemein, politische Bildung zu betreiben. Es geht um das Verständnis politischer Sachverhalte, um Förderung und Festigung demokratischen Bewußtseins und um die Befähigung zur kritischen Analyse der gesellschaftlichen Verhältnisse. Das bedeutet für die Arbeit in der J.: Es müssen Zeit, Raum und Möglichkeiten für eine intensive und weitgehend selbstbestimmte Beschäftigung mit Zielen, Inhalten und Methoden, die die Menschen bewegen, gegeben werden.
Ziel muß es sein, gesellschaftliche Tatbestände aufzuarbeiten und nach glaubwürdigen, für alle nützlichen Lösungen zu suchen. Es geht darum, Wege zu finden, gemeinsam zu lernen, sich in der Gesellschaft besser auszukennen, um sein Leben selbst in die Hand nehmen zu können. Nur wer seine Situation und seine Interessen erkennt, kann daraus Fähigkeiten entwickeln, eine persönliche und gesellschaftliche Handlungsperspektive aufzubauen. Dachorganisation der J. ist der Arbeitskreis deutscher Bildungsstätten.

Lit.: Arbeitskreis deutscher Bildungsstätten e.V. (Hrsg.), »Unabhängige Bildungsarbeit in der Demokratie«, Bonn 1980 und »Das Schicksal in die eigene Hand nehmen« Beispiele aus der politischen Jugendbildungsarbeit, Bonn 1983

Oberste-Lehn

Jugendchor
Laienmusik →

Jugendclub
eigentlich gesellige Vereinigung von Jugendlichen sowie von dieser genutzter Versammlungsraum, wird aber meist als Bezeichnung für ein offenes, geselliges Angebot benutzt. Jedoch kann sich im Rahmen dieses Angebots eine tragende Vereinigung bilden. Solche Vereinigungen treten auch als Gründer und Betreiber von J. auf. Der J. geht besonders auf das Bedürfnis Jugendlicher ein, sich mit Gleichaltrigen zu treffen (*Jugend* →).

Jugenddorf
Form des gemeinschaftlichen Wohnens *Jugendlicher* →, die entweder ohne Angehörige sind oder aus anderen Gründen nicht bei ihrer Familie leben können. Das J. ist »dorfmäßig« gegliedert in Einzelwohngemeinschaften, Arbeitsstätten, *Freizeitstätten* → und Verwaltung. Die J. sind sozialpädagogische Einrichtungen, die entsprechend auch über ausgebildete Fachkräfte verfügen. Sie bemühen sich besonders um die Ausbildung von Jugendlichen mit persönlichen Problemen und aus Familien mit niedrigem Einkommen. Jedes J.

Jugenddorf

verfügt über ein reichhaltiges Freizeitangebot mit Schwerpunkten im Sport und musischgestalterischen Bereich. Zwischen den J. gibt es Treffen und Wettkämpfe. Ebenso bemühen sich die J. um einen Austausch mit ihrer Nachbarschaft (Offen-Tür-Veranstaltungen, Zusammenarbeit mit Vereinen und Kirchengemeinden). Träger der J. ist das Christliche Jugenddorfwerk Deutschlands, Gemeinnütziger Verband. Das Christliche Jugenddorfwerk Deutschlands umfaßt Gymnasien, Berufsvorbereitungslehrgänge, Spätaussiedlerschulen, Sonderschulen mit Ausbildungswerkstätten, Rehabilitationseinrichtungen für Behinderte, Häuser der offenen Tür, sozialpädagogische Institute.

Jugendfarm

Abenteuerspielplatz → mit dem Schwerpunkt Tierhaltung für Schulkinder und (jüngere) Jugendliche. Wie andere Abenteuerspielplätze ist die J. zunächst infrastruktureller Freiraum für entwicklungspsychologisch notwendige Verhaltensweisen und -übungen, führt aber zum anderen zum Einüben von Verantwortung durch Tierpflege und Selbstverwaltung. J. haben darüber hinaus zum Ziel, Kinder und Jugendliche zum verantwortlichen Umgang mit der *Natur* → anzuleiten. J. bieten auch gesellige und musisch-kulturelle Veranstaltungen (z.B. J.-Zirkus, *Werken* →, Gitarrenkurse, *Trekking/Wandern* → mit Pferdewagen, Spielaktionen). Träger der J. sind in der Regel eingetragene, gemeinnützige Vereine, die von Gemeinden und – manchmal – von den Ländern gefördert werden.
Die deutschen J. sind im Bund der Jugendfarmen zusammengeschlossen.

Jugendfilmarbeit

Jugendpflege →, *Amateurfilm* →, *Kulturelle Jugendarbeit* →

Jugendfreizeitstätten

Sammelbezeichnung für unterschiedliche Einrichtungen der *Jugendarbeit* →, die der Allgemeinheit der Jugendlichen zur *Freizeitgestaltung* → angeboten werden. J. entstanden in Abgrenzung zu den Jugendverbandsheimen. Daher sprach man von Häusern oder Heimen der Offenen Tür als Einrichtungen der *Jugendpflege* →. Die Begriffsbestimmung ist nicht bundesweit geregelt, jedoch kann die in Nordrhein-Westfalen gebräuchliche als Beschreibung der Grundtypen von J. dienen: a) Jugendfreizeitheime (Orte der verbandlich und gruppenorientierten oder trägerspezifischen Jugendarbeit mit meist bescheidenem Raumprogramm); b) Teil-Offene-Tür (Jugendfreizeitheime mit einem Drittel Offener Jugendarbeit und entsprechenden Freizeitan-

geboten); c) Offene Jugendeinrichtungen (Offen an 7 Wochentagen; Fachkraft); d) Offene-Tür (ausschließlich offene Jugendarbeit; hauptamtliche, sozialpädagogisch ausgebildete Mitarbeiter, Öffnung: 5 Tage in der Woche).
J. werden in vielerlei Formen angeboten: Jugendcafé, Teestube, *Jugendclub* →, *Diskothek* →, Mehrzweckeinrichtung im Stadtteil, Jugendfreizeitzentrum in der Stadtmitte, *Jugendbildungsstätte* →, *Selbstorganisiertes* → Jugendzentrum; auch als Teile von *Kommunikationszentren* →, *Nachbarschaftsheimen* →, Bürgerhäusern. Träger sind *Gemeinden* →, *Kirchen* →, *Verbände* →, *Selbsthilfegruppen* →, Initiativen.
Das jugendpolitische Konzept sah eine flächendeckende Ausstattung mit J. vor. Das ist insbesondere in den Städten erreicht (wenn auch meist von der *Zielgruppe* → nicht bewußt wahrgenommen), während es im ländlichen Raum Lücken gibt (*Stadt-Land-Unterschiede* →). Aufgrund der siedlungsmäßigen Unterschiede haben sich zwei Funktionstypen herausgebildet: a) zentrale Einrichtung in ländlichen Gebieten und Kleinstädten sowie als Großeinrichtung mit ergänzender Funktion

Abb. Verteilung der HOT nach Bundesländern, Stand 1976 (Zahlen laut Gaiser Rathgeber 1979)

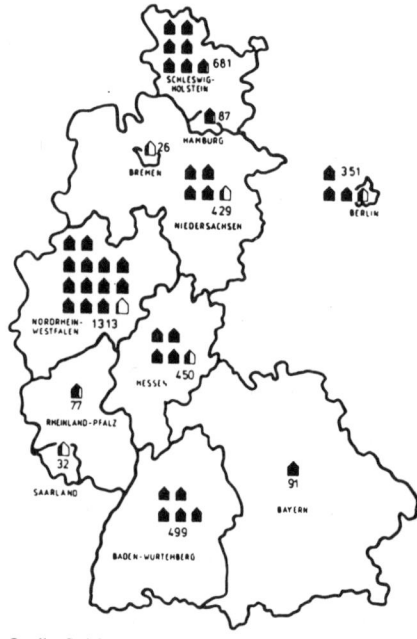

Quelle: Stricker, Jugend-Freizeitstätten (1982)

zu den wohnbereichsnahen J.; b) stadtteilorientierte Einrichtung, die fußläufig zu erreichen und überschaubar ist. Das *Raumprogramm* → entspricht grundsätzlich dem anderer *Freizeithäuser* →.
J. stehen derzeit in einem Spannungsverhältnis von pädagogischem Auftrag/Anspruch, der Inanspruchnahme durch Randgruppen (und entsprechender Bindung der Mitarbeiter) und dem Anspruch der Jugendlichen nach *Selbstbestimmung* → und administrativen Notwendigkeiten. Das führt, verstärkt durch die Arbeitszeit in den Abendstunden, zu einer starken Belastung der Mitarbeiter und einer ständigen Fluktuation. Diese ungelöste Fluktuation läßt die Attraktivität der J. schwinden. Wenn die Jugendgeneration in Zukunft auch zahlenmäßig geringer wird, sind *Innovationen* → unbedingt erforderlich.

Jugendfreizeitzentrum
Jugendfreizeitstätte →

Jugendgruppe
Vereinigung Jugendlicher innerhalb von *Jugendverbänden* →, *Freizeitvereinen* →, Interessenverbänden, *Kirchengemeinden* → und *Jugendfreizeitstätten* → mit meist älteren *Jugendgruppenleitern* →. J. verfolgen neben den Zielen der Trägerinstitution in der Regel auch dem Alter der Mitglieder entsprechend entwicklungsbedingte Ziele (Peergroup, *Geselligkeit* →, *Freizeitgestaltung* →). *Gruppenarbeit* →, *Gruppenpädagogik* →

Jugendgruppenleiter
freiwillige *Mitarbeiter* → in der Jugendverbandsarbeit und in der *Jugendpflege* →, denen die Betreuung und Führung von Kinder- und Jugendgruppen übertragen wird. J. sind meist ältere Jugendliche und junge Erwachsene, aber auch Erwachsene, die, wenn sie nicht über eine berufliche Vorbildung verfügen, besonders geschult werden. Die Schulung erfolgt durch Kurse innerhalb der *Jugendverbände* → und in *Jugendbildungsstätten* →. Die Bereitschaft zur freiwilligen Mitarbeit als J. entspricht derjenigen zur Übernahme von Ämtern innerhalb der Vereine (ca. 5%–10% der Mitgliederschaft). Dem J. obliegt die *Aufsichtspflicht* → für die Dauer der Gruppenaktivitäten, er macht Programmangebote und gibt Anleitung zur *Freizeitgestaltung* →. Vom J. wird eine gewisse Vielseitigkeit erwartet, da er im Unterschied etwa zum *Übungsleiter* → nicht auf eine *Freizeittätigkeit* → spezialisiert ist. Animative und sozialpädagogische Fähigkeiten und Kenntnisse sind eine wichtige Voraussetzung für seine Arbeit.

Jugendheim
Jugendfreizeitstätte →

Jugendherberge
Form der *Jugendfreizeitstätte* → mit besonderem Schwerpunkt des Angebots preiswerter Übernachtungsmöglichkeiten für Jugendliche, Gruppen, Familien mit Kindern, auch Erwachsenen auf Wanderungen und Reisen. Sie sind damit *Begegnungsstätte* → für Menschen aus dem In- und Ausland. J. sind mehrzweck- und mehrfach nutzbare Einrichtungen, die als *Jugendbildungsstätte* →, als *Schullandheim* →, *Erholungseinrichtung* →, Ferienheim, als *Freizeithaus* → und *Kulturzentrum* → dienen können. Eine besondere Form sind die Jugendgästehäuser, die hotelähnlichen Komfort bieten. Träger der J. sind die Landesverbände des Deutschen Jugendherbergswerks, Vereinigungen von Einzelpersonen und juristischen Personen, sowie andere öffentliche *Träger* → und freie *Träger* →.
Das Jugendherbergswerk bietet über das Raumangebot hinaus ein umfangreiches Programm für *Hobby-* →, Abenteuer-, Familien-, Wander-, Radfahr- und Reiseurlaub an, das in deutschen und ausländischen J. seine Stationen hat.
Für diese vielfältigen Ansprüche werden entsprechende Mitarbeiter, die Herbergseltern, benötigt, die neben pädagogischen Fähigkeiten auch diejenigen eines professionellen Hoteliers (oft sogar einschließlich der Fähigkeiten des gesamten Hotelpersonals) in sich vereinigen müssen.
Die Arbeit und das Angebot der J. ist wichtiger Teil des *Freizeitwesens* → und ein Beispiel für die Verfolgung gemeinnütziger Zielsetzungen bei weitgehender Kostendeckung aus der Tätigkeit.
Das deutsche Modell der J. ist inzwischen in zahlreiche Länder der gesamten Welt übernommen worden. Die mehr als 50 nationalen Verbände sind in der Internationalen Youth Hostel Federation zusammengeschlossen.

Jugendkunstschule
Einrichtung der *Jugendbildung* → (kulturelle *Bildung* →, kulturelle *Jugendarbeit* →), die Anleitung für alle künstlerischen Tätigkeitsbereiche gibt und den Versuch unternimmt, die verschiedenen Künste (*Musik* →, *Theater* →, *Tanz* →, Bildende Kunst, Film, Neue Medien → usw.) miteinander zu verbinden.
J. sind aus der Alternativ- und Breitenkulturbewegung entstanden und werden zumeist von Vereinen betrieben. Sie haben sich zusammengeschlossen in der Bundesvereinigung der Jugendkunstschulen und Bundesvereinigung Kulturelle Jugendbildung, Remscheid.

Jugendlicher
Person, die 14 aber noch nicht 18 Jahre alt ist (Jugendgerichtsgesetz, Jugendschutzgesetz); ansonsten ist der Sprachgebrauch weniger präzis (*Jugend* →), weil im täglichen Leben die Übergänge fließend sind. Die gesetzlichen Bestimmungen berücksichtigen die entwicklungsbedingte Situation des J., der ab 14 Jahren strafmündig ist. Das Jugendhilferecht geht von einem allmählichen Übergang in das Erwachsenenleben aus und bezieht auch die Gruppe der jungen Volljährigen (18–25 Jahre) ein. Auch die Förderungsmaßnahmen des *Bundesjugendplanes* → umfassen die Altersgruppe bis 25 Jahre (bei internationaler Jugendarbeit bis 30 Jahre).

Jugendliteratur
für Jugendliche verfaßte, ausgewählte oder bearbeitete Schriften (*Lesen* →, *Literatur* →, *Zeitschrift* →).
J. umfaßt heute Erzählungen, Romane, zahlreiche Sach- und Fachbücher, Jugendzeitschriften, Bildbände, Comics sowie Drehbücher für Filme, Hörspiele und Videoproduktionen. J. hat sich im Lauf der Zeit zu einer selbständigen Literatursparte mit einem besonderen Qualitätsanspruch entwickelt. Jedoch sind die gezeigten Qualitäten ähnlich der Erwachsenenliteratur außerordentlich unterschiedlich. Neben den künstlerischen Qualitätsanforderungen entwickelten sich pädagogische, die durch eigene staatliche Institutionen überwacht werden (*Jugendschutz* →; jugendgefährdende Schriften).

Jugendmusikschule
Musikschule →

Jugendpflege
private und öffentliche Maßnahmen zur Förderung der Jugendfürsorge. Als Ersatzerziehung ist die J. Teil der öffentlichen und privaten Jugendhilfe und seit dem Erlaß des Reichsjugendwohlfahrtsgesetzes (RJWG 1922) fester Aufgabenbestandteil der *Jugendämter* →. J. ist letztlich all das, was außerhalb des Elternhauses und der institutionalisierten Erziehung (Schule, Betrieb) zur Förderung und Entwicklung des Jugendlichen beiträgt und dem Jugendlichen die Chance bietet, musische, kulturelle, politische, sportliche und freizeitbezogene *Interessen* → und *Bedürfnisse* → zu verwirklichen. J. umfaßt sowohl die Tätigkeit der Vereine und Verbände, private Initiativen als auch die Angebote öffentlicher Jugendtreffs, *Freizeithäuser* → und *Stadtteilzentren* →.
Im Gegensatz zur Jugendfürsorge ist zentraler Kernpunkt der J. Freiwilligkeit der Teilnahme für die Jugendlichen. J. ist insgesamt Hilfe und Anregung zur *Freizeitgestaltung* → der Jugendlichen. Ziel der J. ist es, bedürfnisorientierte Angebote zu bieten, die die unterschiedlichsten Interessen bestimmter Gruppen von Jugendlichen berücksichtigen. Praktisch sind jugendpflegerische Freizeitangebote häufig an besondere Verbrauchsvorstellungen und -interessen gebunden.
Für die Freizeiterziehung ist die J. ein wesentlicher Ansatzpunkt, da hier offene Situationen vorfindbar sind, die auf Freiwilligkeit, Spontanität und selbstbestimmtes Handeln von Jugendlichen orientiert sind und sein können. Gerade im Bereich der J. können Jugendliche gesellschaftlich-partizipatives Verhalten erwerben und verfestigen sowie in spielerischen Situationen soziales Verhalten erproben. Im Unterschied zur institutionalisierten Erziehung kann J. im Klima bedürfnisorientierten Handelns ansetzen und ein wichtiges Sozialisationsfeld für Jugendliche sein.

Vahsen

Jugendpfleger
Tätigkeits- und Berufsbezeichnung für *Sozialpädagogen* → /Sozialarbeiter, die im Rahmen der *Jugendpflege* → oder als Leiter der Jugendpflegeabteilung des *Jugendamtes* → tätig sind. Der J. gehört zu den *Freizeitberufen* → im engeren Sinne, da er für Freizeit- und Bildungsangebote (*Jugendbildung* →) zuständig ist. Seine Aufgabenstellung umfaßt jugendpolitische Aktivitäten und *Freizeitmanagement* →.

Jugendplan
1. Förderplan von Bund (*Bundesjugendplan* →) und Ländern (Landesjugendplan) für *Jugendarbeit* →, wobei die J. der Länder denjenigen des Bundes nach ihren Gegebenheiten ergänzen. Im J. sind insbesondere auch die Förderungsbedingungen der freien *Träger* → der Jugendarbeit (Inhalt, Bewilligung, Verwendungsnachweis, Prüfung) festgelegt. Die normative Unbeweglichkeit der J. führte zu einer Bevorzugung bestimmter Maßnahmen der Jugendarbeit bzw. verleitet zur rein theoretischen Anpassung geförderter Maßnahmen an die Förderungsbedingungen.
Zum anderen wird durch die Vorgabe der J. auch weitgehend der Planungs- und Handlungsrahmen für die gemeindliche Jugendarbeit gesetzt. Ein Teil der Alternativbewegung (Jugendzentrumsbewegung, Alternativkulturarbeit) war und ist gegen die Praxis der J. (nicht gegen Förderungsmaßnahmen) gerichtet.
2. Kurzwort für Jugendhilfeplan als Instrument der Jugendhilfeplanung (Teilfachplan des *Fachplans* → »Sozialplan«), durch den die Maßnahmen-, Personal-, Finanz- und Investitionsplanung geregelt wird (unter anderem für die *Jugendfreizeitstätten* →).

Jugendreisen

besonderes Reiseangebot für junge Leute. J. kommerzieller *Reiseveranstalter* → sind auf die Zielgruppe Jugendlicher abgestimmt, jedoch im Rahmen des allgemeinen Reiseangebotes laufende Angebote (*Reisen* →). Daneben besteht mit einer aus der *Jugendbewegung* → herrührenden Tradition ein umfangreiches Angebot durch Jugendverbände, das Jugendherbergswerk, gemeinnützige Jugendreiseorganisationen. Diese Form der J. ist in der Regel mit pädagogischen Zielsetzungen verbunden; entsprechende Bedeutung haben Jugendreiseleiter. Die Erfahrungen der gemeinnützigen Jugendreiseveranstalter und diejenigen der Jugendlichen mit dem Reisen haben auch das Angebot der kommerziellen Veranstalter beeinflußt. Außerdem ist die Zahl der auf eigene Faust reisenden Jugendlichen ständig gestiegen, für die neuerdings auch sog. alternative Reiseunternehmen Angebote machen. Daher haben sich die gemeinnützigen Jugendreiseorganisationen einerseits auf besondere *Zielgruppen* →, z.B. Reiseunsichere, sozial Benachteiligte, andererseits auf besondere Angebotsformen und Inhalte (interkulturelle Bildung, Gemeinschaftsleben, *Sport* →, Programme, *Erlebnispädagogik* →) spezialisiert. Solche J. werden von Begegnungsorganisationen (*Jugendbewegung* →), regionalen und überregionalen Jugendreiseorganisationen veranstaltet. Die wichtigsten überregionalen Veranstalter sind: Bundesarbeitsgemeinschaft Evangelischer Jugendferiendienste (BEJ); Bundearbeitsgemeinschaft Katholischer Jugendferienwerke (BAG); Jugendreiseservice des Deutschen Jugendherbergwerks; Jugendfahrtendienst; Jugendferienwerk des Landessportbundes Nordrhein-Westfalen.

Lit.: Jahrbuch für Jugendreisen und Internationaler Jugendaustausch ab 1959, Starnberg (Studienkreis für Tourismus) Darstellung von Jugendreiseorganisationen: 1983

Jugendreligionen

auch Jugendsekten, Psychosekten; Sammelbegriff für unterschiedliche religiöse und weltanschauliche Gemeinschaften, die besonders Jugendliche auf der Suche nach Lebenssinn und Solidarität ansprechen und ihnen Heilswege und Lebensgemeinschaften aufzeigen. Zum Teil haben die J. internationale Organisationen aufgebaut, die meist streng hierarchisch auf einen Leiter ausgerichtet sind. Da die Mitglieder ihr Vermögen mit einbringen und auch Arbeitsentgelte an die Gemeinschaften abgeliefert werden, verfügen die größeren Sekten über erhebliche Kapitalien. Diese werden in Grundbesitz sowie in soziale, kulturelle und wirtschaftliche Unternehmungen und Vereinigungen investiert (z.B. Fortbildungseinrichtungen, *Kindergärten* →, *Kulturzentren* →, *Diskotheken* →, Ökoläden, Wohnheime).

Jugendverbände in der Bundesrepublik Deutschland
Deutscher Bundesjugendring

- Arbeitsgemeinschaft der Evangelischen Jugend
- Bund der Deutschen Katholischen Jugend – BDKJ
- Solidaritätsjugend Deutschlands im RKB
- Bund Demokratischer Jugend BDJ
- Sozialistische Jugend Deutschlands – Die Falken
- Bund der Deutschen Landjugend
- Naturfreundejugend Deutschlands
- Deutsche Wanderjugend
- Jugend des Deutschen Alpenvereins
- Deutsche Jugend in Europa – DJO
- Jugend der Deutschen Angestellten-Gewerkschaft
- Deutsche Schreberjugend
- Gewerkschaftsjugend DGB
- Jugend der Deutschen Lebens-Rettungs-Gesellschaft
- Deutsche Beamtenbund-Jugend
- Jugendwerk der Arbeiterwohlfahrt
- Deutsche Jugendfeuerwehr
- Deutsches Jugendrotkreuz
- Ring Deutscher Pfadfinderverbände
- Ring Deutscher Pfadfinderinnenverbände

Jugendreligionen

J. erfassen den ganzen Menschen in seiner ganzen Zeit. Die »Bekehrungsmethoden« der J. sind sehr vielfältig und fußen auf qualifizierten Methoden von Psychologie und Pädagogik, verbunden mit Mystik, *Kreativität* → und Spontanität.
Inzwischen hat sich die Diskussion von den Methoden und Wirkungen der J. der Frage zugewandt, warum sich junge Menschen den J. anschließen. Hauptgrund scheint die Lebens- und Werteunsicherheit zu sein, die viele junge Menschen erleben, die nicht zuletzt durch den sozialen Wandel ausgelöst wurde. J. gehen von Freizeitsituationen aus und bieten im Rahmen ihrer Aktivitäten oft unter anderer Firmierung auch *Freizeitprogramme* → an, müssen soweit als Teil des *Freizeitwesens* → gesehen und beachtet werden.
Subkultur →

Jugendring

freiwilliger Zusammenschluß von *Jugendverbänden* → und Jugendgemeinschaften auf Orts-, Stadt-, Kreis-, Bezirks-, Landes- und Bundesebene. J. haben den Charakter von Arbeitsgemeinschaften zur Wahrnehmung von Jugendinteressen gegenüber den jeweiligen Vertretungskörperschaften, Verwaltungen und Ministerien, sowie der Öffentlichkeit. Dem Deutschen Bundesj. gehören die großen Jugend(dach)verbände (mit Ausnahme der Sportjugend und der politischen Jugendorganisationen) sowie die Landesj. an. Er sieht seine Hauptaufgabe in der jugendpolitischen Interessenvertretung (fachliche Stellungnahmen, Resolutionen, Einflußnahme auf Planung, Förderungsmaßnahmen und Gesetzgebung) gegenüber Bundestag und Bundesregierung, in der Information der Mitglieder über jugendbezogene Entwicklungen sowie in der internationalen Zusammenarbeit.

Jugendschutz

aus der Verpflichtung des Staates, über Pflege und Entwicklung von Kindern zu wachen, entstandene Funktion und Organisation zur Gefahrenabwehr (Schutz von Kindern und *Jugendlichen* → vor hemmenden, störenden und gefährdenden Einflüssen). J. bezieht sich auf verschiedene Gefährdungsfelder: a) Schutz der Jugend in der Öffentlichkeit (durch Gesetz sind der Zugang zu *Gaststätten* →, Tanzveranstaltungen, *Spielhallen* →, *Kinos* →, *Videotheken* →, der Verkauf von Videokassetten und Alkohol geregelt); b) gefährdende Medien (gesetzlich verboten sind die Weitergabe von jugendgefährdenden Büchern, Zeitschriften, Bildern); c) Jugendarbeitsschutz (Arbeitsverbot für Kinder bis zu 15 Jahre, wobei Ausnahmeregelungen möglich sind; Verbot der

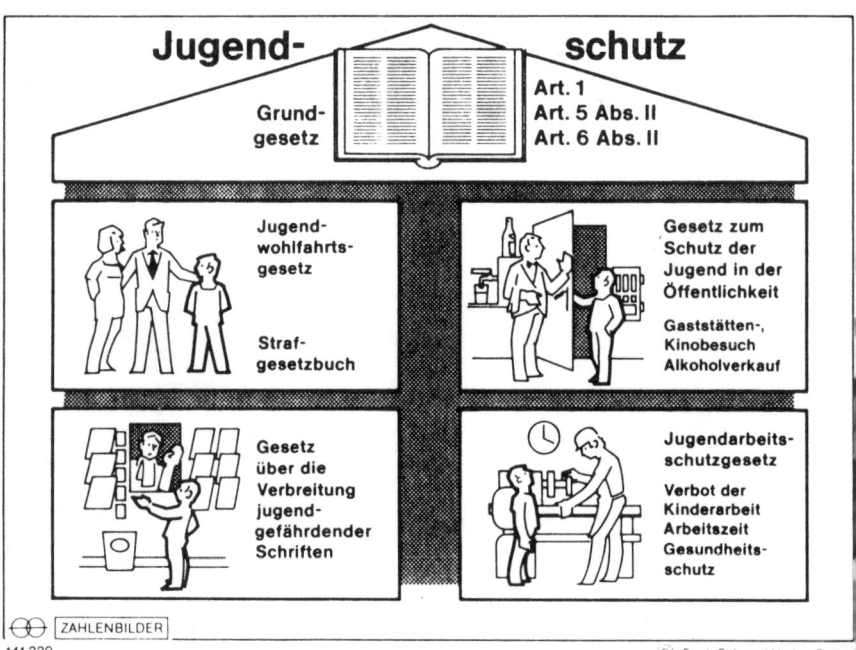

Akkord-, Fließband-, Nacht- und Wochenendarbeit bis 18 Jahre; Anrechnung der Berufsschulzeit auf die Arbeitszeit →, längere Arbeitspausen; besondere Urlaubsregelungen). Mit der Überwachung der Gesetzesregelungen sind verschiedenste Stellen befaßt: *Jugendamt* →, Ordnungsamt, Gewerbeaufsichtsamt, Polizei, Bundesprüfstelle für jugendgefährdende Schriften; Filmselbstkontrolle, Automatenselbstkontrolle (*Selbstkontrolle* →, *freiwillige*), Rundfunkrat, Presserat u.a.
Neben dem gesetzlichen J. wird auch von erzieherischem J. gesprochen, der durch *Erziehung* → und Aufklärung Kinder und Jugendliche schützen soll. J. in diesem Sinne ist allerdings jede vernünftige Erziehung. Über die Wirksamkeit des J. gibt es widersprechende Auffassungen. Über dem Schutzgedanken ist vielfach die Frage nach dem Grund für die Gefährdung oder besser für das Aufsuchen der Gefährdung durch die Jugendlichen (z.B. bei Alkohol und »Horrorvideos«) nicht gestellt worden. Auch eine oft zu buchstabengetreue Auslegung der Gesetze bewirkte das bewußte Unterlaufen der dann nicht mehr einsichtigen Bestimmungen (z.B. bei manchen Formen der »Kinderarbeit«). Nicht unumstritten ist, was gefährdend wirkt, hier wandeln sich die Auffassungen ständig.

Jugendsekte
Jugendreligion →

Jugendtheater
auch Kinder- und Jugendtheater; besondere Vorführungen sowie Einrichtungen zur Aufführung von Theaterstücken für *Jugendliche* →. J. ist zum Teil den Stadttheatern angegliedert und wird zum anderen Teil von freien Gruppen betrieben. Da die Zahl der J. verhältnismäßig klein ist, gehen viele J. auf Tournee.
Das J. mit der längsten Tradition ist das Puppentheater. Daneben haben sich besondere Formen des J. entwickelt: a) Weihnachtsmärchen; b) Aufklärungstheater (sexuelle und gesellschaftliche Aufklärung); c) Titeltheater (Dramatisierung von Kinder- und Jugendbüchern und bekannten Themen); d) Mitspieltheater.
Die Wirksamkeit und Überlebensdauer von J. sind im wesentlichen von der Qualität der Theaterarbeit abhängig. Allerdings bedürfen aufwendigere J. der *Subvention* → wie das »große« *Theater* → auch. Das in der Regel freiere Konzept der J. erlaubt künstlerische Experimente. Zu Kontroversen kommt es meist aus weltanschaulichen, auch politischen Gründen (insbesondere beim Aufklärungstheater). Bei Kulturetatkürzungen ist das J. stark gefährdet, zumal es keine Lobby hat. Doch sollte wegen der für kulturelle *Sozialisation* → großen Bedeutung des J. hier zuletzt gestrichen werden.

Jugendverbände
Zusammenschluß junger Menschen unter weltanschaulichen, politischen, fachlichen Gesichtspunkten. Als Funktion der J. wurden im wesentlichen genannt: a) Interessenvertretung und Sprachrohr für die in den Verbänden organisierten Jugendlichen gegenüber der Öffentlichkeit zu sein; b) durch die gemeinsame Arbeit Erfahrungen sozialen und gesellschaftlichen Engagements zu fördern und zu ermöglichen.
Die J. in der Bundesrepublik Deutschland verfügen heute über organisatorische Systeme auf örtlicher, religiöser, Länder- und Bundesebene und haben neben der überwiegenden ehrenamtlichen Arbeitsweise auch hauptberuflich zu erledigende Aufgabenfelder eingerichtet. Ihr Angebot richtet sich nicht nur an die dauerhaft organisierten Jugendlichen, ebenso wichtig ist die sich seit Jahren ausweitende offene Arbeit der Träger und Einrichtungen der *Jugendarbeit* → mit mehr informellen Kontaktmöglichkeiten und Angeboten.
Die größeren J. sind im *Jugendring* → zusammengeschlossen. Daneben besteht der Arbeitskreis zentraler Jugendverbände.

Jugendwettbewerbe
bundesweite Veranstaltungen des Bildungswesens, die Schüler und Jugendliche zu besonderen Leistungen auf bestimmten Gebieten herausfordern sollen. Es sind dies: a) Schülerwettbewerb Deutsche Geschichte um den Preis des Bundespräsidenten (Körber Stiftung Hamburg); b) Schülerwettbewerb zur politischen Bildung (Bundeszentrale für politische Bildung); c) Europäischer Wettbewerb (Deutscher Rat der Europäischen Bewegung/Zentrum für Europäische Bildung, Koordination Europarat Straßburg); d) Bundeswettbewerb Fremdsprachen (Stifterverband für die Deutsche Wissenschaft); e) Bundeswettbewerb Mathematik (Stifterverband für die Deutsche Wissenschaft); f) Jugend forscht (Stiftung Jugend forscht e.V.); g) Bundeswettbewerb Informatik (Gesellschaft für Informatik e.V., Bonn/Gesellschaft für Mathematik und Datenverarbeitung mbH., St. Augustin); h) Auswahl zur »Internationalen Mathematik – Olympiade (IMO)« (Bundesministerium für Bildung und Wissenschaft mit der Kultusministerkonferenz/Stifterverband für die Deutsche Wissenschaft); i) Auswahl zur »Internationalen Physik-Olympiade (IPO)« (BMBW mit KMK/IPN

Kiel); j) Auswahl zur »Internationalen Chemie-Olympiade (ICHO)« (BMBW mit KMK/IPN Kiel); k) Bundeswettbewerb »Jugend musiziert« (Deutscher Musikrat/Arbeitsgemeinschaft Musikerziehung und Musikpflege); l) Bundeswettbewerb der Schulen »Jugend trainiert für Olympia« (Kultusminister der Länder/Bundesministerium/Fachverbände des Deutschen Sportbundes/Stiftung Deutsche Sporthilfe); m) Bundesjugendspiele (Ständige Konferenz der Kultusminister der Länder/Bundesfamilienministerium/Deutscher Sportbund); n) Vorlese-Wettbewerb des deutschen Buchhandels (Börsenverein des Deutschen Buchhandels e. V.). Die J. zielen zum Teil auf die Vertiefung eines allgemeinen Gebietes (Geschichte, Politische Bildung, Sport, Lesen), zum anderen auf die Erreichung von Spitzen- und Höchstleistungen. Sie sind im letzteren Fall keineswegs unumstritten. Insbesondere an Breitenwirkung interessierte Fachleute fordern auch Begegnungen ohne Wettbewerbscharakter. Das entspricht der Entwicklung etwa des *Freizeitsports* → und der soziokulturellen Betätigung. Derartige Möglichkeiten stehen jedoch nicht unbedingt zueinander im Widerspruch, denn schon seit langem bestehen Begegnungsmöglichkeiten u. a. durch Festivals, *Jugendbildungsstätten* →, Internationale Begegnungen (*Jugendarbeit* →), kulturelle Jugendarbeit →, Sportveranstaltungen, Feriencamps.

Lit.: Gemeinsame Erklärung der Länder und des Bundes zur Förderung bundesweiter Wettbewerbe im Bildungswesen in: Gemeinsames Ministerialblatt Nr. 5 (1985, 15. 2. 1985, S. 70)

Jugendwohlfahrtsausschuß

Beschlußgremium des zweigliedrigen *Jugendamtes* →, das daneben noch aus der Verwaltung des Jugendamtes besteht.

Jugendzentrum

1. Synonym für Jugendfreizeitzentrum (*Jugendfreizeitstätten* →).
2. Selbstorganisierte und selbstverwaltete Jugendfreizeiteinrichtung. Das J. dieser Art hat zwei Wurzeln: a) Emanzipationsbewegung (mehr Demokratie und Selbstbestimmung; Protest gegen die bestehenden Gesellschaftsstrukturen und Jugendeinrichtungen; b) mangelnde *Freizeitinfrastruktur* → für Jugendliche (in ländlichen Bereichen, aber auch für selbständige Gruppen; insoweit handelt es sich bei J. um eine jugendspezifische Form der *Bürgerinitiative* →). Beide Wurzeln wurden in der Praxis miteinander verwoben, was vielfach die Ursache zum Scheitern vieler J.-initiativen war. Solange eine Gruppe für ihre eigenen Belange eintritt, ist es ihr möglich, die Mitglieder zur Selbstbestimmung und Selbstorganisation zu bewegen. Wenn dieselbe Gruppe die Interessen dritter zu ihren eigenen macht, muß sie damit rechnen, daß die anderen sich versorgen lassen, ohne mitzuarbeiten. Sehr schnell öffnet sich dann die Schere zwischen der Konzeption der Initiativgruppe und den Bedürfnissen der übrigen; so entsteht die übliche Anbieter-Nutzer-Relation, der mit meisten J.-gruppen noch weniger als die berufsmäßigen *Sozialpädagogen* → gewachsen sind. Oftmals haben jedoch für *Jugendarbeit* → zuständige Stellen diese Situation herbeigeführt, indem sie raumsuchende Gruppen mit der öffentlichen Aufgabe betraute, damit der Raumanspruch gerechtfertigt würde. Zeitweilig überlassene Räume hätten das Problem der Gruppe gelöst und keine neuen gebracht. Die Bindung von Jugendgruppen an die Emanzipationsforderung wiederum weckt einen pädagogischen Anspruch, dem sich viele Jugendliche in ihrer Freizeit nicht aussetzen wollen (*Jugend* →) und stößt auf den Protest, aus dem die J.-initiativen heraus angetreten sind. Oft unterlagen Gruppen junger (damit aber auch weniger erfahrener) Leute dem Irrtum, daß erst die *Organisation* → die Unfreiheit bestimme, und vernachlässigten entsprechend (wie ebenfalls viele Profis) die Administration. Wenn dann noch viele schwierige Besucher zuströmten, wurden die Probleme unübersehbar. Die meisten J.-initiativen stießen auf Ablehnung, konnten dann ihre Forderungen durchsetzen (*Pressure group* →) und gerieten durch die weitere Entwicklung noch mehr in Gegensatz zu den politisch Verantwortlichen. Der an sich positive Ansatz (Mitwirkungsbereitschaft) wurde damit endgültig verspielt. Der Rückzug in das Privatleben ist die Folge.
Die J.-bewegung ist die Frage nach der Mitwirkung und Mitbestimmung: Wollen Jugendliche (auch Erwachsene) mitverwalten oder wollen sie ihre Freizeit selbst gestalten? Erst wenn diese Frage beantwortet ist, kann die richtige Form bzw. Organisation gefunden werden (*Partizipation* →).

K

Kabarett
Kleinkunst → -bühne für Vortrag von satirischen Chansons, Sketches meist politischen oder sozialkritischen Inhalts. Es gibt zur Zeit nur wenige K.
Theater →

Karneval
Fastnacht, Fasnet, Fasching; auf vorchristliche Vorfrühlingsfeste (Winteraustreiben, Fruchtbarkeitsriten) zurückgehendes, dem christlichen Festkalender angepaßtes *Brauchtum* →, das viele Elemente des Zunftswesens und auch bürgerlichen Protestes in sich aufgenommen hat.
Man unterscheidet die Saalfastnacht (Sitzungen, Bälle, bunte Nachmittage und Abende) und die Straßenfastnacht (Narrentreiben, Umzüge), welche immer wieder Menschenmassen mobilisiert.
K.-bräuche sind, nicht zuletzt durch die Massenmedien angeregt, in vielen Orten neu aufgenommen worden. Träger des K. sind die Karnevalsclubs, -vereine und -gesellschaften, die im Bund Deutscher Karneval zusammengeschlossen sind. In den K.-hochburgen ist der K. auch Teil des *Fremdenverkehrs* → -angebotes.

Kartenspiele
außerordentlich verbreitete und beliebte Spiele für 1 bis mehrere Spieler mittels Spielkarten.
Das »Blatt« umfaßt 52 bzw. 32 Karten und erlaubt eine Vielzahl von Glücks- und Denkspielen.
Viele Kartenspiele sind reine *Glücksspiele* →, andere wie Bridge, Poker und Skat verlangen Können und Erfahrung (*Geschicklichkeitsspiele* →).
Außerdem gibt es Geduldspiele (Patience).
Karten dienen auch heute noch der Wahrsagerei.
Spiel →

Kaufhaus
Einzelhandel →

Kegeln
altes Kugelspiel, bei dem auf einer glatten Bahn eine Kugel gegen neun Figuren (Kegel) gerollt werden muß. (Davon abgeleitet: *Bowling* →); überwiegend als geselliges Spiel in Kegelclubs (*Freizeitvereine* →) betrieben. Kegelbahnen werden von *Gaststätten* → und als Teil von *Freizeitstätten* → eingerichtet und gehören zu den *Freizeiteinrichtungen* →.

Kegeln ist auch Wettkampfsportart. Fachsportverband ist der Deutsche Kegelerbund.

Keybord
Engl.: Klaviatur; Sammelbegriff für alle Tasteninstrumente, insbesondere die elektrischen (*Band* →, *Equipment* →); der Spieler ist der Keyboarder.

Kid's Place
spezielle Betriebsform des *Cityparks* →. Es handelt sich um Spielareale, die sich entweder in festen Gebäuden (*Spielhaus* →) oder auf freien, umzäunten Flächen innerhalb von städtischen Ballungsgebieten oder Wohngebieten befinden. Für deren Betreten wird ein Eintrittsgeld erhoben. Der Erfolg der K. geht auf die Konzeption neuer Spielideen in den USA und in Kanada zurück, die sich wesentlich von den von Kindern als langweilig empfundenen städtischen Spielplätzen unterscheiden. Bedingt durch die Benutzungsgebühr ist es bei K. und Spielhäusern möglich, Aufsichtspersonen zu stellen und damit auch die begleitenden Erwachsenen zu entlasten. Aus diesem Grund werden K. auch als Zusatzangebot in Einkaufszentren, Möbelhäusern etc. offeriert, um durch einen solchen K. einen »Kinderhort« zu ersetzen.
K. werden unter verschiedenen Markenbezeichnungen auch im Franchise-Verfahren (*Franchising* →) offeriert. Die bekanntesten und qualitativ hochwertigsten Einrichtungen dieser Art sind die »Sesamstraßen«.

Scherrieb

Kid's Street
Besondere Variante des *Kid's Place* → und Betriebsart der *Cityparks* →. Anders als beim *Kid's Place* →, in dem die spielerischen Einrichtungen in architektonisch-funktionaler Zuordnung und Ballung stehen, sind bei der K. die einzelnen Spielattraktionen durch einen Zwangs-Rundwegeverlauf verknüpft. Zum eigentlichen Spielreiz gehört bei der K. nicht nur die Ausübung einer bestimmten Spielbewegung, die Lösung eines *Geschicklichkeitsspiels* → etc., sondern auch die exakte Erfüllung einer bestimmten Spiel- und Geschicklichkeitsaufgabe, um überhaupt in der K. weiterzukommen. Die K. kann in diesem Sinn auch als Wettbewerbsareal (etwa durch Zeitnehmerfunktionen) und parallel verlaufenden K. gestaltet werden. Die zu überwindenden »Hindernisse« sind einfach. Oft geht es nur darum, die richtige Rutsche, das richtige

Tor oder die richtige Richtung zu wählen, um in das nächste Spielsegment der K. vorzudringen.
Um auch für Mehrfachbenutzer interessant zu bleiben, werden die verschiedenen Lösungsmöglichkeiten durch mobile Steuerungseinheiten von Zeit zu Zeit manuell oder durch motorische Einrichtungen variiert.

Scherrieb

Kiessee
See →

Kind
der Mensch von der Geburt bis zur Pubertät (*Kindheit →, Jugendlicher →, Jugend →*).
Vom 7. Lebensjahr an ist das K. beschränkt geschäftsfähig. Dem K. gegenüber gilt die besondere Aufmerksamkeit der Gesellschaft, es ist in großem Maße schutzbedürftig (*Kinderschutz →, Jugendschutz →*). Dieser Schutz entsteht im wesentlichen durch das einsichtige Verhalten der Erwachsenen. Damit ist es nicht zum besten bestellt, so daß das Klima für K. nicht günstig ist. Die Geburtenrate in der Bundesrepublik Deutschland ist die niedrigste der Welt; die *Umwelt →* ist kinderunfreundlich bis -feindlich (*Verkehr →*); Gewalt gegen K. ist nicht selten. Andererseits setzen sich Institutionen (*Jugendamt →, Kindergarten →, Kindertagesstätten →, Kinderdorf →*, Schule, Jugendmusikschule →, Jugendkunstschule → u.v.a.m.), Vereinigungen (*Elternverbände →*, Familienverbände, Deutscher Kinderschutzbund, *Jugendverbände →, Wohlfahrtsverbände →* usw.) und Fachleute (Erzieher, Lerer, *Sozialpädagogen →*, Sozialarbeiter, Jugendgruppenleiter →, Übungsleiter → u.a.) für das K. ein. Die Versorgung des K. mit Nahrung und Kleidung war noch nie so gut. Die Mehrzahl der heutigen K. verfügt über mehr *Spielzeug →* als die Generationen vorher. Zusammen mit dem *Medien →* -angebot entsteht allerdings ein kaum zu bewältigender Überfluß. Viele K. leben allein mit ihren Eltern, da sie keine Geschwister haben; kinderreiche *Familien →* (heute: 3 und mehr K.) nehmen zahlenmäßig ab, sie stellen nicht einmal mehr ein Fünftel aller Familien.
Die Start- und Entwicklungschancen für K. (*Chancengerechtigkeit →*) sind recht unterschiedlich je nach ihrer Herkunft (soziale Schicht, Wohnort, Familiengröße, Wohnung usw.), weshalb auch in Zukunft dem Familienlastenausgleich (Steuerermäßigung, Kindergeld, Wohngeld, Beihilfen zu den Familienferien-, Ausbildungsbeihilfen) große Aufmerksamkeit zu schenken ist.

Kinderchor
Laienmusik →

Kinderdorf
Bezeichnung für Einrichtungen, die eine Anzahl familienähnlicher Wohngemeinschaften umfassen, die außerhalb der eigenen *Familie →* lebende oder unterzubringende Kinder aufnehmen. Die Familiengruppen werden entweder von Ehepaaren, die auch selbst Kinder haben können, oder von K.-müttern betreut. Wie in der »echten« Familie sind die Kinder unterschiedlich alt. Meist bleiben die Kinder und Jugendlichen bis zum Schul- und Lehrabschluß im K. K. enthalten auch die für ihre Bewohner notwendige *Freizeitinfrastruktur →*. Freizeitpädagogische Anleitung gehört mit zu den Erziehungsaufgaben der K.-mitarbeiter. Es gibt verschiedene Konzepte/Typen des K. Die bekanntesten sind: Pestalozzi-K., Albert Schweitzer K. und (als verbreitetstes) SOS-K.

Kindergarten
Einrichtungen der Vorschulerziehung für die stundenweise Betreuung von Kindern ab 3 Jahren bis zum Schuleintritt in altersgleichen oder altersgemischten Gruppen. Der Besuch ist freiwillig. Der K. ist sowohl Einrichtung der Jugendhilfe als auch des Bildungswesens. Für die Freizeiterziehung ist wichtig, daß der K. nicht schulmäßig arbeitet, sondern eine ganzheitliche *Erziehung →* und Förderung des Kindes anstrebt. Dadurch werden auch die für Freizeitgestaltung wichtigen Fähigkeiten geweckt (*Erlebnis →* -fähigkeit, musische Fähigkeiten, Fantasie, *Kreativität →*, Freude an der Bewegung und am gemeinsamen *Spiel →*). Träger von Kindergärten sind die *Freien Träger →* und die *Gemeinden →*.
Kind →, Kindheit →

Kinderhaus
1. *Freizeitstätte →* für Kinder für *Geselligkeit →, Spiel →*, musisch-kulturelle Tätigkeiten, auch zur Schularbeitenhilfe, Teil von *Freizeitanlagen →* oder Wohnbereichseinrichtungen (auch in Obdachlosenwohnbereichen).
2. Einrichtung zur Fremdunterbringung von Kindern in einer Familiengruppe.
Spielhaus →, Kid's Place →

Kinderhort
Kindertagesstätte →

Kinderferienmaßnahmen
Ferienaktionen →

Kinderladen
aus der antiautoritären Studentenbewegung entstandene Einrichtung der Vorschulerziehung zur Anwendung eines nichtrepressiven Erziehungsstils; zuerst in leerstehenden Einzelhandelsgeschäften eingerichtet.
Selbsthilfe →

Kinderschutz
im engeren Sinne: Einsatz von Erwachsenen für die Rechte der Kinder, für richtigen Umgang mit Kindern, für Vorsorge- und Vorbeugungsmaßnahmen gegen Schädigung von Kindern (insbesondere vor Verbrechen, im Straßenverkehr); in Erziehungsfragen (*Familie* →, *Schule* →, Heim, Pflegeeltern), beim Krankenhausaufenthalt, für Entfaltungsraum (*Freiräume* →, Spielflächen →). In besonderer Weise setzt sich der Deutsche Kinderschutzbund für K. ein.

Kinderspiel
Spiel →

Kinderspielflächen
Spielplatz →

Kinderspielgerät
Spielgerät →

Kinderspielplatz
Spielplatz →

Kinderspielzeug
Spielzeug →

Kindertagesstätten
auch Kindertagesheim; familienergänzende und familienunterstützende sozialpädagogische Einrichtungen, in denen Kinder regelmäßig tagsüber betreut werden. Sie können Einrichtungen für verschiedene Altersstufen zusammenfassen: Kinderkrippe (Säuglinge); Krabbelstube (Kinder von 1–3 Jahren); Kindergarten (Kleinkinder); Hort für Schulkinder (6–15 jährige). K. haben erzieherische und pflegerische Aufgaben, die sonst von der Familie erledigt werden. Im Hortbereich müssen die K. neben der Schularbeitaufsicht und -hilfe auch Freizeithilfen gegeben. *Kindergarten* →

Kindheit
Zeitabschnitt im Leben des Menschen von der Geburt bis zur Pubertät (*Jugend* →). Man unterscheidet verschiedene Phasen der K.: a) Säugling (Kind im ersten Lebensjahr); b) Kleinkind (2. bis 3. Lebensjahr; bis zur Ichfindung/1. Trotzalter); c) Vorschulkind (*Kindergarten* → -kind; 4. bis 6. Lebensjahr; bis Gestaltwandel des Schulanfängers); d) Schulanfänger (7. und 8. Lebensjahr); e) Schulkind (9. bis 12. Lebensjahr; bis Beginn der Vorpubertät unterschiedlich bei Jungen und Mädchen). In dieser Zeit macht der Mensch starke körperliche und seelisch-geistige Wandlungen und Entwicklungen durch.
Wesentliche kulturelle Lernvorgänge (vor allem die Sprachentwicklung) laufen in den ersten Lebensjahren ab. Das Kind setzt sich mit seiner *Umwelt* → auseinander und nimmt sie auf (*Sozialisation* →) in Form von Gewohnheiten, die es dann ablegt, wenn es damit nicht mehr weiterkommt. Darin ist die auch spätere Form des *Lernens* → grundgelegt. Während anfänglich der eigene Körper und die damit verbundene Lust wichtigste Ausrichtung des Kindes sind, ist es dann die Realität (Umwelt). Entsprechend werden die Bezüge zu anderen Menschen erweitert. Bereits im Kleinkindalter werden auch die Weichen für das spätere *Freizeitverhalten* → als soziokultureller Betätigung gesetzt. Das Kind hat zunächst noch keine *Freizeit* →, erlebt die Umwelt aber spielerisch. Wird das *Spiel* → unterdrückt, kann es auch späterhin sich nicht entwickeln. Das Vorschulkind übernimmt bereits erste Pflichten und hat damit in seinem Lebenslauf freie und nichtfreie Zeiten, die es sehr wohl zu unterscheiden weiß. Die im *Kindergarten* → erworbenen Fertigkeiten in Singen, Musizieren, Bewegung, Gestaltung tragen zur Vorbereitung auf *Freizeitgestaltung* → ebenso bei, wie die durch den Kindergartenbesuch und die dort geübte Zeiteinteilung einen ersten Eindruck von Arbeits- und Verpflichtungszeit und Freizeit vermitteln (*Zeit* →).
Die Schulzeit wird zumindest nach den ersten beiden Jahren zur *Arbeitszeit* →. Schulkinder haben daneben Verpflichtungszeiten und echte Freizeit. Sie verbringen sie meist in Spiel und Bewegung. Wie schon teilweise in der Vorschulzeit sorgen die Eltern oft dafür, daß sie sich auf *Freizeittätigkeiten* → vorbereiten (*Musik* →, *Malen* →, *Gymnastik* → / *Sport* →) durch Teilnahme an Kursen der *Jugendmusikschulen* → und *Jugendkunstschulen* → sowie als Mitglieder von *Sportvereinen* →. Diese Übungszeiten werden von den Kindern vielfach als Verpflichtungszeit, nicht als Freizeit empfunden. Die Gefahr einer zu großen Einflußnahme auf die Kinder ist die später sich auswirkende Aversion gegen die erlernten Künste; diejenige einer zu geringen Beeinflussung, daß die mit Übung verbundenen Tätigkeiten nicht erlernt werden. Auch die *Schule* → bereitet direkt oder indirekt auf die Freizeitgestaltung vor, wenn auch bislang *Freizeitpädagogik* → dort noch wenig Fuß gefaßt hat. Aus praktischer Notwendigkeit haben Internate und *Ganztagsschulen* → einen Vorsprung vor anderen Schulen. *Pausenhöfe* → und -hallen mit spielanregender Ausstattung und Schulsportanlagen sind ein wichtiger Beitrag zum Lernen von Freizeitgestaltung. Den Freizeitbedürfnissen Spiel und Bewegung kommt die städtische und verstädterte Umwelt nur wenig entgegen. Früher reichliche Freiflächen sind gestaltet und zum Spiel entweder nicht freigeben oder nicht geeignet. Die Wohnungen

Kindheit

Abb. Kind und Wohnen

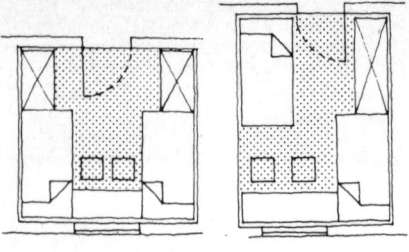

2-Bett-Kinderzimmer nach DIN 18011. Die ohnehin zu kleine Spielfläche wird durch die vielen Verkehrswege zwischen Eingang und Fenster, zwischen Betten und Schränken etc. zerissen.

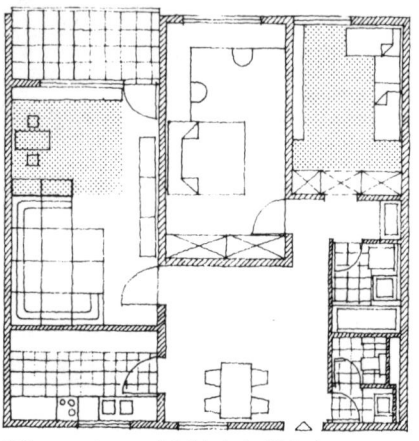

3-Zimmerwohnung mit Spielecke im Wohnzimmer

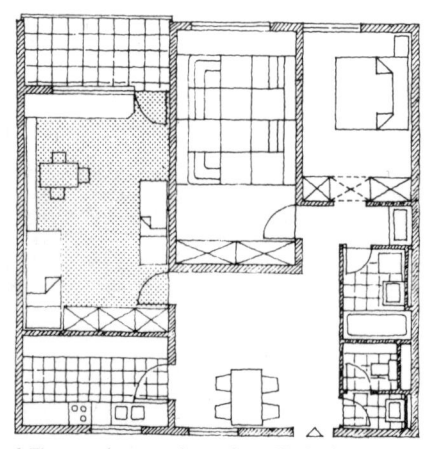

3-Zimmerwohnung mit großem Kinderzimmer und »Wohnlandschaft« im ehemaligen Schlafzimmer. Die Eltern schlafen im kleinsten Raum der Wohnung

Quelle: Oesterle-Schwarin »Mit Kindern wohnen« (1976)

(*Wohnen* →) sind zwar größer geworden, bieten aber keinen Ausgleich für den Mangel an Freiraum. Dieses Infrastrukturdefizit muß durch Planung und *Veranstaltungen* → ausgeglichen werden: *Spielplätze* → der verschiedensten Art, *Spielmobile* →, *Spielhäuser* →, Spielaktionen, *Ferienaktionen*→; Stadtranderholung →, *Freizeitprogramme* → in *Jugendfreizeitstätten* →, *Freizeithäusern* →, *Parks* →, *Freizeitparks* →, *Tierschauanlagen* →, *Bäder* →, *Spielstraßen* →, *Verkehrsberuhigung* →, Betretungsrecht der *Landschaft* →. Eine wichtige Freifläche für Kinder ist der *Garten* → oder der *Kleingarten* →. *Abenteuerspielplatz* →, *Jugendfarm* →, Reiterhof (*Reiten* →), Kinderbauernhof können Ersatz für die Begegnung und den ursprünglichen Umgang mit dem Boden und mit Tieren sein; ähnlich wenn auch nicht immer unbedenklich: *Tierhaltung* → im Haus; beliebt bei Kindern auch der *Urlaub* → auf dem Bauernhof. Einen besonderen Stellenwert hat Freizeitgestaltung in *Erholungseinrichtungen* → für Kinder sowie in *Familienferienstätten* →, *Ferienclubs* → an vielen Ferien- und *Erholungsorten* →. Außer den Sportvereinen und Jugendfreizeitstätten bieten auch *Jugendverbände* →, *Kirchen* →, *Elternvereinigungen* → (*Eltern-Kind-Gruppen* →) und *Bürgerinitiativen* → die Möglichkeit für Kindergruppen. Auch für behinderte Kinder und Kinder aus Problemfamilien gibt es Freizeitangebote durch *Selbsthilfegruppen* →, *Wohlfahrtsverbände* →, die *Kirchen* →, Jugendverbände und das Jugendamt →.

Kino

auch Filmtheater/Lichtspielhaus; Filmaufführungsstätte gegen Bezahlung (*Film* →). Trotz der durch die Medien Fersehen und Video entstandenen Konkurrenz zählt das K. zu den wichtigsten Einrichtungen der *Freizeitinfrastruktur* →. So wurden 1980 143,8 Mio. Kinobesucher gezählt (zum Vergleich: 17,3 Mio. Theaterbesucher). Allerdings sinken die Besucherzahlen: 1983 – 125 Mio; 1984 – 112 Mio. Die Einführung des Fersehens führte zum ersten »Kino-Sterben«. Durch Spezialisierung auf Großfilme, durch Aktualität (Ur- und Erstaufführungen von Filmen) und Erfindung des *Programmkinos* → gelang es den Filmtheatern das K.-publikum zurückzuholen. Die Pluralisierung der Medienangebote für den Bildschirm (Kabel- und Satelitenfernsehprogramme, kommerzielles Fernsehen, *Videotheken* →) dürfte jedoch insbesondere für die kleineren K. zu weiteren Besuchseinbrüchen führen. Zur Pflege des Kulturgutes Film wurden inzwischen auch öffentlich getragene K. gegründet (*Kommunales Kino* →).

Dachverband der Kinobetreiber ist der Hauptverband Deutscher Filmtheater.
Cinemathek →, *Filmclub* →

Kirche

religiöse Gemeinschaft der christlichen Konfessionen (in der Bundesrepublik Deutschland im wesentlichen Evangelische und Katholische K.) mit verbindlicher Verfassung, beamteten Geistlichen, einer für die Gläubigen bindenden Glaubens- und Sittenlehre sowie Regeln für den Gottesdienst (Liturgie, Kulturform). Die großen K. sind in der Bundesrepublik Körperschaften öffentlichen Rechts, werden aber wegen ihrer institutionellen und weltanschaulichen Unabhängigkeit zu den *Freien Trägern* → gerechnet (*Religion* →).
Seit der Reformation wird die Zugehörigkeit zu einer K. durch das Bekenntnis (Konfession) zu einer bestimmten Glaubensrichtung bestimmt: Römisch-katholische Konfession; Evangelische Konfession lutherischer bzw. reformierter Prägung sowie Freikirchen (Protestantismus).
In dem Begriff K. verschmelzen theologische, soziologische und juristische Aspekte. K. ist zugleich Gegenstand des Glaubens, des Glaubensbekenntnisses und Institution, Personengemeinschaft und bürokratische Organisation, universale (ökumenische) und partikulare (örtliche) Gemeinde. Sie ist wesensmäßig eine und erscheint doch nur in der Spaltung in viele Konfessionen bzw. Denominationen (»die eine K. und vielen K.«). Sie existiert in Gestalt von Orts- oder Pfarrgemeinden und Initiativ-, Dienst- oder Basisgruppen; als Territorial- bzw. Regionalkirche (evang.: Landeskirchen; kath. Diözesen) und als Föderation zur Wahrnehmung bestimmter Gemeinschaftsaufgaben. Sie gehört als sinngebende, Werte vermittelnde Instanz zu den großen normativen Gruppen der Gesellschaft, unterliegt aber auch ihrerseits den gesellschaftlichen Veränderungen und Wertwandlungen. Sie ist sowohl Dienstleistungsbetrieb (»Betreuungskirche«) als auch Ort für ehrenamtliche Mitarbeit, soziales Engagement und Selbstverwirklichung (»Beteiligungskirche«). Die spannungsreiche Zusammengehörigkeit dieser Gesichtspunkte gilt es auch unter dem Blickwinkel »Kirche und Freizeit« zu berücksichtigen.
Die K. mit einer Zugehörigkeit von 85,1% der westdeutschen Bevölkerung, d.h. insgesamt 52,3 Mio. Mitgliedern (davon evang.: 41,8% – ohne Freikirchen; röm.-kath.: 43,3%; Zahlen von 1982) »sind in der Bundesrepublik Deutschland der größte ›Freizeitunternehmer‹, denn fast die gesamte kirchliche Arbeit, ausgenommen Religionsunterricht und soziale Arbeit, finden im Freizeitsektor der Betroffenen statt« (Hell). Zugleich sind die K. aber auch mit insgesamt rund 450 000 hauptamtlichen Mitarbeitern im Bereich der sog. verfaßten K. und weiteren mind. 550 000 in der Diakonie bzw. Caritas nach dem öffentlichen Dienst der zweitgrößte Arbeitgeber in der BRD. Darüber hinaus bieten die K. als große »Freizeitvereine« zahllose Möglichkeiten von Freizeittätigkeit in Form freiwilliger Mitarbeit und sozialen Engagements. Allein im Bereich von Diakonie und Caritas ist mit etwa 1 Mio. ehrenamtlicher Mitarbeiter zu rechnen (hier nur Schätzwerte aus dem caritativen Bereich, da Abgrenzung gegenüber der verfaßten K. schwierig und Einsatz nach Dauer und Zeitaufwand kaum quantifizierbar). Für die Freikirchen muß noch ein weit höherer Anteil aktiver ehrenamtlicher Mitarbeit angesetzt werden.
Abgesehen von dieser Freizeittätigkeit in Form von Ehrenamt bzw. freiwilliger Mitarbeit läßt sich die unmittelbare kirchliche Praxis im Bereich der Freizeit einschl. des Tourismus differenzieren nach a) eigenen, von seiten der K. organisierten Angeboten zur Freizeitverbringung; b) offenen Beiträgen in Form von Veranstaltungen und Diensten im Rahmen anderweitig geplanter oder spontaner Freizeit- und Urlaubsgestaltung; c) Dienstleistungen für Freizeitberufe und andere Berufsgruppen, die zumindest partiell ihrerseits Dienstleistungen im Freizeitbereich erbringen; und schließlich d) freizeit- und tourismuspolitische Aktivitäten. Die Übergänge sind teilweise fließend. Dienste und Angebote dieser Art auf übergemeindlicher bzw. gesamtkirchlicher Ebene (durch zentrale kirchliche Dienststellen und kirchliche Werke/Verbände) sind (*Kirchengemeinde* →):

a) Angebote von Freizeit- und Urlaubsgemeinschaften für bestimmte Zielgruppen (vor allem Jugendliche, Familien, Senioren, Ausländer und Umsiedler); Studien- und Begegnungsreisen zur Pflege gesamtkirchlicher, internationaler und/oder ökumenischer Kontakte; das Angebot der gemeinnützigen Familienferienstätten (51 evang. mit rd. 5 100 Betten; 70 kath. mit rd. 10 000 Betten; Zusammenschlüsse: evang. und kath. Arbeitskreis für Familienerholung); kirchliche Sportarbeit; schließlich die Angebote der Akademien, Bildungs- und Begegnungszentren. Daneben können der evang. Kirchentag und der Katholikentag als große kirchliche »Freizeitfeste« angesehen werden.
b) Urlauber- bzw. Tourismusseelsorge (zu differenzieren nach kirchlicher Arbeit an Ferienorten und in Ferienzentren, Campingseelsorge, Seelsorge auf Kreuzfahrtschiffen; Kurseelsorge; Animations-, Gesprächs- und Gottesdienstangebote im Rahmen von Messen und Ausstellungen (z.B. Bundes- und Landesgartenschauen).

c) Schon seit mehreren Jahren arbeiten die K.n durch ihre Fachstellen bei der Aus- und Fortbildung von Reiseleitern mit (Schwerpunkte: Gesprächsführung und Seelsorge, Abhängigkeit und Entwicklung, Kirche und Ökumene). Weitere Aktivitäten: Gastronomie-Seelsorge (Hotel- und Gaststättenpersonal), Gastgeber-Seminare für private Vermieter an Kur- und Urlaubsorten, Kirche und Sport (eigene Arbeitsgemeinschaften), Schausteller-Seelsorge.
d) Auch im Bereich der Freizeit- und Tourismus-Politik gibt es gemeinsame Positionen der beiden großen K. (letzte offizielle Verlautbarung: Thesen zur Freizeitpolitik, 1977). Kirchliche Interventionen im freizeitpolitischen Bereich gelten vor allem der Schaffung gleicher Ausgangsvoraussetzungen im Bildungssektor sowie der Berücksichtigung von Bevölkerungsgruppen, die in ihrer Freizeit benachteiligt sind (alleinerziehende Mütter und Väter, kinderreiche Familien, ausländische Mitbürger, Behinderte, Nacht- und Schichtarbeiter, Arbeitslose) sowie einer Verbesserung der (Freizeit-)*Infrastruktur* → im *Wohnbereich* →. Im *Tourismus* → (vor allem Dritte-Welt-Tourismus) verstehen sich die K. als Anwalt der Betroffenen, der Opfer gegenüber Behörden und Veranstaltern in den Entsendeländern und arbeiten in Kooperation mit ihnen sowie im internationalen, ökumenischen Verbund an der Entwicklung sozial und ökologisch verträglicher Formen des Reisens.

Die konzeptionelle Aufarbeitung der verschiedenen Handlungsfelder, die Koordinierung zwischen den einzelnen Praxisbereichen einerseits, den Landeskirchen bzw. Diözesen andererseits sowie die Kooperation mit anderen Trägern und Institutionen im Freizeitbereich (z.B. Deutsche Gesellschaft für Freizeit, Studienkreis für Tourismus) werden durch zwei von den großen K. eingesetzte Fachkommissionen wahrgenommen: den Evangelischen Arbeitskreis für Freizeit und Erholung in der EKD und die Katholische Arbeitsgemeinschaft Freizeit und Tourismus. Weitere den Freizeitbereich berührende Gremien sind: die Kontaktkommission »Kirche und Sport« (EKD), der Arbeitskreis »Kirche und Sport« der Kath. K. Deutschlands sowie die Kommission »Bildung und Kultur« des Zentralkomitees der deutschen Katholiken.

Die traditionsbedingte Konzentration auf Probleme der Arbeit sowie der Berufs- und Arbeitsethik hat dazu beigetragen, daß sich die umfangreiche praktische »Freizeitarbeit« der K. zunächst abseits wissenschaftlich-theologischer Theoriebildung entwickelte. Inzwischen wird Freizeit in Theorie und Praxis zunehmend als Rahmenbedingung (Dimension) kirchlichen Handels überhaupt und damit als Querschnittsthema und -aufgabe für alle kirchlichen Arbeitsfelder (also nicht nur für kirchliche »Freizeitarbeit« im engeren Sinn) begriffen. Der spezifische Beitrag der K. für eine »Zukunft der Freizeit« läßt sich folgendermaßen zusammenfassen:
a) Lebenssinn kann weder durch Arbeit hergestellt noch durch Freizeiterleben garantiert werden. Indem die K. im Gefolge der christlichen Überlieferung Lebenssinn als Geschenk und Widerfahrnis jenseits der Segmentierung des Lebens in »Arbeit« und »Freizeit« verstehen, treten sie einer einfachen Ablösung einer »Religion der Arbeit« durch eine neue »Religion der Freizeit« kritisch entgegen. Erst die Entlastung der Freizeit von illusionären Glückserwartungen eröffnet einen realistischen Blick auf die in ihr liegenden freiheitlichen Möglichkeiten. b) Von diesem Begründungszusammenhang her leisten die Kirchen einen Beitrag zur Entmythologisierung der Arbeit als einzig tragendem Grund gesellschaftlicher Gestaltung und individueller Selbstverwirklichung und Sinnfindung. Sie schaffen damit angesichts der gegenwärtigen Krise der Arbeitsgesellschaft zugleich die geistigen Voraussetzungen für die dringend nötige Erarbeitung neuer Modelle der Verteilung von Arbeit und Freizeit. c) Die Doppelrolle der K. als Arbeitgeber und Freizeitunternehmer qualifiziert und nötigt sie, beispielhaft in ihrem eigenen Bereich Modelle einer Neuverteilung und Vermittlung von Arbeit und Freizeit zu entwickeln und zu erproben. d) Aus einer ganzheitlichen Sicht menschlichen Lebens heraus erwächst für die K. als Sozialisationsagenturen und Bildungsinstitutionen sowohl Legitimation als auch Verpflichtung zur Erarbeitung eines ganzheitlichen Erziehungs- und Bildungskonzepts, das nicht nur oder vorrangig auf Qualifikation für (Erwerbs-)Arbeit ausgerichtet ist, sondern »Tugenden« bzw. Fähigkeiten vermittelt, die in gleicher Weise einer Humanisierung der Arbeitswelt wie der Freizeit dienen: Selbstbestimmung, Kreativität, Zeitsouveränität, Kommunikations- und Kooperationsfähigkeit. Diese Aufgabe stellt sich dementsprechend nicht nur in der kirchlichen Freizeitarbeit im engeren Sinn, sondern in allen Arbeitsfeldern (Kindergarten, Religionsunterricht, außerschulische Jugendarbeit, Erwachsenenbildung, Beratungsdienste, Gemeindeaufbau und Gemeindeorganisation). e) gerade die Kirchen werden immer wieder auf die übersehene oder verdrängte Realität von Leiden und Ungerechtigkeit, Not und Behinderung, Einsamkeit und Schuld hinzuweisen haben. Gegenüber dem einleuchtenden, gleichwohl aber eindimensionalen Konzept eines »freizeitkulturellen Lebensstils«, der lediglich auf Spontaneität und Aktivität, Fröhlichkeit und Lebensgenuß zielt, ist es ihre Aufgabe, in Frei-

Abb. Die Gliedkirchen der Evangelischen Kirche in Deutschland (EKD)

(Die Ortsnamen geben den Sitz der jeweiligen Kirchenleitung wieder.)

Lutherische Kirchen
Gliedkirchen der Vereinigten Evangelisch-Lutherischen Kirche

Übrige lutherische Kirchen

Unierte Kirchen
Evangelische Kirche der Union

Übrige unierte Kirchen

Reformierte Kirchen
Lippische Landeskirche (mit Lutherischer Klasse)

Evangelisch-reformierte Kirche in Nordwestdeutschland (Verbreitungsgebiet im wesentlichen Nordwestdeutschland)

Quelle: Kirchenamt der Evangelischen Kirche in Deutschland (EKD).

Abb. Die katholische Kirche (Bistumskarte)

Kirchenprovinz München Freising
Kirchenprovinz Bamberg
Kirchenprovinz Freiburg
Kirchenprovinz Köln
Kirchenprovinz Paderborn

----- Bistumsgrenzen
✝ Sitz des Erzbistums
● Sitz des Bistums

Quelle: Kartographisches Institut Bertelsmann; in: Kursbuch Deutschland 85/86 (1985)

zeitseelsorge und Freizeitpädagogik sowie in ihren freizeitpolitischen Optionen das ökumenische Leitbild einer gerechten, partizipatorischen und (über-)lebensfähigen Gesellschaft auch im Freizeitbereich zur Geltung zu bringen.
Mit freizeitorientierter Arbeit befassen sich Laienorganisationen nicht nur auf örtlicher Ebene. Sie haben auch auf Bundes- und Länderebene sowohl im innerkirchlichen als auch im politischen Bereich eine einflußreiche Stellung errungen. Wichtige evangelische Vereinigungen sind: Deutscher Evangelischer Kirchentag, Evangelische Aktionsgemeinschaft für Familienfragen, Männerarbeit in der Evangelischen K. in Deutschland; Evgl. Frauenarbeit in Deutschland; Deutscher Evgl. Frauenbund; CVJM-Gesamtverband in Deutschland; Arbeitsgemeinschaft der Evgl. Jugend mit verschiedenen angeschlossenen Jugendverbänden; Evgl. Akademikerschaft in Deutschland. Bedeutende katholische Verbände sind: Zentralkomitee der deutschen Katholiken (»Katholikentag"); Bundesverband der Kath. Arbeitnehmer-Bewegung Deutschlands (KAB), Kolpingwerk, Kath. Frauengemeinschaft; Kath. Deutscher Frauenbund; Bund Deutscher Kath. Jugend mit zahlreichen Jugendverbänden; Familienbund Deutscher Katholiken; Kath. Akademikarbeit Deutschlands mit zahlreichen Mitgliedsverbänden.

Lit.: Lange, Erwachsenenbildung in der Freizeitgesellschaft; zuerst 1971, jetzt in: Sprachschule für die Freizeit. München/Gelnhausen: Kaiser/Burckhardthaus, 1980, 56–78. – Lange, Mehr Freizeit – Chance für einen Menschsein; zuerst 1972, jetzt in: ebd., 19–55. – Dienste der Kirche in der Freizeitgesellschaft, Thesen. Im Auftrag des Arbeitsgemeinschaft Missionarische Dienste erarbeitet von Feige u.a. Gladbeck: Schriftenmissions-Verlag 1973². – Kardinal Döpfner, Die Kirche und der Mensch in der Freizeit. Bonn: Sekretariat der Deutschen Bischofskonferenz, 1975. – Bleistein, Kirche und Freizeit; in: Opaschowski (Hg.), Freizeit als gesellschaftliche Aufgabe – Konzepte und Modelle. Edition Freizeit 14. Düsseldorf: DGF 1976, 41–53. – Evang. Arbeitskreis für Freizeit und Erholung in der EKD und Kath. Auslandssekretariat (Hg.), Thesen zur Freizeitpolitik, 1977; in: Pust (Hg.), Kirche und Freizeitpolitik. Edition Freizeit 27. Düsseldorf: DGE, 1979, 123 f. – Bleistein, Freizeit wofür? Christliche Antwort auf eine Herausforderung der Zeit. Würzburg: Echter, 1978. – Hell, Freizeitpädagogik und Kirche. Bielefelder Hochschulschriften 55. Bielefeld: Pfeffer, 1979. Huber, Kirche. Reihe Themen der Theologie. Stuttgart: Kreuz, 1979. – Pust (Hg.), Kirche und Freizeit-Politik. Dokumente und Meinungen. Edition Freizeit 27. Düsseldorf: DGF, 1979. – Josuttis, Gemeindearbeit als Freizeitbeschäftigung; in: Praxis des Evangelischen zwischen Politik und Religion. München: Kaiser, 1980², 237–253. – Pust, Theologische und anthropologische Grundlage kirchlicher Dienste in der Freizeit; in: Osnabrücker Studien 5. Frankfurt/M.: Publik-Forum – Leserinitiative Publik e.V. 1980, 48–60. – Koeppen (Hg.), Freizeit im Wandel. Stuttgart/Düsseldorf: Evang. Arbeitskreis für Freizeit und Erholung in der EKD/Deutsche Gesellschaft für Freizeit, 1984.

Koeppen

Kirchengemeinde

auch Pfarrei, Pfarrgemeinde, Parochie; unterschiedliche Bedeutungsinhalte: (praktisch-)theologische, (kirchen-)rechtliche oder (freizeit-)soziologische.

1. Theologisch läßt sich die K. als lokale Existenzform der universalen *Kirche* → und damit als der Ort bestimmen, an dem die christliche Botschaft in einem kommunikativen Prozeß auf eine nachprüfbare Weise Gestalt annimmmt.

2. Juristisch ist die K. (abgesehen von Sonderregelungen wie Anstalts- oder Personalgemeinden) die kleinste Organisationsform der Kirche mit Rechtscharakter (Körperschaft des öffentlichen Rechts; Ausnahmen: Evang. Freikirchen) und als solche ein örtlicher, geographisch begrenzter Seelsorgebereich, in dem ein (evang.: auch mehrere) Pfarrer/Pastor für Unterricht, Seelsorge und die kirchlichen Handlungen (Taufe, Trauung, Beerdigung) zuständig ist; dementsprechend sind die Gemeindeglieder gehalten, im Regelfall diese Amtshandlungen durch den Ortspfarrer ihres (Haupt-)Wohnsitzes bzw. durch den Geistlichen ihres Pfarrbezirks (Sprengels) vornehmen zu lassen.

3. Soziologisch schließlich kann die K. – unbeschadet der Regelmitgliedschaft aufgrund der Taufe – als Sonderform eines örtlichen Freizeitvereins angesehen werden; d.h. sie partizipiert an den allgemeinen Freizeiterwartungen (»freizeitkultureller Lebensstil«) und an den sich im Freizeitbereich bietenden Chancen sozialer Gestaltung (z.B. freiwilliges, ehrenamtliches Engagement) ebenso wie an den daraus ergebenden Problemen (z.B. Freizeitmobilität; Beliebigkeit).

In der Bundesrepublik gibt es gegenwärtig (Stand 1982) 10 662 evangelische und 12 748 röm.-katholische K. (über die Zahl der freikirchlichen Gemeinden sind keine Angaben möglich). Das historisch letztlich auf die Karolingerzeit (Karl d.Gr.) zurückgehende Modell der auf den Wohnort bezogenen und damit auf Stabilität sozialer Kontakte angewiesenen Orts-K. als Norm und Regelfall kirchlicher Organisation ist mit Beginn der neuzeitlichen Industrialisierung (17.–19. Jhd.) einem zunehmenden Funktionswandel ausgesetzt. Ausschlaggebend dafür ist vor allem die industriegeschaftliche Trennung von Haushalt und Betrieb, von Wohn- und Arbeitswelt und die damit einhergehende Urbanisierung. Die Kommunikationsgemeinschaft K. erreicht die Menschen nur mehr im Wohnbereich bzw. während der dort verbrachten Freizeit, also vor allem am Feierabend und am Wochenende. Aber schon dafür gelten Einschränkungen. Durch die Auslösung des ehedem christlich begründeten und geprägten Sonntags in das bürgerliche Wochenende und die immer noch zunehmende Wochenendmobilität (an schönen Wochenenden mehr als 60% der Stadtbevölkerung) wird die Besucherzahl der Sonntagsgottesdienste teilweise empfindlich ausgedünnt und damit die K. in ihrem Zentrum getroffen. Angesichts der neuzeitlichen Urbanität, der gesellschaftlichen Mobilität und, dadurch bedingt, zunehmender Anonymität kann kirchliche Arbeit in der Ortsgemeinde immer weniger an gemeinsame soziale Erfahrungen anknüpfen noch ihrerseits solche vermitteln. An die Stelle einer auf allgemein anerkannten Normen und Konventionen beruhenden Zugehörigkeit zu einer örtlichen K. treten durch Freiwilligkeit und Beliebtheit charakterisierte Beteiligungsmuster. Diese bleiben in der Regel wechselnd (mobil, zeitlich befristet, temporär) und auf die jeweiligen individuellen Bedürfnisse bezogen (partiell). Unter solchen Bedingungen erscheinen fast alle kirchlichen Lebens- und Veranstaltungsformen (Ausnahme: schulischer Religionsunterricht) vom karitativen Engagement über Seminare, Gruppen und Kreise bis hin zum Gottesdienst als »Freizeitbeschäftigung«, als ein – wenn auch besonderes – Hobby (Josuttis). Das bedeutet zugleich, daß eine K. mit ihren Angeboten in Konkurrenz zu anderen Freizeitvereinen, -einrichtungen, -orten und -möglichkeiten steht (z.B. Sportclubs, Naherholungsgebiete und Freizeitparks, Volksfeste, Museen und Biergärten).

Aus dem Bestreben, diese Bedingungen konstruktiv aufzunehmen, ist vor etwa 10 Jahren das Konzept einer »freizeitorientierten Gemeindearbeit« (Gruska) erwachsen. Es beruht auf zwei Grundentscheidungen: Es gilt Freizeitbedürfnisse zu akzeptieren und Freizeitverhalten bei der Planung und Gestaltung kirchlicher Angebote bzw. Veranstaltungen zu berücksichtigen. Aus diesem Ansatz hat sich eine Fülle von Freizeitformen kirchlicher Gemeindearbeit entwickelt: Spiel-, Erzähl- und Singabende, Gemeindetage, Clubarbeit, Feste, Gottesdienste und Familientreffs im Grünen, gemeinsam gestaltete Wochenenden, Kinder-, Jugend-, Familien- und Seniorenfreizeiten, Urlaubsgemeinschaften, Gemeindefahrten u.v.a.m. Alle diese Arbeitsformen und damit das Konzept freizeitorientierter Gemeindearbeit insgesamt unterliegen drei Kriterien:
a) Freiwilligkeit: Verzicht auf Ausübung von Druck, Abbau von Mechanismen sozialer Kontrolle;
b) Möglichkeit der Mitbestimmung und Mitgestaltung: Integration unterschiedlicher Interessen und Erwartungen, Begabungen und Ausdrucksformen;
c) Zeitliche Befristung: Motivation durch Kalkulierbarkeit des Engagements.

Relativ schwach entwickelt und dementsprechend ausbaufähig sind gegenwärtig noch Präsenz bzw. freizeitpädagogische Angebote außerhalb eigener Gemeindeveranstaltungen an Freizeitorten wie Freizeitzentren, Spielhallen, oder Diskotheken. Des weiteren stellt sich die Aufgabe, angesichts eines Anteils von 45% Nicht-Reisender statt der in Ferienzeiten üblichen Schließung der Gemeindehäuser und der Beschränkung auf den Sonntagsgottesdienst im Gegenteil spezielle Angebote für einen »Urlaub zu Hause / Urlaub in der Stadt« bzw. für die Zielgruppe der Nichtreisenden zu entwickeln. Andere Aufgaben im Freizeitbereich wie z.B. die Arbeit auf Campingplätzen, in Feriensiedlungen und Naherholungsgebieten sowie an großen Urlaubs- und Kurorten greifen über die personellen und gestalterischen Möglichkeiten einer einzelnen K. hinaus, bedürfen daher übergemeindlicher Kooperation und Koordinierung.

Lit.: Kugler, Zwischen Resignation und Utopie. Die Chancen der Ortsgemeinde. Gütersloh: Gütersloher Verlagshaus G. Mohn, 1971 (bes. 143 ff.) – Gruska / Hack, Freizeitorientierte Gemeindearbeit. – Nachrichten des Volksmissionarischen Amtes der Evang. Kirche im Rheinland, N.F. Nr. 4 Düsseldorf 1975 – Pust, Freizeitorientierte Gemeindearbeit, in: Pust / Schaper (Hg.), Stichwort Freizeit, Edition Freizeit 26. Düsseldorf: DGF, 1978, 247 – 265 – Greinacher / Mette / Möhler, Gemeindepraxis. Analysen und Aufgaben. München-Mainz: Kaiser-Grünewald, 1979 – Evang. Arbeitskreis für Freizeit und Erholung in der EKD (Hg.), Freizeitorientierte Gemeindearbeit. Stuttgart 1980 – Josuttis, Gemeindearbeit als Freizeitbeschäftigung, in: Praxis des Evangeliums zwischen Politik und Religion. München: Kaiser 1982², 237 – 253 – Schnuderl, Stirbt der Sonntag durch den Wochenendtourismus?, in: Stimmen der Zeit 12/1980, 828 – 840 – Koeppen, Gemeinde. In: Schober / Seibert (Hg.), Theologie – Prägung und Deutung der kirchlichen Diakonie. Stuttgart: Verlagswerk der Diakonie, 1982, 448 – 462.

Koeppen

Kirmes
Volksfest →

Kleingarten
gärtnerisch und zur *Freizeitgestaltung →* genutzte, nicht erwerbsmäßig bewirtschaftete, wohnungsferne Pachtgartenform (*Garten →*) (früher auch: »Schrebergarten«). Zwar ist eine wirtschaftliche Bedeutung des K.s vorhanden, doch wird diese durch den sozialen und persönlichen Wert übertroffen. Gartenarbeit steht mit an der Spitze der häufig ausgeübten *Freizeittätigkeiten →*, darüber hinaus ist der K. Treffpunkt und Fläche für *Geselligkeit →* und *Spiel →*. Eine städtebauliche und -biologische Bedeutung (*Freiraumplanung →*) gewinnt der K. durch Zusammenfassung in K.anlagen, wobei die Kosten für die Allgemeinheit ver-

Abb. Kleingärten

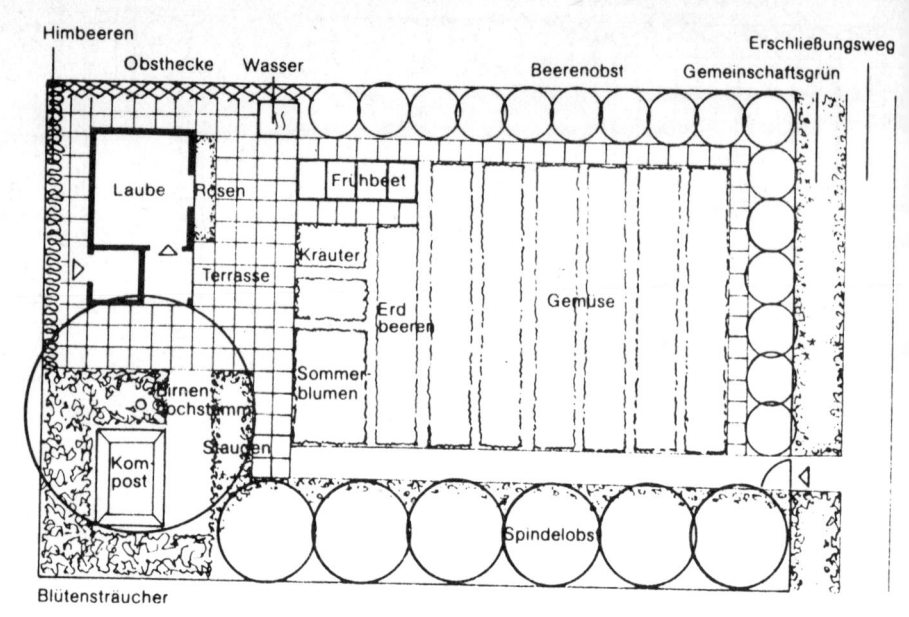

Kleingarten (14 × 22 m), Nutzung durch Obst und Gemüse.

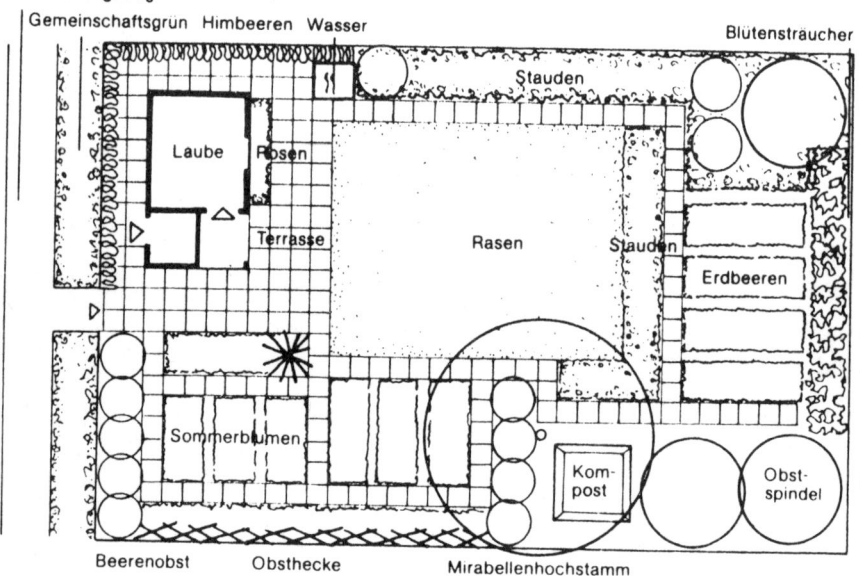

Kleingarten (14 × 22 m), Nutzung überwiegend durch Blumen.

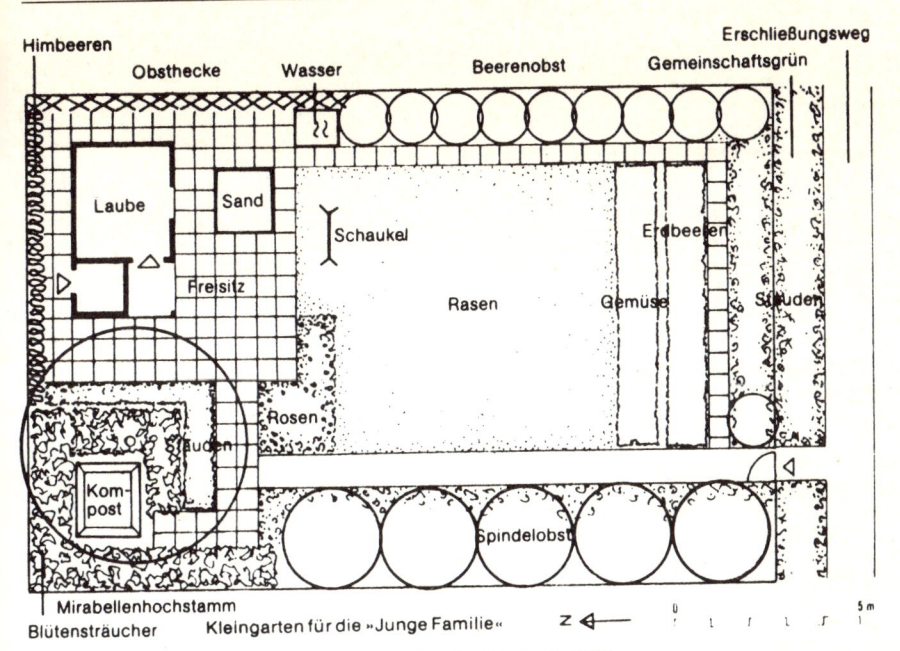

Quelle: Richter: »Planungen Kleingartenanlagen«. In: Handbuch Stadtgrün (1981)

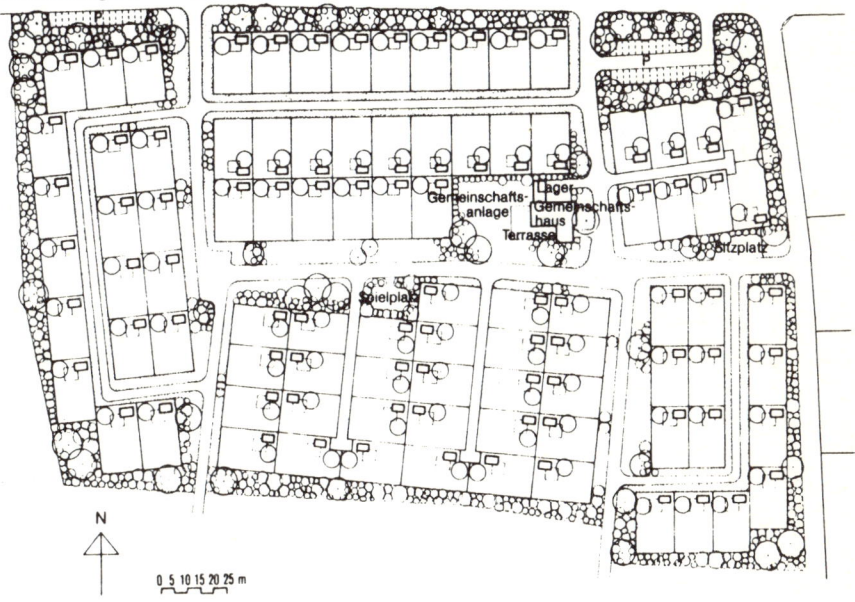

Abb. Kleingartenanlage

Städtebaulich integrierte Dauerkleingartenanlage mit einem ausgewogenen Verhältnis von privatgärtnerischer Nutzung und öffentlichem Grün.

Quelle: Richter: »Planung von Kleingartenanlagen«. In: Handbuch Stadtgrün (1981)

gleichsweise niedrig sind, die Anlagen aber allen zum Besuch offenstehen. Leider stehen gerade in Großstädten und Ballungsgebieten nicht genügend Flächen für K.-anlagen zur Verfügung. Daher bestehen Überlegungen zur Nutzung von Restflächen und Brachland als »Freizeitgärten« ohne bestimmten Auflagen mit entsprechender Gestaltungs- und Bewirtschaftungsordnung als »Mietgärten«. Flächensparend wären auch sog. Seniorengärten, die nur halb so groß wie normale Kleingärten sein sollen.
Andere Sonderformen sind Blindengärten (Riechen, Fühlen) und Behindertengärten, besonders für Rollstuhlfahrer mit Bankbeeten und Holzcontainern, um dem *Behinderten* → die Bearbeitung zu erleichtern.
K.-land wird im Rahmen der Bauleitplanung ausgewiesen. Wichtige Regelungen hat das Bundeskleingartengesetz gebracht, das noch in der »Erprobungsphase« ist.
Kleingartenverein →

Kleingartenanlage
Kleingarten →

Kleingartenverein
Vereinigung zum Betrieb von *Kleingarten* → -anlagen. Der K. regelt die gemeinsamen Belange der Kleingarteninhaber, sorgt aber auch für Geselligkeit und die Ausstattung der Anlagen mit Gemeinschaftsräumen und Spielmöglichkeiten. K. kümmern sich auch um die fachliche Fortbildung der Mitglieder und beraten diese in Fachfragen. Die K. sind auf Orts- und Landesebene zusammengeschlossen. Der Dachverband ist der Bundesverband Deutscher Gartenfreunde. Die Zusammenschlüsse haben Fachberater engagiert, geben Informationsschriften heraus und vertreten das K.-wesen gegenüber Politik und Öffentlichkeit.

Kleinkunst
Kurzdarbietungen von *Theater* →, Pantomime, *Tanz* →, Liedern/Chansons, Musikstücken. K. wird dargeboten im *Kabarett* → und neuerdings auch in K.-Kneipen
Künstler →, *Gastronomie* →

Klöppeln
Handarbeit →

Kneipe
individuelle Biergastronomie, der Wirt steht im Mittelpunkt. Bezeichnung aus der Umgangssprache für Schankwirtschaften (= Schänke). Der Verzehr konzentriert sich auf Getränke, d.h. hauptsächlich auf Bier. Daneben werden häufig kleine Speisen und Bierhappen angeboten.
Gastronomie →

Kochen
Eßkultur →

Körperkultur
1) Bezeichnung (hauptsächlich in sozialistischen Ländern) für *Leibeserziehung* → und *Leibesübung* →. K. beinhaltet die Gesamtheit der gesellschaftlichen Ziele, Aufgaben, Mittel und Maßnahmen, die der körperlichen Ausbildung bzw. physischen Vervollkommnung des Menschen dienen. Aufbau, Pflege und Erhaltung des Körpers in der sozialistischen K. stellen wichtige erzieherische und gesundheitliche Werte dar, die der allseitigen Leistungsfähigkeit und der Formung der »sozialistischen Persönlichkeit« dienen.
In westlichen Systemen findet der Begriff K. nur selten Verwendung, hier wird stattdessen der Ausdruck *Sport* → bevorzugt. Auch *Bodybuilding* → kann zur K. gezählt werden.
2) Freikörper- bzw. Nacktkultur (*FKK* →), Pflege des Körpers zur Förderung der Schönheit, der Gesundheit und zur Freude am Leben.

Lit.: Sportwissenschaftliches Lexikon, Beiträge zur Lehre und Forschung im Sport, Bd. 49/50, 1983

Schmale

Kollektivtourismus
auch Gruppentourismus, Gesellschaftstourismus, Klubtourismus; durch *Reiseveranstalter* → vorbereitete Abwicklung des Reisevorganges und/oder Aufenthaltes bei Urlaubsreisen (Pauschalreisen, Veranstalterreisen) und daraus entstehende Reisetätigkeit (*Tourismus* →). K. macht etwa ein Viertel der Gesamtreisetätigkeit aus.

Kommerzialisierung
Prozeß zur Einbeziehung von bisher nicht primär ökonomisch ausgerichteten Tätigkeiten bzw. Lebensweisen in den Markt bzw. Eindringen von Marktgesichtspunkten in bislang nicht ökonomisch erfaßte Bereiche. Inwieweit *Freizeittätigkeiten* → vollkommen marktunabhängig sein können, wenn eine Gesellschaft marktwirtschaftlich orientiert ist, bleibt fraglich. Als Regel läßt sich feststellen: Je stärker ein Bereich sich ideologisch als »Gegenwert« oder »Wert in sich« betrachtet, desto stärker trifft ihn der Vorgang der K. War der *Amateur* → (davor der finanziell gesicherte Gentleman/Adelige) Kennzeichen des Sports, so gefährdet ihn der Berufssportler oder derjenige, der mit *Sport* → oder vom Sport lebt, das Bild vom Sport. Ähnliche Probleme gibt es in der Laienmusik → beispielsweise nicht, da es seit urdenklichen Zeiten Musiker gibt, die von der *Musik* → leben. Eine andere Frage ist die nach den Methoden und Inhalten der K. (*Freizeitkonsum* →) und der Abhängigkeit, in die

ein Bereich durch K. (aber auch durch staatliche *Subventionen* →) geraten kann. Abhängig werden aber Menschen und Organisationen, nicht Bereiche »der Sport«, »die Musik«. . .; deshalb müssen die konkret mit dem Phänomen K. Konfrontierten die Lösung suchen (kritische Auseinandersetzung mit Marktfragen, Verbraucherberatung, klare Absprachen, Vermeiden von »schwarzen Märkten« u. ä.).

Kommunales Kino

von einer politischen Gemeinde getragene Filmvorführstätte oder -organisation. K. betätigen sich z. T. ähnlich wie *Filmclubs* → z. T. wie *Programmkinos* →. Sie sehen ihre Aufgabe in der Vorführung künstlerisch guter Filme und der Erhaltung der Kunstform Film. K. kann über eine eigene Spielstätte verfügen, kommerzielle Filmtheater mitbenutzen oder subventionieren, aber auch in *Begegnungsstätten* → Aufführungen anbieten.

Kommunikation

als soziales Verhalten ein Prozeß der Übermittlung von Nachrichten, Erfahrungen, Wissen, Beziehungsaufnahmen, Stimmungen, Gefühlen usw. zur gegenseitigen Kenntnisnahme, Verständigung, Beeinflussung und Erhaltung von Beziehungen. Die zwischenmenschliche Verständigung vollzieht sich durch K.-medien, z. B. Sprache, Gebärde, Mimik, Schrift, Bild, Symbole.
K. hat einen inhaltlichen und einen bewertenden Aspekt, d. h. die Informationen werden mit je bestimmter Tendenz, die ausgedrückt wird, weitergegeben.
Die K.-beziehungen können recht unterschiedlich sein. Im Organisationsbereich sind zwei Formen unumgänglich:
a) die empfangende Stelle wird durch das zwischen zwei Aufgabenträgern vermittelte Wissen in die Lage versetzt, Entscheidungen zu treffen, wobei das Wissen durch Unterrichtung und Beratung erfolgt (zutreffend auch für *Freizeitberatung* →, *Informative Beratung* →, im Rahmen von *Agogik* →, *Animation* →, *Freizeitpädagogik* →, *Gemeinwesenarbeit* →, Freizeitkultureller *Bildung* → usw.);
b) die empfangende Stelle wird durch zwischen zwei Aufgabenträgern vermittelte Wissen in die Lage versetzt Ausführungsaufgaben zu erledigen, wobei das Wissen durch Vereinbarung und Anordnung vermittelt wird (Verwaltung, Planung, Durchführung von Projekten, aber auch im Rahmen selbstorganisierten Handelns, *Partizipation* →).
Zahlreiche *Freizeittätigkeiten* → beinhalten soziale Kommunikation, viele fordern sie heraus. Die komplexeste Form, die *Geselligkeit* →, wird sogar als Zuweisungskriterium von Tätigkeiten zur Freizeit benutzt. K. zu erreichen, ist Zielsetzung von *Sozialpädagogen* → und *Freizeitpädagogen* →, aber auch von Künstlern und *Kulturpädagogen* →. Zu diesem Zweck wurden sogar besondere Einrichtungen geschaffen (*Kommunikationszentrum* →).
Hingegen stellen die Massenkommunikationsmedien (*Medien* →) eine im wesentlichen einseitig gerichtete Kommunikationsbeziehung her, bei der die übermittelten Informationen nur durch das beim Empfänger vorhandene Wissen hinterfragt werden können. Das Problem ist weiterhin, daß Medium, Kommunikationspartner und Information kaum voneinander zu trennen sind, wodurch ein Eindruck von Realität vermittelt wird, obwohl alles medial abläuft. Die Vermittlung von kulturellen Mustern und Images gelingt auf diese Weise. Weitere Wirkungsweisen sind umstritten. Von der Medienpädagogik wird übereinstimmend vertreten, daß zur Bewältigung der Medienk. nur die direkte zwischenmenschliche K. beitragen könne. Viele Menschen scheinen unbewußt nach dieser These zu reagieren. Denn die *Geselligkeit* → (Besuche empfangen, zu Besuch gehen) zu Hause hat in den letzten Jahren zugenommen.

Lit.: Merten »Kommunikation. Eine Begriffs- und Prozeßanalyse« Opladen 1977.
Silbermann »Handwörterbuch der Massenkommunikation und Medienforschung« Berlin 1982
Akademie für Organisation »Handlexikon Organisation« Frankfurt a. M. 1971

Kommunikationszentrum

1. Synonym für *Begegnungsstätte* →, *Freizeitstätte* →, *Nachbarschaftsheim* →, *Gemeinschaftshaus*, *Bürgerhaus* →, *Haus des Gastes* → u. a. Einrichtungen.
2. Bezeichnung für solche Kultur- und Begegnungsstätten, die aus der alternativen Kulturbewegung (*Soziokultur* →) entstanden sind. K. bieten vor dem entsprechenden ideologischen Hintergrund neben Geselligkeit die Möglichkeit für Information und Beratung (*Kommunikation* →), für Veranstaltungen, Anregungen zum eigenen Tätigwerden. K. werden von unterschiedlichen Trägern betrieben und sind in Größe, Ausstattung, Einzugsbereich, Personalstruktur kaum vergleichbar; das gilt auch für das Programmangebot im einzelnen. K. sind in zwei bundesweiten Vereinigungen zusammengeschlossen: Bundesvereinigung der Kommunikationszentren und Arbeitskreis soziokultureller Zentren in der kulturpolitischen Gesellschaft.
Kulturzentrum

Lit.: Hübner »Kulturzentren – gesellschaftliche Ursache, empirische Befunde, Perspektiven soziokultureller Zentren« Weinheim/Basel 1981

Kommunikative Animation

eine über die Beratung (*Informative Beratung* →) hinausgehende aktivierende Methode der Ermutigung, Anregung und Förderung (Opaschowski 1976). Durch K. soll in erster Linie Kommunikation erleichtert, Kontaktfähigkeit verbessert und die soziale Wahrnehmung angeregt werden mit dem Ziel der Herauslösung der Animierten aus Isolation und Passivität. Handlungsprinzip für die kommunikative Animation ist die weitestmögliche Herabsetzung der »Entschlußschwellen« zwischen alternativen Betätigungsmöglichkeiten. Ein wichtiger Animationsfaktor ist hierbei das räumliche Nebeneinander unterschiedlicher Aktivitätsangebote, das Abstecher in bisher fremde Erfahrungs- und Aktivitätsbereiche begünstigt. Die Animationswirkung besteht so in einem wirksamen »Geleitzugeffekt« von Einzel- und Gruppenaktivitäten, von voraussetzungslosen zu anforderungsorientierten Betätigungen. Je kommunikationsfreundlicher die Atmosphäre insgesamt auf die Teilnehmer wirkt, umso größer sind auch Anziehungskraft und Teilnahmeintensität. Durch anregende äußere Rahmenbedingungen kann die Animationswirkung unterstützt und verstärkt werden.
Kommunikative Animation vollzieht sich in folgenden Stufen:
Entgegenkommen / ins Gespräch kommen; Ansprechen / kontaktfähig sein; Hemmungen abbauen / Entschlußschwellen herabsetzen; Ermutigen / Motivieren; Impulse geben / Initiieren; Anregen / Anleiten.
Durch Animation die *Kommunikation* → fördern helfen heißt, die unterschiedlichen Bedürfnisse der Teilnehmer zu akzeptieren, ein »Minimum an Kontinuität der Teilnahme« zu tolerieren und mit einem »Maximum an einladender Ermutigung« (C.W., Müller/Chr. Wichmann) zu verbinden. Zur Realisierung und praktischen Umsetzung der kommunikativen Animation bedarf es der Tätigkeit qualifizierter *Animatoren* →, in deren Verhalten die Menschen all die Eigenschaften wieder entdecken, die sie eigentlich an sich und den Menschen vermissen.
Der animative Mensch – kontaktfähig und einfühlsam, anregend und begeisternd, initiativ und aktiv – wird gesucht und (ersatzweise) im Animator gefunden. Jeder könnte eigentlich für sich und andere Animator sein – wenn nicht die persönlichen Hemmungen und Ängste im Wege stünden. In der eigenen Entwicklung zur Zurückhaltung erzogen und durch die gesellschaftliche Entwicklung auf Distanz gebracht (in der Arbeit ebenso wie in der Freizeit), verursachen spontane und direkte Kontaktaufnahmen Berührungsängste, auf die die meisten Menschen distanzempfindlich reagieren – durch Rückzug ins »Schneckenhaus Privat-

sphäre", in die zwar isolierende, aber gleichzeitig bergende Sicherheit der eigenen vier Wände.
Animationsprozesse gibt es in allen Lebensbereichen, in Elternhaus und Freundeskreis, in Kindergarten und Schule, im Einkaufsladen und auf dem Spielplatz, im Teppenhaus und auf der Straße.

Lit.: Opaschowski; Kommunikative Animation. In: Ders.: Pädagogik der Freizeit, Bad Heilbrunn 1976, S. 136–138 Opaschowski: Der Animator. Eine neue Rolle im Feld der freizeitkulturellen Bildungsarbeit. In: Heieck/Seelisch (Hrsg.): Alternativen. Konzepte für Bildung und Ausbildung, Stuttgart/Bonn 1982, S. 381–391.

Opaschowski

Kompensation

in der *Freizeitwissenschaft* → eine der Funktionen der arbeitsfreien Zeit: Ablenkung und Zerstreuung (Opaschowski 1976), z.B. Entlastung, *Unterhaltung* →, Vergnügen, Ausgleich von Mängeln, Versagungen, Entbehrungen, Enttäuschungen, insbesondere unbefriedigter Ansprüche auf Achtung, Anerkennung, Geltung.

Kompetenz

Befähigung, Auftrag, Fähigkeit, im engeren Sinne
1. Regelung innerhalb einer *Organisation* → über Verpflichtung und Berechtigung eines Aufgabenträgers zur Wahrnehmung bestimmter Angelegenheiten und über den Umfang, die Form, Art und Weise der Aufgabenerfüllung (»*Zuständigkeit* →«).
Die Regelung kann durch Satzung (*Verein* →, *Gemeinde* →), Gesetz (Bund, Länder, Gemeinden), Vereinbarung (*Bürgerinitiativen* →, *Verbände* →, *Teams* → u.ä.), Aufgabengliederungspläne (*Verwaltung* →) und Geschäftsanweisungen (Kaufm. Unternehmen) erfolgen.
In hierarchisch gegliederten Organisationen bezeichnet man die K.-zuweisung als Delegation. K. kann verschiedene Inhalte haben: a) Entscheidungsk.; b) Führungsk.: c) Ausführungskompetenz (Art und Weise der Ausführung von Aufgaben können selbst gewählt werden); d) Verfügungsk. (über Objekte und Hilfsmittel aufgrund abzuverlangender Informationen); e) Vertretungsk. (Recht zur Vertretung der Organisation nach außen; f) K.-K. (Recht zur Bildung neuer K.-bereiche).
2. Durch Ausbildung und Fortbildung erworbene Fähigkeit zu professioneller Tätigkeit, d.h. zum Handeln im Berufsfeld. Diese K. erhält besondere Gestalt für *Mitarbeiter* → im Dienstleistungsbereich, im *Freizeitwesen* → und im Sozialwesen. In diesen Bereichen geht es im wesentlichen um *Kommunikations* →

-prozesse. Daher wird von den Mitarbeitern erwartet, daß sie a) über ein ausgeprägtes Wahrnehmungsvermögen verfügen, b) wissen, wie man sich in beruflichen Situationen verhält unter Berücksichtigung der Situation des Partners einschließlich des Einsatzes von nichtrationalen Eigenschaften wie Kontaktfähigkeit und emotionaler Wärme sowie der Fähigkeit, sich verständlich zu machen; c) Fähigkeit zu kritischem Denken und zur Selbstreflexion. Meist unterschätzt wird dabei die Notwendigkeit, die eigene Position in der Organisation und im Handlungsprozeß zu orten (*Gemeinwesenarbeit* →). Berufliche K. für soziale Felder kann in der Ausbildung nur grundgelegt werden, insbesondere durch Projektarbeit und Rollenspiele, bedarf aber der Erfahrung der Praxis. Dabei können *Praxisberatung* →, aber auch Trainerprogramme eine wichtige Hilfe für Berufsanfänger sein.
Partizipation →

Konsum

Verbrauch, Verbrauchen; Grundverhaltensweise des Menschen, die zunächst zur Deckung seiner körperlichen *Bedürfnisse* →, im weiteren seiner geistig-seelischen Bedürfnisse und Wünsche unumgänglich ist. K. erfährt eine geringere Bedeutung als Produktion (Herstellung, Schöpfung, *Kreativität* →, Aspekt der Gottähnlichkeit). Das zeigt sich insbesondere im abwertenden Gebrauch des Begriffs im Zusammenhang mit *Freizeit* → (*Freizeitkonsum* →). Jedoch besteht zwischen K. und Produktion eine starke Wechselwirkung (*Reproduktion* →).
1. Verbraucht werden K.-güter, *Dienstleistungen* → und Gewährleistungen (öffentliche Leistungen). K.-güter sind insbesondere Nahrungs- und Genußmittel, Kleidung, Hausrat, also solche wirtschaftliche Güter, die für private Zwecke genutzt werden. Sie werden produziert durch Hauswerk (*Eigenarbeit* →, *Do-it-yourself* →), Handwerk (Kundenproduktion), Industrie (Massenproduktion) und beschafft durch Kauf (Geld, Verkäufer, Käufer), Tausch (*Wohnungstausch* →, Ferienplatztausch, Leistungstausch in der *Nachbarschaftshilfe* →), Schenkung (Dank, Wohlverhalten, *Rolle* →, Kannverhalten), Zuteilung (Sozialwohnung, Beihilfen), Miete (Leasing, Nutzung nicht Erwerb), Eigenproduktion (Haushalt, Handarbeit, Do-it-yourself). Die K.-güterproduktion beschäftigt etwa zwei Millionen Menschen und hat einen jährlichen Inlandsumsatz von etwa 350 Milliarden DM. Der wesentliche Mittler von K.-gütern ist der Handel (*Einzelhandel* →). Zeitlich ist K. im arbeitsfreien Sektor angesiedelt, daher besteht eine enge Verbindung zur Freizeit.

Das Verbraucherverhalten ist im wesentlichen von Einkommen, dessen Schwankungen, vom *Lebensstil* → und von den allgemeinen und besonderen *Lebensbedingungen* → abhängig. Daneben wirken Faktoren wie *Mode* →, Saison und Witterung auf das Verbraucherverhalten ein. Es wird im Rückblick wellenförmig gesehen; man unterscheidet verschiedene Kaufwellen: Eßwelle, Bekleidungswelle, Einrichtungswelle, Motorisierungswelle, Reisewelle, Bequemlichkeitswelle (welche noch läuft). Charakteristikum der Wellen ist allerdings, daß sie nicht spurlos verschwinden, sondern in den folgenden (oft verändert) aufgehen. Dadurch entsteht eine Pluralisierung der Kaufstile auch beim einzelnen Konsumenten (z.B.: wird beim alltäglichen K. nach Sonderangeboten gejagt, während für Luxusartikel unbedenklich Qualität gesucht und Geld ausgegeben wird).
Es gibt verschieden bewertete Typen von Produkten (E. Batzer, 1983): a) Erwünschte Güter (begehrenswert und nützlich); b) gefällige Güter (unmittelbar begehrt, aber langfristig wenig nützlich: Genußmittel, umweltbelastende Güter, z.B. Auto; c) gesunde Güter (mit geringem Kaufanreiz; z.B. gesunde Nahrungsmittel); d) unnütze Güter (weder begehrt noch langfristig nützlich). Unter der heutigen Betrachtungsweise müssen nützliche Güter mehr bekannt gemacht werden, während die gefälligen Güter auch zu langfristig nützlichen gemacht werden müssen (z.B.: Abgasarmut, Kathalysatoreinbau). Insgesamt ist ein Wandel der Anschauung zu beobachten: Bislang dominierte der Verkäufer/Anbieter, künftig wird viel stärker vom *Verbraucher* → auszugehen sein. Diese Entwicklung zeichnet sich in der sog. Verbraucherbewegung und ihren Aspekten ab, die jeweils in wirtschaftlichen und gesellschaftlichen Krisensituationen neu entstanden: a) Verbraucherschutz (in Zeiten der Knappheit oder bei individueller Beschränktheit der Mittel; gesetzliche Regelungen, Aufklärung, Beratung usw.); b) »Konsumerismus« (Betrachtung der Produktion unter K.-gesichtswinkel: Durchsetzen der »wahren« Wünsche und Vorstellungen der Verbraucher, Qualitäts- nicht Quantitätsorientierung, »Konsumenten-Pressure-Group-Arbeit«); »Postmaterialismus« (Gegenposition zur »K.-gesellschaft« – *Freizeitgesellschaft* →; Alternativwirtschaftsvorstellungen: K.-verzicht, Alternativprodukte; Qualitätsbewußtsein; Bevorzugung nützlicher Güter).
2. K. als Verbrauch, Abnützung, Zerstörung von *Natur* → und *Umwelt* → hat heute eine hervorragende Bedeutung gewonnen. Natur ist ein Gut, das nicht produziert werden kann. Daher darf sie unter dem Prinzip der Nachhaltigkeit verbraucht werden, d.h. es darf nur so

viel verbraucht werden wie nachwächst. Da Natur ein im Freizeitbereich angebotenes Gut ist (*Naherholung* →, *Urlaub* →), müssen entsprechende K.-formen gefunden werden, die das Gut nicht zerstören. Darüber hinaus stellt Natur auch ein *Investitions* → -gut, das gepflegt werden muß (*Naturschutz* →, *Landschaftsschutz* →, *Raumordnung* →) und der Ergänzung bedarf (Grünordnung).
K.-erziehung muß Wirtschafts- und Umwelterziehung sein sowie die gesellschaftlichen Zusammenhänge verdeutlichen. Denn da K. über das hinausgeht, was für das Überleben notwendig ist, liegt nie genau fest, welcher Umfang und welche Qualität des K. vertretbar ist. Somit muß immer wieder innerhalb der Gesellschaft Konsens über das K.-verhalten herbeigeführt werden. Insoweit muß K.-erziehung ähnlich wie *Freizeiterziehung* → und Umwelterziehung fächerübergreifend in der *Schule* →, als *Sozialisations* → -gegenstand in den übrigen Erziehungsfeldern gesehen werden.

Lit.: Batzer, »Konsumerismus« in: Managementenzyklopädie Bd. 5, Landsberg/Lech, 1983
Scholten, »Konsumgüter produzierendes Gewerbe«, in: Managementenzyklopädie Bd. 5, Landesberg 1983
Witt, »Verbraucherhaushalte«, in: Management Enzyklopädie Bd. 9, 1985

Konsumerziehung
Konsum →

Konsumgesellschaft
Gesellschaft, charakterisiert durch die Auffassung, daß die Entwicklung der Produktivkräfte und die damit verbundene technologische Entwicklung eine immer größere Menge Gebrauchgüter für die individuelle Konsumtion zur Verfügung stellt. Damit sollten alle Bedürfnisse der Mitglieder einer Gesellschaft zu befriedigen sein. Dahinter steht die Ideologie, das mit dem Umfang des Konsums die Freizeit der Menschen zunehmen würde und sich damit gesellschaftlicher Wandel zum Nutzen aller Menschen von selbst ergeben könne, ohne daß man tiefgreifende Veränderungen forcieren müßte.
Die wirtschaftliche Krise mit ständig zunehmender Arbeitslosigkeit hat der Konsumeuphorie ein Ende gesetzt. Die Grenzen der K., die es für die Armen schon immer gab, werden jetzt allgemein sichtbar. Es gibt neue Armut statt gesellschaftlicher Befriedigung aller Bedürfnisse. Die Konsumideologie hat im Laufe der Zeit nachhaltig auf das Bewußtsein der Menschen gewirkt und eine Vielzahl von Lieblingskindern, z.B. das *Auto* → hervorgebracht. Dies hat Abhängigkeiten geschaffen: Arbeitsplatzbindung bei der Zulieferindustrie, Umweltbelastung usw., über deren Folgen der Konsument keine Klarheit hat. *Konsum* →, *Freizeitgesellschaft* →, *Freizeitkonsum* →, *Verbraucher* →

Lit.: Huffschmidt/Schui, (Hrsg.) Gesellschaft in Konkurs?, Handbuch zur Wirtschaftskrise 1973–1976 in der BRD, Köln 1976
Bahlsen/Nakielski/Rössel/ Winkel, Die neue Armut, Ausgrenzung von Arbeitslosen aus der Arbeitslosenunterstützung, Köln 1984

Oberste-Lehn

Kontemplation
freizeitwissenschaftliche Zielfunktion freier Zeit (Opaschowski 1976): Selbstbesinnung, Selbstfindung, z.B. Sinnfindung des Lebens, Muße, geistige Erbauung, Beschaulichkeit, Nachdenken, Meditation, religiöse Andacht, künstlerische Betrachtung, Identitätsfindung.

Konzert
öffentliche Aufführung von Musikwerken, wesentliche Form des öffentlichen *Musikbetriebs* →. Früher war das K. außer dem Selbstmusizieren die einzige Form der Begegnung mit klingender *Musik* →. Heute ermöglichen die elektronischen Medien den Musikkonsum unabhängig vom K. Trotzdem haben K. ihr *Publikum* →. Allerdings werden die Leistungen der Aufführenden häufig an dem über die Medien bekannten Standart gemessen. Dadurch hat sich selbst im Bereich der ernsten Musik ein gewisser Starkult entwickelt. Andererseits bietet das K. den Kontakt mit dem Künstler und mit anderen Konzertbesuchern, ist daher eine Form sozialer *Kommunikation* →, die als Ausgleich zur medialen Kommunikation gesucht wird.

Konzertgesellschaft
Laienmusik →

Kosten
Effizienz →, *Folgekosten* →

Kosten-Nutzen-Analyse
Effizienz →

Kraft durch Freude
nationalsozialistische Vereinigung innerhalb der Deutschen Arbeitsfront zur kulturellen Betreuung der Arbeiter und für die Freizeitgestaltung mit dem Ziel der Arbeitskrafterhaltung. KdF übernahm folgende Aufgaben: a) Verbesserung und Verschönerung von Werkstätten, Büros, Waschräumen, Toiletten, Kantinen und Fabrikhöfen; b) Freizeitbetreuung durch verbilligte Theater- und Konzertbesuche, Werkausstellungen, Hobbyklubs, Bunte Abende, Volksfeste, Erwachsenbildung, Betriebssport; c) Tourismus: Wanderungen, Landfahrten, preiswerte Ferien, Kreuzfahrten.

Abb. Kraft durch Freude

Kraft durch Freude

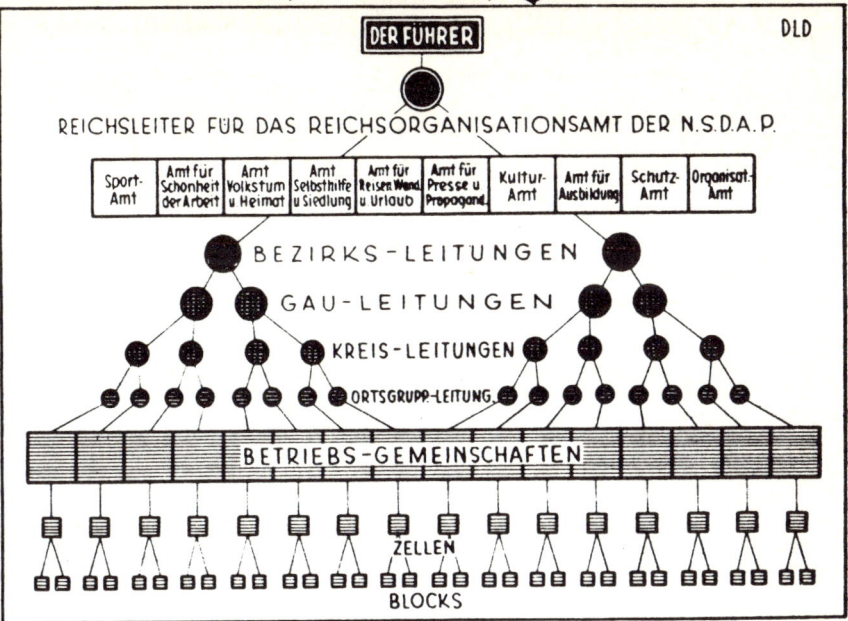

[DER FÜHRER]

DLD

REICHSLEITER FÜR DAS REICHSORGANISATIONSAMT DER N.S.D.A.P.

| Sport-Amt | Amt für Schonheit der Arbeit | Amt Volkstum u Heimat | Amt Selbsthilfe u Siedlung | Amt für Reisen Wand. u Urlaub | Amt für Presse u Propaganda | Kultur-Amt | Amt für Ausbildung | Schutz-Amt | Organisat.-Amt |

BEZIRKS-LEITUNGEN
GAU-LEITUNGEN
KREIS-LEITUNGEN
ORTSGRUPP-LEITUNG
BETRIEBS-GEMEINSCHAFTEN
ZELLEN
BLOCKS

Quelle: Kunstamt Kreuzberg (1976)

KdF war durchaus geeignet, die wenig angenehmen Seiten des Regimes (z.B. niedrige Löhne, Unfreiheit) zu vertuschen, ähnlich wie die Olympischen Spiele und der internationale Freizeitkongreß 1936 in Hamburg.

Krankheit
Gesundheit →

Kreativität
schöpferisches Denken; wird für den *Freizeitbereich →* als *Kompensation →* für im Arbeitsbereich nicht mehr oder nicht ausreichend gestellte Anforderung reklamiert.
Andererseits erlaubt das *Freizeitwesen →* als verhältnismäßig neues und in der Entwicklung befindliches Feld den ausgiebigen Einsatz von K. (*Innovationen →*), allerdings nicht nur in der persönlichen *Freizeittätigkeit →*, sondern auch in den *Freizeitberufen →*. *Künstler →*, *Kunsthandwerk →*, *Hobby →*, *Do-it-your-self →*, *Werken →*

Kreisentwicklungsplan
Entwicklungsplanung →

Künstler
Persönlichkeit, die besondere Fähigkeiten auf einem oder mehreren Gebieten des Wortes, der *Musik →*, der Gestaltung, der Darstellung und der Körperbeherrschung in Verbindung mit Erfindungskraft (*Kreativität →*) und teilweise auch ästhetischer Formung (*Ästhetik →*) besitzt, beherrscht und zur *Kommunikation →* verwendet.
Während für den Begriff Kunst eine recht enge Auslegung (Gestaltung geistig-seelischen Erlebens in Wort, Musik, Gegenständen; Vermittlung der sichtbaren Realität durch Formen, die aus der Phantasie des Künstlers mit einem eigenständigen Material entstehen) verwendet wird (Ausnahme: »Sicher beherrschte Fähigkeit/Fertigkeit: Koch-K.; Reit-K.«) wird der Begriff K. offen gelassen.
Der *Freizeitbereich →* ist jedoch so eng mit künstlerischer Tätigkeit und K. verbunden, daß nicht nur die Institution Kunst interessieren darf, sondern vielmehr die Träger der Tätigkeiten und Kommunikationsprozesse.
Heute wird fast jede künstlerische Tätigkeit sowohl berufsmäßig als auch als Liebhaberei ausgeübt. Die Übergänge sind fließend: Ama-

Künstler

teure werden Profis, ausgebildete Berufskünstler sind als Freizeitkünstler neben einem anderen Beruf tätig. Bestimmte künstlerische Tätigkeiten erfordern so viel Zeit, daß sie nur im Hauptamt möglich sind. Die hier gegebene Definition des K. legt größeres Gewicht auf die Kommunikation als auf das Artefakt, wenn auch immer das Bemühen besteht, künstlerische Leistung zu manifestieren in Gegenständen, Abbildungen, Aufzeichnungen, für *Freizeitgestaltung* →, hat Kommunikation die viel größere Bedeutung.

Die Vielfalt künstlerischer Fertigkeiten läßt eine perfekte Aufnahme nicht zu. Man kann jedoch bestimmte K.-gruppen feststellen: a) Bildende K., z.B.: Maler, Bildhauer, Objektemacher, Designer, Bühnen- und Szenenbildner, Kostümbildner, Farbgestalter und -berater; Architekten, Innenarchitekten, Film- und Bühnenarchitekten; Grafik- und Fotodesigner, Kameraleute (Film, Video), Cutter, Bildregisseure. b) Musiker, z.B.: Sänger, Instrumentalisten als Solisten oder Angehörige von *Orchestern* →, *Bands* →, Ensembles live oder über Medien (insbesondere Tonträger, elektr. Medien); Komponisten, Arrangeure; Dirigenten, Tonmeister, c) darstellende K., z.B.: Schauspieler, Tänzer, Regisseure, Choreographen, Sprecher, Conferenciers, *Diskjockeys* →, *Entertainer* →, *Stuntmen.* → d) Autoren, z.B.: Schriftsteller, Dramatiker, Drehbuchautoren, Texter. e) Artisten, z.B.: Akrobaten, (Seiltänzer, Equilibristen, Athleten, Trapezk., Parterreaktrobaten, »Schlangenmenschen«, Jongleure, Radk. usw.), Clowns (vereinen in der Regel die Fähigkeiten mehrerer K.), Reitk., Dompteure.

Eine besondere Aufgabenstellung für K. ist die Vermittlung ihres Könnens, ihrer Erfahrungen und ihres Wissens hinsichtlich ihres künstlerischen Spezialgebietes in Schulen, *Erwachsenenbildungseinrichtungen* →, *Musikschulen* →, *Jugendkunstschulen* →, Kunsthochschulen, Kursen, Seminaren, Camps, Workshops, aber auch durch Lehre, persönliche Unterrichtung und Anleitung über Medien. Nicht zuletzt bedürfen *Freizeitpädagogen* →, *Animatoren* →, *Sozialpädagogen* → und *Kulturpädagogen* → der Information über künstlerische Tätigkeiten verbunden mit deren Einübung.

Künstlerorganisationen

Vereinigungen von *Künstlern* → zur Wahrung der gemeinsamen *Interessen* → sowie zum Austausch (*Kommunikation* →).
Entsprechend der Vielfalt künstlerischer Betätigung bestehen zahlreiche Vereinigungen; hier eine Auswahl von ihnen: a) Bildende Kunst: Deutscher Künstlerbund; Bund Deutscher Kunsterzieher; Gewerkschaft Kunst; b) Medien: Spitzenorganisation künstlerischer Berufe in den audiovisuellen Medien (Cutter, Schauspieler, Tonmeister, Szenenbildner, Filmarchitekten, Kostümbildner u.a.), Verband Deutscher Tonmeister, Rundfunk-, Fernseh-Film-Union in der Gewerkschaft Kunst, Vereinigung der Rundfunk- Film- und Fernsehschaffenden; Bundesverband der Fernseh- und Filmregisseure; c) Musik: Deutsche Orchestervereinigung; Deutscher Komponistenverband; Arbeitsgemeinschaft der Liedermacher; Vereinigung Deutscher Musikbearbeiter; Deutscher Musikverband; Verband deutscher Musikerzieher und konzertierender Künstler; Union deutscher Jazzmusiker; Fachverband Deutscher Berufschorleiter; d) Theater: Genossenschaft Deutscher Bühnenangehöriger in der Gewerkschaft Kunst; e) Unterhaltung: Internationale Artistenloge; Berufsverband Show und Unterhaltung; Musiker- und Entertainer-Union, f) Literatur: Bundesverband deutscher Autoren; Deutscher Autorenverband; Dramatiker-Union: Deutscher Textdichterverband; Freier Deutscher Autorenverband; P.E.N.-Zentrum; die IG Medien und Druck innerhalb des DGB. Daneben gibt es Hilfswerke (z.B. Künstlerhilfe-Sozialwerk: Versorgungsstiftung der deutschen Textdichter) sowie die Alterssicherungsanstalt: Künstlersozialkasse.

Künstler-Sozialversicherung
Künstlerorganisation →

Kultur

1. die bewußte Wahrnehmung der gestalteten Um- und Mitwelt und die Fähigkeit, zu dieser so gestalteten Welt in ein Verhältnis zu treten; aktive Gestaltung und Veränderung der Begegnung von Mensch und Welt, sowie deren Ergebnis.

Damit erfaßt K. folgende Bereiche: a) *Lebensstil* → (Formen des täglichen Lebens in *Arbeit* →, *Werte* →, *Freizeit* → und Privatbereich, Selbstverwirklichung; *Bildung* →, *Eßk.* →, *Kunst/Künstler* →). b) *Kommunikation* → mit den Menschen (*Brauchtum* →, *Rolle* →, *Ästhetik* →, *Soziok.* →, *Geselligkeit* →, gesellschaftliches Leben, politische K., *Partizipation* → und Öffentlichkeit, Machtausübung, soziale Verpflichtungen bis Friedenspolitik, *Medien* →).
c) Umwelt (Wohnk., Architektur, einschließlich Erhaltung von Bauten, Wohnumfeldk., Stadtteilk. Stadtk., *Heimat* →, *Landschaft* →, *Natur* →). K. ist untrennbar mit der Gesellschaft und deren Entwicklung verbunden; sie ist Ausdruck und Gestalt gesellschaftlicher Äußerung. Die heutige K. wird gekennzeichnet von einer hohen Verfügbarkeit von Informationen, Kulturgütern und Geschichtsergebnissen und der dadurch bewirkten immer

schnelleren Veränderungen der *Lebensbedingungen* →. Dadurch rückt die Zukunft näher und nimmt die Möglichkeit, Vorhersagen zu machen ab: die Zukunft wird ungewisser. Es schrumpft, gemessen am Gesamten, der Überblick über die Lebensvoraussetzungen: immer mehr muß man sich auf Wissende (Fachleute) verlassen. Das gilt auch für die gesamte K., deren Zukunft vom Konsens der Gesellschaft darüber abhängen wird, wie man mit dem immer geringer werdenden Grenznutzen des wissenschaftlich-technischen Fortschritts (= immer höherer Einsatz bringt immer weniger Nutzen) umgehen will; wie man die Notwendigkeit weiterer wissenschaftlich-technischer Aktivität begründen will und wie man mit der Pluralität von Lebensstilen, die auch gegen die Gesamtk. gerichtet sind, fertig werden will. Die K. ist in eine Entwicklungskrise geraten, weil der Aufwand für die erwünschten Ziele (Erleichterung und Produktivitätssteigerung der *Arbeit* →; Mehrung der Wohlfahrt und des Wohlbefindens; soziale Sicherheit und sozialer Frieden) immer höher wird. Die Vermehrung von Freiheitsräumen und der geringere gesellschaftliche Konsens (fehlende Vorschriften und Vorurteile) zwingen den einzelnen gleichsam zu mehr *Selbstbestimmung* →. Diese wird wegen der Vielzahl von Alternativen und Angeboten jedoch erschwert. Die Folge ist, daß mit den verfügbaren kulturellen Gegebenheiten ohne *Programm* →, d.h. unernst umgegangen wird. Die Massenk. führt nicht auf eine Erweiterung des Horizontes, sondern ist auf Verkauf gerichtet (L. Löwenthal 1985). Das Verfügbare wird verwertet. Es werden mit den Kulturgütern nicht die je individuellen, gesellschaftlichen und historischen Bedingtheiten verbunden. Dadurch entsteht kein neuer Lebenssinn, sondern Gleichgültigkeit oder weitere Unsicherheit. Ein wesentliches Element der heutigen K. ist die Freizeit, die allerdings bislang im wesentlichen sehr individualistisch gesehen wurde. Daher ist sie ebenfalls zu einem der Verwertung unterworfenen Bereich geworden (*Konsum* →, *Freizeitkonsum* →). Selbstverwirklichung und Selbstbestimmung sind jedoch gesellschaftlich erfahrbare *Werte* →. Es ist daher notwendig, auch gewonnene Freiheiten sozial einzusetzen (*Sozialzeit* →, kommunikative Freiheit = Gewinn von Freiheit durch Bindung, Solidarität). In Ansätzen ist hier eine kulturelle Weiterentwicklung sichtbar, die im Entstehen von neuen Gemeinschaften, *Selbsthilfegruppen* →, *Nachbarschaftshilfe* →, dem Neuaufblühen des Vereinswesens sichtbar wird. Inwieweit das Letztere mehr Bürgersinn bedeutet, muß sich erst noch erweisen, denn Vereinsmitgliedschaft heißt noch nicht engagierte, erst recht nicht dauerhafte Mitarbeit.

Seit einiger Zeit wird über einen *Wertwandel* → diskutiert. Inwieweit es sich um einen Wertwandel oder um eine Wertverschiebung handelt, ist noch nicht auszumachen. Wenn die Zunahme von Freizeit dieser eine größere Bedeutung im Lebensablauf zukommen läßt, ist der Wert Arbeit nicht unbedingt geringer geworden. Was deutlich wird, ist eine Veränderung und Pluralisierung der Wertehierarchien und die damit verbundene Verhaltensunsicherheit. Das kann z.B. dazu führen, daß im Arbeitsbereich geltenden Werte in der Freizeit weiterverfolgt werden, was statt *Muße* → Aktionismus bedeutet. Welche Bedeutung die völlige Veränderung der Sozialstruktur durch Verschiebung des *Altersaufbaus* → für die K. haben wird, kann kaum vorhergesagt werden. Zumindest werden sich große Gruppen bilden, die von der Arbeitsverpflichtung frei, aber noch aktiv sind. Ob dann eine so starke Weiterentwicklung der *Dienstleistungen* → eintritt, wie für eine »postindustrielle« Gesellschaft angekündigt wurde, ist fraglich. Denn schon jetzt wächst die private *Eigenarbeit* → (*Do-it-yourself*→, Haushalt, Pflegeleistungen) in enormer Weise. Im *Freizeitbereich* → entstand wie im Bereich der *sozialen Arbeit* → eine neue Diskussion um das *Ehrenamt* →, die *Partizipation* → und die *Selbsthilfe* →.

2. Die Gesamtheit von Kunstausübung, Kunstrezeption, Bildung, *K.-arbeit* →, K.-betrieb, *K.-wirtschaft* →, *K.-politik* →. Unter K. werden insbesondere die traditionellen kulturellen Institute wie *Schule* →, *Erwachsenenbildung* →, *Theater* →, *Orchester* →, *Museum* →, *Bibliothek* → verstanden. Die kulturellen und gesellschaftlichen Veränderungen haben die Aufnahme eines erweiterten K.-begriffs auch in diesem Bereich bewirkt mit der Folge, daß neue Arbeitsfelder anerkannt wurden. Man faßt diese unter den Begriffen Soziok. und *soziokulturelle Arbeit* → zusammen. Die Erweiterung des K.-bereichs ging in zwei Richtungen: a) *Dezentralisation* → und Verbreitung des traditionellen K.-angebotes (*Breitenkulturarbeit* →); b) Eindringen in die Alltagsk., Übernahme und Förderung von nicht vorhandenen Aktivitäten (»Arbeiterk.«, »Massenk.«). Ob das zu einer Vertiefung des Verständnisses von K. führte, wird bestritten unter Hinweis auf den Verwertungscharakter des Angebotes. Unbestreitbar ist eine Vervielfältigung von künstlerischen, kunsthandwerklichen, historischen Betätigungen in der Bevölkerung.

Lit.: Kommission »Zukunftsperspektiven gesellschaftlicher Entwicklungen« Bericht für die Landesregierung von Baden-Württemberg, Stuttgart 1983
Pappermann/Mombaur/Blank »Kulturarbeit in der kommunalen Praxis«, Köln 1984

Abb. Was gehört nach Ihrer Meinung unbedingt zur Kultur?

Was gehört nach Ihrer Meinung unbedingt zur Kultur?

	insgesamt	16–20 Jahre	21–29 Jahre	30–44 Jahre	45–59 Jahre	60 Jahre und älter
Goethe	84,5	77,2	83,5	85,4	84,3	87,5
Mozart	80,2	67,5	80,1	83,6	82,4	80,4
Bach	78,2	66,5	76,7	81,9	78,3	80,5
Rembrandt	77,9	70,6	77,9	78,3	80,1	78,9
Luther	68,6	59,4	67,0	72,4	71,1	67,3
Volkslieder	65,4	46,5	58,7	64,3	72,2	73,1
Picasso	59,0	61,0	68,8	65,8	58,0	45,5
Häuser aus dem 19. Jahrhundert	36,2	36,3	43,8	39,0	33,6	30,5
Frankfurter Buchmesse	35,9	33,4	37,2	37,3	40,1	31,0
Böll	35,6	33,8	48,9	41,5	30,3	26,0
Einstein	30,0	27,1	29,1	36,4	31,7	23,8
Dali	27,0	31,3	37,1	29,1	25,0	17,8
Jugendstilmöbel	24,3	27,3	26,6	28,7	22,3	18,4
Filme aus den 20er Jahren	20,6	14,5	25,6	22,7	19,2	19,0
Documenta in Kassel	20,4	18,2	30,4	24,9	17,3	12,9
Raumfahrt	17,1	18,6	15,6	18,9	16,9	15,7
Straßenmusik	16,0	23,5	19,2	21,0	13,8	7,2
Junger Deutscher Film	15,0	18,6	26,1	17,4	9,8	8,3
Beuys	11,5	13,5	23,2	13,7	8,4	3,3
Fernsehen und Video	10,6	11,3	9,6	11,2	9,4	11,5
Autos	10,4	13,4	8,6	10,4	11,2	9,6
Rockmusik	9,9	21,1	16,4	10,2	6,3	3,6
Jazz	9,9	12,3	17,4	13,7	7,1	2,3
Schlager	8,5	17,0	11,8	8,7	7,1	3,5

Quelle: Stern 1984

Kulturamt

auch Amt für Kultur; die Behörde oder Dienststelle einer Stadt oder einer Gemeinde, die sich mit Planung und Organisation von kulturellen Angeboten und Aktivitäten in einem Gemeinwesen nach dem Gesetz oder entsprechenden Ausführungsbestimmungen zu befassen hat. Dem K. sind je nach politischen Mehrheiten zugeordnet (z.B.: *Theater* →, *Museen* →, *Volkshochschulen* →, *Bürgerhäuser* →, Ausstellungshallen, *Sportstätten* →).

Helmer

Kulturarbeit

verwaltungs- und berufsmäßige sowie ehrenamtliche und freiwillige Tätigkeit im öffentlichen *Kulturbereich* → und in Vereinigungen sowie deren Förderung. Die für Freizeit bedeutsame K. wird im wesentlichen in den *Gemeinden* → geleistet. Zur gemeindlichen K. zählt man heute im einzelnen folgende Aktivitäten und Kultureinrichtungen:

a) *Städtebau* →, *Denkmalschutz* →, Denkmalpflege; b) Weiterbildungseinrichtungen (*Erwachsenenbildung* →), c) *Bibliotheken* → und Mediotheken; d) Bildende Kunst (*Künstler* →); e) *Kommunales Kino* →; f) *Musik* →; g) *Theater* →, *Oper* →; h) *Museen* →; i) *Archive* →; j) Kulturangebote für besondere Gruppen und in besonderen Formen (*Dezentralisation* → von Programmen; *Breitenkulturarbeit* →); k) soziokulturelle Einrichtungen und Angebote (*Soziokultur* →); l) Kulturförderung, Förderung von *Künstlern* →.

K. und *Freizeitangebot* → in den Gemeinden sind eng miteinander verbunden. Die Zunahme kultureller *Freizeittätigkeiten* → und *Freizeitvereine* → gab wesentliche Anstöße zur Erweiterung und Fortschreibung gemeindlicher K. (»Breitenk.«).

Lit.: Deutscher Städte- und Gemeindebund »Hinweise des Deutschen Städte- und Gemeindebundes zur Kulturarbeit in Gemeinden«, Düsseldorf 1980
Agricola, »Kulturzentren in der Bundesrepublik Deutschland«, Düsseldorf 1980
Pappermann/Mombaur/Blank »Kulturarbeit in der kommunalen Praxis«, Köln 1984

Kultureinrichtung
in einer Stadt in erster Linie jene Einrichtungen, die durch öffentliche Gelder oder private Spenden finanziert sind (*Kulturamt* →).
K. sind auch *Kulturzentren* →, die verstärkt seit Anfang der 70er Jahre unter den unterschiedlichsten Bezeichnungen durch private Initiativen entstanden sind (Vgl.: Irene Hübner: »Kulturzentren«, Weinheim, Basel, 1981).

Helmer

Kulturelle Bildung
1. Fachprogramm der Jugendarbeit mit dem Ziel, die Beteiligung junger Menschen am kulturellen Leben der Gesellschaft zu intensivieren und auszuweiten durch Stärkung ihrer Wahrnehmungsfähigkeit, Urteilskraft gegenüber Umwelt und kulturellen Ereignissen sowie durch Anregung zu kreativem Handeln und Gestalten. *Kultur* →, *Künstler* →, *freizeitkulturelle Bildung* →, *Bildung* →.
2. Bezeichnung für einen der größten Angebotsbereiche der *Volkshochschulen* →, mit steigender Nachfrage nach Angeboten und Aktivitäten, die im allgemeinen Verständnis den »traditionellen« *Freizeitangeboten* → zugerechnet werden.
K. hat eine Doppelfunktion: Zum einen ist alles, was in der Volkshochschule an Weiterbildungsveranstaltungen durchgeführt wird K., zum anderen wird der Begriff für einen Fachbereich verwendet. Der verwendete Begriff für den Fachbereich meint praxis- und adressatenbezogene Kultur im engsten Sinne, wie sie als Begriff in der Alltagssprache gemeint und verstanden wird.
Zum Aufgabenverständnis von K. in der VHS gehört: a) Die Förderung der Kompetenz im Umfang mit allen möglichen gestalterischen Mitteln; b) Die Förderung der Kompetenz zur Auseinandersetzung mit kultureller und sozialer Wirklichkeit in der Arbeitszeit und der Freizeit; c) Die Förderung der Kompetenz zur kreativen Gestaltung kultureller und sozialer Wirklichkeit (vgl. Mitteilungen pädagogischer Arbeitsstellen des Deutschen Volkshochschulverbandes, Frankfurt 1978). *freizeitkulturelle Bildung* →

Lit.: Bundesministerium für Jugend, Familie und Gesundheit »Perspektiven zum Bundesjugendplan«, Bonn 1978

Agricola/Helmer

Kulturelle Jugendarbeit
1. Teil der Arbeit von Jugendgruppen, *Jugendverbänden* →, Jugendämtern →, anderen öffentlichen und privaten Vereinigungen und Trägern, der sich mit *Kultur* →, Kulturtechniken und Kulturangeboten befaßt (*Kulturarbeit* →, *freizeitkulturelle Bildung* →).
2. Pädagogisches Programm innerhalb der *Jugendarbeit* → (*kulturelle Bildung* →) mit folgenden Ziel- und Aufgabenstellungen: K. beschränkt sich nicht auf die Vermittlung bestimmter künstlerischer Fähigkeiten, sondern umfaßt alle Bereiche des menschlichen Lebens. Damit ist K. kein isolierter Lernprozeß, der sich auf musisch-kulturelle Formen beschränkt. Sie ist Bestandteil in den Feldern der Jugendarbeit und verbindet soziale und kulturelle Kompetenz.
K. muß als Ziel die umfassend entwickelte menschliche Persönlichkeit haben. Sie muß für die Jugendlichen, mit ihnen und von ihnen geleistet werden und sowohl den künstlerischen Bereich wie auch die Formen und Inhalte der Alltagskommunikation in all ihren Lebensbereichen einbeziehen.
K. hat meist ohne ausgesprochene Niederlegung in den Programmen der Jugendverbände und anderer Jugendarbeit betreibender Organisationen einen hohen Stellenwert in der praktischen Arbeit, da gerade K. ein breites Spektrum an pädagogischen Mitteln und an Medien besitzt, das auch zur Erreichung der Organisationsziele eingesetzt werden kann.

Lit.: Gondolf, »Jugendkulturarbeit in Verbänden«, in: DGF-Dokumentation »Kulturelle Jugendarbeit«, Düsseldorf 1983

Kulturpädagoge
Kulturpädagogik →

Kulturpädagogik
Begriff, der in den letzten Jahren im Zusammenhang mit Kulturarbeit und Freizeitpädagogik vereinzelt genannt wurde. Er bezeichnet das Bestreben einzelner Menschen und Gruppen, Menschen zur Beteiligung und zur Mitgestaltung von Kultur zu ermutigen und zu befähigen (*Kultur* →, *Pädagogik* →, *freizeitkulturelle Bildung* →). An der Universität in Hildesheim gibt es eine Ausbildung für Kulturpädagogen.

Helmer

Kulturpolitik
Zielvorgaben, Planungen, Maßnahmen von öffentlichen Körperschaften, Parteien und Verbänden zur Förderung kultureller Tätigkeiten und Angebote, sowie zur Erhaltung des Kulturgutes.
Die politischen Verlautbarungen von Parteien, kommunalen Spitzenverbänden und gesellschaftlichen Gruppierungen sowie internationalen Körperschaften (UNESCO, Europarat) gehen weitgehend von einer Forderung

nach Chancengleichheit im Zugang zur *Kultur* → aus. Jedoch ist der jeweilige Ansatz unterschiedlich. Es lassen sich drei Hauptziele ausmachen: a) Demokratisierung der Kultur (»Kultur für alle«); b) kulturelle Demokratie (»Kultur von allen«); c) Demokratisierung der Gesellschaft durch Kultur (»*Sozialkultur*« →).

K. ist in der Bundesrepublik Deutschland Länder- und Gemeindeaufgabe und zu einem guten Teil auch *Freizeitpolitik* →. *Kulturarbeit* →

Kulturwirtschaft

wenig gebräuchlicher Begriff für Notwendigkeit und Maßnahmen zur Bewirtschaftung und zur Verbesserung der Wirtschaftlichkeit von *Kultureinrichtungen* →, insbesondere solcher, die in direkter Konkurrenz zu privatwirtschaftlichen Einrichtungen stehen (*Effektivität* →, *Effizienz* →). Hier werden Fragen der Organisationsform ebenso diskutiert wie diejenigen von Kostensenkungen und Einnahmeerhöhungen.

Kulturzentrum

(integrierte) *Kultureinrichtung* →, die für ein bestimmtes Gebiet, Stadtteil, -viertel, Stadt oder Region a) ein differenziertes Angebot vorhält für die gesamte Öffentlichkeit wie für besondere Zielgruppen in Form von Musik- und Theateraufführungen, Darstellungen, Vorträgen, Interpretationen, Film und Ausstellungen; b) mehrere Funktionsbereiche beherbergt wie musische Bildung, Amateurkunstausübung, Erwachsenenbildung, öffentliche Bücherei; c) eine Ansprech- und Anregungsfunktion übernimmt, wodurch die Beschäftigung der breiten Öffentlichkeit mit kulturellen und gesellschaftlichen Entwicklungen verstärkt wird.

Lit.: Agricola, »Kulturzentren in der Bundesrepublik Deutschland«, Düsseldorf 1982
Niess, »Volkshäuser, Freizeitheime, Kommunikationszentren«, Hagen 1984

Kunst
Künstler →

Kunsthandwerk

Herstellung künstlerisch geschmückter und gestalteter Gegenstände (meist Gebrauchsgegenstände, die technisch einwandfrei verarbeitet sind) als Einzelstücke (im Unterschied zum Kunstgewerbe, das große Stückzahlen zugrundelegt).

Als *Freizeittätigkeit* → außerordentlich verbreitet (ähnlich und verwandt: *Handarbeiten* →), z.B.: Batik, Bauernmalerei, Edelsteinschleifen, Emaillearbeiten, Flechten, Glasritzen, Glasschleifen, Glasfassen, Glasbilder, Ikebana (japanische Blumensteckkunst), Instrumentenbau, Intarsienarbeiten (Holzeinlegearbeit), Keramik, Schmiedeeisenarbeiten, Schmuckherstellung, Schnitzen, Seidenmalerei, Zinnfigurenherstellung.
Für K. gibt es zahlreiche Anleitungsmöglichkeiten und Gelegenheiten zur Ausübung (besonders: *Freizeitstätten* →, *Kulturzentren* →, *Volkshochschulen* →).
Hobby →, *Do-it-your-self* →, *Werken* →

Kunstverein

Vereinigung von Kunstfreunden, zum Teil auch *Künstlern* →, zur Förderung der Bildenden Kunst. K. veranstalten Ausstellungen, regen zum Kauf von Kunstwerken an (»Jahresgabe«), unterstützen Museen beim Ankauf von neuen Stücken und sind Initiatoren, manchmal auch Träger von Ausstellungsstätten.
Museen →

Kur

in Heilbädern und *Kurorten* → eine komplexe, ärztlich geleitete Übungsbehandlung zur Vor- und Nachsorge (Prävention und Rehabilitation) und für geeignete chronische Krankheiten und Leiden eine kurative Behandlung im Rahmen eines notwendigen individuellen, lebenslangen Gesundheitsprogramms. Sie ist mit einem Orts- und Milieuwechsel verknüpft. Ziel der K. ist eine Umstimmung und Aktivierung der Ordnungs- und Selbstheilungskräfte im Menschen mit unspezifischen Mitteln, wobei subjektive Befindlichkeit des Patienten ebenso wie objektive Befunde berücksichtigt werden. Die Kur soll zu einer vegetativ, endokrin, sozial und psychonervös ausgeglichenen Regulation an Leib und Seele des Menschen führen.
Dabei sind die Heilmittel des Badens (Quellen und Moore) und des Klimas ebenso unspezifisch auf die Gesundheit des Menschen einwirkende Faktoren wie die entlastende Veränderung der sozialen Umwelt durch Freistellung von der *Arbeit* → (Hausarbeit), Vermehrung von *Freizeit* → und Wechsel der Aufenthaltsorte. K. ist in bezug auf die Anwendung von Heilmitteln eine Krankheitsbehandlung, aber auch Freizeiterleben und dem Urlaub ähnlich, hat damit eine Zwischenstellung. Der Arzt muß einerseits eine chronische Krankheit, andererseits die Fähigkeit des Patienten, die Kurbelastungen zu ertragen, bescheinigen. K. unterscheidet sich damit von der Akutbehandlung durch Arzt bzw. Krankenhaus. Demgemäß bestimmt sich die Dauer einer K. nicht durch den individuellen Gesundheitszustand, sondern ist in der Regel auf 4 oder 6 Wochen festgelegt.

Seit langem besteht ein Meinungsgegensatz, ob eine Spaß bereitende Badek. durch die Sozialversicherung zu tragen sei. Dem wird entgegengesetzt, daß das Freizeiterleben während der Kur die medizinisch notwendigen Kuranwendungen unterstützt, was übrigens schon seit mehreren hundert Jahren bekannt ist. Dafür sprechen folgende Aspekte:
Die heilende Kraft der Regression (Zurückkehren in ein kindhaft-ernstbetontes Verhalten). Nahezu alle Angebote im Kurprozeß ermöglichen dem Kranken regressive Erlebnisse, die für einen Gesundheitsprozeß immer förderlich sind: a) Innerhalb der Kuranwendungen ist z.b. das Baden (*Bad* →) im warmen Wasser in der Wanne mit duftenden Zusätzen oder im Bewegungsbad nicht nur unter dem ausschlaggebenden medizinischen Aspekt zu sehen, sondern auch unter dem Aspekt lustbetonten Freizeiterlebens, durch das die gewünschte Lockerung meist erst eintritt. Ähnliches gilt auch für Massagen. b) Spielen; *Wandern* →, Lust der Bewegung (*Gymnastik* →), bei Kindern unmittelbares Bedürfnis, muß von Erwachsenen als lustvoll neu erfahren werden. Sie benötigen dazu den gesellschaftlich sanktionierten Raum der K., um sich in Bewegung wieder als gesund erleben zu können. c) Das Ver- und Umsorgtwerden am K.-ort läßt die Menschen Pflicht und Anspannung ablegen und zu ursprünglichem Selbsterleben zurückfinden. Dadurch werden Regulationsprozesse im vegetativen (dem Willen nicht unterworfenen) Nervenbereich günstig beeinflußt (= *Erholung* →, *Rehabilitation* →).
Die positive Wirkung von Zurückgezogenheit; trotz der K.-anwendungen bleibt dem Kurenden viel Raum für Selbstbestimmung in der Erfüllung eigener Bedürfnisse, was dadurch unterstützt wird, daß er in der Regel die K. allein antritt. Dadurch kommt es a) leichter zur Anknüpfung neuer Kontakte, andere Erfahrungen werden mit anderen Menschen gemacht, die zwanglose Geselligkeit hat keinen verpflichtenden Charakter und kann deshalb spielerisches Freizeiterleben in Entspannung fördern; b) eher zum Erlebnis der Entspannung in Zurückgezogenheit (Freizeit frei von Fremdbestimmung und Möglichkeit zur *Selbstbestimmung* →); c) zum Ausprobieren neuer Verhaltensweisen, ohne das im *Alltag* → vorhandene Risiko in Kauf nehmen zu müssen; verändertes Verhalten ist vielfach für eine anhaltende Gesundheitsverbesserung unumgänglich.
Der Zusammenhang Freizeiterlebnis/Gesundheitsförderung wird im wesentlichen aus wirtschaftlichen Gründen übersehen bzw. geleugnet, da die Reichsversicherungsordnung (RVO) neben Berufsförderungsmaßnahmen nur medizinische Leistungen anerkennt. Das schlägt sich in der Vernachlässigung freizeittherapeutischer Aspekte während der K. nieder.
(*Freizeittherapie* →). Freund

Kurgastbetreuung

alle Aktivitäten von seiten eines Kur- und Erholungsortes für Gäste, die über Unterkunft, Verpflegung und Therapie (im engeren medizinischen Sinne) hinaus gehen.
Sie kann in folgenden Angebotsbereichen ansetzen: a) Kur (Therapie, Krankheitsbekämpfung, Wiederherstellung von Gesundheit); b) Erholung (Gesundheitsvorsorge, z.B. offene Bäderkuren); c) Urlaub (Spaß, Spiel, Sport z.B. über Campingplätze, Feriensiedlungen); d) Bildung (Kurse in Bauernmalerei, Töpfern usw.); e) Ausflugsziel (Sehenswürdigkeiten).
Entsprechend können in den Kurorten Angebotsschwerpunkte gebildet und Zielgruppen ausgewählt werden.

Lit.: Nahrstedt, »Neue Modelle der Gästebetreuung für Kur- und Erholungsorte« in: DGF-Informationsdienst 2/83

Kurlaub

Zusammenziehung aus *Kur* → und *Urlaub* →, um einen gesundheitsorientierten Ferienaufenthalt meist in einem *Kurort* → oder *Erholungsort* → zu bezeichnen.
Zunehmendes *Gesundheits* → -bewußtsein und Einkommen in bestimmten Schichten lassen den privat finanzierten, allenfalls teilsubventionierten Urlaub zur Gesundheitsvorsorge und *Erholung* → wieder modern werden (die Badekur war in früheren Zeiten meist nichts anderes als heute der Urlaub; nur wenige konnten sie sich allerdings leisten).

Kurort

Gebiet (Ort, Ortsteil), das besondere natürliche Gegebenheiten (natürliche Heilmittel des Bodens, Meeres und des Klimas), zweckentsprechende Einrichtungen und einen artgemäßen K.-charakter für Kuren (*Kur* →) zur Heilung, Linderung oder Vorbeugung menschlicher Krankheiten aufweist. Man unterscheidet Heilbäder, Heilquellen-Kurbetriebe, heilklimatische K., Seeheilbäder, Seebäder, Kneippheilbäder, Kneippk. und Luftk. Für die jeweilige Artbezeichnung müssen bestimmte Voraussetzungen erfüllt sein. Innerhalb der jeweils integrierte »artgemäßen Kur- und Erholungseinrichtungen« sind immer auch *Freizeitanlagen* → und *Freizeiteinrichtungen* → enthalten, z.B. *Park-* → und Waldanlagen, *Spazier- und Wanderwege* →, Sport- und Spielanlagen →, *Liegewiesen* →, *Bad* →. Zum »K.-charakter« gehören auch Unterhaltung und Betreuung der Kurgäste (*Kurgastbetreuung* →), z.B. Lesezimmer, Gesellschaftsräume und Veran-

Kurort

staltungen (Kurmusik, kulturelle und sportliche Veranstaltungen).
Neben dem eigentlichen Ziel der Kur, chronische Erkrankungen zu bessern, *Rehabilitation* → zu betreiben und Rekonvaleszenz unter Einbeziehung ortsgebundener Heilmittel zu fördern, haben alle K. einen hohen *Freizeitwert* →. Da die Patienten einerseits kurfähig sein müssen, d.h. für aktive und passive Kuranweisungen belastungsfähig sein müssen, andererseits aber von Arbeitsverpflichtungen freigestellt sind, ist ein wesentlicher Teil der Zeit der Kur *Freizeit* →.
Dieser Tatsache der vermehrten Freizeit während der Kur haben K. schon immer Rechnung getragen, je nach ihrer Aufgabe in unterschiedlichem Umfang.
Da bei Luftk. die spezifischen Angebote der Balneologie meist gering oder nicht vorhanden sind, ist hier die Nachfrage nach Freizeitangeboten am höchsten, ähnliches gilt für Seebäder.
Aber auch in Mineral-, Moor- und Kneippbädern sollten die Kuranwendungen nur den Vormittag füllen, damit am Nachmittag und Abend genügend Raum für Freizeitaktivitäten bleibt. Außerdem fordern die Richtlinien die Durchführung von Gesundheitsberatung, die in den meisten K. inzwischen in das freizeitorientierte Betreuungsangebot eingebaut ist.
In der Regel gehen K. mit ihren Angeboten über den geforderten Rahmen hinaus. In den letzten Jahren wurden in den großen K. freizeitpädagogische Zentren eingerichtet, in denen Kurgäste zur aktiven Gestaltung der Freizeit animiert werden. Neben Basteln und *Werken* → sind Spielabende, Kegelabende und andere körperlich wenig belastende *Sportarten* → im Programm der K. Andererseits wird das Angebot der Kurmusik in vielen Orten wegen

Abb. Funktionsbereiche – Kurort

Funktionell bedingte Planungsbereiche bei Heilbädern und Kurorten

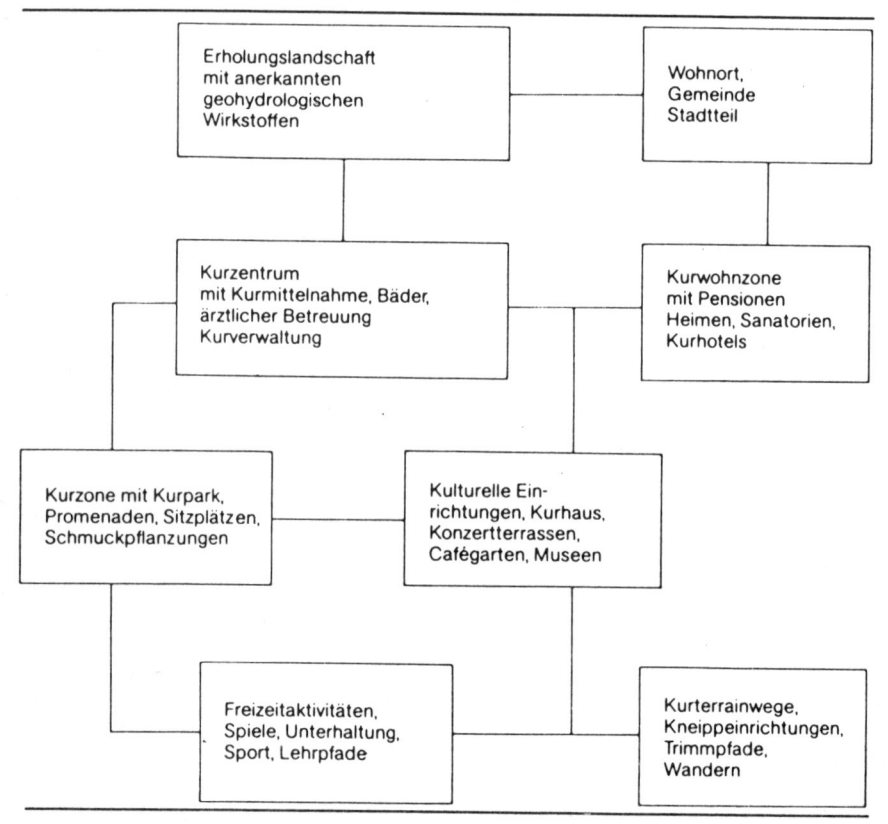

Erholungslandschaft mit anerkannten geohydrologischen Wirkstoffen	Wohnort, Gemeinde Stadtteil
Kurzentrum mit Kurmittelnahme, Bäder, ärztlicher Betreuung Kurverwaltung	Kurwohnzone mit Pensionen Heimen, Sanatorien, Kurhotels
Kurzone mit Kurpark, Promenaden, Sitzplätzen, Schmuckpflanzungen	Kulturelle Einrichtungen, Kurhaus, Konzertterrassen, Cafégarten, Museen
Freizeitaktivitäten, Spiele, Unterhaltung, Sport, Lehrpfade	Kurterrainwege, Kneippeinrichtungen, Trimmpfade, Wandern

Quelle: Richter Stadtgrün (1981)

der enormen Kosten eingeschränkt. K. haben die gesetzliche Möglichkeit, zur Schaffung einer freizeitorientierten Infrastruktur Kurtaxe zu erheben.
Da chronische Krankheiten meist ältere Menschen betreffen sind in K. die Freizeitangebote für diese Altersstufe ausgelegt. Demgemäß sagen die Richtlinien, daß lärmende Veranstaltungen den K.-charakter gefährden.
Im Jahre 1983 hatten alle deutschen K. etwa 82 Mio. Übernachtungen. ⅓ dieser Übernachtungen wurde unmittelbar von Sozialversicherungsträgern finanziell übernommen, während ⅔ der Kuren mit Zuschüssen (offene Badekuren) oder private Kuren waren. Das Kostendämpfungsgesetz brachte 1982 die stärkste Rezession, bereits 1983 zeichnete sich eine Erholung ab, die sich 1984 fortgesetzt hat.
Nach Angaben der Stiftung Warentest wandten Kurgäste, die die gesamten Kosten der Kur selbst bezahlten, 1984 im Schnitt 88,30 DM auf, wobei die Streubreite sehr hoch sein dürfte.
Kurgäste, die eine offene Badekur machten, brachten täglich 52,60 DM selbst auf, wobei die Gesamtkosten ähnlich wie bei Selbstzahlern um 90,- DM liegen dürften. Nach eigenen Ermittlungen liegen die Pflegesätze in Kurkliniken und Sanatorien, die von der Rentenversicherung belegt werden, zwischen 90,- DM und 150,- DM pro Tag.
Durchschnittlich gaben Kurgäste für Nebenausgaben nach Angabe der Stiftung Warentest pro Woche 150,- DM aus, wobei die Teilzahler mit offener Badekur die geringsten und die Kurgäste, die ganz auf Kosten des Soz.-Vers.-Trägers Kuren, die höchsten persönlichen Ausgaben machten.
Die Bedeutung der Kur als Wirtschaftsfaktor ist für einzelne K. sehr unterschiedlich. Es gibt Badeorte (meist mit geringer Einwohnerzahl) in denen die Kur der einzig tragende Wirtschaftsfaktor ist z.B. Bad Orb. In größeren Städten ist die Kur oft von untergeordneter Bedeutung z.B. Aachen, Wiesbaden.
Viele K. beziehen sich seit einiger Zeit noch stärker auf Freizeit, so daß sie auch für *Kururlaub* → und Erholungsurlaub (früher in den meisten K. die Regel) attraktiver werden.
Dachverband ist der Deutsche Bäderverband mit seinen Landesverbänden.

Lit.: Deutscher Bäderverband/Deutscher Fremdenverkehrsverband »Begriffsbestimmungen für Kurorte, Erholungsorte und Heilbrunnen« Bonn/Frankfurt 1979.

Freund/Agricola

Kurpark
für die meisten *Kurorte* → verbindlicher Teil der Infrastruktur in Verbindung mit den Einrichtungen für die Anwendungen (»Kurzentrum«/»Kurmittelhaus«). Neben großzügiger Gestaltung und Wegebereichen haben K. in der Regel eine *Freilichtbühne* → für Kurmusik und andere Veranstaltungen (»Musikpavillon«), *Freizeitsport* → -anlagen, Sitz- und Liegemöglichkeiten, Wasserflächen, manchmal auch Tiergehege. Wichtig ist die auf *Kommunikation* → und Entspannung ausgerichtete Gestaltung.

Kurseelsorge
ähnlich wie *Urlauberseelsorge* → oder *Campingseelsorge* → am Beispiel einer geläufigen und allgemein akzeptierten kirchlichen Kommunikations- bzw. Arbeitsform die Gesamtheit der kirchlichen Arbeit in Heilbädern und *Kurorten* →. Die früher übliche ausgeweitete Verwendung des Begriffs auch für die Arbeit an Urlaubsorten und in Ferienzentren (vgl. den Ausdruck »Kurpastoration«) sollte aus konzeptionellen Gründen ganz aufgegeben werden. Während sich nämlich die kirchliche Urlauberseelsorge an Menschen richtet, die von ihrem *Urlaub* → Entspannung und Abwechslung, Kontakt und neue Erlebnisse erwarten, hat es K. mit kranken Menschen zu tun, die im Heilbad bzw. am Kurort als Kurpatienten eine Kräftigung ihrer gefährdeten Gesundheit, die Heilung von einer schwerwiegenden Erkrankung oder zumindest die Linderung chronischer Beschwerden suchen. Diese ihre Befindlichkeit einerseits, das auf Regeneration und Aktivierung zielende Kurgeschehen und die auf Entspannung angelegte Atmosphäre des Kurorts andererseits definieren den Standort der K. zwischen *Freizeitpädagogik* → und beratender Seelsorge, zwischen *Animation* → und »Counseling« (*Freizeitberatung* →, *Freizeittherapie* →).
Die neuere Entwicklung der K. ist in der 1982 vom Deutschen Bäderverband, dem Rat der Evangelischen Kirche in Deutschland und der Deutschen Bischofskonferenz verabschiedeten gemeinsamen Erklärung »Kur und Kurseelsorge« zusammengefaßt und zugleich in den Rang eines von den drei Unterzeichnern der Erklärung gemeinsam getragenen Programms erhoben worden. Danach nimmt K. ihren Ansatz bei der (inneren und äußeren) Lebenssituation der Kurpatienten und den typischen Defiziten heutiger Menschen wie Kontakt- und Kommunikationsschwierigkeiten, Mangel an Sinnerfahrung, Verarmung von Kreativität und versteht sich als Prozeß, »der heilend gerade auch dann wirkt, wenn körperliche Beschädigungen nicht zu beheben sind«. Die Kirchen bringen damit eine Dimension zur Gesundung des Menschen ein, die zwar als Bestandteil eines gezielten medizinischen Therapieplanes nicht verfügbar, dennoch aber therapeutisch wirksam ist«.

Deshalb werden in der K. vor allem solche Arbeitsformen praktiziert, die der Entlastung, der Anregung (Aktivierung) und der Kommunikation dienen. Der Gottesdienst (auch in meditativer oder kommunikativer Gestalt) hat einen hohen Stellenwert. Neben Angeboten seelsorgerlicher Beratung in Form von Einzel- und Gruppengesprächen treten Veranstaltungen der Erwachsenenbildung (Gespräche in kleinen Gruppen über Glaubens- und Lebensfragen, kreative und musische Angebote) sowie offene Formen geselligen Kontakts. Charakteristisch für ein situationsbezogenes kirchliches Handeln am Kurort ist also die Verbindung geselliger, kommunikativer und kreativer Arbeitsformen mit klassischen kirchlichen Angeboten wie beratende Seelsorge, Bildung und Gottesdienst. Sie alle sollen, wenn auch auf unterschiedliche Weise und in wechselnder Gewichtung, Kontakte und Kommunikation ermöglichen; zur Entspannung, Ruhe, Stille und Besinnung verhelfen; der Auseinandersetzung mit der Sinnfrage dienen; Menschen befähigen, Konflikte konstruktiv auszutragen; Kreativität entfalten helfen; den emotionalen Bereich im Menschen ansprechen; bildende Informationen und Erfahrungen vermitteln; Alternativen zum eingefahrenen Lebensstil aufzeigen und in all dem Glauben und Hoffnung wecken (gemeinsame Erklärung). Wird K. in dieser Weise als »ganzheitliches« Angebot verstanden und praktiziert, stellt sich allerdings die Frage, ob und wie krankmachende Faktoren aus dem Alltags- und Arbeitsleben (familialer Kontext, Beziehungsprobleme, Schwierigkeiten in der allgemeinen Lebensbewältigung, Arbeitsbedingungen und Streßfaktoren, soziale Schwierigkeiten, Umweltbedingungen der Kurpatienten) in die kirchliche Arbeit am Kurort einbezogen bzw. zur Sprache gebracht werden können. Die hiermit gestellte Aufgabe umfassender sozialer Intervention greift über die K. im engeren Sinn weit hinaus, zumal die befristeten Kontakt- und damit Einwirkungsmöglichkeiten am Kurort eine wirksame Bearbeitung vieler Konflikte nicht zulassen (K. als Krisenintervention).

Wichtige Voraussetzung der K. ist eine gute Zusammenarbeit der Kirchen mit allen am Kurort tätigen Institutionen und Berufsgruppen. Zu ihrem Aufgabenbereich gehören deshalb auch regelmäßige Kontakte mit der Kurverwaltung und den Kurärzten, Gastgeberseminare sowie Anleitung und Schulung in (seelsorgerlicher) Gesprächsführung für das physiotherapeutische Personal.

Ein Aufgabenfeld eigener Art stellt die K. in Kurkliniken dar. Da innerhalb der klinifizierten Kur eine Beteiligung der Kurpatienten an den Angeboten der offenen Badekur am Kurort kaum möglich ist, kann auch K. in Kliniken in der Regel nur durch eigene qualifizierte Mitarbeiter (haupt- oder nebenamtliche Klinikseelsorger, Sozialpädagogen) geleistet werden.

Ähnlich wie in der kirchlichen Urlauberseelsorge arbeitet auch die K. nach dem Leitmodell einer »Gemeinde auf Zeit«. Der zeitlich befristete Kontakt mit dem kirchlichen Angebot am Kurort knüpft weder ausdrücklich an vorhandene kirchliche Bindungen an, noch setzt er sich Kontinuität (etwa in Form einer Vermittlung an die jeweilige Heimatgemeinde) zum Ziel. Grenzen sind diesem Dienst vor allem durch die Tatsache gesetzt, daß bislang in den meisten Kurorten die kirchlichen Mitarbeiter, vor allem die Pfarrer, große Ortsgemeinden zu versorgen haben und den Dienst der K. nur nebenamtlich tun. Eine wichtige Aufgabe für die Zukunft besteht deshalb in einem Ausbau der Planstellen für K. und in der Aus- und Fortbildung qualifizierter Seelsorger für diesen spezifischen Dienst.
Kirche →

Lit.: Bleistein, (Hrsg.), Tourismus-Pastoral. Situationen – Probleme – Modelle. Würzburg: Echter, 1973. – Pust (Hrsg.), Kirchliche Arbeit in Kurorten. Gelnhausen; Berlin; Stein: Burckhardthaus-Laetare, 1981. – Kur und Kurseelsorge. Gemeinsame Erklärung des Deutschen Bäderverbandes, des Rates der Evangelischen Kirche in Deutschland und der Deutschen Bischofskonferenz, 1982. – Kur und Kurseelsorge. Pastoral-Information XX. Bonn: Kath. Auslandssekretariat, 1984. – Koeppen (Hrsg.), Kirche im Tourismus. Beispiele aus der Arbeit der Evangelischen Kirche. Starnberg: Studienkreis für Tourismus e.V., 1985. – Kur und Kurseelsorge. Nr. 36 der »Informationen« des Evang. Arbeitskreises für Freizeit und Erholung in der EKD. Stuttgart 1985.

Koeppen

Kurzschule

Einrichtung der außerschulischen Jugendarbeit, die dem Konzept der *Erlebnispädagogik* → Programme für Gruppen von Jugendlichen anbietet. Weltweit gibt es etwa 30 Einrichtungen dieser Art. Zwei davon werden von der Deutschen Gesellschaft für Eropäische Erziehung im Alpenraum und an der Ostsee betrieben. Die heute meist 14tägigen Kurse enthalten meist zwei Programmbereiche: a) erlebnisorientiertes Sportprogramm (Berg-, Skitouren; Kanu-, Schlauchbootfahrten, *Segeln* →, Klettern); b) Sozialprogramm (Gruppentraining, Projekte).
In ähnlicher Form arbeiten auch andere Einrichtungen und Vereinigungen, z.B.: das Christliche Jugenddorfwerk im Bereich von sozialpädagogischen Programmen, in Norddeutschland: »Jugendschoner Hermine«; das Deutsche Jugendherbergswerk in einigen seiner Programmangebote.

Lit.: Weber/Ziegenspeck, »Die deutschen Kurzschulen«, Weinheim/Basel (1983)
Breß »Outward Bound – Persönlichkeitsbildung durch Erlebnispädagogik«. In: deutsche Jugend (85, S. 222)

Kurzurlaub
Urlaubsform, die sich zunehmender Beliebtheit erfreut, von unter einer Woche Dauer (3–4 Tage). K. wird u.a. für Verwandtenbesuch, Städtereisen, Ausflüge, aber auch zur Erledigung wichtiger persönlicher und familiärer Geschäfte verwendet (*Urlaub* →).

Kurzurlaubsreise
nach der Definition des Studienkreises für Tourismus Reise mit einer Dauer von zwei bis vier Tagen. Zu den K. gehören der Wochenendausflug (Wochenendtourismus, Feiertagstourismus) ebenso wie Studienreisen, Klassenfahrten, Sportreisen und Gesellschaftsreisen, aber auch viele Geschäftsreisen.
Meistbenutztes Verkehrsmittel ist das *Auto* →.

Kurzzeitpädagogik
in der sozialpädagogischen Praxis verwendeter Begriff für erzieherische Tätigkeiten, welche in sehr begrenzten Zeiträumen (stundenweise, Wochenende, Ferien) geschehen müssen. Dazu gehören die *Jugendarbeit* →, die *Jugendbildung* →, die *Erwachsenenbildung* →, die *Freizeit* →, die *Familienbildung* → u.a.m.
Die *Freizeitpädagogik* → ist in ihren überwiegenden Ausprägungen K., andererseits findet K. fast ausschließlich in der *Freizeit* → statt. Sie ist daher im wesentlichen durch die Freiwilligkeit der Teilnahme bestimmt (kein Zwangscharakter, keine Bewertung). Die im Rahmen von K. verwendeten Konzepte sind je nach Intention sehr vielfältig: politische Bildung, *Sozialpädagogik* →, *Erlebnispädagogik* →.

Lit.: Peter »Politische Jugendbildung. Kritik kurzzeitpädagogischer Formen« Bielefeld (1979)

L

Ländliche Gebiete
Siedlung →, *Stadt-Land-Unterschied* →

Ländliche Gemeinde
Siedlung →

Lärm
Freizeitlärm →

Laie
1. Nichtfachmann; vielfach Bezeichnung für einen die bestimmte Tätigkeit nicht berufsmäßig Ausübenden (*Laienmusik* →, *Laienspiel* →), wobei dann die Bedeutung Nichtfachmann meist nicht zutrifft. Im Freizeitbereich überwiegend synonym mit *Amateur* → gebraucht (*Künstler* →).
2. im kirchlichen Bereich: diejenigen, die keine Weihe bzw. Ordination haben (das »Kirchenvolk«). Die Stellung der L. in den *Kirchen* → ist heute recht stark, was sich im Verbandswesen in ehrenamtlicher Mitarbeit sowie Mitwirkung in eigens dafür geschaffenen Gremien (z.B.: Pfarrgemeinderat) ausdrückt (*Ehrenamt* →).

Laienkunst
durch nicht ausgebildete *Künstler* →, hervorgebrachte Werke der Bildenden Kunst (»Naive Kunst«).
Kunsthandwerk →

Laienmusik
auch Liebhabermusik und Amateurmusik (*Musik* →); nicht berufs- oder erwerbsmäßig ausgeübtes Musizieren in Chören, *Orchestern* →, Ensembles, *Bands* →, Gruppen.
L. ist in Vielfalt von Formen und Inhalten (Repertoire) der Kunstmusik (Berufsmusik) gleich, hat aber auch eigene hervorgebracht, z.B.: *Hausmusik* →, Jugendmusik; Konzertgesellschaft, Gesangsverein, Jugendchor, Kinderchor. Das künstlerische und technische Niveau innerhalb der L. ist sehr unterschiedlich. Bei Vereinigungen ist neben der Musikausübung das Moment der *Geselligkeit* → von Bedeutung. L.-gruppen treten in Konzerten, bei Gottesdiensten, bei Unterhaltungsveranstaltungen und Festlichkeiten an die Öffentlichkeit. Zur L.-bewegung können mindestens 6,5 Mio. Musiker gerechnet werden; davon sind mehr als 4,5 Mio. organisiert. Die Spitzenverbände der L. gehören dem Deutschen Musikrat an, der die Interessen des gesamten Musikwesens vertritt. Die stärksten L.-felder lassen sich zusammenfassend nennen:
a) Kirchenmusik; b) Chorverbände (Dachverband: Arbeitsgemeinschaft Deutscher Chorverbände); c) Instrumentalgruppen (Volksmusik, Blasmusik, Liebhaberorchester, Zupfmusik, Harmonika- und Zithermusik); d) Jugendorganisationen (auch kleinere Gruppen, Familien, gemischtaltriger Ensembles).

Lit.: Fohrbeck/Wiegand, »Musik. Statistik. Kulturpolitik«, Köln 1982

Laienmusik

Tab. Verbände der Amateurmusik 1981 (Auswahl)
(hier: Trägerverbände der Bundesakademie für musikalische Jugendbildung/Trossingen)

	Zahl d. Vereine/ Gruppen	Mitglieder insgesamt in Tsd.	davon aktive Mitgl. in Tsd.
Amateurmusikverbände insg.1)	42.781	3.448	1.635
darunter:			
– Bayerischer Volksmusikbund	1.466	184	76
– Bund Deutscher Blasmusikverbände	1.001	209	51
– Bund Deutscher Liebhaberorchester	130	8	8
– Bund Deutscher Zupfmusiker	(1.100)	o.A.	(40)
– Bund Saarländischer Musikvereine	185	32	9
– Bundesvereinigung Deutscher Blas- und Volksmusikverbände 2)	2.865	437	154
– Bund für Zupf- und Volksmusik Saar	109	7	•
– Deutscher Harmonika-Verband	1.721	185	100
– Deutscher Zithermusikbund	89	2	2
Instrumentale Amateurmusik insg.	7.566	1.063	406
– Deutscher Allgemeiner Sängerbund DAS	1.450	186	71
– Deutscher Sängerbund DSB	14.942	1.680	639
– Verband Deutscher Oratorien- und Kammerchöre	95	7	7
Vokale Amateurmusik insg.	16.487	1.874	718
– Ag Musik in der evangelischen Jugend		nicht bekannt	
– Ak für Musik in der Jugend	141	12	12
– Internationaler Ak für Musik	•	5	5
– Musikalische Jugend Deutschlands	70	6	6
– Werkgemeinschaft Lied und Musik		nicht bekannt	
Jugendorganisationen insg.	211	23	23
– Allgemeiner Cäcilienverband (kath.)	10.800	300	300
– Verband evangelischer Kirchenchöre 3)	7.617	183	183
– Deutscher Chorverband Pueri Cantores (Knabenchöre)	100	5	5
Kirchliche Musikverbände insg.	18.517	488	488

1) Die musikpädagogischen Verbände wurden hier herausgenommen. Die Gesamtwerte sind als Mindestwerte zu sehen, da die Liste nicht vollständig ist.
2) ohne die Verbände 1, 2 und 5
3) Die Zahl der evangelischen Kirchenchöre, Posaunenchöre und Instrumentalkreise insg. lag 1979 bei 24.000 mit 440.000 aktiven Mitgliedern, also wesentlich höher.

Quelle: Bundesakademie für musikalische Jugendbildung/Trossingen, Jahrbuch 1980/81

Laienorganisationen

von *Laien* →, d.h. nicht im kirchlichen (*Kirche* →) Dienst stehenden Kirchenangehörigen gebildete Vereinigungen, die einerseits ein Eigenleben führen, zum anderen Aufgaben in den Gemeinden (*Kirchengemeinde* →) übernehmen, z.B.: Jugendverbände-, Frauen-/Männervereinigungen, Standes- und Berufsvereinigungen, Vereinigungen für soziale Arbeit, Sportvereine, Bildungsvereine, Vereinigungen mit besonderen religiösen Anliegen.

In der deutschen katholischen Kirche wirken L. über sog. Pfarrgemeinderäte an der Gemeindearbeit insbesondere im Freizeitbereich mit. In der evangelischen Kirche ist die formelle Mitwirkung auf den Kirchenvorstand (Presbyterium, Kirchengemeinderat), der von der Gemeinde gewählt wird, beschränkt (*Partizipation* →).
Laienvereinigungen haben nicht nur auf örtlicher Ebene, in der kirchlichen Sozialarbeit und bei Freizeitangeboten, sondern auch auf Bun-

des- und Länderebene sowohl im innerkirchlichen als auch im politischen Bereich eine einflußreiche Stellung errungen. Wichtige evangelische Vereinigungen sind: Deutscher Evangelischer Kirchentag, Evangelische Aktionsgemeinschaft für Familienfragen, Männerarbeit in der evangelischen Kirche in Deutschland, Evgl. Frauenarbeit in Deutschland; deutscher Evgl. Frauenbund, CVJM-Gesamtverband in Deutschland, Arbeitsgemeinschaft der Evgl. Jugend mit verschiedenen angeschlossenen Jugendverbänden, Evgl. Akademikerschaft in Deutschland.
Bedeutende katholische Verbände sind: Zentralkomitee der deutschen Katholiken (»Katholikentag«), Bundesverband der Kath. Arbeitnehmer-Bewegung Deutschlands (KAB), Kolpingwerk, Kath. Frauengemeinschaft, Kath. deutscher Frauenbund, Bund deutscher Kath. Jugend mit zahlreichen Jugendverbänden, Familienbund Deutscher Katholiken, Kath. Akademikerarbeit Deutschlands mit zahlreichen Mitgliedsverbänden.
Einige L. sind Träger für Ausbildungsstätten für Freizeitpädagogik und Sozialpädagogik (Fachschulen und Fachhochschulen) sowie von Fortbildungswerken für diesen Bereich sowie von Berufsbildungswerken.

Laienspiel
Amateurtheater →

Landesentwicklungsplanung
Entwicklungsplanung →

Landesmittel
Freizeitpolitik →, Subvention →

Landespflege
Landschaftspflege →

Landjugend
die *Jugendlichen →*, die außerhalb städtischer Verdichtungsräume leben (*Siedlung →*).
Das Leben in ländlichen Räumen unterliegt teilweise anderen Vor- bzw. Nachteilen als das Leben in Städten (*Stadt-Land-Unterschied →*). Landjugendliche stehen in vielen Punkten tendenziell anderen Problemen gegenüber als Stadtjugendliche (*Jugend →*).
So verringert z. B. eine einseitige Ausbildungs- und Beschäftigungsgrundlage - bei einer insgesamt angespannten Arbeitsmarktsituation - häufig zusätzlich Auswahlmöglichkeiten schulischer und beruflicher Art. Mädchen sind hiervon am ärgsten betroffen.
Die Zerstückelung der Lebenswelt (z.B. Leben auf dem Dorf - Arbeit in der Stadt) und somit die Trennung von teilweise widersprüchlichen mit unterschiedlichen Wertsetzungen gefüllten Erfahrungsbereichen, bringt hohe psychische und physische Belastungen der Jugendlichen mit sich. Diese Zerstückelung erschwert die Identitätssuche und die Suche nach konkreten Lebensperspektiven. Sie entwertet zudem die eigenen alltäglichen Erfahrungen.
Ländliche Räume sind u.a. gekennzeichnet durch Strukturmerkmale wie: landwirtschaftliche Produktion, geringe infrastrukturelle Versorgung) z.B. Schulen, Ausbildungsstätten, Möglichkeiten für Freizeitgestaltung, geringe Bevölkerungsdichte, wenig industrielle und gewerbliche Arbeitsplätze, wenig Wirtschaftskraft (*Landwirtschaft →, Freizeitinfrastruktur →*).
Die Jugendarbeit auf dem Lande wird im wesentlichen von drei Landjugendorganisationen getragen: Bund der Deutschen Landjugend, Evangelische Jugend auf dem Lande, Katholische Landjugendbewegung.

Lit.: Zusammenfassung der Literatur über Land/Landleben/Landjugend, Heuser »Jugend und Jugendarbeit auf dem Lande«. In: Deutsche Jugend 7/81 S. 325–330

Kloha

Landschaft
Teil der Erdoberfläche, der aufgrund seines durch Entwicklung, Struktur, Wirkungsgefüge und Bild geprägten Charakters eine Einheit darstellt. Das L.-bild wird durch naturräumliche, biologische, ökonomisch-kulturelle L.-elemente bestimmt. Die L. in der Bundesrepublik Deutschland wird naturräumlich durch drei große Landschaftsräume bestimmt: a) Norddeutsche Tiefebene/Tiefland von den Meeresküsten bis zu den Mittelgebirgen; b) Mittelgebirgszone mit verschiedenen Gebirgszügen, Hochflächen, Flußtälern und -niederungen; c) Alpen und Alpenvorland von der Donau nach Süden sich erstreckend. Bis auf verhältnismäßig wenige Gebiete ist die gesamte L. durch den Menschen geprägt: Forstwirtschaft, Landwirtschaft, Verkehrswege, *Siedlungen →*, künstliche *Gewässer →*. Die L. bildet die ökologische Grundlage (*Ökologie →*) für die in ihr lebenden Menschen und muß vor der ausufernden Siedlungstätigkeit, zu vielen Verkehrswegen, Belastungen durch Schadstoffe und Freizeitnutzung sowie Übernutzung land- und forstwirtschaftlicher Art in einer so dicht besiedelten Region, wie es die Bundesrepublik ist, geschützt werden. Eine Fülle von Maßnahmen wurden dazu ergriffen: *Raumordnung →, Landschaftsschutz →, Naturschutz →, Landschaftspflege →, Umweltschutz →.* Jedoch sind noch erhebliche Leistungen zu erbringen.
Die L. stellt ein wichtiges Angebot und eine Notwendigkeit für *Freizeitgestaltung →* und *Erholung →* dar. Daher besteht ein dringendes Bedürfnis des *Freizeitbereichs →*, die L. zu er-

Landschaft

Abb. Landschaftserleben

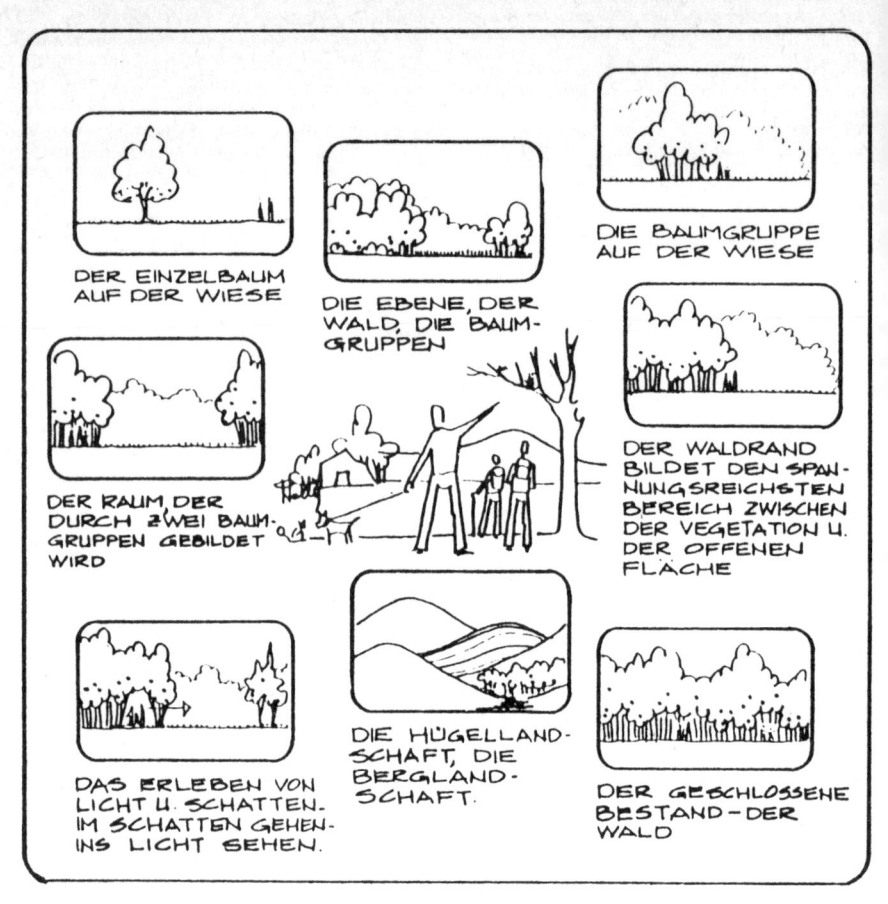

[Illustration mit verschiedenen Landschaftsszenen:]
- DER EINZELBAUM AUF DER WIESE
- DIE EBENE, DER WALD, DIE BAUMGRUPPEN
- DIE BAUMGRUPPE AUF DER WIESE
- DER RAUM, DER DURCH ZWEI BAUMGRUPPEN GEBILDET WIRD
- DER WALDRAND BILDET DEN SPANNUNGSREICHSTEN BEREICH ZWISCHEN DER VEGETATION U. DER OFFENEN FLÄCHE
- DAS ERLEBEN VON LICHT U. SCHATTEN. IM SCHATTEN GEHEN - INS LICHT SEHEN.
- DIE HÜGELLANDSCHAFT, DIE BERGLANDSCHAFT.
- DER GESCHLOSSENE BESTAND - DER WALD

Quelle: Wagenfeld u.A.: Campingplätze in NW (ILS 1977)

halten. Andererseits führt eine zu starke Freizeitnutzung zu Landschaftsschäden: Hier müssen Wege zur Abhilfe gesucht werden. Beiträge dazu leisten zahlreiche Freizeitverbände, Naturschutzvereinigungen sowie Fachleute und -institutionen der verschiedensten Disziplinen.

Landschaftsbau

die Aufgabe, zur Verbesserung der Lebensbedingungen von Mensch und *Natur* → die *Landschaft* → und Landschaftsteile zu gestalten und nachhaltig zu sichern. Der L. setzt biologische und technische Mittel ein.
Der Bautätigkeit im L. geht die *Landschaftsplanung* → durch Landschaftsarchitekten voraus. Als Material werden in jedem Fall lebende Materialien (Pflanzen, Pflanzenteile, Pflanzengemeinschaften, Böden) und häufig auch tote Baustoffe (z.B. Kies, Sand, Holz, Stein, Metall) verwendet. Die Verarbeitung lebenden Materials wird als Lebendbau, Grünverbau oder Ingenieurbiologie bezeichnet. Die Tätigkeit richtet sich auf die Gestaltung von Objekten, die von Menschen geschaffen oder für seine Zwecke verändert wurden (z.B. Freizeit- und Wohnanlagen, *Gärten* →, *Parks* →, Schutzwälle, Straßen, Deponien, Kiesgruben, Steinbrüche) sowie auf die Sicherung von Landschaftsteilen und ihre natürliche Pflanzen- und Tierwelt, die durch den Einfluß menschlicher Aktivitäten beeinflußt wurden (z.B. Dünen, fließende und stehende Gewässer, Hänge und andere Teile von Natur- und Kulturlandschaften).
Freiraumplanung →

Lit.: Hennebo, 1966: Berufsentwicklung, Berufsbezeichnung, Versuch einer Übersicht. Broschüre des Bundesverbandes Garten- und Landschaftsbau, Heft 4, Eigenverlag BGL, Bonn.
Niesel, 1978: Landschaftsbau. In: Olschowy (Hrsg.): Natur- und Umweltschutz in der Bundesrepublik Deutschland, Verlag Paul Parey, Hamburg und Berlin, S. 869–876.
Schlüter, 1980: Landschaftsbau. In: Buchwald/Engelhardt (Hrsg.): Handbuch für Planung, Gestaltung und Schutz der Umwelt. Bd. 3: Die Bewertung und Planung der Umwelt. BLV Verlagsgesellschaft München, Wien, Zürich, S. 638–644.
Volgmann, 1979: Landschaftsbau, Verlag Eugen Ulmer, Stuttgart

Meiners

Landschaftspflege

erstrebt den Schutz, die Pflege und die Entwicklung von Landschaften mit nachhaltiger Leistungsfähigkeit für den Menschen. Sie soll insbesondere Schäden im Naturhaushalt und im Bild der *Landschaft* → vorbeugen und bereits eingetretene Schäden ausgleichen oder beseitigen. (Forschungsausschuß »Landespflege« 1968).

Die L. gehört neben dem *Naturschutz* →, dem landschaftsbezogenen Erholungswesen und der Grünordnung zu den Arbeitsgebieten der Landespflege. Die L. verfolgt als querschnittsorientierter Teilbereich die Ziele der Landespflege in der freien Landschaft. Das Oberziel der Landespflege ist die »Sicherung optimaler und nachhaltiger Leistungen der Naturausstattung von Landschaftsräumen für die Gesellschaft« (Buchwald, 1980).
Die Teilziele sind (nach Buchwald, 1980): a) Sicherung und Entwicklung einer optimalen ökologisch-biologischen und strukturell-visuellen Vielfalt der Landschaftsräume. b) Sicherung ökologisch wertvoller Räume durch Schaffung eines integrierten Systems von Schutzgebieten (...) sowie Schutz der wildwachsenden Pflanzen und wildlebenden Tiere (Artenschutz). c) Sicherung und Schaffung eines optimalen Nutzungsverbundes unter ökologischen und strukturell-visuellen Gesichtspunkten mit einem Minimum gegenseitiger Beeinträchtigungen der Nutzungen (...) bzw.

Abb. Landespflege

		Landespflege	
Raumordnung			städtebauliche Ordnung
Teilgebiete	Landschaftspflege (Landschaftsordnung)		Grünordnung
Wirkungsbereich	Freiräume der freien Landschaft		Freiräume der Siedlungsgebiete
Untersuchungsmethoden	Landschaftsanalyse Landschaftsbewertung		Freiraumanalyse Freiraumbewertung
Planungsinstrument	Landschaftsplanung		Freiraumplanung
Entwurfsinstrument	Landschaftsarchitektur		Freiraumarchitektur
Realisierung	Landschaftsbau		Freiraumbau
Erhaltung	Schutz, Pflege, Unterhaltung von Landschaftsräumen		Schutz, Pflege, Unterhaltung von Freiräumen

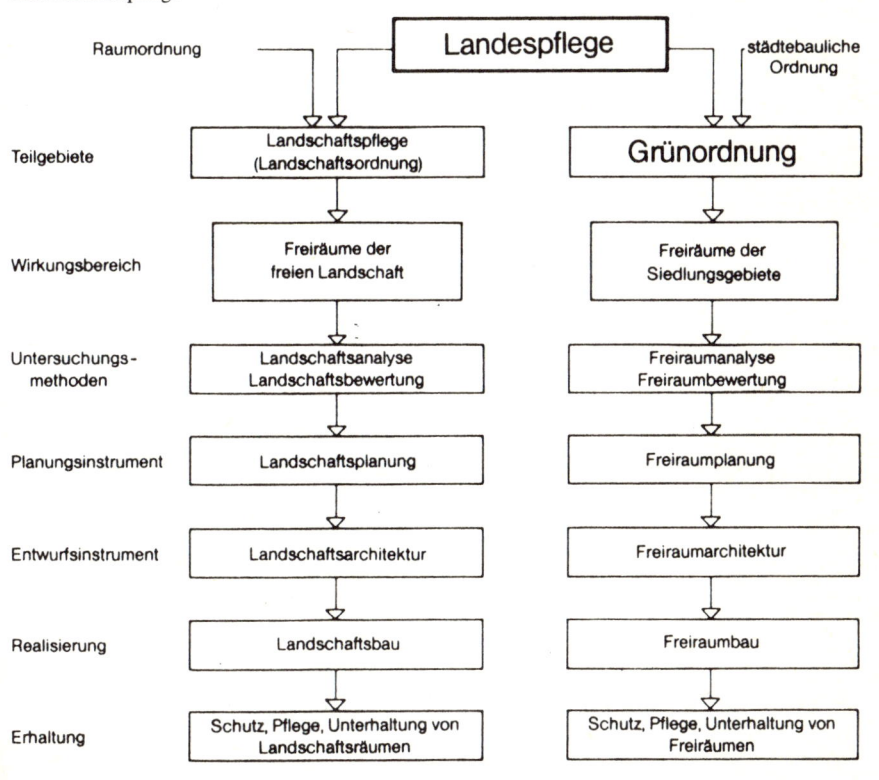

Quelle: Richter »Handbuch Stadtgrün« (1981)

Landschaftspflege

einem Maximum gegenseitiger Förderungswirkungen.
Die Umsetzung der Ziele der L. erfolgt durch die Landschaftsplanung, den *Landschaftsbau* → und andere Pflegemaßnahmen.
Fachorganisationen im Bereich der L. sind insbesondere der Deutsche Rat für Landespflege, der Bund Deutscher Landschaftsarchitekten und die Bundesvereinigung Garten-, Landschafts- und Sportplatzbau.

Lit.: Buchwald, 1980: Aufgabenstellung ökologisch-gestalterischer Planungen im Rahmen umfassender Umweltplanung. In: Buchwald/Engelhardt (Hrsg.): Handbuch für Planung, Gestaltung und Schutz der Umwelt. Bd. 3: Die Bewertung und Planung der Umwelt. BLV-Verlagsges. München, Wien, Zürich, S. 1–26.
Forschungsausschuß »Landespflege« der Akademie für Raumforschung und Landesplanung. Hannover 1968: Begriffserläuterungen aus dem Gebiet der Landespflege und einiger Grundlagen und Kontaktdisziplinen. Maschinengeschr. vervielf. Mskr. Akademie für Raumforschung u. Landesplanung, Hannover
Rat von Sachverständigen für Umweltfragen, 1978: Umweltgutachten 1978, Kohlhammer Verlag, Stuttgart

von der Heyde

Landschaftsplanung

planerische Tätigkeit öffentlicher Körperschaften zur Verwirklichung der Ziele von Naturschutz und Landschaftspflege durch Bestandsaufnahme, Sollvorstellungen und Maßnahmenkatalog der jeweiligen örtlichen Situation. L. wird über die *Bauleitplanung* → wirksam (*Freiraumplanung* →, *Grünordnungsplanung* →). Zu diesen Zielen gehört u.a.: »Für *Naherholung* → und sonstige *Freizeitgestaltung* → sind in ausreichendem Maße nach ihrer natürlichen Beschaffenheit und Lage geeignete Flächen zu erschließen, zweckentsprechend zu gestalten und zu erhalten« (Bundesnaturschutzgesetz).

Landschaftsschutz

Teilbereich des *Naturschutzes* → und des Flächenschutzes.
Der L. beruht auf der Aufgabenstellung des Bundesnaturschutzgesetzes (BNatSchG). Nach § 12 BNatSchG können bestimmte Teile von *Natur* → und *Landschaft* → zum Zwecke

Abb. Landschaftsplanung

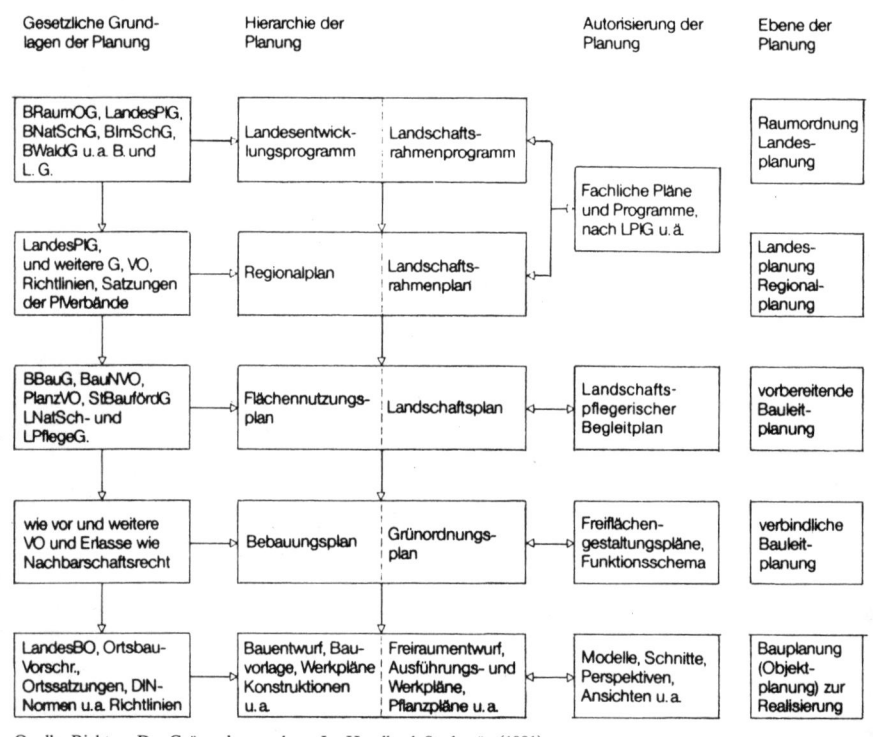

Gesetzliche Grundlagen der Planung	Hierarchie der Planung			Autorisierung der Planung	Ebene der Planung
BRaumOG, LandesPlG, BNatSchG, BImSchG, BWaldG u. a. B. und L. G.	Landesentwicklungsprogramm	Landschaftsrahmenprogramm			Raumordnung Landesplanung
				Fachliche Pläne und Programme, nach LPlG u. ä.	
LandesPlG, und weitere G, VO, Richtlinien, Satzungen der PflVerbände	Regionalplan	Landschaftsrahmenplan			Landesplanung Regionalplanung
BBauG, BauNVO, PlanzVO, StBauFördG LNatSch- und LPflegeG.	Flächennutzungsplan	Landschaftsplan		Landschaftspflegerischer Begleitplan	vorbereitende Bauleitplanung
wie vor und weitere VO und Erlasse wie Nachbarschaftsrecht	Bebauungsplan	Grünordnungsplan		Freiflächengestaltungspläne, Funktionsschema	verbindliche Bauleitplanung
LandesBO, Ortsbau-Vorschr., Ortssatzungen, DIN-Normen u.a. Richtlinien	Bauentwurf, Bauvorlage, Werkpläne Konstruktionen u.a.	Freiraumentwurf, Ausführungs- und Werkpläne, Pflanzpläne u.a.		Modelle, Schnitte, Perspektiven, Ansichten u.a.	Bauplanung (Objektplanung) zur Realisierung

Quelle: Richter »Der Grünordnungsplan«. In: Handbuch Stadtgrün (1981)

des Schutzes, der Pflege und Entwicklung zum Naturschutzgebiet, *Nationalpark* →, Landschaftsschutzgebiet, *Naturpark* → oder Naturdenkmal oder geschützten Landschaftsbestandteil erklärt werden.
Wegen der überaus vielfältigen Definitionsmöglichkeiten wird der Begriff L. in der ökologischen, planerischen und juristischen Fachliteratur ausschließlich mit einer genaueren Begriffsbestimmung wie L.-gebiet und integrierte L. verwendet (*Ökologie* →).
Der integrierte L. hat die Aufgabe, die in die Landschaft eingreifenden Nutzungen (z.B. Land-, Forst-, Wasserwirtschaft, Siedlung, Freizeit, Verkehr, Industrie) so zu beeinflussen, daß die gesellschaftlich erforderlichen und rechtlich vorgeschriebenen Ziele des Naturschutzes auf einer gegebenen Fläche beachtet werden (Erz, 1980).

Lit.: Erz, 1980: Naturschutz – Grundlagen, Probleme und Praxis. In: Buchwald/Engelhardt (Hrsg.): Handbuch für Planung, Gestaltung und Schutz der Umwelt. BLV Verlagsgesellschaft München, Wien, Zürich, S. 560–637

Meiners

Landschaftsschutzgebiet

Nach § 15 des Bundesnaturschutzgesetzes (BNatSchG) rechtsverbindlich festgesetztes Gebiet, in dem ein besonderer Schutz von *Natur* → und *Landschaft* → erforderlich ist, a) zur Erhaltung oder Wiederherstellung der Leistungsfähigkeit des Naturhaushaltes oder der Nutzungsfähigkeit der Naturgüter, b) wegen Vielfalt, Eigenart oder Schönheit des Landschaftsbildes oder c) wegen seiner besonderen Bedeutung für die *Erholung* →.
Die Ausweisung eines L. ist eine Maßnahme des Flächenschutzes als Teilaufgabe des *Naturschutzes* →.
Weitere Aufgabengebiete des Naturschutzes sind Artenschutz und Biotopschutz (*Ökologie* →).
Der Flächenschutz läßt sich aufteilen in den Gebietsschutz und den Objektschutz. Der Gebietsschutz strebt die Sicherung und Entwicklung von Landschaftsausschnitten an, indem diese z.B. als Naturschutzgebiet oder L. ausgewiesen werden. Der Objektschutz bezieht sich demgegenüber auf Naturdenkmäler als »Einzelschöpfungen der Natur«.
In L. bestehen gegenüber den Naturschutzgebieten geringere Möglichkeiten für Schutzfestsetzungen. Sie werden zumeist wegen ihrer Bedeutung für die Erholung und zum Schutz des Landschaftsbildes ausgewiesen, können jedoch auch zur Erhaltung und Wiederherstellung der Leistungsfähigkeit des Naturhaushaltes oder der Nutzungsfähigkeit der Naturgüter festgesetzt werden. Feste Kriterien für die Auswahl von Gebieten für den Naturschutz fehlen noch. Die Zahl der L. wurde 1977 von Haarmann mit ca. 5000, ihr Umfang mit ca. 25% der Gesamtfläche der Bundesrepublik Deutschland angegeben.

Lit.: Bundesministerium für Ernährung, Landwirtschaft und Forsten (Hrsg.), 1979: Naturschutz und Landschaftspflege in der Bundesrepublik Deutschland, Broschüre.
Erz, 1980: Naturschutz-Grundlagen, Probleme und Praxis. In: Buchwald/Engelhardt (Hrsg.): Handbuch für Planung, Gestaltung und Schutz der Umwelt. Bd. 3: Die Bewertung und Planung der Umwelt. BLV Verlagsgesellschaft, München, Wien, Zürich, S. 560–637.
Haarmann, 1977: Schutzgebiete in der Bundesrepublik Deutschland. In: Welt der Tiere 4 (Sonderheft Juli 1977) S. 5–11

von der Heyde

Landwirtschaft und Freizeit

als Aktivitäten im Raum haben sowohl komplementäre als auch konkurrierende Aspekte. *Freizeitpolitik* → und Agrarpolitik haben das zu berücksichtigen.
Landwirtschaft und viele *Freizeittätigkeiten* → finden im Raum statt und haben deshalb mehrere Berührungspunkte mit aus der Sicht des Landwirtes sowohl positivem als auch negativem Aspekt: a) Freizeitaktivitäten bedeuten Zusatzeinkommen (z.B. Mieteinnahmen, Dienstleistungsentgelte, Ferien auf dem *Bauernhof* →); b) Freizeitansprüche bedingen kostensteigernde Eingriffe in die Nutzungsrechte an Grund und Boden (z.B. Betretungsrecht, Auflagen, Schäden an den Kulturen); c) Freizeitaktivitäten bedingen umweltbelastende Beeinträchtigungen von Landwirtschaft und *Landschaft* → und erschweren dadurch die Erhaltung einer gesunden Umwelt.
Die Haltung des Landwirtes gegenüber den wachsenden Ansprüchen aus dem *Freizeitsektor* → an die Landwirtschaft ist also ambivalent. Ein ausgewogenes Verhältnis zwischen den Ansprüchen von Landwirtschaft, *Umweltschutz* → und Freizeit wird in der dichtbesiedelten Bundesrepublik Deutschland immer wichtiger, wenn es darum geht, langfristig die Lebensgrundlagen zu erhalten und zu verbessern. *Sozialbrache* →

Zurek

Langeweile

aus psychologischer Sicht: Erleben eines leeren Zeitgefühls und eines Mangels an Interesse und Zielstrebigkeit. Ursache dieses Mangelerlebens ist ein im Menschen angelegter spontaner Betätigungsdrang, ein Aktivitätsbedürfnis, das sich bei Nichterfüllung bzw. Nichtstun in schlechtem Gewissen oder Schuldgefühlen äußert. Die Schuldgefühle entstehen aus Angst vor dem Verlust sozialer Anerkennung. Wesentlich an Schuldgefühlen in der *Freizeit* → ist ihre soziale Herkunft. Aus Angst, dem gesellschaftlichen Anspruch »sinnvoller *Freizeitgestaltung* →« (= Soll-Wert) nicht genügen zu können, entwickeln sich persönliche Gewis-

Langeweile

Abb. Landschaftserlebnis und Landwirtschaft.

DIE KLEINRÄUMIGE LANDWIRTSCHAFTSFLACHE LADT ZUM AUSRUHEN UND BETRACHTEN DES 'KLEINEN' IN DER NATUR EIN KLEINE RUHE- UND ERHOLUNGSSTÜCKE SOLLTEN DIESE ZONE DURCHSETZEN

MITTELGROSSE LANDSCHAFTSRAUME WERDEN GERNE ZUM WANDERN BENUTZT ACKER, WIESEN, RAINPFLANZUNGEN UND WÄLDER SIND FÜR DEN BESUCHER NEUE ERLEBNISSE

GROSSRAUMIGE LANSCHAFTEN ZEIGEN EINEN GROSSEN HIMMEL DIESE LANDSCHAFT FORDERT DAS RUHIGE WANDERN, KANN ABER AUCH BEANGSTIGEND WIRKEN

Quelle: Schiller-Bütow »Freizeit und Erholung«

sensängste: Das sprichwörtlich »schlechte Gewissen« entsteht.

L. gehört – neben *Streß* → und Vereinsamung – zu den drei großen Problemen individueller Freizeitgestaltung.

L. hat abendländische Tradition. Schon im 5. Jahrhundert n.Chr. beklagte der Theologe Johannes Cassianus den »horror loci«: Den Überdruß und die L. des Einsiedler-Mönchs in der Klosterzelle. In der mittelalterlichen Moral zählte die Trägheit (»acedia«) zu den acht Hauptsünden. Einen besonderen Stellenwert bekommt die L. in den Schriften der Existenzphilosophen. Blaise Pascal leitet in seinen »Gedanken« die L. aus dem Widerspruch von Ruhe und Rastlosigkeit ab. Unrast treibt zur Ruhe, Ruhe aber wird durch L. unerträglich, so daß wieder Rastlosigkeit entsteht.

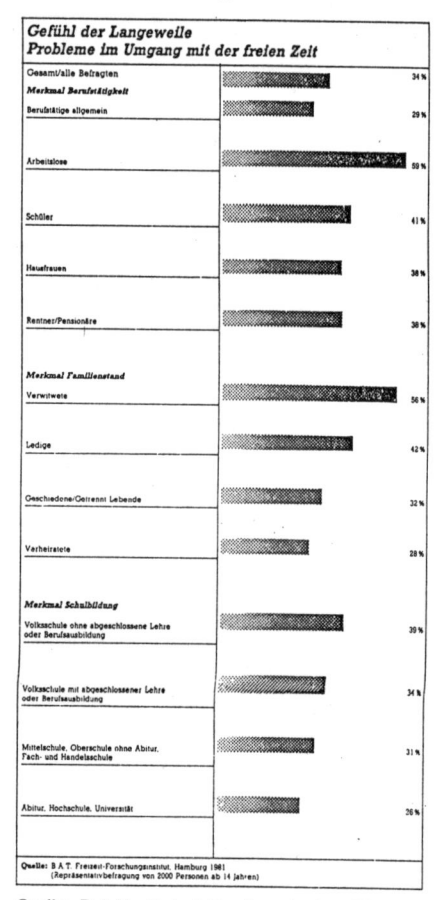

Gefühl der Langeweile
Probleme im Umgang mit der freien Zeit

Gesamt/alle Befragten	34 %
Merkmal Berufstätigkeit	
Berufstätige allgemein	29 %
Arbeitslose	59 %
Schüler	41 %
Hausfrauen	38 %
Rentner/Pensionäre	30 %
Merkmal Familienstand	
Verwitwete	50 %
Ledige	42 %
Geschiedene/Getrennt Lebende	32 %
Verheiratete	28 %
Merkmal Schulbildung	
Volksschule ohne abgeschlossene Lehre oder Berufsausbildung	39 %
Volksschule mit abgeschlossener Lehre oder Berufsausbildung	34 %
Mittelschule, Oberschule ohne Abitur, Fach- und Handelsschule	31 %
Abitur, Hochschule, Universität	26 %

Quelle: B.A.T. Freizeit-Forschungsinstitut, Hamburg 1981
(Repräsentativbefragung von 2000 Personen ab 14 Jahren)

Quelle: B.A.T., Freizeit-Forschungsinstitut. Hamburg 1981
(Repräsentativbefragung von 2000 Personen ab 14 Jahren)

Das Allensbacher Institut, die Wickert Institute und das B.A.T. Freizeit-Forschungsinstitut wiesen nach, daß sich der Anteil der Bevölkerung, der über L. klagt, in den letzten 30 Jahren von 18 Prozent im Jahre 1953 auf 36 Prozent heute verdoppelt hat. Die Wickert Institute kamen 1984 sogar auf einen Wert von 39 Prozent. Hauptbetroffene hierbei sind Rentner und Vorruheständler, sowie insbesondere die Arbeitslosen (mit 59 Prozent!).
Zusammengefaßt: Jeder dritte Bundesbürger hat L.-probleme und jeder zehnte Bundesbürger gibt an, in der Freizeit häufig unter L. zu leiden. Man fühlt sich dabei einfach unproduktiv, kann mit sich selbst nichts anfangen, leidet unter dem persönlichen Nicht-Ausgefüllt-Sein, spürt die gähnende Leere, ist unruhig und depressiv, und zum Teil stellen sich Panikgefühle ein. 36 Prozent der Betroffenen schalten dann immer den Fernseher als letzten Rettungsversuch ein, 19 Prozent machen sich einen Drink oder gehen in die Kneipe. Fernsehen und Alkohol werden am häufigsten als Problemlöser der L. eingesetzt.
Die größten Probleme mit der L. haben die Erwerbslosen. Nur selten verlassen sie in L.-Situationen die eigenen vier Wände. Jeder vierte Arbeitslose greift immer dann, wenn sich die L. einschleicht, zum Telefon und sucht das Gespräch nach draußen. Kommt kein Kontakt zur Außenwelt zustande, versuchen 39 Prozent der befragten Arbeitslosen, die Zeit der empfundenen Leere mit Essen, Rauchen oder Trinken auszufüllen. Weitere 27 Prozent laufen unruhig durch die Wohnung, stöbern in Räumen und Schränken herum oder beginnen, irgendetwas aufzuräumen.
L. ist für die meisten Bundesbürger schwer zu ertragen. Und jeder löst das Problem auf seine Weise; nur 7 Prozent tun »gar nichts«. Aber weil jeder sich vor L. fürchtet, denken viele ernsthafter über die eigenen Freizeitgewohnheiten nach oder nehmen sich sogar vor, neue Aktivitäten in der Freizeit auszuprobieren. Und in einer Beziehung stimmen alle überein: Sie haben den Wunsch, aktiver zu sein als sie wirklich sind (B.A.T. Freizeit-Forschungsinstitut 1984).

Lit.: Bleistein, Therapie der Langeweile, Freiburg i.Br. 1973.
Bleistein, Freizeit oder Langeweile, Freiburg 1982.
Opaschowski, Langeweile: Zur Freizeit verurteilt? In: Animation, Heft 1, (1983), S. 2–7.
Opaschowski, »Wenn die Decke auf den Kopf fällt«: Die Angst vor der Langeweile. In: Ders.: Arbeit, Freizeit, Lebenssinn?, Opladen 1983, S. 56–66

Opaschowski

Lasertechnik
Anwendung des Laserprinzips (parallelisiertes Licht) z.B. als Bühnenbeleuchtung (»Bühnenl.«), zur Herstellung von Holografien (Raumbilder), zum Abtasten von Compact Discs (Schallplatten mit besonders dichter Beschriftung) und Bildplatten, zur Übertragung von Sendungen. Die L. wird in der *Freizeittechnologie* → weiter an Bedeutung gewinnen.

Abb. Lebensbedingungen – Sozialindikatorensystem

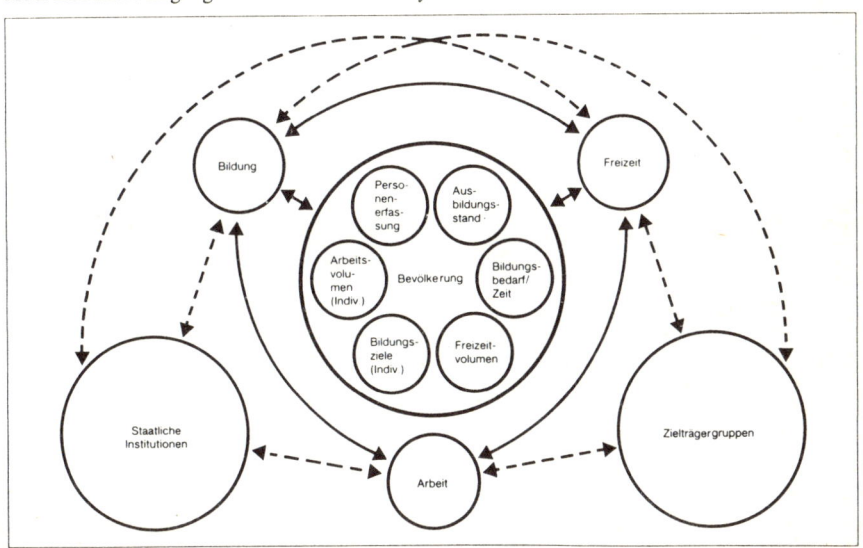

Quelle: Kultusminister NW – Materialien zum Sport in NRW, Heft 9 (1984)

Lauf-Treff
Trimm-Aktion →

Lebensbedingungen
Voraussetzungen für die Existenz des Menschen, Gruppen von Menschen, der Gesellschaft, meist im Sinne des Wohlstandes und Wohlergehens gebraucht. Kriterien zur Bestimmung der L. sind die sog. Sozialindikatoren; solche Kriterien sind (OECD 1980) z.B.: a) Gesundheit (Lebenserwartung, Gesundheitszustand, Qualität des Gesundheitswesens); b) Erziehung und Lernen (Voraussetzung für den Erhalt der Gesellschaft, Nutzung für Wirtschaftssystem); c) Beschäftigungsgrad und Qualität des Arbeitslebens (Beschäftigungsangebot, Arbeitsbedingungen, *Arbeitszeit* →, Arbeitszufriedenheit); d) *Freizeit* → (Freie Zeit und deren Nutzung, *Freizeitangebot* →, Zugänglichkeit des Freizeitangebotes); e) Einkommen, Besitzverhältnisse und Nachfrage nach Gütern und Dienstleistungen (Niveau und Verteilung der Einkommen / der Besitzverhältnisse, materieller Mangel, Schutz gegenüber wirtschaftlichen Risiken, Verbraucherschutz); f) *Umwelt* → (vorhandene Umwelt, Zugänglichkeit von Arbeitsplatz und Dienstleistungsstellen, Umweltprobleme); g) soziale Beziehungen (primäre, sekundäre); h) persönliche Sicherheit und Justizverwaltung (Strafquote, Straftat, Gleichheit vor dem Strafgesetz, Zugänglichkeit des juristischen Systems); i) Sozialchance und Mitwirkungsmöglichkeiten (soziale Mobilität, Gelegenheit zum sozialen Mitwirken/*Partizipation* →).

Dieses sehr komplexe System zur Bestimmung der L. berücksichtigt anders als der *Lebensstandard* → die immateriellen Werte von Gesellschaft und Umwelt. Ein in diesem Zusammenhang gebrauchtes Schlagwort ist »Lebensqualität«.
Die Sozialindikatoren bedingen sich teilweise untereinander.

Zielbereiche und gesellschaftliche Anliegen im Sozialindikatorenprogramm der OECD 1980

I. Gesundheit
1. Lebenserwartung
2. Gesundheitszustand
3. Qualität des Gesundheitswesens
4. Verteilung des Gesundheitswesens

II. Erziehung und Lernen
1. Lernvoraussetzungen für den Erhalt der Gesellschaft
2. Industrielle Nutzung des organisierten Bildungs- und Erziehungswesens
3. Evaluation der Erziehungspraxis

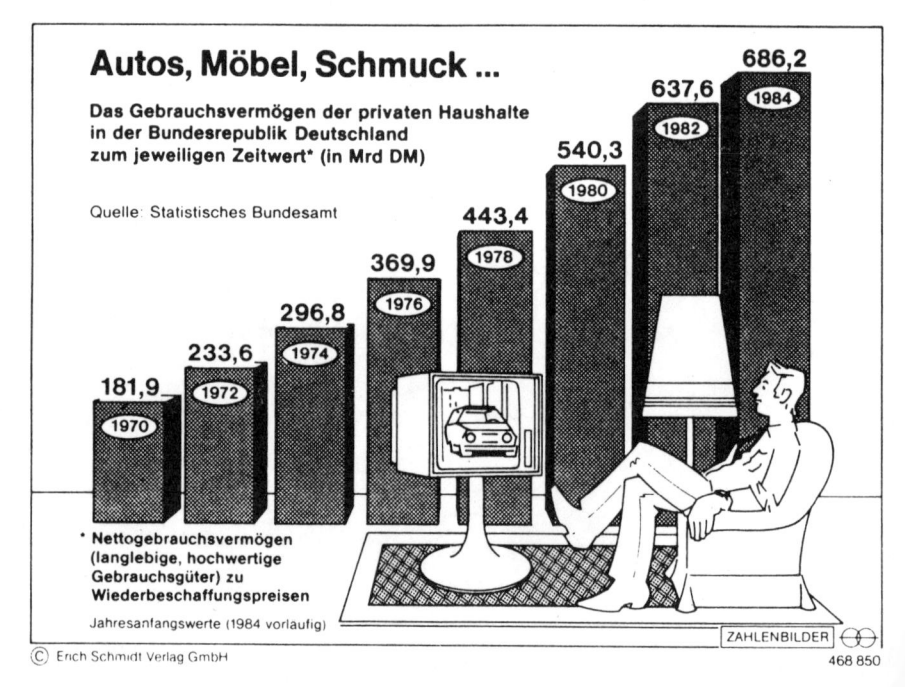

Autos, Möbel, Schmuck ...

Das Gebrauchsvermögen der privaten Haushalte in der Bundesrepublik Deutschland zum jeweiligen Zeitwert* (in Mrd DM)

Quelle: Statistisches Bundesamt

Jahr	Wert
1970	181,9
1972	233,6
1974	296,8
1976	369,9
1978	443,4
1980	540,3
1982	637,6
1984	686,2

* Nettogebrauchsvermögen (langlebige, hochwertige Gebrauchsgüter) zu Wiederbeschaffungspreisen
Jahresanfangswerte (1984 vorläufig)

© Erich Schmidt Verlag GmbH

Lebensbedingungen

III. Beschäftigungsgrad und Qualität des Arbeitslebens
1. Beschäftigungsangebot
2. Arbeitsbedingungen
3. Arbeitszeit
4. Arbeitszufriedenheit

IV. Freizeit
1. Zur Verfügung stehende freie Zeit und deren Nutzung
2. Merkmale verschiedener Freizeitaktivitäten
3. Zugänglichkeit der Freizeitaktivitäten

V. Einkommen, Besitzverhältnisse und Nachfrage nach Gütern und Dienstleistungen
1. Niveau und Verteilung der Einkommen
2. Niveau und Verteilung der Besitzverhältnisse
3. Materieller Mangel
4. Protektionsgrad gegenüber wirtschaftlichen Risiken
5. Verbraucherschutz

VI. Umwelt
1. Menschlich erzeugte Umwelt
2. Zugänglichkeit von Arbeitsplatz und Dienstleistungsstellen
3. Umweltprobleme

VII. Soziale Beziehungen
1. Primäre soziale Beziehungen
2. Sekundäre soziale Beziehungen

VIII. Persönliche Sicherheit und Justitzverwaltung
1. Aktuelle Strafquote
2. Erfaßte Straftaten
3. Justitzverwaltung, Gleichheit vor dem Strafgesetz
4. Zugänglichkeit des juristischen Systems

IX. Soziale Chancen und Mitwirkungsmöglichkeiten
1. Soziale Mobilität
2. Gelegenheit zum sozialen Mitwirken

Abb. Ausgaben eines 4-Personen-Arbeitnehmerhaushalts mit mittlerem Einkommen nach dem Verwendungszweck (in %)

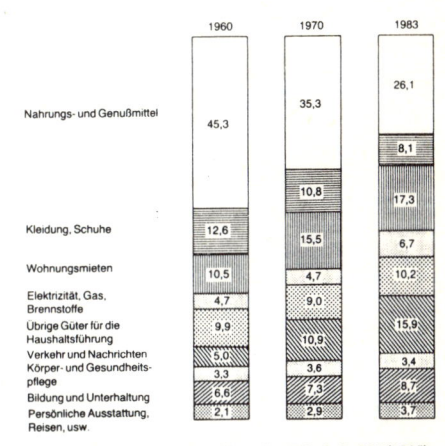

	1960	1970	1983
Nahrungs- und Genußmittel	45,3	35,3	26,1
			8,1
		10,8	17,3
Kleidung, Schuhe	12,6	15,5	6,7
Wohnungsmieten	10,5	4,7	10,2
Elektrizität, Gas, Brennstoffe	4,7	9,0	
Übrige Güter für die Haushaltsführung	9,9	10,9	15,9
Verkehr und Nachrichten	5,0	3,6	3,4
Körper- und Gesundheitspflege	3,3	7,3	8,7
Bildung und Unterhaltung	6,6		
Persönliche Ausstattung, Reisen, usw.	2,1	2,9	3,7

Quelle: Management-Enzyklopädie, Bd. 9, S. 484 (1985)

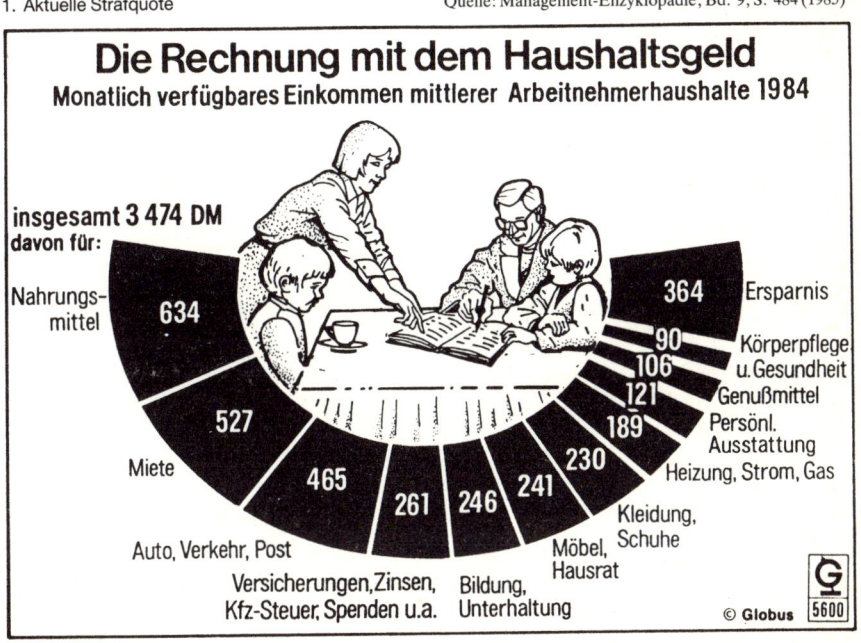

Die Rechnung mit dem Haushaltsgeld
Monatlich verfügbares Einkommen mittlerer Arbeitnehmerhaushalte 1984

insgesamt 3 474 DM
davon für:

- Nahrungsmittel: 634
- Miete: 527
- Auto, Verkehr, Post: 465
- Versicherungen, Zinsen, Kfz-Steuer, Spenden u.a.: 261
- Bildung, Unterhaltung: 246
- Möbel, Hausrat: 241
- Kleidung, Schuhe: 230
- Heizung, Strom, Gas: 189
- Persönl. Ausstattung: 121
- Genußmittel: 106
- Körperpflege u. Gesundheit: 90
- Ersparnis: 364

© Globus 5600

DGF-Freizeit-Lexikon 201

Lebensstandard

Was schon da ist – was noch fehlt

Von je 100 Haushalten besaßen 1984:

- Waschmaschine 87
- Farbfernseher 82
- Kühlschrank 82
- Telefon 81
- Pkw 64
- Nähmaschine 62
- Fahrrad 61
- Taschenrechner, Rechenmaschine 55
- Autoradio 52
- Stereoanlage 50
- Heimwerker 49
- Plattenspieler 48
- Kassettenrecorder 47
- Schreibmaschine 47
- Radiowecker 46
- Gefriergerät 40
- Automatik-Herd 34
- Kühl-Gefrierkombination 31
- Wäschetrockner 20
- Bügelautomat 15
- Geschirrspüler 12
- Videorecorder 8
- Telespiele 6
- Mikrowellenherd 4
- Heimcomputer 2

© Globus

Lebensstandard

von der Höhe des Einkommens abhängiger Verbrauch wirtschaftlicher Güter zur Bedürfnisbefriedigung, den ein einzelner, eine Familie, eine Bevölkerung sich leisten kann (*Konsum* →). Im Unterschied dazu bezeichnet Lebensunterhalt die Bedürfnisse (materiell und immateriell) zur Bestreitung des Lebens und die Lebenshaltung (die vor allem wirtschaftliche Ausgestaltung von persönlichem Leben und Wohnung), wobei sich die Ausgaben aus verschiedensten Gründen ändern können.

Die Bedürfnisse werden stark von den *Lebensbedingungen* → und dem daraus resultierenden *Lebensstil* → bestimmt. Was für Lebensunterhalt und Lebenshaltung ausgegeben werden kann, macht wiederum die konkreten Lebensbedingungen des einzelnen und von Familien aus, soweit es sich um die wirtschaftliche Seite handelt.

Lebensstil

Die Ausgestaltung der objektiven Möglichkeiten eines Individuums, Verhaltensweisen bewußt oder unbewußt zu beeinflussen. Dieser Handlungsraum umfaßt den gesamten demographischen und sozioökonomischen Bereich, *Wert* → -vorstellungen, Motivationen, Erleben, Einstellungen, die soziale und ökologische Umgebung, die Identifikation mit einem bestimmten sozialen Umfeld sowie das Rollenempfinden jedes einzelnen. Auch wenn der kausale Zusammenhang nicht immer eindeutig in eine Richtung verläuft, wird davon ausgegangen, daß der L. Einfluß auf Verhaltensweisen in allen Lebensbereichen ausübt. Mit anderen Worten: Das Verhalten wird als lebensstilabhängig angesehen (*Freizeitverhalten* →, *Freizeitbewußtsein* →).

L. entwickelt sich allmählich, nicht zuletzt durch Lebensbedingungen und durch soziale Wandlungen (*Wertwandel* →) beeinflußt. Am freiesten kann der persönliche L. in der *Freizeit* → entfaltet werden (Abb. S. 204).

Lit.: Uttitz »Freizeitverhalten im Wandel. Von den traditionellen Trennungslinien zu den Lebensstilkomponenten«, Köln 1984
Opaschowski »Arbeit, Freizeit, Lebenssinn? Orientierung für die Zukunft, die längst begonnen hat«, Opladen 1983

Tab. Merkmale von Lebensstil

1. Auf die Person bezogene Merkmale:
1.1 Demographische Struktur: Geschlecht, Alter, Familienstand, Zahl der Kinder u.ä.,
1.2 Sozioökonomische Struktur: Bildung, Beruf, Erwerbstätigkeit, Schichtzugehörigkeit, Einkommenshöhe, Vermögen u.ä.,

1.3 Persönlichkeitsstruktur i.w.S.: Erfahrungen, Kenntnisse, Fähigkeiten, Persönlichkeitsmerkmale i.e.S., Bedürfnisse/Motivationen, Selbstbild/Fremdbild, Rollenverhalten u.ä.,
1.4 Struktur der Werte/Einstellungen: Werte, Normen, Einstellungen, Meinungen, Interessen, religiöse/politische Verankerung, Lebensziele, Lebensorientierungen u.ä.,
1.5 Struktur ereignisbestimmter Merkmale: Gesundheitszustand, Stellung im Lebenszyklus, psychische Belastungen, Lebensereignisse u.ä.,
2. Auf die Umwelt bezogene Merkmale:
2.1 Ökologische Struktur: Wohnsituation, Wohnlage, Ortsgröße, Freizeitinfrastruktur u.ä.,
2.2 Strukturmerkmale der Arbeitssituation: Art der Arbeit, Arbeitszeit, Belastungsgrad der Arbeit u.ä.,
2.3 Soziales Beziehungsgefüge: Familienbeziehungen, Verwandtschaftskontakte, Eingebundensein in soziale Netzwerke u.ä.,
2.4 Zeitstrukturen: Strukturierung des Tages, der Woche usw., Zeiterleben u.ä.,
2.5 Aktionsradien: Orte der Verbringung von Zeit u.ä.,
3. Auf allgemeine gesellschaftliche und kulturelle Strukturen bezogene Merkmale:
3.1 Historische Strukturen: Wertsystem, Normensystem, politische Kultur, Gesetzgebung, Tradition, gesellschaftliche Rollenzuweisung u.ä.,
3.2 Politische und ökonomische Lage: Regierungssystem, wirtschaftliche Situation, Infrastrukturausstattung i.w.S., Lebenshaltung u.ä.

Quelle: Tokarski, »Freizeitstile im Alter . . .« In: Zeitschrift für Gerontologie 18:72.75 (1985)

Lebenszeit

gesamte Zeit, die ein Mensch zu leben hat, als Grundlage für die Gestaltung der Lebensfreizeit. Im Lebensablauf haben *Freizeit* → und *Freizeitgestaltung* → eine unterschiedliche Bedeutung und Ausprägung.
Über das ganze Leben hin unterteilt sich die Zeit in freie und nichtfreie Zeitabschnitte. Bei Aussetzen der Erwerbszeit (*Urlaub* →, *Sabbatjahr* →, *Ruhestand* →) wird der Anteil an disponibler Zeit wesentlich größer, manchmal auch ungewollt. Wenn man in L.-kategorien denkt, ist auch eine Flexibilisierung im Hinblick auf die Verteilung freier und gebundener Zeiten vorstellbar mit der Chance einer Anpassung an den individuellen Lebenszyklus und -rhythmus, etwa durch Teilzeitarbeitsperioden, Sabbatjahr, schrittweises Ausscheiden aus dem Arbeitsprozeß (*Arbeitszeit* →).
Unter der Betrachtung der L. erhalten dieselben *Freizeittätigkeiten* → wechselnde Bedeutung und dem jeweiligen *Alter* → angepaßte Formen. Manche Freizeittätigkeiten verlieren auch teilweise oder ganz ihre Bedeutung (z.B. sind reine Feierabendbeschäftigungen als Ruhestandsbetätigungen ungeeignet). Da aber auch Freizeittätigkeiten schon in *Kindheit* → und *Jugend* → vorgeprägt werden, ist es wichtig, daß schon früh lebenszeitbegleitende Freizeittätigkeiten ausgewählt und geübt werden. Dazu gehören insbesondere künstlerische und sportliche (*Lifetimesport* →) Aktivitäten, sowie alle Formen der *Partizipation* →.

Lit.: Opaschowski/Neubauer »Freizeit im Ruhestand« Hamburg 1984

Abb. Entwicklung der durchschnittlichen altersspezifischen Lebenserwartung

Sterbetafel von	bei der Geburt		im Alter von 60 Jahren		∅ erwartbares Alter der 60jährigen	
	Männer	Frauen	Männer	Frauen	Männer	Frauen
1901/10	44,8	48,3	13,1	14,2	73,1	74,2
1970/72	67,4	73,8	15,3	19,1	75,3	79,1
1980/82	70,2	76,9	16,5	20,8	76,5	80,8

Quelle: Statistisches Jahrbuch der Bundesrepublik Deutschland 1984, S. 77.

Zeitliche Entwicklung der Altersgruppe der über 60jährigen

Jahr	Personen im Alter von 60 u. mehr Jahren (%)			60 Jahre und mehr absolut in Mio.
	Männer	Frauen	Zusammen	
1950	13,3	14,6	14,0	7,1
1961	14,7	18,7	16,8	
1970	16,1	22,1	19,3	11,7
1980	14,8	23,6	19,2	11,7
1982	15,0	24,2	19,9	12,2
2000 a)			23,0	13,1

a) Modellannahmen: Konstanz der Geburtshäufigkeit und keine Wanderungen
Quellen: Statistisches Jahrbuch der Bundesrepublik Deutschland, versch. Jahrgänge; BT-Drucksache 8/4437, Bonn 1980

INTERESSE DER GESAMTBEVÖLKERUNG AM FREIZEITKULTURELLEN LEBENSSTIL	
N = 2000	Gesamtbevölkerung 14−54
	In Prozent
1. SELBERMACHEN/SELBST-AKTIV-SEIN	
● Etwas mit eigenen Händen schaffen und gestalten	75
● Eigeninitiative zeigen	73
2. SOZIALKONTAKT/GEMEINSAMKEIT	
● Mit Freunden zusammensein	77
● Förderung des Gemeinschaftssinns	70
3. SPONTANEITÄT/SELBSTENTFALTUNG	
● Mich und meine Bedürfnisse durchsetzen	60
● Viel Zeit für persönliche Interessen	59
4. SICHENTSPANNEN/WOHLFÜHLEN	
● Gesund leben	75
● Mehr Selbstbesinnung und innere Muße	62
5. SPASS/LEBENSGENUSS	
● Das Leben genießen	69
● Lust/Spaß haben	38

Quelle: Eigene Auswertung/Sekundäranalyse von MARPLAN/STERN: Lebensziele, Hamburg 1981.

Trend zum freizeitkulturellen Lebensstil
Freizeitaktivitäten an Feierabend und Wochenende

Jahresvergleiche 1953/1979	Veränderung in Prozent
1. Informelle Geselligkeit	
Häufiger Einladungen bei Freunden und Bekannten annehmen (31 %/64 %)	+33 %
Häufiger zu Besuch bei Nachbarn sein (14 %/26 %)	+12 %
2. Erlebnisreiche Anregung	
Häufiger Wochenendfahrten, Wanderungen, Reisen unternehmen (31 %/64 %)	+33 %
3. Bewegungsaktive Erholung	
Gern Sport treiben (18 %/35 %)	+17 %
Häufiger Spaziergänge machen (53 %/57 %)	+ 4 %
4. Zwangloses Müßigsein	
Regelmäßig Zeitung lesen (60 %/74 %)	+14 %
Radio hören (85 %/90 %)	+ 5 %
5. Kreative Betätigung	
Gern basteln, handarbeiten, malen, Musik machen (29 %/32 %)	+ 3 %
6. Freiwilliges Engagement	
Gern an kirchlichen Veranstaltungen teilnehmen (11 %/7 %)	− 4 %
Mehr in der kirchlichen Gemeindearbeit tun (9 %/6 %)	− 3 %
7. Rezeptive Beschäftigung	
Häufiger Konzerte, Theater besuchen (17 %/15 %)	− 2 %
Einmal wöchentlich ins Kino gehen (9 %/1 %)	− 8 %
8. Gemeinsame Unternehmung	
Mit meiner Familie zusammen sein (45 %/38 %)	− 7 %
Zusammen mit der Familie ins Kino gehen (52 %/31 %)	−21 %

Quelle: Eigene Auswertung/Sekundäranalyse der Allensbacher Langzeit-Studie „Eine Generation später: Bundesrepublik Deutschland 1953−1979", Allensbach, Mai 1981.

Quelle: Opaschowski: In: Bertelsmann Briefe April 1983

Lehrpfad
eigens angelegter oder ausgewiesener Weg, um Interessenten und/oder Passanten zu bestimmten Gegebenheiten oder Gegenständen zu führen und sie über die letzteren zu informieren. U.a. gibt es folgende L.: Wald-, Forst-, Natur-/Naturkundlicher L. (Bäume, Baumgruppen, Biotope, Pflanzen, *Naturschutz* →, Naturdenkmäler u.ä.); Geologischer L. (Gesteinsformationen und -gestaltung); Historischer L. (Denkmäler, *Historische Orte* →.
L. sind in der Regel als Rundwege ausgebildet.

Leibeserziehung
sich als Parallele zur musischen Erziehung (*Musische Bildung* →) verstehender ganzheitlicher pädagogischer Ansatz, der die Körpererfahrung als existentielle Grunderfahrung der Ausbildung von Fertigkeiten vorzieht. So sollen u.a. durch frühzeitige Spezialisierungen und Einseitigkeiten entstehende Aversionen gegen körperliche Bewegung und Übungen vermieden werden.
Freizeitsport →, *Körperkultur* →

Leibesübungen
Gesamtheit sportlicher, gesundheits- und freizeitbezogener Bewegungsübungen (*Freizeitsport* →). Umgangssprachlich wird heute – wenn auch nicht ganz korrekt – der Begriff *Sport* → verwendet.

Leichtathletik
Sammelbegriff für die Leibesübungen des Gehens, Laufens, Springens (Hoch-, Weit-, Drei-, Stabhochsprung), des Werfens (Speer-, Diskus-, Hammerwerfen) und Stoßens (Kugelstoßen). Leichtathletische Disziplinen wie Gehen und Laufen haben sich im *Freizeitsport* →, sowohl allein (*Jogging* →, Wogging) als auch in Gemeinschaft (Volkslauf) ausgeübt, durchgesetzt, während die technisch schwierigen Disziplinen dem Breiten- und Wettkampfsport vorbehalten bleiben. Als Zuschauersport kann L. besonders bei Meisterschaften, internationalen Vergleichen und *Olympischen Spielen* → angesehen werden.

Leihbücherei
Bibliothek →

Leistung
Einsatz von Kraft, Fähigkeiten (*Arbeit* →, Anstrengung) zur Erreichung eines Ergebnisses sowie das Ergebnis selbst. L. wird auch vielfach (normativ) als bestmögliche oder erfolgreiche Erfüllung einer Aufgabe verstanden. Als Gegenteil von L. werden u.a. Nichtstun und Müßiggang genannt. Was als L. angesehen wird, ist abhängig vom einzelnen selbst (Anlage, Begabung, Konstitution, L.-vermögen; Entwicklungsstand, Lebensalter; psychische Eigenschaften, Intelligenz, *Kreativität* →; *Motivation* →, *Interesse* →, psychische Hemmungen) und von der gesellschaftlichen Bewertung (*Werte* →, Glauben, Moral, Weltanschauung, Leitbilder).
Im Zusammenhang mit *Freizeit* → wird L. meist als Gegensatz empfunden, der Begriff sogar als Abgrenzung benutzt, z.B.: »*Freizeitsport* → umfaßt nicht leistungsorientierte sportliche Tätigkeiten«. Das ist nur insoweit richtig, als hier die normative Auslegung von L. zugrundegelegt wird (»L.-Sport«). Doch ist auch diese durchaus mit Freizeit und Freizeittätigkeiten in Verbindung. Die meisten gestalterischen und künstlerischen Aktivitäten, aber auch die Durchführung von *Veranstaltungen* →, die freiwillige *Mitarbeit* → sind ohne diesen normativen L.-aspekt kaum denkbar.
Somit steht L. nur dann im Gegensatz zum *Freizeitverhalten* →, wenn sie der jeweiligen Vorstellung von Freizeit und *Freizeitgestaltung* → widerspricht.
Freizeitbewußtsein →, *Freizeitideologie* →

Leistungsgesellschaft
ein System, in dem die Rollen, deren Status und das damit verbundene Entgelt (Lohn/Gehalt) nach persönlichen Leistungen verteilt werden. Das Leistungsprinzip gilt insbesondere für die *Arbeit* →. *Leistung* → kann so als bewertete Arbeit verstanden werden. Soll die Leistung einer Arbeit bewertet werden, benötigt man einen Wertmaßstab, der über die Leistungsanforderungen und Arbeitsschwierigkeiten befindet. Daraus ergibt sich ein differenziertes, aus Lohn- und Gehaltsgruppen bestehendes Tarifsystem. Eine Leistungsbewertung macht aber auch Aussagen darüber, wie gut oder schlecht eine Arbeit getan wurde. Es kommt zur Festlegung von Arbeitsnormen.
Beide Bewertungen, Tarif wie Norm sind von politischer Relevanz, da die Fixierung von sozialen Werturteilen und einer Vielzahl von Interessen bestimmt sind. Die Bewertung von Leistung wird somit zur Machtfrage, die z.B. in Tarifauseinandersetzungen kulminiert. In unserer Gesellschaft gilt das Leistungsprinzip als gerecht, weil jeder dadurch das erhält, was er verdient. Daher dominiert der Leistungslohn.
Ideologiekritisch ist die L. nach ihren parteilichen Maßstäben zu hinterfragen, denn in einer arbeitsteiligen Wirtschaft lassen sich individuelle Leistungen nicht messen. Daran wird deutlich, daß das Leistungsprinzip eher ideologisch bestimmt ist, als daß es einen gerechten Verteilungsmaßstab darstellt.
Freizeitgesellschaft →, *Industriegesellschaft* →

Lit.: Heinze, Der Arbeitsschock, Die Erwerbsgesellschaft in der Krise, Köln 1984
Benzeler, Heinze, Klönne, (Hrsg.) Zukunft der Arbeit, Hamburg 1982

Oberste-Lehn

Leistungssport

der mit dem Ziel der Erreichung einer persönlichen Höchstleistung betriebene *Sport* →. L. verlangt zwar die ernsthafte Auseinandersetzung mit der gewählten Sportart, somit eine weitgehende Spezialisierung, muß aber nicht notwendigerweise arbeitsähnlichen (*Arbeit*→) Charakter gewinnen und damit aus dem Kreis der *Freizeittätigkeiten* → ausscheiden. Vom Spitzensport- oder Hochl. kann das meist nicht mehr gesagt werden, da hier nach von außen festgesetzten Kriterien Leistungen erbracht werden müssen (Rekorde, internationale Erfolge, Meisterschaften). Beim Spitzensportler bestimmt der Sport den Tagesablauf, was beim L. noch nicht der Fall zu sein braucht.
Unter nicht normativer Betrachtung sind auch Breiten- und *Freizeitsport* → L., weil keine körperliche Bewegung ohne *Leistung* → möglich ist.
Training →

Lernen

Sammelbegriff für die Prozesse, die den einzelnen zur Verhaltensänderung befähigen oder veranlassen. (Erwerb oder Verändern von Wissen, Einstellungen, Verhaltensgewohnheiten). Das L. ist ein lebensbegleitender Vorgang, der überwiegend unbeabsichtigt (inzidentell) und weniger absichtlich (intentional) ausgelöst abläuft. So sind die meisten Handlungen mit L. verbunden; sie haben L. zur Voraussetzung und zum Ergebnis. Eine wichtige Rolle fällt dabei der Erfahrung von Erfolg und Mißerfolg sowie der Situation zu, in der das L. stattfindet. Das gelernte Verhalten kann auf ähnliche Situationen übertragen werden. Ebenso können Problemsituationen durch L. verarbeitet werden. Die *Erziehung* → bezieht sich im wesentlichen auf das L. als planmäßigen und bewußten Vorgang der Einprägung von Kenntnissen, Aneignung von Werthaltungen und den Erwerb von Werthaltungen, Einsichten und Fertigkeiten. Daraus entsteht leicht die Vorstellung einer Identität von Lernen und Lehren, was nicht der Wirklichkeit entspricht. Gerade im *Freizeitbereich* → besteht eine bewußte Abneigung gegen Belehrung, während unentwegt – zum Teil bewußt – gelernt wird, einerseits durch gewohnheitsmäßige Einübung durch *Gruppen* → und *Medien* → andererseits durch Übernahme von Verhaltensmustern zur Vorbereitung auf *Freizeittätigkeiten* → und *Freizeitgestaltung* →.
Agogik →, *Freizeitpädagogik* →, *Freizeitkulturelle Bildung* →, *Sozialisation* →, *Erlebnispädagogik* →

Die Welt der Bücher

Buchproduktion in der Bundesrepublik Deutschland

Produzierte Titel (Erst- und Neuauflagen) 1951–1983

Jahr	Titel
1951	14 094
1955	16 660
1960	22 524
1965	27 247
1970	43 649
1975	47 096
1980	67 176
1983	60 598

Titelproduktion 1983 nach Sachgebieten (Anteile in Prozent)

Sachgebiet	Anteil
Religion/Philosophie/Psychologie	8,9 %
Recht, Wirtschaft, Politik	16,8 %
Sprach- u. Literaturwiss.	3,8 %
Schöne Literatur	18,7 %
Jugendschriften	5,5 %
Erziehung/Unterricht	7,2 %
Kunst/Musik/Theater	7,7 %
Geschichte	3,9 %
Erdkunde/Reisen	7,4 %
Medizin/Naturwiss. Mathematik	9,7 %
Technik/Verkehr Land- und Hauswirtschaft	7,9 %
Sonstige Literatur	2,7 %

ZAHLENBILDER
531 115
© Erich Schmidt Verlag GmbH

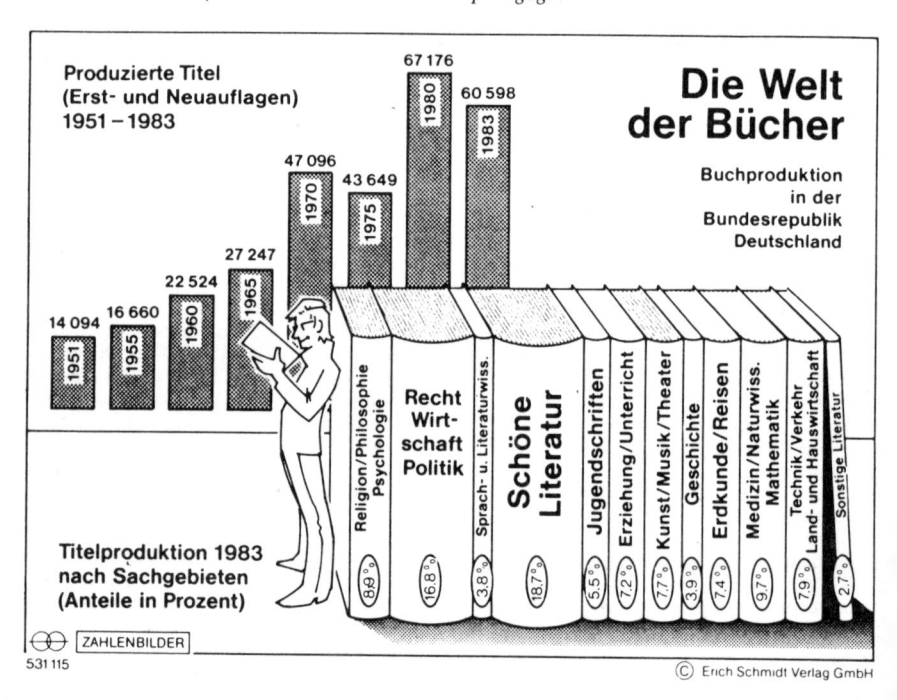

Lesen

Aufnehmen und Verstehen geschriebener und gedruckter Texte; beinhaltet einen *Kommunikations* → -prozeß zwischen einer aus der Vergangenheit stammenden aufbewahrten Information, deren Inhalt und Aussage und einem Menschen.
L. ist stark an die *Medien* →, die es ermöglichen, gebunden. Wenn L. als eine Hauptfreizeittätigkeit benannt wird, sind die Medien im wesentlichen: *Zeitung* →, *Zeitschrift* → und *Groschenheft* →. Eine besondere Stellung hat das Buch, das als nicht periodisch erscheinende Publikation einerseits Ware (*Einzelhandel* →) ist, andererseits als Medium verschiedene Funktionen vereint: *Kommunikation* → (Übermitteln von Botschaften: Zerstreuung, *Unterhaltung* →, Kenntnisse, Wissen, *Ästhetik* →); *Sozialisation* → (Übermitteln von *Werten* →, *Wertewandel* →, Leitbildern, Verhaltensweisen, Einsicht in gesellschaftliche Zusammenhänge); persönlicher Hilfe (Gedächtnis, Denkwerkzeug, Anregung zu Traum und Fantasie, intellektuelles Training, Auslöser von *Lernprozessen/Lernen* →, Vermittler von Entspannung, Befriedigung, emotionaler Spannung und Befreiung). Zur größeren Verbreitung des Buchs hat nicht zuletzt die Form des Taschenbuches mit sehr großen Auflagen beigetragen. Zur Verteilung von Lesemedien besteht ein komplexes System von Autoren (*Künstler* →), Verlagen, Verlegern, Händlern, (Groß-, Zwischenhandel, Buchhandel, *Buchgemeinschaften* →, Supermärkte) und *Bibliotheken* →.
Die dem Medium Buch zugeschriebenen Funktionen gelten entsprechend für die *Freizeittätigkeit* → L. Für das Freizeitwesen ist die Kulturtechnik L. jedoch auch als Informationsschiene über *Freizeitangebote* → (*Freizeitinformationsdienste* →) mittels Anzeigen, Prospekten, Bildschirmtext sowie zur Vermittlung von Hinweisen innerhalb von Freizeiteinrichtungen → (*Piktogramme* →) von Bedeutung.

Lifetimesport

lebenslange (aktive) Sportausübung.
Voraussetzung für L. ist die Kenntnis und Aneignung solcher Sportarten, die für Kinder und Jugendliche ebenso attraktiv sind wie für Senioren. Es sind solche Sportarten, die im *Freizeitsport* → ebenfalls ihre Bedeutung haben, z.B.: *Schwimmen* →, *Wandern* →, *Bergsport* →, Skilauf, *Eislauf* →, Rudern, Kanu- und Kajakfahren, *Segeln* →, *Surfen* →, *Tennis* →, *Tischtennis* →, Badminton, Prellball, Faustball, Volleyball, Reiten, *Tanz* →, *Kegeln* →, Fechten, Bogenschießen, *Judo* → u.ä. *Selbstverteidigungssport* → -arten.

Literatur

Schrifttum; besonders das künstlerisch gestaltete Schrifttum, aber auch Sach- und Fachl.; Gegenstand und *Motivation* → für die *Freizeittätigkeit* → *Lesen* →.
L. weist eine außerordentliche Vielfalt auf, die die Pluralität der Gesellschaft wiederspiegelt. Sie wird aber erst durch den L.-betrieb verfügbar, ein komplexes System aus Autoren, Übersetzern, Buchhandel, L.-kritik, Informationsmitteln, schließlich auch *Bibliotheken* → sowie öffentlicher und privater Förderung.
L. greift weiter in den *Freizeitbereich* → hinein als nur in die persönliche Lesetätigkeit. Neben der direkten Vorstellung von L. (Lesung) wird L. in *Theater* →, *Film* →, Rundfunk, Fernsehen, in Textbüchern, Liedertexten, Libretti als Anleitungsmedium für viele Freizeittätigkeiten (*Freizeitinformationsdienste* →) wirksam. Überdies ist die Herstellung von L. auch Freizeittätigkeit von vielen Menschen. Im L.-betrieb sind zahlreiche Vereinigungen tätig: Literarische Gesellschaften und Stiftungen (z.B.: Deutscher Literaturfond, Kulturkreis im Bundesverband der Deutschen Industrie, Literarische Union, Neue Gesellschaft für Literatur, Werkkreis Literatur der Arbeitswelt, *Künstlerorganisationen* →); Wirtschaftsorganisationen (Börsenverein des Deutschen Buchhandels, Bundesverband Deutscher Zeitungsverleger) und mit dem Lesen befaßte Institutionen (Deutsche Lesegesellschaft, Stiftung Lesen, Bundesprüfstelle für jugendgefährdende Schriften).

Lokale Identität

der an einen bestimmten geographischen Bereich gebundene Zustand der emotionalen Verbundenheit, des Einverständnisses zwischen innerer seelischer Struktur und äußeren Gegebenheiten. Der Begriff L. ist weitgehend gleich dem in Mißkredit geratenen der *Heimat* →, wird aber im Rahmen der *Freizeitplanung* → neuerdings verwandt (Romeiß-Stracke 1984). Dabei geht es um durch L. geschaffene Bedingungen und Möglichkeiten für die Planung. Es werden drei Ebenen der L. für wesentlich erachtet: a) Ebene der funktionalen Aktionsräume von Bewohnern (der Arbeit, des Einkaufens, des Unterrichts, der Freizeitgestaltung, des Kirchgangs); b) Ebene der Sozial- und Kommunikationsbeziehungen, selbständig und sich aus funktionalen Aktionen ergebend (*Nachbarschaft* →, Freundschaft, *Vereine* →, Teilhaben an verschiedenen Gruppen und Zugehörigkeitsgefühl; verschiedene Formen von Öffentlichkeit); normativ-symbolische Ebene (Ausdrucksform des lokalen soziokulturellen Lebenszusammenhangs: *Feste* →, Feiertagsrituale, Stadtteilkultur, Architektur;

Lokale Identität

Internalisierung lokaler räumlicher Umwelt durch Teilnahme). Somit stellt L. sozialen Zusammenhang innerhalb eines feststellbaren Raumes, für den materielle oder immaterielle Symbole, kulturelle Symbole im weitesten Sinne stehen (*Kultur* →), dar. Aus dieser Bestimmung der L. ergibt sich für Maßnahmen der *Wohnumfeldverbesserung* → und wohnbereichsnaher *Freizeitangebote* → zwingend die Beteiligung der Bevölkerung, wenn die Maßnahmen wirksam sein sollen (*agogische Arbeit* →, freizeitkulturelle *Bildung* →, *Gemeinwesenarbeit* →, *Stadtteilkulturarbeit* →).

Lit.: Romeiß-Stracke, »Freizeitorientierte Wohnumfeldverbesserung und Lokale Identität«. In: »Handlungsfeld Freizeit«, Dortmund 1984

M

Macramee
Handarbeit →

Märchen
phantasiereiche, mit nicht wirklichen Motiven ausgestattete Erzählung.
Das älteste Medium menschlicher Kommunikation ist das Wort, das älteste Medium der Unterhaltung ist das Erzählen, das älteste Medium der (Freizeit-)Pädagogik ist das M.
Eine Geschichte wird am M., indem sie solange in Erzählgemeinschaften (Lüthi) zurechterzählt wird, bis sie fundamental menschliche Erfahrungen so spiegelt, daß sie als (Volks-)M. stimmig ist. Dabei werden offizielle und subversive Wertvorstellungen durch Symbolisierung sowohl bewußt als auch unbewußt überliefert. Mütter erzählen Kindern auch heute noch M.
Der Ort des (Freizeit-)Vergnügens durch M. war aber vor allem die Spinnstube.
Spinnen war eine *Arbeit* →, Erzählung und Zuhören brachte die Freiheit der Phantasie, also *Freizeit* →. Spinnen bekam eine doppelte Bedeutung, einmal: Herstellen des Wollfadens, zum anderen: Loslösen von der Realität, verrückt sein. Die Spinnstube ist ein sehr eindrucksvolles Beispiel, daß in der vorindustriellen Gesellschaft Arbeit und Freizeit noch eine Einheit bildete, daß die Realität der Herstellung des Fadens und die Pseudorealität des Phantasierens, des gemeinsamen Singens, des Erzählens von M. zusammengehörten. In dieser Form der (Freizeit-)Pädagogik bildeten lustvolles Zuhören und pädagogische Funktionalität eine natürliche Einheit.
So wie in der Spinnstube Arbeit und Freizeit verschmelzen, so verschmilzt das M. in sich selbst zwei unterschiedliche Erzählebenen. Lüthi nannte dies die »Eindimensionalität« des M. Im Handlungsablauf durchlebt der M.-held Situationen die in der Wirklichkeit angesiedelt sind. Diese sind verzahnt mit unwirklich-magischen Erfahrungen des Helden. Die Einbeziehung von menschlich-sinnlichem Erleben und übersinnlich-unwirklichen Erfahrungen in einen einsträngigen Handlungsablauf machte die eindimensionale Faszination aller M. aus.
Und diese Faszination schafft in der »Erzählgemeinschaft« von Zuhörern und M.-erzähler das Erleben, das den Freizeitwert ausmacht.
In den letzten Jahren begann eine Renaissance des M., dies wird durch die Grimm-Jahre 1985 und 1986 weiter gefördert. Überall wo M. erzählt werden, sei es bei Kindern, Jugendlichen oder Erwachsenen, wird das M.-hören als willkommene Abwechslung und angenehmes Freizeiterleben empfunden. Dabei sind die Umstände von untergeordneter Bedeutung. Ein Kind, das in der Schule ein M. hört, empfindet diese Zeit als Freizeit, ungeachtet der pädagogischen Intention des Lehrers.
Für die heutige Anwendung von M. in der *Freizeitpädagogik* → müssen wir drei Gruppen von M. unterscheiden, zu denen wir Zielgruppen zuordnen können.
a) Kindermärchen; (Beispiel: Sterntaler; Hänsel und Gretel). Zielgruppe: Alle *Kinder* →, sowohl einzeln als auch in Gruppen. Pädagogische Intention: Entwicklung von Ich-Identität; Bewältigung von Verlassenheitsängsten.
b) Jugendmärchen (Beispiel: Von einem, der auszog das Fürchten zu lernen; Hans im Glück). Zielgruppe: Alle Pubertierenden; Erzählen nur noch in Gruppen möglich. Pädagogische Intention: Bewältigung von Reifungskrisen; Selbständig sein; Lösung von den Eltern. c) Erwachsenenmärchen (Beispiel: Das

tapfere Schneiderlein; Die drei Spinnerinnen). Zielgruppe: Spezielle Gruppen mit hohem Leistungs- und Konfliktstreß, z.B. Patienten nach Herzinfarkt. Pädagogische Intention: spielerische Konfliktlösung; Veränderung der Leistungsanforderung an sich selbst, bessere Kraftökologie.
Um die Förderung der Volkskultur der M. bemüht sich die Europäische M.-gesellschaft e.V. in Telgte.

Freund

Märchenpark

Spezielle Betriebsform der *Erlebnisparks* →. Im M. sind auf einem umzäunten Gelände, für dessen Betreten eine Eintrittsgebühr erhoben wird, einzelne Märchenfiguren oder Märchenszenen aufgestellt, die teilweise auch in Dekorationsgebäuden (Märchenschlösser) untergebracht sind (*Märchen* →).
In der Regel sind die Märchenfiguren beweglich. Der Besucher kann durch Knopfdruck das »Abspielen« einer Märchenszene, meist verbunden mit Sprache und Musik, für die einzelnen dargestellten Märchen in Gang setzen. Es gibt auch M., in denen in längeren Szenenfolgen mit lebensgroßen Figuren ein »Märchentheater« stattfindet, in der zeitlichen Reihenfolge so abgestimmt, daß die Besucher während eines Rundgangs Einakter aus verschiedenen Märchen erleben können.
Beinahe jeder Erlebnispark in der Bundesrepublik hat auf seinem Gelände Märchenfiguren, da fast alle diese Anlagen auf ehemaligen Märchengärten, die in den fünfziger und sechziger Jahren besonders populär waren, zurückgehen. Die Idee des M. ist jedoch aufgrund der gestiegenen Publikumsansprüche und des zunehmenden Ersatzes der Märchen durch Film- und Fernsehfiguren und TV-Serien rückläufig.
Derzeit existieren M. nur noch selten in der reinen Ausprägung. Die Märchenabteilungen sind in der Regel in Erlebnisparks eingegliedert. Die größten Märchenabteilungen haben in Mitteleuropa: De Efteling, Freizeitpark Verden, Märchenwald im Isartal, Märchenpark Ruhpolding, Erlebnispark Schloß Thurn. Weitere Märchenparks sind über die ganze Bundesrepublik verteilt (*Tab.* →).

Scherrieb

Tab. Märchenparks in der Bundesrepublik Deutschland

Märchenpark Marquardstein
Märchenpark Hitzacker
Märchenwald Dallau
Märchenpark Bell
Märchenwald Niederheimbach
Märchenpark Westerburg
Märchenwald Eging
Märchenwald Altenberg
Märchenwald Herford
Märchenpark Wiesmoor
Märchengrund im Katzental Bad Sachsa
Märchenwald Steyerberg
Märchenpark Bad Grund
Märchenwald Frankenhof (Reken)
Tier- u. Märchenpark Marienheide
Märchenwald Ruppichteroth
Märchenwald Medebach
Märchenwald Bischofsreut
Märchenwald Bayerisch Eisenstein
Märchenpark Gogarten
Märchenpark Neustadt/Coburg
Märchengarten Wildberg
Märchenwald Klotten
Märchenland Koblenz
Märchenwald Burgschwalbach
Märchenwald Schongau
Märchenwald Wipperfürth
Spiel- und Märchenpark Damme
Märchenwald Bad Harzburg
Märchenwald Bad Iburg
Märchenwald Herdegsen
Märchengarten Melle
Märchenwald Tolk
Märchenberg-Naturpark Emmerich
Märchengarten Nümbrecht
Märchenwald Hagen
Märchenzoo Ratingen
Märchenwald Samerberg

Quelle: Verband Deutscher Freizeitunternehmen (1985)

Mäzen
Sponsor →

Magazin

1. einmal wöchentlich erscheinendes, der Information, Meinungsbildung und Unterhaltung sowie der *Werbung* → dienendes Presseerzeugnis. M. haben sehr unterschiedliche Gewichtungen ihres Inhaltes: Politik, *Unterhaltung* →, Fachinformationen (z.B. *Natur* →, geographische Geschichte, Foto, *Kultur* →), Zielgruppenschwerpunkte (z.B. *Jugend* →). Umfang und Aufmachung erlauben es dem M. eher als der *Zeitung* →, bestimmte Themen zu vertiefen. In bestimmten Gruppen können M. die Rolle des *Opinion leader* → übernehmen.
2. Sendung im *Rundfunk* → und Fernsehen, die ähnlich aufgebaut ist wie die gedruckten M., die durch geschickte Mischung verschiedener Informationsformen unterhalten oder auf bestimmte Gebiete (Politik, Wirtschaft, Kultur, *Freizeit* →) spezialisiert sind (*Medien* →).

Malen

gestalterische und künstlerische Tätigkeiten mittels Farben und verschiedener Techniken. Umgangssprachlich wird oft auch das verwandte Zeichnen und die Grafik in den Begriff einbezogen.
M. kann sein: Dekoration, künstlerische Tätigkeit, *Freizeittätigkeit* →, Therapie (*Freizeittherapie* →). M. als schmückende Arbeit gehört mit dem Tapezieren zu den häufigsten Aktivitäten innerhalb des *Do-it-yourself* →. Werke der Malkunst bilden den Hauptbestand von Museen (*Museum* →).
Die Freizeittätigkeit M. ist sehr verbreitet. Denn einerseits kann M. lebenslang ausgeübt werden, zum anderen bedarf es keiner besonderen räumlichen Vorkehrungen. Zudem ist das M. eine ruhige Tätigkeit, die allein ausgeführt werden kann.
M. im populären Sinn ist auch das Herstellen von Plakaten und Druckvorlagen zur *Werbung* → für *Veranstaltungen* →. Malerei und Grafik sind mit zahlreichen darstellenden Tätigkeiten (*Theater* →, *Medien* →) eng verbunden. Farbgestaltung als ein Teilaspekt des M. hat in Freizeitbauten (*Freizeitarchitektur* →) eine große Bedeutung.

Management

zielgerichtete Führung, auch Gesamtheit der Führungskräfte einer *Organisation* →.
Als Funktion ist M. die bestmögliche Verwirklichung von Zielen bzw. Entscheidungen unter Berücksichtigung außerhalb und innerhalb der Organisation geltenden Bedingungen; unter Umständen gehört auch die Zielfindung dazu.
Als Gruppe von Menschen (»Manager«) ist M. eine Institution, die andere Menschen umweltbezogen in einem dynamischen Analyse-, Entscheidungs- und Kommunikations-System so führen, daß Ziele durch planvolles, organisiertes und kontrolliertes Leisten erreicht werden (Komitee für Management-Bildung in Europa).
Modernes M. ist ohne die Orientierung der Manager am Gesamtziel und die damit verbundene Kenntnis der Probleme nicht denkbar. *Information* → und *Kommunikation* → dienen nicht nur der gegenseitigen Unterrichtung, sondern auch der *Partizipation* → am Entscheidungsprozeß, was an die sozialen Fähigkeiten des M. höhere Anforderungen stellt.
In der Literatur über M. wird dem Führungsstil und den Führungstechniken großer Raum gegeben, die in sog. Führungsmodelle münden.

Abb. Management-Modell

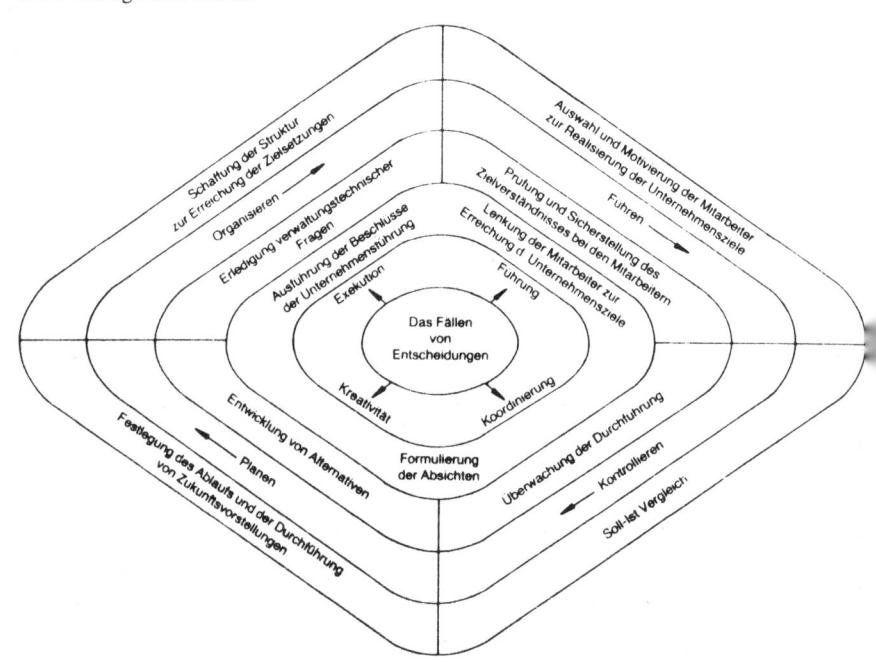

Quelle: Hohenstein, in: Management-Enzyklopädie, S. 470 (1984)

z.B.: M. by Exception (Führung durch Regelung der Ausnahmen von der Routine); M. by System (Formalisierung; starre Reglementierung der Verfahrensordnungen, Arbeitsmethoden und der integrierenden Verknüpfungen der einzelne Hauptbereiche); M. by Objectives (Führung durch Zielvorgabe in Absprache mit dem/den Mitarbeitern); M. by Results (Führung durch Vorgabe von Ergebnissen); M. by Delegation (Führung durch Aufgabenübertragung; in der Regel im Rahmen anderer Führungsmodelle).

Jede M.-tätigkeit enthält vier Komponenten: Planen (wenn notwendig einschließlich: Ziele setzen), Organisieren, Führen, Kontrollieren. Je nach Aufgabe und Ebene kann der Schwerpunkt mehr auf dem einen oder anderen Teilbereich liegen. Die Beziehungen der Komponenten können in der Abbildung (M.-Modell, Hohenstein 1984) abgelesen werden; die daraus entwickelten Grundfunktionen enthält die Tabelle.

Während man einen Fachberuf erlernen oder studieren kann, ist das für M. nur bedingt möglich. Man spricht beim M. von *Sozialisation →* (im Sinne des sozialvermittelten *Lernens →*) und definiert sie als die Gesamtheit aller Vorgänge, durch die Führungskräfte als Ergebnis von Interaktionen mit solchen inneren und äußeren Verhaltensmustern ausgestattet werden, die ihnen erlauben, sich an M.-prozessen wirksam zu beteiligen, die von ihnen erwarteten Aktivitäten wirkungsvoll auszuführen und die ihnen übertragenen Managerrollen bestmöglich zu erfüllen (K.M. Magyar 1984).

Manipulation

Handhabung; Kunstgriff; im übertragenen Sinne solche Handlungen, insbesondere Informationen, die andere zu Entscheidungen und Handlungen führen, ohne daß die wahren Hintergründe durchschaut (Propaganda, Überredung, Gerücht) werden können.

M. verdeckt bewußt Beherrschungsverhältnisse (z.B.: Wissensvorsprung, Beredsamkeit, politische Macht, Monopolstellung), wobei oftmals die *Massenmedien →* eingesetzt werden und versucht wird, sozialen Zwang und soziale Kontrolle zur Unterstützung aufzubauen (Mode, Verhaltensmuster/Trends, sozialer Status, Lebensstandardmuster, Lebensstilmuster; aber auch Diskriminierung).

Inwieweit M. gelingt, von welchen Vorbedingungen sie abhängig ist, ist nur bei einigen Techniken genau bekannt (z.B. Propaganda). *Massenkommunikation →*

Marktforschung

Freizeitmarktforschung →

Tab. Die Grundfunktionen das Managers

Planen	Organisieren	Führen	Kontrollieren
Ausarbeitung der Unternehmens- und Geschäftspolitik	Errichtung der Organisationsstruktur	Auswahl der Mitarbeiter	Errichtung eines Informationssystems
Entwicklung von unternehmerischen Strategien	Klarstellung der personalen Beziehungen im Unternehmen	Information der neuen Mitarbeiter	Prüfung der Ergebnisse
Aufstellung einer zahlenmäßigen Vorausschau	Ausarbeitung von Stellenbeschreibungen	Training Förderung	Honorierung der Mitarbeiter Korrigierende Maßnahmen
Festlegung der Zielsetzungen	Einführung von Leistungsstandards	Lenkung und Steuerung der Mitarbeiter durch Motivation, Koordination, Schlichtung von Differenzen und Schaffung von Neuerungen	Erneute Planung und Wiederholung des Kreislaufs
Abstimmung der Teilpläne Ausarbeiten eines Budgets	Einführung von Qualifikationsbedingungen für die einzelnen Positionen		
Festlegung der Verfahrensweise	Delegation von Entscheidungsbefugnis		

Quelle: Hohenstein, in: Management-Enzyklopädie, S. 472 (1984)

Marktplatz

städtischer Freiraum zum Abhalten von Wochen- und Jahrmärkten (*Volksfest* →). Ihre Funktion macht M. zu *Kommunikations* → -punkten, deren Bedeutung über diejenige, die Zusammenkunft von Käufern und Verkäufern zu ermöglichen, weit hinausgeht. Der M. diente auch in früheren Zeiten schon geselligen und kulturellen Veranstaltungen. Soweit M. heute noch ihrem Zweck dienen, werden sie außerhalb der Marktzeiten meist als Parkplätze genutzt. Durch Schaffung von *Fußgänger* → -bereichen versucht man vielerorts, die alte Situation neu zu erreichen und so den M. wieder zum Aufenthaltsort und Treffpunkt von Einwohnern und Fremden zu machen. Durch Sperrung wird das etwa zugunsten von Stadtfesten, Umzügen u.ä. in vielen Städten wenigstens zeitweilig erreicht.

Die M.-idee, insbesondere in der südländischen Ausprägung (»Agora«, »Forum«) wird von Zeit zu Zeit der Planung von *Bürgerhäusern* → und Stadtteilzentren zugrunde gelegt. Da dort aber in der Regel die M.-aufgabe fehlt, ging in den vorhandenen Beispielen die Rechnung nicht auf (abgesehen vom Qualitätsunterschied: M. offen/unter Dach).

Abb. Markt

Wertheim, Marktplatz
Untersuchungen von K. und V. Trojan zur Gestaltung des Marktplatzes. Die heute vorhandene amorphe Asphaltfläche wird durch Längs- und Querbänder des Pflasterstreifens unterteilt, um dem Platz wieder eine, wenn auch grobe, maßstäbliche Fixierung zu geben. Diese kann durch Ersatz der Asphaltflächen durch größere Platten differenziert werden. Der Vergleich zwischen Zeichnung 3 und 5 zeigt, daß trotz vollgestelltem Marktplatz, d.h. trotz weitgehender Bedeckung des Bodens mit Marktständen, die Struktur in beiden Fällen sichtbar und damit maßstabgebend bleibt.

Quelle: Paters (Hrsg.) Fußgängerstadt (1977)

Massenkommunikation

die zahlenmäßig große Verbreitung gleichlautender Inhalte an zahlenmäßig große Gruppen einzelner innerhalb einer Gesellschaft mit Hilfe der *Massenmedien* →.
M. ist eine Erscheinung, die, durch die Technologie ermöglicht, ein gesellschaftliches Bedürfnis nach Information und bestimmte Formen der *Kommunikation* → erfüllt.
M. wird bestimmt durch ökonomische Interessen (Industrie, Handel, *Werbung* →); durch politische Interessen (Informationsinteressen; Rahmengebung); durch das Verhalten einzelner, von Gruppen und Massen (Informationsbedürfnis, Rollen- und Wertvorgaben), sowie durch die Erwartungen des *Publikums* → (soziokulturelle Inhalte, *Ästhetik* →).
Die M.-forschung in großem Ausmaß befaßt sich hochspezialisiert mit folgenden Hauptaufgabenfeldern: a) *Massenmedien* → (Untersuchung der Organisationen der M.); b) Kommunikator (Persönlichkeit, Verhalten, Werte, soziale Kontrolle; Gruppen von Kommunikatoren und deren Funktionieren); c) Inhalte (was? wie? Welche Anstöße gehen davon aus? öffentliche Meinung: Publikumsgeschmack); d) Rezipient (wer empfängt was warum? Umgang und Betroffenheit); e) Kommunikationsprozeß; f) Wirkungen (Folgen aus der Nutzung der M. im kognitiven und emotionalen Bereich: Negatives Sozialverhalten, gesellschaftliche Wirkungsursprünge des Publikumsgeschmacks; Reaktionen auf Massenmedien; Leser-, Hörer-, Zuschauerforschung; Verhalten gegenüber Inhalten und Wirkungen).

Lit.: Silbermann, »Massenkommunikation« in: König, Handbuch der empirischen Sozialforschung, 1977
Maletzke »Medienwirkungsforschung. Grundlagen, Möglichkeiten, Grenzen«, 1981

Massenmedien
Medien →

Massentourismus
Tourismus →

Medien

im Kontext von *Kommunikation* → und *Massenkommunikation* →: technische Mittler bei der Herstellung, Darstellung, Speicherung, Vervielfältigung, Übertragung und beim Empfang von Informationen/Aussagen durch Symbole/Zeichen/Signale. Die Spezifizierung von M. erfolgt nach unterschiedlichen Kriterien, die sich teilweise überschneiden, z.B.: a) nach Herstellung (manuell, mechanisch, elektronisch); b) Trägermaterial (Papier, Film, Magnetband); c) verwendetem Zeichensystem (verbal, nonverbal); d) Übertragungssystem (Ätherwellen, Kabel); e) Massen- oder Individualnutzung; f) privatem oder öffentlichem Zugang; g) Ein- oder Mehrsinnigkeit (visuell, auditiv, audiovisuell); h) ökonomischer und gesellschaftlicher Organisation (privat, kommerziell, gemeinnützig, öffentlich-rechtlich).
M. spielen, auch in Abhängigkeit von ihren technischen Eigenschaften und ihrer Organisation, in unterschiedlichen Kommunikationsprozessen unterschiedliche Rollen. Dabei muß grundsätzlich unterschieden werden zwischen medialer und personaler Kommunikation, die immer direkt erfolgt. Mediale Kommunikation als indirekte Kommunikation kann gegenseitig (Telefon) oder einseitig (*Zeitung* →), privat (Brief) oder öffentlich (Hörfunk) verlaufen, Sender und Empfänger sind im allgemeinen räumlich getrennt, Sendung und Empfang können zeitversetzt oder zeitgleich sein.
Massenkommunikation zeichnet sich aus durch technische Vermittlung, Ein-Weg-Kommunikation vom Sender zum Empfänger, öffentliche Verbreitung, eine kleine Zahl von Produzenten gegenüber einer Vielzahl von Empfängern, eine unbegrenztes und anonymes *Publikum* →, das räumlich und/oder zeitlich getrennt ist. Massenm. sind technologisch hochentwickelte Einrichtungen für die Produktion und kollektive, quantitative große (»massenhafte«) Verbreitung identischer Mitteilungen durch komplexe formale Organisationen an eine Vielzahl von Empfängern, die in keiner Beziehung zueinander stehen (im Gegensatz zu Situationsmassen). Die Analyse von Massenm. umfaßt ökonomische, politische, technologische, sozialpsychologische und kultursoziologische Fragestellungen, deren Ergebnisse zu verknüpfen sind. Im allgemeinen werden zu den Massenm. Hörfunk, Fernsehen, *Presse* → (Zeitungen, *Zeitschriften* →), *Film* →, *Schallplatten* →, Buch (*Lesen* →), Bildplatte, Videokassette, Satellitensignale gezählt: sie sind (theoretisch) beliebig zu vervielfältigen und zu verbreiten, allgemein zugänglich (nach ökonomischen und kulturellen Vorleistungen) und nicht an bestimmte Empfänger gerichtet.
Unabhängig von der Entscheidung, ob und welche weiteren M. den Massenm. zuzurechnen sind, ist festzustellen, daß technisch vermittelte Kommunikation in *Arbeit* → und *Freizeit* → erheblichen Raum einnimmt. Dabei ist die Frage nach der mit M. verbrachten Zeit ebenso von Interesse wie die durch M. transportierten Inhalte und die Wirkungen der M. auf das Denken, Fühlen und Handeln des Individuums sowie auf das politische, ökonomische, kulturelle und psychosoziale Gefüge der Gesellschaft. Angesichts der derzeitigen Umbruchsituation in der M.-landschaft hat diese Frage noch größere Relevanz. Denn verglichen mit der Entwicklung seit Erfindung des Buchdrucks erleben die technischen Infor-

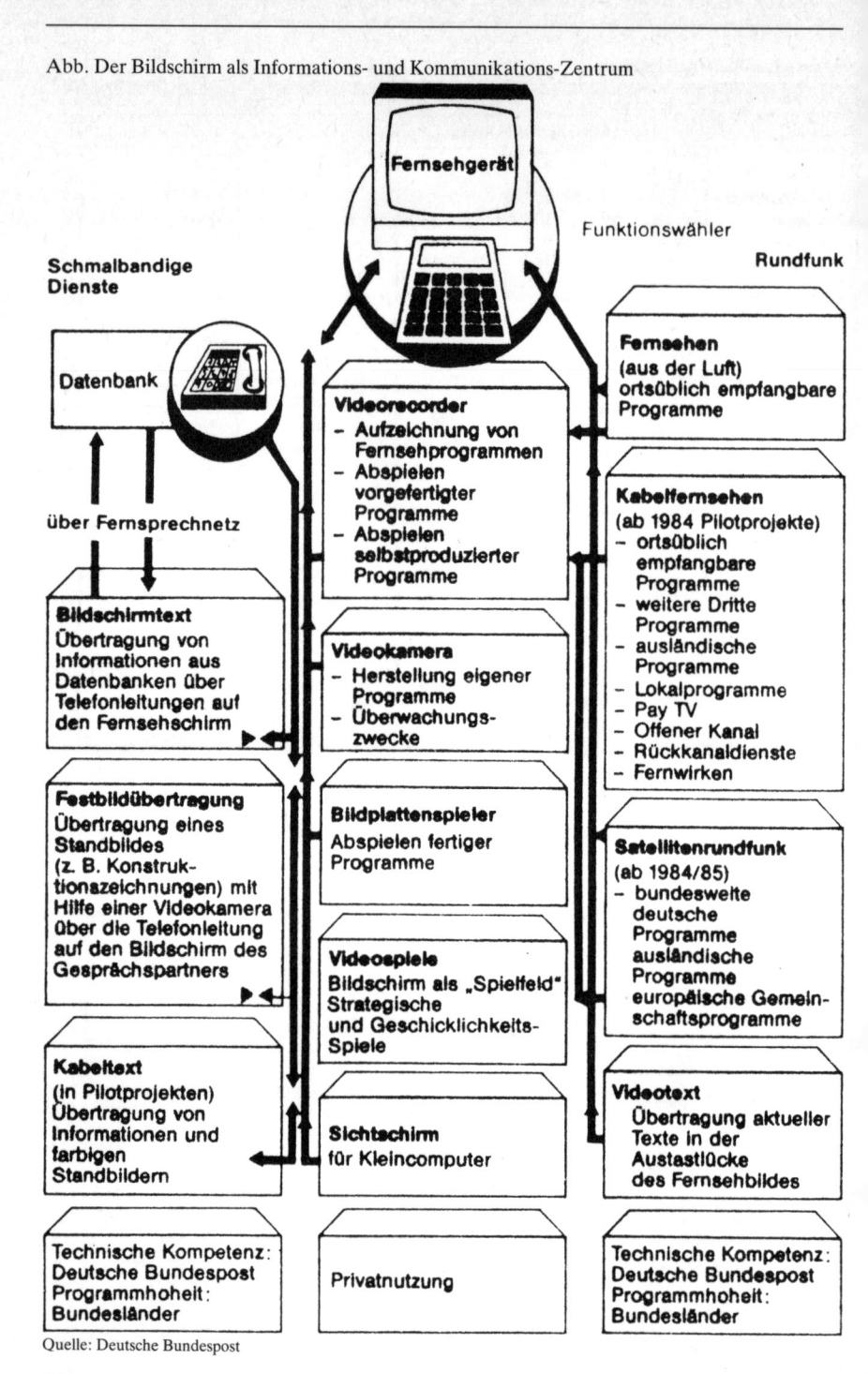

Abb. Der Bildschirm als Informations- und Kommunikations-Zentrum

Fernsehgerät

Funktionswähler

Schmalbandige Dienste

Rundfunk

Datenbank

über Fernsprechnetz

Videorecorder
- Aufzeichnung von Fernsehprogrammen
- Abspielen vorgefertigter Programme
- Abspielen selbstproduzierter Programme

Fernsehen
(aus der Luft)
ortsüblich empfangbare Programme

Bildschirmtext
Übertragung von Informationen aus Datenbanken über Telefonleitungen auf den Fernsehschirm

Videokamera
- Herstellung eigener Programme
- Überwachungszwecke

Kabelfernsehen
(ab 1984 Pilotprojekte)
- ortsüblich empfangbare Programme
- weitere Dritte Programme
- ausländische Programme
- Lokalprogramme
- Pay TV
- Offener Kanal
- Rückkanaldienste
- Fernwirken

Festbildübertragung
Übertragung eines Standbildes
(z. B. Konstruktionszeichnungen) mit Hilfe einer Videokamera über die Telefonleitung auf den Bildschirm des Gesprächspartners

Bildplattenspieler
Abspielen fertiger Programme

Satellitenrundfunk
(ab 1984/85)
- bundesweite deutsche Programme
- ausländische Programme
- europäische Gemeinschaftsprogramme

Videospiele
Bildschirm als „Spielfeld"
Strategische und Geschicklichkeits-Spiele

Kabeltext
(in Pilotprojekten)
Übertragung von Informationen und farbigen Standbildern

Sichtschirm
für Kleincomputer

Videotext
Übertragung aktueller Texte in der Austastlücke des Fernsehbildes

Technische Kompetenz: Deutsche Bundespost
Programmhoheit: Bundesländer

Privatnutzung

Technische Kompetenz: Deutsche Bundespost
Programmhoheit: Bundesländer

Quelle: Deutsche Bundespost

Abb. Medienübertragungsnetze

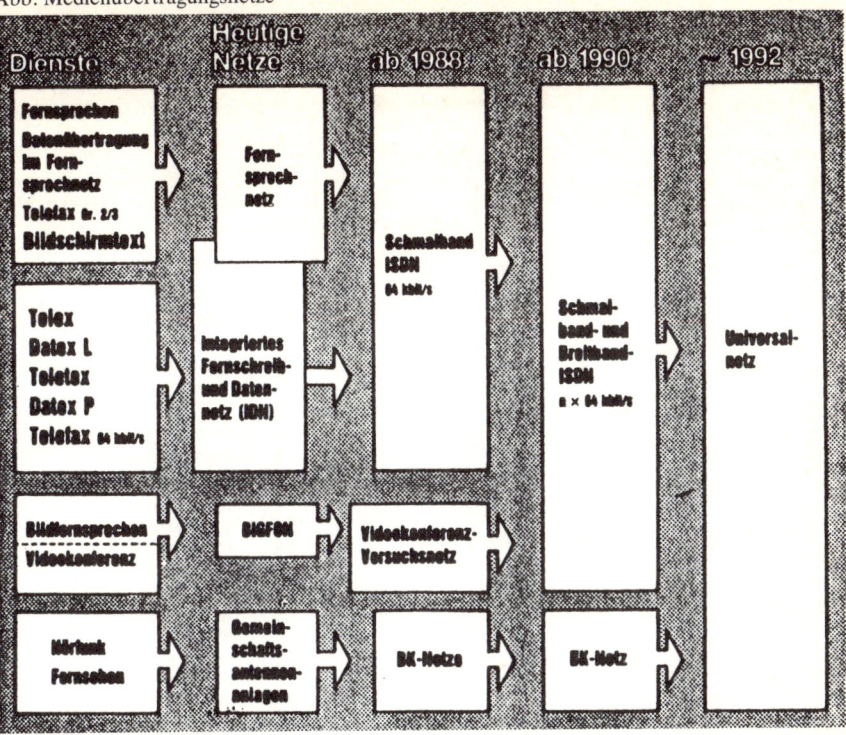

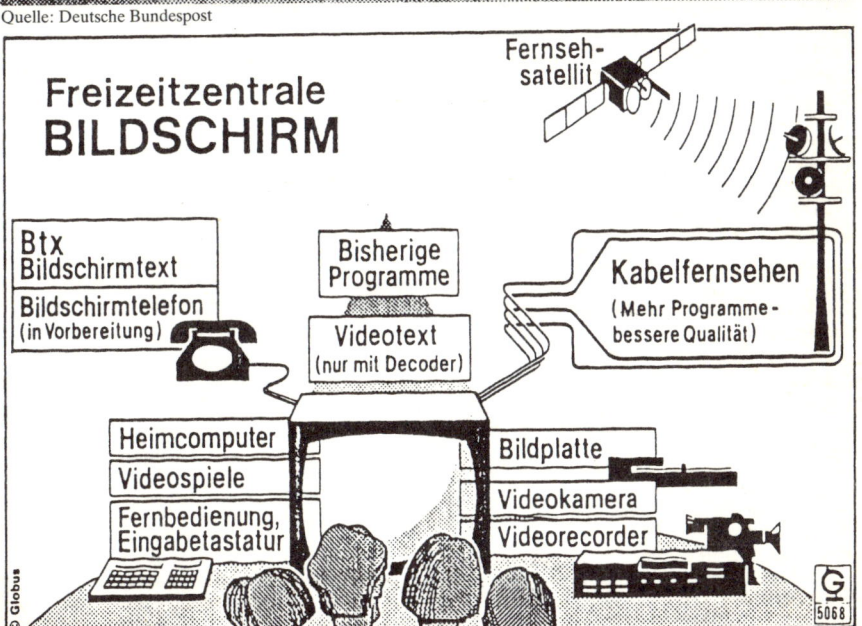

Dienste	Heutige Netze	ab 1988	ab 1990	~ 1992
Fernsprechen, Datenübertragung im Fernsprechnetz, Telefax Gr. 2/3, Bildschirmtext	Fernsprechnetz	Schmalband ISDN 64 kbit/s	Schmalband- und Breitband-ISDN n × 64 kbit/s	Universalnetz
Telex, Datex L, Teletex, Datex P, Telefax 64 kbit/s	Integriertes Fernschreib- und Datennetz (IDN)			
Bildfernsprechen, Videokonferenz	DIGFON	Videokonferenz-Versuchsnetz		
Hörfunk, Fernsehen	Gemeinschaftsantennenanlagen	BK-Netze	BK-Netz	

Quelle: Deutsche Bundespost

Freizeitzentrale BILDSCHIRM

- Fernsehsatellit
- Btx Bildschirmtext
- Bildschirmtelefon (in Vorbereitung)
- Bisherige Programme
- Videotext (nur mit Decoder)
- Kabelfernsehen (Mehr Programme – bessere Qualität)
- Heimcomputer
- Videospiele
- Fernbedienung, Eingabetastatur
- Bildplatte
- Videokamera
- Videorecorder

© Globus 5068

DGF-Freizeit-Lexikon 215

Medien

Abb. Mediengeräte in der Bundesrepublik Deutschland. Von 100 Haushalten besaßen 1983:

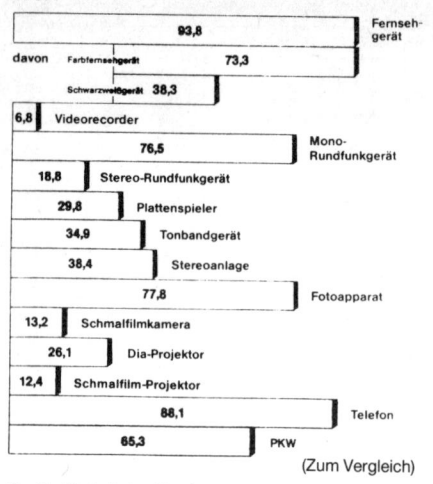

- Fernsehgerät: 93,8
  - davon Farbfernsehgerät: 73,3
  - Schwarzweißgerät: 38,3
- Videorecorder: 6,8
- Mono-Rundfunkgerät: 76,5
- Stereo-Rundfunkgerät: 18,8
- Plattenspieler: 29,8
- Tonbandgerät: 34,9
- Stereoanlage: 38,4
- Fotoapparat: 77,8
- Schmalfilmkamera: 13,2
- Dia-Projektor: 26,1
- Schmalfilm-Projektor: 12,4
- Telefon: 88,1
- PKW: 65,3 (Zum Vergleich)

Quelle: Statistisches Bundesamt

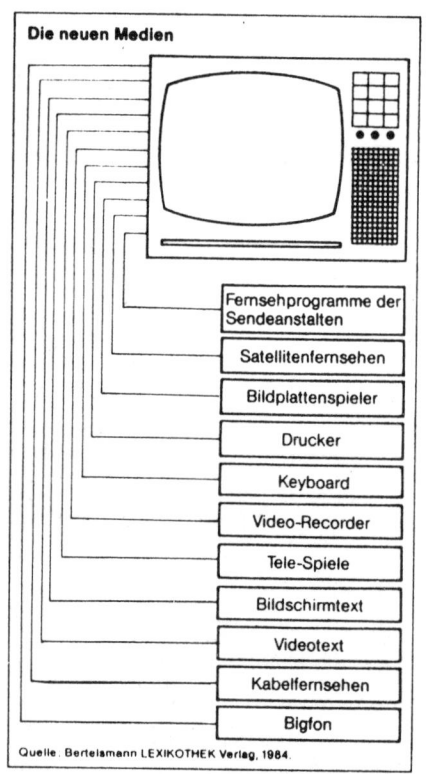

Die neuen Medien

- Fernsehprogramme der Sendeanstalten
- Satellitenfernsehen
- Bildplattenspieler
- Drucker
- Keyboard
- Video-Recorder
- Tele-Spiele
- Bildschirmtext
- Videotext
- Kabelfernsehen
- Bigfon

Quelle: Bertelsmann LEXIKOTHEK Verlag, 1984.

Aus: Kursbuch Deutschland 85/86

mationsm. seit Mitte dieses Jahrhunderts einen enormen Schub aufgrund neuer Verbreitungstechniken, Steigerung der technischen Leistungsfähigkeit und Vielseitigkeit der Endgeräte und neuer Verknüpfungsmöglichkeiten. Basistechnologien für die modernen Informations- und Kommunikationstechniken (IuK) sind die Mikroelektronik als Grundlage für die Entwicklung von Datenverarbeitung und hochtechnisierten Endgeräten mit komplizierten Betriebssystemen für Empfänger, Speicherung, Bearbeitung und Weitergabe von Informationen sowie die Nachrichtentechnik, die immer schnellere, sicherere und größere Kapazitäten fassende Übertragungswege und -verfahren bereitstellt.

Der Mikroelektronik kommt innerhalb neuer Technologien eine Schlüsselposition zu, da sie fast unbegrenzt einsetzbar ist und sowohl im Arbeits- als auch im Privatleben Veränderungen hervorrufen wird, deren Richtung, Ausmaß und Qualität zur Zeit höchst kontrovers eingeschätzt werden (mögliche Anwendungen der Mikroelektronik siehe Abbildung Informationstechnik mit Mikroelektronik).

Nachrichtentechnik hat außer den Übertragungswegen durch die Luft (drahtlose Telegrafie, Radiowellen, Satellitenabstrahlung) die Übertragungswege von Kabeln weiterentwickelt. Vor allem erfolgt die Umstellung von der analogen zur digitalen Übertragung von Informationen in binärer Ausdrucksweise, die auch für *Computer* → verständlich ist. Die Verknüpfung diverser Informationssysteme mit Rechnern ist damit möglich. Die Digitalisierung erlaubt die kombinierte Übertragung verschiedener Informationsarten. Text, Sprache, Daten, Festbilder können durch vorhandene schmalbandige Netze (Telefon-, Fernschreibnetz) übertragen werden, die, bisher getrennt, zu einem gemeinsamen Netz, dem Integrated Services Digital Network System (ISDN) zusammengeführt werden. Für die Übertragung von Bewegtbildern sind breitbandige Kabelnetze nötig: für die Fernsehbildübertragung Kupferkoaxialkabel, für Bildtelefon und Videokonferenzen (Punkt-zu-Punkt-Kommunikation) Glasfaserkabel, die schneller, exakter und mit fast unbegrenzten Übertragungsmengen arbeiten. Über das schmalbandige ISDN können übermittelt werden: Ferngespräche, Fernschreiben (Telex), *Bildschirmtext* → (btx), Fernkopien (Telefax), Texte (Teletex), Daten (Datex), außerdem ist Fernwirken, -überwachen und -steuern (Temex) möglich. Die flächendeckende Breitbandverkabelung der Bundesrepublik Deutschland auf Kupferbasis wird zur Zeit betrieben, während mit dem Breitbandigen Integrierten Glasfaser Fernmelde-Ortsnetz (BIGFON) vorerst nur in

Medien

Abb. Informationstechnik mit Mikroelektronik

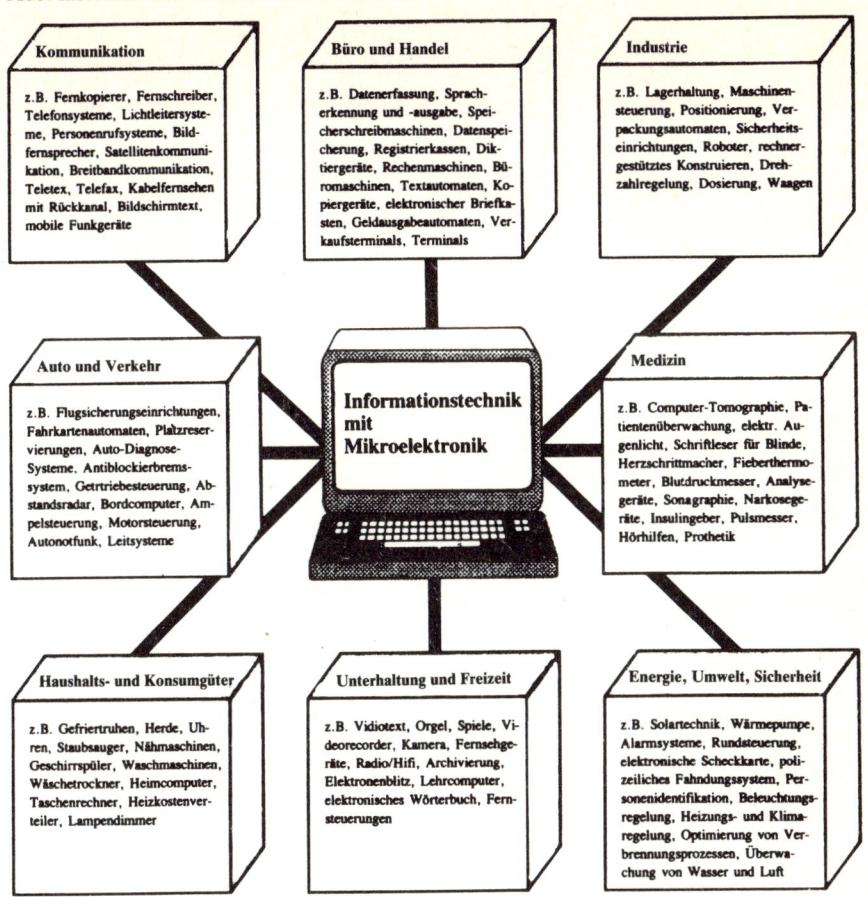

Kommunikation

z.B. Fernkopierer, Fernschreiber, Telefonsysteme, Lichtleitersysteme, Personenrufsysteme, Bildfernsprecher, Satellitenkommunikation, Breitbandkommunikation, Teletex, Telefax, Kabelfernsehen mit Rückkanal, Bildschirmtext, mobile Funkgeräte

Büro und Handel

z.B. Datenerfassung, Spracherkennung und -ausgabe, Speicherschreibmaschinen, Datenspeicherung, Registrierkassen, Diktiergeräte, Rechenmaschinen, Büromaschinen, Textautomaten, Kopiergeräte, elektronischer Briefkasten, Geldausgabeautomaten, Verkaufsterminals, Terminals

Industrie

z.B. Lagerhaltung, Maschinensteuerung, Positionierung, Verpackungsautomaten, Sicherheitseinrichtungen, Roboter, rechnergestütztes Konstruieren, Drehzahlregelung, Dosierung, Waagen

Auto und Verkehr

z.B. Flugsicherungseinrichtungen, Fahrkartenautomaten, Platzreservierungen, Auto-Diagnose-Systeme, Antiblockierbremssystem, Getrtiebesteuerung, Abstandsradar, Bordcomputer, Ampelsteuerung, Motorsteuerung, Autonotfunk, Leitsysteme

Informationstechnik mit Mikroelektronik

Medizin

z.B. Computer-Tomographie, Patientenüberwachung, elektr. Augenlicht, Schriftleser für Blinde, Herzschrittmacher, Fieberthermometer, Blutdruckmesser, Analysegeräte, Sonagraphie, Narkosegeräte, Insulingeber, Pulsmesser, Hörhilfen, Prothetik

Haushalts- und Konsumgüter

z.B. Gefriertruhen, Herde, Uhren, Staubsauger, Nähmaschinen, Geschirrspüler, Waschmaschinen, Wäschetrockner, Heimcomputer, Taschenrechner, Heizkostenverteiler, Lampendimmer

Unterhaltung und Freizeit

z.B. Vidiotext, Orgel, Spiele, Videorecorder, Kamera, Fernsehgeräte, Radio/Hifi, Archivierung, Elektronenblitz, Lehrcomputer, elektronisches Wörterbuch, Fernsteuerungen

Energie, Umwelt, Sicherheit

z.B. Solartechnik, Wärmepumpe, Alarmsysteme, Rundsteuerung, elektronische Scheckkarte, polizeiliches Fahndungssystem, Personenidentifikation, Beleuchtungsregelung, Heizungs- und Klimaregelung, Optimierung von Verbrennungsprozessen, Überwachung von Wasser und Luft

Quelle: Hofmeister, »Mikroelektronik« 1982

Versuchsgebieten (Ballungszentren) gearbeitet wird.
Will man die Folgen der Einführung neuer Informations- und Kommunikationstechniken abschätzen, muß man bestimmte Besonderheiten berücksichtigen: a) sie sind nahezu in allen Bereichen von Produktion, Verteilung und Reproduktion einsetzbar; b) sie werden in enormem Tempo entwickelt und verbreitet; c) sie sind extrem störanfällig; d) sie sind hochgradig komplex, schwer durchschaubar in ihrer Funktionsweise und schwer kontrollierbar; e) sie greifen geistige Prozesse auf im Gegensatz zu bisherigen Techniken, die auf physische Prozesse ausgerichtet waren; f) sie sind verknüpfbar zu Großsystemen mit neuen Ausmaßen. Die Folgen des Einsatzes von Mikroelektronik, kombiniert mit Daten-, Informations- und Kommunikationstechniken im Arbeitsbereich (Industrieroboter, Textverarbeitung, rechnerunterstütztes Konstruieren etc.) werden unter Aspekten der Beschäftigungspolitik (Rationalisierung), der Qualität des Arbeitsprozesses (Dequalifizierung), der möglichen Flexibilisierung von Arbeitsort und *Arbeitszeit* → (Heimarbeit, Kapovaz) sehr unterschiedlich eingeschätzt. Derartig tiefgreifende Veränderungen in der Arbeitswelt wirken sich notwendigerweise auf die *Freizeit* → aus, z.B. durch Zeitbindung, Regenerations- und Kompensationsbedürfnisse, möglicherweise aber auch durch computerangepaßtes Denken, Verlust unmittelbarer Erfahrungen, Verdrängung spontanen und individuellen Verhaltens. Unmittelbar auf die Freizeit heben die sogenannten neuen M. (die nicht alle wirklich neu

sind) ab, einem entscheidenden Anwendungsbereich von Informations- und Kommunikationstechniken. Beachtet werden muß auch hier nicht nur das Einzelmedium, z.B. die Bildplatte oder der Videotext, sondern die Verbindung der M. untereinander und mit Rechnern. Viele Endgeräte, z.B. Bildschirm oder Telefon, sind dabei identisch mit den in der Arbeitswelt benutzten, ebenso die Übertragungswege, so daß die Übergänge zwischen Berufs- und Privatsphäre fließend werden, was sich am deutlichsten bei der Teleheimarbeit zeigt. Eher grenzen die Nutzungsabsichten und die vermittelten Inhalte beide Bereiche ab. Bis zu einem gewissen Grad heben neue M. darüber hinaus die bisherige Trennung von Massen- und Individualkommunikation auf: unterschiedliche Kommunikationsformen und -inhalte werden durch das gleiche Netz übertragen, durch gleiche Geräte empfangen/bearbeitet (Bildschirmtext läßt Massen- und Individualkommunikation gleichermaßen zu). Ferner sind Druckm. und elektronische M. technisch nicht mehr eindeutig abzugrenzen (Anschluß von Druckern). Schließlich vollzieht sich eine ökonomische Umstrukturierung: die bisherige drahtlose Übertragung von Rundfunk war wegen entsprechender Frequenzknappheit öffentlich-rechtlich organisiert und der Kontrolle aller gesellschaftlich relevanten Gruppen unterworfen, während Druck- und AV-M. (Presse, Buch, Film, Schallplatten etc.) aufgrund der beliebigen und damit konkurrenzfähigen Verfügung von Träger- und Verbreitungsmaterial privatwirtschaftlich produziert und verteilt wurden. Die Vermehrung von Hörfunk- und Fernsehprogrammen und gleichzeitig deren Produktion durch private, vor allem kommerzielle Anbieter wird vielfach als Gefahr betrachtet, weil befürchtet wird, daß die Verweildauer vor dem Fernsehgerät ansteigt und daß die angebotenen Programme sich auf ein geringes Anspruchsniveau einpendeln.

Die bisherige Entwicklung läßt sich an den Daten über Ausstattung mit Geräten sowie die Fernsehnutzung ablesen (siehe Abb. und Tabellen).

Bei den angegebenen Durchschnittswerten muß allerdings berücksichtigt werden, daß sowohl Reichweiten- als auch Nutzungsquoten alters- und schichtabhängig stark differenzieren.

Das Fernsehgerät in der Privatwohnung ist aber nicht mehr nur Empfangsgerät für (vermehrte) Fernsehprogramme. Durch Zusatz-

Tab. Tägliche Fernsehnutzung

	1979	1980	1981	1982	1983
Tägliche Einschaltdauer der Fernsehgeräte (pro Haushalt) in Minuten	189	190	184	184	179
Durchschnittliche tägliche Sehdauer der Personen über 14 Jahren in Minuten	122	119	115	115	111
(Messungen zwischen 15.00–1.00 Uhr, Mo.–So.)					

Quelle: Darschin und Frank, Tendenzen im Zuschauerverhalten: Teleskopie-Ergebnisse zur Fernsehnutzung im Jahr 1983, in: Media-Perspektiven, 4/1984, S. 279 ff.

Tab. Tagesreichweite des Fernsehens

Anteil der Zuschauer über 14 Jahre mit Fernsehkontakt an einem durchschnittlichen Wochentag	
Jahr	Reichweite
1979	67 v.H.
1980	67 v.H.
1981	64 v.H.
1982	64 v.H.
1983	61 v.H.

Quelle: Darschin und Frank a.a.O.

bausteine und andere Programmangebote (sog. Dienste) kann es zum zentralen Platz für *Unterhaltung* → und *Spiel* →, Erwerbs- und *Eigenarbeit* →, Information und Kommunikation werden (siehe Abb.; *Video* →, *Videospiel* →, *Unterhaltungselektronik* →).
Ob durch diese vielfältigen Nutzungsmöglichkeiten die direkte Kommunikation, die unmittelbare Erfahrung und die Sozialkontakte abnehmen, kann momentan ebensowenig sicher vorausgesagt werden wie die Fragen nach zuverlässigem Datenschutz beantwortet werden können.

Lit.: Kommission für den Ausbau des technischen Kommunikationssystems (KtK) »Telekommunikationsbericht« mit 8 Anlagebänden, Bonn 1976
Maletzke »Ziele und Wirkungen der Massenkommunikation« Hamburg 1976
Brepohl »Telematik«, Bergisch Gladbach 1982
Johannes, von Rüdgen (Hrsg.). »Die neuen Medien – eine Gefahr für die Demokratie?«, Frankfurt 1984

Kühne-Scholand

Medienerziehung

Teil der Gesamterziehung, der sich auf *Medien* → bezieht.
1. *Sozialisation* → durch Medien, insbesondere Massenmedien. Wenn auch ein Teil der neuen Medien – noch – nicht für jedermann zugänglich ist, haben die Massenkommunikationsmittel Gesellschaft und Lebensumwelt nachhaltig geprägt und bestimmen den gesellschaftlichen Wandel und die Verhaltensweisen der Menschen mit. Sie üben somit allein durch ihr Vorhandensein eine erzieherische, d.h. eine verhaltensändernde Wirkung auf die gesamte Bevölkerung aus. Die damit verbundene inhaltliche Beeinflussung ist kaum abzuschätzen. Zumindest wird ein Großteil des *Freizeitverhaltens* → durch Medien und Mediennutzung bestimmt.
2. Medienkunde. Vermittlung von Kenntnissen über Medien insbesondere Massenmedien und deren Wirkung mit dem Ziel eines bewußten Umgangs mit den Medien im wesentlichen als Teil der schulischen Erziehung oder Ausbildung.
3. Unterweisung im praktischen Umgang mit Medien (»Medienarbeit«). Diese umfaßt die Bedienung von Geräten ebenso wie die Gestaltung von Medieninhalten (z.B.: *Amateurfilm* →, *Video* → -arbeit, *Computer* → -programmierung; Schreiben von Stücken, Schulzeitung). Medienunterweisung kann sowohl in der *Schule* →, in der außerschulischen *Jugendbildung* →/*Jugendarbeit* → als in der *Erwachsenenbildung* → sowie im Rahmen von gewerblichen Veranstaltungen und Freizeitprogrammen erfolgen.
4. Mediendidaktik. Einsatz von Medien als Mittel und Mittler beim *Lernen* →. Inzwischen gibt es außer dem unterrichts- und vermittlungsbegleitenden Medieneinsatz bereits Medienverbundsysteme und computergestützten Unterricht. In der *Sozialpädagogik* → werden allerdings auch gestalterische Tätigkeiten/Fächer als Medien (der sozialpädagogischen Intention) bezeichnet.
5. *Jugendschutz* → im Medienbereich. Abwendung von durch Medien und Medieninhalte entstehende Gefährdungen für Kinder und Jugendliche unter erzieherischen Gesichtspunkten. Dazu gehören Aufklärung und Information ebenso wie gesetzliche Maßnahmen und freiwillige *Selbstkontrolle* →. Zum Jugendschutz im Medienbereich kann auch das Aufzeigen von Alternativen zur Mediennutzung (z.B.: aktive und kreative Freizeitgestaltung-, *Sport* →, *Hobby* →) durch *musisch-kulturelle Bildung* →, *Erlebnispädagogik* →, *Freizeit-kulturelle Bildung* → u.a.m., gerechnet werden.
6. Erziehung des Menschen (Kind, Jugendlicher, Erwachsener) zum angemessenen, d.h., kritischen und nutzbringenden Umgang mit Medien, insbesondere Massenmedien, die einen wichtigen Faktor im Sozialisationsprozeß darstellen. M. hat also die Umsetzung von Erkenntnissen der Medienforschung/Massenkommunikationsforschung vor allem der Wirkungsforschung, und der Sozialisationsforschung in didaktische Entwürfe (Lernziele/Unterrichtsmodelle) zur Aufgabe und muß die besonderen pädagogischen Fragestellungen in die Massenkommunikationsforschung einbringen. Medienpädagogik hat ihren Platz in Elternhaus, Vorschule, *Schule* → *Jugendarbeit* →, Hochschule und *Ersachsenenbildung* →. Mit der Ausdehnung der Massenmedien aufgrund der technologischen Entwicklung kommt ihr eine besondere Bedeutung zu.
Die Reduzierung der Medienpädagogik auf eine Schutzfunktion vor vermuteten oder tatsächlichen negativen Wirkungen der Massenmedien ist ebenso umstritten wie die Einrichtung eines eigenen Unterrichtsfachs »Medienkunde«. Medienpädagogik muß für ihre Adressaten Massenmedien und Massenkommunikation in ihrer Funktionsweise durchschaubar machen und nutzbringenden Gebrauch ermöglichen. Sie wird dabei Fragen der direkten Kommunikation ebensowenig ausklammern dürfen wie Aspekte allgemeiner technologischer Entwicklung.

Lit.: Wasem, Der audio-visuelle Wohlstand, 1968
Baacke (Hrsg.), Mediendidaktische Modelle, 1973
Hagemann u.a., Medienpädagogik, 1979
de Haen (Hrsg.) Medienpädagogik und Kommunikationskultur, 1984

Agricola/Kühne-Scholland

Medienkultur
Medien →

Medien, neue
Medien →

Meditation
Nachdenken; Betrachtung; Versenkung. Mittel und Übung zur Selbsterfahrung, aber auch zum Abschalten gegenüber der *Umwelt* →, zur Vertiefung in ein religiöses oder philosophisches Thema. Sowohl im Christentum als auch im Hinduismus und Buddhismus angewandte Methode (*Kontemplation* →). Als Teil der *Freizeitgestaltung* → wird M. zunehmend geübt.
Autogenes Training →, *Freizeittherapie* →, *Yoga* →, *Exerzitien* →

Meer
Gewässer →

Mehrfachnutzung
die Möglichkeiten der Ausübung unterschiedlicher Freizeittätigkeiten durch unterschiedliche Nutzergruppen im zeitlichen Nebeneinander (Gleichzeitigkeit) in *Freizeiteinrichtungen* →.

Lit.: Kultusministerium NW »Sport-Mehrzweckhallen«, Köln 1982

Mehrzwecknutzung
die von einer *Freizeiteinrichtung* → gebotene Möglichkeit der Ausübung von unterschiedlichen Freizeittätigkeiten durch verschiedene Nutzergruppen im zeitlichen Nacheinander (Nachzeitigkeit).

Lit.: Kultusministerium NW »Sport-Mehrzweckhallen« Köln 1982

Mehrzweckbauten
architektonische Lösung für *Mehrfachnutzung* → und *Mehrzwecknutzung* → von Einrichtungen. M. entstehen immer dann, wenn der Bedarf für ein Bündel von Spezialeinrichtungen nicht ausreicht, wenn der Bedarf nicht vorherbestimmbar ist oder wenn bestimmte Ideologien (Gemeinschaftsbildung, *Kommunikation* →) zum Tragen kommen.
Viele vorhandene Bauten sind als M. zu bezeichnen oder zu verwenden, wenn man das so wünscht; ihre Primärnutzung bleibt jedoch für sie prägend, z.B. Bildungseinrichtungen, kulturelle Mehrzweckeinrichtungen, kirchliche Mehrzweckeinrichtungen, Sporteinrichtungen, Messe- und Ausstellungshallen, kommunale Verwaltungseinrichtungen, *Gaststätten* →, *Hotels* →, *Jugendherbergen* →, gruppenspezifische Spezialeinrichtungen, Vereinshäuser, *Jugendfreizeitstätten* →, Alteneinrichtun-

gen →. Daneben hat sich ein Typ nutzungsvariabler Einrichtungen ohne besondere Festlegung der Nutzer entwickelt, z.B. ländliche Gemeinschaftshäuser; *Bürgerhäuser* → und Mehrzweckhallen; klein- und mittelstädtische Mehrzweckeinrichtungen; stadtteilbezogene Mehrzweckeinrichtungen (*Nachbarschaftsheim* →, *Kulturladen* →, *Begegnungsstätte* →, Bürgerzentrum); überregionale städtische Mehrzweckeinrichtungen (*Kommunikationszentrum* →, *Stadthalle* →, Saalbau); Mehrzweckeinrichtungen in Fremdverkehrsgemeinden (*Haus des Gastes* →, Kurhaus). Für den zweiten Typ sind nicht nur Neubauten entstanden, vielfach wurden bisher anders genutzte Gebäude (Fabriken, Schlösser, Wohnhäuser, Bauernhöfe, Kirchen) umgewidmet (*Umwidmung* →).

Lit.: Grube/Kleineberg/Wolf »Nutzungsvariabilität öffentlicher Einrichtungen der sozialen Infrastruktur«, Bonn 1979

Microchip
Computer →

Mietwohnung
Wohnsituation →

Milchbar
Getränkebar, die ausschließlich alkoholfreie Getränke anbietet, die aus Milch oder Milch-Produkten (Joghurt, Sahne etc.) zubereitet werden. Neben Milch-Mixgetränken oder Milch-Shakes ist Hauptumsatzträger Frucht- und Speiseeis.
Eisdiele →, *Saftläden* →, *Gastronomie* →

Mitarbeiter
diejenigen, die ihre Arbeitskraft für eine bestimmte Zeit gegen Entgelt oder unentgeltlich einem *Betrieb* → zur Verfügung stellen.
In *Freizeiteinrichtungen* → unterscheidet man:
a) berufsmäßige M. (*Freizeitberufe* →);
b) freiwillige M. (unbezahlte Mitarbeit; selbständig tätig als Leiter von Angeboten);
c) ehrenamtliche M. (in *Trägervereinen* →, *Ehrenamt* →).
Die Qualifikation für M. in Freizeiteinrichtungen ist nicht einheitlich festlegbar, da unterschiedlichste Funktionen zu erfüllen sind. Es hat sich jedoch neben der jeweiligen Spezialausbildung (»Fachlichkeit«) als wichtig erwiesen, ein »Branchenwissen Freizeit« zu besitzen, verbunden mit einer »dienstorientierten« Haltung (freundlich, kommunikativ, hilfsbereit, informiert).
Professionalisierung →

Dienst- und Werkvertrag

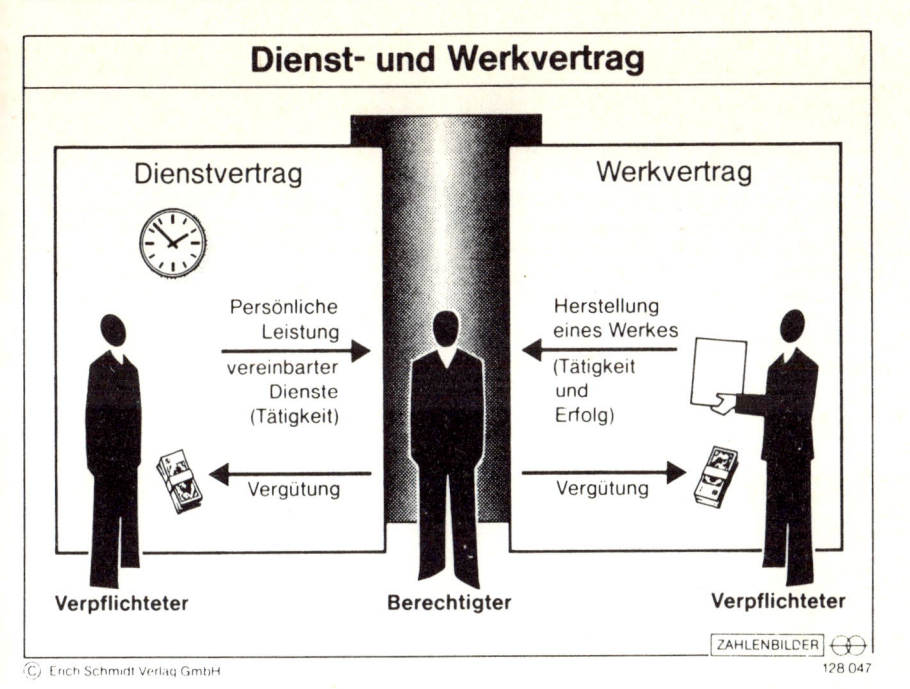

Dienstvertrag
- Persönliche Leistung vereinbarter Dienste (Tätigkeit)
- Vergütung
- Verpflichteter

Berechtigter

Werkvertrag
- Herstellung eines Werkes (Tätigkeit und Erfolg)
- Vergütung
- Verpflichteter

© Erich Schmidt Verlag GmbH

Mitbestimmung
Partizipation →

Mitfahrzentrale
Einrichtung oder Unternehmen zur Vermittlung von Gelegenheiten zur Mitfahrt in einem Automobil zu gewünschten Reisezielen. M. bieten neben Mitfahrgelegenheiten auch die Vermittlung von Rückfahrten, Gepäckbeförderung, Autoüberführung und Kinderbeförderung an. Der Autofahrer erhält einen Kilometerkostenanteil vom Mitfahrer. Die M. erhebt vom Mitfahrer eine gestaffelte Vermittlungsgebühr (einschl. Unfallversicherung). Die 33 M. sind im Verband Deutscher Mitfahrzentralen zusammengeschlossen.

Mittelstadt
Siedlung →

Mobilheim
Caravan →

Mobilheimplatz
Caravan →, Camping →

Mobilität
1. Beweglichkeit von Personen innerhalb geographischer Bereiche (räumliche M.) sowohl im Sinne des Ortswechsels aus Arbeits- als auch aus Freizeitgründen (Ausflugsverhalten, Naherholung →, Tourismus →).
2. Soziale Veränderungen, z.B.: Umschichtung in einer Bevölkerung, Auf- und Abstieg, Positionswechsel, Wechsel im Lauf des Lebens (*Lebenszeit* →), Positionsänderung der Kinder gegenüber Eltern.
Kenntnis über M. ist für Freizeitplanung und für die Bestimmung von *Freizeittrends* → von Bedeutung. Sie wird durch besondere Untersuchungen (*Reiseanalyse* →, Wanderungsmessungen, mathematisch-statistische Verfahren) erlangt.

Mode
zu einem bestimmten Zeitpunkt herrschendes *Brauchtum* →; Tages- und Zeitgeschmack.
M. ist damit die Bezeichnungen für ein soziokulturelles Gestaltungsprinzip. Sie kann auf menschliche Verhaltensweisen und Äußerungen sowie deren Entwicklung insgesamt, aber auch in Teilbereichen einwirken, z.B.: Kleiderm., Eßm., M.-tänze, Reiseziele, *Sportarten* →, M.-spiele. M. kann Entwicklungen festhalten aber auch anstoßen. Der *Freizeitbereich* →, ähnlich wie *Kunst* → und *Musik* →, ist für M.-strömungen besonders empfänglich, da hier Konventionen weniger dauerhaft angelegt sind, die Vielfalt und Abwechslung als Gestaltungsprinzip anerkannt sind. Inzwischen

Mode

wuchs die Veränderungspotenz des Freizeitbereichs, so daß beispielsweise Kleidungsm. aus diesem Feld auf den gesamten Lebensbereich ausgedehnt wird (*Freizeitkleidung* →). Besonders kostenträchtig sind M.-strömungen für die Gestaltung und Ausstattung von *Freizeitstätten* →, Gaststätten (*Gastronomie* →), *Freizeitparks* →, *Ferienanlagen* →: die durch M. notwendigen *Innovationen* → erfordern regelmäßige Investitionen, wenn die Einrichtungen ihre *Nutzer* → halten wollen. Die M. kann *Freizeitangebote* → in den Vordergrund spielen und verschwinden bzw. zurückgehen lassen (*Aerobic* →, *Diskothek* →), andererseits können M.-tätigkeiten auch zu dauerhaften werden (*Surfen* →). In gewissem Umfang kann M. »gemacht« werden. Daran haben die *Massenkommunikations* → -mittel erheblich Anteil (*Opinion leader* →, *Publikum* →).

Modellbau

die Herstellung verkleinerter Abbilder der Natur, von Gebäuden und Gegenständen. M. ist ein verbreitetes Hobby, besonders beliebt sind Schiffs-, Flug-, Eisenbahn- und Automodellbau, weil hier zur handwerklich-gestalterischen Arbeit noch die Möglichkeit des Inbewegungsetzens kommt.
Die Modellbauer sind in Fachvereinigungen zusammengeschlossen (nauticus, Deutscher Dachverband für Schiffsmodellbau und Schiffsmodellsport; Deutscher Modellflieger-Verband; Bundesverband Deutscher-Eisenbahn-Freunde; Deutscher Minicarclub) mit insgesamt über eintausend Ortsclubs.
Veranstaltet werden Ausstellungen, Börsen und Wettbewerbe. Für M. gibt es zahlreiche Fachzeitschriften, Anleitungsbücher und Bildbände. Anleitung geben die *Clubs* → und *Jugendverbände* →, *Jugendfreizeitstätten* →, der Fachhandel sowie die Bildungswerke. Neuerdings wird auch Hobbyurlaub für Modellbauer von *Reiseveranstaltern* →, *Erholungsorten* → und dem Deutschen Jugendherbergswerk angeboten.

Motivation

Sammelbegriff für alle inneren und äußeren Bedingungen und Ereignisse für den Antrieb zu einer Handlung, deren Ausrichtung, Gestaltung, Stärke und Ausdauer. Somit ist M. Anstoß und Steuerung. M. wird als unbewußte, nicht rational wirksame Größe beschrieben (Bedürfnistrieb, Wunsch, Streben, Anreiz, Aufforderungscharakter, Wert). Die M.-forschung gibt zwei Begründungsmodelle für M.: a) durch einen Mangel ausgelöster Spannungszustand, der auf Entladung drängt; b) Suche nach dem Anstoß (Spiel-, Erkundungs-, Neugierde-, Forschungsverhalten). Von Bedeutung für das *Lernen* → und viele andere Handlungen ist die Leistungsmotivation (Bestreben, die eigene Tüchtigkeit zu steigern bzw. zu erhalten unter der Voraussetzung von Erfolgs- und Mißerfolgsmesssung).
Da M. für die Annahme von *Angeboten* → eine große Bedeutung hat, ebenso wie für die Ergründung von Ursachen für bestimmte Verhaltensweisen bei der Annahme von Angeboten sowie in Einrichtungen und Anlagen ist auch das *Freizeitwesen* → an der Erforschung von Motiven interessiert. Daher ist die M.-forschung ein wichtiger Teil der *Freizeitmarktforschung* →.

Motorcaravan
Caravan →

Müttererholung

besondere *Erholungs-* → und *Kur* → -maßnahmen für Frauen aus Familien mit Kindern. Angesichts der immer noch bestehenden Belastung von Müttern (*Benachteiligte Gruppen* →) hat M. weiterhin ihre Bedeutung. Die sog. Neue Armut läßt eine steigende Notwendigkeit für M. vermuten. M. beschränkt sich nicht nur auf gesundheitliche Hilfen, sondern gibt auch Lebensberatung und Anstöße zu Spiel und *Freizeitgestaltung* →.
Die Träger der M. sind zusammengeschlossen im Deutschen Müttergenesungswerk.

Multifunktionalität

Vielfachnutzung; Möglichkeit der *Mehrfachnutzung* → und *Mehrzwecknutzung* → von Einrichtungen. Dabei kann M. angebots- oder/ und nutzerbezogen sein.
M. ist in *Freizeiteinrichtungen* → immer nur begrenzt erreichbar, aber als Ziel für *Raumprogramm* →, Gestaltung und *Betrieb* → außerordentlich bedeutsam (*Mehrzweckbauten* →, *Begegnungsstätten* → *Freizeitpark* →, *Freizeitanlage* →, *Freizeitstätte* →).

Museum

Sammlung von künstlerischen, historisch wertvollen Gegenständen, die besichtigt werden können. Die Anfänge der M. waren Sammlungen von Adligen und wohlhabenden Bürgern, die ihren Besitz größtenteils der Öffentlichkeit zugänglich machten.
Fast jede Stadt hat heute ein M. Seit vielen Jahren gibt es die *Heimatm.* → (Naturkundem.). Technische M. entstanden insbesondere in den letzten Jahren, auch im Zusammenhang mit historischen Industrie- und Handwerksbauten. *M.-pädagogik* → soll zwischen dem Museum und seinen Exponaten vermitteln. M. verstehen sich als Freizeiteinrichtungen mit Treffpunktcharakter. Es gibt in einigen Einrichtungen *Cafes* →, Konzertange-

Abb. Motive für Konsum und Nutzung

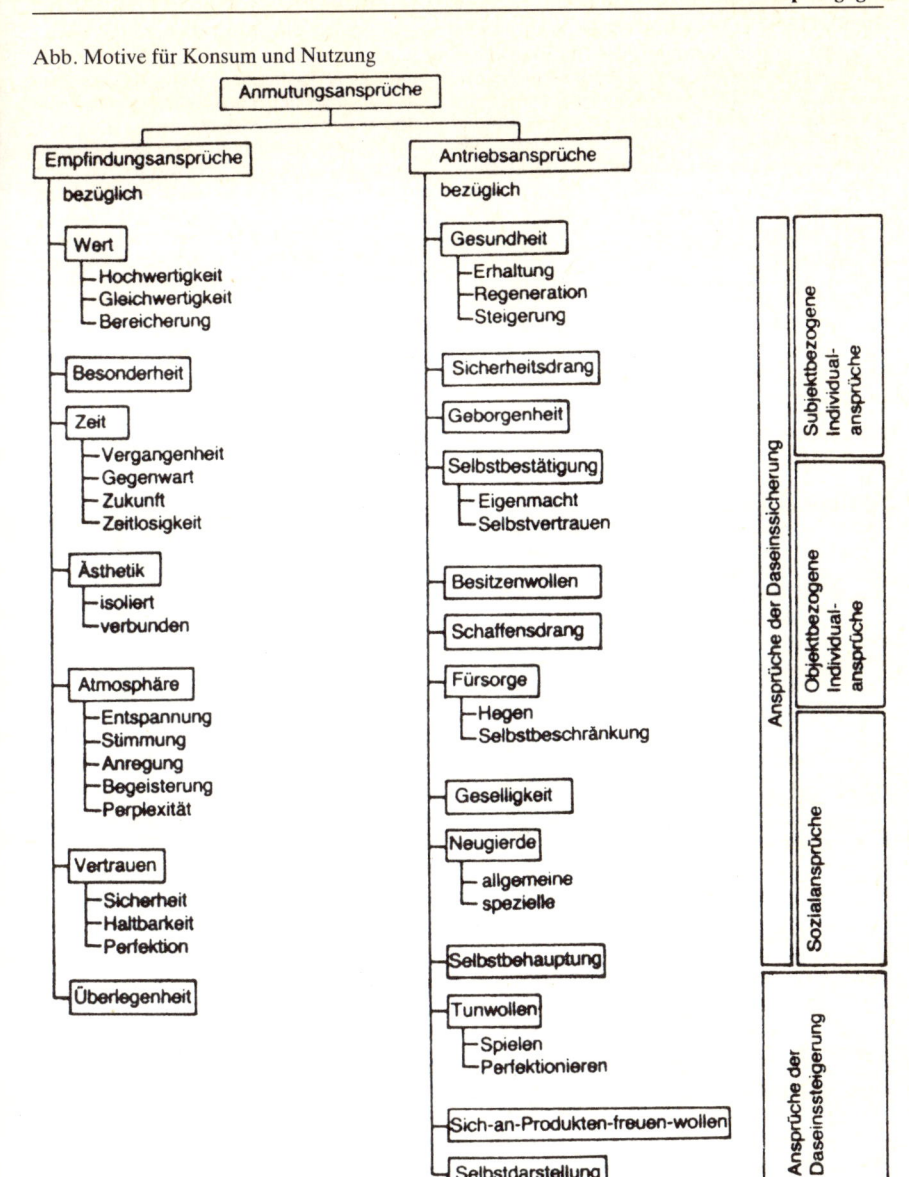

```
                        Anmutungsansprüche
          ┌─────────────────┴─────────────────┐
  Empfindungsansprüche              Antriebsansprüche
      bezüglich                         bezüglich

   ┌ Wert                            ┌ Gesundheit
   │   ├ Hochwertigkeit              │   ├ Erhaltung
   │   ├ Gleichwertigkeit            │   ├ Regeneration
   │   └ Bereicherung                │   └ Steigerung
   │                                 │
   ├ Besonderheit                    ├ Sicherheitsdrang
   │                                 │
   ├ Zeit                            ├ Geborgenheit
   │   ├ Vergangenheit               │
   │   ├ Gegenwart                   ├ Selbstbestätigung
   │   ├ Zukunft                     │   ├ Eigenmacht
   │   └ Zeitlosigkeit               │   └ Selbstvertrauen
   │                                 │
   ├ Ästhetik                        ├ Besitzenwollen
   │   ├ isoliert                    │
   │   └ verbunden                   ├ Schaffensdrang
   │                                 │
   ├ Atmosphäre                      ├ Fürsorge
   │   ├ Entspannung                 │   ├ Hegen
   │   ├ Stimmung                    │   └ Selbstbeschränkung
   │   ├ Anregung                    │
   │   ├ Begeisterung                ├ Geselligkeit
   │   └ Perplexität                 │
   │                                 ├ Neugierde
   ├ Vertrauen                       │   ├ allgemeine
   │   ├ Sicherheit                  │   └ spezielle
   │   ├ Haltbarkeit                 │
   │   └ Perfektion                  ├ Selbstbehauptung
   │                                 │
   └ Überlegenheit                   ├ Tunwollen
                                     │   ├ Spielen
                                     │   └ Perfektionieren
                                     │
                                     ├ Sich-an-Produkten-freuen-wollen
                                     │
                                     └ Selbstdarstellung
```

Subjektbezogene Individualansprüche / Objektbezogene Individualansprüche — Ansprüche der Daseinssicherung

Sozialansprüche

Ansprüche der Daseinssteigerung

Quelle: Koppelmann, in: Management Enzyklopädie Bd. 6, S. 517 (1984)

bote und Diskussionsveranstaltungen sowie Angebote zum praktischen Gestalten in Verbindung mit der *Volkshochschule* →. Eine besondere, meist privat bzw. privatwirtschaftlich betriebene Form der Kunstvorstellung sind die Galerien, in der Regel kleinere Ausstellungsräume mit Kaufmöglichkeiten der Exponate. *Freilichtmuseum* → Helmer

Museumspädagogik
alle mit der Einrichtung Museum und den in ihr bzw. durch sie initiierten *Kommunikations* → und Interaktionsprozessen verbundene erzieherische Arbeit und deren Theorie. Die M. geht davon aus, daß Museumsarbeit im Kern pädagogisch sei (Formulierung von Lernzielen und Maßnahmen zur Umsetzung bei Ausstel-

lungen), will aber durch Information zum Verständnis der Seh-Erlebnisse beitragen, zur Sensibilisierung, Artikulation und *Emanzipation* →, zu freiem Umgang mit der überlieferten *Kultur* →.
Freizeitkulturelle Bildung →, *Kulturpädagogik*

Lit.: Westfehling, »Museumspädagogik als Freizeitangebot«. In: Praktische Kulturarbeit, Düsseldorf 1981

Musik

alle Tätigkeiten mit dem Ziel der regelrechten und geordneten Klang- und Rhythmuserzeugung und der Absicht, bestimmte Wirkungen und Empfindungen beim Zuhörer hervorzurufen. In der M. verbinden sich akustisches Material und geistige Idee zu einer Ganzheit. Damit ist M. an *Kultur* → und Gesellschaft gebunden und entwickelt sich innerhalb dieser und mit ihnen. Das Phänomen der heutigen M.-Praxis ist die Verfügbarkeit: a) Es ist möglich, M.-stücke zu jeder Zeit zu hören, wenn nicht durch Interpreten (»live«), dann mittels Konserve (*Schallplatte* →, Tonband) oder *Massenmedien* → (besonders Rundfunk). Im Durchschnitt hören die Deutschen täglich mehr als zwei Stunden Musik; ein Viertel davon ist gezielt ausgewählter M. vorbehalten. b) Anders als in früheren Zeiten steht nicht nur eine bestimmte enge Auswahl bereit, sondern M. aus der europäischen Geschichte ebenso wie diejenigen anderer Kulturkreise. Überdies hat sich nicht zuletzt durch die Verfügbarkeit auch ein breites Spektrum der modernen M. entwickelt, das sich durch eine Unterteilung in ernste M. und Unterhaltungsm. kaum charakterisieren läßt. c) M. kann mehr denn je mit anderen *Kommunikations* → -formen verbunden werden als Signal, Begleitkomponente von gesprochenem Wort und Bildern, als Gefühlserreger, Geräuschkulisse, Lautmalerei, Hinweis auf geschichtliche Epochen, Pausenfüller usw. Das Problem der quantitativen und qualitativen Verfügbarkeit von M. ist einerseits eine Reizüberflutung, zum anderen eine Anspruchssteigerung verbunden mit gleichzeitiger Nichtbeachtung der dazu notwendigen *Leistung* →. Vorteile ergeben sich für den aktiven Musiker, weil er seinen Stil, die ihm gemäßen Stücke, aus einer Fülle wählen kann und weil er Anregungen und Vergleichsmöglichkeiten wohlfeil erwerben kann (*Künstler* →).
Je mehr Einfluß Rationalität und Technik auf das tägliche Leben gewinnen, desto stärker ist der Wunsch nach einem gefühlsbezogenen auf Harmonie ausgerichteten Ausgleich. In der M., besonders aber beim M.-machen, ob als Sänger oder Instrumentatlist, finden die Menschen diesen Wunsch erfüllt. Menschen suchen die Gemeinschaft mit anderen und haben heute oft Schwierigkeiten, sie zu finden. M. ist

Abb. Ein »Markt« von 25 Milliarden DM –
Musik als volkswirtschaftlicher Faktor 1980/81
(Öffentliche und sonstige Musikfinanzierung/Umsätze der Musikwirtschaft i.w.S.)

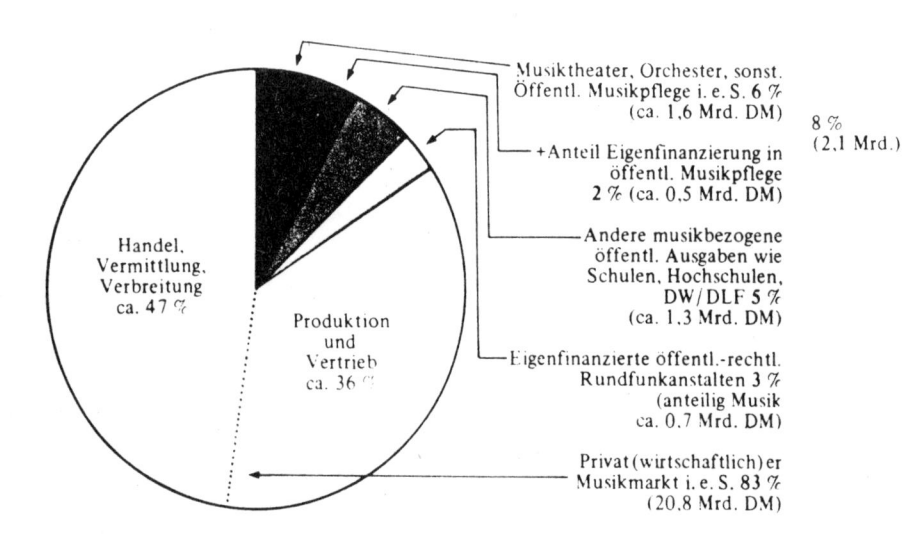

Musiktheater, Orchester, sonst. Öffentl. Musikpflege i. e. S. 6 % (ca. 1,6 Mrd. DM)

8 % (2,1 Mrd.)

+Anteil Eigenfinanzierung in öffentl. Musikpflege 2 % (ca. 0,5 Mrd. DM)

Handel, Vermittlung, Verbreitung ca. 47 %

Produktion und Vertrieb ca. 36 %

Andere musikbezogene öffentl. Ausgaben wie Schulen, Hochschulen, DW/DLF 5 % (ca. 1,3 Mrd. DM)

Eigenfinanzierte öffentl.-rechtl. Rundfunkanstalten 3 % (anteilig Musik ca. 0,7 Mrd. DM)

Privat(wirtschaftlich)er Musikmarkt i. e. S. 83 % (20,8 Mrd. DM)

Quelle: Musik, Statistik, Kulturpolitik (1982)

Musik

eine gute Brücke zu *Geselligkeit* →, zum Austausch mit Gleichgesinnten aber auch zu (friedlichem) Streit und Wetteifer. Und: M. kann den Menschen eine lebenslange Betätigung sein. Das erklärt, warum M. nicht nur als Darbietung, sondern auch als *Freizeittätigkeit* → einen großen Aufschwung genommen hat (*Laienm.* →). Millionen von M.-instrumenten werden gespielt, die Zahl von Musikaufführungen durch Berufs- und/oder Laienmusiker ist riesig, ebenso wie die Zahl von *Festspielen* → für M. enorm zugenommen hat (*M.-betrieb* →). Der Bundesbürger läßt sich die M. etwas kosten. Jährlich werden etwa 25 Mrd. DM, davon 4,1 Mrd. DM durch die öffentliche Hand für M. in ihren verschiedenen Hüllen und für verschiedene Gerätschaften ausgegeben.

Hausmusik →, *Folklore* →, *Jazz* →, *Popmusik* →, *Rockmusik* →, *Schlager* →, *Unterhaltungsmusik* →, *Volkslied* →, *Volksmusik* →

Musik-Infrastruktur in der Bundesrepublik Deutschland/West-Berlin (Auswahl)

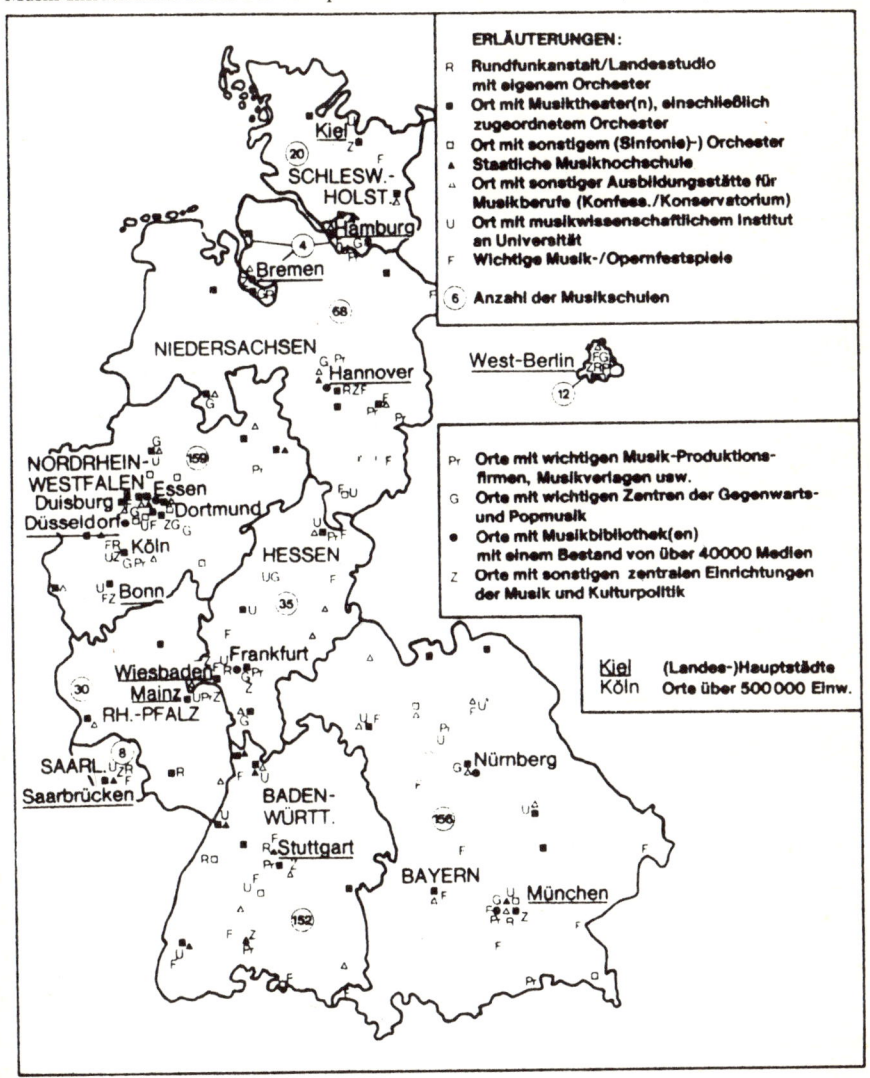

ERLÄUTERUNGEN:
- R Rundfunkanstalt/Landesstudio mit eigenem Orchester
- ■ Ort mit Musiktheater(n), einschließlich zugeordnetem Orchester
- □ Ort mit sonstigem (Sinfonie-) Orchester
- ▲ Staatliche Musikhochschule
- △ Ort mit sonstiger Ausbildungsstätte für Musikberufe (Konfess./Konservatorium)
- U Ort mit musikwissenschaftlichem Institut an Universität
- F Wichtige Musik-/Opernfestspiele
- (6) Anzahl der Musikschulen

- Pr Orte mit wichtigen Musik-Produktionsfirmen, Musikverlagen usw.
- G   Orte mit wichtigen Zentren der Gegenwarts- und Popmusik
- •   Orte mit Musikbibliothek(en) mit einem Bestand von über 40000 Medien
- Z   Orte mit sonstigen zentralen Einrichtungen der Musik und Kulturpolitik

Kiel (Landes-)Hauptstädte
Köln Orte über 500 000 Einw.

Quelle: Musik, Statistik, Kulturpolitik (1982)

Musikautomaten
Geräte und Maschinen zur Musikerzeugung ohne direkte Mitwirkung des Menschen. M. haben bereits eine mehrhundertjährige Geschichte etwa in Spiel- und Flötenuhren. Im vorigen Jahrhundert nahm die M.-herstellung einen starken Aufschwung. Orgeln und Stabspiele wurden über Lochkarten bzw. Lochplatten gesteuert statt der bisher gebräuchlichen Walzen. Die Erfindung der Schallplatte stoppte diese Entwicklung.
Alte M. sind begehrte Sammlerstücke.
Heutige M. sind Geräte zum Abspielen von Tonträgern, (Schallplatte, Musikkassette), neuerdings auch von Bildplatten. Die Steuerung erfolgt über Elektronik (*Computer* →). M. werden insbesondere in Restaurants und Freizeiteinrichtungen aufgestellt.
Münzeinwurf erlaubt den Zugriff auf das Repertoire, die Tonträgersammlung des Gerätes.
Automat →, *Unterhaltungselektronik* →

Musikbetrieb
Sammelbezeichnung für alle Maßnahmen zur Präsentation von *Musik* →.
Zum M. im engeren Sinne gehören die *Orchester* →, Chöre, Musiktheater, Musikvereinigungen, Rundfunkanstalten sowie deren Angebote. Im weiteren Sinne müssen zum M. gerechnet werden: *Agenturen* →, *Schallplatten-* → und Tonträgerhersteller und Aufnahmestudios; Veranstalter (kommunale Dienststellen, Kultureinrichtungen, Kirchen, Privatunternehmen); Musikverlage; *GEMA* →; Musikinstrumentenhersteller; Musikalienhandel; musikwissenschaftliche Institute.
Man rechnet für das Gebiet der Bundesrepublik Deutschland mit jährlich mehr als 20 Millionen Besuchern allein bei professionellen *Konzerten* → und Musikaufführungen.

Musikschule
Bildungseinrichtung für Kinder, Jugendliche und Erwachsene. Ihre Aufgaben sind die musikalische Grundausbildung, die Heranbildung des Nachwuchses für das Laien- und Liebhabermusizieren, die Begabtenauslese und Begabtenförderung sowie eventuelle Vorbereitung auf ein Berufsstudium.
In der Regel ist der Unterricht der Musikschule in vier Stufen gegliedert. Der Unterricht umfaßt mindestens ein Haupt- und ein Ergänzungsfach und wird je nach Fach und Stufe als Klassen-, Gruppen- oder Einzelunterricht erteilt.
Die Unterrichtsziele und -inhalte der einzelnen Stufen und Fächer sind im Rahmenlehrplan festgelegt.
Da erst ein mehrjähriger kontinuierlicher Unterricht die Voraussetzung für befriedigende Ergebnisse bietet, sollten alle Stufen durchlaufen werden. Das Überspringen der Grundstufe ist in Fällen besonderer Begabung möglich. Die Musikschulen sind im Verband Deutscher Musikschulen zusammengeschlossen.
Lit.: Verband Deutscher Musikschulen e.V. »Die Musikschulen in der Bundesrepublik Deutschland einschließlich Berlin-West«, Jahresbericht 1983, Bonn 1984

Musische Bildung
auch musische Erziehung, Teil einer ganzheitlichen Erziehung (*Leibeserziehung* →) mit dem Ziel, *Kreativität* → zu wecken, kommunikative Fähigkeiten auszudrücken und die Ausdrucksfähigkeit zu schulen.
Gegner werfen dem Konzept der M. seinen mangelnden gesellschaftlichen Realismus, damit fehlendes Politikbewußtsein der in der M. Tätigen vor; ein Vorwurf, der inzwischen auch auf die *musisch-kulturelle Bildung* →, ausgedehnt wird.

Musisch-kulturelle Bildung
Bildungsplanung für alle Maßnahmen im Rahmen der *kulturellen Bildung* →, die die kulturellen Medien und Institutionen betreffen. Im Ergänzungsplan zum Bildungsgesamtplan der Bund-Länder-Kommission für Bildungsplanung und Forschungsförderung werden für die verschiedenen Sparten der kulturellen Bildung (*Musik* →, *Theater* →, darstellendes Spiel, *Tanz* →, *Literatur* →, *Museum* →, *Film* →, visuelle Kunst, multimediale Angebote) Ist- und Soll-Vorstellungen, Abhängigkeiten und Folgerungen formuliert. Schwerpunktmäßig thematisiert der Ergänzungsplan als Ausdruck der Bedeutung *kultureller Jugendarbeit* → Kulturangebote für Kinder und Jugendliche in der außerschulischen *Jugendbildung* →, der Weiterbildung, in den Einrichtungen der Kulturpflege sowie entsprechenden Initiativen von privaten Gruppen, Vereinen und Verbänden.

Muße
Ruhe, Entspannung, schöpferisches Nichtstun, verpflichtungsfreier Zustand; aus der Umgangssprache fast verschwundener Begriff, der seine positive Bedeutung im Mittelalter (muoze) erhielt und weitgehend auch bis heute verkörpert, während das dazugehörige Eigenschaftswort »müßig« abwertend gebraucht wird (»Müßiggang«). Anders als *Freizeit* → bezeichnet M. keinen Zeitabschnitt, sondern einen Zustand und ein Verhalten, kommt dadurch dem, was unter persönlichen Freizeit verstanden wird, näher als dem zeitgebundenen Begriff, ähnlich die im Englischen und Französischen gebrauchten Wörter »leisure« und »loisir«; die Franzosen geben dem Begriff erst

in der Mehrzahl die Bedeutung »Freizeit« (loisirs).
Ob der Begriff M. reaktiviert werden kann angesichts der Notwendigkeit seines Bedeutungsgehalts für den Menschen (*Streß* →, *Langeweile* →, *Freizeitprobleme* →), ist fraglich. In der Fachdiskussion wird er im Zusammenhang mit der Freizeitentwicklung benutzt. So spricht man von einer *Emanzipation* → der M. als der Ermöglichung von M. für breite Bevölkerungsschichten. M. war Vorrecht von solchen Menschen, die einen entsprechenden Status hatten und entsprechende Versorgung materieller Art (ähnlich: *Ehrenamt* →) sowie die für M. notwendigen Fertigkeiten besaßen (in der Regel: Adel und Patriziat). Mit Beginn der Neuzeit ist eine eindeutige Demokratisierung der M., die aber immer mehr zur Freizeit wurde, festzustellen.

Mutterschaftsurlaub
an den sog. Schwangerschaftsurlaub (sechs Wochen vor und acht, bei Mehrlingsgeburten zwölf Wochen nach der Geburt) anschließender unbezahlter *Urlaub* →, der bis zum Ablauf von sechs Monaten verlangt werden kann. Im Anschluß daran kann seit 1985 ein Erziehungsurlaub von zehn Monaten genommen werden (der Arbeitsplatz bleibt erhalten).

N

Nachbarschaft
durch Zusammenwohnen entstandene soziale Gruppe, deren geographischer Raum sowie damit verbundene Gefühle, Empfindungen (z.B. Zusammengehörigkeit, Bindung) und Verhaltensweisen (Bräuche, Sitten, Rechtsnormen, Kontakte, Nothilfe: *Nachbarschaftshilfe* →).
In der Ablösungsphase von Vorstellungen der bäuerlichen Lebensweisen und ideologischer N.- und *Heimat* → -vorstellungen bestanden große Vorbehalte gegen N. Es folgte eine Phase der mehr interaktiven Betrachtung von N. (»Nähe des Zusammenhandelns«, G. Oestreich 1962), wozu auch Konzepte der *Gemeinwesenarbeit* → zu rechnen sind. Heute wird deutlich, daß zur *Identität* → des Menschen nicht nur die zwischenmenschlichen Kontakte im Raum verstreut, sondern eine räumlich-soziale Bindung gehören. Das führte zur neuen Diskussion von *Heimat* → und zur Einführung des Begriffs *lokale Identität* →.
Da die Menschen sogar leicht zunehmend ihre meiste Zeit in ihrem *Wohnbereich* → verbringen, müssen mit N. zusammenhängende Phänomene und Erkenntnisse für die Arbeit im *Freizeitbereich* → besonders beachtet werden. *Wohnumfeld* →, *Siedlung* →, *Stadt-Land-Unterschied* →

Nachbarschaftsfest
gesellige Veranstaltung der Bewohner einer Siedlung oder eines Siedlungsteils für jung und alt meist in der Form eines *kleinen Volksfestes* → (*Straßenfest* →, Hinterhoffete, Siedlerfest). Die Zahl der N. hat in den letzten Jahren stark zugenommen.
Nachbarschaft →, *lokale Identität* →

Nachbarschaftsheim
Begegnungsstätte → für alle Altersgruppen und Basis für eine auf den umgebenden Stadtteil gerichtete *agogische Arbeit* →, die den jeweiligen Gegebenheiten angepaßt ist. N.-arbeit kann daher Formen der Sozialarbeit wie der *freizeitkulturellen Bildungsarbeit* → enthalten und nicht nur auf Interaktion und Kommunikation abzielen, sondern auch auf die über das N. hinausgehende *Infrastruktur* → (z.B. Spielanlagen, Beratungsstellen). Es gibt auch Projekte, die nach Gesichtspunkten der N.-arbeit ohne eigenes N. betrieben werden. Dachvereinigungen der N. ist der Verband für sozialkulturelle Arbeit.

Nachbarschaftshilfe
1. spontane Hilfeleistungen von räumlich zusammenwohnenden Menschen (*Nachbarschaft* →).
2. Hilfe auf Gegenseitigkeit im Bereich der *Eigenarbeit* →; wichtiger Faktor der Schattenwirtschaft (*Dualwirtschaft* →);
3. Form der sozialen Hilfe; über Helferkreise (freiwillige Mitarbeiter) werden notwendige Hilfen für Kranke, Behinderte, Kinder in Abwesenheit der Eltern u.ä. gegeben; z.B. Hilfe in Haus und Garten, Essen auf Rädern, Behördengänge, Fahrdienste, Babysitting. Träger sind *Wohlfahrtsverbände* →, *Kirchen* →, *Frauenverbände* → (*Frauenbewegung* →), *Bürgerinitiativen* → und *Selbsthilfegruppen* →.

Nachfrage
Freizeitforschung →, *Freizeitmarktforschung* →

Nahbereich
je nach Bezugsgröße Wohnungsumfeld, *Wohnumfeld* → (N. der Wohnung; *Wohnen* →) oder Stadtumland. Der N. wird auch in Entfernungen im Verhältnis zur *Mobilität* → gesehen; z.B. Kleinkind – Sichtentfernung zur Mutter; Vorschulkind – Rufentfernung bis maximal 5 Min. Fußweg von der Wohnung. Das Stadtumland als N. der Städte ist Ziel u.a. des Ausflugsverkehrs, *Naherholungsverkehrs* →.

Naherholung
Erholungs → -verhalten im *Nahbereich* → der Städte und Ballungsgebiete (*Siedlung* →); auch Ausflug; Kurzzeiterholung, umfaßt die *Feierabend* →, Tages- und Wochenenderholung außer Haus, stellt eine besondere Alternative zu *Arbeit* →, Wohnung, *Wohnumfeld* → und sozialen Verpflichtungen dar. N. ist am stärksten in der Form des Ausflugs ausgeprägt, kann aber auch der Besuch des *Wochenendhauses* → oder des Dauercampingplatzes (*Camping* →), Spazierenfahren mit dem *Auto* → oder *Fahrrad* → oder das *Wandern* → sein. Die meisten Ausflüge dauern nur einen Tag, doch werden auch kürzere Zeiten gewählt oder das Wochenende. Letzteres wird insbesondere für Freizeitwohnziele gewählt und zunehmend am Freitagnachmittag begonnen.
Tagesausflüge werden in der Regel am *Wochenende* → unternommen mit dem Schwergewicht auf dem Sonntag und in den *Ferien* →. Das sind wöchentlich durchschnittlich 11 Mio. Tagesausflüge. Schwerpunkte der Ausflugstätigkeit liegen in den Monaten Mai bis Oktober mit der Spitze im Juni. Sie ist außerordentlich vom Wetter abhängig, während sich die Häufigkeit, die Entfernung, oft auch das gewählte Verkehrsmittel nach dem jeweiligen Einkommen, zum Teil auch nach dem wenig grünen *Wohnumfeld* →, richten.
Kurzurlaub →, *Freiräume* →, *Innerstädtische Erholung* →, *Landschaft* →, *Stadtgrün* →

Abb. Naherholung im Jahresverlauf

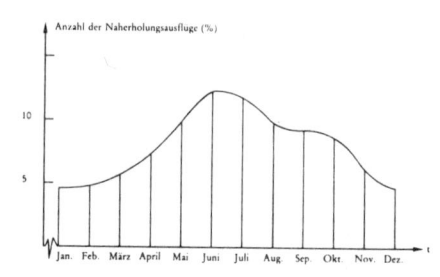

Quelle: Wilhelm, »Die Fremdenverkehrsstatistik« (Tourismus-Management 1983)

Naherholungsverkehr
Ortsveränderungen zum Zweck der *Naherholung* →; auch Ausflugsverkehr. Meist benutztes Nahverkehrsmittel ist das *Auto* →, gefolgt vom Fahrrad (*Radfahren* →). Das öffentliche Verkehrsmittel versucht Terrain zu gewinnen, hat es aber schwer, gegen die größere Beweglichkeit des Privatautos anzukommen. Das wichtigste mit dem N. verbundene Problem ist die Häufigkeit zu bestimmten Zeiten von *Wochenenden* → und *Feiertagen* →. Dadurch entstehen nicht nur Staus auf Autobahnen und Zufahrtsstraßen von *Naherholungsgebieten* →, sondern auch Parkplatzschwierigkeiten am Rande der Naherholungsgebiete, zum Teil auch innerhalb dieser. *Verkehr* →

Nahverkehr
Verkehr → innerhalb von Städten und Ballungsgebieten; Verkehrsmittel sind die öffentlichen N.-mittel: Omnibus, Straßenbahn, U-Bahn und S-Bahn (»Öffentlicher Personenn.« ÖPNV) sowie Pkw, Fahrrad und Motorrad. Der N. entsteht aus dem Berufsverkehr, dem Güterverkehr und den Einkaufsfahrten sowie den Fahrten zur *Freizeitgestaltung* → (Besuch von *Freizeiteinrichtungen* →, *Veranstaltungen* → und Vereinstreffen).

Nationalpark
große zusammenhängende *Landschaftsschutz* → und Naturschutzgebiete, die der Öffentlichkeit unter Einhaltung besonderer Regeln zugänglich sind.
In der Bundesrepublik Deutschland sind drei N. festgelegt worden: Bayerischer Wald; Berchtesgaden; das Wattenmeer an der schleswig-holsteinischen Westküste.

Natur
im Zusammenhang mit *Freizeit* → meist im Sinne des von selbst nach bestimmten Gesetzen Gewordenen; die materielle, pflanzliche, tierische N. im Gegensatz zur menschlichen *Kultur* →; oft auch als Synonym für *Landschaft* → (»in die freie Natur ziehen«) gebraucht. Diese umgangssprachliche Übung ist durchaus berechtigt, da N. in der Bundesrepublik Deutschland zwar im umfassenden Sinne der Gesamtschöpfung und ihrer Gesetze vorhanden ist, nicht aber im Sinne der »unberührten N.«; denn unsere Landschaft ist schon das Ergebnis der Auseinandersetzung des Menschen mit seinem natürlichen Lebensraum. Doch dieses Ergebnis blieb Lebensgrundlage. Bevölkerungswachstum, Entwicklung der Technik und neue Lebensformen (*Freizeitgestaltung* →, *Mobilität* →, aber auch in Städten geballtes *Wohnen* →) gefährden nunmehr diese Grundlage. Der Mensch braucht N. gerade deshalb, weil ihn

Abb. Freizeit und Natur

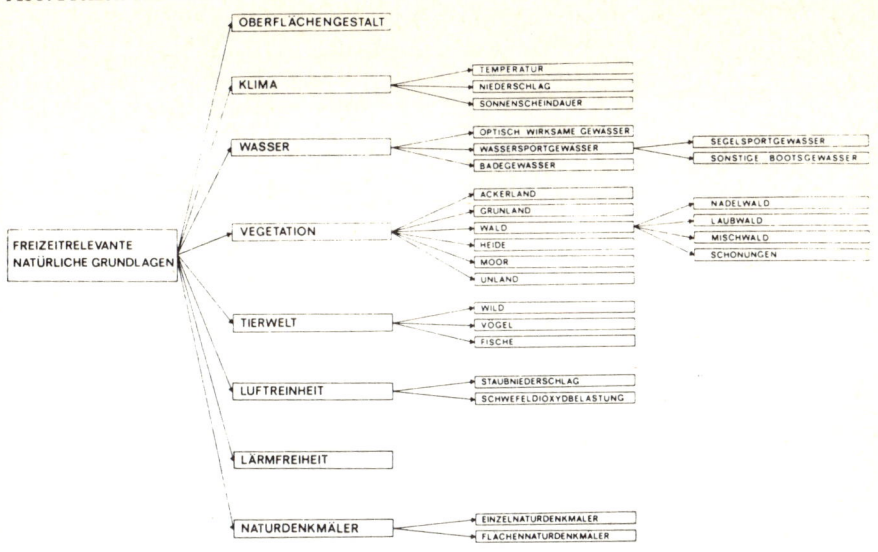

```
FREIZEITRELEVANTE
NATÜRLICHE GRUNDLAGEN
    ├── OBERFLÄCHENGESTALT
    ├── KLIMA
    │     ├── TEMPERATUR
    │     ├── NIEDERSCHLAG
    │     └── SONNENSCHEINDAUER
    ├── WASSER
    │     ├── OPTISCH WIRKSAME GEWÄSSER
    │     ├── WASSERSPORTGEWÄSSER ─── SEGELSPORTGEWÄSSER
    │     │                        └── SONSTIGE BOOTSGEWÄSSER
    │     └── BADEGEWÄSSER
    ├── VEGETATION
    │     ├── ACKERLAND
    │     ├── GRÜNLAND
    │     ├── WALD ─── NADELWALD
    │     │        ├── LAUBWALD
    │     │        ├── MISCHWALD
    │     │        └── SCHONUNGEN
    │     ├── HEIDE
    │     ├── MOOR
    │     └── UNLAND
    ├── TIERWELT
    │     ├── WILD
    │     ├── VÖGEL
    │     └── FISCHE
    ├── LUFTREINHEIT
    │     ├── STAUBNIEDERSCHLAG
    │     └── SCHWEFELDIOXYDBELASTUNG
    ├── LÄRMFREIHEIT
    └── NATURDENKMÄLER
          ├── EINZELNATURDENKMÄLER
          └── FLÄCHENNATURDENKMÄLER
```

Quelle: Turawski, »Bewertung und Auswahl von Freizeitregionen« (1972)

diese einerseits Wohlstand und Wohlsein schaffende (*Lebensbedingungen* →), andererseits zu *Leistungen* → zwingende Entwicklung selbst bedrängt, und er den Ausgleich im Ruhe gebenden N.-raum sucht (*Naherholung* →, *Wandern* →, *Radfahren* →, *Reiten* →, *Camping* →, *Angeln* →, *Jagd* →, *Bergsport* →, *Skisport* →, *Wassersport* → u.a.m.), sollen dieses N.-erleben (*Erlebnis* →) ermöglichen. Jede Nutzung der N. hat Wirkungen, führt auch zu Zielkonflikten. Überdies entstehen »Wirkungsketten«: Alles muß irgendwo bleiben. Jeder Gebrauch bedingt zugleich Verbrauch. Die Dauerhaftigkeit (»Nachhaltigkeit«) sich erneuernder Naturgüter endet bei zu hohem Verbrauch. Jeder (vermeintliche) Gewinn hat seinen Preis (*Ökologie* →). Entsprechend muß der Erholungssuchende N. schützen, um sich auf Dauer erholen zu können. Erholungsangebote sollen nicht zum Mißbrauch der N. anreizen. Andererseits bewirkt Einbeziehen der N. in die Stadtlandschaft eine Verringerung des Bedürfnisses, in die freie Landschaft zu »fliehen«; eine wichtige Begründung für eine Unterstützung und Verstärkung der Schaffung und Gestaltung von Freiraum (*Freiraumplanung* →) in den *Siedlungen* → mit geschützten und nutzbaren Grünanlagen (*Freizeitanlagen* →, *Parks* →, *Kleingartenanlagen* →). Andererseits muß die Informations- und Erziehungsarbeit für *Umweltschutz* → und *Freizeit* → (*Freizeitpädagogik* →, *Freizeitkulturelle Bildung* → usw.) auch die Bedeutung und Behandlung der N. für *Freizeittätigkeiten* → und *Erholung* → beinhalten. Schutz und Erhaltung der N. können wiederum zur Freizeittätigkeit werden (wenn auch hier ein Zuviel zu schaden vermag).

Lit.: Deutsche Gesellschaft für Freizeit «Natur und Erholung, Problem-Grundsätze-Forderungen«. Düsseldorf 1983

Naturlehrpfad
Lehrpfad →

Naturpark
Landschaftsschutzgebiete → mit größerer Ausdehnung, die in besonderer Weise für die *Erholung* → geeignet sind, deren Erhaltung durch entsprechende Regelungen (Bundesnaturschutzgesetz, Schutzverordnungen) und Maßnahmen gesichert wird.
Es gibt mehr als 60 N. in der Bundesrepublik Deutschland, die etwa ein Fünftel von deren Fläche einnehmen.
Dachverband der N.-träger ist der Verband Deutscher Naturparke.
N. stellen den Grundstock der *Naherholungs* → -gebiete und der *Freizeitgebiete* →, sind also aus der *Freizeitinfrastruktur* → nicht wegzudenken.
Andererseits verbinden sie damit auch die Erhaltung von *Natur* → und *Landschaft* → (*Landwirtschaft und Freizeit* →). Ihr wichtigstes zukünftiges Problem dürfte die positive

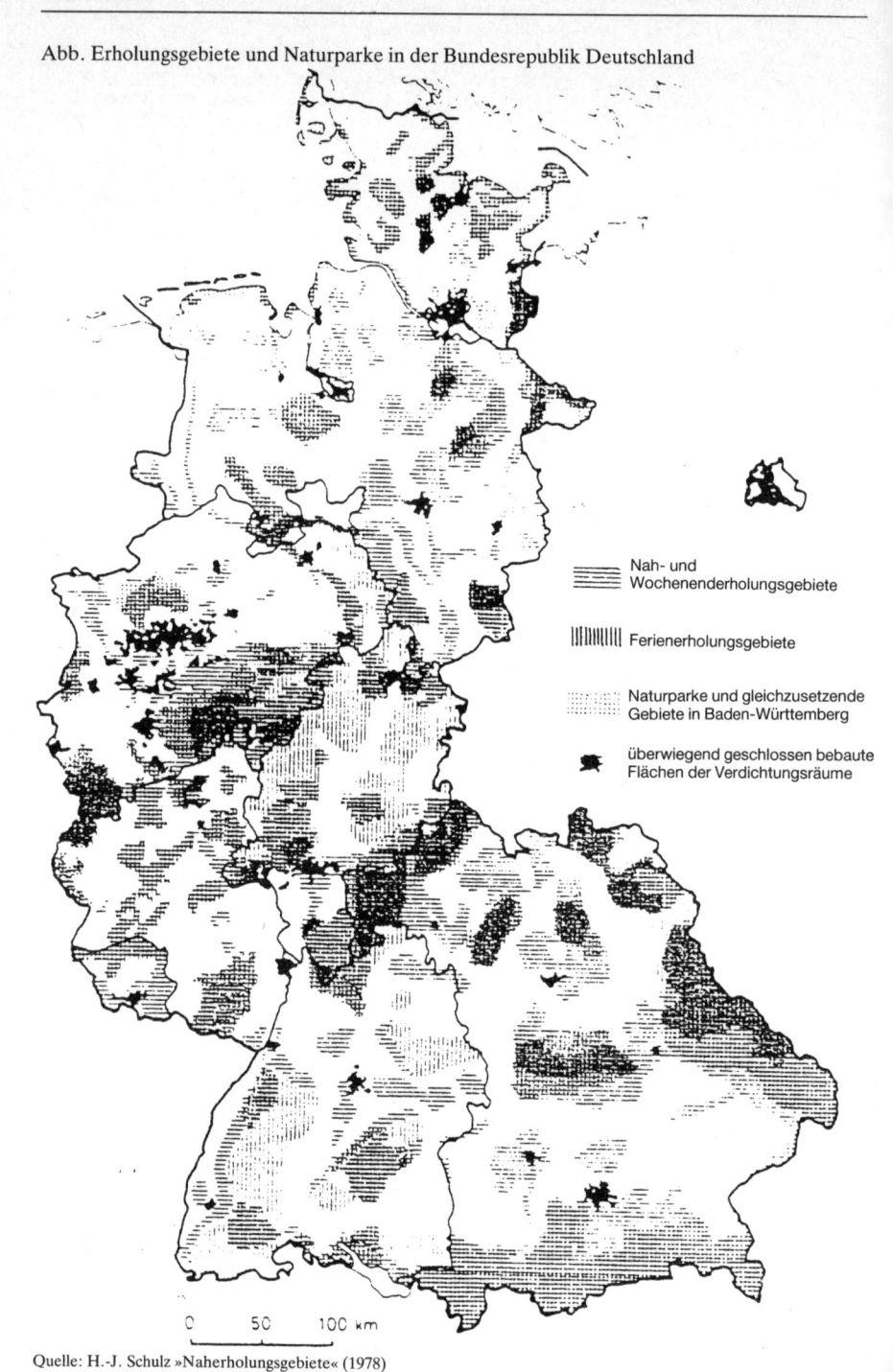

Abb. Erholungsgebiete und Naturparke in der Bundesrepublik Deutschland

≡≡≡ Nah- und Wochenenderholungsgebiete

||||||||| Ferienerholungsgebiete

::::: Naturparke und gleichzusetzende Gebiete in Baden-Württemberg

▓ überwiegend geschlossen bebaute Flächen der Verdichtungsräume

0 50 100 km

Quelle: H.-J. Schulz »Naherholungsgebiete« (1978)

Nutzung des *Tourismus* → für die Erhaltung der N. sein. Nicht unproblematisch ist auch der Erholungsverkehr (*Naherholungsverkehr* →zu den N.).

Lit.: Neuwirth »Die deutschen Naturparks« 1983

Naturschutz

Schutz, Pflege und Entwicklung von *Natur* → und *Landschaft* → mit dem Ziel, die Leistungsfähigkeit des Naturhaushaltes, die Nutzungsfähigkeit der Naturgüter, die Pflanzen- und Tierwelt sowie die Vielfalt, Eigenart und Schönheit von Natur und Landschaft als Lebensgrundlage des Menschen und als Voraussetzung für seine *Erholung* → in Natur und Landschaft nachhaltig zu sichern (Bundesnaturschutzgesetz 1976). Dies geschieht durch die Ausweisung von *Naturschutzgebieten* →, *Nationalparks* →, *Landschaftsschutzgebieten* → und *Naturparks* →, wovon etwa ein Drittel der Fläche der Bundesrepublik Deutschland erfaßt ist.

N.-gebiete dienen vorwiegend dem Arten- und Biotopschutz. Sie sind nur selten oder mit besonderen Auflagen für die Erholungssuchenden zugänglich (anders die *Landschaftsschutzgebiete* →, Naturparks und Nationalparks, die als Funktion neben dem Schutz von Natur und Landschaft auch die der Erholung haben).

N. wird auch bei Fragen der *Raumordnung* → geltend gemacht (z.B.: Landschaftsverbrauch, *Freiraumplanung* →, Straßenbau, Küstenschutz, *Landwirtschaft* →).

Der N. obliegt in erster Linie jedem Bürger. Nachdem die Bedeutung des N. immer deutlicher wurde, bildeten sich zahlreiche Verbände. Mit Fragen des besonderen Naturschutzes befaßt sich die Arbeitsgemeinschaft beruflicher und ehrenamtlicher Naturschutz. Naturschutz und Umweltschutz als allgemeines Anliegen vertreten als Zusammenschlüsse von örtlichen Vereinigungen, u.a.: Bundesverband Bürgerinitiativen Umweltschutz (BBU); Bund für Umwelt und Naturschutz Deutschland (BUND); Deutscher Naturschutzring (DNR).

Von Einzelproblemkreisen kommen her u.a.: Deutsche Waldjugend (DWJ); Deutscher Bund für Vogelschutz (DBV); Schutzgemeinschaft Deutscher Wald; Deutscher Jagdschutzverband; World Wildlife Fund (WWF). Darüber hinaus setzen sich zahlreiche Berufsverbände, Freizeitverbände und Institute für N. ein.

Die gesetzlichen N.-aufgaben obliegen den N.-behörden auf den verschiedenen Ebenen (Stadt, Kreis, Regierungsbezirke, Land).

Naturschutzgebiet

Landschaftsräume oder Teile von diesen, in denen aus Gründen des *Naturschutzes* → der derzeitige Zustand (Biotop, einzelne Pflanzen oder Tiere) erhalten oder die natürliche Entwicklung sich selbst überlassen bleiben. Sie müssen fest umgrenzt ausgewiesen werden.

New Games

als Spielbewegung 1979 von USA in die Bundesrepublik Deutschland gekommen; Bewegungsspiele, die jedoch nicht einfach zu übersetzen sind mit »neue Spiele«, die jemand erfunden hat und die, im Unterschied zu den bisher bekannten, jetzt gespielt werden. Oft handelt es sich um *Kleine Spiele* →, die auch bei uns seit langem bekannt waren, die aber in den USA anders aufbereitet wurden, so daß sie z.T. attraktiver und/oder mit großen Gruppen und in »Offenen Spielsituationen« populär wurden.

N. sind frei von starrer Regelhaftigkeit, das Kämpfen und Leistungsstreben tritt in den Hintergrund. Falls es trotzdem unumgänglich ist, werden beide Momente spielerisch angegangen und entsprechend abgewandelt. Die Freude am *Spiel* → steht eindeutig im Mittelpunkt.

»Spiel intensiv – Spiel fair – Tu niemandem weh!« kennzeichnen den Versuch des Abbaues jeglicher agressiver Einstellung, eben des »soft war« (weichen Krieges).

Sportspiele →, *Freizeitsportspiele* →, *Trimm-Aktion* →

Lit.: Fluegelmann/Tembek, New Games – die neuen Spiele, Bd. 1, Soyen 1979
Fluegelmann, Die Neuen Spiele, Bd. 2, Soyen 1982
Kapustin, New Games – eine neue Spielbewegung aus den USA, in: Sportpraxis in Schule und Verein, 5/6 (1980)
Schöttler, New Cames-Trend oder Bedürfnis? in Franke, (Hrsg.) Sport und Freizeit, Reinbeck 1983

Schöttler

Nikotinkonsum

Inhalieren des im Tabakrauch enthaltenen Giftes, welches das vegetative Nervensystem anregt (dadurch Freisetzung von Adrenalin und Mobilisierung von Zucker aus den Körperdepots).

N. macht anders als Alkohol nicht süchtig (*Drogen* →, *Sucht* →), führt aber zu körperlichen Schädigungen. Insbesondere bei Herz- und Kreislaufkrankheiten muß daher der N. eingestellt werden. Allerdings wird der stark bzw. regelmäßig Rauchende von N. abhängig, d.h. er muß den N. fortsetzen oder er leidet unter Entzugserscheinungen. Der Raucher raucht daher sowohl während der Arbeit als in seiner Freizeit. In *Streß* → -situationen wird mehr geraucht, ebenso aus *Langeweile* →. Wer den N. aufgibt, muß sich auch psychisch darauf einstellen (*Kurgastbetreuung* →).

N. kann kaum untersagt werden in *Veranstal-*

tungen →, es sei denn bei ausschließlich Nichtrauchern vorbehaltenen.
Ebenso schwer ist ein generelles Rauchverbot in den meisten *Freizeiteinrichtungen* → einzuführen und durchzuhalten. Deshalb müssen die Räume zum Schutz der Nichtraucher entsprechend gut entlüftet werden können. Ein nicht geringes Problem sind die Rauchabfälle und deren Beseitigung.

Normen
DIN →

Nulltarif
kostenlose Nutzungsmöglichkeiten von öffentlichen bzw. gemeinnützigen Einrichtungen und Angeboten. Der N. wird einerseits aus sozialen Gründen auch für bestimmte *Freizeiteinrichtungen* → (z.B.: *Bad* →) gefordert, andererseits abgelehnt, weil solche Einrichtungen nicht von der gesamten Bevölkerung genutzt würden, so daß die Nutzer für die Leistung, die sie erhielten, besonders subventioniert würden. Ein weiteres Argument gegen den N.: »Was nichts kostet, gilt nichts.«

Nutzer
auch Benutzer, Besucher; diejenigen, die ein *Angebot* → annehmen, eine *Freizeiteinrichtung* → aufsuchen, Leistungen in Anspruch nehmen, sich in einer *Landschaft* → bewegen. Planer, Anbieter und Betreiber sind an Daten über die N. interessiert, um ihre *Programme* → verbessern zu können. Die Gesamtheit solcher Daten ergibt die sog. N.-struktur (z.B.: Zahl, Alter, Geschlecht, geographische und soziale Herkunft, Interessen, Verhalten). Aus dem gleichen Interesse entspricht die Bemühung, bestimmte N.-typen herauszufinden. Hierzu werden insbesondere Motive und Art der Nutzung des Angebotes beobachtet.
Bei Bädern wurden vier N.-grundtypen konstruiert (Karst 1979): Der Sportler, der Gesundheitsbewußte, der Freizeiter, der Familienbewußte. Für die Landschaftsnutzung ergibt sich ein komplexeres Bild (H.-J. Schulz 1978): Wandertyp; Freiraumtyp; Landschaftstyp; Rundfahrertyp; Promeniertyp; Sporttyp; Bildungstyp (*Tabelle* →). Urlaubstypen sind ähnlich vielfältig (H. Hahn) 1974): S-Typ

Abb. Nutzerzahlen

Quelle: Schulz, »Naherholungsgebiete« (1978)

Abb. Nutzerentscheidung

Entscheidungs- und Auswahlschema

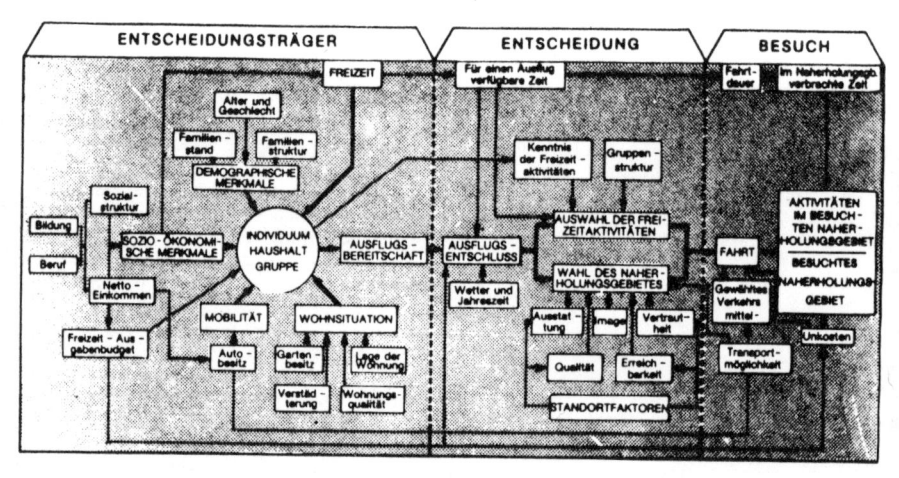

Quelle: Schnell, »Wohnen als Determinante des Freizeitverhaltens am Beispiel des Ruhrgebietes« (1980)

(Sonne, Sand und seeorientierter Erholungsurlauber); F-Typ (ferne- und flirtorientierter Erlebnisurlauber); W-1-Typ (wald- und wanderorientierter Bewegungsurlauber); W-2-Typ (wald- und wettkampforientierter Sporturlauber); A-Typ (Abenteuer-Urlauber); B-Typ (Bildungs- und Besichtigungsurlauber) mit Untertypen (Sight-seeing, gefühlsbetont, rational interessiert).

Bedeutsam sind für Freizeiteinrichtungen und -gebiete die N.-zahlen insgesamt (»Auslastung«) und die Verteilung im Zeitraum (Tagesablauf, Woche, Jahr), die N.-frequenz. Innerhalb komplexer Freizeiteinrichtungen

Abb. Nutzertypen

Erholungstypen: Eine Auswahl aus der Komplexität der Freizeitaktivitäten in der »freien Landschaft«. Es werden nicht sämtliche Verhaltensweisen und Motive erfaßt; zwischen den unterschiedlichen Typen gibt es Überschneidungen und Übergänge

Typ	Motive (Wünsche, Erwartungen)	Aktivitäten
Wandertyp	traditionsgeleitet, Suche nach Harmonie, Aufsuchen der Restflächen der »noch heilen Welt«, Distanz zum Alltag sowie zu anderen Erholungstypen, Wunsch nach »Naturnähe«	wandern, spazieren, sich bewegen, Natur beobachten, Ausschau halten, sammeln (Früchte, Pflanzen), rasten, Aussicht genießen, skiwandern
Freiraumtyp	Suche nach Freiheit, Ungestörtsein, bewußtes Anti-Normverhalten, Erproben von neuen Rollen und Reizen, Selbstbestimmung, Distanz zum Alltag, Spontaneität	wild lagern, campieren, picknicken, feuermachen, klettern, bergsteigen, herumtollen (Gelände- und Jagdspiele), wild baden, nacktbaden, fischen, sonnen
Landschaftstyp	Suche nach Harmonie und Kontakten, Gruppenerlebnis, starkes Regelverhalten, soziale Kontrolle, Suche nach »Heim im Grünen«	lagern, picknicken, campieren, zelten, Caravaning, spielen (Rasen- und Ballspiele), ruhen, sitzen, ausspannen, sonnen, Reviere bilden und ausgestalten (Camping und Wochenendhaus), baden (an frei zugänglichen Ufern), Skilanglauf, skiwandern, schlittenfahren
Rundfahrertyp	traditionsgeleitet, Prestige- und Bildungsgewinn durch Reisen, räumliche Dynamik, Suche nach der Ferne, Entdeckungen, »Sehenswürdigkeiten«	autofahren, autowandern, radfahren, besichtigen, einkehren, promenieren, spazierengehen, rundwandern
Promeniertyp	Suche nach Kontakten, »Sehen und Gesehenwerden«, Suche nach Massenerlebnis, keine Strapazen	promenieren, flanieren, einkehren, zuschauen, Leute beobachten, gesehen werden, ausruhen, sitzen
Sporttyp	trainieren, anspannen, Zurschaustellen des eigenen Leistungsvermögens, sportliche Aktivität als Erlebnis und zur Körperertüchtigung, aktive Zerstreuung, Fitneß, Erhaltung der körperlichen Leistungsfähigkeit	Leichtathletik treiben, trainieren, Ballspiele (Tennis etc.), schwimmen, wasserskifahren, segeln, rudern, bootfahren, golfspielen, reiten, schießen, Wintersport treiben (Skifahren, Skilanglauf, Eislauf, Hockey, Curling)
Bildungstyp	Suche nach kreativem und selbstbestimmtem Verhalten, Erproben von neuen Rollen und Reizen, Prestigegewinn	sich weiterbilden (diskutieren, lesen), besichtigen, Veranstaltungen und Anlässe besuchen, einkehren

Quelle: Schulz, »Naherholungsgebiete« (1978)

Nutzer

wird auch die Nutzung von Einzelangeboten gemessen.
Zum N.-verhalten gehört auch ihr finanzielles Gebahren. In privatwirtschaftlichen, aber auch zahlreichen öffentlichen Unternehmen ist es von Bedeutung für den Erfolg des Angebotes.
Für viele Einrichtungen spielt auch die Bindung der N. an diese eine wirtschaftliche Rolle (»Stammbesucher«, Bereitschaft zur *Partizipation* →).
Schließlich wird auch Wissen verlangt über Aggressionen von N. gegen Programme und Material sowie über Motive von Nichtn. und die mögliche Erweiterung des N.-kreises.

Nutzeranalyse
Freizeit-Forschung →

Nutzungsypen
Nutzer →

Abb. Nutzungsauslastung von Freizeiteinrichtungen

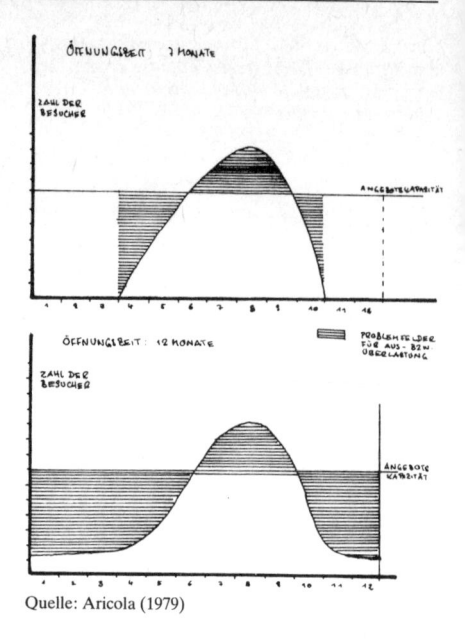

Quelle: Aricola (1979)

O

Öffentlicher Träger
Organ der öffentlichen Verwaltung im Bereich der *Freizeit* →, der Sozialarbeit, der Kultur- und Bildungsarbeit, das für das Angebot von Programmen, Diensten und für den *Betrieb* → von Einrichtungen zuständig ist (in der Regel: Ämter).
Im *Freizeitwesen* → gibt es zahlreiche Mischformen zwischen öffentl. und freier Trägerschaft, z.B. Betriebs-GmbH (*Revierparks* →, Museen des Landschaftsverbandes Rheinland, Bürgerhaus »Bergischer Löwe«, Stadthallengesellschaft usw.); eingetragener Verein (Verein zur Sicherung überörtlicher Erholungsgebiete in den Landkreisen um München, *Fremdenverkehrs* → verbände u.a.m.).
Im Bereich der Jugend- und Sozialarbeit spricht man aufgrund gesetzlicher Bestimmungen von örtlichen (*Jugendamt* →, Sozialamt in Städten und Kreisen) und überörtlichen Trägern (Landesjugendämter, Landeswohlfahrtsverbände). Diese Unterscheidung wird im Freizeit- und Kulturbereich nicht gebraucht.

Öffentlichkeitsarbeit
auch Public Relations; jede bewußte, geplante und dauernde Bemühung von Organisationen, gegenseitiges Verständnis und Vertrauen in der Öffentlichkeit aufzubauen und zu pflegen.

Ö. wird heute auf allen Gebieten des gesellschaftlichen, politischen, wirtschaftlichen und kulturellen Lebens, also auch des *Freizeitbereichs* → betrieben. Sie fußt auch in anderen Bereichen angewandten Kommunikationsformen, besonders der Publizistik. Als Organisationstätigkeit ist Ö. Aufgabe und Bestandteil des *Managements* →.
Daher kann Ö. keine Managementfehler aufheben, wohl aber interpretieren. Wirksame, d.h. Vertrauen schaffende dauerhafte Ö. hat drei Grundbedingungen: Wahrheit (= nachprüfbar); Klarheit (= verständlich); Einheit von Wert und Tat (= schlüssig und eindeutig). Die beste Ö. ist das Handeln der Organisation (»Tu Gutes und rede darüber!«), im Unterschied zur *Werbung* →, welche Angebote/Waren fördert.
Für Ö. werden drei Teilaufgabengebiete genannt: a) Beziehungen zu den Medien (Presse, Funk, Fernsehen, Film) aufnehmen und pflegen (»Pressearbeit«); b) Kontaktaufnahme und -pflege zu gesellschaftlich und politisch wichtigen Persönlichkeiten und Gruppen, die für die Organisation von Bedeutung sind; c) Information und Beratung von Management und Mitarbeiterschaft der Organisation.
Im *Freizeitbereich* → haben sich neben der Ö.

üblicher Art weitere Formen in den Institutionen herausgebildet, deren Hauptaufgabe die Information und *Kommunikation* → ist (*Freizeitinformationsdienste* →, z.B. *Agogik* →, *Animation* →, *Freizeitkulturelle Bildung* →, *Informative Beratung* →, *Gemeinwesenarbeit* →).
Hier ist Ö. auch »Ware«, also Bestandteil des Angebotes, nicht nur Teil des Managements.
Die Zahl derartiger Organisationen im Freizeitbereich ist groß. Deshalb kommt der Ö. besondere Bedeutung zu. Jedoch wird sie in der täglichen Praxis oft eher amateurhaft als professionell betrieben.
Das drückt sich meist im nichtplanmäßigen Vorgehen, in der Zufälligkeit des Handelns aus. In den Kommunikationseinrichtungen gilt das Unprofessionelle dann für die Gesamtarbeit.
Es müssen für eine dauerhafte Arbeit die vier planerischen Grundfragen beantwortet werden können: Was ist vorhanden? (Untersuchung des Ausgangspunktes); Was soll erreicht werden? (Planung der Maßnahmen für Ö.); Wie kann das erreicht werden? (Durchführung der Maßnahme) und: Was konnte erreicht werden? (Wirkungskontrolle der durchgeführten Maßnahme).
Über die Ö. der einzelnen Organisationen des Freizeitbereichs hinaus muß für diesen selbst und für das *Freizeitbewußtsein* → Ö., gemacht werden, was eine wichtige Aufgabe für die Deutsche Gesellschaft für Freizeit und für die anderen Organisationen des Freizeitwesens ist.

Ökologie

Lehre von den Zusammenhängen oder Wechselwirkungen in der Umwelt.
Jedes Lebewesen ist verbunden mit einer Vielzahl von Faktoren und eingebunden in Beziehungen und wechselseitige Einflüsse. Die so entstehenden »Systeme« sind nur schwer darstellbar und damit vorstellbar. Es ist deshalb auch nicht einfach, Veränderungen des jeweiligen »Ökosystems« vorherzusehen, wenn Teile desselben verändert werden.
Da heute der Mensch in die Lage versetzt ist, die Ökosysteme nachhaltig zu verändern, muß er ökologisch zu handeln lernen (d.h.: seine Einwirkung auf *Natur* → und seinen Lebensraum erkennen, beurteilen und entsprechend korrigieren). Ö. hat dabei die Aufgabe, alle umweltbezogenen Maßnahmen auf ihre Folgen hin abzuschätzen und zu beeinflussen (*Umweltschutz* →, *Naturschutz* →).
Die Ö. beinhaltet eine ganzheitliche Betrachtungsweise, die ähnlich auch in »Freizeittheorien« zu finden ist (*Freizeitpolitik* →). Aus dem Ö.-denken sind inzwischen Gesetze entstan-

Abb. Ökosysteme

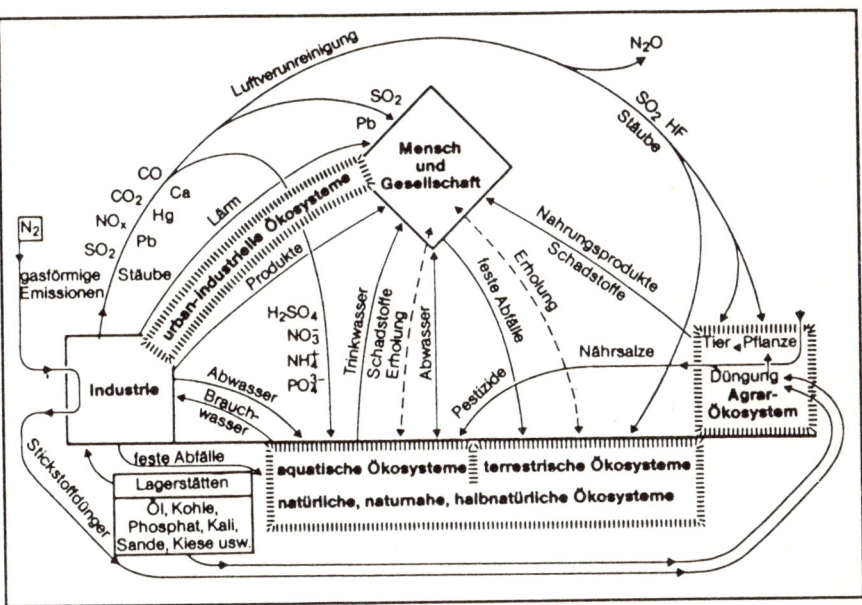

Quelle: Deutscher Bundestag »Umweltgutachten« Drucks. 8 (1978)

Ökologie

Abb. Profil eines Feldgehölzes und Beispiele für ökologische Einnischung tierischer Bewohner

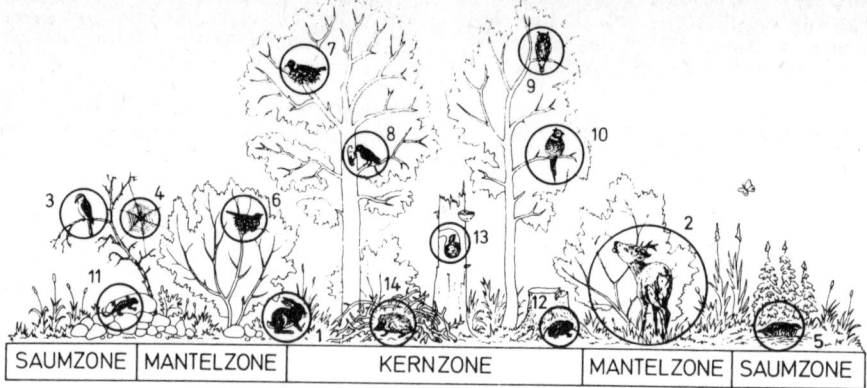

SAUMZONE	MANTELZONE	KERNZONE	MANTELZONE	SAUMZONE

1 Deckung für Niederwild (z. B. Hase)
2 Äsung für Niederwild (z. B. Reh)
3 Sitzplätze für Lauerjäger (z. B. Raubwürger)
4 Dickicht für Fallensteller (z. B. Kreuzspinne)
5 Nistplätze für Bodenbrüter (z. B. Rebhuhn)
6 Nistplätze für Buschbrüter (z. B. Dorngrasmücke)
7 Nistplätze für Baumbrüter (z. B. Ringeltaube)
8 Baumhöhlen für Höhlenbrüter (z. B. Star)
9 Schlafplätze für Nachtaktive (z. B. Waldohreule)
10 Schlafplätze für Tagaktive (z. B. Fasan)
11 Sonnige Plätze für Reptilien (z. B. Zauneidechse)
12 Schattige Verstecke für Amphibien (z. B. Erdkröte)
13 Winterquartiere für Bilche u. a. (z. B. Haselmaus)
14 Kinderstuben für Kleinsäuger (z. B. Igel)

Quelle: DJV »Wild und Jagd« (1982)

den, die auch *Freizeit* → berühren: Bundesnaturschutzgesetz (*Freiraumplanung* →), Bundesimmissionsgesetz, Wasserhaushaltsgesetz.

Offene Angebote
allen zugänglichen *Freizeitangebote* →, im Unterschied zu *Vereins-* → und *Zielgruppen* → -angeboten.

Offene Jugendarbeit
Prinzipiell an alle Jugendlichen gerichtete Angebote der Jugendhilfe (*öffentlicher Träger* → → und *freier Träger* →). Im Gegensatz zur eingeschränkten Teilnahmemöglichkeit für *Jugendliche* → im Bereich der teiloffenen Tür (TOT) sind die jugendpflegerischen und jugendfürsorgerischen Angebote der O. nicht nur für bestimmte Gruppen geöffnet und an einem spezifischen Verbandsinteresse orientiert, sondern wenden sich an alle Gruppierungen.
O. kann eine im dreifachen Sinne offene sein: a) offen für alle Gruppen von Jugendlichen (keine Aussperrung einer bestimmten Gruppe); b) offen für die aktive Mitgestaltung der Inhalte der *Jugendarbeit* → und *Jugendpflege* → für die teilnehmenden Jugendlichen (Mitwirkung und -bestimmung, *Partizipation* →); c) offen in einem thematischen nicht eingegrenzten Sinne, das sich an dem jeweiligen Teilnehmerinteresse orientiert (Bedürfnisorientierung).

O. kann in *Jugendfreizeitstätten* →, Jugendzentren *öffentlicher Trägerschaft* → genauso realisiert werden wie von Verbänden, Vereinen und Initiativen. Faktisch läßt sich O. nur bedingt realisieren, da häufig Verbandsinteressen und Vereinsziele sich an einer jugendpflegerischen Aufgabe orientieren und zugleich trotz offener Angebote an alle Jugendliche nur bestimmte Gruppierungen erreicht werden. Freizeiterziehung müßte versuchen, ein umfassendes bedürfnisorientiertes Angebot zu entwickeln, das jugendfürsorgerische Momente mit sozialisierenden verbindet und zugleich kulturelle, politische, musische und sportliche Aktivitäten von Jugendlichen fördert und entwickelt. Das setzt voraus, Jugendpflege und Jugendfürsorge aufeinander zu beziehen und die Berufskompetenzen der *Sozialpädagogen* → und *Freizeitpädagogen* → weiterzuentwickeln, die eine umfassende Qualifizierung für diese Aufgabe ermöglichen.
O. kann für Jugendliche neben Schule, Betrieb, Elternhaus und peer-group ein wichtiges *Sozialisations* → -feld sein. Gerade als Raum des selbstbestimmten Lebens und Erprobens individueller und sozialer Rollen ist O. ein wichtiges Handlungsfeld für Jugendliche, auch als Gegenmilieu zu negativen subkulturellen Gruppierungen. Das gilt besonders für politische Sozialisationsprozesse (*Politische Bildung* →).

Vahsen

Offener Kanal
jedermann zugänglicher Fernsehkanal in einem Kabelnetz (*Medien* →) zur Sendung selbst produzierter Beiträge (»Bürgerfernsehen«). O. können nach Erfahrung in den USA zu einem Ansturm auf die Studios der Kabelgesellschaften sowie einer Steigerung der Videographie (*Video* →, *Amateurfilm* →) führen. Produziert werden Filme vor allem über interessante Themen in einem Nachbarschaftsbereich oder Stadtteil. O. bilden somit eine Ergängzung des allgemeinen und regionalen Fernsehprogramms nach »unten«.

Offene Tür (OT)
Jugendfreizeitstätte →

Olympische Spiele
weltweit durchführte, *Amateuren* → vorbehaltene sportliche Wettkämpfe, die alle vier Jahre als Winter- und Sommerspiele an einem anderen Ort stattfinden.
O. sind durch die Massenkommunikationsmittel (*Medien* →) für die Zeit ihrer Durchführung Zuschauersportereignis Nr. 1. Nachgewiesenermaßen wirken die O. auch als Stimulans für die persönliche *Sport* → -ausübung sowie positiv für das *Image* → des Sports im allgemeinen. Träger der O. ist das Internationale Olympische Komitee, dem wiederum die Nationalen Vereinigungen angehören; in der Bundesrepublik Deutschland: Deutsche Olympische Gesellschaft (DOG).
Die Olympischen Gesellschaften bemühen sich um die Nachwuchsförderung, die nur auf einer breiten sportlichen Basis sinnvoll ist. Deswegen entwickelte beispielsweise die DOG den sog. *Goldenen Plan* → zur Förderung des Sportstättenbaus und setzte sich für die Auseinandersetzung mit dem Phänomen *Freizeit* → bereits in der zweiten Hälfte der fünfziger Jahre ein und war an der Gründung der Deutschen Gesellschaft für Freizeit maßgeblich beteiligt.

Open Air Festival
Großveranstaltung unter freiem Himmel; meist für *Rock* →, *Pop* → und *Jazz* → -Veranstaltungen gebraucht, an denen mehrere Gruppen, Bands teilnehmen und die auch zeitlich den Rahmen normaler Konzerte sprengen. O. stellen die Veranstalter vor erhebliche Risiken (Wetter, notwendige große Besucherzahl) und organisatorische Probleme (Besuchermassen, Verkehrsaufkommen, Kontrolle, Technik, *Emissionen* →, *Immissionen* →).

Oper
1. Bühnenwerk, das Musik, Wort, szenische Darstellung, auch Tanz miteinander verbindet. Obwohl immer wieder totgesagt, findet die O. immer wieder Freunde in ihrer Vielfalt von Sujets und Stilen. Andere Formen des Musiktheaters sind die Operette, das Singspiel und das Musical sowie das Tanztheater.
2. Bezeichnung für die *Kultureinrichtung* →, die Musiktheateraufführungen anbietet sowie das Gebäude (Opernhaus). Die O. gehört zu den klassischen Kulturangeboten mit dem in der Regel größten Kulturetatanteil in den O.-tragenden Städten. Daher wird von Zeit zu Zeit die O. in Diskussionen über die Berechtigung von Elitekultur einerseits und kostendeckende Eintrittspreise andererseits hineingezogen.
Unumstritten ist jedoch die künstlerische und kulturelle Bedeutung (als »Marktführer«) der O. im städtischen Kulturleben. Die kulturpolitische Frage ist nicht die Abschaffung der O., sondern die parallel zu den traditionellen Kultureinrichtungen aufzubauende *sozialkulturelle Arbeit* → (*Kulturarbeit* →).
Darüber hinaus gibt die O. einer größeren Zahl von *Künstlern* → Arbeit. Im Rahmen der kulturellen Breitenarbeit wurden zur besseren Nutzung des an O. und Theatern versammelten Potentials gelungene Versuche der Dezentralisierung (Kammer- und Kurzopern in Schulen, Gemeindezentren und *Begegnungsstätten* →) sowie der Beratung von *Amateur* → -gruppen durch Ensemblemitglieder unternommen. Hingegen sind Operntourneen wegen des hohen Aufwandes wesentlich seltener als Schauspieltourneen. Zur Minderung der Kosten unterhalten einige Städte Opernensembles gemeinsam; dieses Modell setzt sich allerdings nur langsam durch.

Opinion-leader
engl.: Meinungsführer; Person, die in einer Gruppe über ein höheres für die Gruppe wichtiges Wissen verfügt und dadurch Unsicherheit nehmen und Meinung bilden kann. Typische O. sind Politiker, Vereinsvorsitzende, Betriebsräte, Pfarrer, Journalisten. Doch gibt es in den Kreisen derjenigen, die regelmäßig mit bestimmten Menschen zusammenkommen, O. (z.B.: Hausmeister, Einzelhändler, Frisöre, aber auch kontaktbereite Nachbarn, Einwohner, Kollegen in Organisationen). Allen O. ist gemeinsam, daß sie von der Gruppe anerkannt sind. Diese Tatsache kann im Rahmen von *Gemeinwesenarbeit* → und *sozialkultureller Arbeit* → auch zu qualifizierten Meinungsumfragen sowie Mitwirkung (*Partizipation* →) der O. als »Schlüsselpersonen« genutzt werden.

Orchester
größeres Instrumentalensemble. Es gibt sehr unterschiedliche O. Symphonie-, *Opern-* →, *Tanz-* →, *Militär-* →, *Jazz-* →, Blas-, Streich-, Zupf-, Akkordeon-, Kammer-, Jugend-, Schul-, Liebhaber- (*Laienmusik* →), Unterhaltungs-, Rundfunk-, Studio-O. Soweit O. nicht Vereinigungen sind, werden sie durch *öffentliche Träger* → unterhalten (*Musik* →). Die Gesamtzahl von O. ist nicht bekannt. In öffentlicher Trägerschaft bzw. überwiegend öffentlich gefördert sind 83 Symphonie-O.; dazu kommen 12 Radiosymphonie-O. Es gibt mindestens 5 000 Blas-O., ca. 1 800 Akkordeon-O., ca. 1 100 Zupf-O.

Organisation
Bereich rationaler, planmäßiger Zusammenarbeit und gezielten Mitteleinsatzes zur Erreichung von Zielen und Ergebnissen (*Planung* →). O. ist a) eine Tätigkeit zum Aufbau von Ordnungsgefügen (Aufbauorganisation) sowie von *arbeitsteiligen Prozessen* → (Ablauforganisation) zur Verwirklichung der gesetzten Zwecke; b) das Ergebnis der Tätigkeit O. in bezug auf das durch die Kooperation entstandene soziale System (in diesem Zusammenhang auch die Bezeichnung O. für Verbände, Parteien, Gewerkschaften). O. ist eine der Hauptaufgaben des *Managements* →. Aufgrund der O.-arbeit entstehen O.-strukturen als ein System von Regelungen, das einerseits das Ordnungsmuster des O.-aufbaus zum anderen des organisatorischen Ablaufs darstellt. In den *Betrieben* → des *Freizeitwesens* → lassen sich derzeit zwei Grundmuster der O.-struktur unterscheiden: a) Bürokratisches Modell (M. Weber u.a.); Abteilungsleitung; Autoritätshierarchie; umfassende Regeln/Betonung der schriftlichen Kommunikation; Arbeitsverfahren zur Bewältigung von Arbeitssituationen (z.B.: Routine); auf fachlicher *Kompetenz* → beruhende Rekrutierung und Beförderung der *Mitarbeiter* →; rationale Disziplin: auf bestimmte Zuständigkeiten begrenzte Amtsautorität; Differenzierung der Belohnung gemäß Position (Bundesangestelltentarif/Besoldungsordnungen/Tarifverträge der Wirtschaft/freie Vereinbarungen); Trennung von Verwaltung und Eigentum. Bislang häufigstes Modell, wenn auch kaum »reinrassig« anzutreffen. b) Genossenschaftlich-kollegiales Modell: Arbeitsteilung nach Vereinbarung; Sachhierarchie; Verhaltenskonsens/Betonung der verbalen *Kommunikation* →; auf inhaltlicher Übereinstimmung beruhende Mitwirkung der Genossen/Mitarbeiter; nach den Gegebenheiten wechselnde Amtsautorität und Zuständigkeit; rationale und emotionale Disziplin; gleiche Entlohnung bzw. Entlohnung nach Arbeitseinsatz/Einlage; Identität von Verwaltung und Eigentum. Dieses O.-strukturmodell ist in Genossenschaften, alternativen Betrieben, *Selbsthilfe* → -modellen und *Vereinen* → zu finden.

Beide Modelle können durch *Partizipation* → in Form der Beteiligung von Mitarbeitern und/oder durch das Organisationshandeln Betroffener ergänzt werden. Welches Grundmodell der Aufgabenerfüllung besser dient, kann nicht grundsätzlich entschieden werden. Jedoch wird ein auf Kommunikation und Partizipation ausgerichtetes System eher das zweite Modell wählen, während ein verwaltendes (*Verwaltung* →) und produzierendes eher das erste übernehmen wird. In jedem Fall soll O. die bestmögliche Aufgabenerfüllung im Rahmen der Zweckmäßigkeit, *Wirtschaftlichkeit* →, der rechtlichen Grenzen sowie Gewährleistung der Arbeitszufriedenheit der Mitarbeiter erreichen.

Die Ablauf-O. ist abhängig von der O.-struktur und von den konkreten Aufgaben. Die Verbindung zwischen Ablauf-O. und Aufbau-O. stellen Funktionsbeschreibungen her, die für die jeweiligen Funktionsbereiche und Mitarbeiter festlegen: a) Aufgaben (Tätigkeiten, Ziele), Kompetenzen (Verantwortungsumfang, Befugnisse); Anforderungen an den/die Mitarbeiter (Pflichten, Fachkenntnisse, Fähigkeiten, Ausbildung); Einbindung in die O. und die Kommunikationsbeziehungen (Stellung in der O., vorgesetzt/nachgeordnete Bereiche, Vertretungen, Repräsentation, Zusammenarbeit mit anderen Stellen, Informationsverbindungen, -wege und -mittel). Funktionsbeschreibungen vermitteln dem Mitarbeiter Sicherheit. Selbst freiwilligen Mitarbeitern sollte – in gebotener Knappheit – eine solche Beschreibung übergeben werden.

Zur Überprüfung der Wirksamkeit von O. wurden verschiedene Methoden entwickelt: a) Prüfung der *Effektivität* → und wenn möglich, Prüfung der *Effizienz* → als Output-Kontrolle, b) Organisationsanalyse als umfassende Untersuchungsmethode zur Mängelsuche und -beseitigung oder zum Finden einer idealtypischen Lösung der Aufgabenerfüllung; c) Arbeitsplatzstudien, die Arbeitsvorgänge in ihrer zeitlichen und räumlichen Abfolge untersuchen; Arbeitsablaufstudien, die sich auf Mängel der Arbeitsergebnisse, zu hohe Durchlaufzeit, zu weite Wege und zu lange Wartezeiten für die Betroffenen, zu hohe Kosten, zu geringe Wirkung, Auslastung beziehen.

Organisationsleiter
innerhalb der Sportselbstverwaltung ausgebildete und tätige Führungs- und Verwaltungsmitarbeiter mit der Aufgabe, die organisatorischen Voraussetzungen für den Ablauf des

sportlichen und gesselligen Lebens in den *Sportvereinen* → und *Sportverbänden* → zu schaffen.
Die Ausbildung erfolgt in drei Stufen: O. (120 Übungseinheiten); O. mit Sonderausbildung (30 weitere Übungseinheiten); Diplom-O. des DSB (18 Monate an der Führungs- und Verwaltungsakademie des DSB).

Organisationsstruktur
Organisation →

Organisierte Freizeit
Schlagwort in *Freizeitideologien* →, das vorstrukturierte bis zwangsmäßige *Freizeitgestaltung* → durch machtausübende Institutionen (Staat, Verbände, Wirtschaft, Werbung, Massenmedien) umschreiben soll.
Sprachlich ist der Begriff unhaltbar, da allenfalls Tätigkeiten, nicht aber Zeiträume organisiert werden können (*Organisation* →).

Outdoor Recreation
engl. Erholung im Freien, Gegensatz zu *Indoor Recreation* →; gemeint ist jegliche Tätigkeit bzw. Aktivität zum Zwecke der physischen und/oder psychischen Erholung, die nicht in überdachten Räumen, sondern im Freien (»draußen«) ausgeübt wird.

Schmale

P

Pädagogik
Freizeitpädagogik →

Parahotellerie
Beherbergungsgewerbe →

Park
Sammelbezeichnung für größere bis große *Freiräume* →: a) der Natur nachgebildeter Landschaftsgarten (*Garten* →); b) *Stadtgrün* → -anlagen von größerer Ausdehnung (»Stadtpark«); c) *Freizeitanlagen* → von größerer Ausdehnung (»*Freizeitpark*« →); d) gepflegte, wenig veränderte Naturlandschaft (»*Naturpark*« →); e) großes Naturreservat (»*Nationalpark*« →; *Naturschutz* →).
Die Ausweisung von Freiräumen als P. sichert diese in der Regel vor weiterer Überbauung. Andererseits werden die Freiräume in der Regel auch als intensiver nutzbare oder interessantere Grünflächen bekannt gemacht. P. müssen daher durch Gestaltung und immaterielle Regelungen so betrieben werden können, daß sie zum einen den gestellten Anforderungen gerecht werden, zum anderen als Grün erhalten bleibt. Das gilt besonders für innerstädtische P.-anlagen.

Partizipation
aus dem lateinischen übernommenes Wort mit verschiedenen Bedeutungen im Deutschen: Teilhabe, Beteiligung. Als Fachbegriff in Soziologie, Politologie, Betriebswirtschaft, Betriebsverfassungsrecht, Sozialarbeit und Freizeit symbolisiert Partizipation verschiedene Tatbestände und Zusammenhänge, insbesondere die legitimierte Beteiligung an Entscheidungen.

1. Politische P. bezeichnet zunächst die Grundrechtsforderung in der Demokratie: Beteiligung/Teilnahme am sozialen, politischen, wirtschaftlichen und kulturellen Leben. Auch Forderung nach Hilfe und Teilnahme durch öffentliche Instanzen. Politische P. umschreibt weiterhin die Teilhabe, Mitwirkung an politischen Entscheidungsprozessen. Hier zwei Bedeutungsbereiche: a) Teilnahme an der Willensbildung der Entscheidungsgremien und Instanzen zum Beispiel durch Mitarbeit in Parteien; Bürgerentscheid/Volksbefragung; Mitarbeit sachkundiger Bürger in Ausschüssen; Lobby. b) Beteiligung an der politischen Willensbildung und Problemlösung in Ergänzung zur Tätigkeit von Entscheidungsgremien und Verwaltungsstellen, insbesondere in repräsentativ-demokratischen Regierungssystemen. Teilnahme an der Gestaltung von unmittelbarer *Umwelt* → und der Lösung partieller Probleme, z.B. Bürgerbeteiligung an der *Stadtplanung* →, Selbstverwaltung von Hochschulen; Elternbeiräte, -pflegschaften in Schulen und Kindergärten →, *Gemeinwesenarbeit* →, *Stadtteilkulturarbeit* →, Freizeitprogrammgestaltung; Verwaltung von sozialkulturellen Einrichtungen (*partizipative Planung* →).
2. Mitarbeiter-P. ist ein im Unternehmensbereich benutzter Begriff der verschiedenen Formen der Mitsprache/Mitwirkung, Mitbeteiligung, Selbstbestimmung am Arbeitsplatz, im Betrieb, im Gesamtunternehmen, im Konzern umschreibt. a) Materielle Mitarbeiter-P. kann die folgenden Formen annehmen: Erfolgsbeteiligung (Beteiligung am Umsatz oder Gewinn); Kapitalbeteiligung (Vermögens-, Eigentumsbildung; Formen u.a.: Kapitalgesellschaft, Personengesellschaft; andere nicht voll

gesellschaftsrechtliche Beteiligungen, z.B. stille Gesellschafter, Vereinsmitglieder, Stiftungsmitglied); laboristische Beteiligung (Firmenkapital und/oder Gewinn gehört zu 100% den Mitarbeitern z.B.: Produktionsgenossenschaft, »alternative« Unternehmen). b) Immaterielle Mitarbeiter-P. in Organisationen steht für Beteiligung an Informationen und Entscheidungen sozialer, personeller und wirtschaftlicher Art: Repräsentative Beteiligungsform (Personalvertetungsgremien, »Betriebsverfassung«; Vertretung in Leistungs- und Aufsichtsgremien); Delegation von Entscheidungen (Entscheidungskompetenzverlagerung nach unten; Teamarbeit; Selbstständige Arbeitsgruppen, »Kollektive«); Verbesserungsvorschlagswesen; innerbetriebliches Informationswesen.

3. Soziale P. (Soziologische Definition): Teilnahme an Interaktionen, *Geselligkeit* →, Mitgliedschaft in Gruppen, *Vereinen* →, *Verbänden* →, *Gewerkschaften* →, Parteien, *Bürgerinitiativen* →; Teilnahme am gesellschaftlichen Wandel.

4. P. von Gruppen überschreitet die Grenzen des sonst nur für Beziehungen des einzelnen angewandten Begriffs. P. von Gruppen ist aber auch eine Form der sozialen und politischen P. und kennzeichnet verschiedene Mitwirkungsmöglichkeiten für bestimmte Bevölkerungsgruppen, Interessengruppen und Körperschaften im Rahmen der politischen P.: Lobby, Interessenvertretung; Hearings; Entsendung von Vertretern in Beschlußgremien (Beiräte, Ausschüsse) der Entscheidungskörperschaften; Anhörungs- und Einspruchsrechte (insbes. im Planungsverfahren) *Subsidiarität* → (die kleinstmögliche Einheit führt durch; Öffentliche Hand übernimmt erst, wenn Privatinitiative verzichtet oder nicht in der Lage ist); Mitarbeit in Koordinationsgremien.

Im Freizeitbereich ist P. in ihren vielfachen Formen zu finden. Freizeit als Raum für eigenbestimmte Tätigkeit ist ohne Aktivität von Bürgern und Vereinigungen nicht denkbar. Deshalb ist es folgerichtig, die Interessenten, die Vertreter von Zielgruppen, Betroffene u. ä. an der Planung und Durchführung materieller und immaterieller Angebote von öffentlichen und *freien Trägern* → zu beteiligen, soweit sie nicht selbst Träger sein wollen oder können.

Im Hinblick auf die gemeindliche *Selbstverwaltung* → bedeutet P.: Beteiligung an der politischen Willensbildung und Problemlösung über das repräsentativ-demokratische System hinaus; Hilfe zur Teilnahme am gesellschaftlichen und kulturellen Leben. Auch zunächst selbständige Vereinigungen geraten als Träger »auf die andere Seite«, d.h. sie stehen ähnlich den öffentlichen Trägern anderen gegenüber, die keinen direkten Einfluß auf die Willensbildung haben. Daher sind auch sie gehalten, P. einzuführen.

Allerdings ist das Interesse an P. unterschiedlich stark gerichtet. Für den *Betrieb* → von *Freizeiteinrichtungen* → insgesamt kann man kaum jemand zur Mitwirkung gewinnen, während die Bereitschaft zur P. an der Programmentwicklung wesentlich größer ist. Weiterhin setzt P. eine besondere Grundeinstellung von Trägern, aber auch von hauptamtlichen Mitarbeitern voraus. Mitarbeiter, die an der Gestaltung ihrer Arbeitsplätze nicht mitwirken dürfen, werden auch in ihrer Programmarbeit wenig P. zulassen.

Abb. Mitwirkungsmodell für eine große Freizeiteinrichtung

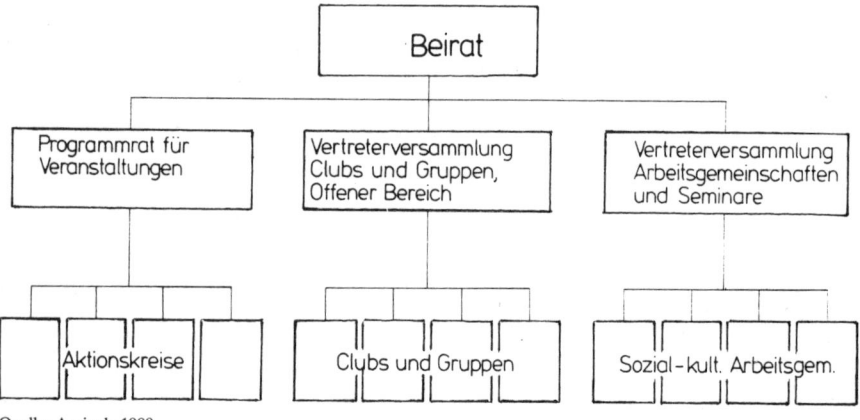

```
                         ┌─────────┐
                         │ Beirat  │
                         └────┬────┘
        ┌─────────────────────┼─────────────────────┐
┌───────┴────────┐  ┌─────────┴──────────┐  ┌───────┴────────────┐
│ Programmrat für│  │Vertreterversammlung│  │Vertreterversammlung│
│ Veranstaltungen│  │Clubs und Gruppen,  │  │Arbeitsgemeinschaften│
│                │  │Offener Bereich     │  │und Seminare        │
└───────┬────────┘  └─────────┬──────────┘  └───────┬────────────┘
┌───────┴────────┐  ┌─────────┴──────────┐  ┌───────┴────────────┐
│ Aktionskreise  │  │ Clubs und Gruppen  │  │ Sozial-kult. Arbeitsgem.│
└────────────────┘  └────────────────────┘  └─────────────────────┘
```

Quelle: Agricola 1980

Partizipative Planung

Teilnahme und Mitbestimmungsmöglichkeiten im Freizeitbereich erleichtern und fördern. Durch vorsorgende Planung sollen Voraussetzungen für die aktive Mitwirkung von einzelnen und/oder Gruppen geschaffen werden (Opaschowski 1976).
Partizipation → ist gerade im Freizeitbereich so wichtig, weil hier nicht Spezialisten unter sich sind, sondern Teilnehmer unterschiedlichsten Erfahrungsgrades, die zu verschiedenen Zeiten zusammenkommen und miteinander umgehen lernen müssen. Für die P. bedeutet dies, daß sie die äußeren Rahmenbedingungen und die Erwartungen und Zielvorstellungen der Teilnehmer in die Überlegungen einbezieht, um entsprechende Vorsorge für die freiwillige Selbstorganisation der Teilnehmer in und mit Hilfe der *Organisation* → zu treffen. Für die unmittelbar Betroffenen von planerischen Maßnahmen besteht ein berechtigtes Bedürfnis danach, ihre spezifischen Interessen und auch die Sachkompetenz ihrer Alltagserfahrung ins Spiel zu bringen.
Partizipation im Freizeitbereich kann eine wirksame Alternative zum privaten *Freizeitkonsum* → sein, indem sie im öffentlichen Raum genau dem entspricht, was den privaten Freizeitkonsum kennzeichnet: Selbstdarstellung, Eigenaktivität, selbstvermittelte Kommunikation und selbstorganisierte Kooperation. Gerade im Freizeitbereich können Konflikt- und Handlungsfehler erschlossen werden, »auf die sich der Bürger einlassen kann, ohne sich einer unmittelbaren Existenzbedrohung auszusetzen«. Dabei ist zu erwarten, daß sich aus eventuellen Handlungserfolgen im Nahbereich (z.B. Wohnquartier, Stadtteil) und »aus der Selbsterfahrung als Entscheidungsträger eine gewisse Eigendynamik entwickelt« (Bahr 1972, S. 22), die über den unmittelbaren freizeitbezogenen Nahbereich hinausgreift.
Weil der Freizeitbereich einen noch unüberschaubaren gesellschaftlichen Teilbereich darstellt, in dem »am ehesten ein rascher und sichtbarer Ablauf des Austausches zwischen Aktivität und Anerkennung/Erfolg gewährleistet ist« (Benedict 1972, S. 90), eignet er sich in besonderer Weise zur aktiven Gestaltung und Veränderung der Umwelt.
Zwischen Partizipationswünschen und tatsächlichem Freizeitverhalten besteht eine beträchtliche Diskrepanz. Partizipation gilt als eine gesellschaftlich anerkannte Freizeitaktivität, deren Umsetzung erhebliche Schwierigkeiten bereitet. Die Diskrepanz ist bezeichnenderweise bei den Gruppen (Frauen, Arbeiter, Rentner) am größten, die derzeit ohnehin die geringsten gesellschaftlichen Einflußmöglichkeiten haben.

Zwischen der Möglichkeit zur Partizipationsaktivierung und der tatsächlichen Freizeitsituation gibt es gravierende Vermittlungs- und Organisationsprobleme. Methoden und Techniken der P. sind noch nicht hinreichend genug entwickelt, um Motivationsschwellen und Organisationshemmungen abzubauen. Hinzu kommen ungeklärte amtliche »Zuständigkeiten« und fehlende intergrale Organisationsformen vom Typus »Projekt-Management« im kommunalen Bereich. Entsprechende Konsequenzen im Hinblick auf neue Qualifikationsanforderungen ergeben sich auch für Berufsgruppen wie Verwaltungsbeamter, *Gemeinwesenarbeiter* → und *Animatoren* →. Viele Berufsgruppen tun sich erfahrungsgemäß schwer mit den Partizipationswünschen der Bürger, da sie von ihrer Berufsausbildung her nicht auf Partizipation vorbereitet sind: »Der Verwaltungsbeamte sorgt für einen reibungslosen Ablauf eines Programms; der Sozialarbeiter sieht den Einzel(not)fall, der *Sozialpädagoge* → die zu erziehende Gruppe, der Lehrer die Wissensvermittlung und der *Künstler* → sein kreatives Schaffen. Zwar kann jeder im Freizeitbereich seine Bedeutung haben, er wird aber nur begrenzt benötigt, zumal mit den genannten Arbeitsweisen eine Zielvorgabe durch den Mitarbeiter verbunden ist« (Agricola/Graf von Schmettow 1976).
Es kommt also weniger darauf an, daß die Mitarbeiter sich durch eigenes Produzieren (z.B. Malen, Musizieren, Sporttreiben) selbst verwirklichen können, sondern daß sie zur Vermittlung und Initiierung von Möglichkeiten zur Eigenaktivität der Teilnehmer fähig sind. Dazu gehören auf *Kommunikation* → und *Management* → bezogene Qualifikationen wie: Sammeln und Weitergabe von Informationen; Vorbereitung von Entscheidungen; Vermittlung zwischen Gruppen: Organisation, Beschaffen, Bereitstellen und Verwalten von Hilfsmitteln. Wenn etwa jeder dritte Bürger Mitglied eines *Vereins* → ist, so ist dadurch bereits ein Partizipationspotential gegeben, das durch die Mitarbeit genutzt werden sollte. Vereine, Freizeitclubs und Organisationen sind in ihrer Funktion als Multiplikatoren anzusprechen und für Kooperationsmöglichkeiten zu gewinnen.
Für die P. ist das gänzliche Fehlen von Leistungsdruck unabdingbar (einschließlich des Leistungsdrucks, der durch einzelne Gruppenmitglieder ausgeübt werden kann). Hier kommt es darauf an, daß die Partizipationsplaner gegebenenfalls den mitgebrachten Leistungsnormen entgegenwirken, indem sie nicht »falsches« Leistungsverhalten kritisieren, sondern »erwünschte« Eigenaktivität bestärken. Durch Hilfen zur Selbstorganisation und gegenseitige Bestärkung werden die Teil-

nehmer aufgeschlossen für die Einstellungs- und Verhaltensänderungen, die mehr Partizipationsbereitschaft freisetzen.
Vorgehensweisen partizipativer Planung sind u.a.: Dazugehören / sich auf der gleichen Ebene beteiligen; Teilnehmerwünsche erfüllen / Hilfen geben; Selbständigkeit fördern / Eigeninitative herausfordern; beobachten / begleiten; flexibel planen / Alternativen bereitstellen; Koordinieren / Auswerten.
Dies setzt ein Klima gegenseitiger Akzeptanz voraus, so daß soziale Ängste weitgehend abgebaut und sporadische Präsenz und flüchtiges Zuschauen ebenso toleriert werden wie Mitmachen oder eigeninitatives Handeln.

Lit.: Agricola, S. u. B. von Schmettow: Freizeit unter Dach (Edition Freizeit, Bd. 23), Düsseldorf 1977
Bahr, Politisierung des Alltags, Darmstadt/Neuwied 1972
Opaschowski, Partizipative Planung, in: Ders. Pädagogik der Freizeit, Bad Heilbronn 1976, S. 138–140

Opaschowski

Pauschalpreissystem
Pay-once-Preissystem; Zahlung eines Preises für ein Leistungs- bzw. Dienstleistungsbündel.
Die frühere Bezeichnung Inklusivpreissystem wird aufgrund von wettbewerbsrechtlichen Bedenken und Gegenvorstellungen der Verbraucherverbände zunehmend nicht mehr verwendet. Das P. ist in seiner Wesenheit eine Zusammenstellung verschiedenartiger, nicht aber aller Leistungen, die in einem Freizeitunternehmen geboten werden. Traditionell nicht im Pauschalpreis enthalten sind gastronomische Leistungen und Souvenirs.
Der Besucher (*Nutzer* →) einer *Freizeitanlage* →, die für die Durchführung des P. über ein umzäuntes Gelände verfügen oder in einem Gebäude untergebracht sein muß, entrichtet am Eingang einen Eintrittspreis, der zusammen mit dem Zugang zur Freizeitanlage auch das Recht verbindet, mindestens 80% der in der Freizeitanlage befindlichen Einrichtungen beliebig oft zu benutzen. Von dieser Pauschalregelung ausgenommen werden in den *Erlebnisparks* → besonders *Attraktionen* → mit Tieren, wie Reiten und Kutschfahrten, das Spielen mit *Spielautomaten* →, Minigolf und Benutzung von Fernlenkbooten sowie der Besuch von *Shows* → mit Sonderveranstaltungscharakter.
In Erlebnisparks wird teilweise auch ein modifiziertes P. praktiziert. Dabei werden Attraktionen, die mit hohen Kapazitäten für die Durchführung eines P. besonders geeignet sind, in diese Pauschalierung eingeschlossen. Alle anderen Offerten, die nur wenige Besucher benutzen können, sind in der Regel nur gegen Sonderentgelte zugänglich. Der Grund für diese Modifizierung liegt darin, dem Besucher bei geringer Kapazität der Einzelattraktionen bei starkem Andrang nicht das Gefühl zu geben, bei einer Pauschalpreisregelung um die Benutzung von bestimmten Einrichtungen »geprellt« worden zu sein.
Das P. ist mittlerweile in der Bundesrepublik Deutschland bei 80% der Erlebnisparks zum Standardpreissystem geworden. Auch in den USA, wo einige große Erlebnisparks (z.B. Disneyland und Disney World) aufgrund ihrer Marktstellung bisher am Ticket- oder Einzelpreissystem festhalten konnten, hat sich nicht zuletzt aufgrund des Verbraucherverhaltens das P. durchsetzt. Marktforschungen haben ergeben, daß dieses Preissystem aufgrund der damit eröffneten Nutzungsmöglichkeiten vom *Publikum* → besonders geschätzt wird. Die Einführung dieses Preissystems hat auch generell zu längeren Aufenthaltszeiten und damit insgesamt auch zu einem höheren Kapazitätsbedarf, aber durch die verlängerte Aufenthaltszeit auch zur Steigerung der Innenumsätze in den Freizeitanlagen geführt. Die Einführung dieses Preissystems ist damit auch gleichzeitig mit einer bestimmten Konzeptionsanpassung verbunden.

Scherrieb

Pauschalreise
Kollektivtourismus →

Pausenhof
Schulhof →

Personal
Mitarbeiter →

Pflanzenhaltung
Sammelbegriff für Pflege, *Sammeln* → und Züchten von Pflanzen als *Freizeittätigkeit* →, *Hobby* →.
Besonders beliebt ist in der Bundesrepublik Deutschland das Ausschmücken von Wohnungen, Balkonen, Fenstern und Hausgärten mit Blumen und Zierpflanzen. Abgesehen von den kurzlebigeren Schnittblumen erfordern Pflanzen ständige Pflege.
Je nach Zahl der zu versorgenden Pflanzen muß mehr oder weniger Freizeit dafür eingesetzt werden. Der Übergang zum Hobby Pflanzenhaltung ist nicht außergewöhnlich.
In der Regel spezialisieren sich Sammler von Pflanzen auf bestimmte Pflanzenarten, z.B.: Orchideen, Kakteen, Rosen, Dahlien. Noch stärkere Bindung gehen Pflanzenzüchter ein, die zusätzlich ein bestimmtes Maß an Fachwissen erwerben müssen.
Das Hobby P. kann leicht zu *Eigenarbeit* → und *Schattenwirtschaft* → werden.
Pflanzensammler und -züchter sind in Fachvereinigungen zusammengeschlossen, treffen sich

auf Ausstellungen und zu Börsen. Ein entsprechender Fachhandel ist entstanden.
Garten →, *Kleingarten* →

Philatelie

die Beschäftigung mit Briefmarken, das *Sammeln* → von Briefmarken. Weit verbreitete *Freizeittätigkeit* → unterschiedlicher Intensität und Ausprägung. Briefmarken, aber auch Stempel, Briefe, Ersttagsbriefe, Wertmarken u.ä. werden unter verschiedenen Gesichtspunkten untersucht und gesammelt: Geschichtlich nach Zeitperioden, nach Ländern, nach Ausgaben/Sätzen, nach Motiven, nach Kennzeichen der Briefmarken, Kuriositäten, nach Seltenheit, nach finanziellem Wert, nach künstlerischer Gestaltung u.a.m. Man schätzt die Zahl der Philatelisten in der Bundesrepublik Deutschland auf 3 bis 4 Millionen; allein zwei Millionen sind Stammkunden bei der Deutschen Bundespost.
Zur Bestimmung der Briefmarken erscheinen jährlich umfangreiche Kataloge, die zum Teil auch Wertangaben enthalten. Um die Belange der P. kümmert sich der Bund Deutscher Philatelisten, in dem die ernsthafter sammelnden Briefmarkenfreunde zusammengeschlossen sind.

Piktogramme

Bildsymbole mit festgelegter oder leicht erkennbarer Bedeutung als Ersatz für schriftliche Information. P. werden verwandt für Situationen, in denen eine Nachricht sehr schnell erkannt werden soll, in denen Menschen mit verschiedenen Sprachen gleichzeitig ohne Übersetzung informiert werden sollen und in denen Schriftunkundigen eine Mitteilung gemacht oder ermöglicht werden soll. Bekannteste P. sind die anläßlich der *Olympischen Spiele* → in München entstandenen Sport-P.
P. werden wegen des »gemischten« *Publikums* → von *Freizeiteinrichtungen* →, insbesondere *Freizeitparks* → und zoologischen Gärten, gern benutzt. Für die Beteiligung von Kindern an der Planung von Spielplätzen entwickelte der Verein »Mehr Platz für Kinder« P.

Planung

bewußte, verstandesmäßig meist kontrollierte Form menschlichen Handelns. P. kann zugleich Handlungsvorbereitung und -steuerung sein. In diesem Sinne ist P. mehr als Vorausschau und Festlegung künftiger Entwicklungen bzw. Daten oder Vorwegnahme zukünftigen Handelns und mehr als Prozeß zu sehen: P.-grundlagenerhebung; P.-zielbestimmung; P.-durchführung; P.-kontrolle.
Es besteht ein deutlicher Unterschied zwischen der P. von abschließbaren Handlungen (Projekten) und derjenigen von nichtabschließbaren (z.B. Adiministration; Leben). P. hat in jedem Fall die Aufgabe, Problemstellungen so aufzubereiten, daß Lösungsmöglichkeiten sichtbar werden. Dabei können die Ziele vorgegeben sein, aber auch erst im P.-prozeß gefunden werden. In der Regel sind Grobziele und Rahmenbedingungen vorhanden, müssen Feinziele durch die P. gefunden werden.
Auch Zielfindung kann Gegenstand eines P.-vorgangs sein; Beispiel ist die *Entwicklungsplanung* →. Sie enthält etwa im Unterschied zur sog. Anpassungsplanung (z.B. Anpassung von *Verwaltung* → an vorgegebene politische Aufträge) auch Bewertungsvorgänge.
P. durch soziale Systeme (Staat, Verbände) und Organisationen (Einrichtungen, Verwaltungen) ist eng mit der Frage der Legitimation, der *Kompetenz* →, dem Auftrag bzw. Auftraggeber verbunden; wichtig ist dabei auch, wer an der P. zu beteiligen ist (*Partizipation* →, *Bundesbaugesetz* →). Die P. in diesem Bereich kann einerseits Steuerungs- und Entscheidungsprozeß für das System selbst (»Steuerung von sozialem Wandel«) oder von Handlungen des Systems bzw. seiner Mitglieder/Mitarbeiter/Teilen sein. Am augenfälligsten sind P., die die Umwelt verändern (*Baup.* →, *Städtebau* →, *Freiraump.* →). P. im Vorfeld dieser Veränderungen (*Bauleitp.* →, *Raump.* →) dringt schon wesentlich weniger in das Bewußtsein der Mehrheit der Bevölkerung und ist daher meist nur Fachleuten bekannt. Ähnliches gilt für die Entwicklungsp. und für *Fachpläne* →. Auch die P. von Verbänden wird nur dann aufgenommen, wenn sie direkte Wirkung zeigt oder zu zeigen verspricht. Das macht P.-beteiligung schwer. Als Leitsatz kann gelten: Je räumlich oder sachlich näher das P.-problem zur Mitwirkung Aufgerufenen steht, desto eher ist er dazu bereit.
P. im soziokulturellen Feld (auch *Freizeitplanung* →) sind in besonderer Weise mit den Menschen verbunden. Das muß im P.-ablauf berücksichtigt werden: Zielfindung, Ermittlung des Planungsrahmens (Gesetze, Programme politischer Gruppen, Forderungen von Planungsbeteiligten bzw. *Zielgruppen* →); Bestandsaufnahme (Infrastruktur, Einrichtungen, Vereinigungen, Aktivitäten, Nutzung, Zustand usw.); Bedarfsermittlung (Befragungen, Marktforschung, Zielgruppenuntersuchungen, Vergleiche, Expertenanhörungen / *Delphimethode* →; aktivierende Befragungen der Betroffenen / *Gemeinwesenarbeit* →, *Brainstorming* →); Maßnahmen (Alternativen, Aufwendungen, *Kosten/Folgekosten* →); Entscheidung (*Träger* →, Partizipation, Fachleute als Anwälte/Anwaltsp.).

Im Lauf der P.-praxis wurden zahlreiche P.-methoden und -techniken entwickelt, z.B. Netzplantechnik zur Beherrschung komplexer P.-vorgänge. Der Einsatz anderer Instrumente wie Bestandsaufnahme, Problemanalyse, Prognose läßt sich einerseits nur schwer für sich schnell ändernde Systeme durchführen, ist andererseits weder in der *Freizeitp.* → noch in den Nachbarfeldern *Kultur-* → und *Sozialp.* nachhaltig erprobt. Zudem sind verschiedene Informationsebenen zu beachten: *Freizeittrend* → / Gesamtgesellschaft; Prognose für bestimmten Bedarf/Zielgruppen/Zielgebiete mit Unterteilungen. Je kleiner Zielgruppe und Zielgebiet, desto notwendiger ist die Beteiligung der Zielgruppe, um zu stimmigen Ergebnissen zu kommen, desto genauer müssen aber auch die Bestandserhebungen sein.

Wesentlich akribischer sind die Methoden technischer P. (Baup., Maschinenbau, Elektronik), wo sie nicht nur nötig, sondern auch möglich sind, da bessere Messungen vorgenommen werden können. (*Bauplanung* →)

Politische Bildung

als Entwicklung und Förderung von Einstellungen, Verhalten gegenüber gesellschaftlichen Vorgängen, Einrichtungen, Organisationen und Strukturen a) ein politischer *Sozialisations* → -prozeß; b) Umschreibung für geplante Lernvorgänge; c) Ergebnis des Prozesses. An der P. sind die soziale Umgebung und die *Medien* → in besonderer Weise beteiligt. Selbst wenn intentionale P. geleistet wird, laufen daneben in weitaus größerem Maß Sozialisationsprozesse ab. Auch viele Freizeittätigkeiten und damit verbundene soziale Leistungen (*Freiwillige Mitarbeit* →, *Ehrenamt* →, *Partizipation* →, *Partizipative Planung* →) sind in diesem Sinne Beitrag zur P. Intentionale P. ist insbesondere Bestandteil schulischer Bildungsarbeit, der *Jugendarbeit* → und der *Erwachsenenbildung* →.

Ziel der politischen Bildungsarbeit ist es, einzelne oder Gruppen zu befähigen, sich bewußt an den gesellschaftlichen Auseinandersetzungen zu beteiligen und politisch zu handeln (*Agogik* →, *Gemeinwesenarbeit* →, *Freizeitkulturelle Bildung* →).

Für P. setzen sich besonders ein die Landeszentralen und die Bundeszentrale für politische Bildung sowie die Bildungsstiftungen der Parteien (Konrad-Adenauer-Stiftung; Hans-Seidel-Stiftung; Herrmann-Josef-Duffhues-Stiftung; Friedrich-Ebert-Stiftung; Friedrich-Naumann-Stiftung).

Politische Parteien
Freizeitpolitik →

Pop-Musik

a) Populärmusik, Gesamtbereich der *Unterhaltungsmusik* →;
b) Musikstil aus Rhythm and Blues entwickelt, von *Bands* → mit Elektrogitarren, Schlagzeug und zahlreichem elektronischem *Equipment* → dargeboten. Besonders junge Menschen ansprechende, stark rhythmische Musik, meist verbunden mit großer Lautstärke und starker Baßbetonung, die sich weltweit verbreitete. *Rockmusik* →

Populärkultur

auch Massenkultur; im Unterschied zur Elitekultur die Gesamtheit einer Gesellschaft ansprechende *Kultur* →; beschreibt, nichtideologisch betrachtet, die Verbreitung der kulturtragenden Schicht und die Bildung eines Publikums, das eine verhältnismäßig anspruchslose Massenkultur, die aber allen zugänglich ist, bevorzugt. Zur P. werden auch die *Massenmedien* → gerechnet. Elitekultur und P. können heute kaum noch gegeneinander gesetzt werden, da ihre Formen sich nicht nur vermischen, sondern auch mehr und mehr nebeneinander von denselben Personen ausgeübt und konsumiert werden.

Praxisberatung

Beratung von Fachleuten und Fachgruppen bei der Durchführung ihrer Arbeit, insbesondere in der Sozialarbeit entwickelt (»Supervision«). Im Freizeitbereich mehr im Sinn der Fachberatung.

Privatinitiative
Eigeninitiative →

Presse

Sammelbegriff für gedruckte *Massenkommunikations* → -mittel (»Printmedien«), deren Hersteller und die dazu notwendige Organisation. Zur P. zählen vor allem die *Zeitung* → und die *Zeitschrift* →, aber auch zur Massenverbreitung bestimmte Schriften, Bilder, Tonträger, Filme sowie P.-dienste (Korrespondenzen, Bilderdienste u.ä.).

P.-erzeugnisse spiegeln die Vielfalt des gesellschaftlich-kulturellen Lebens, aber auch des Informationsbedarfs wider. Man unterscheidet a) nach Erscheinungsrhythmus (Tages-, Wochen-, Sonntags-, Montags-, Abend-, Morgen-, Vierteljahres-, Halbjahres-Zeitungen/Zeitschriften); b) nach Aufmachung (Qualitäts-, Populär-, Boulevardp.); c) nach Verbreitung (Überregional-, Regional-, Lokal-, Nationalp.); d) nach Zielgruppen und Inhalten (Frauen-, Jugend-, Heimat-, Partei-, Fach-, Freizeit-, Sport-, Hobby-, Fernsehp.). P.-erzeugnisse sind Produkt und *Dienstleistung* →

mit zwei Kunden zugleich: Leser und Inserenten. P. dient zur aktuellen, damit schnell vergänglichen *Information* → (Nachrichten), zur Dokumentation von Wissen (»Fachp.«), zur Unterhaltung → und übernimmt auch *Sozialisations-* → und *Integrations* → -aufgaben. Die Arbeit der P. fußt auf der P.-freiheit, einem mit der Meinungsfreiheit verbundenen Recht, das heute in Verbindung mit sozialer Verantwortung gesehen wird. Die P.-freiheit umfaßt die Freiheit von staatlichem oder wirtschaftlichem Druck sowie diejenige des Journalisten gegenüber dem Verleger. Das P.-recht hat einerseits die Aufgabe, die P.-freiheit zu sichern, zum anderen Auswüchse zu verhindern und den Schutz der Persönlichkeit zu gewährleisten. Im P.-recht ist die Kennzeichnung der Herkunft von P.-erzeugnissen (Impressum), die Sorgfaltspflicht der P., die strafrechtliche Verantwortung, das Zeugnisverweigerungsrecht sowie der Anspruch auf Gegendarstellung geregelt.
P.-arbeit ist ein wichtiger Teil der *Öffentlichkeitsarbeit* → auch im *Freizeitwesen* →. Darüber hinaus trägt die Presse zur Information über *Freizeit* →, *Freizeittätigkeiten* → sowie zum *Freizeitbewußtsein* → bei.

Pressure Group
Interessengruppe →, die ihre Ziele durch Organisationsform und Druck auf Verwaltung, Parteien und Öffentlichkeit verwirklichen will. Im Prinzip rechnen zu den P. die meisten gesellschaftlich und politisch engagierten Vereinigungen auf den verschiedenen Ebenen (*Verbände* →, Arbeitnehmer- und Arbeitgeberverbände, *Wohlfahrtsverbände* →, *Vereine* →, *Selbsthilfegruppen* →, *Bürgerinitiativen* → usw.).
Der Einfluß von P. ist recht unterschiedlich je nach Größe und Anliegen. Je besser die P. in der Lage ist, für die Allgemeinheit wirksame Leistungsverweigerung anzudrohen, desto wirksamer wird sie sein.
Das trifft auf verhältnismäßig wenige Gruppen im *Freizeitbereich* → zu und dort besonders über die wirtschaftliche Stärke der großen Zahl sowie das Wählerpotential.

Professionalisierung
die Zunahme von beruflicher Tätigkeit in bestimmten gesellschaftlichen und wirtschaftlichen Aufgabenfeldern. Sie ist die Folge der Übernahme von Tätigkeiten, die bislang keine Berufstätigkeit waren; der weiterlaufenden Arbeitsteilung sowie der Verwissenschaftlichung der Berufsausbildung und -ausübung. Professionalität ist gekennzeichnet durch die Abhängigkeit des »Profis« von seiner Tätigkeit und damit seinem Auftraggeber sowie durch das »Berufsbild«, die »Berufsethik«, das »Berufs- oder Fachwissen« und das »berufliche Können« (Methode, Techniken, Künste). Wesentlich ist die gesellschaftliche Anerkennung der Nowendigkeit beruflicher Aufgabenerfüllung.
Auch im Freizeitbereich sind P.-tendenzen unübersehbar. So werden immer häufiger von Vereinigungen bislang freiwillig bzw. ehrenamtlich ausgeübte Tätigkeiten an hauptamtliche Mitarbeiter übergeben. Darüber hinaus gibt es Bemühungen, neue Berufsbilder zu schaffen, denen allerdings zum Teil keine Berufsfelder gegenüberstehen (*Freizeitpädagoge* →, *Freizeitleiter* →, *Freizeitlehrer* →).
Freizeitberufe →, *Kommerzialisierung* →, *Ehrenamt* →

Programm
1. Strukturierte Informationsfolge über thematische Inhalte, Handlungs- oder Aktionsverläufe zum Zwecke des Verständnis-, Orientierungs- bzw. Entscheidungshilfe (z.B. Kino- oder Theaterprogramm, Waschprogramm, Parteiprogramm, *Freizeitprogramm* → usw.).
2. In der elektronischen Datenverarbeitung (EDV) Folge von kodierten Anweisungen bzw. Befehlen; Programmiersprache zur Steuerung von Computern.
Schmale

Programmkino
Filmtheater mit meist täglich wechselndem Filmprogramm. Die Form des P. führte zu einer Neubelebung des *Kinos* →, das durch das Fernsehen erhebliche Einbrüche hinnehmen mußte. Die an einem *Film* → interessierten Besucher konzentrieren sich auf eine oder nur wenige Aufführungen, wodurch diese wirtschaftlich werden.
Zunehmende Filmprogramme der Fernsehanstalten, *Video* → und Verkabelung führen nunmehr zu einem Nachlassen des Besuchs in den P. Eine Alternative könnte die Idee (Steffi Stephan, 1985) einer »Live-Station« sein; hier werden in einem Bahnhofskino auch die neuen *Medien* → eingesetzt, eine der *Diskothek* → ähnliche Atmosphäre geboten und auch Gelegenheit zum Auftritt von jungen *Künstlern* → und *Bands* → gegeben.

Prostitution
gewerbsmäßige körperliche Hingabe einer Person zur sexuellen Befriedigung anderer gegen Entgelt (Geld, andere Werte). P. wird in angemieteten Absteigequartieren, Hotels, Dirnenwohnheimen, Eros-Centers, Massagesalons, besonderen Clubs, auch als Lokal-, Auto- und Reisep. ausgeübt.
Außer in Bordellen bietet sich P. auf der Straße, in Bars, Anknüpfungslokalen, in Vergnügungseinrichtungen sowie durch Zeitungs-

und Zeitschriftenanzeigen und über Callgirl-Ringe an. P. ist Bestandteil des *Vergnügungsangebotes* → in Großstädten; es gibt jedoch inzwischen P. auch in ländlichen Etablissements.

Psychodrama
Gestalttherapie →

Psychologie
Freizeitpsychologie →

Psychopharmaka
Drogen →

Pub
Schankbetrieb im englischen Stil, d.h., mit sehr viel (dunklem) Holz und Plüsch ausgestattet. Um sich von herkömmlichen Schänken abzuheben, werden englische bzw. internationale Biere angeboten.
Gastronomie →

Public Relations
Öffentlichkeitsarbeit →

Publikum
formal nicht organisierte Gruppe von Menschen, die mit einem Sachverhalt, einer Veranstaltung, einem Angebot u.ä. konfrontiert werden, sich mit diesen befassen, ohne dazu dieselbe Meinung zu haben. Insoweit ist P. nicht als Einheit zu sehen, sondern als eine lose Gruppierung von unterschiedlichen Meinungsgruppen. Das P. bildet sich keine Meinung, kann aber dessen ungeachtet entscheiden, ob es das Angebotene akzeptiert oder ablehnt (Klatschen, Buhrufe, Flüsterpropaganda, Desinteresse).
Man spricht von einem Präsenzp., wenn es räumlich an dem Ort des Geschehens versammelt ist, und von einem dispersen P. etwa der Massenmedien.
Der Begriff P. ist für *Freizeitangebote* → sicher treffender als etwa Konsumenten oder *Rezipienten* → zum Teil auch als *Nutzer* →, da er umfassender ist und die Unterschiedlichkeit der Gruppe gelten läßt.

Q

Abb. Gründe für das Verlassen des Quellgebietes und Aufsuchen eines Zielgebietes

GRÜNDE FÜR DEN BESUCH DES NATURPARKS „HOHE MARK"

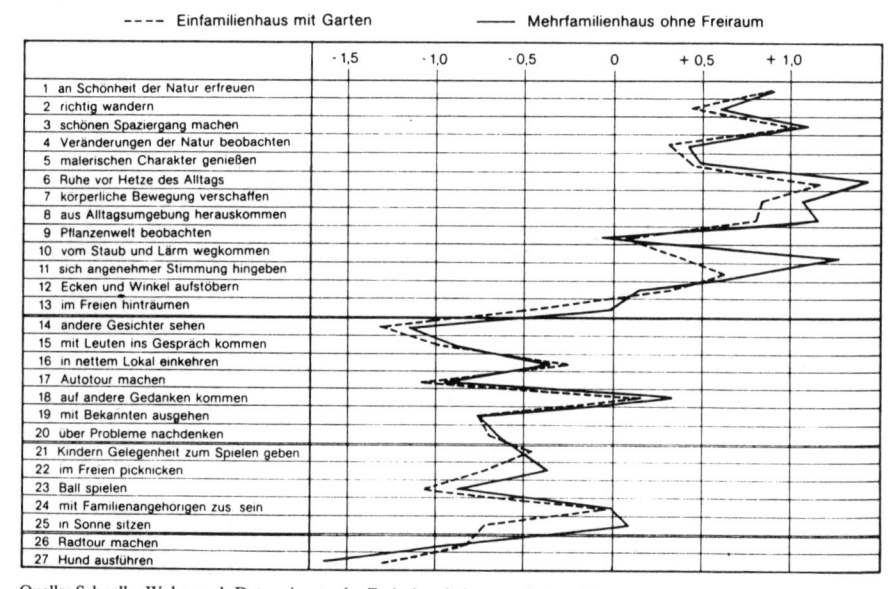

---- Einfamilienhaus mit Garten   —— Mehrfamilienhaus ohne Freiraum

	-1,5	-1,0	-0,5	0	+0,5	+1,0
1 an Schönheit der Natur erfreuen						
2 richtig wandern						
3 schönen Spaziergang machen						
4 Veränderungen der Natur beobachten						
5 malerischen Charakter genießen						
6 Ruhe vor Hetze des Alltags						
7 körperliche Bewegung verschaffen						
8 aus Alltagsumgebung herauskommen						
9 Pflanzenwelt beobachten						
10 vom Staub und Lärm wegkommen						
11 sich angenehmer Stimmung hingeben						
12 Ecken und Winkel aufstöbern						
13 im Freien hinträumen						
14 andere Gesichter sehen						
15 mit Leuten ins Gespräch kommen						
16 in nettem Lokal einkehren						
17 Autotour machen						
18 auf andere Gedanken kommen						
19 mit Bekannten ausgehen						
20 über Probleme nachdenken						
21 Kindern Gelegenheit zum Spielen geben						
22 im Freien picknicken						
23 Ball spielen						
24 mit Familienangehörigen zus. sein						
25 in Sonne sitzen						
26 Radtour machen						
27 Hund ausführen						

Quelle: Schnell, »Wohnen als Determinante des Freizeitverhaltens am Beispiel des Ruhrgebietes« (1980)

Quartier
Wohnumfeld →

Quellgebiet
Herkunftsbereich der Besucher, *Nutzer* →, Kunden eines *Angebotes* →, einer *Freizeiteinrichtung* →, eines *Naherholungsgebietes* →, eines *Urlaubsortes* →, eines *Feriengebietes* →.

Das Q. kann durch Befragung (*Freizeitforschung* →) und durch Autokennzeichenaufnahme festgestellt werden; in Urlaubsorten auch durch Umfrage beim Gastgewerbe. Die Kenntnis des Q. erlaubt einerseits Rückschlüsse auf die *Motivation* → (z.B.: nicht freizeitgerechtes *Wohnumfeld* →), andererseits gezieltere Werbung und besseres Einstellen von Angeboten auf die *Zielgruppe* →.

R

Radfahren
die Vorwärtsbewegung mit Hilfe eines pedalgetriebenen Fahrzeugs hat nach einer Pause in den letzten Jahren einen enormen Aufschwung genommen. Das Fahrrad wird als Nahrverkehrsmittel im Berufs-, Schul- und Einkaufsverkehr benutzt. Es gibt in der Bundesrepublik etwa 40 Millionen Fahrräder und in 85% der Haushalte ein Rad.

Abb. Radwege im Innenstadtbereich

Quelle: Der Bundesminister für Raumordnung, Bauwesen und Städtebau

R. zählt zu den beliebten *Freizeittätigkeiten* →, die von Menschen aller Altersklassen ausgeübt und wegen ihrer gesundheitsfördernden und sportlichen Aspekte geschätzt werden. Vielerorts gibt es bereits sog. Rad-Treffs, bei denen gemeinsame Fahrten mit dem Rad durchgeführt werden. Besonderer Beliebtheit erfreut sich seit einigen Jahren das sog. Radwandern. Hierbei werden ähnlich wie beim Wandern je nach individueller Ambition in bestimmten Zeiträumen vorher festgelegte Wegstrecken mit dem Rad zurückgelegt. R. eignet sich sowohl als Individual- wie auch als Gruppenveranstaltung. An vielen Bahnhöfen und in Fremdenverkehrsorten gibt es Leihfahrräder für Ausflüge (»Fahrradstationen«).

Es gibt entsprechend dem höheren Verkehrsaufkommen und der Gefährdung von Radfahrern überall Bemühungen um Reaktivierung und Neuanlage von Radwegen, deren Ergebnisse von Gemeinde zu Gemeinde erheblich voneinander abweichen.

Zur Vertretung von Belangen des R. hat sich der Allgemeine Deutsche Radfahrer-Club gebildet.

Im Leistungssport wird R. in der unterschiedlichsten Form betrieben: z.B. als Straßenrennen, Sechs-Tage-Rennen, Querfeldeinrennen, Radball, Radartistik usw. Den Radsport vertritt der Bund Deutscher Radfahrer. Aus der Tradition des Arbeitersports stammt der Rad- und Kraftfahrerbund (RKB) Solidarität, der sich um R. und Radsport bemüht.

Schmale/Agricola

Rätsel
Verkleidung oder Umschreibung von Sachen, Gedanken, Begriffen, Problemen und Personen, die herausgefunden werden sollen. Das R. dürfte zu den ältesten *Freizeittätigkeiten* → (»Kurtzweil« statt »Langerweil«) gehören und hat sich bis heute in den weniger geselligen Formen des schriftlichen R. (Wort-R./Anagramm; Zahlen-R., Bilder-R./Rebus, Vexierbild; Kreuzwort-R.) und der geselligen, unter-

haltsamen Form von R.-spielen (Gruppenspiele, Scharaden) und R.-Veranstaltungen (Quiz, Ratesendungen) erhalten.

Randgruppen
Freizeitprobleme →

Rationalisierung
1. Prozeß und Ergebnis einer durch planvoll angewandte technische, wirtschaftliche, wissenschaftliche und organisatorische Mittel angestrebten Vereinfachung; 2. Unterordnung unter ein als sinnvoll erkanntes Prinzip; 3. Zu-

Abb. Begriffe und Aufbau des Raumplanungssystems

	Ebene	Programme, Pläne	Inhalt, Bindungswirkung
Raumordnung	Bundesgebiet (Bund und Länder)	Raumordnungsprogramm für die großräumige Entwicklung des Bundesgebietes = BROP (1975)	Festlegung von „Schwerpunkträumen" = Gebiete zur vorrangigen Förderung der Erwerbs- und/oder Infrastruktur; Bund und Länder sind an dieses Programm gebunden
	Land	Landes-Raumordnungsprogramm = LROP; z. T. auch als Landesentwicklungsprogramm oder -plan bezeichnet	enthält (abwägungsfähige) *Grundsätze* und (verbindlich zu beachtende) *Ziele* der Raumordnung; z. B. sparsamen Flächenverbrauch als Grundsatz und Straßen, Erholungsgebiete und Zentrale Orte als Ziele der Raumordnung. Verbindlich für alle *öffentlichen* Planungsträger (Kreise, Gemeinden, staatl. Ämter usw.).
	Regionen (meist mehrere Kreise) in Niedersachsen Kreise und kreisfreie Städte	Regionale Raumordnungsprogramme (-pläne) = RROP (Raumordnungsverfahren)	enthält *detaillierte Ziele der Raumordnung*; z. B. besondere Entwicklungsaufgaben der Gemeinden („Wohnen", „Gewerbe", „Erholung"), Einwohnerrichtzahlen, Feinabgrenzung von Erholungsgebieten usw. Bindungswirkung wie LROP (vgl. § 1, Abs. 4 BBauG)
Städtebauliche Ordnung	Gemeindegebiet	Flächennutzungsplan = F-Plan	*Darstellung* der angestrebten gemeindlichen Entwicklung; Übersicht der Bauflächen, Grün- und Freiflächen, Verkehr, Versorgung; Abgrenzung des Baubereichs gegenüber dem Außenbereich (vgl. § 34, Abs. 2 BBauG); verbindlich für alle Dienststellen, die am Aufstellungsverfahren beteiligt waren
	Teile von im Zusammenhang bebauten Ortsteilen	Bebauungsplan = B-Plan	*Festsetzung* der Einzelheiten von Art und Maß der baulichen und sonstigen Nutzung der Grundstücke; verbindlich für jedermann (= Grundlage für Baugenehmigungen)

Quelle: Bahlburg ›Aufgaben und Leistungen öffentlicher Planungsinstitutionen‹ in: Tourismus Management (1983)

nahme des Denkens in Zweck-Mittel-Beziehungen und damit verbundener gesellschaftlicher Regeln und Verhaltensweisen (M. Weber). R. wirkt auf den *Freizeitbereich* → in unterschiedlicher Weise. Durch R. in der Wirtschaft wird die Produktivität (Ergebnis je Arbeitskraft) gesteigert, was einerseits in Form von Löhnen, andererseits in Freizeit (*Arbeitszeit* →) an die Arbeitnehmer weitergegeben werden kann. Andererseits steigt durch zunehmende Arbeitsteiligkeit und Bürokratisierung die Entfremdung, d.h. die Fremdsteuerung der Lohnabhängigen und damit deren Wunsch nach Ausgleich in der Freizeit (*Kompensation* →).
Die *Betriebe* → des *Freizeitwesens* → können durch R. kostengünstiger und effektiver arbeiten. Rationelle Arbeitsformen schlagen sich auch in den Methoden von *Animation* →, *Freizeitpädagogik* →, *Gemeinwesenarbeit* → und *freizeitkultureller Bildung* → sowie sehr ausdrücklich in der *Planung* → nieder. Das Eindringen von R.-tendenzen in die Gesellschaft führt nicht nur zu Massenkommunikationsmitteln, sondern auch zu Reaktionen wie Nostalgie, Suche nach *Erlebnis* → und Abenteuer, zum Ausstieg aus der Gesellschaft in *Jugendreligionen* → und *Drogen* → (*Freizeitprobleme* →, *Streß* →, *Langeweile* →).

sen, Wasserwegen und -flächen, Verkehrswesen, benachteiligter Gebiete usw.
(*Tabelle* → »Begriffe und Aufbau des Raumplanungssystems«)

Abb. Raumprogramm für Jugendfreizeitstätten

Raumordnung

Entwicklung der räumlichen Struktur eines Gebietes zur Sicherung und Schaffung von gesunden Lebens- und Arbeitsbedingungen unter Berücksichtigung aller geoökologischen, sozialen, kulturellen und wirtschaftlichen Gegebenheiten und Erfordernissen; R. ist also ein *Planungs* → -vorgang. In der Bundesrepublik Deutschland sind die Grundsätze der R. im Bundesraumordnungsgesetz festgelegt. Sie gelten unmittelbar für Bundesbehörden, bundesmittelbare Planungsträger und für bundesunmittelbare Körperschaften, Anstalten und Stiftungen öffentlichen Rechts sowie für die *Landesplanung* → der Länder, soweit diese nicht über das Bundesgesetz hinausgehende Vorschriften erlassen, nicht aber für Einzelpersonen. Hinter der R. steht die politische Zielvorstellung, die Gleichwertigkeit der *Lebensbedingungen* → in allen Teilen des Bundesgebietes zu schaffen. Das bestehende Gefälle kann durch wirtschaftliche und soziale Ausgleichsprozesse allein nicht abgebaut werden, vielmehr müssen die von Bund, Ländern und Gemeinden durchgeführten Maßnahmen verstärkt und stärker koordiniert werden.
R. umfaßt und beeinflußt für Freizeit wichtige Bereiche, etwa der *Freiraumplanung* →, der Förderung von *Fremdenverkehr* →, Forstwe-

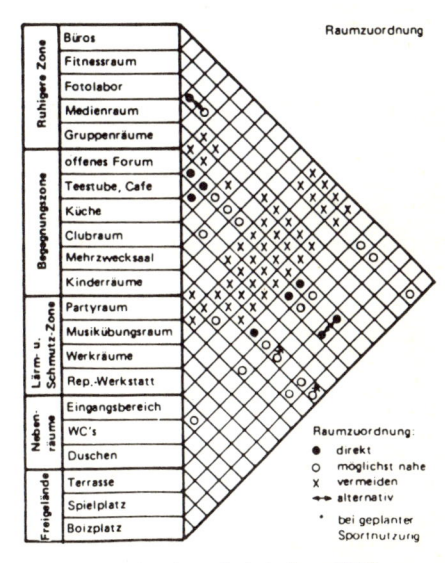

Quelle: H. Stricker ›Jugendfreizeitstätten‹ (1982)

Raumprogramm
Aufstellung des Raumbedarfs und der Räume für ein Gebäude.
Das R. für *Freizeitstätten* → kann etwa so aussehen: Kommunikationsbereich (Restaurant; Foyer; Ausstellungsräume; Gesellschafts-, Club- und Gruppenräume; Lese- und Büchereibereich; Verwaltung; Büros); Veranstaltungsbereich (Saal), mehrfachnutzbare Räume, Bühne, Abstellmöglichkeiten, Umkleiden); Werk- und Aktionsbereich (Werkstätten; Ateliers; Bandübungsräume mit Nebenräumen); Sportbereich (Bad, Sauna, Gymnastik- und Fitnessräume mit Nebenräumen).
Ein R. für eine *Jugendfreizeitstätte* → (H. Stricker 1982): Begegnungszone (Forum; Mehrzwecksaal; Teestube, Cafeteria; Clubraum; Kinderräume); ruhigere Zone (Gruppenräume; Büros, Leseraum; Medienraum; Fitnessraum); Schmutz- und Lärmzone (Werkstätten; Musikübungsraum; Partyraum).
R. erhalten darüber hinaus Angaben über die Größe und wesentliche Ausstattungsmerkmale. (Abb. S. 249)

Regenbogenpresse
Zeitungspublikationen, die in der Regel als Wochenblätter erscheinen, und nicht so sehr aktuelle Berichterstattung betreiben, sondern das angebliche Privatleben von Königen, Fürsten, Film- und Schlagerstars, aber auch Romane, Gerichtsberichte, Lebens- und Gesundheitsberatung, Leserbriefe und -berichte zum Gegenstand haben. Ihre Tendenz ist es teilweise, konfliktlose Welt vorzuspiegeln, teilweise aber enthalten sie Klatsch. Gerade der letztere wird aus psychischen Gründen als *Kompensation* → der eigenen Probleme und Lebenssituation benötigt. Die Millionenauflagen der R. werden von denen gelesen, deren *Lebensbedingungen* → nicht die besten sind. Doch spielt sicher auch ein gutes Stück Neugierde und Schlüssellochguckerei beim Erfolg der R. eine Rolle, die gern in Arbeitspausen und Wartezeiten gelesen wird (*Lesen* →).

Regionalplanung
im Rahmen der *Raumordnung* →, der Landesplanung und *Entwicklungsplanung* → sowie der besonderen Programme (Zonenrandgebiete, Ruhrprogramm u.ä.) durchgeführte überörtliche Planung zur Entwicklung und Sicherung von Siedlungs-, Wirtschafts- und Landschaftsstruktur mit dem Ziel des Ausgleichs der Lebensverhältnisse, Verhinderung von Bevölkerungsballungen bzw. deren Bewältigung, Erhaltung von Kulturlandschaften.

Innerhalb der R. werden immer auch die Belange des *Freizeitbereichs* → berücksichtigt.

Rehabilitation
die Summe aller Maßnahmen, die ergriffen werden, um eine erworbene oder angeborene Schädigung mit der Folge funktioneller, individueller Beeinträchtigung eines Menschen so zu verändern, daß eine größtmögliche Unabhängigkeit im beruflichen Leben und im Freizeiterleben erreicht wird.
1. Die R. körperlich oder geistig Behinderter: a) angeborene Fehlbildung; b) Unfall o.ä.; c) Krankheit als altersbedingter Verschleiß. Anspruch und Durchführung der R. unter a) und b) sind im Rehabilitationsangleichungsgesetz, im Schwerbehindertengesetz und in der dritten Änderung des Bundessozialhilfegesetzes geregelt, für die unter c) im § 184 a und 1236 der RVO.
2. Die R. als Wiedereingliederung von Straffälligen in das gesellschaftliche Leben; für Jugendliche in den entsprechenden Vorschriften des Jugendstraf- und Jugendhilferechts, für Erwachsene in Strafvollzugsvorschriften (insbesondere Bewährungshilfe) und im Sozialhilferecht geregelt.
Nach dem Ziel der R. wird zwischen beruflicher und sozialer R. unterschieden, wobei die soziale R. immer Voraussetzung für berufliche R. ist und ihr zeitlich vorangeht. Soziale R. – in welchem Zusammenhang sie auch immer stehen mag – setzt bei solchen Aktivitäten an, die man traditionell dem Bereich *Freizeit* → und *Erholung* → zurechnen kann. Die beiden Stufen der R. zeigen deutlich, daß Freizeit-R. der Arbeits-R. vorangeht und später in einen gleichwichtigen Zustand überführt wird: a) Erstes Ziel jeder R. ist Einsicht und Annahme der Tatsache, daß eine Behinderung besteht. In Gruppen, die sich bei *Freizeitaktivitäten* → zusammenfinden, läßt sich gemeinsam über die Betroffenheit (und den Schock) sprechen, den das Bewußtsein »Ich bin behindert« auslöst. *Sport* →, *Spiel* →, *Wanderung* → und *Feiern* → sind geeignete Medien, an die sich Gruppengespräche anschließen. Der Mensch in der R. muß zuerst lernen, mit seiner Behinderung zu leben, anfänglich lebt er meist gegen seine Behinderung.
Ist dieses Ziel erreicht, so kann b) eine Phase der Konkretisierung der *Lebensbedingungen* → unter Einbeziehung von Arbeitsberatung und *Freizeitberatung* → erfolgen. Die verbliebenen Resourcen werden zuerst in freizeitorientierten Bereichen getestet und erst später – wenn überhaupt nötig und möglich – auf Wiedergewinnung von Erwerbsmöglichkeiten übertragen.
Bei Prävention und R. z.B. strafgefangener

Jugendlicher → stehen gemeinsame Gruppenerlebnisse im Vordergrund, die eine R. durch neue *Sozialisation* → im Freizeitbereich ermöglichen sollen. Bekannt geworden sind Versuche, gemeinsame Segelschiffahrten mit Jugendlichen zu machen, um Eigenverantwortung und Gruppensozialisation gleichermaßen zu stärken. Auch hier kann die Phase der Bearbeitung beruflicher Problematik mit Sozialisation in der Freizeit parallelisiert werden. Besonderes Augenmerk hat in den letzten Jahrzehnten die R. von Patienten nach Herzinfarkt gefordert. Diese Patienten zeichnen sich durch ausgeprägte Spielarmut und konkurrenzorientiertes *Freizeitverhalten* → aus, was der Freizeit-R. einen ganz besonderen Stellenwert verleiht, da Freizeit von ihnen nicht im Gegensatz zur Arbeit als Erholungszeit erlebt wird (Kompensationshypothese), sondern die Freizeit unter gleichen Bedingungen erlebt wird wie Arbeitszeit (Kongruenzhypothese). Genau dieses Verhalten ist nach neueren Erkenntnissen ein Risiko für den Herzinfarkt, weshalb das Freizeitverhalten modifiziert werden muß (*Freizeittherapie* →).

Freund

Reiseanalyse

auf Initiative des Studienkreises für Tourismus seit 1971 durchgeführte jährliche sozial- und wirtschaftswissenschaftliche Grundlagenuntersuchung zur systematischen und kontinuierlichen Erfassung des Urlaubs- und Reiseverhaltens der bundesdeutschen Bevölkerung über 14 Jahre: Die R. umfaßt bei gleichbleibender Untersuchungsmethode (Zufalls-Stichprobe/mündliche Interviews) 6000 Interviews mit je gleichem Grundfragenprogramm und wechselnden Schwerpunktfragen.
Die R. ist eine Gemeinschaftsuntersuchung, deren Gesamtergebnis nur den Beziehern zur Verfügung steht. Jedoch werden Teile der R. der Öffentlichkeit bekannt gemacht: Kurzfassung der R. durch den Studienkreis für Tourismus.

Reisen →, *Fremdenverkehr* →, *Tourismus* →

Reisebüro

Handelsunternehmen, das touristische Leistungen von *Reiseveranstaltern* → und Beförderungsleistungen von Verkehrsunternehmen, sowie z.T. Versicherungsleistungen, Arrangements und Eintrittskarten in Zusammenhang mit *Reisen* → verkauft. R. veranstalten auch Reisen in eigener Regie, einige sind Eigenvertriebsstellen von Reiseveranstaltern, andere sind Abteilungen im Handelsunternehmen.
R. sind Handelsvertreter, die zwischen dem Kunden und dem Leistungsträger vermitteln, dabei den Kunden beraten und dafür sorgen, daß er die gewünschte Leistung erhält.

Lit: Sulberg »Aufgaben und Leistungen von Reisebüros« in: Tourismus Management, Berlin/New York 1983

Reiseleiter

haupt-, neben- und ehrenamtlicher Mitarbeiter von Reiseveranstaltern zur Leitung von Gruppen- und Pauschalreiseveranstaltungen, auch als Vertreter am Urlaubsort. Dem R. obliegt die Betreuung der Reisenden sowohl in organisatorischen als auch in inhaltlichen Fragen. Je nach Reiseveranstaltung werden vom R. Fähigkeiten der Animation oder Spezialwissen über Land, Leute, Kultur erwartet. Die Ausbildung des R. erfolgt durch die Reiseveranstalter; es gibt Bestrebungen, einen Berufsausbildungsgang einzurichten.

Abb. Der Mensch im Wirkungsfeld von Schädigung und Rehabilitation

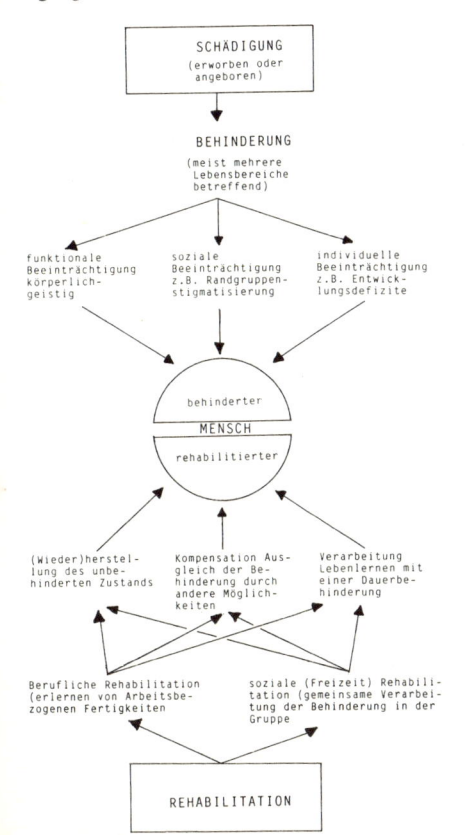

Abb. Leistungen des Reisebüros

Leistungen des Reisebüros*

- Buchung kompletter Reisen,
- Unterkunftsreservierung
- Flug- und Schiffskarten
- Zusammenstellung individueller Reisen
- Auskunft über
  Urlaubsländer und -orte,
  Verkehrsverbindungen,
  Unterkünfte,
- Reiseversicherungen
- Verkauf von
  Bahnfahrten,
  Schlafwagenkarten,
  Platzkarten,
- Kartenvorverkauf für
  kulturelle und Unterhaltungs-Veranstaltungen,
  Ausflugsfahrten,
  Sportveranstaltungen,
- Buchung für Autoreisezüge,
- Reiseschecks,
- Bestellung von Leihwagen.

* in der Rangreihe wie weit sie von befragten Personen für sich persönlich als wichtig empfunden werden; vgl. *Hartmann* (1975, S. 51).

Inanspruchnahme von Reisebüros und ähnlichen Verkaufs- und Beratungsstellen bei der Reisevorbereitung*

Frage: „Es gibt verschiedene Arten, wie man eine Reise organisieren kann. Bitte sagen Sie mir anhand dieser Liste, wie Sie Ihre Haupt-Urlaubsreise 1980 organisiert haben."

Reisende insgesamt RA 80: n = 3546	1980 %	Mio	1979 %	Mio	1978 %	Mio
Bezahlte Leistungen von Reisebüros, Reiseveranstaltern oder anderen Stellen in Anspruch genommen	40,5	11,0	40,8	10,8	49,4	12,8
Nur kostenlose Leistungen dieser Stellen in Anspruch genommen	14,2	3,9	18,5	4,9	12,9	3,3
Bezahlte und kostenlose Leistungen von Reisebüros usw. insgesamt	54,7	14,9	59,3	15,7	62,3	16,1
Keine Stelle in Anspruch genommen	45,3	12,3	39,9	10,6	37,7	9,7
Haupt-Urlaubsreise insgesamt	100,0	27,1	100,0	26,5	100,0	25,8

* Studienkreis für Tourismus (1981, S. 22)

Quelle: Geßner, in: »Tourismus Management« (1983)

Reisen

bewußtes Wechseln von einem Ort zum anderen: Grundlage von *Fremdenverkehr* → und *Tourismus* →. R. ist *Freizeittätigkeit* → par excellence. Wenn auch das R. zum Menschen zu gehören scheint, war doch in früheren Zeiten das R. aus Lust wesentlich seltener als heute. Die Gründe für die Zunahme sind bekannt: Freizeitzuwachs, Wohlstand, Motorisierung/Massenverkehrsmittel, Entwicklung eines Reisebedarfs/Erholungsbedürfnisse.

Man unterscheidet Kurz-R. (R. bis einschl. 4 Tagen Dauer) und Erholungs- und Urlaubs-R. (mindestens 5tägige R.).
Im Jahr 1984 unternahmen 55% der Bevölkerung eine Urlaubs-R., während etwas weniger als die Hälfte der Bevölkerung zu Hause blieb, nicht unbedingt immer gewollt. Die Zahl der *Kurz-R.* → steigt kontinuierlich; viele machen mehrmals im Jahr *Kurzurlaub* →. Für die R.-intensität gibt es verschiedene Gründe: Anstieg des Einkommens; Bildungsgrad; berufliche Position; *Alter* → (sinkt mit zunehmendem Alter); Wohnortgröße (steigt mit Wohnortgröße); Urbanisierungsgrad (steigt mit diesem). Die wichtigsten persönlichen Motive sind (Datzer 1981/Opaschowski 1977): Abschalten, aus dem Alltag herauskommen, viel Spaß und *Unterhaltung* → haben, tun, was einem gefällt, sich vergnügen, frei sein, nicht anstrengen, aktiv *Sport* → treiben, (Kompensationsbedürfnis); frische Kraft sammeln, an der frischen Luft sein; viel ruhen, nichts tun, sich verwöhnen, pflegen lassen (Rekreationsbedürfnis); mit netten Leuten zusammensein, Zeit füreinander haben, Flirt und Liebe (Kommunikationsbedürfnis); neue Eindrücke gewinnen, Horizont erweitern; etwas *lernen* →, etwas für die *Bildung* → tun (Edukationsbedürfnis).

Lit. Steinecke »Gesellschaftl. Grundlagen der Fremdenverkehrsentwicklung« in: Tourismus Management, Berlin/New York 1983

Reiseveranstalter

Unternehmen, die für Verbraucher *Reisen* → organisieren, indem sie für Transport, Unterbringung, Verpflegung sowie begleitende Dienstleistung sorgen. Durch Vorbereitung einer größeren Zahl gleichartiger Reisen (»Pauschalreisen«) mindert der R. das durch die Nichtlagerfähigkeit entstehende Risiko. Vorteile für den Reisenden: Bequemlichkeit; Urlaubsziele, die individuell schwer oder nicht erreichbar sind; Kommunikation; Leistungsgarantie; Notfallversorgung. Nachteile: »Massenproduktion«; zeitliche und lokale Fixierung; Vorgabe der Mitreisenden. Die R. versuchen durch Fortentwicklung der Pauschalreise die Nachteile auszugleichen.
Man unterscheidet verschiedene Typen von R.: a) Touristische Großveranstalter (mehr als 100 000 Reisende pro Jahr); b) Flugtouristik-Großveranstalter (Charterflug-Tourismus); c) Mittlere R. (30000–100000 Reisende), spezialisiert, regional engagiert; d) Spezialveranstalter (Zielgebiete/Unterbringungsarten; Verkehrsmittel; Zielgruppen, z.B. Sport-, Club-, FKK-, Sprach- und Studienreisen); e) Kleinveranstalter (u.a. auch *Reisebüros* →); f) Öffentliche bzw. gemeinnützige R. (*Kirchen* →, *Gewerkschaften* →, Parteien, Behörden, *Verbände* →, *Jugendverbände* →, *Vereine* →).

Lit. Hölzel »Aufgaben und Leistungen der Reiseveranstalter« in: Tourismus Management, Berlin/New York 1983

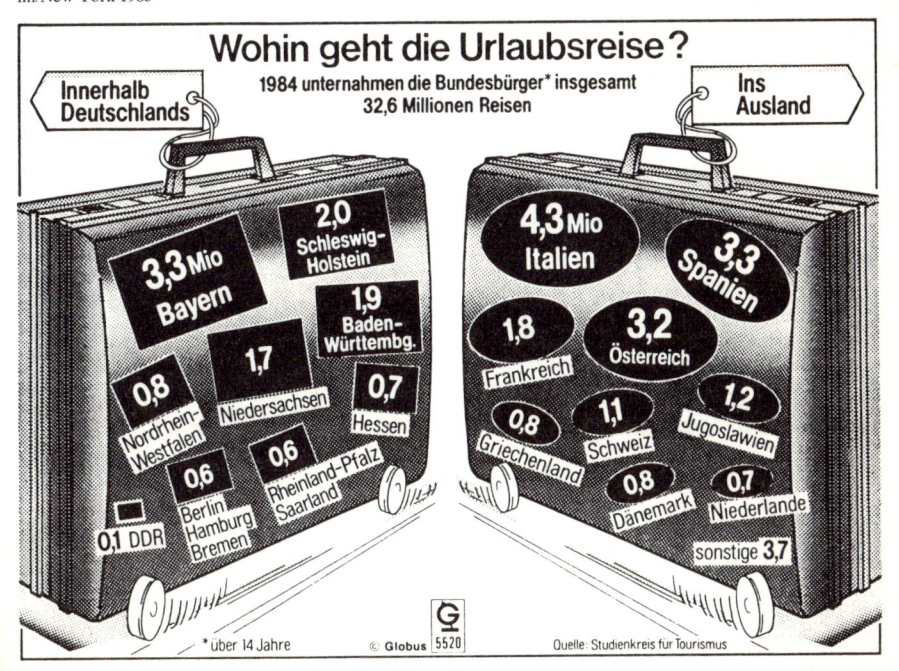

Wohin geht die Urlaubsreise?

1984 unternahmen die Bundesbürger* insgesamt 32,6 Millionen Reisen

Innerhalb Deutschlands
- 3,3 Mio Bayern
- 2,0 Schleswig-Holstein
- 1,9 Baden-Württembg.
- 0,8 Nordrhein-Westfalen
- 1,7 Niedersachsen
- 0,7 Hessen
- 0,6 Rheinland-Pfalz/Saarland
- 0,6 Berlin/Hamburg/Bremen
- 0,1 DDR

Ins Ausland
- 4,3 Mio Italien
- 3,3 Spanien
- 1,8 Frankreich
- 3,2 Österreich
- 0,8 Griechenland
- 1,1 Schweiz
- 1,2 Jugoslawien
- 0,6 Dänemark
- 0,7 Niederlande
- sonstige 3,7

*über 14 Jahre © Globus 5520 Quelle: Studienkreis für Tourismus

Reiseverkehr

Raumüberwindung zum Ortswechsel von Personen, auch Synonym für *Fremdenverkehr* → und *Tourismus* →. Charakteristikum von *Reisen* → (*Verkehr* →). Der Haupt-R. fällt zu Beginn und Ende der *Ferien* → an. Um das Verkehrsaufkommen zu entzerren, beginnen die Schulferien in den einzelnen Bundesländern zu verschiedenen Zeiten. Außerdem wird ein Wochenendfahrverbot in der Ferienzeit für Lastkraftwagen ausgesprochen. Der R. findet überwiegend auf der Straße statt mit dem *Auto* →. Daher haben die Zielgebiete entsprechende Erschließungsmaßnahmen (z.B. Tankstellen, Parkplätze, Straßenhilfsdienste) treffen müssen, wodurch eine Belastung der *Landschaft* → nicht zu umgehen ist. Die R.-mittel im *Urlaub* → sind (Studienkreis für Tourismus, 1985): a) Pkw (auch Wohnwagen und im Autoreisezug) 60%; Flugzeug 17%, Bahn 12%, Bus 9%, Schiff und andere Verkehrsmittel 2%. Die Reiseziele im Urlaub (Studienkreis für Tourismus, 1985): Inland 35,5%, DDR 0,5%, Ausland 64,0%. Im Personenverkehr insgesamt hat der Pkw einen Anteil von 80%; das Flugzeug von 2%; Bus, U-Bahn, Straßenbahn 12%, Bahn 6%.

Im Urlaubs- und *Naherholungsverkehr* → hat der Pkw wegen der geringen Fahrkosten, wenn er mit mehr als zwei Personen besetzt ist, den anderen Verkehrsmitteln den Platz streitig gemacht. Dazu kommt die enorme Zunahme der *Camping* → -freunde. Im *Alltag* → sind mangelnde Verkehrsverbindungen und Bequemlichkeit der Grund für die noch häufigere Pkw-benutzung.

Reiten

hat sich nicht nur als Sportart, sondern auch als *Freizeittätigkeit* → erhalten. Als Freizeit-R. hat es in den letzten Jahrzehnten einen großen Aufschwung genommen. Zahlreiche Reitclubs und Reiterhöfe trugen dazu bei. Reitwege wurden besonders im Umkreis der Großstädte ausgewiesen und neu angelegt. Allerdings nutzen die Reiter auch öffentliche Straßen und Wege sowie Privatwege und -flächen, soweit das gestattet ist. Das geht nicht ohne Konflikte ab (*Abb. Konfliktmatrix* →).

Mit dem R. verbunden sind vielfach die Tierpflege sowie reiterliches *Brauchtum* → und *Geselligkeit* →.

Bei Kindern ist neben dem Ponyreiten auch das Voltigieren (hier auch Wettbewerbe) sehr beliebt. Selbst für behinderte Kinder hat sich das R. als Hilfe und Spaß erwiesen. In anderen europäischen Ländern schon gebräuchlich, in der Bundesrepublik Deutschland aber erst am Beginn, ist das Wanderreiten; erste Fernreitwege wurden eingerichtet. Schon seit langem gibt es Reiterferien, die inzwischen ebenfalls teilweise mit längeren Ausritten angeboten werden. Die Übergänge zum Reitsport sind fließend, jedoch ist die Zahl der Sportreiter

Abb. Konfliktmatrix

Interessengruppen \ Sachbereiche	Landwirtschaftliche Betriebe mit Pensionshaltung	Landwirtschaftlicher Betrieb mit Reitverein	Reit- und Fahrvereine	Private Pferdehaltung	Kommerzielle Reitställe	Reitplätze	Reithalle	Ausgewiesene Reitwege (z.B. Königsforst)	z.Zt. genutzte Reitrouten	- freie Landschaft	- im Wald	Öffentliche Wege und Straßen	Privatwege/-flächen für bestimmte Reitgruppen	Sattelplätze	Reitveranstaltungen im Gelände
Freizeitorientierte Interessen															
Reiter	●	●	●			●	●	●		●	●	●		●	●
Wanderer		●	●	●				●	●	●	●	●			●
Übrige Erholungsuchende				●				●	●	●	●	●			●
Ökonomische Nutzungsinteressen															
Landwirte	●	●	●					●	●	●					●
Waldbesitzer (private)									●	●	●				●
Betreiber von Fremdenverkehrseinrichtungen (öffentl./privat)	●														
Interessen der Allgemeinheit															
Forstbehörde								●	●	●	●				●
Landwirtschaftsbehörde	●	●	●			●			●						
Naturschutzbehörde/einschl. Planung	●	●	●	●	●	●		●	●	●	●	●			●
Straßenverkehrsbehörde												●			

Quelle: BMELF (1984)

wesentlich niedriger als die der Freizeitreiter. Die Zunahme der Reiter hat auch der Pferdezucht neuen Auftrieb gegeben. Für Reit- und Zuchtangelegenheiten setzt sich die Deutsche Reiterliche Vereinigung ein. Die Freizeitreiter sind in der Vereinigung der Freizeitreiter in Deutschland zusammengeschlossen.

Reitweg
Reiten →

Religion
Anerkennung einer über die irdische hinausgehende Existenz und Ausrichtung des persönlichen und gesellschaftlichen Verhaltens auf daraus zu folgenden Glaubens- und Sittenlehren. Die anthropologische Bedeutung von R. liegt in ihrer Antwort auf die Fragen des Menschen nach dem Sinn seines Daseins, in der Vermittlung von Hilfen zur Wirklichkeitsdeutung und der Annahme des »ganzen« Menschen als eines mit anderen zusammen auf der Erde Lebenden, als Teil dieser mit geistigen Fähigkeiten und Freiheiten ausgestattetem Wesen. Der Mensch ist sich seiner Unvollkommenheit und der durch die steten Veränderungen seiner Umwelt ausgelösten Unsicherheiten bewußt und sucht nach Hinweisen für die Bewältigung der Zukunft. Die Rationalisierung mit Hilfe der Wissenschaft konnte für viele eine Zeitlang Antworten geben (Aufklärung, Fortschrittsglauben, Marxismus), ist aber heute durch die neu aufgezeigten menschlichen Grenzen in der technischen und gesellschaftlichen Entwicklung nicht mehr ausreichend. Eine neue Hinwendung zur R. wird deutlich. Damit ist nicht eine Wiederaufnahme der überlieferten christlichen Konfessionen verbunden. Wohl gibt es auch innerhalb der *Kirchen →* ein verstärktes religiöses und soziales Engagement, werden Veranstaltungen über den christlichen Glauben von vielen, besonders jungen Menschen aufgesucht, doch entstehen entsprechend der pluralistischen *Kultur →* vielfältige religiöse Gruppen und Strömungen. Diese nehmen zum Teil christliche, zum Teil asiatische (Buddhismus), aber auch okkultistische Formen auf. Besondere Anziehungskraft üben sehr straff geführte und Gemeinschaft bietende Religionsgemeinschaften (*Jugendreligionen →*) aus. Häufig ist auch die Übernahme von einzelnen Übungen und Verhaltensweisen (z.B. *Meditation →*, *Yoga →*). Auf der anderen Seite ist trotz einer hohen Zahl von Kirchenangehörigen ein starkes Desinteresse an religiösen Fragen feststellbar.

Das Phänomen *Freizeit →* wäre ohne die jüdische und die christliche R. nicht in dieser so bestimmten Form innerhalb der europäischen Kultur vorstellbar. Beide R. sehen Gott als schaffend (arbeitend) und als ruhend. Das Ruhegebot für Sabbat bzw. Sonntag bestimmt seit anderthalbtausend Jahren den Zeitablauf und die Wocheneinteilung. Der Jahresfestkreis entstammt ebenfalls dem religiösen *Brauchtum →*. Am Ende des Mittelalters wurde im Jahr an nicht mehr als 200 Tagen (16 Stunden) gearbeitet. Erst ein weniger rituelles als individualistisches Verhältnis zu Gott, das durch Reformation und Renaissance begründet wurde, bot die Voraussetzung für ein stärkeres Bedürfnis auf wirtschaftlich orientierte Leistung und damit für längere Arbeitszeiten. Dabei wurde der Sonntag zunächst nicht außer Kraft gesetzt, oft sogar noch verstärkt als Ruhetag. Erst die Industrialisierung durchbrach diese Regelung. Die Ruhetage waren durch bestimmte Formen gemeinschaftlichen Tuns (Kult, Liturgie, Feiern) bestimmt. Ebenso wie die R. ihre lebensprägende Bedeutung verlor, sind auch die religiös bestimmten Ruhetage weniger bedeutsam geworden. Die Folge ist zwar einerseits eine Zunahme von freier Zeit, aber sie liegt nicht mehr fest. Da sie nicht mehr für Ruhe und Sammlung geregelt ist, kann sich auch in das Gegenteil (*Langeweile →*, *Freizeitstreß →*) verkehren. Die Kirchen setzen sich inzwischen für eine Neubesinnung auf den Sonntag als *Feiertag →* ein.

Die Glaubens- und Sittenlehre der christlichen Kirchen hat die heutige Gesellschaft geprägt, auch wenn trotz nomineller Mitgliedschaft viele Einwohner der Bundesrepublik Deutschland sich den Regeln im einzelnen nicht mehr unterwerfen. So werden Kritikansätze und Maßstäbe für die Bewertung von Freizeit und *Freizeitgestaltung →* oft aus dem kirchlichen Gedankengut übernommen (z.B. Selbstverantwortung, Selbstverwirklichung, Sozialpflichtigkeit der Freizeit, Solidarität).

Gleiches gilt für die Funktionszuweisung von Freizeit, die aus jüdisch-christlicher Überlieferung als Ruhetag am siebten bzw. ersten Tag der Woche entstand zusammen mit den Feiertagen. Formen der Sonntags- und Feiertagsheiligung und des Feierns bestimmen vielfach Freizeit und Freizeitangebote (*Veranstaltungen →*, *Volksfeste →*); Abweichungen werden besonders geregelt (Überstunden-Schichtarbeit, Sonntags- und Feiertagsarbeit). Die religiöse Ansprache der Kirchen findet überwiegend in der Freizeit der Gläubigen statt (»Freizeitkirche«). Andererseits hat die Kirche immer auch Freizeit für ihre Gläubigen im Sinne des Freiseins von weltlichen Einflüssen gesehen (in der katholischen Kirche: *Exerzitien →*; in der evangelischen Kirche: *Freizeiten →*). Formen der Freizeitbetätigung in der kirchlichen Arbeit werden heute von mehr Menschen angenommen als die traditionellen. So sinkt die Zahl der jugendlichen Gottesdienstbesucher während die Kirchen- und Katholikentagsteilnehmer immer jünger und zahlreicher werden. Ehrenamtliche und freiwillige Mitarbeit wird als Form »christlicher Liebestätigkeiten« von der Kirche besonders befürwortet und gepflegt. Das System der *sozialen Arbeit* → hat weitgehend seine Wurzeln in der karitativen Tätigkeit der Kirche. Viele Formen kommunaler Freizeitangebote und sozialer Hilfen sind von den Kirchen entwickelt worden (*Laie* →, *Laienorganisation* →).

Träger religiöser Traditionen sind die R.-gemeinschaften. Neben den beiden großen Kirchen sind das kleinere christliche Gemeinschaften: Evangelische Freikirchen, Altkatholiken, Orthodoxe Kirchen und Sondergemeinschaften. Außer einer kleinen Gruppe jüdischer Gemeinden besteht außerdem als größere nichtchristliche religiöse Gruppe diejenige des Islam mit verschiedenen Untergruppierungen, der im wesentlichen Türken angehören. Die R.-gemeinschaften pflegen nicht nur die religiösen Überlieferungen, sondern auch Geselligkeit und gegenseitige Hilfe. Allerdings sind die Bindungen unterschiedlich stark; kleinere in Diaspora befindliche Gruppen zeigen ein größeres Zusammengehörigkeitsgefühl als mitgliederreiche Gemeinden.

Rennsport

Form des Wettkampfsportes, die auf Erzielung möglichst hoher Geschwindigkeiten durch Tiere oder Geräte ausgerichtet ist.

So bezeichnet man geschwindigkeitsorientierte Wettbewerbe, wie Skiabfahrtslauf, Eisschnellauf, Bob- und Schlittenabfahrten als Rennen.

Rennen mit Tieren sind in erster Linie Pferderennen (Galopp; Trab-R. hierbei Kombination Tier/Gerät), weniger verbreitet sind Hunderennen (Windhund-R.; Schlittenhund-R., auch Kombination Tier/Gerät) und ein Kuriosum: Schweinerennen.

Mit Hilfe von Geräten haben sich verschiedene Formen des R. entwickelt: Rad-R. mit verschiedenen Disziplinen (Fernfahrten, Etappenrennen, Zeitfahren, Bahnrennen: Fliegerrennen; Steherrennen hinter Schrittmachermaschinen; Sechstagerennen, Verfolgungsrennen; Omnium = Mehrkampf; Querfeldeinrennen), Motor: Motorrad-R. in verschiedenen Klassen, mit Bahnrennen, Querfeldeinrennen; Sandbahn-, Eisbahnrennen; Gespanne (Beiwagenrennen); Auto-R. mit Tourenwagen (Bahnrennen, Sternfahrten, Rallyes) und Spezialrennfahrzeugen (verschiedene Formeln und Wettbewerbe meist auf speziellen Rennbahnen); Go-Kart-Kleinstautos; Motorboot-R. (ebenfalls verschiedene Klassen

und Distanzen). R. ist sowohl Amateur- als Profisport, wobei in einigen R.-arten das Profi-Element dominiert. Wegen des hohen Einsatzes für Tiere, besonders aber für Geräte sind die R.-arten vielfach auf *Sponsoren* → (als Rennstallbesitzer, Rennteamhalter, Sportwerbungsauftraggeber) angewiesen.

Die für viele R.-arten notwendigen *Sportstätten* → werden zum Teil durch öffentliche *Träger* →, zum Teil durch *Vereine* →, vielfach aber auch durch Wirtschaftsbetriebe und Privatunternehmer unterhalten.

R. ist beliebter Zuschauersport, wenn auch in einigen Fällen eher in den Entscheidungsphasen.

Darüber hinaus geben R.-ereignisse auch Anlaß zum *Glücksspiel* →: »Pferdewettrennen«: Platzwette (wer kommt unter die ersten zwei oder drei?); Siegwette (Vorhersage des Siegers); Zweier- und Dreierwette (wer kommt als Sieger, Zweiter und Dritter ins Ziel?).

Der R. wird auf Bundesebene durch zahlreiche Dachverbände vertreten: Allgemeiner Deutscher Automobil-Club; Automobilclub von Deutschland; Bund Deutscher Radfahrer; Deutscher Bob- und Schlittenverband; Deutscher Eissportverband; Verband Deutscher Motorsport; Deutscher Motoryachtverband; Deutscher Skiverband; Deutscher Windhundzucht- und Rennverband; Direktorium für Vollblutzucht und Rennen; Hauptverband für Traber-, Zucht und Rennen; Oberste Nationale Sportkommission für den Automobilsport in Deutschland; Rad- und Kraftfahrerbund Solidarität.

Rentner

Mensch, der in der nachberuflichen Lebensphase lebt und dessen Leben finanziell gesehen durch die Rente gesichert sein soll(te). R. sind demnach im engeren Sinne nicht mehr berufstätig, können sich aber noch vielfältiger Arbeit unterziehen (*Früh-R.* →, *Ruhestand* →, *Vorruhestand* →). Ruhestand und *Freizeit* → werden allgemein nicht als problemlos angesehen, obwohl in der *Gerontologie* → auch bekannt ist, daß *die Freizeitgestaltung* → nach der Verrentung in der Regel die Fortsetzung der Freizeitgestaltung vor der Verrentung darstellt.

Lit. Tokarski »Freizeitgestaltung« in: Oswald/Herrmann/Kanowski/Lehr/Thomae (Hrsg.) »Gerontologie«, S. 127-135, Stuttgart 1984

Schmitz-Scherzer/Tokarski

Reproduktion

Wiederherstellung; 1. Wiedergabe von Bewußtseinsinhalten, auch im Sinne der Nachempfindung einer Produktion bzw. der Verwendung von Arbeitsergebnissen; 2. Wiederherstellung von Kraft und Nerven, die im Arbeitsprozeß abgenutzt wurden. In beiden Bedeutungen wird R. in der Freizeitdiskussion verwendet.

Restitutionsfaktoren

Tatbestände, die die Wahrscheinlichkeit einer Erkrankung verringern (im Gegensatz zu Risikofaktoren, z.B. *Nikotinkonsum* →, *Drogen* → -konsum, Bewegungsarmut, *Streß* →). Wenig erforschte Zusammenhänge von Verhalten (einschl. *Freizeitverhalten* →) und *Gesundheit* →. Durch Ausschluß von Risikofaktoren versucht die moderne Medizin Krankheitsursachen zu beseitigen. Die Förderung von R. kann sehr viel weitgreifender sein und hat sehr viel mit Freizeitverhalten und *Freizeittätigkeiten* → zu tun (*Gesundheit* →).
Einer der wenigen bislang eindeutig erforschten Restitutionsfaktoren ist die Bewegung (*Sport* →, *Freizeitsport* →). Wer sich ausreichend bewegt, ist vor Herz- und Kreislaufkrankheiten besser geschützt. Dies gilt vor allem für sportliche Bewegung beim Ausdauertraining. So empfiehlt Hollmann als Optimum, dreimal wöchentlich eine Stunde zu laufen.

Skilanglauf, Radfahren oder Tennis sind ebenfalls geeignete Restitutionssportarten.
Weitere R. sind für freizeitpädagogische Interventionen von Interesse: a) Zugehörigkeitsgefühl und Geborgenheit. Auch im Berufsleben kann der Mensch seine Zugehörigkeit definieren und erfahren, jedoch orientieren sich Beziehungen oft am Zweck wirtschaftlicher Produktion. Deshalb sind schützende zwischenmenschliche Beziehungen, in denen persönliche Entwicklungen mit gering einschränkender Kontrolle möglich sind, meist im Freizeitbereich angesiedelt. Hier finden sich Menschen mit gemeinsamen Interessen zusammen, und die soziale Unterstützung, das Gefühl von Zusammengehörigkeit sind daher ausgeprägt. (*Vereine* →, *Gruppen* →) b) Spielfähigkeit. Spielen heißt Probehandeln, ausprobieren ohne mit unmittelbaren schwerwiegenden Folgen rechnen zu müssen. Lockeres, nicht operationales Handeln ist also vorwiegend in Freizeitgruppen möglich. Spielfähigkeit ist somit auch die Fähigkeit, Belastungen im Freizeitverhalten auszuschließen und wirkt daher restitutiv. (*Spiel* →) c) Utilisationsfähigkeit. Die

Abb. Revierpark
Lageplan des Revierparks Wischingen

1 Zentraler Gebäudekomplex mit Mehrzwecksaal und Mehrzweckräumen, Terrassenrestaurant, Umkleide- und Toilettenräumen, Schwimmhalle, Aktivarium mit Sauna und Solarium, Kegelbahnen, Verwaltung und Information, 2 Freibad mit Badeplatte, Umkleiden, Spiel- und Liegewiesen, 3 Spiel- und Sportbereich mit Kunststoff-, Rasen- und Tennenplätzen, Tennisanlage, Rodelhügel und Spielplätze für Kinder, 4 Umkleide- und Sanitärräume, Kiosk, überdachte Spielplätze, Tischtennisplätze usw., 5 Eislaufhalle, 6 Parksee mit Uferpromenade, Wasserspielplatz, Bootfahren und Sitzplätzen am Wasser, 7 Erlebnis- und Geselligkeitszone mit Promenaden, Gartenspielen, Spielräumen, Sitz- und Ruheplätzen, 8 Haus Wischlingen, 9 Parkplätze.

Übertragung der Prinzipien des Spiels auf berufliche Bereiche kann man als Anwendung des Utilisationsprinzips (Watzlawik/Erickson) bezeichnen. Die Fähigkeit, etwas, das auf mich zukommt und worauf ich keinen Einfluß habe, so zu nutzen, daß es in das eigene Leben integriert werden kann, ist eine im *Freizeitbereich* → erworbene Fähigkeit. Je mehr sie in alle Lebensbereiche übertragbar ist, um so höher wirkt sie als seelischer und körperlicher Restitutionsfaktor. d) Genußfähigkeit. In der Vergangenheit stand sozialpolitisches Denken vorwiegend unter dem Aspekt der Erhaltung der Arbeitsfähigkeit. Dabei wurden Aspekte von *Erlebnis-* → und Genußfähigkeit nicht hinreichend berücksichtigt, obwohl gerade diese Bereiche zum Ausgleich von Belastungen des Arbeitslebens restitutiv durch das Freizeiterleben ebenso wichtig sind. e) Leistungsfähigkeit und Leistungsmöglichkeit. Schließlich gehört in einer leistungsorientierten Gesellschaft auch die Fähigkeit zur *Leistung* → ebenso wie die Genußfähigkeit zu den Faktoren, die Gesundheit schützen. Demgegenüber ist Arbeitslosigkeit und Frühberentung ein gesundheitliches Risiko.

Je stärker die R.-forschung abgesicherte konkrete Ergebnisse haben wird, um so klarer wird die *Freizeitpädagogik* → aus diesem Ansatz heraus einen Orientierungsrahmen finden können.

Freund

Revierpark
im Ruhrgebiet durch den Kommunalverband Ruhrgebiet (Siedlungsverband Ruhrkohlenbezirk bis 1979) entwickelte Form des *Freizeitparks* → zur Verbesserung der *Freizeitinfrastruktur* → des inneren Ruhrgebietes mit *Freizeithaus* →, Freizeitbad →, Freizeitsportanlagen →, Liege- und Spielwiesen, *Spielanlagen* →, zum Teil mit Eislaufhalle und Tieren.

Revival
Wiederaufführung von Filmen und modischer *Musik* → in authentischer Form; auch Hinweis auf vergessene *Künstler* →.

Rezeption
1. Aufnahme von Kulturgut, insbesondere von Texten, Kunstwerken und *Musik* → sowohl durch Hörer, Leser, Betrachter als auch im Sinne der Bearbeitung und Erarbeitung zur Wiedergabe (z.B. »Mozart-R.«). *Medien* →, Theater →, Künstler →.
2. Empfangsbüro in *Hotels* →.

Rezipient
Zielperson und Zielgruppe, Empfänger einer *Information* →, Nachricht, die durch ein Massenmedium vermittelt wird. Da in der Regel eine *Kommunikation* → des R. mit dem Kommunikator (Sender) nicht zustandekommt, sind die *Medien* →-anstalten auf Untersuchungen (R.-forschung) der Leser-, Hörer- und Zuschauereigenschaften (Informationsstand, Aufnahmefähigkeit, Aufgeschlossenheit, Aufnahmebereitschaft, Wirkung der Informationstätigkeit) angewiesen. *Publikum* →

Richtwerte
Richtzahlen, Orientierungswerte. Sie dienen der Bedarfsfeststellung in der *Planung* → insbesondere von Infrastruktur, z.B. Sportfläche, Spielplatzfläche, Wasserfläche, Grünfläche in qm je Einwohner oder Toiletten je zu erwartendem Besucher. Viele Förderprogramme (z.B. Jugendfreizeiteinrichtungen) enthalten R., die eingehalten werden müssen. R. sind einerseits als Anhalt hilfreich, können aber unreflektiert angewandt zu Kuriositäten und Überausstattungen führen. *DIN* →, *Raumprogramm* →

Robinsonspielplatz
Abenteuerspielplatz →

Rock-Café
Mischform mehrerer Betriebsformen wie z.B. *Café* →, *Diskothek* →. Das gastronomische Angebot tritt neben musikalischen Darbietungen in den Hintergrund.
Anders als in Diskotheken, wo der Tanz im Vordergrund steht, wollen die Gäste der R. der Musik zuhören.
Gastronomie →, *Café* →, *Rockmusik* →

Rockmusik
im Gefolge des Rock'n'Roll und der *Popmusik* → entstandene *Unterhaltungsmusik* → mit sehr gleichförmigem, stark herausgestelltem Grundschlag und meist großer Lautstärke.

Rodeln
auf schneebedeckter abschüssiger Bahn mittels eines Schlittens abwärts gleiten, beliebtes *Spiel* →, aber auch *Rennsport* →-art. Da es in Stadtnähe an freien Flächen meist mangelt, werden Rodelbahnen in Stadt- und *Freizeitparks* → angelegt. Eine Abart des R.-s ist das Rutschen mittels eines Kunststoffschlittens über eine Stahlbahn oder auf Kunststoffmatten. Stahlrodelbahnen sind beliebte Bestandteile von Freizeit- und Erlebnisparks.
Die Sportrodler sind im Deutschen Bob- und Schlittensportverband zusammengeschlossen.

Rolle
1. die einem Schauspieler übertragene Figur in Darstellung und Text (*Theater* →, *Film* →).
2. Verhaltensweisen und Verhaltenserwartungen, die mit bestimmten Positionen (Stellung in einer *Gruppe* →, *Organisation* → oder in der Gesellschaft) oder mit einem sozialen Status (Stellung innerhalb der Sozialstruktur aufgrund von Eigenschaften von Geburt an oder besonderer Leistungen) verbunden werden. Damit Gruppen bestehen können, bedarf es bestimmter Verhaltensmuster und Deutungsmuster (*Werte* →) für Situationen und Beziehungen der Gruppenmitglieder. Die R. ist ein Verhaltensmuster, umfaßt also nicht das gesamte Individuum, kann sogar im Widerspruch stehen zu den individuellen *Bedürfnissen* → und Triebansprüchen. Jedermann spielt mehrere R., die im einzelnen keineswegs aufeinander abgestimmt sein müssen, sich sogar widersprechen können (R.-konflikt). Die Berufs-R. kann der *Freizeit* → entgegenstehen, doch können sich auch beide ergänzen. Möglich ist auch, daß an dieselbe Position verschiedene R.-erwartungen gestellt werden. R.-konflikte ergeben sich auch, wenn an jemanden regelmäßig Anforderungen gestellt werden, die dieser für falsch oder mit seinem Gewissen nicht für vereinbar hält. R.-erwartungen enthalten soziale Normen. Doch haben nicht alle Normen und Werte zu jeder Zeit dasselbe Gewicht. Dadurch ergibt sich auch eine Hierarchie in den Erwartungen: a) Muß-Erwartungen (absolut verbindlich, für das »soziale Überleben« notwendig); b) Soll-Erwartungen (verbindlich, sehr erwünscht; für das »Soziale Wohlbefinden« notwendig); c) Kann-Erwartungen (wünschenswert, freiwillig, für »soziale Wärme« erforderlich). Wenn das R.-verhalten nicht gezeigt wird, werden je nach R.-erwartungen Sanktionen verhängt. Insoweit hängt R. auch mit Macht und Machtausübung zusammen. Andererseits lassen die R.-vorstellungen Raum für die persönliche Ausgestaltung des erwarteten Verhaltens. R. werden in der Regel nicht bewußt erlernt, sondern durch *Sozialisation* →, auch Identifikation (z.B. Geschlechts-R., Generations-R.), eingeübt. Die Summe der vom einzelnen verkörperten R. ergibt die soziale Identität. Das Leben und die Erfahrung mit R. schafft einerseits die personale Identität, aber auch die Fähigkeit, R. kritisch zu bewerten und diese individuell zu gestalten.

Je weniger existentiell wichtig R. sind, desto eher können sie gestaltet oder auch gewählt bzw. verweigert werden. Darum ist die Zahl der Kann-Erwartungen im *Freizeitbereich* → größer als die der Muß- und Sollerwartungen und die Intensität der R.-Konflikte geringer als im Arbeitsbereich. Jedoch bleiben andere R. (z.B. Mutter-R., Vater-R., Kind-R.) bestehen, die sich in einem Spannungsverhältnis oder sogar Konflikt z.B. zu einem *Ehrenamt* → oder der Mitgliedschaft in einer Freizeitvereinigung befinden. Aus diesem Spannungsverhältnis werden auch Freizeittätigkeiten → oder -ziele gewählt bzw. akzeptiert, die man sonst nicht gewählt hätte (die »ganze« Familie geht spazieren, wählt den Urlaubsort).
Das R.-modell reicht nicht aus, um alle Verhaltensunterschiede zu erklären. Wenn dieselbe Situation aufgrund unterschiedlicher Deutungsmuster bewertet wird, können auch unterschiedliche Verhaltensweisen gewählt werden. Auch R. sind nicht immer eindeutig zu deuten, wodurch ebenfalls Verhalten (falsch) gesteuert werden kann.

Rudern
Fortbewegung eines *Boots* → durch Muskelkraft mit Hilfe von (beidhändig bewegten) Riemen oder (für jede Hand symmetrisch angebrachten) Skulls. An Ruderbooten unterscheidet man (besonders breite) Leihboote, (zu Übungszwecken oder Wanderfahrten gebaute) Gigs und (leichte) Rennboote. Je nach Anzahl der Ruderer gibt es im Rudersport Einer, Zweier, Vierer und Achter (bzw. Doppelzweier usw. bei Skullbooten), wobei der Einer ohne, der Zweier und Vierer mit oder ohne und der Achter mit Steuermann zu fahren sind. Ruderer sitzen auf (festen) Duchten oder Rollsitzen mit dem Rücken zur Fahrtrichtung, während die Füße auf Stemmbrettern ruhen. Riemen bzw. Skulls lagern in drehbaren Dollen. Bei fast allen Sportruderbooten sind die Drehpunkte zur Verbesserung der Hebelwirkung mittels Auslegern nach außen verlagert. Durch unterschiedliche Ruderschläge auf verschiedenen Seiten lassen sich Ruderboote manövrieren. Ihre Lenkung erfolgt über ein am Heck befindliches Steuer.
Ruderwettkämpfe werden nach internationalen bzw. nationalen Ruder-Wettkampf-Regeln durchgeführt. Letztere liegen in der Verantwortung des Deutschen Ruderverbandes (DRV). Zum Leistungsvergleich existieren unterschiedliche Leistungsklassen sowie genormte Regattabahn-Streckenlängen.
Neben wettkampfmäßig betriebenem Rudersport gibt es die verschiedensten Möglichkeiten des Freizeit-R. Hierzu zählen vor allem Fahrten- und Wander-R. sowie R. als Feierabend-, Urlaubs-, Familien- und Rehabilitationssport (*Freizeitsport* →). An Schulen wird R. als Sportunterricht, in freiwilligen Arbeitsgemeinschaften, im Rahmen von Schullandheimaufenthalten und in Schüler-Rudervereinen betrieben.

Lit.: Deutscher Ruderverband (Hrsg.) »Handbuch für Wanderruderer«, 5. Aufl., Minden 1983; Schröder »Rudern, Training, Technik, Taktik«, Reinbek/Hamburg 1978

Birkelbach

Ruhestand

Die Zeit nach der aktiven beruflichen Tätigkeit (*Rentner* →, Frührentner). Der Übergang in den R. wird allgemein als besonders zentrale Lebensaufgabe angesehen, sowohl für den Betroffenen als auch seine Familie. Sie wird sehr unterschiedlich und individuell höchst verschieden gelöst, je nach Gesundheitszustand, Beruf und Stellung im Beruf, persönlicher Biographie, sozialem Status und sozialer Situation, Familienstand, Freizeitinteressen etc. Zur Erleichterung bei der Lösung dieser Aufgabe werden Angebote zur Vorbereitung auf den R. gemacht, deren Wert allerdings umstritten ist. Fast immer hängt die Vorbereitung auf den R. und das Leben im R. mit einer wie auch immer gearteten Auseinandersetzung mit dem Altern allgemein und dem eigenen Altern speziell zusammen. Zahlreiche Untersuchungen zeigen, daß das Leben im R. sehr vielfältig gestaltet werden kann, sie weisen allerdings auch darauf hin, daß nicht wenige Ruheständler nicht ihren Möglichkeiten, Wünschen und Bedürfnissen entsprechend leben. Nicht immer gelingt die Organisation des Lebens im R. ohne die gewohnte berufliche Tätigkeit individuell gesehen optimal. Manche Krisen im Alter haben hier den Ort ihrer Entstehung bzw. ihrer endgültigen Auslöser. *Lebenszeit* →, *Freizeitprobleme* →

Lit: Lehr »Psychologie des Alterns«, Quelle und Meyer, UTB, 5. Auflage, Heidelberg 1984; Tokarski »Freigesetzte Arbeitnehmer im 6. Lebensjahrzehnt in der Freizeit: ›Abgeschobene‹ oder eine neue ›Muße-Klasse‹?« In: Deutsches Zentrum für Altersfragen (Hrsg.), Freigesetzte Arbeitnehmer im 6. Lebensjahrzehnt. Berlin 1985

Schmitz-Scherzer/Tokarski

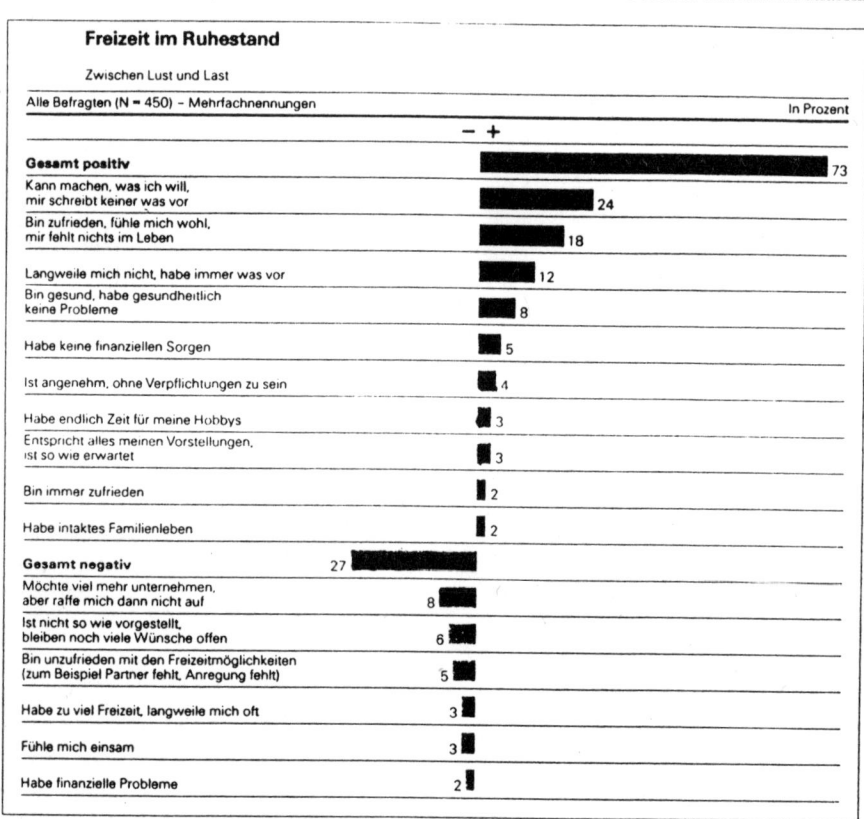

Freizeit im Ruhestand

Zwischen Lust und Last

Alle Befragten (N = 450) - Mehrfachnennungen — In Prozent

	− +
Gesamt positiv	73
Kann machen, was ich will, mir schreibt keiner was vor	24
Bin zufrieden, fühle mich wohl, mir fehlt nichts im Leben	18
Langweile mich nicht, habe immer was vor	12
Bin gesund, habe gesundheitlich keine Probleme	8
Habe keine finanziellen Sorgen	5
Ist angenehm, ohne Verpflichtungen zu sein	4
Habe endlich Zeit für meine Hobbys	3
Entspricht alles meinen Vorstellungen, ist so wie erwartet	3
Bin immer zufrieden	2
Habe intaktes Familienleben	2
Gesamt negativ	27
Möchte viel mehr unternehmen, aber raffe mich dann nicht auf	8
Ist nicht so wie vorgestellt, bleiben noch viele Wünsche offen	6
Bin unzufrieden mit den Freizeitmöglichkeiten (zum Beispiel Partner fehlt, Anregung fehlt)	5
Habe zu viel Freizeit, langweile mich oft	3
Fühle mich einsam	3
Habe finanzielle Probleme	2

Drei Viertel der Befragten genießen die »neue Freiheit«. Jeder vierte Ruheständler aber ist enttäuscht und unzufrieden mit sich selbst.

B·A·T Freizeit-Forschungsinstitut

Ruhezone

Ruhezone
bewußt von akustischen und Belastungen durch Bewegung freigehaltene Bereiche der *Freizeiteinrichtungen* → (*Freizeitstätten* →, *Freizeitparks* →, *Raumprogramm* →).

Rundfunk
1. Öffentliche Verbreitung von Wort, Ton und neuerdings auch von Bildern (Fernsehen) mittels elektromagnetischer Wellen. R. wurde innerhalb weniger Jahrzehnte zum wichtigsten Massenkommunikationsmittel (*Mittel* →), das neben Nachrichten unterhaltende und Bildungsprogramme übermittelt. Der Hörfunk führt dabei vor dem Fernsehen, sowohl was die Reichweite (Zahl der erreichten *Zuhörer/Zuschauer* →) als auch, was die Einschaltzeiten angeht. Das ist auf die größere Möglichkeit, akustische Übertragungen neben anderen Tätigkeiten (z.B.: Hausarbeiten, Autofahren, Berufsarbeit, *Freizeittätigkeiten* →) zu empfangen, die Handlichkeit und Mobilität der Geräte und deren technischer Perfektion zurückzuführen (besonders beliebt sind beim

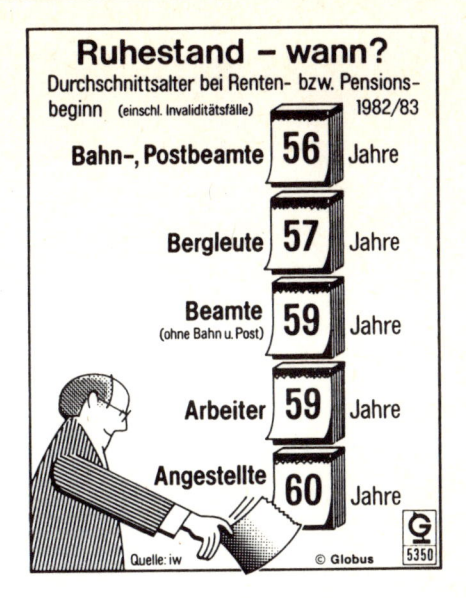

Ruhestand – wann?
Durchschnittsalter bei Renten- bzw. Pensionsbeginn (einschl. Invaliditätsfälle) 1982/83

Bahn-, Postbeamte	56 Jahre
Bergleute	57 Jahre
Beamte (ohne Bahn u. Post)	59 Jahre
Arbeiter	59 Jahre
Angestellte	60 Jahre

Quelle: iw © Globus 5350

Vorgezogene, flexible u. hinausgeschobene Altersgrenzen

Altersgrenze in Jahren	Berechtigter Personenkreis	Besondere Anspruchsvoraussetzungen	Bemerkungen
Soldatenversorgung			
41	Flugzeugführer und Kampfbeobachter in Strahlflugzeugen	keine	Funktionsabhängige Höchstaltersgrenze
53	Unteroffiziere, Leutnante Oberleutnante und Hauptleute im Truppendienst; Offiziere des militärfachl. Dienstes	keine	siehe oben
55	Majore im Truppendienst	keine	siehe oben
57	Oberstleutnante im Truppendienst	keine	siehe oben
59	Oberste im Truppendienst	keine	siehe oben
Beamtenversorgung			
53	Beamte des gehobenen Flugverkehrskontrolldienstes	keine	Funktionsabhängige Höchstaltersgrenze
60	Polizeivollzugsbeamte, Strafvollzugsbeamte und Beamte des Einsatzdienstes der Berufsfeuerwehr	keine	siehe oben
60	Schwerbehinderte Beamte und Richter	Antrag: unwiderrufliche Verpflichtung, nicht mehr als durchschnittlich 425 DM/Monat hinzuverd.	Mindestaltersgrenze: Dienstunfähigkeit ist nicht erforderlich
62	Landesbeamte, Landesrichter	Antrag	siehe oben
63	Bundesbeamte	Antrag	siehe oben
65	Richter/Bundesverfassungsgericht	Antrag	siehe oben
66	Richter der obersten Gerichtshöfe des Bundes	Antrag	siehe oben
68	Richter am Bundesverfassungsgericht und an den obersten Gerichtshöfen des Bundes, Mitglieder des Bundesrechnungshofes, Hochschullehrer	keine (für Richter am Bundesverfassungsgericht ist ein Dienstverhältnis auf Lebenszeit nicht erforderlich)	Höchstaltersgrenze

Gesetzliche Rentenversicherungen *

Alter	Personenkreis	Voraussetzungen	Besonderheiten
50	Beschäftigte im Bergbau	Mindestens 25 Versicherungsjahre mit ständiger Untertagetätigkeit; wirtschaftlich gleichwertige Tätigkeit wird nicht mehr ausgeübt; Antrag.	Mindestaltersgrenze; Vermutung verm. bergmännische Berufsfähigkeit von Gesetzes wegen; Erwerbseinkommen unter 92,5 Prozent des Entgelts im früheren Hauptberuf neben Rente zulässig
55	Beschäftigte im Bergbau	mindestens 25 Versicherungsjahre und teilweise Untertagetätigkeit; Aufgabe der Beschäftigung im Bergbau; Antrag	Mindestaltersgrenze; Erwerbseinkommen neben Rente nur außerhalb des Bergbaus zulässig
60	Frauen	mindestens 15 Versicherungsjahre; mindestens 121 Pflichtbeiträge in den letzten 20 Jahren; Antrag.	Mindestaltersgrenze; Erwerbseinkommen neben Rente darf bis zum 65. Lebensjahr 425 DM/Monat nicht übersteigen (alternativ zulässig: 2 Monate im Jahr voller Verdienst)
60	Arbeitslose	mindestens 15 Versicherungsjahre; mindestens 1 Jahr arbeitslos innerhalb der letzten anderthalb Jahre; mindestens 8 Jahre rentenversicherungspflichtige Beschäftigung innerhalb der letzten 10 Jahre; Antrag	siehe oben
60	Beschäftigte im Bergbau	mindestens 25 Versicherungsjahre mit ständiger Untertagetätigkeit; Beschäftigung im Bergbau wird nicht mehr ausgeübt; Antrag	Mindestaltersgrenze Erwerbseinkommen neben Rente nur außerhalb des Bergbaus zulässig
60	Schwerbehinderte, Berufs- und Erwerbsunfähige	mindestens 35 Versicherungsjahre; Antrag	Mindestaltersgrenze; Erwerbseinkommen neben Rente darf bis zum 62. Lebensjahr 425 DM/Monat, bis zum 65. Lebensjahr 1000 DM/Monat, nicht übersteigen (alternativ zulässig: 2 Monate im Jahr voller Verdienst)
63	alle Versicherten	mindestens 35 Versicherungsjahre; Antrag	Mindestaltersgrenze; Erwerbseinkommen darf bis zum 65. Lebensjahr 1000 DM/Monat nicht übersteigen (alternativ zulässig: 2 Monate im Jahr voller Verdienst)

Berufsständische Versorgungen

Alter	Personenkreis	Voraussetzungen	Besonderheiten
60/62	alle Mitglieder	Antrag	Mindestaltersgrenze; Rente wird vers.-mathematisch gekürzt

* Rentenversicherung der Arbeiter, der Angestellten und Knappschaftliche Rentenversicherung
Quelle: "IW-Trends", 4/84, Deutscher Instituts-Verlag, Köln

Rundfunk

Publikum → *Musik* → -sendungen aller Art). Das Fernsehen verlangt vom Zuschauer größere Aufmerksamkeit. Der technische und organisatorische Aufwand für das Fernsehen ist größer als der des Hörfunks. Der geringe Aufwand und die größere Beweglichkeit des Hörfunks erlauben überdies eher Direktübertragungen und Rückkopplungen zum Publikum (Telefonkontakte, -interviews).

Die Aktivität R. obliegt inhaltlich (ähnlich wie bei *Zeitung* → und *Zeitschrift* →) Redaktionen mit zum Teil hoher Aufgabenteilung (Spezialisierung). Die Umsetzung der ausgewählten Inhalte erfolgt durch Autoren, Journalisten, Sprecher, Moderatoren, *Diskjockeys* →, Reporter, *Künstler* → vieler Sparten; Aufnahmeleiter, Regisseure und deren Assistenten; Tonmeister und Kameraleute sowie zahlreiche weitere Spezialisten. Die Mitarbeiter sind zum Teil haupt- oder nebenamtlich bei den R.-anstalten angestellt, zum Teil freiberuflich tätig.

Die Reichweite des Mediums R. und seine Integration in die moderne Gesellschaft verlangt eine der letzteren entsprechende Pluralität. Diese wird entweder durch eine marktwirtschaftliche Angebotsweise der *Dienstleistung* → R. erreicht oder (wie in der Bundesrepublik Deutschland) durch gesetzliche und organisatorische Regelungen öffentlicher und privater R.-tätigkeit. Dabei hängen die Herkunft der Betriebsmittel (öffentlich erhobene Gebühren, Werbegebühren, Spenden), der Anspruch auf Pressefreiheit, technische Möglichkeiten, der Publikumsgeschmack, kulturelle Idealvorstellungen, politische und wirtschaftliche Interessen und Entwicklungen, der soziale Wandel und anderes mehr komplex miteinander zusammen. Es ist deshalb kaum möglich alle Anforderungen an das Medium zu erfüllen. Bei den öffentlich-rechtlichen R.-anstalten ist es Aufgabe der R.-räte (beim ZDF: Fernsehrat), über die Unabhängigkeit der Programme zu wachen, aber auch eine gewisse *Selbstkontrolle* → auszuüben. Private R.-anstalten legen ihren Entscheidungen in der Regel die repräsentativ erhobenen Einschaltquoten zugrunde. Sie wenden sich daher weniger Programmen für Minderheiten und Experimenten zu.

R.- und Fernsehnutzung stellt die verbreiteste Freizeittätigkeit dar, für die täglich im statistischen Druchschnitt 2 ¾ bis 3 Stunden der freien Zeit (*Freizeitbudget* →) verwandt werden. R.-zeitschriften mit Informationen über das Hörfunk- und Fernsehangebot stehen an der Spitze der Publikumszeitschriften. Die wichtigsten R.-zeitschriften (»Hörzu«, »TV-Hören + Sehen«, »Fernsehwoche«, »Funk-Uhr«) haben eine wöchentliche Auflage von 10,45 Mio. Exemplaren.

Der R. hat die allgemeine *Kultur* → stark beeinflußt. Urbane Lebens- und Wertvorstellungen sind durch den R. über die gesamte Gesellschaft verbreitet worden (*Stadt-Land-Unterschiede* →). Der soziale Wandel, der Wandel der *Werte* → in den letzten Jahrzehnten wurde wesentlich durch den R. unterstützt. Damit prägte der R. auch inhaltlich das *Freizeitverhalten* →. R. bringt aber auch Dienstleistungen und Anregungen für *Freizeitgestaltung* → durch Herausstellen von Trends und Neuigkeiten, Vermittlung von Informationen über Freizeittätigkeiten und *Veranstaltungen* →, durch eigene Veranstaltungen zur Vorbereitung von Sendungen sowie durch seine Angebotsformen und Qualitätsmaßstäbe (z.B. Aufführungsperfektion).

2. Komplexes Infrastruktursystem zur Verbreitung von Wort, Ton und Bild, das einerseits auf einer ausgefeilten Technik und einer großen Verfügbarkeit der darauf fußenden Geräte, andererseits einer arbeitsteiligen Organisation mit bedeutender personeller, technischer, wissensmäßiger und finanzieller Ausstattung beruht. R. bedient sich heute eines weltweiten Systems von Sende- und Relaisstationen (besonders effektiv: Satelliten), Vereinbarungen über Frequenzen und Zusammenarbeit von R.-anstalten, Informationsagenturen und Archiven. R. hat die Tendenz, regionale und nationale Grenzen zu überschreiten; doch werden in Reaktion darauf Forderungen nach einer Regionalisierung und sogar Lokalorientierung des R. laut.

Ohne große Verbreitung von Empfangsgeräten wäre R. allerdings kein Massenkommunikationsmittel. In der Bundesrepublik Deutschland gab es 1985 insgesamt 25,26 Mio. angemeldete Hörfunk- und 22,6 Mio. Fernsehgeräte. An Verbesserungen des Empfangs wird ständig gearbeitet, nachdem die Sendetechnik zu einem hohen Standard ausgefeilt wurde. Gemeinschaftsantennen und Verkabelung sind hierfür besondere technisch-organisatorische Lösungsangebote.

Mit der Entwicklung und Herstellung von Aufnahme-, Sende- und Empfangsgeräten befaßt sich ein Zweig der Elektronikindustrie. Verkauf und Wartung teilen sich Handwerk und Einzelhandel auf.

Organisatorisch fußt das R.-wesen in der Bundesrepublik Deutschland auf der Kulturhoheit der Länder und ist in einer durch Gesetze festgelegten öffentlich-rechtlichen Verfassung. Auch nach der Genehmigung privater R.-anstalten wird diese geschichtlich gewachsenen Struktur für das deutsche R.-wesen prägend bleiben. Die Gebühren für den öffentlich-rechtlichen R. werden durch eine Zentralstelle aufgrund eines Staatsvertrages der Bundesländer eingezogen. Die öffentlich-rechtlichen R.-anstalten

DGF-Freizeit-Lexikon 263

haben sich zu einer Arbeitsgemeinschaft (ARD) zusammengeschlossen. Ihr gehören an: Bayerischer R., Hessischer R., Norddeutscher R., Süddeutscher R., Südwestfunk, Sender Freies Berlin, Radio Bremen, Saarländischer R., Westdeutscher R. sowie Deutsche Welle und Deutschlandfunk (unter Bundeshoheit stehend). Auf der Basis eines besonderen Staatsvertrages entstand das Zweite Deutsche Fernsehen (ZDF). Als erste private Fernsehanstalt hat das Satellitenfernsehen SAT 1 seine Sendetätigkeit aufgenommen. Daneben haben einige ausländische Sender Teile des deutschen Publikums gewonnen: Radio Luxemburg, der R. im amerikanischen Sektor von Berlin (RIAS) sowie der AFN (American Forces Network Europe).

Die öffentlich-rechtlichen R.-anstalten verfügen über eine gleichartige organisatorische Grundstruktur: R.-rat, Verwaltungsrat, Intendant; Programmdirektionen, Programmabteilungen; Produktionsstätten, Aufnahmestudions; Verwaltungszentrale. Die R.-anstalten bedienen sich zahlreicher freiberuflicher und privatwirtschaftlich arbeitender Unternehmen als Zuarbeiter; sie erwerben auch fertige Produktionen (insbesondere *Filme* → und *Schallplatten* →). Die R.-anstalten haben umfangreiche Sammlungen von Ton- und Bildkonserven angelegt.

Innerhalb der R.-infrastruktur, der Zulieferindustrie und im Handel arbeiten mehr als eine Viertelmillion Menschen.

S

Sabbatjahr
eigentlich ein im Siebenjahresturnus, entsprechend dem wöchentlichen Ruhetag eingelegtes Ruhejahr (Schemitta). In der Diskussion um die *Arbeitszeit* → -flexibilisierung die Möglichkeit, innerhalb der Lebensarbeitszeit ein arbeitsfreies Jahr zur persönlichen Verwendung (*Reisen* →, *Bildung* →, *Hobby* →, Regeneration) nehmen zu können. (Unbezahlter Urlaub; Bezahlung evtl. über eine Versicherung ähnlich Zusatzversorgung oder Lebensversicherung).
Arbeitszeit →, *Lebenszeit* →

Safaripark
Tierschauanlage →

Saftläden
Erfrischungsläden, in denen hauptsächlich frisch gepreßte Obst- und Gemüsesäfte angeboten werden, vielfach mit exotischen Früchten. Diese Säfte zeichnen sich durch ihre Frische und Qualität aus und sind in dieser Kombinationsvielfalt im Handel nicht erhältlich.
Milchbar →, *Gastronomie* →

Saison
1. jahreszeitlich bedingter Höhepunkt im Geschäftsablauf, in Betrieben des Freizeitbereichs (insbesondere *Fremdenverkehr* →, *Naherholung* →, *Parks* →, *Freizeitparks* →, *Freibäder/Bad* →) und damit zusammenhängenden Betrieben (besonders: *Verkehr* →).
2. Betriebszeit von saisonabhängigen Unternehmen innerhalb des Jahres, z.B. Sommersaison, Wintersaison. Die S. richtet sich nach dem *Nutzer* → -aufkommen. Das Problem von S.-betrieben ist die Schaffung von Kapazitäten, die nur über eine jeweils begrenzte Zeit ausgelastet sind, aber ständig unterhalten werden müssen, sowie die Rekrutierung von qualifizierten nur in der S. beschäftigten Mitarbeitern. Durch die beschränkte Betriebszeit können jedoch auch Kosten gespart werden. Betriebswirtschaftliche Aufgabe ist es, die Länge der S. in ein Verhältnis zur Auslastung zu bringen. Das Bestreben vieler Betriebe geht dahin, die S. zu verlängern, was oft nur durch zusätzliche Angebote, meist verbunden mit Investitionen, möglich ist.

Sammeln
vermutlich das älteste *Hobby* → der Menschheit; Suchen und Aufbewahren von schönen und kuriosen Gegenständen aus Freude und Neugier. Ziele und Inhalte von Sammlungen können bestimmt sein durch den Spaß am Ausgefallenen, am gleichartig, ähnlich Gestalteten sowie an der Gleichartigkeit des Materials und der Funktionen. Gesammelt wird fast alles: Gold, Münzen, Schmuck und andere Wertgegenstände, Gebrauchsgegenstände aus verschiedenen Materialien und mit verschiedenen Funktionen, Verpackungsmaterial, aber auch Kunstwerke und Antiquitäten, Mineralien, Bücher, Spielzeug, Briefmarken (*Philatelie* →), Trophäen, Fotos, Filme, Videobänder usw. Für das S. werden Fachzeitschriften herausgegeben, Ausstellungen, Sammlerbörsen, Auktionen veranstaltet, gibt es Fachgeschäfte und Fachberater (Gutachter) sowie zahlreiche Vereine.

Sammlung
1. Zusammentragen von Gegenständen und das Ergebnis, z.B. Briefmarken-S., Gemälde-S., Waffen-S., Bierdeckel-S., Ausgestellte S. nennt man *Museum* → oder Galerie (*Sammeln* →).
2. Organisiertes Einholen von *Spenden* → für soziale, kulturelle, kirchliche, religiöse und politische Aufgaben. Zur Verhinderung von Mißbrauch dieses Instrumentes wurden gesetzliche Regelungen erlassen. In der Regel bedürfen Straßen-S. und Haus-S. sowie der Vertrieb von Waren zu gemeinnützigen Zwecken, der Verkauf von Eintrittskarten für *Veranstaltungen* → mit Hinweis auf die Behinderung von *Künstlern* →, Altmaterialsammlungen für gemeinnützige oder mildtätige Zwecke der Genehmigung. Ohne Genehmigung darf eine Vereinigung bei ihren Mitgliedern, dürfen *Kirchengemeinden* → in den Gottesdiensträumen und auf ihren Grundstücken sammeln. Die S.-gesetze sind von den Bundesländern erlassen und weichen in Einzelheiten voneinander ab. Da aber S. durch Werbeschreiben und Spendenbriefe nicht der Genehmigung unterliegen, sind hierfür unlauteren Spendenwerbern oder Aquisiteuren unter angeblicher Gemeinnützigkeit viele Möglichkeiten gegeben.
3. Form der Konzentration von Gedanken (*Meditation* →); auch in der Bedeutung des Zur-Ruhe-Kommens gebraucht.

Sanierung
1. Maßnahme, durch die ein Gebiet zur Behebung städtebaulicher Mißstände, insbesondere durch Beseitigung baulicher Anlagen und Neubebauung oder Modernisierung von Gebäuden wesentlich verbessert oder umgestaltet wird (Städtebauförderungsgesetz). Oft sind gerade solche Wohnbereiche sanierungsbedürftig, die eine gute Kommunikationsstruktur und eine interessante Siedlungsgestalt aufweisen. Aus verschiedenen Gründen mangelt es an Kraft zur Selbsterneuerung oder Investitionsbereitschaft von außen. Es gibt zwar einige Kriterien, die die S.-bedürftigkeit belegen, doch sind diese unterschiedlich zu bewerten (etwa aus der Sicht der Stadt, der Eigentümer, der Bewohner, der dort Arbeitenden): a) Bauliche Mißstände (schlechte Bausubstanz; hohe Baudichte; unzureichende sanitäre Ausstattung); b) funktionale Mißstände (Umweltbelastung durch Verkehr, Lärm, Schmutz, Abgase, mangelhafte Infrastruktur, z.B. *Freiräume* →, *Grünflächen* →, *Freizeiteinrichtungen* →, Bildungseinrichtungen; schlechte Mischung von *Wohnen* → und Arbeiten); c) soziale und ökonomische Unausgewogenheit (Überalterung und hoher Ausländeranteil durch Wegzug jüngerer Bewohner; problematische Wirtschaftsstruktur).
Die frühere Flächen-S. ist durch eine vorsichtige Erneuerung abgelöst worden, die die vorhandene Substanz soweit als möglich erhält.
Die S. geht in etwa in folgenden Schritten vor sich: a) Problemfindung (vorbereitende Untersuchungen; Feststellen der städtebaulichen Mißstände); b) Planung (Entwicklung der Neuordnung sowie ihrer Umsetzung in der Praxis); c) Förmliche Festlegung des S.-gebietes (Satzungsaufstellung durch die Gemeinde); d) *Sozialplan* → und *Bebauungsplan* → (Mitwirkung der Betroffenen; gerechter Ausgleich der öffentlichen und privaten Belange); e) Ordnungs- und Baumaßnahmen (Sanierungsträger, Grunderwerb, Umlegung, Erschließung, Neubau, Modernisierung); f) Reprivatisierung und Privatisierung der Grundstücke nach erfolgter Maßnahme (Erhaltung des Eigentums, aber auch Sozialbindung). Die S. wird durch die öffentliche Hand gefördert (Bund, Land, Gemeinde); die Eigentümer werden in zumutbarer Weise beteiligt (bei Wertsteigerungen ein Ausgleichsbetrag). Da

Abb. Stadtsanierung und Freizeitinfrastruktur

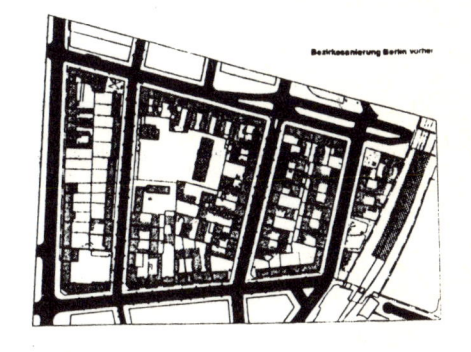

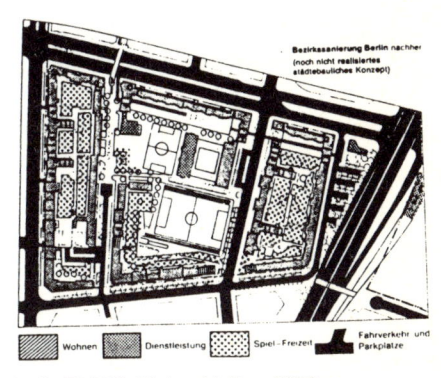

Quelle: BMJFG ›Kinderspielplätze‹ (1977)

Sanierung

S.-maßnahmen für die im S.-gebiet Wohnenden immer Veränderungen mit sich bringen und überdies funktionierende Strukturen nicht zerstört werden sollen, ist die Beteiligung der Einwohner (*Partizipation* →) bindend vorgeschrieben und sachlich unumgänglich. Allerdings werden dadurch S.-vorhaben zu sehr komplexen und schwierigen Unternehmungen.
Stadterneuerung, erhaltende →
2. die Summe von Maßnahmen zur Beseitigung von unbefriedigenden Zuständen in einem *Betrieb* →, in der Regel dann, wenn eine existenzgefährdende Situation entstanden ist. Ähnlich der städtebaulichen S. beginnt die Betriebs-S. mit einer gründlichen Situationsanalyse, geht dann zu Zielfindung und S.-strategien, Maßnahmenprogrammen weiter und endet mit der Ausführung dieser Maßnahmen. Je nach Problemlage werden Teilbereiche oder das Ganze des Betriebs verändert. In jedem Fall ist ein Finanzierungsplan aufzustellen, manchmal sind Vergleichsverhandlungen notwendig, bei öffentlichen Betrieben zusätzliche Haushaltsmittel.

S. größeren Stils berühren immer die Belegschaft, besonders wenn Entlassungen notwendig sind (*Freisetzung* →, *Umsetzung* →, *Vorruhestand* →, *Arbeitslosigkeit* →). In diesem Fall muß ein Sozialplan in die S. einbezogen werden, ist die Beteiligung der Mitarbeiter (Betriebsrat) unabdingbar.

Sauna

Form des *Bades* → mit einer beheiz- und begehbaren hölzernen Kabine, in der bei sehr heißer trockener Luft Temperaturen von 70 bis 100 Grad Celsius erzeugt werden, denen der Organismus kurze Zeit (8 bis 12 Minuten) ausgesetzt wird, sich dabei erwärmt, um danach rasch auf normale Körpertemperatur abgekühlt zu werden.
Im Unterschied zum Reinigungsbad wählen die »Saunisten« die S. weniger wegen ihrer ebenfalls vorhandenen Reinigungswirkung, als wegen der mit dem S.-baden verbundenen Entspannung und *Erholung* →. Auch die präventiv gesundheitsfördende Wirkung der S. ist dabei eine geringere Motivation.

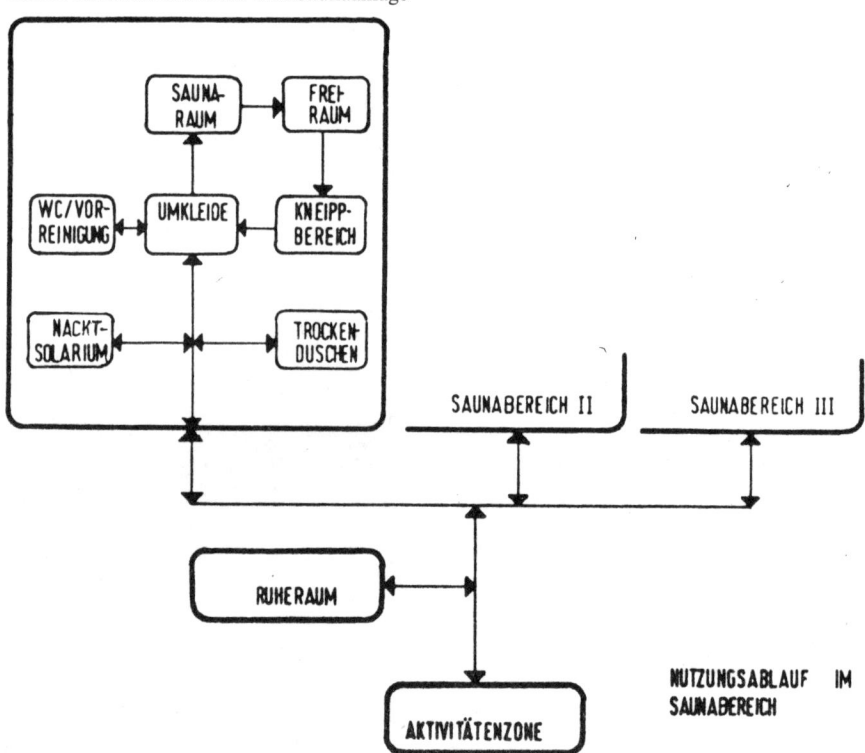

Abb. Funktionsschema für eine Saunaanlage

Quelle: Kommunalverband Ruhrgebiet (o.J.)

S.-anlagen werden in unterschiedlicher Form hergestellt: Blockhaus-S.; Sandwich-Bauweise (Bretterkonstruktion mit Isoliermaterial). Sie werden sowohl zum Einbau in Privathäuser, zum freien Aufstellen, als auch für öffentlich zugängliche Einrichtungen gefertigt.
Der Betrieb von S.-anlagen ist stark abhängig von Größe und Gestaltung, insbesondere von der Zahl der S.-kabinen sowie dem Ambiente (Freiraum, Ruheräume, Kommunikationsbereich, *Gastronomie* →, Zusatzangebote wie Schwimmbecken, Solarium, Kraftsportgeräte u.ä.).
Es gibt S.-anlagen, die die gleichzeitige Nutzung als Damen-, Herren- und/oder Gemeinschafts-S. ermöglichen (»Dreifach-S.«); andere richten dafür unterschiedliche Zeiten ein. S.-betriebe können selbständig oder in Verbindung mit anderen Betrieben (z.B. Medizinisches Bad, Schwimmbad, Kurhaus, *Hotel* →, *Freizeitbad* →, *Club* →) geführt werden. Es gibt in der Bundesrepublik etwa 7000 öffentliche S.-anlagen sowie etwa 350 000 S.-anlagen in Privathäusern sowie 7000 Hotel-S.-anlagen. Sie zählen monatlich 6 Millionen Besucher.
Dachverband der S.-anbieter ist der Deutsche Sauna-Bund.

Saunabaden

wechselweise Anwendung von Wärme und Wiederabkühlung des Körpers. Im Saunaraum, der Holzkammer mit den hohen Temperaturen und der begrenzten Feuchte steigen die *Körpertemperaturen* →, wobei Wirkungen auf Stoffwechsel, Blutkreislauf und Ausscheidung und insbesondere die Steuerungsorgane im Körper ausgeübt werden. Die Abkühlung mit Außenluft (Atemwege!) und Kaltwassergüssen und -eintauchbädern normalisiert die Körpertemperatur und übt dabei die Blutgefäße und ihre Steuerung.
Ein solcher Wechsel, sog. Saunagang, wird zwei- bis dreimal bei einem Bad durchgeführt. Ihm geht ein Reinigungsduschbad voraus; mancher schließt eine lange Liegeruhe an. Das wöchentlich wiederholte Bad hat neben dem Erholungseffekt vorteilhafte gesundheitliche Auswirkungen. Manche Saunafreunde, insbesondere Sportler, pflegen oft zweimal je Woche, Patienten nach der Verordnung manchmal noch öfter zu baden.
Bad →, *Sauna* →

Schach

Brettspiel für zwei Personen mit 64 abwechselnd schwarzen und weißen Feldern, je 16 Figuren, die nach vorgeschriebenen Gangarten zu ziehen sind. Weit verbreitetes *Spiel* →, das vor allem die Kombinationsfähigkeit der Spieler fordert (Geschicklichkeitsspiel).

S. ist in erster Linie Freizeitgestaltungsmöglichkeit, das aber bis zum Wettkampfsport betrieben werden kann (Turnierschach).
Es gibt zahlreiche Fachbücher und -zeitschriften bzw. S.-ecken in Tageszeitungen für S. Viele S.-spieler haben sich in Clubs zusammengeschlossen. Dachverband ist der Deutsche Schachbund.

Schachcomputer

auf die Simulation eines Schachgegners programmierter *Spielcomputer* →, der sich in seiner heutigen Entwicklung als vollwertiger – was die Spielzüge angeht – Schachpartner erwiesen hat.
Ähnliche Geräte wurden für Skat und Poker entwickelt.
Computer →, *Schach* →

Schallplatte

Mittel zur Aufzeichnung von Tönen und deren wiederholte Reproduktion durch eine runde Kunststoffscheibe. Wesentliches Instrument zur Verfügbarkeit von *Musik* → und damit zur Verbreitung von *Kultur* → (*Populärkultur* →) und zum kulturellen Austausch zwischen sozial

Abb. Anteil der Musikstile am Tonträger-Markt 1981
(Anhaltswerte für Endverbraucher-Umsatz mit Schallplatten und MusiCassetten)

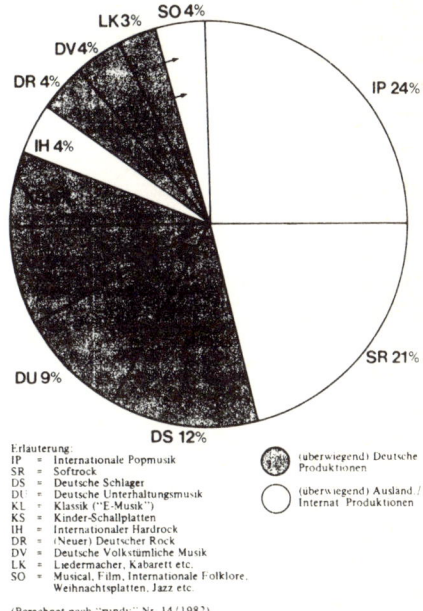

Erläuterung:
IP = Internationale Popmusik
SR = Softrock
DS = Deutsche Schlager
DU = Deutsche Unterhaltungsmusik
KL = Klassik ("E-Musik")
KS = Kinder-Schallplatten
IH = Internationaler Hardrock
DR = (Neuer) Deutscher Rock
DV = Deutsche Volkstümliche Musik
LK = Liedermacher, Kabarett etc.
SO = Musical, Film, Internationale Folklore, Weihnachtsplatten, Jazz etc.

(Berechnet nach "rundy" Nr. 14/1982)

Quelle: Musik-Statistik. Kulturpolitik (1982)

Schallplatte

und kulturell unterschiedlichen Gruppen. Darin dem Buch ähnlich, jedoch nicht an die Beherrschung einer Kulturtechnik (z.B. *Lesen* →) gebunden. Die Schallplatte (Weiterentwicklung: *Compact Disc* →) wird in hohen Auflagen verbreitet, ist daher eine Form der *Massenkommunikation* →, deren Nutzen allerdings im Belieben des *Rezipienten* → steht und auch neben anderen Tätigkeiten möglich ist.

Schallschutz
Freizeitlärm →

Schattenwirtschaft
Dualwirtschaft →

Schausteller

Mitglieder des ambulanten Gewerbes, die einzeln oder im Familienverband mit eigenen Schau-, Belustigungs-, Ausspielungs- und Fahrgeschäften oder mit Verkaufs-, *Gaststätten-* → und Imbißbetrieben (die sich durch ihre dekorative Aufmachung und auch nach Art der angebotenen Waren von Einzelhandelsgeschäften mit vergleichbaren Warenangeboten unterscheiden) Kirmessen, Jahrmärkte und ähnliche *Volksfeste* → bereisen. Dies erfolgt mit Wohn- und Packwagen, die auf die speziellen Bedürfnisse dieses mobilen Geschäftsbetriebes wie Privatlebens hin konzipiert und angeschafft werden (M. Faber, 1981).
Wenn auch unter der Bezeichnung »Fahrendes Volk«, waren die S. die ersten Vertreter eines *Freizeitberufs* →. So wie die ersten S. aus anderen Berufen kamen, gibt es heute viele, die die Schaustellerei als Freizeitbeschäftigung betreiben auf Nachbarschafts-, Straßen- und *Stadtteilfesten* →. S. sind abhängig von *Attraktionen* →, Auffälligkeiten, die Neugier hervorrufen. Das zwingt sie, immer Neues auszudenken, wenn die Neugier nachläßt. Das reicht von der Wiederaufnahme alter Formen (»Nostalgie«!) bis zur Anwendung neuester Technologien (Panoramafilm, Laser u.ä.). Charakteristikum der Schaustellerei ist das vorübergehende Verweilen an einem Ort und die damit verbundene Aufforderung der ansässigen Bevölkerung zu spontanem Tun und Mitmachen. Anderseits sind S.-betriebe vom Wetter und von der jeweiligen Einkommenssituation der breiten Bevölkerung abhängig. Die Schaustellerei bietet rund 40 000 Menschen Lebensunterhalt und Berufstätigkeit. Der Deutsche Schaustellerbund mit seinen etwa 4000 Mitgliederbetrieben berechnet allein den Wert aller Schaustellergeschäfte auf 2,4 Milliarden DM. Die jährliche Investitionssumme liegt zwischen 40 und 50 Millionen DM. Der Jahresumsatz wird auf 1,15 Mrd. DM geschätzt, den die 160 Millionen Volksfestbesucher bewirken.
Außer im Deutschen Schaustellerbund sind S. auch in der Hauptvereinigung des Ambulanten Gewerbes und der Schausteller in Deutschland organisiert.

Abb. Schaustellergeschäfte

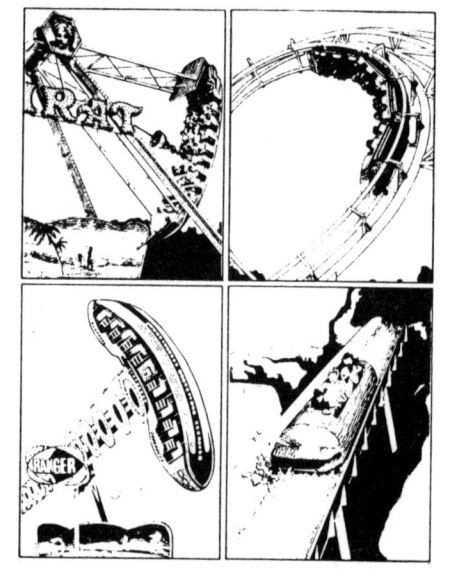

Schichtarbeit
Arbeitszeit →

Schießsport

Sammelbezeichnung für das nicht berufliche oder an die *Jagd* → gebundene Schießen mit verschiedenen Schießgeräten (Handfeuerwaffen, Armbrust, Bogen).

Für den S. müssen aus Sicherheitsgründen und – bei den Handfeuerwaffen – wegen des Lärmschutzes besondere Vorkehrungen getroffen werden; dafür werden Schießstände eingerichtet. Einschränkungen erfährt der S. als *Freizeitsport* → -art durch die Waffen und die notwendigen Vorkehrungen. Nur das Bogenschießen ist etwas günstiger. Trotzdem gibt es insbesondere in den Schützenvereinen Freizeit-Schießsport-Gruppen. Wettbewerbe werden mit den verschiedenen Waffen auf unterschiedliche Distanz mit bestimmter Schußzahl und anderen Vorgaben durchgeführt.
Als Zuschauersport ist S. insbesondere in Verbindung mit anderen Sportarten interessant. Moderner Fünfkampf, Biathlon. S. ist seit altersher mit *Brauchtum* → verbunden, so daß Adler-, Vogel-, Königsschießen der *Schützenvereine* →. Dach- und Fachorganisation für den S. ist der Deutsche Schützenbund.

Schlager
leicht eingängiges, in Text, Melodie und Rhythmus problemloses Musikstück, das beim *Publikum* → gut angenommen wird. Erfolgreiche S. sind Hits oder Top Hits; im Rahmen von S.-paraden und durch *Zeitschriften* → und *Magazine* → werden Hit-Listen geführt. Verbreitung erfährt der S. im wesentlichen durch Rundfunk und Schallplatte bzw. Kassette (*Medien* →).
Der Erfolg von S. ist nicht nur von seiner Eingängigkeit abhängig, sondern von dem Sänger, der Interpretation, dem Musikarrangement, besonders aber von der Promotion durch Rundfunk-, Fernsehsendungen, *Diskjockeys* → und *Werbung* →. Mit S. werden in der *Unterhaltungsmusik* → die größten Umsätze erzielt. Inhaltlich vergleichbar sind S. mit dem *Groschenheft* → und der *Regenbogenpresse* → (diese dient als besonderes Promotionsinstrument für S.-Stars).

Schnitzen
Kunsthandwerk →

Schrebergarten
Kleingarten →

Schülerfreizeit
1. Freizeit der Schüler während (Pausen) und außerhalb des Unterrichts (*Kindheit* →, *Jugend* →).
2. Freizeitmaßnahme (*Freizeiten* →) für Schüler außerhalb der Schule und in der Regel außerhalb des Schulortes (auch *Schullandheim* → -aufenthalt).

Schützenfest
Volksfest →

Schützenverein
Schützengilde, Schützengesellschaft, Schützenbruderschaft; zum Teil sehr alte Bürgervereinigungen, die neben den Selbstschutzübungen ein reges gesellschaftliches Leben entwickelten und bis heute ihr *Brauchtum* → bewahrten. Dazu gehören insbesondere die *Schützenfeste* →, die gleichzeitig *Volksfeste* → darstellen; deren Mittelpunkt ist das Königsschießen mit Umzügen und Festball anläßlich der Inthronisation des neuen Schützenkönigs, der meist eine Schützenkette mit Medaillen seiner Vorgänger trägt.
S. sind die wichtigsten Träger des *Schießsports* →. Dachverbände sind: Bund der Historischen Deutschen Schützenbruderschaften und Deutscher Schützenbund.

Schule
1. pädagogische Einrichtung zur Vermittlung von Bildung, Kenntnissen und Fertigkeiten durch Lehrer, die unterschiedlichste Aufgabenstellungen auf verschiedenen Ebenen aufweisen kann: Allgemeinbildende S. (Grund-, Haupt-, Sonder-, Real-S.; Gymnasium, Gesamt-S.), berufsbildende S. (Berufs-, Fach-S.), Hoch-S. und *Volkshoch-S.* →. S. als »lebensvorbereitende Institution« muß sich verstärkt inhaltlich dem über die Arbeit hinaus zeitlich größten Lebensraum, der *Freizeit* →, zuwenden. Allerdings sind die für die Freizeit relevanten Richtlinien und Lehrpläne der allgemeinbildenden S. seit dem Jahr 1974 in ständiger Überarbeitung.
Allgemeinbildende S. sind in der Bundesrepublik Deutschland in zwei voneinander abweichenden konzeptionellen und organisatorischen Formen zu finden, die sich auch im Hinblick auf Freizeit völlig unterscheiden: Halbtags-S.; Ganztags-S. (Gesamtschule, Internat).
2. Traditionelle Form der »institutionalisierten Lernhilfe« (Dohmen): Halbtags-S. für alle Schulstufen und Schulformen. Im Bereich der traditionellen Halbtags-S. lassen sich verschiedene Möglichkeiten im Verhältnis der Vermittlung von Unterrichtsmöglichkeiten, Unterrichtsinhalten, Organisationsformen zur Freizeit feststellen.
a) Freizeit als intentionales Vermittlungsangebot. Nahezu alle Richtlinien und Lehrpläne für die einzelnen Fächer betonen in ihren Präambeln und in den zugehörigen Inhalten die jeweils weitertragende Bedeutung der fachspezifischen Inhalte für das gesamte Leben, also auch für die Freizeit. Dies gilt insbesondere für die musisch-kulturellen Fächer und für das Unterrichtsfach Sport (*Schulsport* →). Die Vermittlungsintensität dieser Inhalte für den Bereich Freizeit ist jeweils in das Belie-

ben der Lehrer gestellt. Von daher kann von einer generalisierten Vermittlung nicht gesprochen werden. b) Freizeit als Organisationsprinzip. Dies meint das Zusammenbringen von außerunterrichtlichen Aktivitäten mit Freizeitaktivitäten während der Schulzeit, wie z.B. spiel- und sportgerechte Ausgestaltung von Schulpausenhöfen (*Schulhof* →), freiwillige Schüler-Arbeitsgemeinschaften, »erweitertes Bildungsangebot« in der Haupt-S. etc. Die Praktizierung eines Organisationsprinzips Freizeit stößt in der Halbtags-S. schon deshalb auf Schwierigkeiten, da die zur Verfügung stehende Zeit während des Schulvormittags i.d.R. mit Unterrichtszeit ausgefüllt ist. Das Ineinandergreifen unterrichtlicher Thematisierung, entsprechender qualifizierter Pausenhofgestaltung und Freizeitangebote während der Nachmittagsstunden setzt ein hohes Maß an Engagement seitens der beteiligten Lehrer voraus. Dies läßt sich nicht in allen Fällen feststellen. c) Freizeit als Unterrichtsprinzip. Die Problembereiche Unterrichtsprinzip und Unterrichtsthema für Freizeit überschneiden sich weitgehend. Innerhalb einzelner Unterrichtsfächer erfolgt die Thematisierung von Freizeit entweder entlang der vorgegebenen Richtlinien und Lehrpläne oder nach vom Lehrer ausgewählten Tagesaktualitäten. Nicht selten spielt dabei die persönliche Affinität des Lehrers zu bestimmten Formen des *Freizeitverhaltens* → bei der Vermittlungsintentionalität eine große Rolle. Diese verschiedenen Prinzipien der Integration von Freizeit in den Vermittlungskanon der traditionellen Halbtags-S. lassen sich beliebig durch verschiedene Möglichkeiten der Thematisierung erweitern. So sind Begriffe wie Pausenprinzip, außerunterrichtliches Prinzip etc. durchaus gängig. Alle diese verschiedenen Möglichkeiten lassen sich jedoch in die bereits genannten drei Formen integrieren.

Die Verankerung von Freizeitinhalten in den Richtlinien und Lehrplänen vor allem der musisch-kulturellen Fächer und des Faches Sport ist relativ stark ausgeprägt. Da jedoch alle diese Fächer unter dem Prinzip der Notenvergabe stehen, sind die Freizeitinhalte zumeist auch die, die in erster Linie dem Zeitmangel zum Opfer fallen. Von einer durchgängigen Vermittlung der Freizeitinhalte kann in aller Regel nicht gesprochen werden.

In den letzten Jahren läßt sich verstärkt der Trend feststellen, in den Halbtags-S. zumindest für den eng umgrenzten Pausenbereich attraktivere Möglichkeiten der Pausenverbringung anzubieten. Beispiele hierfür sind die spiel- und sportgerechte Ausgestaltung der Schulpausenhöfe, bei denen besonderer Wert gelegt wird auf einfache aber aktivitätsfördernde Vorgaben und Geräte. Einher mit dieser Ausgestaltung geht in aller Regel auch die Einrichtung von Rückzugsnischen zur Freizeitverbringung und die Begrünung der Pausenhöfe. In Anbetracht des geringen zur Verfügung stehenden Zeitbudgets zur Freizeitverbringung bei Schülern und Lehrern (2×30 Minuten Pause während des Schulvormittags) wurden bislang Investitionen inhaltlicher und baulicher Art weitgehend hintangestellt. Die verstärkt zu beobachtende Tendenz, freizeitrelevante Vermittlungsinhalte in die Form von Schüler-Arbeitsgemeinschaften zu kleiden und nachmittags anzubieten, hat in allen Bundesländern zu Überlegungen geführt, auch die traditionelle Halbtags-S. freizeitrelevant auszugestalten.

3. Ganztags-S. in der derzeit am weitesten verbreiteten Form der »integrierten Gesamtschule« (ohne Unterscheidung von Haupt-, Real-, Höherer S.) sowie der Form der Internats-S. Die Angebotsformen von Freizeit in der Ganztags-S. weichen naturgemäß von den Bedingungen der Halbtags-S. weit ab. Bereits die Organisationsform, S. ganztägig durchzuführen, bedingt, daß neben Unterrichtsinhalte und -organisation auch Angebote für den außerunterrichtlichen Bereich während der Pausen oder der Mittagszeit gestellt werden müssen. Übereinstimmend regeln die gesetzlichen Grundlagen für Ganztags-S., insbesondere für integrierte Gesamt-S. als Ganztags-S., die durchschnittliche Unterrichtszeit dahingehend, daß pro Unterrichtstag etwa 120 Minuten zur Verfügung gestellt werden müssen, die den Schülern zur Erholung und Entspannung dienen. Nach ersten Erfahrungen zu Beginn der 70er Jahre wurde sehr schnell deutlich, daß man diesen Bereich verhaltensbeliebiger Zeit nicht ohne inhaltliche Angebote in bezug auf Räumlichkeiten, Personal und Aktivitäten belassen konnte. Auch für die Ganztags-S. haben sich drei verschiedene Formen von Freizeitaktivitäten herausgebildet: a) Einzelfallhilfe, Tutorengruppen, Spiel- und Sportangebote, Beratungs- und Betreuungsformen bei Lernschwierigkeiten etc. durch Lehrer oder speziell für diesen Bereich angestellte *Sozialpädagogen* → und Schulpsychologen. b) Freizeitangebote in festen Gruppen mit Anleitung durch Lehrer, Sozialpädagogen, *Freizeitpädagogen* →, Honorarkräfte, Elterninitiativen etc. c) Beschäftigungs-/Aktivitätsangebote für die außerunterrichtliche Zeit, wie z.B. Spieleausgabe, *Teestube* →, *Billard* →, *Tischtennis* →, *Diskothek* → etc.

Zielsetzung dieser »Freizeitkonzeption« für Ganztags-S., insbesondere für Gesamt-S., war es, zur Selbstbestimmung, Spontaneität und Schülermitwirkung im Sinne sozialen Lernens auch für den Freizeitbereich beizutragen.

Allerdings ist es bis heute noch nicht gelungen, diesen Freizeitbereich nahtlos in das Vermittlungsangebot der Ganztags-S. zu integrieren. Trotz der zunehmenden Einsicht der Schulträger, den Freizeitbereich in weiten Teilen als »Regelinstanz« unterrichtlich bedingter Bedürfnisse nach Motorik, Aggressionsabbau, Erholungs- und Entspannungsbedürfnis etc. anzusehen, entsteht bei vielen Schülern angesichts weitverbreiteter Konzeptionslosigkeit im (schulischen) Freizeitbereich der Eindruck, daß der Schulbereich lediglich verlängert und ihnen die eigentlich zur freien Verfügung stehende außerunterrichtliche Zeit zusätzlich besetzt wird. Dieser Eindruck wird noch dadurch verstärkt, daß die für den Freizeitbereich bereitgestellten Räumlichkeiten oft nicht organisch in das Schulkonzept integriert sind, sondern – i.S. von bewahren und verwahren zumeist übersichtlich gehalten – im Nachhinein für Freizeitaktivitäten umgewidmet wurden.

Karst

4. Bezeichnung für das Schulgebäude mit Freianlagen (Schulhof, Schulsportanlage, Parkplätzen). Die S. ist zwar für den Unterricht zweckbestimmt. Doch eignen sich die Räume durchaus für andere verwandte Nutzungen, Klassenräume und Fachräume, Werkräume für *Erwachsenenbildung* → und *Vereine* →; Aula für *Veranstaltungen* →, Schulsporteinrichtungen für den Vereins- und *Freizeitsport* →; Pausenhof als *Spielplatz* →. Die Nutzung von S. zur Freizeitgestaltung hat jedoch technisch (Mobiliar, Raumgestaltung und -aufteilung), organisatorisch (Schließdienst, Reinigung, Materialaufbewahrung usw.) und rechtliche (Haftung) Schwierigkeiten, wenn die andersartige Nutzung nicht vorgesehen ist. Trotzdem hat sich die Freizeitnutzung von S. vielfach bewährt. Darüber hinaus wurden S. und Schulzentren geschaffen, die Aufgaben als *Freizeitinfrastruktur* → übernehmen können. Mehrzwecknutzbare Räume sind gesondert zugänglich, z.B. *Bibliothek* → (Schul- und Stadtbücherei); Lehrschwimmbecken als Stadtteilbad; Sportanlagen (für Schul-, Breiten- und Freizeitsport); Veranstaltungsbereich (*Theater* →, *Konzert* →, *Ausstellung* →, *Feste* →). Besonders im Zusammenhang mit Gesamtschulen wurden auch *Jugendfreizeitstätten* → eingerichtet. S. in einer derart überunterrichtlichen Nutzung stellt in Stadtteilen und

Abb. Funktionsmodell für Schulhofgestaltung

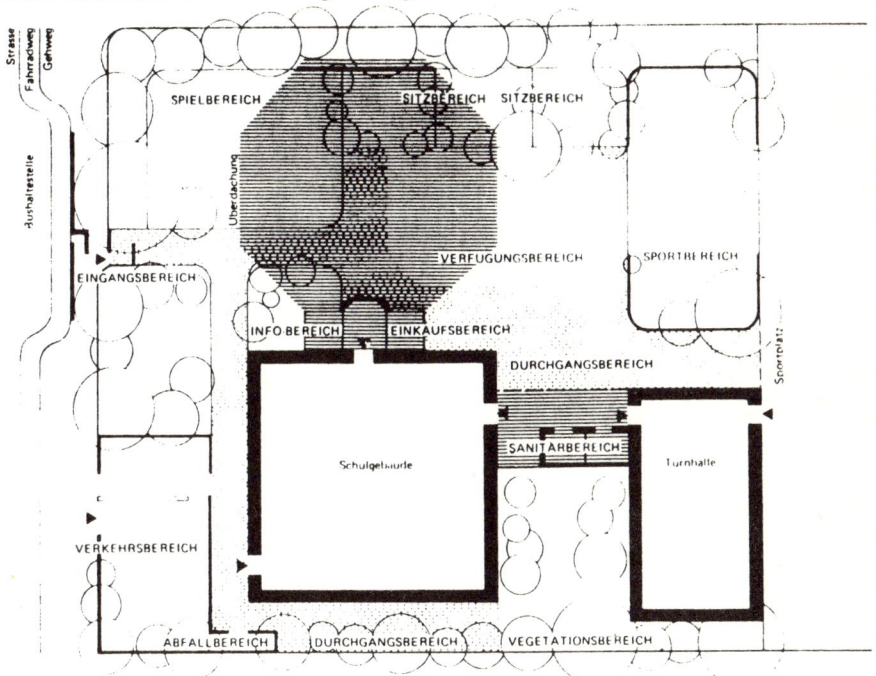

MEHR PLATZ FÜR KINDER e. V.

Schule

ländlichen Gemeinden ein soziokulturelles Zentrum dar. Nicht übersehen werden darf die kulturelle »Entleerung« kleinerer Ortschaften bei der Bildung von Schulzentren in Nachbarorten und der Aufhebung der eigenen S. Vielfach konnte durch *Umwidmung* → der S. in ein *Bürgerhaus* →, Gemeinschaftshaus, Vereinshaus oder Jugendfreizeitheim ein Ausgleich geschaffen werden.

Schulhof

Freifläche bei *Schulen* →, die insbesondere dem Aufenthalt der Schüler während der Pausen (»Pausenhof«) sowie bestimmten Unterrichtsformen dient.
Die »wohnliche« Gestaltung des S. ist erst seit wenigen Jahren im Blickfeld, insbesondere angeregt durch *Ganztagsschulen* → und damit verbundene höhere Anforderungen an den schulumgebenden *Freiraum* →.
Der S. soll verschiedensten Funktionen genügen: körperliche Erholung (Bewegung, frische Luft, Grün); psychische Erholung (Bewegung, Spiel, Engagement, Kreativität); soziale Kontakte (Gespräche, Aktion, Spiel); Erlebnisse, Erfahrungen, Lernprozesse (Nachvollzug des in der Schule gelernten und erlebten; was man im Unterricht nicht haben kann).
Damit muß der S. zwar Elemente des *Kinderspielplatzes* → haben, aber doch auch wie öffentliche Plätze Ruhe- und Bewegungszonen aufweisen; er sollte mit den Schulsportanlagen in Verbindung stehen.
Zahlreiche S. sind in *Eigenarbeit* → durch Schüler und Eltern neu gestaltet worden.
Problematisch ist die für dicht überbaute Sied-

Abb. Schulsportanlage – Modell für eine Behindertenschule
Quelle: Schulbauinstitut der Länder, Kurzinformation 18 (1982)

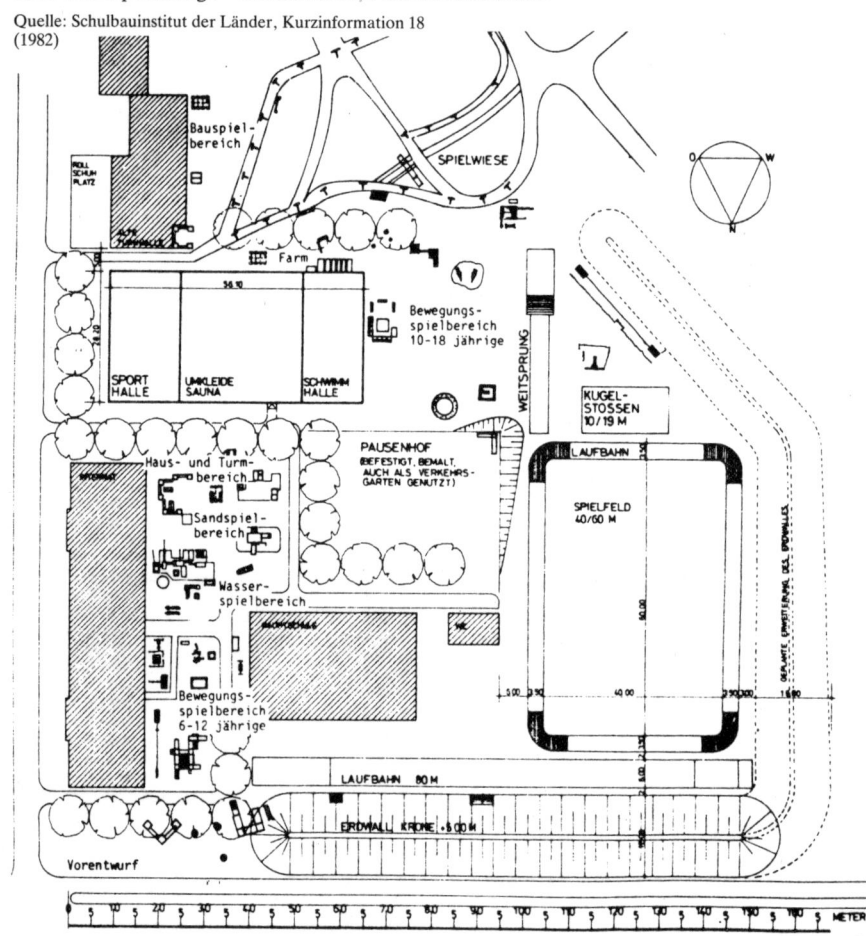

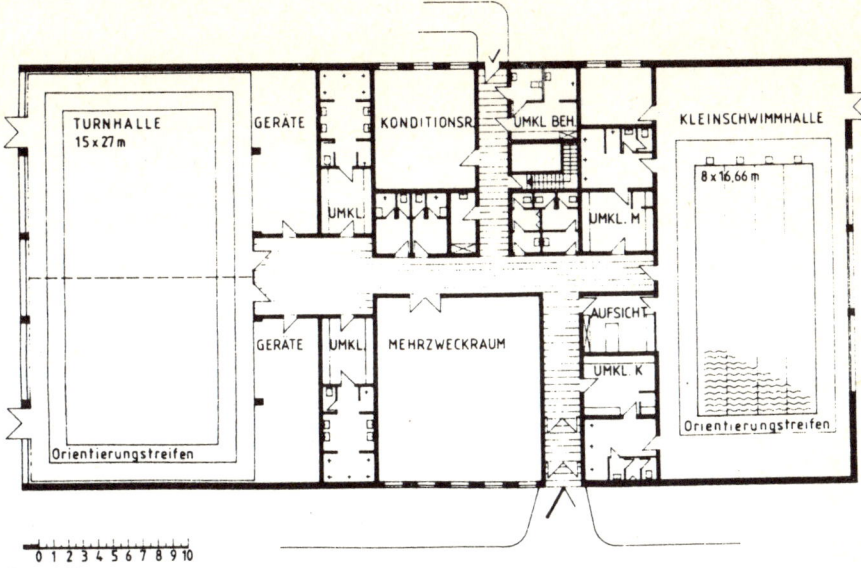

Grundriß
Quelle: Schulbauinstitut der Länder, Kurzinformation 18 (1982)

lungsbereiche immer wieder geforderte Öffnung der S. außerhalb des Unterrichts. Das ist nur bedingt günstig, denn S. sind »bewachte Spielanlagen« für eine verhältnismäßig heterogene Gruppe von Kindern und/oder Jugendlichen. Trotzdem gibt es auch hierfür positive Beispiele.

Lit.: Dieckert »Gestaltung von Schulhöfen und Pausenbereichen für Spiel und Bewegung«. Referat Oldenburg 1979; Pädagogisches Institut der Landeshauptstadt Düsseldorf 1979 »Mehr Platz für Kinder e.V.« Arbeitsmappe Essen 1979

Schullandheim
Einrichtung zur Durchführung von *Freizeiten* → für Schüler und Schulklassen. Der S.-aufenthalt soll Lehrer und Schüler außerhalb der *Schule* → in Freizeit bzw. freizeitorientierten Unterrichtssituationen zusammenführen und auch die intensivere Beschäftigung mit bestimmten Themen ermöglichen. Darüber hinaus werden S. auch für Ferienaufenthalte und Ferienmaßnahmen zur Verfügung gestellt. Träger der S. sind meist Fördervereine von Eltern und (ehemaligen) Schülern oder Schulträger. Dachverband ist der Verband Deutscher Schullandheime.
Jugendherberge →

Schulsport
Sport →, Sportausübung und Sportunterweisung im Rahmen der *Schule* →. S. umfaßt den unterrichtlichen, obligatorischen und freiwilligen, außerunterrichtlichen Sport.
Sportunterricht ist eine unter pädagogischen Zielsetzungen stattfindende Veranstaltung organisierten *Lernens* → bzw. die Gesamtheit solcher Veranstaltungen unter der Leitung eines *Sportlehrers* → nach einem Lehrplan. Die seit langem bestehende Forderung nach der täglichen Sportstunde ist kaum erfüllbar. Daher kommt dem außerunterrichtlichen S. eine besondere Bedeutung bei. Dieser hat eine deutliche Beziehung zum *Freizeitsport* → und weist die unterschiedlichsten Formen auf, u.a. a) Spielpause (dazu notwendig eine geeignete Ausstattung und Gestaltung von *Schulhof* → und Pausenhallen, Spielräumen;) b) tägl. Bewegungszeit (freie Bewegungsmöglichkeiten, Ausgleichsgymnastik;) c) freie Arbeitsgemeinschaften, Trainingsgruppen; d) S.-veranstaltungen sowie deren Vorbereitung (*Sportfeste* →); e) Sport im *Schullandheim* →, auf Klassenfahrten und Wandertagen; f) Teilnahme an S.-wettkämpfen. Wünschenswert wäre eine enge Kooperation des S. mit dem außerschulischen Sport, insbesondere den *Sportvereinen* →. Diese läßt jedoch vielfach zu wünschen übrig. Daher werden Formen zur Einleitung solcher Zusammenarbeit getestet. Gute Erfolge wurden mit der Übernahme von Patenschaften für Schulen ihres Einzugsbereichs durch *Sportvereine* → erzielt.

Lit.: Hecker »Sportunterricht«, in: Sportwissenschaftliches Lexikon, Schorndorf 1983

Schulzentrum
Schule →

Schwarzarbeit
nach der Handwerksordnung selbständige Ausübung eines Handwerks ohne Eintragung in der Handwerksrolle als stehendes Gewerbe. In aller Regel werden für S. außerdem keine Steuern und sonstige Abgaben entrichtet.
Nach den Bestimmungen der Handwerksordnung begeht aber auch eine Ordnungswidrigkeit, wer zwar das Gewerbe anmeldet und sogar Steuern und sonstige Abgaben abführt, aber nicht befugt ist, die handwerkliche Tätigkeit auszuüben, z.b. weil er die Meisterprüfung nicht abgelegt hat. Nach dem Gesetz zur Bekämpfung der S. handelt derjenige ordnungswidrig, der »wirtschaftliche Vorteile in erheblichem Umfang durch die Ausführung von Dienst- oder Werkleistungen erzielt, obwohl er ein Handwerk als stehendes Gewerbe selbständig betreibt, ohne in der Handwerksrolle eingetragen zu sein«. S. führt auch derjenige aus, der als Empfänger von Arbeitslosengeld oder von Arbeitslosenhilfe eine selbständige oder unselbständige Tätigkeit aufnimmt, ohne das Arbeitsamt hiervon in Kenntnis zu setzen, oder derjenige, der ein unangemeldetes Gewerbe betreibt.
S. liegt nicht vor, wenn gemäß Wohnungsbaugesetz bei der Durchführung eines Bauvorhabens Eigenleistungen durch *Selbsthilfe →* erbracht werden. Auch die *Nachbarschaftshilfe →* verstanden als Leistung auf Gegenseitigkeit, oder Dienstleistungen im Sinne einer Gefälligkeit, sind nicht als S. zu bezeichnen, wenn sie unentgeltlich und in Ausnahmefällen erbracht werden.
Die Schattenwirtschaft, wie die wachsende Untergrundwirtschaft auch genannt wird (*Dualwirtschaft →*), ist Ausdruck eines Teufelskreises, der kaum noch durchbrochen werden kann. Verteuern einerseits Steuern und Sozialabgaben zunehmend die handwerklichen Dienstleistungen, werden die stabilen Preise für S. in Relation dazu für den Nachfrager immer attraktiver. Der Staat wird angesichts fehlender Einnahmen zum Anziehen der Abgabenschraube gezwungen und motiviert damit erneut, sich diesem Kostenfaktor durch S. zu entziehen. Hinzu kommt, daß ein *Wertewandel →* in Richtung Selbsttätigkeit und Staatsunabhängigkeit ein Klima darstellt, in dem der Verstoß gegen die obengenannten Gesetze als Kavaliersdelikt betrachtet wird.
Die Gewähr für fachgerechte Arbeit wiegt dann weniger als die Möglichkeit, den Staat beim ökonomischen Handeln umgehen zu können. Der Wettbewerb mit der abgaben- und steuerfreien S. ist für Klein- und Mittelbetriebe ruinös. Die *Arbeitslosigkeit →* wird angesichts attraktiver Betätigungsmöglichkeiten im Schatten des sozioökonomischen Systems verschärft. S. muß deshalb aus wirtschafts- und sozialwissenschaftlicher Sicht in ihrer ganzen volkswirtschaftlichen Tragweite betrachtet werden und kann nicht als ein Phänomen soziokulturellen Wandels in der *Industriegesellschaft →* verharmlost werden.

Neven

Schwimmbad
Bad →

Schwimmeister
Berufs- und Funktionsbezeichnung für Mitarbeiter in *Bad →* -betrieben. Die Berufsbezeichnung S. führen heute Badmitarbeiter, die nach entsprechender praktischer und theoretischer Vorbereitung eine Prüfung abgelegt haben (staatl. gepr. S.) oder nach einer Ausbildung zum S.-gehilfen eine Prüfung zum S. absolvieren (gepr. S.).
Die Funktionsbezeichnung S. tragen die am Becken diensttuenden S.-gehilfen und S.
Der S. kann mit der selbständigen Führung eines Schichtbetriebes (Schichtführer), der selbständigen Leitung eines Badebetriebes (Badebetriebsleiter), jeweils mit Weisungsbefugnis für das Personal, sowie mit der selbständigen Leitung eines oder mehrerer Bäder (Betriebsleiter) betraut werden. Die Betriebsleitung wird auch Angehörigen anderer Berufsgruppen übertragen. Neben S. werden im Badebetrieb auch Badehelfer ohne Ausbildung für Garderobendienste, Reinigung und sonstige Hilfeleistungen sowie Rettungsschwimmer als Hilfskräfte zur Aufsicht, Reinigung und Hilfeleistungen eingesetzt.
S. sind im Bundesverband Deutscher Schwimmeister bzw. dem Verein Deutscher Badefachmänner zusammengeschlossen.

Schwimmen
Fortbewegung im Wasser; Grundlage für zahlreiche Formen der *Freizeitgestaltung →* und von *Freizeiteinrichtungen →* (*Bad →*, *Freizeitbad →*). S. ist lebenslang möglich und wird daher als Freizeit- und Ausgleichssport empfohlen und von sehr vielen betrieben (*Lifetimesport →*, *Freizeitsport →*, *Trimm-Aktion →*). Unterricht für S. wird schon Babys erteilt, die offensichtlich auf das Wasser instinktiv – richtig – reagieren. Auf diese Art des Unterrichts haben sich Schwimmschulen spezialisiert. Ansonsten wird das S. durch die allgemeinbildenden Schulen sowie durch die *Schwimmeister →* in den öffentlichen Schwimmbädern gelehrt.
S. kann der Mensch auf verschiedene Weise, so haben sich sog. Schwimmstile herausgebildet, die sich von der natürlichen Weise, das

Quelle: Schwimmtreff Erlebnistage
Deutscher Schwimmverband, Tv Braunschweig, Stadtbad Braunschweig (1985)

vom Krabbeln auf allen Vieren (»Hundepaddeln«) abgeleitet ist, entfernt haben. Brust-S., Rücken-S., Kraulen, Schmetterling- und Delphinstil. Diese Formen des S. liegen auch der Wettkampfsportart S. zugrunde.
S. erlaubt vielfältige Spiele, Tanz (Wasserballett) und Bewegungsübungen (Schwimmgymnastik, Schwimmtherapie) im Wasser ebenso wie das Tauchen, Unterwasser-S. und das Springen in das Wasser. Für Tauchen und Springen wurden Hilfsgeräte entwickelt: Tauchmasken mit Schnorchel, Schwimmflossen, Atemgeräte, gegen Kälte schützende Anzüge u.a.; Sprungturm (bis 10 m hoch), federnde Sprungbretter. Das Springen wurde bis zur Artistik weiterentwickelt und ist Wettkampfsport.
S. ist keine ungefährliche Betätigung. Daher werden zur Überwachung des Schwimmbetriebs in öffentlichen Bädern Schwimmeister besonders ausgebildet. An *Seen* →, Badeteichen, Flüssen, aber auch in öffentlichen Bädern setzen sich daneben die Mitglieder der Deutschen Lebensrettungsgesellschaft und der Wasserwacht des DRK für die Sicherheit der Schwimmer ein. Auch sie genießen, wie die Schwimmmeister, eine Spezialausbildung im Rettungs-S. sowie in Erster Hilfe (Wiederbelebungsmethoden).
S. hat als Volkssport auch eine wirtschaftliche Bedeutung. In einer dicht besiedelten Landschaft und verschmutzten Gewässern müssen für S. Sondereinrichtungen mit hohem technischem Aufwand gebaut und unterhalten werden. Die dafür erforderlichen Summen werden einerseits von der öffentlichen Hand aufgebracht, andererseits von privaten Investoren, die das Kapital amortisieren müssen. Ständig müssen Anstrengungen unternommen werden, um das S. für die breite Bevölkerung attraktiv zu gestalten (Aktion Schwimmspaß, Schwimmtreffs, Schwimmfeste, Poolparties, *Animation* →, Schwimmferien, Umbau von Bädern, Zusatzangebote: »freizeitgerechtes Bad«, *Freizeitbad* →, Spaßbad →).
Zur Pflege des Schwimmsports haben sich zahlreiche Vereine und Vereinsabteilungen gebildet. Dachverband ist der Deutsche Schwimm-Verband. Die Taucher sind im Verband Deutscher Sporttaucher zusammengeschlossen. Um die S.-infrastruktur bemüht ist die Deutsche Gesellschaft für das Badewesen.

See

stehendes Gewässer in natürlich geschlossenen oder künstlich geschaffenen Becken (Stausee/Talsperre; Baggersee/Kiessee). S. bilden einerseits ein belebendes, als schön empfundenes Element der Landschaft, reizen andererseits auch zu zahlreichen *Freizeittätigkeiten* → im, auf, mit und am Wasser, z.B. *Schwimmen* →, *Spielen* →, *Wassersport* →, *Angeln* →, *Wandern* →, *Camping* →, Beobachtung, Abbilden, *Gesellichkeit* → auf und am Wasser, Rundfahrten.
Binnenseen sind in einem stark besiedelten Land wie der Bundesrepublik Deutschland großen Belastungen ausgesetzt, besonders, nachdem das »wilde« Baden und das Surfen in Mode gekommen sind. Daher sind Nutzungsregelungen unumgänglich vor allem, wenn die S. als Trinkwasserreservoire dienen.

Segeln

Typische Bewegungsart im Medium Luft, bei der ein Körper eine Folge von Streckenzügen gleitend zurücklegt. Sie ergibt sich als zufällige oder gesteuerte Bewegung aus dem Zusammenspiel aerodynamischer Kräfte im Gravitationsfeld der Erde (vom Baum segelnde Blätter, Segler als Vögel und Schmetterlinge, Segelflugzeuge).
1. Im *Aerosport* → dient das S. dem Flug mit motorlosen, sehr leicht gebauten Fluggeräten (Segelflugzeuge). Beim Segelflug wird die durch Thermik aufsteigende Luft zum Auftrieb genutzt. Das Flugzeug gleitet dann abwärts, bis der Segelflieger eine Aufwindzone findet.
Voraussetzung für die Benutzung von Segelflugzeugen ist der Erwerb der Flugerlaubnis sowie der laufende Nachweis der Flugtauglichkeit durch Gesundheitsuntersuchungen.
Trotz des für den Segelflug notwendigen Aufwandes (Flugzeug, Flugplatz, Starthilfen, Transportgerät) hat er zahlreiche Freunde in der Bundesrepublik Deutschland, wo der Sport über eine besondere Tradition verfügt.
2. Im Rahmen des *Wassersports* → handelt es sich um die technische Nutzung von Windenergie zur Fortbewegung von Segelfahrzeugen (*Boot* →). Eine besondere Kunst des Segelsports liegt darin, in möglichst spitzem Winkel gegen die herrschende Windrichtung segeln zu können und dennoch möglichst schnell zu sein. Um auf jedem Kurs optimale Geschwindigkeit zu erzielen, kann die Stellung der Segel mit Hilfe von Schoten verändert werden. Zum Steuern dient ein Ruder am Heck des Segelfahrzeugs. Die Abdrift wird bei *Yachten* → durch einen Kiel und bei Jollen durch ein verstellbares Schwert verringert.
Segeln ist eine Natursportart von hohem Erholungs- und Erlebniswert (*Freizeitsport*→). Der familienfreundliche *Lifetime-Sport* → kann als Fahrten-, Wett- und Freizeit-S. betrieben werden. Sein ausgeprägter kulturhistorischer, nautisch-seemännischer und physikalisch-technischer Aspekt verleihen ihm ausgesprochene Vielseitigkeit. Orientierung, Entschei-

dung und Verantwortung sind für den Segelsport ebenso charakteristisch wie Entdeckung und Abenteuer.
Die Bandbreite der Segelmöglichkeiten, die vom Jollen- bis zum Windjammersegeln, vom Binnen- bis zum Hochsee-S. reicht, wird für sport-, sozial- und freizeitpädagogische Zwecke genutzt (*Erlebnispädagogik* →). Begünstigt durch die Angebotsvielfalt von Segelschulen und Charterunternehmen befindet sich S. auf dem Weg zum Urlaubs- und Breitensport. In der Bundesrepublik Deutschland nähert sich die Zahl der aktiven Segler in diesem Jahrzehnt der Millionengrenze. Derzeit sind rund 1/5 der Aktiven, darunter insbesondere die Regattasegler, in Mitgliedsvereinen der Segler-Fachverbände organisiert.
Die Segelausbildung richtet sich nach den Verkehrsbestimmungen der einzelnen Gewässer und erfolgt gemäß der Führerscheinvorschrift des Deutschen Segler-Verbandes. Während Regattaausbildung und -training überwiegend von Übungsleitern und Trainern im Rahmen des Vereins- bzw. Verbandssports durchgeführt werden, geschieht die Führerscheinausbildung innerhalb der Segelvereine oder an Segelschulen. Die Qualifikationsstufen von Seglelehrern entsprechen den Führerscheinarten für Binnenfahrt (A), Revierfahrt (R), Küstenfahrt (BR), große Küstenfahrt (BK) und Seefahrt (C).

Lit.: Deutscher Segler-Verband (Hrsg.): Segel-Lehrplan, München 1979, 10 Bde.; Birkelbach »Segeln als freizeitpädagogischer Impuls zur Innovation der Schule vor dem handlungstheoretischen Hintergrund von Freizeit und Bildung« (Diss.), Bielefeld, vorauss. 1985; ders. »Wir lernen Segeln, Die theoretischen Grundlagen der Sportarten Segeln, Windsurfen und Segelfliegen«, Eine Unterrichtseinheit: Schülerheft, Lehrerheft und Test, Bd. 5 der Schriftenreihe: »Segel- und Sozialpädagogik«, Ziegenspeck (Hrsg.), Lüneburg 1984; Denk »Das große Handbuch des Segelns«, München 1981

Birkelbach

Seidenmalerei
Kunsthandwerk →

Selbstbestimmung
freie Entscheidung über die eigenen Angelegenheiten. Der S. kommt im Zusammenhang mit der *Freizeitgestaltung* → eine Schlüsselrolle zu, wenn die Freiheit des Vorgangs gewährt bleiben soll. Daher ist die Forderung nach S. in der *Freizeit* → Bestandteil der meisten *Freizeitideologien* → (*Emanzipation* →, *Wahlfreiheit* →, *Eigeninitiative* →). S. wird als wesentliche Voraussetzung zur Selbstverwirklichung gesehen. Sie ist allerdings nicht nur ein zu forderndes oder zu erkämpfendes Recht. Angesichts der zunehmenden gesellschaftlichen Pluralität und der wachsenden fremdbestimmungsfreien Zeiten und Räume (»Freizeit«), bleibt dem heutigen Menschen nur die Notwendigkeit der S., wenn er sich zurechtfinden will. Je weniger kulturell festgelegte Selbstverständlichkeiten (*Rolle* →, *Brauchtum* →) vorhanden sind, desto stärker der S.-raum. S. wird zur gesellschaftlichen Anforderung, die neben den Chancen auch die Risiken der Unsicherheit der Zeitverbringung (*Langeweile* →, *Streß* →) und des Informationsüberflusses (*Medien* →).

Selbsthilfe
Lösung von Problemen aus eigener Kraft; auch: Lösung gemeinsamer Probleme in gemeinsamer Anstrengung. S. ist eigentlich der Normalfall der Problembewältigung, besonders in *Familien* →, *Nachbarschaft* → und Bekanntenkreis. Mit komplexer werdender Gesellschaft und Umwelt mehrten sich die Bemühungen, das Prinzip der S. in genossenschaftlichen Organisationen und durch gesellschaftliche Institutionen (Gesetze, Grundsatz »Hilfe zur S.«) zu erhalten. Kennzeichen dieser Bemühungen, zu denen auch die in den letzten Jahren vielfältig gewachsenen S.-gruppen zu zählen sind, ist Ausgleich der persönlichen S. meist auf besondere Problembereiche bezogen. S. ist im *Freizeitbereich* → mehr als anderswo Grundprinzip, aber auch hier haben sich Verbände, *Selbsthilfegruppen* → und Förderungssysteme zur Stützung der S. gebildet (*Subsidiarität* →).

Selbsthilfegruppen
Verbindungen von Einzelpersonen mit gemeinsamem Anliegen, das mit gemeinsamer Anstrengung befriedigt wird. Traditionelle Formen sind der *Verein* → und die Genossenschaft, welche beide die älteste – ununterbrochene – demokratische Form in unserem Lande darstellen. Charakteristikum ist der freiwillige unbezahlte Einsatz für den Gruppenzweck.
Man kann seit etwa 15 Jahren eine Zunahme von S. neuerer Art beobachten, die aus unterschiedlichen Anlässen entstanden: a) persönliche Probleme, z.B. chronische Krankheit, psychische Probleme, Selbsterfahrung, Behinderung, Drogenabhängigkeit, Einsamkeit, soziale Randständigkeit, Gewalt gegen Frauen, Arbeitslosigkeit, Vorbereitung auf den Ruhestand, Ruhestandsprobleme, sexuelle Andersartigkeit; b) Verbesserung des Zusammenlebens: Behinderte/Nichtbehinderte, Ausländer/Einheimische, Babysitting, Pflegedienst, Oma/Opa-Hilfsdienst, selbstorganisierter Kindergarten, selbstorganisiertes Jugendzentrum, Wohngruppen, Wohngemeinschaften; c) Verbesserung der Umwelt: hier insbesondere *Bürgerinitiativen* → zur Wohn-

umfeld→-verbesserung bzw. -erhaltung, Auseinandersetzung mit *Planungen* → und Planungsergebnissen: Wohnung, Verkehr, *Infrastruktur* →, Grünplanung usw.; d) Suche nach Alternativen: Ökologiebewegung, alternative Wirtschaft, alternative Politik, *Religion* →, Philosophie, Lebensweisen (*Werbewandel*→); e) Widerspruch, Ablehnung von Zuständen und Entscheidungen: solche Gruppen können sich auf alle genannten Bereiche beziehen. (Allerdings sind sie nur im geringeren Maße S., da sie Abhilfe von anderen fordern. S. sind auf *Freizeittätigkeit* →, *Sozialzeit* → -einsatz, aber auch teilweise auf *Freizeitgestaltung* → gerichtet. Im Unterschied zu den Vereinen stehen viele S. im Gegensatz zu den vorhandenen Institutionen der *Verwaltung* → und *Verbände* → (»Alternativszene«). Ein Teil der S. steht der Schattenwirtschaft sowie der Alternativwirtschaft nahe (*Dualwirtschaft* →).
Dachverband der S. ist die Deutsche Arbeitsgemeinschaft Selbsthilfegruppen. S. werden in besonderer Weise durch die Stiftung »Die Mitarbeit« gefördert.

Lit.: Kommunale Gemeinschaftsstelle für Verwaltungsvereinfachung »Bürger und Verwaltung III: Bürgerengagement-Selbsthilfe, Helfergruppen, Bürgermitverwaltung«, Köln 1984

Selbstkontrolle
Überprüfung von Erzeugnissen insbesondere des Medienbereiches durch Hersteller und Anbieter vor allem nach Gesichtspunkten des *Jugendschutzes* →. Die S. der Filmwirtschaft (FSK) überprüft Filme, neuerdings auch Videofilme und Filmwerbematerialien auf ihre Eignung für Erwachsene, Kinder und Jugendliche sowie für die stillen Feiertage. Träger ist die Spitzenorganisation der Filmwirtschaft in Verbindung mit dem Bundesministerium, den Kultusministerien, den Obersten Landesjugendbehörden, Kirchen und dem Bundesjugendring. Diese Gruppen entsenden Mitglieder in die Prüfausschüsse. Die Beschlüsse werden im Bundesanzeiger veröffentlicht. Die Mitglieder der Spitzenorganisation sind zur Beachtung verpflichtet (Sanktionen sind möglich). Videofilme dürfen ohne Prüfvermerk nicht öffentlich verkauft, in den Versandhandel und in den Verleih an Jugendliche gebracht werden.
Eine andere Form ist die Automaten-Selbst-Kontrolle (ASK), welche die in *Videospiel* → -geräten angebotenen Spiele auf ihre Jugendgefährdung überprüft. Diese Spiele unterliegen der Aufsicht der Bundesprüfstelle für jugendgefährdende Schriften.
In ähnlicher Weise arbeiten der Deutsche Presserat und die S. Deutscher Romanheft-Verlage (*Groschenheft* →), in gewisser Weise aber auch die Aufsichtsgremien der Rundfunkanstalten.

Selbstverteidigungssport
aus Ostasien übernommene Systeme waffenloser Selbstverteidigung, die Konzentration, Geschicklichkeit und *Leibesübung* → miteinander verbinden. Solche Systeme des S. sind u.a. Jiu-Jitsu (als Wettkampfsport: Judo), Karate, Taek wan do, Kung fu, die sich durch ihre Methoden und Techniken voneinander unterscheiden.
Die S.-arten erfreuten sich guten Zulaufs. Sie werden ausgeübt in Vereinen, Erwachsenenbildungsstätten und privatwirtschaftlichen Schulen und Studios.
Fachverbände sind der Deutsche Judo-Bund und der Deutsche Karate-Verband.

Selbstverwaltung
1. das Handeln öffentlich-rechtlicher Körperschaften in eigener sachlicher und finanzieller Verantwortung, wobei die Entscheidungen der allgemeinen Rechtsaufsicht des Staates unterliegen, z.B. von *Gemeinden* →, Sozialversicherungsanstalten, Krankenkassen, *Kirchen* →.
2. Bezeichnung des selbständigen Handelns in einem bestimmten Bereich, z.B. des *Sports* →. S. von Jugendhäusern.
Verwaltung →, *Partizipation* →

Seniorensport
Altensport →

Seniorenzentrum
Alteneinrichtungen →

Serien
Sendereihen, Fortsetzungssendungen von Rundfunk und Fernsehen (*Medien* →); S. sind ebenso aufgebaut und ausgerichtet wie Heftchenromane (*Groschenhefte* →) und gewinnen zusätzliche Spannung durch ihren Fortsetzungscharakter. S. können mit ihren Inhalten (Romanzen, Status-Kampf, Sex, Verbrechen; Leben und Probleme von exponierten Personen) durchaus zahlreiche *Bedürfnisse* → befriedigen (Ersatz für soziale Beziehungen; Identifikationsmöglichkeit; Anregung zu Problemlösungen; Hilfe zur Verdrängung von Problemen).

Sexualität
Geschlechtlichkeit; der Sexualtrieb sowie durch ihn ausgelöste Erlebnisse und Lustgewinn. S. ist integrierender Bestandteil und Ausdrucksform des Menschen und gibt über den Wunsch zur körperlichen Vereinigung hinaus Anstoß für viele Verhaltensweisen der Lustsuche und *Kommunikation* →. Diese Zu-

sammenhänge werden z.B. in der *Werbung →* bewußt beachtet. Beim *Freizeitangebot →* kommt S. nur sehr verdeckt, oft auch bewußt versteckt, zur Geltung. Das beginnt schon beim einzelnen: Partnerbeziehungen spielen als *Freizeittätigkeit →* kaum eine Rolle; die Nennungen liegen oft unter 1%, lediglich im Urlaub gaben knapp 10% der Befragten den Wunsch nach Liebe und Flirt zu (gegenüber 66% »Ausspannen«). Andererseits wird bewußt die Möglichkeit zum Kennenlernen von Partnern arrangiert durch Einrichtungen und Veranstaltungen. Sicher spielt S. – zumindest geheim – eine Rolle bei der Entscheidung, ein *Bad →*, besonders ein *Freizeitbad →*, *Spaßbad →*, eine *Sauna →* aufzusuchen. Eindeutig hingegen sind die auf S. ausgerichteten Angebote in Vergnügungseinrichtungen und Vierteln mit Striptease-Vorführungen, Soft- und Hardcore-Pornofilmen, Peepshows und Angeboten der *Prostitution →*. Auch das Geschäft mit Bedarf für das häusliche Sexvergnügen scheint – gemessen an der Vielzahl von Läden und Videotheken mit Pornoangeboten – gut zu laufen.
S. kann durchaus zu Kommunikationsproblemen (insbesondere Belästigungen, Diskriminierungen) führen: so haben es alleinstehende Frauen noch immer schwer, unbelästigt Lokale aufzusuchen, in Hotels zu übernachten, in Urlaub zu fahren. Sexuell andersartige Menschen (Homosexuelle, Transvestiten) können sich nur in besonderen, meist nicht sehr renommierten Plätzen treffen, weil sie nicht akzeptiert werden.
Insgesamt muß gesagt werden, daß über die Zusammenhänge von *Freizeitverhalten →* und S. noch sehr wenig bekannt ist.

Show

bunte, aufwendige Unterhaltungsveranstaltung oder -sendung des Fernsehens, die meist von einem S.-master (*Entertainer →*) präsentiert wird. S. haben einen wesentlichen Anteil am Unterhaltungsetat der Fernsehanstalten. Gleichzeitig tragen diese Produktionen dazu bei, das örtliche *Freizeitangebot →* zu vergrößern, da viele S. wechselnd in verschiedenen Städten mit *Publikum →* aus diesen hergestellt werden.

Siedlung

jede Form der Niederlassung von Menschen: als dauerhafte S. in einem geographisch bezeichneten Gebiet in den verschiedensten Größen und Ausbildungen: Weiler, Dorf, Kleinstadt (5000 bis 20 000 Einwohner), Mittelstadt (20 000 bis 100 000 Einwohner), Großstadt (über 100 000 Einwohner). S. stehen in einer von ihrer Größe und Lage abhängigen Beziehung zu ihrer Umgebung (*Freiraum →*) sowie

Abb.: Siedlungsformen

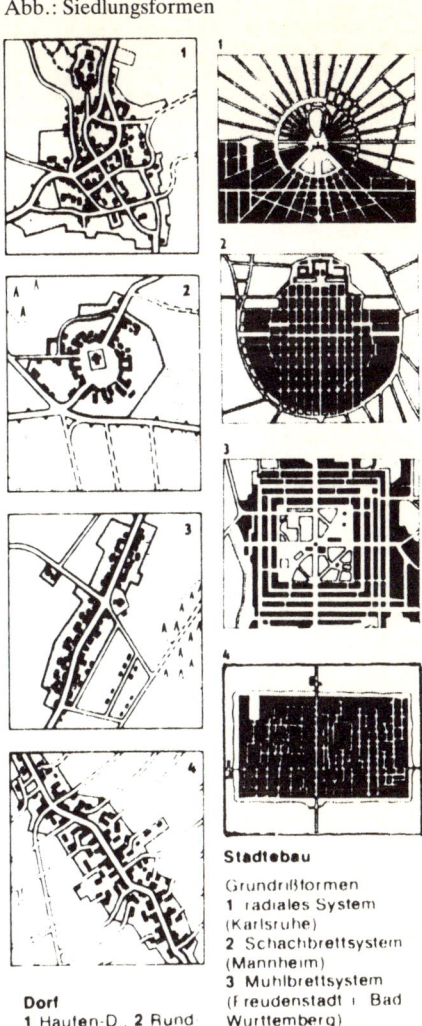

Dorf
1 Haufen-D, 2 Rundling, 3 Straßen-D, 4 Waldhufen-D

Städtebau
Grundrißformen
1 radiales System (Karlsruhe)
2 Schachbrettsystem (Mannheim)
3 Mühlbrettsystem (Freudenstadt, Bad Württemberg)
4 rechteckige chines. Stadt (Sianfu)

Quelle: Herder Lexikon Soziologie (1976)

zu anderen S. In ländlichen Gebieten (»ländliche Gemeinden«) haben S. als kleine Gebilde mit großem Freiraum für ihre Bewohner eine andere Bedeutung als eine Kleinstadt in der Nähe einer Großstadt. Eine Großstadt in einem ländlichen Raum übt einen anderen Einfluß auf die Umgebung aus, als eine Großstadt in einem Ballungsgebiet (»Verdichtungsraum«) mit mehreren Großstädten.
S. mit zu großer Bevölkerungsdichte bieten zu wenig gute Lebensbedingungen; ihre Bewoh-

ART DER BAULICHEN NUTZUNG

BAUFLÄCHEN Darst. im Flächennutzungsplan	BAUGEBIETE Darst. im Bebauungsplan		ZULÄSSIGE BEBAUUNG
W WOHNBAUFLÄCHEN		WS = KLEINSIEDLUNGSGEBIET	Vorwiegend Kleinsiedlung, landwirtschaftliche Nebenerwerbstellen
		WR = REINES WOHNGEBIET	Wohngebäude Ausnahmsweise: Läden, nicht störende Handwerksbetriebe
		WA = ALLGEMEINES WOHNGEBIET	Wohngebäude, Läden, Schank- und Speisewirtschaften, kirchliche, kulturelle, soziale und gesundheitliche Anlagen
M GEMISCHTE BAUFLÄCHEN		MD = DORFGEBIET	Land- u. forstw. Betriebe, Kleinsiedl., Verarbeitungsbetriebe, Einzelhandel, Wirtschaften, Handwerksbetr., nicht störende Gewerbebetriebe, kirchliche, kulturelle, soziale Einrichtungen, Gärtnereien, Tankstellen
		MI = MISCHGEBIET	Wohngebäude, Geschäfts- u. Bürogebäude, Einzelhandel, Wirtschaften, nicht störendes Gewerbe, Verwaltung, Kirche usw. Gärtnereien, Tankstellen
		MK = KERNGEBIET	Geschäfts-, Büro-, Verwaltungsgeb., Einzelhandel, Wirtschaften, Beherbergung, Vergnügungsstätten, nicht störendes Gewerbe, Kirche, Kultur usw., Tankstellen, Wohnungen für Bereitschaft
G GEWERBLICHE BAUFLÄCHEN		GE = GEWERBEGEBIET	Gewerbe, nicht erheblich belästigend, Geschäfts-, Büro-, Verwaltungsgebäude, Tankstellen. Ausnahmsweise: Wohnungen für Betriebsangehörige
		GI = INDUSTRIEGEBIET	Industriebetriebe, Tankstellen Ausnahmsweise: Wohnungen für Betriebspersonal
S SONDERBAUFLÄCHEN		SW = WOCHENENDHAUSGEBIETE	Wochenendhäuser als Einzelhäuser
		SO = SONDERGEBIETE	Gebiete mit besonderer Zweckbestimmung, wie Hochschul-, Klinik-, Kur-, Hafen- oder Ladengebiete

Quelle: Sufe in: KPV/NW – Geschulte Verantwortung (1979)

ner verlassen ganz oder zeitweilig (*Urlaub* →, *Naherholung* →) ihren Wohnort. S. mit zu geringer Bevölkerungsdichte erfordern lange Wege zur Infrastruktur oder können sich bestimmte Angebote nicht leisten; so kommt es zum »Stadt-Land-Gefälle« (*Raumordnung* →).

Freizeit → ist in städtischen S. entstanden, ihre Ausprägung ist daher urban (*Urbanität* →); auch wenn Freizeit in den ländlichen Bereich übertragen wird, bleibt sie ein städtisches Erzeugnis. Daher sind die Ausstattungswünsche ländlicher S., was Freizeit angeht, dieselben wie die der Städte, andererseits müssen sie aber auch den Freiraum- und Naherholungsbedarf der benachbarten Städte decken oder sich zu Fremdenverkehrsgemeinden entwickeln. Das kann auch die *Freizeitinfrastruktur* → für die einheimische Bevölkerung bereichern, aber auch zu Belastungen führen.

In kleineren S. bzw. überschaubaren S.-teilen fällt es den Bewohnern leichter, soziale Kontakte aufzunehmen. Entsprechend ist dort das *Vereins* → -wesen stärker ausgebildet. Innenstadtbereiche in Klein- und Mittelstädten haben eher die Chance, sozio-kultureller Mittelpunkt zu sein als die von Großstädten. Die letzteren verfügen jedoch über ein größeres, differenzierteres Angebot, was die *Wahlfreiheit* → steigert. In sehr großen Städten bilden sich Teilzentren (Bezirkszentren), die die Funktion der Klein- und Mittelzentren übernehmen.

Seit langem ist die Bedeutung der architektonischen Gestaltung der S. bekannt für das Wohlbefinden der Bevölkerung. So sind viele Anstrengungen zur Verschönerung und Erneuerung der S. unternommen worden. Das reicht von der Fassadengestaltung über Aktionen »Unser Dorf soll schöner werden« bis zur Dorf- und Stadtsanierung, umfaßt aber auch die Maßnahmen zur Begrünung und *Grünflächenplanung* →.

Naturgemäß interessieren den Bewohner die ihm näher liegenden S.-teile mehr, zumal er dort seine meiste Zeit verbringt. Er ist diesem Wohnbereich besonders verbunden (*Lokale Identität* →). In stark verdichteten S.-bereichen wurde mit Maßnahmen zur *Wohnumfeld* → -verbesserung begonnen, um mehr Möglichkeiten zur Betätigung zu geben und um die Gestaltung der Freiflächen zu verbessern.

Städtebau →, Stadtentwicklungsplanung →, Stadt-Land-Unterschiede →, Stadtplanung →

Single

Alleinstehender; gekennzeichnet durch ein überstarkes Freiheits- und Unabhängigkeitsbedürfnis, Aktivität und Unternehmungslust, Mutterbindung und Sehnsucht nach Geborgenheit. S. schwanken zwischen Freiheitsgefühlen und Einsamkeitsängsten (Opaschowski 1981). Es gibt viele Gründe für das Alleinsein, daher ist eine Typisierung, z.B. »Playboy« recht schwierig, wenn auch bei vielen eine solche Beschreibung zutreffend ist.
(*Grafik S. 282*)

Skisport

Sammelbezeichnung für verschiedene mit Skiern ausgeübte Sportarten. Der S. weist als Leistungssport erhebliche Besonderheiten gegenüber der *Freizeitsport* → -art Skilauf, insbesondere bei den technisch anspruchsvollen Sportarten auf: Slalom, Riesenslalom, Skispringen. Als Freizeitsport hat sich der S. zu einem Massensport entwickelt, der jährlich Millionen von Skifreunden in die Wintersportgebiete, vor allem die Alpen und die höheren Lagen der Mittelgebirge, zieht. Ausgeübt wird der S. im wesentlichen als Abfahrtslauf und als Langlauf. Beide Skilaufarten erfordern infrastrukturelle Maßnahmen, wobei der Aufwand für den Abfahrtslauf wesentlich höher ist. Während es genügt, für den Langlauf Loipen (Skiwanderwege) auszuweisen und zu legen, erwarten die Abfahrtsläufer einen bequemen Aufstieg zum Startpunkt. Das wird durch Seilbahnen, Skilifte, neuerdings sogar mittels Hubschrauber (Helikopterskiing) gelöst. Das Auftauchen von Skiläufern in großer Zahl führt zu erheblicher Belastung der *Landschaft* → und zu Zerstörungen von Vegetation. Die Nutzung von bislang unberührt gebliebenen Gletscherregionen, die durch Hubschrauber erschlossen werden, stößt im *Umweltschutz* → auf besondere Kritik und Ablehnung. Andererseits trägt der S. als Freizeit- und als Zuschauersport zu einer wirtschaftlich oft sehr notwendigen Förderung des *Fremdenverkehrs* → bei. Die sonst nur im Sommer genutzte Fremdenverkehrsinfrastruktur wird auch im Winter ausgelastet. Außerdem werden Skilehrer und Skischulen (d.h. zusätzliche Arbeitsplätze) gebraucht, abgesehen von den beträchtlichen Umsätzen der Ski- und der Sportbekleidungshersteller.

S. wird als Individualsport überwiegend nicht im Rahmen von Vereinen betrieben. Auch die Vorbereitung auf den Skiurlaub (Skigymnastik) wird meist im Bereich der *Erwachsenenbildung* → und in Fitneßeinrichtungen erledigt. Oftmals ist diese Vorbereitung unzulänglich. Daher kommt es nicht selten zu Unfällen (Verstauchungen, Knochenbrüche), so daß S. durchaus unter die *Freizeitrisiken* → einzureihen ist. Doch macht gerade das Risiko für viele Skifreunde den Reiz des S. aus. Um den S. in seiner gesamten Breite bemüht sich systematisch und sportgerecht der Deutsche Skiverband mit seinen Landesverbänden und fast 600 000 Mitgliedern, dem sich der Verein

DGF-Freizeit-Lexikon 281

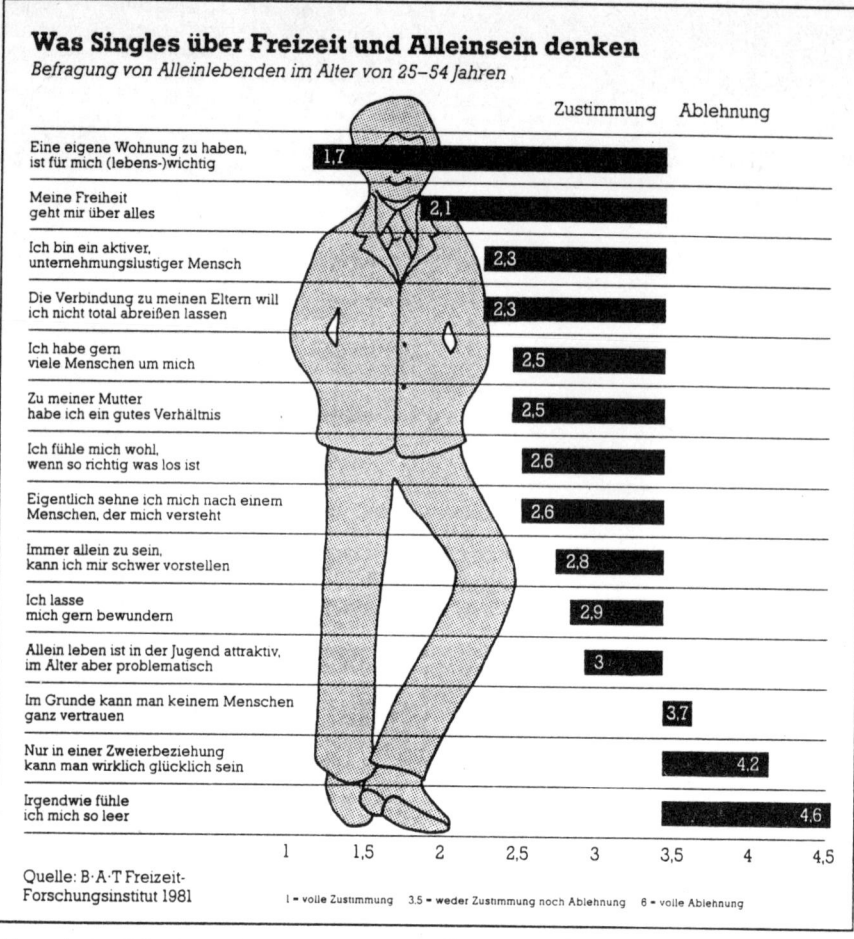

Was Singles über Freizeit und Alleinsein denken
Befragung von Alleinlebenden im Alter von 25–54 Jahren

Zustimmung — Ablehnung

Aussage	Wert
Eine eigene Wohnung zu haben, ist für mich (lebens-)wichtig	1,7
Meine Freiheit geht mir über alles	2,1
Ich bin ein aktiver, unternehmungslustiger Mensch	2,3
Die Verbindung zu meinen Eltern will ich nicht total abreißen lassen	2,3
Ich habe gern viele Menschen um mich	2,5
Zu meiner Mutter habe ich ein gutes Verhältnis	2,5
Ich fühle mich wohl, wenn so richtig was los ist	2,6
Eigentlich sehne ich mich nach einem Menschen, der mich versteht	2,6
Immer allein zu sein, kann ich mir schwer vorstellen	2,8
Ich lasse mich gern bewundern	2,9
Allein leben ist in der Jugend attraktiv, im Alter aber problematisch	3
Im Grunde kann man keinem Menschen ganz vertrauen	3,7
Nur in einer Zweierbeziehung kann man wirklich glücklich sein	4,2
Irgendwie fühle ich mich so leer	4,6

Quelle: B·A·T Freizeit-Forschungsinstitut 1981

1 = volle Zustimmung 3.5 = weder Zustimmung noch Ablehnung 6 = volle Ablehnung

»Freunde des Skilaufs« mit knapp 370 000 Mitgliedern angeschlossen hat. Insgesamt dürften ca. 2,3 Millionen Menschen den Abfahrtsläufern und etwa 1,2 Millionen den Langläufern zuzurechnen sein (Institut für Freizeitwirtschaft, 1983).

Solarium
Gerät oder Einrichtung zur Körperbräunung mit Speziallampen bzw. -röhren; in wenigen Jahren zu großer Verbreitung gekomen.
S. können zu Hause aufgestellt werden, sind aber auch Angebot in »Sonnenstudios«, Saunaanlagen, Bädern und Freizeitbädern.

Soldatenheim
Bundeswehr →

Sommerzeit
ein inzwischen in ganz Europa (*Abb. →*) hergestellter Konsens über eine Abweichung von der Normalzeit zwischen März und Oktober um eine Stunde.
Dadurch bleibt es abends länger hell, der Aufenthalt im Freien ist attraktiver. Nach anfänglichen Einstellungsschwierigkeiten wird die S. nunmehr als angenehm und »freizeitverlängernd« empfunden (soweit Berufstätige nicht im Schichtdienst arbeiten).

Sozialbrache
Grundstücke in Siedlungen, landwirtschaftliche Flächen, Teile von Kulturlandschaften, die aufgrund mangelnden Interesses und Anstoßes (fehlender Nutzen, Ertrag; veränderte Einstellung und gesellschaftliche Bewertung)

Sozialer Kontakt

SOMMERZEIT 1985

zeitgleich mit der Bundesrepublik Deutschland

eine Stunde zurück

eine Stunde voraus

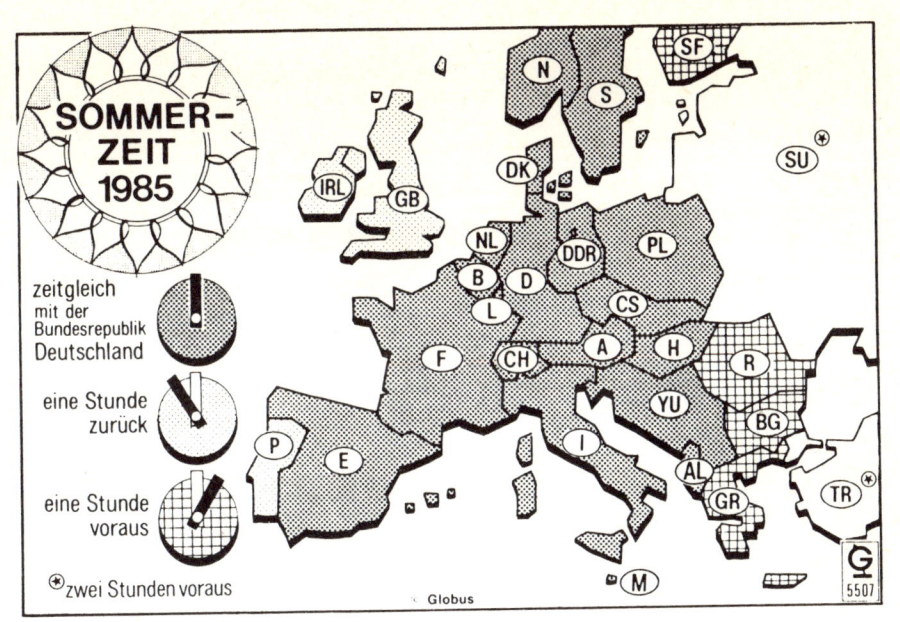

*zwei Stunden voraus

Globus 5507

nicht mehr genutzt oder bewirtschaftet werden.
S. in Siedlungen wird nicht als Anfallen zusätzlichen Freiraumes gewertet, sondern als Ordnungsstörung. S. in der *Landschaft* → führt zur Veränderung des Landschaftsbildes (Wildwuchs). Die Einstellung der Schafzucht in Heidegebieten bewirkt das Verschwinden der Heidelandschaft durch Selbstaussaat von Bäumen, deren Aufwuchs durch das Abweiden nicht mehr verhindert wird. Auch bislang landwirtschaftlich genutzte Flächen verlieren ihr charakteristisches Bild, erhalten aber durch Verbuschung kein neues prägnantes Aussehen. Die Landschaft verliert dadurch auch an Reiz. Jedoch gibt es auch Beispiele des Entstehens von Biotopen, die sowohl aus der Sicht des *Naturschutzes* → wie aus derjenigen der *Naherholung* → oder des *Fremdenverkehrs* → interessant sein können.
Da landwirtschaftliche S. gerade in landschaftlich schönen, aber ertragsarmen Gegenden entstehen, die auf Fremdenverkehr angewiesen sind (insbesondere Mittelgebirge), sind landschaftspflegerische Maßnahmen oft unumgänglich; z.B. Wiederaufforstung, Subvention der landwirtschaftlichen Nutzung, Haltung von Schafherden, Anlage von Biotopen, Einrichtung von Freizeitanlagen (u.a. *Golf* → -plätze, Naherholungsanlagen und -wälder, Freizeitwohnanlagen).

Sozialer Kontakt
Geselligkeit →, *Kommunikation* →

Soziales Engagement
Engagement →

Sozialgeographie
schon in den 50er Jahren Begriff für den Teilbereich der Geographie, der sich mit den Aktivitäten des Menschen auf der Erdoberfläche beschäftigt. Wird er zunächst meist nur als Teilgebiet der Anthropogeographie verstanden und etwa in der Zusammensetzung »Wirtschafts- und Sozialgeographie« gebraucht (z.B. Otremba 1962, Bartels 1970), so beginnt er mit der Einführung der »kategorialen Grunddaseinsfunktionen« Partzsch's (1964) durch Ruppert und Schaffer in ihr Konzept der S. für das gesamte Gebiet der Anthropogeographie gleichgesetzt zu werden. Sie definieren die »S. als die Wissenschaft von den räumlichen Organisationsformen und raumbildenden Prozessen der Daseinsgrundfunktionen menschlicher Gruppen und Gesellschaften« und nennen sieben Daseinsgrundfunktionen vom *Wohnen* → über Arbeiten, Sich-Versorgen, Sich-Bilden, Sich-Erholen, Verkehrsteilnahme bis In-Gesellschaft-leben, denen sie dann Teilgebiete der Anthropogeographie zuordnen.
Der Daseinsgrundfunktion Sich-Erholen wird im Konzept der inzwischen »Münchner Schule der S.« genannten Auffassung die »Geographie des Freizeitverhaltens« zugeordnet, die sich im Sinne der Definition der S. mit dem *Freizeitverhalten* → kurzfristiger (bis zu mehreren Stunden), mittelfristiger (halbtags, tage-

DGF-Freizeit-Lexikon 283

Sozialgeographie

Abb. Räumlicher Zusammenhang zwischen Arbeit, Wohnen und Freizeit

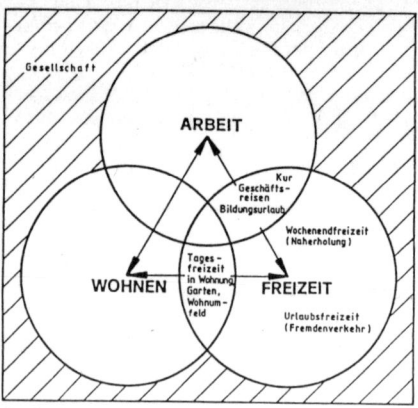

Quelle: Ritter nach Wolf 1977 in: Rhein-Mainische Forschungen (1984)

Abb. Das sozialgeographische Raumsystem (K. Ruppert 1977)

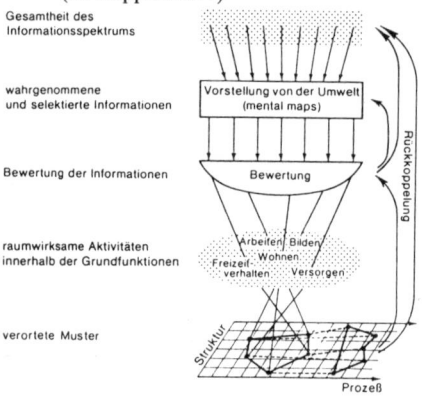

Quelle: Jörg Maier »Geographie der Freizeitstandorte und des Freizeitverhaltens« in: Harms Handbuch der Geographie – Sozial- und Wirtschaftsgeographie 2, München 1982

weise und Wochenende) und längerfristiger (bis zu mehreren Wochen) Zeitdimension im *Wohnumfeld* →, im Naherholungsraum und im Fremdenverkehrsraum (längerfristiger *Reiseverkehr* →) befaßt. Das Konzept überwindet damit die alleinige Betrachtung des *Fremdenverkehrs*→, besonders in seiner bisher relativ statischen Analyse der *Fremdenverkehrsgebiete*→ (Zielgebiete des *Tourismus* →) und bezieht vor allem die Betrachtung der Freizeitaktivitäten vom Wohnstandort aus mit ein. Für die »Münchner S.« rücken »›Arbeiten‹ und ›Freizeitverhalten‹ → gleichberechtigt nebeneinander«; daß Beziehungen zwischen diesen Grunddaseinsfunktionen bestehen, wird zwar damit dokumentiert, die Abhängigkeit der einen von der anderen Funktion bleibt allerdings unberücksichtigt. Gewisse Probleme ergeben sich auch bei der Zuordnung von bestimmten »Räumen«, zu bestimmten Zeiten, z.B. die »mittelfristige« Nutzung des »Naherholungsraumes«.

Nimmt man vielmehr an, daß zumindest in unserer Gesellschaft raumbezogene Handlungen durch die Lebensbereiche Arbeiten – Wohnen – *Freizeit* → gesellschaftlich bestimmt sind und daß der Bereich Arbeiten (noch immer) die beiden anderen Bereiche in bezug auf Zeit- und Standortwahl dominiert, kommt man zu einer stärker gesellschaftsbezogenen Bewertung der Freizeit in ihrer sozialgeographischen Betrachtung (vgl. u.a. Wolf, Gathof, Ritter). Das Venndiagramm setzt mit systemtheoretischem Ansatz die Lebensbereiche miteinander in Beziehung und ermöglicht so die Erfassung der wichtigsten Aktivitäten samt ihrer *Zeitbudgets* → im Bereich der Freizeit. Es wird deutlich, daß sich in Abhängigkeit von der *Arbeit* →, in ihrem den Menschen bestimmenden Raum- und Zeitanspruch, Wohnen und Freizeit als Zeit- und Raumdimension nach der Arbeit richten und alle Freizeitaktivitäten um so stärker bzw. um so weniger stark an das Arbeiten in räumlicher und zeitlicher Hinsicht gebunden sind, je mehr oder weniger sie davon abhängen. So sind nicht nur die Freizeitaktivitäten innerhalb und außerhalb der Wohnung (*Naherholung* →) in der Woche und am Wochenende erfaß- und erklärbar, sondern vor allem auch die arbeitsorientierten Freizeitbereiche Geschäftsreisen, Kuren, Bildung und das »klassische« längerfristige Freizeitverhalten des Urlaubsreiseverkehrs (*Fremdenverkehr* →, *Tourismus* →) sind ebenfalls einzuordnen.

Im Rahmen eines solchen Konzeptes befaßt sich die Geographie mit den gesellschaftlichen Rahmenbedingungen, d.h. der Arbeits- und Wohnsituation und ihren Auswirkungen auf Freizeitverwendungsmöglichkeiten, mit den Ausstattungsfaktoren der Räume zur Verwendung für die Freizeit: dazu gehören die naturräumlichen Bedingungen wie Relief, Klima, Vegetation und die Ausstattung mit *Freizeitinfrastruktur* → materieller und immaterieller Ausprägung (Standorte, Einrichtungen und für die Freizeit tätige Personen), auch die ökonomischen Voraussetzungen werden analysiert.

Nach wie vor wichtiges Analysekriterium freizeitgeographischer Untersuchungen ist die generative und sozioökonomische Struktur der an der Freizeit Teilnehmenden, ihre Motivationen und ihr raumrelevantes Freizeit- und

Tourismusverhalten, das man durch Beobachtung der internationalen, nationalen und regionalen Nutzerströme ziel- und quellgebietsbezogen erfassen kann (*Nutzer* →, *Zielgebiet* →, *Quellgebiet* →). Erst langsam befaßt sich die Geographie auch mit den durch Tourismus und Freizeitverhalten erzeugten Auswirkungen auf die natürliche und soziale *Umwelt* → in Ziel- und Quellgebieten, während die ökonomischen Effekte vor allem für die touristischen Zielgebiete schon länger auch Gegenstand geographischer Analysen sind. Die Bewertung der Erkenntnisse für regionalpolitische Maßnahmen rückt auch erst jüngst ins Blickfeld.

Die S. im allgemeinen und als »Geographie der Freizeit und des Tourismus« im besonderen wandelt sich in ihrer sich noch verstärkenden Analyse gesellschaftlicher Rahmenbedingungen für raumrelevantes Freizeitverhalten zur allgemeinen Lebensraumforschung. Sie analysiert in umfassendem Sinn kulturelles Handeln als zwischenmenschliche, gesamtgesellschaftliche Interaktion in ihrer Umweltaneignung, man kann auch sagen: Umweltgestaltung, durch sie bedingt und sie bedingend; d.h. mehr und mehr stehen nicht mehr einzelne »Sektoren« wie Arbeiten und Freizeit, wenn auch in ihrer gegenseitigen Bedingung, in der Betrachtung nebeneinander, sondern als Folge des allgemeinen sozialen Wandels ist der Mensch in seiner je konkreten gesellschaftlichen Einbindung als kulturell handelndes Wesen im obigen Sinn ungeteilt – und nicht nach einzeln wahrgenommenen Aktivitäten – Gegenstand der Analyse, so daß aus geographischer, d.h. raumrelevanter Sicht der gesamte Lebensraum des Menschen ins Blickfeld rückt und der Begriff Lebensraumforschung angebracht ist. Als Bezeichnung für diesen Teil der Geographie – über den Begriff S. hinausgehend – ist dann im definierten Sinn Kulturgeographie angemessen.

Lit.: Bartels (Hrsg.) »Wirtschafts- und Sozialgeographie« = Neue Wissenschaftl. Bibliothek, Bd. 35, Köln 1970; Gathof »Vergleich räumlich-sozialer Strukturen des Wohnens« = Rhein-Mainische Forschungen, H. 94, Frankfurt/M. 1981; Maier/Paesler/Ruppert/Schaffer »Sozialgeographie« = Das Geographische Seminar, Braunschweig 1977; Otremba »Die Gestaltungskraft der Gruppe und der Persönlichkeit in der Kulturlandschaft« in: Dt. Geographentag, Köln 1961, Tagungsbericht u. wiss. Abhandlungen, 33, S. 166–189, Wiesbaden 1962; Partzsch »Zum Begriff der Funktionsgesellschaft« in: Mitt. d. Dt. Verbandes f. Wohnungswesen, Städtebau u. Raumplanung, Nr. 4, S. 3–10, Köln 1964; Ritter »Erholungspotential und Nachfragestruktur des östlichen Vogelsbergabdeckung« in: Rhein-Mainische Forschungen, H. 99, S. 185–221, Frankfurt/M. 1984; Ruppert/Schaffer »Zur Konzeption der Sozialgeographie« in: Geographische Rundschau, 21. Jg., H. 6, S. 205 ff., Braunschweig 1969; Wolf »Sozialgeographische Forschung und hochschulgeographische Lehre« in: Beihefte zur Geographischen Rundschau, H. 1, S. 3–6, Braunschweig 1977 Wolf

Soziale Arbeit

gesellschaftlich organisierte Hilfeleistung für Hilfsbedürftige, insbesondere Sozialhilfe und Jugendhilfe. Als Unterbegriff wird Sozialarbeit für die beruflich ausgeführte S. benutzt. Betrachtet man die Ziele von S., sind diese so allgemein, daß sie auf jede Arbeit im gesellschaftlichen und politischen Raum zutreffen. (T. Bock, 1980): Durch S. sollen a) Menschen zu eigenständigen Entscheidungen und verantwortlichem Verhalten bei der Gestaltung ihres Lebens, den Aufgaben, die es ihnen stellt und den Anforderungen, denen sie begegnen, befähigt werden; b) konstruktive Lösungen von Problem- und Konfliktsituationen ermöglicht werden; c) gesellschaftliche und soziale Defizite ausgeglichen werden, d) Integration und Teilnahme für alle Mitglieder der Gesellschaft entsprechend ihren individuellen Möglichkeiten angestrebt werden.

Im eigentlichen Sinne ist S. eine therapeutische Arbeit, durchaus verbunden mit Vorbeugung: a) Materielle Hilfe für den einzelnen und für Familien bei Hilfsbedürftigkeit; b) Sozialtherapie (»Hilfe zur Selbsthilfe«) z.B. Erziehungs-, Ehe-, Familie-, Lebensberatung; c) Mitwirkung an Planungs- und Entwicklungsprojekten (*Gemeinwesenarbeit* →, Sozialplanung, Sanierung) sowie Sozialpolitik. Im Unterschied dazu ist die *sozialkulturelle Arbeit* → ein nicht-therapeutischer Arbeitsbereich.

Diese Unterscheidung ist notwendig, um die Funktion des beruflich Tätigen bestimmen zu können, aus der sich vor allem die Arbeitsziele und Methoden ableiten.

Sozialisation

von E. Dürkheim geprägter Begriff; Prozeß des (lebenslangen) Aneignens und *Lernens* → sozialer Rollen und der Übernahme gesellschaftlicher Normen und *Werte* → in das Persönlichkeitssystem im Rahmen einer bestimmten Gesellschaft.

S. ist der Vorgang der »Vergesellschaftung« des Individuums, die die Herausbildung der Handlungsfähigkeit der Person im Prozeß sozialen Lernens (Kayser) umfaßt wie auch den Erwerb der Kenntnisse und Fertigkeiten, Wertmaßstäbe, Verhaltensregeln und Standards, die zur Orientierung und zum Verhalten des einzelnen in der gesellschaftlichen Umwelt dienen. Analytisch kann zunächst zwischen primärer und sekundärer S. unterschieden werden. Während die primäre S. die Aneignung und Übernahme von Verhaltensweisen im Rahmen der – im Regelfall familialen – S. meint, wird der Terminus sekundäre S. auf Lernprozesse im Kontext gesellschaftlicher Institutionen, z.B. *Schule* → verweisen und auf die S.-entwicklung in Peer-groups. Primäre S.

wird von einigen Fachautoren in den Vorgang der Sozialisierung und denjenigen der *Enkulturation* → unterteilt. Sozialisierung meint die Entwicklung des einzelnen in Relation zu einer Bezugsperson, die Entstehung einer Mutter-Kind-Dyade auf der Basis des sog. Urvertrauens. Sozialisierung bedeutet für die Entstehung der Persönlichkeit das Lernen am Modell der jeweiligen Bezugsperson, die Übernahme gesellschaftlicher Verhaltensstandards der Bezugsperson. Diese setzt den (individuellen) Lernrahmen zur Entwicklung des einzelnen im Mechanismus von Belobigung, Bestrafung, von Gewährung und Versagen. *Enkulturation* → meint die Übernahme sozialer Normen, den Prozeß des Teilhaftwerdens an der spezifischen *Kultur* → des sozialen Kontextes und die Übernahme allgemeiner Kultur aller Normen und Verhaltensweisen. Enkulturation und Sozialisierung werden im Prozeß des Heraustretens aus der familialen Kleingruppe durch Peer-groups und durch sekundäre S.-instanzen ergänzt und erweitert.

Im Gegensatz zur *Erziehung* → als bewußtem und geplantem Vorgang – wird hier S. als umfassender Begriff für beabsichtigte und unbeabsichtigte (intrinsische) Lernprozesse aufgefaßt. S. endet im Grunde nie. Die Verhaltensmodifikationen, z.B. im *Freizeitverhalten* → im Verlaufe des lebenslangen Lernens, machen deutlich, daß Verhaltensschemata sich im Verlauf der individuellen Biographie verändern können. Dies wird klassisch deutlich an den Veränderungen im generations-spezifischen Freizeitverhalten. S. als Prozeß der Individuation (Weizbach) ist jedoch nicht nur ein mechanischer Lernprozeß in einem Verhältnis Subjekt–Objekt (Vater, Mutter, Kinder), sondern beinhaltet auch Lernvorgänge für die an der S. beteiligten. Die Eltern können z.B. Akzeptanz von Freizeitverhalten, -weise und -moden ihrer Kinder lernen. Man nennt diesen Vorgang retroaktive S.

Einzelne S.-theorien betonen bestimmte Aspekte der Vergesellschaftung des Individuums. So gibt es z.B. entwicklungspsychologische, lerntheoretische, psychoanalytische, interaktionistische und handlungstheoretische Ansätze der S.-theorien.

S.-forschung setzt sich neben der klassischen Hospitalismusforschung (den Konsequenzen des Nichtvorhandenseins einer konstanten Bezugsperson) u.a. mit den sozial-spezifischen S.-prozessen, der schichtspezifischen S. auseinander.

Für Freizeittheorie und -praxis kommt der S.-forschung erhebliche Bedeutung zu, da in der Relation zur Bezugs- und Mitgliedsgruppe Freizeitverhaltensweisen erlernt, erprobt, entwickelt und standardisiert werden. Diese S.-forschung konzentriert sich in neuerer Zeit weniger auf schichtenspezifische Unterschiede, denn auf die Handlungsstrukturen und Handlungsabläufe der Person in sozialen Situationen.

Vorstehende Interpretationen des Verhaltens gewinnen im pädagogischen Forschungsfeld (wieder) an Bedeutung; ähnliches gilt für den gesamten Bereich der Handlungsforschung und Handlungstheorie.

Vahsen

Sozialkulturelle Tätigkeit

Synonym für *Freizeittätigkeit* →, im Sinne *Spiel* →, Kreatives Tun, Bewegung (*Sport* →), Soziales Engagement.

Kultur →, *Soziokultur* →, *sozio-kulturelle Arbeit* →

Sozialpädagoge

Fachkraft im Bereich der *Sozialpädagogik* →. Seit 1971 an kirchlichen und staatlichen Fachhochschulen eingerichteter Studiengang, der mit dem Diplom nach sechs Semestern abschließt und nach einem berufspraktischen Jahr zur staatlichen Anerkennung führt. Außerdem wird dieser Studiengang auch als Studium an einigen Universitäten und (erziehungswissenschaftlichen) Hochschulen angeboten. Vor 1971 erfolgte die Ausbildung an Höheren Fachschulen, ursprünglich, ca. ab der Jahrhundertwende, an Wohlfahrtsschulen.

S. arbeiten in den verschiedensten Berufsfeldern, die von der Vorschulerziehung über *Jugendpflege* → und Jugendfürsorge, *Erwachsenenbildung* → und Arbeit mit Randgruppen bis hin zur Altenarbeit reichen. Die Entwicklung des Berufsstandes ist eng verbunden mit der theoretischen und praktischen Entwicklung von *Sozialpädagogik* → als erziehungswissenschaftlicher Disziplin, deren Aufgabe als Notstandspädagogik (Verwahrlosung und Gefährdung) sich durch sozialerzieherische und bildungsorientierte, (jugend-)pflegerische Handlungsfelder erweiterte.

S. sind »professionalisierte Helfer«, deren Ausbildung zunächst auf einem breiten Grundstudium der Sozialwissenschaft, der Erziehungswissenschaft und der Institutionenlehre (Verwaltungs- und Rechtskunde) aufbaut, um dann im zweiten Teil des Studiums durch ein bis zwei Schwerpunktbildungen vertieft zu werden, so z.B. im Bereich Beratung/Therapie oder Bildung und Erziehung. Schon dieser Fächerkanon läßt deutlich werden, daß das Studium der Sozialpädagogik ein Fächerintegratives Studium darstellt. Von einer eig. sozialpädagogischen Theorie und Methodologie kann bisher – trotz aller Ansätze der Theorieentwicklung und methodischen Ausformulierung spezifischer Hilfeformen – nicht gesprochen werden. Deshalb ist das Berufsbild,

wie es durch die Ausbildung zunächst geprägt wird, vielschichtig und nur bedingt in klaren Strukturen umgrenzbar.
Der *Freizeitbereich* → ist spätestens seit der Kodifizierung des RJWGs von 1922 ein zentrales Arbeitsfeld von S. Gerade die Aufgaben der Jugendpflege können als Kernbereiche sozialpädagogischen Handelns gelten.

Vahsen

Sozialpädagogik
von A. Diesterweg (1850) geprägter Begriff, verweist auf öffentliche und private Hilfe-, Bildungs- und Erziehungsbemühungen sowie Sozialerziehungsvorstellungen, als Erziehung von und zur Gemeinschaft (Natorp).
S. hat – historisch gesehen – zunächst die materielle Dimension der Hilfe gegenüber Notständen einzelner und/oder gesellschaftlicher Gruppen und ist in diesem Sinne eine Notstandspädagogik, die den Konsequenzen und Ursachen von Armut (als Folge der Industrialisierung) vorbeugend und ausgleichend gegenübertritt.
Zugleich erfüllt sie den pädagogischen Anspruch, Erziehungsdefizite auszugleichen und den Konsequenzen familialer und gesellschaftlicher Desorganisation und Desintegration (König) entgegenzutreten. Drittens greift sie das Aufklärungsideal der Hebung der Volksbildung auf, der Förderung der *Selbstbestimmung* → des Individuums durch kulturelle und *politische Bildung* →, um gesellschaftliche Teilhabe zu ermöglichen. Der Begriff umfaßt hier Aufgaben einer Sozial- und Gemeinschaftserziehung, pädagogischer Vorstellungen, die zur Bildung eines sozialverantwortlichen Handelns (Mollenhauer) führen.
Im Verlaufe der Institutionalisierung von S. sind beide Komponenten, ihre Aufgabe als Notstandspädagogik und die der »Pflege« und »Sozialerziehung« ausdifferenziert worden. Sie bestimmen bis heute das (widersprüchliche) Wahrnehmungsbild der S. für Adressaten und Öffentlichkeit. Die Strukturen sozialpädagogischen Tuns können formal mit den Dimensionen pädagogisches, soziales und institutionelles Handeln (Beneke/Zander) beschrieben werden: S. ist Fortführung und Erweiterung der Armen- und Wohlfahrtspflege durch staatliche und private Bildungs- und Erziehungsangebote als Ersatz bzw. Ergänzung zur familialen und schulischen Erziehung (*Familie* →, *Schule* →).
Im Prozeß der Vergesellschaftung von Erziehungsprozessen wird S. zum Teil staatlicher Erziehungsinstanzen und Behörden (Heime, Jugend- und Sozialamt), die private, karitative und kirchliche Hilfe- und Erziehungsmaßnahmen ergänzen und erweitern und im Sozial- und Jugendgesetz ihre rechtliche Kodifizierung erfahren.
Trotz der hier angedeuteten Entwicklungsstrukturen ist es schwierig, S. zu definieren, gegenüber anderen pädagogischen und sozialpädagogischen Handlungsfeldern abzugrenzen. Ingesamt zielt S. auf eine Pädagogisierung privater und staatlicher Hilfemaßnahmen ab, die als Konsequenz industrieller Arbeitsweisen und damit zusammenhängender Lebensbedingungen Not-wendend erforderlich wurden.
In freizeitspezifischen Handlungsfeldern orientieren sich sozialpädagogische Intentionen mehr an Bildungs- und Erziehungsaufgaben, denn an fürsorgerischen Bemühungen. Sie sind von der pädagogischen Zielsetzung geleitet, Entwicklungsfelder und -räume zur Identitätsfindung für den einzelnen, vor allem für *Jugendliche* →, zu schaffen und zur Verfügung zu stellen, in denen »spielerische« und »offene« Interaktionsbezüge gelten.
Bedürfnisorientierte S. stellt einen Zusammenhang von Sozial- und *Kulturarbeit* →, von Stadtteil- und *Gemeinwesenarbeit* →, von alltagsorientierter Sozialarbeit und *Stadtteilkulturarbeit* →, von quartiers- und nachbarschaftsbezogener Hilfe her, die im *Wohnumfeld* → des einzelnen zur Verbesserung der *Lebensbedingungen* → beitragen will. Insgesamt wird hier neuerdings eine Tendenz deutlich, die auf quartiersbezogenes Handeln im Kontext der unmittelbaren Umwelt des einzelnen hinzielt, den »Alltag« zum Gegenstand sozialpädagogischen Handelns werden läßt (Thiersch).
Handlungsfelder der S. sind im *Freizeitbereich* → u.a.: Jugendheime, *Jugendzentren* → und Jugendtreffs (*Jugendfreizeitstätten* →, Stadtteil- und *Kulturzentren* →, Kulturhäuser und Kulturwerkstätten, *Ferienprogramme* → und *Erholungseinrichtungen* → sowie pädagogische Stadtteilaktionen und *Stadtteilfeste* →, *Straßenfeste* →. Außerdem Jugendaustausch und internationale Begegnungen (*Internationale Jugendarbeit* →), aber auch der schulische Freizeitbereich, Spielkreise und *Eltern–Kindergruppen* →, Institutionen der Fort- und Weiterbildung (*Erwachsenenbildung* → generell, *Volkshochschulen* → und Bildungsstätten) und Verwaltungen für den Kultur-, Sozial- und Jugendbereich bei (kommunalen) Behörden. Diese Aufgaben können so z.B. in den Überlegungen zur Öffnung von Schulen (community school) im Freizeitbereich zu einer Weiterentwicklung von quartiernaher Gemeinwesenarbeit führen.

Vahsen

Sozialpflichtigkeit
Verpflichtung der Allgemeinheit gegenüber, etwa aufgrund von Eigentum; auch für Freizeit

benutzt (S. der Freizeit): gesellschaftlicher Anspruch (*Freizeitideologie* →) an den einzelnen, einen Teil seiner freien Zeit für die Allgemeinheit, für andere Menschen zur Verfügung zu stellen.
S. drückt sich aus in den Formen von *Ehrenamt* →, freiwilliger Mitarbeit, *Nachbarschaftshilfe* → und auch von *Selbsthilfe* →. Darüber hinaus stellt sich S. dar als Indienststellen der eigenen Freizeittätigkeiten für andere, zum Beispiel: Offenes Sportangebot, Veranstaltung von Stadtteil- und *Volksfesten* →, *Konzerten* →, Theateraufführungen, Ausstellungen u.a., Kennzeichnung von Wanderwegen, Naturschutzmaßnahmen, Angebot von Kursen, Beratung und Anleitung in Fertigkeiten.
Die Bereitschaft, Freizeit für andere zu geben, ist vorhanden, jedoch überwiegend spontan und für kürzere Zeit. Es fehlt an längerfristig mitwirkenden Vereinsmitgliedern.
Sozialzeit →

Sozialplan
1. gesetzlich vorgeschriebene Vereinbarung von Betriebsleitung und Arbeitnehmervertretung bei Betriebsschließung, -verlagerung, -veränderung, -rationalisierung. U.a. Voraussetzung für *Freisetzung* → und *Frührente* →.
2. Regelung der Folgen von *Sanierungs* → -maßnahmen für die unmittelbar Betroffenen durch die *Gemeinde* →.

Sozialplanung
Sammelbegriff für a) Gesellschaftsplanung (Sozialpolitik); b) Teil der *Stadtentwicklungsplanung* → (*Infrastruktur* →, Soziale Dienste); c) Fachplanung (Sozialhilfe, Alte, Jugendliche, Obdachlose, *Behinderte* →, Ausländer).

Sozialstruktur
die Art und Weise, in der die Elemente eines sozialen Systems, im weitesten Sinne: einer Gesellschaft, zusammenhängen. Sie impliziert kein vollständiges Abbild der Realität, sondern dasjenige Muster, das dem System eine relative Stabilität und Konstanz verleiht, wobei auch dynamische Elemente (z.B. Wachstum, Konflikte, Innovationsbereitschaft) Strukturmerkmale sein können. Im engeren Sinn bedeutet S. auch das Arrangement von Handelnden in institutionell geregelten Beziehungen mit den Variablen soziale Position, Status und *Rolle* →. Die Wahl der relevanten Dimensionen der S. richtet sich nach dem Erkenntnisinteresse; Beispiele: Verteilung der *Bevölkerung* → nach Geschlecht, *Alter* →, *Bildung* →, Einkommen, Wanderungen usw. (demographischer Ansatz); die Qualität der Produktionsverhältnisse und der Klassenstruktur (Marx); Grad und Qualität der Arbeitsteilung (Spencer, Dürkheim); Grad der Rationalisierung und bürokratischen Organisation (M. Weber); Berufe und Produktionsformen; *Werte* →, Normen, die Wechselwirkung von Institutionen (Durkheim, Parsons, Gehlen); soziale Schichtung nach Prestige, Mehr, Vermögen, *Lebensstilen* → usw. Formale Dimensionen der Beschreibung von S. sind insbesondere Einfachheit – Komplexität, Statik – Dynamik, normative Regelung – Anomie, Grade der Ungleichheit, Produktivität, des normalen Wandels usw. Die Analyse der Verankerung von einzelnen und Gruppen in der S. zur Erklärung ihres *Freizeitverhaltens* → ist ein wichtiges Problem der *Freizeitforschung* → und *Freizeitsoziologie* →.

Lit.: Bottomore/Bolte/Recker/Horstmann »Soziale Schichtung und Mobilität«, Handbuch der empirischen Sozialforschung, Bd. 5, 2. völlig neu bearb. Aufl., Stuttgart 1976; Bühl (Hrsg.) »Funktion und Struktur«, München 1975; Schäfers »Sozialstruktur und Wandel der Bundesrepublik Deutschland«, 3. Aufl., Stuttgart 1981; Tjaden (Hrsg.) »Soziale Systeme«, Neuwied/Berlin 1971; Zapf (Hrsg.) »Lebensbedingungen in der Bundesrepublik«, Frankfurt/New York 1977

Lüdtke

Sozialtourismus
Beteiligung benachteiligter *Gruppen* → am Fremdenverkehr sowie Erleichterung der Teilnahme an touristischen Veranstaltungen aus gesundheitlichen und erzieherischen Gründen. Zum ersten Bereich sind zu rechnen die *Freizeiten* → für Senioren und Behinderte, die *Stadtranderholung* →, Beihilfen für bedürftige Einzelpersonen und Familien, die *Müttererholung* → sowie die dafür notwendige Infrastruktur. Der zweite Bereich umfaßt den Kurtourismus, soweit es sich um Maßnahmen der Sozialversicherungsträger handelt, und die im Rahmen der *Jugendarbeit* → durchgeführten Reisen.
Kur →, *Erholung* →

Sozialurlaub
Beurlaubung aus der Strafhaft; möglich als Regelurlaub bis zu 21 Tagen im Jahr, als Urlaub aus wichtigem Anlaß bis zu 7 Tagen, die nicht auf den Regelurlaub angerechnet werden; Sonderurlaub zur Vorbereitung der Entlassung. Für den S. können Weisungen erteilt werden.

Sozialzeit
innerhalb der *Lebenszeit* → und des Alltags der Zeitraum, der weder *Arbeitszeit* →, noch *Freizeit* → ist, sondern zur Wahrnehmung sozialer Verantwortung verwandt wird.
Der Grundgedanke der S. (Spescha 1981) ist, einen Zeitraum zu institutionalisieren, in dem soziale Verantwortung im Alltag wahrgenommen werden kann, und dem einzelnen die Möglichkeit zu geben, an der Gestaltung hu-

maner gesellschaftlicher Strukturen zu partizipieren. In dem Modell werden Arbeit, Freizeit und Sozialzeit komplementär gesehen.

Soziokultur

1. Bezeichnung für den Überschneidungsbereich zwischen Wohlfahrt und Wohlbefinden. Als Arbeitsfeld soll S. die Trennung der Welt des Geistes und der Realität der politischen und sozialen Verhältnisse durchbrechen; im *Freizeitbereich* → angesiedelt soll sie Entfremdung aufheben und Erfahrungen vermitteln, die auf die übrigen Lebensbereiche zurückwirken (*Kultur* →). S. meint aktive Lebenstätigkeit, individuelle Entfaltungschance, gesellschaftliche Teilhabe, menschenwürdige Lebensgestaltung, Freisein von unhinterfragten Zwängen, Gemeinschaftserleben. Dabei sind zwei Faktoren für den Radius der gegenwärtigen S. von ausschlaggebender Bedeutung: die Demokratisierung der Gesellschaft und die Zunahme von *Freizeit* → bei gleichzeitiger ökonomischer Abgesichertheit.
2. Bezeichnung für Kulturarbeit und Kulturangebote neben der traditionellen Kultur unter dem Leitmotiv: Kultur für alle (»Kulturelle Chancengleichheit«).
3. Bezeichnung für alternative Kulturarbeit im Sinne der »Kultur von unten«: Kultur von allen.
Soziokulturelle Arbeit →

Soziokulturelle Arbeit

auch sozialkulturelle Arbeit; geht auf niederländische Begriffsbildung zurück; auch vom Europarat übernommen: Bezeichnet zunächst die Überschneidung von sozialer Hilfe und außerschulischer Bildung (*Soziokultur* →). Zielgruppe ist die gesamte Bevölkerung (»ohne Ansehen von Alter, sozialer, kultureller und rassischer Herkunft«). Enthalten ist auch die Ideologie der Anregung von Menschen, gemeinsame Formen und Wege der Lösung von Problemen ihres *Wohnbereichs* →, ihrer *Nachbarschaft* →, ihres *Stadtteils* → zu erarbeiten (*Agogische Arbeit* →, *Gemeinwesenarbeit* →). Als Ziele und Inhalte werden u.a. angegeben: a) Befähigung zur Selbstgestaltung und sozialen Innovation/ Weckung von Selbsthilfe statt Versorgungsmentalität (Entlastung der öffentlichen Haushalte)/Gewinnung eines neuen Arbeits- und Sinnverständnisses/Befähigung zu *Kommunikation* →, Aktion, Reflexion/Förderung von Selbstorganisation, kultureller Produktivität und *Kreativität* → (homo ludens)/Aktivierung und Schaffung von Semi-Professionalität. b) Erzeugung von Stadtteilidentität und aktiver Stadtteilorientierung (Urbanität, lokale Attraktivität), Verdichtung von (lokalen) Sinneinheiten in der komplexen modernen Gesellschaft/Schaffung von *Nachbarschaft* →, lokaler Öffentlichkeit, Stadtteilbewußtsein, (*Lokale Identität* →), *Heimat* →, überschaubarer Informations- und Beziehungsgefüge; c) Förderung »öffentlicher Tugenden« (z.B. auch Anstiftung zur Übernahme sozialer Verantwortung in Form von ehrenamtlicher Tätigkeit); d) Begünstigung von Gruppenidentitäten und Förderung sozialer Akzeptanz (Toleranz, kultureller Pluralismus) gegenüber Entscheidungsformen »anderer Kultur«; e) Kooperation der Initiativen und Arbeitsteiligkeit der Angebotsstruktur/Vernetzung mit politischen Parteien und anderen gesellschaftlichen Gruppen/Verbänden/Organisationen/Institutionen (Kultivierung der Politiker). f) Verstärkung der Wirksamkeit öffentlicher Leistungen durch Selbstorganisation und Selbsthilfe/Verbesserung der Qualität öffentlicher Leistungen und Angebote/Kompensation fehlender öffentlicher Angebote und Leistungen.

Die praktischen Formen der S.A. entsprechen weitgehend denen der *freizeitkulturellen Arbeit* →.

Lit.: Agricola/Strang »Sozio-kulturelle Arbeit im Stadtteil auf dem Prüfstand«, Düsseldorf 1984

Soziologie

die Erfahrungswissenschaft von den Interdependenzen und Konflikten zwischen Menschen und Kollektiven, den Bedingungen, Formen und Folgen sozialen Handelns, des Wirkens der Institutionen und der Gesellschaft. In mikrosoziologischer Perspektive liegen, in Überschneidung mit der Sozialpsychologie, elementare Phänomene wie soziales Handeln, Interaktion, Werte und Normen, Rollen-, Tausch-, Machtbeziehungen, Situationslogik der Orientierung, Handlungsparadoxien, soziale Genese der Person (*Sozialisation* →). Zum mesosoziologischen Bereich gehören z.B. die Theorie sozialer *Gruppen* →, Struktur und Verhalten begrenzter Sozialsysteme wie *Organisationen* →, soziale Bewegungen. Typisch makrosoziologische Problembereiche sind: *Sozialstruktur* → und soziale Schichtung, gesellschaftliche Sektoren, Entwicklung, Krisen, Differenzierung, Arbeitsteilung, sozialer Wandel der Gesellschaft. Diese Fragestellungen der allgemeinen S. werden in zahlreichen angewandten Bereichen spezifisch erforscht und theoretisch bearbeitet: z.B. *Familie* →, *Jugend* →, Industrie und Betrieb, *Arbeit* → und Beruf, Wirtschaft, Militär, Parteien und *Verbände* →, politische Systeme, Stadt und *Region* →, *Freizeit* →, *Freizeits.* →. Unter den vielfältigen in Deutschland verfolgten Traditionen und Schulbildungen der allgemeinen S. lassen sich heute vor allem vier Hauptströmungen unterscheiden: 1. analytisch-nomologische und funktional-analytische Ansätze (Dürkheim, Parsons, Merton, Homans), 2. historisch-materialistische Ansätze (Marx), 3. Dialektik und kritische Gesellschaftstheorie (Adorno), 4. phänomenologische, interpretative und interaktionistische Ansätze (Schütz, Mead, Cicourel, Goffman), wobei gerade Verknüpfungen zwischen ihnen wichtige theoretische Fortschritte erleichtert haben, wie dies besonders im Werk von Max Weber dokumentiert wird.

Lit.: Bahrdt »Schlüsselbegriffe der Soziologie«, München 1984; Reimann/Giesen/Goetze/Kiefer/Meyer/Mühlfeld/Schmid »Basale Soziologie: Hauptprobleme«, München 1975; Reimann/Giesen/Goetze/Schmid »Basale Soziologie: Theoretische Modelle«, München 1975; Boudon »Die Logik des gesellschaftlichen Handelns«, Neuwied/Darmstadt 1980; Mills »Klassik der Soziologie«, Frankfurt 1966; Mühlfeld/Schmid (Hrsg.) »Soziologische Theorie«, Hamburg 1974

Lüdtke

Spaßbad

Form der *Freizeitbäder* →, die aufgrund ihrer Architektur und der Anlagen innerhalb des Gesamtkomplexes nicht dem Schwimmsport (*Schwimmen* →) dienen, sondern dem Spaß am Umgang mit dem Wasser.

Dies drückt sich in der Regel bereits durch eine geänderte Beckenform aus, die nicht mehr an den in den Hallenbädern sonst üblichen 25 bzw. 50 m Standardmaßen für Wettbewerbszwecke ausgerichtet ist. Vielmehr wollen S. eine »Strandatmosphäre« erzeugen und bieten demzufolge in verstärktem Umfang Solarien, Liegegelegenheiten, Hot-Whirl-Pools, Wasserspielattraktionen, Wasserrutschen, Picknick- und Selbstgrillrestaurants und ähnliche Einrichtungen an. Aber auch schon Hallen-Wasserskianlagen, Wasserspielplätze, Kino- und Tanzvorführungen etc. sowie ergänzende Freizeiteinrichtungen wie Kegelbahnen, Tischtennis, Federballareale etc. sind in S.-komplexe eingegliedert worden. Unternehmensziel eines solchen S.-komplexes ist vor allem der Langzeitaufenthalt des Freizeitsuchenden außerhalb der Freibadesaison.

Durch die Vielfältigkeit ihrer Einrichtungen werden S. in weit höherem Umfang als traditionelle Hallenbäder, welche die sportliche Komponente in den Vordergrund stellen, frequentiert. Aufgrund der bei den S. von Anfang an praktizierten Preispolitik mit weitgehend kostendeckenden Preisen, die im Rahmen von *Pauschalpreissystemen* →, *Einzelpreissystemen* → und *Ticketpreissystemen* → erhoben werden, konnten die Betreiber auch Ergebnisse erzielen, die in weit höherem Maße als bei üblichen Hallenbädern betriebskostendeckend sind. Der Ausbau der S. und die Umwandlung bisher traditioneller Hallenbäder zu S. gehen weiter voran. Das S. dürfte daher die Standard-Freizeitbadeeinrichtung der Zukunft sein.

Eine Variante des S. ist das Thermal-S. Hier wird in die bestehenden Badeeinrichtungen Thermalwasser eingeleitet, dem oft Heilzwecke bescheinigt werden. Da insbesondere beim Thermal-S. Zielgruppenkonflikte zwischen der »lärmenden« jüngeren Generation und den gesundheitsorientierten älteren Altersschichten auftreten, hat sich bei Thermal-S. die Einrichtung eines »Gesundheitskomplexes« in römischen »Thermenanlagen« und ruhigeren Badebereichen als unabdingbar erwiesen. Thermal-S. sind auch dabei, bisherige Kur-Bewegungsbäder und ähnliche wenig animative Einrichtungen zu verdrängen.

Neue Überdachungsformen können dazu beitragen, durch entsprechende Mobilität S. in der Sommersaison durch »Wegfahren« der Dachkonstruktion zu Freibädern zu machen. Der Ausbau der bisherigen S. und Thermal-S. zu Wasserparks, wie sie in den USA bereits als Typ des *Erlebnisparks* → existieren, ist daher in vollem Gange.

Scherrieb

Spaziergang

zur *Erholung* → im Freien umhergehen; häufigst genannte Form bewegungsverbundener *Freizeitaktivitäten* →; gehört zu den beliebtesten Freizeitaktivitäten überhaupt.

Der S. verbindet Bewegung an der frischen Luft mit verschiedenen Formen der *Kommunikation* → (Schauen, Blickkontakte, Gespräch, Winken, Natur- und Umwelterleben). Er erlaubt auch ernste Gespräche in entspannter, informeller Weise; viele, wenn nicht die meisten Lebenspläne werden in Deutschland beim S. gemacht. Ein Gutteil der *Freizeitinfrastruktur* → ist auf S. bezogen bzw. bezieht ihn ein; besonders: Grünanlagen, *Fußgänger* → -zonen, Wege in Wäldern. (*Wandern* →)

Für den S. setzt sich ein die Stiftung Spazierengehen.

Spenden

freiwillige Geld- oder Sachbeiträge zur Förderung bestimmter Vorhaben. S. für einen gemeinnützigen Zweck (*Gemeinnützigkeit* →) können bei der Einkommensteuer geltend gemacht werden.

Viele *Selbsthilfe* → -projekte könnten ohne S. nicht durchgeführt werden. Eine besondere Form der S. ist der *Bazar* →, bei dem Sachspenden in Geld »umgewandelt« werden.

Ähnliche Formen werden bei vielen der kleinen Feste (*Straßenfest* →, Nachbarschaftsfest) verwandt.

Sammlung →

Spiel

1. die freie – beim Menschen lustbetonte – Betätigung der körperlichen und geistigen Kräfte ohne unmittelbare Zweckausrichtung (»Spielen«).
S. durchdringt mit einer Vielfalt von Formen – einfach bis höchstentwickelt – viele Lebensbereiche insbesondere die *Freizeit* →.
Elemente des S. finden sich in Sprache, Kult, *Kultur* →, im sozialen, wirtschaftlichen und politischen Leben, beispielsweise in Dichtung, bildender *Kunst* →, *Musik* →, *Tanz* →, *Theater* →, *Sport* →, *Wettkampf* →, Ritualen, Forschung.
Die meisten *Freizeittätigkeiten* → werden durch Beschreibungselemente des Spiels gekennzeichnet.
Das Phänomen S. veranlaßte zahlreiche Autoren zur Typisierung und Aufstellung von Charakterisierungsmerkmalen. Wegen der Komplexität des Gegenstands kann jede Betrachtung nur einen Aspekt verdeutlichen. S. spricht die Neugierde des Menschen an durch die Elemente »Ungewißheit«, »Spannung« und/oder »Unwirklichkeit«, »spielerischer Schein«. Huizinga kennzeichnet S. durch die Merkmale Freiwilligkeit, räumliche und zeitliche Abgrenzung, Lustbegleitung, Spannungsgefühle, Bewußtsein des Unterschieds zum üblichen Leben. Die von Jünger beschriebenen drei Gattungen des S.: *Glücksspiel* →, *Geschicklichkeitsspiel* →, vor- und nachahmende Spiele decken die möglichen Spielformen recht gut ab. Andere Einteilungen sind: körperliche Fertigkeit (*Sportspiele* →), Glücks-S., strategische S.; oder: Wettkampf-S., Glücks-S., Rollen- oder Simmulations-S., rauschhafte Spiele.
Auch die modernen S.-Schöpfungen lassen sich diesen allgemeinen Typisierungen zuordnen: z.B. Kommunikations- und Interaktions-S., den vor-/nachahmenden bzw. Rollen-/Simmulations-S.; das *Video-S.* → und das *Computer-S.* → den Geschicklichkeitsspielen. Zunehmender Beliebtheit erfreuen sich Mischformen von Geschicklichkeits- und Rollenspielen (*New Games* →, *Spielfest* →).
Die *Pädagogik* →, in ihrem Rahmen auch die *Freizeitpädagogik* →, hat sich in besonderer Weise mit dem S. und der Bedeutung des S. für den heranwachsenden, aber auch für den erwachsenen Menschen befaßt.
Das *Kinderspiel* → ist Gegenstand nicht nur der Pädagogik, sondern auch von planerischen Disziplinen, wenn es um Vorkehrungen für S. geht (*Spielplatz* →, *Spielflächen* →, *Spielgeräte* →).
Viele S. werden nach festgelegten Ablaufformen und vorgegebenen Verhaltensweisen der Spieler, den S.-Regeln durchgeführt. Je stärker der Wettkampfcharakter des S., desto strenger entwickelten sich die S.-Regeln.

2. Bezeichnungen für eine durch Regeln bestimmte Form des Spielens (»Das Spiel«) und der dafür benutzten Mittel, Geräte und Vorkehrungen.
Man kann die heute zur Verfügung stehenden bzw. möglichen S. kaum zählen, eine Typisierung ist nicht machbar.
Die wichtigsten S. sind die Brett-S. →, Karten-S. →, Bewegungs-S. →, Ball-S. →, Gedulds-S. und Denk-S.

3. Bezeichnung des Ablaufs einer *S.-form* → nach 2. (»Ein Spiel machen«).
Insbesondere Kampf-S., Wettbewerbs-S. können zu S.-Reihen zusammengestellt werden (»Ausscheidungsspiele, Partien«).

Lit.: Caillois »Die Spiele und die Menschen«, München/Wien o.J.; Huizinga »Homo ludens«, Hamburg 1960; Jünger »Die Spiele. Ein Schlüssel zu ihrer Bedeutung«, Frankfurt/M. 1953; Grunfeld (Hrsg.) »Spiele der Welt« Frankfurt/M. 1976

Spielautomat

ursprünglich: mechanisches *Spielzeug* →, das über Räderwerke, Walzen und Lochkarten gesteuert wurde und meist Bewegungen lebendiger Wesen nachahmte.
Heute wird der Begriff für elektronisch gesteuerte *Spielgeräte* → verwandt. Allerdings ist deren Selbsttätigkeit (Automatik) in der Regel auf die Auslösung der Spielsperre mittels Münzenwurf beschränkt.
Alle weiteren Vorgänge müssen durch den Spieler ausgelöst werden.
Automat →, *Computer* →, *Spielcomputer* →, *Unterhaltungsautomat* →

Spielcomputer

besonders zur Steuerung von *Spielen* → (*Videospielen* →) und *Spielgeräten* → entwickelter und programmierter *Computer* →.
Wegen der sehr unterschiedlichen Anforderungen an Spielformen und -geräte ist eine große Vielfalt an S. entwickelt worden.
Automat →, *Schachcomputer* →, *Spielautomat* →

Spielfest

sportlich-spielerische *Veranstaltung* → mit unterschiedlichem *Spiel* → und Sportangebot in verschiedenen »Spielstationen«.
Das S. ist vom *Spieltreff* → sorgfältig abzugrenzen, da es sowohl inhaltlich als auch organisatorisch als auch vom Teilnehmerkreis anderen Bedingungen als dieser unterliegt. Neben den einzelnen Spielstationen mit den verschiedensten Anreizen zur Betätigung im *Sport* → und Spiel gehören zu einem S. zumeist auch solche Angebote, bei denen allen Teilnehmern die Möglichkeit zu geselligem, kommunikativem Miteinandertun gegeben werden soll. In aller Regel handelt es sich dabei um Angebote wie

Fallschirm, Riesenerdkugel, kommunikative Spiele ohne Sieger mit einer Vielzahl möglicher Teilnehmer etc.
Zu einem S. gehören neben den zentralen Spielangeboten und den Spielstationen zugleich solche Angebote, die ein geselliges, zwangloses Miteinander ermöglichen: Kindertheater, Kasperletheater, Straßentheater, Pantomime etc. (*Theater* →), Schmink- und Malaktionen.
Ein S. ist dadurch gekennzeichnet, daß es im Rahmen der üblichen Sportangebote lediglich ein- bis zweimal, seltener bis zu viermal pro Jahr stattfindet. Es erhält sich damit den Charakter des Besonderen.
Als Zielsetzungen des S. können gelten: a) *Animation* → möglichst vieler zum Mitspielen; b) die Wiederentdeckung eigener (früherer, verlorengegangener) Spielerfahrungen; c) Kennenlernen von neuen (alten) Spielen und Erfahren ihrer freizeitgemäßen Durchführung; d) Gespräche und gemeinsames Spielen und Tun mit anderen; e) gemeinsames Spielen von und mit Familien; f) Gelegenheit zum Familienausflug; g) Vermittlung von Spielen, die auch zu Hause gespielt werden können und einer geringen bzw. einfachen Geräteausstattung bedürfen; h) Anregung und Anwerbung bzw. Interessenweckung für den Besuch von Sportveranstaltungen, den Beitritt zu Sportvereinen mit geselligem, spielerischem Angebot oder auch nur der Lust, sich allein oder im Familienkreis spielerisch-sportlich zu betätigen (*Familie* →, *Familiensport* →).
Die Idee der S. wurde vom Deutschen Sportbund Mitte bis Ende der 70er Jahre auf mehreren Großveranstaltungen mit bekannten Moderatoren erprobt und ab Beginn der 80er Jahre in den einzelnen Landessportbünden modifiziert auf die aktuelle Situation weitergegeben. Dieser erste Schritt der Dezentralisierung der S. scheint indes nicht ausreichend, um alle im S. enthaltenen Möglichkeiten auszuschöpfen.
Die Angebotsformen von S. können unterschieden werden: a) S. als Vereinsfest (insbe-

Tab. Altersbedingte Bedürfnisse und daraus resultierende Betätigungs- und Spielarten

	Bedürfnisse	Betätigungsarten	Spielarten
Kleinstkinder bis 4 Jahre	Erfahrungen sammeln mit Materialien, Oberflächenstrukturen, individuelle Experimente	schaufeln, füllen, leeren, kneten, werfen, graben, planschen, laufen, rodeln, rutschen, kriechen, tasten, krabbeln, gießen	Gleichgewichtsübungen, Bewegungs-, Experimental-, Funktions- und Fiktionsspiele
Kleinkinder 4–6 Jahre	Erfahrungen sammeln mit Materialien, Personen, Pflanzen, Tieren und der Nachbarschaft	laufen, rodeln, rutschen, klettern, schaukeln, malen, kriechen, verstecken, Burgen und Brücken bauen, balancieren, baden	Bewegungsspiele, Rollen- und Konstruktionsspiele, kreative Spiele, Ball- und Laufspiele, Wasserspiele, unorganisierte Spiele
Kinder 6–12 Jahre	Erfahrungen sammeln mit Materialien, Bauten, Personen, Tieren, Gemeinschaften und der Wohnumwelt, Bewegungsdrang	klettern, springen, hangeln, rodeln, bauen, basteln, werken, zerlegen, zusammensetzen, raufen, rollern, baden, malen, hüpfen, betrachten usw.	Konstruktions-, Regel-, Funktions-, Bewegungsspiele und Rollenspiele, unorganisierte Spiele, bildnerische Spiele
Jugendliche über 12 Jahre	Erfahrungen sammeln mit Materialien, Personen und der Umwelt, konstruieren und gestalten, Bewegungsdrang, Kräfte messen	wie vor, dazu noch ringen, schwimmen, fahren, verformen, zeichnen, usw.	wie vor, dazu noch sportliche Spiele bis hin zum Sport, Bandenspiele.

Quelle: Richter ›Handbuch Stadtgrün‹ (1981)

sondere Angebot für passive Vereinsmitglieder, aber auch Familienmitglieder der Vereinsmitglieder, sowie außenstehende Besucher); b) S. als Stadtteilfest oder Dorffest (Veranstalter/Organisatoren sind in der Regel alle Vereinigungen eines Gebietes, die *Freizeitsport* → betreiben bzw. anbieten; Veranstaltungsorte sind zentrale Wege, Plätze, *Parks* →, *Freiflächen* →); c) S. als Großveranstaltung (Veranstalter: Sportselbstverwaltung einer Stadt oder Region. Meist in Großstädten und Ballungsgebieten auf entsprechend geeigneten Flächen, z.B. *Freizeitparks* →, Stadtparks, großen Freiflächen).

Karst

Spielflächen

Freiräume →, die zum Spielen ausgewiesen sind. Ihre Festlegung erfolgt im Rahmen der *Bauleitplanung* →. Um ein den Erfordernissen entsprechendes System von S. in einem Stadtgebiet zu erstellen, ist eine S.-leitplanung notwendig, die den vorhandenen Bestand aufnimmt und wertet im Vergleich zu Sozialdaten und den städtebaulichen Vorgaben, den Fehlbedarf feststellt und über eine Prognose des künftigen Bedarfs zu einem Vorschlagskatalog kommt. S.-leitpläne sind nicht nur auf Kinderspielplätze bezogen zu erstellen, sondern für die gesamte Bevölkerung. Das beinhaltet neben einer zunächst größeren Anforderung an die Planung größere Flexibilität im Hinblick auf Entwicklungen, z.B. weniger Kinder, mehr ältere Menschen.

Die Schaffung von S. unterliegt einerseits dem Baurecht (u.a. Bundesbaugesetz, Städtebauförderungsgesetz, Landesbauordnungen, Kinderspielplatzgesetze, Kindergartengesetze, Landesverordnungen, Ortssatzungen), andererseits anerkannten Richtlinien und Normen (*DIN* → 18934, DIN 7926).

Spielplatz →

Lit.: Richter »Handbuch Stadtgrün. Landschaftsarchitektur im städtischen Freiraum«, München/Wien/Zürich 1981

Spielformen

auch Spieltypen, Spielarten; inhaltliche und phänomenologische Ausprägung des *Spiels* → und bestimmter Gattungen des Spiels. S. sind z.B.: Bewegungsspiele, Rollenspiele, Konstruktionsspiele, Regelspiele und die dazugehörigen Ausprägungen einzelner Spielideen.

motorische und handlungstechnologische Aktionsmöglichkeiten an/in Geräten und Einrichtungen für	motorisches Verhalten					kognitives Verhalten					kreatives Verhalten			Spielverhalten im					Formen des Sozialverhaltens in	
						Betreuung erforderlich														
	Ausdauer	Kraft	Schnelligkeit	Gelenkigkeit, Bewegichkeit, Wendigkeit, Gewandtheit	Geschicklichkeit	Gleichgewicht	Reaktionsfähigkeit	Mut, Angstüberwindung, Risikoverhalten	Sicherheitsverhalten	Zielstrebigkeit	Phantasie, Gestaltungsfähigkeit	Experimentierfähigkeit	Bewegungsspiel	Rollenspiel	Konstruktionsspiel	Regelspiel	Wettbewerb	Einzelaktionen	Partneraktionen	Gruppenaktionen
Bewegungsaktivitäten																				
z. B. balancieren				●	●	●	●	●	●	○		●					○	●	○	
drehen, wippen					●	●	○	●	●			●						●	●	○
hangeln, hängen, klimmen	●	●		●	●	●		●	●	●			●					●	●	●
klettern, steigen	●	○		●	●	●		●	●	○			●					●	●	●
rutschen					●	●		●					●					●		
schaukeln, schwingen					●	●	○	●				○	●					●	○	
springen, hüpfen, hickeln	○	○	●	●	●	●	●	●	○	○			●			○	●	●	○	○
kriechen, verstecken					●			●	○	○			●	●				●		
manuelle Aktionsmöglichkeiten																				
z. B. malen, kritzeln					○		●				●	●						●	○	○
matschen					○		●				●	●						●	○	○
formen					○		●				●	●						●	○	○
auf-, ab- und umbauen					●		●		○		●	●			●			●	●	●
soziale Aktivitäten																				
z. B. Nachmungsspiele				●	●		●				●	●		●	○				●	●
Rollenspiele – Abenteuerspiele				●	●		●				●	●		●	○				●	●
Gestaltungsspiele				●	●		●				●	●		●	●				●	●
Funktionsübungen (Wettspiele)				●	●		●				●	●		●	○				●	●
sportliche Aktivitäten																				
z. B. turnen	○	●	○	●	●	●		○	●	○			●			○	●	●	●	●
trimmen	●	●	●	●	●	●		●	●	●			●			●	●	●	●	●
Wettspiele	●	●	●	●	●	●	○	●	●	●			●			●	●	●	●	●

● = trifft zu   ○ = trifft bedingt zu

Quelle: Richter ›Handbuch Stadtgrün‹ (1981)

Spielgeräte

zum *Spiel* → benutzte, meist besonders dafür entwickelte oder ausgewiesene Gegenstände; im Unterschied dazu *Spielzeug* →. S. gehören in der Regel zur Ausstattung von *Spielplätzen* →, *Spielhallen* →, *Spielhäusern* →, *Schulhöfen* →, *Parks* →, *Freizeitparks* →, *Bädern* →, *Freizeitbädern* →, auch *Fußgänger* → -bereichen. Man unterscheidet a) bewegliche S. (Riesenball, Bubbleplast – aufblasbare Riesenplastiken –, Minicars, -boote, andere Geräte zur Fortbewegung in spielerischer Form u.a.); b) standortgebundene bewegliche S. (Wippe und ihre Ableitungen, Schaukel, Rundlauf, Drehscheibe, Seile, Taue, Seilbahn, Karussell u.a.); c) standortgebundene, unbewegliche S. (Rutsche, Kletterturm, -baum, -netz, Balancierbaum, Spielplastiken, -hügel, Sport-S. ähnl. Geräteturnen; Trimmgeräte u.a.); S. stehen meist in Verbindung zu bestimmten Einrichtungen der Spielplätze, z.B.: Sandkasten, -spielbereich; Gerätespielfläche, *Wasserspielplatz* →, Spielwiese, Trimmparcour; d) Sport-S. (Tischtennisplatte, Billard, Tischfußball); e) elektronische S. (*Spielautomaten* →, *Unterhaltungsautomaten* →, z.B. Flipper →, Spielcomputer →).

Spielhalle

bezeichnet eine *Freizeiteinrichtung* →, die zum Angebot von *Spielgeräten* → gegen Entgelt dient.
S. bieten in der Regel Geräte verschiedener Art an: *Billard* →, *Flipper* →, Kicker (Tischfußball), *Geldspielgeräte* →, *Musikautomaten* →, TV-/*Videospiel* → -geräte.
S. unterliegen besonderen Auflagen des *Jugendschutzes* →.
Sie sind in Ausstattung und Gestaltung außerordentlich unterschiedlich und liegen zumeist in Innenstadtbereichen, Verkehrsknotenpunkten und Vergnügungsvierteln.

Spielhaus

besonders zum *Spiel* → eingerichtete *Freizeiteinrichtung* →; Spielmöglichkeit, -platz unter Dach. Das S. erlaubt das wetterunabhängige Spiel, aber auch differenzierte Formen, insbesondere auch Gruppenbildung und Anleitung u.a. zu längerfristigen Spielprojekten. Da S. in der Regel ohne Personal nicht zu betreiben sind, hat sich die gerade für stark überbaute Bereiche empfehlenswerte Einrichtung noch nicht durchgesetzt. S. gibt es meist nur in Verbindung mit *Abenteuerspielplätzen* →, mit *Parks* → und *Freizeitparks* → sowie in Siedlungen mit Problemfamilien.
Kid's Place →, *Kinderhaus* →

Spielmobil

ein mit *Spielgeräten* →, *Spielzeug* →, Spielmaterialien ausgestattetes Kraftfahrzeug, manchmal auch Anhänger oder Bauwagen, das zu bestimmten Zeiten oder nach Ankündigung Plätze, *Grünflächen* →, *Spielplätze* →, Schulen →, Jugendfreizeitstätten → usw. anfährt, um dort als Ergänzung oder Ersatz für Spielmöglichkeiten Spielangebote zu machen. Dazu sind Spielpädagogen angestellt, die einerseits die Ausstattung des S., andererseits die Spielaktionen anbieten.
S. sind meist auf Privatinitiative entstanden und werden teilweise öffentlich gefördert; es gibt auch von den *Gemeinden* → unterhaltene S.

Spielpädagogik

mit dem *Spiel* → und dem Spielen verbundene erzieherische Arbeit und deren Theorie. S. ist im wesentlichen Teil der *Sozialpädagogik* → und bezieht sich auf besondere *Spielanlagen* → (*Abenteuerspielplatz* →, *Jugendfarm* →), auf Spielaktionen (*Spielmobil* →, *Spielfest* →) sowie auf Spiele (*Spielform* →) bis zum Theaterspiel, *Spielzeug* → und Methoden zur Vermittlung von Spielkompetenz und zur Unterweisung im Spielen und in Spielregeln. Im Zusammenhang mit S. wird auch von Spielanimation gesprochen (Pädagogische Aktion, München), die die sich ständig wandelnde, spontane Spielfähigkeit der Kinder aktiviert und fördert. Spielanimation berücksichtigt die defizitäre Spielsituation im *Wohnumfeld* →, fördert Eigeninitiative und Fantasie der Kinder im Spiel, richtet sich an einzelne Kinder und nicht organisierte Kindergruppen in den Quartieren; Kinder und interessierte Erwachsene sollen spielfähiger, damit lebensfähiger gemacht werden. Mit S. und Spielanimation sind oft ganzheitliche und ökologische Betrachtungsweisen verbunden. S. will darüber hinaus einen Beitrag leisten zur Entwicklung neuer Spiele, besonders solcher Spiele, die kooperatives, friedfertiges Verhalten anregen.

Spielplatz

Sammelbezeichnung für Spiel- und Bewegungsräume im Freizeitbereich; im engeren Sinne: besonders ausgewiesene, gestaltete und ausgestattete Anlage zum *Spiel* →, insbesondere für Kinder.
Die Einrichtung besonderer Spielbereiche wird durch den Wegfall der natürlichen Spielmöglichkeiten (*Freiflächen* →, Brachland, Wald, Flur) durch Überbauung, aber auch Gestaltung und Funktionsfestlegung notwendig. Dazu kommt die Belastung verbliebener Flächen durch den *Verkehr* →. S. stehen immer in einer Beziehung zur Herkunft und Spielabsicht

Spielplatz

des Spielers. Danach richten sich Lage, Gestaltung und Ausstattung. Nach der Lage unterscheidet man: Wohnungs-S.; Haus- und Hof-S.; Spielstraße; Siedlungs-S.; Kindergarten-S.; Schul-S. (*Schulhof* →); S. im Haus oder *Kleingarten* →; S. im *Bad* →, *Freizeitbad* →, *Park* →, *Freizeitpark* → usw.; S. in *Fußgänger* → -zonen; Waldspielplatz; S. in Naherholungseinrichtungen, bei *Gaststätten* →, S. bei Sanatorien, Landheimen, *Jugendherbergen* →, Ferienheimen, Hotels, *Campingplätzen* →, *Feriendörfern* → usw. Die Spielabsicht ist stark vom Alter abhängig; daher bezieht man S. auf Altersgruppen: bis 6 Jahre; 6–12 Jahre; 12–18 Jahre; Erwachsene; alte Leute. Die Erfahrung des Freizeitbereichs zeigt jedoch starke Mängel des altersbezogenen Konzepts mit Ausnahme der S. für die ganz Kleinen. Im übrigen sind integrierte Lösungen, wie sie A. Ledermann schon 1964 forderte, effektiver: S. für alle Altersstufen; Spiel- und *Freizeitanlage* → für jung und alt. Das erleichtert Übergänge, aber auch Umgestaltungen (*Spielflächen* →), entspricht auch eher der Alltagssituation. Damit verbunden sind auch Vorstellungen vom Spiel auf S., die über das Spielen mit den ange-

Tab Spielarten und Spielbereiche (Tabelle 2 der DIN 18034)

Spielbereiche	Spiel- u. Betätigungsarten	Altersgruppen bis 6 Jahre	6–12 Jahre	12–18 Jahre	Erwachsene	alte Leute	Nutz-(Netto-)Flächen im einzelnen m²	für Kombinationen m²	Mindestgröße der Bereiche mit allen Möglichkeiten m²	Spielflächen Naturböden	Sandflächen	Rasenflächen	wassergebunden	teer- oder bitumengebunden	zementgebunden	Plattenflächen	Wasserflächen	Anlagen, Ausstattungen
Spiele im Sand	Sandbacken	x					4– 6		20–35		x							Sandkasten, Sandmulde, Spieltisch
	Burgenbauen	x	x				4– 15	10–25			x							Sandkasten, Sandmulde, Spieltisch
	Stollenbauen	x	x				10– 25				x					x		Sandkasten, Sandmulde, Spieltisch
	Krabbeln	x					4– 6				x	x						—
	Raufen		x	x			10– 25				x							—
	Ringen			x			10– 25	10–25			x							—
Spiele an Geräten	Rutschen	x	x	x			20– 30		150–500	x								Rutschen
	Wippen	x	x				10– 15				x	x	x					Wippen
	Schaukeln	x	x	x	x		50– 70				x	x	x					Schaukeln
	Klettern, Springen		x	x			15–100				x	x	x					Klettergeräte und -einrichtungen
	Balancieren	x	x	x	x		10– 20				x	x	x					Balken, Taue, Brücken
	Hängen, Stützen		x	x	x		25– 25				x	x	x					Reck, Hangelgeräte
Ball-, Lauf- und Bewegungsspiele	unorganisierte Spiele kleine Ballspiele	x	x	x			15– 20			x		x	x	x	x	x		Spielwand
	Lauf- und Bewegungsspiele	x	x	x	x		~100	100–250		x		x		x				—
	Klettern, Springen	x	x	x			~50					x		x	x	x		Hügel, Grube, Spielwand, Kletteranlage
	Hüpfspiele	x	x	x			10– 20							x	x	x		—
	Reifenspiele	x	x	x			~100							x	x	x		—
	Kreiseltreiben		x				30– 50							x	x			—
	Murmel- u. Kugelspiele		x	x	x		~100							x	x			Holz- oder Zementbanden
	Verkehrsspiele	x	x				>400	>400						x	x	x		Verkehrszeichen, Markierungen
	Rollern	x	x				100–400		~1300					x	x	x		—
	Rollschuhlaufen		x	x			100–400	>400						x	x			Rollerbahn
	Eislauf		x	x			>400							x	x			—
	Rodeln, Ski	x	x	x			>400	>400		x		x						Hügel
	organisierte Spiele Kleinfeldfußball		x	x	x		450–800							x	x	x		Tore
	Kleinfeldhandball		x	x	x		450–800							x	x	x		Tore mit Spielfeldmarkierungen und Ballfang
	Basketball		x	x	x		~450	~800						x	x	x		Zielbretter
	Volleyball (Flugball)		x	x	x		~200							x	x	x		Netz, Netzpfosten
	Badminton (Federball)		x	x	x		~150							x	x	x		Netz, Netzpfosten
	Tennis			x	x		450–800							x	x	x		Netz, Netzpfosten
	Tischtennis		x	x	x		50– 70	50–70						x	x	x	x	Tisch mit Ballfang
Bau- und Werkspiele	Hüttenbau		x	x	x		> 400		>2000	x		x						Bauteile
	Robinsonspiele		x	x						x								Bauteile
	Indianerspiele		x	x			>2000											Holzhütten
Spiele im und am Wasser	Abkühlen	x	x	x			100–400	100–400	200–500					x	x	x	x	Planschplatz mit Watrinne, Sprühgeräte
	Planschen, Baden	x	x	x			15–100							x				x	Planschbecken
	Wassergewöhnung	x	x				~100	~100						x				x	Planschbecken
	Schiffchenspiele	x	x				15–100							x				x	Planschbecken, Watrinne
Erholung und musische Beschäftigung	Lesen, Ruhen		x	x	x	x	>400		~500	x		x				x	x	x	Bänke, Pritschen
	Tisch- und Brettspiele		x	x	x	x	5– 25					x				x	x	x	Tische, Bänke
	Malen	x	x	x			15– 20									x	x		Malwand
	Basteln		x	x	x	x	5– 25									x	x	x	Tische, Bänke
	Puppen-, Kasperle-, Theaterspiele		x	x	x	x	25–100			x						x	x	x	Kulissen, Spielwand, Spielhaus, Bänke
	Tanzen			x	x	x	>100									x	x	x	

[1] Z. B. Bäume, Netze, Taue, Stangen, Leitern, Palisaden, Pyramiden, Würfel

Spielplatz

Abb. Betreuter Siedlungsspielplatz (Spielpark) in der Siedlung Flatås, Göteborg

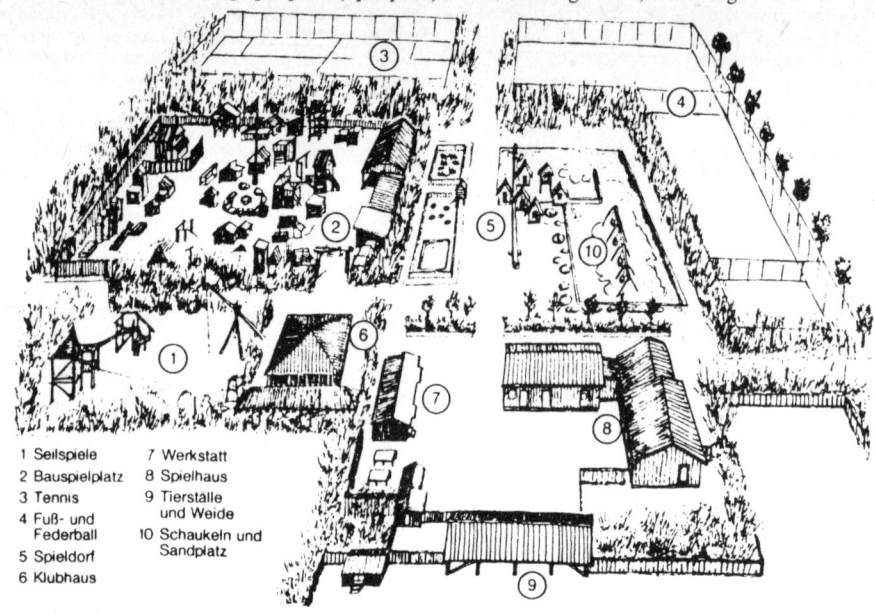

1 Seilspiele
2 Bauspielplatz
3 Tennis
4 Fuß- und Federball
5 Spieldorf
6 Klubhaus
7 Werkstatt
8 Spielhaus
9 Tierställe und Weide
10 Schaukeln und Sandplatz

botenen *Spielgeräten* → hinausgehen. Entsprechend ist es notwendig, neben attraktiven Geräten auch mehrzwecknutzbare Flächen vorzusehen. Im übrigen sind Integration des S. in seine Umgebung sowie seine architektonische Gesamtgestaltung außerordentlich wichtig. Was für wen in welcher Weise angeboten werden kann, hat man in der Tabelle 2 (S. 295) der *DIN* → 18034 zusammengestellt. Die Spielplatzplanung geht überwiegend von Gartenämtern aus, aber auch von Trägern der oben genannten »Anlehnungseinrichtungen« und wird von Landschaftsarchitekten, manchmal auch Designern, vorgenommen; daneben gibt es zahlreiche Beispiele von *Amateur* → -planungen und -gestaltung. Die Schaffung von S. ist rechtlich in einigen Bundesländern durch Kinder-S.-gesetze geregelt. (*Spielflächen* →). Zur Haftung siehe dort →.

Spielplatzplanung
Spielplatz →

Spielstraße
aufgrund der Straßenverkehrsordnung zum *Spiel* → ausgewiesene *Straße* → in Wohnquartieren. Die Erfahrungen mit S. waren nicht zufriedenstellend. Deshalb werden heute Maßnahmen zur *Verkehrsberuhigung* → vorgezogen, die eher in der Lage sind, Autofahrer zu langsamerem und vorsichtigerem Fahren zu bewegen.

Spielsucht
nach der durch die Weltgesundheitsorganisation festgelegten Bedeutung des Begriffs »*Sucht*« → fälschliche Bezeichnung für pathologisches – neurotisch zwanghaftes – Verhalten gegenüber dem *Glücksspiel* →. Die Suche nach Glück im *Spiel* → ist keine krankhafte Erscheinung, sondern normal und mit vielen Spielen verbunden. Bei seelisch unglücklichen oder kranken Menschen kann es zum »pathologischen Spielen« kommen (wie auch andere nicht normale Verhaltensweisen möglich wären, z.B. Alkoholkonsum und *Drogen* → -einnahme). Man kann mit etwa 2% pathologischen Spielern unter allen Spielern rechnen. *Anonyme Spieler* →

Spieltreff
örtlich durch *Sportvereine* → angebotene regelmäßige *Veranstaltung* → mit spielerisch-sportlichen Aktivitäten im Rahmen der *Trimm-Aktion* →.
Der S. unterscheidet sich sowohl inhaltlich wie auch organisatorisch vom *Spielfest* → und darf mit diesem nicht verwechselt werden. Die unter dem Begriff S. vereinten unterschiedlichen Angebotsformen und Spiel-Sportarten lassen sich drei Kategorien zuteilen: a) Mono-S. mit nur einer angebotenen Sport-Spielart, b) Multi-S. mit einer hauptsächlich angebotenen Sport-Spielart und mehreren Rahmenangeboten i.S. von Spielstationen zur Auflockerung

und Unterbrechung der Aktivität in der hauptsächlich angebotenen Sport-Spielart;c) Multi-S. mit einer Vielzahl gleichgewichtig nebeneinander angebotenen Sport-Spielarten ohne Ausrichtung auf eine bestimmte. Beim Multi-S., der bereits in wesentlichen Elementen kleineren Spielfesten entspricht, werden zentrale Attraktionen in das Angebot eingebunden. Hauptkennzeichen aller drei angebotenen S.-arten ist jedoch grundsätzlich, im Unterschied zum Spielfest, die Regelmäßigkeit im Turnus von 8 bis 14 Tagen.

Alle bei den S. anzubietenden *Sport-Spiele →* müssen von ihrer Struktur her so konzipiert sein, daß sie leicht und schnell verstanden werden und keine Vorkenntnisse voraussetzen. Sie müssen ohne spezielle Sportkleidung oder Ausrüstung gespielt werden können, partnerschaftliche Kooperation in den Mittelpunkt stellen und Interesse am Weitermachen wecken.

Die Geräteausstattung der S. kann sowohl sportartspezifisch wie auch zu einer Sportart hinführend i.S. von Softbällen, Plastikschlägern für Hockey, Schaumgummibällen bei Tischtennis etc. sein und ist den einschlägigen Ausstattungslisten entnehmbar.

Die ständige Fluktuation der Teilnehmer der S. insgesamt oder aber innerhalb der einzelnen Spielstationen ist bewußt eingeplant, eine Kontinuität des Angebotes in Form von festen Veranstaltungsterminen im 8- bzw. 14tägigen Rhythmus unumgänglich.

Karst

Spielwaren
Einzelhandel →, Spielzeug →

Spielzeug
Dinge zum Spielen, die auch Inhalt des *Spiels →* sind. Es unterscheidet sich damit von Spielmitteln (symbolisieren, »vermitteln« das Spiel, die *Spielform →*), Spielmaterialien (Verbrauchsgegenstände, Rohstoff für Spiele, Basteln, Herstellung von Spielmitteln und S.) und von *Spielgeräten →* (Vorkehrungen, Gegenstände, Instrumente, die Spiel ermöglichen). Charakteristikum von S. ist das Unmittelbare; der Mensch geht direkt damit um und ist im Spiel (Spielkarten sind z.B. Spielmittel, werden zum S., wenn man damit Kartenhäuser herstellt).

Ebenso wie das Spiel unterliegt das S. in der »Arbeitsgesellschaft« (*Freizeitgesellschaft →*) einer instrumentalen und pädagogisierenden Betrachtungsweise: Das S. ist notwendig, damit das Kind seine Umwelt begreifen lernt; damit es seine Geschicklichkeit und geistige Beweglichkeit übt; damit es lernt, sich zu konzentrieren, bei der Sache zu bleiben, logische Denkabläufe zu vollziehen, einfache Funktionen zu durchschauen (K. Naef). Alle diese Funktionen übernimmt das S., es ergreift aber den Menschen aufgrund des in ihm liegenden Reizes und wegen seiner Zweckfreiheit (man spielt nicht mit einem S., um etwas zu werden!).

Die Qualität eines S. zeigt sich in seinem Spielwert (d.h. wie stark es zum Spiel verleitet und anleitet), dem Maß von Selbständigkeit, das es ermöglicht (mit dem altersgemäßen S. kann ohne Hilfe gearbeitet werden, was natürlich gemeinsames Spiel nicht ausschließt) und der Imagination (Utopie, Illusion, Abbildung von Vorstellungen und Wirklichkeit), die sie bietet.

Die Gestalt des S. reizt zum Spielen, die Gestaltung (*Ästhetik →*) ist, soweit nicht Naturmaterialien zum S. werden, gesellschaftlich bedingt und ein Teil der *Kultur →*.

S. in der ursprünglichen Form ist jeweils einmalig, selbst gewählt oder gemacht. Das heutige S. wird zu großen Teilen manufakturell und industriell aus den verschiedensten Materialien gefertigt, seine Gestaltung ist Teil des Industriedesign, es wird als Spielware vertrieben. Das sagt über den Spielwert im einzelnen und für den einzelnen nichts aus, wohl aber etwas über die Verbreitetheit des S., das dem Überangebot der Industrie- und Wohlstandsgesellschaft entspricht (*Lebensbedingungen →*). Die Pluralität der Gesellschaft und ihrer Kultur zeichnet sich auch beim S. ab, insbesondere die verschiedenartigen *Lebensstile →*. So bestehen nebeneinander Massenproduktionen von geringem Spielwert und Kleinkunstwerke, dazwischen jede mögliche Form mit den unterschiedlichsten Spielwerten. Insoweit kann das S. als Abbild der Freizeitwelt dienen, wie das Spiel ja auch ein Kennzeichen der *Freizeit →* ist.

Wie das Werkzeug ist auch S. begrenzt in seinen Möglichkeiten, wenn auch durch den einzelnen erweiterbar nach Fantasie und Situation. So gibt es S., das mehr die Ästhetik (Sinne, Gefühl, Begriffe) anspricht, solches, das Geschicklichkeit und Bewegung erfordert und solches, das Bilder der Umwelt vermittelt und Wirklichkeit nachahmen und vorerleben läßt. S. wird auch gern gesammelt (*Sammeln →*).

Um die Gestaltung und Auswahl von S. mit hohem Spielwert bemüht sich »spiel gut«, Arbeitsausschuß Kinderspiel und Spielzeug, eine Vereinigung von Wissenschaftlern und Praktikern aus den verschiedensten Fachbereichen.

Spitzensport
Hochleistungssport →

Sponsor

engl.: Gönner, Förderer, Mäzen. 1. jemand, der die Kosten für Veranstaltungen, Kunstwerke, Einrichtungsgegenstände, auch Bauten ganz oder teilweise übernimmt (*Spenden* →); 2. Firmen/Interessenten, die durch Werbeausgaben zum Unterhalt von Medien, aber auch Vereinigungen und Einrichtungen (z.B. Sportwerbung) beitragen.
Viele Aktivitäten im *Freizeitbereich* → sind ohne S. nicht oder in der gezeigten Form nicht durchführbar.

Sport

Sammelbegriff für körperliche um ihrer selbst willen, zur Entspannung und Erholung ausgeübte Tätigkeiten. S. weist inzwischen ein große Vielfalt von Formen auf und wird mit den verschiedensten Lebensbereichen, -abschnitten und -bedürfnissen in Verbindung gebracht.
Als bewußte Form der *Freizeitgestaltung* → konnte der S. seine Position mit zunehmender *Freizeit* → und zunehmendem *Freizeitbewußtsein* → sowie *Gesundheits* → -bewußtsein immer weiter ausbauen. Im Zuge der wissenschaftlichen Durchdringung der Lebensbereiche (*Rationalisierung* →) ist versucht worden, verschiedene Typisierungen des Sports vorzunehmen, die eher zu weiterer Verwirrung geführt haben, weil das Phänomen S. sehr komplex ist und nicht nur von intersubjektiven Entscheidungen abhängt, sondern sehr stark von der Einstellung des einzelnen. Insoweit sind Begriffe wie *Leistungssport* →, *Breitensport* →, *Freizeitsport* → immer nur relativ und als Teil eines Gesamtzusammenhanges zu sehen. Weitere Stichworte zu S. →: Aero-S. →, Aerobic →, Altensport →, Amateur →, Behinderten-S. →, Berg-S. →, Eis-S. →, Familien-S. →, Fitnessbewegung →, Freiluft-S. →, Fußball →, Freizeit(Sport)Spiele →, Gymnastik →, Jogging →, Leibesübungen →, Leibeserziehung →, Leichtathletik →, Lifetime-S. →, Radfahren →, Renn-S. →, Schwimmen →, Selbstverteidigungs-S. →, Segeln →, S.-abzeichen →, S.-amt →, S.-art →, S.-fest →, S.-politik →, S.-spiele →, S.-stätten →, S.-therapie →, S.-unterricht →, S.-verbände →, Squash →, Surfen →, Tanz-S. →, Tennis →, Tischtennis →, Trimmaktion →, Trimmspiele →, Turnen →, Übungsleiter →, Volkslauf →, Wasser →, Wintersport →.

Das Sozialsystem Sport

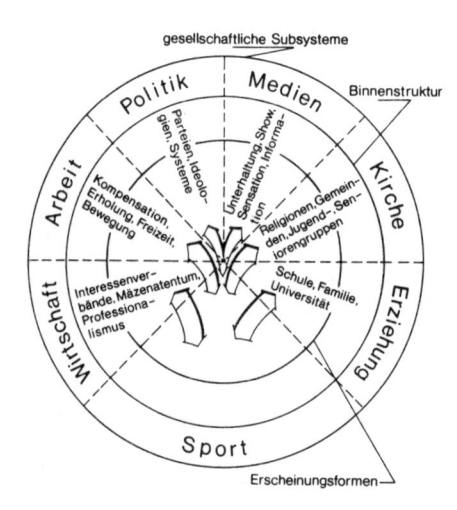

Aus: Digel, Sport und Gesellschaft, in: Lehrbriefe für Organisationsleiter, Frankfurt am Main 1983

Sportabzeichen

für vielseitige sportliche Leistungen in fünf Bereichen durch den Deutschen Sportbund vergebene Auszeichnung in Bronze, Silber, Gold. Eine entsprechende Auszeichnung im *Behindertensport* → ist das Behinderten-S.
Das S. soll den einzelnen zum wiederholten Prüfen seiner Leistungen anregen. Es ist sehr beliebt, weil es einen Maßstab für gute sportliche Durchschnittsleistungen abgibt (*Breitensport* →).

Sportamt

Teil der Kommunalverwaltung mit der Aufgabe der Förderung des Sports in Städten, Gemeinden und Kreisen.
Wesentliche Aufgaben des S. sind: a) Sportstättenbau; b) Verwaltung und Unterhaltung der *Sportstätten* → (einschließlich der Vergabe an Schulen und Vereine); c) Koordination der Interessen von Schulsport und Vereinssport; d) Förderung des Vereinssports (Mittelvergabe); e) Durchführung (bzw. Mitarbeit) von Sportveranstaltungen insbesondere auch *Freizeitsport* →) sowie f) Sportunterweisung. Das S. nimmt sich im wesentlichen der Förderung des *Breitensports* → an, daneben auch des *Leistungssports* →, in der Regel nicht der des *Spitzensports* →.

Sportanlage

Sportstätte →

Sportarten

abgegrenzte Sportausübungsformen. Spezialbereiche des *Sports* → nach Bewegungsformen, damit verbundenen Handlungen, Regeln, Nutzung der Umwelt und von Geräten.

Es haben sich inzwischen viele S. herausgebildet, die sowohl im Rahmen des Spitzensports, *Breitensports* → als auch des *Freizeitsports* → ausgeübt werden.
Im Deutschen Sportbund sind (1985) folgende Fachsportverbände organisiert: ADAC, AvD, (Automobilsport); Aero (Luftsport); Amateur-Boxen, Badminton, Bahnengolf, Basketball, Behindertensport, Billard, Bob und Schlitten, Boccia, Eissport, Fechten, Fußball, Gehörlose, Gewichtheben, Golf, Handball, Hockey, Judo, Kanu, Karate, Kegeln, Lebens-Rettungs-Ges., Leichtathletik, Mod. Fünfkampf, Motorsport, Motoryacht, Radsport, Rasenkraftsport, Reiten, Ringen, Rollsport, Rudern, Rugby, Schach, Schützen, Schwimmen, Segeln, Ski, Skibob, Sportakrobatik, Sportfischer, Sporttaucher, Squash, Teakwondo, Tanzsport, Tennis, Tischtennis, Turnen, Volleyball, Wasserski. *Sportverbände* →

Sportfest
Veranstaltung →, die sportlichen Wettkampf, Sportvorführungen mit *Spiel* →, *Geselligkeit* →, und *Unterhaltung* → verbindet. Besondere Anlässe für S. sind Vereinsjubiläen, Werbeveranstaltungen und größere Wettbewerbe.

Sporthalle
Sportstätte →

Sportlehrer
alle Lehrkräfte, die Unterweisung für sportliche Tätigkeit geben. Im Prinzip könnte jeder S. sein, jedoch werden in der Regel bestimmte Qualifikationen verlangt. Neben der *Übungsleiter* → -ausbildung sind das u.a.: Gymnastiklehrer(in), Krankengymnast(in); Diplomsportlehrer; Lehrer(in) für rhythmisch-musikalische Erziehung; Fachsportlehrer(in). Für den Schulunterricht werden von S. die üblichen staatlichen Examen verlangt.
Freizeitberufe →, *Freizeitsport* →, *Sport* →, *Sportamt* →, *Sportvereine* →

Sportpolitik
Gesamtheit der Bestrebungen zur Erhaltung und Verbesserung des *Sports* → durch öffentliche und private Organisationen und Institutionen.
Sie hat Planungs- und Entscheidungsprozesse zum Inhalt, die sich auf Fragen des Sports (*Freizeitsport* →, Vereinssport, *Schulsport* →), Aufgaben, Funktionen, Ziele (*Gesundheit* →, *Erholung* →; *Leistung* →/*Leistungssport* →; Spitzensport; außenpolitische Repräsentanz; gesellschafts-integrative Wirkungen; Aggressionen/Aggressionsabbau, *Umwelt* →; *Freizeit* →/*Freizeittätigkeit* → usw.) beziehen.
Ausfluß der S. ist die *Sportverwaltung* →.

S. hat eine enge Beziehung zur *Freizeitpolitik* →, insbesondere was die Überlegungen und Maßnahmen angeht, die sich auf die große Zahl von Sporttreibenden beziehen (Jedermannsport, Zweiter Weg des Sports, *Goldener Plan* →, Sportaktionen, Gesundheit und Sport, Umwelt und Sport, *Familiensport* →, *Behindertensport* →). Freizeitpolitik und S. berühren sich weiterhin in der Forderung nach ehrenamtlicher *Mitarbeit* →, nach *Partizipation* → und *Subsidiarität* → sowie in vielen Fragen der *Professionalisierung* →.
Der Deutsche Sportbund (*Sportverbände* →) legte 1976 eine freizeitpolitische Konzeption vor, in der er sich für die Förderung des Breiten- und Freizeitsports auf allen Ebenen einsetzt.

Sportpresse
Publikationen mit sportbezogenem Inhalt, insbesondere Sportzeitungen, Sportzeitschriften und der Sportteil der *Zeitungen* →.
Die S. hat sich in den letzten Jahren ausgeweitet und hat sich insbesondere auch weniger publikationswirksamen *Sportarten* → zugewandt. Besonders der Sportteil der Tageszeitungen wird intensiv gelesen und macht einen erheblichen Teil des redaktionellen Umfangs der Zeitungen aus. *Lesen* →, *Presse* →

Sportspiele
vorwiegend Mannschaftsspiele, die auf Interaktion abgestimmt sind. Wichtigste Kennzeichen sind meistens zwei Mannschaften, die auf Körbe, Male oder Tore spielen, die alternativ angegriffen oder verteidigt werden, in der Ab-

Abb. Systematische Ordnung der Spielformen

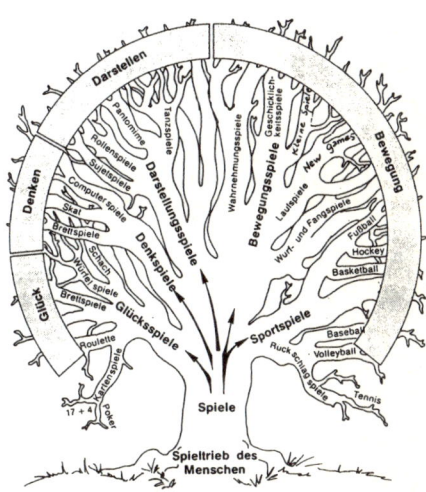

Abb. nach Stemper/Schöttler/Lagerström: Fit durch Bewegungsspiele, Erlangen 1983

Sportspiele

sicht, Punkte zu erzielen. Diese motorische Auseinandersetzung kann jedoch auch in Form eines Einzel oder Doppel stattfinden. Eine überschneidungsfreie Abgrenzung und Einordnung der Sportspiele in das weitverzweigte Gebiet der Spiele ist kaum möglich. Auch die Abbildung (S. 299) sollte nur als ein Versuch angesehen werden.

Vom Stamm »Spiele« aus entwickeln sich vier große Äste, die sich nach Art ihrer Hauptprinzipien bzw. -tätigkeiten ausbilden in Glücks-, Denk-, Darstellungs- und Bewegungsspiele. Der Ast, für den vorrangig »bewegen« zutrifft, kann wiederum unterteilt werden in sogenannte »Bewegungsspiele« (Kleine *Spiele* →, *Freizeitspiele* →, *New Games* →) und in S. Die bekannteste Einteilung der S. ist wohl die in »Rückschlagspiele« z.B. Badminton, Tennis, Squash, und in die »freien Feldspiele« z.B. Basketball, Hockey, Fußball. Der Reiz liegt in der Verbindung von Regel und Zufall bei den S. Trotz der Bindung an ein vorgegebenes Regelwerk bleibt die spielerische Freiheit in der Gestaltung der Spielidee gewahrt.

Einsatzbereitschaft, Gewandtheit, Ausdauer, sind, wenn eine kooperative Einstellung (Fairneß, Toleranz) gewahrt bleibt, die Grundtugenden, die man als wichtigsten Bildungsertrag am S. schätzt.

Spiel →, *Freizeitsport* →, *Spieltreff* →

Lit.: Röhrs »Spiel und Sportspiel – ein Wechselverhältnis«, Hannover 1981; Röthig »Sportwissenschaftliches Lexikon«, 5. Schorndorf 1983; Schaller »Spielerziehung«, Schorndorf 1976; Stemper/Schöttler/Lagerström »Fit durch Bewegungsspiele«, Erlangen 1983; Sutton-Smith »Die Dialektik des Spiels«, Schorndorf 1978

Schöttler

Sportstätten

alle Einrichtungen, Anlagen, Flächen, die für sportliche Betätigung ausgewiesen und gestaltet sind. S. sind: Freianlagen und gedeckte Anlagen im Wohnbereich; Spiel- und Sportplätze, Sporthallen, Bäder (Hallen-, Freibäder), besondere Anlagen für einzelne Sportarten sowie Zusammenfassungen von S. (»Sportzentren«). Die *Freiräume* → für *Sport* → weisen folgende Grundformen auf: Vereinssportanlagen (meist begrenzte Größe; Spezialisierung auf einzelne Sportarten); Sportzentren zur zentralen Versorgung von Städten, Stadtteilen und Gemeinden (zentrale Sport-S. und Kampfbahnen); Schulsportanlagen; Kombinationssportanlagen (Bezirkssportanlagen, oft Kombination mit Vereins- u. Schulsportanlagen und Hallen); Spezielle Sportanlagen (Pferderennbahn, Schießsportanlagen, *Golf* →, *Eislauf* → -flächen, Rollsportanlagen, Radrennbahnen, Wassersport und Wintersport usw.). Unter Dach liegende S. sind: Sporthallen (Hallen für Turnen und Spiele; Hallen für besondere Sportarten, z.B. Eislauf, Tennis, Leichtathletik, Radsport, Reitsport) und Hallenbäder (*Bad* →, *Freizeitbad* →).

Für S. gibt es ein umfangreiches Normenwerk über Maße, Bauweise und Ausstattung. Die Anforderungen des Freizeitsports an S. sind wesentlich geringer, was Maße und Ausstattung angeht (*Freizeitsportanlagen* →).

Zur Erstellung einer bedarfsgerechten Versorgung der *Siedlungen* → dient der Sportstätten-Entwicklungs-Plan, ein *Fachplan* → innerhalb

Abb. Sportzentrum

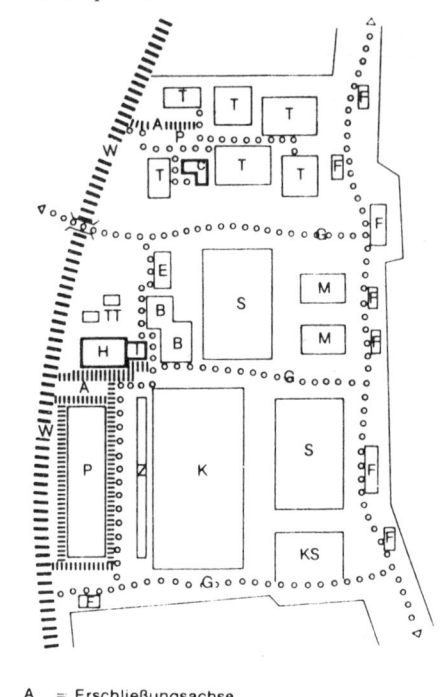

A = Erschließungsachse
G = Gehweg, Grünverbindung
H = Sporthalle
I = Imbiß, Gaststätte
K = Kampfbahn ·Typ C·
S = Großspielfeld
M = Kleinspielfeld
KS = Kinderspielbereich
E = Stockbahnen
W = Wohnstraße
P = Parkplatz
C = Clubgebäude
B = Biergarten
T = Tennisplatz
Z = Zuschaueranlage
TT = Tischtennis
F = Freizeitplatz

Quelle: Richter ›Planung und Entwurf von Sportstätten‹, in: Handbuch Stadtgrün (1981)

Abb. Sportstättenentwicklungsplanung

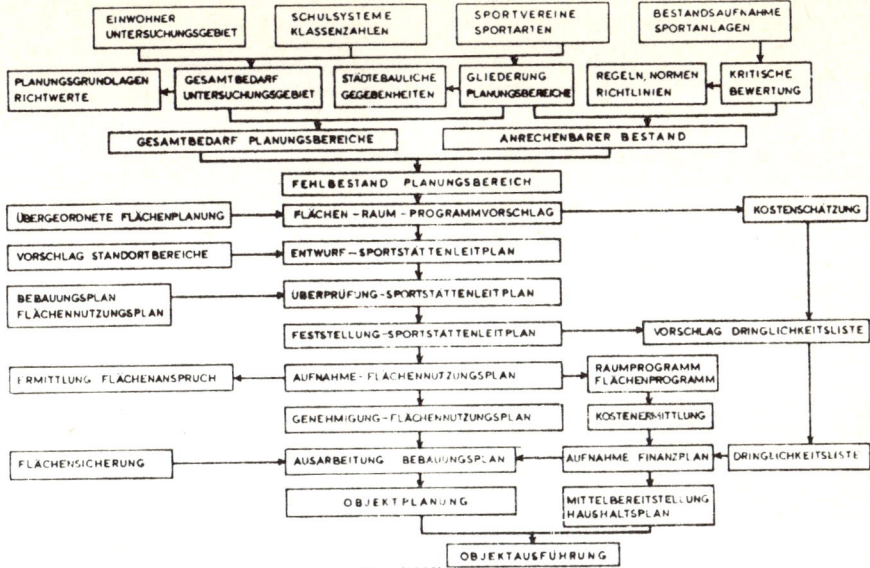

Quelle: Roskam, in: Sportwissenschaftliches Lexikon (1983)

Flächenbedarf/Flächenausnutzung von Sportanlagen

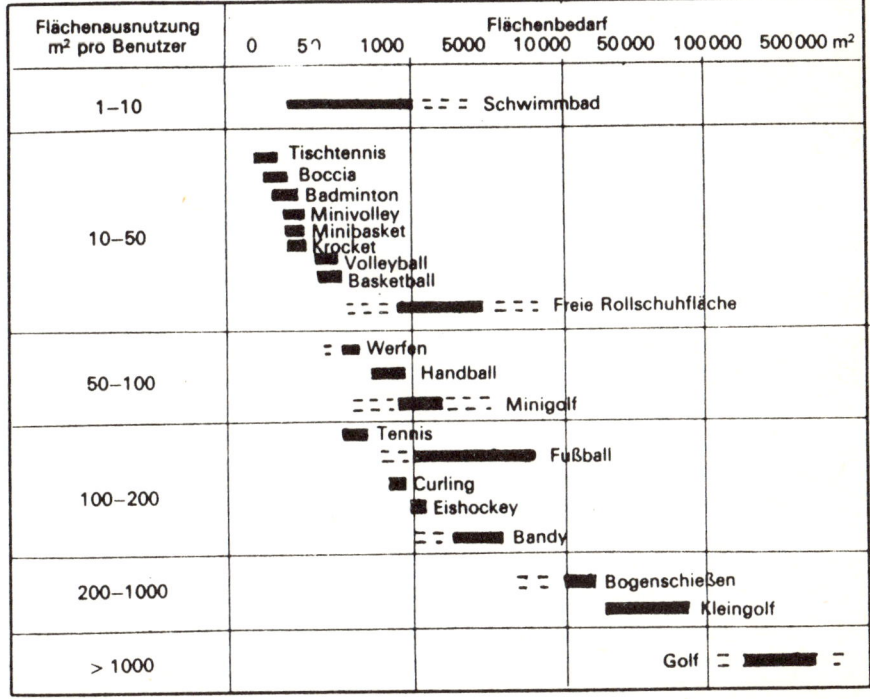

Flächenausnutzung m² pro Benutzer	Flächenbedarf (0, 50, 1000, 5000, 10000, 50000, 100000, 500000 m²)
1–10	Schwimmbad
10–50	Tischtennis, Boccia, Badminton, Minivolley, Minibasket, Krocket, Volleyball, Basketball, Freie Rollschuhfläche
50–100	Werfen, Handball, Minigolf
100–200	Tennis, Fußball, Curling, Eishockey, Bandy
200–1000	Bogenschießen, Kleingolf
> 1000	Golf

Quelle: Agricola, in: Freizeit in Schweden (1975)

der *Entwicklungsplanung* → und der *Bauleitplanung* →, durch den der Anlagenfehlbestand ermittelt und zu Programm-, Standort- sowie Prioritätenfragen Stellung genommen wird.

Lit.: Roskam »Sportstätten«, in: Sportwissenschaftliches Lexikon«, Schorndorf 1983; Richter »Handbuch Stadtgrün«, München/Wien/Zürich 1981

Sporttherapie

vorbeugende und heilende medizinische und psychische Behandlung physischer, psychischer und sozialer Konflikte mit den Möglichkeiten des Sports. S. spielt insbesondere in der *Rehabilitation* → eine große Rolle (*Behindertensport* →, Infarktsport, div. Formen der Gymnastik), aber auch bei der Resozialisierung Straffälliger und Drogenabhängiger (*Drogen* →). Verwandt mit der S. ist die Bewegungstherapie, die die verschiedenen Bewegungsmöglichkeiten des Menschen und deren Übung einsetzt im Bereich der Kurgymnastik, Krankengymnastik; der Behandlung von Hirnschäden (Psychosomatische, sensomotorische Therapie); innerhalb der Psychotherapie (Psychotanz, Tanztherapie, Psychogymnastik) sowie der Gruppendynamik.

Die *Sporttherapeuten* → sind im Bund der Sporttherapeuten zusammengeschlossen.

Freizeittherapie →, *Kur* →

Sportunterricht

Gesamtheit organisierten Lernens mit dem Ziel, sportliche Fähigkeiten zu fördern sowie sportliche Kenntnisse und Fertigkeiten zu vermitteln. S. findet unter Leitung eines *Sportlehrers* → in Schulen und Ausbildungsstätten nach bestimmten Lehrplänen statt. S. wird auch in verschiedenen Ausbildungslehrgängen gegeben (*Bundeswehr* →, Bundesgrenzschutz, Polizei).

Neben der Familie bildet der S. das wichtigste Element in der Annahme oder Ablehnung der sportlichen Tätigkeit als einer lebenslangen (*Lifetimesport* →). Fehler und Unterlassungen des S. sind später durch Breiten- und *Freizeitsport* → (*Trimm-Aktion* →) nur mit großem Aufwand auszugleichen.

Sportverbände

Zusammenschlüsse selbständiger Vereinigungen (*Verein* →, *Sportverein* →, Turnverein) des Sportbereichs zu *Interessengruppen* → (*Verbände* →). Innerhalb des *Sports* → in der Bundesrepublik Deutschland gibt es mehrere Verbandstypen: a) Fachverband für bestimmte *Sportarten* → (auf Bundesebene: »Spitzenverband«); b) Sportbund (Dachverband: Stadtsportbund oder Stadtsportverband; Landessportbund; c) S. mit besonderer Aufgabenstellung (Betriebssport, religiös- orientierte S.; *Behindertensport* →, *Freikörperkultur* →); d) sportwissenschaftliche und sportpädagogische Verbände (*Sportlehrer* →, Sportärzte, Sporttherapeuten); e) Förderverband (Deutsche Olympische Gesellschaft); Jugendverband (Deutsche Sportjugend).

Dachvereinigung der S. in der Bundesrepublik Deutschland ist der Deutsche Sportbund (DSB), der die Landessportbünde, die Spitzenverbände (Fach-S. sowie S. mit besonderer Aufgabenstellung, Verbände für Wissenschaft und Bildung) und die Deutsche Olympische Gesellschaft angehören.

Die S. sind Träger der Sportselbstverwaltung (*Sportverwaltung* →, *Sportpolitik* →) und damit zahlreicher Aktionen und Initiativen zur Förderung des Sports und sportlicher Tätigkeit. Aus dem Bereich der S. (besonders der DSB) entstanden die Initiativen zur Gründung der Deutschen Gesellschaft für Freizeit sowie die größte *Freizeitsport* → -bewegung dieses Landes (*Trimm-Aktion* →). Der Ausbau der Sportinfrastruktur (*Sportstätten* →) wurde wesentlich durch den sog. *Goldenen Plan* → der Deutschen Olympischen Gesellschaft, der heute vom DSB bearbeitet wird, beeinflußt. Die S. sind auch im Ausbildungsbereich (*Übungsleiter* →, *Organisationsleiter* →) aktiv. Der DSB ist Initiator und Mitträger einer Trainerakademie und einer Führungsakademie.

S. sind Träger von zahlreichen Einrichtungen (Sportschulen u.ä.) und Bildungsmaßnahmen, die besonders in der Nachwuchsförderung und im Breiten- und Freizeitsport aktiv sind. Die Fach-S. organisieren den Wettkampfsport (*Zuschauer* → -sport).

S. verfügen über ehrenamtlich tätige Gremien und Vorstände sowie ein haupt- und nebenamtliches Management. Sie unterliegen damit den Problemen ähnlicher Organisationen (Entscheidungswege, Bürokratie, Kontrolle der Ausführung von Beschlüssen usw.).

Die S. zählen insgesamt (1984) fast 19 Millionen Mitglieder.

Sportverein

bei Herkunft aus der Turnbewegung auch: Turnverein; freiwilliger gesellschaftlicher Zusammenschluß, zum Zweck der sportlichen Betätigung, der Förderung des *Sports* → und zur *Geselligkeit* →.

Mehr als ein Viertel der Bevölkerung in der Bundesrepublik Deutschland hat sich S. angeschlossen.

In den Altersgruppen zwischen 7 und 18 Jahren ist es sogar die Hälfte der Bevölkerung, wobei allerdings der weibliche Teil und die untersten Sozialschichten unterrepräsentiert sind. Die Hälfte aller S. pflegen nur eine *Sportart* →. Die meisten S. sind ziemlich klein (Gieseler, 1983), fast 25% haben weniger als 75,

und über 40% bis zu 150 Mitgliedern. Nur 5% der S. zählen mehr als 1000 Mitglieder, vereinen aber mehr als ein Viertel aller S.-mitglieder. Größe und Angebot der S. wächst mit ihrem Alter. Meistbetriebene Sportarten in den Vereinen: *Fußball* →, *Turnen* →, *Tischtennis* →, *Leichtathletik* →, Handball, Schwimmen →, *Volleyball* →, *Schießsport* →, *Tennis* →.
Trotz aller Kritik des Vereinswesens allgemein und des S. im besonderen hat sich der Verein doch als ein brauchbares Mittel der Problemlösung und als anpassungsfähig an neuere Entwicklungen erwiesen. Während früher das Schwergewicht der S. im Spitzen-, Leistungs- und Wettkampfsport lag (70%), haben sich die S. im Lauf der Sportentwicklung der letzten Jahre mit stetig wachsender Mitgliederzahl und Neugründungen so sehr auf den *Breiten*- → und *Freizeitsport* → eingestellt, daß sich das Verhältnis nunmehr umgekehrt hat. Gleichzeitig sind die Anforderungen an die S. als Art der Gesellkeit gestiegen, was auch die sehr hohe Zahl an kleineren Vereinen und neuen, anders strukturierten Gruppen erklärt. Die Turnvereine hatten traditionell eine mehr in diese Richtung gehende Funktion.
Der S. lebt vom *Ehrenamt* →. Hier hat sich eine auch in anderen *Interessengruppen* → feststellbare Interessenverlagerung eingestellt: Während die Mitwirkung an Programmen und praktischer Arbeit (*Übungsleiter* →) zunahm, schwand die Neigung, in Gremien, Vorständen mitzuarbeiten. Ohne diese sind Vereine nicht lebensfähig. Daher muß hier nach neuen Wegen (etwa der *Werbung* → und *Erziehung* →, *Sozialpflichtigkeit* → der Freizeit, *Sozialzeit* →) gesucht werden.
Die Interessenvertretung der S. nehmen die *Sportverbände* → wahr.

Sportverwaltung

organisatorische Maßnahme zur Durchführung und Förderung des *Sportes* →, die in der Bunderepublik Deutschland zweigleisig angelegt ist. 1. Sportselbstverwaltung: a) *Sportvereine* →; b) Fachverbände/Spitzenverbände; c) Landessportbünde/Deutscher Sportbund (DSB); d) Nationales Olympisches Komitee für Deutschland; e) Stiftung Deutscher Sporthilfe (Förderung des Spitzensports).
2. Öffentliche S.: a) *Sportämter* →/Sportausschüsse der Gemeinden, Städte, Kreise (außerdem Sportausschüsse der kommunalen Spitzenverbände: Deutscher Städtetag, Deutscher Städte- und Gemeindebund: Deutscher Landkreistag; dazu Arbeitsgemeinschaft Deutscher Sportämter); b) Bundesländer, das Ressort Sport ist auf verschiedene Ministerien aufgeteilt (Schulsport, Sportstättenbau, Angelegenheiten des organisierten Sports, Förderung der Sportselbstverwaltung); c) Bundesinnenministerium (Förderung des Spitzensports, Unterstützung von Deutschem Sportbund, Nationales Olympisches Komitee, Spitzenverbände; Internationaler Sportaustausch; Sportstättenbau); d) Deutsche Sportkonferenz (Vertreter von Sportselbstverwaltung und öffentlicher S.; Geschäftsführung: DSB; Behandlung von Fragen des Sports und Herausgabe von Empfehlungen).
Sportverbände →

Squash
Tennis →

Städtebau
umfassende Tätigkeit bei der räumlichen und gestaltprägenden Entwicklung von Stadt und Gemeinde (*Siedlung* →). *Stadtplanung* →, *Stadtentwicklungsplanung* →, *Freiraumplanung* →

Stadt
Siedlung →

Städtebauförderung
Bundesbaugesetz →

Stadtentwicklungsplanung
auf die Stadt bezogene *Entwicklungsplanung* → mit den folgenden Zielen: a) Zusammenfassende Betrachtung und wechselseitige Abstimmung räumlicher, wirtschaftlicher und sozialer Entwicklungsaspekte; b) Strukturentwicklungspolitik unter Einbeziehung aktiver Investitionsplanung; c) Entwicklungssteuerung eines Veränderungsprozesses anstelle der Planausführung zur Erreichung eines Ordnungszustandes. Die S. koordiniert und integriert die verschiedenen *Fachplanungen* → und Teilentwicklungspläne. *Raumordnung* →, *Freiraumplanung* →, *Freizeitplanung* →, *Sportstätten* →

Stadterneuerung, erhaltende
sozialpolitische, umweltpolitische, strukturpolitische und städtebauliche Aufgabe in überalterten Stadtgebieten und Siedlungskernen (Krupinski, 1984). Im Unterschied zur *Sanierung* → (»Stadtumbau«) ist S. eine schrittweise Verbesserung der bezogenen Gebiete im Hinblick auf preiswerte Altbauwohnungen, auftretende Emissionen, Grün- und Freiflächenangebot, Förderung von Kleingewerbetreibenden zur Erneuerung ihrer Produktionsanlagen sowie die Erhaltung von stadtbildprägenden *Siedlungs* →-elementen und Gebäuden (*lokale Identität* →).
Vor dem Hintergrund eines städtebaulichen Rahmenplanes (bei Sanierung: *Bebauungsplan* →) sollen im wesentlichen drei Maßnahmenbereiche bearbeitet werden: a) Instandset-

Abb. Stadtgrün

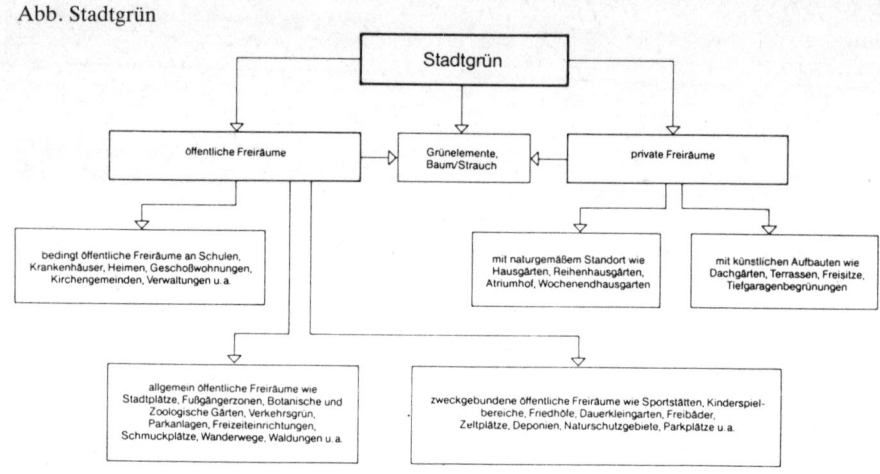

```
                          ┌─────────────┐
                          │  Stadtgrün  │
                          └──────┬──────┘
         ┌───────────────────────┼───────────────────────┐
┌────────┴────────┐    ┌─────────┴─────────┐    ┌────────┴────────┐
│öffentliche      │    │  Grünelemente,    │    │ private         │
│Freiräume        │◄───┤  Baum/Strauch     ├───►│ Freiräume       │
└────────┬────────┘    └───────────────────┘    └────────┬────────┘
         │                                               │
┌────────┴──────────────┐                    ┌───────────┴─────────┬────────────────────┐
│bedingt öffentliche    │                    │mit naturgemäßem     │mit künstlichen     │
│Freiräume an Schulen,  │                    │Standort wie         │Aufbauten wie       │
│Krankenhäuser, Heimen, │                    │Hausgärten,          │Dachgärten,         │
│Geschoßwohnungen,      │                    │Reihenhausgärten,    │Terrassen, Freisitze,│
│Kirchengemeinden,      │                    │Atriumhof,           │Tiefgaragen-        │
│Verwaltungen u. a.     │                    │Wochenendhausgarten  │begrünungen         │
└────────┬──────────────┘                    └─────────────────────┴────────────────────┘
         │
┌────────┴──────────────────────────────┐    ┌────────────────────────────────────────┐
│allgemein öffentliche Freiräume wie    │    │zweckgebundene öffentliche Freiräume    │
│Stadtplätze, Fußgängerzonen,           │    │wie Sportstätten, Kinderspielbereiche,  │
│Botanische und Zoologische Gärten,     │    │Friedhöfe, Dauerkleingärten, Freibäder, │
│Verkehrsgrün, Parkanlagen,             │    │Zeltplätze, Deponien,                   │
│Freizeiteinrichtungen, Schmuckplätze,  │    │Naturschutzgebiete, Parkplätze u. a.    │
│Wanderwege, Waldungen u. a.            │    │                                        │
└───────────────────────────────────────┘    └────────────────────────────────────────┘
```

Quelle: Richter ›Handbuch Stadtgrün‹ (1981)

zung und Modernisierung des Wohnungsbestandes (u.a. auch durch Vergrößerung der Wohn- und Freiflächen ein Absenken der Wohndichte und Bevölkerungszahlen); b) städtebauliche Einzelmaßnahmen zur *Wohnumfeldverbesserung* → und *Verkehrsberuhigung* →; c) Standortsicherung von Betrieben. Die S. baut auf der Mitwirkung der Bewohner auf, berücksichtigt aber auch sparsamere Standards mit der späteren Möglichkeit zum Aufwerten (*Partizipation* →).

Stadtgrün
Sammelbegriff für die Grünelemente und *Freiräume* → in urban-industriellen und dörflichen Siedlungsgebieten. Es umfaßt öffentliche wie private Freiräume (auch: »Innerstädtisches Grün«).

Stadthalle
Mehrzweck- und mehrfachnutzbare *Veranstaltungs* → -einrichtung der sozialkulturellen Infrastruktur von Städten.
S. dienen der Durchführung örtlicher, überörtlicher, öffentlicher und privater Veranstaltungen kulturellen, gesellschaftlichen, politischen, unterhaltenden, wissenschaftlichen und wirtschaftlichen Charakters. Zu diesem Zweck vereinen S. Säle, Gesellschaftsräume, Sitzungszimmer unterschiedlicher Größe (meist variabel) und meist flexibler Einrichtung sowie gastronomische Versorgungsmöglichkeiten. Träger von S. sind in der Regel die Gemeinden oder Betriebsgesellschaften. Die Räume werden meist vermietet; vereinzelt führen S. auch eigene Programme durch. *Mehrzweckbauten* →, *Begegnungsstätte* →, *Freizeithaus* →, *Raumprogramm* →

Stadt-Land-Unterschiede
im Freizeitbereich insbesondere durch unterschiedlich verfügbaren *Freiraum* → und *Freizeitinfrastruktur* → bedingte Unterschiede. Während die Städte und Ballungsgebiete meist infrastrukturell gut ausgestattet sind, fehlt ihnen Freiraum, bei ländlichen Gebieten ist es umgekehrt. Landbewohner müssen weitere Wege auf sich nehmen, um an *Freizeitangeboten* → teilzunehmen, soweit diese nicht durch örtliche Vereine und vereinzelt durch die vorhandenen wenigen *Freizeiteinrichtungen* → gemacht werden. Vergleichbar ist die Medienversorgung. Seit einiger Zeit ist überdies die in den Städten bereits erfolgte Reduzierung von Gesellschaftsräumen von *Gaststätten* → auch auf dem Land zu beobachten. Die Bedürfnisse der *Bevölkerung* → in sozialkultureller Hinsicht sind in Stadt und Land durch *Bildung* → und *Medien* → ziemlich ausgeglichen. Um den dadurch entstehenden Bedarf an materieller, besonders aber immaterieller Infrastruktur auszugleichen, muß das auf dem Land vorhandene Potential an *Selbsthilfe* → und Selbstorganisation (*Verein* →) durch geeignete Maßnahmen gestärkt werden. Darüber hinaus können auch Einzelaktionen (z.B. *Festivals* →) und mobile Angebote Ausgleich schaffen.
Raumordnung →, *Siedlung* →

Lit.: Gröning »Unterschiedliche Freizeitbedingungen in städtischen und ländlichen Gebieten«, in: »Handlungsfeld Freizeit«, Dortmund 1984; Blank »Kulturelle Möglichkeiten auf dem Lande«, in: Pappermann/Mombauer/Blank »Kulturarbeit in der kommunalen Praxis«, Köln 1984

Stadtpark
Park →

Stadtplanung

alle Maßnahmen zur Erhaltung und Entwicklung von *Siedlungs* → -anlagen mit dem Ziel, die günstigsten Bedingungen für Arbeit, Wohnung, Verkehr und Erholung unter Wahrung architektonischer Gestaltung zu schaffen (*Charta von Athen* →).
Zur S. gehören damit alle Planungen, die die Stadt betreffen (*Raumordnung* →, *Entwicklungsplanung* →, *Stadtentwicklungsplanung* →, *Fachplanung* →, *Bauleitplanung* →, *Freizeitplanung* →). S. schafft Voraussetzung für die Freizeitmöglichkeiten einer Siedlung.
Städtebau →, *Stadtgrün* →

Stadtranderholung

Ferien- → und *Erholungs* → -angebot für Schulkinder und manchmal auch für Senioren im Nahbereich der Städte. Meist ist S. eine über mehrere Wochen fortlaufende Tagesmaßnahme, d.h., die Teilnehmer schlafen zu Hause und fahren gemeinsam oder einzeln zum Platz der S. S. kann auch verschiedene Ausflüge beinhalten. In jedem einzelnen Fall stehen gemeinsames Tun, Spiel, Ausgleichssport, musische Aktivitäten, Wanderungen auf dem Programm. S. ist insbesondere für solche Teilnehmer gedacht, die sich eine Ferienreise nicht leisten können.
Ferienaktionen →

Stadtteilarbeit

Spezieller Ansatz (im Rahmen von *Gemeinwesenarbeit* →) zur a) Aktivierung von Bewohnern eines Stadtteils, ihre Lebenswelt zu verbessern und weiterzuentwickeln; b) methodische Vorgehensweise der Gemeinwesenarbeit in (möglichst) überschaubaren Wohn- und Lebenseinheiten; c) konzentrierte Hilfe gegenüber bestimmten sozialen Kategorien (*Kinder* →, *Jugendliche* →, *ältere Menschen* →, *Ausländer* →).
Es lassen sich verschiedene Aspekte der S. unterscheiden: a) partizipative, auf Mitwirkung und Gestaltung politischer Prozesse im Stadtteil ausgerichtete Ansätze der S., so z.B. Verbesserung der Bürgermitwirkung, Mitarbeit an *Planungs* → -prozessen (*Partizipation* →); b) funktionale, auf Funktion des Stadtteils ausgerichtete Aspekte der S. wie *Wohnen* →, *Verkehrsberuhigung* →, *Spielplätze* → und -*straßen* →, Hinterhofsanierung, Versorgung mit *Schulen* → und *Stadtteilzentren* →; c) kommunikative, auf Verbesserung der *Nachbarschafts* → -bezüge, der Gespräch- und Kontaktmöglichkeiten ausgerichtete Vorgehensweisen, so z.B. Planung von *Kommunikationszentren* →, *Stadtteilläden* → und Kulturwerkstätten (*lokale Identität* →); d) zielgruppenspezifische (kategoriale) S., an bestimmten Personengruppen orientiert.
In der Praxis gehen diese analytischen Dimensionen der S. meistens ineinander über.
Schwierig ist es bei dieser Methode der Gemeinwesenarbeit, den Bereich Stadtteil zu umgrenzen. Hier ist im Regelfall nicht der statistische (Wahl-) Bezirk gemeint, sondern eine sich von anderen Bereichen abgrenzende Wohn- und Lebenseinheit. Diese bietet den Bewohnern eines Stadtteils einerseits die Möglichkeit zur Interaktion, andererseits können Stadtteile von anderen abgetrennt (segmentiert) sein. Die »Entmischung« von Arbeits- und Lebensstätte, abschneidende Straßenführung (Stadtautobahnen) und Wohnghettobildung führt nicht selten zur isolierten Lebenssituation für den einzelnen (*Charta von Athen* →).
S. will dazu beitragen, dieser Absonderung entgegenzutreten und den spezifischen Stadtteil unter den genannten Aspekten weiterzuentwickeln und lebenswert zu machen. S. kann als professionelle Tätigkeit von Stadtplanern, Sozial- und Gemeinwesenarbeitern, Kultur- und *Freizeitpädagogen* →, auch von *Bürgerinitiativen* →, *Selbsthilfegruppen* →, Stadtteilinitiativen und Anwohnern selbst getragen werden.
Methodisch wird sie vor allem dort propagiert, wo die Alltagsnähe (Nachbarschaft, Quartier) als Ansatz gemeinwesenbezogener Aktivitäten gefordert wird.

Vahsen

Stadtteilfeste

die unterschiedlichsten Festaktivitäten von Bewohnern, Vereinen und Organisationen, aber auch kommunalen Einrichtungen eines Stadtteils, die sich an die Bewohner eines Stadtteils richten. Neben kommerziellen Festen gewinnen zunehmend S. an Bedeutung, die zum Mitmachen anregen wollen. Festvorbereitung und das *Fest* → selbst werden von den Bewohnern eines Stadtteiles getragen, die auch die Möglichkeit zur Darstellung eigener (künstlerischer) Aktivitäten erhalten. S. in diesem Sinne stellen eine Verbindung zur Alltagskultur der Menschen in den Stadtteilen her (*Soziokultur* →, *Stadtteilarbeit* →, *Stadtteilkulturarbeit* →). Oftmals haben S. ein bestimmtes Thema, z.B. historische S. Als Teil geselliger Prozesse sind S. für die Anwohner eine Möglichkeit, sich kennenzulernen, sich gegenseitig zu erfahren.
S. haben eine lange Tradition und dienen auch der Selbstdarstellung des jeweiligen Trägers. Waren es früher die einzelnen Stände, die sich durch die Art ihres Feierns äußerten, so sind es heute häufig *Vereine* →, die sich darstellen und für sich selbst werben.

Vahsen

Stadtteilkulturarbeit
Förderung und Initiierung kultureller Prozesse und Initiativen innerhalb eines konkreten Stadtbereiches (Stadtteiles).
Dem Begriff liegt ein umfassendes *Kultur* → -verständnis zugrunde, nicht nur klassische Sparten der Kunst wie *Konzerte* →, *Theater* → und *Oper* → zu fördern, sondern gerade auch das »was die Menschen hervorbringen« als Teil kultureller Prozesse zu erkennen und mitentwickeln zu helfen. Darunter wären z.B. Straßentheater und -musizieren genauso zu verstehen wie Vereinsaktivitäten und das Züchten von Kaninchen (*Soziokultur* →). Gerade die Alltagsnähe von S. soll den Zugang und die Mitwirkung einer breiten Bevölkerungsschicht ermöglichen und – idealiter – zu deren Mitwirkung führen.
Im Unterschied zur Sozialarbeit und -*pädagogik* → stehen hier nicht Hilfe- und Erziehungsvorstellungen im Vordergrund, sondern die Förderung kultureller Aktivitäten aller Altersgruppen und sozialer Schichten.
S. wendet sich nicht nur an bestimmte Sparten, sondern versucht auch eine Verbindung zwischen diesen Bereichen herzustellen (vgl. dazu die Zielsetzungen der *Jugendkunstschulen* →).
Die Methode der Aktivierung durch S. gewinnt an Bedeutung und findet wachsende Resonanz bei den Bewohnern eines Stadtteils. Dies verdeutlicht u.a. bei erfolgreichen (historischen) *Stadtteilfesten* →, die zur Darstellung und zum Mitmachen anregen (Hannoversches Butjerfest u.v.a.m.).
Kontaktkunstaktionen zeigen in ihrer doppelten Funktion des Vormachens und des Mitwirkens bei der künstlerischen Gestaltung exemplarisch die Bedeutsamkeit dieses Ansatzes auf (Taubenkasperaktion in Herne).
Insgesamt stellt Stadtteilarbeit eine wichtige Erweiterung freizeitorientierten Arbeitens dar.

Vahsen

Stadtteilladen
in ehemaligen Einzelhandelsläden untergebrachte *Begegnungsstätten* →, die je nach Intention des Trägers (*Gemeinde* →, *Freie Träger* →) mehr sozial (Beratung, »Hilfe zur Selbsthilfe«) oder mehr kulturell (»Kulturladen«) tätig sind. *Begegnungsstätten* →

Stadtteilzeitung
periodische Publikation, die für einen bestimmten Bereich einer Siedlung herausgegeben wird und sich in ihrem redaktionellen Teil auf diesen bezieht. Im Augenblick sind drei Formen zu beobachten: a) *Gratispresse* → (Anzeigenblätter); b) Lokalbeilagen von regionalen-monopolisierten Tageszeitungen; c) Blätter von Bürgerinitiativen, Kirchengemeinden, Vereinen (Heimatverein) und Einrichtungen.
In S. wird dem *Freizeitangebot* → meist besonderer Raum gegeben.
Zeitung →, *Presse* →

Stadtteilzentrum
1. Mittelpunkt eines Stadtteils (*Wohnumfeld* →), meist städtebaulich hervorgehoben und Bereich von für den Stadtteil insgesamt bedeutsamer Infrastruktur.
2. Soziokulturelle Einrichtung, die als *Einzugsbereich* → einen bestimmten Stadtteil hat (z.B. *Bürgerhaus* →, *Freizeithaus* →, *Nachbarschaftsheim* →).

Standort
gegebener oder angestrebter geographisch bestimmbarer Sitz eines *Unternehmens* →, einer *Organisation* →, eines *Betriebes* →, einer *Einrichtung* →. Die Wahl des S. ist eine wichtige Entscheidung, ebenso wie der vorhandene S. die Tätigkeit wesentlich bestimmt. Ein Wirtschaftsunternehmen bestimmt normalerweise seinen S. so, daß sich seine *Investition* → möglichst hoch verzinst. Öffentliche und gemeinnützige Organisationen legen meist Infrastrukturverbesserungen (materiell und immateriell) ihrer Entscheidung zugrunde.
Sowohl für die Wahl eines S. als auch für die Arbeit von einem S. aus, sind genaue Kenntnisse des S. selbst als auch seiner Lage im Raum erforderlich (S.-untersuchung, S.-analyse).
Für die Bestimmung und Bewertung des S. werden verschiedene Daten und Aussagen benötigt (S.-faktoren). Sie gehen aus von der Aufgabenstellung oder dem Projekt des Unternehmens, lassen sich grob so zusammenfassen: a) Markt (Zielgebiet, Quellgebiet, Zielgruppen; *Bedarfsermittlung* →), Konkurrenz; b) Bezugsquellen (Waren, Energie, Rohstoffe, Dienstleistungen); c) Arbeitskräfte (Bestand, Pendler, *Arbeitslosigkeit* →, Lohn- und Arbeitszeitniveau usw.); d) Grundstück und Erschließung (Lage im Raum, Gemeinde, Zustand usw.; Verkehrsverbindungen, Verkehrswege, mögliche Verkehrsmittel; *Verkehr* →, Klima; Nachrichtenverbindungen); e) Umweltmaßnahmen, Ver- und Entsorgung (Wasser, Abwasser, Abgas, Müll); f) öffentliche Planung und Förderung (*Raumordnung* →, *Bebauungspläne* →; Entwicklungs- und Projektplanungen; Verkehrsplanung; *Subventionen* →). Besonders schwierig ist bei der S.-suche die Bewertung der S.-faktoren. Während sich bei Produktionsbetrieben Investitonsrechnungen aufmachen lassen, ist das bei Dienstleistungsunternehmen, soweit sie S.-gebunden sind, schon schwerer. Bei Unterneh-

men zur Infrastrukturverbesserung kommen politische, also normative Faktoren dazu, die die Entscheidung der Auswahl erleichtern können, aber bei vorhandenem S. zur Unsicherheit führen, wenn eine Zielsetzungsänderung erfolgt oder die ursprüngliche Zielsetzung unterdrückt wird (z.B. soll ein öffentlicher *Freizeitpark* →, als sozialpolitische Leistung gegründet, nunmehr kostendeckend arbeiten). In bezug auf kleinere öffentliche *Freizeiteinrichtungen* → werden S.-faktoren oft unterschätzt; hier hat es durch *Entwicklungsplan* → Verbesserungen gegeben. Am weitesten vorangetrieben ist die S.-untersuchung im *Freizeitbereich* → bei *Freizeitparks* →, *Naherholungsgebieten* →, und *Fremdenverkehrs* → -orten (wenn auch nicht immer beachtet).

Standortuntersuchung
Standort →

Statistik

Modelle, Methoden und Kennziffern der Darstellung, Beschreibung, Verarbeitung und Analyse von empirischen Daten und ihrer Verwendung für Schlußfolgerungen, Prognosen und Entscheidungen. Nach ihren spezifischen Funktionen unterscheidet man: Darstellende S. (Regeln und Formen der numerischen oder graphischen Darstellung, Illustration und Modellierung), beschreibende oder Deskriptiv-S. (Ableitung und Anwendung der Parameter, d.h. Maßzahlen und Kennziffern, von Dichteverteilungen, Differenzen, Klassifikationen, Trends, Verzweigungen, Zusammenhängen von Variablen und Untersuchungsfällen), schließende oder Inferenz-S. (Stichprobentheorie; Prüfung der Zuverlässigkeit von Hypothesen über Häufigkeiten, Mittelwerte, Differenzen, Zusammenhänge, Klassenzugehörigkeiten, Trends usw. nach den Maßstäben von Wahrscheinlichkeitsverteilungen; Prüfung der Abweichungen zwischen Beobachtungsdaten und ihrer modellierten Form aufgrund statistischer Gesetzmäßigkeiten und der mathematischen Eigenschaften des Modells). Die Modelle und Verfahren statistischer Analyse mit mehr als zwei Variablen werden häufig als Gebiet der Mehrvariablen oder multivariable Analyse bezeichnet. Die gebräuchlichsten Statistikprozeduren sind Bestandteil der Standardprogramme (Software) für *Computer* → und wissenschaftliche Rechenzentren.

Lit.: Benninghaus »Deskriptive Statistik«, 1974; Bortz »Lehrbuch der Statistik«. Für Sozialwissenschaftler. 2. Aufl. Berlin/Heidelberg/New York/Tokio 1985; Wolf »Statistik«, 2 Bde. Weinheim/Basel 1974, 1980; Zeisel »Die Sprache der Zahlen«, Köln/Berlin 1970

Lüdtke

Stehcafé

Verpflegungseinrichtung von Bäckereien oder Konditoreien, bzw. Kaffeeröstern (Tchibo, Eduscho). Neuerdings werden auch S. eröffnet, die nicht diesen Anbietern zuzurechnen sind. Neben Kaffee, heißer Schokolade etc. werden Konditoreiwaren, belegte Brötchen und Baguettes angeboten. Es gibt keine Sitzplätze. Die Preise liegen niedriger als in herkömmlichen *Cafés* →).
Ähnlich ist der Baguette-/Sandwich-Shop; eine Bewirtungsstätte mit französischem Charakter. Das Angebot konzentriert sich auf belegtes Stangenweißbrot (Baguette, Pistolet) und Croissants (frz. Hörnchen). Das Getränkeangebot umfaßt hauptsächlich Kaffee, Capuccino, Espresso und alkoholfreie Getränke. *Gastronomie* →

Strandbad
Bad →

Straße

1. Soziökologischer Raum von (geringer oder größerer) Entfaltungsmöglichkeit für kommunikative, künstlerische, gestalterische und musische Prozesse.
2. Als »Sozialisationsfaktor« bisher (mehr oder weniger) pädagogisch vernachlässigter Ort, der Erziehungsvorgänge mitbeeinflußt (Spielgruppen, Nachbarschaftsgruppen, Streetgangs u.v.a.m.).
Unter dem Aspekt der *Freizeiterziehung* → hat S. eine wichtige Funktion, da hier ein Ort für nachbarschaftliche und interaktive Begegnung vorhanden ist. *Verkehrsberuhigung* → und S.-begrünung sind nur erste Schritte auf dem Weg, S. zu einer Stätte (urbaner) Kommunikation werden zu lassen. Ansatzweise wird dies durch *Spielstraßen* →, S.-kunstaktionen, *S.-feste* → realisiert.
S. ist besonders in den Städten ein Rahmen für *Sozialisations* → -prozesse von Kindern und Jugendlichen und legt die Umweltentdeckungsmöglichkeiten mit fest, ermöglicht und reduziert die Erfahrung in Spielgruppen und Peer-groups. Im Rahmen einer freizeitbezogenen Kommunalpolitik müßte die Aus- und Umgestaltung von S. eine stärkere Gewichtung erhalten, als Teil der unmittelbaren *Naherholung* →.

Vahsen

Straßenfest

Volksfest → in/auf einer *Straße* →, von Bewohnern einer Straße in eigener Verantwortung und Eigeninitiative veranstaltet. Meist werden Elemente der Kirmes und von Spielfesten aufgenommen.

Straßenfest

Abb. Straße und Öffentlichkeit

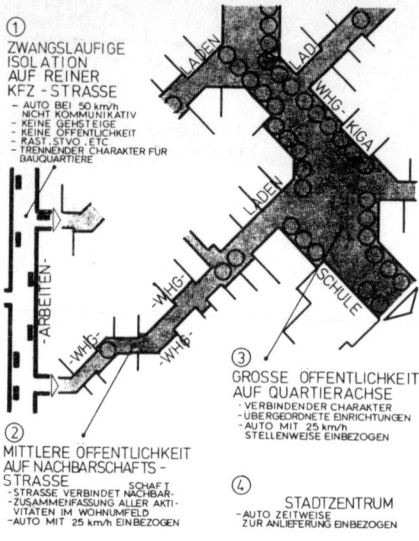

① ZWANGSLÄUFIGE ISOLATION AUF REINER KFZ - STRASSE
- AUTO BEI 50 km/h NICHT KOMMUNIKATIV
- KEINE GEHSTEIGE
- KEINE ÖFFENTLICHKEIT
- RAST.STVO , ETC
- TRENNENDER CHARAKTER FÜR BAUQUARTIERE

② MITTLERE ÖFFENTLICHKEIT AUF NACHBARSCHAFTS - STRASSE
- STRASSE VERBINDET NACHBARSCHAFT
- ZUSAMMENFASSUNG ALLER AKTIVITÄTEN IM WOHNUMFELD
- AUTO MIT 25 km/h EINBEZOGEN

③ GROSSE ÖFFENTLICHKEIT AUF QUARTIERACHSE
- VERBINDENDER CHARAKTER
- ÜBERGEORDNETE EINRICHTUNGEN
- AUTO MIT 25 km/h STELLENWEISE EINBEZOGEN

④ STADTZENTRUM
- AUTO ZEITWEISE ZUR ANLIEFERUNG EINBEZOGEN

Quelle: Eichenauer, v. Winning, Streichert, Heuber ›Bewohnbare Straßen – Leben mit dem Verkehr‹, in: ›Fußgängerstadt‹ (1977)

Die Zahl der S. (früher nur noch in einigen wenigen Nachbarschaften und Kietzen) hat in den letzten Jahren sprunghaft zugenommen. Inwieweit sich hier Traditionen herausbilden oder nur zeitweilige Lust (*Hedonismus* →) ausgelebt wird, kann noch nicht gesagt werden.

Streetwork

offene, problemorientierte und mobile Straßensozialarbeit (*Soziale Arbeit* →) als Hilfe für bestimmte gefährdete Gruppen von Kindern und Jugendlichen mit dem Ziel, a) durch die Arbeit am normalen Aufenthaltsort dieser Gruppen Kontakt aufzunehmen; b) sie so zu beeinflussen, daß sie weniger aggressiv agieren oder sich auflösen.
Weiterhin wird versucht, Jugendliche in sozialpädagogische Jugendgruppen aufzunehmen, Gruppenräume zu beschaffen für Straßengruppen und diesen Freizeit- und Ferienangebote zu machen. Wichtige Aufgabe von S.-ern ist die Kontaktaufnahme zu Drogengefährdeten in deren Milieu und die Vermittlung an Drogenberatungsstellen (*Drogen* →).
S. stellt erhebliche persönliche und zeitliche Anforderungen an die Sozialarbeiter, dürfte aber für viele Probleme die einzige wirksame Methode sein. *Freizeitprobleme* →

Abb. Biologische Streßreaktion

Reaktion des Organismus auf Streßerzeuger, Vorbereitung auf körperliche Höchstleistungen („Kampf oder Flucht")

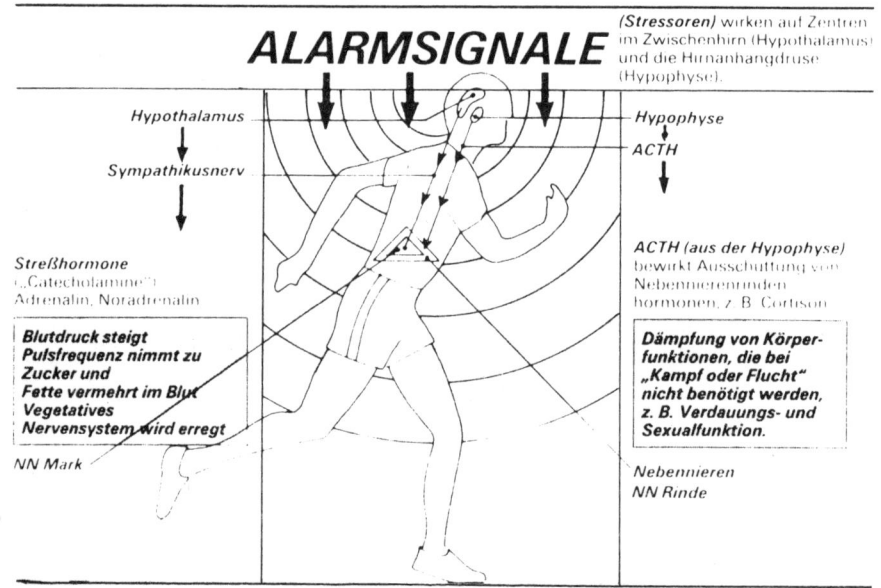

ALARMSIGNALE

(Stressoren) wirken auf Zentren im Zwischenhirn (Hypothalamus) und die Hirnanhangdrüse (Hypophyse).

Hypothalamus → Hypophyse
Sympathikusnerv → ACTH

Streßhormone („Catecholamine") Adrenalin, Noradrenalin

ACTH *(aus der Hypophyse)* bewirkt Ausschüttung von Nebennierenrindenhormonen, z. B. Cortison

Blutdruck steigt
Pulsfrequenz nimmt zu
Zucker und
Fette vermehrt im Blut
Vegetatives
Nervensystem wird erregt

NN Mark

Dämpfung von Körperfunktionen, die bei „Kampf oder Flucht" nicht benötigt werden, z. B. Verdauungs- und Sexualfunktion.

Nebennieren
NN Rinde

Quelle: v. Haimberger/Grünewald, DAK Gesundheitsdienst ›Gesund leben und fit bleiben!‹ (1984)

Straußwirtschaft

auch Buschen-, Kranz-, Besenwirtschaft; Schankwirtschaften, deren Betriebszeiten saisonal begrenzt sind. Sie sind vor allem in Süddeutschland weit verbreitet. Diese Betriebe sind nur einige Wochen im Jahr geöffnet und bieten neben Weinen hauptsächlich ländlich-rustikale Speisen, wie Schlachtplatten, Hausmacher Wurst etc. Der ursprüngliche Sinn dieser Wirtschaften bestand darin, den Winzern zu ermöglichen, ihre Weinfässer rechtzeitig vor der neuen Ernte zu leeren. Offiziell darf deshalb nur eigener Wein verkauft werden.
Gastronomie →

Streß

eine zur Anpassung zwingende Belastung des menschlichen Organismus; die umgangssprachliche Bedeutung: Überbeanspruchung, Überlastung heißt fachlich »Disstreß«. Die S. auslösenden Faktoren (körperliche Anstrengung, seelische Belastung) sind die Stressoren, während man die Auswirkungen als Strain bezeichnet. In der fachlichen Bedeutung ist S. ein zunächst nicht negativ bewerteter Anstoß zu einer *Leistung* → und zur Mobilisierung von Leistungsreserven. Der Organismus reagiert nicht nur auf körperliche Belastungen, sondern auch auf soziale, psychische Reize oder Konflikte mit S., obwohl hier oft keine tatsächliche Leistung gefordert ist. Der dabei ziellose, sinnlose S. kann bei längerer Dauer zu psychischen und somatischen Störungen (bekannteste: »Managerkrankheit«) führen. S. ist nicht an bestimmte Lebensbereiche gebunden, so daß auch in der Freizeit S. entstehen kann (*Freizeit-S.* →). Die Reaktionsweisen auf S. sind allerdings sehr komplex und unterschiedlich, so daß aus der Kenntnis des S. nicht ohne weiteres Verhaltensnormen abgeleitet werden können.

Subkultur

auch »Eigenkultur«, »Gegenkultur« durch ethnische, regionale, altersmäßige und soziale Differenzierung entstandene Untergruppen innerhalb einer Gesellschaft, die über ein eigenes System von Werten, Normen, Symbolen, *Attitüden* → und Verhaltensweisen verfügen, welche denen der Gesamtgesellschaft widersprechen können.
S.-bildung ist das Kennzeichen komplexer Gesellschaften. So kann die Jugend, können die Senioren, religiöse, rassische, ethnische *Minderheiten* →, aber auch bestimmte Berufsgruppen S. hervorbringen.
Seit Ende der sechziger Jahre versuchen weltanschauliche Gruppen S. bewußt zu erzeugen (»Außerparlamentarische Opposition«, »Alternativkultur«, Feministinnen: »Frauenkultur« usw.).
Kultur →, *Soziokultur* →

Subsidiarität

Grundsatz der Nachrangigkeit des Tätigwerdens der nächst größeren politischen bzw. sozialen Einheit gegenüber der kleineren. S. beinhaltet den Grundgedanken der *Selbsthilfe* → und der Selbstorganisation sowie den Schutz des einzelnen und von Gruppen vor dem Dirigismus des Staates. In der Bundesrepublik entstehen daraus die Wahrung der gemeindlichen Selbstverwaltung wie die Förderung der *Freien Träger* → -schaft im *Freizeitbereich* → und in der sozialen *Arbeit* →. Auch die Mitwirkung (*Partizipation* →) der Bürger an Planungen und Entscheidungen drückt diesen Regelungsgrundsatz aus.

Subvention

öffentliche Finanzhilfe an Wirtschaftsunternehmen, *freie Träger* → oder Privatpersonen, um ein erwünschtes soziales oder wirtschaftliches Verhalten zu erreichen. Die S. kann offen durch Zahlung einer Zuwendung oder verdeckt durch Steuerermäßigung oder -befreiung gegeben werden. Besonders im *Freizeitbereich* → können durch S. Initiativen geweckt und gefördert werden, aber das Bestehende weiterführen. Da freie Träger durch ehrenamtliche und freiwillige *Mitarbeit* → und in der Regel größere Nähe an Zielgruppen und Problemen die Mittel effektiver einsetzen können, sind S. wichtige Instrumente der *Freizeitpolitik* →. Problematisch ist der Nachweis der Mittelverwendung, insbesondere derjenige der *Effektivität* →. Hier fehlen noch geeignete Wege. Wegen der möglichen Abhängigkeit vom S.-geber lehnen viele Gruppen die »Staatsknete« bewußt ab.

Sucht

physische Abhängigkeit von einer *Droge* → verbunden mit einem überwältigenden Verlangen oder echtem Bedürfnis (»Zwang«), diese fortgesetzt zu nehmen und auf jede Weise zu bekommen, der Tendenz die Dosis zu steigern (»Gewöhnung«) sowie psychische und meist auch physische Abhängigkeit von der Wirkung der Droge. (Bei Absetzen der Droge machen sich Abstinenzerscheinungen bemerkbar).
Die S. ist eine – nicht zuletzt durch gesellschaftliche Bedingungen hervorgerufene bzw. geförderte – Krankheit mit der Folge der Passivierung der Persönlichkeit bis zur Selbstzerstörung. Der S.-kranke nimmt die Droge nicht, um in einen euphorischen Zustand zu geraten, sondern um aus einem Druckzustand (Absti-

nenzerscheinung, Zwang) herauszukommen und um »normal« leben zu können.
Freizeitprobleme →

Surfen
Wellenreiten mit Hilfe eines Holz- oder Kunststoffbrettes. Entwickelte sich in kürzester Zeit zum *Volkssport* →, insbesondere als *Freizeitsport* → -art, als es mit einem Segel versehen auf Binnengewässern benutzt werden konnte. Der Transport des Surfbrettes ist wesentlich einfacher als der eines Segelbootes, die Anschaffung günstiger, die Aufbewahrung problemlos. Allerdings führte das S. zu einer weiteren Belastung der Binnengewässer (*See* →), so daß es auf einer Reihe von Gewässern eingeschränkt werden mußte. S. kann in Surfschulen erlernt werden; es gibt inzwischen Surfclubs und der Deutsche Seglerbund hat sich für die Surfer geöffnet.

T

Tagesfreizeit
auch *Feierabend* →.
T. umfaßt generell jene Zeit des Tages, die nicht durch berufliche oder gesellschaftlich-häusliche Arbeit bzw. Tätigkeit ausgefüllt ist. T. ist die ursprünglichste und elementarste Form von Freizeit. Daneben gibt es die Wochen- bzw. *Wochenendfreizeit* → und die *Jahresfreizeit* →. Im Bewußtsein Erwerbstätiger stellt sich die T. schwerpunktmäßig als Feierabend dar.

Schmale

Tai – chi
auf chinesischem Vorbild beruhende Bewegungs- und Entspannungstechnik (»Schattenboxen«).

Talk-Show
unterhaltsame Form des Gesprächs und des Interviews im Fernsehen und inzwischen auch in Freizeit- und Kultureinrichtungen, bei der die Person des Gesprächspartners bedeutsamer als der Sachinhalt ist; der Inhalt des Gesprächs dient dazu, die Person vorzustellen und dem Zuschauer/Zuhörer nahezubringen. Viele *Shows* → enthalten T.-Einlagen.

Talsperre
Gewässer →, *See* →

Tanz
vorwiegend rhythmisch geformte Körperbewegung in spielerisch (*Spiel* →) gestalteter Absicht. T. kann dabei vorwiegend kommunikativ, gesellig, künstlerisch oder kultisch aufgefaßt werden. Dadurch entstehen seine unterschiedlichen Ausprägungen: a) darstellender T.: Ballett, Ausdruckstanz, Pantomime; b) geselliger T.: Gesellschaftstanz, (Paartanz, Standardtänze, Modetänze, *Tanzschule* →); *Volkstanz* → (Einheimische aber auch Square Dance, Afro-Brasil-Dance, Flamenco, Bauchtanz); populärer T. (Disco-T., Breakdance, Rock'n'Roll); c) Show- und Sport-T. (Turniertanz, Formationstanz, Jazzdance, Show-Dance, Step, rhythmische Gymnastik); d) meditativer T.: Eurythmie, Tanztherapie.
Kennzeichen der T.-szene ist ähnlich wie bei der *Musik* →, mit der der T. eng verbunden ist, die Verfügbarkeit der verschiedensten T.-stile und T.-formen durch die modernen Kommunikationsmöglichkeiten. Entsprechend ist auch die gesellschaftliche Stellung des T. eine andere, nicht mehr an den Stand des einzelnen gebundene. Die Bedeutung des T. für gesellschaftliche Ereignisse ist geringer geworden, während sie für viele einzelne zugenommen hat. In gleicher Weise, wie die T.-formen vielfältiger wurden, differenzierten sich auch Möglichkeiten zum Erwerb der Fertigkeit, verbunden mit einer Bindung der Tanzausübung an bestimmten Gelegenheiten, Gruppen und Orte je nach Tanzform, die nun nicht mehr Allgemeingut sind: *T.-schulen* →, Ballettschulen, Tanzstudios, Kurse in Erwachsenenbildungsstätten, Ferienkurse, Workshops, offenes Tanzen, *Sportunterricht* →, *Sportverein* →, Weltanschauliche Gemeinschaften, Therapeuticum, Jugendverbände, *Volkstanz* → und *Brauchtums* → -vereinigungen, Karnevalsvereine, Gymnastik und Sportstudios, Fitnesscenter, Spielfeste, *Altenclubs* →, *Freizeitstätten* → usw.
Mit dem Tanz befaßt sich der Deutsche Bundesverband Tanz.

Tanzschule
Einrichtung zum Erlernen des Tanzens (*Tanz* →).
Die überwiegende Zahl von T. lehrt den Gesellschaftstanz (Standardtänze: Foxtrott, Slow Fox, Tango, Langsamer Walzer, Wiener Walzer, Rumba, Samba, Cha-Cha-Cha) sowie einige populäre Tänze, die gerade in Mode sind (Rock'n'Roll, Breakdance u.ä.). Viele T. bieten über den Unterricht hinaus, der nicht an Altersgrenzen gebunden sein muß, auch Gele-

genheit zur *Gesellligkeit* → durch Tanzveranstaltungen und Tanztees (diese Form der Geselligkeit wird übrigens gerade von »mittelalterlichen« Leuten vermißt als einer informellen Kommunikationsmöglichkeit). Aus diesen T. gehen in der Regel auch die Tanzsportler hervor, die ihr Können in Tanzclubs vervollkommnen und in Wettbewerben unter Beweis stellen. Eine andere Form der T. sind die Ballettschule und das Tanzstudio für modernen Tanz, letzteres oft verbunden mit einem Gymnastikstudio.

Taubenzucht
Tierhaltung →

Tauchen
Schwimmen →

Technische Ausstattung
in manchen Bereichen auch: *Equipment* →; umschreibt die Ausrüstung von *Freizeiteinrichtungen* → mit Geräten zur Beleuchtung und Beschallung sowie zur Ton- und Bildaufnahme/-wiedergabe, mit Werkzeugen und Werkzeugmaschinen sowie mit Bühnengerät. In Bädern (*Bad* →) können damit Wasseraufbereitung, -umwälzung sowie Wellenmaschine gemeint sein; in *Eislaufanlagen* → die Eismaschine und der Eishobel.
Die T. von Einrichtungen ist ständig gewachsen. Zur Pflege, oft auch zum Betrieb, sind geschulte *Mitarbeiter* → unumgänglich (*Folgekosten* →).

Technische Unterhaltung
Pflege, Wartung und Erneuerung von Gebäuden, Flächen, Geräten, Mobiliar und *Technischer Ausstattung* →. T. ist einerseits Aufgabe des *Management* →, andererseits Kostenfaktor (*Folgekosten* →). In gemeinnützigen und öffentlich-rechtlichen Einrichtungen wird die T. häufig unterschätzt. Gerade *Freizeiteinrichtungen* → unterliegen viel größerer Beanspruchung als z.B. Verwaltungsgebäude.

Teestube
Jugendfreizeitstätte →

Teiloffene Tür (TOT)
Jugendfreizeitstätte →

Teilzeitarbeit
Arbeitszeit →

Telefonseelsorge
interkonfessioneller Dienst von ehrenamtlich tätigen Kirchenangehörigen (*Kirche* →), die anonyme Anrufe über kostenlos von der Bundespost zur Verfügung gestellte Leitungen annehmen. Die Mitarbeiter der T. hören zu, geben Rat in Lebensproblemen. Für viele Menschen stellt die T. die einzige Form psychischer Hilfe in Problemsituationen dar, die besonders in der arbeitsfreien Zeit in das Bewußtsein der Menschen rücken. Die Fernsprecher der T. sind daher auch nachts besetzt. T. ist inzwischen in fast allen Städten eingerichtet worden.

Tennis
auf Hart- und Rasenplätzen ausgeführtes Ballspiel mittels Schläger. T. konnte sich zu einer stark verbreiteten *Freizeitsport* → -art entwickeln, nachdem neben den T.-vereinen andere private Unternehmer T.-anlagen und -hallen errichteten. T.-anlagen sind meist kombiniert mit Gesellschaftsräumen. Viele kommerzielle Einrichtungen bieten weitere Sportarten, in den letzten Jahren als Alternatve zum T. das mit diesem verwandte Squash, wobei der Ball gegen eine Wand gespielt wird (Raumersparnis), an.
Die T.-clubs sind im Deutschen Tennis Bund zusammengeschlossen, die Squashvereine im Squash-Rackets-Verband.

Terminal
1. Eisenbahnstation; Flugabfertigung (*Verkehr* →);
2. Abrufgerät für einen *Computer* →.

Textiles Werken
Werken →

Textverarbeitung
Computer →

Theater
1. unmittelbare Darstellung von Regungen und Handlungen des Menschen in künstlerischer Gestaltung (*Künstler* →) vor *Zuschauern* →. Das Th. hat dazu verschiedene Formen entwickelt: a) Figuren-Th. mit Puppen (Hand-, Stockpuppen u.ä.), Marionetten (durch Fäden oder andere Mechaniken gelenkte Figuren); Großfiguren; b) Schattenspiel (Figuren, Schauspieler); c) Bühnen- und Straßen-Th. als Körperspiel (Panomime, Bewegungs-Th., Tanz), Maskenspiel, Schauspiel (Pantomime, Tänzer, Schauspieler). Die künstlerische Gestalt wird dem Th. gegeben durch Improvisation (»Stegreifspiel«) und Vorgaben wie Drama, *Musik* → (*Oper* →), Choreographie: »Sprech-Th.«, »Musik-Th.«, »Tanz-Th.«. Th. ist zunächst auf ein Gegenüber bezogen, das *Publikum* →. Jedoch gibt es Th.-formen, die das Publikum einbeziehen: »Mitspieltheater«, das Improvisation und feste Vorgabe verbindet (im weitesten Sinne gehören dazu auch Festaufzüge, Spielfeste). Art und Charakter des Th. werden durch seinen

Theater

Inhalt und seine gesellschaftliche Beziehung bestimmt. Entsprechend erlebte Th. verschiedene Phasen und Ausprägungen: Politisch-analytisches Th., Ausstattungs-Th., Regie-Th., totales Th., Experimentier-Th., Volks-Th. →. Einen Beitrag zur Reflexion der Th.-arbeit leistet die Th.-kritik.

2. Kulturelle Institutionen; Teil der *Kulturarbeit* → und kulturellen Infrastruktur. Das Th. weist institutionell recht unterschiedliche Formen auf; a) je nach Trägerschaft: National-Th., Staats-Th., Landes-Th., Stadt-Th., Privat-Th., Freies Th., Vereins-Th.; b) nach der Stellung der Mitarbeiter: Berufs-Th., *Amateur-Th.* →; c) nach Größe und Ausstattung: Zimmer-Th. (Th. im mittleren und kleinen Raum/städtischer Bereich); Stuben-Th. (Th. im kleinen Raum/ländlicher Bereich); Taschen-Th. (Th. im kleinsten Raum/Stadt und Land); *Kneipen-Th.* →/Kaffeehaus-Th. (Th. im *Café* → in der *Kneipe* →), *Kleinkunst* →-kneipe; ohne besondere Veränderung des Raumes); Freilicht-Th./-bühne →, Kleines Haus (»Kammerspiele«); Großes Haus; Opernhaus; d) nach überwiegend gespieltem Repertoire: Schauspielhaus, Oper, Kinder- und Jugend-Th., Komödie, Studiobühne (Experimental-Th.), Musical-Th., Boulevard-Th., Sparten-Th. (alle Formen des traditionellen Th.), Dreisparten-Th. (Schauspiel, Oper, Operette), *Kabarett*→, Revue-Th., *Varieté*→, *Kleinkunst* → -bühne, Volks-Th., Mundart-Th., Kasperl-Th., Film-Th.; e) nach der Mobilität: Festes Th., Tournee-Th. Das Th. ist in der Bundesrepublik Deutschland ein tragender Bereich der kommunalen Kulturarbeit, zumal hierzulande die größte Th.-dichte der Welt zu finden ist. In etwa 75 Gemeinden spielen 85 öffentliche Bühnenbetriebe in mehr als 240 Spielstätten Th. Außerdem gibt es in 27 Gemeinden 88 von Privat-Th. getragene Spielstätten sowie etwa 300 freie Th.-gruppen. Für Th. werden mehr als eine Milliarde DM jährlich an öffentlichen Mitteln aufgebracht. Die Zuschauerzahl liegt bei jährlich mehr als 17 Millionen. Außerdem werden zahlreiche Bühnen durch Tournee-Th. bespielt, sowie Th.-*Festspiele* → durchgeführt. Zur Unterstützung des Th. haben sich Th.-vereinigungen gebildet, die ihren Mitgliedern den Th.-besuch erheblich erleichtern (z.T. durch Eigenveranstaltungen, durch Th.-abonnements, aber auch über Th.-entwicklungen und Th.-aufführungen berichten, sowie Th.-gespräche und Seminare durchführen. Die wichtigsten sind der Bund der Theatergemeinden (Th.-vereinigungen mit christlicher Grundhaltung; Ziel: in allen Schichten der Bevölkerung Verständnis für alle Bereiche des künstlerischen und musischen Lebens in der ständig wachsenden Freizeit zu fördern; Verbandsorgan: »Theater-Rundschau«, auflagenstärkste Th.-fachzeitschrift) und der Verband der deutschen Volksbühnenvereine (Th.-vereinigung mit sozial-demokratischer Grundhaltung). Die Th.-vorstände sind im Deutschen Bühnenverein zusammengeschlossen.

3. Sammelbegriff für die organisatorischen, technischen und künstlerischen Voraussetzungen, Maßnahmen zur Entfaltung des Th.-betriebes. Es sind das die künstlerische Ausbildung, wie die künstlerische Gestaltung (Schauspielkunst, Tanzkunst, Musik, Dramaturgie, Regie), die technischen, architektonischen und bildgestalterischen Einrichtungen (z.B. Theaterbau, Bühne, Bühnenbild, Kostüm, Maske, Beleuchtung, Beschallung, Maschinerie. Die Th.-organisation ist in der Regel dreiteilig: a) Intendanz mit Verwaltung; b) künstlerischer Bereich (Dramaturgie, Regie, Ensemble(s) mit Schauspielern, Sängern, Tänzern, Musikern; Bühnen-, Kostüm- und Maskenbildnerei); c) Organisation und Technik (Inspizient, der für den Ablauf der Vorstellung zuständig ist; Bühnenmeister, Maschinenmeister, Beleuchter, Requisiteur u.a.). Zur Regie kommt bei Opern u.ä. der Dirigent mit Solo- und Chorrepetitoren, bei Ballettaufführungen außerdem der Ballettmeister und der Choreograph. Die Bühnenangehörigen sind in verschiedenen *Künstlerorganisationen* →, insbesondere in der Genossenschaft Deutscher Bühnenangestellter organisiert.

4. Das Th.-gebäude, der Th.-raum oder die Th.-anlage. Das traditionelle Th. besteht aus Zuschauerhaus und Bühnenhaus, sowie zahlreichen Nebenräumen (Garderobe, Probenräume, Magazin, Verwaltungsbereich, Werkstätten). Die Regel ist die – fortentwickelte – »Guckkastenbühne«, jedoch weichen zahlreiche Th. von dieser Form ab aus konzeptionellen wie künstlerischen Gründen.

Themenpark

parc a themes multiples, theme park; Betriebsform von *Erlebnisparks* →; besonders aufwendig dekorierte Freizeitanlagen, die nicht aus wahllos verteilten *Attraktionen* → und anderen Einrichtungen bestehen, sondern bei denen die angebotenen Einrichtungen in gezielt konzipierten und räumlich abgegrenzt gestalteten Themenbereichen zusammengefaßt sind. Diese Themenbereiche gehen auf die Vorstellung der ersten *Disney-Parks* → zurück und sollten nach Disney beim Besucher eine Ablenkung vom Alltag herbeiführen und durch gezielte Illusionen noch verstärken. In Europa haben sich Themenparks nur sukzessive und meist nicht mit einem allumfassenden Thema, wie bei Disneyland, entwickelt. Bisher wurden in den einzelnen Freizeit- und Erlebnisparks nur Themenbereiche (z.B. Alt-Berlin in Phantasialand, italienische Stadt im Europa-Park etc.) gestaltet. Eine konsequente Langzeitstrategie ist derzeitig lediglich im Europa-Park (Aufbau von typischen »europäischen Städtelandschaften«) und im Minidom (Darstellung von Gebäuden aus der ganzen Welt) zu sehen. Weitere Ansätze ergeben sich bei Fort Fun (Westernstadt), Phantasialand (Chinesische Stadt) und Holiday-Park (Pfälzer Dorf).

Die einzelnen Themenbereiche können bei sorgfältiger Planung auch theaterähnliche Funktionen übernehmen. Dann wird in einem T. eine bestimmte Folge präsentiert, die im Gegensatz zum *Theater* → nicht an einem sitzenden Besucher »durch Szenenwechsel vorbeiläuft«, sondern die der Besucher durch seinen Rundgang »erwandert«.

Der Themenbereich mit eingegliederten Fahrgeschäften, musealen Einrichtungen, *Shows* →, *Gastronomie* → -betrieben, Geschäften etc. hat sich bei aufwendiger Dekoration auch in Europa zur beliebtesten Erlebnispark-Betriebsform entwickelt. Weitere Neuplanungen auf dem Gebiet der Erlebnisparks werden sich daher voraussichtlich von Anfang an stark an diese Konzeption anlehnen, wobei in ihrer weiteren Evolutionsstufe auch andere traditionelle Erlebnisparks um die dekorative Aufarbeitung ihres Angebotes in Themenbereichen nicht herumkommen.

Scherrieb

Ticket-Preissystem

Der Besucher (*Nutzer* →) einer Freizeitanlage hat mit der Entrichtung des Eintrittspreises einen Anspruch auf den Zugang zur Anlage als solcher, in einzelnen Fällen sogar noch zur Benutzung bestimmter (weniger) Einrichtungen, nicht jedoch das Recht zur Benutzung der meisten Hauptattraktionen. Für diese muß er entweder einen Einzelpreis entrichten oder kann auf ein in der Regel preisgünstigeres Sammelticket ausweichen. Das T. in Freizeitanlagen hat verschiedene Ausprägungen: a) Tickets nach Preisgruppen. Für die einzelnen *Attraktionen* → innerhalb des *Freizeitunternehmens* → werden bestimmte Preisgruppen, in der Regel gekennzeichnet mit den Buchstaben A bis E, festgesetzt. Der Besucher erwirbt mit dem Ticketheft verschiedene Billets für die Preisgruppe A, B, C, D usw. in einem bestimmten, vorgegebenen Mischungsverhältnis. Die jeweils höhere Preisgruppe berechtigt auch zur Benutzung von Attraktionen der niedereren Preisgruppe. Durch eine entsprechende Mischung der Tickets kann in einzelnen Freizeitunternehmen ein Zwang zum Erwerb eines zweiten Ticketheftes bestehen, wenn die meisten Attraktionen in höheren Preisgruppen angesiedelt sind, diese aber nicht in der genannten Anzahl in einem Ticketheft aufgenommen wurden.

b) Punktesystem. Die einzelnen Attraktionen in einem Freizeitunternehmen werden je nach »Wertigkeit« mit einer Anzahl von Punkten gekennzeichnet. Der Besucher erwirbt wahlweise zu seiner Eintrittskarte eine Punktekarte. Diese Punktekarten werden in der Regel in verschiedenen Abstufungen, 10, 20, 30 und mehr Punkte, angeboten, so daß sich beim Erwerb einer Vielzahl von Punkten ein Preisvorteil ergibt. Die Punktekarten sind wie Tikkets nach Preisgruppen übertragbar, können also auch von anderen Besuchern genutzt werden. Punktekarten haben zudem den Vorteil, daß sie mit weiteren Punktekarten »nahtlos« kombinierbar sind und durch die verschiedenen Wertigkeiten der Attraktionen in einer Freizeitanlage ein maßgeschneidertes Nutzungsprogramm erarbeitet werden kann.

c) Attraktionstickets. Bei den Attraktionstickets sind in der Regel die Hauptattraktionen, für deren Benutzung eine Sondergebühr erhoben wird, durch Felder gekennzeichnet. Der Erwerb einer zusätzlichen Attraktionskarte berechtigt zur einmaligen Benutzung aller Hauptattraktionen und wird an den einzelnen Attraktionen entwertet. Teilweise sehen Attraktionskarten auch vor, daß bestimmte Einrichtungen ausgelassen, dafür aber andere Einrichtungen doppelt benutzt werden können. Die Einführung einer Attraktionskarte setzt in der Regel eine »Gleichwertigkeit« der angebotenen Einrichtungen voraus. Sie eignet sich in der Regel beim Recht auf nur einmalige Benutzung der ausgewiesenen Attraktionen als Steuerungselement zur Vermeidung der Mehrfachbenutzung.

Scherrieb

Tierhaltung

dauernde Aufnahme von Tieren in den eigenen Hausstand oder in dazu bestimmten Anlagen; kann auf zweierlei Weise freizeitrelevant sein:

1. Die Pflege und der Umgang mit Tieren benötigen Zeit und werden oft als *Freizeittätigkeit* → bezeichnet.
2. Tierhaltung und -züchtung als Hobby.

Dabei sind die Übergänge zur *Eigenarbeit* → und *Schattenwirtschaft* → fließend.

Gehalten werden Hunde, Katzen, Tauben, Kaninchen, Meerschweinchen und andere Kleinnager, Vögel (insbesondere Finken und Papageienartige), aber auch Fische, Kleinreptilien, größere exotische Säuger und Reptilien. Daneben gibt es »echte« Haustierhaltung (Pferde, Schafe, Ziegen, Geflügel), hierbei ist die Grenze zur Nebenerwerbslandwirtschaft nicht weit.

Fachausstellungen und -handel sind gut ausge-

baut. T. macht Schwierigkeiten in Großstädten und Ballungsgebieten. Mietwohnungen, besonders in mehrstöckigen Gebäuden, sind für die Haltung größerer Tiere schlecht geeignet. Für die Züchtung von Tieren werden in der Regel Platz für mehrere Exemplare derselben Gattung benötigt, dafür fehlt Platz. Ähnlich den *Kleingartenanlagen* → wurden daher »Kleintieranlagen« geschaffen; ihre Zahl reicht jedoch nicht aus.
Es gibt zahlreiche Vereinigungen, die sich mit T. und Tierzucht befassen; hier nur die wichtigsten: Gesellschaft der Freunde der Heimtiere, Verband für das Deutsche Hundewesen; Vereinigung der Katzenfreunde Deutschland –; Deutscher Katzenschutzbund –; Verband Deutscher Brieftaubenliebhaber; Deutscher Kanarienzüchterbund; Verband Deutscher Vereine für Aquarien- und Terrarienkunde.

Tierpark
Tierschauanlagen →

Tierschauanlagen
Sammelbezeichnung für Einrichtungen zur Pflege, Demonstration und Beobachtung von Tieren. 1. Aus den früheren Tiergehegen, Menagerien und der *Zirkus* → -tierschau haben sich zahlreiche Formen von T. entwickelt. Die wichtigste ist der Zoologische Garten (auch Tiergarten, Tierpark), der sowohl einheimische wie exotische Tierarten beherbergt. Die Gestaltung ist recht unterschiedlich je nach Entstehungsalter und Größe. Es gibt Käfige, Tierhäuser, Freiflughallen, Freigehege. Die Besucher werden meist durch Wasser- und Trockengräben, aber auch durch Zäune und Gitter von den Tieren getrennt. Zoologische Gärten sind in der Regel großstädtische Einrichtungen, die bis auf wenige Ausnahmen von der öffentlichen Hand unterhalten werden. Neben ihrer Demonstrations- und Erholungsfunktion dienen sie auch der Arterhaltung (Zucht) und wissenschaftlichen Forschung. Neben und auch innerhalb von zoologischen Gärten haben sich Spezial-T. entwickelt: a) Aquarium, auch »Aquazoo« (Einrichtung zur Haltung von Wassertieren aller Art); b) Terrarium (Einrichtung zur Haltung von Amphibien aber auch von Insekten); c) Delphinarium (Einrichtung zur Haltung und Vorführung von Delphinen und anderen kleineren Walarten) d) Vogelhaus, Freiflughalle (Einrichtung zur Haltung von exotischen Vögeln mit originalen Pflanzenszenen); e) Streichelzoo (Einrichtung zum direkten Kontakt mit Tieren, besonders für Kinder). Da Tierparks unter freiem Himmel liegen, sind die Besucher dem Wetter ausgesetzt. Um auch bei schlechtem Wetter den Besuch angenehmer zu gestalten, werden mancherorts Formen der Überdachung von Wegen entwickelt: »Allwetterzoo«. 2. Ihre Wurzel in den fürstlichen Wildgehegen (in denen man ohne große Mühe Wild erlegen konnte) hat eine Gruppe anderer T.: a) Wildgehege, Wildpark, (Freigelände in Wäldern, *Naturparks* →, Naherholungs- und Feriengebieten mit in der Regel einheimischen Tieren; die Tiere können auf Rundgängen und an Futterstellen beobachtet werden); b) Safariparks (Form des *Erlebnisparks* →, es werden im Freigelände auch exotische Tiere, z.B. Löwen, gehalten; der Besucher fährt im eigenen Auto, im Bus oder parkeigenen Verkehrsmitteln durch das Gelände). 3. Eine Mischung von zoologischem Garten und Erlebnispark ist der Vogelpark, in dem einheimische und exotische Vogelarten gehalten und möglichst attraktiv gezeigt werden (*Tier-Technikpark* →).
4. Mit der Jagd und der Landwirtschaft sind andere T. verbunden: a) Falknereien »Adlerwarten« (diese halten zur Jagd abgerichtete Raubvögel und führen sie vor); b) Landwirtschaftlicher Schauhof (Einrichtung zur Demonstration landwirtschaftlicher Tierhaltung, oft auch der Pflanzenproduktion); c) Kinderbauernhof (dem Streichelzoo verwandte Einrichtung, jedoch mit Haustierhaltung, an der sich Kinder aktiv beteiligen können).
T. gehören zu den beliebtesten *Freizeitanlagen* → für alle Altersstufen, sind daher auch familiengerechte Freizeitangebote (*Familie* →).
Die Leiter von zoologischen Gärten sind zusammengeschlossen im Verband Deutscher Zoodirektoren. Wildparks und Wildgehege haben als Dachverband den Deutschen Wildgehege-Verband. Safariparks, Vogelparks und einige Wildparks gehören dem Verband Deutscher Freizeitunternehmen an.

Tier-Technik-Park
Betriebsform der *Erlebnisparks* →. Sie gehen in der Regel auf Tiergarten und Spezialzoos zurück, die sich mit ihrer begrenzten Angebotspalette angesichts der Konkurrenzsituation der Erlebnisparks als nicht mehr ausreichend attraktiv erwiesen haben. Durch die Kombination von Tierpräsentation (meist als Vogelpark, Wildpark oder Safaripark) mit technischen Einrichtungen (Fahrgeschäften), Shows und Spielattraktionen wird versucht, den verschiedenen Ansprüchen der einen Erlebnispark besuchenden Minigruppen (in der Regel Familien, Gruppen von Jugendlichen etc.) gerecht zu werden. Da die Tierpräsentation außer bei Kontaktzoos und Streichelabteilungen in der Regel musealen Charakter hat, wird in der Technik- und Spielabteilung derartiger Anlagen versucht, durch die Beförderung der Besucher und durch Unterhaltungselemente (Shows) und Aktivität (Spiele) einen

Ausgleich zu schaffen, sowie durch das erweiterte Angebot auch die Aufenthaltsdauer den in Erlebnisparks üblichen Zeiträumen (ca. 270 Minuten) anzupassen. In T. sind wie bei allen Erlebnisparks gastronomische und Verkaufseinrichtungen angegliedert.
Tierschauanlagen →   Scherrieb

Tischtennis

vom *Tennis* → hergeleitetes Ballspiel auf einer Tischplatte; beliebte *Freizeitsport* → -art. Die platzsparenden T.-platten werden in einer aus Beton hergestellten Ausführung gern auf *Spielplätzen* →, in *Freizeitanlagen* → und *Freizeitparks* →, in *Bädern* → und in anderen Freianlagen aufgestellt. In der Normalausführung in *Freizeiteinrichtungen* →, Gemeinschaftsräumen, *Schulen* → usw.
T. ist Wettkampfsport; Dachverband ist der Deutsche Tischtennisbund.

Tonträger

Medien →, *Schallplatte* →, *Unterhaltungselektronik* →

Tourismus

Reisen →, *Fremdenverkehr* → in größerem bis massenhaften Ausmaß von/durch Menschen aus allen Gruppen einer Gesellschaft zum Besuch bestimmter Orte (*Urlaubsort* →, *Kurort* →, *Erholungsort* →) und Gebiete (*Fremdenverkehrsgebiet* →, *Feriengebiet* →) mittels bestimmter Dienstleistungen (*Reisebüro* →, *Reiseveranstalter* →, örtliche und regionale Fremdenverkehrsorganisation, *Verkehrsmittel* →, *Gastgewerbe* →, *Ferienanlagen* → usw.).
T. ist in den Industrienationen zum Bestandteil des *Lebensstils* → und der *Lebensbedingungen* → geworden. Er führt zu alljährlichen Wanderbewegungen von Hunderten von Millionen Menschen, die die meisten Länder der Welt erreichen (Massen-T.). Der T. stellt einerseits einen erheblichen Wirtschaftsfaktor dar, bedeutet aber gleichzeitig auch soziokulturelle Begegnung und Konfrontation von Reisenden und Einheimischen. Dadurch werden vielerorts tiefgreifende Veränderungen ausgelöst. Ebenso gewinnen die Reisenden eine Erweiterung ihres Weltbildes, aber auch ihrer Anforderungen an die Lebensbedingungen. Abgesehen von Anstößen zur Verbesserung von Lebensbedingungen und der Infrastruktur in den Reiseländern bzw. Reiseregionen sind mit T. durchaus Probleme verbunden: Zerstörung der *Natur* → durch touristische Infrastruktur und Übernutzung (*Naturschutz* →, *Ökologie* →); Veränderung von sozialen Strukturen; Veränderung soziokultureller Traditionen (*Brauchtum* →) insbesondere durch Kommerzialisierung. Zwischen T. und *Landschaft* →, *Kultur* →, *Brauchtum* →, bestehen erhebliche Zusammenhänge: Werden die letzteren zerstört, schwindet die Attraktivität für den T. Daher muß T.-politik zu einem gewichtigen Teil auch *Umwelt* → - und *Kulturpolitik* → sein. Einen bedeutsamen Beitrag haben die Touristen selbst zu leisten, was durch wachsende Reiseerfahrung und zunehmendes Umweltbewußtsein erleichtert werden kann. Allerdings ist das Bewußtsein der eigenen Beteiligung an der Umweltbelastung recht gering (B.A.T.-Freizeitforschungsinstitut 1985).
Zur näheren Umschreibung des T. werden verschiedene T.-arten und -formen herangezogen (Bernecker 1962). T.-arten (nach der Motivation für den T.) sind: a) Erholungs-T. (Nah- und Urlaubs-T.; Kur-T.); b) kulturorientierter T. (Bildungs-T., Wallfahrts-T.); c) gesellschaftsorientierter T. (Verwandten-T., Klub-T., z.B. Vereinsreise, *Ferienclub* →); d) Sport-T. (aktive Sportler, *Zuschauer* →, *Fans* →); e) wirtschaftsorientierter T. (Geschäfts-T.; Kongreß-T.; Ausstellungs- und Messe-T.); f) politikorientierter T. (Diplomaten-T., Reisen zu politischen Veranstaltungen). Die T.-formen beziehen sich auf äußere Ursachen, Ziele, Teilnehmergruppen, Reisemittel u.a.; die Gliederung wird etwa vorgenommen nach: a) Herkunft (Inlands-T./Binnen-T.; Auslands-T.); b) Dauer des Aufenthalts (kurzfristiger T. wie Durchreise- und Passanten-T., Naherholungsverkehr; langfristiger T. mit mind. 4 Übernachtungen auswärts wie Ferien-T., Kur-T.) c) Jahreszeit (Sommer-T., Winter-T.); d) Zahl der Fremdenverkehrsteilnehmer (Individual-T., Kollektiv-T. mit Gruppen- oder Gesellschafts-T. und Klub-T.; Massen-T.; Familien-T.); e) Alter (Jugend-T., Senioren-T.); f) Verkehrsmittel (Eisenbahn-T., Auto-T., Schiff-T., Luft-T.); g) Beherbergungsform (Hotel-T., T. der Parahotellerie mit Chalet, Zweitwohnungs-T., Camping- und Wohnwagen-T.); h) Auswirkungen auf die Zahlungsbilanz (aktiver Fremdenverkehr/Incoming-T./Ausländer-T.; passiver Fremdenverkehr/Outgoing-T./Fremdenverkehr der Inländer im Ausland); i) Finanzierungsart (Sozial-T., Fremdenverkehr durch Vor- und Nachfinanzierung); k) soziologischen Gesichtspunkten (Luxus- und Exklusiv-T.; traditioneller Fremdenverkehr; Jugend-T./Senioren-T., Sozial-T.); l) Reiseform (Individual-T., Pauschal-T.).
Der T. ist ein sich weiterentwickelndes Gebiet, das seine Wurzeln in früheren Zeiten hat, aber durch die Möglichkeiten der modernen Gesellschaft eine besondere Ausprägung erfuhr: Er ist für immer mehr Menschen verfügbar. Diese Verfügbarkeit muß jedoch immateriell und materiell unterschieden werden: Die Teil-

nahme am T. gilt innerhalb der Bevölkerung als Bestandteil des modernen Lebens, verwirklichen können sich diese Teilnahme nur die mit entsprechenden Mitteln ausgestatteten Menschen; das sind etwas mehr als die Hälfte der über 14-jährigen Einwohner unseres Landes (*Reiseanalyse* → des Studienkreises für T.).

Lit.: Kaspar »Der Tourismus – ein wichtiges Kultur- und Wirtschaftsphänomen«, in: »Tourismusmanagement« Berlin/New York 1983; Klatt u.a. »Tourismus Studie international – Einleitungsteil« Sonderdruck 1985

Tourismusforschung
methodisches Bemühen um Erkenntnisse über das Reisen und den *Fremdenverkehr* → (*Tourismus* →). T. ist ein interdisziplinäres Forschungsgebiet von Sozialwissenschaften, Wirtschaftswissenschaften, Geographie und Anthropologie. Tourismus ist einerseits als gesellschaftliches Phänomen, andererseits als Markt ein für Forschung interessantes Feld. Dabei ist die Marktforschung wesentlich weiter ausgebaut als die gesellschaftlich orientierte Forschung. Allerdings stehen die Ergebnisse der marketing-orientierten Studien nur zum Teil zur Verfügung, weil es sich überwiegend um auftragsgebundene Untersuchungen handelte. Wichtige Instrumente der T. sind z.Z. die *Reiseanalyse* → des Studienkreises für Tourismus und die Fremdenverkehrsstatistik (*Fremdenverkehr* →). Daneben sind insbesondere die Institute für *Sozialgeographie* → einiger Universitäten (besonders: München, Bayreuth, Frankfurt, Münster) um Forschung zur Regionalforschung und des raumrelevanten Freizeitverhaltens verdient gemacht. Wirtschaftswissenschaftliche Forschung hat im Rahmen der T. eine lange Tradition. Sie wird vor allem im Zusammenhang mit Standortuntersuchungen und der Untersuchung von neuen Feldern des Tourismus von vielen Instituten und Einzelforschern fortgeführt. In den letzten Jahren ihren Ausgang von sozial und politisch ansetzenden Überlegungen nehmend, werden Fragen der Auswirkung des Tourismus auf die *Umwelt* → untersucht. Damit beteiligt sich eine weitere Disziplin, die *Ökologie* →, in immer größerem Maße an der T.

Traditionspflege
Brauchtum →

Trägerschaft
Veranlassern, Zielgebern, Schaffern der Voraussetzungen (politisch, rechtlich, finanziell) für Einrichtungen und Maßnahmen (*Betrieb* →). Im Freizeitbereich begründet die T. in der Regel ein Dreisystem mit einer *Mitarbeiter* → -gruppe und der *Zielgruppe* → (*Partizipation* →). Der Träger einer Aktivität legt deren Gesamtaufgabe und *Organisation* → fest und übernimmt die Verantwortung für das Vorhaben. Man unterscheidet je nach Legitimation zwischen *Öffentlichem Träger* → und *Freiem Träger* → oder Privatem Träger (Privatmann, *Unternehmen* →, wirtschaftliche Vereine, Genossenschaften u.ä.).

Training
Herbeiführung optimaler *Leistungs* → -fähigkeit durch *Motivation* → sowie durch körperliche und geistige Wiederholungsvorgänge (Übung).
Es wird unterschieden: a) aktives T. (Üben einer Verrichtung durch Wiederholung von Bewegungen); b) neutrales T. (Üben einer Verrichtung durch wiederholtes Sich-Vorstellen der zu lernenden Fertigkeit); c) observierendes T. (wiederholte, gezielte Beobachtung des Übens anderer Personen).
T. ist ein konzentrierter Lernvorgang (*Lernen* →), kann aber auch einen Lehrvorgang bezeichnen.
Der Begriff ist im Deutschen zwar eng mit dem *Sport* → verbunden, wird aber sowohl auf berufliche Übungsvorgänge als auch auf das Einstudieren von Fertigkeiten für nicht sportliche *Freizeittätigkeiten* → angewandt.

Trampen
von engl. Tramp, Fußwanderung/Landstreicher abgeleitet:
sich von einem Autofahrer mitnehmen lassen (»per Anhalter fahren«). Vor allem bei jungen Leuten beliebte, wenn auch mit Gefahren verbundene Form des Reisens. Ähnlich ist das Mitnehmen, das über *Mitfahrzentralen* → organisiert wird; ihm fehlt allerdings die Spontaneität des T.

Transparenz
Deutlichkeit, Verstehbarkeit, Erkennbarkeit; Forderung an Informationen, Programme, Zielvorstellungen, Organisationsformen, *Zuständigkeiten* → (*Kompetenz* →) im öffentlichen Raum, besonders aber im *Freizeitbereich* →. Durch T. sollen *Manipulationen* → vermieden und die *Wahlfreiheit* → erhalten bleiben. Die Forderung ist einerseits eine politische, andererseits eine nach *Partizipation* → und Partizipationsmodellen, zum dritten eine berufsethische.

Trekking
von engl. trek, lange beschwerliche Reise, abgeleiteter Begriff aus Amerika für Bergwandern (*Bergsport* →, *Wandern* →). T.-Touren werden inzwischen auch von Reiseveranstaltern angeboten. Dabei ist zu beachten, daß T. nicht nur *Fitness* → fördert, sondern auch fordert. Außerdem wird eine besondere Ausstat-

tung und Ausrüstung, ähnlich wie für alle Bergsportarten, benötigt und sind bestimmte Verhaltensregeln zu beachten.

Trend

1. Grundrichtung einer statistisch erfaßten Entwicklung, d. h., Errechnung einer von zufälligen und kurzfristigen Schwankungen (z.B. Saisonschwankungen) bereinigten Entwicklungslinie (*Statistik* →).
2. Entwicklungstendenz; Bezeichnung für eine Strömung, für Anzeichen und eine Grundstimmung des sozialen Wandels, des Fortschreitens der Wirtschaft, von Wirtschaftsbereichen, der Politik, von Politikbereichen, der Entstehung von Moden, *Lebensstil* →, *Freizeitverhalten* →, Verbrauchergewohnheiten usw. In diesem Fall ist der T. eine verhältnismäßig irrational bzw. vorwissenschaftlich festgestellte Größe.

Trimm-Aktion

Aktion des Deutschen Sportbundes und seiner Mitgliedsorganisationen a) zur Bewußtseinsbildung, daß *Sport* → für »alle« gedacht ist; b) zur Aktivierung der Bevölkerung bzw. Reaktivierung ehemaliger Sportler durch sich in bestimmten Zeitabständen abwechselnde *Freizeitsport* → -angebote, primär von den *Sportvereinen* → veranstaltet. Seit 1970 vom Deutschen Sportbund in der Grundidee von der zuerst in Norwegen gestarteten Aktion übernommen; mit den Slogans »Trimm Dich durch Sport«, »Lauf mal wieder, Turn mal wieder, Schwimm mal wieder, Sport ist nicht nur Männersache«, dem Trimmy als Symbolfigur, dem Trimmdaumen, sowie allerlei Erkennungsmelodie weiterentwickelt; durch vielfältige Unterstützung und Werbemaßnahmen in Presse, Rundfunk und Fernsehen, Plakatierungen, Broschüren in Millionenauflage, Vergabe von Lizenzen an die Wirtschaft u.a.m. wurde bereits nach Monaten Laufzeit ein Bekanntheitsgrad der Aktion von 60% bei der Bevölkerung der Bundesrepublik, nach zwanzig Monaten 88% und nach 31 Monten 93% durch EMNID-Umfragen ermittelt.
Besondere Aktionen und Maßnahmen sind: Trimm-Spirale (Karte zur Eintragung von sportl. Tätigkeiten zwecks Erwerb einer Anstecknadel), Trimm-Spiele (Volkswettbewerbe der DSB-Mitgliedsorganisationen für jedermann, z.B. Fußballtest), Trimm-Gerät des Jahres (Auszeichnung des besten Heimsportgerätes), die Anlage von Trimm-Parks mit Trimmbahn (Laufstrecke), Trimmplatz (Geräte für kräftigende und beweglichmachende Aufgaben) und Trimmspielplatz (Kommunikation und Kooperation im Spiel); seit 1975 die Lauf-Aktion Trimm-Trab mit der Einrichtung von Lauf-Treffs, seit 1978 die Aktion Gymnastik-Treff und seit 1979 die Durchführung von Spiel-Festen, seit 1983 »Trimming-130 – Bewegung ist die beste Medizin«.

Lit.: Deutscher Sportbund (1969–1975, Hrsg.), Vielzählige Materialien zur Trimm-Aktion; Deutscher Sportbund (1971, Hrsg.) Memorandum zur Aktion »Trimm Dich durch Sport«, Frankfurt/M.; Deutscher Sportbund (1973, Hrsg.) Trim and Fitness International, Frankfurt/M. – EMNID (1970, 1971, 1972, 1974) Reichweite der Aktion »Trimm Dich durch Sport«, Bielefeld; Dieckert (Red.) »Das Große Trimmbuch«, Frankfurt/M. 1973; Dieckert (Hrsg.) »Freizeitsport«, Düsseldorf 1978²; DSB (Hrsg.) Schriftenreihe »Breitensport« und Schriftenreihe »Berichte und Analysen« (Breitensport/Freizeitsport), Frankfurt; Elstner »Spiel mit«, Dortmund 1979; Sportwissenschaftliches Lexikon, 5. neu bearbeitete Auflage, Schorndorf 1983

Roth

Abb. Symbole der Trimm-Aktion

Trimmanlagen

besondere Einrichtungen zur Durchführung von Fitness-Übungen. Die bekanntesten T. sind die Trimmparcours (Laufwege in Waldgebieten und Parks mit Geräten für gymnastische Übungen in bestimmten Abständen); die meisten Parcours verloren schnell an Attraktivität; auch Trimmparks konnten sich nicht durchsetzen (Trimmgeräte auf einer zusammenhängenden Fläche, ergänzt durch Laufwege verschiedener Länge). Durchgesetzt haben sich Trimmgeräte, die zu Hause benutzt werden können, sowie Kraftsportzentren (*Bodybuilding* →) und Fitnesscenter. Ebenfalls gut angenommen sind *Freizeitsport* → -anlagen (Lauf- und *Reitwege* →).
Trimmaktion →

Trimmspiele
Trimmaktion →

Trinkhalle

Bewirtungsstätte mit begrenztem Getränkeangebot, Zeitschriften, Süßigkeiten u.U. auch ein sehr begrenztes Sortiment an Lebensmitteln, wie z.B. Konserven. Der Verzehr findet nur z.T. an Ort und Stelle statt, Sitzgelegenheiten sind sehr selten. T. verfügen teilweise über Stehplätze, teilweise verkaufen sie nur über

die Straße. Enthält das Getränkeangebot auch alkoholische Getränke, müssen sanitäre Anlagen vorhanden sein.
Gastronomie →

Turnen
1. in Deutschland entstandene Form der *Leibesübungen* → und *Leibeserziehung* → (»Turnvater« Jahn führte den Begriff in die deutsche Sprache ein). Die Leibesertüchtigung der Turner war eingebettet in ein ebenso wichtiges, oft wichtigeres als die körperliche Bewegung, Geflecht von *Geselligkeit* →, kultureller Betätigung, Lebensanschauung und staatsbürgerlicher Bildung; dazu gehörten *Gymnastik* →, Geräteturnen, Spiele (Turnspiele) ebenso wie *Musik* →, Theaterspiel, *Tanz* → und *Feste* →. Auch die Arbeiterturnbewegung erhielt ähnliche Komponenten. Das T. ist somit eine Vorform des *Freizeitsports* →.
2. Im engeren Sinne Bezeichnung für Geräte- und Boden-T. (als Spitzen- und Wettkampfsport: »Kunst-T.«). Das T. hat wegen seines ästhetischen Reizes und der mit ihm verbundenen Artistik immer wieder viele *Zuschauer* → angezogen. Spitzen- und Dachverband ist der Deutsche Turnerbund.

Turnhalle
Sportstätte →

Turnverein
Sportverein →

TV-Spiel
Videospiel →

U

Überstunden
Mehrarbeit über die normale *Arbeitszeit* → hinaus. Mit Ü. werden saisonale oder konjunkturelle Mehrbelastungen von Betrieben aufgefangen. Sie werden durch zusätzliche Vergütung oder Zeitausgleich abgegolten. Im ersten Fall schmälern Ü. die *Freizeit* →, während im zweiten Fall oftmals verfügbare, weil nach Wunsch einzusetzende Freizeit entsteht (z.B. zusätzliche freie Tage). Da die Grenze zwischen unvorhersehbaren Ü. und dem Versuch, die Neueinrichtung von Stellen zu vermeiden, nicht genau festzulegen ist, kommt es zwischen den Tarifpartnern und angesichts der *Arbeitslosigkeit* → auch in der Öffentlichkeit immer wieder zur Diskussion über Ü. Während die *Gewerkschaften* → den Abbau von Ü. und die Einrichtungen neuer, fester Stellen fordern, sehen die Arbeitgeber im Abschluß zeitlich begrenzter Arbeitsverhältnisse (mit längerer Dauer als einem halben Jahr) eine Lösung des Problems.

Übungsleiter
ehrenamtlich oder nebenamtlich tätige, fachlich geschulte Personen, die im *Breitensport* →, *Freizeitsport* →, *Leistungssport* → (Grundausbildung) und in der *Laienmusik* → anderen Personen Anleitung geben. Der Deutsche Sportbund erteilt Lizenzen für verschiedene Stufen ü. Ausbildungsabschlüsse: a) Ü. (freizeitsportlich orientierte Gruppen; Fach-Ü. (sportartspezifisch, breitensportorientiert bzw. Hinführung zum Wettkampfsport), gefordert werden 120 Übungseinheiten; b) Ü. (bestimmte Zielgruppen, z.B. Behinderte) 150 Übungseinheiten; c) Trainerlizenz B (Voraussetzung: Fachübungsleiterlizenz) weitere 30 Übungseinheiten; mit weiteren 90 Übungseinheiten kann die Trainerlizenz erreicht werden, Diplom-Trainer studieren 18 Monate an der Trainerakademie (*Organisationsleiter* →). Musik-Ü. werden an Bundes- und Landesmusikakademien und innerhalb der Verbände

ausgebildet. Neuerdings werden in ähnlicher Form auch *Theater* → -spielleiter und Tanzleiter (Akademie Remscheid) qualifiziert.

Uferbereiche
Gewässer →

Umsetzung
Arbeitsplatzwechsel auf Vorschlag des Arbeitgebers bei Betriebsschließung; in der Regel mit Arbeits- und Ortswechsel verbunden; führt zu längeren Arbeitswegen und Anfahrzeiten, da meist Wohnort (Dienst-, Werkswohnung) beibehalten wird, dadurch Freizeitverkürzung. *Arbeitszeit* →

Umwelt
1. Lebensraum: Landschaft, Luft, Klima, *Wohnumfeld* →, Wohnverhältnisse, Arbeitsplatz, *Siedlungs* → -form und -struktur. Die immer größer werdende Zahl von Menschen und die Technisierung bedrohen die natürlichen Kreisläufe und Verflechtungen (*Ökologie* →). Daher werden immer größere Anstrengungen notwendig, um den Lebensraum zu erhalten (*Naturschutz* →, *Umweltschutz* →, *Stadtgrün* →, *Verkehrsberuhigung* →, *Freizeitprobleme* →).
2. Summe aller Personen, zu denen Kontakt aufgenommen wird, gesellschaftliche Organisationen, Traditionen, kurz: alle Einflüsse und Bedingungen der Außenwelt in der ein Mensch lebt (»Soziale U.«); hat einen wichtigen Einfluß auf das Verhalten und die Erwartungen eines Menschen.

Der Mensch steht in einer Wechselwirkung zur U.; er versucht, sich innerhalb seiner U. frei zu bewegen, diese auch zu verändern, ist aber an die Bedingungen gebunden und muß sich ihr ständig anpassen. Die gesamte Anpassungsleistung einer Gesellschaft schlägt sich in ihrer *Kultur* nieder; die Anpassung des einzelnen zeigt sich in seinem *Lebensstil* →. Die soziale U. wirkt als solche auf den einzelnen ein (*Sozialisation* →), hat aber auch rationale Systeme der Einwirkung geschaffen (*Erziehung* →, Erziehungseinrichtungen, Informationssysteme, *Massenkommunikation* →). Auch in der *Freizeit* → steht der Mensch in der genannten Wechselbeziehung: Er benötigt zu seiner *Erholung* → die *Natur* → und belastet sie durch seine Erholungssuche (Abfälle; Lärm; Luftverschmutzung durch Autoabgase; Wasserverschmutzung; Gefährdung von Fauna und Flora; Überbauung durch Freizeitwohnungen, *Camping* → -anlagen, *Freizeitanlagen* →, *Straßen* → und Wege). Andererseits verwenden zahlreiche Menschen Freizeit, um sich für die Verbesserung der U. einzusetzen (Naturschutz; *Wald-* → und Gewässersäuberung; Anlage von Biotopen; Gartenarbeit; *Wohnumfeldverbesserung* →, *Verkehrsberuhigung* →).

Das Verhältnis Mensch – U. ist sehr komplex; es ist schwer zu durchschauen und in den meisten Fällen nicht direkt. Dadurch wissen zwar viele Menschen um die Bedeutung der U., bringen aber ihr eigenes Verhalten nicht in Verbindung mit U.-belastungen.

Lit.: Deutsche Gesellschaft für Freizeit »Natur und Erholung«, Düsseldorf 1983

Umweltschutz
alle Maßnahmen zur Erhaltung und Verbesserung des Lebensraumes (*Umwelt* →), insbesondere der lebensnotwendigen Elemente Wasser, Boden, Luft, Pflanzen, Tiere. Zahlreiche Rechtsbestimmungen (z.B. Abfallbeseitigungsgesetz; Bundesimmissionsgesetz; Bundesnaturschutzgesetz; Bundesraumordnungsgesetz; Wasserhaushaltsgesetz). U. im Freizeitbereich läßt sich durch Gesetzesanwendung allein kaum wirkungsvoll durchführen, da die Überwachung der Vorschriften außerordentlich schwer ist. Notwendig ist die Erzeugung eines Umweltbewußtseins, das an das Verhalten des einzelnen, nicht an eine theoretische Forderung U., gebunden ist. Dazu sind erhebliche Bildungsmaßnahmen notwendig, die am Ort des Entstehens von Umweltkonflikten einsetzen müssen, beginnend im *Wohnbereich* → und endend bei der *Natur* →. Die Nutzung und Erhaltung der Umwelt muß von klein auf gelernt werden, etwa durch Begegnung mit der wachsenden Natur (Garten-, Pflanzenhaltung im Zimmer, auf dem Balkon; Tierhaltung; aktiver Naturschutz und U. im Verein; Mitwirkung bei Planungen. Informationsstellen insbesondere in Erholungsgebieten sind notwendig, die Medien sollten die Probleme des U. weniger global kritisch als persönlich betreffend, zum Mitmachen anregend behandeln (Ansätze dazu sind vor allem in den Regionalprogrammen und in Tageszeitungen vorhanden).

U. als Teil von *Freizeitpolitik* → und *Freizeitinfrastruktur* → -planung ist außerordentlich komplex. Neben den schon erwähnten Lernprozessen geht es dabei um die Lösung erheblicher Interessenkonflikte aus den Bereichen *Freizeitplanung* →, *Freizeitwirtschaft* →, *Fremdenverkehrsentwicklung* →, Land- und *Forstwirtschaft* →, Arbeitsplatzpolitik, Verkehr (darin Individualverkehr kontra öffentlicher Nahverkehr) sowie den Belangen des U. Auch innerhalb des Freizeitbereichs sind diese Interessenkonflikte angesiedelt (*Freizeitprobleme* →). Erschwert werden Lösungsansätze durch den »Querschnittscharakter« (d.h. Zuständigkeit vieler Stellen für U.) von U. und Freizeit, wodurch entsprechende Gremien für die Lösungsfindung und Umsetzung zunächst erst geschaffen werden müssen.

Lit.: Bundesminister des Inneren »Was Sie schon immer über Umweltschutz wissen wollten«, Stuttgart 1981; Deutsche Gesellschaft für Freizeit »Natur und Erholung«, Düsseldorf 1983

Umwidmung

Veränderung der Zweckbestimmung eines Gebäudes, einer Einrichtung. Der Begriff wird im *Freizeitwesen* → meist im Zusammenhang mit Nutzungsänderungen von bisher nicht für *Freizeittätigkeiten* → verwendeten Gebäuden gebraucht; z.B. Fabriken, Bauernhöfe, Kirchen, Schlösser, Schulen. Die U. von Einrichtungen, die schon als öffentliche Einrichtungen genutzt wurden, kann Schwierigkeiten machen, wenn eine Zweckbindung über eine bestimmte Zeit mit der Investition von Steuermitteln (oft zwei bis drei Jahrzehnte) verbunden war. Diese Bindung muß zunächst aufgehoben werden. In anderen Fällen sind auch Änderungen der *Bauleitplanung* → herbeizuführen. Die U. unter Freizeitgesichtspunkten (d.h. nicht aus der Sicht von Einzelbereichen) enthält aufgrund des damit verbundenen Ansatzes von *Multifunktionalität* →, *Mehrfachnutzung* →, *Mehrzwecknutzung* → ein größeres Ideenspektrum, ermöglicht interessantere, langfristigere und flexiblere Lösungen.
Freizeitstätte →, *Raumprogramm* →, *Freizeitpolitik* →

Abb. Umwidmung eines Bauernhauses
DÖRFERGEMEINSCHAFTSHAUS DER GEMEINDE KÜSTEN IN LÜBELN

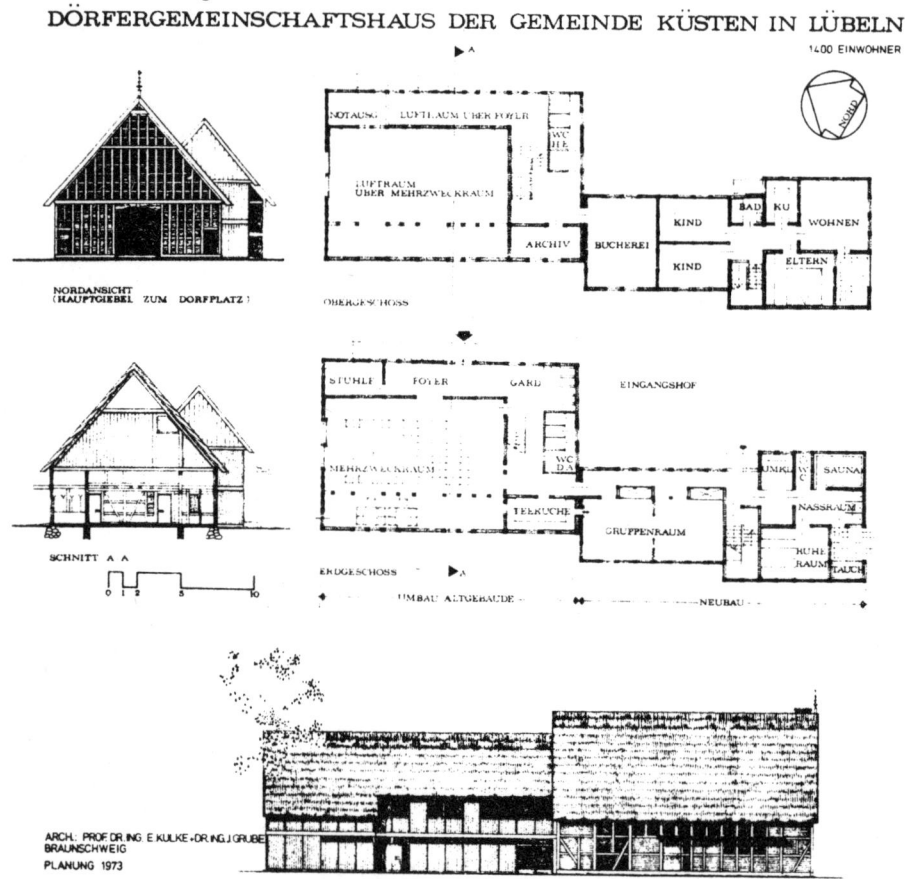

Quelle: Grube/Pabst »Gemeinschaftshäuser« (1974)

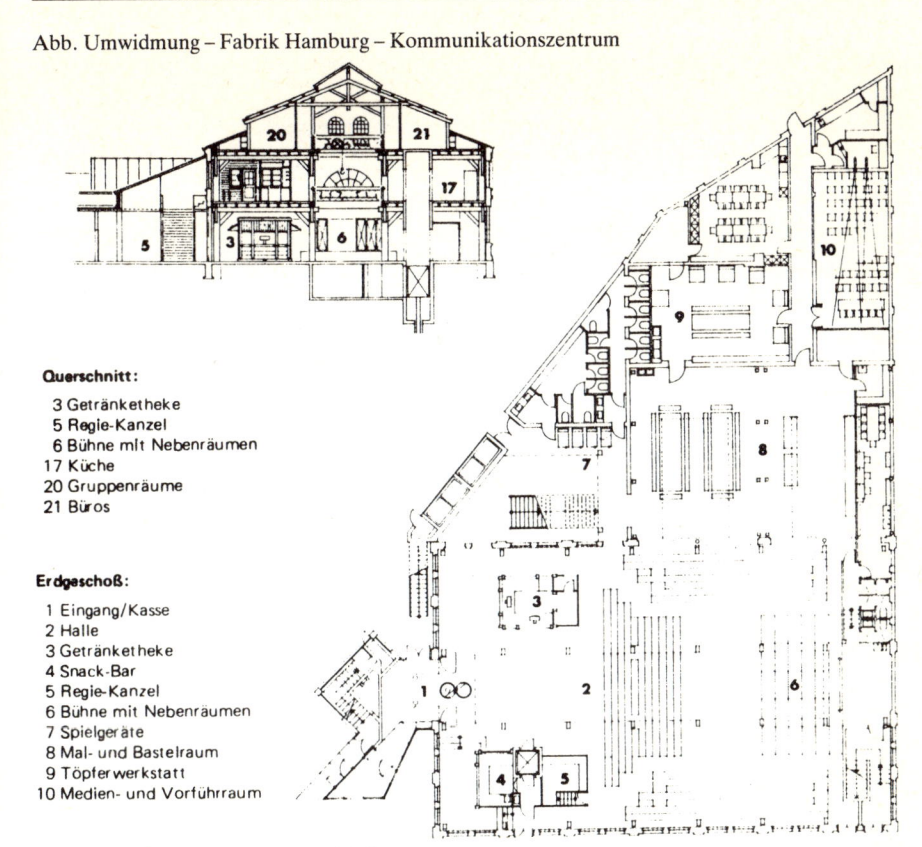

Abb. Umwidmung – Fabrik Hamburg – Kommunikationszentrum

Querschnitt:
- 3 Getränketheke
- 5 Regie-Kanzel
- 6 Bühne mit Nebenräumen
- 17 Küche
- 20 Gruppenräume
- 21 Büros

Erdgeschoß:
- 1 Eingang/Kasse
- 2 Halle
- 3 Getränketheke
- 4 Snack-Bar
- 5 Regie-Kanzel
- 6 Bühne mit Nebenräumen
- 7 Spielgeräte
- 8 Mal- und Bastelraum
- 9 Töpferwerkstatt
- 10 Medien- und Vorführraum

Quelle: Stricker ›Jugend-Freizeitstätten‹ (1982)

Unterhaltung

1. Gespräch in den verschiedensten inhaltlichen Ausprägungen. Häufig Form der zwischenmenschlichen (»direkten«) Kommunikation. Viele *Freizeitangebote* → zielen auf die Ermöglichung von U. (z.B. *Clubs* →, *Gruppen* →, *Freizeiten* →, gesellige Veranstaltungen). *Freizeiteinrichtungen* →, in denen U. durch andere Tätigkeiten völlig verhindert wird (z.B. *Diskotheken* → mit nur lauter Musik), können sich auf Dauer nicht halten. Die U. als Veranstaltungsform bildet den Hintergrund der *Talk-Show* →.

2. Spaß, Zerstreuung; in diesem Sinn wird U. als Zweck vieler Freizeitverhaltensweisen, *Freizeittätigkeiten* → und *Freizeitangebote* → gesehen. U. ist eher verbunden mit angenehmer Stimmung als etwa mit der Umsetzung von Ideen. Dabei kann U. durchaus soziale Bedeutung vermitteln, das erfolgt aber nebenbei. Der für *Erholung* → notwendige Entspannungsvorgang scheint eng mit U. verbunden.

Dadurch entsteht ein ungeheurer Bedarf an U., der insbesondere durch die Massenkommunikationsmittel (*Medien* →), aber auch die vielen anderen Freizeitangebote (»Unterhaltungsindustrie«) gedeckt wird. Eine Mehrzahl der Rundfunk- und Fernsehsendungen werden zur U. hergestellt. Das gilt auch für *Filme* →, *Schallplatten* →, Cassetten, *Zeitungen* →, *Zeitschriften* →, sowie für das *Buch* → mit seinen »Ablegern« (*Groschenheft* →). Vor allem dient das Hören von *Musik* → der U. Auch das *Theater* → enthält ein bedeutsames U.-angebot. Medien- und Show-Betriebe haben Sonderformen der »reinen« Unterhaltung entwickelt: *Entertainment* → (*Künstler* →). U. gilt besonders im Bildungsbereich als zweitklassig, wird als Passivität fördernd und manipulierend (*Konsum* →) betrachtet. Anerkennt man U. als menschliches Bedürfnis, wird die Qualitätsfrage sich auf die Art und Weise der angebotenen U. selbst beziehen und ihren Wert für die U. des einzelnen feststellen. Allerdings wird

Unterhaltung

U. immer ein breites qualitatives und inhaltliches Spektrum abdecken müssen, da die U.-wirkung sehr subjektiv und situationsabhängig ist.
3. »einen Unterhalt leisten«; Erhaltung, Betrieb →, *Trägerschaft* → einer Einrichtung, einer *Organisation* →, eines Gebäudes, insbesondere auch die *technische U.* →. U. in diesem Sinne bezieht sich im wesentlichen auf die wirtschaftliche Seite einer Unternehmung.

Entwicklung und Anzahl der in der Bundesrepublik aufgestellten/abgesetzten Unterhaltungsautomaten

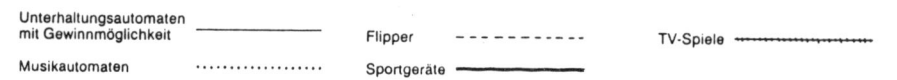

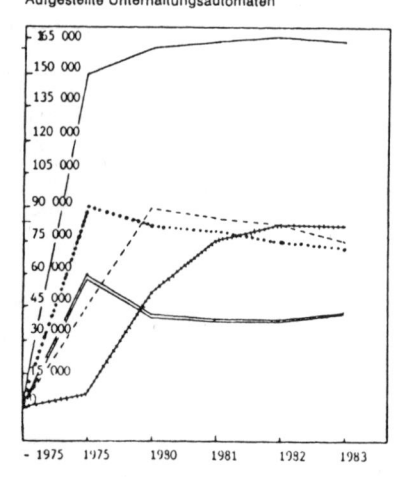

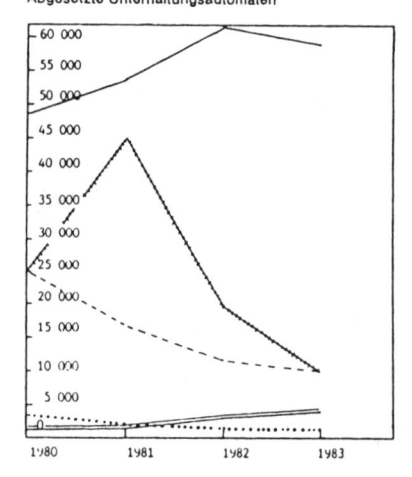

Quelle: VDAI

TYPEN	1975 aufgest. Geräte	1980 aufgest. Geräte	1980 abges. Geräte	1981 aufgest. Geräte	1981 abges. Geräte	1982 aufgest. Geräte	1982 abges. Geräte	1983 aufgest. Geräte	1983 abges. Geräte	Absatz '83 in Prozent
Unterhaltungs-Automaten mit Gewinnmöglichkeit	150.000	157.000	48.000	160.000	53.649	165.000	62.652	160.000	58.000	./. 8,0%
Unterhaltungs-Automaten ohne Gewinnmöglichkeit	200.000	260.000	56.200	272.500	66.070	272.000	36.624	267.000	25.600	./. 30,1%
davon										
Flipper	45.000	90.000	25.000	83.000	16.792	80.000	12.041	75.000	10.000	./. 17,0%
Musikautomat.	90.000	80.000	4.500	77.500	2.523	75.000	2.003	72.000	2.000	---
TV-Spiele	5.000	50.000	25.000	75.000	45.000	80.000	20.064	80.000	10.000	./. 50,0%
Sportgeräte	60.000	40.000	1.700	37.000	1.755	37.000	2.516	40.000	3.600	+ 43,6%
davon										
Billards	---	---	---	---	---	---	1.739	---	2.800	+ 61,0%
Tischfußball	---	---	---	---	---	---	777	---	800	+ 3,0%
GESAMT	350.000	417.000	104.200	432.500	119.719	437.000	99.276	427.000	83.600	./. 15,8%

Entwicklung und Anzahl der in der Bundesrepublik aufgestellten/abgesetzten Unterhaltungsautomaten

Unterhaltungsautomaten mit Gewinnmöglichkeit ——————
Flipper – – – – – – – – –
TV-Spiele ·—·—·—·—·—·
Musikautomaten ·················
Sportgeräte ▬▬▬▬▬

Aufgestellte Unterhaltungsautomaten

Abgesetzte Unterhaltungsautomaten

Unterhaltungsautomat
Sammelbegriff für Spiel- und Dienstleistungsgeräte mit mechanischer bzw. elektronischer Steuerung, deren Programm in der Regel durch Münzeinwurf ausgelöst wird.
Der Begriff wird der Komplexität des vorhandenen Angebotes nicht gerecht.
Automat →, Computer →, Computerspiel →, Geldspielgerät →, Musikautomat →, Spielcomputer →, Videospiel →

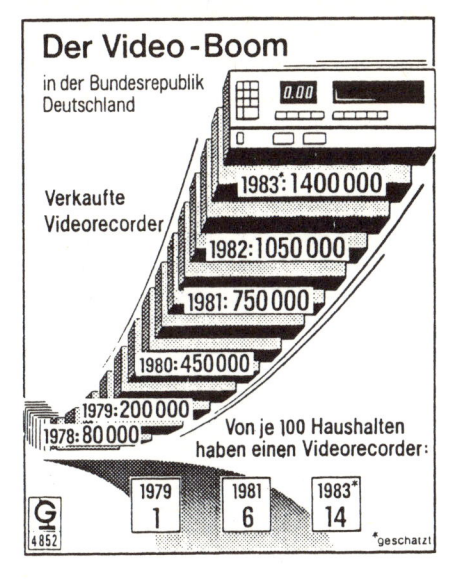

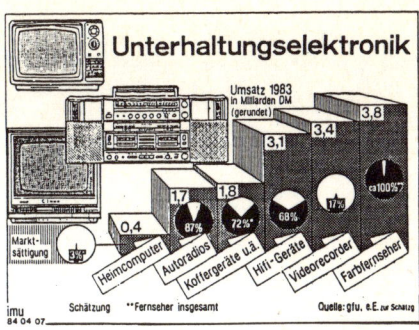

U. ist ein erheblicher Wirtschaftsfaktor mit Umsätzen bei 15 Milliarden DM jährlich. Der Wirtschaftszweig wird vertreten durch den Verband Unterhaltungselektronik innerhalb des Zentralverbandes der Elektronischen Industrie.

Unterhaltungselektronik
Sammelbezeichnung für elektronische Geräte, die im wesentlichen der *Unterhaltung →*, aber auch der Informationsübermittlung dienen: a) Radiogerät (Tuner, Koffergerät, Autoradios); b) Fernsehgeräte (Schwarz-Weiß-Empfänger, Farbfernsehgeräte; Standgeräte, tragbare Fernsehgeräte/Portable; Großbildschirme, Fernsehprojektoren); c) Geräte zum Abspielen von Ton- und Bildträgern (*Schallplatten →* -spieler; Bildplattenspieler; Tonbandgerät, Cassettenrecorder; *Video →* -recorder; d) Geräte zur Verstärkung und klanggetreuen Wiedergabe (High-fidelity/Hifi) (Verstärker, Lautsprecher, Hifi-Anlagen; Kopfhörer, Mikrophone; Videokamera und -aufnahmegerät); f) *Computer →* (Heimcomputer, Video- und Computerspiele). Die Ausstattung der Haushalte mit U. ist enorm. So verfügen fast alle Haushalte über ein oder mehrere Rundfunkgeräte, sowie über ein Fernsehgerät; in fast drei Vierteln aller Haushalte gibt es Hifi-Geräte, während sich Videogeräte und Heimcomputer noch am Beginn ihres Vormarsches befinden (*Abb. →*).

Unterhaltungsmusik
Teil der *Musik →*, der zur *Unterhaltung →* gedacht ist (»U-Musik«); leichte, ohne Anstrengung zu verfolgende Musik, die sich bekannter bzw. leicht eingängiger Melodien und verhältnismäßig einfacher Harmonisation bedient. Die Bandbreite von U. ist groß; sie umfaßt das Lied, Volkslied, das Chanson, den *Schlager →* ebenso wie *Tanz →* -musik, *Rockmusik →*, *Popmusik →*, *Folk →*, wie Teile des *Jazz →* und klassischer Musik. U. sind Operetten und Musical, Filmmusiken. U. hat im Hörfunk einen Gesamtanteil von 36% oder 66% am Musikprogramm. Auf dem Tonträgermarkt belegt die U. etwas mehr als 80% der Anteile; das bedeutet einen jährlichen Umsatz von mindestens 2 Milliarden DM für U.-tonträger und etwa 200 Millionen verkaufte Tonträger. *Unterhaltungselektronik →*

Unternehmen
auch Unternehmung; marktwirtschaftlich orientierte und geführte *Organisation →*. Ein U. kann mehrere *Betriebe →* umfassen. Man unterscheidet Privat-U., öffentliche U., gemeinnützige U., neuerdings auch alternative U. (das sind solche Privat-U., die nicht gemeinnützig, jedoch nicht gewinnorientiert sind).
U. produzieren Güter und/oder bieten *Dienstleistungen →* an, so auch für den *Freizeitbereich →* (*Freizeitmarkt →*, *Freizeitunternehmen →*). Zahlreiche U. organisieren bzw. fördern *Freizeittätigkeiten →* der U.-mitarbeiter (*Betriebliche Freizeitangebote →*). Der Unternehmer als Leiter eines U., der gleichzeitig auch die *Trägerschaft →* der Organisation übernommen hat, ist in Freizeit-U., die meist mittelständische U. sind, recht häufig zu fin-

Unternehmen

den, während in vielen anderen Wirtschaftszweigen die Funktionen des Betriebsleiters und Kapitaleigentümers getrennt sind. Auch Familien-U. sind ziemlich häufig (z.B. *Gastgewerbe* →, *Schausteller* →, *Freizeitparks* →). Öffentliche U. im Freizeitbereich sind seltener, da die *Freizeiteinrichtungen* → meist Fachämtern zugeordnet sind. Wird diese Form nicht gewählt, gründet man »gemischtwirtschaftliche« U., z.B. gemeinnützige Gesellschaften mit beschränkter Haftung. Gemeinnützige Körperschaften können U. betreiben. Sie werden in der Regel versuchen, dem so entstehenden Betrieb die *Gemeinnützigkeit* → zu erhalten. Das ist möglich, wenn ein sog. Zweckbetrieb unterhalten wird (Bedingung: der Betrieb dient dazu, die steuerbegünstigten Zwecke der Körperschaft zu verwirklichen; diese Zwecke können nur durch einen solchen Geschäftsbetrieb erreicht werden; der Betrieb darf zu nicht begünstigten Betrieben nicht in einen größeren Wettbewerb treten, als es zur Zweckbestimmung unbedingt notwendig ist.). Die meisten Zweckbetriebe des *Freizeitwesens* → sind in der Parahotellerie (*Beherbergungsgewerbe* →) zu finden.

Urbanität

Städtische Lebensweise, auch *Bildung* → aufgrund dieser Lebensweise. U. ist Leitbild für die heutige Gesellschaft und wird durch die Bildungsinhalte ebenso wie durch die *Medien* → verbreitet. Jedoch ist U. stark an die Stadt auch als Lebensort gebunden. Daraus entste-

Abb. Abhängigkeiten einer Unternehmensorganisation

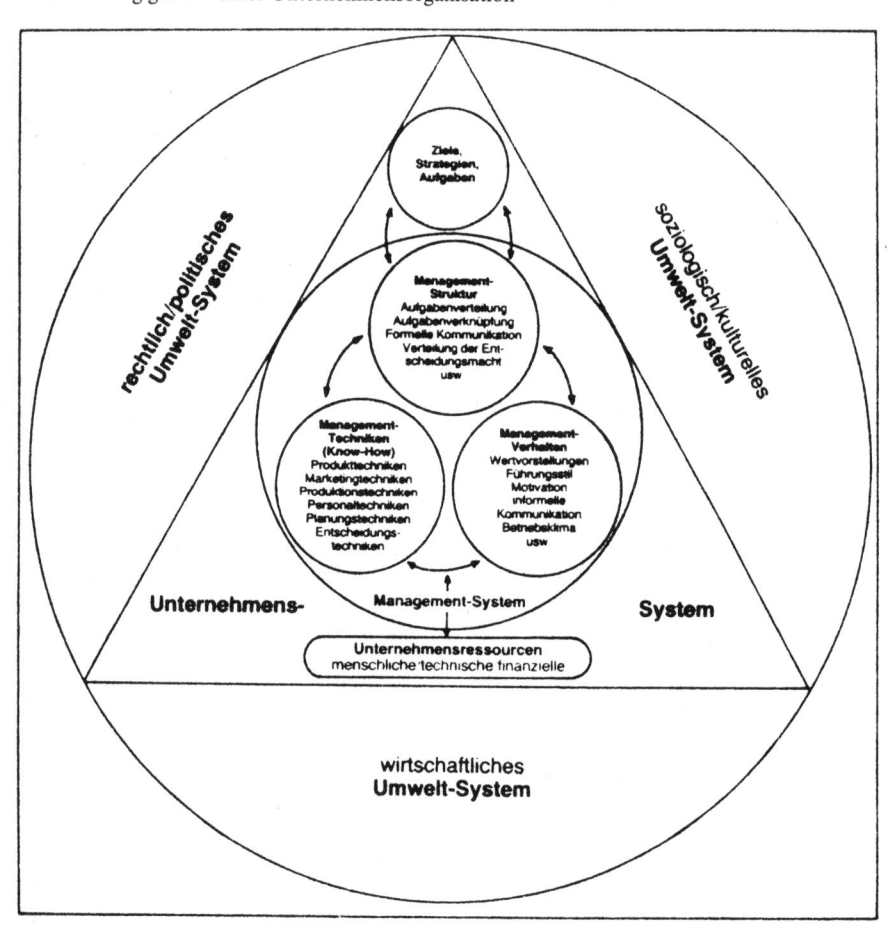

Quelle: Borrmann, in: Management-Enzyklopädie Bd. 7 (1984)

Das Handelsregister

Anmeldung zur Eintragung → Registergericht (Amtsgericht)

Abteilung A

für
Einzelkaufleute, Personengesellschaften (OHG, KG)

Inhalt der Eintragungen:
Firma · Name des Inhabers bzw. des persönlich haftenden Gesellschafters, des Geschäftsführers oder des Vorstands · Rechtsform der Firma · Unternehmens-

Abteilung B

für
Kapitalgesellschaften (AG, GmbH, KGaA), VVaG

zweck · Zweigniederlassungen Ggf. Gesellschafter oder Kommanditisten, Höhe der Einlagen, des Grund- oder Stammkapitals Konkurs · Vergleich · Liquidation · Löschung

© Erich Schmidt Verlag GmbH

ZAHLENBILDER 201 315

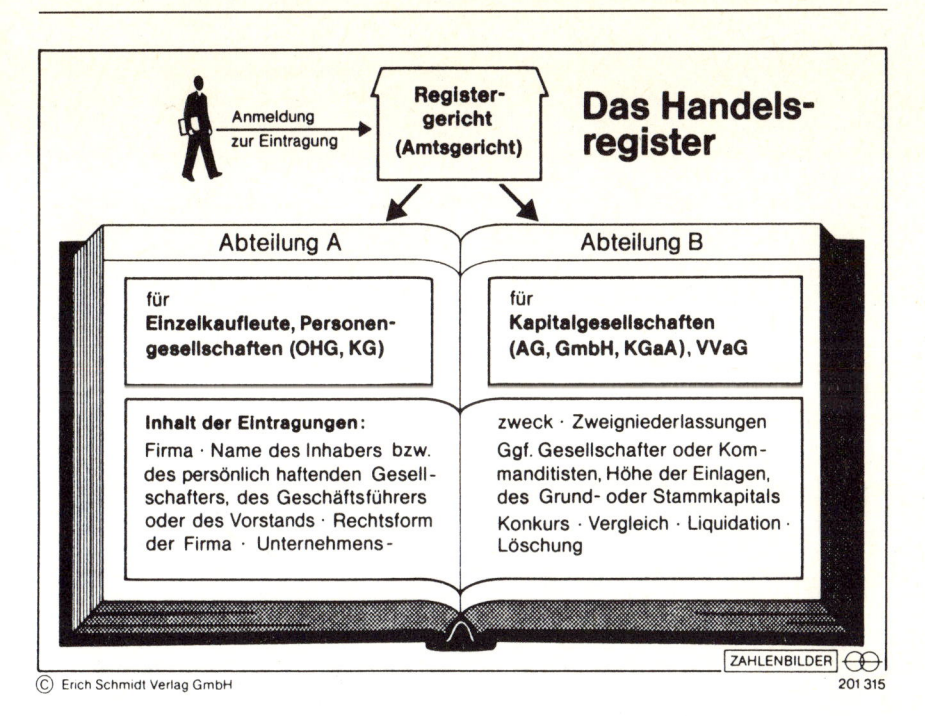

Der Kaufmann im Handelsrecht

Mußkaufmann	Kaufmann kraft Gesetzes § 1 HGB (Handelsgesetzbuch)	Grundhandelsgewerbe
Sollkaufmann	Kaufmann kraft pflichtgemäßer Eintragung in das Handelsregister § 2 HGB	Handwerkliche oder sonstige gewerbliche Unternehmen, die einen kaufmännisch eingerichteten Geschäftsbetrieb erfordern
Kannkaufmann	Kaufmann kraft freiwilliger Eintragung in das Handelsregister § 3 HGB	Land- und forstwirtschaftliche Unternehmen oder deren Nebenbetriebe (z. B. Molkerei, Sägewerk)
Formkaufmann	Kaufmann kraft Rechtsform § 6 HGB	Kapitalgesellschaften (AG, KGaA, GmbH), Genossenschaften, Versicherungsvereine auf Gegenseitigkeit
Minderkaufmann	Keine Eintragung in das Handelsregister, keine Firma, keine Prokura § 4 HGB	Grundhandelsgewerbe, das keinen kaufmännisch eingerichteten Geschäftsbetrieb erfordert (Kleingewerbe)

ZAHLENBILDER 201 325

© Erich Schmidt Verlag GmbH

DGF-Freizeit-Lexikon

hen Probleme für U. anstrebende Bewohner ländlicher Gebiete (*Stadt-Land-Unterschied* →). Auch *Freizeit* → ist Teil der U. und weitgehend städtisch ausgeprägt.
Siedlung →, *Lebensbedingungen* →, *Lebensstil* →

Urheberrecht
Recht am geistigen Eigentum, in Druckwerken und Kopien durch Copyright-Vermerk gekennzeichnet. Geschützt durch Gesetz sind Werke der Sprache, der Musik, der Pantomime, der Tanzkunst, der bildenden Künste, Foto, Film, Video, Tonträger, Zeichnungen, Pläne, Karten, Skizzen, Tabellen, Plastiken. Urheber, Autoren sind: Schriftsteller, Übersetzer, Dramatiker, Dialogschreiber, Journalisten, Komponisten, Arrangeure, Produzenten von Filmen, Schallplatten, Kassetten, Fotografen, Grafiker, Rundfunk- und Fernsehanstalten.
Die Verwertung geistigen Eigentums ist nur grundsätzlich mit Genehmigung des Urhebers erlaubt. In der Bundesrepublik werden Urheberrechte durch die *GEMA* → und die Verwertungsgesellschaft Wort für die Autoren vertreten. Im Freizeitbereich werden häufig Urheberrechte berührt. Um Auseinandersetzungen zu vermeiden, sind die Regelungen der genannten Gesellschaften zu beachten.

Urlaub
zusammenhängende arbeitsfreie Zeitabschnitte innerhalb einer bestimmten Zeit (meist das Kalenderjahr; »Urlaubsjahr«). U. kann unbezahlt aufgrund freier Vereinbarung zwischen Arbeitnehmer und Arbeitgeber in unbegrenzter Dauer eingeräumt werden. Bezahlter U. tritt aufgrund des Bundesurlaubsgesetzes und aufgrund der zwischen den Sozialpartnern vereinbarten Tarifverträge sowie gesetzlichen Sonderregelungen für Beamte ein, wenn ein Arbeitnehmer ein halbes Jahr einem Betrieb angehört. Inzwischen haben (1985) 97% der Arbeitnehmer einen Anspruch auf 5 Wochen und mehr U.; davon 72% sogar einen tarifvertraglichen U. von sechs Wochen. Außerdem gibt es in einigen Bundesländern Sonderregelungen für *Bildungs-U.* → (*Ferien* →).
Zwar gilt als Grundprinzip, daß der U. der Wiederherstellung und Erhaltung der Arbeitskraft des Arbeitnehmers dienen muß, doch ist damit die tatsächliche Verwendung – die U.-gestaltung – nicht festgelegt wie die Bezeichnungen Erholungs-U., Aktiv-U., Arbeits-U., Wander-U., Rad-U., Boots-U., Auto-U., Hobby-U., Abenteuer-U., Auslands-U., Kur-U., Gesundheits-U., Sport-U., Ski-U., Angel-U., Sommer-U., Winter-U., Familien-U., usw. besagen. Der U. soll zusammenhängend

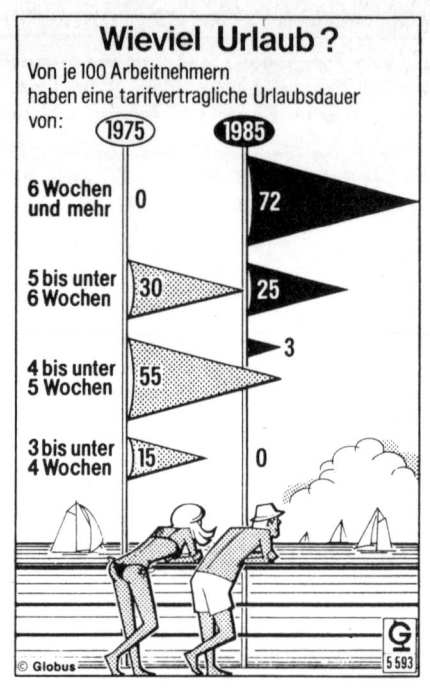

Wieviel Urlaub?
Von je 100 Arbeitnehmern haben eine tarifvertragliche Urlaubsdauer von:

	1975	1985
6 Wochen und mehr	0	72
5 bis unter 6 Wochen	30	25
4 bis unter 5 Wochen	55	3
3 bis unter 4 Wochen	15	0

© Globus 5593

genommen werden. Die Länge des U. führt in der Regel zu einer Teilung in mindestens zwei, oft auch mehrere Perioden, wobei die Urlaubszeiten so gewählt werden, daß sie noch gesetzliche Feiertage umfassen (*Kurzurlaub* →). Meist werden für Familienfeste und -angelegenheiten U.-tage »in Reserve« gehalten. Wichtigste U.-tätigkeit ist die U.-reise (*Tourismus* →, *Reisen* →), zumindest für mehr als die Hälfte aller Bundesdeutschen über 14 Jahren. Die durchschnittliche Reisedauer beträgt (*Reiseanalyse* → 1984) 17,5 Tage. Ähnlich wie die *Freizeitgestaltung* → insgesamt hat sich die Urlaubsgestaltung weiterentwickelt und differenziert. Sowohl die U.-reisen als auch andere U.-tätigkeiten werden bewußter und mit größerem Qualitätsbewußtsein ausgewählt. So haben in den letzten Jahren die von den Gemeinden und Verbänden angebotenen *Ferienaktionen* → einen starken Zulauf bekommen, allerdings stellen gerade beim U. Einkommenseinbußen durch »*erzwungene Freizeit*« → eine starke Beeinträchtigung dar. Es darf auch nicht übersehen werden, daß U. zunehmend für *Eigenarbeit* →, sogar für *Schwarzarbeit* → verwandt wird. Andererseits gibt es inzwischen zahlreiche Menschen, die eine U.-reise machen könnten, aber bewußt darauf verzichten. U. zu Hause hat, abgesehen vom weniger einfachen Ortswechsel, viele Vorteile: Mehr Ruhe und Ausbreitungsmöglichkeiten, mehr

Abb. Urlaubstypen

1. Der S-Typ (Sonne-, Sand- und See-orientierter Erholungsurlauber)
Kennzeichen: passives Verhalten, Wunsch nach Geruhsamkeit und Geborgenheit; lehnt massentouristischen Rummel ab; generell aber kontaktwillig; Sehen-und-gesehen-werden.

2. Der F-Typ (Ferne- und Flirt-orientierter Erlebnisurlauber)
Kennzeichen: unternehmungslustig; sucht Entspannung und Erholung in Kombination mit Erlebnissen; Suche nach Vergnügen, Abwechslung, Gesellschaft und Luxus.

3. Der W-1-Typ (Wald- und Wander-orientierter Bewegungsurlauber)
Kennzeichen: gesundheitsbewußt; sucht frische Luft und körperliche Bewegung; witterungsunabhängig.

4. Der W-2-Typ (Wald- und Wettkampf-orientierter Sporturlauber)
Kennzeichen: sportorientiert; von den Möglichkeiten zur Ausübung des sportlichen Hobbies hängt die Wahl des Urlaubszieles ab (z. B. Alpinisten, Flieger etc.)

5. Der A-Typ (Abenteuer-Urlauber)
Kennzeichen: sucht Abenteuer und Aufregung; nicht auf ein Hobby fixiert; interessiert an Neuem, Überraschendem und unerwarteten Situationen.

6. Der B-Typ (Bildungs- und Besichtigungsurlauber)
B-1-Typ: interessiert an der Absolvierung vieler Sehenswürdigkeiten und Zielländer (sightseeing)
B-2-Typ: eher interessiert an eigenen Emotionen, die durch Besichtigung von kulturellen Denkmälern oder Landschaften in ihm ausgelöst werden.
B-3-Typ: bewußtes rationales Interesse an der Kultur oder Landschaft des besuchten Fremdenverkehrsgebietes.

Quelle: Hahn »Urlaub '74«, Für Sie 25. 1. 1974

Auswahl an Tätigkeiten; man kann etwas gemeinsam machen, muß es aber nicht. Voraussetzung allerdings für den U. zu Hause ist eine entsprechende Wohnung, und ohne Geld läuft auch in ihm weniger. Für viele Arbeitnehmer wird auch in Zukunft die U.-sreise die erwünschte Alternative zur *Arbeit* → und zum *Alltag* → sein.

Urlauber
Reisen →

Urlauberseelsorge
zusammenfassende Bezeichnung für kirchliche Gemeindearbeit an Urlaubs- und Ferienorten bzw. in Ferienzentren, welche sich speziell an die Zielgruppe Urlauber richtet und bei deren Bedürfnissen, Erwartungen und Verhaltensweisen ansetzt. Es geht also nicht nur, wie der Begriff nahelegen könnte, um Angebote beratender Seelsorge in einem speziellen Sinn, sondern – ähnlich wie bei der sog. *Campingseelsorge →* und bei der *Kurseelsorge →* um alle der Situation *Urlaub →* und der Zielgruppe Urlauber angemessene Kommunikations- und Veranstaltungsformen. U. ist demnach eine Form personalbezogenen kirchlichen Handelns im Rahmen des *Tourismus →*. U. geschieht in folgenden Organisationsformen: a) Normalfall ist, daß sich die *Kirchengemeinde →* am Urlaubsort als »gastgebende Gemeinde« versteht und darstellt, die entweder Urlauber gezielt zu ihren Veranstaltungen (vor allem zum Gottesdienst) einlädt oder/und eigene, spezifische Angebote für Urlauber macht, z.B. Einführungs- und Begegnungsabende, Vorträge, Gesprächsrunden, geführte Wanderungen und vieles andere mehr. b) Daneben gibt es die Praxis einer saisonalen personellen Verstärkung von Kirchengemeinden in den Ballungszentren des Fremdenverkehrs durch sog. Kurpastoren bzw. Urlauberseelsorger oder Teams von *Freizeithelfern →*. c) In Diasporagebieten (kath.: Nord- und Ostsee; evang.: Oberbayern) werden auch spezielle, nur während der Hauptsaison bediente Urlauberseelsorgestellen (Stationen) eingerichtet. d) Dies erfordert überregionale Planung, Organisation und Zurüstung auf landeskirchlicher bzw. diözesaner Ebene. e) Angesichts eines Anteils von rund 60% Auslandsurlaubern unter den deutschen Urlaubsreisenden kommt der U. im Ausland große Bedeutung zu. Jährlich werden über 350 evangelische und 80–100 katholische Pfarrer in der Regel für

jeweils einen Monat durch das Kirchliche Außenamt der EKD bzw. das Katholische Auslandssekretariat an die Brennpunkte des Auslandstourismus entsandt.

Die historische Wurzel dessen, was sich vor allem nach dem 2. Weltkrieg als U. entwickelte, liegt in der nach der Jahrhundertwende aufkommenden Einrichtung sog. Kurprediger, die in großen Kur- und Badeorten während der Saison Predigtdienste übernahmen und seelsorgerliche Sprechstunden anboten. Daraus erklärt sich die bis heute vorherrschende Praxis, daß U. – anders als die nach dem 2. Weltkrieg neu entstandene *Campingseelsorge* → mit ihren Teams aus ehrenamtlichen, nichttheologischen Mitarbeitern – nach wie vor eine Domäne der ordinierten Theologen (Pfarrer) darstellt. Eigenen Charakter und eine über den kirchlichen Bereich hinausgehende Bedeutung gewinnt die U. dort, wo sie sich in das öffentliche Gesamtangebot eines Urlaubsortes integriert. Dies geschieht vor allem im Bereich der nordelbischen Evang.-luth. Kirche (Schleswig-Holstein); dort werden während der Sommermonate an 11 großen Ferienorten und in zwei Ferienzentren für jeweils sechs Wochen Teams von »Freizeithelfern« (überwiegend Studenten der Theologie und der Sozialpädagogik) eingesetzt; in enger Kooperation mit den örtlichen Kurverwaltungen bzw. Fremdenverkehrsämtern, teilweise sogar in deren Auftrag (jedoch unter kirchlicher Verantwortung) gestalten sie ein umfangreiches Animationsprogramm (*Animation* →).

Inhaltlich versteht sich kirchliche U. als »ganzheitliches« Angebot. Neben die herkömmlichen Veranstaltungs- und Arbeitsformen wie Gottesdienst, Andacht, Meditation, Bildungsveranstaltungen, Einzel- und Gruppengespräche treten solche kommunikativer, geselliger und kreativer Art wie Morgen- und Nachtwanderungen, Spielnachmittage, Grillabende, Kinder- und Jugendstunden, Erzählfeste und vieles andere mehr. Dieses Angebot nimmt – zielgruppenorientiert – vor allem während der Ferienzeit den Charakter einer umfassenden kirchlichen Familienarbeit an. Leitbild ist im Gegenüber zu einer »Betreuungskirche« das einer »Kirche zum Mitmachen«, welche die Urlauber aktiv einbezieht und dadurch einen Beitrag zur Gestaltung eines gelungenen Urlaubs zu leisten sucht. Die Erfahrung zeigt, daß mit der Vielfalt offener und halboffener Angebote für *Kommunikation* →, Kontakt, kreative Betätigung und Mitgestaltung auch der Gottesdienstbesuch steigt, weil sie die Schwelle zur Kirche niedriger legen. Bei der U. im Ausland (vor allem in den großen Touristenmetropolen Spaniens) kommen die Arbeit mit Multiplikatoren (z.B. Reiseleiter) sowie Angebote ökumenischer Begegnung und interkulturellen Lernens hinzu.

U. ist eine typische Freizeitform kirchlicher Gemeindearbeit und als solche gekennzeichnet durch die Faktoren: offene Situation, diffuse Zielgruppe, punktuelle Kontakte. Sie sammelt eine »Gemeinde auf Zeit«, die von vornherein nur befristet existiert und in ihrer Konzentration auf die jeweilige Situation und die aktuellen (Urlaubs-)Bedürfnisse – anders als jede Ortsgemeinde – weder auf Wiederholung noch auf Kontinuität angelegt ist.

Als wichtige Gestaltungsaufgabe für die Zukunft stellen sich eine Ausweitung der ehrenamtlichen *Mitarbeit* → auf Zeit (Modell Freizeithelfer) und der Ausbau von Angeboten der U. für den Urlaub zu Hause, also die Entwicklung entsprechender Arbeits- und Veranstaltungsformen für die rund 45%, die keine Urlaubsreise unternehmen wollen oder können.

Lit.: Bleistein (Hrsg.) »Tourismus-Pastoral. Situationen – Probleme – Modelle«, Echter, Würzburg 1973; Schramm »Kirchliche Dienste an Urlaubern und Touristen«, in: Zauner/Erharter (Hrsg.), »Schöpferische Freizeit«, S. 95–107, Herder, Wien 1974; Finger/Gayler/Hahn/Hartmann »Animation im Urlaub. Studie für Planer und Praktiker«, Studienkreis für Tourismus e.V., Starnberg 1975; Berendts »Urlauberseelsorge in Europa«, in Brückenhilfe. Berichte aus den Arbeitsgebieten des Kirchlichen Außenamts V., S. 223–238, Quell, Stuttgart 1975; »Leitlinien für den kirchlichen Dienst in Urlaubsorten im Inland und Ausland«, Hrsg. von der Evangelischen Kirche in Deutschland (EKD). Stuttgart 1979; »Seelsorge und Tourismus«, Pastoral-Information XVI. Kath. Auslandssekretariat, Bonn 1980; Arbeitszweig Freizeit und Erholung der Nordelbischen Evang.-Luth. Kirche (Hrsg.), »Kirche am Urlaubsort. Freizeithelfer in Schleswig-Holstein«, Hamburg 1984; Koeppen (Hrsg.), »Kirche im Tourismus. Beispiele aus der Arbeit der Evangelischen Kirche«, Studienkreis für Tourismus e.V., Starnberg 1985.

Koeppen

Urlaub im Altersheim

Kurzzeitpflege, Pflegeurlaub, Ferienpflege für ältere *Menschen* →, die in ihrer Familie wohnen, aber nicht mit ihr eine Urlaubsreise (*Reise* →) machen wollen oder können, jedoch auch nicht in der Lage sind, sich selbst zu versorgen. Problematisch für den U. ist nicht die Reaktion der Senioren, die sich meist nicht abgeschoben fühlen, sondern der Mangel an Plätzen und die Finanzierung der aufzubringenden Pflegesätze, die denen eines teuren Hotels nicht nachstehen. Eine Lösung kann die Pflegeversicherung sein, die allerdings vor Eintritt des Pflegefalls abgeschlossen sein muß.

Mit Fragen der U. befassen sich die *Wohlfahrtsverbände* → sowie das Kuratorium Deutsche Altershilfe.

Urlaubsreisen
Tourismus →

Urlaubsverkehr
Reiseverkehr →

V

Varieté

Theater → mit buntem, raschem Wechsel von musikalischen (U.-Musik), tänzerischen, artistisch-akrobatischen und humoristischen Darbietungen (»Nummern«). Das V. ist eine Form der *Unterhaltung* → und Vorläufer der *Show* →, wenn auch meist der *Kleinkunst* → -charakter in ihm stärker ist als in der Show.

Veranstaltung

im weiteren Sinne: etwas organisatorisch in Bewegung setzen und das daraus entstehende Ergebnis; im engeren Sinn: die *Organisation* → eines zeitlich, örtlich, inhaltlich und in der Teilnehmergruppe (*Zielgruppe* →) begrenzten Ereignisses und das daraus entstehende Ergebnis. Sind V. Gegenstand von *Medien* → spricht man von Bericht, Reportage, Sendung und Übertragung. Besonderes Kennzeichen der V. ist die Anwesenheit von Menschen und die kommunikative Absicht des Initiators (»Veranstalter«). Die V. ist die wichtigste Organisationsform für *Kommunikation* → in *Freizeiteinrichtungen* → und in der *Kulturarbeit* →, sie nimmt einen bedeutsamen Platz im *Vereins* → -wesen ein. Entsprechend weisen V. die unterschiedlichsten Formen auf: a) Versammlung (im weitesten Sinne politische bzw. weltanschauliche Zusammenkunft von Menschen, um bestimmte Informationen zu erhalten, Vereinbarungen zu treffen u.ä.; Sonderform mit gesetzlicher Regelung: Versammlungen unter freiem Himmel müssen genehmigt werden. Auch: Kundgebung, Demonstration; b) Tagung (Diskussion, Konferenz, Kongreß; sachorientierte Zusammenkunft von Menschen zum Informationsgewinn und -austausch); c) Aufführung/Vorführung/Vortrag, (z.B.: *Theater* →, *Musik* →, *Konzert* →, *Film* →, wissenschaftlicher Vortrag, Informationsvortrag, Dia-Vortrag, Ausstellung, Aktionen, Messe. Auch: Festspiele, *Festival* →, Reihe von Aufführungen); d) Lehr-V. (Unterricht, Kurs, Vorlesung, Seminar, Übung); e) Gesellige V. (z.B. *Fest* →, *Feier* →, Tanz-V., Diskothek →, Club → -treffen, *Gruppen* → -stunde; Ball, Empfang, Party; *Spiel* →, *Volksfest* →) e) Sport-V. (Wettkampf; Turnier; Reihenspiele, *Olympische Spiele* →; Meisterschaftsspiele; Freundschaftsspiele usw.); f) *Reisen* → (Fahrten, Ausflüge, Fahrt ins Blaue; Studienreise; *Pauschalreise* →, Gruppenreise, Gesellschaftsreise, Clubreise).

V. erfordern eine planmäßige Vorbereitung, die sich im V.-programm, der Tagesordnung, der Agenda, in der Checkliste, dem Ablaufplan, der Regieanweisung, in Tabellen und ähnlichen Aufstellungen konzentriert zeigt, obwohl ihr Umfang meist viel größer ist. Für viele V.-formen haben sich bestimmte Bräuche herausgebildet über Teilnehmerschaft, Vorbereitung, Einladung, Ablauf, Verhaltensweisen während der V. und Auswertung der V., so daß man einerseits von V.-techniken, andererseits von V.-riten sprechen kann. Solche Übereinkünfte erleichtern dem V. die V.-durchführung erheblich, geben aber auch dem V.-besucher Sicherheit. Ähnliches gilt auch für V.-orte: bestimmte Orte werden bestimmten V. zugeordnet und umgekehrt; Abweichungen davon werden als Ausnahmen wahrgenommen und gekennzeichnet, stellen oft sogar eine zusätzliche Aussage der V. dar. Die meisten V. werden von nicht eigens für V.-management ausgebildeten Personen durchgeführt. Doch erfordern viele V.-arten professionelle Arbeit und eine besondere Ausbildung. Das gilt für alle Groß-V. und größeren V.-reihen (*Festspiele* →) sowie für besonders aufwendige V. (z.B.: Theateraufführungen, Konzerte), vielfach auch für Reisen (*Reiseveranstalter* →). Über V.-techniken müssen Fachleute verfügen, die V. über ihr oder in ihrem Fachgebiet anbieten wollen (*Freizeitmanagement* →).

Verbände

Zusammenschlüsse mit je einheitlicher *Organisation* → zur Erreichung gemeinsamer Ziele meist mit größerem Einzugsbereich bzw. Zielgebiet (Region, Land, Bund). V. nehmen als *Interessengruppen* → (*Pressure groups* →) Einfluß auf die öffentliche Meinung, Behörden und Regierung(en). Es gibt V. mit persönlicher Mitgliedschaft und solche mit juristischen Personen als Mitgliedern (Dach-V.- Spitzen-V.). Von ihren Zielen bzw. Mitgliedern her lassen sich verschiedene Gruppen von V. unterscheiden: a) Politische (Parteien) b) Sozialpolitische V. (*Gewerkschaften* →, Arbeitgeber-V.); c) Wirtschaftspolitische V. (Wirtschafts-V.); d) Soziale V. (*Wohlfahrts-V.* →); e) Berufs-V.; f) Fach-V. (Freizeit-V., *Sport-V.* →, Kultur-V., Gesundheits-V., Umweltschutz-V., Naturschutz-V.); g) Interessen-V. (z.B. Jugend-V., Behinderten-V., Familien-V., Frauen-V., Senioren-V., Bauern-V., Fremdenverkehrs-V., Automobilclubs, Kommunale Spitzen-V.). Alle V. enthalten nebeneinander ein Element des Ehrenamts – (Vorstand/Präsidium) und des Hauptamtes (»Funktionäre«).

Das Verbandswesen ist in der Bundesrepublik Deutschland außerordentlich stark ausgeprägt. Viele V. haben über die Landesgrenzen hinaus internationale Dachverbände. Im *Freizeitbereich* → gilt das nur für Teilgebiete (besonders gut ausgebaut: der *Sport* →). Die Deutsche Gesellschaft für Freizeit hat im europäischen Bereich und Umfeld nur einen Schwesterverband, die Israelische Gesellschaft für Freizeit. Die Europäische Gesellschaft für Freizeit (elra) ist keine Dachorganisation, sondern eine Vereinigung von Fachleuten, Freizeitvereinen und Fachorganisationen aus dem Freizeitbereich. Ähnliches gilt auch für die World Leisure and Recreation Association, die von einigen Firmen gesponsort wird. Zur Bewältigung der anstehenden Aufgaben und Probleme (*Fremdenverkehr* →, *Arbeitszeitverkürzung* →, *Umweltschutz* →) wird zumindest im Bereich der Europäischen Gemeinschaft und des Europarates ein starker Freizeitverband benötigt, der sich auf nationale V. stützen kann.

Verbraucher

Konsument; letztes Glied in der Kette des Wirtschaftens; derjenige, der die Wirtschaftsgüter und Dienstleistungen erwirbt und daraus Vorteile zieht (*Konsum* →). Die V.-schaft ist eine formal nicht organisierte Gruppe von Menschen, die sich mit dem Waren- und Dienstleistungsangebot befaßt, ohne eine einheitliche Meinung bilden zu können (*Publikum* →). Daraus resultiert, daß die organisiert mit einer Geschäftspolitik auftretenden Anbieter vielfach stärker sind als die V. Um hier einen Ausgleich zu schaffen, greift die V.-politik ein mit einem Bündel von Maßnahmen (Kartellgesetzgebung, Preisauszeichnungspflicht, Textilkennzeichnungspflicht, Lebensmittelgesetz, Abzahlungsregelungen, Kaufrücktrittsrecht, Regelung des Maklerwesens, Abschaffung von Preisbindungen, Eichung von Waagen und Meßgeräten, Verbot von »Mogelpackungen«, Mängelschutz bei *Pauschalreisen* →, Mieterschutz, Datenschutz, Regelung für die Werbung und das *Gastgewerbe* →, u.a.m.). Auch die Betriebe des *Freizeitbereichs* → unterliegen den V.-schutzvorschriften. Dadurch entstehen zwar einerseits Mehraufwendungen, aber auch gleiche Wettbewerbschancen und eine bessere Qualität des Gesamtangebotes mit größerer Zufriedenheit der V. (Stammkunden, Wiederholungsbesucher, -teilnehmer).
Information, Rechtsberatung und Bildung der V. (»V.-beratung«) werden von zahlreichen Verbänden und Organisationen wahrgenommen. Auf örtlicher Ebene sind das die V.-Beratungsstellen und Interessenverbände (z.B. ADAC, Deutscher Hausfrauenbund, Deutscher Mieterbund); auf Landesebene die Arbeitsgemeinschaft der Verbraucherverbände und die Verbraucherzentrale, auf Bundesebene die Arbeitsgemeinschaft der V.-Verbände, sowie die Stiftung Warentest. Bei einigen Ministerien gibt es darüber hinaus V.-Beiräte / -ausschüse. Die V.-Beratungsstellen beraten einzelne Interessenten in Ernährungsfragen, bei Energieproblemen, bei der Haushaltsführung, in Sachen des Haushaltsgeldes, bei Reklamationen, führen Kurse durch und betreiben Pressearbeit (»Kauftips«). Durch die V.-Organisationen werden auch *Freizeitangebote* → und -güter getestet bzw. bewertet (z.B. *Reisen* →, *Reiseveranstalter* →, *Spielzeug* →, *Sport* → -artikel, *Freizeiteinrichtungen* →, *Freizeitkleidung* →).

Verdichtungsraum
Siedlung →

Verein
vom Mitgliederwechsel unabhängige, freiwillige Personenvereinigung, die auf Dauer angelegt einen bestimmten Zweck mittels und aufgrund organisierter Willensbildung verfolgt. Ein V. erlangt Rechtsfähigkeit durch Eintragung in das V.-register. Der eingetragene V. unterliegen den Bestimmungen des Bürgerlichen Gesetzbuches über die Gesellschaft bürgerlichen Rechts. Zur Gründung eines eingetragenen V. sind sieben Mitglieder erforderlich. Der gesetzliche Verteter des V. ist der Vorstand, das oberste Organ die Mitgliederversammlung. Der eingetragene V. haftet nur mit seinem Vermögen. Alle den V. begründenden Vereinbarungen sind in einer Satzung festgelegt, die dem Registergericht übergeben werden muß. Voraussetzung für die Eintragung ist in der Regel die *Gemeinnützigkeit* →. Der V. ist die im *Freizeitbereich* → überwiegend anzutreffende *Organisations* → -form (*Freizeitvereine* →).

Vergnügungsangebot
Summe der Vergnügungsstätten eines geographisch bestimmten Bereichs. Dazu gehören insbesondere die Erlebnisgastronomie, *Varietés* →, *Spielhallen* →, Spielbanken (*Glücksspiel* →), Filmtheater, *Videotheken* →, aber auch Stripteaselokale, Sexshops, Eroscenter und ähnliche Etablissements.

Vergnügungspark
Erlebnispark →

Vergnügungssteuer
von Gemeinden erhobene Steuer auf öffentliche Vergnügungsveranstltungen (z.B. *Kino* →, *Tanz* →, *Spielhallen* →, *Volksfeste* →, Sportveranstaltungen). Die V. wird nicht mehr

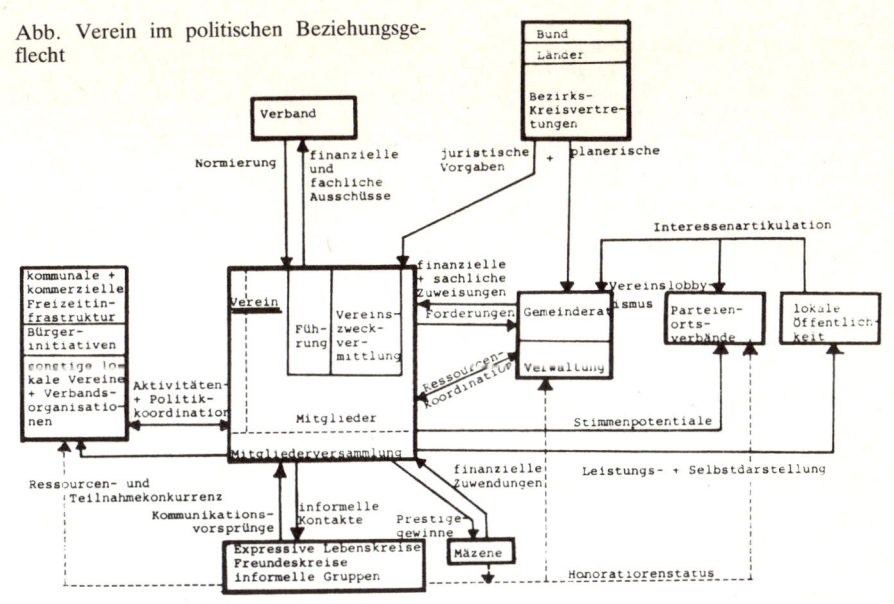

Abb. Verein im politischen Beziehungsgeflecht

Quelle: Bühler, in: Lokale Freizeitvereine (1978)

in allen Bundesländern, nicht bei subventionierten Theatern und Filmen mit Prädikat verlangt. Da die Definition von Vergnügen (»Lustbarkeit«) kaum möglich und in vielen Fällen sehr fragwürdig ist, wird die Abschaffung der V. betrieben.

Verhalten
Freizeitverhalten →

Verkehr
Raumüberwindung von Personen, Gütern und Nachrichten; als besondere Form der Transport (Beförderung von Personen, Gütern und Nachrichten aus ökonomischen Gründen). Eine Vielzahl von menschlichen Daseinsäußerungen ist mit Bewegungen im Raum verbunden. Die Industriegesellschaft ist durch die Entwicklung der modernen V.-systeme erst möglich geworden. Ohne diese wäre das Ausmaß an Arbeitsteilung, wären aber auch Ballungsräume und Konzentrationen von Produktionsstätten nicht realisierbar. V. sorgt für Strukturierung innerhalb der Standorte und Ballungsgebiete und für die Verbindung der räumlich getrennten Märkte. Es gibt verschiedene Ursachen für V. (Thomsen 1974): a) Ungleiche Verteilung der natürlichen Ressourcen; b) Spezialisierung der Produktion (an bestimmten Standorten); c) Maßstabsfragen der Produktion (rationell große Produktmengen müssen verteilt werden) d) politische und militärische Gründe (Verwaltung ohne V. ist unmöglich); e) soziale Beziehungen (die Reichweite der persönlichen Beziehungen und das Bedürfnis nach Kontakten wird immer größer); f) kulturelle Bedürfnisse (die Nachfrage nach *Unterhaltung* → und *Kommunikation* →, sowohl mit aktiver Teilnahme im Rahmen von *Veranstaltungen* →, *Ausstellungen* →, *Festen* →, als auch durch die Massenkommunikationsmittel vermittelt, wächst weiter); g) Disparitäten in der Verteilung der Bevölkerung (Trennung von Wohn- und Arbeitsort). Diesen sieben Gründen ist ein achter hinzuzufügen, der die drei letzten freizeitrelevanten ergänzt: h) Wunsch nach Ortswechsel zur *Erholung* → (*Tourismus* →, *Fremden-V.* →, *Naherholungs-V.* →).

Der tägliche Personen-V. entsteht durch Entfernungsüberbrückung von Wohnung zu Arbeitsplatz/Ausbildungsstätte, zu Einkaufs-/Versorgungsstätten und zu den *Freizeitstätten* →. Am *Wochenende* → findet der *Naherholungs-V.* →, in den Ferien der Urlaubs-V. (Kultur-, Erholungsreisen) statt. Dem Personenverkehr mit 605 Mrd. Personenkilometern steht der Güterverkehr mit 249 Mrd. Tonnenkilometern (ifo 1984) gegenüber. Der V. wird als Individual-V. oder als öffentlicher V. (öffentliche V.-mittel, Bus, Bahn) abgewickelt. Für die Abwicklung des V. stehen drei Medien zur Verfügung: Land, Wasser, Luft.

Zu Land ist eine Vielzahl von V.-wegen und V.-mitteln entwickelt worden: a) Wege und *Straßen* → (zu Fuß: Fußweg, Pfad, *Wanderweg*

Verkehr

→, Bürgersteig, *Fußgängerzone* →, mit dem Pferd: Reitweg; mit dem *Fahrrad* →: Radweg; Nutzfahrzeuge, Automobile, Motorräder: Verbindungsweg, Wirtschaftsweg, Forstweg; Gemeinde-, Kreis-, Land-, Bundesstraße; nur Automobile und Motorräder: Autobahn); b) Schiene (Straßenbahn, U-Bahn; S-Bahn, Nahschnellverkehrs-, Fernbahnstrecken);

c) Leitungen (Rohrleitungen für Wasser, Öl, Gas, Wärme; Energieleitungen für Elektrizität; Nachrichtenleitungen für Telekommunikation). Das Wasser dient den Schiffen, *Booten* →, Surfbrettern und – wenn auch seltener – Schwimmern als V.-medium (Flüsse, Binnenseen, Kanäle, Wasserstraßen des Meeres). Neben dem Güter-V. (hauptsächlich Stück-

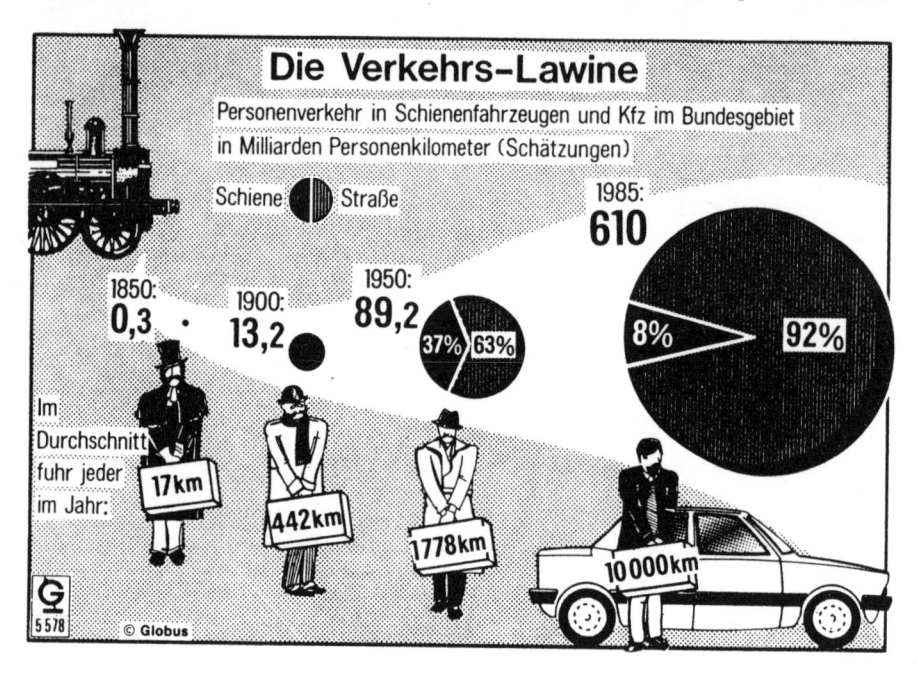

Die Verkehrs-Lawine

Personenverkehr in Schienenfahrzeugen und Kfz im Bundesgebiet in Milliarden Personenkilometer (Schätzungen)

Schiene • Straße

1850: 0,3
1900: 13,2
1950: 89,2 — 37% / 63%
1985: 610 — 8% / 92%

Im Durchschnitt fuhr jeder im Jahr:
17 km
442 km
1778 km
10 000 km

Verkehrsleistung 1984

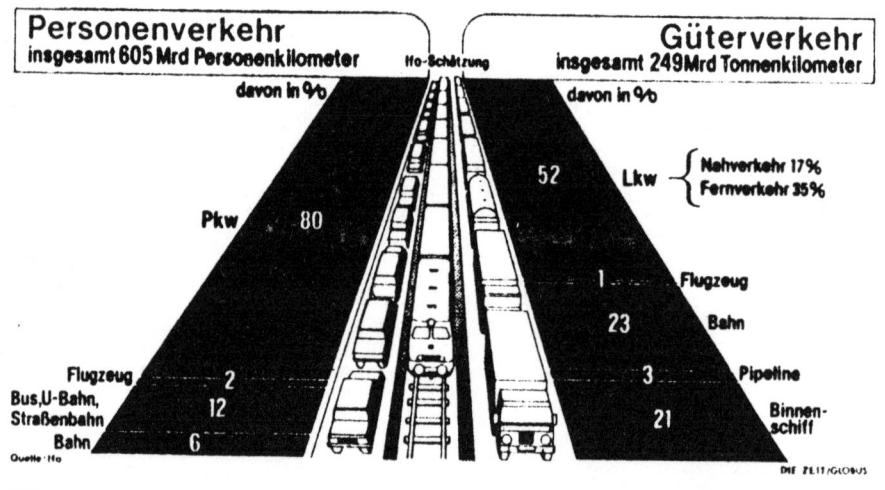

Personenverkehr insgesamt 605 Mrd Personenkilometer
davon in %:
Pkw 80
Flugzeug 2
Bus, U-Bahn, Straßenbahn 12
Bahn 6

Güterverkehr insgesamt 249 Mrd Tonnenkilometer
davon in %:
Lkw 52 { Nahverkehr 17% / Fernverkehr 35% }
Flugzeug 1
Bahn 23
Pipeline 3
Binnenschiff 21

Quelle: Ifo

gut-V., Containerschiffahrt, Tanker) hat die Personenschiffahrt trotz der Konkurrenz durch andere V.-mittel immer noch eine Bedeutung besonders im Fähr-V. (Beförderung von Personen, Pkw, Bussen, Lkw, Anhängern, sogar Eisenbahnwaggons) und für Kreuzfahrten (Erholungs-V.); der Linienverkehr hat sein früheres Ausmaß verloren. Stark zugenommen hat der Freizeit-V. auf den Binnengewässern und in Küstennähe auf dem Meer. Das dritte Medium Luft wird von Luftfahrzeugen (Ballon, Luftschiff, Drachen, Segelflugzeug, Motor- und Düsenflugzeug) für die Personen- und Güterbeförderung sowie zur Freizeitgestaltung genutzt. Dafür wurde eine Infrastruktur an Land mit Flugplätzen und Flugsicherung geschaffen. Luft ist auch das Medium für Funkwellen. Für Freizeit-V. (Tourismus) werden sowohl Linienflüge als auch Charterflüge (mit zunehmender Tendenz) eingesetzt.

V. steht in einem Spannungsverhältnis zur *Natur →*. Einerseits muß er sich den natürlichen Verhältnissen anpassen, andererseits stört er durch Bauten und V.-bewegung (Lärm, Abgase usw.) die Natur. Auch Menschen werden durch zu starkes V.-aufkommen beeinträchtigt, insbesondere durch den motorisierten V. Deshalb werden allenthalben Maßnahmen zur Minderung der V.-auswirkungen getroffen (Abgasentgiftung, Lärmschutz, *Verkehrsberuhigung →*). Auch bei der Planung von neuen und dem Ausbau vorhandener V.-wege wird inzwischen sehr viel zurückhaltender verfahren.

Zur Minderung des Erholungs-V. wurden innerhalb und in der Nähe von Verdichtungsgebieten Freiräume und Erholungsmöglichkei-

Abb. Verkehr

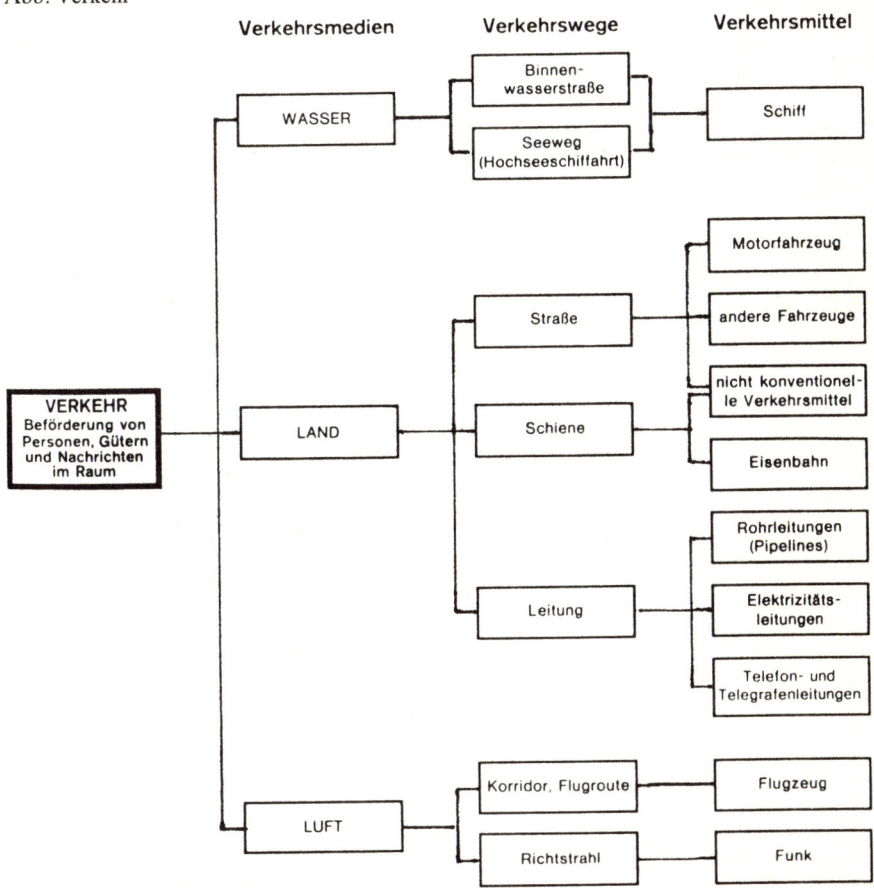

VERKEHR
Beförderung von Personen, Gütern und Nachrichten im Raum

Verkehrsmedien	Verkehrswege	Verkehrsmittel
WASSER	Binnenwasserstraße	Schiff
	Seeweg (Hochseeschiffahrt)	
LAND	Straße	Motorfahrzeug
		andere Fahrzeuge
	Schiene	nicht konventionelle Verkehrsmittel
		Eisenbahn
	Leitung	Rohrleitungen (Pipelines)
		Elektrizitätsleitungen
		Telefon- und Telegrafenleitungen
LUFT	Korridor, Flugroute	Flugzeug
	Richtstrahl	Funk

Quelle: Harms, Sozial- und Wirtschaftsgeographie 2 (1982)

Verkehr

ten eingerichtet sowie der Öffentliche Personennahverkehr (ÖPNV) ausgebaut. Auch die Nutzung von die *Umwelt →* weniger belastenden V.-mitteln (z.B. zu Fuß; Fahrrad) breitet sich zunehmend aus. Nicht immer befriedigend gelöst sind die Probleme des ruhenden V. (Parken) insbesondere in Wohngebieten und Erholungsbereichen.

Ein Spannungsverhältnis besteht auch zwischen Einzelmensch und V. Der Mensch hat vom V. Vorteile, wird aber auch durch ihn gefährdet; nicht nur durch Emissionen, sondern auch durch die V.-mittel selbst, insbesondere im Straßen-V. (V.-unfälle; *Freizeitrisiken →*). Als Führer von V.-mitteln kann er schnell andere Menschen in Gefahr bringen oder gar schädigen. Besondere Probleme entstehen im Freizeit-V. durch Alkoholgenuß (*Fest →*, *Feier →*, *Drogen →*) und *Streß →* bei *Urlaubs →* -fahrten. Auch zu starkes V.-aufkommen (z.B. im Naherholungsverkehr) kann zu Unfällen führen, zumindest aber die gewünschte *Erholung →* erheblich beeinträchtigen (*Freizeitprobleme →*).

Verkehrsberuhigung

städtebauliche, verkehrliche und gestalterische Maßnahmen, die unter Beteiligung der Anwohner geplant und durchgeführt werden und darauf abzielen, in Gebieten mit überwiegender Wohnfunktion a) die Verkehrssicherheit für die Anwohner zu erhöhen; b) die Belästigung durch Lärm und Abgase im Nahbereich der Wohnungen zu verringern; c) unnötigen und störenden Durchgangsverkehr fernzuhalten; d) das Verhalten der Verkehrsteilnehmer an die besonderen Bedürfnisse der Wohngebiete anzupassen; e) die Kommunikation zwischen den Anwohnern zu verbessern (ADAC 1980).

Hinter dem Konzept der V. stehen insbesondere städtebauliche Überlegungen und Ziele, z.B. a) Zurückgewinnung der Straße als Raum der Begegnung; b) Schaffung von Freiraum für die *Freizeitgestaltung →* und Kinderspiel; c) Vermehrung des Bewegungsraums von Fußgängern und Radfahrern; d) durch *Wohnumfeldverbesserung →* den Wohnwert verdichteter Stadtviertel anheben, um die Stadtflucht aus den Großstädten zu bremsen. Die Besonderheit von V.-maßnahmen ist ihr ganzheitlicher Ansatz: es geht nicht um isolierte Einzelmaßnahmen, sondern um ein Bündel aufeinander bezogener Maßnahmen innerhalb eines Stadtentwicklungskonzeptes, insbesondere einer übergreifenden Verkehrsplanung.

Für die V. stehen verschiedene organisatorische, bauliche und gestalterische Möglichkeiten zur Verfügung (*Tab. →*). Welche anzuwenden sind im Einzelfall, ist nicht leicht zu entscheiden. Daher sind Methoden zum Ausprobieren entwickelt worden: a) Planspiel mit Anwohnern; b) 1:1 Versuch mit mobilen Elementen (der ADAC hat dazu einen V.-bus ausgerüstet); c) Probephasen mit provisorischen Einbauten und Regelungen. Um zu richtigen Ergebnissen zu kommen ist die Zusammenarbeit mit den Anwohnern unbedingt erforderlich (*Partizipation →*).

Eine Sonderform der V. ist die Fußgängerzone in *Innenstadt →* -bereichen und Einkaufszentren (*Fußgänger →*). (Abb. S. 334, 335, 336)

Lit.: ADAC »Verkehrsberuhigung in Wohngebieten«, München 1980; Peters »Fußgängerstadt«, München 1977; Bundesminister für Raumordnung, Bauwesen und Städtebau »Verkehrsberuhigung«, Bonn 1979

Abb. Verkehrsberuhigung

Vorher   Nachher

Beispiel einer Verkehrsberuhigung

Quelle: Der Bundesminister für Raumordnung, Bauwesen und Städtebau

Verkehrsbüro
Fremdenverkehr →

Verkehrserschließung
Freizeitinfrastruktur →

Verkehrsmittel
Verkehr →, *Reiseverkehr →*

Verwaltung

1. Sammelbezeichnung der Aufgaben zur Sicherung, Betreuung, Ordnung, Erhaltung, Feststellung, Übermittlung und Überwachung von im *Betrieb* → wirkenden Personen, Sachmitteln und Prozessen. In Unternehmen und Verbänden ist V. das Schaffen der Voraussetzungen für die eigentliche Tätigkeit: Produktion, Handel, Dienstleistungsangebote, Informationsvermittlung durch *Organisation* →, Personal- und Sozialaufgaben, Mittel-V.
2. Als Öffentliche V.: a) die Tätigkeit des

Abb.: Verkehrsberuhigung

Maßnahmen - Übersicht

Maßnahmen \ Wirkungen	Fahrverhalten	Verdeutlichung der Wohnfunktion	Flächenangebot für Fg., Radfahrer und Kinder	Städtebauliche Gestaltung	Verringerung der Geschwindigkeiten	Verminderung des Durchgangsverkehrs	Verbesserung des Sichtkontakts	Annahme durch Bewohner
Umgestaltung der Straße								
- Aufpflasterungen	+++	+++	+++	+++	++	++	++	+++
- Teilweise Aufpflasterung	++	++	+	+	++	++	+	+++
- Einengungen	++	+	+	+	++	+	+	+++
- Wechselseitiges Parken und Fahrgassenversätze		+	++	+	++	++	++	+++
- Restflächen	+	+++	+++	+++	+			+++
- Markierungen auf Straße	+		+					+
Änderung im Straßennetz								
- Sackgassen	+		++		++	+++		+
- Schleifenstraßen	+					++		+
- Einbahnstraßen						++		
Änderung der Beschilderung								
- Rechts-vor-Links-Regelung	+	+			+	+		+
- Zeichen "Wohnbereich"	+	+			+	+		++
- Zeichen 250 StVO und 803	+	+				+		+
- Tempo 30 (Z 274 StVO)	+	+			+			
Schwellen	+	+				+		

Wirkungsgrad: +++: hoch ++: mittel +: gering

→ Abnahme der Wirksamkeit

1) Zeichen 325 und 326 des StVO-Entwurfs (siehe Seite 18)
2) "Verbot für Fahrzeuge aller Art" und "Anlieger frei"

ADAC ›Verkehrsberuhigung in Wohngebieten‹ (1980)

Abb. Ziele der Verkehrsberuhigung

- Steigerung der Verkehrssicherheit
- Bessere Ordnung des Verkehrs
- Verbesserung des Verkehrsflusses
- Vernünftige Verkehrsmittelwahl

→ Verbesserung der Verkehrsverhältnisse

- Weniger Lärm- und Abgasbelastung
- Mehr Frei- und Grünflächen
- Verbesserung der Straßengestalt
- Zentrales, urbanes Wohnen fördern
- Aufenthaltsqualität der Straße verbessern

→ Verbesserung der Wohnumwelt

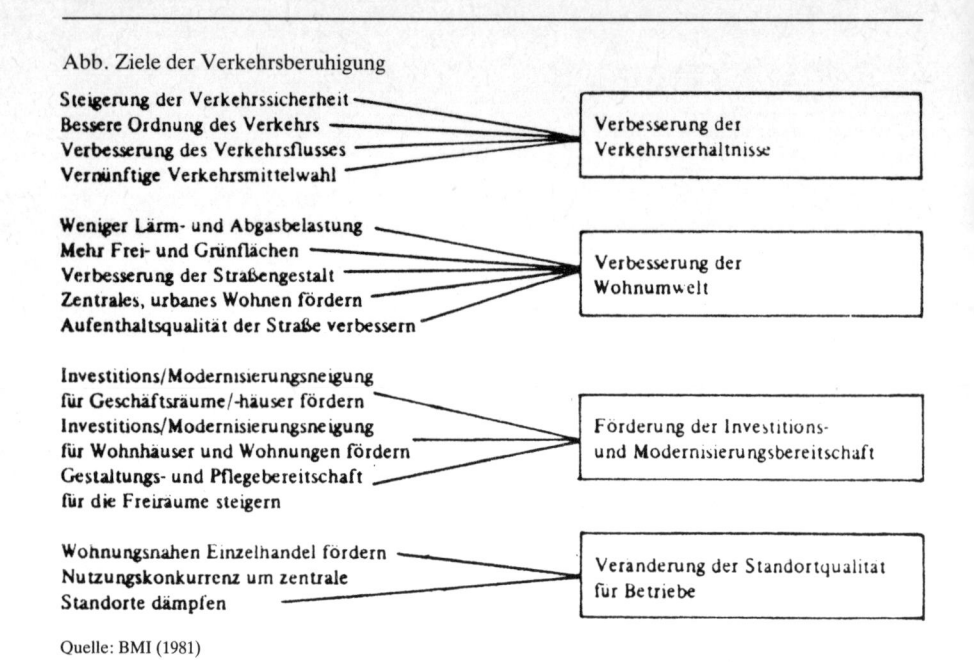

- Investitions/Modernisierungsneigung für Geschäftsräume/-häuser fördern
- Investitions/Modernisierungsneigung für Wohnhäuser und Wohnungen fördern
- Gestaltungs- und Pflegebereitschaft für die Freiräume steigern

→ Förderung der Investitions- und Modernisierungsbereitschaft

- Wohnungsnahen Einzelhandel fördern
- Nutzungskonkurrenz um zentrale Standorte dämpfen

→ Veränderung der Standortqualität für Betriebe

Quelle: BMI (1981)

Abb. Verwaltungsebenen in der Bundesrepublik Deutschland

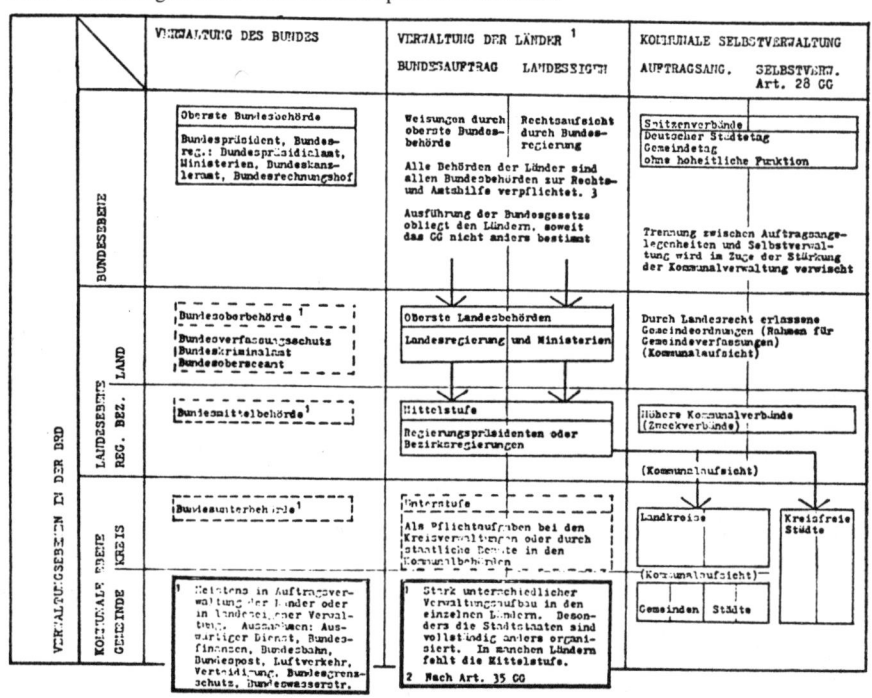

		VERWALTUNG DES BUNDES	VERWALTUNG DER LÄNDER [1]		KOMMUNALE SELBSTVERWALTUNG	
			BUNDESAUFTRAG	LANDESSICHT	AUFTRAGSANG.	SELBSTVERW. Art. 28 GG
VERWALTUNGSEBENEN IN DER BRD	BUNDESEBENE	Oberste Bundesbehörde – Bundespräsident, Bundesreg.: Bundespräsidialamt, Ministerien, Bundeskanzleramt, Bundesrechnungshof	Weisungen durch oberste Bundesbehörde; Alle Behörden sind allen Bundesbehörden zur Rechts- und Amtshilfe verpflichtet. Ausführung der Bundesgesetze obliegt den Ländern, soweit das GG nicht anders bestimmt [3]	Rechtsaufsicht durch Bundesregierung	Spitzenverbände: Deutscher Städtetag, Gemeindetag ohne hoheitliche Funktion	Trennung zwischen Auftragsangelegenheiten und Selbstverwaltung wird im Zuge der Stärkung der Kommunalverwaltung verwischt
	LANDESEBENE REG. BEZ. LAND	Bundesoberbehörde [1] Bundesverfassungsschutz Bundeskriminalamt Bundesoberseeamt	Oberste Landesbehörden Landesregierung und Ministerien		Durch Landesrecht erlassene Gemeindeordnungen (Rahmen für Gemeindeverfassungen) (Kommunalaufsicht)	
		Bundesmittelbehörde [1]	Mittelstufe Regierungspräsidenten oder Bezirksregierungen		Höhere Kommunalverbände (Zweckverbände) (Kommunalaufsicht)	
	KOMMUNALE FREIE GEMEINDE KREIS	Bundesunterbehörde [1]	Unterstufe Als Pflichtaufgaben bei den Kreisverwaltungen oder durch staatliche Beamte in den Kommunalbehörden		Landkreise (Kommunalaufsicht) Gemeinden	Kreisfreie Städte Städte
		[1] Meistens in Auftragsverwaltung der Länder oder in Landeseigener Verwaltung. Ausnahmen: Auswärtiger Dienst, Bundesfinanzen, Bundesbahn, Bundespost, Luftverkehr, Verteidigung, Bundesgrenzschutz, Bundeswasserstr.	[1] Stark unterschiedlicher Verwaltungsaufbau in den einzelnen Ländern. Besonders die Stadtstaaten sind vollständig anders organisiert. In manchen Ländern fehlt die Mittelstufe. [2] Nach Art. 35 GG			

Quelle: Rösing ›Neue Städte in der Bundesrepublik Deutschland und in Großbritannien‹ (1974)

Staates und der ihm nachgeordneten Körperschaften zu Konkretisierung und Erfüllung der Staatszwecke sowie zur Wahrnehmung der Staats- und Volksinteressen; in diesem Sinne ist V. gestaltend und hemmend aktiv im Rahmen von Verfassung, Gesetzen, Verwaltungsrecht und freiem Ermessen. Man unterscheidet: Hoheits-V. (Ausübung der Staatsgewalt; Exekutive, Vollziehende Gewalt) und Dienstleistungs-V. (Administration, Hilfen für den Bürger, Informationsdienste, sozialkulturelle Angebote, Betrieb von *Freizeiteinrichtungen* → usw.). b) Bezeichnung für den V.-apparat und die V.-behörden auf den verschiedenen Ebenen (Bund; Länder; Regierungsbezirke; Landschaftsverbände; Landesjugendämter/ Landeswohlfahrtsverbände/Kommunalverbände; Kreise; Städte; Gemeinden).
In der Öffentlichen V. ist es in den letzten Jahrzehnten zu einer Konzentration von Aufgaben und *Kompetenzen* → gekommen (»Funktionalreform«), wodurch zwar einerseits planerische Vorteile erreicht werden konnten, andererseits aber die V.-stellen von den Einwohnern weggerückten. Entsprechend wurden neue Wege der Dekonzentration (Bezirke, Bezirksverwaltungsstellen, Ortsbeiräte, Breitenkulturarbeit, Vereinsförderung u.ä.) gesucht, um wieder größere *Bürgernähe* → für die V. zu gewinnen.
Da in der Öffentlichen V. das hierarchische, bürokratische Organisationsmodell eingeführt ist, bedarf es bei Querschnittsaufgaben (*Freizeitpolitik* →) besonderer Kooperationsregelungen. Das kann durch Erteilen von Koordinationskompetenzen, durch Bildung von Arbeits- und Projektgruppen, aber auch durch Anregung und Förderung informeller Kontakte geschehen.

Verweildauer

Zeitspanne, die ein Besucher oder Nutzer einer (Freizeit-)Einrichtung (z.B. Schwimmbad, Tier- oder *Freizeitpark* →, Sporthalle, sonstigen Anlagen) verbringt. Je nach Art der Einrichtung kann die V. zwischen nur wenigen Minuten (z.B. Aufenthalt unter einer Sonnenbank) liegen oder aber zeitlich ohne Vorgaben (z.B. Besuch eines Freizeitparks) sein. Im allgemeinen lassen sich jedoch statistische Durchschnittswerte bezüglich der V. feststellen.

Schmale

Video

lat.: ich sehe. 1. bezeichnet als Wortteil die Speicherung, Übertragung und Verarbeitung bildlicher Informationen. Zum Beispiel: a) V.-gerät (zur Aufnahme, Speicherung und Wiedergabe von audiovisuellen Informationen mittels V.-band oder Bildplatte); b) V.-recorder (Gerät zur Aufnahme und Wiedergabe von Bild- und Toninformationen mittels V.-kassette; zum Anschluß an Fernsehgerät und V.-kamera); c) V.-text (Informationsdienst über Fernsehbildschirm, *Medien* →); d) V.-grafie

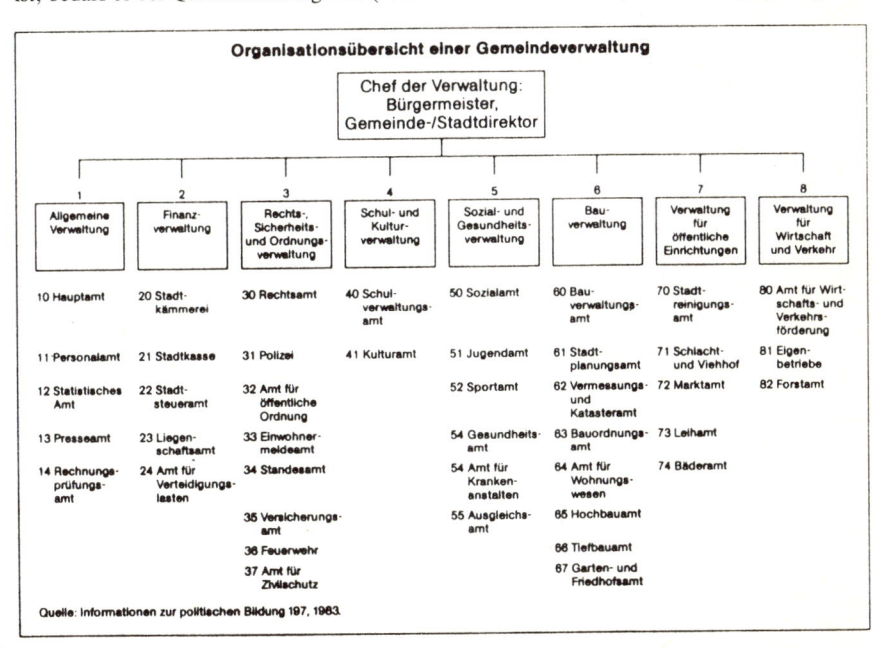

Organisationsübersicht einer Gemeindeverwaltung

Chef der Verwaltung: Bürgermeister, Gemeinde-/Stadtdirektor

1	2	3	4	5	6	7	8
Allgemeine Verwaltung	Finanzverwaltung	Rechts-, Sicherheits- und Ordnungsverwaltung	Schul- und Kulturverwaltung	Sozial- und Gesundheitsverwaltung	Bauverwaltung	Verwaltung für öffentliche Einrichtungen	Verwaltung für Wirtschaft und Verkehr
10 Hauptamt	20 Stadtkämmerei	30 Rechtsamt	40 Schulverwaltungsamt	50 Sozialamt	60 Bauverwaltungsamt	70 Stadtreinigungsamt	80 Amt für Wirtschafts- und Verkehrsförderung
11 Personalamt	21 Stadtkasse	31 Polizei	41 Kulturamt	51 Jugendamt	61 Stadtplanungsamt	71 Schlacht- und Viehhof	81 Eigenbetriebe
12 Statistisches Amt	22 Stadtsteueramt	32 Amt für öffentliche Ordnung		52 Sportamt	62 Vermessungs- und Katasteramt	72 Marktamt	82 Forstamt
13 Presseamt	23 Liegenschaftsamt	33 Einwohnermeldeamt		54 Gesundheitsamt	63 Bauordnungsamt	73 Leihamt	
14 Rechnungsprüfungsamt	24 Amt für Verteidigungslasten	34 Standesamt		54 Amt für Krankenanstalten	64 Amt für Wohnungswesen	74 Bäderamt	
		35 Versicherungsamt		55 Ausgleichsamt	65 Hochbauamt		
		36 Feuerwehr			66 Tiefbauamt		
		37 Amt für Zivilschutz			67 Garten- und Friedhofsamt		

Quelle: Informationen zur politischen Bildung 197, 1983.

(Arbeiten mit V. und V.-geräten: Ausdrucksmittel, Kunst; *Animations-* → und soziokulturelles Medium; Verbesserung der *Kommunikation* → usw.); e) V.-terminal (Sichtschirmteil von *Computern* →); f) *V.-thek* →.

2. Umgangssprachl.: audio-visuelle Kommunikationssysteme, mit dem Fernsehgerät verbundene Geräte zur Aufnahme und Wiedergabe von Bild- und Toninformationen mittels V.-kamera und V.-recorder. Hierzu rechnen auch *V.-spiele* → und die dazugehörigen Geräte.

V. kann zum *Hobby* →, zur *Freizeittätigkeit* → werden, das nicht nur dokumentarische, sondern auch künstlerische Möglichkeiten eröffnet. V.-filmer schließen sich auch zu V.-gruppen zusammen. Dachverband ist der Bund Deutscher Film- und Video-Amateure.

V. ist ein wirtschaftlich interessantes Gebiet im Rahmen der *Unterhaltungselektronik* →, das im Unterschied zu Fernsehen und Rundfunk noch Wachstumsmöglichkeiten hat.

Lit.: Silbermann »Handwörterbuch der Massenkommunikation und Medienforschung«, Berlin 1982

Video-Disco

Diskothek →, in der neben reproduzierter Musik auch visuelle Darbietungen geboten werden. In manchen Betrieben werden in Nebenräumen *Video* → -filme gezeigt, in anderen läuft zur Musik der zugehörige »Video-clip«. Diese Videoclips zeigen entweder die Interpreten bei Life-Auftritten oder eine zum Text passende Handlung.

Videogruppe

Video →

Videospiel

auch TV-Spiel, *Spiel* → mit Hilfe eines Bildschirms und eines *Computers* → bzw. *Spielcomputers* →.

Für das V. werden drei Gerätetypen (Hardware) genutzt: a) VCS: Videocomputersysteme, mit denen Spielcassetten abgespielt werden, bzw. Spielkonsolen, Bedienung des Fernsehgerätes; ausgebaute Form VCSG: Videocomputer-Sichtgeräte; b) AVCS: Austauschfähige Videocomputersysteme; Module können bis zum Heimcomputer ausgebaut werden; c) HCS: Home-Computer-Systeme erlauben Kassettenabspielung wie auch Programmierung.

V.-Geräte bieten Comicspiele mit szenischen Spielinhalten aus der Märchen-, Phantasieoder Tierwelt, Simulationen von Bewegung (Autofahrt usw.), (Wett-)Kampfspiele (»Pong« und Varianten, Sport, Gesellschaftsspiele, Kämpfe und Schlachten, Kampf ums Überleben); dabei gibt es auch Überschneidungen der V.-Typen.

Ein weiterer Typus geht über V. hinaus (Aufstiegs- und Abenteuerspiele) und sollte vom V. unterschieden werden: *Computerspiele* →.

V.-Spiele werden über VCSG auch in Spielhallen angeboten; man spricht dann auch von V.-automat oder Videoautomat, obwohl die Geräte ohne Spieler nicht »tätig« werden (*Automat* →).

Bei diesen Geräten übt der Spieler durch eine manuelle Steuerung (Hebel, Knöpfe) Einfluß auf die am Bildschirm erscheinenden szenischen Bildinhalte aus.

Die meist in Japan entwickelten Spielinhalte (Software) weisen eine große Variationsbreite der Qualität, des geistigen Anspruchs sowie der ästhetischen Gestaltung auf.

Eindeutige Gewaltszenen werden bei öffentlich zugänglichen V.-Geräten durch die freiwillige Selbstkontrolle der Automatenindustrie nicht zugelassen.

V. stehen bei Spielhallenbesuchern an erster Stelle der Beliebtheitsskala.

Lit.: Schneekloth/Emsbach »Wirkungsdimension des Videospiels. Eine psychologisch-soziologische Untersuchung«, Hamburg 1983; »Abenteuerspielplatz Bildschirm«, Herausgeber Aktion Jugendschutzbund, Landesarbeitsstelle Bayern, 1983; Knoll u.a. »Automatenspiel und Freizeitverhalten Jugendlicher«, 1984

Videothek

Wortkombination aus *Video* → und *Bibliothek*. In ihrer Funktion vergleichbar mit einer *Bibliothek* → bzw. Buchhandlung bietet die V. dem Benutzer die Möglichkeit, auf ein breites Angebot von Videofilmen, die gegen Entgelt für einen oder mehrere Tage zum persönlichen Gebrauch ausgeliehen, aber auch käuflich erworben werden können. Das Spektrum der angebotenen Filme reicht vom Heimatfilm über Western, Eastern bis hin zu Pornos.

Die Zahl der als kommerzielle Dienstleistungsbetriebe im Unterhaltungsbereich arbeitenden Unternehmen wuchs schnell an und scheint sich jetzt auf den Bedarf einzupendeln. Die Nachfrage nach Videofilmen als Mittel der Freizeitbeschäftigung ist groß. In den letzten Jahren wurden nicht selten jährliche Steigerungsraten des Umsatzes in zweistelliger Höhe erzielt. Der anfänglich nahezu unkontrollierte Videomarkt hat verstärkt Eltern, Pädagogen und andere gesellschaftliche Gruppen auf den Plan gerufen, die angesichts eines von Gewaltdarstellungen und pornographischen Machwerken wimmelnden, nahezu jedem uneingeschränkt zugänglichen Videoangebots um die moralische und sittliche Entwicklung insbesondere der Kinder und Jugendlichen fürchten. Mit dem 1. April 1985 wurde schließlich ein geändertes *Jugendschutz* → -gesetz wirksam, demzufolge u.a. der Zutritt von Personen unter 18 Jahren zu Videotheken nicht mehr erlaubt ist, sofern sich in ihrem Angebot nicht nur kinder- und jugendgemäße Filme befinden. Ferner wurde die verherrlichende Darstellung von menschenverachtender Gewalt und die filmische Wiedergabe von persönlichkeitserniedrigenden sexuellen Handlungen verboten. Parallel zu dieser Entwicklung haben sich inzwischen auch viele Videohändler einer freiwilligen *Selbstkontrolle* → unterworfen.

Schmale

Vogelpark
Tierpark →

Volksfest
Fest, an dem jeder teilnehmen kann, aus einem eine größere Zahl einer Bevölkerung betreffenden Anlaß verbunden mit einem Attraktionenangebot oder Jahrmarkt. V. sind die ältesten echten *Freizeiteinrichtungen* → und entstammen auf eine Weise immer dem *Brauchtum* →. Die V. sind lange aus rein religiösem Anlaß gefeiert worden oder mit religiösen Festen verbunden gewesen. Die ältesten in Deutschland belegten V. sind Kirchweih- und Heiligenfeste. Daß es in der heidnischen Zeit nicht anders war, zeigen die noch heute vorhandenen Fastnachts- und *Karneval-* → bräuche. Tradition ist für zeitlich begrenzte Einrichtungen sehr wichtig. Es gibt in der Bundesrepublik Deutschland V., die seit über 1000 Jahren gefeiert werden; ein Drittel der über 6000 V. ist mehr als 180 Jahre alt. Das größte und bekannteste V. ist das Münchner Oktoberfest mit 6 Millionen Besuchern. Insgesamt schätzt man jährlich 160 Millionen V.-besucher.
Die wichtigsten V. sind die Kirchweih (Kirmes), der Jahrmarkt und das Schützenfest. Nach dem Krieg entstanden in Anlehnung an das traditionelle V. viele neue V. In letzter Zeit kommen dazu kleinere, einfachere Veranstaltungen, die zum Teil durch *Amateure* → organisiert werden. Traditionell ist das V. in seinem Attraktionenteil eine Domäne der Profis (»Fahrendes Volk«, *Schausteller* →), die von V. zu V. reisen, um die Besucher zu unterhalten und zu versorgen.
V. sind zwar abhängig vom Wetter, haben auch die *Medien* → zu fürchten, können aber noch zunehmen, weil sie im Unterschied zu den *Medien* → Spontaneität fordern und persönliches Erlebnis inmitten eines Geschehens bieten. Allerdings vergrößert die Vielzahl der V. nicht die *Zielgruppe* →, wirken sich Einkommenseinbrüche innerhalb der Bevölkerung aus, müssen immer neue Attraktionen gezeigt werden. Zukunftsaufgabe ist es, solche Angebote zu entwickeln, deren *Investitionen*→ auch vor dem Veralten amortisiert werden können.

Abb. + Tab. Volksfesttradition

Der Jahrmarkt zu Krähwinkel.

Ort	Name des Festes	Entstehungsjahr
Bad Hersfeld	Lullusfest	852
Bad Wimpfen	Talmarkt	965
Kaiserslautern	Oktobermarkt	985
Verden	Domweih	985
Herford	Vision	1 011
Donauwörth	Mai-Markt	1 030
Würzburg	Kiliani-Volksfest	1 030
Bremen	Freimarkt	1 035
Passau	Herbstdult	1 164
Schwäbisch Hall	Jakobimarkt	1 180
Fürth	Michaelis-Kirchweih	12. Jh.

Volkshochschule (VHS)
Dienstleistungseinrichtung im Weiterbildungs- und Freizeitbereich der Bundesrepublik Deutschland. Die Bedeutung der Weiterbildungseinrichtungen ist in den vergangenen Jahren erheblich gestiegen. Mit den Empfehlungen des Deutschen Bildungsrates und der Bund-Länder-Kommission für Bildungsplanung ist für den Begriff *Erwachsenenbildung* → die Bezeichnung Weiterbildung gewählt worden. Sie wird als Teil des Bildungssystems (*Bildungswesen* →) definiert, weil sie im gesamtgesellschaftlichen Interesse liegt und weil die erste Bildungsphase ohne ständige Weiterbildung unvollständig bleibt und wegen ihrer zu einseitigen Berufsorientierung nicht ausreicht. Der Ausbau des »lebenslangen Lernens« muß sich sowohl auf die Angebote beziehen, die zur Weiterbildung unterbreitet werden, wie auf die Einrichtungen, die diese Angebote und Aktivitäten ermöglichen. Die kommunale Einrichtung für die Weiterbildung ist in der Regel die V.
Den umfassenden Aufgaben der V. als öffentlichem Weiterbildungszentrum entspricht ein

inhaltlich breit angelegtes und methodisch vielfältiges Angebot, das teilnehmerorientiert geplant ist. Es ist sowohl bedarfsdeckend als auch bedürfniseckend. V.-Angebote dienen der persönlichen Orientierung, der Eigentätigkeit und der sozialen Lernbereitschaft in allen Lebensbereichen. Die V. sind auf Landesebene und auf Bundesebene im Deutschen Volkshochschulverband zusammengeschlossen.

Lit.: Deutscher Volkshochschulverband (Hrsg.) »Stellung und Aufgabe der Volkshochschule«, Bonn 1978

Helmer

Volkskunst
durch *Brauchtum* → und Gebrauch bestimmtes bildnerisches Gestalten und *Kunsthandwerk* →.
Zu beachten ist eine Vielzahl an Gegenständen, Mustern, Techniken, Farb- und Bildvorgaben. Besonders verbreitet: Möbelformen und -schmuck (»Bauernmalerei«), Geschirr, (Töpferei, deren Schmuck, Glasmalerei und Schliff), textiles Gestalten (Weberei, Stick- und Strickmuster), Schmuck, Bauformen, Schnitzereien und Bildhauerarbeiten und andere figürliche Arbeiten, Hinterglasmalerei, Trachtenschmuck. V. regt heute viele zu eigenem schöperischen Tun an (*Handarbeit* →, *Kunsthandwerk* →).

Volkslauf
offene Veranstaltung im Rahmen des *Freizeitsports* → und des *Breitensports* → für jedermann. V. werden im Bereich der *Leichtathletik* → und des *Wintersports* → (Ski-V.) durchgeführt mit zum Teil mehreren tausend Teilnehmern; sie nehmen meist den Charakter von *Volksfesten* → an.
Trimm-Aktion →

Volkslied
mündlich überliefertes, in breiten Volksschichten lebendiges Lied (*Brauchtum* →), entstanden aus Erfindungen einzelner, aber aufgenommen von der Bevölkerung meist eines bestimmten Gebietes.
V. erfuhren durch den Gebrauch und die Weitergabe ständige Veränderungen. Das V. war meist mit Ereignissen und Erlebnissen des (täglichen) Lebens verbunden (Liebes-, Trink-, Tanz-, Wander-, Hirten-, Soldaten-, Kinder-, Schul-, Arbeitslied, Totenklage). Das V. hat heute diese Bedeutung im wesentlichen verloren, es spricht über seine Melodie an. Die V.-pflege haben Laienchöre (*Laienmusik* →) und Schule übernommen. Im Rahmen der Folkbewegung (*Folk* →) werden außer deutschen V. auch ausländische übernommen. Ebenso nahm die *Unterhaltungsmusik* → V.-melodien auf.

Volksmusik
Zum *Brauchtum* → gehörende Musikpflege (*Volkslied* →, *Volkstanz* →, Verwendung von Volksinstrumenten); umgangssprachl. meist im Sinne von Instrumentalmusik des Volkes gebraucht. Die Übergänge zur Kunstmusik sind sowohl im Kompositorischen als auch in dem verwendeten Instrumentarium fließend. V. hat in manchen Gegenden eine ungebrochene Tradition (in Deutschland besonders im Alpenraum), wurde aber durch Romantik, *Jugendbewegung* → und Folkbewegung sowie die *Unterhaltungsmusik* → neu belebt.
V. wird von V.-gruppen, -ensembles, Blas-, Zupf- und Akkordeonorchestern (*Laienmusik* →) gepflegt.

Volkssport
1. von Massen, großen Teilen der Bevölkerung ausgeübte *Sportart* →.
2. Massensport; Teilnahme großer Teile der Bevölkerung an der Sportausübung (*Breitensport* →, *Freizeitsport* →), die sich in besonderen Formen abspielt wie Volkslauf, Volkswanderungen (*Wandern* →), Volks-*Radfahren* →, Volksskilaufen, Volksschwimmen, Teilnahme an *Spielfesten* → und *Spieltreffs* →.
3. als Zuschauersport beliebte Sportarten (Sportveranstaltungen; Sporttourismus; *Tourismus* →).

Volkstanz
im *Brauchtum* → verwurzelte Tanzform mit entsprechenden Melodien und Rhythmen. Ähnlich wie das *Volkslied* → mit dem Leben einer Volksgruppe verbunden. Heute ist diese Verbindung in unserer Gesellschaft nicht mehr vorhanden. Trotzdem hat der V. seinen Platz im Rahmen der Brauchtumspflege, in V.-gruppen, Heimatvereinen und -verbänden, aber auch in Schule, *Sport* →, in der *Jugendarbeit* →.
Zunehmend werden auch V. aus anderen Kulturen übernommen (Square Dance, Balkan-, osteuropäische, israelische, irische V.) Darüber hinaus wurden in den modernen Gesellschaftstanz (*Tanz* →) Elemente des V. aus verschiedenen Ländern aufgenommen (besonders deutlich die lateinamerikanischen V. Tango, Samba, Rumba).
Fachorganisation ist die Deutsche Gesellschaft für Volkstanz.

Volkstheater
1. Gemeinsames Spiel des Volks, z.B. Schwänke, Aufzüge, Mysterienspiel (Passionsspiel);
2. *Theater* → von Berufs- und/oder Laienschauspielern für das Volk, insbesondere aber mit volkstümlichen Themen. V. pflegen auch mundartliche Stücke (*Brauchtum* →).

Volkstracht

die von bestimmten Gemeinschaften aufgrund des *Brauchtums* → vorgegebene Kleidung, die dem Modewechsel weniger stark unterworfen ist, insbesondere von Bauern und Fischern. Trachten werden auch als Berufskleidung getragen (Bergleute, Zimmerleute, Jäger). V. und V.-bestandteile werden nicht nur im Rahmen der Brauchtumspflege getragen, sondern auch als *Freizeitkleidung* → (z.B. beim Wandern) oder als Ausstattung von Mitarbeitern in Gaststätten und im Fremdenverkehrsgewerbe. Neben den Vereinigungen der Brauchtumspflege gibt es auch besondere Trachtenvereine, denen in den alpenländischen Gegenden nicht zuletzt die Erhaltung der dortigen V. zu verdanken ist.

Volleyball

Sportspiel →, bei dem ein Ball mit der flachen Hand über ein in 2,24 bis 2,43 m hoch angebrachtes Netz geschlagen wird. V. gehört zu den beliebtesten *Sportarten* → und konnte sich besonders als *Freizeitsport* → innerhalb weniger Jahre seinen vorderen Platz auch im Vereinssport erringen. Da das V.-spiel vielfältige Körperbewegungen und Reaktionen verlangt, ist es als Ausgleichssport gut geeignet. Fachverband ist der Deutsche V.-Verband.

Vorruhestand

berufsarbeitsfreier Zeitraum vor der offiziellen Altersruhegrenze (z.Zt.: Frauen 60 Jahre, Männer 65 Jahre). V.-regelungen werden durch die Tarifpartner vereinbart im Rahmen gesetzlicher Bestimmungen (z.Zt. ab 58 Jahre).

Die am schnellsten wachsende Bevölkerungsgruppe ist die der über 50- und 60jährigen. Die Gruppe der unter 20jährigen wird in nächster Zeit um 24% (4 Millionen) abnehmen. Der Anteil der 50- bis 65jährigen wird gleichzeitig um 24% von 9,6 auf 11,9 Millionen ansteigen. Diese Gruppe bildet ein großes Potential berufserfahrener, wirtschaftlich abgesicherter und freizeitaktiver Menschen. Der Trend, möglichst früh in Rente zu gehen, verstärkt sich zusehends. Arbeitnehmer scheiden im Durchschnitt heute mit 58 Jahren aus dem Berufsleben aus. 49% der männlichen Neurentner sind im Durchschnitt erst 54 Jahre alt. Doch das ist nicht das Ergebnis freier Entscheidung, sondern Folge von Arbeitsbelastung und gesundheitlichen Beeinträchtigungen, wie auch die der Massenarbeitslosigkeit, die ältere Arbeitnehmer zu einem V.-leben zwingen. Die Tarifparteien haben erst in einigen Branchen gesetzliche Regelungen für den V. umgesetzt. Das Problem ist, daß der V. von der Mehrheit nicht als angenehm empfunden wird,

Der Vorruhestand

Ein **Arbeitnehmer**, der in den Jahren 1984 bis 1988 58 Jahre alt wird oder bereits älter ist, ... hat die Möglichkeit, **vorzeitig in den Ruhestand** zu gehen. ... und erhält dann vom **Arbeitgeber** – sofern entsprechende tarif- oder einzelvertragliche Vereinbarungen bestehen – bis zum Beginn seiner Altersrente ein **Vorruhestandsgeld** von mindestens 65% seines letzten Bruttoentgelts.

Wird der freiwerdende Arbeitsplatz mit einem **Arbeitslosen** (oder in Kleinbetrieben mit einem Lehrling) besetzt, ... zahlt die Bundesanstalt für Arbeit dem Arbeitgeber einen **Zuschuß** von 35% zu seinen Vorruhestandsleistungen (Vorruhestandsgeld und Sozialbeiträge).

ZAHLENBILDER
149 520

(C) Erich Schmidt Verlag GmbH

sondern stark problembelastet ist. Pädagogen schlagen daher eine Vorbereitung auf diese nachberufliche Lebensphase vor, denn der Sinn und die Struktur des Lebens werden durch den Austritt aus dem aktiven Berufsleben in Frage gestellt. Es stellt sich die Frage, was an die Stelle der regelmäßigen Beschäftigung treten soll. Die nachberufliche Lebensphase mit dem Ausscheiden aus dem Arbeitsleben macht den Umgang mit der freien Zeit zu einer zentralen Herausforderung. Es geht darum, neue Lebensziele und Aufgaben als Arbeitsäquivalente zu entwickeln, sowie Freizeitgewohnheiten aufzugeben, zu verändern oder zu intensivieren. Dem steht eine starke psychologische Kraft, das eigene Phlegma entgegen. Es ist der häufig vorkommende Mangel an Eigeninitiative und der ständige Hang zur Bequemlichkeit. Natürlich spielen auch finanzielle Dinge und gesundheitliche Beeinträchtigungen eine Rolle.

Das Ausscheiden aus dem Arbeitsprozeß bedeutet eine totale Lebensumstellung, ein neuer gesellschaftlicher Status, veränderte Sozialbeziehungen und ein Umbruch für das Selbstwertgefühl. Der einzelne ist plötzlich isoliert, auf sich gestellt, weil er seines Lebens und Arbeitszusammenhanges verlustig gegangen ist. Diese Menschen wehren sich zu Recht dagegen, auf den *Ruhestand* → vorbereitet, als Senioren bezeichnet zu werden, da sie weder betreut noch beschäftigt oder verbastelt werden wollen.

Sie fühlen sich weder geistig noch körperlich schwach oder alt, um so etwas nötig zu haben. Die Menschen wollen für die nachberufliche Lebensphase nicht auf das Alter und den Ruhestand vorbereitet werden, sondern Antworten darauf bekommen, wie sie diese Lebensphase außerhalb der beruflichen Tätigkeit sinnerfüllt ausgestalten können.

Opaschowski/Neubauer »Freizeit im Ruhestand, was Pensionäre erwarten und wie die Wirklichkeit aussieht«, Hamburg 1984; Oberste-Lehn »Das Workout Lebenstraining nach Prof. Opaschowski, Der neue Weg in die nachberufliche Lebensphase«, Manuskript, Lübeck 1984

Oberste-Lehn

W

Wahlfreiheit

aus dem Grundrecht der freien Entfaltung der Persönlichkeit abgeleiteter Grundsatz der Entscheidung, welche Form der *Freizeitgestaltung* →, welches *Freizeitangebot* → jemand ergreifen will.

Als Forderung von *Chancengerechtigkeit* → wird W. vorbereitet durch freizeitpädagogische Maßnahmen in der Schule und eine vielfältige materielle und immateriellen Infrastruktur. Unberührt ist dabei der Grundsatz »Hilfe zur Selbsthilfe« und Vorrangigkeit der *Selbsthilfe* → (*Subsidiarität* →). Auch das Angebot der *Freizeitwirtschaft* → ist geeignet, die W.-möglichkeiten zu verbessern. Die W. der Freizeit unterliegt denselben Einschränkungen wie jede Form der Freiheit. Sie wird vermutlich im materiellen Bereich sehr schnell ihre Grenzen finden (»Mittel sind knapp«), jedoch als kommunikative Freiheit (Spescha: »Freiheit mit jemandem«) unbeschränkt sein.

Wald

eine durch geschlossenen Baumbestand gekennzeichnete, die Landschaft formende Vegetations- und Pflanzengesellschaft, die mit Tieren eine Lebensgemeinschaft bildet (Biotop). Knapp 30% der Fläche der Bundesrepublik Deutschland sind mit W. bestanden, der forstwirtschaftlich gepflegt und genutzt wird.

Der Wirtschaftsw. besteht zum überwiegenden Teil aus Nadelgehölzen, die ein schnelleres Wachstum als Laubbäume haben. Der W. hat neben seiner wirtschaftlichen und seiner Umweltbedeutung auch eine Erholungsfunktion für die Menschen. Allerdings bevorzugen Erholungssuchende den Laubmischw. der abwechslungsreicher als der Nadelw. ist, vor allem wenn der letztere aus gleichaltrigen und gleichgroßen Bäumen besteht.

Noch nicht völlig geklärte Umwelteinflüsse führten in den letzten Jahren zu einer zunehmenden Schädigung insbesondere der Nadelgehölze (»W.-sterben«). Die Einführung von Luftfiltern in Industrieanlagen und Autos (Katalysatoren) bildet einen Teil der Maßnahmen, die Abhilfe schaffen sollen. Zum Schutz und zur Erhaltung des W. müssen auch die Erholungssuchenden beitragen (Nutzung der vorgegebenen Wege, Vermeidung von Verschmutzung). Zum Verständnis der Lebensvorgänge des W. und zur Weckung aktiven *Naturschutzes* → können W.-lehrpfade beitragen. Seit der Romantik haben die Deutschen ein besonderes, oft sentimentales Verhältnis zum W. (»Deutscher Wald«), das es in anderen Ländern nicht gibt. Das kann einerseits die Informationsarbeit erleichtern, führt aber auch durch die Suche nach dem W.-erlebnis zu starken Belastungen des W. Der Schutz des W. ist

Abb. Wald und Freizeit

GLEICHALTRIGE MONOKULTUR

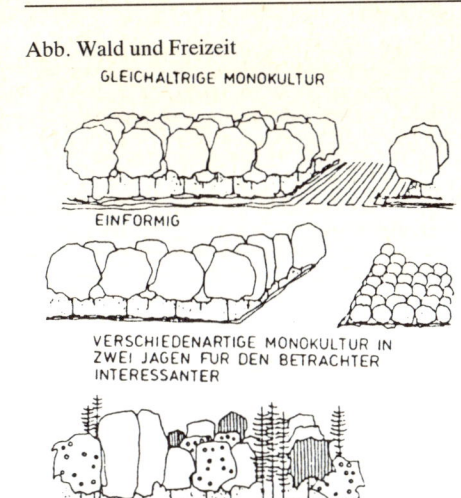

EINFORMIG

VERSCHIEDENARTIGE MONOKULTUR IN ZWEI JAGEN FÜR DEN BETRACHTER INTERESSANTER

MISCHWALD AM INTERESSANTESTEN

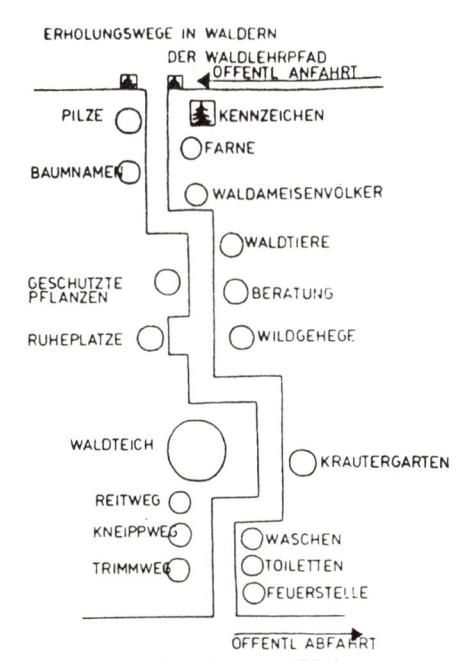

ERHOLUNGSWEGE IN WÄLDERN
DER WALDLEHRPFAD
ÖFFENTL. ANFAHRT
PILZE – KENNZEICHEN
– FARNE
BAUMNAMEN
– WALDAMEISENVÖLKER
– WALDTIERE
GESCHÜTZTE PFLANZEN
– BERATUNG
RUHEPLÄTZE – WILDGEHEGE

WALDTEICH
– KRÄUTERGARTEN
REITWEG
KNEIPPWEG – WASCHEN
TRIMMWEG – TOILETTEN
– FEUERSTELLE
ÖFFENTL. ABFAHRT

Quelle: Schiller-Bütow »Freizeit und Erholung«

eine sehr handfeste Leistung, die zu erbringen ist; das muß auch außerhalb von *Mode* → -strömungen im Bewußtsein bleiben.
Stadtnahe W. (*Erholungsw.* →) müssen, um die stärkere Belastung durch Besucher aufnehmen zu können, besonders erschlossen und gestaltet werden (Geh-, Rad-, Reitwege; Sitzplätze, Rastplätze, Schutzhütten, Wegebeschilderung, Informationen; W.-spielplätze, um das Spielen im W. zu vermindern; Konzentrationspunkte am W.-rand: Gaststätten, Parkplätze, Tiergehege, Wasserflächen, Flächen für den Wintersport; Abfallgefäße). W. in *Feriengebieten* → müssen meist ähnlich gestaltet werden, insbesondere ist eine gute *Wanderweg* → -auszeichnung erforderlich.

Waldlehrpfad
Lehrpfad →

Wandern
Reisen → zu Fuß; heute: zweckfreie Fortbewegung in der *Natur* → aus eigener Kraft. Die wichtigste Form des W. ist immer noch das Fußw., das von etwa einem Zehntel der Bevölkerung betrieben wird. Vom Fußw. abgeleitete Formen sind: a) Bergw. (*Trekking* →); b) Skiw.; c) Wasserw.; d) Pferdew. (*Tourismus* →). W. hat in Deutschland seine Wurzeln einerseits im Handwerkerw., andererseits in der Romantik, die das W. auch künstlerisch überhöhte. Die moderne W.-bewegung (*Wandervereine* →) entstand parallel zur Industrialisierung und zu den modernen Fortbewegungsmitteln; sie kann durchaus als Gegenbewegung zu den bewegungshemmenden gesellschaftlichen Verhältnissen gesehen werden (ähnlich: Turnerbewegung). Entsprechend war die *Jugendbewegung* → eng mit dem W. verbunden. Nachdem W. lange Zeit von begrenzten Gruppen betrieben wurde, gewinnt es seit einigen Jahren zunehmend Freunde in der breiten Bevölkerung. Dazu tragen auch Veranstaltungen wie Volkswanderungen und Volkswandertage (offene Veranstaltungen von Wandervereinen und Fremdenverkehrsorganisationen) bei. Außerdem bieten z.B. *Volkshochschulen* → Wanderveranstaltungen (Tages-, Halbtagswanderungen) an. Voraussetzung für das W. für Ungeübte sind *Wanderwege* →. Die für W. notwendige Ausrüstung (Schuhwerk, Kleidung, Rucksack, Karten u.a.m.) wird heute nicht mehr nur in Fachgeschäften angeboten. So wie dem Handwerksburschen das Gesellenhaus (»Kolpinghaus«) Herberge war, schuf sich die Wanderbewegung eigene Unterkünfte: Wanderheime, *Jugendherbergen* →, Naturfreundehäuser, Berghütten.
Der echte Wanderer nutzt nicht nur die *Wochenenden* → und *Feiertage* → zum W.; er macht Wanderurlaub, möglichst mit der *Familie* → (Familienw.) oder in der Gruppe. Wanderurlaub wird heute nicht nur von den Wandervereinen und -verbänden, den Jugendverbänden, dem Deutschen Jugendherbergswerk angeboten, sondern auch von *Reiseveranstal-*

tern →. Dabei entwickelten sich zum Teil recht luxuriöse Formen; z.B. W. von Hotel zu Hotel, wobei das Gepäck gefahren wird; aber W. ist auch Bestandteil sehr anstrengender Reisen (Abenteuerreisen, Trekking, Überlebenstraining). Eine besondere Form des W. ist das Schulw. an sog. Wandertagen; allerdings bedarf es hier einiger Anstrengungen, um die Schulklassen wieder wirklich zum W. zu bringen. Ähnlich dem *Übungsleiter* → im Sport hat sich innerhalb der Wanderbewegung der Wanderführer als Spezialist für die Vorbereitung des W. (Routenauswahl, Quartierbesorgung usw.) entwickelt.

Wandervereine
Zusammenschlüsse von Wanderfreunden (*Wandern* →). W. entstanden in der zweiten Hälfte des 19. Jahrhunderts, angeregt durch ein neues Natur- und Landschaftsbewußtsein als zunächst landschaftsbezogene Gruppen („Gebirgsvereine"). Wandern ist wie der *Spaziergang* → nicht einfach ein Bewegungsvorgang, sondern eine komplexe Kommunikationstätigkeit einerseits zwischen dem Wanderer und der erwanderten Umwelt, andererseits der Wanderer untereinander (Gespräch, Austausch der Natur- und Landschaftserfahrungen, *Geselligkeit* →, Gesang, *Tanz* →). Das ist durch Zusammenschluß Gleichgesinnter sicherzustellen. Innerhalb der W. haben sich bestimmte Traditionen und Aufgabenstellungen herausgebildet (Wanderdisziplin, Disziplin im Walde, Heimatkunde →, Wanderformen, Kleidung, Suche und Kennzeichnung von Wanderrouten, Erstellung von Wanderkarten, *Naturschutz* →). Die mit dem Wandern und der Wegemarkierung (*Wanderwege* →) verbundenen Pflichten werden von den Wanderwarten bzw. den Wegewarten und von ihnen gewonnenen Vereinsmitgliedern wahrgenommen. W. unterhalten Wanderheime, die zum Teil auch Herbergen (Übernachtungsstätten) sind. Innerhalb der knapp 80 Vereine des Verbandes Deutscher Gebirgs- und Wandervereine sind über 600 000 Wanderer zusammengeschlossen.

Wanderwege
zum *Wandern* → besonders ausgewiesene oder für das Wandern besonders ausgesuchte Wegestrecken. W. werden durch bestimmte Zeichen markiert; diese Arbeit übernehmen die *Wandervereine* →, manchmal auch Gemeinden und Fremdenverkehrsvereine. Im Lauf der letzten 100 Jahre ist ein regelrechtes W.-netz entwickelt worden. Dieses besteht aus a) siedlungsnahen Wegen, oft Rundw. (z.B. gehören diese zum Angebot der *Kurorte* → und Ferienorte); b) Rundwegen für die Kurzzeiterholung in landschaftlich schönen Gegenden und *Naturparks* →, oft verbunden mit Wanderparkplätzen; c) W., die bestimmte Orte miteinander verbinden, in einer bestimmten Landschaft; d) Fernw., die ein Land oder sogar mehrere Länder durchqueren.
W. werden in besonderen Wanderkarten festgehalten, die im Handel erhältlich sind.
Von den Fußw. abgeleitet gibt es auch Reitw. und Radw.

Abb. Rundwanderweg

Quelle: Großer Wanderatlas Deutschland (1983)

Wasserspielplatz
besonders zum *Spiel* → mit, in und auf dem Wasser geeigneter *Spielplatz* →. Der W. ist meist mit Becken (stehendes Wasser) und Wasserläufen (fließendes Wasser) sowie Wasserspielgeräten (z.B.: Wasserrutsche, Wasserrad, Pumpe, Schwimmelementen) ausgestattet. Besonders attraktiv für Kinder ist die Verbindung mit einem Sandspielplatz. Größere Wasserspielplätze unterliegen denselben hygienischen Bedingungen wie Schwimmbäder (Wasserfilterung).
W. können für sich als abgeschlossene Anlagen, aber auch innerhalb von *Freizeitparks* → und *Freizeitbädern* → eingerichtet werden.

Wassersport
Umfaßt alle Sportarten, die in oder auf dem Wasser ausgeübt werden. Hierzu zählen *Schwimmen* →, Tauchen, Wasserspringen, Wasserball, Wasserski, *Wellenreiten* →, *Surfen* → und die Bootssportarten *Segeln* →, *Rudern* →, Kanu- und Motorbootsport (*Boot* →).
Wassersport kann in *Schwimmbädern* →, auf *Binnenseen* →, Flüssen, Küstengewässern und auf dem *Meer* → betrieben werden.

Lit.: Richter, Wassersport, ADAC-Ratgeber, 1982
Kramer/Bruijn/de Kopp, Taschenlexikon des Wassersports, München 1977

Birkelbach

Weiterbildung
Erwachsenenbildung →

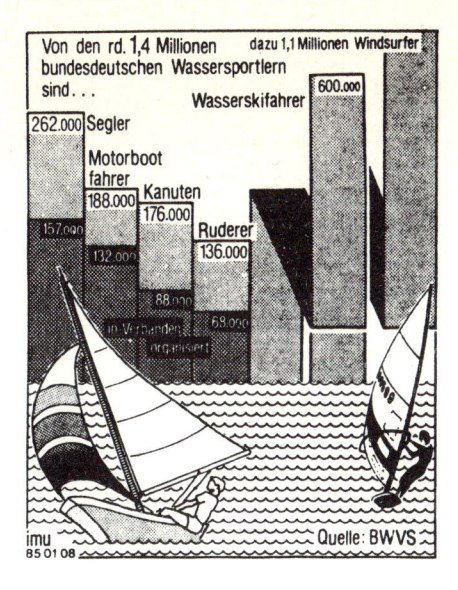

Von den rd. 1,4 Millionen bundesdeutschen Wassersportlern sind... dazu 1,1 Millionen Windsurfer

- 262.000 Segler
- 188.000 Motorbootfahrer
- 176.000 Kanuten
- 157.000
- 136.000 Ruderer
- 132.000
- 600.000 Wasserskifahrer
- 88.000
- 68.000 in Verbänden organisiert

Quelle: BWVS
imu 85 01 08

Wellenbad
Bad →

Werbung
planmäßiges Handeln zur Beeinflussung von Personengruppen, um diese zu bestimmtem Verhalten, der Abnahme von Waren und Dienstleistungen, zu bewegen.

Im Unterschied zur *Öffentlichkeitsarbeit* →, welche Organisationen und deren Handeln bekannt macht, vermittelt W. ein Bild (Image) von dem Ergebnis dieses Handelns. W. übernimmt Erwartungen von Konsumenten (*Verbraucherkonsum* →) und sozialen Gruppen, stellt diese dar und versucht sie zu beeinflussen, insbesondere so zu verstärken, daß die Befriedigung der Erwartungen durch das Angebot plausibel wird. Die Kommunikationswissenschaft unterscheidet nach dem Mitteleinsatz verschiedene Arten der W. (A. Silbermann 1982): a) rationale W. (Appelle an die Vernunft, Herausstellung der objektiven Qualitäten des Produkts oder der Dienstleistungen); b) überredende W. (setzt bei der Unbedarftheit des Gegenübers an; vermittelt Kenntnis, Wissen; führt zur Aktion); c) mechanistische W. (geht von Konditionierungstheorien aus; Wiederholung einprägsamer Slogans und dadurch erfolgende Schulung der Konsumenten; sehr verbreitete Form der W.); d) suggestive W. (zielt auf die Person des Konsumenten; soll zu bestimmtem Verhalten motovieren, dieses aber rational rechtfertigen; stellt das Produkt, die Dienstleistungen unter allen Aspekten dar); e) gesteuerte W. (das Angebot wird als Teil einer *Kultur* →, *Subkultur* →, deren Werte, Normen, Lebensweisen, *Lebensstil* →, also im gesellschaftlichen Zusammenhang bedeutsam und notwendig dargestellt).

W. hat in einer Marktwirtschaft eine zentrale Bedeutung, entsprechend hoch sind die dafür gemachten Aufwendungen, die einen mächtigen Dienstleistungsbereich unterhalten. Dazu gehören die Marktforschung, die Werbeagenturen, Organisationen, Betriebe zur Erstellung und Verbreitung der Werbemittel (Schaufenster, Plakate, Zeitungs- und Zeitschrifteninserate, Werbefilme, Rundfunk-, und Fernseh-W., Drucksachen, Verpackungen, Werbeveranstaltungen, Hausbesuche, Informations- und Beratungsbüros, W-kampagnen = Kombinationen der Werbemittel). Die Werbewirtschaft verfügt über mehrere Verbände als Interessenvertretung: Bund Deutscher Werbeberater; Zentralausschuß der Werbewirtschaft; Verband Deutscher Werbeagenturen und Werbemittler, Informationsstelle zur Feststellung der Verbreitung von Werbeträgern (IVW).

W. ist nicht unwesentliches Kommunikationsmittel auch innerhalb des *Freizeitbereichs* →. Diskussionen entstehen weniger über die Werbemittel als über die Werbeinhalte und die Art und Weise, wie bestimmte Angebote beschrieben werden: beschönigend, Weglassen von Beeinträchtigungen (etwa an Reisezielen); Verschweigen von zusätzlichen Aufwendungen z.B. zu Inklusivpreisen (bei *Freizeitparks* →, *Freizeitbädern* →); ausschließliches Vermitteln von Gefühlen ohne Sachinformation u.ä.

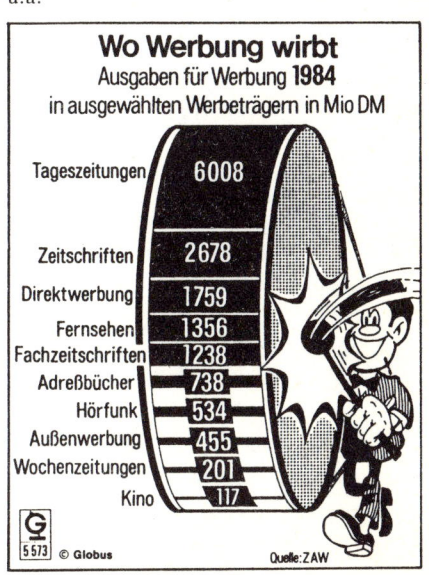

Wo Werbung wirbt
Ausgaben für Werbung 1984
in ausgewählten Werbeträgern in Mio DM

- Tageszeitungen 6008
- Zeitschriften 2678
- Direktwerbung 1759
- Fernsehen 1356
- Fachzeitschriften 1238
- Adreßbücher 738
- Hörfunk 534
- Außenwerbung 455
- Wochenzeitungen 201
- Kino 117

© Globus 5573   Quelle: ZAW

Werken

auch Basteln. Spielerischer bis arbeitsmäßiger Umgang mit handwerklichen, kunsthandwerklichen und künstlerischen Techniken unter Verwendung der verschiedensten Materialien, meist ohne die im professionellen und amateurmäßigen Gebrauch angestrebte Perfektion zu wollen. Das W. überschneidet sich mit dem *Handarbeiten* → (Textiles W.), dem *Do-it-yourself* → und dem *Kunsthandwerk* → als *Hobby* →.
Anders als arbeitsteilige handwerkliche und künstlerische Freizeittätigkeiten umfaßt das W. möglichst viele Techniken und Materialien. Ziel des W. ist die Herstellung von schönen, schmückenden, skurrilen aber auch praktischen Gegenständen in individueller Gestaltung durch den Bastler. Sehr beliebt ist die Anfertigung von Geschenken. Beim W. als Unterrichtsgegenstand und Angebot von Freizeiteinrichtungen unterscheidet man nach Raum- und Werkzeuganforderungen zwischen a) W. mit Papier, Pappe, Leder; b) W. mit Textilien; c) W. mit Holz; d) W. mit Metall und Kunststoff. Das Basteln ist noch weniger als das W. material- und technikorientiert, kann schon von Kindern im Vorschulalter betrieben werden und ist bis ins hohe Alter eine kreative Betätigungsmöglichkeit. Wegen der außerordentlichen Beliebtheit des W. werden zahlreiche Anleitungsbücher und -kurse angeboten.

Werktag

Wochentag außer Sonn- und Feiertag. Die *Freizeit* → am W. wird *Feierabend* → oder *Tagesfreizeit* → genannt, und dient im wesentlichen der *Erholung* → und *Reproduktion* →. Die häufigste *Freizeittätigkeit* → am W. ist das Fernsehen; entsprechend sind die Außerhaustätigkeiten verhältnismäßig gering. Vom W. ist inzwischen zu unterscheiden der Arbeitstag, da meist tarifvertraglich eine bestimmte Zahl von Tagen innerhalb der Woche, des Monats, einer Saison seltener des Jahres, an denen gearbeitet wird, festgelegt wurde (z.B.: Fünftage-Woche). Der *Urlaub* → wird vielfach in Arbeitstagen berechnet.

Werkstatt

Workshop →

Werte

Richtschnur und Leitlinie, an denen die Menschen ihr Leben in der Gesellschaft orientieren. W. sagen etwas darüber aus, was als Lebensinhalt wünschenswert ist, was als nützlich angesehen oder gut und wesentlich (»wertvoll«) empfunden wird. Die Menschen bedienen sich der W. als Maßstab (»Norm«) für ihr eigenes Handeln. W. weisen ihnen den Weg zu angestrebten Lebenszielen.

Träger von Auffassungen und Vorstellungen des Wünschenswerten können einzelne, Gruppen oder Gesellschaften sein: a) Für das Individuum stellen W. Orientierungsleitlinien für das persönliche Verhalten und für die Entwicklung eigener Lebensperspektiven dar. W. werden in konkreten Situationen individuell erlebt und gelebt. b) Für die *Gruppe* → (z.B. Familie, Altersgruppe, Berufsgruppe, Subkultur) werden W. zum Maßstab für gruppenkonformes Verhalten (»Gruppennorm«) und für die Verwirklichung gemeinsamer Ziele. Die Einhaltung gruppenspezifischer Normen und W. ermöglicht Identifikation und gewährt soziale Bestätigung. c) Für die Gesellschaft sind W. wichtige Ordnungsfaktoren, die das gesellschaftliche Zusammenleben regeln und zu dem gesellschaftlich erwünschten Verhalten anhalten. Gesellschaftliche W. weisen einen hohen Grad von Verbindlichkeiten auf. Sie liefern allgemeingültige Kriterien, nach denen der einzelne die Wichtigkeit seines Verhaltens beurteilen und feststellen kann, welche soziale Stellung er in den Augen seiner Mitmenschen einnimmt.

Traditionsgemäß werden W., die die gesellschaftliche Ordnung sichern und den sozialen Frieden erhalten helfen, besonders hoch bewertet (z.B. Pflichterfüllung, Ordnungsstreben). Gleichzeitig üben Verhaltensmuster, die gesellschaftlich hoch bewertet werden (z.B. Leistung, Fleiß), den stärksten sozialen Druck auf den einzelnen aus. Dies gilt auch für den umgekehrten Fall: Faulheit und Leistungsverweigerung werden als Un-Werte mißbilligt und gesellschaftlich sanktioniert. Das herrschende W.-system weist allgemeinverbindliche Züge auf und ist ein Bestandteil der Sozialstruktur der Gesellschaft.

Werte sind aber auch in der Persönlichkeitsstruktur der einzelnen Individuen verankert. Diese doppelte Verankerung erklärt das Phänomen der mitunter doppelten Moral, der Kluft zwischen dem, was man für gesellschaftlich wertvoll hält und dem, was man persönlich tatsächlich tut. Für die jeweilige W.-Schätzung sind unterschiedliche motivationale, rationale oder soziale Aspekte (vgl. Fichter 1968) ausschlaggebend: a) W. sind mit Empfinden und Gefühl verbunden (z.B. mögen/nicht mögen). Um positive Gefühlserlebnisse zu haben, werden persönliche Opfer gebracht oder Anstrengungen unternommen. W. werden zu Handlungsimpulsen (motivationaler Wertaspekt). b) W. sind mit Verstand und Urteil verbunden. Sie werden ernstgenommen und dienen als Normen und Richtw. für das eigene Handeln (rationaler W.-aspekt). c) W. werden von einer Vielzahl von Menschen gemeinsam und übereinstimmend durch Konsens getragen. Das Bekenntnis zu gemeinsa-

men W. wirkt integrierend und ermöglicht Solidarität (sozialer W.-aspekt).
W. werden verinnerlicht (im Unterschied zu gesetzten Normen), sind abstrakt und verallgemeinerbar (im Unterschied zu subjektiven Einstellungen) und sind immer bewußt (im Unterschied zu Bedürfnissen). Sie finden ihre Begründung in übergeordneten zentralen W., den sogenannten Grundw. (*Sozialsation* →).
Grundw. sind Grundrechte. Sie orientieren sich an Menschenrechten wie z.B. der politischen Freiheit, der sozialen Gerechtigkeit oder der individuellen Gleichheit vor dem Gesetz. Grundw. stellen formale Regulative für das gesellschaftliche Zusammenleben dar. Als solche sind sie gesamtgesellschaftlich konsens- und mehrheitsfähig. Inhaltlich bleiben sie jedoch relativ offen. Dies erklärt die unterschiedliche inhaltliche Ausfüllung und Auslegung der gleichen Grundwerte bei verschiedenen gesellschaftlichen Gruppen je nach weltanschaulichem Standort (*Kultur* →).

Lit.: Fichter, Grundbegriffe der Soziologie, Wien/New York 1968
Opaschowski, Die Bedeutung der Werte. In: Ders.: Neue Erziehungsziele als Folge des Wertewandels von Arbeit und Freizeit. Aus: Zeitschrift für Pädagogik, 18. Beiheft, Weinheim/Basel 1983, S. 237–249.

Opaschowski

Sinn des Lebens	1975 %	1979 %	1984 %
Etwas leisten	57	54	58
Das Leben genießen	36	38	40
Keine Angaben	7	8	2

Quelle: EMNID 1984

Wertwandel

Veränderung von Werten- und Wertebeziehungen innerhalb eines bestimmten Zeitraums. Nach Untersuchungen des Amerikaners Ronald Inglehart soll in den westlichen Industriegesellschaften eine stille Revolution (»silent revolution«) stattgefunden haben: ein W. von der Überbetonung des materiellen Sicherheitsdenkens in Richtung auf eine Höherbewertung immaterieller Aspekte des Lebens. Die nach dem Zweiten Weltkrieg geborenen Generationen seien in einer Zeit noch nie dagewesenen Wohlstands aufgewachsen und hätten – anders als ihre Eltern und Großeltern – kaum Hunger und politische Instabilität erfahren. Unter Bezugnahme auf Abraham Maslows Theorie von einer der menschlichen Motivation zugrundeliegenden Bedürfnishierarchie (Maslow 1954) sagt Inglehart neue Wertprioritäten voraus: Direkt auf das physische Überleben bezogene Bedürfnisse nach Zugehörigkeit und Anerkennung sowie intellektueller und ästhetischer Befriedigung würden an Bedeutung gewinnen. Damit verbunden sei eine relative Aufgeschlossenheit gegenüber neuen Ideen (Inglehart 1971, 1977, 1979). Es gibt bislang nur wenige empirische Aussagen zum W., insbesondere zu seinen Auswirkungen auf das *Freizeitverhalten* → und *Freizeitbewußtsein* →. Die vorliegenden Arbeiten lassen einige Thesen und Schlußfolgerungen zu: Im Lebensarrangement der Neuzeit hat das Wertesystem der traditionellen Berufsethik dafür gesorgt, daß die Menschen den Absolutheitsanspruch der Arbeit anerkannten. Wenn Freizeit überhaupt eine Rolle spielt, dann die einer Erholungspause und Vergnügungsoase innerhalb des Reichs der Notwendigkeit. Neben diese Lebenssicht, die heute noch teilweise fortwirkt, ist eine sozialpsychologisch neue Erlebniswelt getreten. Eine Umstrukturierung der Wertehierarchie deutet sich an. »Konsumeinschränkung« (70 Prozent) wird für wichtiger erachtet als »Konsumsteigerung« (27 Prozent), »bescheiden leben« (65 Prozent) ist bedeutsamer geworden als »viel verdienen und einen hohen Lebensstandard haben« (28 Prozent), und »etwas mit eigenen Händen schaffen und gestalten« (75 Prozent) wird der Möglichkeit »große Anschaffungen für den Haushalt machen« (24 Prozent) vorgezogen (Marplan/Stern 1981). Viel Zeit zum Leben haben, wird zum zentralen Lebensziel für viele. Dazu gehört der Wunsch nach mehr Freizeit, der das Umdenken vom Geld- zum Zeitenobjekt beschleunigt. Faßt man die bisher erkenn- und feststellbaren Veränderungen, die sich in den letzten Jahren im Verhältnis von Arbeit und Freizeit vollzogen haben, zusammen, so zeichnet sich folgender Weg ab: a) Das Leistungsprinzip als soziale Norm ist fragwürdig geworden, nicht aber die Leistung an sich. Ein Wandel von der sozial-konformen zur individuell-autonomen Leistungsorientierung ist feststellbar. Das Bedürfnis, selbst etwas Produktives zu schaffen und etwas zu leisten, was Spaß macht und Sinn hat, ist unverändert groß. Das Leistungsprinzip wird entidealisiert, aber die große Leistungsverweigerung findet nicht statt. b) Die sinnlose Arbeit hat ihren Sinn verloren, nicht aber die Arbeit an sich. Die Freizeit hat die Menschen auf den Geschmack gebracht, selbstbestimmt leben und weniger entfremdet arbeiten zu wollen. Die Freizeit hat das berufliche Anspruchsniveau der Menschen verändert; die Ansprüche auf die Qualität und die Humanisierung des Arbeitslebens werden größer. c) Die Arbeit hat ihren Mythos verloren

Abb. Werteverschiebung

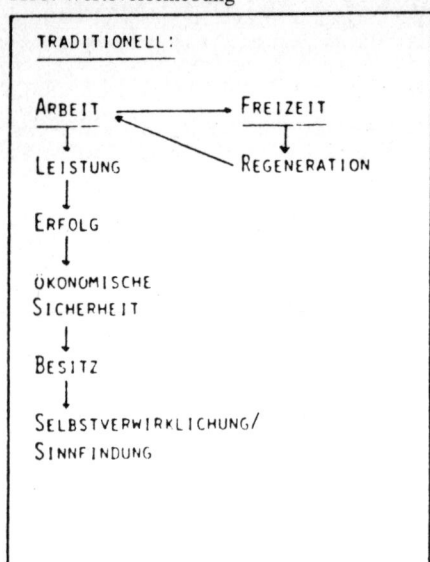

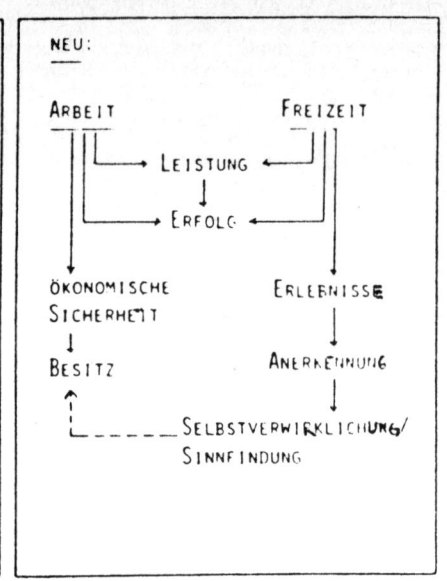

TRADITIONELL:

ARBEIT ⇄ FREIZEIT
↓   ↖
LEISTUNG   REGENERATION
↓
ERFOLG
↓
ÖKONOMISCHE
SICHERHEIT
↓
BESITZ
↓
SELBSTVERWIRKLICHUNG/
SINNFINDUNG

NEU:

ARBEIT   FREIZEIT
↓ ↓   LEISTUNG   ↓ ↓
  └─────→ ↓ ←─────┘
         ERFOLG ←
↓   ↓
ÖKONOMISCHE   ERLEBNISSE
SICHERHEIT   ↓
↓   ANERKENNUNG
BESITZ   ↓
↑
└ ─ ─ ─ ─ SELBSTVERWIRKLICHUNG/
          SINNFINDUNG

Quelle: McCann-Erikson, Der deutsche Mann. Lebensstile und Orientierungen (1982).

Abb. Wertverschiebung – Lebenssinn

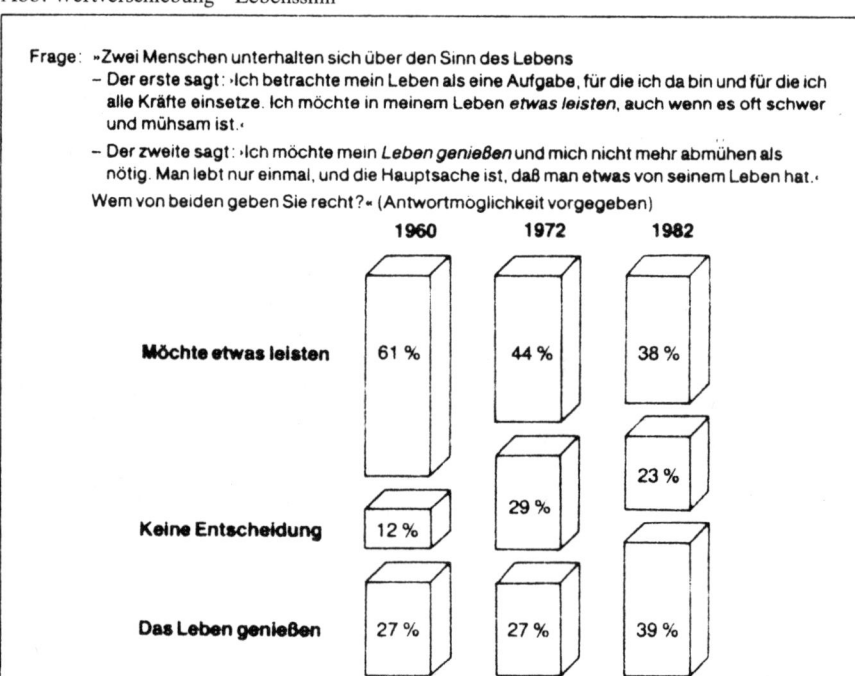

Frage: »Zwei Menschen unterhalten sich über den Sinn des Lebens
– Der erste sagt: ›Ich betrachte mein Leben als eine Aufgabe, für die ich da bin und für die ich alle Kräfte einsetze. Ich möchte in meinem Leben *etwas leisten*, auch wenn es oft schwer und mühsam ist.‹
– Der zweite sagt: ›Ich möchte mein *Leben genießen* und mich nicht mehr abmühen als nötig. Man lebt nur einmal, und die Hauptsache ist, daß man etwas von seinem Leben hat.‹
Wem von beiden geben Sie recht?« (Antwortmöglichkeit vorgegeben)

	1960	1972	1982
Möchte etwas leisten	61 %	44 %	38 %
Keine Entscheidung	12 %	29 %	23 %
Das Leben genießen	27 %	27 %	39 %

Quelle: Frank, in: Management Enzyklopädie Bd. 9 (1985).

– der Absolutheitsanspruch der Berufsethik hat sich überlebt. Geblieben aber ist der Wunsch nach sinnvoller Selbstverwirklichung – in der Arbeit ebenso wie in der Freizeit. Gradmesser hierfür ist ein sich neu entwickelndes integrales Lebensverständnis als Leitlinie, an der die Menschen – zum Teil im Widerspruch zur öffentlichen Meinung – ihre individuelle Lebensführung orientieren. d) Die Freizeit erweist sich als der eigentliche Motor des W. Sie verändert das individuelle Bewußtsein und bringt das gesellschaftliche Wertesystem in Bewegung. Spaß und Lebensgenuß werden als genauso wertvoll betrachtet wie Leistung und Besitz. Und Lebensfreude und Offenheit werden als ebenso lebenswichtig eingeschätzt wie Fleiß und Pflichtbewußtsein. Als Lebensentwurf für die Zukunft zeichnet sich eine konkrete Problemlösung ab: Werte-Synthese. Hierbei müssen alte und neue Werte aufeinander bezogen und miteinander verzahnt werden. Ein gesellschaftliches Konfliktpotential, das in dieser Umbewertung des Lebenssinns schlummert, deutet sich an. Die offizielle Daseinsregelung, die auf der Definition von Arbeit als oberstem Lebenszweck beharrt, hält mit dieser Entwicklung nicht Schritt. Das erklärt auch – trotz veränderter technologischer Bedingungen – das Festhalten der Gesellschaftspolitik am Prinzip der Vollbeschäftigung.

Die Menschen aber sitzen gleichsam zwischen den Stühlen: Sie erleben den gegenwärtigen W., der sich aus der Schere zwischen persönlichem Bewußtsein und offizieller Daseinsregelung ergibt, als Ungleichgewicht. Viele reagieren darauf mit Unsicherheit oder doppelter Moral, indem sie zwischen privatem Verhalten und offiziellem Verhalten unterscheiden. Der öffentlich kaum registrierte Wertekonflikt bewirkt, daß die Arbeit ihren traditionellen Sinngehalt nicht mehr in vollem Umfang besitzt und die Freizeit ihren innovatorischen Sinnanspruch für die Gesellschaft noch nicht einlösen kann. Die Menschen wurden bisher mit diesem doppelten Sinn-Vakuum alleingelassen.

Die Freizeit erweist sich als der Lebensbereich mit den größten Transferleistungen. Die Ausstrahlung von der Freizeit auf andere Lebensbereiche – und damit auch auf die Arbeitswelt – ist in vollem Gange. Damit verbunden ist ein neues Gleichgewicht im Leitliniencharakter der beiden Lebensbereiche Arbeit und Freizeit. In diesem Prozeß des Paradigmenwechsels vollzieht sich der W. Noch dominieren W. und geänderte Lebensauffassung nur im subjektiven Bereich, stellen also eine persönliche Einstellungsänderung der Menschen dar und haben sich noch nicht zur öffentlichen Meinung verdichtet. Die entstandene Kluft zu schließen, ohne daß es zu einem Kollaps in Wirtschaft und Gesellschaft kommt, wird zur politischen Herausforderung der Zukunft.

Lit.: Bargel, Überlegungen und Materialien zu Wertdisparitäten und W. in der BRD. In: Klages/Kmieciak, (Hrsg.): W. und gesellschaftlicher Wandel. Frankfurt/M. 1979, S. 147–184
Bartelt, Der Wandel des gesellschaftlichen Wertsystems als Orientierung für einen Neuen Lebensstil. In: Wenke/Zillessen, (Hrsg): Neuer Lebensstil – verzichten oder verändern? Opladen 1978, S. 73–121
Bartelt, W. der Arbeit. Der Bedeutungsrückgang der Werte Arbeit, Beruf, Leistung als sozialethisches Problem. Vervielf. Manuskript der Deutschen Gesellschaft für Freizeit, Düsseldorf 1981
Inglehart, The silent revolution in Europe: Intergenerational change in post-industrial societies. In: American Political Science Review 15 (1971), S. 991–1017
Inglehart, The Silent Revolution. Changing Values and Political Styles among Western Publics, Princeton 1977
Kmieciak, Wertstrukturen und W. in der Bundesrepublik Deutschland, Göttingen 1976
Kmieciak, Der gegenwärtige Stand der Wertforschung: In: Hartmann/Koeppler, (Hrsg): Fortschritte der Marktpsychologie, Bd. 2, Frankfurt/M. 1980
Maslow, Motivation and Personality, New York 1954
Noelle-Neumann/Strümpel, Macht Arbeit krank? Macht Arbeit glücklich?, München 1984
Opaschowski/Raddatz, Freizeit im W. BAT Schriftenreihe zur Freizeitforschung, Bd. 4, Hamburg 1982
Opaschowski, Zwischen Arbeit und Muße. Im Übergang zu einem neuen Lebenskonzept. In: Evangelische Kommentare, H. 3 (1984), S. 134–136
Schmidtchen, Neue Technik – Neue Arbeitsmoral, Köln 1984
Spindler, Education and Culture, New York 1962.

Opaschowski

Wildpark
Tierschauanlagen →

Wintersport
Sammelbegriff für solche Sportausübungen und Sportarten, die durch Eis und Schnee ermöglicht werden: *Eislaufen* →, *Eissport* →, *Rodeln* →, *Skisport* →.
Die überwiegende Zahl der W.ler sind Freizeitsportler und nicht in *Sportvereinen* organisiert. Während W. auf dem Eis heute auch bzw. überwiegend auf künstlichen Eisflächen möglich ist, sind die mit dem Schnee verbundenen Sportarten vom Winter und schneesicheren Gegenden abhängig (W.-gebiete). In solchen Regionen haben sich W.-orte mit der für W. notwendigen Infrastruktur entwickelt. Viele Berufstätige verwenden einen Teil ihres Jahresurlaubs oder nutzen die Feiertage um die Jahreswende zu einem W.-urlaub. Die Einwohner von Ballungsgebieten fahren an den Wochenenden in benachbarte W.-gebiete (z.B. Sauerland; Taunus/Rhön; Alpenvorland; Alpen), was an schönen Tagen zu einem erheblichen Verkehrsaufkommen führen kann. Für die meisten der Skiläufer ist der W. ein Urlaubssport, da sie zu weit von den W.-gebieten entfernt wohnen.

Winterurlaub
in der Wintersaison (1. 11.–30. 4) verbrachter *Urlaub* →. Eingebürgert hat sich W. im wesentlichen als zusätzliche freie Zeit zu den Weihnachtsfeiertagen und zum Jahreswechsel. W.-reisen stehen zahlenmäßig erheblich hinter den Sommerurlaubsreisen zurück. Jedoch ist der W.er der aktivere; er nutzt den W. in der Regel für den *Wintersport* → und gibt für den W. mehr Geld aus als der Sommerurlauber. Die alpenländische Fremdenverkehrswirtschaft wäre ohne den W. nicht existenzfähig.

Wirtschaftlichkeit
Effizienz →

Wochenendfreizeit
Freizeit →, die am Samstag und Sonntag stattfindet. AmWochenende steht den Menschen mehr freie Zeit zur Verfügung als an den anderen Wochentagen (EMNID 1982): am Samstag 9,6 Stunden, am Sonntag 10,2 Stunden (zum Vergleich: Werktag 8,7 Stunden). Daher wird W. für intensivere, zusammenhängende Tätigkeiten genutzt: *Sport* → jeder Art, *Do-it-yourself* →, *Camping* →, Aufenthalt im *Wochenendhaus* →, *Kurzurlaub* → (die meisten Kurzurlaubsreisen finden am Wochenende statt); *Ausflüge* →, Besuch von *Freizeitbad* →, *Freizeitpark* →, *Park* →, Naherholungsgebieten; *Wandern* →. Daneben werden am Wochenende die *Medien* → stärker als während der Woche genutzt.

Wochenendhaus
im Unterschied zum *Zweitwohnsitz* → nur dem vorübergehenden, zeitlich begrenzten *Wohnen* →, vorzugsweise am *Wochenende* →, zur Verbringung der *Freizeit* → außerhalb des *Wohnumfeldes* → dienendes Wohngebäude mit beschränkter Nutzfläche.
Die Wohnqualität des W. ist je nach der finanziellen Situation des Besitzers sehr unterschiedlich. Das Spektrum reicht vom schlichten, nicht an die öffentliche Versorgung angeschlossenen Gartenhäuschen bis zur luxuriös eingerichteten Villa. Inzwischen erfüllen auch viele fest abgestellte Campingwagen (*Caravan* →) und Mobilheime die Funktionen von W.
Der Aufenthalt im W. unterliegt nicht der Meldepflicht. Oft befindet sich das W. in einem gesonderten, für Zwecke des vorübergehenden Freizeitaufenthaltes ausgewiesenen *W.-gebiet* →. Ein W. darf nur nach einem verbindlichen *Bebauungsplan* → errichtet werden, der einem genehmigten Flächennutzungsplan (*Bauleitplanung* →) entspricht.

Schmale

Wochenendhausgebiet
Wohngebiete geringer Dichte in *Erholungsgebieten* →, die zum zeitweiligen Aufenthalt vorgesehene Wohnhäuser aufnehmen (*Wochenendhaus* →), ohne die sonst in Wohngebieten übliche Infrastruktur, aber mit technischer Ver- und Entsorgung. W. werden im Rahmen der *Bauleitplanung* → ausgewiesen. Wochendhaussiedlungen wuchsen zunächst wild und trugen nicht unwesentlich zur *Zersiedelung* → vieler Landschaftsräume (Wälder, Uferbereiche von *Gewässern* →) bei. Hier tragbare Lösungen zu finden, ist Aufgabe der *Landschaftspflege* →.

Wochenendtourismus
Kurzreise →

Wochenendverkehr
Verkehr →

Wohlfahrtsverbände
Spitzenverbände der freien Wohlfahrtspflege. W. sammeln alle jene privatrechtlichen Vereinigungen, welche aus Nächstenliebe, Bürgersinn, Betroffenheit durch Gesetz nicht erzwingbare Hilfe für benachteiligte Mitmenschen leisten, die über diejenige von *Familie* → und *Nachbarschaft* → hinausgeht (*soziale Arbeit* →). W. berufen sich zur Begründung ihrer Arbeit auf das mitbürgerliche Recht zur Hilfe sowie auf die *Wahlfreiheit* →, das Wahlrecht des Hilfesuchenden. Die Arbeit der W. wurzelt in der freiwilligen und der ehrenamtlichen Mitarbeit (ca. 700 000 Mitarbeiter), auch wenn die W. heute für mehr als 530 000 Beschäftigte Stellen bieten. Die Finanzierung dieser institutionalisierten Arbeit (*Freie Träger* →) wird aus Spenden, Sammlungen, Lotterien (»Platz an der Sonne«, »Aktion Sorgenkind«, »Glücksspirale«) und öffentlichen Mitteln bestritten. Die Rechtsform der innerhalb der W. arbeitenden Initiativen ist überwiegend der eingetragene *Verein* →, aber auch die Gesellschaft mit beschränkter Haftung und die Stiftung. Die W. sind weiterhin nach Landes-, Bezirks-, Kreis- und Stadtverbänden gegliedert; jedoch sind auch größere Fachverbände auf Bundesebene angegliedert.
Die W. unterscheiden sich durch ihren weltanschaulichen Ursprung und die daraus abgeleitete Motivation, wenn sie auch viele Arbeitsweisen gemeinsam haben. Es sind: die Arbeiterwohlfahrt (AWO); Deutscher Caritasverband (DCV); Deutscher Paritätischer Wohlfahrtsverband (DPWV); Deutsches Rotes Kreuz; Diakonisches Werk der Evangelischen Kirche in Deutschland (DW), früher Innere Mission (IM; Hilfswerk der Evangelischen Kirche in Deutschland/HW); Zentralwohlfahrtsstelle der Juden in Deutschland. Sie bil-

Die Bundesarbeitsgemeinschaft der Freien Wohlfahrtspflege

- Arbeiterwohlfahrt
- Zentralwohlfahrtsstelle der Juden in Deutschland
- Deutscher Caritasverband
- Das Diakonische Werk der Evangelischen Kirche in Deutschland
- Deutsches Rotes Kreuz
- Deutscher Paritätischer Wohlfahrtsverband

ZAHLENBILDER

© Erich Schmidt Verlag GmbH   176 110

den die Bundesarbeitsgemeinschaft der Freien Wohlfahrtspflege und arbeiten in Fachorganisationen mit (z.B. Arbeitsgemeinschaft für Jugendhilfe; Deutscher Verein für öffentliche und private Fürsorge). Auf örtlicher Ebene entsenden sie Vertreter in den *Jugendwohlfahrtsausschuß* →.
Die W. sind auf internationaler Ebene in den ihnen entsprechenden Organisationen Mitglied. W. haben zahlreiche Berührungspunkte zum Freizeitbereich als Träger von Kinderhorten, *Jugendfreizeitstätten* →, *Altentagesstätten* →, *Altenclubs* →, *Wohnheimen* →, Bildungseinrichtungen, *Ferienanlagen* →, *Erholungs* → -maßnahmen u.a.m.

Wohlstandsgesellschaft
Freizeitgesellschaft →

Wohnbereich
Wohnumfeld →

Wohnen
1. Leben, ansässig sein an einem bestimmten Ort (Wohnort, Wohnsitz). Nach dem Grundgesetz ist die Wahl des Wohnortes frei; doch ist sie von verschiedenen Faktoren abhängig: a) ökonomischen (z.B. Arbeitsort); b) psychologischen (Mobilität, Flexibilität; Bindung an den Ort; positiv beeinflußt durch Lage, Stadtgestalt, Bevölkerung, bestimmte Gruppen oder einzelne, z.B. Freundeskreis, *Verein* →, Verwandtschaft; emotionelle Beziehung zur Wohnung, *Nachbarschaft* →, zum *Wohnumfeld* →); c) sozialen (Rücksichtnahme auf andere; Verpflichtung gegenüber anderen/Abhängigkeit von anderen, z.B. *Familie* →, Partner, Lebensgefährte); d) sozio-kulturellen (Übernahme einer Tradition/Protest gegen eine solche; Verbundenheit zu Sprache, *Brauchtum* →, Geschichte des Ortes/der Gegend, *Lokale Identität* →; Weltanschauung, Religion; kulturelles Leben; *Freizeitangebot* →). Die Qualität des W. hängt insbesondere von der Größe und Ausprägung des Wohnortes zusammen: Großstadt, Mittelstadt, Kleinstadt, Dorf, Weiler. Die meisten Menschen leben in Städten. 1982 wohnten in der Bundesrepublik Deutschland 20,6 Millionen Menschen in 66 Großstädten (= ein Drittel der Gesamtbevölkerung), 21,25 Millionen waren Bewohner von Gemeinden mit weniger als 20 000 Einwohnern und 3,75 Millionen von solchen Orten mit weniger als 2 000 Einwohnern. Rund 15 Millionen hatten als Wohnort Städte mit zwischen 20 000 und 100 000 Einwohnern. Der Wohnwert eines Ortes bestimmt sich unter anderem durch die Infrastruktur für die Alltagsbewältigung, den *Freizeitwert* →, die *Landschaft* →, die *Siedlungs* → -gestalt und die Art der Überbauung (*Freizeitinfrastruktur* →; *Stadt-Land-Unterschied* →).

DGF-Freizeit-Lexikon   351

2. Leben in gebauten Räumen; sich in einer Unterkunft dauerhaft aufhalten; ein Heim haben (Wohnung).
W.in diesem Sinn heißt: a) Schutz vor klimatischen Einflüssen suchen; b) eine Intimsphäre aufbauen und halten (Rückzugsmöglichkeit); c) einen Haushalt führen; d) Werte schaffen (investieren in Mobiliar, Geräte, Wohnungsschmuck, auch in Wohnungs- und Hauseigentum); e) Gestaltung einer eigenen Umwelt (Wohnungseinrichtung und -ausstattung); f) Vorhalten einer Möglichkeit für Begegnung und Selbstdarstellung sowie für soziokulturelles Tun (*Freizeittätigkeit* →, *Hobby* →, *Medien* →, *Spiel* →, auch *Sport* →).
Die Erfüllung dieser Anforderungen an das W. ist nicht zuletzt von der Größe der Wohnungen und deren Ausstattung abhängig. Die Durchschnittsgröße von Wohnungen ist in den letzten Jahrzehnten stetig gestiegen; sie liegt heute bei Eigenheimen auf 125 m², bei Wohnungen auf 76 m². 86% aller Wohnungen haben Bad und WC, 83% Bad, WC und Zentralheizung. Wesentlich ist allerdings die Zahl der in der jeweiligen Wohnung lebenden Personen. Da die Mieten Familien mehr belasten, wohnen Familien mit geringerem Einkommen in kleineren Wohnungen, wenn auch durch das Wohngeld Erleichterung möglich ist. Es gibt einen Überhang komfortabler Wohnungen und einen Bedarf an größeren preiswerten Wohnungen. Es wohnen von 100 Privathaushalten 45 in Mietwohnungen, 39 in Eigenheimen und Eigentumswohnungen, 12 in Dienst- und Werkswohnungen, 4 in *Wohnheimen* → und Unterkünften. Das in Wohnungen angehäufte Vermögen ist riesig; es betrug 1984 insgesamt 494 Mrd. DM; davon Möbel: etwa 247 Mrd. DM; Teppiche: ca. 48 Mrd. DM; *Unterhaltungselektronik* →: ca. 38 Mrd. DM; elektrische Haushaltsgeräte: ca. 34 Mrd. DM. Die Wohnungseinrichtung ist Ausdruck der persönlichen Vorstellungen der Wohnungsinhaber und zeigt den jeweiligen Stand der Aneignung sozio-kultureller Vorbilder (besonders der Eltern; auch *Mode* →, herrschender Stil).
Im Einrichten von Wohnungen schwingen geschichtliche Strömungen ausserordentlich stark nach. So richten sich mit Möbeln früherer Zeiten und im sog. altdeutschen Stil (Nachahmung großbäuerlicher und flämischer Möbel) etwa ein Drittel der Bürger der Bundesrepublik Deutschland ein; vielfach werden nur Gestaltungsmerkmale übernommen, um Schrankwände mit Neonbeleuchtung, Fernseh-, Hifi- und Videoeinrichtung, verstellbare Tische und Sessel zu entwerfen, die es in der bezogenen Stilepoche nie gegeben hat. Neben den Stilmöbelanhängern gibt es solche, die sich mit modernen Möbeln einrichten, die im Gefolge der neuen Sachlichkeit entstanden sind.

Allerdings hat sich deren Nüchternheit nicht halten können. Daneben bildete sich eine verspielte »Neue Einfachheit« heraus: die Einrichtung mit sachlichen, oft selbst gebauten Möbeln und wiederaufgearbeitetem altem Mobiliar, das sehr flexible Handhabung erlaubt und durch Nutzung, Schmuckgegenstände, Bücher, Hobbygerät lebendig wird.
Durch die Trennung von Wohnung und Arbeitsplatz in der modernen Gesellschaft ist das W. für den Berufstätigen überwiegend eine Freizeittätigkeit. Darüber hinaus sind Wohnungen Platz für *Eigenarbeit* →, auch (zunehmend) Arbeitsstätten (»Arbeitszimmer«). Größe und Ausstattung der Wohnungen machen das Verweilen zu Hause angenehmer. Entsprechend wird die Freizeit (sogar mit ansteigender Tendenz) überwiegend (zwischen 70% und 80%) in den eigenen vier Wänden verbracht. Hobbys, *Geselligkeit* → und Mediennutzung sind heute überwiegend Freizeittätigkeiten in der Wohnung. Das Vorhandensein von einem nutzbaren Balkon, einem *Garten* →, einem *Hobbyraum* →, einer *Sauna* →, einem Trimmraum oder einer Kellerbar, einem Partyraum steigert den Freizeitwert einer Wohnung erheblich, ebenso Möglichkeiten im Wohnquartier. Auf der anderen Seite können unzulängliche Wohnverhältnisse, mangelnde Schalldämmung in Mietshäusern u.ä. zu erheblichen *Freizeitproblemen* → führen. Die strikte Unterteilung in Wohn- und Schlafräume hat besonders im sozialen Wohnungsbau winzige Kinderzimmer hervorgebracht, die besonders gemeinsames Spielen und Rückzug aus dem Wohnzimmer kaum zulassen. Da Angehörige von Familien und *Wohngemeinschaft* → nicht zu jeder Zeit dieselben Interessen haben, sind Konflikte programmiert. Zur Minderung dieser Konflikte können eine Neuaufteilung der Wohnung (z.B.: Elternschlafzimmer wird Kinderzimmer), Spiel- und Aktivitätsräume außerhalb der Wohnungen (*Gemeinschaftsräume* →) und Spiel- und Betätigungsmöglichkeiten im *Wohnumfeld* → hilfreich sein. Vor besonderen Problemen sehen sich körperlich *Behinderte* → in den normalen Wohnungen.
3. Form des menschlichen Verhaltens und Erlebens (Wohnverhalten, Wohnerlebnis).
W. ist ein komplexer Prozeß, der das Leben des einzelnen stark beeinflußt; hier einige Merkmale: a) W. als Lebensäußerung (»Hausen«, Versorgen, Gestalten, Eigenarbeit, Erholen, Essen, Trinken, Sex, Körperpflege usw.); b) W. als Auseinandersetzung mit der *Umwelt* →, also kulturelle Tätigkeit (*Kultur* →, Wohnkultur, Alltagskultur, *Ästhetik* → des Alltags); c) W. als Herstellen sozialer Beziehungen (Zusammenleben, *Nachbarschaft* →, *Nachbarschaftshilfe* →, Besuche empfan-

Wohnen

[Bildunterschriften:]
Gehört die Frau in die Küche? In grauen Vorzeiten war das ein weitaus weniger gefährlicher Platz als der des Mannes draußen.

Hochherrschaftliches, wie das so schön heißt. Dienstboten hantieren in großen Räumen. Schwere Arbeit war das für sie.

Die Technik hat uns in der Küchenarbeit immense Erleichterungen gebracht. Nutzen Sie sie. Lassen Sie sich von den Inserenten beraten.

Quelle: Rheinische Post 10. 5. 1985

gen); d) W. als Vermitteln von Identität (Selbstdarstellung, Entwicklung eines *Lebensstils* →, Entwicklung von Zugehörigkeit: *Heimat* → -gefühl); e) W. als *Freizeitgestaltung* → (Alternative zur Arbeitswelt, Entspannung, gehen lassen, Neigungen, nicht Verpflichtungen folgen).

Freizeit und W. sind außerordentlich eng miteinander verbunden. Daher muß das W. auch Gegenstand der *Freizeitforschung* → sein (insbesondere im Zusammenhang mit der Lebensstil- und Zeitbudgetforschung). Bislang wurde das W. in der Freizeitdiskussion überwiegend als Infrastrukturproblem betrachtet, die umfassendere Bedeutung kam zu kurz. Auch die *Freizeitpädagogik* → befaßte sich im wesentlichen mit den öffentlichen und halböffentlichen Freizeittätigkeiten und weniger mit dem Privatraum des W. Überhaupt hat sich Pädagogik mit diesem Bereich der Alltagskultur noch wenig befaßt. Anleitungen für das W. erhielt der einzelne durch *Sozialisation* →, im Elternhaus und den Medien, aus Zeitschriften (»Wohnecke«; W.-Zeitschriften), durch den Fachhandel und aus der Werbung. Hilfen bei Wohnungsfragen gibt der Deutsche Mieterbund (über örtliche Mietervereine) und die Arbeitsgemeinschaft Wohnberatung. Der Wohnungsmarkt entwickelt sich über mündliche Kommunikation, Inserate in den Tageszeitungen, Makler und Vermittlungsvereine. Die Wohnungswirtschaft ist in zahlreichen Verbänden zusammengeschlossen; hier die wichtigsten: Bundesverband Freier Wohnungsbauunternehmen; Gesamtverband gemeinnütziger Wohnungsunternehmen; Bundesvereinigung Deutscher Heimstätten; Deutsches Volksheimstättenwerk; Zentralverband der Deutschen Haus-, Wohnungs- und Grundeigentümer. Architekten und Innenarchitekten sind Mitglieder im Bund Deutscher Architekten. Als Forschungs- und Dokumentationsgegenstand haben das W. Einzelwissenschaftler verschiedener Disziplinen sowie Institute gewählt, u.a.: Deutsches Institut für Urbanistik; die Forschungsgemeinschaft Bauen und W.; die Fraunhofergesellschaft mit ihrem Informationszentrum Raum und Bau; GEWOS, Institut für Stadt-, Regional- und Wohnungsforschung; Büro für Sozialplanung und Freizeitforschung; Kommunalverband Ruhrgebiet.

Wie wir wohnen

Von je 100 Privathaushalten wohnen in

- Mietwohnungen: 45
- eigenen vier Wänden: 39
- Dienst-, Werkswohnungen u. ä.: 12
- Wohnheimen, Unterkünften: 4

© Globus 5342

DGF-Freizeit-Lexikon

Abb. Nutzung und Auslastung von Wohnungen

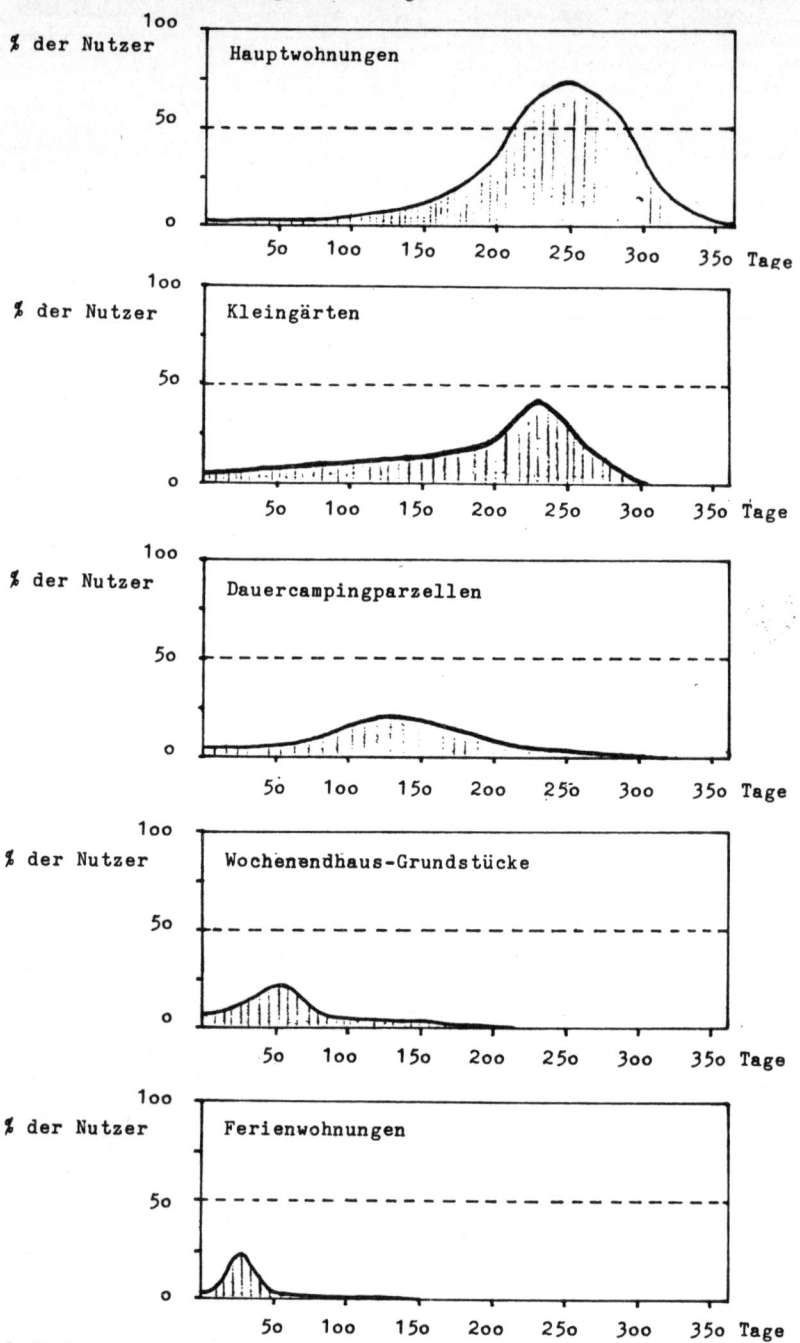

% der Nutzer — Hauptwohnungen

% der Nutzer — Kleingärten

% der Nutzer — Dauercampingparzellen

% der Nutzer — Wochenendhaus-Grundstücke

% der Nutzer — Ferienwohnungen

Quelle: Gröning/Lang in: DGF-Info Freizeitwohnen 2/82 (1982)

Wohngemeinschaft

1. in einer Wohnung (*Wohnen* →) zusammenlebende Menschen;
2. Bezeichnung für einen bewußten Zusammenschluß aus wirtschaftlichen oder ideologischen Gründen (»Kommune«).

W. bedürfen recht genauer Regeln des Zusammenlebens, um über längere Zeit funktionieren zu können. Die häufigste W. ist die der *Familie* →, für die sich solche Regeln seit langem gebildet haben. Kommen fremde Einzelpersonen, Gruppen und Familien zu einer W. zusammen, muß vor allem die Rückzugsmöglichkeit des einzelnen gewährleistet sein. Weiterhin geht es nicht ohne Festlegung von Gemeinschaftsdiensten und Regelungen der finanziellen Beteiligung.

Für die *Freizeitgestaltung* → kann die W. eine erhebliche Erleichterung sein; wie überall sind aber auch Störungen kaum vermeidbar. auch für *Freizeittätigkeiten* → innerhalb der W. gilt es, einen Konsens herbeizuführen; gelingt dieser, hat die W. große Vorteile gegenüber dem Alleinwohnen (*Single* →).

Wohnheim

Einrichtung, die Personen eine Wohnmöglichkeit bietet, die nicht in einer eigenen oder gemeinschaftlichen Wohnung (*Wohnen* →) leben können oder wollen. W. gibt es daher meist für bestimmte Personengruppen, z.B. Jugendw., Lehrlingsw., Gesellenw., Arbeiterw., Altenw., Seemannsw., Übergangsw. (für Obdachlose, Flüchtlinge, Entlassene aus dem Gefängnis), Schülerw. (Internat), Studentenw. Die Bewohner von W. müssen bestimmte Hausordnungen einhalten, können sich selbständig versorgen oder an den Mahlzeiten des W. teilnehmen. Über die Wohnmöglichkeiten hinaus bieten W. in der Regel Gemeinschaftsräume, die der *Freizeitgestaltung* → dienen können, sowie Betreuungsdienste. In größeren W. sind auch *Freizeitpädagogen* → beschäftigt. Träger von W. sind meist *Freie Träger* →, auch *Gemeinden* →.

Wohnpark

für aufgelockert gebaute, größere zusammenhängende Wohnbauobjekte, die meist mit einer über das Wohnen hinausgehenden Infrastruktur versehen sind, benutzte Bezeichnung. Vielfach wird mit dem *Freizeitwert* → dieser Anlagen geworben. W. enthalten meist Eigentums- und Mietwohnungen gehobener Preisklassen (*Wohnen* →).

Wohnquatier

Wohnumfeld →

Wohnumfeld

auch: Wohnbereich, Wohnungsnahbereich. Der die Wohnung (*Wohnen* →) umgebende, geographisch nicht eindeutig abgegrenzte Bereich. In der fachlichen Diskussion ist es notwendig, den Begriff zu verdeutlichen. Man spricht daher vom a) engeren W. oder Wohnungsumfeld; der Raum, der ausgehend von der einzelnen Wohnung benachbarte Wohnungen, Gebäude, Frei- und Erschließungsflächen (Straßen, Bürgersteige, Wege, Zufahrten) umfaßt und in funktioneller und visueller Beziehung zur Wohnung steht; und b) weiteren W.; der Raum, welcher den Alltagsbedarf in Wohnungsnähe abzudecken vermag (private und öffentliche Einrichtungen, Geschäfte, *Spielplätze* →, *Sportstätten* →, Wiesen, *Parks* →, *Bad* →, *Kleingärten* →). Das weitere W. wird auch als Wohnquartier und/oder als Stadtteil, Stadtviertel, Viertel, »Kietz« bezeichnet. Um Begriffsüberschneidungen zu vermeiden, sollten die Bezeichnungen eindeutiger benutzt werden; etwa in dieser Weise (Romeiß-Stracke 1984): a) Wohnquartier; der durch tägliche Gänge benutzte Raum, der individuell gegen weniger bekannte Quartiere abgegrenzt wird, mit den nötigsten Geschäften und Dienstleistungen mehr oder weniger gut besetzt, in seiner räumlichen Ausdehnung unterschiedlich groß, aber kaum kleiner als 5–6 Baublöcke (5–10 Fußminuten); b) Staddteil; meist mit eigener Bezeichnung versehenes Stadtgebiet mit Grenzen gegenüber anderen (Bahnlinie, Fluß, Straße, Park); umfaßt mehrere Quartiere; oft größeres, gewachsenes Stadtteilzentrum an der Hauptstraße.

Neben der Wohnung ist das W. der Bereich, in dem die meiste *Freizeit* → verbracht wird. Dabei ist das W. als solches Raum und Gegenstand von *Freizeittätigkeiten* →. So ist die häufigste Freizeittätigkeit im W. der *Spaziergang* →; es folgen »Verschönerungsarbeiten« (z.B. Gartenarbeit, Pflege von Balkonpflanzen) und Spiel. Doch genügen die möglichen Freizeitaktivitäten keineswegs, um die Qualität des W. festzustellen; wohl aber wird Freizeit durch mangelnde Qualität des W. beeinträchtigt. Der Lebenswert des W. ist von vielerlei Faktoren abhängig: Bauliche Situation; *Straßen* →, Straßenführung, Straßenausbau; Rad-, Fußwege; Verkehrsaufkommen und -führung; Verkehrsanbindung; Luft, Lärm, Geräusche, Geräuschpegel; *Grünflächen* →, aber auch: Bevölkerungszahl, -zusammensetzung, -dichte, Altersaufbau, Wanderungsbewegung, Ruf des Quartiers/Stadtteils, Einkaufsmöglichkeiten, Vereinsleben, Stadtteilkultur.

Zur *Freizeitinfrastruktur* → des W. rechnet man (elra-Beratergruppe »Planung« 1982): a) Bildungsangebote (*Kindergarten* →, *Schu-*

Wohnumfeld

len →, *Erwachsenenbildungs →* -angebote); b) *Freizeitangebote →* (Wohnstraßen, *Spielplätze →*, *Freizeiteinrichtungen →* für alle); c) Sportangebote (*Freizeitsport →* bis *Leistungssport →*); d) Unterhaltungs- und Kommunikationsangebote auf Straßen und Plätzen (durch Gruppen, *Vereine →*, Festkomitees); e) Soziale Dienstleistungen für benachteiligte *Gruppen →* (z.B.: Senioren, *Behinderte →*, alleinerziehende Frauen und *Männer →*); f) Einkaufsangebote (Quartierläden, Quartiergaststätten usw.). Zu ergänzen wäre: g) Informationsangebote (»Schwarzes Brett«, Stadtteilzeitung, Programme, Infoschriften, »Viertel-Führer« usw.). Das W. als für den Menschen auch emotional wichtiger Raum war über der Schaffung von Wohnungen und der Einrichtung der *Innenstädte →* vernachlässigt worden.

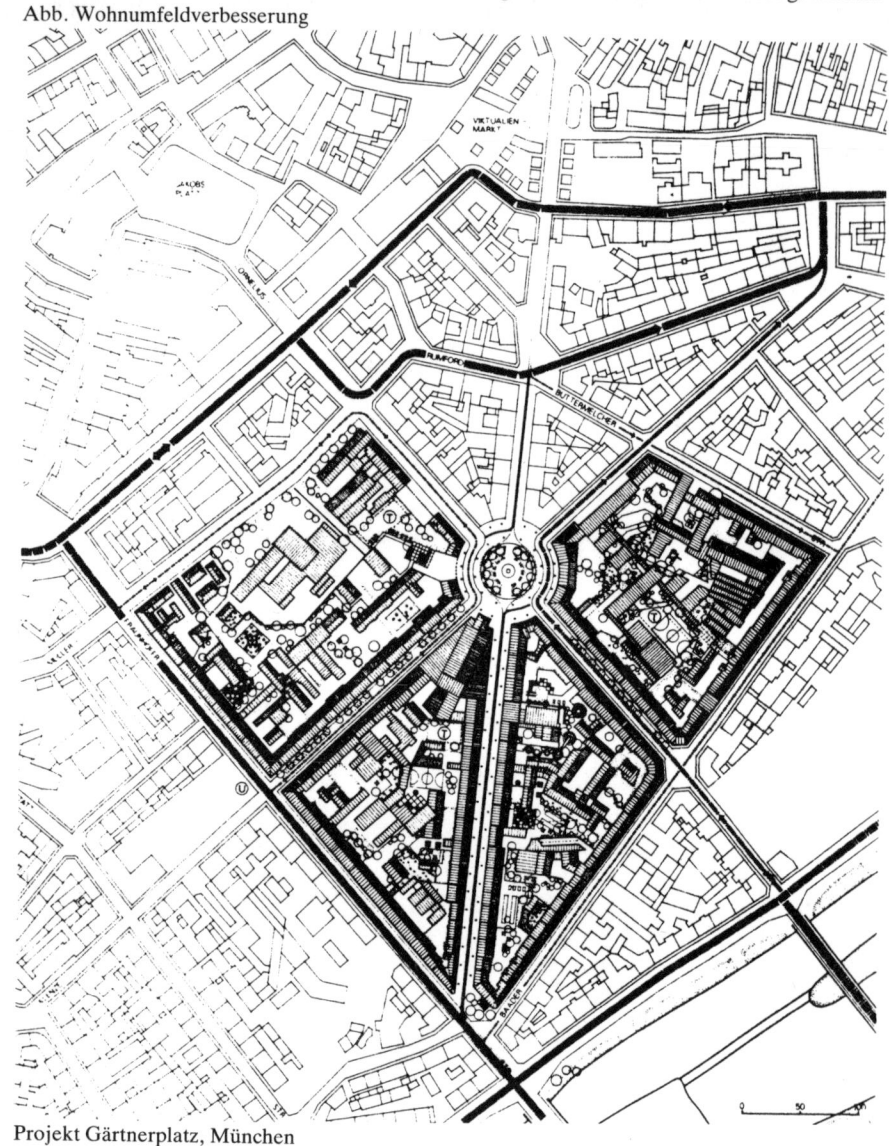

Abb. Wohnumfeldverbesserung

Projekt Gärtnerplatz, München

Quelle: Grub »Erholungsraum Stadt« (1979)

Mit der Altbausanierung vor etwa 10 Jahren kam auch die Notwendigkeit der *W.-verbesserung* → ins Gespräch. Ausgangspunkt war oftmals der Gedanke, den Verkehr innerhalb von Wohnsiedlungen zu beruhigen (*Verkehrsberuhigung* →). Heute wird zunehmend auch die Bedeutung des W. für die Identitätsfindung der Menschen (*Lokale Identität* →, *Heimat* →) diskutiert.

Lit.: Laage »Wohnen beginnt auf der Staße« Stuttgart 1977
Rellstab »Mehr Freizeit – aber wo?« Zürich 1983
Romeiß-Stracke »Freizeitorientierte Wohnumfeldverbesserung und lokale Identität« In: »Handlungsfeld Freizeit« Dortmund 1984

Wohnumfeldverbesserung

Sammelbezeichnung für planmäßige Bemühungen, gestalterische und kommunikative Defizite in Wohnquartieren auszugleichen. Da W. sehr an die jeweiligen Situationen gebunden ist, kann sie im einzelnen durch sehr unterschiedliche Maßnahmen erreicht werden. Im Prinzip ist die *Sanierung* → und Modernisierung von Stadtvierteln ebenso eine W. wie *Stadtteilkulturarbeit* →. Jedoch wird der Begriff W. meist in weniger tief- und umgreifender Weise verwandt: Gestaltung durch Fassadenrenovierung, mehr Grün, Möblierung, Pflasterungen, *Verkehrsberuhigung* →, Anlage von Spielplätzen, Hinterhofentkernung und -gestaltung. Neuerdings wird auch die immaterielle Seite der W., in der Forderung nach Bürgerbeteiligung an W. bereits angelegt war, stärker diskutiert. W. als Verbesserung der *Kommunikation* → der Bewohner untereinander, um stärker die Besonderheiten des Wohnbereichs herauszustellen. Dabei kann *Nachbarschaftshilfe* → eine mögliche Form sein; eine andere aber ist die Ermöglichung *lokaler Identität* →. Es soll das verstärkt werden, was auch emotionale Bindung an das *Wohnumfeld* → ermöglicht bzw. erleichtert. Insoweit ist W. einerseits auch Verbesserung des *Freizeitwertes* → eines Quartiers, andererseits auch zwischenmenschliche Aufgabenstellung im Sinne einer Gestaltung des gesamten Lebens, der Alltagskultur der dort Wohnenden. Eindeutige Lösungen sind deshalb nicht leicht zu finden. Eher müssen veränderbare und unterschiedlich nutzbare Freiräume geschaffen werden (*Mehrfachnutzung* →, *Mehrzwecknutzung* →), ist es aber auch notwendig, bestimmte Formen gemeinsamer Problemlösung anzuregen (*Gemeinwesenarbeit* →, *Agogik* →).

Wohnung
Wohnen →

Wohnungstausch

Form der *Urlaubs* → -quartierbeschaffung. Über Vermittlungszentralen werden Adressen von Tauschwilligen in fremden Ländern weitergegeben. Die Tauschenden treten in Verbindung, handeln die Bedingungen aus und beziehen für die Urlaubsdauer die jeweils andere Wohnung. W. ist besonders für *Familien* → eine preiswerte Möglichkeit, eine *Ferienwohnung* → im Ausland zu finden.

Wohnwagen
Caravan →

Workshop

Werkstatt. Von der handwerklichen Produktionsstätte abgeleitete Bezeichnung für kulturelle Einrichtungen und *Veranstaltungen* →, in denen bestimmte Probleme in freier Diskussion erarbeitet bzw. Kunstwerke gemeinsam erstellt oder interpretiert werden (»Kulturwerkstatt«, »Jazzw.«, »W. Neue Musik«, »W. § 218« usw.).

Y

Yacht (Jacht)

Ursprünglich kleines, schnelles Segelschiff zu Zwecken der Verfolgung (niederländisch: ›jagt‹) oder der Übermittlung von Nachrichten. Heute versteht man darunter ein Wasserfahrzeug für Sport, Vergnügen oder Repräsentation. Nach internationalem Sprachgebrauch handelt es sich um einen Sammelbegriff für Sportboote außer Ruderbooten und solchen, die mit Paddeln betrieben werden. Man unterscheidet zwischen Motory., Motorseglern und Segely. Mit letzteren sind in Deutschland in der Regel Kiely. gemeint, die auf Wasserliegeplätze angewiesen sind (*Y.-hafen* →). Ebenso wie andere Wasserfahrzeuge unterliegen Y. den nationalen und internationalen Bestimmungen zum Befahren von Gewässern.

Lit.: Deutscher Hochseesportverband ›Hansa‹ e.V. (Hrsg.): Seemannschaft, Handbuch für den Y.-sport, Bielefeld 1981, 18. A.
Reinke, Lütjen, Muhs, Y.-bau, Bielefeld 1976

Birkelbach

Yachthafen
Hafen für *Yachten* → und Sportboote jeder Art. Er bietet Dauer- und Gastliegeplätze. Je nach Größenordnung verfügt er über eine eigene Hafenverwaltung (Hafenkapitän, Hafen- und Gebührenordnung), Zollstation und die für Wassersport und -tourismus erforderliche Infrastruktur (sanitäre Anlagen, Tankstelle, Reparaturservice, Wasser- und Stromanschluß am Liegeplatz, Wetterinformationsdienst usw.). Vielerorts sind die Kreuzer-Abteilung des Deutschen Segler-Verbandes oder der Deutsche Motoryachtverband durch einen Stützpunkt vertreten.

Lit.: Kreuzer-Abteilung des Deutschen Segler-Verbandes e.V. (Hrsg.): Reviere und Stützpunkte, Hamburg 1984

Birkelbach

Yoga
auch Joga. Indisches philosophisches System der Lösung aus der Umwelt durch völlige Beherrschung des Körpers und Befreiung des Geistes sowie die aus dieser Haltung entwikkelten Verfahren der körperlichen Übung und geistigen Konzentration. Y. ist ein *Lebensstil* → wie auch eine Möglichkeit zur körperlichen und geistigen *Erholung* → und zur Therapie (*Freizeittherapie* →). In beiden Funktionen hat Y. zahlreiche Anhänger in der Bundesrepublik Deutschland gefunden. Als Lehre wird Y. an Interessenten weitervermittelt, wenn auch letztlich das eigene Bemühen ausschlaggebend für die Wirksamkeit bleibt. Um die Y.-lehrer bilden sich in der Regel Gruppen von Yogi, die auch untereinander Kontakt haben und sich gegenseitig bei ihrem Bemühen unterstützen. Einführung in die Y.-lehre wird in eigenen Instituten sowie im Bereich der *Erwachsenenbildung* → gegeben.

Z

Zeit
Erfahrung und Vorstellung des unumkehrbaren Nacheinander, der Dauer, aber auch der Veränderung.

Z. ist Maß, Hilfsmittel, Konvention und persönliches wie öffentlich gemeinschaftliches Erlebnis. Als vierte physikalische Dimension (zum Raum = Breite, Länge, Höhe) entzieht sich Z. dem »Begreifen« und kann nur an Veränderungen abgelesen werden. In diesen Veränderungen steht der Mensch sein Leben lang: Tagesz., Jahresz., Reifez., Altern, Bewegung, Geschichtsablauf.

Dem Menschen ist seine eigene biologische Z. mitgegeben. Diese subjektive Z. ist einerseits an den Körper, seine Bedürfnisse und seine Entwicklung und Alterung gebunden (physiologische Z.), andererseits an das Z.-gefühl und Z.-erleben (psychologische Z.). Solange biologische Z. und gesellschaftliche Notwendigkeiten nicht weit voneinander abwichen, kam der Z.-messung wenig Bedeutung bei. Man richtete sich nach den natürlichen Z.-einheiten: Tag, Nacht, Mondumlauf, Jahreszeitenwechsel. Wegen des Ackerbaus waren die letzteren zuerst Gegenstand genauerer Berechnungen. Sodann legte man den Jahresbeginn fest und die Jahresfeste. Der Kalender wurde erfunden: Sonnenjahr, unterteilt in Monate und Sonnentage (kalendarische Z., astronomische Z.); heute gilt überwiegend die Reformfassung des gregorianischen Kalenders. Die nächste immer wieder auflebende Diskussion war die Bemessung des Z.-alters, das heißt: die Art, wie historische Z.-rechnung zu geschehen hatte. Davon übrig sind heute zwei Modelle: Jahresrechnung von Christi Geburt bzw. von der Flucht Mohammeds (Hedschra) an. Die städtische, immer arbeitsteiligere Gesellschaft wie die nachfolgende Industriegesellschaft benötigten eine immer genauere Z.-messung und Unterteilung des Tages. Verbunden damit war das Bemühen, die Z. nach den Anforderungen der Gesellschaft einzuteilen. Z.-einteilung gehört heute zu den wichtigsten Bestandteilen der Lebensführung (*Sozialisation* →) und ersetzt weitgehend die natürliche Z.-folge. Gerät Z.-einteilung in Schwierigkeiten oder wird sie nicht mehr benötigt, können Lebens- und Sinnkrisen entstehen (z.B. *Arbeitslosigkeit* →, *Vorruhestand* →, *Ruhestand* →). Ergebnis dieser Entwicklung der Z.-einteilung ist letztlich auch die *Freiz.* →. Die Möglichkeit, Z. messen und einteilen zu können, hat den Eindruck entstehen lassen, daß Z. »machbar« sei. Die Relativitätstheorie gibt dem recht (»Z.-dilation«: Z. ist im All von Ort und Bewegung abhängig, die biologische Z. kann sich dadurch verzögern), jedoch stellt sie nur den Grenzfall dar, während in der Regel Z. vom Ort unabhängig abläuft. Anderseits haben Medizin und Lebensweise die durchschnittliche Lebenserwartung erhöht. Psychologisch wird Z. in gewisser Weise auch durch die Vorstellung von *Jugend* → und Jugendlichkeit aufgehalten. Objektiv unterliegt der Mensch jedoch der nicht umkehrbaren Entwicklung zum Tode hin. Höhere Lebenserwartung und eingeschränkte Forderungen an Arbeitsleistung führen heute zu Vorstellungen der Einteilung nicht nur kürzerer Abschnitte des Lebens (Tag: *Arbeitsz.* →, *Sozialz.* →, Freiz.; Woche: *Werktage* →/Arbeitstage, *Wochenende* →, Jahr: Arbeitsperioden, Wochenenden, *Feiertage* →, *Urlaub* → usw.), sondern auch der gesamten *Lebenszeit* → unter Ausbildungs-, Arbeits-, Freiz.-gesichtspunkten. Die Zahl gesellschaftlicher Konventionen über Z. ist groß und mit der gesamten *Kultur* → innig verbunden. Besonders bedeutsam ist die Vorstellung der Gerichtetheit von Z., die die gesamte europäische Kultur bestimmt, aber auch der schon dargelegte Umgang mit der Z. als einer zu bewältigenden Aufgabe (man spricht z.B. von »erfüllter« oder »verlorender« Z.).

Z.-messung, d.h. die Bestimmung von Z.-intervallen, die Erhebung der Ablaufdauer von Ereignissen, die Feststellung des Zeitpunktes von Ereignissen (physikalische Z.) ist die Grundlage unseres gesellschaftlichen Systems und vieler wissenschaftlicher Erkenntnisse wie auch Erfindungen. Aus ihr entsteht jedoch auch eine Forderung an die einzelnen (*Rolle* →), z.B. Anpassung an Z.-abläufe, Erbringung von Leistungen in bestimmter Z., gegen die sich der einzelne aufgrund seines Z.-gefühls oder wegen anderer Wertsetzungen wehrt. Die Folge ist *Streß* → und im negativen Fall Distreß. Z. als persönliches Erlebnis hat vielschichtige Ausformungen: Biografie; der Prozeß des Wachsens und Alterns; Teilnahme am Z.-geschehen (der Geschichte); Verhältnis der vergangenen Lebensz. zur zukünftigen (Kinder erfahren Z. länger als alte Menschen); Geschwindigkeit (Raumüberwindung in der Z., welche in den letzten 150 Jahren seit dem Bau der ersten Eisenbahn für einzelne *Verkehrs* → -mittel, aber auch in der technischen und gesellschaftlichen Entwicklung stetig zunahm, als Teilnahme an einer Bewegung, aber auch als Bewegender). Geschwindigkeit hat im Menschen selbst Maßstäbe, die bei *Freiz.-tätigkeiten* → und *Medien* → besonders zum Tragen kommen: a) Die körperliche Bewegung ist an biomechanische Voraussetzungen des Körpers (Knochenbau, Muskeln, Sehnen, Nerven, Kreislauf usw.; Schulung, Geschicklichkeit) gebunden, die eine individuelle Leistungsfähigkeit bestimmen. Das ist bedeutsam für *Sport* → und handwerkliche Tätigkeiten. b) Pulsgeschwindigkeit (75–80 Schläge in der Minute) und Gehrhythmus sind Grundlagen für das Tempo (Z.-maß) in der *Musik* →, davon werden gefühlsmäßig Tempominderungen, -straffungen und -verzögerungen abgeleitet. c) Die Dauer der Reizaufnahme (beim Sehen etwa $1/18$ sec.) bestimmt die Auffassungsgeschwindigkeit. Diese Erkenntnis liegt etwa dem *Film* → zugrunde, dessen Einzelbilder wegen der großen Geschwindigkeit nicht als solche wahrgenommen werden. Andererseits werden zu kurze Informationen entweder

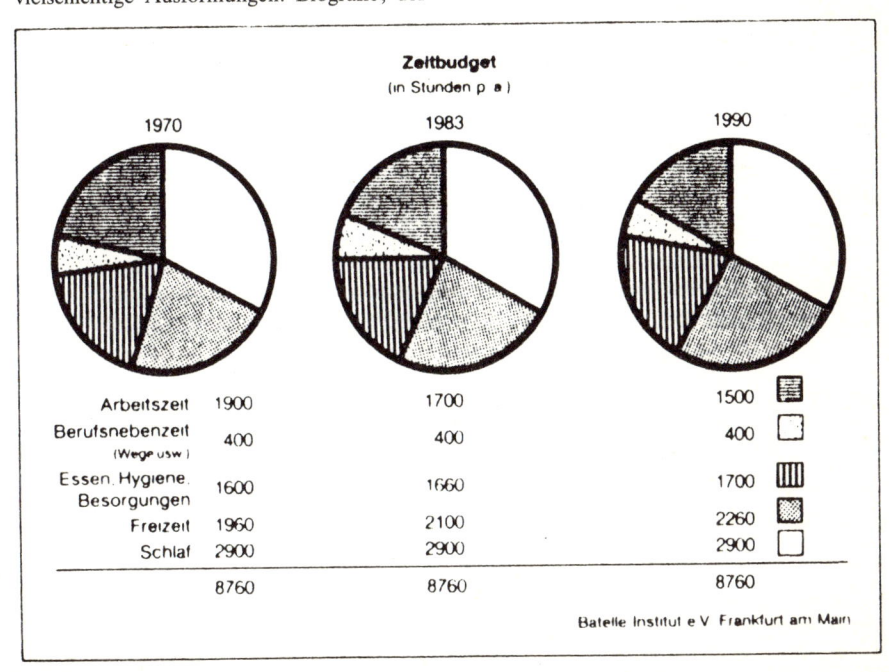

Zeitbudget
(in Stunden p a)

	1970	1983	1990
Arbeitszeit	1900	1700	1500
Berufsnebenzeit (Wege usw.)	400	400	400
Essen, Hygiene, Besorgungen	1600	1660	1700
Freizeit	1960	2100	2260
Schlaf	2900	2900	2900
	8760	8760	8760

Batelle Institut e V Frankfurt am Main

nicht oder nur unbewußt wahrgenommen, stehen im Gedächtnis nicht oder nur unvollkommen bereit.
Das Z.-erlebnis ist an das Gedächtnis gebunden. Z. wird überwiegend im Rückblick empfunden (Vergangenheit); die Gegenwart ist ein Vorübergang. Aus beiden entsteht die Vorstellung der Zukunft. Das gilt in gleicher Weise für das persönliche Z.-erlebnis (Biografie) wie für das öffentlich-gemeinschaftliche (Geschichte). *Freiz.-gestaltung* → ist von beiden Erlebnisbereichen abhängig, d. h., von persönlicher Erfahrung und dem Z.-geist (Kultur, *Mode* →, *Brauchtum* →).
Z. kann vom Menschen nicht voll ermessen werden, da er der Z. unterworfen ist. Das ist Anstoß, um über den Alltag und die Lebenszeit hinauszublicken und nach Ursprüngen und Zielen zu fragen in *Religion* → und Philosophie und gleichzeitig nach Ruhe (»Z.-losigkeit«, Stillstand, Nichtgetriebensein) zu suchen: Kontemplative Z. (*Meditation* →, *Exerzitien* →, autogenes *Training* →, *Yoga* →, usw.).

Zeitbudget
Beabsichtigte oder nicht beabsichtigte Verteilung bestimmter Zeitabschnitte an Tätigkeiten.
Zum Beispiel: (EMNID 1983) Arbeitszeit (1982: 2 279,5 Stunden/Jahr); Schlafzeit (2 844,4 Stunden/Jahr); Freizeit (3 346 Stunden/Jahr). Diese Pauschalaufteilung kann weiter unterteilt werden.
Z.-untersuchungen sind recht aufwendig, da sie nur dann aussagefähig sind, wenn sie mit Hilfe von Tagebuchaufzeichnungen nachgewiesen werden können.
Freizeitbudget →, *Lebenszeit* →, *Zeit* →

Zeitschriften
periodisch, jedoch nicht täglich erscheinende Veröffentlichungen, Druckschriften.
Das Z.-angebot ist außerordentlich vielfältig. Innerhalb der wichtigsten Z.-arten (Publikumsz., Fachz., wissenschaftliche Z., konfessionelle Z., politische Wochenblätter) haben sich im letzten Jahrzehnt starke Auffächerungen entwickelt. So führen bei den Publikumsz. zwar die Illustrierten und die Programmz., haben sich daneben aber zahlreiche Spezialz. für bestimmte Zielgruppen (Jugend, Familie, Frau, Modeinteressenten, Hobbyisten, Sportler usw.), Tätigkeiten und Sachgebiete (z.B. Politik, *Unterhaltungselektronik* →, *Computer* →, *Rätsel* →, *Tierhaltung* →, *Pflanzenhaltung* →, *Reiten* →, *Jagd* →, *Modellbau* →, *Erziehung* →, *Kultur* →, *Musik* →, *Film* →, *Video* →, *Schallplatte* →, *Sport* →, *Sexualität* →, *Wohnen* →, *Spiel* →, *Handarbeiten* →, *Auto* →, *Motorrad* →, *Fahrrad* →, Eisenbahn, Fliegen,

Reisen →) herausgebildet, die teilweise als Fachz. gelten können, jedoch ein starkes *Unterhaltungs* → -element beinhalten. Ebenso entstanden neben den wissenschaftlichen Z. populärwissenschaftliche Blätter für fast alle Wissenschaftszweige, bei denen ebenfalls die Unterhaltung eine wichtige Rolle spielt. Die überwiegende Zahl der Z. ist auf *Freizeit* → ausgerichtet, bezieht diese mit ein oder übernimmt freizeitorientierte Elemente. Für viele Hobbies und Freizeittätigkeiten ist die Lektüre von einschlägigen Z. unumgänglich. Nehmen die qualifizierten *Freizeittätigkeiten* → zu, wächst nach den Erfahrungen des letzten Jahrzehnts auch der Spezialz.-markt.
So nimmt es nicht wunder, daß Z.-lesen als Freizeittätigkeit einen wichtigen Platz einnimmt. Rund 29 Millionen erwachsener Bundesbürger lesen regelmäßig, 13 Millionen gelegentlich Z.; sie verbringen jährlich insgesamt 2,8 Milliarden Freizeitstunden mit Z.-lesen (Institut für Freizeitwirtschaft, 1983). In der Bundesrepublik Deutschland werden 6 500 Z. (mindestens vierteljährliche Erscheinweise) mit knapp 250 Millionen Exemplaren herausgegeben. Der Z.-umsatz übertrifft denjenigen der Buchverlage um ein Viertel; zwei Drittel des Z.-umsatzes (über 7 Milliarden DM) werden durch Anzeigen erbracht (über 4 Milliarden DM).
Presse →, *Medien* →, *Magazin* →

Zeitung
regelmäßig, meist täglich erscheinende Druckschrift zur Übermittlung von Informationen aller Art, insbesondere über das jüngste Zeitgeschehen. In der Regel gliedert sich die Z. in verschiedene Hauptteile, die auch von besonderen Redaktionen bearbeitet werden, z.B. Politik, Wirtschaft, Regionales, Lokales, Kultur, Feuilleton, Unterhaltung, Sport, Reisen, Anzeigen.
Man unterscheidet a) regionale Abonnementz. (Tagesz.; die größten: Westdeutsche Allgemeine Z.; Hannoversche Allgemeine; Rheinische Post; Südwestpresse; Nürnberger Nachrichten; Augsburger Allgemeine; Nordwestz.); b) regionale Kaufz. (Kioskvertrieb; z.B. Bild, Express, B.Z., Abendz., TZ); c) überregionale meinungsbildende Tagespresse (z.B. Süddeutsche Z.; Frankfurter Allgemeine; Die Welt); d) Sonntagsz. (Bild am Sonntag; Welt am Sonntag); e) überregionale Wochenz. (z.B. Die Zeit; Bayernkurier; Rheinischer Merkur; Deutsches Allgemeines Sonntagsblatt); f) lokale Wochenz.; g) *Regenbogenpresse* →; Anzeigenblätter (*Gratispresse* →).
Die Hälfte aller Tages- und Sonntagsz. wird von nur fünf Verlagsgruppen herausgegeben. Die Auflage der Tagesz. beträgt etwa 25 Mil-

lionen Exemplare. Z.-lektüre ist nicht nur eine *Freizeittätigkeit* →; die Z. wird nur zu gut der Hälfte der Lesezeit in der Freizeit gelesen. Rund 35 Millionen erwachsene Bundesbürger lesen regelmäßig, täglich die Z. und verbringen damit 5,5 Milliarden Freizeitstunden im Jahr (Institut für Freizeitwirtschaft, 1984).
Das hauptsächliche Interesse beim Z.-lesen gilt den Lokalnachrichten, dem Sport und der Politik. Allerdings scheint sich das Leseverhalten, geschult durch *Zeitschriften* → und andere *Medien* →, zu verändern. So nahmen die freizeitrelevanten Nachrichten (Reisen, Hobby, Laienkultur, Vereinswesen usw.) in den letzten Jahren zu. Hier dürfte auch die Konkurrenz der Gratispresse eine Rolle spielen.

Zelt

ein meist für begrenzte Zeit errichtetes Bauwerk mit einem aus stabilem Material bestehenden inneren oder äußeren Gerüst und einer flexiblen, zumindest instabilen Haut, die die äußere Begrenzung des Bauwerks darstellt.
Ursprünglich als Behausung von Wandervölkern entwickelt, gibt es heute zahlreiche Formen und Verwendungszwecke für das Z.: a) Urformen, z.B. Kote (Lappenzelt; Z.-haut wird an den Z.-Stangen aufgehängt mittels Kotenring, der auch das Rauchabzugsloch offenhält); Jurte (asiatisches Rundzelt mit zusammengefügtem Innengestänge, geraden Seitenwänden und gewölbtem Dach aus Filz); Wigwam (Indianerz. aus kegelförmig zusammengestellten Stangen und darüber gelegten Leder-, Fell- und Rinderdecken). Diese Z. werden auch heute noch benutzt, waren auch in der Jugendbewegung gebräuchlich; b) traditionelle Z.-formen (Militärzelte, Rundz. mit innenständigen Stangen, die mittels Z.-haut und Seilen standfest werden; die Z.-haut kann auch aus Einzelplanen zusammengesetzt sein; hiervon sind die verschiedensten Größen zu finden: Einmannz. bis Mannschaftsz.; c) moderne Kleinz. (mit festem Innengestänge, über die die sehr leichte Z.-haut gespannt wird), z.B. Wanderz., Trekkingz., Mini-Packz., Sonderform: das Biwakz. oder die Biwakkugel für Bergsteiger; d) Steilwandz. (hausähnliche Z. mit Innengestänge und zum Teil zweifacher Z.-haut: Innenz.-Außenz.); Campingz.: Familienz., Bungalowz., auch Vorz. für Wohnwagen; in Großausführung zum Einsatz bei Großveranstaltungen, im Katastrophenfall, bei *Zeltlagern* →, bei Hilfsaktionen und für militärische Zwecke (Sanitätsz., Werkstattz., Unterkunft, Büro, Kantine usw.); e) Festz. (Großz. mit fest montiertem Stützgerüst, oft Seitenwänden aus Leichtbauteilen) für *Veranstaltungen* →, Versammlungen, als Schützen- und Bierz., werden in verschiedenen Größen durch Spezialfirmen errichtet; f) Zirkusz. (Großzelt mit Stützmasten die durch Seile standfest gemacht werden; die textile Außenhaut wird an den Masten aufgehängt; g) textile Überdachungen (kegelförmig bis geschlossene Außenhaut, die durch Masten und Seile wie traditionelle Z., wie Zirkusz. oder durch Gestänge stabilisiert werden); sie werden in verschiedenen Größen hergestellt und dienen als Vordächer von Wohnwagen, als Sonnensegel über Terrassen und in Parkanlagen, als Tribünendächer (im Prinzip ist auch das Dach des Münchner Olympiastadions ein Z.); als Überdachung von Gebäuden und Schwimmbecken; h) Traglufthallen (textile Gebäude ohne stabiles Stützwerk; dieses wird durch Druckluft ersetzt; die Traglufthallen werden daher über Druckschleusen betreten); als Überdachung von Sportanlagen und Bädern, aber auch für industrielle Zwecke genutzt; i) Schirme (transportable und stationäre Dächer, die mit Hilfe eines fest verbundenen, aber zusammenklappbaren Gestells aufgespannt werden können); Regenschirm; in größerer Ausführung als Sonnenschutz (Sonnenschirm); Vorteil ist die einfache »Beseitigung« auch großer Schirme; k) Markisen (mittels besonderer Mechaniken aufrollbare oder auffaltbare Textildächer) in vielfältiger Weise als Sonnen- und Regenschutz über Freisitzen und Freianlagen zu verwenden.
Z. und z.-ähnliche Dächer sind aus dem *Freizeitbereich* → kaum fortzudenken; sie können teilweise sogar als besondere Form der *Freizeitarchitektur* → bezeichnet werden.

Zeltlager

aus Zelten zusammengestellte, zeitbegrenzte *Siedlung* → für die Unterbringung größerer Gruppen von Menschen anläßlich von Katastrophenfällen, großen *Veranstaltungen* → (Kirchentage, *Festivals* →, Verbandstreffen) und als Ferienwohnmöglichkeit (*Ferienaktionen* →, Jugendferienlager usw.). Entsprechend fest gebauten Siedlungen erfordern Z. eine Infrastruktur zur Erschließung, Versorgung (einschließlich medizinischer) und Entsorgung. Meist sind auch Gemeinschaftseinrichtungen (Versammlungsplatz bzw. -zelt; Verwaltungs- und Informationszentrale, Spiel- und Sportmöglichkeiten) berücksichtigt.
Z. können auf jeder geeigneten Fläche oder auf *Zeltplätzen* → errichtet werden.
Camping →

Zeltplatz

zum Zelten und Errichten von *Zeltlagern* → eigens ausgewiesener Platz, der bereits mit Gemeinschaftseinrichtungen, insbesondere Entsorgungseinrichtungen ausgestattet ist. Von den nach dem Krieg zahlreich vorhandenen (Jugend-) Zeltplätzen sind die meisten geschlossen worden. Camping → konnten sie nur für Einzelreisende ersetzen. Für Zeltlager fehlen heute vielfach Möglichkeiten, zumal inzwischen auch die dafür nutzbaren Freiflächen weitgehend anderweitig festgelegt wurden.

Zersiedelung

unplanmäßig, mit Freiflächen verschwenderisch umgehender Landschaftsverbrauch für *Siedlungs*→-zwecke; auch Ausufern von Siedlungen. Z. ist auch die Folge von Stadtflucht und größeren Flächenansprüchen der Bauherren sowie für Infrastruktur (insbesondere Straßen, aber auch für Gewerbebetriebe und den Handel, z.B. Diskountmärkte auf der grünen Wiese). Auch Bedarf für *Freizeiteinrichtungen* → (*Freizeitwohnen* →, *Freizeitanlagen* →) war teilweise Ursache für Z. Inzwischen wird für Z. kaum noch Gelegenheit geboten, da aufgrund entsprechender Gesetze Planungsregelungen getroffen wurden (*Naturschutz* →, *Landschaftsschutz* →, *Umweltschutz* →, *Raumordnung* →).

Zielgebiet

geographisch begrenzbare Region, die von Reisenden, insbesondere von Naherholungs- und Ferienreisenden angesteuert wird (*Reisen* →, *Tourismus* →).
Von den deutschen Urlaubern wählen (1984, *Reiseanalyse* →) 64% Z. im Ausland (z.B. Italien 13%; Spanien 10%; Österreich 10%; Frankreich 5,5%; Jugoslawien 4%). Die deutschen Zielgebiete lassen sich nach Bundesländern (z.B. Bayern 10%, Schleswig-Holstein 6%; Baden-Württemberg 6%; Niedersachsen 5%) oder nach Landschaften (Nebe, 1983 für 1978/79: Mittelgebirge 40,5%, Alpen/Alpenvorland 19,8%; Küste 18,8%; übrige Gebiete 20,9%) einteilen. Z. im *Naherholungsverkehr* → sind insbesondere die *Erholungswälder* →, *Seen* →, *Naturparks* →.

Zielgruppen

Teile einer Bevölkerung, die von den Anbietern als Klientel bestimmter Dienstleistungen (Beratung, Therapie, *Bildung* →), Adressaten von Mitteilungen (*Werbung* →, Propaganda) oder Abnehmer von Produkten (Marketing) antizipiert werden. Sie sind durch spezifische gemeinsame Merkmale (*Alter* →, Geschlecht, Bildung, Einkommen, Mentalität usw.) gekennzeichnet, die auf bestimmte *Bedürfnisse* →, *Interessen* →, Einstellungen oder Aktivitäten der Mitglieder schließen lassen. Sind solche Zusammenhänge tatsächlich gesichert und trifft das zu verbreitende Gut wahrscheinlich die Erwartungen der Z. in besonderer Weise, so stellt zielgruppenorientierte Planung ein wichtiges Instrument rationaler Versorgung und ökonomischer Marktgestaltung dar. In komplexen Angebotsfeldern wie der *Freizeit* → muß man meist von hypothetischen oder undeutlichen Z. ausgehen, die sich erst in einem längeren Prozeß von Versuch und Irrtum der Planung und des Angebots näher eingrenzen oder neu bestimmen lassen. Die Beobachtung von *Bürgerinitiativen* →, *Selbsthilfegruppen* →, Auffälligen, Krisenbetroffenen u.ä. ist für die Feststellung neuer oder vergessener Z. sehr nützlich.

Lit.: Armbruster, Leisner: Bürgerbeteiligung. Im Auftrag der Kommission für wirtschaftlichen und sozialen Wandel der Bundesregierung. München 1974

Abb. Zersiedelung oder bauliche Konzentration

Die üblichen Überbauungen ohne größere zusammenhängende Freiflächen führen meist zur landschaftlichen Zerstörung des betreffenden Gebietes.

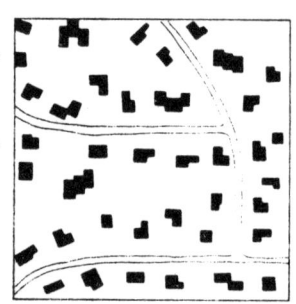

Durch Erhöhung der Ausnützungsziffer können zusammenhängende Freiflächen gewonnen werden; die Landschaft wird weniger beansprucht

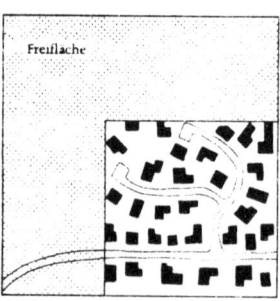

Freifläche

Zusätzliche Raffung der Bauten und besondere Gestaltungsvorschriften ermöglichen, daß eine Siedlung wieder zu einer organischen Einheit wird, die das Landschaftsbild sogar bereichern kann.

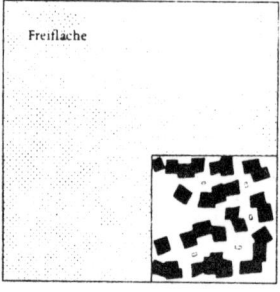

Freifläche

Quelle: Krippendorf ›Die Landschaftsfresser‹ (1975)

Behrer, Funktionsausweitung zielgruppenspezifischer Freizeit- und Erholungsangebote. Stuttgart 1978
Kaufmann, (Hg.): Bürgernahe Sozialpolitik. Frankfurt/NewYork 1979
Kohl: Freizeitpolitik. Frankfurt/Köln 1976
Lenz-Romeiss: Freizeitpolitik in Bund, Ländern und Gemeinden. Im Auftrag der Kommisiion für wirtschaftlichen und sozialen Wandel. München 1975

Lüdtke

Zirkus
nach der Form der Aufführungsstätte (kreisförmige Manege mit umlaufenden Zuschauerbänken) benanntes *Unternehmen* → zur Vorführung von *Attraktionen* →, artistischen Darbietungen (*Künstler* →) von Akrobaten, Clowns, Tierdressuren. Z.-unternehmen bedienen sich als Wanderz. großer Zelte. Neben dem klassischen Z. haben sich neue Formen unter Einbeziehung von Elementen des *Theaters* →, des *Varietés* →, der *Show* → und der *New games* → gebildet, die u.a. auch die Zuschauer in ihr Programm stärker einbeziehen.

Zivildienst
Ersatztätigkeit außerhalb der *Bundeswehr* → für anerkannte Kriegsdienstverweigerer zur Erfüllung von Aufgaben, die dem Allgemeinwohl dienen, vorrangig im sozialen Bereich. Die Z.-leistenden werden meist einzeln oder in kleinen Gruppen in Z.-stellen eingesetzt. Diese Stellen gewährleisten die Unterbringung, soweit der Z.-leistende nicht zu Hause wohnen kann. Auch gemeinnützige *Freizeiteinrichtungen* → können Z.-stellen sein. Den Z.-leistenden dürfen jedoch keine pädagogischen Aufgaben übertragen werden.
Eine Freizeitbetreuung der Z.-leistenden ist meist nicht notwendig, da sie in der Regel nicht in Massenunterkünften untergebracht sind. An außerhalb wohnende Z.-leistende sollten wie an Wehrpflichtige *Freizeitpässe* → ausgegeben werden. Neben dem Z. gibt es den Ersatzdienst. Das ist die Verpflichtung zur zehnjährigen aktiven Mitarbeit in einer Organisation des Zivil- und Katastrophenschutzes (Deutsches Rotes Kreuz, Malteser- und Johanniter-Hilfswerk, Technisches Hilfswerk u.a.). Der Ersatzdienst wird in der *Freizeit* → abgeleistet.

Zocker
aus der Ganovensprache: Jemand, der intensiv *Glücksspiele* → betreibt.

Zoo
Tierschauanlagen →

Zufallsspiel
nicht der Geschicklichkeit des Spielers unterworfenes *Spiel* →, bei dem die Spielentwicklung nicht vorhersehbar ist.

Gewinnspiele → sind teilweise, *Glückspiele* → immer Z.

Zuschauer
betrachtender Teilnehmer an einem Ereignis; in engerem Sinne: betrachtender Teilnehmer an einer *Veranstaltung* →. Viele Darbietungen zielen nicht nur auf Z., sondern beziehen diese in das Ereignis mit ein (*Sport* →, Mitspieltheater, Spielaktionen, *Volksfest* → u.ä.). Im üblichen Sprachgebrauch bedeutet Zuschauen persönliche Anwesenheit, obwohl über das Fernsehen mittelbares Zuschauen ermöglicht wird. Diese Bedeutungsverengung geht davon aus, daß der Z. aus den möglichen Bildern diejenigen auswählt, die ihn interessieren, auch wenn sie für das Hauptereignis keinerlei Bedeutung haben. Daraus entsteht sein persönliches *Erlebnis* →. Der Fernsehz. übernimmt die generalisierende Zuschauweise des Kameramannes und der Bildregie (*Publikum* →).
Unter dem Blickwinkel der Höherbewertung von Aktivität wurde und wird der Z. als Inaktiver, Passiver in abwertender Weise dargestellt. Unter dem Erlebnisaspekt und vom Kommunikationsinteresse des Z. kann eine solche Betrachtungsweise nicht bestätigt werden. Das Zuschauen ist in der Regel keine Zufallsprodukt, sondern Teil eines Gesamtprozesses der Beschäftigung mit einem Sachgebiet, mit Personen oder mit Gruppen (*Fan* →). Im Sport ist z.B. bekannt, daß eine Wechselbeziehung zwischen der eigenen Sportaktivität und dem Zuschauen bei Sportereignissen besteht. Vielfach ist dadurch die Zuschauerschaft von Veranstaltungen strukturiert, da bestimmte Gruppen und Bezugspersonen angezogen werden. So kann bei *Amateur-* → und Laiendarbietungen immer damit gerechnet werden, daß Verwandte und Freunde zuschauen. Auch das Engagement des Z. beim Zuschauen hat meist eine über Passivität hinausgehende Qualität, wenn es sich auch meist nur im Beifallklatschen äußern darf. Für die Akteure haben Z. immer eine stimulierende oder dämpfende Wirkung. Studioaufführungen ohne Z. sind anders als Liveaufführungen, sowohl in künstlerischer Auffassung als in der Ausführung.

Zuständigkeit
Regelung, welche Organisationsarbeit oder welche Stelle innerhalb dieser zur Bearbeitung bestimmten Aufgaben berechtigt bzw. verpflichtet ist. Die Z.-regelung ist wichtiges Element des Staats- und Verwaltungsaufbaus. Durch die Z. wird nicht nur bestimmt, wer sachlich verantwortlich ist und auf welcher Ebene das Aufgabengebiet bearbeitet werden soll (z.B. Gemeinde, Regierungsbezirk, Land, Bund), sondern auch welche Qualität die Be-

arbeitung haben soll (z.B. Beobachtung, Sammlung von Informationen, Vorbereitung von Entscheidungen, Treffen von Entscheidungen). Die Z. wird durch Gesetze, Verwaltungsvorschriften und Organisationsregelungen bestimmt.

Je komplexer ein Problemfeld ist, desto schwerer kann es einer einzelnen Stelle zugeordnet werden. Das gilt für *Freizeit* →, die auch als Querschnittsbereich bezeichnet wird. Die Aufteilung des Bereichs auf verschiedene Sachgebiete (*Tab.* →) ist, wenn man aus-

Tab.: Zuständigkeit für Freizeit innerhalb der Bundesministerien

Ressort	Aufgaben
BMWi	a) Fremdenverkehr b) Erhöhung des Wohn- und Freizeitwerts (ERP-Fonds), regionale Strukturpolitik c) sektorale Strukturpolitk, Freizeitindustrie
BMV	a) Freizeit- und Erholungsverkehr bei der Planung von Bundesfernstraßen b) Freizeit- und Erholungsverkehr bei Benutzung des Kraftfahrzeuges c) Förderung der Sportluftfahrt d) Sportschiffahrt auf Binnenwasserstraßen e) Wasserstraßenverwaltung: Schaffung, Erhaltung und Erweiterung von Freizeit- und Erholungsmöglichkeiten auf und an Bundeswasserstraßen
BMBau	a) Räumliche Erfordernisse und Auswirkungen von Freizeit und Erholung b) regionale Prognosen zu Umweltschutz und Freizeit c) Freizeitforschung unter dem Gesichtspunkt der Raumordnung d) Angelegenheiten der Stadtentwicklung auf dem Gebiet der Freizeitgestaltung e) Bundesbaugesetz, Benutzungsverordnung, Bürgerinitiativen, partizipatorische Planung f) Normen im sozialen Wohnungsbau g) Demonstrativ- und Modellbauvorhaben
BMI	a) Förderung des Breiten- und Freizeitsports b) Förderung der Sportwissenschaft c) Medienpolitik d) Beamten- und Tarifrecht (Arbeitszeit-VO, Erholung- und Sonderurlaub-VO)
BML	a) Information über und Förderung von »Urlaub auf dem Bauernhof« b) Forschung über Freizeit und Landschaft c) Neuordnung des ländlichen Raums d) Landschaftskultur, Forstwirtschaft, Forststruktur, Jagd, Reiterei e) Naturschutz, Landschaftsschutz f) Verbände für Kleintierzucht und Kleingartenwesen
BMA	Zahlreiche Aufgaben, die in mittelbarem Zusammenhang mit Freizeit stehen (Gesetzliche Regelungen über die Arbeitszeit, den Urlaub, den Jugendarbeitsschutz, den Mutterschutz und die Altersgrenze in der Rentenversicherung)
BMJFG	a) Jugendfreizeit: Bundesjugendplan b) Familienfreizeit c) Freizeit und Gesundheit d) Koordination des Querschnittsbereichs Freizeit innerhalb der Bundesregierung e) Freizeitverbände
BMB	a) Freizeit- und Erholungsprobleme, die sich aus der besonderen Lage Berlins ergeben b) Zonenrandförderung im sozialen und kulturellen Bereich
BMBW	a) Schule und Wissenschaft b) Weiterbildung, insbesondere Volkshochschulenwesen c) politische Bildung d) Bildungsurlaub
BMP	Erholungsfürsorge für Postbedienstete durch die Bereitstellung eigener oder angemieteter Erholungsstätten, Freizeitgestaltung in Post-, Kunst-, Sport- usw. Vereinen
BMVg	Freizeitangebote für Soldaten

Nach: Görgmaier »Staatliche und kommunale Freizeitpolitik« Baden-Baden 1979 (ergänzt).

schließlich von *Freizeittätigkeiten* → ausgeht, vertretbar. Jedoch wird dadurch die Chance aus dem ganzheitlichen Ansatz von Freizeit nicht genutzt (*Freizeitpolitik* →). Zum Ausgleich dieses Nachteils werden Z.-regelungen für die Koordination geschaffen, die aber in der Praxis nur wenig greifen, da damit keine Entscheidungskompetenzen verbunden sind.
Die Komplexität des Freizeitsektors erlaubt die Zusammenführung aller Z. für Freizeit in einem Ressort (»Freizeitministerium«, »Freizeitamt« →) nicht. Die Schaffung eines aktiv koordinierenden Freizeitressorts könnte aber die Bearbeitung von Freizeitfragen wesentlich verbessern. Ähnlich dem *Umweltschutz* → ist die Einrichtung von Ministerialabteilungen und Ämterabteilungen denkbar (z.B.: Ministerium für Familie, Freizeit, Jugend und Sport; Amt für Kultur, Freizeit und Sport).

Zweckbetrieb
Unternehmen →

Zweiter Weg des Sports
Freizeitsport →

Zweiturlaub
Urlaub →

Zweitwohnsitz
Amtlich registrierter Aufenthaltsort mit einer Aufenthaltsdauer von mehr als 6 Wochen außerhalb des ursprünglich gemeldeten ersten Wohnsitzes.
Ein Z. kann sowohl aus dienstlichen Gründen, wie z.B. der zeitweiligen Ausübung einer beruflichen Tätigkeit an einem weiter entfernten Ort, als auch aus privaten Motiven, etwa aufgrund gesundheitlicher oder steuerlicher Erwägungen, gewählt werden. Auch als Aufenthaltsort zur Verbringung der *Jahresfreizeit* → findet der Z. vielfach Verwendung.

Schmale

Quellennachweis der Abbildungen und Tabellen

ADAC »Der Campingplatz« 2. Auflage 1984, S. 22
ADAC »Geeignete Standorte für Campingplätze«, 1984, S. 33
Chr. Becker »Freizeitverhalten im Großraum Frankfurt«, In: Raumforschung und Raumordnung, Heft 4/1983, S. 138
Carl Heymann Verlag, Köln, Berlin, Bonn, München
Schriftenreihe BMJFG, Bd. 44/1, »Kinderspielplätze«, Teil 1: Texthandbuch; Bearbeiter: G. Schottmayer, Verlag W. Kohlhammer, Stuttgart, Berlin, Köln, Mainz, 1977, S. 294, S. 295, S. 394
Betriebsberatung Gastgewerbe GmbH, Düsseldorf, 1984, S. 36
Gewerbliche Schriftenreihe NS 50 »Angebots- und Nachfrageveränderungen im Gastgewerbe«
J. Dieckert (Hrsg.) »Freizeitsport«; Bertelsmann Universitätsverlag, Düsseldorf, 1974, S. 42
K. Fohrbeck/A. J. Wiegand, Musik, Statistik, Kulturpolitk; DuMont Buchverlag Köln, 1982, S. 24, S. 32, S. 68, S. 70
Gerd Gröning »Unterschiedliche Freizeitbedingungen in städtischen und ländlichen Gebieten«, In: Handlungsfeld Freizeit, Institut für Stadt- und Entwicklungsforschung, Dortmund, 1983, S. 145
H. Grub »Erholungsraum Stadt«; Gerd Hatje, Stuttgart, 1976, S. 85
Joachim Grube/ Siegfried Pabst »Gemeinschaftshäuser und Mehrzweckhallen in Niedersachsen«; Schriftenreihe des Niedersächsichen Sozialministeriums, Bd. 3, Abb. 6, Abb. 13, Funktionsschema Abb. 18
G. Haedrich u.a. »Tourismus-Management«, Walter de Gruyter, Berlin, 1983, S. 231, S. 348, S. 399
A. von Heimberger/B. Grunewald »Gesund leben – fit bleiben! Ratgeber für Gesunde und Patienten mit Risikofaktoren«; Deutsche Angestellten-Krankenkasse, 1984
Wolfgang Harfst/Helmut Scharpf »Feriendörfer« Pilotstudie 1982; Landesamt für Umweltschutz und Gewerbeaufsicht Rheinland-Pfalz, Oppenheim, S. 4, S. 5
»Harms Handbuch der Geographie« Sozial- und Wirtschaftsgeographie 2, Paul List Verlag München, 1982, S. 63, S. 139
Herder Lexikon Soziologie, 1976, S. 39, S. 205
ILS »Campingplätze in Nordrhein-Westfalen«, Auswertung eines Wettbewerbs, Institut für Landes- und Stadtentwicklungsforschung, Dortmund 1978, S. 146, S. 152, S. 171, S. 228
A. Imhoff »Die gewonnenen Jahre«, Beck Verlag München, 1981, S. 168
Institut für Kommunalwissenschaften der Konrad-Adenauer-Stiftung, Werkbericht 3 (1978) »Lokale Freizeitvereine – Entwicklung – Aufgaben – Tendenzen«, S. 68
Jost Krippendorf »Die Landschaftsfresser«, Hallwag Verlag AG, Bern 1975, S. 104
Der Kultusminister des Landes Nordrhein-Westfalen, Materialien zum Sport in NRW »Sportentwicklung, Einflüsse und Rahmenbedingungen – Eine Expertenbefragung«, 1984, S. 37, S. 66
Der Kultusminister des LandesNordrhein-Westfalen, Materialien zum Sport 3, »Sportmehrzweckhallen« (1982), S. 125
Landeskonservator Rheinland »Xanten – Europäische Beispielstadt«, Arbeitsheft 9, Landschaftsverband Rheinland 1975, S. 45, S. 47
Management-Enzyklopädie, 4. Auflage 1984, Verlag Moderne Industrie, Landsberg Bd. 6 – S. 470, S. 472, S. 517; Bd. 7 – S. 339, S. 414; Bd. 9 – S. 247, S. 484, S. 519
Mc Cann-Erikson »Der deutsche Mann – Lebensstil und Orientierung«, Oktober 1982
Heiner Monheim »Verkehrsberuhigung . . .« in Stadtbauwelt 88/30. 6. 1978, Bertelsmann Fachzeitschriften GmbH, Berlin
Neue Gesellschaft für bildende Kunst/Kunstamt Kreuzberg »Faschismus«, Elefantenpress, Berlin und Hamburg 1976, S. 71
Jutta Oesterle-Schwerin »Mit Kindern wohnen«, Wohnen + Werken, Bauverlag, Wiesbaden/Berlin 1976, S. 9, S. 46, S. 47
Paulhans Peter (Hrsg.) »Fußgängerstadt«, Geord D. W. Callwey, München 1977, S. 13, S. 98, S. 206
H. W. Opaschowski »Freizeit – wann – wieviel – wozu?« In: Bertelsmann Briefe, April 1983
Gerhard Richter »Handbuch Stadtgrün Landschaftsarchitektur im städtischen Freiraum«, BLV Verlagsgesellschaft München, 1981, S. 13, S. 16, S. 92, S. 130, S. 133, S. 134, S. 164, S. 168, S. 220, S. 267

Quellennachweis

Harro Rösing »Neue Städte in der Bundesrepublik Deutschland und in Großbritannien: Vergleichende Untersuchung« 1974, Lehrstuhl für Städtebau TU Hannover, S. 280, S. 291; Plan 11
Röthig (Red.) »Sportwissenschaftliches Lexikon«, 5. Aufl., Verlag Karl Hofmann, Schorndorf 1983, S. 371
Hans Schiller-Bütow »Freizeit und Erholung«, Patzer Verlag GmbH, Hannover/Berlin, S. 43, S. 57, S. 69, S. 77, S. 82, S. 83, S. 84, S. 87, S. 107
Peter Schnell »Wohnen als Determinante des Freizeitverhaltens am Beispiel des Ruhrgebietes«, In: P. Schnell/P. Weber (Hrsg) »Agglomeration und Freizeitraum«, Ferdinand Schöning, Paderborn 1980, S. 62, S. 64
Hans-Joachim Schulz »Naherholungsgebiete, Grundlagen der Planung und Entwicklung, Paul Parey Berlin/Hamburg 1978, Berlin, S. 17 oben, S. 35, S. 75
Siedlungsverband Ruhrkohlenbezirk (heute Kommunalverband Ruhrgebiet) Freizeit im Ruhrgebiet 2. Freizeitbäder«, Essen, S. 30
Schulbauinstitut der Länder Kurzinformation 18 »Einrichtungen für Spiel und Sport mit Behinderten«, Heft 102, Berlin 1982
Spiegel-Verlagsreihe »Märkte im Wandel«, Band 11: »Freizeitverhalten« (E. Martin, J.-J. Middeke, F. Romeiß-Stracke), Hamburg 1983, S. 15
Stiftung Warentest »Spielend gewinnen? Chancen im Vergleich« (Ralf Zisch) Berlin 1983, S. 27
Harald Stricker »Jugend-Freizeitstätten«, Planen + Wohnen, Bauverlag, Wiesbaden/Berlin 1982, S. 10, S. 33, S. 45, S. 109
Friedhelm Tödtmann »Freizeitsport und Verein«, Frankfurt 1982, S.

Adressenverzeichnis

Akademie Remscheid für Musische Bildung und Medienerziehung
Küppelstein 34, 5630 Remscheid 1

Aktion Lesen e.V.
Großer Hirschgraben 17–21, 6000 Frankfurt 1

Allgemeiner Cäcilien-Verband für die Länder der Deutschen Sprache, Andreasstr. 9, 8400 Regensburg

Allgemeiner Deutscher Automobilclub e.v. ADAC Am Westpark 9, 8000 München 70

Allgemeiner Deutscher Fahrrad-Club e.v. – ADFC –
Fedelhören 18, 2800 Bremen

Allgemeiner Deutscher Tanzlehrerverband
Oberheidter Str. 34 b, 5600 Wuppertal 12

Anonyme Alkoholiker-AA
Kontaktstelle Deutschland, Postfach 422, 8000 München 1

Arbeiterwohlfahrt Bundesverband e.V.
Oppelner Str. 130, 5300 Bremen 1

Arbeitsausschuß für politische Bildung
Haager Weg 44, 5300 Bonn 1

Arbeitsgemeinschaft beruflicher und ehrenamtlicher Naturschutz e.V.
Konstantinstr. 110, 5300 Bonn 2

Arbeitsgemeinschaft der Evangelischen Jugend
Porschestr. 3, 7000 Stuttgart 40

Arbeitsgemeinschaft der Incentive-Reiseveranstalter e.V. – AIR –
Uhlandstr. 29 4000 Düsseldorf 1

Arbeitsgemeinschaft der Liedermacher AG
Mailänder Str. 14/92, 6000 Frankfurt a.M. 70

Arbeitsgemeinschaft der öffentlichen Rundfunkanstalten der Bundesrepublik Deutschland ARD
Rothenbaumchaussee 132–134, 2000 Hamburg 13

Arbeitsgemeinschaft der Verbraucher e.V.
Heilsbacherstr. 20, 5300 Bonn 1

Arbeitsgemeinschaft der Volksmusikverbände e.V.
Rudolf-Maschke-Platz 6, 7218 Trossingen

Arbeitsgemeinschaft Deutscher Chorverbände
Adresheimer Str. 80, 3340 Wolfenbüttel

Arbeitsgemeinschaft deutscher Sportämter
Mörfelder Landstr. 362, 6000 Frankfurt 71

Arbeitsgemeinschaft Freizeit-Schiffahrt
Ziegeleiweg 16, 3452 Bodenwerder

Arbeitsgemeinschaft Freizeit und Tourismus
Postfach 45 40 29, 1000 Berlin 45

Arbeitsgemeinschaft für Jugendhilfe
Haager Weg 44, 5300 Bonn

Arbeitsgemeinschaft Neuer Deutscher Spielfilmproduzenten
Agnesstr. 14, 8000 München 40

Arbeitsgemeinschaft Spielzeug
Schützenstr. 30, 8600 Bamberg

Arbeitsgemeinschaft zur Talentförderung in der Popularmusik und Unterhaltung
Herzog-Wilhelm-Str. 28, 8000 München 2

Arbeitsgruppe für kommunale Filmarbeit e.V.
Schaumainkai 41, 6000 Frankfurt 70

Arbeitskreis deutscher Bildungsstätten
Haager Weg 44, 5300 Bonn 1

Arbeitskreis Deutscher Marktforschungs-Institute e.V. – ADM –
Burgschmietstr. 2, 8500 Nürnberg

Arbeitskreis für Jugendliteratur e.V.
Elisabethstr. 15, 8000 München

Arbeitskreis für Schulmusik und allgemeine Musikpädagogik e.V.
Gründgensstr. 16, 2000 Hamburg 60

Arbeitskreis Musik in der Jugend, Deutsche Föderation Junger Chöre und Instrumentalgruppen e.V.
Adersheimer Str. 60 3340 Wolfenbüttel

Arbeitskreis zentraler Jugendverbände e.V.
Cesar-Klein-Ring 40, 2000 Hamburg

Auto club europa e.V.
Schmidener Str. 233, 7000 Stuttgart 50

Automobilclub von Deutschland e.V.
Lyoner Str. 53, 6000 Frankfurt 71

Batelle-Institut e.V.
Am Römerhof 35, 6000 Frankfurt

B.A.T.-Freizeitforschungsinstitut
Alsterufer 4, 2000 Hamburg 36

Bayerischer Jugendring
Herzog-Heinrich-Str. 7, 8000 München

Bayerischer Rundfunk
Rundfunkplatz 1, 8000 München 2

Bayerisches Rotes Kreuz – Bergwacht
Holbeinstr. 11, 8000 München 86

BDW Deutscher Kommunikationsverband e.V.
Adenauerallee 209, 5300 Bonn 1

Berufsverband der Sozialarbeiter/Sozialpädagogen/Heilpädagogen-Vereinigte Vertretung
Hedwig-Dransfeld-Platz 2, 4300 Essen 1

Berufsverband Show und Unterhaltung IAL
Besenbinderhof 60, 2000 Hamburg 1

Bildungs- und Sozialwerk des Deutschen Beamtenbundes e.V.
Dreizehnmorgenweg 36, 5300 Bonn 2

Bildungsverein soziales Lernen und Kommunikation e.V.
Bödeker Str. 56, 3000 Hannover 1

Blaues Kreuz in Deutschland e.V.
Freiligrathstr. 27, 5600 Wuppertal-Barmen

Börsenverein des Deutschen Buchhandels e.V.
Gr. Hirschgraben 17–21, 6000 Frankfurt 1

Bonner Katzenschutz-Initiative e.V.
Harleßstr. 7, 5300 Bonn 1

Büro für Sozialplanung und Freizeitforschung
Wendentorwall 10, 3300 Braunschweig

Bund Demokratischer Jugend
Mainzer Landstr. 147, 6000 Frankfurt

Bund der Deutschen Katholischen Jugend
Carl-Mosterts-Platz 1, Postfach 32 05 20, 4000 Düsseldorf 30

Bund der Deutschen Landjugend im Deutschen Bauernverband e.V.
Godesberger Allee 142–148, 5300 Bonn 1

Bund der Deutschen Landjugend im Deutschen Bauernverband e.V.
Godesberger Allee 142–148

Bund der Historischen Deutschen Schützenbruderschaften e.V.
Köschenberg 2 a, 5090 Leverkusen 3

Bund der Jugendfarmen e.V.
Im Elsental 3, 7000 Stuttgart 80

Bund der Kaufmannsjugend im DHV
César-Klein-Ring 40, 2000 Hamburg 60

Bund der Pfadfinderinnen und Pfadfinder e.V.
Marburger Str. 85 a, 6300 Gießen

Bund der Theatergemeinden e.V.
Bonner Talweg 10, 5300 Bonn 1

Bund Deutscher Amateurtheater e.V.
Waiblinger Weg 12, 7920 Heidenheim

Bund Deutscher Architekten
Ippendorfer Allee 14 b, 5300 Bonn 1

Bund Deutscher Blasmusikverbände e.V.
Am Märzengraben 6, 7800 Freiburg 33

Bund Deutscher Film- und Video-Amateure e.V.
Siegfriedstr. 6, 5000 Köln 50

Bund Deutscher Innenarchitekten e.V.
Königswinterer Str. 709, 5300 Bonn 3

Bund Deutscher Kunsterzieher e.V.
Brehmstr. 1 a, 3000 Hannover 1

Bund Deutscher Landschafts-Architekten BDLA
Colmantstr. 32, 5300 Bonn 1

Bund Deutscher Liebhaberorchester e.V.
Schlegelstr. 14, 8500 Nürnberg 20

Bund Deutscher Philatelisten e.V.
Mainzer Landstr. 221/223, 6000 Frankfurt 1

Bund Deutscher Radfahrer
Otto-Fleck-Schneise 4, 6000 Frankfurt 71

Bundesakademie für musikalische Jugendbildung Trossingen
Hugo-Hermann-Str. 22, 7218 Trossingen 1

Bundesarbeitsgemeinschaft der Freien Wohlfahrtspflege e.V.
Franz-Lohe-Str. 17 5300 Bonn 1

Bundesarbeitsgemeinschaft Deutscher Spieliotheken BDS
Großer Kamp 8, 2202 Barmstedt

Bundesarbeitsgemeinschaft Evangelischer Jugendferiendienste e.V.
Stalburgstr. 38, 6000 Frankfurt

Bundesarbeitsgemeinschaft für Freizeitforschung e.V.
Erlenscheid 5, 3552 Wetter/Oberrosphe

Bundesarbeitsgemeinschaft für Jugendfilmarbeit und Medienerziehung e.V.
Giselastr. 5, 5100 Aachen

Bundesarbeitsgemeinschaft für Soldatenbetreuung e.V.
Hausdorffstr. 103, 5300 Bonn 1

Bundesarbeitsgemeinschaft „Hilfe für Behinderte" e.V.
Kirchfeldstr. 149

Bundesarbeitsgemeinschaft Jugendaufbauwerk
Haager Weg 44, 5300 Bonn 1

Bundesarbeitsgemeinschaft Katholischer Jugendferienwerke
Carl-Mosters-Platz 1, 4000 Düsseldorf

Bundesjugendkuratorium
Kennedyallee 105–107, 5300 Bonn 2

Adressenverzeichnis

Bundeskongreß der Älteren Generation e.V.
Friedrich-Ebert-Str. 3/1, 3500 Kassel 1

Bundesministerium der Verteidigung
Postfach 1328, 5300 Bonn

Bundesministerium des Innern
Graurheindorferstr. 198, 5300 Bonn 1

Bundesministerium für Bildung und Wissenschaft
Heinemannstr. 2, 5300 Bonn 2

Bundesministerium für Ernährung, Landwirtschaft und Forsten
Postfach 14 02 70, 5300 Bonn 1

Bundesministerium für Jugend, Familie und Gesundheit
Kennedyallee 105–107, 5300 Bonn 2

Bundesministerium für Raumordnung, Bauwesen und Städtebau
Postfach 20 50 01, 5300 Bonn 2

Bundesprüfstelle für jugendgefährdende Schriften
Am Michaelshof 8, 5300 Bonn 2

Bundesverband Bürgerinitiativen Umweltschutz (BBU) e.V.
Friedrich-Ebert-Allee 120, 5300 Bonn

Bundesverband der deutschen Sportartikelindustrie e.V.
Moltkestr. 40, 5300 Bonn 2

Bundesverband der deutschen Volksbühnen-Vereine e.V.
Wettiner Str. 13, 4000 Düsseldorf-Oberkassel

Bundesverband der Fernseh- und Filmregisseure in Deutschland e.V.
Türkenstr. 91, 8000 München 40

Bundesverband der Friedrich-Bödecker-Kreise e.V.
Raimundistr. 2, 6500 Mainz 1

Bundesverband der Jugendkunstschulen und Kulturpädagogischen Einrichtungen e.V.
Emscherstr. 24, 4690 Herne 2

Bundesverband der Katholischen Arbeitnehmer-Bewegung Deutschland e.V.
Bernh.-Letterhaus-Str. 28, 5000 Köln 1

Bundesverband der Pädagogischen Freizeitberufe e.V.
In der Steinriede 4, 3000 Hannovewr 1

Bundesverband der Phonowirtschaft
Katharinenstr. 11, 2000 Hamburg 1

Bundesverband der Spielplatzgeräte- und Freizeitanlagen-Hersteller e.V.
Obere Heinngasse 11, 7170 Schwäbisch Hall, T (07 91)

Bundesverband deutscher Autoren e.V.
Schlüterstr. 39, 1000 Berlin 12

Bundesverband Deutscher Diskotheken und Tanzbetriebe e.V.
Kronprinzenstr. 46, 5300 Bonn 2

Bundesverband Deutscher Eisenbahn-Freunde e.V.
Postfach 11 63, 3000 Hannover

Bundesverband Deutscher Film- und AV-Produzenten e.V.
Langenbeckstr. 9, 6200 Wiesbaden 1

Bundesverband Deutscher Gartenfreunde e.V.
Siegfried-Leopold-Str. 6, 5300 Bonn-Beuel

Bundesverband Deutscher Heimwerker- und Baumärkte
Duckterather Str. 1 A, 5000 Köln 80

Bundesverband Deutscher Schwimmeister e.V.
Postfach 39, 5047 Wesseling 1

Bundesverband Deutscher Volks- und Betriebswirte e.V. – BDVB –
Am Hof 26, 5300 Bonn 1

Bundesverband Deutscher Zeitungsverleger e.V.
Riemenschneiderstr. 10, 5300 Bonn 2

Bundesverband Freier Wohnungsunternehmen e.V.
Burbacher Str. 8, 5300 Bonn 1

Bundesverband für Garten-, Landschafts- und Sportplatzbau e.V.
Plittersdorfer Str. 93, 5300 Bonn 2

Bundesverband für spastisch Gelähmte und andere Körperbehinderte e.V.
Postfach 81 31, 4000 Düsseldorf 1

Bundesverband Rhythmische Erziehung e.V.
Postfach 10 10 03, 5630 Remscheid

Bundesverband Selbsthilfe Körperbehinderter
Altkrautheimer Str. 17, 7109 Krautheim/Jagst.

Bundesverband Video Vereinigung der Videoprogrammanbieter e.V.
Katharinenstr. 11, 2000 Hamburg

Bundesvereinigung der Deutschen Arbeitgeberverbände
Gustav-Heinemann-Ufer 72, 5000 Köln 51

Bundesvereinigung Deutscher Blas- und Musikverbände e.V.
König-Karl-Str. 13, 7000 Stuttgart 50

Bundesvereinigung Deutscher Heimstätten e.V.
Poppelsdorfer Allee 28, 5300 Bonn 1

Adressenverzeichnis

Bundesvereinigung Deutscher Laienmusikverbände
Schlegelstr. 14, 8500 Nürnberg 20

Bundesvereinigung für Gesundheitserziehung e.V.
Bernkasteler Str. 53, 5300 Bonn 2

Bundesvereinigung Kulturelle Jugendbildung e.V.
Küppelstein 34, 5630 Remscheid 1

Bundesvereinigung Lebenshilfe für Geistig Behinderte e.V., – Bundeszentrale –
Raiffeisenstr. 18, 3550 Marburg 7

Bundesvereinigung soziokultureller Zentren e.V.
Lister Meile 4, 4000 Hannover 1

Bundeszentrale für gesundheitliche Aufklärung
Ostmerheimerstr. 200, 5000 Köln 91

Bundeszentrale für politische Bildung
Berliner Freiheit 7, 5300 Bonn 1

Bund für Umwelt und Naturschutz Deutschland (BUND)
Oskar-Walzel-Str. 7, 5300 Bonn

Christliche Gewerkschaftsjugend – CGJ –
Konstantinstr. 13, 5300 Bonn 2

Christlicher Gewerkschaftsbund Deutschland
Konstantinstr. 13, 5300 Bonn 2

Christliches Jugenddorfwerk Deutschlands – Gemeinnütziger Verband –
Panoramastr. 55, 7320 Göppingen

Dachverband der Jugendpresse
Postfach 10 08 18, 4650 Gelsenkirchen

Der Rat von Sachverständigen für Umweltfragen
Gustav-Stresemann-Ring 11, 6200 Wiesbaden

Deutsche Akademie für Städtebau und Landesplanung e.V.
Friedrichswall 4, 3000 Hannover

Deutsche Angestellten-Gewerkschaft – Bundesverband –
Karl-Muck-Platz 1, 2000 Hamburg 36

Deutsche Arbeitsgemeinschaft Selbsthilfegruppen
Friedrichstr. 28, 6300 Gießen

Deutsche Beamtenbund-Jugend
Dreizehnmorgenweg 36, 5300 Bonn 2

Deutsche Blindenstudienanstalt e.V.
Bildungs- und Hilfsmittelzentrum für Sehgeschädigte, Am Schlag 8, 3550 Marburg

Deutsche Esperantojugend – DEJ –
Postfach 10 14 22, 2000 Hamburg 1

Deutsche Familien- und Jugendstiftung
Zenettistr. 45, 8000 München 2

Deutsche Film- und Fernsehakademie Berlin GmbH
Pommernallee 1, 1000 Berlin 19

Deutsche Gartenbau-Gesellschaft e.V.
Ubierstr. 30, 5300 Bonn 2

Deutsche Gesellschaft für das Badewesen e.V.
Alfredistr. 32, 4300 Essen 1

Deutsche Gesellschaft für Ernährung e.V.
Feldbergstr. 28, 6000 Frankfurt

Deutsche Gesellschaft für Erziehungswissenschaften – Kommission Freizeitpädagogik –
c/o Universität Bielefeld AG 10, Postfach 86 49, 4800 Bielefeld 1

Deutsche Gesellschaft für Europäische Erziehung e.V.
Sendlingerstr. 64/III, 8000 München 2

Deutsche Gesellschaft für Freizeit e.V.
Neuenhausplatz 10, 4006 Erkrath-Unterfeldhaus

Deutsche Gesellschaft für Gartenkunst und Landschaftspflege e.V.
Markgrafenstr. 14, 7500 Karlsruhe 1

Deutsche Gesellschaft für Gerontologie e.V.
Manfred-von-Richthofen-Str. 2, 1000 Berlin 42

Deutsche Gesellschaft für Poesie- und Bibliotherapie e.V. – DGPB –
c/o (FPA) Fritz Perls Akademie Wefelsen 5 (Beversee), 5609 Hückeswagen

Deutsche Gesellschaft für Volkstanz e.V.
Scharnhorststr. 2, 5400 Koblenz

Deutsche Hauptstelle gegen die Suchtgefahren
Bahnhofstr. 2, 4700 Hamm

Deutsche Jungdemokraten
Reuterstr. 44, 5300 Bonn 1

Deutsche Jugendfeuerwehr
Koblenzer Str. 133, 5300 Bonn 2

Deutsche Jugend in Europa – DJO –
Poppelsdorfer Allee 19/I, 5300 Bonn 1

Deutsche Jugendkraft
Carl-Mosterts-Pl. 1, 4000 Düsseldorf 30

Deutsche Jugendpresse
Postfach 14 01 63, 5300 Bonn 1

Deutsche Lebens-Rettungs-Gesellschaft
Alfredstr. 73, 4300 Essen 1

Deutsche Lesegesellschaft e.V.
Raimundistr. 2, 6500 Mainz 1

Deutsche Marine-Jugend – DMJ –
Dr.-Karl-Möller-Platz 17, 2330 Eckernförde

Deutsche Olympische Gesellschaft
Rheinstr. 23, 6000 Frankfurt

Deutsche Orchestervereinigung e.V. in der DAG
Heimhuder Str. 5, 2000 Hamburg 13

Deutsche Pfadfinderschaft St. Georg – DPSG –
Postfach 32 01 20, 4000 Düsseldorf 30

Deutsche Philatelisten-Jugend – DPhJ –
Mainzer Landstr. 221–223, 6000 Frankfurt 1

Deutsche Schreberjugend
Platanenallee 37, 1000 Berlin 19

Deutsche Sportjugend
Otto-Fleck-Schneise 12, 6000 Frankfurt 71

Deutsche Stenografen-Jugend
Aliceplatz 1, 6350 Bad Nauheim 1

Deutsche Verkehrswacht e.V.
Platanenweg 39, 5300 Bonn 3

Deutsche Waldjugend (DWJ) Bundesverband e.V.
Alte Schule, 2354 Remmels/Post Hohenwestedt

Deutsche Wanderjugend
Wilhelmstr. 39, 7263 Bad Liebenzell

Deutsche Welle, Auslandsrundfunk der Bundesrepublik Deutschland
Raderberggürtel 50, 5000 Köln 1

Deutsche Zentrale für Tourismus e.V.
Beethovenstr. 69, 6000 Frankfurt 1

Deutscher Aero-Club
Lyoner Str. 16, 6000 Frankfurt 71

Deutscher Akkordeon-Lehrerverband
Kapfstr. 68, 7218 Trossingen

Deutscher Allgemeiner Sängerbund
Friedrich-Ebert-Str. 74, 6465 Bruchköbel 1

Deutscher Alpenverein
Praterinsel 5, 8000 München 22

Deutscher Amateur-Radio-Club e.V.
Lindenallee 6, 3507 Baunatal

Deutscher Autorenverband e.V.
Sophienstr. 2, 3000 Hannover 1

Deutscher Bäderverband e.V.
Schumannstr. 111, 5300 Bonn 1

Deutscher Bahnengolf-Verband
Hamburger Str. 37, 2090 Winsen

Deutscher Bauernverband e.V.
Godesberger Allee 142–148, 5300 Bonn 2

Deutscher Beamtenbund, Bund der Gewerkschaften des öffentlichen Dienstes
Dreizehnmorgenweg 36, 5300 Bonn 2

Deutscher Berufsverband der Sozialarbeiter und Sozialpädagogen e.V.
Schützenbahn 17, 4300 Essen 1

Deutscher Blindenverband e.V.
Bismarckallee 30, 5300 Bonn 2

Deutscher Bob- und Schlittensportverband
An der Schießstätte 6, 8240 Berchtesgaden

Deutscher Bühnenverein, Bundesverband deutscher Theater
Quatermarkt 5, 5000 Köln 1

Deutscher Bundesjugendring
Haager Weg 44, 5300 Bonn 1

Deutscher Bundesverband Tanz e.V.
Tempelhofer Damm 62, 1 Berlin 30

Deutscher Bundeswehr-Verband e.V.
Südstr. 123, 5300 Bonn 2

Deutscher Bund für Vogelschutz (DBV) – Verband für Natur- und Umweltschutz, Bundesgeschäftsstelle
Achalmstr. 33 A, 7014 Kornwestheim

Deutscher Camping-Club e.V.
Caravan- und Zeltsportverband, Mandelstr. 28, 8000 München 40

Deutscher Caritas-Verband e.V.
Rathausgasse 11, 5300 Bonn 1

Deutscher Dachverband für Schiffsmodellbau und Schiffsmodellsport
Jungbraunstr. 19, 8904 Friedberg

Deutscher Eissport-Verband
Betzenweg 34, 8000 München 60

Deutscher Evangelischer Frauenbund e.V.
Bödekerstr. 59, 3000 Hannover 1

Deutscher Evangelischer Kirchentag
Magdeburger Str. 59, 6400 Fulda

Deutscher Familiendienst e.V.
Rheinallee 33, 5300 Bonn 2

Deutscher Familienverband
Poppelsdorfer Allee 48, 5300 Bonn

Deutscher Fremdenverkehrsverband e.V.
Niebuhrstr. 16 b, 5300 Bonn 1

Deutscher Fußball-Bund
Otto-Fleck-Schneise 6, 6000 Frankfurt 71

Deutscher Gewerkschaftsbund
Hans-Böckler-Str. 39, 4000 Düsseldorf 30

Deutscher Golf-Verband
Rheinblickstr. 24, 6200 Wiesbaden

Deutscher Guttempler-Orden (I.O.G.T.) e.V.
Adenauerallee 45, 2000 Hamburg 1

Adressenverzeichnis

Deutscher Gymnastikbund
Breiter Weg 8, 2300 Kiel

Deutscher Hausfrauen-Bund e.V.
Adenauerallee 193, 5300 Bonn 1

Deutscher Heimatbund e.V.
Friedrich-Ebert-Str. 10, 5200 Siegburg

Deutscher Hotel- und Gaststättenverband e.V.
Kronprinzenstr. 46, 5300 Bonn 2

Deutscher Jagdschutz-Verband e.V. – Vereinigung der dt. Landesjagdverbände –
Johannes-Henry-Str. 26, 5300 Bonn 1

Deutscher Judo-Bund
Lessingstr. 12, 6500 Mainz 1

Deutscher Kanarienzüchterbund e.V.
Ulmenstr. 9, 4200 Dinslaken 3

Deutscher Karate-Verband
Grabenstr. 37, 4390 Gladeck

Deutscher Kinderschutzbund e.V.
Drostestr. 14/16, 3000 Hannover 91

Deutscher Künstlerbund e.V.
Wartburgstr. 16, 1000 Berlin 62

Deutscher Laienspielverband – Interessenorganisation deutscher Volkskunstvereine
Holzstr. 2, 6500 Mainz 1

Deutscher Landkreistag
Adenauerallee 136, 5300 Bonn 1

Deutscher Literaturfonds e.V.
Alesandraweg 23, 6100 Darmstadt

Deutscher Mieterbund e.V.
Aachener Str. 313, 5000 Köln 41

Deutscher Minicar Club e.V.
Postfach 31 32, 5840 Schwerte 3

Deutscher Modellflieger Verband e.V. (DMFV)
Heisbachstr. 22, 5300 Bonn

Deutscher Motorsport Verband
Kaiserstr. 73, 6000 Frankfurt 1

Deutscher Motorjacht-Verband
Gründgensstr. 18, 2000 Hamburg 60

Deutscher Musikerverband
Besenbinderhof 60, 2000 Hamburg 1

Deutscher Musikrat – Sektion Bundesrepublik Deutschland im Internationalen Musikrat
Am Michaelshof 4 a, 5300 Bonn 2

Deutscher Musikverleger-Verband e.V.
Friedr.-Wilhelm-Str. 31, 5300 Bonn 1

Deutscher Naturkundeverein e.V.
Zavelsteinstr. 38 B, 7000 Stuttgart 30

Deutscher Naturschutzring e.V. (DNR)
Bundesverband für Umweltschutz, Kalkuhlstr. 24, 5300 Bonn 3

Deutscher Paritätischer Wohlfahrtsverband – Gesamtverband e.V.
Heinrich-Hoffmann-Str. 3, 6000 Frankfurt 71

Deutscher Rat für Landespflege
Konstantinstr. 110, 5300 Bonn 2

Deutscher Reisebüro-Verband e.V.
Leimenrode 29, 6000 Frankfurt 1

Deutscher Ruderverband
Aegidiendamm 3, 3000 Hannover

Deutscher Sängerbund e.V.
Bernhardstr. 166, 5000 Köln 51

Deutscher Sauna-Bund e.V.
Kavalleriestr. 9, 4800 Bielefeld 1

Deutscher Schachbund
Düsseldorfer Str. 17/18, 1000 Berlin 15

Deutscher Schaustellerbund e.V.
Hochkreuzallee 67, 5300 Bonn 2

Deutscher Schützenbund
Schießsportschule, 6200 Wiesbaden-Klarenthal

Deutscher Schwimm-Verband
Silcherstr. 8, 8000 München 40

Deutscher Segler-Verband
Gründgensstr. 18, 2000 Hamburg 60

Deutscher Skatverband e.V.
Artur-Ladebeck-Str. 125, 4800 Bielefeld 1

Deutscher Skiverband
Postfach 20 18 27, 8000 München 2

Deutscher Sportbund
Otto-Fleck-Schneise 12, 6000 Frankfurt 71

Deutscher Sportlehrerverband
Rabenweg 35, 6300 Gießen

Deutscher Sporttherapeutenbund e.V.
Sömmeringstr. 20, 5000 Köln 30

Deutscher Sqash Rackets Verband
Lange Worth 2, 2125 Garlstorf

Deutscher Städtetag
Lindenallee 13–17, 5000 Köln 51

Deutscher Städte- und Gemeindebund
Kaiserswerther Str. 199–201, 4000 Düsseldorf

Deutscher Tanzsportverband
Friedrichstr. 106, 6078 Neu-Isenburg

Deutscher Tennis-Bund
Leisewitzstr. 26, 3000 Hannover 1

Deutscher Tischtennis-Bund
Otto-Fleck-Schneise 8, 6000 Frankfurt 71

Deutscher Turner-Bund
Otto-Fleck-Schneise 8, 6000 Frankfurt 71

Deutscher Verband Evangelischer Büchereien
Bürgerstr. 2, 3400 Göttingen

Deutscher Verband für Freikörperkultur e.V.
Königstr. 22, 3000 Hannover 1

Deutscher Volkshochschul-Verband e.V.
Rheinallee 1, 5300 Bonn 2

Deutscher Volleyball-Verband
Lyoner Str. 16, 6000 Frankfurt 71

Deutscher Wildgehege-Verband e.V.
Rolandseck, 5480 Remagen-Rolandseck

Deutscher Windhundzucht- und Rennverband e.V.
Friedrichstal 33, 5650 Solingen

Deutsches Bibliotheksinstitut
Bundesallee 184/185, 1000 Berlin 31

Deutsches Institut für Filmkunde e.V.
Langenbeckstr. 9, 6200 Wiesbaden

Deutsches Institut für Puppenspiel e.V.
Hattinger Str. 467, 4630 Bochum 1

Deutsches Institut für Urbanistik
Straße des 17. Juni 112, 1000 Berlin 12

Deutsches Jugendherbergswerk, Hauptverband für Jugendwandern und Jugendherbergen e.V.
Bülowstr. 26, 4930 Detmold 1

Deutsches Jugendinstitut
Saarstraße 7, 8000 München 2

Deutsches Jugendrotkreuz, DRK-Generalsekretariat
Friedrich-Ebert-Allee 71, 5300 Bonn 1

Deutsches Kinderhilfswerk e.V.
Langwieder Hauptstr. 4, 8000 München 60

Deutsches Nationalkomitee für internationale Jugendarbeit
Haager Weg 44, 5300 Bonn 1

Deutsches Rotes Kreuz e.V.
Friedrich-Ebert-Allee 71, 5300 Bonn 1

Deutsches Volksheimstättenwerk e.V.
Neefestr. 2 a, 5300 Bonn 1

Deutsches Zentrum f. Altersfragen
Manfred v. Richthofen-Str. 2, 1000 Berlin 42

Deutsch-Französisches Jugendwerk
Rhöndorfer Str. 23, 5340 Bad Honnef 1

Deutschlandfunk
Raderberggürtel 40, 5000 Köln 51

Diakonisches Werk der Evangelischen Kirche in Deutschland e.V.
Stafflenbergstr. 76, 7000 Stuttgart 1

Direktorium für Vollblutzucht und Rennen e.V.
Rennbahnstr. 154, 5000 Köln 60

Dramatiker-Union e.V.
Bismarckstr. 17, 1000 Berlin 12

Elly-Heuss-Knapp-Stiftung – Deutsches Mütter-Genesungswerk –
Hauptstr. 22–24, 8504 Stein

EMNID-Institut GmbH & Co. KG
Bodelschwinghstr. 25 a, 4800 Bielefeld 1

EREW-Institut für Erziehungstherapie
Lessingstr. 33, 4060 Viersen

Europäische Gesellschaft für Freizeit
CH-6863 Besazio

Europäische Märchengesellschaft e.V.
Postfach 328, 4440 Rheine

Evangelische Aktionsgemeinschaft für Familienfragen
Meckenheimer Allee 182, 5300 Bonn

Evangelische Arbeitsgemeinschaft für Soldatenbetreuung in der BRep. Deutschland e.V.
Hausdorffstr. 103, 5300 Bonn 1

Evangelische Arbeitsstelle Fernstudium für kirchliche Dienste
Herrenhäuser Str. 12, 3000 Hannover 21

Evangelische Frauenarbeit in Deutschland e.V.
Unterlindau 80, 6000 Frankfurt 1

Evangelischer Arbeitskreis für Freizeit und Erholung in der EKD
Stafflenbergstr. 76, 7000 Stuttgart 1

Fachverband Deutscher Berufschorleiter
Unkenweg 19, 4330 Mülheim/Ruhr

Filmbewertungsstelle Wiesbaden
Schloß Biebrich, 6200 Wiesbaden 12

Filmförderungsanstalt, Bundesanstalt des öffentlichen Rechts
Budapester Str. 41, 1000 Berlin 30

Forschungsgemeinschaft Bauen und Wohnen
Silberburgstr. 160, 7000 Stuttgart 1

Freier Deutscher Autorenverband e.V.
Pacellistr. 8, 8000 München 2

Freizeitanlagen, Beratungs- und Beteiligungsgesellschaft mbH – FBB –
Berliner Platz 1 c, 3300 Braunschweig

Freizeit-Unternehmens-Beratung, Carl M. Wenzel
Rögen 24 b, 2430 Sierksdorf

Adressenverzeichnis

Fremdenverkehrsverband e.V. „Das grüne Band im Münsterland"
Altes Rathaus, 4430 Steinfurt

Friedrich-Naumann-Stiftung
Königswinterer Str., 5330 Königswinter 41

Gema – (Ges. f. musikalische Aufführungs- u. mechanische Vervielfältigungsrechte)
Bayreuther Str. 37–38, 1000 Berlin 30

Gesamtverband Deutscher Musikfachgeschäfte e.V.
Friedr.-Wilhelm-Str. 31, 5300 Bonn 1

Gesamtverband Gemeinnütziger Wohnungsunternehmen e.V.
Bismarkstr. 7, 5000 Köln

Gesellschaft der Freunde der Heimtiere e.V.
Hegelstr. 12, 3000 Hannover 69

Gesellschaft für Medienpädagogik und Kommunikationskultur in der Bundesrepublik e.V.
Postfach 18 02 44, 6000 Frankfurt

Gesellschaft Werbeagenturen GWA
Friedensstr. 11, 6000 Frankfurt 1

Gesellschaft zur Förderung des künstlerischen Tanzes – Ballettgesellschaft e.V.
Vogelsanger Str. 28–32, 5000 Köln/Ehrenfeld

Gewerkschaft deutscher Musikerzieher und konzertierender Künstler in der Gewerkschaft Kunst im DGB
Schwanthaler Str. 64, 8000 München 2

Gewerkschaft Erziehung u. Wissenschaft
Unterlindau 58, 6000 Frankfurt 1

Gewerkschaft Kunst
Hans-Böckler-Str. 39, 4000 Düsseldorf 30

Gewerkschaft Medien und Druck
Hans-Böckler-Str. 39, 4000 Düsseldorf 30

Gewerkschaft Öffentl. Dienste, Transport u. Verkehr
Theodor-Heuß-Str. 2, 7000 Stuttgart 1

Gewerkschaftsjugend DGB
Hans-Böckler-Str. 39, 4000 Düsseldorf

GEWOS Institut für Stadt-, Regional- und Wohnforschung GmbH
Schwalbenplatz 18, 2000 Hamburg 60

Hans-Seidel-Stiftung e.V.
Lazarettstr. 19, 8000 München 19

Hauptverband Deutscher Filmtheater e.V.
Langenbeckstr. 9, 6200 Wiesbaden 1

Hauptverband für Traber-Zucht und -Rennen e.V.
Guttenbergstr. 40, 4044 Kaarst

Hauptvereinigung des Ambulanten Gewerbes und der Schausteller in Deutschland e.V.
Adenauerallee 48, 5300 Bonn

Hessischer Jugendring
Bismarckring 23, 6200 Wiesbaden

Hessischer Rundfunk
Bertramstr. 8 6000 Frankfurt 1

IG Bergbau
Alte Hattinger Str. 19, 4630 Bochum 1

Informationszentrum Raum und Bau
Nobelstr. 12, 7000 Stuttgart 80

Informationsgemeinschaft zur Feststellung der Verbreitung von Werbeträgern e.V. (IVW)
Villichgasse 17, 5300 Bonn 2

Institut für Demoskopie
Radolfzeller Str. 8, 7753 Allensbach

Institut für Film- und Fernsehkunde
Steinrutschweg 19, 5000 Köln 71

Institut für Freizeitwirtschaft GmbH
Hochbrückenstr. 10, 8000 München 2

Institut für Fremdenverkehrs- und Freizeitforschung
Mittlerer Steinbachweg 2, 8700 Würzburg

Institut für Jugend, Film, Fernsehen
Walterstr. 23, 8000 München 2

Institut für Kulturgeographie der J.W. Goethe Universität
Senckenberganlage 36, 6000 Frankfurt 11

Institut für Sozialarbeit und Sozialpädagogik
Am Stockborn 5–7, 6000 Frankfurt 50

Institut für Stadtforschung
Schöneberger Ufer 65, 1000 Berlin 30

Interessengemeinschaft der Bewohner von Altenwohnheimen, Altenheimen und gleichartigen Einrichtungen e.V.
Vorgebirgsstr. 1, 5357 Swisttal

Internationale Akademie für Bäder-, Sport- und Freizeitbau e.V.
Markt 27, 5483 Bad Neuenahr

Internationaler Arbeitskreis für Musik e.V.
Heinr.-Schutz-Allee 33, 3500 Kassel-Wilhelmshöhe

Internationaler Jugendaustausch und Besucherdienst der Bundesrepublik Deutschland e.V.
Kennedyallee 91–103, 5300 Bonn 2

Internationaler Verband der Stadt-, Sport- und Mehrzweckhallen e.V. – VDSM –
Albersloherweg 32, 4440 Münster

Adressenverzeichnis

International Union of Tour Managers – Verband internationaler Reiseleiter
Wilh.-Raabe-Str. 16 A, 4902 Bad Salzuflen 1

Jugend der Deutschen Angestellten-Gewerkschaft
Karl-Muck-Platz 1, 2000 Hamburg 36

Jugend der Deutschen Lebens-Rettungs-Gesellschaft e.V.
Alfredstr. 73, 4300 Essen 1

Jugend des Deutschen Alpenvereins
Praterinsel 5, 8000 München 22

Jugendfahrtendienst e.V.
Heumarkt 64–66, 5000 Köln

Jugendferienwerk des Landessportbund N.W. e.V.
Friedrich-Alfred-Str. 25, 4100 Duisburg

Jugend musiziert – Bundeswettbewerb für das instrumentale Musizieren
Manzinger Weg 7, 8000 München 60

Jugendpresseclub
Godesberger Allee 142–148, 5300 Bonn 2

Jugendwerk der Arbeiterwohlfahrt
Oppelner Str. 130, 5300 Bonn 1

Junge Europäische Föderalisten
Berliner Platz 1, 5300 Bonn 1

Junge Liberale
Lennéstr. 30, 5300 Bonn 1

Junge Union Deutschland
Annaberger Str. 283, 5300 Bonn 2

Jungsozialisten in der SPD
Ollenhauer Str. 1, 5300 Bonn 1

Katholische Arbeitsgemeinschaft für Freizeit und Tourismus
Kaiser-Friedrich-Str. 9, 5300 Bonn 1

Katholische Arbeitsgemeinschaft für Soldatenbetreuung e.V.
Hausdorffstr. 151, 5300 Bonn 1

Katholische Büchereiarbeit in Deutschland – Arbeitsstelle
Wittelsbacher Ring 9, 5300 Bonn 1

Katholische Frauengemeinschaft – Deutschlands Zentralverband e.V.
Prinz-Georg-Str. 44, 4000 Düsseldorf 30

Katholische Landjugendbewegung Deutschlands
Adrianstr. 141, 5300 Bonn-Oberkassel

Kinder- und Jugendfilmzentrum in der Bundesrepublik Deutschland
Kuppelstein 34, 5630 Remscheid 1

Kolpingwerk
Kolpingplatz 5–11, 5000 Köln

Komitee Sicherheit für das Kind
Leopoldstr. 204, 8000 München 40

Kommunalverband Ruhrgebiet
Kronprinzenstr. 35, 4300 Essen 1

Konrad-Adenauer-Stiftung
Postfach 12 60, 5205 St. Augustin bei Bonn

Kulturkreis im Bundesverband der Deutschen Industrie e.V.
Gustav-Heinemann-Ufer 84–88, 5000 Köln 51

Kulturpolitische Gesellschaft e.V.
Stirnbund 8–10, 5800 Haagen 1

Kuratorium Deutsche Altershilfe e.V.
– Wilhelmine-Lübke-Stiftung –
An der Pauluskirche 3, 5000 Köln 1

Landessportbund Nordrhein-Westfalen e.V.
Friedrich-Alfred-Str. 25, 4100 Duisburg 1

Landkreistag Nordrhein-Westfalen
Liliencronstr. 14, 4000 Düsseldorf 30

Landschaftsverband Rheinland
Kennedyufer 2, Postfach 21 07 20, 5000 Köln 21

Landschaftsverband Westfalen
Freiherr vom Stein-Platz 1, 4400 Münster

Laux Gesellschaft für interaktives Marketing
Minnholzweg 2, 6242 Kronberg

Lebensabend-Bewegung, Bundesvereinigung e.V.
Burgfeldstr. 17, 3500 Kassel

Literarische Union e.V.
Redaktion Schulstraße 8–10,
6645 Beckingen 1

Männerarbeit der Evangelischen Kirche in Deutschland
Kantstr. 9, 6050 Offenbach 3

Museumspädagogische Gesellschaft
Marspfortengasse 6, 5000 Köln 1

Musikalische Jugend Deutschlands
Marktplatz 80, 6992 Weikersheim

Musiker- und Entertainer-Union
Alexanderstr. 28, 4223 Voerde 1

Naturfreundjugend Deutschland
Großglocknerstr. 28, 7000 Stuttgart 60

Neue Gesellschaft für Literatur e.V.
Bismarckstr. 17, 1000 Berlin 12

Norddeutscher Rundfunk
Rothenbaumchaussee, 2000 Hamburg 13

Oberste Nationale Sportkommission für den Automobilsport in Deutschland GmbH
Baseler Pl. 6, 6000 Frankfurt 1

Adressenverzeichnis

Paneuropa-Jugend Deutschland – PEJ –
Karlstr. 57, 8000 München 2

P.E.N.-Zentrum der Bundesrepublik Deutschland
Sandstr. 10, 6100 Darmstadt

Pfadfinderinnenschaft St. Georg
Unstrutstr. 10, 5090 Leverkusen

Photoindustrie-Verband, Presse und Information
Karlstr. 19–21, 6000 Frankfurt 1

Rad- und Kraftfahrerbund (RKB) Solidarität
Fritz-Remy-Str. 5, 6050 Offenbach

REVAG Revierarbeitsgemeinschaft für kulturelle Bergmannsbetreuung
Huyssenallee 83, 4300 Essen 1

Ring Deutscher Pfadfinderinnenverbände
Unstrutstr. 10, 5090 Leverkusen 1

RTL-Plus S.A. (Radio Luxemburg)
L-2820 Luxemburg, 11, bd. de la Foire

Saarländischer Runfunk, Funkhaus Haberg
Postfach 10 50, 6600 Saarbrücken

Schutzgemeinschaft Deutscher Wald (SDW) Bundesverband e.V. (i. DNR)
Meckenheimer Allee 79/1, 5300 Bonn 1

Senioren-Schutzbund „Graue Panther" e.V.
Rathenaustr. 2, 5600 Wuppertal 2

Service Civil International
Blücherstr. 14, 5300 Bonn 1

Solidaritätsjugend Deutschlands im RKB
Medersbuckel 4, 7500 Karlsruhe 41

Sozialistische Jugend Deutschlands – Die Falken –
Kaiserstr. 27, 5300 Bonn 1

spiel gut Arbeitsausschuß, Kinderspiel + Spielzeug e.V.
Heinstr. 13, 7900 Ulm

Spitzenorganisation der Filmwirtschaft e.V.
Langenbeckstraße 9, 6200 Wiesbaden

Ständige Konferenz der Kultusminister der Länder in der BRep. Deutschland
Nassestr. 8, 5300 Bonn

Stiftung Deutsche Jugendmarke
Kennedyallee 105, 5300 Bonn 2

Stiftung Die Mitarbeit
An der Esche 2, 5300 Bonn 1

Stiftung Spazierengehen e.V.
Postfach 42, 6716 Dirmstein/Pfalz

Stiftung Warentest
Lützowplatz 11–13, 1000 Berlin 30

Studienkreis für Tourismus
Dampfschiffstr. 2, 8130 Starnberg

Süddeutscher Rundfunk
Neckarstr. 230, 7000 Stuttgart 1

Südwestfunk
Hans-Bredow-Str. 6, 7570 Baden-Baden

Touristenverein „Die Naturfreunde" Verband für Touristik und Kultur Bundesgruppe Deutschland e.V.
Großglocknerstr. 28, 7000 Stuttgart 60

Union Deutscher Jazzmusiker
Gartenstr. 25, 3304 Wendeburg-Ersehof

Verband alleinstehender Mütter und Väter
Kasernenstr. 7 b, 5300 Bonn 1

Verband christlicher Pfadfinderinnen und Pfadfinder
Wichernweg 3, 3500 Kassel

Verband der Campingplatzhalter in Deutschland e.V. (VDC)
Kiefernweg 14, 2361 Wittenborn

Verband der Deutschen Automatenindustrie e.V. (VDAI)
Aachener Str. 197–199, 5000 Köln 41

Verband der Filmverleiher e.V.
Langenbeckstr. 9, 6200 Wiesbaden

Verband der Initiativgruppen in der Ausländerarbeit e.V. (VIA)
Theaterstr. 10, 5300 Bonn 1

Verband Deutscher Brieftaubenliebhaber e.V.
Schönleinstr. 43, 4300 Essen 1

Verband Deutscher Freilichtbühnen e.V.
Bankerheide 4, 4700 Hamm

Verband Deutscher Freizeitunternehmen (VDFU)
Mittlerer Steinbachweg 2, 8700 Würzburg

Verband Deutscher Gebirgs- und Wandervereine e.V.
Reichsstr. 4, 6600 Saarbrücken 3

Verband Deutscher Heimat- und Volkstrachten-Vereine e.V.
Dorotheenstr. 21, 8000 München 82

Verband Deutscher Kur- und Tourismusfachleute e.V. (VDKF)
Niebuhrstr. 16 b, 5300 Bonn 1

Verband Deutscher Lesezirkel e.V.
Flensburger Str. 28, 4000 Düsseldorf

Verband Deutscher Mitfahrzentralen e.V.
Dieffenbachstraße 39, 1000 Berlin 61

Adressenverzeichnis

Verband Deutscher Musikerzieher und konzertierender Künstler e.V.
Landsberger Str. 425, 8000 München 60

Verband deutscher Musikschulen e.V.
Villichgasse 17, 5300 Bonn 2

Verband Deutscher Naturparke
Ballindamm 2–3, 2000 Hamburg 1

Verband Deutscher Oratorien- und Kammerchöre e.V.
Kempener Str. 5, 4060 Viersen 12

Verband Deutsche Puppentheater e.V.
Berufsständische Vertretung, Gertrudenhof 13, 4630 Bochum 6

Verband Deutscher Schullandheime e.V.
Am Marienkirchhof 6, 2390 Flensburg

Verband Deutscher Schulmusikerzieher e.V.
Weihergarten 5, 6500 Mainz

Verband Deutscher Spielfilmproduzenten e.V.
Beichstr. 8–9, 8000 München 23

Verband Deutscher Sportfischer
Bahnhofstr. 37, 6050 Offenbach

Verband Deutscher Sporttaucher
Schloßstr. 14, 2000 Hamburg 70

Verband Deutscher Vereine für Aquarien- und Terrarienkunde e.V.
Luxemburger Str. 16, 4630 Bochum 1

Verband Deutscher Wohnwagen-Hersteller
In der Schildwacht 41, 6230 Frankfurt 80

Verband Deutscher Zoodirektoren
Graf-Stauffenberg-Str., 6600 Saarbrücken 3

Verband evangelischer Kirchenchöre Deutschlands – Präsidium –
Königstr. 28, 3205 Bockenem 1

Verband für das Deutsche Hundewesen
Hoher Wall 20, 4600 Dortmund 1

Verband für sozial-kulturelle Arbeit e.V.
Königstr. 42/43, 1000 Berlin 37

Verein Deutscher Badefachmänner e.V.
Alfredistr. 32, 4300 Essen

Vereinigung der Europäischen Sportartikel-Industrie (VESI)
Moltkestr. 40, 5300 Bonn 2

Vereinigung der Katzenfreunde Deutschlands – Deutscher Katzenschutzbund e.V. –
Knesbeckstr. 33, 1000 Berlin 12

Vereinigung der Rundfunk-Film- und Fernsehschaffenden – Bundesvorstand –
Essenheimer Landstraße, 6500 Mainz 31

Vereinigung Deutscher Musik-Bearbeiter
Sakrower Kirchweg 62, 1000 Berlin 22

Verein zur Förderung der deutschen Tanz- und Unterhaltungsmusik e.V., Friedr.-Wilh.-Str. 31, 5300 Bonn 1

Verein zur Sicherstellung überörtlicher Erholungsgebiete in den Landkreisen um München e.V.
Uhlandstr. 5/III, 8000 München 2

Wasserwacht – Deutsches Rotes Kreuz e.V.
Friedrich-Ebert-Allee 71, 5300 Bonn 1

Werkkreis Literatur der Arbeitswelt e.V.
Postfach 18 02 27, 5000 Köln

Westdeutscher Rundfunk
Appelhofplatz 1, 5000 Köln 1

Wickert-Institute für wirtschaftliche Zukunftsforschung
Kirchpl. 5, 7919 Illereichen-Altenstadt

WIR e.V. Forum für besseres Verständnis zwischen Deutschen und Ausländern
Argelanderstr. 165, 5300 Bonn 1

Wirtschaftsverband Deutscher Werbeagenturen e.V.
Orangeriestr. 6, 4000 Düsseldorf 1

Wirtschaftsverband Inhabergeführter Werbeagenturen e.V.
Kornbergstr. 28 a, 7000 Stuttgart 1

Wirtschaftsvereinigung Deutscher Filmtheater e.V.
Graf-Adolf-Str. 96, 4000 Düsseldorf 1

WLRA World Leisure and Recreation Association
113 Tabaret Hall, University of Ottawa, Ottawa, Ont., Canada KIN 6N5

World Wildlife Fund (WWF)
Bockenheimer Anlage 38, 6000 Frankfurt

Zentralausschuß der Werbewirtschaft e.V.
Villichgasse 17, 5300 Bonn 2

Zentralkomitee der deutschen Katholiken
Hochkreuzallee 246, 5300 Bonn 2

Zentrallorganisation der Automatenunternehmer e.V.
Esplanade 6, 2000 Hamburg 36

Zentralstelle für Recht und Schutz der Kriegsdienstverweigerer
Donandtstr. 4, 2800 Bremen 1

Zentralverband der Deutschen Haus-, Wohnungs- und Grundeigentümer e.V.
Cecilienallee 45, 4000 Düsseldorf 30

Adressenverzeichnis

Zentralverband der Elektrotechnischen Industrie e.V.
Stresemannallee 19, 6000 Frankfurt 70

Zentralverband des Deutschen Handwerks – Haus des Deutschen Handwerks
Johanniterstr. 1, 5300 Bonn 1

Zentralwohlfahrtsstelle der Juden in Deutschland e.V.
Hebelstr. 6, 6000 Frankfurt

Zweites Deutsches Fernsehen
Essenheimer Landstr., 65000 Mainz 31

DEUTSCHE GESELLSCHAFT FÜR FREIZEIT (DGF)

Was ist die DGF?

Die Deutsche Gesellschaft für Freizeit ist eine bundesweite Fachvereinigung mit der Organisationsform eines Dachverbandes für das Freizeitwesen. Sie hat Organisationen als ordentliche Mitglieder sowie Fachleute, Institute, Vereinigungen und Unternehmen als beratende Mitglieder.

Die Deutsche Gesellschaft für Freizeit erhält ihre Bedeutung durch die Mitgliedschaft von Dach- und Spitzenverbänden des öffentlichen Lebens, die im oder für den Freizeitbereich tätig sind. Sie ist Gesprächspartner der Bundesregierung in freizeitpolitischen Fragen.

Sachkundige Mitarbeiter der Mitgliedsverbände wirken bei der Klärung von Problemen und der Erarbeitung von Stellungnahmen und Aussagen mit. Darüber hinaus beteiligen sich an diesem Meinungsfindungsprozeß auch Wissenschaftler, Forscher und Experten von außerhalb der DGF. Viele Fachleute, Vereinigungen und Unternehmen beziehen von der DGF Informationen über den Freizeitbereich.

Die Aufgaben der DGF

Die Deutsche Gesellschaft für Freizeit hat sich zum Ziel gesetzt, die gesellschaftliche Bedeutung der Freizeit bewußt zu machen und Folgerungen daraus für die Politik von Bund, Ländern, Gemeinden, Vereinigungen, Unternehmen und Wissenschaft zu ziehen. Sie will in der Bevölkerung Verständnis und Interesse an vielseitiger Freizeitgestaltung durch Öffentlichkeitsarbeit und Information von Multiplikatoren wecken und erhalten.

Die Deutsche Gesellschaft für Freizeit

– unterstützt die Bestrebungen freier Vereinigungen und Träger des Freizeitbereichs als Zusammenschluß dieser Gruppen und durch ihrer politischen Arbeit und Einflußnahme;
– setzt sich für die Zusammenarbeit aller Träger von Freizeitangeboten, für übersichtliche Gesamtangebote, brauchbare Informationssysteme sowie die Mehrzweck- und Mehrfachnutzung der vorhandenen Freizeitanlagen ein;
– hält Kontakt zu nationalen, europäischen und internationalen Organisationen und Fachleuten zum Erfahrungsaustausch.

Die Deutsche Gesellschaft für Freizeit

– betreibt und fördert die Erhebung von Daten und Zusammenhängen der Freizeit und des Freizeitbereichs;
– wertet Ergebnisse von Wissenschaft, Forschung und Praxis in Zusammenarbeit mit Fachleuten und Instituten, durch Expertengespräche, Fachtagungen und Arbeitsgruppen aus;
– bemüht sich im Rahmen ihrer freizeitwissenschaftlichen Tätigkeit besonders um Prognosen, Problemstellungen wie auch Problemlösungen für die Zukunft;
– stellt die Ergebnisse ihrer Arbeit durch Schriften, Medienarbeit, Vorträge, Beratung und durch die DGF-Dokumentation »Freizeit« bereit.

Die Deutsche Gesellschaft für Freizeit

– befaßt sich mit den Problemen der beruflich und ehrenamtlich im Freizeitbereich Tätigen.

- sucht nach geeigneten Formen des »Freizeit-Management«, der Verwaltung und Bewirtschaftung von Freizeitangeboten;
- arbeitet mit an der Aus- und Fortbildung der im Freizeitbereich tätigen Menschen durch Stellungnahmen, Mitwirkung an Tätigkeits-und Berufsbildern, Beteiligungen an Ausbildungsplänen, durch Förderung von Angeboten zur Aus-und Fortbildung sowie durch eigene Maßnahmen.

DGF-Dienstleistungen

Für alle Interessenten gibt die DGF in unregelmäßigen Abständen einen Pressedienst, einen Tagungskalender mit ergänzenden Nachträgen sowie eine jährliche Literaturliste heraus.

Das offizielle Organ der DGF ist die »Fachzeitschrift Freizeit: Animation«, die zweimonatlich im Vicentz-Verlag Hannover erscheint und den DGF-Mitgliedern kostenlos zugesandt wird.

Seit 15 Jahren besteht die Schriftenreihe der DGF, in der inzwischen mehr als 60 Monographien, Dokumentationen, Tagungsberichte und Forschungsarbeiten zur Freizeit erschienen sind. Daneben werden auch wohlfeile Schriften anderer Herausgeber an Interessenten abgegeben.

Fußend auf dem Stichwortkatalog des ersten Freizeit-Lexikons der Welt baut die DGF eine Dokumentation »Freizeit« auf. Sie umfaßt die Bereiche:
- Freizeit-Lexikon
  mit Stichwortreferaten, Verweissystem und Stichwortexposées (Zusammenfassende Artikel, Daten, Literatur, Adressen)
- Handbuch des Freizeitwissens
  Loseblattsammlung zum Freizeitbereich mit 12 Sachbereichen (1. Freizeitdaten, 2. Freizeitpolitik, öffentliches Angebot; 3. gemeinnütziges Freizeitangebot; 4. Freizeitwirtschaft, Freizeitmarkt; 5. Freizeitorte, -infrastruktur, -planung; 6. Freizeitverhalten, Zielgruppen; 7. Freizeittätigkeiten; 8. Freizeitmanagement, -organisation, informationswesen; 9. Freizeitforschung; 10. Freizeitrecht; 11. Freizeitadressen; 12. Freizeitliteratur).
- Datenbank »Freizeit«
  mit vorerst acht Daten (1. Freizeitbegriffsbestimmungen; 2. Freizeitdaten; 3. Freizeitliteratur; 4. Freizeitorganisationen; 5. Freizeiteinrichtungen; 6. Presse, Fachzeitschriften und -verlage; Rundfunk, Fernsehen; 7. Freizeitfachleute; 8. Ausbildungsstätten).

Die Datenbank und die Redaktion der Nachschlagewerke werden von der DGF-Geschäftsstelle in Zusammenarbeit mit den DGF-Mitgliedern und zahlreichen Fachleuten betrieben. Freizeit-Lexikon, Handbuch des Freizeitwissens werden mit weiteren Freizeithandbüchern vom Verlag Fink-Kümmerly + Frey, Stuttgart, betreut.

Ziel der Dokumentation ist es, nicht nur Wissen über Freizeit und Teilgebiete des Freizeitbereichs zu sammeln, sondern auch Informationen aus den verschiedenen die Freizeit berührenden Sachgebieten zu verknüpfen (z.B.: Städtebau; Natur-, Landschafts- und Umweltschutz; Volks- und Betriebswirtschaft; Verwaltung, Recht; Pädagogik, Sozialarbeit; Sozial-, Kultur-, Gesundheits-, Wirtschafts- und Umweltpolitik; Sozial- und Marktforschung).

MITGLIEDER

Allgemeiner Deutscher
Automobil-Club e.V.
Zentrale
Am Westpark 8
8000 München 70
Telefon 0 89/7 67 61

Arbeitsgemeinschaft
beruflicher und ehrenamtlicher
Naturschutz e.V.
Konstantinstraße 110
5300 Bonn 2
Telefon 02 28/33 00 41

Arbeitsgemeinschaft
Deutscher Chorverbände
Postfach 51 06 28
5000 Köln 51
Telefon 02 21/ 38 60 01

Beamtenheimstättenwerk
Lubahnstraße 2
3250 Hameln
Telefon 0 51 51/1 81

Bildungs- und Sozialwerk des
Deutschen Beamtenbundes e.V.
Dreizehnmorgenweg 36
5300 Bonn 2
Telefon 02 28/37 40 96

Bund Deutscher
Landschafts-Architekten BDLA e.V.
Colmanstraße 32
5300 Bonn 1
Telefon 02 28/65 54 88

Bund der Theatergemeinden e.V.
Bonner Talweg 10
5300 Bonn 1
Telefon 02 28/21 87 56

Bundesverband
Deutscher Gartenfreunde e.V.
Siegfried-Leopold-Straße 6
5300 Bonn-Beuel
Telefon 02 28/46 18 30

Bundesverband Garten-, Landschafts-
und Sportplatzbau e.V.
Plittersdorfer Straße 93
5300 Bonn 2
Telefon 02 28/35 40 36

Bundesvereinigung der
Deutschen Arbeitgeberverbände
Gustav-Heinemann-Ufer 72
Postfach 51 05 08
5000 Köln 51
Telefon 02 21/3 79 51

Bundesvereinigung der
Freizeitberufe e.V.
Postfach 14 24
6400 Fulda

Bundesvereinigung
Kulturelle Jugendbildung e.V.
Küppelstein 34
5630 Remscheid 1
Telefon 0 21 91/794.1

Deutsche Olympische Gesellschaft
Rheinstraße 23
6000 Frankfurt am Main
Telefon 06 11/74 70 94-95

Deutscher Bauernverband e.V.
Godesberger Allee 142-148
Andreas-Hermes-Haus
5300 Bonn 2
Telefon 02 28/37 69 55

Deutscher Bundesjugendring
Haager Weg 44
5300 Bonn 1
Telefon 02 28/28 50 25

Deutscher Bundeswehr-Verband e.V.
Südstraße 123
Postfach 668
5300 Bonn 2
Telefon 02 28/38 23.0

Deutscher Landkreistag
Adenauerallee 136
5300 Bonn 1
Telefon 02 28/21 10 35

Deutscher Schaustellerbund e.V.
(Sitz Berlin)
Sibyllenstraße 18
5300 Bonn 2
Telefon 02 28/35 43 56

Deutscher Sportbund
Otto-Fleck-Schneise 12
6000 Frankfurt am Main 71
Telefon 06 11/67 00.1

Deutscher Städtetag
Lindenallee 13-17
5000 Köln 51
Telefon 02 21/3 77 11

Deutscher Städte- und Gemeindebund
Kaiserwerther Straße 199-201
4000 Düsseldorf 30
Telefon 02 11/4 58 71

Deutscher Jugendherbergswerk
Bülowstraße 26
Postfach 220
4930 Detmold 1
Telefon 0 52 31/3 10 91

Evangelischer Arbeitskreis für Freizeit
und Erholung in der EKD
Stafflenbergstraße 76
Postfach 476
7000 Stuttgart 1
Telefon 07 11/ 2 15 92 47

Fremdenverkehrsverband e.V.
„Das grüne Band im Münsterland"
altes Rathaus
4430 Steinfurt
Telefon 0 25 51/50 90

Kommunalverband Ruhrgebiet
Kronprinzenstraße 35
4300 Essen 1
Telefon 02 01/2 06 90

Konrad-Adenauer-Stiftung e.V.
Postfach 1260
5205 St. Augustin bei Bonn
Telefon 0 22 41/19 61

Landessportbund Nordrhein-Westfalen e.V.
Friedrich-Alfred-Straße 25
4100 Duisburg 1
Telefon 02 03/73 81.1

Landkreistag Nordrhein-Westfalen
Liliencronstraße 14
4000 Düsseldorf 30
Telefon 02 11/65 20 45-48

Landschaftsverband Rheinland
Kennedyufer 2
Postfach 21 07 20
5000 Köln 21
Telefon 02 21/8 28 31

Studienkreis für Tourismus e.V.
Dampfschiffstraße 2
8130 Starnberg bei München
Telefon 0 81 51/1 30 89

Verband Deutscher
Freizeit-Unternehmen e.V.
Mittlerer Steinbachweg 2
8700 Würzburg
Telefon 09 31/7 63 92

Verband Deutscher Gebirgs- und
Wandervereine e.V.
6600 Saarbrücken 3
Telefon 06 81/39 00 70

Verein zur Sicherstellung überörtlicher
Erholungsgebiete in den Landkreisen um
München e.V.
Uhlandstraße 5/III
8000 München 2
Telefon 0 89/53 77 87 und 53 22 06

Zentralkomitee der deutschen Katholiken
Hochkreuzallee 246
5300 Bonn 2
Telefon 02 28/31 60 56

Zentralverband des Deutschen Handwerks
Johanniterstraße 1
Haus des Deutschen Handwerks
5300 Bonn 1
Telefon 02 28/5 45.1